中国
环境法规全书

国家环境保护总局政策法规司 编

1982–2005

SELECTED
COLLECTION OF
CHINESE
ENVIRONMENTAL LAWS

（下卷）

中国环境科学出版社·北京

图书在版编目(CIP)数据

中国环境法规全书（1982—2005）/国家环境保护总局政策法规司编.
—北京：中国环境科学出版社，2005．6

ISBN 7-80209-090-3

Ⅰ．中… Ⅱ 国… Ⅲ．环境保护法—法规—汇编—中国 Ⅳ．D922．689

中国版本图书馆 CIP 数据核字（2005）第 027570 号

出版发行 中国环境科学出版社
（100062 北京崇文区广渠门内大街 16 号）
网　址：http://www.cesp.cn
电子信箱：Bjzhouyu@126.com
电话（传真）：010-67112738

印　刷 北京中科印刷有限公司

经　销 各地新华书店

版　次 2005 年 10 月第一版 2005 年 10 月第一次印刷

开　本 787×1092 1/16

印　张 98.25

字　数 1207 千字

定　价 298.00 元

前　言

为了及时总结和评估环境立法成果，全面推进环境行政执法，进一步强化环境司法，切实促进环境守法，国家环境保护总局政策法规司组织编撰了“中国环境法系列丛书”：

——《中国环境法规全书（1982—2005）》

——《中国环境法规全书（2004—2005）》

——《中国环境执法解释全书》（2005年版）

——《中国环境政策全书》（2005年版）

全国人民代表大会1982年通过《宪法》明确规定：“国家保护和改善生活环境和生态环境，防治污染和其他公害。”宪法的规定极大地推动了中国的环境立法。《中国环境法规全书（1982—2005）》是国家环境保护总局政策法规司组织编撰的“中国环境法系列丛书”之一，它总结了1982年以来国家环境立法的主要成果，选编了现行有效同时又是最经常查阅的环境法律、法规和规章。

《中国环境法规全书（1982—2005）》共分为十八个部分：第一部分环境保护基本规定；第二部分水污染防治；第三部分大气污染防治；第四部分环境噪声污染防治；第五部分固体废物管理；第六部分海洋环境管理；第七部分放射性污染防治；第八部分生态保护；第九部分建设项目与环境影响评价管理；第十部分清洁生产；第十一部分排污收费；第十二部分消耗臭氧层物质管理；第十三部分化学物质管理；第十四部分环境标准管理；第十五部分应急、监测、事故报告与处理；第十六部分有关资源保护法规；第十七部分依法行政与有关立法、执法程序；第十八部分有关行政诉讼、民事和刑事规定。

《中国环境法规全书（1982—2005）》不仅是各级环保部门管理人员实施环境监管的基本工具书，也是企业事业单位环境管理人员了解和遵守国家环境法规的重要依据。它还为环境法律教学研究人员、环境咨询服务机构的咨询人员、其他热心环境保护事业的人士提供了国家环境保护法规的重要文献和可靠资料。

《中国环境法规全书（1982—2005）》的编撰由杨朝飞司长主持，别涛、柴虹、赵柯收集资料并执行编辑。舒庆副司长和王凤理副司长给予了很大关心和支持，原庆丹、钱勇、冯燕、逯世泽、韩敏、温英民、燕娥、王彬、李文强和李漪涟等同志参加了编撰工作。

政策法规司

2005年10月

前言

目 录

一、环境保护基本规定

二、水污染防治

三、大气污染防治

四、环境噪声污染防治

五、固体废物管理

六、海洋环境管理

七、放射性污染防治

八、生态保护

九、建设项目与环境影响评价管理

十、清洁生产

十一、排污收费

十二、消耗臭氧层物质管理

十三、化学物质管理

十四、环境标准管理 635

十七、依法行政与有关立法、执法程序

【依法行政】

【立法和法规解释】

【行政处罚】

【行政许可】

十八、有关行政诉讼、民事和刑事规定

【行政诉讼】

【民事规定】

【刑事规定】

十六、有关资源保护法规

中华人民共和国土地管理法
（1998 年修订）

（1998 年 8 月 29 日，中华人民共和国主席令第 8 号）

目　录

第一章　总　则

第一条　为了加强土地管理，维护土地的社会主义公有制，保护、开发土地资源，合理利用土地，切实保护耕地，促进社会经济的可持续发展，根据宪法，制定本法。

第二条　中华人民共和国实行土地的社会主义公有制，即全民所有制和劳动群众集体所有制。

全民所有，即国家所有土地的所有权由国务院代表国家行使。

任何单位和个人不得侵占、买卖或者以其他形式非法转让土地。土地使用权可以依法转让。

国家为了公共利益的需要，可以依法对集体所有的土地实行征用。

国家依法实行国有土地有偿使用制度。但是，国家在法律规定的范围内划拨国有土地使用权的除外。

第三条　十分珍惜、合理利用土地和切实保护耕地是我国的基本国策。各级人民政府应当采取措施，全面规划，严格管理，保护、开发土地资源，制止非法占用土地的行为。

第四条　国家实行土地用途管制制度。国家编制土地利用总体规划，规定土地用途，将土地分为农用地、建设用地和未利用地。严格限制农用地转为建设用地，控制建设用地总量，对耕地实行特殊保护。

前款所称农用地是指直接用于农业生产的土地，包括耕地、林地、草地、农田水利用地、养殖水面等；建设用地是指建造建筑物、构筑物的土地，包括城乡住宅和公共设施用地、工矿用地、交通水利设施用地、旅游用地、军事设施用地等；未利用地是指农用地和建设用地以外的土地。

使用土地的单位和个人必须严格按照土地利用总体规划确定的用途使用土地。

第五条 国务院土地行政主管部门统一负责全国土地的管理和监督工作。

县级以上地方人民政府土地行政主管部门的设置及其职责，由省、自治区、直辖市人民政府根据国务院有关规定确定。

第六条 任何单位和个人都有遵守土地管理法律、法规的义务，并有权对违反土地管理法律、法规的行为提出检举和控告。

第七条 在保护和开发土地资源、合理利用土地以及进行有关的科学研究等方面成绩显著的单位和个人，由人民政府给予奖励。

第二章 土地的所有权和使用权

第八条 城市市区的土地属于国家所有。

农村和城市郊区的土地，除由法律规定属于国家所有的以外，属于农民集体所有；宅基地和自留地、自留山，属于农民集体所有。

第九条 国有土地和农民集体所有的土地，可以依法确定给单位或者个人使用。使用土地的单位和个人，有保护、管理和合理利用土地的义务。

第十条 农民集体所有的土地依法属于村农民集体所有的，由村集体经济组织或者村民委员会经营、管理；已经分别属于村内两个以上农村集体经济组织的农民集体所有的，由村内各该农村集体经济组织或者村民小组经营、管理；已经属于乡（镇）农民集体所有的，由乡（镇）农村集体经济组织经营、管理。

第十一条 农民集体所有的土地，由县级人民政府登记造册，核发证书，确认所有权。

农民集体所有的土地依法用于非农业建设的，由县级人民政府登记造册，核发证书，确认建设用地使用权。

单位和个人依法使用的国有土地，由县级以上人民政府登记造册，核发证书，确认使用权；其中，中央国家机关使用的国有土地的具体登记发证机关，由国务院确定。

确认林地、草原的所有权或者使用权，确认水面、滩涂的养殖使用权，分别依照《中华人民共和国森林法》、《中华人民共和国草原法》和《中华人民共和国渔业法》的有关规定办理。

第十二条 依法改变土地权属和用途的，应当办理土地变更登记手续。

第十三条 依法登记的土地的所有权和使用权受法律保护，任何单位和个人不得侵犯。

第十四条 农民集体所有的土地由本集体经济组织的成员承包经营，从事种植业、林业、畜牧业、渔业生产。土地承包经营期限为三十年。发包方和承包方应当订立承包合同，约定双方的权利和义务。承包经营土地的农民有保护和按照承包合同约定的用途合理利用土地的义务。农民的土地承包经营权受法律保护。

在土地承包经营期限内，对个别承包经营者之间承包的土地进行适当调整的，必须经村民会议三分之二以上成员或者三分之二以上村民代表的同意，并报乡（镇）人民政府和县级人民政府农业行政主管部门批准。

第十五条 国有土地可以由单位或者个人承包经营，从事种植业、林业、畜牧业、渔业生产。农民集体所有的土地，可以由本集体经济组织以外的单位或者个人承包经营，从事种植业、林业、畜牧业、渔业生产。发包方和承包方应当订立承包合同，约定双方的权利和义务。土地承包经营的期限由承包合同约定。承包经营土地的单位和个人，有保护和按照承包合同约定的用途合理利用土地的义务。

农民集体所有的土地由本集体经济组织以外的单位或者个人承包经营的，必须经村民会议三分之二以上成员或者三分之二以上村民代表的同意，并报乡（镇）人民政府批准。

第十六条 土地所有权和使用权争议，由当事人协商解决；协商不成的，由人民政府处理。

单位之间的争议，由县级以上人民政府处理；个人之间、个人与单位之间的争议，由乡级人民政府或者县级以上人民政府处理。

当事人对有关人民政府的处理决定不服的，可以自接到处理决定通知之日起三十日内，向人民法院起诉。

在土地所有权和使用权争议解决前，任何一方不得改变土地利用现状。

第三章 土地利用总体规划

第十七条 各级人民政府应当依据国民经济和社会发展规划、国土整治和资源环境保护的要求、土地供给能力以及各项建设对土地的需求，组织编制土地利用总体规划。

土地利用总体规划的规划期限由国务院规定。

第十八条 下级土地利用总体规划应当依据上一级土地利用总体规划编制。

地方各级人民政府编制的土地利用总体规划中的建设用地总量不得超过上一级土地利用总体规划确定的控制指标，耕地保有量不得低于上一级土地利用总体规划确定的控制指标。

省、自治区、直辖市人民政府编制的土地利用总体规划，应当确保本行政区域内耕地总量不减少。

第十九条 土地利用总体规划按照下列原则编制：

（一）严格保护基本农田，控制非农业建设占用农用地；

（二）提高土地利用率；

（三）统筹安排各类、各区域用地；

（四）保护和改善生态环境，保障土地的可持续利用；

（五）占用耕地与开发复垦耕地相平衡。

第二十条 县级土地利用总体规划应当划分土地利用区，明确土地用途。

乡（镇）土地利用总体规划应当划分土地利用区，根据土地使用条件，确定每一块土地的用途，并予以公告。

第二十一条 土地利用总体规划实行分级审批。

省、自治区、直辖市的土地利用总体规划，报国务院批准。

省、自治区人民政府所在地的市、人口在一百万以上的城市以及国务院指定的城市的土地利用总体规划，经省、自治区人民政府审查同意后，报国务院批准。

本条第二款、第三款规定以外的土地利用总体规划，逐级上报省、自治区、直辖市人民政府批准；

其中，乡（镇）土地利用总体规划可以由省级人民政府授权的设区的市、自治州人民政府批准。

土地利用总体规划一经批准，必须严格执行。

第二十二条 城市建设用地规模应当符合国家规定的标准，充分利用现有建设用地，不占或者尽量少占农用地。

城市总体规划、村庄和集镇规划，应当与土地利用总体规划相衔接，城市总体规划、村庄和集镇规划中建设用地规模不得超过土地利用总体规划确定的城市和村庄、集镇建设用地规模。

在城市规划区内、村庄和集镇规划区内，城市和村庄、集镇建设用地应当符合城市规划、村庄和集镇规划。

第二十三条 江河、湖泊综合治理和开发利用规划，应当与土地利用总体规划相衔接。在江河、湖泊、水库的管理和保护范围以及蓄洪滞洪区内，土地利用应当符合江河、湖泊综合治理和开发利用规划，符合河道、湖泊行洪、蓄洪和输水的要求。

第二十四条 各级人民政府应当加强土地利用计划管理，实行建设用地总量控制。

土地利用年度计划，根据国民经济和社会发展计划、国家产业政策、土地利用总体规划以及建设用地和土地利用的实际状况编制。土地利用年度计划的编制审批程序与土地利用总体规划的编制审批程序相同，一经审批下达，必须严格执行。

第二十五条 省、自治区、直辖市人民政府应当将土地利用年度计划的执行情况列为国民经济和社会发展计划执行情况的内容，向同级人民代表大会报告。

第二十六条 经批准的土地利用总体规划的修改，须经原批准机关批准；未经批准，不得改变土地利用总体规划确定的土地用途。

经国务院批准的大型能源、交通、水利等基础设施建设用地，需要改变土地利用总体规划的，根据国务院的批准文件修改土地利用总体规划。

经省、自治区、直辖市人民政府批准的能源、交通、水利等基础设施建设用地，需要改变土地利用总体规划的，属于省级人民政府土地利用总体规划批准权限内的，根据省级人民政府的批准文件修改土地利用总体规划。

第二十七条 国家建立土地调查制度。

县级以上人民政府土地行政主管部门会同同级有关部门进行土地调查。土地所有者或者使用者应当配合调查，并提供有关资料。

第二十八条　县级以上人民政府土地行政主管部门会同同级有关部门根据土地调查成果、规划土地用途和国家制定的统一标准，评定土地等级。

第二十九条　国家建立土地统计制度。

县级以上人民政府土地行政主管部门和同级统计部门共同制定统计调查方案，依法进行土地统计，定期发布土地统计资料。土地所有者或者使用者应当提供有关资料，不得虚报、瞒报、拒报、迟报。

土地行政主管部门和统计部门共同发布的土地面积统计资料是各级人民政府编制土地利用总体规划的依据。

第三十条　国家建立全国土地管理信息系统，对土地利用状况进行动态监测。

第四章　耕地保护

第三十一条　国家保护耕地，严格控制耕地转为非耕地。

国家实行占用耕地补偿制度。非农业建设经批准占用耕地的，按照“占多少，垦多少”的原则，由占用耕地的单位负责开垦与所占用耕地的数量和质量相当的耕地；没有条件开垦或者开垦的耕地不符合要求的，应当按照省、自治区、直辖市的规定缴纳耕地开垦费，专款用于开垦新的耕地。

省、自治区、直辖市人民政府应当制定开垦耕地计划，监督占用耕地的单位按照计划开垦耕地或者按照计划组织开垦耕地，并进行验收。

第三十二条　县级以上地方人民政府可以要求占用耕地的单位将所占用耕地耕作层的土壤用于新开垦耕地、劣质地或者其他耕地的土壤改良。

第三十三条　省、自治区、直辖市人民政府应当严格执行土地利用总体规划和土地利用年度计划，采取措施，确保本行政区域内耕地总量不减少；耕地总量减少的，由国务院责令在规定期限内组织开垦与所减少耕地的数量与质量相当的耕地，并由国务院土地行政主管部门会同农业行政主管部门验收。个别省、直辖市确因土地后备资源匮乏，新增建设用地后，新开垦耕地的数量不足以补偿所占用耕地的数量的，必须报经国务院批准减免本行政区域内开垦耕地的数量，进行易地开垦。

第三十四条　国家实行基本农田保护制度。下列耕地应当根据土地利用总体规划划入基础农田保护区，严格管理：

（一）经国务院有关主管部门或者县级以上地方人民政府批准确定的粮、棉、油生产基地内的耕地；

（二）有良好的水利与水土保持设施的耕地，正在实施改造计划以及可以改造的中、低产田；

（三）蔬菜生产基地；

（四）农业科研、教学试验田；

（五）国务院规定应当划入基本农田保护区的其他耕地。

各省、自治区、直辖市划定的基本农田应当占本行政区域内耕地的百分之八十以上。

基本农田保护区以乡（镇）为单位进行划区定界，由县级人民政府土地行政主管部门会同同级农业行政主管部门组织实施。

第三十五条 各级人民政府应当采取措施，维护排灌工程设施，改良土壤，提高地力，防止土地荒漠化、盐渍化、水土流失和污染土地。

第三十六条 非农业建设必须节约使用土地，可以利用荒地的，不得占用耕地；可以利用劣地的，不得占用好地。

禁止占用耕地建窑、建坟或者擅自在耕地上建房、挖砂、采石、采矿、取土等。

禁止占用基本农田发展林果业和挖塘养鱼。

第三十七条 禁止任何单位和个人闲置、荒芜耕地。已经办理审批手续的非农业建设占用耕地，一年内不用而又可以耕种并收获的，应当由原耕种该幅耕地的集体或者个人恢复耕种，也可以由用地单位组织耕种；一年以上未动工建设的，应当按照省、自治区、直辖市的规定缴纳闲置费；连续二年未使用的，经原批准机关批准，由县级以上人民政府无偿收回用地单位的土地使用权；该幅土地原为农民集体所有的，应当交由原农村集体经济组织恢复耕种。

在城市规划区范围内，以出让方式取得土地使用权进行房地产开发的闲置土地，依照《中华人民共和国城市房地产管理法》的有关规定办理。

承包经营耕地的单位或者个人连续二年弃耕抛荒的，原发包单位应当终止承包合同，收回发包的耕地。

第三十八条 国家鼓励单位和个人按照土地利用总体规划，在保护和改善生态环境、防止水土流失和土地荒漠化的前提下，开发未利用的土地；适宜开发为农用地的，应当优先开发成农用地。

国家依法保护开发者的合法权益。

第三十九条 开垦未利用的土地，必须经过科学论证和评估，在土地利用总体规划划定的可开垦的区域内，经依法批准后进行。禁止毁坏森林、草原开垦耕地，禁止围湖造田和侵占江河滩地。

根据土地利用总体规划，对破坏生态环境开垦、围垦的土地，有计划有步骤地退耕还林、还牧、还湖。

第四十条 开发未确定使用权的国有荒山、荒地、荒滩从事种植业、林业、畜牧业、渔业生产的，经县级以上人民政府依法批准，可以确定给开发单位或者个人长期使用。

第四十一条 国家鼓励土地整理。县、乡（镇）人民政府应当组织农村集体经济组织，按照土地利用总体规划，对田、水、路、林、村综合整治，提高耕地质量，增加有效耕地面积，改善农业生产条件和生态环境。

地方各级人民政府应当采取措施，改造中、低产田，整治闲散地和废弃地。

第四十二条 因挖损、塌陷、压占等造成土地破坏，用地单位和个人应当按照国家有关规定负责复垦；没有条件复垦或者复垦不符合要求的，应当缴纳土地复垦费，专项用于土地复垦。复垦的土地应当优先用于农业。

第五章　建设用地

第四十三条　任何单位和个人进行建设，需要使用土地的，必须依法申请使用国有土地；但是，兴办乡镇企业和村民建设住宅经依法批准使用本集体经济组织农民集体所有的土地的，或者乡（镇）村公共设施和公益事业建设经依法批准使用农民集体所有的土地的除外。

前款所称依法申请使用的国有土地包括国家所有的土地和国家征用的原属于农民集体所有的土地。

第四十四条　建设占用土地，涉及农用地转为建设用地的，应当办理农用地转用审批手续。

省、自治区、直辖市人民政府批准的道路、管线工程和大型基础设施建设项目、国务院批准的建设项目占用土地，涉及农用地转为建设用地的，由国务院批准。

在土地利用总体规划确定的城市和村庄、集镇建设用地规模范围内，为实施该规划而将农用地转为建设用地的，按土地利用年度计划分批次由原批准土地利用总体规划的机关批准。在已批准的农用地转用范围内，具体建设项目用地可以由市、县人民政府批准。

本条第二款、第三款规定以外的建设项目占用土地，涉及农用地转为建设用地的，由省、自治区、直辖市人民政府批准。

第四十五条　征用下列土地的，由国务院批准：

（一）基本农田；

（二）基本农田以外的耕地超过三十五公顷的；

（三）其他土地超过七十公顷的。

征收前款规定以外的土地的，由省、自治区、直辖市人民政府批准，并报国务院备案。

征用农用地的，应当依照本法第四十四条的规定先行办理农用地转用审批。其中，经国务院批准农用地转用的，同时办理征地审批手续，不再另行办理征地审批；经省、自治区、直辖市人民政府在征地批准权限内批准农用地转用的，同时办理征地审批手续，不再另行办理征地审批，超过征地批准权限的，应当依照本条第一款的规定另行办理征地审批。

第四十六条　国家征用土地的，依照法定程序批准后，由县级以上地方人民政府予以公告并组织实施。

被征用土地的所有权人、使用权人应当在公告规定期限内，持土地权属证书到当地人民政府土地行政主管部门办理征地补偿登记。

第四十七条　征用土地的，按照被征用土地的原用途给予补偿。

征用耕地的补偿费用包括土地补偿费、安置补助费以及地上附着物和青苗的补偿费。征用耕地的土地补偿费，为该耕地被征用前三年平均年产值的六至十倍。征用耕地的安置补助费，按照需要安置的农业人口数计算。需要安置的农业人口数，按照被征用的耕地数量除以征地前被征用单位平均每人占有耕地的数量计算。每一个需要安置的农业人口的安置补助费标准，为该耕地被征用前三年平均年产值的四至六倍。但是，每公顷被征收耕地的安置补助费，最高不得超过被征用前三年平均年产值的十五倍。

征用其他土地的土地补偿费和安置补助费标准，由省、自治区、直辖市参照征用耕地的土地补偿费和安置补助费的标准规定。

被征用土地上的附着物和青苗的补偿标准，由省、自治区、直辖市规定。

征用城市郊区的菜地，用地单位应当按照国家有关规定缴纳新菜地开发建设基金。

依照本条第二款的规定支付土地补偿费和安置补助费，尚不能使需要安置的农民保持原有生活水平的，经省、自治区、直辖市人民政府批准，可以增加安置补助费。但是，土地补偿费和安置补助费的总和不得超过土地被征用前三年平均年产值的三十倍。

国务院根据社会、经济发展水平，在特殊情况下，可以提高征用耕地的土地补偿费和安置补助费的标准。

第四十八条 征地补偿安置方案确定后，有关地方人民政府应当公告，并听取被征地的农村集体经济组织和农民的意见。

第四十九条 被征地的农村集体经济组织应当将征用土地的补偿费用的收支状况向本集体经济组织的成员公布，接受监督。

禁止侵占、挪用被征用土地单位的征地补偿费用和其他有关费用。

第五十条 地方各级人民政府应当支持被征地的农村集体经济组织和农民从事开发经营，兴办企业。

第五十一条 大中型水利、水电工程建设征用土地的补偿费标准和移民安置办法，由国务院另行规定。

第五十二条 建设项目可行性研究论证时，土地行政主管部门可以根据土地利用总体规划、土地利用年度计划和建设用地标准，对建设用地有关事项进行审查，并提出意见。

第五十三条 经批准的建设项目需要使用国有建设用地的，建设单位应当持法律、行政法规规定的有关文件，向有批准权的县级以上人民政府土地行政主管部门提出建设用地申请，经土地行政主管部门审查，报本级人民政府批准。

第五十四条 建设单位使用国有土地，应当以出让等有偿使用方式取得；但是，下列建设用地，经县级以上人民政府依法批准，可以以划拨方式取得：

（一）国家机关用地和军事用地；

（二）城市基础设施用地和公益事业用地；

（三）国家重点扶持的能源、交通、水利等基础设施用地；

（四）法律、行政法规规定的其他用地。

第五十五条 以出让等有偿使用方式取得国有土地使用权的建设单位，按照国务院规定的标准和办法，缴纳土地使用权出让金等土地有偿使用费和其他费用后，方可使用土地。

自本法施行之日起，新增建设用地的土地有偿使用费，百分之三十上缴中央财政，百分之七十留给有关地方人民政府，都专项用于耕地开发。

第五十六条 建设单位使用国有土地的，应当按照土地使用权出让等有偿使用合同的约定或者土地使用权划拨批准文件的规定使用土地；确需改变该幅土地建设用途的，应当经有关人民政府土地行政主管部门同意，报原批准用地的人民政府批准。其中，在城市规划区内改变土地用途的，在报批前，应当先经有关城市规划行政主管部门同意。

第五十七条 建设项目施工和地质勘查需要临时使用国有土地或者农民集体所有的土地的，由县级以上人民政府土地行政部门批准。其中，在城市规划区内的临时用地，在报批前，应当先经有关城市规划行政主管部门同意。土地使用者应当根据土地权属，与有关土地行政主管部门或者农村集体经济组织、村民委员会签订临时使用土地合同，并按照合同的约定支付临时使用土地补偿费。

临时使用土地的使用者应当按照临时使用土地合同约定的用途使用土地，并不得修建永久性建筑物。

临时使用土地期限一般不超过二年。

第五十八条 有下列情形之一的，由有关人民政府土地行政主管部门报经原批准用地的人民政府或者有批准权的人民政府批准，可以收回国有土地使用权：

（一）为公共利益需要使用土地的；

（二）为实施城市规划进行旧城区改建，需要调整使用土地的；

（三）土地出让等有偿使用合同约定的使用期限届满，土地使用者未申请续期或者申请续期未获批准的；

（四）因单位撤销、迁移等原因，停止使用原划拨的国有土地的；

（五）公路、铁路、机场、矿场等经核准报废的。

依照前款第（一）项、第（二）项的规定收回国有土地使用权的，对土地使用权人应当给予适当补偿。

第五十九条 乡镇企业、乡（镇）村公共设施、公益事业、农村村民住宅等乡（镇）村建设，应当按照村庄和集镇规划，合理布局，综合开发，配套建设；建设用地，应当符合乡（镇）土地利用总体规划和土地利用年度计划，并依照本法第四十四条、第六十条、第六十一条、第六十二条的规定办理审批手续。

第六十条 农村集体经济组织使用乡（镇）土地利用总体规划确定的建设用地兴办企业或者与其他单位、个人以土地使用权入股、联营等形式共同举办企业的，应当持有关批准文件，向县级以上地方人民政府土地行政主管部门提出申请，按照省、自治区、直辖市规定的批准权限，由县级以上地方人民政府批准；其中，涉及占用农用地的，依照本法第四十四条的规定办理审批手续。

按照前款规定兴办企业的建设用地，必须严格控制。省、自治区、直辖市可以按照乡镇企业的不同行业和经营规模，分别规定用地标准。

第六十一条 乡（镇）村公共设施、公益事业建设，需要使用土地的，经乡（镇）人民政府审核，由县级以上地方人民政府土地行政主管部门提出申请，按照省、自治区、直辖市规定的批准权限，由县级以上地方人民政府批准；其中，涉及占用农用地的，依照本法第四十四条的规定办理审批手续。

第六十二条 农村村民一户只能拥有一处宅基地，其宅基地的面积不得超过省、自治区、直辖市规定的标准。

农村村民建住宅，应当符合乡（镇）土地利用总体规划，并尽量使用原有的宅基地和村内空闲地。

农村村民住宅用地，经乡（镇）人民政府审核，由县级人民政府批准；其中，涉及占用农用地的，依照本法第四十四条的规定办理审批手续。

农村村民出卖、出租住房后，再申请宅基地的，不予批准。

第六十三条 农民集体所有的土地的使用权不得出让、转让或者出租用于非农业建设；但是，符合土地利用总体规划并依法取得建设用地的企业，因破产、兼并等情形致使土地使用权依法发生转移的除外。

第六十四条 在土地利用总体规划制定前已建的不符合土地利用总体规划确定的用途的建筑物、构筑物，不得重建、扩建。

第六十五条 有下列情形之一的，农村集体经济组织报经原批准用地的人民政府批准，可以收回土地使用权：

（一）为乡（镇）村公共设施和公益事业建设，需要使用土地的；

（二）不按照批准的用途使用土地的；

（三）因撤销、迁移等原因而停止使用土地的。

依照前款第（一）项规定收回农民集体所有的土地的，对土地使用权人应当给予适当补偿。

第六章 监督检查

第六十六条 县级以上人民政府土地行政主管部门对违反土地管理法律、法规的行为进行监督检查。

土地管理监督检查人员应当熟悉土地管理法律、法规，忠于职守、秉公执法。

第六十七条 县级以上人民政府土地行政主管部门履行监督检查职责时，有权采取下列措施：

（一）要求被检查的单位或者个人提供有关土地权利的文件和资料，进行查阅或者予以复制；

（二）要求被检查的单位或者个人就有关土地权利的问题作出说明；

（三）进入被检查单位或者个人非法占用的土地现场进行勘测；

（四）责令非法占用土地的单位或者个人停止违反土地管理法律、法规的行为。

第六十八条 土地管理监督检查人员履行职责，需要进入现场进行勘测、要求有关单位或者个人提供文件、资料和作出说明的，应当出示土地管理监督检查证件。

第六十九条 有关单位和个人对县级以上人民政府土地行政主管部门就土地违法行为进行的监督检查应当支持与配合，并提供工作方便，不得拒绝与阻碍土地管理监督检查人员依法执行职务。

第七十条 县级以上人民政府土地行政主管部门在监督检查工作中发现国家工作人员的违法行为，依法应当给予行政处分的，应当依法予以处理；自己无权处理的，应当向同级或者上级人民政府的行政监察机关提出行政处分建议书，有关行政监察机关应当依法予以处理。

第七十一条 县级以上人民政府土地行政主管部门在监督检查工作中发现土地违法行为构成犯罪的，应当将案件移送有关机关，依法追究刑事责任；不构成犯罪的，应当依法给予行政处罚。

第七十二条 依照本法规定应当给予行政处罚，而有关土地行政主管部门不给予行政处罚的，上级人民政府土地行政主管部门有权责令有关土地行政主管部门作出行政处罚决定或者直接给予行政处罚，并给予有关土地行政主管部门的负责人行政处分。

第七章 法律责任

第七十三条 买卖或者以其他形式非法转让土地的，由县级以上人民政府土地行政主管部门没收违法所得；对违反土地利用总体规划擅自将农用地改为建设用地的，限期拆除在非法转让的土地上新建的建筑物和其他设施，恢复土地原状，对符合土地利用总体规划的，没收在非法转让的土地上新建的建筑物和其他设施；可以并处罚款；对直接负责的主管人员和其他直接责任人员，依法给予行政处分；构成犯罪的，依法追究刑事责任。

第七十四条 违反本法规定，占用耕地建窑、建坟或者擅自在耕地上建房、挖砂、采石、采矿、取土等，破坏种植条件的，或者因开发土地造成土地荒漠化、盐渍化的，由县级以上人民政府土地行政主管部门责令限期改正或者治理，可以并处罚款；构成犯罪的，依法追究刑事责任。

第七十五条 违反本法规定，拒不履行土地复垦义务的，由县级以上人民政府土地行政主管部门责令限期改正；逾期不改正的，责令缴纳复垦费，专项用于土地复垦，可以处以罚款。

第七十六条 未经批准或者采取欺骗手段骗取批准，非法占用土地的，由县级以上人民政府土地行政主管部门责令退还非法占用的土地，对违反土地利用总体规划擅自将农用地改为建设用地的，限期拆除在非法占用的土地上新建的建筑物和其他设施，恢复土地原状，对符合土地利用总体规划的，没收在非法占用的土地上新建的建筑物和其他设施，可以并处罚款；对非法占用土地单位的直接负责的主管人员和其他直接责任人员，依法给予行政处分；构成犯罪的，依法追究刑事责任。

超过批准的数量占用土地，多占的土地以非法占用土地论处。

第七十七条 农村村民未经批准或者采取欺骗手段骗取批准，非法占用土地建住宅的，由县级以上人民政府土地行政主管部门责令退还非法占用的土地，限期拆除在非法占用的土地上新建的房屋。

超过省、自治区、直辖市规定的标准，多占的土地以非法占用土地论处。

第七十八条 无权批准征用、使用土地的单位或者个人非法批准占用土地的，超越批准权限非法批准占用土地的，不按照土地利用总体规划确定的用途批准用地的，或者违反法律规定的程序批准占用、征用土地的，其批准文件无效，对非法批准征用、使用土地的直接负责的主管人员和其他直接责任人员，依法给予行政处分；构成犯罪的，依法追究刑事责任。非法批准、使用的土地应当收回，有关当事人拒不归还的，以非法占用土地论处。

非法批准征用、使用土地，对当事人造成损失的，依法应当承担赔偿责任。

第七十九条 侵占、挪用被征用土地单位的征地补偿费用和其他有关费用，构成犯罪的，依法追究刑事责任；尚不构成犯罪的，依法给予行政处分。

第八十条 依法收回国有土地使用权当事人拒不交出土地的，临时使用土地期满拒不归还的，或者不按照批准的用途使用国有土地的，由县级以上人民政府土地行政主管部门责令交还土地，处以罚款。

第八十一条 擅自将农民集体所有的土地的使用权出让、转让或者出租用于非农业建设的，由县级以上人民政府土地行政主管部门责令限期改正，没收违法所得，并处罚款。

第八十二条 不依照本法规定办理土地变更登记的，由县级以上人民政府土地行政主管部门责令其限期办理。

第八十三条 依照本法规定，责令限期拆除在非法占用的土地上新建的建筑物和其他设施的，建设单位或者个人必须立即停止施工，自行拆除；对继续施工的，作出处罚决定的机关有权制止。建设单位或者个人对责令限期拆除的行政处罚决定不服的，可以在接到责令限期拆除决定之日起十五日内，向人民法院起诉；期满不起诉又不自行拆除的，由作出处罚决定的机关依法申请人民法院强制执行，费用由违法者承担。

第八十四条 土地行政主管部门的工作人员玩忽职守、滥用职权、徇私舞弊，构成犯罪的，依法追究刑事责任；尚不构成犯罪的，依法给予行政处分。

第八章 附 则

第八十五条 中外合资经营企业、中外合作经营企业、外资企业使用土地的，适用本法；法律另有规定的，从其规定。

第八十六条 本法自1999年1月1日起施行。

附：《刑法》有关条文

第二百二十八条 以牟利为目的，违反土地管理法规，非法转让、倒卖土地使用权，情节严重的，处三年以下有期徒刑或者拘役，并处或者单处非法转让、倒卖土地使用权价额5%以上20%以下罚金；情节特别严重的，处三年以上七年以下有期徒刑，并处非法转让、倒卖土地使用权价额5%以上20%以下罚金。

第三百四十二条 违反土地管理法规，非法占用耕地改作他用，数量较大，造成耕地大量毁坏的，处五年以下有期徒刑或者拘役，并处或者单处罚金。

第四百一十条 国家机关工作人员徇私舞弊，违反土地管理法规，滥用职权，非法批准征用、占用土地，或者非法低价出让国有土地使用权，情节严重的，处三年以下有期徒刑或者拘役；致使国家或者集体利益遭受特别重大损失的，处三年以上七年以下有期徒刑。

中华人民共和国土地管理法实施条例

（1998年12月27日，国务院令第256号）

第一章　总　则

第一条　根据《中华人民共和国土地管理法》（以下简称《土地管理法》），制定本条例。

第二章　土地的所有权和使用权

第二条　下列土地属于全民所有即国家所有：

（一）城市市区的土地；

（二）农村和城市郊区中已经依法没收、征收、征购为国有的土地；

（三）国家依法征用的土地；

（四）依法不属于集体所有的林地、草地、荒地、滩涂及其他土地；

（五）农村集体经济组织全部成员转为城镇居民的，原属于其成员集体所有的土地；

（六）因国家组织移民、自然灾害等原因，农民成建制地集体迁移后不再使用的原属于迁移农民集体所有的土地。

第三条　国家依法实行土地登记发证制度。依法登记的土地所有权和土地使用权受法律保护，任何单位和个人不得侵犯。

土地登记内容和土地权属证书式样由国务院土地行政主管部门统一规定。

土地登记资料可以公开查询。

确认林地、草原的所有权或者使用权，确认水面、滩涂的养殖使用权，分别依照《森林法》、《草原法》和《渔业法》的有关规定办理。

第四条　农民集体所有的土地，由土地所有者向土地所在地的县级人民政府土地行政主管部门提出土地登记申请，由县级人民政府登记造册，核发集体土地所有权证书，确认所有权。

农民集体所有的土地依法用于非农业建设的，由土地使用者向土地所在地的县级人民政府土地行政主管部门提出土地登记申请，由县级人民政府登记造册，核发集体土地使用权证书，确认建设用地使用权。

设区的市人民政府可以对市辖区内农民集体所有的土地实行统一登记。

第五条　单位和个人依法使用的国有土地，由土地使用者向土地所在地的县级以上人民政府土地行政主管部门提出土地登记申请，由县级以上人民政府登记造册，核发国有土地使用权证书，确认使用权。其中，中央国家机关使用的国有土地的登记发证，由国务院土地行政主管部门负责，具体登记发证办法由国务院土地行政主管部门会同国务院机关事务管理局等有关部门制定。

未确定使用权的国有土地，由县级以上人民政府登记造册，负责保护管理。

第六条 依法改变土地所有权、使用权的，因依法转让地上建筑物、构筑物等附着物导致土地使用权转移的，必须向土地所在地的县级以上人民政府土地行政主管部门提出土地变更登记申请，由原土地登记机关依法进行土地所有权、使用权变更登记。土地所有权、使用权的变更，自变更登记之日起生效。

依法改变土地用途的，必须持批准文件，向土地所在地的县级以上人民政府土地行政主管部门提出土地变更登记申请，由原土地登记机关依法进行变更登记。

第七条 依照《土地管理法》的有关规定，收回用地单位的土地使用权的，由原土地登记机关注销土地登记。

土地使用权有偿使用合同约定的使用期限届满，土地使用者未申请续期或者虽申请续期未获批准的，由原土地登记机关注销土地登记。

第三章 土地利用总体规划

第八条 全国土地利用总体规划，由国务院土地行政主管部门会同国务院有关部门编制，报国务院批准。

省、自治区、直辖市的土地利用总体规划，由省、自治区、直辖市人民政府组织本级土地行政主管部门和其他有关部门编制，报国务院批准。

省、自治区人民政府所在地的市、人口在 100 万以上的城市以及国务院指定的城市的土地利用总体规划，由各该市人民政府组织本级土地行政主管部门和其他有关部门编制，经省、自治区人民政府审查同意后，报国务院批准。

本条第一款、第二款、第三款规定以外的土地利用总体规划，由有关人民政府组织本级土地行政主管部门和其他有关部门编制，逐级上报省、自治区、直辖市人民政府批准；其中，乡（镇）土地利用总体规划，由乡（镇）人民政府编制，逐级上报省、自治区、直辖市人民政府或者省、自治区、直辖市人民政府授权的设区的市、自治州人民政府批准。

第九条 土地利用总体规划的规划期限一般为 15 年。

第十条 依照《土地管理法》规定，土地利用总体规划应当将土地划分为农用地、建设用地和未利用地。

县级和乡（镇）土地利用总体规划应当根据需要，划定基本农田保护区、土地开垦区、建设用地区和禁止开垦区等；其中，乡（镇）土地利用总体规划还应当根据土地使用条件，确定每一块土地的用途。

土地分类和划定土地利用区的具体办法，由国务院土地行政主管部门会同国务院有关部门制定。

第十一条 乡（镇）土地利用总体规划经依法批准后，乡（镇）人民政府应当在本行政区域内予以公告。

公告应当包括下列内容：

（一）规划目标；

（二）规划期限；

（三）规划范围；

（四）地块用途；

（五）批准机关和批准日期。

第十二条 依照《土地管理法》第二十六条第二款、第三款规定修改土地利用总体规划的，由原编制机关根据国务院或者省、自治区、直辖市人民政府的批准文件修改。修改后的土地利用总体规划应当报原批准机关批准。

上一级土地利用总体规划修改后，涉及修改下一级土地利用总体规划的，由上一级人民政府通知下一级人民政府作出相应修改，并报原批准机关备案。

第十三条 各级人民政府应当加强土地利用年度计划管理，实行建设用地总量控制。土地利用年度计划一经批准下达，必须严格执行。

土地利用年度计划应当包括下列内容：

（一）农用地转用计划指标；

（二）耕地保有量计划指标；

（三）土地开发整理计划指标。

第十四条 县级以上人民政府土地行政主管部门应当会同同级有关部门进行土地调查。

土地调查应当包括下列内容：

（一）土地权属；

（二）土地利用现状；

（三）土地条件。

地方土地利用现状调查结果，经本级人民政府审核，报上一级人民政府批准后，应当向社会公布；全国土地利用现状调查结果，报国务院批准后，应当向社会公布。土地调查规程，由国务院土地行政主管部门会同国务院有关部门制定。

第十五条 国务院土地行政主管部门会同国务院有关部门制定土地等级评定标准。

县级以上人民政府土地行政主管部门应当会同同级有关部门根据土地等级评定标准，对土地等级进行评定。地方土地等级评定结果，经本级人民政府审核，报上一级人民政府土地行政主管部门批准后，应当向社会公布。

根据国民经济和社会发展状况，土地等级每6年调整1次。

第四章 耕地保护

第十六条 在土地利用总体规划确定的城市和村庄、集镇建设用地范围内，为实施城市规划和村庄、集镇规划占用耕地，以及在土地利用总体规划确定的城市建设用地范围外的能源、交通、水利、矿山、军事设施等建设项目占用耕地的，分别由市、县人民政府、农村集体经济组织和建设单位依照《土地管理法》第三十一条的规定负责开垦耕地；没有条件开垦或者开垦的耕地不符合要求的，应当按照省、自治区、直辖市的规定缴纳耕地开垦费。

第十七条 禁止单位和个人在土地利用总体规划确定的禁止开垦区内从事土地开发活动。

在土地利用总体规划确定的土地开垦区内，开发未确定土地使用权的国有荒山、荒地、荒滩从事种植业、林业、畜牧业、渔业生产的，应当向土地所在地的县级以上人民政府土地行政主管部门提出申请，报有批准权的人民政府批准。

一次性开发未确定土地使用权的国有荒山、荒地、荒滩600公顷以下的，按照省、自治区、直辖市规定的权限，由县级以上地方人民政府批准；开发600公顷以上的，报国务院批准。

开发未确定土地使用权的国有荒山、荒地、荒滩从事种植业、林业、畜牧业或者渔业生产的，经县级以上人民政府依法批准，可以确定给开发单位或者个人长期使用，使用期限最长不得超过50年。

第十八条 县、乡（镇）人民政府应当按照土地利用总体规划，组织农村集体经济组织制定土地整理方案，并组织实施。

地方各级人民政府应当采取措施，按照土地利用总体规划推进土地整理。土地整理新增耕地面积的60%可以用作折抵建设占用耕地的补偿指标。

土地整理所需费用，按照谁受益谁负担的原则，由农村集体经济组织和土地使用者共同承担。

第五章 建设用地

第十九条 建设占用土地，涉及农用地转为建设用地的，应当符合土地利用总体规划和土地利用年度计划中确定的农用地转用指标；城市和村庄、集镇建设占用土地，涉及农用地转用的，还应当符合城市规划和村庄、集镇规划。不符合规定的，不得批准农用地转为建设用地。

第二十条 在土地利用总体规划确定的城市建设用地范围内，为实施城市规划占用土地的，按照下列规定办理：

（一）市、县人民政府按照土地利用年度计划拟订农用地转用方案、补充耕地方案、征用土地方案，分批次逐级上报有批准权的人民政府。

（二）有批准权的人民政府土地行政主管部门对农用地转用方案、补充耕地方案、征用土地方案进行审查，提出审查意见，报有批准权的人民政府批准；其中，补充耕地方案由批准农用地转用方案的人民政府在批准农用地转用方案时一并批准。

（三）农用地转用方案、补充耕地方案、征用土地方案经批准后，由市、县人民政府组织实施，按具体建设项目分别供地。

在土地利用总体规划确定的村庄、集镇建设用地范围内，为实施村庄、集镇规划占用土地的，由市、县人民政府拟订农用地转用方案、补充耕地方案，依照前款规定的程序办理。

第二十一条 具体建设项目需要使用土地的，建设单位应当根据建设项目的总体设计一次申请，办理建设用地审批手续；分期建设的项目，可以根据可行性研究报告确定的方案分期申请建设用地，分期办理建设用地有关审批手续。

第二十二条 具体建设项目需要占用土地利用总体规划确定的城市用地范围内的国有建设用地的，按照下列规定办理：

（一）建设项目可行性研究论证时，由土地行政主管部门对建设项目用地有关事项进行审查，提出建设项目用地预审报告；可行性研究报告报批时，必须附具土地行政主管部门出具的建设项目用地预审报告。

（二）建设单位持建设项目的有关批准文件，向市、县人民政府土地行政主管部门提出建设用地申请，由市、县人民政府土地行政主管部门审查，拟订供地方案，报市、县人民政府批准；需要上级人民政府批准的，应当报上级人民政府批准。

（三）供地方案经批准后，由市、县人民政府向建设单位颁发建设用地批准书。有偿使用国有土地的，由市、县人民政府土地行政主管部门与土地使用者签订国有土地有偿使用合同；划拨使用国有土地的，由市、县人民政府土地行政主管部门向土地使用者核发国有土地划拨决定书。

（四）土地使用者应当依法申请土地登记。

通过招标、拍卖方式提供国有建设用地使用权的，由市、县人民政府土地行政主管部门会同有关部门拟订方案，报市、县人民政府批准后，由市、县人民政府土地行政主管部门组织实施，并与土地使用者签订土地有偿使用合同。土地使用者应当依法申请土地登记。

第二十三条 具体建设项目需要使用土地的，必须依法申请使用土地利用总体规划确定的城市建设用地范围内的国有建设用地。能源、交通、水利、矿山、军事设施等建设项目确需使用土地利用总体规划确定的城市建设用地范围外的土地，涉及农用地的，按照下列规定办理：

（一）建设项目可行性研究论证时，由土地行政主管部门对建设项目用地有关事项进行审查，提出建设项目用地预审报告；可行性研究报告报批时，必须附具土地行政主管部门出具的建设项目用地预审报告。

（二）建设单位持建设项目的有关批准文件，向市、县人民政府土地行政主管部门提出建设用地申请，由市、县人民政府土地行政主管部门审查，拟订农用地转用方案、补充耕地方案、征用土地方案和供地方案（涉及国有农用地的，不拟订征用土地方案），经市、县人民政府审核同意后，逐级上报有批准权的人民政府批准；其中，补充耕地方案由批准农用地转用方案的人民政府在批准农用地转用方案时一并批准；供地方案由批准征用土地的人民政府在批准征用土地方案时一并批准（涉及国有农用地的，供地方案由批准农用地转用的人民政府在批准农用地转用方案时一并批准）。

（三）农用地转用方案、补充耕地方案、征用土地方案和供地方案经批准后，由市、县人民政府组织实施，向建设单位颁发建设用地批准书。有偿使用国有土地的，由市、县人民政府土地行政主管部门与土地使用者签订国有土地有偿使用合同；划拨使用国有土地的，由市、县人民政府土地行政主管部门向土地使用者核发国有土地划拨决定书。

（四）土地使用者应当依法申请土地登记。

建设项目确需使用土地利用总体规划确定的城市建设用地范围外的土地，涉及农民集体所有的未利用地的，只报批征用土地方案和供地方案。

第二十四条 具体建设项目需要占用土地利用总体规划确定的国有未利用地的，按照省、自治区、直辖市的规定办理；但是，国家重点建设项目、军事设施和跨省、自治区、直辖市行政区域的建设项目以及国务院规定的其他建设项目用地，应当报国务院批准。

第二十五条 征用土地方案经依法批准后，由被征用土地所在地的市、县人民政府组织实施，并将批准征地机关、批准文号、征用土地的用途、范围、面积以及征地补偿标准、农业人员安置办法和办理征地补偿的期限等，在被征用土地所在地的乡（镇）、村予以公告。

被征用土地的所有权人、使用权人应当在公告规定的期限内，持土地权属证书到公告指定的人民政府土地行政主管部门办理征地补偿登记。

市、县人民政府土地行政主管部门根据经批准的征用土地方案，会同有关部门拟订征地补偿、安置方案，在被征用土地所在地的乡（镇）、村予以公告，听取被征用土地的农村集体经济组织和农民的意见。征地补偿、安置方案报市、县人民政府批准后，由市、县人民政府土地行政主管部门组织实施。对补偿标准有争议的，由县级以上地方人民政府协调；协调不成的，由批准征用土地的人民政府裁决。征地补偿、安置争议不影响征用土地方案的实施。

征用土地的各项费用应当自征地补偿、安置方案批准之日起3个月内全额支付。

第二十六条 土地补偿费归农村集体经济组织所有；地上附着物及青苗补偿费归地上附着物及青苗的所有者所有。

征用土地的安置补助费必须专款专用，不得挪作他用。需要安置的人员由农村集体经济组织安置的，安置补助费支付给农村集体经济组织，由农村集体经济组织管理和使用；由其他单位安置的，安置补助费支付给安置单位；不需要统一安置的，安置补助费发放给被安置人员个人或者征得被安置人员同意后用于支付被安置人员的保险费用。

市、县和乡（镇）人民政府应当加强对安置补助费使用情况的监督。

第二十七条 抢险救灾等急需使用土地的，可以先行使用土地。其中，属于临时用地的，灾后应当恢复原状并交还原土地使用者使用，不再办理用地审批手续；属于永久性建设用地的，建设单位应当在灾情结束后6个月内申请补办建设用地审批手续。

第二十八条 建设项目施工和地质勘查需要临时占用耕地的，土地使用者应当自临时用地期满之日起1年内恢复种植条件。

第二十九条 国有土地有偿使用的方式包括：

（一）国有土地使用权出让；

（二）国有土地租赁；

（三）国有土地使用权作价出资或者入股。

第三十条 《土地管理法》第五十五条规定的新增建设用地的土地有偿使用费，是指国家在新增建设用地中应取得的平均土地纯收益。

第六章 监督检查

第三十一条 土地管理监督检查人员应当经过培训，经考核合格后，方可从事土地管理监督检查工作。

第三十二条 土地行政主管部门履行监督检查职责，除采取《土地管理法》第六十七条规定的措施外，还可以采取下列措施：

（一）询问违法案件的当事人、嫌疑人和证人；

（二）进入被检查单位或者个人非法占用的土地现场进行拍照、摄像；

（三）责令当事人停止正在进行的土地违法行为；

（四）对涉嫌土地违法的单位或者个人，停止办理有关土地审批、登记手续；

（五）责令违法嫌疑人在调查期间不得变卖、转移与案件有关的财物。

第三十三条 依照《土地管理法》第七十二条规定给予行政处分的，由责令作出行政处罚决定或者直接给予行政处罚决定的上级人民政府土地行政主管部门作出。对于警告、记过、记大过的行政处分决定，上级土地行政主管部门可以直接作出；对于降级、撤职、开除的行政处分决定，上级土地行政主管部门应当按照国家有关人事管理权限和处理程序的规定，向有关机关提出行政处分建议，由有关机关依法处理。

第七章 法律责任

第三十四条 违反本条例第十七条的规定，在土地利用总体规划确定的禁止开垦区内进行开垦的，由县级以上人民政府土地行政主管部门责令限期改正；逾期不改正的，依照《土地管理法》第七十六条的规定处罚。

第三十五条 在临时使用的土地上修建永久性建筑物、构筑物的，由县级以上人民政府土地行政主管部门责令限期拆除；逾期不拆除的，由作出处罚决定的机关依法申请人民法院强制执行。

第三十六条 对在土地利用总体规划制定前已建的不符合土地利用总体规划确定的用途的建筑物、构筑物重建、扩建的，由县级以上人民政府土地行政主管部门责令限期拆除；逾期不拆除的，由作出处罚决定的机关依法申请人民法院强制执行。

第三十七条 阻碍土地行政主管部门的工作人员依法执行职务的，依法给予治安管理处罚或者追究刑事责任。

第三十八条 依照《土地管理法》第七十三条的规定处以罚款的，罚款额为非法所得的50%以下。

第三十九条 依照《土地管理法》第八十一条的规定处以罚款的，罚款额为非法所得的5%以上20%以下。

第四十条 依照《土地管理法》第七十四条的规定处以罚款的，罚款额为耕地开垦费的2倍以下。

第四十一条 依照《土地管理法》第七十五条的规定处以罚款的，罚款额为土地复垦费的2倍以下。

第四十二条 依照《土地管理法》第七十六条的规定处以罚款的，罚款额为非法占用土地每平方米30元以下。

第四十三条 依照《土地管理法》第八十条的规定处以罚款的，罚款额为非法占用土地每平方米10元以上30元以下。

第四十四条 违反本条例第二十八条的规定，逾期不恢复种植条件的，由县级以上人民政府土地行政主管部门责令限期改正，可以处耕地复垦费2倍以下的罚款。

第四十五条 违反土地管理法律、法规规定，阻挠国家建设征用土地的，由县级以上人民政府土地行政主管部门责令交出土地；拒不交出土地的，申请人民法院强制执行。

第八章 附 则

第四十六条 本条例自1999年1月1日起施行。1991年1月4日国务院发布的《中华人民共和国土地管理法实施条例》同时废止。

中华人民共和国水土保持法

（1991年6月29日第七届全国人民代表大会常务委员会第二十次会议通过）

第一章　总　则

第一条　为预防和治理水土流失，保护和合理利用水土资源，减轻水、旱、风沙灾害，改善生态环境，发展生产，制定本法。

第二条　本法所称水土保持，是指对自然因素和人为活动造成水土流失所采取的预防和治理措施。

第三条　一切单位和个人都有保护水土资源、防治水土流失的义务，并有权对破坏水土资源、造成水土流失的单位和个人进行检举。

第四条　国家对水土保持工作实行预防为主，全面规划，综合防治，因地制宜，加强管理，注重效益的方针。

第五条　国务院和地方人民政府应当将水土保持工作列为重要职责，采取措施做好水土流失防治工作。

第六条　国务院水行政主管部门主管全国的水土保持工作。县级以上地方人民政府水行政主管部门，主管本辖区的水土保持工作。

第七条　国务院和县级以上地方人民政府的水行政主管部门，应当在调查评价水土资源的基础上，会同有关部门编制水土保持规划。水土保持规划须经同级人民政府批准，县级以上地方人民政府批准的水土保持规划，须报上一级人民政府水行政主管部门备案。水土保持规划的修改，须经原批准机关批准。

县级以上人民政府应当将水土保持规划确定的任务，纳入国民经济和社会发展计划，安排专项资金，并组织实施。

县级以上人民政府应当依据水土流失的具体情况，划定水土流失重点防治区，进行重点防治。

第八条　从事可能引起水土流失的生产建设活动的单位和个人，必须采取措施保护水土资源，并负责治理因生产建设活动造成的水土流失。

第九条　各级人民政府应当加强水土保持的宣传教育工作，普及水土保持科学知识。

第十条　国家鼓励开展水土保持科学技术研究，提高水土保持科学技术水平，推广水土保持的先进技术，有计划地培养水土保持的科学技术人才。

第十一条　在防治水土流失工作中成绩显著的单位和个人，由人民政府给予奖励。

第二章 预 防

第十二条 各级人民政府应当组织全民植树造林，鼓励种草，扩大森林覆盖面积，增加植被。

第十三条 各级地方人民政府应当根据当地情况，组织农业集体经济组织和国营农、林、牧场，种植薪炭林和饲草、绿肥植物，有计划地进行封山育林育草、轮封轮牧、防风固沙，保护植被。禁止毁林开荒、烧山开荒和在陡坡地、干旱地区铲草皮、挖树兜。

第十四条 禁止在25度以上陡坡地开垦种植农作物。

省、自治区、直辖市人民政府可以根据本辖区的实际情况，规定小于25度的禁止开垦坡度。

禁止开垦的陡坡地的具体范围由当地县级人民政府划定并公告。

本法施行前已在禁止开垦的陡坡地上开垦种植农作物的，应当在建设基本农田的基础上，根据实际情况，逐步退耕，植树种草，恢复植被，或者修建梯田。

第十五条 开垦禁止开垦坡度以下、5度以上的荒坡地，必须经县级人民政府水行政主管部门批准；开垦国有荒坡地，经县级人民政府水行政主管部门批准后，方可向县级以上人民政府申请办理土地开垦手续。

第十六条 采伐林木必须因地制宜地采用合理采伐方式，严格控制皆伐，对采伐区和集材道采取防止水土流失的措施，并在采伐后及时完成更新造林任务。对水源涵养林、水土保持林、防风固沙林等防护林只准进行抚育和更新性质的采伐。

在林区采伐林木的，采伐方案中必须有按照前款规定制定的采伐区水土保持措施。采伐方案经林业行政主管部门批准后，采伐水土保持措施由水行政主管部门和林业行政主管部门监督实施。

第十七条 在5度以上坡地上整地造林，抚育幼林，垦复油茶、油桐等经济林木，必须采取水土保持措施，防止水土流失。

第十八条 修建铁路、公路和水工程，应当尽量减少破坏植被；废弃的砂、石、土必须运至规定的专门存放地堆放，不得向江河、湖泊、水库和专门存放地以外的沟渠倾倒；在铁路、公路两侧地界以内的山坡地，必须修建护坡或者采取其他土地整治措施；工程竣工后，取土场、开挖面和废弃的砂、石、土存放地的裸露土地，必须植树种草，防止水土流失。

开办矿山企业、电力企业和其他大中型工业企业，排弃的剥离表土、矸石、尾矿、废渣等必须堆放在规定的专门存放地，不得向江河、湖泊、水库和专门存放地以外的沟渠倾倒；因采矿和建设使植被受到破坏的，必须采取措施恢复表土层和植被，防止水土流失。

第十九条 在山区、丘陵区、风沙区修建铁路、公路、水工程，开办矿山企业、电力企业和其他大中型工业企业，在建设项目环境影响报告书中，必须有水行政主管部门同意的水土保持方案。水土保持方案应当按照本法第十八条的规定制定。

在山区、丘陵区、风沙区依照矿产资源法的规定开办乡镇集体矿山企业和个体申请采矿，必须持有县级以上地方人民政府水行政主管部门同意的水土保持方案，方可申请办理采矿批准手续。

建设项目中的水土保持设施，必须与主体工程同时设计、同时施工、同时投产使用。建设工程竣工验收时，应当同时验收水土保持设施，并有水行政主管部门参加。

第二十条 各级地方人民政府应当采取措施，加强对采矿、取土、挖砂、采石等生产活动的管理，防止水土流失。

在崩塌滑坡危险区和泥石流易发区禁止取土、挖砂、采石。崩塌滑坡危险区和泥石流易发区的范围，由县级以上地方人民政府划定并公告。

第三章 治 理

第二十一条 县级以上人民政府应当根据水土保持规划，组织有关行政主管部门和单位有计划地对水土流失进行治理。

第二十二条 在水力侵蚀地区，应当以天然沟壑及其两侧山坡地形成的小流域为单元，实行全面规划，综合治理，建立水土流失综合防治体系。

在风力侵蚀地区，应当采取开发水源、引水拉沙、植树种草、设置人工沙障和网格林带等措施，建立防风固沙防护体系，控制风沙危害。

第二十三条 国家鼓励水土流失地区的农业集体经济组织和农民对水土流失进行治理，并在资金、能源、粮食、税收等方面实行扶持政策，具体办法由国务院规定。

第二十四条 各级地方人民政府应当组织农业集体经济组织和农民，有计划地对禁止开垦坡度以下，5 度以上的耕地进行治理，根据不同情况，采取整治排水系统、修建梯田、蓄水保土耕作等水土保持措施。

第二十五条 水土流失地区的集体所有的土地承包给个人使用的，应当将治理水土流失的责任列入承包合同。

第二十六条 荒山、荒沟、荒丘、荒滩可以由农业集体经济组织、农民个人或者联户承包水土流失的治理。

对荒山、荒沟、荒丘、荒滩水土流失的治理实行承包的，应当按照谁承包治理谁受益的原则，签订水土保持承包治理合同。

承包治理所种植的林木及其果实，归承包者所有，因承包治理而新增加的土地、由承包者使用。

国家保护承包治理合同当事人的合法权益。在承包治理合同有效期内，承包人死亡时，继承人可以依照承包治理合同的约定继续承包。

第二十七条 企业事业单位在建设和生产过程中必须采取水土保持措施，对造成的水土流失负责治理。本单位无力治理的，由水行政主管部门治理，治理费用由造成水土流失的企业事业单位负担。

建设过程中发生的水土流失防治费用，从基本建设投资中列支；生产过程中发生的水土流失防治费用，从生产费用中列支。

第二十八条 在水土流失地区建设的水土保持设施和种植的林草，由县级以上人民政府组织有关部门检查验收。

对水土保持设施、试验场地、种植的林草和其他治理成果，应当加强管理和保护。

第四章　监　督

第二十九条　国务院水行政主管部门建立水土保持监测网络，对全国水土流失动态进行监测预报，并予以公告。

第三十条　县级以上地方人民政府水行政主管部门的水土保持监督人员，有权对本辖区的水土流失及其防治情况进行现场检查。被检查单位和个人必须如实报告情况，提供必要的工作条件。

第三十一条　地区之间发生的水土流失防治的纠纷，应当协商解决；协商不成的，由上一级人民政府处理。

第五章　法律责任

第三十二条　违反本法第十四条规定，在禁止开垦的陡坡地开垦种植农作物的，由县级人民政府水行政主管部门责令停止开垦、采取补救措施，可以处以罚款。

第三十三条　企业事业单位、农业集体经济组织未经县级人民政府水行政主管部门批准，擅自开垦禁止开垦坡度以下、5 度以上的荒坡地的，由县级人民政府水行政主管部门责令停止开垦、采取补救措施，可以处以罚款。

第三十四条　在县级以上地方人民政府划定的崩塌滑坡危险区、泥石流易发区范围内取土、挖砂或者采石的，由县级以上地方人民政府水行政主管部门责令停止上述违法行为、采取补救措施，处以罚款。

第三十五条　在林区采伐林木，不采取水土保持措施，造成严重水土流失的，由水行政主管部门报请县级以上人民政府决定责令限期改正、采取补救措施，处以罚款。

第三十六条　企业事业单位在建设和生产过程中造成水土流失，不进行治理的，可以根据所造成的危害后果处以罚款，或者责令停业治理；对有关责任人员由其所在单位或者上级主管机关给予行政处分。

罚款由县级人民政府水行政主管部门报请县级人民政府决定。责令停业治理由市、县人民政府决定；中央或者省级人民政府直接管辖的企业事业单位的停业治理，须报请国务院或者省级人民政府批准。

个体采矿造成水土流失，不进行治理的，按照前两款的规定处罚。

第三十七条　以暴力、威胁方法阻碍水土保持监督人员依法执行职务的，依法追究刑事责任；拒绝、阻碍水土保持监督人员执行职务未使用暴力、威胁方法的，由公安机关依照治安管理处罚条例的规定处罚。

第三十八条　当事人对行政处罚决定不服的，可以在接到处罚通知之日起 15 日内向作出处罚决定的机关的上一级机关申请复议；当事人也可以在接到处罚通知之日起 15 日内直接向人民法院起诉。

复议机关应当在接到复议申请之日起 60 日内作出复议决定。当事人对复议决定不服的，可以在接到复议决定之日起 15 日内向人民法院起诉。复议机关逾期不作出复议决定的，当事人可以在复议期满之日起 15 日内向人民法院起诉。

当事人逾期不申请复议也不向人民法院起诉、又不履行处罚决定的，作出处罚决定的机关可以申请人民法院强制执行。

第三十九条 造成水土流失危害的，有责任排除危害，并对直接受到损害的单位和个人赔偿损失。

赔偿责任和赔偿金额的纠纷，可以根据当事人的请求，由水行政主管部门处理；当事人对处理决定不服的，可以向人民法院起诉。当事人也可以直接向人民法院起诉。

由于不可抗拒的自然灾害，并经及时采取合理措施，仍然不能避免造成水土流失危害的，免予承担责任。

第四十条 水土保持监督人员玩忽职守、滥用职权给公共财产、国家和人民利益造成损失的，由其所在单位或者上级主管机关给予行政处分；构成犯罪的，依法追究刑事责任。

第六章　附　则

第四十一条 国务院根据本法制定实施条例。

省、自治区、直辖市人民代表大会常务委员会，可以根据本法和本地区的实际情况制定实施办法。

第四十二条 本法自公布之日起施行。1982 年 6 月 30 日国务院发布的《水土保持工作条例》同时废止。

中华人民共和国水土保持法实施条例

（1993 年 8 月 1 日中华人民共和国国务院发布）

第一章 总 则

第一条 根据《中华人民共和国水土保持法》（以下简称《水土保持法》）的规定，制定本条例。

第二条 一切单位和个人都有权对有下列破坏水土资源、造成水土流失的行为之一的单位和个人，向县级以上人民政府水行政主管部门或者其他有关部门进行检举：

（一）违法毁林或者毁草场开荒，破坏植被的；

（二）违法开垦荒坡地的；

（三）向江河、湖泊、水库和专门存放地以外的沟渠倾倒废弃砂、石、土或者尾矿废渣的；

（四）破坏水土保持设施的；

（五）有破坏水土资源、造成水土流失的其他行为的。

第三条 水土流失防治区的地方人民政府应当实行水土流失防治目标责任制。

第四条 地方人民政府根据当地实际情况设立的水土保持机构，可以行使《水土保持法》和本条例规定的水行政主管部门对水土保持工作的职权。

第五条 县级以上人民政府应当将批准的水土保持规划确定的任务，纳入国民经济和社会发展计划，安排专项资金，组织实施，并可以按照有关规定，安排水土流失地区的部分扶贫资金、以工代赈资金和农业发展基金等资金，用于水土保持。

第六条 水土流失重点防治区按国家、省、县三级划分，具体范围由县级以上人民政府水行政主管部门提出，报同级人民政府批准并公告。

水土流失重点防治区可以分为重点预防保护区、重点监督区和重点治理区。

第七条 水土流失严重的省、自治区、直辖市，可以根据需要，设置水土保持中等专业学校或者在有关院校开设水土保持专业。中小学的有关课程，应当包含水土保持方面的内容。

第二章 预 防

第八条 山区、丘陵区、风沙区的地方人民政府，对从事挖药材、养柞蚕、烧木炭、烧砖瓦等副业生产的单位和个人，必须根据水土保持的要求，加强管理，采取水土保持措施，防止水土流失和生态环境恶化。

第九条 在水土流失严重、草场少的地区，地方人民政府及其有关主管部门应当采取措施，推行舍饲，改变野外放牧习惯。

第十条 地方人民政府及其有关主管部门应当因地制宜，组织营造薪炭林，发展小水电、风力发电，发展沼气，利用太阳能，推广节能灶。

第十一条 《水土保持法》施行前已在禁止开垦的陡坡地上开垦种植农作物的，应当在平地或者缓坡地建设基本农田，提高单位面积产量，将已开垦的陡坡耕地逐步退耕，植树种草；退耕确有困难的，由县级人民政府限期修成梯田，或者采取其他水土保持措施。

第十二条 依法申请开垦荒坡地的，必须同时提出防止水土流失的措施，报县级人民政府水行政主管部门或者其所属的水土保持监督管理机构批准。

第十三条 在林区采伐林木的，采伐方案中必须有采伐区水土保持措施。林业行政主管部门批准采伐方案后，应当将采伐方案抄送水行政主管部门，共同监督实施采伐区水土保持措施。

第十四条 在山区、丘陵区、风沙区修建铁路、公路、水工程，开办矿山企业、电力企业和其他大中型工业企业，其环境影响报告书中的水土保持方案，必须先经水行政主管部门审查同意。

在山区、丘陵区、风沙区依法开办乡镇集体矿山企业和个体申请采矿，必须填写“水土保持方案报告表”，经县级以上地方人民政府水行政主管部门批准后，方可申请办理采矿批准手续。

建设工程中的水土保持设施竣工验收，应当有水行政主管部门参加并签署意见。水土保持设施经验收不合格的，建设工程不得投产使用。

水土保持方案的具体报批办法，由国务院水行政主管部门会同国务院有关主管部门制定。

第十五条 《水土保持法》施行前已建或者在建并造成水土流失的生产建设项目，生产建设单位必须向县级以上地方人民政府水行政主管部门提出水土流失防治措施。

第三章 治 理

第十六条 县级以上地方人民政府应当组织国有农场、林场、牧场和农业集体经济组织及农民，在禁止开垦坡度以下的坡耕地，按照水土保持规划，修筑水平梯田和蓄水保土工程，整治排水系统，治理水土流失。

第十七条 水土流失地区的集体所有的土地承包给个人使用的，应当将治理水土流失的责任列入承包合同。当地乡、民族乡、镇的人民政府和农业集体经济组织应当监督承包合同的履行。

第十八条 荒山、荒沟、荒丘、荒滩的水土流失，可以由农民个人、联户或者专业队承包治理，也可以由企业事业单位或者个人投资投劳入股治理。

实行承包治理的，发包方和承包方应当签订承包治理合同。在承包期内，承包方经发包方同意，可以将承包治理合同转让给第三者。

第十九条 企业事业单位在建设和生产过程中造成水土流失的，应当负责治理。因技术等原因无力自行治理的，可以交纳防治费，由水行政主管部门组织治理。防治费的收取标准和使用管理办法由省级以上人民政府财政部门、主管物价的部门会同水行政主管部门制定。

第二十条 对水行政主管部门投资营造的水土保持林、水源涵养林和防风固沙林进行抚育和更新性质的采伐时，所提取的育林基金应当用于营造水土保持林、水源涵养林和防风固沙林。

第二十一条 建成的水土保持设施和种植的林草，应当按照国家技术标准进行检查验收；验收合格的，应当建立档案，设立标志，落实管护责任制。

任何单位和个人不得破坏或者侵占水土保持设施。企业事业单位在建设和生产过程中损坏水土保持设施的，应当给予补偿。

第四章　监　督

第二十二条 《水土保持法》第二十九条所称水土保持监测网络，是指全国水土保持监测中心，大江大河流域水土保持中心站，省、自治区、直辖市水土保持监测站以及省、自治区、直辖市重点防治区水土保持监测分站。

水土保持监测网络的具体管理办法，由国务院水行政主管部门制定。

第二十三条 国务院水行政主管部门和省、自治区、直辖市人民政府水行政主管部门应当定期分别公告水土保持监测情况。公告应当包括下列事项：

（一）水土流失的面积、分布状况和流失程度；

（二）水土流失造成的危害及其发展趋势；

（三）水土流失防治情况及其效益。

第二十四条 有水土流失防治任务的企业事业单位，应当定期向县级以上地方人民政府水行政主管部门通报本单位水土流失防治工作的情况。

第二十五条 县级以上地方人民政府水行政主管部门及其所属的水土保持监督管理机构，应当对《水土保持法》和本条例的执行情况实施监督检查。水土保持监督人员依法执行公务时，应当持有县级以上人民政府颁发的水土保持监督检查证件。

第五章　法律责任

第二十六条 依照《水土保持法》第三十二条的规定处以罚款的，罚款幅度为非法开垦的陡坡地每平方米一元至二元。

第二十七条 依照《水土保持法》第三十三条的规定处以罚款的，罚款幅度为擅自开垦的荒坡地每平方米零点五元至一元。

第二十八条 依照《水土保持法》第三十四条的规定处以罚款的，罚款幅度为五百元以上、五千元以下。

第二十九条 依照《水土保持法》第三十五条的规定处以罚款的，罚款幅度为造成的水土流失面积每平方米二元至五元。

第三十条 依照《水土保持法》第三十六条的规定处以罚款的，罚款幅度为一千元以上、一万元以下。

第三十一条 破坏水土保持设施，尚不够刑事处罚的，由公安机关依照《中华人民共和国治安管理处罚条例》的有关规定予以处罚。

第三十二条 依照《水土保持法》第三十九条第二款的规定，请求水行政主管部门处理赔偿责任和赔偿金额纠纷的，应当提出申请报告。申请报告应当包括下列事项：

（一）当事人的基本情况；

（二）受到水土流失危害的时间、地点、范围；

（三）损失清单；

（四）证据。

第三十三条 由于发生不可抗拒的自然灾害而造成水土流失时，有关单位和个人应当向水行政主管部门报告不可抗拒的自然灾害的种类、程度、时间和已采取的措施等情况，经水行政主管部门查实并作出“不能避免造成水土流失危害”认定的，免予承担责任。

第六章　附　则

第三十四条 本条例由国务院水行政主管部门负责解释。

第三十五条 本条例自发布之日起施行。

中华人民共和国水法

（2002年8月29日第九届全国人民代表大会常务委员会第二十九次会议通过）

中华人民共和国主席令

第74号

《中华人民共和国水法》已由中华人民共和国第九届全国人民代表大会常务委员会第二十九次会议于2002年8月29日修订通过，现将修订后的《中华人民共和国水法》公布，自2002年10月1日起施行。

中华人民共和国主席　江泽民

2002年8月29日

目　录

第一章　总　则

第一条　为了合理开发、利用、节约和保护水资源，防治水害，实现水资源的可持续利用，适应国民经济和社会发展的需要，制定本法。

第二条　在中华人民共和国领域内开发、利用、节约、保护、管理水资源，防治水害，适用本法。

本法所称水资源，包括地表水和地下水。

第三条 水资源属于国家所有。水资源的所有权由国务院代表国家行使。农村集体经济组织的水塘和由农村集体经济组织修建管理的水库中的水，归各该农村集体经济组织使用。

第四条 开发、利用、节约、保护水资源和防治水害，应当全面规划、统筹兼顾、标本兼治、综合利用、讲求效益，发挥水资源的多种功能，协调好生活、生产经营和生态环境用水。

第五条 县级以上人民政府应当加强水利基础设施建设，并将其纳入本级国民经济和社会发展计划。

第六条 国家鼓励单位和个人依法开发、利用水资源，并保护其合法权益。开发、利用水资源的单位和个人有依法保护水资源的义务。

第七条 国家对水资源依法实行取水许可制度和有偿使用制度。但是，农村集体经济组织及其成员使用本集体经济组织的水塘、水库中的水的除外。国务院水行政主管部门负责全国取水许可制度和水资源有偿使用制度的组织实施。

第八条 国家厉行节约用水，大力推行节约用水措施，推广节约用水新技术、新工艺，发展节水型工业、农业和服务业，建立节水型社会。

各级人民政府应当采取措施，加强对节约用水的管理，建立节约用水技术开发推广体系，培育和发展节约用水产业。

单位和个人有节约用水的义务。

第九条 国家保护水资源，采取有效措施，保护植被，植树种草，涵养水源，防治水土流失和水体污染，改善生态环境。

第十条 国家鼓励和支持开发、利用、节约、保护、管理水资源和防治水害的先进科学技术的研究、推广和应用。

第十一条 在开发、利用、节约、保护、管理水资源和防治水害等方面成绩显著的单位和个人，由人民政府给予奖励。

第十二条 国家对水资源实行流域管理与行政区域管理相结合的管理体制。

国务院水行政主管部门负责全国水资源的统一管理和监督工作。

国务院水行政主管部门在国家确定的重要江河、湖泊设立的流域管理机构（以下简称流域管理机构），在所管辖的范围内行使法律、行政法规规定的和国务院水行政主管部门授予的水资源管理和监督职责。

县级以上地方人民政府水行政主管部门按照规定的权限，负责本行政区域内水资源的统一管理和监督工作。

第十三条 国务院有关部门按照职责分工，负责水资源开发、利用、节约和保护的有关工作。

县级以上地方人民政府有关部门按照职责分工，负责本行政区域内水资源开发、利用、节约和保护的有关工作。

第二章　水资源规划

第十四条　国家制定全国水资源战略规划。

开发、利用、节约、保护水资源和防治水害，应当按照流域、区域统一制定规划。规划分为流域规划和区域规划。流域规划包括流域综合规划和流域专业规划；区域规划包括区域综合规划和区域专业规划。

前款所称综合规划，是指根据经济社会发展需要和水资源开发利用现状编制的开发、利用、节约、保护水资源和防治水害的总体部署。前款所称专业规划，是指防洪、治涝、灌溉、航运、供水、水力发电、竹木流放、渔业、水资源保护、水土保持、防沙治沙、节约用水等规划。

第十五条　流域范围内的区域规划应当服从流域规划，专业规划应当服从综合规划。

流域综合规划和区域综合规划以及与土地利用关系密切的专业规划，应当与国民经济和社会发展规划以及土地利用总体规划、城市总体规划和环境保护规划相协调，兼顾各地区、各行业的需要。

第十六条　制定规划，必须进行水资源综合科学考察和调查评价。水资源综合科学考察和调查评价，由县级以上人民政府水行政主管部门会同同级有关部门组织进行。

县级以上人民政府应当加强水文、水资源信息系统建设。县级以上人民政府水行政主管部门和流域管理机构应当加强对水资源的动态监测。

基本水文资料应当按照国家有关规定予以公开。

第十七条　国家确定的重要江河、湖泊的流域综合规划，由国务院水行政主管部门会同国务院有关部门和有关省、自治区、直辖市人民政府编制，报国务院批准。跨省、自治区、直辖市的其他江河、湖泊的流域综合规划和区域综合规划，由有关流域管理机构会同江河、湖泊所在地的省、自治区、直辖市人民政府水行政主管部门和有关部门编制，分别经有关省、自治区、直辖市人民政府审查提出意见后，报国务院水行政主管部门审核；国务院水行政主管部门征求国务院有关部门意见后，报国务院或者其授权的部门批准。

前款规定以外的其他江河、湖泊的流域综合规划和区域综合规划，由县级以上地方人民政府水行政主管部门会同同级有关部门和有关地方人民政府编制，报本级人民政府或者其授权的部门批准，并报上一级水行政主管部门备案。

专业规划由县级以上人民政府有关部门编制，征求同级其他有关部门意见后，报本级人民政府批准。其中，防洪规划、水土保持规划的编制、批准，依照防洪法、水土保持法的有关规定执行。

第十八条　规划一经批准，必须严格执行。

经批准的规划需要修改时，必须按照规划编制程序经原批准机关批准。

第十九条　建设水工程，必须符合流域综合规划。在国家确定的重要江河、湖泊和跨省、自治区、直辖市的江河、湖泊上建设水工程，其工程可行性研究报告报请批准前，有关流域管理机构应当对水工程的建设是否符合流域综合规划进行审查并签署意见；在其他江河、湖泊上建设水工程，其工程可行性研究报告报请批准前，县级以上地方人民政府水行政主管部门应当按照管理权限对水工程的建设是否符合流域综合规划进行审查并签署意见。水工程建设涉及防洪的，依照防洪法的有关规定执行；涉及其他地区和行业的，建设单位应当事先征求有关地区和部门的意见。

第三章 水资源开发利用

第二十条 开发、利用水资源，应当坚持兴利与除害相结合，兼顾上下游、左右岸和有关地区之间的利益，充分发挥水资源的综合效益，并服从防洪的总体安排。

第二十一条 开发、利用水资源，应当首先满足城乡居民生活用水，并兼顾农业、工业、生态环境用水以及航运等需要。

在干旱和半干旱地区开发、利用水资源，应当充分考虑生态环境用水需要。

第二十二条 跨流域调水，应当进行全面规划和科学论证，统筹兼顾调出和调入流域的用水需要，防止对生态环境造成破坏。

第二十三条 地方各级人民政府应当结合本地区水资源的实际情况，按照地表水与地下水统一调度开发、开源与节流相结合、节流优先和污水处理再利用的原则，合理组织开发、综合利用水资源。

国民经济和社会发展规划以及城市总体规划的编制、重大建设项目的布局，应当与当地水资源条件和防洪要求相适应，并进行科学论证；在水资源不足的地区，应当对城市规模和建设耗水量大的工业、农业和服务业项目加以限制。

第二十四条 在水资源短缺的地区，国家鼓励对雨水和微咸水的收集、开发、利用和对海水的利用、淡化。

第二十五条 地方各级人民政府应当加强对灌溉、排涝、水土保持工作的领导，促进农业生产发展；在容易发生盐碱化和渍害的地区，应当采取措施，控制和降低地下水的水位。

农村集体经济组织或者其成员依法在本集体经济组织所有的集体土地或者承包土地上投资兴建水工程设施的，按照谁投资建设谁管理和谁受益的原则，对水工程设施及其蓄水进行管理和合理使用。

农村集体经济组织修建水库应当经县级以上地方人民政府水行政主管部门批准。

第二十六条 国家鼓励开发、利用水能资源。在水能丰富的河流，应当有计划地进行多目标梯级开发。

建设水力发电站，应当保护生态环境，兼顾防洪、供水、灌溉、航运、竹木流放和渔业等方面的需要。

第二十七条 国家鼓励开发、利用水运资源。在水生生物洄游通道、通航或者竹木流放的河流上修建永久性拦河闸坝，建设单位应当同时修建过鱼、过船、过木设施，或者经国务院授权的部门批准采取其他补救措施，并妥善安排施工和蓄水期间的水生生物保护、航运和竹木流放，所需费用由建设单位承担。

在不通航的河流或者人工水道上修建闸坝后可以通航的，闸坝建设单位应当同时修建过船设施或者预留过船设施位置。

第二十八条 任何单位和个人引水、截（蓄）水、排水，不得损害公共利益和他人的合法权益。

第二十九条 国家对水工程建设移民实行开发性移民的方针，按照前期补偿、补助与后期扶持相结合的原则，妥善安排移民的生产和生活，保护移民的合法权益。

移民安置应当与工程建设同步进行。建设单位应当根据安置地区的环境容量和可持续发展的原则，因地制宜，编制移民安置规划，经依法批准后，由有关地方人民政府组织实施。所需移民经费列入工程建设投资计划。

第四章 水资源、水域和水工程的保护

第三十条 县级以上人民政府水行政主管部门、流域管理机构以及其他有关部门在制定水资源开发、利用规划和调度水资源时，应当注意维持江河的合理流量和湖泊、水库以及地下水的合理水位，维护水体的自然净化能力。

第三十一条 从事水资源开发、利用、节约、保护和防治水害等水事活动，应当遵守经批准的规划；因违反规划造成江河和湖泊水域使用功能降低、地下水超采、地面沉降、水体污染的，应当承担治理责任。

开采矿藏或者建设地下工程，因疏干排水导致地下水水位下降、水源枯竭或者地面塌陷，采矿单位或者建设单位应当采取补救措施；对他人生活和生产造成损失的，依法给予补偿。

第三十二条 国务院水行政主管部门会同国务院环境保护行政主管部门、有关部门和有关省、自治区、直辖市人民政府，按照流域综合规划、水资源保护规划和经济社会发展要求，拟定国家确定的重要江河、湖泊的水功能区划，报国务院批准。跨省、自治区、直辖市的其他江河、湖泊的水功能区划，由有关流域管理机构会同江河、湖泊所在地的省、自治区、直辖市人民政府水行政主管部门、环境保护行政主管部门和其他有关部门拟定，分别经有关省、自治区、直辖市人民政府审查提出意见后，由国务院水行政主管部门会同国务院环境保护行政主管部门审核，报国务院或者其授权的部门批准。

前款规定以外的其他江河、湖泊的水功能区划，由县级以上地方人民政府水行政主管部门会同同级人民政府环境保护行政主管部门和有关部门拟定，报同级人民政府或者其授权的部门批准，并报上一级水行政主管部门和环境保护行政主管部门备案。

县级以上人民政府水行政主管部门或者流域管理机构应当按照水功能区对水质的要求和水体的自然净化能力，核定该水域的纳污能力，向环境保护行政主管部门提出该水域的限制排污总量意见。

县级以上地方人民政府水行政主管部门和流域管理机构应当对水功能区的水质状况进行监测，发现重点污染物排放总量超过控制指标的，或者水功能区的水质未达到水域使用功能对水质的要求的，应当及时报告有关人民政府采取治理措施，并向环境保护行政主管部门通报。

第三十三条 国家建立饮用水水源保护区制度。省、自治区、直辖市人民政府应当

划定饮用水水源保护区，并采取措施，防止水源枯竭和水体污染，保证城乡居民饮用水安全。

第三十四条 禁止在饮用水水源保护区内设置排污口。

在江河、湖泊新建、改建或者扩大排污口，应当经过有管辖权的水行政主管部门或者流域管理机构同意，由环境保护行政主管部门负责对该建设项目的环境影响报告书进行审批。

第三十五条 从事工程建设，占用农业灌溉水源、灌排工程设施，或者对原有灌溉用水、供水水源有不利影响的，建设单位应当采取相应的补救措施；造成损失的，依法给予补偿。

第三十六条 在地下水超采地区，县级以上地方人民政府应当采取措施，严格控制开采地下水。在地下水严重超采地区，经省、自治区、直辖市人民政府批准，可以划定地下水禁止开采或者限制开采区。在沿海地区开采地下水，应当经过科学论证，并采取措施，防止地面沉降和海水入侵。

第三十七条 禁止在江河、湖泊、水库、运河、渠道内弃置、堆放阻碍行洪的物体和种植阻碍行洪的林木及高秆作物。

禁止在河道管理范围内建设妨碍行洪的建筑物、构筑物以及从事影响河势稳定、危害河岸堤防安全和其他妨碍河道行洪的活动。

第三十八条 在河道管理范围内建设桥梁、码头和其他拦河、跨河、临河建筑物、构筑物，铺设跨河管道、电缆，应当符合国家规定的防洪标准和其他有关的技术要求，工程建设方案应当依照防洪法的有关规定报经有关水行政主管部门审查同意。

因建设前款工程设施，需要扩建、改建、拆除或者损坏原有水工程设施的，建设单位应当负担扩建、改建的费用和损失补偿。但是，原有工程设施属于违法工程的除外。

第三十九条 国家实行河道采砂许可制度。河道采砂许可制度实施办法，由国务院规定。

在河道管理范围内采砂，影响河势稳定或者危及堤防安全的，有关县级以上人民政府水行政主管部门应当划定禁采区和规定禁采期，并予以公告。

第四十条 禁止围湖造地。已经围垦的，应当按照国家规定的防洪标准有计划地退地还湖。

禁止围垦河道。确需围垦的，应当经过科学论证，经省、自治区、直辖市人民政府水行政主管部门或者国务院水行政主管部门同意后，报本级人民政府批准。

第四十一条 单位和个人有保护水工程的义务，不得侵占、毁坏堤防、护岸、防汛、水文监测、水文地质监测等工程设施。

第四十二条 县级以上地方人民政府应当采取措施，保障本行政区域内水工程，特别是水坝和堤防的安全，限期消除险情。水行政主管部门应当加强对水工程安全的监督管理。

第四十三条 国家对水工程实施保护。国家所有的水工程应当按照国务院的规定划定工程管理和保护范围。

国务院水行政主管部门或者流域管理机构管理的水工程，由主管部门或者流域管理机构商有关省、自治区、直辖市人民政府划定工程管理和保护范围。

前款规定以外的其他水工程，应当按照省、自治区、直辖市人民政府的规定，划定工程保护范围和保护职责。

在水工程保护范围内，禁止从事影响水工程运行和危害水工程安全的爆破、打井、采石、取土等活动。

第五章　水资源配置和节约使用

第四十四条　国务院发展计划主管部门和国务院水行政主管部门负责全国水资源的宏观调配。全国的和跨省、自治区、直辖市的水中长期供求规划，由国务院水行政主管部门会同有关部门制订，经国务院发展计划主管部门审查批准后执行。地方的水中长期供求规划，由县级以上地方人民政府水行政主管部门会同同级有关部门依据上一级水中长期供求规划和本地区的实际情况制订，经本级人民政府发展计划主管部门审查批准后执行。

水中长期供求规划应当依据水的供求现状、国民经济和社会发展规划、流域规划、区域规划，按照水资源供需协调、综合平衡、保护生态、厉行节约、合理开源的原则制定。

第四十五条　调蓄径流和分配水量，应当依据流域规划和水中长期供求规划，以流域为单元制定水量分配方案。

跨省、自治区、直辖市的水量分配方案和旱情紧急情况下的水量调度预案，由流域管理机构商有关省、自治区、直辖市人民政府制订，报国务院或者其授权的部门批准后执行。其他跨行政区域的水量分配方案和旱情紧急情况下的水量调度预案，由共同的上一级人民政府水行政主管部门商有关地方人民政府制订，报本级人民政府批准后执行。

水量分配方案和旱情紧急情况下的水量调度预案经批准后，有关地方人民政府必须执行。

在不同行政区域之间的边界河流上建设水资源开发、利用项目，应当符合该流域经批准的水量分配方案，由有关县级以上地方人民政府报共同的上一级人民政府水行政主管部门或者有关流域管理机构批准。

第四十六条　县级以上地方人民政府水行政主管部门或者流域管理机构应当根据批准的水量分配方案和年度预测来水量，制定年度水量分配方案和调度计划，实施水量统一调度；有关地方人民政府必须服从。

国家确定的重要江河、湖泊的年度水量分配方案，应当纳入国家的国民经济和社会发展年度计划。

第四十七条　国家对用水实行总量控制和定额管理相结合的制度。

省、自治区、直辖市人民政府有关行业主管部门应当制订本行政区域内行业用水定额，报同级水行政主管部门和质量监督检验行政主管部门审核同意后，由省、自治区、直辖市人民政府公布，并报国务院水行政主管部门和国务院质量监督检验行政主管部门备案。

县级以上地方人民政府发展计划主管部门会同同级水行政主管部门，根据用水定额、经济技术条件以及水量分配方案确定的可供本行政区域使用的水量，制定年度用水计划，对本行政区域内的年度用水实行总量控制。

第四十八条 直接从江河、湖泊或者地下取用水资源的单位和个人，应当按照国家取水许可制度和水资源有偿使用制度的规定，向水行政主管部门或者流域管理机构申请领取取水许可证，并缴纳水资源费，取得取水权。但是，家庭生活和零星散养、圈养畜禽饮用等少量取水的除外。

实施取水许可制度和征收管理水资源费的具体办法，由国务院规定。

第四十九条 用水应当计量，并按照批准的用水计划用水。

用水实行计量收费和超定额累进加价制度。

第五十条 各级人民政府应当推行节水灌溉方式和节水技术，对农业蓄水、输水工程采取必要的防渗漏措施，提高农业用水效率。

第五十一条 工业用水应当采用先进技术、工艺和设备，增加循环用水次数，提高水的重复利用率。

国家逐步淘汰落后的、耗水量高的工艺、设备和产品，具体名录由国务院经济综合主管部门会同国务院水行政主管部门和有关部门制定并公布。生产者、销售者或者生产经营中的使用者应当在规定的时间内停止生产、销售或者使用列入名录的工艺、设备和产品。

第五十二条 城市人民政府应当因地制宜采取有效措施，推广节水型生活用水器具，降低城市供水管网漏失率，提高生活用水效率；加强城市污水集中处理，鼓励使用再生水，提高污水再生利用率。

第五十三条 新建、扩建、改建建设项目，应当制订节水措施方案，配套建设节水设施。节水设施应当与主体工程同时设计、同时施工、同时投产。

供水企业和自建供水设施的单位应当加强供水设施的维护管理，减少水的漏失。

第五十四条 各级人民政府应当积极采取措施，改善城乡居民的饮用水条件。

第五十五条 使用水工程供应的水，应当按照国家规定向供水单位缴纳水费。供水价格应当按照补偿成本、合理收益、优质优价、公平负担的原则确定。具体办法由省级以上人民政府价格主管部门会同同级水行政主管部门或者其他供水行政主管部门依据职权制定。

第六章　水事纠纷处理与执法监督检查

第五十六条 不同行政区域之间发生水事纠纷的，应当协商处理；协商不成的，由上一级人民政府裁决，有关各方必须遵照执行。在水事纠纷解决前，未经各方达成协议或者共同的上一级人民政府批准，在行政区域交界线两侧一定范围内，任何一方不得修建排水、阻水、取水和截（蓄）水工程，不得单方面改变水的现状。

第五十七条 单位之间、个人之间、单位与个人之间发生的水事纠纷，应当协商解决；当事人不愿协商或者协商不成的，可以申请县级以上地方人民政府或者其授权的部门调解，也可以直接向人民法院提起民事诉讼。县级以上地方人民政府或者其授权的部门调解不成的，当事人可以向人民法院提起民事诉讼。

在水事纠纷解决前，当事人不得单方面改变现状。

第五十八条 县级以上人民政府或者其授权的部门在处理水事纠纷时，有权采取临时处置措施，有关各方或者当事人必须服从。

第五十九条 县级以上人民政府水行政主管部门和流域管理机构应当对违反本法的行为加强监督检查并依法进行查处。

水行政监督检查人员应当忠于职守，秉公执法。

第六十条 县级以上人民政府水行政主管部门、流域管理机构及其水政监督检查人员履行本法规定的监督检查职责时，有权采取下列措施：

（一）要求被检查单位提供有关文件、证照、资料；

（二）要求被检查单位就执行本法的有关问题作出说明；

（三）进入被检查单位的生产场所进行调查；

（四）责令被检查单位停止违反本法的行为，履行法定义务。

第六十一条 有关单位或者个人对水政监督检查人员的监督检查工作应当给予配合，不得拒绝或者阻碍水政监督检查人员依法执行职务。

第六十二条 水政监督检查人员在履行监督检查职责时，应当向被检查单位或者个人出示执法证件。

第六十三条 县级以上人民政府或者上级水行政主管部门发现本级或者下级水行政主管部门在监督检查工作中有违法或者失职行为的，应当责令其限期改正。

第七章　法律责任

第六十四条 水行政主管部门或者其他有关部门以及水工程管理单位及其工作人员，利用职务上的便利收取他人财物、其他好处或者玩忽职守，对不符合法定条件的单位或者个人核发许可证、签署审查同意意见，不按照水量分配方案分配水量，不按照国家有关规定收取水资源费，不履行监督职责，或者发现违法行为不予查处，造成严重后果，构成犯罪的，对负有责任的主管人员和其他直接责任人员依照刑法的有关规定追究刑事责任；尚不够刑事处罚的，依法给予行政处分。

第六十五条 在河道管理范围内建设妨碍行洪的建筑物、构筑物，或者从事影响河势稳定、危害河岸堤防安全和其他妨碍河道行洪的活动的，由县级以上人民政府水行政主管部门或者流域管理机构依据职权，责令停止违法行为，限期拆除违法建筑物、构筑物，恢复原状；逾期不拆除、不恢复原状的，强行拆除，所需费用由违法单位或者个人负担，并处一万元以上十万元以下的罚款。

未经水行政主管部门或者流域管理机构同意，擅自修建水工程，或者建设桥梁、码头和其他拦河、跨河、临河建筑物、构筑物，铺设跨河管道、电缆，且防洪法未作规定的，由县级以上人民政府水行政主管部门或者流域管理机构依据职权，责令停止违法行为，限期补办有关手续；逾期不补办或者补办未被批准的，责令限期拆除违法建筑物、构筑物；逾期不拆除的，强行拆除，所需费用由违法单位或者个人负担，并处一万元以上十万元以下的罚款。

虽经水行政主管部门或者流域管理机构同意，但未按照要求修建前款所列工程设施的，由县级以上人民政府水行政主管部门或者流域管理机构依据职权，责令限期改正，按照情节轻重，处一万元以上十万元以下的罚款。

第六十六条 有下列行为之一，且防洪法未作规定的，由县级以上人民政府水行政主管部门或者流域管理机构依据职权，责令停止违法行为，限期清除障碍或者采取其他补救措施，处一万元以上五万元以下的罚款：

（一）在江河、湖泊、水库、运河、渠道内弃置、堆放阻碍行洪的物体和种植阻碍行洪的林木及高秆作物的；

（二）围湖造地或者未经批准围垦河道的。

第六十七条 在饮用水水源保护区内设置排污口的，由县级以上地方人民政府责令限期拆除、恢复原状；逾期不拆除、不恢复原状的，强行拆除、恢复原状，并处五万元以上十万元以下的罚款。

未经水行政主管部门或者流域管理机构审查同意，擅自在江河、湖泊新建、改建或者扩大排污口的，由县级以上人民政府水行政主管部门或者流域管理机构依据职权，责令停止违法行为，限期恢复原状，处五万元以上十万元以下的罚款。

第六十八条 生产、销售或者在生产经营中使用国家明令淘汰的落后的、耗水量高的工艺、设备和产品的，由县级以上地方人民政府经济综合主管部门责令停止生产、销售或者使用，处二万元以上十万元以下的罚款。

第六十九条 有下列行为之一的，由县级以上人民政府水行政主管部门或者流域管理机构依据职权，责令停止违法行为，限期采取补救措施，处二万元以上十万元以下的罚款；情节严重的，吊销其取水许可证：

（一）未经批准擅自取水的；

（二）未依照批准的取水许可规定条件取水的。

第七十条 拒不缴纳、拖延缴纳或者拖欠水资源费的，由县级以上人民政府水行政主管部门或者流域管理机构依据职权，责令限期缴纳；逾期不缴纳的，从滞纳之日起按日加收滞纳部分千分之二的滞纳金，并处应缴或者补缴水资源费一倍以上五倍以下的罚款。

第七十一条 建设项目的节水设施没有建成或者没有达到国家规定的要求，擅自投入使用的，由县级以上人民政府有关部门或者流域管理机构依据职权，责令停止使用，限期改正，处五万元以上十万元以下的罚款。

第七十二条 有下列行为之一，构成犯罪的，依照刑法的有关规定追究刑事责任；尚不够刑事处罚，且防洪法未作规定的，由县级以上地方人民政府水行政主管部门或者流域管理机构依据职权，责令停止违法行为，采取补救措施，处一万元以上五万元以下的罚款；违反治安管理处罚条例的，由公安机关依法给予治安管理处罚；给他人造成损失的，依法承担赔偿责任：

（一）侵占、毁坏水工程及堤防、护岸等有关设施，毁坏防汛、水文监测、水文地质监测设施的；

（二）在水工程保护范围内，从事影响水工程运行和危害水工程安全的爆破、打井、采石、取土等活动的。

第七十三条 侵占、盗窃或者抢夺防汛物资，防洪排涝、农田水利、水文监测和测量以及其他水工程设备和器材，贪污或者挪用国家救灾、抢险、防汛、移民安置和补偿及其他水利建设款物，构成犯罪的，依照刑法的有关规定追究刑事责任。

第七十四条 在水事纠纷发生及其处理过程中煽动闹事、结伙斗殴、抢夺或者损坏公私财物、非法限制他人人身自由，构成犯罪的，依照刑法的有关规定追究刑事责任；尚不够刑事处罚的，由公安机关依法给予治安管理处罚。

第七十五条 不同行政区域之间发生水事纠纷，有下列行为之一的，对负有责任的主管人员和其他直接责任人员依法给予行政处分：

（一）拒不执行水量分配方案和水量调度预案的；

（二）拒不服从水量统一调度的；

（三）拒不执行上一级人民政府的裁决的；

（四）在水事纠纷解决前，未经各方达成协议或者上一级人民政府批准，单方面违反本法规定改变水的现状的。

第七十六条 引水、截（蓄）水、排水，损害公共利益或者他人合法权益的，依法承担民事责任。

第七十七条 对违反本法第三十九条有关河道采砂许可制度规定的行政处罚，由国务院规定。

第八章 附 则

第七十八条 中华人民共和国缔结或者参加的与国际或者国境边界河流、湖泊有关的国际条约、协定与中华人民共和国法律有不同规定的，适用国际条约、协定的规定。但是，中华人民共和国声明保留的条款除外。

第七十九条 本法所称水工程，是指在江河、湖泊和地下水源上开发、利用、控制、调配和保护水资源的各类工程。

第八十条 海水的开发、利用、保护和管理，依照有关法律的规定执行。

第八十一条 从事防洪活动，依照防洪法的规定执行。

水污染防治，依照水污染防治法的规定执行。

第八十二条 本法自2002年10月1日起施行。

中华人民共和国河道管理条例

（1988年6月3日国务院第七次常务会议通过）

第一章　总　则

第一条　为加强河道管理，保障防洪安全，发挥江河湖泊的综合效益，根据《中华人民共和国水法》，制定本条例。

第二条　本条例适用于中华人民共和国领域内的河道（包括湖泊、人工水道、行洪区、蓄洪区、滞洪区）。

河道内的航道，同时适用《中华人民共和国航道管理条例》。

第三条　开发利用江河湖泊水资源和防治水害，应当全面规划、统筹兼顾、综合利用、讲求效益，服从防洪的总体安排，促进各项事业的发展。

第四条　国务院水利行政主管部门是全国河道的主管机关。

各省、自治区、直辖市的水利行政主管部门是该行政区域的河道主管机关。

第五条　国家对河道实行按水系统一管理和分级管理相结合的原则。

长江、黄河、淮河、海河、珠江、松花江、辽河等大江大河的主要河段，跨省、自治区、直辖市的重要河段，省、自治区、直辖市之间的边界河道以及国境边界河道，由国家授权的江河流域管理机构实施管理，或者由上述江河所在省、自治区、直辖市的河道主管机关根据流域统一规划实施管理。其他河道由省、自治区、直辖市或者市、县的河道主管机关实施管理。

第六条　河道划分等级。河道等级标准由国务院水利行政主管部门制定。

第七条　河道防汛和清障工作实行地方人民政府行政首长负责制。

第八条　各级人民政府河道主管机关以及河道监理人员，必须按照国家法律、法规，加强河道管理，执行洪水计划和防洪调度命令，维护水工程和人民生命财产安全。

第九条　一切单位和个人都有保护河道堤防安全和参加防汛抢险的义务。

第二章　河道整治与建设

第十条　河道的整治与建设，应当服从流域综合规划，符合国家规定的防洪标准、通航标准和其他有关技术要求，维护堤防安全，保持河势稳定和行洪、航运通畅。

第十一条　修建开发水利、防治水害、整治河道的各类工程和跨河、穿河、穿堤、临河的桥梁、码头、道路、渡口、管道、缆线等建筑物及设施，建设单位必须按照河道管理权限，将工程建设方案报送河道主管机关审查同意后，方可按照基本建设程序履行审批手续。

建设项目经批准后，建设单位应当将施工安排告知河道主管机关。

第十二条 修建桥梁、码头和其他设施，必须按照国家规定的防洪标准所确定的河宽进行，不得缩窄行洪通道。

桥梁和栈桥的梁底必须高于设计洪水位，并按照防洪和航运的要求，留有一定的超高。设计洪水位由河道主管机关根据防洪规划确定。

跨越河道的管道、线路的净空高度必须符合防洪和航运的要求。

第十三条 交通部门进行航道整治，应当符合防洪安全要求，并事先征求河道主管机关对有关设计和计划的意见。

水利部门进行河道整治，涉及航道的，应当兼顾航运的需要，并事先征求交通部门对有关设计和计划的意见。

在国家规定可以流放竹木的河流和重要的渔业水域进行河道、航道整治，建设单位应当兼顾竹木水运和渔业发展的需要，并事先将有关设计和计划送同级林业、渔业主管部门征求意见。

第十四条 堤防上已修建的涵闸、泵站和埋设的穿堤管道、缆线等建筑物及设施，河道主管机关应当定期检查，对不符合工程安全要求的，限期改建。

在堤防上新建前款所指建筑物及设施，必须经河道主管机关验收合格后方可启用，并服从河道主管机关的安全管理。

第十五条 确需利用堤顶或者戗台兼做公路的，须经上级河道主管机关批准。堤身和堤顶公路的管理和维护办法，由河道主管机关商交通部门制定。

第十六条 城镇建设和发展不得占用河道滩地。城镇规划的临河界限，由河道主管机关会同城镇规划等有关部门确定。沿河城镇在编制和审查城镇规划时，应当事先征求河道主管机关的意见。

第十七条 河道岸线的利用和建设，应当服从河道整治规划和航道整治规划。计划部门在审批利用河道岸线的建设项目时，应当事先征求河道主管机关的意见。

河道岸线的界限，由河道主管机关会同交通等有关部门报县级以上地方人民政府划定。

第十八条 河道清淤和加固堤防取土以及按照防洪规划进行河道整治需要占用的土地，由当地人民政府调剂解决。

因修建水库、整治河道所增加的可利用土地，属于国家所有，可以由县级以上人民政府用于移民安置和河道整治工程。

第十九条 省、自治区、直辖市以河道为边界的，在河道两岸外侧各 10 公里之内，以及跨省、自治区、直辖市的河道，未经有关各方达成协议或者国务院水利行政主管部门批准，禁止单方面修建排水、阻水、引水、蓄水工程以及河道整治工程。

第三章　河道保护

第二十条　有堤防的河道，其管理范围为两岸堤防之间的水域、沙洲、滩地（包括可耕地）、行洪区、两岸堤防及护堤地。

无堤防的河道，其管理范围根据历史最高洪水位或者设计洪水位确定。

河道的具体管理范围，由县级以上地方人民政府负责划定。

第二十一条　在河道管理范围内，水域和土地的利用应当符合江河行洪、输水和航运的要求；滩地的利用，应当由河道主管机关会同土地管理等有关部门制定规划，报县级以上地方人民政府批准后实施。

第二十二条　禁止损毁堤防、护岸、闸坝等水工程建筑物和防汛设施、水文监测和测量设施、河岸地质监测设施以及通信照明等设施。

在防汛抢险期间，无关人员和车辆不得上堤。

因降雨雪等造成堤顶泥泞期间，禁止车辆通行，但防汛抢险车辆除外。

第二十三条　禁止非管理人员操作河道上的涵闸闸门，禁止任何组织和个人干扰河道管理单位的正常工作。

第二十四条　在河道管理范围内，禁止修建围堤、阻水渠道、阻水道路；种植高杆农作物、芦苇、杞柳、荻柴和树木（堤防防护林除外）；设置拦河渔具；弃置矿渣、石渣、煤灰、泥土、垃圾等。

在堤防和护堤地，禁止建房、放牧、开渠、打井、挖窖、葬坟、晒粮、存放物料、开采地下资源、进行考古发掘以及开展集市贸易活动。

第二十五条　在河道管理范围内进行下列活动，必须报经河道主管机关批准；涉及其他部门的，由河道主管机关会同有关部门批准：

（一）采砂、取土、淘金、弃置砂石或者淤泥；

（二）爆破、钻探、挖筑鱼塘；

（三）在河道滩地存放物料、修建厂房或者其他建筑设施；

（四）在河道滩地开采地下资源及进行考古发掘。

第二十六条　根据堤防的重要程度、堤基土质条件等，河道主管机关报经县级以上人民政府批准，可以在河道管理范围的相连地域划定堤防安全保护区。在堤防安全保护区内，禁止进行打井、钻探、爆破、挖筑鱼塘、采石、取土等危害堤防安全的活动。

第二十七条　禁止围湖造田。已经围垦的，应当按照国家规定的防洪标准进行治理，逐步退田还湖。湖泊的开发利用规划必须经河道主管机关审查同意。

禁止围垦河流，确需围垦的，必须经过科学论证，并经省级以上人民政府批准。

第二十八条　加强河道滩地、堤防和河岸的水土保持工作，防止水土流失、河道淤积。

第二十九条　江河的故道、旧堤、原有工程设施等，非经河道主管机关批准，不得填堵、占用或者拆毁。

第三十条　护堤护岸林木，由河道管理单位组织营造和管理，其他任何单位和个人不得侵占、砍伐或者破坏。

河道管理单位对护堤护岸林木进行抚育和更新性质的采伐及用于防汛抢险的采伐，根据国家有关规定免交育林基金。

第三十一条　在为保证堤岸安全需要限制航速的河段，河道主管机关应当会同交通部门设立限制航速的标志，通行的船舶不得超速行驶。

在汛期，船舶的行驶和停靠必须遵守防汛指挥部的规定。

第三十二条　山区河道有山体滑坡、崩岸、泥石流等自然灾害的河段，河道主管机关应当会同地质、交通等部门加强监测。在上述河段，禁止从事开山采石、采矿、开荒等危及山体稳定的活动。

第三十三条　在河道中流放竹木，不得影响行洪、航运和水工程安全，并服从当地河道主管机关的安全管理。

在汛期，河道主管机关有权对河道上的竹木和其他漂流物进行紧急处置。

第三十四条　向河道、湖泊排污的排污口的设置和扩大，排污单位在向环境保护部门申报之前，应当征得河道主管机关的同意。

第三十五条　在河道管理范围内，禁止堆放、倾倒、掩埋、排放污染水体的物体。禁止在河道内清洗装贮过油类或者有毒污染物的车辆、容器。

河道主管机关应当开展河道水质监测工作，协同环境保护部门对水污染防治实施监督管理。

第四章　河道清障

第三十六条　对河道管理范围内的阻水障碍物，按照“谁设障、谁清除”的原则，由河道主管机关提出清障计划和实施方案，由防汛指挥部责令设障者在规定的期限内清除。逾期不清除的，由防汛指挥部组织强行清除，并由设障者负担全部清障费用。

第三十七条　对壅水、阻水严重的桥梁、引道、码头和其他跨河工程设施，根据国家规定的防洪标准，由河道主管机关提出意见并报经人民政府批准，责成原建设单位在规定的期限内改建或者拆除。汛期影响防洪安全的，必须服从防汛指挥部的紧急处理决定。

第五章　经　费

第三十八条　河道堤防的防汛岁修费，按照分级管理的原则，分别由中央财政和地方财政负担，列入中央和地方年度财政预算。

第三十九条　受益范围明确的堤防、护岸、水闸、圩垸、海塘和排涝工程设施，河道主管机关可以向受益的工商企业等单位和农户收取河道工程修建维护管理费，其标准应当根据工程修建和维护管理费用确定。收费的具体标准和计收办法由省、自治区、直辖市人民政府制定。

第四十条　在河道管理范围内采砂、取土、淘金，必须按照经批准的范围和作业方式进行，并向河道主管机关缴纳管理费。收费的标准和计收办法由国务院水利行政主管部门会同国务院财政主管部门制定。

第四十一条 任何单位和个人、凡对堤防、护岸和其他水工程设施造成损坏或者造成河道淤积的，由责任者负责修复、清淤或者承担维修费用。

第四十二条 河道主管机关收取的各项费用，用于河道堤防工程的建设、管理、维修和设施的更新改造。结余资金可以连年结转使用，任何部门不得截取或者挪用。

第四十三条 河道两岸的城镇和农村，当地县级以上人民政府可以在汛期组织堤防保护区域内的单位和个人义务出工，对河道堤防工程进行维修和加固。

第六章 罚 则

第四十四条 违反本条例规定，有下列行为之一的，县级以上地方人民政府河道主管机关除责令其纠正违法行为、采取补救措施外，可以并处警告、罚款、没收非法所得；对有关责任人员，由其所在单位或者上级主管机关给予行政处分；构成犯罪的，依法追究刑事责任：

（一）在河道管理范围内弃置、堆放阻碍行洪物体的；种植阻碍行洪的林木或者高杆植物的；修建围堤、阻水渠道、阻水道路的；

（二）在堤防、护堤地建房、放牧、开渠、打井、挖窖、葬坟、晒粮、存放物料、开采地下资源、进行考古发掘以及开展集市贸易活动的；

（三）未经批准或者不按照国家规定的防洪标准、工程安全标准整治河道或者修建水工程建筑物和其他设施的；

（四）未经批准或者不按照河道主管机关的规定在河道管理范围内采砂、取土、淘金、弃置砂石或者淤泥、爆破、钻探、挖筑鱼塘的；

（五）未经批准在河道滩地存放物料、修建厂房或者其他建筑设施，以及开采地下资源或者进行考古发掘的；

（六）违反本条例第二十七条的规定，围垦湖泊、河流的；

（七）擅自砍伐护堤护岸林木的；

（八）汛期违反防汛指挥部的规定或者指令的。

第四十五条 违反本条例规定，有下列行为之一的，县级以上地方人民政府河道主管机关除责令其纠正违法行为、赔偿损失、采取补救措施外，可以并处警告、罚款；应当给予治安管理处罚的，按照《中华人民共和国治安管理处罚条例》的规定处罚；构成犯罪的，依法追究刑事责任：

（一）损毁堤防、护岸、闸坝、水工程建筑物，损毁防汛设施、水文监测和测量设施、河岸地质监测设施以及通信照明等设施的；

（二）在堤防安全保护区内进行打井、钻探、爆破、挖筑鱼塘、采石、取土等危害堤防安全的活动的；

（三）非管理人员操作河道上的涵闸闸门或者干扰河道管理单位正常工作的。

第四十六条 当事人对行政处罚决定不服的，可以在接到处罚通知之日起 15 日内，向作出处罚决定的机关的上一级机关申请复议，对复议决定不服的，可以在接到复议决定之日起 15 日内，向人民法院起诉。当事人也可以在接到处罚通知之日起 15 日内，直接向人民法院起诉。当事人逾期不申请复议或者不向人民法院起诉又不履行处罚决定的，由作出处罚决定的机关申请人民法院强制执行。对治安管理处罚不服的，按照《中华人民共和国治安管理处罚条例》的规定办理。

第四十七条 对违反本条例规定，造成国家、集体、个人经济损失的，受害方可以请求县级以上河道主管机关处理。受害方也可以直接向人民法院起诉。

当事人对河道主管机关的处理决定不服的，可以在接到通知之日起，15 日内向人民法院起诉。

第四十八条 河道主管机关的工作人员以及河道监理人员玩忽职守、滥用职权、徇私舞弊的，由其所在单位或者上级主管机关给予行政处分；对公共财产、国家和人民利益造成重大损失的，依法追究刑事责任。

第七章 附 则

第四十九条 各省、自治区、直辖市人民政府，可以根据本条例的规定，结合本地区的实际情况，制定实施办法。

第五十条 本条例由国务院水利行政主管部门负责解释。

第五十一条 本条例自发布之日起施行。

水利工程供水价格管理办法

（国家发改委、水利部令第4号，2003年7月3日）

第一章　总　则

第一条　为健全水利工程供水价格形成机制，规范水利工程供水价格管理，保护和合理利用水资源，促进节约用水，保障水利事业的健康发展，根据《中华人民共和国价格法》、《中华人民共和国水法》制定本办法。

第二条　本办法适用于中华人民共和国境内的水利工程供水价格管理。

第三条　本办法所称水利工程供水价格，是指供水经营者通过拦、蓄、引、提等水利工程设施销售给用户的天然水价格。

第四条　水利工程供水价格由供水生产成本、费用、利润和税金构成。

供水生产成本是指正常供水生产过程中发生的直接工资、直接材料费、其他直接支出以及固定资产折旧费、修理费、水资源费等制造费用。

供水生产费用是指为组织和管理供水生产经营而发生的合理销售费用、管理费用和财务费用。

利润是指供水经营者从事正常供水生产经营获得的合理收益，按净资产利润率核定。

税金是指供水经营者按国家税法规定应该缴纳，并可计入水价的税金。

第五条　水利工程供水价格采取统一政策、分级管理方式，区分不同情况实行政府指导价或政府定价。政府鼓励发展的民办民营水利工程供水价格，实行政府指导价；其他水利工程供水价格实行政府定价。

第二章　水价核定原则及办法

第六条　水利工程供水价格按照补偿成本、合理收益、优质优价、公平负担的原则制定，并根据供水成本、费用及市场供求的变化情况适时调整。

第七条　同一供水区域内工程状况、地理环境和水资源条件相近的水利工程，供水价格按区域统一核定。供水区域的具体范围由省级水行政主管部门商价格主管部门确定。其他水利工程供水价格按单个工程核定。

第八条　水利工程的资产和成本、费用，应在供水、发电、防洪等各项用途中合理分摊、分类补偿。水利工程供水所分摊的成本、费用由供水价格补偿。具体分摊和核算办法，按国务院财政、价格和水行政主管部门的有关规定执行。

第九条 利用贷款、债券建设的水利供水工程，供水价格应使供水经营者在经营期内具备补偿成本、费用和偿还贷款、债券本息的能力并获得合理的利润。经营期是指供水工程的经济寿命周期，按照国家财政主管部门规定的分类折旧年限加权平均确定。

第十条 根据国家经济政策以及用水户的承受能力，水利工程供水实行分类定价。水利工程供水价格按供水对象分为农业用水价格和非农业用水价格。农业用水是指由水利工程直接供应的粮食作物、经济作物用水和水产养殖用水；非农业用水是指由水利工程直接供应的工业、自来水厂、水力发电和其他用水。

农业用水价格按补偿供水生产成本、费用的原则核定，不计利润和税金。非农业用水价格在补偿供水生产成本、费用和依法计税的基础上，按供水净资产计提利润，利润率按国内商业银行长期贷款利率加 2 至 3 个百分点确定。

第十一条 水利工程用于水力发电并在发电后还用于其他兴利目的的用水，发电用水价格（元／立方米）按照用水水电站所在电网销售电价（元／千瓦时）的 0.8%核定，发电后其他用水价格按照低于本办法第十条规定的标准核定。水利工程仅用于水力发电的用水价格（元／立方米），按照用水水电站所在电网销售电价（元／千瓦时）的 1.6%～2.4%核定。

利用同一水利工程供水发电的梯级电站，第一级用水价格按上述原则核定，第二级及以下各级用水价格应逐级递减。

第十二条 在特殊情况下动用水利工程死库容的供水价格，可按正常供水价格的 2 至 3 倍核定。

第三章　水价制度

第十三条 水利工程供水应逐步推行基本水价和计量水价相结合的两部制水价。具体实施范围和步骤由各省、自治区、直辖市价格主管部门确定。

基本水价按补偿供水直接工资、管理费用和 50%的折旧费、修理费的原则核定。

计量水价按补偿基本水价以外的水资源费、材料费等其他成本、费用以及计入规定利润和税金的原则核定。

第十四条 各类用水均应实行定额管理，超定额用水实行累进加价。超定额加价办法由有管理权限的价格主管部门会同水行政主管部门确定。

第十五条 供水水源受季节影响较大的水利工程，供水价格可实行丰枯季节水价或季节浮动价格。

第四章　管理权限

第十六条 中央直属和跨省、自治区、直辖市水利工程的供水价格，由国务院价格主管部门商水行政主管部门审批。

第十七条 地方水利工程供水价格的管理权限和申报审批程序，由各省、自治区、直辖市人民政府价格主管部门商水行政主管部门规定。

第十八条 列入价格听证目录的水利工程供水价格，在制定或调整价格时应实行价格听证，充分听取有关方面的意见。

第五章 权利义务及法律责任

第十九条 供水经营者申请制定和调整供水价格时，应如实向价格主管部门提供供水生产经营及成本情况，并出具有关账簿、文件以及其他相关资料。

第二十条 水利工程供水实行计量收费。尚未实行计量收费的，应积极创造条件，实行计量收费。暂无计量设施、仪器的，由有管理权限的价格主管部门会同水行政主管部门确定合适的计价单位。

实行两部制水价的水利工程，基本水费按用水户的用水需求量或工程供水容量收取，计量水费按计量点的实际供水量收取。

第二十一条 水利工程供水应实行价格公示制度。供水经营者和用水户必须严格执行国家水价政策，不得擅自变更水价。

水费由供水经营者或其委托的单位、个人计收，其他单位或个人无权收取水费。

第二十二条 供水经营者与用水户应根据国家有关法律、法规和水价政策，签订供用水合同。除无法抗拒的自然因素外，供水经营者未按合同规定正常供水，造成用水户损失的，应当承担损害赔偿责任。

第二十三条 用水户应当按照国家有关规定及时交付水费。用水户逾期不交付水费的，应当按照规定支付违约金。用水户在合理期限内经催告仍不交付水费和违约金的，供水经营者可以按照国家规定的程序中止供水。

第二十四条 任何单位和个人不得违反规定在水价外加收任何名目的费用或减免水费。严禁任何单位和个人截留、平调和挪用水费。

第二十五条 各级人民政府价格主管部门应当对水利工程供水价格执行情况进行监督检查，对违反价格法规、政策的单位和个人要依照《价格法》和《价格违法行为行政处罚规定》进行查处。

第六章 附 则

第二十六条 水利工程水费是供水经营者从事供水生产取得的经营收入，其使用和管理，按国务院财政主管部门和水行政主管部门有关财务会计制度执行。

第二十七条 除农民受益的农田排涝工程外，受益范围明确的水利排涝工程，管理单位可向受益的单位和个人收取排水费，标准由有管理权限的价格主管部门按略低于供水价格的原则核定。

供排兼用的水利工程，排水费应单独核定标准，与供水水费分别计收。

第二十八条 各省、自治区、直辖市价格主管部门会同水行政主管部门根据本办法并结合本地实际情况制定实施办法，报国务院价格主管部门和水行政主管部门备案。

第二十九条 本办法自 2004 年 1 月 1 日起施行。本办法发布前有关规定与本办法相抵触的，以本办法为准。

第三十条 本办法由国务院价格主管部门会同水行政主管部门负责解释。

黄河河口管理办法

（2004 年 11 月 30 日水利部令第 21 号公布，自 2005 年 1 月 1 日起施行）

第一章　总　则

第一条　为加强黄河河口管理，保障黄河防洪、防凌安全，促进黄河河口地区经济社会可持续发展，根据《中华人民共和国水法》、《中华人民共和国防洪法》和《中华人民共和国河道管理条例》等法律、法规，制定本办法。

第二条　在黄河河口黄河入海河道管理范围内进行治理开发及管理活动，适用本办法。

前款所称黄河河口，是指以山东省东营市垦利县宁海为顶点，北起徒骇河口，南至支脉沟河口之间的扇形地域以及划定的容沙区范围；黄河入海河道是指清水沟河道、刁口河故道以及黄河河口综合治理规划或者黄河入海流路规划确定的其他以备复用的黄河故道。

第三条　黄河河口的治理与开发，应当遵循统一规划、除害与兴利相结合、开发服从治理、治理服务开发的原则，保持黄河入海河道畅通，改善生态环境。

第四条　黄河水利委员会及其所属的黄河河口管理机构按照规定的权限，负责黄河河口黄河入海河道管理范围内治理开发活动的统一管理和监督检查工作。

第五条　黄河水利委员会及其所属的黄河河口管理机构以及有关部门和单位，应当运用现代科学技术，加强河口演变规律、河口治理措施、河口生态环境保护对策措施以及水沙资源利用的研究，不断提高科学治河水平。

第二章　河口规划

第六条　黄河河口综合治理规划由国务院水行政主管部门会同国务院有关部门和山东省人民政府，根据黄河流域综合规划编制，报国务院或者其授权的部门批准。

黄河河口综合治理规划是黄河河口治理、开发和保护的基本依据。

黄河河口综合治理规划批准前，经批准的黄河入海流路规划是黄河河口治理、开发和保护的依据。

第七条　修改黄河河口综合治理规划，应当按照规划编制程序经原批准机关批准。

第八条　黄河河口综合治理规划，应当与黄河河口地区国民经济和社会发展规划以及土地利用总体规划、海洋功能区划、城市总体规划和环境保护规划相协调。

第九条 在黄河河口进行城市、工业、交通、农业、渔业、牧业等建设，必须符合黄河河口综合治理规划或者黄河入海流路规划，不得对流路和泥沙入海形成障碍。

第十条 黄河河口入海流路淤积延伸出的土地属于国家所有，由县级以上地方人民政府根据黄河河口综合治理规划或者黄河入海流路规划统一管理。

第三章 入海河道管理范围的划定

第十一条 有堤防的黄河入海河道，其管理范围为两岸堤防之间的水域、沙洲、滩地（包括可耕地）、两岸堤防及护堤地，由黄河水利委员会所属的黄河河口管理机构会同县级以上地方人民政府划定。其中，护堤地的宽度从堤脚算起，有淤临、淤背区的堤段从其坡脚算起，并应当依照下列标准划定：

（一）北大堤、南大堤、防洪堤临河、背河各五十米；

（二）东大堤、民坝临河七米、背河十米。

堤防护堤地地面淤高后，其宽度应维持原地面高程所划定的边界不变；大堤加培加固后，护堤地相应外延。

第十二条 无堤防的黄河入海河道，其管理范围由黄河水利委员会所属的黄河河口管理机构会同县级以上地方人民政府，根据历史最高洪水位或者设计洪水位，依照下列标准划定：

（一）清水沟河道左岸自北大堤末端至清水沟北股河口（北纬 37° 57′ 02″，东经 119° 00′ 10″），右岸自防洪堤末端至宋春荣沟河口（北纬 37° 35′ 39″，东经 118° 57′ 14″）之间的容沙区；

（二）刁口河河道左岸自民坝末端至挑河河口（北纬 38° 00′ 31″，东经 118° 33′ 02″），右岸自东大堤末端至神仙沟河口（北纬 38° 02′ 15″，东经 118° 56′ 49″）之间的容沙区。

第十三条 其他以备复用的黄河故道，其管理范围为改道前划定的管理范围。

第四章 入海河道的保护

第十四条 在清水沟河道和刁口河故道管理范围内禁止下列活动：

（一）修建围堤、隔堤、阻水渠道、阻水道路等工程、生产设施；

（二）在清水沟河道管理范围内种植阻碍行洪（凌）的林木和高秆作物；

（三）弃置矿渣、石渣、煤灰、泥土、垃圾等；

（四）在堤防和护堤地上建房、放牧、开渠、打井、挖窖、葬坟、存放物料、开采地下资源、进行考古发掘以及开展集市贸易活动等；

（五）损坏堤防上的设施、标志桩、水文和测量标志以及通信、铁路等附属设施；

（六）清洗装贮过油类或者有毒污染物的车辆、容器。

第十五条 在清水沟河道和刁口河故道管理范围内进行下列活动，应当报经黄河水利委员会或者其所属的黄河河口管理机构批准：

（一）爆破、钻探；

（二）在河道滩地安排货场存放物料；

（三）在河道滩地开采地下资源及进行考古发掘；

（四）从事挖河、开渠、堵复河汊、筑堤围地、筑堤蓄水以及其他影响防洪、防凌安全的活动。

第十六条 在清水沟河道和刁口河故道管理范围内采砂、取土的，应当按照国家有关规定报经黄河水利委员会或者其所属的黄河河口管理机构批准。

在清水沟河道和刁口河故道管理范围内采砂、取土，不得影响河势稳定和危及河道工程安全。黄河水利委员会应当划定禁采区和规定禁采期，并予以公告。

第十七条 在清水沟河道和刁口河故道管理范围内，从事河道整治以及建设跨河、穿河、穿堤、临河的桥梁、码头、渡口、道路、管道、缆线、取水、排水、排污、海岸防护整治工程等各类建筑物、构筑物，由黄河水利委员会及其所属的黄河河口管理机构，按照河道管理范围内建设项目管理等有关规定实施管理。

第十八条 清水沟河道管理范围内已修建的本办法第十七条所列工程设施，出现影响河道行水、输沙、泄洪、排凌的，原工程建设单位或主管部门应当按照黄河水利委员会或者其所属的黄河河口管理机构的要求，进行改建或者拆除，并承担费用。

第十九条 清水沟河道和刁口河故道管理范围内已修建的建设项目设计使用年限期满后，影响黄河防洪和占用河道、水工程及其附属设施的部分，有关单位或者个人应当及时拆除，恢复原状。确需超期使用的，有关单位或者个人应当按照河道管理范围内建设项目管理等规定重新办理审查手续。

第二十条 刁口河故道以及黄河河口综合治理规划或者黄河入海流路规划确定的其他以备复用的黄河故道管理范围内的建设项目的建设，不得影响备用河道的使用。

对已经修建的建设项目，由黄河水利委员会所属的黄河河口管理机构登记备案。对影响备用河道使用的建设项目和阻水林木，黄河水利委员会或者其所属的黄河河口管理机构应当责令建设或者使用单位在备用河道启用前予以改建、拆除或者清除。

第二十一条 黄河河口综合治理规划或者黄河入海流路规划确定的其他以备复用的黄河故道应当保持原状，不得擅自开发利用。确需开发利用的，应当报经黄河水利委员会所属的黄河河口管理机构批准。开发利用活动造成黄河故道损坏或淤积的，由责任者负责修复、清淤，并承担费用。

第五章　河道整治与建设

第二十二条 黄河入海河道整治与建设，应当服从黄河河口综合治理规划或者黄河入海流路规划，符合国家规定的防洪标准等有关技术要求。

第二十三条 黄河入海河道的治理工程，应当纳入国家基本建设计划，按照基本建设程序统一组织实施。

第二十四条 黄河水利委员会及其所属的黄河河口管理机构应当根据黄河河口综合治理规划或者黄河入海流路规划，对现行的清水沟河道进行清淤疏浚，延长其使用年限。

第六章　工程管理与维护

第二十五条　黄河入海河道管理范围内的引黄涵闸、大堤、险工及控导（护滩）等防洪工程以及入海河道治理工程，需要由黄河水利委员会所属的黄河河口管理机构统一管理的，须经黄河水利委员会报国务院水行政主管部门批准。

按照前款规定由黄河水利委员会所属的黄河河口管理机构统一管理的工程，其维修养护岁修资金，按照国务院办公厅转发的《水利工程管理体制改革实施意见》的规定筹集。

其他各类工程设施，由建设单位自行管理维护，黄河水利委员会或者其所属的黄河河口管理机构有权对其防汛和运行情况进行监督检查。

第二十六条　刁口河故道以及黄河河口综合治理规划或者黄河入海流路规划确定的其他以备复用的黄河故道管理范围内原有的防洪工程设施及防汛储备物料，由黄河水利委员会所属的黄河河口管理机构统一管理使用，任何单位和个人不得侵占或者破坏。

第七章　罚　则

第二十七条　对违反本办法规定的行为，由黄河水利委员会或者其所属的黄河河口管理机构依照有关法律法规的规定采取行政措施，给予行政处罚。

第二十八条　黄河水利委员会或者其所属的黄河河口管理机构及其工作人员不依法履行管理和监督检查职责，或者发现违法行为不予查处的，对负有责任的主管人员和其他直接责任人员，依法给予行政处分；构成犯罪的，依法追究刑事责任。

第八章　附　则

第二十九条　本办法所称容沙区，是指黄河河口综合治理规划或者黄河入海流路规划确定的、无堤防控制以下河道至浅海区需要沉沙的区域。

前款所称浅海区，由山东省海洋行政主管部门和黄河水利委员会所属的黄河河口管理机构共同组织划定，并报经山东省人民政府批准。

第三十条　本办法由国务院水行政主管部门负责解释。

第三十一条　本办法自2005年1月1日起施行。

中华人民共和国渔业法

（1986年1月20日第六届全国人民代表大会常务委员会第十四次会议通过，根据2000年10月31日第九届全国人民代表大会常务委员会第十八次会议《关于修改〈中华人民共和国渔业法〉的决定》修正）

目 录

第一章 总 则

第一条 为了加强渔业资源的保护、增殖、开发和合理利用，发展人工养殖，保障渔业生产者的合法权益，促进渔业生产的发展，适应社会主义建设和人民生活的需要，特制定本法。

第二条 在中华人民共和国的内水、滩涂、领海、专属经济区以及中华人民共和国管辖的一切其他海域从事养殖和捕捞水生动物、水生植物等渔业生产活动，都必须遵守本法。

第三条 国家对渔业生产实行以养殖为主，养殖、捕捞、加工并举，因地制宜，各有侧重的方针。

各级人民政府应当把渔业生产纳入国民经济发展计划，采取措施，加强水域的统一规划和综合利用。

第四条 国家鼓励渔业科学技术研究，推广先进技术，提高渔业科学技术水平。

第五条 在增殖和保护渔业资源、发展渔业生产、进行渔业科学技术研究等方面成绩显著的单位和个人，由各级人民政府给予精神的或者物质的奖励。

第六条 国务院渔业行政主管部门主管全国的渔业工作。县级以上地方人民政府渔业行政主管部门主管本行政区域内的渔业工作。县级以上人民政府渔业行政主管部门可以在重要渔业水域、渔港设渔政监督管理机构。

县级以上人民政府渔业行政主管部门及其所属的渔政监督管理机构可以设渔政检查人员。渔政检查人员执行渔业行政主管部门及其所属的渔政监督管理机构交付的任务。

第七条 国家对渔业的监督管理，实行统一领导、分级管理。

海洋渔业，除国务院划定由国务院渔业行政主管部门及其所属的渔政监督管理机构监督管理的海域和特定渔业资源渔场外，由毗邻海域的省、自治区、直辖市人民政府渔业行政主管部门监督管理。

江河、湖泊等水域的渔业，按照行政区划由有关县级以上人民政府渔业行政主管部门监督管理；跨行政区域的，由有关县级以上地方人民政府协商制定管理办法，或者由上一级人民政府渔业行政主管部门及其所属的渔政监督管理机构监督管理。

第八条 外国人、外国渔业船舶进入中华人民共和国管辖水域，从事渔业生产或者渔业资源调查活动，必须经国务院有关主管部门批准，并遵守本法和中华人民共和国其他有关法律、法规的规定；同中华人民共和国订有条约、协定的，按照条约、协定办理。

国家渔政渔港监督管理机构对外行使渔政渔港监督管理权。

第九条 渔业行政主管部门和其所属的渔政监督管理机构及其工作人员不得参与和从事渔业生产经营活动。

第二章 养殖业

第十条 国家鼓励全民所有制单位、集体所有制单位和个人充分利用适于养殖的水域、滩涂，发展养殖业。

第十一条 国家对水域利用进行统一规划，确定可以用于养殖业的水域和滩涂。单位和个人使用国家规划确定用于养殖业的全民所有的水域、滩涂的，使用者应当向县级以上地方人民政府渔业行政主管部门提出申请，由本级人民政府核发养殖证，许可其使用该水域、滩涂从事养殖生产。核发养殖证的具体办法由国务院规定。

集体所有的或者全民所有由农业集体经济组织使用的水域、滩涂，可以由个人或者集体承包，从事养殖生产。

第十二条 县级以上地方人民政府在核发养殖证时，应当优先安排当地的渔业生产者。

第十三条 当事人因使用国家规划确定用于养殖业的水域、滩涂从事养殖生产发生争议的，按照有关法律规定的程序处理。在争议解决以前，任何一方不得破坏养殖生产。

第十四条 国家建设征用集体所有的水域、滩涂，按照《中华人民共和国土地管理法》有关征地的规定办理。

第十五条 县级以上地方人民政府应当采取措施，加强对商品鱼生产基地和城市郊区重要养殖水域的保护。

第十六条 国家鼓励和支持水产优良品种的选育、培育和推广。水产新品种必须经全国水产原种和良种审定委员会审定，由国务院渔业行政主管部门批准后方可推广。

水产苗种的进口、出口由国务院渔业行政主管部门或者省、自治区、直辖市人民政府渔业行政主管部门审批。

水产苗种的生产由县级以上地方人民政府渔业行政主管部门审批。但是，渔业生产者自育、自用水产苗种的除外。

第十七条 水产苗种的进口、出口必须实施检疫，防止病害传入境内和传出境外，具体检疫工作按照有关动植物进出境检疫法律、行政法规的规定执行。

引进转基因水产苗种必须进行安全性评价，具体管理工作按照国务院有关规定执行。

第十八条 县级以上人民政府渔业行政主管部门应当加强对养殖生产的技术指导和病害防治工作。

第十九条 从事养殖生产不得使用含有毒有害物质的饵料、饲料。

第二十条 从事养殖生产应当保护水域生态环境，科学确定养殖密度，合理投饵、施肥、使用药物，不得造成水域的环境污染。

第三章　捕捞业

第二十一条 国家在财政、信贷和税收等方面采取措施，鼓励、扶持远洋捕捞业的发展，并根据渔业资源的可捕捞量，安排内水和近海捕捞力量。

第二十二条 国家根据捕捞量低于渔业资源增长量的原则，确定渔业资源的总可捕捞量，实行捕捞限额制度。国务院渔业行政主管部门负责组织渔业资源的调查和评估，为实行捕捞限额制度提供科学依据。中华人民共和国内海、领海、专属经济区和其他管辖海域的捕捞限额总量由国务院渔业行政主管部门确定，报国务院批准后逐级分解下达；国家确定的重要江河、湖泊的捕捞限额总量由有关省、自治区、直辖市人民政府确定或者协商确定，逐级分解下达。捕捞限额总量的分配应当体现公平、公正的原则，分配办法和分配结果必须向社会公开，并接受监督。

国务院渔业行政主管部门和省、自治区、直辖市人民政府渔业行政主管部门应当加强对捕捞限额制度实施情况的监督检查，对超过上级下达的捕捞限额指标的，应当在其次年捕捞限额指标中予以核减。

第二十三条 国家对捕捞业实行捕捞许可证制度。

海洋大型拖网、围网作业以及到中华人民共和国与有关国家缔结的协定确定的共同管理的渔区或者公海从事捕捞作业的捕捞许可证，由国务院渔业行政主管部门批准发放。其他作业的捕捞许可证，由县级以上地方人民政府渔业行政主管部门批准发放；但是，批准发放海洋作业的捕捞许可证不得超过国家下达的船网工具控制指标，具体办法由省、自治区、直辖市人民政府规定。

捕捞许可证不得买卖、出租和以其他形式转让，不得涂改、伪造、变造。

到他国管辖海域从事捕捞作业的，应当经国务院渔业行政主管部门批准，并遵守中华人民共和国缔结的或者参加的有关条约、协定和有关国家的法律。

第二十四条 具备下列条件的，方可发给捕捞许可证：

（一）有渔业船舶检验证书；

（二）有渔业船舶登记证书；

（三）符合国务院渔业行政主管部门规定的其他条件。

县级以上地方人民政府渔业行政主管部门批准发放的捕捞许可证，应当与上级人民政府渔业行政主管部门下达的捕捞限额指标相适应。

第二十五条 从事捕捞作业的单位和个人，必须按照捕捞许可证关于作业类型、场所、时限、渔具数量和捕捞限额的规定进行作业，并遵守国家有关保护渔业资源的规定，大中型渔船应当填写渔捞日志。

第二十六条 制造、更新改造、购置、进口的从事捕捞作业的船舶必须经渔业船舶检验部门检验合格后，方可下水作业。具体管理办法由国务院规定。

第二十七条 渔港建设应当遵守国家的统一规划，实行谁投资谁受益的原则。县级以上地方人民政府应当对位于本行政区域内的渔港加强监督管理，维护渔港的正常秩序。

第四章　渔业资源的增殖和保护

第二十八条 县级以上人民政府渔业行政主管部门应当对其管理的渔业水域统一规划，采取措施，增殖渔业资源。县级以上人民政府渔业行政主管部门可以向受益的单位和个人征收渔业资源增殖保护费，专门用于增殖和保护渔业资源。渔业资源增殖保护费的征收办法由国务院渔业行政主管部门会同财政部门制定，报国务院批准后施行。

第二十九条 国家保护水产种质资源及其生存环境，并在具有较高经济价值和遗传育种价值的水产种质资源的主要生长繁育区域建立水产种质资源保护区。未经国务院渔业行政主管部门批准，任何单位或者个人不得在水产种质资源保护区内从事捕捞活动。

第三十条 禁止使用炸鱼、毒鱼、电鱼等破坏渔业资源的方法进行捕捞。禁止制造、销售、使用禁用的渔具。禁止在禁渔区、禁渔期进行捕捞。禁止使用小于最小网目尺寸的网具进行捕捞。捕捞的渔获物中幼鱼不得超过规定的比例。在禁渔区或者禁渔期内禁止销售非法捕捞的渔获物。

重点保护的渔业资源品种及其可捕捞标准，禁渔区和禁渔期，禁止使用或者限制使用的渔具和捕捞方法，最小网目尺寸以及其他保护渔业资源的措施，由国务院渔业行政主管部门或者省、自治区、直辖市人民政府渔业行政主管部门规定。

第三十一条 禁止捕捞有重要经济价值的水生动物苗种。因养殖或者其他特殊需要，捕捞有重要经济价值的苗种或者禁捕的怀卵亲体的，必须经国务院渔业行政主管部门或者省、自治区、直辖市人民政府渔业行政主管部门批准，在指定的区域和时间内，按照限额捕捞。

在水生动物苗种重点产区引水用水时，应当采取措施，保护苗种。

第三十二条 在鱼、虾、蟹洄游通道建闸、筑坝，对渔业资源有严重影响的，建设单位应当建造过鱼设施或者采取其他补救措施。

第三十三条 用于渔业并兼有调蓄、灌溉等功能的水体，有关主管部门应当确定渔业生产所需的最低水位线。

第三十四条 禁止围湖造田。沿海滩涂未经县级以上人民政府批准，不得围垦；重要的苗种基地和养殖场所不得围垦。

第三十五条 进行水下爆破、勘探、施工作业，对渔业资源有严重影响的，作业单位应当事先同有关县级以上人民政府渔业行政主管部门协商，采取措施，防止或者减少对渔业资源的损害；造成渔业资源损失的，由有关县级以上人民政府责令赔偿。

第三十六条 各级人民政府应当采取措施，保护和改善渔业水域的生态环境，防治污染。

渔业水域生态环境的监督管理和渔业污染事故的调查处理，依照《中华人民共和国海洋环境保护法》和《中华人民共和国水污染防治法》的有关规定执行。

第三十七条 国家对白鳍豚等珍贵、濒危水生野生动物实行重点保护，防止其灭绝。禁止捕杀、伤害国家重点保护的水生野生动物。因科学研究、驯养繁殖、展览或者其他特殊情况，需要捕捞国家重点保护的水生野生动物的，依照《中华人民共和国野生动物保护法》的规定执行。

第五章 法律责任

第三十八条 使用炸鱼、毒鱼、电鱼等破坏渔业资源方法进行捕捞的，违反关于禁渔区、禁渔期的规定进行捕捞的，或者使用禁用的渔具、捕捞方法和小于最小网目尺寸的网具进行捕捞或者渔获物中幼鱼超过规定比例的，没收渔获物和违法所得，处五万元以下的罚款；情节严重的，没收渔具，吊销捕捞许可证；情节特别严重的，可以没收渔船；构成犯罪的，依法追究刑事责任。

在禁渔区或者禁渔期内销售非法捕捞的渔获物的，县级以上地方人民政府渔业行政主管部门应当及时进行调查处理。

制造、销售禁用的渔具的，没收非法制造、销售的渔具和违法所得，并处一万元以下的罚款。

第三十九条 偷捕、抢夺他人养殖的水产品的，或者破坏他人养殖水体、养殖设施的，责令改正，可以处二万元以下的罚款；造成他人损失的，依法承担赔偿责任；构成犯罪的，依法追究刑事责任。

第四十条 使用全民所有的水域、滩涂从事养殖生产，无正当理由使水域、滩涂荒芜满一年的，由发放养殖证的机关责令限期开发利用；逾期未开发利用的，吊销养殖证，可以并处一万元以下的罚款。

未依法取得养殖证擅自在全民所有的水域从事养殖生产的，责令改正，补办养殖证或者限期拆除养殖设施。

未依法取得养殖证或者超越养殖证许可范围在全民所有的水域从事养殖生产，妨碍航运、行洪的，责令限期拆除养殖设施，可以并处一万元以下的罚款。

第四十一条 未依法取得捕捞许可证擅自进行捕捞的，没收渔获物和违法所得，并处十万元以下的罚款；情节严重的，并可以没收渔具和渔船。

第四十二条 违反捕捞许可证关于作业类型、场所、时限和渔具数量的规定进行捕捞的，没收渔获物和违法所得，可以并处五万元以下的罚款；情节严重的，并可以没收渔具，吊销捕捞许可证。

第四十三条 涂改、买卖、出租或者以其他形式转让捕捞许可证的，没收违法所得，吊销捕捞许可证，可以并处一万元以下的罚款；伪造、变造、买卖捕捞许可证，构成犯罪的，依法追究刑事责任。

第四十四条 非法生产、进口、出口水产苗种的，没收苗种和违法所得，并处五万元以下的罚款。

经营未经审定批准的水产苗种的，责令立即停止经营，没收违法所得，可以并处五万元以下的罚款。

第四十五条 未经批准在水产种质资源保护区内从事捕捞活动的，责令立即停止捕捞，没收渔获物和渔具，可以并处一万元以下的罚款。

第四十六条 外国人、外国渔船违反本法规定，擅自进入中华人民共和国管辖水域从事渔业生产和渔业资源调查活动的，责令其离开或者将其驱逐，可以没收渔获物、渔具，并处五十万元以下的罚款；情节严重的，可以没收渔船；构成犯罪的，依法追究刑事责任。

第四十七条 造成渔业水域生态环境破坏或者渔业污染事故的，依照《中华人民共和国海洋环境保护法》和《中华人民共和国水污染防治法》的规定追究法律责任。

第四十八条 本法规定的行政处罚，由县级以上人民政府渔业行政主管部门或者其所属的渔政监督管理机构决定。但是，本法已对处罚机关作出规定的除外。

在海上执法时，对违反禁渔区、禁渔期的规定或者使用禁用的渔具、捕捞方法进行捕捞，以及未取得捕捞许可证进行捕捞的，事实清楚、证据充分，但是当场不能按照法定程序作出和执行行政处罚决定的，可以先暂时扣押捕捞许可证、渔具或者渔船，回港后依法作出和执行行政处罚决定。

第四十九条 渔业行政主管部门和其所属的渔政监督管理机构及其工作人员违反本法规定核发许可证、分配捕捞限额或者从事渔业生产经营活动的，或者有其他玩忽职守不履行法定义务、滥用职权、徇私舞弊的行为的，依法给予行政处分；构成犯罪的，依法追究刑事责任。

第六章 附 则

第五十条 本法自1986年7月1日起施行。

中华人民共和国森林法
（1998年修改）

（1998年4月29日，中华人民共和国主席令第17号）

目　录

第一章　总　则

第一条　为了保护、培育和合理利用森林资源，加快国土绿化，发挥森林蓄水保土、调节气候、改善环境和提供林产品的作用，适应社会主义建设和人民生活的需要，特制定本法。

第二条　在中华人民共和国领域内从事森林、林木的培育种植、采伐利用和森林、林木、林地的经营管理活动，都必须遵守本法。

第三条　森林资源属于国家所有，由法律规定属于集体所有的除外。

国家所有的和集体所有的森林、林木和林地，个人所有的林木和使用的林地，由县级以上地方人民政府登记造册，发放证书，确认所有权或者使用权。国务院可以授权国务院林业主管部门，对国务院确定的国家所有的重点林区的森林、林木和林地登记造册，发放证书，并通知有关地方人民政府。

森林、林木、林地的所有者和使用者的合法权益，受法律保护，任何单位和个人不得侵犯。

第四条　森林分为以下五类：

（一）防护林：以防护为主要目的的森林、林木和灌木丛，包括水源涵养林，水土保持林，防风固沙林，农田、牧场防护林，护岸林，护路林；

（二）用材林：以生产木材为主要目的的森林和林木，包括以生产竹材为主要目的的竹林；

（三）经济林：以生产果品，食用油料、饮料、调料，工业原料和药材等为主要目的的林木；

（四）薪炭林：以生产燃料为主要目的的林木；

（五）特种用途林：以国防、环境保护、科学实验等为主要目的的森林和林木，包括国防林、实验林、母树林、环境保护林、风景林，名胜古迹和革命纪念地的林木，自然保护区的森林。

第五条 林业建设实行以营林为基础，普遍护林，大力造林，采育结合，永续利用的方针。

第六条 国家鼓励林业科学研究，推广林业先进技术，提高林业科学技术水平。

第七条 国家保护林农的合法权益，依法减轻林农的负担，禁止向林农违法收费、罚款，禁止向林农进行摊派和强制集资。

国家保护承包造林的集体和个人的合法权益，任何单位和个人不得侵犯承包造林的集体和个人依法享有的林木所有权和其他合法权益。

第八条 国家对森林资源实行以下保护性措施：

（一）对森林实行限额采伐，鼓励植树造林、封山育林，扩大森林覆盖面积；

（二）根据国家和地方人民政府有关规定，对集体和个人造林、育林给予经济扶持或者长期贷款；

（三）提倡木材综合利用和节约使用木材，鼓励开发、利用木材代用品；

（四）征收育林费，专门用于造林育林；

（五）煤炭、造纸等部门，按照煤炭和木浆纸张等产品的产量提取一定数额的资金，专门用于营造坑木、造纸等用材林；

（六）建立林业基金制度。

国家设立森林生态效益补偿基金，用于提供生态效益的防护林和特种用途林的森林资源、林木的营造、抚育、保护和管理。森林生态效益补偿基金必须专款专用，不得挪作他用。具体办法由国务院规定。

第九条 国家和省、自治区人民政府，对民族自治地方的林业生产建设，依照国家对民族自治地方自治权的规定，在森林开发、木材分配和林业基金使用方面，给予比一般地区更多的自主权和经济利益。

第十条 国务院林业主管部门主管全国林业工作。县级以上地方人民政府林业主管部门，主管本地区的林业工作。乡级人民政府设专职或者兼职人员负责林业工作。

第十一条 植树造林、保护森林，是公民应尽的义务。各级人民政府应当组织全民义务植树，开展植树造林活动。

第十二条 在植树造林、保护森林、森林管理以及林业科学研究等方面成绩显著的单位或者个人，由各级人民政府给予奖励。

第二章　森林经营管理

第十三条　各级林业主管部门依照本法规定，对森林资源的保护、利用、更新，实行管理和监督。

第十四条　各级林业主管部门负责组织森林资源清查，建立资源档案制度，掌握资源变化情况。

第十五条　下列森林、林木、林地使用权可以依法转让，也可以依法作价入股或者作为合资、合作造林、经营林木的出资、合作条件，但不得将林地改为非林地：

（一）用材林、经济林、薪炭林；

（二）用材林、经济林、薪炭林的林地使用权；

（三）用材林、经济林、薪炭林的采伐迹地、火烧迹地的林地使用权；

（四）国务院规定的其他森林、林木和其他林地使用权。

依照前款规定转让、作价入股或者作为合资、合作造林、经营林木的出资、合作条件的，已经取得的林木采伐许可证可以同时转让，同时转让双方都必须遵守本法关于森林、林木采伐和更新造林的规定。

除本条第一款规定的情形外，其他森林、林木和其他林地使用权不得转让。

具体办法由国务院规定。

第十六条　各级人民政府应当制定林业长远规划。国有林业企业事业单位和自然保护区，应当根据林业长远规划，编制森林经营方案，报上级主管部门批准后实行。

林业主管部门应当指导农村集体经济组织和国有的农场、牧场、工矿企业等单位编制森林经营方案。

第十七条　单位之间发生的林木、林地所有权和使用权争议，由县级以上人民政府依法处理。

个人之间、个人与单位之间发生的林木所有权和林地使用权争议，由当地县级或者乡级人民政府依法处理。

当事人对人民政府的处理决定不服的，可以在接到通知之日起一个月内，向人民法院起诉。

在林木、林地权属争议解决以前，任何一方不得砍伐有争议的林木。

第十八条　进行勘查、开采矿藏和各项建设工程，应当不占或者少占林地；必须占用或者征用林地的，经县级以上人民政府林业主管部门审核同意后，依照有关土地管理的法律、行政法规办理建设用地审批手续，并由用地单位依照国务院有关规定缴纳森林植被恢复费。森林植被恢复费专款专用，由林业主管部门依照有关规定统一安排植树造林，恢复森林植被，植树造林面积不得小于因占用、征用林地而减少的森林植被面积。上级林业主管部门应当定期督促、检查下级林业主管部门组织植树造林、恢复森林植被的情况。

任何单位和个人不得挪用森林植被恢复费。县级以上人民政府审计机关应当加强对森林植被恢复费使用情况的监督。

第三章　森林保护

第十九条　地方各级人民政府应当组织有关部门建立护林组织，负责护林工作；根据实际需要在大面积林区增加护林设施，加强森林保护；督促有林的和林区的基层单位，订立护林公约，组织群众护林，划定护林责任区，配备专职或者兼职护林员。

护林员可以由县级或者乡级人民政府委任。护林员的主要职责是：巡护森林，制止破坏森林资源的行为。对造成森林资源破坏的，护林员有权要求当地有关部门处理。

第二十条　依照国家有关规定在林区设立的森林公安机关，负责维护辖区社会治安秩序，保护辖区内的森林资源，并可以依照本法规定，在国务院林业主管部门授权的范围内，代行本法第三十九条、第四十二条、第四十三条、第四十四条规定的行政处罚权。

武装森林警察部队执行国家赋予的预防和扑救森林火灾的任务。

第二十一条　地方各级人民政府应当切实做好森林火灾的预防和扑救工作：

（一）规定森林防火期，在森林防火期内，禁止在林区野外用火；因特殊情况需要用火的，必须经过县级人民政府或者县级人民政府授权的机关批准；

（二）在林区设置防火设施；

（三）发生森林火灾，必须立即组织当地军民和有关部门扑救；

（四）因扑救森林火灾负伤、致残、牺牲的，国家职工由所在单位给予医疗、抚恤；非国家职工由起火单位按照国务院有关主管部门的规定给予医疗、抚恤，起火单位对起火没有责任或者确实无力负担的，由当地人民政府给予医疗、抚恤。

第二十二条　各级林业主管部门负责组织森林病虫害防治工作。

林业主管部门负责规定林木种苗的检疫对象，划定疫区和保护区，对林木种苗进行检疫。

第二十三条　禁止毁林开垦和毁林采石、采砂、采土以及其他毁林行为。

禁止在幼林地和特种用途林内砍柴、放牧。

进入森林和森林边缘地区的人员，不得擅自移动或者损坏为林业服务的标志。

第二十四条　国务院林业主管部门和省、自治区、直辖市人民政府，应当在不同自然地带的典型森林生态地区、珍贵动物和植物生长繁殖的林区、天然热带雨林区和具有特殊保护价值的其他天然林区，划定自然保护区，加强保护管理。

自然保护区的管理办法，由国务院林业主管部门制定，报国务院批准施行。

对自然保护区以外的珍贵树木和林区内具有特殊价值的植物资源，应当认真保护；未经省、自治区、直辖市林业主管部门批准，不得采伐和采集。

第二十五条　林区内列为国家保护的野生动物，禁止猎捕；因特殊需要猎捕的，按照国家有关法规办理。

第四章　植树造林

第二十六条　各级人民政府应当制定植树造林规划，因地制宜地确定本地区提高森林覆盖率的奋斗目标。

各级人民政府应当组织各行各业和城乡居民完成植树造林规划确定的任务。

宜林荒山荒地，属于国家所有的，由林业主管部门和其他主管部门组织造林；属于集体所有的，由集体经济组织组织造林。

铁路公路两旁、江河两侧、湖泊水库周围，由各有关主管单位因地制宜地组织造林；工矿区，机关、学校用地，部队营区以及农场、牧场、渔场经营地区，由各该单位负责造林。

国家所有和集体所有的宜林荒山荒地可以由集体或者个人承包造林。

第二十七条 国有企业事业单位、机关、团体、部队营造的林木，由营造单位经营并按照国家规定支配林木收益。

集体所有制单位营造的林木，归该单位所有。

农村居民在房前屋后、自留地、自留山种植的林木，归个人所有。城镇居民和职工在自有房屋的庭院内种植的林木，归个人所有。

集体或者个人承包国家所有和集体所有的宜林荒山荒地造林的，承包后种植的林木归承包的集体或者个人所有；承包合同另有规定的，按照承包合同的规定执行。

第二十八条 新造幼林地和其他必须封山育林的地方，由当地人民政府组织封山育林。

第五章　森林采伐

第二十九条 国家根据用材林的消耗量低于生长量的原则，严格控制森林年采伐量。国家所有的森林和林木以国有林业企业事业单位、农场、厂矿为单位，集体所有的森林和林木、个人所有的林木以县为单位，制定年采伐限额，由省、自治区、直辖市林业主管部门汇总，经同级人民政府审核后，报国务院批准。

第三十条 国家制定统一的年度木材生产计划。年度木材生产计划不得超过批准的年采伐限额。计划管理的范围由国务院规定。

第三十一条 采伐森林和林木必须遵守下列规定：

（一）成熟的用材林应当根据不同情况，分别采取择伐、皆伐和渐伐方式，皆伐应当严格控制，并在采伐的当年或者次年内完成更新造林；

（二）防护林和特种用途林中的国防林、母树林、环境保护林、风景林，只准进行抚育和更新性质的采伐；

（三）特种用途林中的名胜古迹和革命纪念地的林木、自然保护区的森林，严禁采伐。

第三十二条 采伐林木必须申请采伐许可证，按许可证的规定进行采伐；农村居民采伐自留地和房前屋后个人所有的零星林木除外。

国有林业企业事业单位、机关、团体、部队、学校和其他国有企业事业单位采伐林木，由所在地县级以上林业主管部门依照有关规定审核发放采伐许可证。

铁路、公路的护路林和城镇林木的更新采伐，由有关主管部门依照有关规定审核发放采伐许可证。

农村集体经济组织采伐林木，由县级林业主管部门依照有关规定审核发放采伐许可证。

农村居民采伐自留山和个人承包集体的林木，由县级林业主管部门或者其委托的乡、镇人民政府依照有关规定审核发放采伐许可证。

采伐以生产竹材为主要目的的竹林，适用以上各款规定。

第三十三条 审核发放采伐许可证的部门，不得超过批准的年采伐限额发放采伐许可证。

第三十四条 国有林业企业事业单位申请采伐许可证时，必须提出伐区调查设计文件。其他单位申请采伐许可证时，必须提出有关采伐的目的、地点、林种、林况、面积、蓄积、方式和更新措施等内容的文件。

对伐区作业不符合规定的单位，发放采伐许可证的部门有权收缴采伐许可证，中止其采伐，直到纠正为止。

第三十五条 采伐林木的单位或者个人，必须按照采伐许可证规定的面积、株数、树种、期限完成更新造林任务，更新造林的面积和株数不得少于采伐的面积和株数。

第三十六条 林区木材的经营和监督管理办法，由国务院另行规定。

第三十七条 从林区运出木材，必须持有林业主管部门发给的运输证件，国家统一调拨的木材除外。

依法取得采伐许可证后，按照许可证的规定采伐的木材，从林区运出时，林业主管部门应当发给运输证件。

经省、自治区、直辖市人民政府批准，可以在林区设立木材检查站，负责检查木材运输。对未取得运输证件或者物资主管部门发给的调拨通知书运输木材的，木材检查站有权制止。

第三十八条 国家禁止、限制出口珍贵树木及其制品、衍生物。禁止、限制出口的珍贵树木及其制品、衍生物的名录和年度限制出口总量，由国务院林业主管部门会同国务院有关部门制定，报国务院批准。

出口前款规定限制出口的珍贵树木或者其制品、衍生物的，必须经出口人所在地省、自治区、直辖市人民政府林业主管部门审核，报国务院林业主管部门批准，海关凭国务院林业主管部门的批准文件放行。进出口的树木或者其制品、衍生物属于中国参加的国际公约限制进出口的濒危物种的，并必须向国家濒危物种进出口管理机构申请办理允许进出口证明书，海关并凭允许进出口证明书放行。

第六章　法律责任

第三十九条 盗伐森林或者其他林木的，依法赔偿损失；由林业主管部门责令补种盗伐株数十倍的树木，没收盗伐的林木或者变卖所得，并处盗伐林木价值三倍以上十倍以下的罚款。

滥伐森林或者其他林木，由林业主管部门责令补种滥伐株数五倍的树木，并处滥伐林木价值二倍以上五倍以下的罚款。

拒不补种树木或者补种不符合国家有关规定的，由林业主管部门代为补种，所需费用由违法者支付。

盗伐、滥伐森林或者其他林木，构成犯罪的，依法追究刑事责任。

第四十条 违反本法规定，非法采伐、毁坏珍贵树木的，依法追究刑事责任。

第四十一条 违反本法规定，超过批准的年采伐限额发放林木采伐许可证或者超越职权发放林木采伐许可证、木材运输证件、批准出口文件、允许进出口证明书的，由上一级人民政府林业主管部门责令纠正，对直接负责的主管人员和其他直接责任人员依法给予行政处分；有关人民政府林业主管部门未予纠正的，国务院林业主管部门可以直接处理；构成犯罪的，依法追究刑事责任。

第四十二条 违反本法规定，买卖林木采伐许可证、木材运输证件、批准出口文件、允许进出口证明书的，由林业主管部门没收违法买卖的证件、文件和违法所得，并处违法买卖证件、文件的价款一倍以上三倍以下的罚款；构成犯罪的，依法追究刑事责任。

伪造林木采伐许可证、木材运输证件、批准出口文件、允许进出口证明书的，依法追究刑事责任。

第四十三条 在林区非法收购明知是盗伐、滥伐的林木的，由林业主管部门责令停止违法行为，没收违法收购的盗伐、滥伐的林木或者变卖所得，可以并处违法收购林木的价款一倍以上三倍以下的罚款；构成犯罪的，依法追究刑事责任。

第四十四条 违反本法规定，进行开垦、采石、采砂、采土、采种、采脂和其他活动，致使森林、林木受到毁坏的，依法赔偿损失；由林业主管部门责令停止违法行为，补种毁坏株数一倍以上三倍以下的树木，可以处毁坏林木价值一倍以上五倍以下的罚款。

违反本法规定，在幼林地和特种用途林内砍柴、放牧致使森林、林木受到毁坏的，依法赔偿损失；由林业主管部门责令停止违法行为，补种毁坏株数一倍以上三倍以下的树木。

拒不补种树木或者补种不符合国家有关规定的，由林业主管部门代为补种，所需费用由违法者支付。

第四十五条 采伐林木的单位或者个人没有按照规定完成更新造林任务的，发放采伐许可证的部门有权不再发给采伐许可证，直到完成更新造林任务为止；情节严重的，可以由林业主管部门处以罚款，对直接责任人员由所在单位或者上级主管机关给予行政处分。

第四十六条 从事森林资源保护、林业监督管理工作的林业主管部门的工作人员和其他国家机关的有关工作人员滥用职权、玩忽职守、徇私舞弊，构成犯罪的，依法追究刑事责任；尚不构成犯罪的，依法给予行政处分。

第七章 附 则

第四十七条 国务院林业主管部门根据本法制定实施办法，报国务院批准施行。

第四十八条 民族自治地方不能全部适用本法规定的，自治机关可以根据本法的原则，结合民族自治地方的特点，制定变通或者补充规定，依照法定程序报省、自治区或者全国人民代表大会常务委员会批准施行。

第四十九条 本法自 1985 年 1 月 1 日起施行。

中华人民共和国森林法实施条例

中华人民共和国国务院令

第 278 号

现发布《中华人民共和国森林法实施条例》，自发布之日起施行。

总理　朱镕基

2000 年 1 月 29 日

第一章　总　则

第一条　根据《中华人民共和国森林法》（以下简称森林法），制定本条例。

第二条　森林资源，包括森林、林木、林地以及依托森林、林木、林地生存的野生动物、植物和微生物。

森林，包括乔木林和竹林。

林木，包括树木和竹子。

林地，包括郁闭度 0.2 以上的乔木林地以及竹林地、灌木林地、疏林地、采伐迹地、火烧迹地、未成林造林地、苗圃地和县级以上人民政府规划的宜林地。

第三条　国家依法实行森林、林木和林地登记发证制度。依法登记的森林、林木和林地的所有权、使用权受法律保护，任何单位和个人不得侵犯。

森林、林木和林地的权属证书式样由国务院林业主管部门规定。

第四条　依法使用的国家所有的森林、林木和林地，按照下列规定登记：

（一）使用国务院确定的国家所有的重点林区（以下简称重点林区）的森林、林木和林地的单位，应当向国务院林业主管部门提出登记申请，由国务院林业主管部门登记造册，核发证书，确认森林、林木和林地使用权以及由使用者所有的林木所有权；

（二）使用国家所有的跨行政区域的森林、林木和林地的单位和个人，应当向共同的上一级人民政府林业主管部门提出登记申请，由该人民政府登记造册，核发证书，确认森林、林木和林地使用权以及由使用者所有的林木所有权；

（三）使用国家所有的其他森林、林木和林地的单位和个人，应当向县级以上地方人民政府林业主管部门提出登记申请，由县级以上地方人民政府登记造册，核发证书，确认森林、林木和林地使用权以及由使用者所有的林木所有权。

未确定使用权的国家所有的森林、林木和林地，由县级以上人民政府登记造册，负责保护管理。

第五条 集体所有的森林、林木和林地，由所有者向所在地的县级人民政府林业主管部门提出登记申请，由该县级人民政府登记造册，核发证书，确认所有权。

单位和个人所有的林木，由所有者向所在地的县级人民政府林业主管部门提出登记申请，由该县级人民政府登记造册，核发证书，确认林木所有权。

使用集体所有的森林、林木和林地的单位和个人，应当向所在地的县级人民政府林业主管部门提出登记申请，由该县级人民政府登记造册，核发证书，确认森林、林木和林地使用权。

第六条 改变森林、林木和林地所有权、使用权的，应当依法办理变更登记手续。

第七条 县级以上人民政府林业主管部门应当建立森林、林木和林地权属管理档案。

第八条 国家重点防护林和特种用途林，由国务院林业主管部门提出意见，报国务院批准公布；地方重点防护林和特种用途林，由省、自治区、直辖市人民政府林业主管部门提出意见，报本级人民政府批准公布；其他防护林、用材林、特种用途林以及经济林、薪炭林，由县级人民政府林业主管部门根据国家关于林种划分的规定和本级人民政府的部署组织划定，报本级人民政府批准公布。

省、自治区、直辖市行政区域内的重点防护林和特种用途林的面积，不得少于本行政区域森林总面积的30%。

经批准公布的林种改变为其他林种的，应当报原批准公布机关批准。

第九条 依照森林法第八条第一款第（五）项规定提取的资金，必须专门用于营造坑木、造纸等用材林，不得挪作他用。审计机关和林业主管部门应当加强监督。

第十条 国务院林业主管部门向重点林区派驻的森林资源监督机构，应当加强对重点林区内森林资源保护管理的监督检查。

第二章 森林经营管理

第十一条 国务院林业主管部门应当定期监测全国森林资源消长和森林生态环境变化的情况。

重点林区森林资源调查、建立档案和编制森林经营方案等项工作，由国务院林业主管部门组织实施；其他森林资源调查、建立档案和编制森林经营方案等项工作，由县级以上地方人民政府林业主管部门组织实施。

第十二条 制定林业长远规划，应当遵循下列原则：

（一）保护生态环境和促进经济的可持续发展；

（二）以现有的森林资源为基础；

（三）与土地利用总体规划、水土保持规划、城市规划、村庄和集镇规划相协调。

第十三条 林业长远规划应当包括下列内容：

（一）林业发展目标；

（二）林种比例；

（三）林地保护利用规划；

（四）植树造林规划。

第十四条 全国林业长远规划由国务院林业主管部门会同其他有关部门编制，报国务院批准后施行。

地方各级林业长远规划由县级以上地方人民政府林业主管部门会同其他有关部门编制，报本级人民政府批准后施行。

下级林业长远规划应当根据上一级林业长远规划编制。

林业长远规划的调整、修改，应当报经原批准机关批准。

第十五条 国家依法保护森林、林木和林地经营者的合法权益。任何单位和个人不得侵占经营者依法所有的林木和使用的林地。

用材林、经济林和薪炭林的经营者，依法享有经营权、收益权和其他合法权益。

防护林和特种用途林的经营者，有获得森林生态效益补偿的权利。

第十六条 勘查、开采矿藏和修建道路、水利、电力、通讯等工程，需要占用或者征用林地的，必须遵守下列规定：

（一）用地单位应当向县级以上人民政府林业主管部门提出用地申请，经审核同意后，按照国家规定的标准预交森林植被恢复费，领取使用林地审核同意书。用地单位凭使用林地审核同意书依法办理建设用地审批手续。占用或者征用林地未经林业主管部门审核同意的，土地行政主管部门不得受理建设用地申请。

（二）占用或者征用防护林林地或者特种用途林林地面积 10 公顷以上的，用材林、经济林、薪炭林林地及其采伐迹地面积 35 公顷以上的，其他林地面积 70 公顷以上的，由国务院林业主管部门审核；占用或者征用林地面积低于上述规定数量的，由省、自治区、直辖市人民政府林业主管部门审核。占用或者征用重点林区的林地的，由国务院林业主管部门审核。

（三）用地单位需要采伐已经批准占用或者征用的林地上的林木时，应当向林地所在地的县级以上地方人民政府林业主管部门或者国务院林业主管部门申请林木采伐许可证。

（四）占用或者征用林地未被批准的，有关林业主管部门应当自接到不予批准通知之日起 7 日内将收取的森林植被恢复费如数退还。

第十七条 需要临时占用林地的，应当经县级以上人民政府林业主管部门批准。

临时占用林地的期限不得超过两年，并不得在临时占用的林地上修筑永久性建筑物；占用期满后，用地单位必须恢复林业生产条件。

第十八条 森林经营单位在所经营的林地范围内修筑直接为林业生产服务的工程设施，需要占用林地的，由县级以上人民政府林业主管部门批准；修筑其他工程设施，需要将林地转为非林业建设用地的，必须依法办理建设用地审批手续。

前款所称直接为林业生产服务的工程设施是指：

（一）培育、生产种子、苗木的设施；

（二）贮存种子、苗木、木材的设施；

（三）集材道、运材道；

（四）林业科研、试验、示范基地；

（五）野生动植物保护、护林、森林病虫害防治、森林防火、木材检疫的设施；

（六）供水、供电、供热、供气、通讯基础设施。

第三章 森林保护

第十九条 县级以上人民政府林业主管部门应当根据森林病虫害测报中心和测报点对测报对象的调查和监测情况，定期发布长期、中期、短期森林病虫害预报，并及时提出防治方案。

森林经营者应当选用良种，营造混交林，实行科学育林，提高防御森林病虫害的能力。

发生森林病虫害时，有关部门、森林经营者应当采取综合防治措施，及时进行除治。

发生严重森林病虫害时，当地人民政府应当采取紧急除治措施，防止蔓延，消除隐患。

第二十条 国务院林业主管部门负责确定全国林木种苗检疫对象。省、自治区、直辖市人民政府林业主管部门根据本地区的需要，可以确定本省、自治区、直辖市的林木种苗补充检疫对象，报国务院林业主管部门备案。

第二十一条 禁止毁林开垦、毁林采种和违反操作技术规程采脂、挖笋、掘根、剥树皮及过度修枝的毁林行为。

第二十二条 25 度以上的坡地应当用于植树、种草。25 度以上的坡耕地应当按照当地人民政府制定的规划，逐步退耕，植树和种草。

第二十三条 发生森林火灾时，当地人民政府必须立即组织军民扑救；有关部门应当积极做好扑救火灾物资的供应、运输和通讯、医疗等工作。

第四章 植树造林

第二十四条 森林法所称森林覆盖率，是指以行政区域为单位森林面积与土地面积的百分比。森林面积，包括郁闭度 0.2 以上的乔木林地面积和竹林地面积、国家特别规定的灌木林地面积、农田林网以及村旁、路旁、水旁、宅旁林木的覆盖面积。

县级以上地方人民政府应当按照国务院确定的森林覆盖率奋斗目标，确定本行政区域森林覆盖率的奋斗目标，并组织实施。

第二十五条 植树造林应当遵守造林技术规程，实行科学造林，提高林木的成活率。

县级人民政府对本行政区域内当年造林的情况应当组织检查验收，除国家特别规定的干旱、半干旱地区外，成活率不足 85%的，不得计入年度造林完成面积。

第二十六条 国家对造林绿化实行部门和单位负责制。

铁路公路两旁、江河两岸、湖泊水库周围，各有关主管单位是造林绿化的责任单位。工矿区，机关、学校用地，部队营区以及农场、牧场、渔场经营地区，各该单位是造林绿化的责任单位。

责任单位的造林绿化任务，由所在地的县级人民政府下达责任通知书，予以确认。

第二十七条 国家保护承包造林者依法享有的林木所有权和其他合法权益。未经发包方和承包方协商一致，不得随意变更或者解除承包造林合同。

第五章 森林采伐

第二十八条 国家所有的森林和林木以国有林业企业事业单位、农场、厂矿为单位，集体所有的森林和林木、个人所有的林木以县为单位，制定年森林采伐限额，由省、自治区、直辖市人民政府林业主管部门汇总、平衡，经本级人民政府审核后，报国务院批准；其中，重点林区的年森林采伐限额，由国务院林业主管部门审核后，报国务院批准。

国务院批准的年森林采伐限额，每五年核定一次。

第二十九条 采伐森林、林木作为商品销售的，必须纳入国家年度木材生产计划；但是，农村居民采伐自留山上个人所有的薪炭林和自留地、房前屋后个人所有的零星林木除外。

第三十条 申请林木采伐许可证，除应当提交申请采伐林木的所有权证书或者使用权证书外，还应当按照下列规定提交其他有关证明文件：

（一）国有林业企业事业单位还应当提交采伐区调查设计文件和上年度采伐更新验收证明；

（二）其他单位还应当提交包括采伐林木的目的、地点、林种、林况、面积、蓄积量、方式和更新措施等内容的文件；

（三）个人还应当提交包括采伐林木的地点、面积、树种、株数、蓄积量、更新时间等内容的文件。

因扑救森林火灾、防洪抢险等紧急情况需要采伐林木的，组织抢险的单位或者部门应当自紧急情况结束之日起 30 日内，将采伐林木的情况报告当地县级以上人民政府林业主管部门。

第三十一条 有下列情形之一的，不得核发林木采伐许可证：

（一）防护林和特种用途林进行非抚育或者非更新性质的采伐的，或者采伐封山育林期、封山育林区内的林木的；

（二）上年度采伐后未完成更新造林任务的；

（三）上年度发生重大滥伐案件、森林火灾或者大面积严重森林病虫害，未采取预防和改进措施的。

林木采伐许可证的式样由国务院林业主管部门规定，由省、自治区、直辖市人民政府林业主管部门印制。

第三十二条 除森林法已有明确规定的外，林木采伐许可证按照下列规定权限核发：

（一）县属国有林场，由所在地的县级人民政府林业主管部门核发；

（二）省、自治区、直辖市和设区的市、自治州所属的国有林业企业事业单位、其他国有企业事业单位，由所在地的省、自治区、直辖市人民政府林业主管部门核发；

（三）重点林区的国有林业企业事业单位，由国务院林业主管部门核发。

第三十三条 利用外资营造的用材林达到一定规模需要采伐的，应当在国务院批准的年森林采伐限额内，由省、自治区、直辖市人民政府林业主管部门批准，实行采伐限额单列。

第三十四条 在林区经营（含加工）木材，必须经县级以上人民政府林业主管部门批准。

木材收购单位和个人不得收购没有林木采伐许可证或者其他合法来源证明的木材。

前款所称木材，是指原木、锯材、竹材、木片和省、自治区、直辖市规定的其他木材。

第三十五条 从林区运出非国家统一调拨的木材，必须持有县级以上人民政府林业主管部门核发的木材运输证。

重点林区的木材运输证，由国务院林业主管部门核发；其他木材运输证，由县级以上地方人民政府林业主管部门核发。

木材运输证自木材起运点到终点全程有效，必须随货同行。没有木材运输证的，承运单位和个人不得承运。

木材运输证的式样由国务院林业主管部门规定。

第三十六条 申请木材运输证，应当提交下列证明文件：

（一）林木采伐许可证或者其他合法来源证明；

（二）检疫证明；

（三）省、自治区、直辖市人民政府林业主管部门规定的其他文件。

符合前款条件的，受理木材运输证申请的县级以上人民政府林业主管部门应当自接到申请之日起 3 日内发给木材运输证。

依法发放的木材运输证所准运的木材运输总量，不得超过当地年度木材生产计划规定可以运出销售的木材总量。

第三十七条 经省、自治区、直辖市人民政府批准在林区设立的木材检查站，负责检查木材运输；无证运输木材的，木材检查站应当予以制止，可以暂扣无证运输的木材，并立即报请县级以上人民政府林业主管部门依法处理。

第六章 法律责任

第三十八条 盗伐森林或者其他林木，以立木材积计算不足 0.5 立方米或者幼树不足 20 株的，由县级以上人民政府林业主管部门责令补种盗伐株数 10 倍的树木，没收盗伐的林木或者变卖所得，并处盗伐林木价值 3 倍至 5 倍的罚款。

盗伐森林或者其他林木，以立木材积计算 0.5 立方米以上或者幼树 20 株以上的，由县级以上人民政府林业主管部门责令补种盗伐株数 10 倍的树木，没收盗伐的林木或者变卖所得，并处盗伐林木价值 5 倍至 10 倍的罚款。

第三十九条 滥伐森林或者其他林木，以立木材积计算不足 2 立方米或者幼树不足 50 株的，由县级以上人民政府林业主管部门责令补种滥伐株数 5 倍的树木，并处滥伐林木价值 2 倍至 3 倍的罚款。

滥伐森林或者其他林木，以立木材积计算 2 立方米以上或者幼树 50 株以上的，由县级以上人民政府林业主管部门责令补种滥伐株数5倍的树木，并处滥伐林木价值3倍至5倍的罚款。

超过木材生产计划采伐森林或者其他林木的，依照前两款规定处罚。

第四十条 违反本条例规定，未经批准，擅自在林区经营（含加工）木材的，由县级以上人民政府林业主管部门没收非法经营的木材和违法所得，并处违法所得2倍以下的罚款。

第四十一条 违反本条例规定，毁林采种或者违反操作技术规程采脂、挖笋、掘根、剥树皮及过度修枝，致使森林、林木受到毁坏的，依法赔偿损失，由县级以上人民政府林业主管部门责令停止违法行为，补种毁坏株数1倍至3倍的树木，可以处毁坏林木价值1倍至5倍的罚款；拒不补种树木或者补种不符合国家有关规定的，由县级以上人民政府林业主管部门组织代为补种，所需费用由违法者支付。

违反森林法和本条例规定，擅自开垦林地，致使森林、林木受到毁坏的，依照森林法第四十四条的规定予以处罚；对森林、林木未造成毁坏或者被开垦的林地上没有森林、林木的，由县级以上人民政府林业主管部门责令停止违法行为，限期恢复原状，可以处非法开垦林地每平方米10元以下的罚款。

第四十二条 有下列情形之一的，由县级以上人民政府林业主管部门责令限期完成造林任务；逾期未完成的，可以处应完成而未完成造林任务所需费用2倍以下的罚款；对直接负责的主管人员和其他直接负责人员，依法给予行政处分：

（一）连续两年未完成更新造林任务的；

（二）当年更新造林面积未达到应更新造林面积50%的；

（三）除国家特别规定的干旱、半干旱地区外，更新造林当年成活率未达到85%的；

（四）植树造林责任单位未按照所在地县级人民政府的要求按时完成造林任务的。

第四十三条 未经县级以上人民政府林业主管部门审核同意，擅自改变林地用途的，由县级以上人民政府林业主管部门责令限期恢复原状，并处非法改变用途林地每平方米10元至30元的罚款。

临时占用林地，逾期不归还的，依照前款规定处罚。

第四十四条 无木材运输证运输木材的，由县级以上人民政府林业主管部门没收非法运输的木材，对货主可以并处非法运输木材价款30%以下的罚款。

运输的木材数量超出木材运输证所准运的运输数量的，由县级以上人民政府林业主管部门没收超出部分的木材；运输的木材树种、材种、规格与木材运输证规定不符又无正当理由的，没收其不相符部分的木材。

使用伪造、涂改的木材运输证运输木材的，由县级以上人民政府林业主管部门没收非法运输的木材，并处没收木材价款10%至50%的罚款。

承运无木材运输证的木材的，由县级以上人民政府林业主管部门没收运费，并处运费1倍至3倍的罚款。

第四十五条 擅自移动或者毁坏林业服务标志的，由县级以上人民政府林业主管部门责令限期恢复原状；逾期不恢复原状的，由县级以上人民政府林业主管部门代为恢复，所需费用由违法者支付。

第四十六条 违反本条例规定，未经批准，擅自将防护林和特种用途林改变为其他林种的，由县级以上人民政府林业主管部门收回经营者所获取的森林生态效益补偿，并处所获取森林生态效益补偿3倍以下的罚款。

第七章 附 则

第四十七条 本条例中县级以上地方人民政府林业主管部门职责权限的划分，由国务院林业主管部门具体规定。

第四十八条 本条例自发布之日起施行。1986年4月28日国务院批准、1986年5月10日林业部发布的《中华人民共和国森林法实施细则》同时废止。

中华人民共和国防沙治沙法

（2001年8月31日第九届全国人民代表大会常务委员会第二十三次会议通过）

中华人民共和国主席令

第55号

《中华人民共和国防沙治沙法》已由中华人民共和国第九届全国人民代表大会常务委员会第二十三次会议于2001年8月31日通过，现予公布，自2002年1月1日起施行。

中华人民共和国主席　江泽民

2001年8月31日

目　录

第一章　总　则

第一条　为预防土地沙化，治理沙化土地，维护生态安全，促进经济和社会的可持续发展，制定本法。

第二条　在中华人民共和国境内，从事土地沙化的预防、沙化土地的治理和开发利用活动，必须遵守本法。

土地沙化是指因气候变化和人类活动所导致的天然沙漠扩张和沙质土壤上植被破坏、沙土裸露的过程。

本法所称土地沙化，是指主要因人类不合理活动所导致的天然沙漠扩张和沙质土壤上植被及覆盖物被破坏，形成流沙及沙土裸露的过程。

本法所称沙化土地，包括已经沙化的土地和具有明显沙化趋势的土地。具体范围，由国务院批准的全国防沙治沙规划确定。

第三条 防沙治沙工作应当遵循以下原则：

（一）统一规划，因地制宜，分步实施，坚持区域防治与重点防治相结合；

（二）预防为主，防治结合，综合治理；

（三）保护和恢复植被与合理利用自然资源相结合；

（四）遵循生态规律，依靠科技进步；

（五）改善生态环境与帮助农牧民脱贫致富相结合；

（六）国家支持与地方自力更生相结合，政府组织与社会各界参与相结合，鼓励单位、个人承包防治；

（七）保障防沙治沙者的合法权益。

第四条 国务院和沙化土地所在地区的县级以上地方人民政府，应当将防沙治沙纳入国民经济和社会发展计划，保障和支持防沙治沙工作的开展。

沙化土地所在地区的地方各级人民政府，应当采取有效措施，预防土地沙化，治理沙化土地，保护和改善本行政区域的生态质量。

国家在沙化土地所在地区，建立政府行政领导防沙治沙任期目标责任考核奖惩制度。沙化土地所在地区的县级以上地方人民政府，应当向同级人民代表大会及其常务委员会报告防沙治沙工作情况。

第五条 在国务院领导下，国务院林业行政主管部门负责组织、协调、指导全国防沙治沙工作。

国务院林业、农业、水利、土地、环境保护等行政主管部门和气象主管机构，按照有关法律规定的职责和国务院确定的职责分工，各负其责，密切配合，共同做好防沙治沙工作。

县级以上地方人民政府组织、领导所属有关部门，按照职责分工，各负其责，密切配合，共同做好本行政区域的防沙治沙工作。

第六条 使用土地的单位和个人，有防止该土地沙化的义务。

使用已经沙化的土地的单位和个人，有治理该沙化土地的义务。

第七条 国家支持防沙治沙的科学研究和技术推广工作，发挥科研部门、机构在防沙治沙工作中的作用，培养防沙治沙专门技术人员，提高防沙治沙的科学技术水平。

国家支持开展防沙治沙的国际合作。

第八条 在防沙治沙工作中作出显著成绩的单位和个人，由人民政府给予表彰和奖励；对保护和改善生态质量作出突出贡献的，应当给予重奖。

第九条 沙化土地所在地区的各级人民政府应当组织有关部门开展防沙治沙知识的宣传教育，增强公民的防沙治沙意识，提高公民防沙治沙的能力。

第二章　防沙治沙规划

第十条　防沙治沙实行统一规划。从事防沙治沙活动，以及在沙化土地范围内从事开发利用活动，必须遵循防沙治沙规划。

防沙治沙规划应当对遏制土地沙化扩展趋势，逐步减少沙化土地的时限、步骤、措施等作出明确规定，并将具体实施方案纳入国民经济和社会发展五年计划和年度计划。

第十一条　国务院林业行政主管部门会同国务院农业、水利、土地、环境保护等有关部门编制全国防沙治沙规划，报国务院批准后实施。

省、自治区、直辖市人民政府依据全国防沙治沙规划，编制本行政区域的防沙治沙规划，报国务院或者国务院指定的有关部门批准后实施。

沙化土地所在地区的市、县人民政府，应当依据上一级人民政府的防沙治沙规划，组织编制本行政区域的防沙治沙规划，报上一级人民政府批准后实施。

防沙治沙规划的修改，须经原批准机关批准；未经批准，任何单位和个人不得改变防沙治沙规划。

第十二条　编制防沙治沙规划，应当根据沙化土地所处的地理位置、土地类型、植被状况、气候和水资源状况、土地沙化程度等自然条件及其所发挥的生态、经济功能，对沙化土地实行分类保护、综合治理和合理利用。

在规划期内不具备治理条件的以及因保护生态的需要不宜开发利用的连片沙化土地，应当规划为沙化土地封禁保护区，实行封禁保护。沙化土地封禁保护区的范围，由全国防沙治沙规划以及省、自治区、直辖市防沙治沙规划确定。

第十三条　防沙治沙规划应当与土地利用总体规划相衔接；防沙治沙规划中确定的沙化土地用途，应当符合本级人民政府的土地利用总体规划。

第三章　土地沙化的预防

第十四条　国务院林业行政主管部门组织其他有关行政主管部门对全国土地沙化情况进行监测、统计和分析，并定期公布监测结果。

县级以上地方人民政府林业或者其他有关行政主管部门，应当按照土地沙化监测技术规程，对沙化土地进行监测，并将监测结果向本级人民政府及上一级林业或者其他有关行政主管部门报告。

第十五条　县级以上地方人民政府林业或者其他有关行政主管部门，在土地沙化监测过程中，发现土地发生沙化或者沙化程度加重的，应当及时报告本级人民政府。收到报告的人民政府应当责成有关行政主管部门制止导致土地沙化的行为，并采取有效措施进行治理。

各级气象主管机构应当组织对气象干旱和沙尘暴天气进行监测、预报，发现气象干旱或者沙尘暴天气征兆时，应当及时报告当地人民政府。收到报告的人民政府应当采取预防措施，必要时公布灾情预报，并组织林业、农（牧）业等有关部门采取应急措施，避免或者减轻风沙危害。

第十六条 沙化土地所在地区的县级以上地方人民政府应当按照防沙治沙规划，划出一定比例的土地，因地制宜地营造防风固沙林网、林带，种植多年生灌木和草本植物。由林业行政主管部门负责确定植树造林的成活率、保存率的标准和具体任务，并逐片组织实施，明确责任，确保完成。

除了抚育更新性质的采伐外，不得批准对防风固沙林网、林带进行采伐。在对防风固沙林网、林带进行抚育更新性质的采伐之前，必须在其附近预先形成接替林网和林带。

对林木更新困难地区已有的防风固沙林网、林带，不得批准采伐。

第十七条 禁止在沙化土地上砍挖灌木、药材及其他固沙植物。

沙化土地所在地区的县级人民政府，应当制定植被管护制度，严格保护植被，并根据需要在乡（镇）、村建立植被管护组织，确定管护人员。

在沙化土地范围内，各类土地承包合同应当包括植被保护责任的内容。

第十八条 草原地区的地方各级人民政府，应当加强草原的管理和建设，由农（牧）业行政主管部门负责指导、组织农牧民建设人工草场，控制载畜量，调整牲畜结构，改良牲畜品种，推行牲畜圈养和草场轮牧，消灭草原鼠害、虫害，保护草原植被，防止草原退化和沙化。

草原实行以产草量确定载畜量的制度。由农（牧）业行政主管部门负责制定载畜量的标准和有关规定，并逐级组织实施，明确责任，确保完成。

第十九条 沙化土地所在地区的县级以上地方人民政府水行政主管部门，应当加强流域和区域水资源的统一调配和管理，在编制流域和区域水资源开发利用规划和供水计划时，必须考虑整个流域和区域植被保护的用水需求，防止因地下水和上游水资源的过度开发利用，导致植被破坏和土地沙化。该规划和计划经批准后，必须严格实施。

沙化土地所在地区的地方各级人民政府应当节约用水，发展节水型农牧业和其他产业。

第二十条 沙化土地所在地区的县级以上地方人民政府，不得批准在沙漠边缘地带和林地、草原开垦耕地；已经开垦并对生态产生不良影响的，应当有计划地组织退耕还林还草。

第二十一条 在沙化土地范围内从事开发建设活动的，必须事先就该项目可能对当地及相关地区生态产生的影响进行环境影响评价，依法提交环境影响报告；环境影响报告应当包括有关防沙治沙的内容。

第二十二条 在沙化土地封禁保护区范围内，禁止一切破坏植被的活动。

禁止在沙化土地封禁保护区范围内安置移民。对沙化土地封禁保护区范围内的农牧民，县级以上地方人民政府应当有计划地组织迁出，并妥善安置。沙化土地封禁保护区范围内尚未迁出的农牧民的生产生活，由沙化土地封禁保护区主管部门妥善安排。

未经国务院或者国务院指定的部门同意，不得在沙化土地封禁保护区范围内进行修建铁路、公路等建设活动。

第四章　沙化土地的治理

第二十三条　沙化土地所在地区的地方各级人民政府，应当按照防沙治沙规划，组织有关部门、单位和个人，因地制宜地采取人工造林种草、飞机播种造林种草、封沙育林育草和合理调配生态用水等措施，恢复和增加植被，治理已经沙化的土地。

第二十四条　国家鼓励单位和个人在自愿的前提下，捐资或者以其他形式开展公益性的治沙活动。

县级以上地方人民政府林业或者其他有关行政主管部门，应当为公益性治沙活动提供治理地点和无偿技术指导。

从事公益性治沙的单位和个人，应当按照县级以上地方人民政府林业或者其他有关行政主管部门的技术要求进行治理，并可以将所种植的林、草委托他人管护或者交由当地人民政府有关行政主管部门管护。

第二十五条　使用已经沙化的国有土地的使用权人和农民集体所有土地的承包经营权人，必须采取治理措施，改善十地质量；确实无能力完成治埋任务的，可以委托他人治理或者与他人合作治理。委托或者合作治理的，应当签订协议，明确各方的权利和义务。

沙化土地所在地区的地方各级人民政府及其有关行政主管部门、技术推广单位，应当为土地使用权人和承包经营权人的治沙活动提供技术指导。

采取退耕还林还草、植树种草或者封育措施治沙的土地使用权人和承包经营权人，按照国家有关规定，享受人民政府提供的政策优惠。

第二十六条　不具有土地所有权或者使用权的单位和个人从事营利性治沙活动的，应当先与土地所有权人或者使用权人签订协议，依法取得土地使用权。

在治理活动开始之前，从事营利性治沙活动的单位和个人应当向治理项目所在地的县级以上地方人民政府林业行政主管部门或者县级以上地方人民政府指定的其他行政主管部门提出治理申请，并附具下列文件：

（一）被治理土地权属的合法证明文件和治理协议；

（二）符合防沙治沙规划的治理方案；

（三）治理所需的资金证明。

第二十七条　本法第二十六条第二款第二项所称治理方案，应当包括以下内容：

（一）治理范围界限；

（二）分阶段治理目标和治理期限；

（三）主要治理措施；

（四）经当地水行政主管部门同意的用水来源和用水量指标；

（五）治理后的土地用途和植被管护措施；

（六）其他需要载明的事项。

第二十八条　从事营利性治沙活动的单位和个人，必须按照治理方案进行治理。

国家保护沙化土地治理者的合法权益。在治理者取得合法土地权属的治理范围内，未经治理者同意，其他任何单位和个人不得从事治理或者开发利用活动。

第二十九条 治理者完成治理任务后，应当向县级以上地方人民政府受理治理申请的行政主管部门提出验收申请。经验收合格的，受理治理申请的行政主管部门应当发给治理合格证明文件；经验收不合格的，治理者应当继续治理。

第三十条 已经沙化的土地范围内的铁路、公路、河流和水渠两侧，城镇、村庄、厂矿和水库周围，实行单位治理责任制，由县级以上地方人民政府下达治理责任书，由责任单位负责组织造林种草或者采取其他治理措施。

第三十一条 沙化土地所在地区的地方各级人民政府，可以组织当地农村集体经济组织及其成员在自愿的前提下，对已经沙化的土地进行集中治理。农村集体经济组织及其成员投入的资金和劳力，可以折算为治理项目的股份、资本金，也可以采取其他形式给予补偿。

第五章 保障措施

第三十二条 国务院和沙化土地所在地区的地方各级人民政府应当在本级财政预算中按照防沙治沙规划通过项目预算安排资金，用于本级人民政府确定的防沙治沙工程。在安排扶贫、农业、水利、道路、矿产、能源、农业综合开发等项目时，应当根据具体情况，设立若干防沙治沙子项目。

第三十三条 国务院和省、自治区、直辖市人民政府应当制定优惠政策，鼓励和支持单位和个人防沙治沙。

县级以上地方人民政府应当按照国家有关规定，根据防沙治沙的面积和难易程度，给予从事防沙治沙活动的单位和个人资金补助、财政贴息以及税费减免等政策优惠。

单位和个人投资进行防沙治沙的，在投资阶段免征各种税收；取得一定收益后，可以免征或者减征有关税收。

第三十四条 使用已经沙化的国有土地从事治沙活动的，经县级以上人民政府依法批准，可以享有不超过七十年的土地使用权。具体年限和管理办法，由国务院规定。

使用已经沙化的集体所有土地从事治沙活动的，治理者应当与土地所有人签订土地承包合同。具体承包期限和当事人的其他权利、义务由承包合同双方依法在土地承包合同中约定。县级人民政府依法根据土地承包合同向治理者颁发土地使用权证书，保护集体所有沙化土地治理者的土地使用权。

第三十五条 因保护生态的特殊要求，将治理后的土地批准划为自然保护区或者沙化土地封禁保护区的，批准机关应当给予治理者合理的经济补偿。

第三十六条 国家根据防沙治沙的需要，组织设立防沙治沙重点科研项目和示范、推广项目，并对防沙治沙、沙区能源、沙生经济作物、节水灌溉、防止草原退化、沙地旱作农业等方面的科学研究与技术推广给予资金补助、税费减免等政策优惠。

第三十七条 任何单位和个人不得截留、挪用防沙治沙资金。

县级以上人民政府审计机关，应当依法对防沙治沙资金使用情况实施审计监督。

第六章　法律责任

第三十八条　违反本法第二十二条第一款规定，在沙化土地封禁保护区范围内从事破坏植被活动的，由县级以上地方人民政府林业、农（牧）业行政主管部门按照各自的职责，责令停止违法行为；有违法所得的，没收其违法所得；构成犯罪的，依法追究刑事责任。

第三十九条　违反本法第二十五条第一款规定，国有土地使用权人和农民集体所有土地承包经营权人未采取防沙治沙措施，造成土地严重沙化的，由县级以上地方人民政府农（牧）业、林业行政主管部门按照各自的职责，责令限期治理；造成国有土地严重沙化的，县级以上人民政府可以收回国有土地使用权。

第四十条　违反本法规定，进行营利性治沙活动，造成土地沙化加重的，由县级以上地方人民政府负责受理营利性治沙申请的行政主管部门责令停止违法行为，可以并处每公顷五千元以上五万元以下的罚款。

第四十一条　违反本法第二十八条第一款规定，不按照治理方案进行治理的，或者违反本法第二十九条规定，经验收不合格又不按要求继续治理的，由县级以上地方人民政府负责受理营利性治沙申请的行政主管部门责令停止违法行为，限期改正，可以并处相当于治理费用一倍以上三倍以下的罚款。

第四十二条　违反本法第二十八条第二款规定，未经治理者同意，擅自在他人的治理范围内从事治理或者开发利用活动的，由县级以上地方人民政府负责受理营利性治沙申请的行政主管部门责令停止违法行为；给治理者造成损失的，应当赔偿损失。

第四十三条　违反本法规定，有下列情形之一的，对直接负责的主管人员和其他直接责任人员，由所在单位、监察机关或者上级行政主管部门依法给予行政处分：

（一）违反本法第十五条第一款规定，发现土地发生沙化或者沙化程度加重不及时报告的，或者收到报告后不责成有关行政主管部门采取措施的；

（二）违反本法第十六条第二款、第三款规定，批准采伐防风固沙林网、林带的；

（三）违反本法第二十条规定，批准在沙漠边缘地带和林地、草原开垦耕地的；

（四）违反本法第二十二条第二款规定，在沙化土地封禁保护区范围内安置移民的；

（五）违反本法第二十二条第三款规定，未经批准在沙化土地封禁保护区范围内进行修建铁路、公路等建设活动的。

第四十四条　违反本法第三十七条第一款规定，截留、挪用防沙治沙资金的，对直接负责的主管人员和其他直接责任人员，由监察机关或者上级行政主管部门依法给予行政处分；构成犯罪的，依法追究刑事责任。

第四十五条　防沙治沙监督管理人员滥用职权、玩忽职守、徇私舞弊，构成犯罪的，依法追究刑事责任。

第七章　附　则

第四十六条　本法第五条第二款中所称的有关法律，是指《中华人民共和国森林法》、《中华人民共和国草原法》、《中华人民共和国水土保持法》、《中华人民共和国土地管理法》、《中华人民共和国环境保护法》和《中华人民共和国气象法》。

第四十七条　本法自 2002 年 1 月 1 日起施行。

中华人民共和国野生动物保护法

（1988年11月8日第七届全国人民代表大会常务委员会第四次会议通过）

第一章　总　则

第一条　为保护、拯救珍贵、濒危野生动物，保护、发展和合理利用野生动物资源，维护生态平衡，制定本法。

第二条　在中华人民共和国境内从事野生动物的保护、驯养繁殖、开发利用活动，必须遵守本法。

本法规定保护的野生动物，是指珍贵、濒危的陆生、水生野生动物和有益的或者有重要经济、科学研究价值的陆生野生动物。

本法各条款所提野生动物，均系指前款规定的受保护的野生动物。

珍贵、濒危的水生野生动物以外的其他水生野生动物的保护，适用渔业法的规定。

第三条　野生动物资源属于国家所有。

国家保护依法开发利用野生动物资源的单位和个人的合法权益。

第四条　国家对野生动物实行加强资源保护、积极驯养繁殖、合理开发利用的方针，鼓励开展野生动物科学研究。

在野生动物资源保护、科学研究和驯养繁殖方面成绩显著的单位和个人，由政府给予奖励。

第五条　中华人民共和国公民有保护野生动物资源的义务，对侵占或者破坏野生动物资源的行为有权检举和控告。

第六条　各级政府应当加强对野生动物资源的管理，制定保护、发展和合理利用野生动物资源的规划和措施。

第七条　国务院林业、渔业行政主管部门分别主管全国陆生、水生野生动物管理工作。

省、自治区、直辖市政府林业行政主管部门主管本行政区域内陆生野生动物管理工作。自治州、县和市政府陆生野生动物管理工作的行政主管部门，由省、自治区、直辖市政府确定。

县级以上地方政府渔业行政主管部门主管本行政区域内水生野生动物管理工作。

第二章　野生动物保护

第八条　国家保护野生动物及其生存环境，禁止任何单位和个人非法猎捕或者破坏。

第九条　国家对珍贵、濒危的野生动物实行重点保护。国家重点保护的野生动物分为一级保护野生动物和二级保护野生动物。国家重点保护的野生动物名录及其调整，由国务院野生动物行政主管部门制定，报国务院批准公布。

地方重点保护野生动物，是指国家重点保护野生动物以外，由省、自治区、直辖市重点保护的野生动物。地方重点保护的野生动物名录，由省、自治区、直辖市政府制定并公布，报国务院备案。

国家保护的有益的或者有重要经济、科学研究价值的陆生野生动物名录及其调整，由国务院野生动物行政主管部门制定并公布。

第十条　国务院野生动物行政主管部门和省、自治区、直辖市政府，应当在国家和地方重点保护野生动物的主要生息繁衍的地区和水域，划定自然保护区，加强对国家和地方重点保护野生动物及其生存环境的保护管理。

自然保护区的划定和管理，按照国务院有关规定办理。

第十一条　各级野生动物行政主管部门应当监视、监测环境对野生动物的影响。由于环境影响对野生动物造成危害时，野生动物行政主管部门应当会同有关部门进行调查处理。

第十二条　建设项目对国家或者地方重点保护野生动物的生存环境产生不利影响的，建设单位应当提交环境影响报告书；环境保护部门在审批时，应当征求同级野生动物行政主管部门的意见。

第十三条　国家和地方重点保护野生动物受到自然灾害威胁时，当地政府应当及时采取拯救措施。

第十四条　因保护国家和地方重点保护野主动物，造成农作物或者其他损失的，由当地政府给予补偿。补偿办法由省、自治区、直辖市政府制定。

第三章　野生动物管理

第十五条　野生动物行政主管部门应当定期组织对野生动物资源的调查，建立野生动物资源档案。

第十六条　禁止猎捕、杀害国家重点保护野生动物，因科学研究、驯养繁殖、展览或者其他特殊情况，需要捕捉、捕捞国家一级保护野生动物的，必须向国务院野生动物行政主管部门申请特许猎捕证；猎捕国家二级保护野生动物的，必须向省、自治区、直辖市政府野生动物行政主管部门申请特许猎捕证。

第十七条　国家鼓励驯养繁殖野生动物。

驯养繁殖国家重点保护野生动物的，应当持有许可证。许可证的管理办法由国务院野生动物行政主管部门制定。

第十八条 猎捕非国家重点保护野生动物的，必须取得狩猎证，并且服从猎捕量限额管理。

持枪猎捕的，必须取得县、市公安机关核发的持枪证。

第十九条 猎捕者应当按照特许猎捕证、狩猎证规定的种类、数量、地点和期限进行猎捕。

第二十条 在自然保护区、禁猎区和禁猎期内，禁止猎捕和其他妨碍野生动物生息繁衍的活动。

禁猎区和禁猎期以及禁止使用的猎捕工具和方法，由县级以上政府或者其野生动物行政主管部门规定。

第二十一条 禁止使用军用武器、毒药、炸药进行猎捕。

猎枪及弹具的生产、销售和使用管理办法，由国务院林业行政主管部门会同公安部门制定，报国务院批准施行。

第二十二条 禁止出售、收购国家重点保护野生动物或者其产品。因科学研究、驯养繁殖、展览等特殊情况，需要出售、收购、利用国家一级保护野生动物或者其产品的，必须经国务院野生动物行政主管部门或者其授权的单位批准；需要出售、收购、利用国家二级保护野生动物或者其产品的，必须经省、自治区、直辖市政府野生动物行政主管部门或者其授权的单位批准。

驯养繁殖国家重点保护野生动物的单位和个人可以凭驯养繁殖许可证向政府指定的收购单位，按照规定出售国家重点保护野生动物或其产品。

工商行政管理部门对进入市场的野生动物或者其产品，应当进行监督管理。

第二十三条 运输、携带国家重点保护野生动物或者其产品出县境的，必须经省、自治区、直辖市政府野生动物行政主管部门或者其授权的单位批准。

第二十四条 出口国家重点保护野生动物或者其产品的，进出口中国参加的国际公约所限制进出口的野生动物或者其产品的，必须经国务院野生动物行政主管部门或者国务院批准，并取得国家濒危物种进出口管理机构核发的允许进出口证明书。海关凭允许进出口证明书查验放行。

涉及科学技术保密的野生动物物种的出口，按照国务院有关规定办理。

第二十五条 禁止伪造、倒卖、转让特许猎捕证、狩猎证、驯养繁殖许可证和允许进出口证明书。

第二十六条 外国人在中国境内对国家重点保护野生动物进行野外考察或者在野外拍摄电影、录像，必须经国务院野生动物行政主管部门或者其授权的单位批准。

建立对外国人开放的猎捕场所，必须经国务院野生动物行政主管部门批准。

第二十七条 经营利用野生动物或者其产品的，应当缴纳野生动物资源保护管理费。收费标准和办法由国务院野生动物行政主管部门会同财政、物价部门制定，报国务院批准后施行。

第二十八条 因猎捕野生动物造成农作物或者其他损失的，由猎捕者负责赔偿。

第二十九条 有关地方政府应当采取措施，预防、控制野生动物所造成的危害，保障人畜安全和农业、林业生产。

第三十条 地方重点保护野生动物和其他非国家重点保护野生动物的管理办法，由省、自治区、直辖市人民代表大会常务委员会制定。

第四章 法律责任

第三十一条 非法捕杀国家重点保护野生动物的，依照关于惩治捕杀国家重点保护的珍贵、濒危野生动物犯罪的补充规定追究刑事责任。

第三十二条 违反本法规定，在禁猎区、禁猎期或者使用禁用的工具、方法猎捕野生动物的，由野生动物行政主管部门没收猎获物、猎捕工具和违法所得，处以罚款，情节严重、构成犯罪的，依照刑法第一百三十条的规定追究刑事责任。

第三十三条 违反本法规定，未取得狩猎证或者未按狩猎证规定猎捕野生动物的，由野生动物行政主管部门没收猎获物和违法所得，处以罚款，并可以没收猎捕工具，吊销狩猎证。

违反本法规定，未取得持枪证持枪猎捕野生动物的，由公安机关比照治安管理处罚条例的规定处罚。

第三十四条 违反本法规定，在自然保护区、禁猎区破坏国家或者地方重点保护野生动物主要生息繁衍场所的，由野生动物行政主管部门责令停止破坏行为，限期恢复原状，处以罚款。

第三十五条 违反本法规定，出售、收购、运输、携带国家或者地方重点保护野生动物或者其产品的，由工商行政管理部门没收实物和违法所得，可以并处罚款。

违反本法规定，出售、收购国家重点保护野生动物或者其产品，情节严重、构成投机倒把罪、走私罪的，依照刑法有关规定追究刑事责任。

没收的实物，由野生动物行政主管部门或者其授权的单位按照规定处理。

第三十六条 非法进出口野生动物或者其产品的，由海关依照海关法处罚；情节严重、构成犯罪的，依照刑法关于走私罪的规定追究刑事责任。

第三十七条 伪造、倒卖、转让特许猎捕证、狩猎证、驯养繁殖许可证或者允许进出口证明书的，由野生动物行政主管部门或者工商行政管理部门吊销证件，没收违法所得，可以并处罚款。

伪造、倒卖特许猎捕证或者允许进出口证明书，情节严重、构成犯罪的，比照刑法第一百六十七条的规定追究刑事责任。

第三十八条 野生动物行政主管部门的工作人员玩忽职守、滥用职权、徇私舞弊的，由其所在单位或者上级主管机关给予行政处分，情节严重、构成犯罪的，依法追究刑事责任。

第三十九条 当事人对行政处罚决定不服的，可以在接到处罚通知之日起 15 日内，向作出处罚决定机关的上一级机关申请复议；对上一级机关的复议决定不服的，可以在接到复议决定通知之日起 15 日内，向法院起诉。当事人也可以在接到处罚通知之日起 15 日内，直接向法院起诉。当事人逾期不申请复议或者不向法院起诉又不履行处罚决定的，由作出处罚决定的机关申请法院强制执行。

对海关处罚或者治安管理处罚不服的，依照海关法或者治安管理处罚条例的规定办理。

第五章　附　则

第四十条　中华人民共和国缔结或者参加的与保护野生动物有关的国际条约与本法有不同规定的，适用国际条约的规定，但中华人民共和国声明保留的条款除外。

第四十一条　国务院野生动物行政主管部门根据本法制定实施条例，报国务院批准施行。

省、自治区、直辖市人民代表大会常务委员会可以根据本法制定实施办法。

第四十二条　本法自1989年3月1日起施行。

附：

有关法律条文

一、刑法有关规定

《刑法》第一百一十六条　违反海关法规，进行走私，情节严重的，除按照海关法规没收走私物品并且可以罚款外，处3年以下有期徒刑或者拘役，可以并处没收财产。

《刑法》第一百一十七条　违反金融、外汇、金银、工商管理法规，投机倒把，情节严重的，处3年以下有期徒刑或者拘役，可以并处、单处罚金或者没收财产。

《刑法》第一百一十八条　以走私，投机倒把为常业的走私、投机倒把数额巨大的或者走私，投机倒把集团的首要分子，处3年以上10年以下有期徒刑，可以并处没收财产。

《刑法》第一百三十条　违反狩猎法规，在禁猎区、禁猎期或者使用禁用的工具、方法进行狩猎，破坏珍禽、珍兽或者其他野生动物资源，情节严重的，处 2 年以下有期徒刑、拘役或者罚金。

《刑法》第一百六十七条　伪造、变造或者盗窃、抢夺、毁灭国家机关、企业、事业单位、人民团体的公文、证件、印章的，处 3 年以下有期徒刑、拘役、管制或者剥夺政治权利；情节严重的，处3年以上10年以下有期徒刑。

《全国人民代表大会常务委员会关于严惩严重破坏经济的罪犯的决定》第一条　对刑法第一百一十八条走私、套汇、投机倒把牟取暴利罪，第一百五十二条盗窃罪，第一百七十一条贩毒罪，第一百七十三条盗运珍贵文物出口罪，其处刑分别补充或者修改为：情节特别严重的，处10年以上有期徒刑、无期徒刑或者死刑，可以并处没收财产。

《全国人民代表大会常务委员会关于惩治走私罪的补充规定》第二条　走私国家禁止出口的文物、珍贵动物及其制品、黄金、白银或者其他贵重金属的，处 5 年以上有期徒刑，并处罚金或者没收财产；情节特别严重的，处无期徒刑或者死刑，并处没收财产；情节较轻的，处5年以下有期徒刑，并处罚金。

二、《海关法》有关规定

第四十七条　逃避海关监管，有下列行为之一的，是走私罪：

（一）运输、携带、邮寄国家禁止进出口的毒品、武器、伪造货币进出境的，以牟利、传播为目的运输、携带、邮寄淫秽物品进出境的，或者运输、携带、邮寄国家禁止出口的文物出境的；

（二）以牟利为目的，运输、携带、邮寄除前项所列物品外的国家禁止进出口的其他物品、国家限制进出口或者依法应当缴纳关税的货物、物品进出境，数额较大的；

……

第四十八条　有本法第四十七条第（二）、（三）项所列行为之一，走私货物、物品数额不大的，或者携带、邮寄淫秽物品进出境不构成走私罪的，由海关没收货物、物品、违法所得，可以并处罚款。

三、《治安管理处罚条例》有关规定

第二十条　有下列妨害公共安全行为之一的，处 15 日以下拘留、200 元以下罚款或者警告：

（一）非法携带、存放枪支、弹药或者有其他违反枪支管理规定行为，尚不够刑事处罚的；

……

中华人民共和国陆生野生动物保护实施条例

（1992年2月12日国务院批准，1992年3月1日林业部发布）

第一章　总　则

第一条　根据《中华人民共和国野生动物保护法》（以下简称《野生动物保护法》）的规定，制定本条例。

第二条　本条例所称陆生野生动物，是指依法受保护的珍贵、濒危、有益的和有重要经济、科学研究价值的陆生野生动物（以下简称野生动物）；所称野生动物产品，是指陆生野生动物的任何部分及其衍生物。

第三条　国务院林业行政主管部门主管全国陆生野生动物管理工作。

省、自治区、直辖市人民政府林业行政主管部门主管本行政区域内陆生野生动物管理工作。自治州、县和市人民政府陆生野生动物管理工作的行政主管部门，由省、自治区、直辖市人民政府确定。

第四条　县级以上各级人民政府有关主管部门应当鼓励、支持有关科研、教学单位开展野生动物科学研究工作。

第五条　野生动物行政主管部门有权对《野生动物保护法》和本条例的实施情况进行监督检查，被检查的单位和个人应当给予配合。

第二章　野生动物保护

第六条　县级以上地方各级人民政府应当开展保护野生动物的宣传教育，可以确定适当时间为保护野生动物宣传月、爱鸟周等，提高公民保护野生动物的意识。

第七条　国务院林业行政主管部门和省、自治区、直辖市人民政府林业行政主管部门，应当定期组织野生动物资源调查，建立资源档案，为制定野生动物资源保护发展方案、制定和调整国家和地方重点保护野生动物名录提供依据。

野生动物资源普查每十年进行一次，普查方案由国务院林业行政主管部门或者省、自治区、直辖市人民政府林业行政主管部门批准。

第八条　县级以上各级人民政府野生动物行政主管部门，应当组织社会各方面力量，采取生物技术措施和工程技术措施，维护和改善野生动物生存环境，保护和发展野生动物资源。

禁止任何单位和个人破坏国家和地方重点保护野生动物的生息繁衍场所和生存条件。

第九条 任何单位和个人发现受伤、病弱、饥饿、受困、迷途的国家和地方重点保护野生动物时，应当及时报告当地野生动物行政主管部门，由其采取救护措施；也可以就近送具备救护条件的单位救护。救护单位应当立即报告野生动物行政主管部门，并按照国务院林业行政主管部门的规定办理。

第十条 有关单位和个人对国家和地方重点保护野生动物可能造成的危害，应当采取防范措施。因保护国家和地方重点保护野生动物受到损失的，可以向当地人民政府野生动物行政主管部门提出补偿要求。经调查属实并确实需要补偿的，由当地人民政府按照省、自治区、直辖市人民政府的有关规定给予补偿。

第三章　野生动物猎捕管理

第十一条 禁止猎捕、杀害国家重点保护野生动物。

有下列情形之一，需要猎捕国家重点保护野生动物的，必须申请特许猎捕证：

（一）为进行野生动物科学考察、资源调查，必须猎捕的；

（二）为驯养繁殖国家重点保护野生动物，必须从野外获取种源的；

（三）为承担省级以上科学研究项目或者国家医药生产任务，必须从野外获取国家重点保护野生动物的；

（四）为宣传、普及野生动物知识或者教学、展览的需要，必须从野外获取国家重点保护野生动物的；

（五）因国事活动的需要，必须从野外获取国家重点保护野生动物的；

（六）为调控国家重点保护野生动物种群数量和结构，经科学论证必须猎捕的；

（七）因其他特殊情况，必须捕捉、猎捕国家重点保护野生动物的。

第十二条 申请特许猎捕证的程序如下：

（一）需要捕捉国家一级保护野生动物的，必须附具申请人所在地和捕捉地的省、自治区、直辖市人民政府林业行政主管部门签署的意见，向国务院林业行政主管部门申请特许猎捕证；

（二）需要在本省、自治区、直辖市猎捕国家二级保护野生动物的，必须附具申请人所在地的县级人民政府野生动物行政主管部门签署的意见，向省、自治区、直辖市人民政府林业行政主管部门申请特许猎捕证；

（三）需要跨省、自治区、直辖市猎捕国家二级保护野生动物的，必须附具申请人所在地的省、自治区、直辖市人民政府林业行政主管部门签署的意见，向猎捕地的省、自治区、直辖市人民政府林业行政主管部门申请特许猎捕证。

动物园需要申请捕捉国家一级保护野生动物的，在向国务院林业行政主管部门申请特许猎捕证前，须经国务院建设行政主管部门审核同意；需要申请捕捉国家二级保护野生动物的，在向申请人所在地的省、自治区、直辖市人民政府林业行政主管部门申请特许猎捕证前，须经同级政府建设行政主管部门审核同意。

负责核发特许猎捕证的部门接到申请后，应当在三个月内作出批准或者不批准的决定。

第十三条 有下列情形之一的，不予发放特许猎捕证：

（一）申请猎捕者有条件以合法的非猎捕方式获得国家重点保护野生动物的种源、产品或者达到所需目的的；

（二）猎捕申请不符合国家有关规定或者申请使用的猎捕工具、方法以及猎捕时间、地点不当的；

（三）根据野生动物资源现状不宜捕捉、猎捕的。

第十四条 取得特许猎捕证的单位和个人，必须按照特许猎捕证规定的种类、数量、地点、期限、工具和方法进行猎捕，防止误伤野生动物或者破坏其生存环境。猎捕作业完成后，应当在十日内向猎捕地的县级人民政府野生动物行政主管部门申请查验。

县级人民政府野生动物行政主管部门对在本行政区域内猎捕国家重点保护野生动物的活动，应当进行监督检查，并及时向批准猎捕的机关报告监督检查结果。

第十五条 猎捕非国家重点保护野生动物的，必须持有狩猎证，并按照狩猎证规定的种类、数量、地点、期限、工具和方法进行猎捕。

狩猎证由省、自治区、直辖市人民政府林业行政主管部门按照国务院林业行政主管部门的规定印制，县级以上地方人民政府野生动物行政主管部门或者其授权的单位核发。

狩猎证每年验证一次。

第十六条 省、自治区、直辖市人民政府林业行政主管部门，应当根据本行政区域内非国家重点保护野生动物的资源现状，确定狩猎动物种类，并实行年度猎捕量限额管理。狩猎动物种类和年度猎捕量限额，由县级人民政府野生动物行政主管部门按照保护资源、永续利用的原则提出，经省、自治区、直辖市人民政府林业行政主管部门批准，报国务院林业行政主管部门备案。

第十七条 县级以上地方各级人民政府野生动物行政主管部门应当组织狩猎者有计划地开展狩猎活动。

在适合狩猎的区域建立固定狩猎场所的，必须经省、自治区、直辖市人民政府林业行政主管部门批准。

第十八条 禁止使用军用武器、汽枪、毒药、炸药、地枪、排铳、非人为直接操作并危害人畜安全的狩猎装置、夜间照明行猎、歼灭性围猎、火攻、烟熏以及县级以上各级人民政府或者其野生动物行政主管部门规定禁止使用的其他狩猎工具和方法狩猎。

第十九条 科研、教学单位对国家重点保护野生动物进行野外考察、科学研究，涉及国家一级保护野生动物的，由国务院林业行政主管部门统一安排；涉及国家二级保护野生动物的，由省、自治区、直辖市人民政府林业行政主管部门统一安排。当地野生动物行政主管部门应当给予支持。

第二十条 外国人在中国境内对国家重点保护野生动物进行野外考察、标本采集或者在野外拍摄电影、录像的，必须向国家重点保护野生动物所在地的省、自治区、直辖市人民政府林业行政主管部门提出申请，经其审核后，报国务院林业行政主管部门或者其授权的单位批准。

第二十一条 外国人在中国境内狩猎，必须在国务院林业行政主管部门批准的对外国人开放的狩猎场所内进行，并遵守中国有关法律、法规的规定。

第四章 野生动物驯养繁殖管理

第二十二条 驯养繁殖国家重点保护野生动物的，应当持有驯养繁殖许可证。以生产经营为主要目的驯养繁殖国家重点保护野生动物的，必须凭驯养繁殖许可证向工商行政管理部门申请登记注册。

国务院林业行政主管部门和省、自治区、直辖市人民政府林业行政主管部门可以根据实际情况和工作需要，委托同级有关部门审批或者核发国家重点保护野生动物驯养繁殖许可证。动物园驯养繁殖国家重点保护野生动物的，林业行政主管部门可以委托同级建设行政主管部门核发驯养繁殖许可证。

驯养繁殖许可证由国务院林业行政主管部门印制。

第二十三条 从国外或者外省、自治区、直辖市引进野生动物进行驯养繁殖的，应当采取适当措施，防止其逃至野外；需要将其放生于野外的，放生单位应当向所在省、自治区、直辖市人民政府林业行政主管部门提出申请，经省级以上人民政府林业行政主管部门指定的科研机构进行科学论证后，报国务院林业行政主管部门或者其授权的单位批准。

擅自将引进的野生动物放生于野外或者因管理不当使其逃至野外的，由野生动物行政主管部门责令限期捕回或者采取其他补救措施。

第二十四条 从国外引进的珍贵、濒危野生动物，经国务院林业行政主管部门核准，可以视为国家重点保护野生动物；从国外引进的其他野生动物，经省、自治区、直辖市人民政府林业行政主管部门核准，可以视为地方重点保护野生动物。

第五章 野生动物经营利用管理

第二十五条 收购驯养繁殖的国家重点保护野生动物或者其产品的单位，由省、自治区、直辖市人民政府林业行政主管部门商有关部门提出，经同级人民政府或者其授权的单位批准，凭批准文件向工商行政管理部门申请登记注册。

依照前款规定经核准登记的单位，不得收购未经批准出售的国家重点保护野生动物或者其产品。

第二十六条 经营利用非国家重点保护野生动物或者其产品的，应当向工商行政管理部门申请登记注册。

经核准登记经营利用非国家重点保护野生动物或者其产品的单位和个人，必须在省、自治区、直辖市人民政府林业行政主管部门或者其授权单位核定的年度经营利用限额指标内，从事经营利用活动。

第二十七条 禁止在集贸市场出售、收购国家重点保护野生动物或者其产品。

持有狩猎证的单位和个人需要出售依法获得的非国家重点保护野生动物或者其产品的，应当按照狩猎证规定的种类、数量向经核准登记的单位出售，或者在当地人民政府有关部门指定的集贸市场出售。

第二十八条 县级以上各级人民政府野生动物行政主管部门和工商行政管理部门，应当对野生动物或者其产品的经营利用建立监督检查制度，加强对经营利用野生动物或者其产品的监督管理。

对进入集贸市场的野生动物或者其产品，由工商行政管理部门进行监督管理；在集贸市场以外经营野生动物或者其产品，由野生动物行政主管部门、工商行政管理部门或者其授权的单位进行监督管理。

第二十九条 运输、携带国家重点保护野生动物或者其产品出县境的，应当凭特许猎捕证、驯养繁殖许可证，向县级人民政府野生动物行政主管部门提出申请，报省、自治区、直辖市人民政府林业行政主管部门或者其授权的单位批准。动物园之间因繁殖动物，需要运输国家重点保护野生动物的，可以由省、自治区、直辖市人民政府林业行政主管部门授权同级建设行政主管部门审批。

第三十条 出口国家重点保护野生动物或者其产品的，以及进出口中国参加的国际公约所限制进出口的野生动物或者其产品的，必须经进出口单位或者个人所在地的省、自治区、直辖市人民政府林业行政主管部门审核，报国务院林业行政主管部门或者国务院批准；属于贸易性进出口活动的，必须由具有有关商品进出口权的单位承担。

动物园因交换动物需要进出口前款所称野生动物的，国务院林业行政主管部门批准前或者国务院林业行政主管部门报请国务院批准前，应当经国务院建设行政主管部门审核同意。

第三十一条 利用野生动物或者其产品举办出国展览等活动的经济收益，主要用于野生动物保护事业。

第六章 奖励和惩罚

第三十二条 有下列事迹之一的单位和个人，由县级以上人民政府或者其野生动物行政主管部门给予奖励：

（一）在野生动物资源调查、保护管理、宣传教育、开发利用方面有突出贡献的；

（二）严格执行野生动物保护法规，成绩显著的；

（三）拯救、保护和驯养繁殖珍贵、濒危野生动物取得显著成效的；

（四）发现违反野生动物保护法规行为，及时制止或者检举有功的；

（五）在查处破坏野生动物资源案件中有重要贡献的；

（六）在野生动物科学研究中取得重大成果或者在应用推广科研成果中取得显著效益的；

（七）在基层从事野生动物保护管理工作五年以上并取得显著成绩的；

（八）在野生动物保护管理工作中有其他特殊贡献的。

第三十三条 非法捕杀国家重点保护野生动物的，依照全国人民代表大会常务委员会关于惩治捕杀国家重点保护的珍贵、濒危野生动物犯罪的补充规定追究刑事责任；情节显著轻微危害不大的，或者犯罪情节轻微不需要判处刑罚的，由野生动物行政主管部门没收猎获物、猎捕工具和违法所得，吊销特许猎捕证，并处以相当于猎获物价值十倍以下的罚款，没有猎获物的处一万元以下罚款。

第三十四条 违反野生动物保护法规，在禁猎区、禁猎期或者使用禁用的工具、方法猎捕非国家重点保护野生动物，依照《野生动物保护法》第三十二条的规定处以罚款的，按照下列规定执行：

（一）有猎获物的，处以相当于猎获物价值八倍以下的罚款；

（二）没有猎获物的，处二千元以下罚款。

第三十五条 违反野生动物保护法规，未取得狩猎证或者未按照狩猎证规定猎捕国家重点保护野生动物，依照《野生动物保护法》第三十三条的规定处以罚款的，按照下列规定执行：

（一）有猎获物的，处以相当于猎获物价值五倍以下的罚款；

（二）没有猎获物的，处一千元以下罚款。

第三十六条 违反野生动物保护法规，在自然保护区、禁猎区破坏国家或者地方重点保护野生动物主要生息繁衍场所，依照《野生动物保护法》第三十四条的规定处以罚款的，按照相当于恢复原状所需费用三倍以下的标准执行。

在自然保护区、禁猎区破坏非国家或者地方重点保护野生动物主要生息繁衍场所的，由野生动物行政主管部门责令停止破坏行为，限期恢复原状，并处以恢复原状所需费用二倍以下的罚款。

第三十七条 违反野生动物保护法规，出售、收购、运输、携带国家或者地方重点保护野生动物或者其产品的，由工商行政管理部门或者其授权的野生动物行政主管部门没收实物和违法所得，可以并处相当于实物价值十倍以下的罚款。

第三十八条 伪造、倒卖、转让狩猎证或者驯养繁殖许可证，依照《野生动物保护法》第三十七条的规定处以罚款的，按照五千元以下的标准执行。伪造、倒卖、转让特许猎捕证或者允许进出口证明书，依照《野生动物保护法》第三十七条的规定处以罚款的，按照五万元以下的标准执行。

第三十九条 违反野生动物保护法规，未取得驯养繁殖许可证或者超越驯养繁殖许可证规定范围驯养繁殖国家重点保护野生动物的，由野生动物行政主管部门没收违法所得，处三千元以下罚款，可以并处没收野生动物、吊销驯养繁殖许可证。

第四十条 外国人未经批准在中国境内对国家重点保护野生动物进行野外考察、标本采集或者在野外拍摄电影、录像的，由野生动物行政主管部门没收考察、拍摄的资料以及所获标本，可以并处五万元以下罚款。

第四十一条 有下列行为之一，尚不构成犯罪的，由公安机关依照《中华人民共和国治安管理处罚条例》的规定处罚：

（一）拒绝、阻碍野生动物行政管理人员依法执行职务的；

（二）偷窃、哄抢或者故意损坏野生动物保护仪器设备或者设施的；

（三）偷窃、哄抢、抢夺非国家重点保护野生动物或者其产品的；

（四）未经批准猎捕少量非国家重点保护野生动物的。

第四十二条 违反野生动物保护法规，被责令限期捕回而不捕的，被责令限期恢复原状而不恢复的，野生动物行政主管部门或者其授权的单位可以代为捕回或者恢复原状，由被责令限期捕回者或者被责令限期恢复原状者承担全部捕回或者恢复原状所需的费用。

第四十三条 违反野生动物保护法规，构成犯罪的，依法追究刑事责任。

第四十四条 依照野生动物保护法规没收的实物，按照国务院林业行政主管部门的规定处理。

第七章 附 则

第四十五条 本条例由国务院林业行政主管部门负责解释。

第四十六条 本条例自发布之日起施行。

中华人民共和国野生植物保护条例

（1996年9月30日国务院发布）

第一章　总　则

第一条　为了保护、发展和合理利用野生植物资源、保护生物多样性，维护生态平衡，制定本条例。

第二条　在中华人民共和国境内从事野生植物的保护、发展和利用活动，必须遵守本条例。

本条例所保护的野生植物，是指原生地天然生长的珍贵植物和原生地天然生长并具有重要经济、科学研究、文化价值的濒危、稀有植物。

药用野生植物和城市园林、自然保护区、风景名胜区内的野生植物的保护，同时适用有关法律、行政法规。

第三条　国家对野生植物资源实行加强保护、积极发展、合理利用的方针。

第四条　国家保护依法开发利用和经营管理野生植物资源的单位和个人的合法权益。

第五条　国家鼓励和支持野生植物科学研究、野生植物的就地保护和迁地保护。

在野生植物资源保护、科学研究、培育利用和宣传教育方面成绩显著的单位和个人，由人民政府给予奖励。

第六条　县级以上各级人民政府有关主管部门应当开展保护野生植物的宣传教育，普及野生植物知识，提高公民保护野生植物的意识。

第七条　任何单位和个人都有保护野生植物资源的义务，对侵占或者破坏野生植物及其生长环境的行为有权检举和控告。

第八条　国务院林业行政主管部门主管全国林区内野生植物和林区外珍贵野生树木的监督管理工作。国务院农业行政主管部门主管全国其他野生植物的监督管理工作。

国务院建设行政部门负责城市园林、风景名胜区内野生植物的监督管理工作。国务院环境保护部门负责对全国野生植物环境保护工作的协调和监督。国务院其他有关部门依照职责分工负责有关的野生植物保护工作。

县级以上地方人民政府负责野生植物管理工作的部门及其职责，由省、自治区、直辖市人民政府根据当地具体情况规定。

第二章　野生植物保护

第九条　国家保护野生植物及其生长环境。禁止任何单位和个人非法采集野生植物或者破坏其生长环境。

第十条　野生植物分为国家重点保护野生植物和地方重点保护野生植物。

国家重点保护野生植物分为国家一级保护野生植物和国家二级保护野生植物。国家重点保护野生植物名录，由国务院林业行政主管部门、农业行政主管部门（以下简称国务院野生植物行政主管部门）商国务院环境保护、建设等有关部门制定，报国务院批准公布。

地方重点保护野生植物，是指国家重点保护野生植物以外，由省、自治区、直辖市保护的野生植物。地方重点保护野生植物名录，由省、自治区、直辖市人民政府制定并公布，报国务院备案。

第十一条　在国家重点保护野生植物物种和地方重点保护野生植物物种的天然集中分布区域，应当依照有关法律、行政法规的规定，建立自然保护区，在其他区域，县级以上地方人民政府野生植物行政主管部门和其他有关部门可以根据实际情况建立国家重点保护野生植物和地方重点保护野生植物的保护点或者设立保护标志。

禁止破坏国家重点保护野生植物和地方重点保护野生植物的保护点的保护设施和保护标志。

第十二条　野生植物行政主管部门及其他有关部门应当监视、监测环境对国家重点保护野生植物生长和地方重点保护野生植物生长的影响，并采取措施，维护和改善国家重点保护野生植物和地方重点保护野生植物的生长条件。由于环境影响对国家重点保护野生植物和地方重点保护野生植物的生长造成危害时，野生植物行政主管部门应当会同其他有关部门调查并依法处理。

第十三条　建设项目对国家重点保护野生植物和地方重点保护野生植物的生长环境产生不利影响的，建设单位提交的环境影响报告书中必须对此作出评价；环境保护部门在审批环境影响报告书时，应当征求野生植物行政主管部门的意见。

第十四条　野生植物行政主管部门和有关单位对生长受到威胁的国家重点保护野生植物和地方重点保护野生植物应当采取拯救措施，保护或者恢复其生长环境，必要时应当建立繁育基地、种质资源库或者采取迁地保护措施。

第三章　野生植物管理

第十五条　野生植物行政主管部门应当定期组织国家重点保护野生植物和地方重点保护野生植物资源调查，建立资源档案。

第十六条　禁止采集国家一级保护野生植物。因科学研究、人工培育、文化交流等特殊需要，采集国家一级保护野生植物的，必须经采集地的省、自治区、直辖市人民政府野生植物行政主管部门签署意见后，向国务院野生植物行政主管部门或者其授权的机构申请采集证。

采集国家二级保护野生植物的，必须经采集地的县级人民政府野生植物行政主管部门签署意见后，向省、自治区、直辖市人民政府野生植物行政主管部门或者其授权的机构申请采集证。

采集城市园林或者风景名胜区内的国家一级或者二级保护野生植物的，须先征得城市园林或者风景名胜区管理机构同意，分别依照前两款的规定申请采集证。

采集珍贵野生树木或者林区内、草原上的野生植物的，依照森林法、草原法的规定办理。

野生植物行政主管部门发放采集证，应当抄送环境保护部门备案。

采集证的格式由国务院野生植物行政主管部门制定。

第十七条 采集国家重点保护野生植物的单位和个人，必须按照采集证规定的种类、数量、地点、期限和方法进行采集。

县级人民政府野生植物行政主管部门对在本行政区域内采集国家重点保护野生植物的活动，应当进行监督检查，并及时报告批准采集的野生植物行政主管部门或者其授权的机构。

第十八条 禁止出售、收购国家一级保护野生植物。

出售、收购国家二级保护野生植物的，必须经省、自治区、直辖市人民政府野生植物行政主管部门或者其授权的机构批准。

第十九条 野生植物行政主管部门应当对经营利用国家二级保护野生植物的活动进行监督检查。

第二十条 出口国家重点保护野生植物或者进出口中国参加的国际公约所限制进出口的野生植物的，必须经进出口者所在地的省、自治区、直辖市人民政府野生植物行政主管部门审核，报国务院野生植物行政主管部门批准，并取得国家濒危物种进出口管理机构核发的允许进出口证明书或者标签。海关凭允许进出口证明书或者标签查验放行。国务院野生植物行政主管部门应当将有关野生植物进出口的资料抄送国务院环境保护部门。

禁止出口未定名的或者新发现并有重要价值的野生植物。

第二十一条 外国人不得在中国境内采集或者收购国家重点保护野生植物。

外国人在中国境内对国家重点保护野生植物进行野外考察的，必须向国家重点保护野生植物所在地的省、自治区、直辖市人民政府野生植物行政主管部门提出申请，经其审核后，报国务院野生植物行政主管部门或者其授权的机构批准，直接向国务院野生植物行政主管部门提出申请的，国务院野生植物行政主管部门在批准前，应当征求有关省、自治区、直辖市人民政府野生植物行政主管部门的意见。

第二十二条 地方重点保护野生植物的管理办法，由省、自治区、直辖市人民政府制定。

第四章　法律责任

第二十三条　未取得采集证或者未按照采集证的规定采集国家重点保护野生植物的，由野生植物行政主管部门没收所采集的野生植物和违法所得，可以并处违法所得10倍以下的罚款；有采集证的，并可以吊销采集证。

第二十四条　违反本条例规定，出售、收购国家重点保护野生植物的，由工商行政管理部门或者野生植物行政主管部门按照职责分工没收野生植物和违法所得，可以并处违法所得10倍以下的罚款。

第二十五条　非法进出口野生植物的，由海关依照海关法的规定处罚。

第二十六条　伪造、倒卖、转让采集证、允许进出口证明书或者有关批准文件、标签的，由野生植物行政主管部门或者工商行政管理部门按照职责分工收缴、没收违法所得，可以并处5万元以下的罚款。

第二十七条　外国人在中国境内采集、收购国家重点保护野生植物，或者未经批准对国家重点保护野生植物进行野外考察的，由野生植物行政主管部门没收所采集、收购的野生植物和考察资料，可以并处5万元以下的罚款。

第二十八条　违反本条例规定，构成犯罪的，依法追究刑事责任。

第二十九条　野生植物行政主管部门的工作人员滥用职权、玩忽职守、徇私舞弊，构成犯罪的，依法追究刑事责任；尚不构成犯罪的，依法给予行政处分。

第三十条　依照本条例规定没收的实物，由作出没收决定的机关按照国家有关规定处理。

第五章　附　则

第三十一条　中华人民共和国缔结或者参加的与保护野生植物有关的国际条约与本条例有不同规定的，适用国际条约的规定；但是，中华人民共和国声明保留的条款除外。

第三十二条　本条例自1997年7月1日起施行。

中华人民共和国水生野生动物保护实施条例

（国务院1993年9月17日批准，农业部同日发布施行）

第一章 总 则

第一条 根据《中华人民共和国野生动物保护法》（以下简称《野生动物保护法》的规定，制定本条例。

第二条 本条例所称水生野生动物，是指珍贵、濒危的水生野生动物；所称水生野生动物产品，是指珍贵、濒危的水生野生动物的任何部分及其衍生物。

第三条 国务院渔业行政主管部门主管全国水生野生动物管理工作。

县级以上地方人民政府渔业行政主管部门主管本行政区域内水生野生动物管理工作。

《野生动物保护法》和本条例规定的渔业行政主管部门的行政处罚权，可以由其所属的渔政监督管理机构行使。

第四条 县级以上各级人民政府及其有关主管部门应当鼓励、支持有关科研单位、教学单位开展水生野生动物科学研究工作。

第五条 渔业行政主管部门及其所属的渔政监督管理机构，有权对《野生动物保护法》和本条例的实施情况进行监督检查，被检查的单位和个人应当给予配合。

第二章 水生野生动物保护

第六条 国务院渔业行政主管部门和省、自治区、直辖市人民政府渔业行政主管部门，应当定期组织水生野生动物资源调查，建立资源档案，为制定水生野生动物资源保护发展规划、制定和调整国家和地方重点保护水生野生动物名录提供依据。

第七条 渔业行政主管部门应当组织社会各方面力量，采取有效措施，维护和改善水生野生动物的生存环境，保护和增殖水生野生动物资源。

禁止任何单位和个人破坏国家重点保护的和地方重点保护的水生野生动物生息繁衍的水域、场所和生存条件。

第八条 任何单位和个人对侵占或者破坏水生野生动物资源的行为，有权向当地渔业行政主管部门或者其所属的渔政监督管理机构检举和控告。

第九条 任何单位和个人发现受伤、搁浅和因误入港湾、河汉而被困的水生野生动物时，应当及时报告当地渔业行政主管部门或者其所属的渔政监督管理机构，由其采取紧急救护措施；也可以要求附近具备救护条件的单位采取紧急救护措施，并报告渔业行政主管部门。已经死亡的水生野生动物，由渔业行政主管部门妥善处理。

捕捞作业时误捕水生野生动物的，应当立即无条件放生。

第十条 因保护国家重点保护的和地方重点保护的水生野生动物受到损失的，可以向当地人民政府渔业行政主管部门提出补偿要求。经调查属实并确实需要补偿的，由当地人民政府按照省、自治区、直辖市人民政府有关规定给予补偿。

第十一条 国务院渔业行政主管部门和省、自治区、直辖市人民政府，应当在国家重点保护的和地方重点保护的水生野生动物的主要生息繁衍的地区和水域，划定水生野生动物自然保护区，加强对国家和地方重点保护水生野生动物及其生存环境的保护管理，具体办法由国务院另行规定。

第三章 水生野生动物管理

第十二条 禁止捕捉、杀害国家重点保护的水生野生动物。

有下列情形之一，确需捕捉国家重点保护的水牛野生动物的，必须申请特许捕捉证：

（一）为进行水生野生动物科学考察、资源调查，必须捕捉的；

（二）为驯养繁殖国家重点保护的水生野生动物，必须从自然水域或者场所获取种源的；

（三）为承担省级以上科学研究项目或者国家医药生产任务，必须从自然水域或者场所获取国家重点保护的水生野生动物的；

（四）为宣传、普及水生野生动物知识或者教学、展览的需要，必须从自然水域或者场所获取国家重点保护的水生野生动物的；

（五）因其他特殊情况，必须捕捉的。

第十三条 申请特许捕捉证程序：

（一）需要捕捉国家一级保护水生野生动物的，必须附具申请人所在地和捕捉地的省、自治区、直辖市人民政府渔业行政主管部门签署的意见，向国务院渔业行政主管部门申请特许捕捉证；

（二）需要在本省、自治区、直辖市捕捉国家二级保护水生野生动物的，必须附具申请人所在地的县级人民政府渔业行政主管部门签署的意见，向省、自治区、直辖市人民政府渔业行政主管部门申请特许捕捉证；

（三）需要跨省、自治区、直辖市捕捉国家二级保护水生野生动物的，必须附具申请人所在地的省、自治区、直辖市人民政府渔业行政主管部门签署的意见，向捕捉地的省、自治区、直辖市人民政府渔业行政主管部门申请特许捕捉证。

动物园申请捕捉国家一级保护水生野生动物的，在向国务院渔业行政主管部门申请特许捕捉证前，须经国务院建设行政主管部门审核同意；申请捕捉国家二级保护水生野生动物的，在向申请人所在地的省、自治区、直辖市人民政府渔业行政主管部门申请特许捕捉证前，须经同级人民政府建设行政主管部门审核同意。

负责核发特许捕捉证的部门接到申请后，应当自接到申请之日起三个月内作出批准或者不批准的决定。

第十四条 有下列情形之一的，不予发放特许捕捉证：

（一）申请人有条件以合法的非捕捉方式获得国家重点保护的水生野生动物的种源、产品或者达到其目的的；

（二）捕捉申请不符合国家有关规定，或者申请使用的捕捉工具、方法以及捕捉时间、地点不当的；

（三）根据水生野生动物资源现状不宜捕捉的。

第十五条 取得特许捕捉证的单位和个人，必须按照特许捕捉证规定的种类、数量、地点、期限、工具和方法进行捕捉，防止误伤水生野生动物或者破坏其生存环境。捕捉作业完成后，应当及时向捕捉地的县级人民政府渔业行政主管部门或者其所属的渔政监督管理机构申请查验。

县级人民政府渔业行政主管部门或者其所属的渔政监督管理机构对在本行政区域内捕捉国家重点保护的水生野生动物的活动，应当进行监督检查，并及时向批准捕捉的部门报告监督检查结果。

第十六条 外国人在中国境内进行有关水生野生动物科学考察、标本采集、拍摄电影、录像等活动的，必须向国家重点保护的水生野生动物所在地的省、自治区、直辖市人民政府渔业行政主管部门提出申请，经其审核后，报国务院渔业行政主管部门或者其授权的单位批准。

第十七条 驯养繁殖国家一级保护水生野生动物的，应当持有国务院渔业行政主管部门核发的驯养繁殖许可证；驯养繁殖国家二级保护水生野生动物的，应当持有省、自治区、直辖市人民政府渔业行政主管部门核发的驯养繁殖许可证。

动物园驯养繁殖国家重点保护的水生野生动物的，渔业行政主管部门可以委托同级建设行政主管部门核发驯养繁殖许可证。

第十八条 禁止出售、收购国家重点保护的水生野生动物或者其产品。因科学研究、驯养繁殖、展览等特殊情况，需要出售、收购、利用国家一级保护水生野生动物或者其产品的，必须向省、自治区、直辖市人民政府渔业行政主管部门提出申请，经其签署意见后，报国务院渔业行政主管部门批准；需要出售、收购、利用国家二级保护水生野生动物或者其产品的，必须向省、自治区、直辖市人民政府渔业行政主管部门提出申请，并经其批准。

第十九条 县级以上各级人民政府渔业行政主管部门和工商行政管理部门，应当对水生野生动物或者其产品的经营利用建立监督检查制度，加强对经营利用水生野生动物或者其产品的监督管理。

对进入集贸市场的水生野生动物或者其产品，由工商行政管理部门进行监督管理，渔业行政主管部门给予协助；在集贸市场以外经营水生野生动物或者其产品，由渔业行政主管部门、工商行政管理部门或者其授权的单位进行监督管理。

第二十条 运输、携带国家重点保护的水生野生动物或者其产品出县境的，应当凭特许捕捉证或者驯养繁殖许可证，向县级人民政府渔业行政主管部门提出申请，报省、自治区、直辖市人民政府渔业行政主管部门或者其授权的单位批准。动物园之间因繁殖动物，需要运输国家重点保护的水生野生动物的，可以由省、自治区、直辖市人民政府渔业行政主管部门授权同级建设行政主管部门审批。

第二十一条 交通、铁路、民航和邮政企业对没有合法运输证明的水生野生动物或者其产品，应当及时通知有关主管部门处理，不得承运、收寄。

第二十二条 从国外引进水生野生动物的，应当向省、自治区、直辖市人民政府渔业行政主管部门提出申请，经省级以上人民政府渔业行政主管部门指定的科研机构进行科学论证后，报国务院渔业行政主管部门批准。

第二十三条 出口国家重点保护的水生野生动物或者其产品的，进出口中国参加的国际公约所限制进出口的水生野生动物或者其产品的，必须经进出口单位或者个人所在地的省、自治区、直辖市人民政府渔业行政主管部门审核，报国务院渔业行政主管部门批准；属于贸易性进出口活动的，必须由具有有关商品进出口权的单位承担。

动物园因交换动物需要进出口前款所称水生野生动物的，在国务院渔业行政主管部门批准前，应当经国务院建设行政主管部门审核同意。

第二十四条 利用水生野生动物或者其产品举办展览等活动的经济收益，主要用于水生野生动物保护事业。

第四章 奖励和惩罚

第二十五条 有下列事迹之一的单位和个人，由县级以上人民政府或者其渔业行政主管部门给予奖励：

（一）在水生野生动物资源调查、保护管理、宣传教育、开发利用方面有突出贡献的；

（二）严格执行野生动物保护法规，成绩显著的；

（三）拯救、保护和驯养繁殖水生野生动物取得显著成效的；

（四）发现违反水生野生动物保护法律、法规的行为，及时制止或者检举有功的；

（五）在查处破坏水生野生动物资源案件中作出重要贡献的；

（六）在水生野生动物科学研究中取得重大成果或者在应用推广有关的科研成果中取得显著效益的；

（七）在基层从事水生野生动物保护管理工作五年以上并取得显著成绩的；

（八）在水生野生动物保护管理工作中有其他特殊贡献的。

第二十六条 非法捕杀国家重点保护的水生野生动物的，依照全国人民代表大会常务委员会关于惩治捕杀国家重点保护的珍贵、濒危野生动物犯罪的补充规定追究刑事责任；情节显著轻微危害不大的，或者犯罪情节轻微不需要判处刑罚的，由渔业行政主管部门没收捕获物、捕捉工具和违法所得，吊销特许捕捉证，并处以相当于捕获物价值十倍以下的罚款，没有捕获物的处以一万元以下的罚款。

第二十七条 违反野生动物保护法律、法规，在水生野生动物自然保护区破坏国家重点保护的或者地方重点保护的水生野生动物主要生息繁衍场所，依照《野生动物保护法》第三十四条的规定处以罚款的，罚款幅度为恢复原状所需费用的三倍以下。

第二十八条 违反野生动物保护法律、法规，出售、收购、运输、携带国家重点保护的或者地方重点保护的水生野生动物或者其产品的，由工商行政管理部门或者其授权的渔业行政主管部门没收实物和违法所得，可以并处相当于实物价值十倍以下的罚款。

第二十九条　伪造、倒卖、转让驯养繁殖许可证，依照《野生动物保护法》第三十七条的规定处以罚款的，罚款幅度为五万元以下。伪造、倒卖、转让特许捕捉证或者允许进出口证明书，依照《野生动物保护法》第三十七条的规定处以罚款的，罚款幅度为五万元以下。

第三十条　违反野生动物保护法规，未取得驯养繁殖许可证或者超越驯养繁殖许可证规定范围，驯养繁殖国家重点保护的水生野生动物的，由渔业行政主管部门没收违法所得，处三千元以下的罚款，可以并处没收水生野生动物、吊销驯养繁殖许可证。

第三十一条　外国人未经批准在中国境内对国家重点保护的水生野生动物进行科学考察、标本采集、拍摄电影、录像的，由渔业行政主管部门没收考察、拍摄的资料以及所获标本，可以并处五万元以下的罚款。

第三十二条　有下列行为之一，尚不构成犯罪的，由公安机关依照《中华人民共和国治安管理处罚条例》的规定处罚：

（一）拒绝、阻碍渔政检查人员依法执行职务的；

（二）偷窃、哄抢或者故意损坏野生动物保护仪器设备或者设施的。

第三十三条　依照野生动物保护法规的规定没收的实物，按照国务院渔业行政主管部门的有关规定处理。

第五章　附　则

第三十四条　本条例由国务院渔业行政主管部门负责解释。

第三十五条　本条例自发布之日起施行。

森林和野生动物类型自然保护区管理办法

（1985年7月6日经国务院批准公布施行）

第一条 自然保护区是保护自然环境和自然资源、拯救濒于灭绝的生物物种、进行科学研究的重要基地；对促进科学技术、生产建设、文化教育、卫生保健等事业的发展，具有重要意义。根据《中华人民共和国森林法》和有关规定，制定本办法。

第二条 森林和野生动物类型自然保护区（以下简称自然保护区），按照本办法进行管理。

第三条 自然保护区管理机构的主要任务：贯彻执行国家有关自然保护区的方针、政策和规定，加强管理，开展宣传教育，保护和发展珍贵稀有野生动植物资源，进行科学研究，探索自然演变规律和合理利用森林和动植物资源的途径，为社会主义建设服务。

第四条 自然保护区分为国家自然保护区和地方自然保护区。国家自然保护区，由林业部或所在省、自治区、直辖市林业主管部门管理；地方自然保护区，由县级以上林业主管部门管理。

第五条 具有下列条件之一者，可以建立自然保护区：

（一）不同自然地带的典型森林生态系统的地区。

（二）珍贵稀有或者有特殊保护价值的动植物种的主要生存繁殖地区，包括：

国家重点保护动物的主要栖息、繁殖地区；

候鸟的主要繁殖地、越冬地和停歇地；

珍贵树种和有特殊价值的植物原生地；

野生生物模式标本的集中产地。

（三）其他有特殊保护价值的林区。

第六条 根据本办法第五条规定建立自然保护区，在科研上有重要价值，或者在国际上有一定影响的，报国务院批准，列为国家自然保护区；其他自然保护区，报省、自治区、直辖市人民政府批准，列为地方自然保护区。

第七条 建立自然保护区要注意保护对象的完整性和最适宜的范围，考虑当地经济建设和群众生产生活的需要，尽可能避开群众的土地、山林；确实不能避开的，应当严格控制范围，关根据国家有关规定，合理解决群众的生产生活问题。

第八条 自然保护区的解除和范围的调整，必须经原审批机关批准；未经批准不得改变自然保护区的性质和范围。

第九条 自然保护区的管理机构属于事业单位。机构的设置和人员的配备，要注意精干。国家或地方自然保护区管理机构的人员编制、基建投资、事业经费等，经主管部门批准后，分别纳入国家和省、自治区、直辖市的计划，由林业部门统一安排。

第十条 自然保护区管理机构，可以根据自然资源情况，将自然保护区分为核心区、实验区。核心区只供进行观测研究。实验区可以进行科学实验、教学实习、参观考察和驯化培育珍稀动植物等活动。

第十一条 自然保护区的自然环境和自然资源，由自然保护区管理机构统一管理。未经林业部或省、自治区、直辖市林业主管部门批准，任何单位和个人不得进入自然保护区建立机构和修筑设施。

第十二条 有条件的自然保护区，经林业部或省、自治区、直辖市林业主管部门批准，可以在指定的范围内开展旅游活动。

在自然保护区开展旅游必须遵守以下规定：

（一）旅游业务由自然保护区管理机构统一管理，所得收入用于自然保护区的建设和保护事业；

（二）有关部门投资或与自然保护区联合兴办的旅游建筑和设施，产权归自然保护区，所得收益在一定时期内按比例分成，但不得改变自然保护区隶属关系；

（三）对旅游区必须进行规划设计，确定合适的旅游点和旅游路线；

（四）旅游点的建筑和设施要体现民族风格，同自然景观和谐一致；

（五）根据旅游需要和接待条件制订年度接待计划，按隶属关系报林业主管部门批准，有组织地开展旅游；

（六）设置防火、卫生等设施，实行严格的巡护检查，防止造成环境污染和自然资源的破坏。

第十三条 进入自然保护区从事科学研究、教学实习、参观考察、拍摄影片、登山等活动的单位和个人，必须经省、自治区、直辖市以上林业主管部门的同意。

任何部门、团体、单位与国外鉴署涉及国家自然保护区的协议，接待外国人到国家自然保护区从事有关活动，必须征得林业部的同意；涉及地方自然保护区的，必须征得省、自治区、直辖市林业主管部门的同意。

经批准进入自然保护区从事上述活动的，必须遵守本办法和有关规定，关交纳保护管理费。

第十四条 自然保护区内的居民，应当遵守自然保护区的有关规定，固定生产生活活动范围，在不破坏自然资源的前提下，从事种植、养殖业，也可以承包自然保护区组织的劳务或保护管理任务，以增加经济收入。

第十五条 自然保护区管理机构会同所在和毗邻的县、乡人民政府及有关单位，组成自然保护区联合保护委员会，制订保护公约，共同做好保护管理工作。

第十六条 根据国家有关规定和需要，可以在自然保护区设立公安机构或者配备公安特派员，行政上受自然保护区管理机构领导，业务上受上级公安机关领导。

自然保护区公安机构的主要任务：保护自然保护区的自然资源和国家财产，维护当地社会治安，依法查处破坏自然保护区的案件。

第十七条 本办法自发布之日起施行。

进境动物遗传物质检疫管理办法

（2003年5月14日国家质检总局令第47号公布，自2003年7月1日起施行）

第一章 总 则

第一条 为规范进境动物遗传物质的检疫和监督管理，保护我国畜牧业生产安全，根据《中华人民共和国进出境动植物检疫法》及其实施条例等法律法规的规定，制定本办法。

第二条 本办法适用于进境动物遗传物质的检疫和监督管理。

第三条 本办法所称动物遗传物质是指哺乳动物精液、胚胎和卵细胞。

第四条 国家质量监督检验检疫总局（以下简称国家质检总局）统一管理全国进境动物遗传物质的检疫和监督管理工作。

国家质检总局设在各地的出入境检验检疫机构（以下简称检验检疫机构）负责辖区内的进境动物遗传物质的检疫和监督管理。

第五条 国家质检总局对进境动物遗传物质实行风险分析管理。根据风险分析结果，国家质检总局与拟向中国输出动物遗传物质的国家或地区政府有关主管机构签订双边检疫协定（包括协定、协议、议定书、备忘录等）。

第二章 检疫审批

第六条 输入动物遗传物质的，必须事先办理检疫审批手续，取得《中华人民共和国进境动植物检疫许可证》（以下简称《检疫许可证》），并在贸易合同或有关协议中说明我国的检疫要求。

第七条 申请办理动物遗传物质检疫审批的，应当向所在地直属检验检疫局提交下列资料：

（一）《中华人民共和国进境动植物检疫许可证申请表》；

（二）代理进口的，提供与货主签订的代理进口合同或协议复印件。

第八条 直属检验检疫局应当在国家质检总局规定的时间内完成初审。初审合格的，报国家质检总局审核，国家质检总局应当在规定的时间内完成审核。审核合格的，签发《检疫许可证》；审核不合格的，签发《中华人民共和国进境动植物检疫许可证申请未获批准通知单》。

第三章　进境检疫

第九条　输入动物遗传物质前，国家质检总局根据检疫工作的需要，可以派检疫人员赴输出国家或地区进行动物遗传物质产地预检。

第十条　国家质检总局对输出动物遗传物质的国外生产单位实行检疫注册登记，并对注册的国外生产单位定期或不定期派出检疫人员进行考核。

第十一条　输入的动物遗传物质，应当按照《检疫许可证》指定的口岸进境。

第十二条　输入动物遗传物质的货主或其代理人，应当持《检疫许可证》、贸易合同或协议、信用证、发票等有效单证，在动物遗传物质进境前向进境口岸检验检疫机构报检。动物遗传物质进境时，应当向进境口岸检验检疫机构提交输出国家或地区官方检疫机构出具的检疫证书正本。

第十三条　进境动物遗传物质无输出国家或地区官方检疫机构出具的有效检疫证书，或者未办理检疫审批手续的，进境口岸检验检疫机构可以根据具体情况，作退回或销毁处理。

第十四条　输入的动物遗传物质运抵口岸时，检疫人员实施现场检疫：

（一）查验检疫证书是否符合《检疫许可证》以及我国与输出国家或地区签订的双边检疫协定的要求；

（二）核对货、证是否相符；

（三）检查货物的包装、保存状况。

第十五条　现场检疫合格的，进境口岸检验检疫机构予以签发《入境货物通关单》，调往《检疫许可证》指定的地点实施检疫。

第十六条　动物遗传物质需调离进境口岸的，货主或其代理人应当向目的地检验检疫机构申报，并提供本办法第十二条规定的单证复印件和进境口岸检验检疫机构签发的《入境货物通关单》。

第十七条　检验检疫机构按照《检疫许可证》的要求实施检疫。检疫合格的动物遗传物质，由检验检疫机构依法实施检疫监督管理；检疫不合格的，在检验检疫机构的监督下，作退回或者销毁处理。

第四章　检疫监督

第十八条　检验检疫机构对进境动物遗传物质的加工、存放、使用（以下统称使用）实施检疫监督管理；对动物遗传物质的第一代后裔实施备案。

第十九条　进境动物遗传物质的使用单位应当到所在地直属检验检疫局备案。

第二十条　使用单位应当填写《进境动物遗传物质使用单位备案表》（附件 1），并提供以下说明材料：

（一）单位法人资格证明文件复印件；

（二）具有熟悉动物遗传物质保存、运输、使用技术的专业人员；

（三）具备进境动物遗传物质的专用存放场所及其他必要的设施；

（四）有关进境动物遗传物质使用的管理制度。

第二十一条 直属检验检疫局将已备案的使用单位，报告国家质检总局。

第二十二条 使用单位应当填写《进境动物遗传物质检疫监管档案》（附件 2），接受检验检疫机构监管；每批进境动物遗传物质使用结束，应当将《进境动物遗传物质检疫监管档案》报检验检疫机构备案。

第二十三条 检验检疫机构根据需要，对进境动物遗传物质后裔的健康状况进行监测，有关单位应当予以配合。

第五章 附 则

第二十四条 对违反本办法规定的，检验检疫机构依照有关法律法规的规定予以处罚。

第二十五条 本办法由国家质检总局负责解释。

第二十六条 本办法自 2003 年 7 月 1 日起施行。

附件：1. 进境动物遗传物质使用单位备案表（略）

2. 进境动物遗传物质检疫监管档案（略）

进境水生动物检验检疫管理办法

（2003年4月16日国家质检总局令第44号公布，自2003年11月1日起施行）

第一章　总　则

第一条　为防止水生动物疾病传入我国，保护渔业生产安全、人体健康和生态环境，根据《中华人民共和国进出境动植物检疫法》及其实施条例、《中华人民共和国国境卫生检疫法》及其实施细则、《中华人民共和国进出口商品检验法》及其实施条例、《中华人民共和国食品卫生法》等法律法规的规定，参照世界动物卫生组织《国际水生动物卫生法典》的有关规定，制定本办法。

第二条　本办法适用于对进境水生动物的检验检疫及监督管理。

第三条　本办法所称水生动物是指来自人工养殖的活的鱼类（包括其精液、卵）、软体类、甲壳类等水生动物。

第四条　国家质量监督检验检疫总局（以下简称国家质检总局）统一管理全国进境水生动物检验检疫和监督管理工作。

国家质检总局设在各地的出入境检验检疫机构（以下简称检验检疫机构）负责所辖地区进境水生动物的检验检疫和监督管理工作。

第二章　进境风险分析与检疫审批

第五条　国家质检总局按照《进境动物和动物产品风险分析管理规定》的规定，根据水生动物输出国家或者地区官方机构提供的水产养殖、检验检疫、疫病控制等有关信息资料（附件1），开展进境水生动物风险分析工作。

第六条　输入水生动物的货主或者其代理人应当按照《进境动植物检疫审批管理办法》的规定办理检疫审批手续，取得《中华人民共和国进境动植物检疫许可证》（以下简称《检疫许可证》）。

第三章　装运前检疫卫生要求

第七条　向我国输出水生动物的国家或者地区，应当在过去12个月内未发生国际动物卫生组织规定必须申报的水生动物疾病和我国有关主管部门规定的水生动物疾病。

第八条　输往我国的水生动物必须来自输出国家或者地区官方注册的养殖场。该养殖场应当严格置于输出国家或者地区官方机构的检疫监督之下，并且按照《国际水生动物卫生法典》推荐的方法和标准，对《国际水生动物卫生法典》中规定申报的疾病连续监测两年以上未检测到有关疾病。

第九条 输出水生动物的养殖场，其周围 1 公里范围内应当无水产品加工厂，并具有防止其他水域水生动物侵入的设施，水质不低于我国规定的渔业养殖水质标准。输出食用水生动物的养殖场，其水体还应当保证未遭受致病病原体以及其他对人体有害物的物理或化学污染。

第十条 水生动物输往我国之前，必须在输出国家或者地区官方机构认可的场地进行不少于 14 天的隔离养殖。输往我国的水生动物在隔离检疫期间，不得与其他野生或者养殖的水生动物接触。

第十一条 输出水生动物卵和精液的，必须来自健康的亲代种群。

第十二条 输出国家或者地区官方检验检疫部门对输往我国的水生动物进行检疫后，按照规定评语（附件 2）出具的动物健康证书，应当符合《检疫许可证》要求。

第十三条 输往我国的水生动物在包装运输前，不得有任何动物传染病和寄生虫病的临床症状。种用和观赏用水生动物必须使用输出国家或者地区官方批准的有效药物进行药浴、消毒并驱除水生动物体外寄生虫。

第四章 包装和运输材料要求

第十四条 输往中国的水生动物的包装必须是全新的或者经过消毒，符合中国卫生防疫要求，并能够防止渗漏。外包装应当标明养殖场注册编号、水生动物品种和数（重）量；内包装袋透明，便于检查。

第十五条 水生动物的每一个包装容器，应当保证只盛装一种水生动物，数量适当，能够满足动物生存和福利等需要。

第十六条 包装用水或冰必须达到中国渔业水质标准，不得含有危害动物和人体健康的病原微生物、其他有毒有害物质以及可能破坏水体生态环境的水生植物。

第十七条 铺垫材料应当经过消毒除害处理，不得带有土壤和危害动植物和人体健康的有害生物，并对生态环境无害。

第五章 进境检验检疫

第十八条 水生动物运抵进境口岸时，货主或者其代理人应当按照有关规定向检验检疫机构报检。检验检疫机构查验《检疫许可证》、输出国家或者地区官方签署的动物健康证书等单证。

无输出国家或者地区官方机构出具的有效动物健康证书，或者未依法办理检疫审批手续的，检验检疫机构根据具体情况，对进境水生动物作退回或销毁处理。

第十九条 检验检疫人员对进境水生动物实施以下现场检验检疫：

（一）核对货、证是否相符；

（二）了解水生动物的运载情况；

（三）检查包装状况是否有破损；

（四）进行临床检查，需要时可以打开内包装检查。

第二十条 进境口岸检验检疫机构根据现场检验检疫情况，对进境水生动物分别作如下处理：

（一）发现水生动物死亡率不超过50%（含50%）的，对外包装消毒处理后，签发《入境货物通关单》等单证，随货物运达指定地检验检疫；

（二）发现死亡率超过 50%的，作退回或销毁处理；进口数量较少的种用亲代水生动物，视具体情况决定处理方式；

（三）对来自霍乱疫区的水生动物，应当实施卫生处理或者销毁；

（四）发现内包装容器损坏并有装载水洒漏的，要求货主或其代理人对包装容器进行清理、更换包装或者对破损包装内的水生动物作销毁处理，并对现场及包装容器等进行消毒；

（五）现场需要开拆包装加水或者换水的，所用水必须达到中国规定的渔业水质标准，并经消毒处理。对废弃的原包装、包装用水或冰及铺垫材料，实施消毒处理。

第二十一条 进境水生动物运抵指定地后，货主或其代理人应当向当地检验检疫机构申报；检验检疫机构应当核对货证，对已经死亡的水生动物必须作无害化处理，并按照下列规定对活的水生动物进一步实施检验检疫：

（一）进境种用和观赏用水生动物：

1．对原包装物、装载用水或冰和铺垫材料作消毒处理，水生动物经药浴后放入指定的养殖场地隔离检疫。隔离检疫场的条件和隔离检疫期间的管理应当符合国家质检总局有关规定。

2．隔离检疫期间，检验检疫机构按照《检疫许可证》要求和其他有关规定抽样和实施检验检疫。

3．隔离检疫期满，检验检疫合格的，解除隔离状态，允许进口单位投放养殖环境或者销售；检验检疫不合格的，同一隔离设施内全部动物作扑杀销毁处理，并对水体和隔离场地进行消毒。

（二）进境食用水生动物：

1．对原包装物、装载用水或冰和其他铺垫材料作消毒处理。

2．按照《检疫许可证》要求和其他有关规定，抽取样品进行检验检疫。抽样后，水生动物可以进入销售或者消费环节。

第二十二条 检验检疫机构发现进境水生动物不符合中国检验检疫要求的，应当将检验检疫结果上报国家质检总局，并按《出入境动植物检验检疫风险预警及快速反应管理规定实施细则》的规定启动进境风险预警系统，加强对来自同一国家或者地区进境水生动物的检验检疫。

第六章　附　则

第二十三条　国家质检总局根据工作需要，可以派出检疫官员检查输出水生动物的养殖场的卫生状况。

第二十四条　进境两栖类、爬行类水生动物的检验检疫参照本办法执行。

进境野生水生动物的检验检疫参照本办法执行。除科学研究和引进优良品种资源等特殊需要外，应当控制种用野生水生动物的进口。

第二十五条　违反本办法规定的，由检验检疫机构依照有关法律法规的规定予以处罚。

第二十六条　本办法由国家质检总局负责解释。

第二十七条　本办法自2003年11月1日起施行。

附件（略）

水产养殖质量安全管理规定

（2003年7月24日农业部令第31号公布，自2003年9月1日起施行）

第一章　总　则

第一条　为提高养殖水产品质量安全水平，保护渔业生态环境，促进水产养殖业的健康发展，根据《中华人民共和国渔业法》等法律、行政法规，制定本规定。

第二条　在中华人民共和国境内从事水产养殖的单位和个人，应当遵守本规定。

第三条　农业部主管全国水产养殖质量安全管理工作。

县级以上地方各级人民政府渔业行政主管部门主管本行政区域内水产养殖质量安全管理工作。

第四条　国家鼓励水产养殖单位和个人发展健康养殖，减少水产养殖病害发生；控制养殖用药，保证养殖水产品质量安全；推广生态养殖，保护养殖环境。

国家鼓励水产养殖单位和个人依照有关规定申请无公害农产品认证。

第二章　养殖用水

第五条　水产养殖用水应当符合农业部《无公害食品海水养殖用水水质》（NY5052—2001）或《无公害食品淡水养殖用水水质》（NY5051—2001）等标准，禁止将不符合水质标准的水源用于水产养殖。

第六条　水产养殖单位和个人应当定期监测养殖用水水质。

养殖用水水源受到污染时，应当立即停止使用；确需使用的，应当经过净化处理达到养殖用水水质标准。

养殖水体水质不符合养殖用水水质标准时，应当立即采取措施进行处理。经处理后仍达不到要求的，应当停止养殖活动，并向当地渔业行政主管部门报告，其养殖水产品按本规定第十三条处理。

第七条　养殖场或池塘的进排水系统应当分开。水产养殖废水排放应当达到国家规定的排放标准。

第三章　养殖生产

第八条　县级以上地方各级人民政府渔业行政主管部门应当根据水产养殖规划要

求，合理确定用于水产养殖的水域和滩涂，同时根据水域滩涂环境状况划分养殖功能区，合理安排养殖生产布局，科学确定养殖规模、养殖方式。

第九条 使用水域、滩涂从事水产养殖的单位和个人应当按有关规定申领养殖证，并按核准的区域、规模从事养殖生产。

第十条 水产养殖生产应当符合国家有关养殖技术规范操作要求。水产养殖单位和个人应当配置与养殖水体和生产能力相适应的水处理设施和相应的水质、水生生物检测等基础性仪器设备。

水产养殖使用的苗种应当符合国家或地方质量标准。

第十一条 水产养殖专业技术人员应当逐步按国家有关就业准入要求，经过职业技能培训并获得职业资格证书后，方能上岗。

第十二条 水产养殖单位和个人应当填写《水产养殖生产记录》，记载养殖种类、苗种来源及生长情况、饲料来源及投喂情况、水质变化等内容。《水产养殖生产记录》应当保存至该批水产品全部销售后2年以上。

第十三条 销售的养殖水产品应当符合国家或地方的有关标准。不符合标准的产品应当进行净化处理，净化处理后仍不符合标准的产品禁止销售。

第十四条 水产养殖单位销售自养水产品应当附具《产品标签》，注明单位名称、地址，产品种类、规格，出池日期等。

第四章 渔用饲料和水产养殖用药

第十五条 使用渔用饲料应当符合《饲料和饲料添加剂管理条例》和农业部《无公害食品渔用饲料安全限量》（NY5072—2002）。鼓励使用配合饲料。限制直接投喂冰鲜（冻）饵料，防止残饵污染水质。

禁止使用无产品质量标准、无质量检验合格证、无生产许可证和产品批准文号的饲料、饲料添加剂。禁止使用变质和过期饲料。

第十六条 使用水产养殖用药应当符合《兽药管理条例》和农业部《无公害食品渔药使用准则》（NY5071—2002）。使用药物的养殖水产品在休药期内不得用于人类食品消费。

禁止使用假、劣兽药及农业部规定禁止使用的药品、其他化合物和生物制剂。原料药不得直接用于水产养殖。

第十七条 水产养殖单位和个人应当按照水产养殖用药使用说明书的要求或在水生生物病害防治员的指导下科学用药。

水生生物病害防治员应当按照有关就业准入的要求，经过职业技能培训并获得职业资格证书后，方能上岗。

第十八条 水产养殖单位和个人应当填写《水产养殖用药记录》，记载病害发生情况，主要症状，用药名称、时间、用量等内容。《水产养殖用药记录》应当保存至该批水产品全部销售后2年以上。

第十九条 各级渔业行政主管部门和技术推广机构应当加强水产养殖用药安全使用

的宣传、培训和技术指导工作。

第二十条 农业部负责制定全国养殖水产品药物残留监控计划，并组织实施。

县级以上地方各级人民政府渔业行政主管部门负责本行政区域内养殖水产品药物残留的监控工作。

第二十一条 水产养殖单位和个人应当接受县级以上人民政府渔业行政主管部门组织的养殖水产品药物残留抽样检测。

第五章 附 则

第二十二条 本规定用语定义：

健康养殖 指通过采用投放无疫病苗种、投喂全价饲料及人为控制养殖环境条件等技术措施，使养殖生物保持最适宜生长和发育的状态，实现减少养殖病害发生、提高产品质量的一种养殖方式。

生态养殖 指根据不同养殖生物间的共生互补原理，利用自然界物质循环系统，在一定的养殖空间和区域内，通过相应的技术和管理措施，使不同生物在同一环境中共同生长，实现保持生态平衡、提高养殖效益的一种养殖方式。

第二十三条 违反本规定的，依照《中华人民共和国渔业法》、《兽药管理条例》和《饲料和饲料添加剂管理条例》等法律法规进行处罚。

第二十四条 本规定由农业部负责解释。

第二十五条 本规定自2003年9月1日起施行。

中华人民共和国农业法

（1993年7月2日第八届全国人民代表大会常务委员会第二次会议通过，
2002年12月28日第九届全国人民代表大会常务委员会第三十一次会议修订）

中华人民共和国主席令

第81号

《中华人民共和国农业法》已由中华人民共和国第九届全国人民代表大会常务委员会第三十一次会议于2002年12月28日修订通过，现将修订后的《中华人民共和国农业法》公布，自2003年3月1日起施行。

中华人民共和国主席　江泽民

2002年12月28日

目　录

第一章　总　则

第一条　为了巩固和加强农业在国民经济中的基础地位，深化农村改革，发展农业生产力，推进农业现代化，维护农民和农业生产经营组织的合法权益，增加农民收入，提高农民科学文化素质，促进农业和农村经济的持续、稳定、健康发展，实现全面建设小康社会的目标，制定本法。

第二条　本法所称农业，是指种植业、林业、畜牧业和渔业等产业，包括与其直接相关的产前、产中、产后服务。

本法所称农业生产经营组织，是指农村集体经济组织、农民专业合作经济组织、农业企业和其他从事农业生产经营的组织。

第三条　国家把农业放在发展国民经济的首位。

农业和农村经济发展的基本目标是：建立适应发展社会主义市场经济要求的农村经济体制，不断解放和发展农村生产力，提高农业的整体素质和效益，确保农产品供应和质量，满足国民经济发展和人口增长、生活改善的需求，提高农民的收入和生活水平，促进农村富余劳动力向非农产业和城镇转移，缩小城乡差别和区域差别，建设富裕、民主、文明的社会主义新农村，逐步实现农业和农村现代化。

第四条　国家采取措施，保障农业更好地发挥在提供食物、工业原料和其他农产品，维护和改善生态环境，促进农村经济社会发展等多方面的作用。

第五条　国家坚持和完善公有制为主体、多种所有制经济共同发展的基本经济制度，振兴农村经济。

国家长期稳定农村以家庭承包经营为基础、统分结合的双层经营体制，发展社会化服务体系，壮大集体经济实力，引导农民走共同富裕的道路。

国家在农村坚持和完善以按劳分配为主体、多种分配方式并存的分配制度。

第六条　国家坚持科教兴农和农业可持续发展的方针。

国家采取措施加强农业和农村基础设施建设，调整、优化农业和农村经济结构，推进农业产业化经营，发展农业科技、教育事业，保护农业生态环境，促进农业机械化和信息化，提高农业综合生产能力。

第七条　国家保护农民和农业生产经营组织的财产及其他合法权益不受侵犯。

各级人民政府及其有关部门应当采取措施增加农民收入，切实减轻农民负担。

第八条　全社会应当高度重视农业，支持农业发展。

国家对发展农业和农村经济有显著成绩的单位和个人，给予奖励。

第九条　各级人民政府对农业和农村经济发展工作统一负责，组织各有关部门和全社会做好发展农业和为发展农业服务的各项工作。

国务院农业行政主管部门主管全国农业和农村经济发展工作，国务院林业行政主管部门和其他有关部门在各自的职责范围内，负责有关的农业和农村经济发展工作。

县级以上地方人民政府各农业行政主管部门负责本行政区域内的种植业、畜牧业、渔业等农业和农村经济发展工作，林业行政主管部门负责本行政区域内的林业工作。县级以上地方人民政府其他有关部门在各自的职责范围内，负责本行政区域内有关的为农业生产经营服务的工作。

第二章　农业生产经营体制

第十条　国家实行农村土地承包经营制度，依法保障农村土地承包关系的长期稳定，保护农民对承包土地的使用权。

农村土地承包经营的方式、期限、发包方和承包方的权利义务、土地承包经营权的保护和流转等，适用《中华人民共和国土地管理法》和《中华人民共和国农村土地承包法》。

农村集体经济组织应当在家庭承包经营的基础上，依法管理集体资产，为其成员提供生产、技术、信息等服务，组织合理开发、利用集体资源，壮大经济实力。

第十一条　国家鼓励农民在家庭承包经营的基础上自愿组成各类专业合作经济组织。

农民专业合作经济组织应当坚持为成员服务的宗旨，按照加入自愿、退出自由、民主管理、盈余返还的原则，依法在其章程规定的范围内开展农业生产经营和服务活动。

农民专业合作经济组织可以有多种形式，依法成立、依法登记。任何组织和个人不得侵犯农民专业合作经济组织的财产和经营自主权。

第十二条　农民和农业生产经营组织可以自愿按照民主管理、按劳分配和按股分红相结合的原则，以资金、技术、实物等入股，依法兴办各类企业。

第十三条　国家采取措施发展多种形式的农业产业化经营，鼓励和支持农民和农业生产经营组织发展生产、加工、销售一体化经营。

国家引导和支持从事农产品生产、加工、流通服务的企业、科研单位和其他组织，通过与农民或者农民专业合作经济组织订立合同或者建立各类企业等形式，形成收益共享、风险共担的利益共同体，推进农业产业化经营，带动农业发展。

第十四条　农民和农业生产经营组织可以按照法律、行政法规成立各种农产品行业协会，为成员提供生产、营销、信息、技术、培训等服务，发挥协调和自律作用，提出农产品贸易救济措施的申请，维护成员和行业的利益。

第三章　农业生产

第十五条　县级以上人民政府根据国民经济和社会发展的中长期规划、农业和农村经济发展的基本目标和农业资源区划，制定农业发展规划。

省级以上人民政府农业行政主管部门根据农业发展规划，采取措施发挥区域优势，促进形成合理的农业生产区域布局，指导和协调农业和农村经济结构调整。

第十六条　国家引导和支持农民和农业生产经营组织结合本地实际按照市场需求，调整和优化农业生产结构，协调发展种植业、林业、畜牧业和渔业，发展优质、高产、高效益的农业，提高农产品国际竞争力。

种植业以优化品种、提高质量、增加效益为中心，调整作物结构、品种结构和品质结构。

加强林业生态建设，实施天然林保护、退耕还林和防沙治沙工程，加强防护林体系建设，加速营造速生丰产林、工业原料林和薪炭林。

加强草原保护和建设，加快发展畜牧业，推广圈养和舍饲，改良畜禽品种，积极发展饲料工业和畜禽产品加工业。

渔业生产应当保护和合理利用渔业资源，调整捕捞结构，积极发展水产养殖业、远洋渔业和水产品加工业。

县级以上人民政府应当制定政策，安排资金，引导和支持农业结构调整。

第十七条 各级人民政府应当采取措施，加强农业综合开发和农田水利、农业生态环境保护、乡村道路、农村能源和电网、农产品仓储和流通、渔港、草原围栏、动植物原种良种基地等农业和农村基础设施建设，改善农业生产条件，保护和提高农业综合生产能力。

第十八条 国家扶持动植物品种的选育、生产、更新和良种的推广使用，鼓励品种选育和生产、经营相结合，实施种子工程和畜禽良种工程。国务院和省、自治区、直辖市人民政府设立专项资金，用于扶持动植物良种的选育和推广工作。

第十九条 各级人民政府和农业生产经营组织应当加强农田水利设施建设，建立健全农田水利设施的管理制度，节约用水，发展节水型农业，严格依法控制非农业建设占用灌溉水源，禁止任何组织和个人非法占用或者毁损农田水利设施。

国家对缺水地区发展节水型农业给予重点扶持。

第二十条 国家鼓励和支持农民和农业生产经营组织使用先进、适用的农业机械，加强农业机械安全管理，提高农业机械化水平。

国家对农民和农业生产经营组织购买先进农业机械给予扶持。

第二十一条 各级人民政府应当支持为农业服务的气象事业的发展，提高对气象灾害的监测和预报水平。

第二十二条 国家采取措施提高农产品的质量，建立健全农产品质量标准体系和质量检验检测监督体系，按照有关技术规范、操作规程和质量卫生安全标准，组织农产品的生产经营，保障农产品质量安全。

第二十三条 国家支持依法建立健全优质农产品认证和标志制度。

国家鼓励和扶持发展优质农产品生产。县级以上地方人民政府应当结合本地情况，按照国家有关规定采取措施，发展优质农产品生产。

符合国家规定标准的优质农产品可以依照法律或者行政法规的规定申请使用有关的标志。符合规定产地及生产规范要求的农产品可以依照有关法律或者行政法规的规定申请使用农产品地理标志。

第二十四条 国家实行动植物防疫、检疫制度，健全动植物防疫、检疫体系，加强对动物疫病和植物病、虫、杂草、鼠害的监测、预警、防治，建立重大动物疫情和植物病虫害的快速扑灭机制，建设动物无规定疫病区，实施植物保护工程。

第二十五条 农药、兽药、饲料和饲料添加剂、肥料、种子、农业机械等可能危害人畜安全的农业生产资料的生产经营，依照相关法律、行政法规的规定实行登记或者许可制度。

各级人民政府应当建立健全农业生产资料的安全使用制度，农民和农业生产经营组织不得使用国家明令淘汰和禁止使用的农药、兽药、饲料添加剂等农业生产资料和其他禁止使用的产品。

农业生产资料的生产者、销售者应当对其生产、销售的产品的质量负责，禁止以次充好、以假充真、以不合格的产品冒充合格的产品；禁止生产和销售国家明令淘汰的农药、兽药、饲料添加剂、农业机械等农业生产资料。

第四章　农产品流通与加工

第二十六条　农产品的购销实行市场调节。国家对关系国计民生的重要农产品的购销活动实行必要的宏观调控，建立中央和地方分级储备调节制度，完善仓储运输体系，做到保证供应，稳定市场。

第二十七条　国家逐步建立统一、开放、竞争、有序的农产品市场体系，制定农产品批发市场发展规划。对农村集体经济组织和农民专业合作经济组织建立农产品批发市场和农产品集贸市场，国家给予扶持。

县级以上人民政府工商行政管理部门和其他有关部门按照各自的职责，依法管理农产品批发市场，规范交易秩序，防止地方保护与不正当竞争。

第二十八条　国家鼓励和支持发展多种形式的农产品流通活动。支持农民和农民专业合作经济组织按照国家有关规定从事农产品收购、批发、贮藏、运输、零售和中介活动。鼓励供销合作社和其他从事农产品购销的农业生产经营组织提供市场信息，开拓农产品流通渠道，为农产品销售服务。

县级以上人民政府应当采取措施，督促有关部门保障农产品运输畅通，降低农产品流通成本。有关行政管理部门应当简化手续，方便鲜活农产品的运输，除法律、行政法规另有规定外，不得扣押鲜活农产品的运输工具。

第二十九条　国家支持发展农产品加工业和食品工业，增加农产品的附加值。县级以上人民政府应当制定农产品加工业和食品工业发展规划，引导农产品加工企业形成合理的区域布局和规模结构，扶持农民专业合作经济组织和乡镇企业从事农产品加工和综合开发利用。

国家建立健全农产品加工制品质量标准，完善检测手段，加强农产品加工过程中的质量安全管理和监督，保障食品安全。

第三十条　国家鼓励发展农产品进出口贸易。

国家采取加强国际市场研究、提供信息和营销服务等措施，促进农产品出口。

为维护农产品产销秩序和公平贸易，建立农产品进口预警制度，当某些进口农产品已经或者可能对国内相关农产品的生产造成重大的不利影响时，国家可以采取必要的措施。

第五章　粮食安全

第三十一条　国家采取措施保护和提高粮食综合生产能力，稳步提高粮食生产水平，保障粮食安全。

国家建立耕地保护制度，对基本农田依法实行特殊保护。

第三十二条　国家在政策、资金、技术等方面对粮食主产区给予重点扶持，建设稳定的商品粮生产基地，改善粮食收贮及加工设施，提高粮食主产区的粮食生产、加工水平和经济效益。

国家支持粮食主产区与主销区建立稳定的购销合作关系。

第三十三条　在粮食的市场价格过低时，国务院可以决定对部分粮食品种实行保护价制度。保护价应当根据有利于保护农民利益、稳定粮食生产的原则确定。

农民按保护价制度出售粮食，国家委托的收购单位不得拒收。

县级以上人民政府应当组织财政、金融等部门以及国家委托的收购单位及时筹足粮食收购资金，任何部门、单位或者个人不得截留或者挪用。

第三十四条　国家建立粮食安全预警制度，采取措施保障粮食供给。国务院应当制定粮食安全保障目标与粮食储备数量指标，并根据需要组织有关主管部门进行耕地、粮食库存情况的核查。

国家对粮食实行中央和地方分级储备调节制度，建设仓储运输体系。承担国家粮食储备任务的企业应当按照国家规定保证储备粮的数量和质量。

第三十五条　国家建立粮食风险基金，用于支持粮食储备、稳定粮食市场和保护农民利益。

第三十六条　国家提倡珍惜和节约粮食，并采取措施改善人民的食物营养结构。

第六章　农业投入与支持保护

第三十七条　国家建立和完善农业支持保护体系，采取财政投入、税收优惠、金融支持等措施，从资金投入、科研与技术推广、教育培训、农业生产资料供应、市场信息、质量标准、检验检疫、社会化服务以及灾害救助等方面扶持农民和农业生产经营组织发展农业生产，提高农民的收入水平。

在不与我国缔结或加入的有关国际条约相抵触的情况下，国家对农民实施收入支持政策，具体办法由国务院制定。

第三十八条　国家逐步提高农业投入的总体水平。中央和县级以上地方财政每年对农业总投入的增长幅度应当高于其财政经常性收入的增长幅度。

各级人民政府在财政预算内安排的各项用于农业的资金应当主要用于：加强农业基础设施建设；支持农业结构调整，促进农业产业化经营；保护粮食综合生产能力，保障国家粮食安全；健全动植物检疫、防疫体系，加强动物疫病和植物病、虫、杂草、鼠害防治；建立健全农产品质量标准和检验检测监督体系、农产品市场及信息服务体系；支持农业科研教育、农业技术推广和农民培训；加强农业生态环境保护建设；扶持贫困地区发展；保障农民收入水平等。

县级以上各级财政用于种植业、林业、畜牧业、渔业、农田水利的农业基本建设投入应当统筹安排，协调增长。

国家为加快西部开发，增加对西部地区农业发展和生态环境保护的投入。

第三十九条 县级以上人民政府每年财政预算内安排的各项用于农业的资金应当及时足额拨付。各级人民政府应当加强对国家各项农业资金分配、使用过程的监督管理，保证资金安全，提高资金的使用效率。

任何单位和个人不得截留、挪用用于农业的财政资金和信贷资金。审计机关应当依法加强对用于农业的财政和信贷等资金的审计监督。

第四十条 国家运用税收、价格、信贷等手段，鼓励和引导农民和农业生产经营组织增加农业生产经营性投入和小型农田水利等基本建设投入。

国家鼓励和支持农民和农业生产经营组织在自愿的基础上依法采取多种形式，筹集农业资金。

第四十一条 国家鼓励社会资金投向农业，鼓励企业事业单位、社会团体和个人捐资设立各种农业建设和农业科技、教育基金。

国家采取措施，促进农业扩大利用外资。

第四十二条 各级人民政府应当鼓励和支持企业事业单位及其他各类经济组织开展农业信息服务。

县级以上人民政府农业行政主管部门及其他有关部门应当建立农业信息搜集、整理和发布制度，及时向农民和农业生产经营组织提供市场信息等服务。

第四十三条 国家鼓励和扶持农用工业的发展。

国家采取税收、信贷等手段鼓励和扶持农业生产资料的生产和贸易，为农业生产稳定增长提供物质保障。

国家采取宏观调控措施，使化肥、农药、农用薄膜、农业机械和农用柴油等主要农业生产资料和农产品之间保持合理的比价。

第四十四条 国家鼓励供销合作社、农村集体经济组织、农民专业合作经济组织、其他组织和个人发展多种形式的农业生产产前、产中、产后的社会化服务事业。县级以上人民政府及其各有关部门应当采取措施对农业社会化服务事业给予支持。

对跨地区从事农业社会化服务的，农业、工商管理、交通运输、公安等有关部门应当采取措施给予支持。

第四十五条 国家建立健全农村金融体系，加强农村信用制度建设，加强农村金融监管。

有关金融机构应当采取措施增加信贷投入，改善农村金融服务，对农民和农业生产经营组织的农业生产经营活动提供信贷支持。

农村信用合作社应当坚持为农业、农民和农村经济发展服务的宗旨，优先为当地农民的生产经营活动提供信贷服务。

国家通过贴息等措施，鼓励金融机构向农民和农业生产经营组织的农业生产经营活动提供贷款。

第四十六条 国家建立和完善农业保险制度。

国家逐步建立和完善政策性农业保险制度。鼓励和扶持农民和农业生产经营组织建立为农业生产经营活动服务的互助合作保险组织，鼓励商业性保险公司开展农业保险业务。

农业保险实行自愿原则。任何组织和个人不得强制农民和农业生产经营组织参加农业保险。

第四十七条 各级人民政府应当采取措施，提高农业防御自然灾害的能力，做好防灾、抗灾和救灾工作，帮助灾民恢复生产，组织生产自救，开展社会互助互济；对没有基本生活保障的灾民给予救济和扶持。

第七章 农业科技与农业教育

第四十八条 国务院和省级人民政府应当制定农业科技、农业教育发展规划，发展农业科技、教育事业。

县级以上人民政府应当按照国家有关规定逐步增加农业科技经费和农业教育经费。

国家鼓励、吸引企业等社会力量增加农业科技投入，鼓励农民、农业生产经营组织、企业事业单位等依法举办农业科技、教育事业。

第四十九条 国家保护植物新品种、农产品地理标志等知识产权，鼓励和引导农业科研、教育单位加强农业科学技术的基础研究和应用研究，传播和普及农业科学技术知识，加速科技成果转化与产业化，促进农业科学技术进步。

国务院有关部门应当组织农业重大关键技术的科技攻关。国家采取措施促进国际农业科技、教育合作与交流，鼓励引进国外先进技术。

第五十条 国家扶持农业技术推广事业，建立政府扶持和市场引导相结合，有偿与无偿服务相结合，国家农业技术推广机构和社会力量相结合的农业技术推广体系，促使先进的农业技术尽快应用于农业生产。

第五十一条 国家设立的农业技术推广机构应当以农业技术试验示范基地为依托，承担公共所需的关键性技术的推广和示范工作，为农民和农业生产经营组织提供公益性农业技术服务。

县级以上人民政府应当根据农业生产发展需要，稳定和加强农业技术推广队伍，保障农业技术推广机构的工作经费。

各级人民政府应当采取措施，按照国家规定保障和改善从事农业技术推广工作的专业科技人员的工作条件、工资待遇和生活条件，鼓励他们为农业服务。

第五十二条 农业科研单位、有关学校、农业技术推广机构以及科技人员，根据农民和农业生产经营组织的需要，可以提供无偿服务，也可以通过技术转让、技术服务、技术承包、技术入股等形式，提供有偿服务，取得合法收益。农业科研单位、有关学校、农业技术推广机构以及科技人员应当提高服务水平，保证服务质量。

对农业科研单位、有关学校、农业技术推广机构举办的为农业服务的企业，国家在税收、信贷等方面给予优惠。

国家鼓励农民、农民专业合作经济组织、供销合作社、企业事业单位等参与农业技术推广工作。

第五十三条 国家建立农业专业技术人员继续教育制度。县级以上人民政府农业行政主管部门会同教育、人事等有关部门制定农业专业技术人员继续教育计划，并组织实施。

第五十四条 国家在农村依法实施义务教育，并保障义务教育经费。国家在农村举办的普通中小学校教职工工资由县级人民政府按照国家规定统一发放，校舍等教学设施的建设和维护经费由县级人民政府按照国家规定统一安排。

第五十五条 国家发展农业职业教育。国务院有关部门按照国家职业资格证书制度的统一规定，开展农业行业的职业分类、职业技能鉴定工作，管理农业行业的职业资格证书。

第五十六条 国家采取措施鼓励农民采用先进的农业技术，支持农民举办各种科技组织，开展农业实用技术培训、农民绿色证书培训和其他就业培训，提高农民的文化技术素质。

第八章　农业资源与农业环境保护

第五十七条 发展农业和农村经济必须合理利用和保护土地、水、森林、草原、野生动植物等自然资源，合理开发和利用水能、沼气、太阳能、风能等可再生能源和清洁能源，发展生态农业，保护和改善生态环境。

县级以上人民政府应当制定农业资源区划或者农业资源合理利用和保护的区划，建立农业资源监测制度。

第五十八条 农民和农业生产经营组织应当保养耕地，合理使用化肥、农药、农用薄膜，增加使用有机肥料，采用先进技术，保护和提高地力，防止农用地的污染、破坏和地力衰退。

县级以上人民政府农业行政主管部门应当采取措施，支持农民和农业生产经营组织加强耕地质量建设，并对耕地质量进行定期监测。

第五十九条 各级人民政府应当采取措施，加强小流域综合治理，预防和治理水土流失。从事可能引起水土流失的生产建设活动的单位和个人，必须采取预防措施，并负责治理因生产建设活动造成的水土流失。

各级人民政府应当采取措施，预防土地沙化，治理沙化土地。国务院和沙化土地所在地区的县级以上地方人民政府应当按照法律规定制定防沙治沙规划，并组织实施。

第六十条 国家实行全民义务植树制度。各级人民政府应当采取措施，组织群众植树造林，保护林地和林木，预防森林火灾，防治森林病虫害，制止滥伐、盗伐林木，提高森林覆盖率。

国家在天然林保护区域实行禁伐或者限伐制度，加强造林护林。

第六十一条 有关地方人民政府，应当加强草原的保护、建设和管理，指导、组织农（牧）民和农（牧）业生产经营组织建设人工草场、饲草饲料基地和改良天然草原，实行以草定畜，控制载畜量，推行划区轮牧、休牧和禁牧制度，保护草原植被，防止草原退化沙化和盐渍化。

第六十二条 禁止毁林毁草开垦、烧山开垦以及开垦国家禁止开垦的陡坡地，已经开垦的应当逐步退耕还林、还草。

禁止围湖造田以及围垦国家禁止围垦的湿地。已经围垦的，应当逐步退耕还湖、还湿地。

对在国务院批准规划范围内实施退耕的农民，应当按照国家规定予以补助。

第六十三条 各级人民政府应当采取措施，依法执行捕捞限额和禁渔、休渔制度，增殖渔业资源，保护渔业水域生态环境。

国家引导、支持从事捕捞业的农（渔）民和农（渔）业生产经营组织从事水产养殖业或者其他职业，对根据当地人民政府统一规划转产转业的农（渔）民，应当按照国家规定予以补助。

第六十四条 国家建立与农业生产有关的生物物种资源保护制度，保护生物多样性，对稀有、濒危、珍贵生物资源及其原生地实行重点保护。从境外引进生物物种资源应当依法进行登记或者审批，并采取相应安全控制措施。

农业转基因生物的研究、试验、生产、加工、经营及其他应用，必须依照国家规定严格实行各项安全控制措施。

第六十五条 各级农业行政主管部门应当引导农民和农业生产经营组织采取生物措施或者使用高效低毒低残留农药、兽药，防治动植物病、虫、杂草、鼠害。

农产品采收后的秸秆及其他剩余物质应当综合利用，妥善处理，防止造成环境污染和生态破坏。

从事畜禽等动物规模养殖的单位和个人应当对粪便、废水及其他废弃物进行无害化处理或者综合利用，从事水产养殖的单位和个人应当合理投饵、施肥、使用药物，防止造成环境污染和生态破坏。

第六十六条 县级以上人民政府应当采取措施，督促有关单位进行治理，防治废水、废气和固体废弃物对农业生态环境的污染。排放废水、废气和固体废弃物造成农业生态环境污染事故的，由环境保护行政主管部门或者农业行政主管部门依法调查处理；给农民和农业生产经营组织造成损失的，有关责任者应当依法赔偿。

第九章　农民权益保护

第六十七条 任何机关或者单位向农民或者农业生产经营组织收取行政、事业性费用必须依据法律、法规的规定。收费的项目、范围和标准应当公布。没有法律、法规依据的收费，农民和农业生产经营组织有权拒绝。

任何机关或者单位对农民或者农业生产经营组织进行罚款处罚必须依据法律、法规、规章的规定。没有法律、法规、规章依据的罚款，农民和农业生产经营组织有权拒绝。

任何机关或者单位不得以任何方式向农民或者农业生产经营组织进行摊派。除法律、法规另有规定外，任何机关或者单位以任何方式要求农民或者农业生产经营组织提供人力、财力、物力的，属于摊派。农民和农业生产经营组织有权拒绝任何方式的摊派。

第六十八条 各级人民政府及其有关部门和所属单位不得以任何方式向农民或者农业生产经营组织集资。

没有法律、法规依据或者未经国务院批准，任何机关或者单位不得在农村进行任何形式的达标、升级、验收活动。

第六十九条 农民和农业生产经营组织依照法律、行政法规的规定承担纳税义务。税务机关及代扣、代收税款的单位应当依法征税，不得违法摊派税款及以其他违法方法征税。

第七十条 农村义务教育除按国务院规定收取的费用外，不得向农民和学生收取其他费用。禁止任何机关或者单位通过农村中小学校向农民收费。

第七十一条 国家依法征用农民集体所有的土地，应当保护农民和农村集体经济组织的合法权益，依法给予农民和农村集体经济组织征地补偿，任何单位和个人不得截留、挪用征地补偿费用。

第七十二条 各级人民政府、农村集体经济组织或者村民委员会在农业和农村经济结构调整、农业产业化经营和土地承包经营权流转等过程中，不得侵犯农民的土地承包经营权，不得干涉农民自主安排的生产经营项目，不得强迫农民购买指定的生产资料或者按指定的渠道销售农产品。

第七十三条 农村集体经济组织或者村民委员会为发展生产或者兴办公益事业，需要向其成员（村民）筹资筹劳的，应当经成员（村民）会议或者成员（村民）代表会议过半数通过后，方可进行。

农村集体经济组织或者村民委员会依照前款规定筹资筹劳的，不得超过省级以上人民政府规定的上限控制标准，禁止强行以资代劳。

农村集体经济组织和村民委员会对涉及农民利益的重要事项，应当向农民公开，并定期公布财务账目，接受农民的监督。

第七十四条 任何单位和个人向农民或者农业生产经营组织提供生产、技术、信息、文化、保险等有偿服务，必须坚持自愿原则，不得强迫农民和农业生产经营组织接受服务。

第七十五条 农产品收购单位在收购农产品时，不得压级压价，不得在支付的价款中扣缴任何费用。法律、行政法规规定代扣、代收税款的，依照法律、行政法规的规定办理。

农产品收购单位与农产品销售者因农产品的质量等级发生争议的，可以委托具有法定资质的农产品质量检验机构检验。

第七十六条 农业生产资料使用者因生产资料质量问题遭受损失的，出售该生产资料的经营者应当予以赔偿，赔偿额包括购货价款、有关费用和可得利益损失。

第七十七条 农民或者农业生产经营组织为维护自身的合法权益，有向各级人民政府及其有关部门反映情况和提出合法要求的权利，人民政府及其有关部门对农民或者农业生产经营组织提出的合理要求，应当按照国家规定及时给予答复。

第七十八条 违反法律规定，侵犯农民权益的，农民或者农业生产经营组织可以依法申请行政复议或者向人民法院提起诉讼，有关人民政府及其有关部门或者人民法院应当依法受理。

人民法院和司法行政主管机关应当依照有关规定为农民提供法律援助。

第十章 农村经济发展

第七十九条 国家坚持城乡协调发展的方针，扶持农村第二、第三产业发展，调整和优化农村经济结构，增加农民收入，促进农村经济全面发展，逐步缩小城乡差别。

第八十条 各级人民政府应当采取措施，发展乡镇企业，支持农业的发展，转移富余的农业劳动力。

国家完善乡镇企业发展的支持措施，引导乡镇企业优化结构，更新技术，提高素质。

第八十一条 县级以上地方人民政府应当根据当地的经济发展水平、区位优势和资源条件，按照合理布局、科学规划、节约用地的原则，有重点地推进农村小城镇建设。

地方各级人民政府应当注重运用市场机制，完善相应政策，吸引农民和社会资金投资小城镇开发建设，发展第二、第三产业，引导乡镇企业相对集中发展。

第八十二条 国家采取措施引导农村富余劳动力在城乡、地区间合理有序流动。地方各级人民政府依法保护进入城镇就业的农村劳动力的合法权益，不得设置不合理限制，已经设置的应当取消。

第八十三条 国家逐步完善农村社会救济制度，保障农村五保户、贫困残疾农民、贫困老年农民和其他丧失劳动能力的农民的基本生活。

第八十四条 国家鼓励、支持农民巩固和发展农村合作医疗和其他医疗保障形式，提高农民健康水平。

第八十五条 国家扶持贫困地区改善经济发展条件，帮助进行经济开发。省级人民政府根据国家关于扶持贫困地区的总体目标和要求，制定扶贫开发规划，并组织实施。

各级人民政府应当坚持开发式扶贫方针，组织贫困地区的农民和农业生产经营组织合理使用扶贫资金，依靠自身力量改变贫穷落后面貌，引导贫困地区的农民调整经济结构、开发当地资源。扶贫开发应当坚持与资源保护、生态建设相结合，促进贫困地区经济、社会的协调发展和全面进步。

第八十六条 中央和省级财政应当把扶贫开发投入列入年度财政预算，并逐年增加，加大对贫困地区的财政转移支付和建设资金投入。

国家鼓励和扶持金融机构、其他企业事业单位和个人投入资金支持贫困地区开发建设。

禁止任何单位和个人截留、挪用扶贫资金。审计机关应当加强扶贫资金的审计监督。

第十一章 执法监督

第八十七条 县级以上人民政府应当采取措施逐步完善适应社会主义市场经济发展

要求的农业行政管理体制。

县级以上人民政府农业行政主管部门和有关行政主管部门应当加强规划、指导、管理、协调、监督、服务职责，依法行政，公正执法。

县级以上地方人民政府农业行政主管部门应当在其职责范围内健全行政执法队伍，实行综合执法，提高执法效率和水平。

第八十八条 县级以上人民政府农业行政主管部门及其执法人员履行执法监督检查职责时，有权采取下列措施：

（一）要求被检查单位或者个人说明情况，提供有关文件、证照、资料；

（二）责令被检查单位或者个人停止违反本法的行为，履行法定义务。

农业行政执法人员在履行监督检查职责时，应当向被检查单位或者个人出示行政执法证件，遵守执法程序。有关单位或者个人应当配合农业行政执法人员依法执行职务，不得拒绝和阻碍。

第八十九条 农业行政主管部门与农业生产、经营单位必须在机构、人员、财务上彻底分离。农业行政主管部门及其工作人员不得参与和从事农业生产经营活动。

第十二章 法律责任

第九十条 违反本法规定，侵害农民和农业生产经营组织的土地承包经营权等财产权或者其他合法权益的，应当停止侵害，恢复原状；造成损失、损害的，依法承担赔偿责任。

国家工作人员利用职务便利或者以其他名义侵害农民和农业生产经营组织的合法权益的，应当赔偿损失，并由其所在单位或者上级主管机关给予行政处分。

第九十一条 违反本法第十九条、第二十五条、第六十二条、第七十一条规定的，依照相关法律或者行政法规的规定予以处罚。

第九十二条 有下列行为之一的，由上级主管机关责令限期归还被截留、挪用的资金，没收非法所得，并由上级主管机关或者所在单位给予直接负责的主管人员和其他直接责任人员行政处分；构成犯罪的，依法追究刑事责任：

（一）违反本法第三十三条第三款规定，截留、挪用粮食收购资金的；

（二）违反本法第三十九条第二款规定，截留、挪用用于农业的财政资金和信贷资金的；

（三）违反本法第八十六条第三款规定，截留、挪用扶贫资金的。

第九十三条 违反本法第六十七条规定，向农民或者农业生产经营组织违法收费、罚款、摊派的，上级主管机关应当予以制止，并予公告；已经收取钱款或者已经使用人力、物力的，由上级主管机关责令限期归还已经收取的钱款或者折价偿还已经使用的人力、物力，并由上级主管机关或者所在单位给予直接负责的主管人员和其他直接责任人员行政处分；情节严重，构成犯罪的，依法追究刑事责任。

第九十四条 有下列行为之一的，由上级主管机关责令停止违法行为，并给予直接负责的主管人员和其他直接责任人员行政处分，责令退还违法收取的集资款、税款或者费用：

（一）违反本法第六十八条规定，非法在农村进行集资、达标、升级、验收活动的；

（二）违反本法第六十九条规定，以违法方法向农民征税的；

（三）违反本法第七十条规定，通过农村中小学校向农民超额、超项目收费的。

第九十五条 违反本法第七十三条第二款规定，强迫农民以资代劳的，由乡（镇）人民政府责令改正，并退还违法收取的资金。

第九十六条 违反本法第七十四条规定，强迫农民和农业生产经营组织接受有偿服务的，由有关人民政府责令改正，并返还其违法收取的费用；情节严重的，给予直接负责的主管人员和其他直接责任人员行政处分；造成农民和农业生产经营组织损失的，依法承担赔偿责任。

第九十七条 县级以上人民政府农业行政主管部门的工作人员违反本法规定参与和从事农业生产经营活动的，依法给予行政处分；构成犯罪的，依法追究刑事责任。

第十三章　附　则

第九十八条 本法有关农民的规定，适用于国有农场、牧场、林场、渔场等企业事业单位实行承包经营的职工。

第九十九条 本法自2003年3月1日起施行。

退耕还林条例

（国务院令第367号，2002年12月14日发布，自2003年1月20日起施行）

第一章　总　则

第一条　为了规范退耕还林活动，保护退耕还林者的合法权益，巩固退耕还林成果，优化农村产业结构，改善生态环境，制定本条例。

第二条　国务院批准规划范围内的退耕还林活动，适用本条例。

第三条　各级人民政府应当严格执行“退耕还林、封山绿化、以粮代赈、个体承包”的政策措施。

第四条　退耕还林必须坚持生态优先。退耕还林应当与调整农村产业结构、发展农村经济，防治水土流失、保护和建设基本农田、提高粮食单产，加强农村能源建设，实施生态移民相结合。

第五条　退耕还林应当遵循下列原则：

（一）统筹规划、分步实施、突出重点、注重实效；

（二）政策引导和农民自愿退耕相结合，谁退耕、谁造林、谁经营、谁受益；

（三）遵循自然规律，因地制宜，宜林则林，宜草则草，综合治理；

（四）建设与保护并重，防止边治理边破坏；

（五）逐步改善退耕还林者的生活条件。

第六条　国务院西部开发工作机构负责退耕还林工作的综合协调，组织有关部门研究制定退耕还林有关政策、办法，组织和协调退耕还林总体规划的落实；国务院林业行政主管部门负责编制退耕还林总体规划、年度计划，主管全国退耕还林的实施工作，负责退耕还林工作的指导和监督检查；国务院发展计划部门会同有关部门负责退耕还林总体规划的审核、计划的汇总、基建年度计划的编制和综合平衡；国务院财政主管部门负责退耕还林中央财政补助资金的安排和监督管理；国务院农业行政主管部门负责已垦草场的退耕还草以及天然草场的恢复和建设有关规划、计划的编制，以及技术指导和监督检查；国务院水行政主管部门负责退耕还林还草地区小流域治理、水土保持等相关工作的技术指导和监督检查；国务院粮食行政管理部门负责粮源的协调和调剂工作。

县级以上地方人民政府林业、计划、财政、农业、水利、粮食等部门在本级人民政府的统一领导下，按照本条例和规定的职责分工，负责退耕还林的有关工作。

第七条　国家对退耕还林实行省、自治区、直辖市人民政府负责制。省、自治区、直辖市人民政府应当组织有关部门采取措施，保证退耕还林中央补助资金的专款专用，组织落实补助粮食的调运和供应，加强退耕还林的复查工作，按期完成国家下达的退耕还林任务，并逐级落实目标责任，签订责任书，实现退耕还林目标。

第八条 退耕还林实行目标责任制。

县级以上地方各级人民政府有关部门应当与退耕还林工程项目负责人和技术负责人签订责任书，明确其应当承担的责任。

第九条 国家支持退耕还林应用技术的研究和推广，提高退耕还林科学技术水平。

第十条 国务院有关部门和地方各级人民政府应当组织开展退耕还林活动的宣传教育，增强公民的生态建设和保护意识。

在退耕还林工作中做出显著成绩的单位和个人，由国务院有关部门和地方各级人民政府给予表彰和奖励。

第十一条 任何单位和个人都有权检举、控告破坏退耕还林的行为。

有关人民政府及其有关部门接到检举、控告后，应当及时处理。

第十二条 各级审计机关应当加强对退耕还林资金和粮食补助使用情况的审计监督。

第二章 规划和计划

第十三条 退耕还林应当统筹规划。

退耕还林总体规划由国务院林业行政主管部门编制，经国务院西部开发工作机构协调、国务院发展计划部门审核后，报国务院批准实施。

省、自治区、直辖市人民政府林业行政主管部门根据退耕还林总体规划会同有关部门编制本行政区域的退耕还林规划，经本级人民政府批准，报国务院有关部门备案。

第十四条 退耕还林规划应当包括下列主要内容：

（一）范围、布局和重点；

（二）年限、目标和任务；

（三）投资测算和资金来源；

（四）效益分析和评价；

（五）保障措施。

第十五条 下列耕地应当纳入退耕还林规划，并根据生态建设需要和国家财力有计划地实施退耕还林：

（一）水土流失严重的；

（二）沙化、盐碱化、石漠化严重的；

（三）生态地位重要、粮食产量低而不稳的。

江河源头及其两侧、湖库周围的陡坡耕地以及水土流失和风沙危害严重等生态地位重要区域的耕地，应当在退耕还林规划中优先安排。

第十六条 基本农田保护范围内的耕地和生产条件较好、实际粮食产量超过国家退耕还林补助粮食标准并且不会造成水土流失的耕地，不得纳入退耕还林规划；但是，因生态建设特殊需要，经国务院批准并依照有关法律、行政法规规定的程序调整基本农田保护范围后，可以纳入退耕还林规划。

制定退耕还林规划时，应当考虑退耕农民长期的生计需要。

第十七条 退耕还林规划应当与国民经济和社会发展规划、农村经济发展总体规划、土地利用总体规划相衔接，与环境保护、水土保持、防沙治沙等规划相协调。

第十八条 退耕还林必须依照经批准的规划进行。未经原批准机关同意，不得擅自调整退耕还林规划。

第十九条 省、自治区、直辖市人民政府林业行政主管部门根据退耕还林规划，会同有关部门编制本行政区域下一年度退耕还林计划建议，由本级人民政府发展计划部门审核，并经本级人民政府批准后，于每年8月31日前报国务院西部开发工作机构、林业、发展计划等有关部门。国务院林业行政主管部门汇总编制全国退耕还林年度计划建议，经国务院西部开发工作机构协调，国务院发展计划部门审核和综合平衡，报国务院批准后，由国务院发展计划部门会同有关部门于10月31日前联合下达。

省、自治区、直辖市人民政府发展计划部门会同有关部门根据全国退耕还林年度计划，于11月30日前将本行政区域下一年度退耕还林计划分解下达到有关县（市）人民政府，并将分解下达情况报国务院有关部门备案。

第二十条 省、自治区、直辖市人民政府林业行政主管部门根据国家下达的下一年度退耕还林计划，会同有关部门编制本行政区域内的年度退耕还林实施方案，经国务院林业行政主管部门审核后，报本级人民政府批准实施。

县级人民政府林业行政主管部门可以根据批准后的省级退耕还林年度实施方案，编制本行政区域内的退耕还林年度实施方案，报本级人民政府批准后实施，并报省、自治区、直辖市人民政府林业行政主管部门备案。

第二十一条 年度退耕还林实施方案，应当包括下列主要内容：

（一）退耕还林的具体范围；

（二）生态林与经济林比例；

（三）树种选择和植被配置方式；

（四）造林模式；

（五）种苗供应方式；

（六）植被管护和配套保障措施；

（七）项目和技术负责人。

第二十二条 县级人民政府林业行政主管部门应当根据年度退耕还林实施方案组织专业人员或者有资质的设计单位编制乡镇作业设计，把实施方案确定的内容落实到具体地块和土地承包经营权人。

编制作业设计时，干旱、半干旱地区应当以种植耐旱灌木（草）、恢复原有植被为主；以间作方式植树种草的，应当间作多年生植物，主要林木的初植密度应当符合国家规定的标准。

第二十三条 退耕土地还林营造的生态林面积，以县为单位核算，不得低于退耕土地还林面积的80%。

退耕还林营造的生态林，由县级以上地方人民政府林业行政主管部门根据国务院林业行政主管部门制定的标准认定。

第三章　造林、管护与检查验收

第二十四条　县级人民政府或者其委托的乡级人民政府应当与有退耕还林任务的土地承包经营权人签订退耕还林合同。

退耕还林合同应当包括下列主要内容：

（一）退耕土地还林范围、面积和宜林荒山荒地造林范围、面积；

（二）按照作业设计确定的退耕还林方式；

（三）造林成活率及其保存率；

（四）管护责任；

（五）资金和粮食的补助标准、期限和给付方式；

（六）技术指导、技术服务的方式和内容；

（七）种苗来源和供应方式；

（八）违约责任；

（九）合同履行期限。

退耕还林合同的内容不得与本条例以及国家其他有关退耕还林的规定相抵触。

第二十五条　退耕还林需要的种苗，可以由县级人民政府根据本地区实际组织集中采购，也可以由退耕还林者自行采购。集中采购的，应当征求退耕还林者的意见，并采用公开竞价方式，签订书面合同，超过国家种苗造林补助费标准的，不得向退耕还林者强行收取超出部分的费用。

任何单位和个人不得为退耕还林者指定种苗供应商。

禁止垄断经营种苗和哄抬种苗价格。

第二十六条　退耕还林所用种苗应当就地培育、就近调剂，优先选用乡土树种和抗逆性强树种的良种壮苗。

第二十七条　林业、农业行政主管部门应当加强种苗培育的技术指导和服务的管理工作，保证种苗质量。

销售、供应的退耕还林种苗应当经县级人民政府林业、农业行政主管部门检验合格，并附具标签和质量检验合格证；跨县调运的，还应当依法取得检疫合格证。

第二十八条　省、自治区、直辖市人民政府应当根据本行政区域的退耕还林规划，加强种苗生产与采种基地的建设。

国家鼓励企业和个人采取多种形式培育种苗，开展产业化经营。

第二十九条　退耕还林者应当按照作业设计和合同的要求植树种草。

禁止林粮间作和破坏原有林草植被的行为。

第三十条　退耕还林者在享受资金和粮食补助期间，应当按照作业设计和合同的要求在宜林荒山荒地造林。

第三十一条　县级人民政府应当建立退耕还林植被管护制度，落实管护责任。

退耕还林者应当履行管护义务。

禁止在退耕还林项目实施范围内复耕和从事滥采、乱挖等破坏地表植被的活动。

第三十二条 地方各级人民政府及其有关部门应当组织技术推广单位或者技术人员，为退耕还林提供技术指导和技术服务。

第三十三条 县级人民政府林业行政主管部门应当按照国务院林业行政主管部门制定的检查验收标准和办法，对退耕还林建设项目进行检查验收，经验收合格的，方可发给验收合格证明。

第三十四条 省、自治区、直辖市人民政府应当对县级退耕还林检查验收结果进行复查，并根据复查结果对县级人民政府和有关责任人员进行奖惩。

国务院林业行政主管部门应当对省级复查结果进行核查，并将核查结果上报国务院。

第四章 资金和粮食补助

第三十五条 国家按照核定的退耕还林实际面积，向土地承包经营权人提供补助粮食、种苗造林补助费和生活补助费。具体补助标准和补助年限按照国务院有关规定执行。

第三十六条 尚未承包到户和休耕的坡耕地退耕还林的，以及纳入退耕还林规划的宜林荒山荒地造林，只享受种苗造林补助费。

第三十七条 种苗造林补助费和生活补助费由国务院计划、财政、林业部门按照有关规定及时下达、核拨。

第三十八条 补助粮食应当就近调运，减少供应环节，降低供应成本。粮食补助费按照国家有关政策处理。

粮食调运费用由地方财政承担，不得向供应补助粮食的企业和退耕还林者分摊。

第三十九条 省、自治区、直辖市人民政府应当根据当地口粮消费习惯和农作物种植习惯以及当地粮食库存实际情况合理确定补助粮食的品种。

补助粮食必须达到国家规定的质量标准。不符合国家质量标准的，不得供应给退耕还林者。

第四十条 退耕土地还林的第一年，该年度补助粮食可以分两次兑付，每次兑付的数量由省、自治区、直辖市人民政府确定。

从退耕土地还林第二年起，在规定的补助期限内，县级人民政府应当组织有关部门和单位及时向持有验收合格证明的退耕还林者一次兑付该年度补助粮食。

第四十一条 兑付的补助粮食，不得折算成现金或者代金券。供应补助粮食的企业不得回购退耕还林补助粮食。

第四十二条 种苗造林补助费应当用于种苗采购，节余部分可以用于造林补助和封育管护。

退耕还林者自行采购种苗的，县级人民政府或者其委托的乡级人民政府应当在退耕还林合同生效时一次付清种苗造林补助费。

集中采购种苗的，退耕还林验收合格后，种苗采购单位应当与退耕还林者结算种苗造林补助费。

第四十三条 退耕土地还林后，在规定的补助期限内，县级人民政府应当组织有关部门及时向持有验收合格证明的退耕还林者一次付清该年度生活补助费。

第四十四条 退耕还林资金实行专户存储、专款专用，任何单位和个人不得挤占、截留、挪用和克扣。

任何单位和个人不得弄虚作假、虚报冒领补助资金和粮食。

第四十五条 退耕还林所需前期工作和科技支撑等费用，国家按照退耕还林基本建设投资的一定比例给予补助，由国务院发展计划部门根据工程情况在年度计划中安排。

退耕还林地方所需检查验收、兑付等费用，由地方财政承担。中央有关部门所需核查等费用，由中央财政承担。

第四十六条 实施退耕还林的乡（镇）、村应当建立退耕还林公示制度，将退耕还林者的退耕还林面积、造林树种、成活率以及资金和粮食补助发放等情况进行公示。

第五章 其他保障措施

第四十七条 国家保护退耕还林者享有退耕土地上的林木（草）所有权。自行退耕还林的，土地承包经营权人享有退耕土地上的林木（草）所有权；委托他人还林或者与他人合作还林的，退耕土地上的林木（草）所有权由合同约定。

退耕土地还林后，由县级以上人民政府依照森林法、草原法的有关规定发放林（草）权属证书，确认所有权和使用权，并依法办理土地变更登记手续。土地承包经营合同应当作相应调整。

第四十八条 退耕土地还林后的承包经营权期限可以延长到 70 年。承包经营权到期后，土地承包经营权人可以依照有关法律、法规的规定继续承包。

退耕还林土地和荒山荒地造林后的承包经营权可以依法继承、转让。

第四十九条 退耕还林者按照国家有关规定享受税收优惠，其中退耕还林（草）所取得的农业特产收入，依照国家规定免征农业特产税。

退耕还林的县（市）农业税收因灾减收部分，由上级财政以转移支付的方式给予适当补助；确有困难的，经国务院批准，由中央财政以转移支付的方式给予适当补助。

第五十条 资金和粮食补助期满后，在不破坏整体生态功能的前提下，经有关主管部门批准，退耕还林者可以依法对其所有的林木进行采伐。

第五十一条 地方各级人民政府应当加强基本农田和农业基础设施建设，增加投入，改良土壤，改造坡耕地，提高地力和单位粮食产量，解决退耕还林者的长期口粮需求。

第五十二条 地方各级人民政府应当根据实际情况加强沼气、小水电、太阳能、风能等农村能源建设，解决退耕还林者对能源的需求。

第五十三条 地方各级人民政府应当调整农村产业结构，扶持龙头企业，发展支柱产业，开辟就业门路，增加农民收入，加快小城镇建设，促进农业人口逐步向城镇转移。

第五十四条 国家鼓励在退耕还林过程中实行生态移民，并对生态移民农户的生产、生活设施给予适当补助。

第五十五条 退耕还林后，有关地方人民政府应当采取封山禁牧、舍饲圈养等措施，保护退耕还林成果。

第五十六条 退耕还林应当与扶贫开发、农业综合开发和水土保持等政策措施相结合，对不同性质的项目资金应当在专款专用的前提下统筹安排，提高资金使用效益。

第六章 法律责任

第五十七条 国家工作人员在退耕还林活动中违反本条例的规定，有下列行为之一的，依照刑法关于贪污罪、受贿罪、挪用公款罪或者其他罪的规定，依法追究刑事责任；尚不够刑事处罚的，依法给予行政处分：

（一）挤占、截留、挪用退耕还林资金或者克扣补助粮食的；

（二）弄虚作假、虚报冒领补助资金和粮食的；

（三）利用职务上的便利收受他人财物或者其他好处的。

国家工作人员以外的其他人员有前款第（二）项行为的，依照刑法关于诈骗罪或者其他罪的规定，依法追究刑事责任；尚不够刑事处罚的，由县级以上人民政府林业行政主管部门责令退回所冒领的补助资金和粮食，处以冒领资金额2倍以上5倍以下的罚款。

第五十八条 国家机关工作人员在退耕还林活动中违反本条例的规定，有下列行为之一的，由其所在单位或者上一级主管部门责令限期改正，退还分摊的和多收取的费用，对直接负责的主管人员和其他直接责任人员，依照刑法关于滥用职权罪、玩忽职守罪或者其他罪的规定，依法追究刑事责任；尚不够刑事处罚的，依法给予行政处分：

（一）未及时处理有关破坏退耕还林活动的检举、控告的；

（二）向供应补助粮食的企业和退耕还林者分摊粮食调运费用的；

（三）不及时向持有验收合格证明的退耕还林者发放补助粮食和生活补助费的；

（四）在退耕还林合同生效时，对自行采购种苗的退耕还林者未一次付清种苗造林补助费的；

（五）集中采购种苗的，在退耕还林验收合格后，未与退耕还林者结算种苗造林补助费的；

（六）集中采购的种苗不合格的；

（七）集中采购种苗的，向退耕还林者强行收取超出国家规定种苗造林补助费标准的种苗费的；

（八）为退耕还林者指定种苗供应商的；

（九）批准粮食企业向退耕还林者供应不符合国家质量标准的补助粮食或者将补助粮食折算成现金、代金券支付的；

（十）其他不依照本条例规定履行职责的。

第五十九条 采用不正当手段垄断种苗市场，或者哄抬种苗价格的，依照刑法关于非法经营罪、强迫交易罪或者其他罪的规定，依法追究刑事责任；尚不够刑事处罚的，由工商行政管理机关依照反不正当竞争法的规定处理；反不正当竞争法未作规定的，由工商行政管理机关处以非法经营额2倍以上5倍以下的罚款。

第六十条 销售、供应未经检验合格的种苗或者未附具标签、质量检验合格证、检疫合格证的种苗的，依照刑法关于生产、销售伪劣种子罪或者其他罪的规定，依法追究刑事责任；尚不够刑事处罚的，由县级以上人民政府林业、农业行政主管部门或者工商行政管理机关依照种子法的规定处理；种子法未作规定的，由县级以上人民政府林业、农业行政主管部门依据职权处以非法经营额2倍以上5倍以下的罚款。

第六十一条 供应补助粮食的企业向退耕还林者供应不符合国家质量标准的补助粮食的，由县级以上人民政府粮食行政管理部门责令限期改正，可以处非法供应的补助粮食数量乘以标准口粮单价1倍以下的罚款。

供应补助粮食的企业将补助粮食折算成现金或者代金券支付的，或者回购补助粮食的，由县级以上人民政府粮食行政管理部门责令限期改正，可以处折算现金额、代金券额或者回购粮食价款1倍以下的罚款。

第六十二条 退耕还林者擅自复耕，或者林粮间作、在退耕还林项目实施范围内从事滥采、乱挖等破坏地表植被的活动的，依照刑法关于非法占用农用地罪、滥伐林木罪或者其他罪的规定，依法追究刑事责任；尚不够刑事处罚的，由县级以上人民政府林业、农业、水利行政主管部门依照森林法、草原法、水土保持法的规定处罚。

第七章 附 则

第六十三条 已垦草场退耕还草和天然草场恢复与建设的具体实施，依照草原法和国务院有关规定执行。

退耕还林还草地区小流域治理、水土保持等相关工作的具体实施，依照水土保持法和国务院有关规定执行。

第六十四条 国务院批准的规划范围外的土地，地方各级人民政府决定实施退耕还林的，不享受本条例规定的中央政策补助。

第六十五条 本条例自2003年1月20日起施行。

中华人民共和国草原法

（1985年6月18日第六届全国人民代表大会常务委员会第十一次会议通过，2002年12月28日第九届全国人民代表大会常务委员会第三十一次会议修订）

中华人民共和国主席令

第82号

《中华人民共和国草原法》已由中华人民共和国第九届全国人民代表大会常务委员会第三十一次会议于2002年12月28日修订通过，现将修订后的《中华人民共和国草原法》公布，自2003年3月1日起施行。

中华人民共和国主席　江泽民

2002年12月28日

目　录

第一章　总　则

第一条　为了保护、建设和合理利用草原，改善生态环境，维护生物多样性，发展现代畜牧业，促进经济和社会的可持续发展，制定本法。

第二条　在中华人民共和国领域内从事草原规划、保护、建设、利用和管理活动，适用本法。

本法所称草原，是指天然草原和人工草地。

第三条 国家对草原实行科学规划、全面保护、重点建设、合理利用的方针，促进草原的可持续利用和生态、经济、社会的协调发展。

第四条 各级人民政府应当加强对草原保护、建设和利用的管理，将草原的保护、建设和利用纳入国民经济和社会发展计划。

各级人民政府应当加强保护、建设和合理利用草原的宣传教育。

第五条 任何单位和个人都有遵守草原法律法规、保护草原的义务，同时享有对违反草原法律法规、破坏草原的行为进行监督、检举和控告的权利。

第六条 国家鼓励与支持开展草原保护、建设、利用和监测方面的科学研究，推广先进技术和先进成果，培养科学技术人才。

第七条 国家对在草原管理、保护、建设、合理利用和科学研究等工作中做出显著成绩的单位和个人，给予奖励。

第八条 国务院草原行政主管部门主管全国草原监督管理工作。

县级以上地方人民政府草原行政主管部门主管本行政区域内草原监督管理工作。

乡（镇）人民政府应当加强对本行政区域内草原保护、建设和利用情况的监督检查，根据需要可以设专职或者兼职人员负责具体监督检查工作。

第二章 草原权属

第九条 草原属于国家所有，由法律规定属于集体所有的除外。国家所有的草原，由国务院代表国家行使所有权。

任何单位或者个人不得侵占、买卖或者以其他形式非法转让草原。

第十条 国家所有的草原，可以依法确定给全民所有制单位、集体经济组织等使用。

使用草原的单位，应当履行保护、建设和合理利用草原的义务。

第十一条 依法确定给全民所有制单位、集体经济组织等使用的国家所有的草原，由县级以上人民政府登记，核发使用权证，确认草原使用权。

未确定使用权的国家所有的草原，由县级以上人民政府登记造册，并负责保护管理。

集体所有的草原，由县级人民政府登记，核发所有权证，确认草原所有权。

依法改变草原权属的，应当办理草原权属变更登记手续。

第十二条 依法登记的草原所有权和使用权受法律保护，任何单位或者个人不得侵犯。

第十三条 集体所有的草原或者依法确定给集体经济组织使用的国家所有的草原，可以由本集体经济组织内的家庭或者联户承包经营。

在草原承包经营期内，不得对承包经营者使用的草原进行调整；个别确需适当调整的，必须经本集体经济组织成员的村（牧）民会议三分之二以上成员或者三分之二以上村（牧）民代表的同意，并报乡（镇）人民政府和县级人民政府草原行政主管部门批准。

集体所有的草原或者依法确定给集体经济组织使用的国家所有的草原由本集体经济

组织以外的单位或者个人承包经营的，必须经本集体经济组织成员的村（牧）民会议三分之二以上成员或者三分之二以上村（牧）民代表的同意，并报乡（镇）人民政府批准。

第十四条 承包经营草原，发包方和承包方应当签订书面合同。草原承包合同的内容应当包括双方的权利和义务、承包草原四至界限、面积和等级、承包期和起止日期、承包草原用途和违约责任等。承包期届满，原承包经营者在同等条件下享有优先承包权。

承包经营草原的单位和个人，应当履行保护、建设和按照承包合同约定的用途合理利用草原的义务。

第十五条 草原承包经营权受法律保护，可以按照自愿、有偿的原则依法转让。

草原承包经营权转让的受让方必须具有从事畜牧业生产的能力，并应当履行保护、建设和按照承包合同约定的用途合理利用草原的义务。

草原承包经营权转让应当经发包方同意。承包方与受让方在转让合同中约定的转让期限，不得超过原承包合同剩余的期限。

第十六条 草原所有权、使用权的争议，由当事人协商解决；协商不成的，由有关人民政府处理。

单位之间的争议，由县级以上人民政府处理；个人之间、个人与单位之间的争议，由乡（镇）人民政府或者县级以上人民政府处理。

当事人对有关人民政府的处理决定不服的，可以依法向人民法院起诉。

在草原权属争议解决前，任何一方不得改变草原利用现状，不得破坏草原和草原上的设施。

第三章 规 划

第十七条 国家对草原保护、建设、利用实行统一规划制度。国务院草原行政主管部门会同国务院有关部门编制全国草原保护、建设、利用规划，报国务院批准后实施。

县级以上地方人民政府草原行政主管部门会同同级有关部门依据上一级草原保护、建设、利用规划编制本行政区域的草原保护、建设、利用规划，报本级人民政府批准后实施。

经批准的草原保护、建设、利用规划确需调整或者修改时，须经原批准机关批准。

第十八条 编制草原保护、建设、利用规划，应当依据国民经济和社会发展规划并遵循下列原则：

（一）改善生态环境，维护生物多样性，促进草原的可持续利用；

（二）以现有草原为基础，因地制宜，统筹规划，分类指导；

（三）保护为主、加强建设、分批改良、合理利用；

（四）生态效益、经济效益、社会效益相结合。

第十九条 草原保护、建设、利用规划应当包括：草原保护、建设、利用的目标和措施，草原功能分区和各项建设的总体部署，各项专业规划等。

第二十条 草原保护、建设、利用规划应当与土地利用总体规划相衔接，与环境保护规划、水土保持规划、防沙治沙规划、水资源规划、林业长远规划、城市总体规划、村庄和集镇规划以及其他有关规划相协调。

第二十一条 草原保护、建设、利用规划一经批准，必须严格执行。

第二十二条 国家建立草原调查制度。

县级以上人民政府草原行政主管部门会同同级有关部门定期进行草原调查；草原所有者或者使用者应当支持、配合调查，并提供有关资料。

第二十三条 国务院草原行政主管部门会同国务院有关部门制定全国草原等级评定标准。

县级以上人民政府草原行政主管部门根据草原调查结果、草原的质量，依据草原等级评定标准，对草原进行评等定级。

第二十四条 国家建立草原统计制度。

县级以上人民政府草原行政主管部门和同级统计部门共同制定草原统计调查办法，依法对草原的面积、等级、产草量、载畜量等进行统计，定期发布草原统计资料。

草原统计资料是各级人民政府编制草原保护、建设、利用规划的依据。

第二十五条 国家建立草原生产、生态监测预警系统。

县级以上人民政府草原行政主管部门对草原的面积、等级、植被构成、生产能力、自然灾害、生物灾害等草原基本状况实行动态监测，及时为本级政府和有关部门提供动态监测和预警信息服务。

第四章　建　设

第二十六条 县级以上人民政府应当增加草原建设的投入，支持草原建设。

国家鼓励单位和个人投资建设草原，按照谁投资、谁受益的原则保护草原投资建设者的合法权益。

第二十七条 国家鼓励与支持人工草地建设、天然草原改良和饲草饲料基地建设，稳定和提高草原生产能力。

第二十八条 县级以上人民政府应当支持、鼓励和引导农牧民开展草原围栏、饲草饲料储备、牲畜圈舍、牧民定居点等生产生活设施的建设。

县级以上地方人民政府应当支持草原水利设施建设，发展草原节水灌溉，改善人畜饮水条件。

第二十九条 县级以上人民政府应当按照草原保护、建设、利用规划加强草种基地建设，鼓励选育、引进、推广优良草品种。

新草品种必须经全国草品种审定委员会审定，由国务院草原行政主管部门公告后方可推广。从境外引进草种必须依法进行审批。

县级以上人民政府草原行政主管部门应当依法加强对草种生产、加工、检疫、检验的监督管理，保证草种质量。

第三十条 县级以上人民政府应当有计划地进行火情监测、防火物资储备、防火隔离带等草原防火设施的建设，确保防火需要。

第三十一条 对退化、沙化、盐碱化、石漠化和水土流失的草原，地方各级人民政府应当按照草原保护、建设、利用规划，划定治理区，组织专项治理。

大规模的草原综合治理，列入国家国土整治计划。

第三十二条 县级以上人民政府应当根据草原保护、建设、利用规划，在本级国民经济和社会发展计划中安排资金用于草原改良、人工种草和草种生产，任何单位或者个人不得截留、挪用；县级以上人民政府财政部门和审计部门应当加强监督管理。

第五章 利 用

第三十三条 草原承包经营者应当合理利用草原，不得超过草原行政主管部门核定的载畜量；草原承包经营者应当采取种植和储备饲草饲料、增加饲草饲料供应量、调剂处理牲畜、优化畜群结构、提高出栏率等措施，保持草畜平衡。

草原载畜量标准和草畜平衡管理办法由国务院草原行政主管部门规定。

第三十四条 牧区的草原承包经营者应当实行划区轮牧，合理配置畜群，均衡利用草原。

第三十五条 国家提倡在农区、半农半牧区和有条件的牧区实行牲畜圈养。草原承包经营者应当按照饲养牲畜的种类和数量，调剂、储备饲草饲料，采用青贮和饲草饲料加工等新技术，逐步改变依赖天然草地放牧的生产方式。

在草原禁牧、休牧、轮牧区，国家对实行舍饲圈养的给予粮食和资金补助，具体办法由国务院或者国务院授权的有关部门规定。

第三十六条 县级以上地方人民政府草原行政主管部门对割草场和野生草种基地应当规定合理的割草期、采种期以及留茬高度和采割强度，实行轮割轮采。

第三十七条 遇到自然灾害等特殊情况，需要临时调剂使用草原的，按照自愿互利的原则，由双方协商解决；需要跨县临时调剂使用草原的，由有关县级人民政府或者共同的上级人民政府组织协商解决。

第三十八条 进行矿藏开采和工程建设，应当不占或者少占草原；确需征用或者使用草原的，必须经省级以上人民政府草原行政主管部门审核同意后，依照有关土地管理的法律、行政法规办理建设用地审批手续。

第三十九条 因建设征用集体所有的草原的，应当依照《中华人民共和国土地管理法》的规定给予补偿；因建设使用国家所有的草原的，应当依照国务院有关规定对草原承包经营者给予补偿。

因建设征用或者使用草原的，应当交纳草原植被恢复费。草原植被恢复费专款专用，由草原行政主管部门按照规定用于恢复草原植被，任何单位和个人不得截留、挪用。草原植被恢复费的征收、使用和管理办法，由国务院价格主管部门和国务院财政部门会同国务院草原行政主管部门制定。

第四十条 需要临时占用草原的，应当经县级以上地方人民政府草原行政主管部门审核同意。

临时占用草原的期限不得超过二年，并不得在临时占用的草原上修建永久性建筑物、构筑物；占用期满，用地单位必须恢复草原植被并及时退还。

第四十一条　在草原上修建直接为草原保护和畜牧业生产服务的工程设施，需要使用草原的，由县级以上人民政府草原行政主管部门批准；修筑其他工程，需要将草原转为非畜牧业生产用地的，必须依法办理建设用地审批手续。

前款所称直接为草原保护和畜牧业生产服务的工程设施，是指：

（一）生产、贮存草种和饲草饲料的设施；

（二）牲畜圈舍、配种点、剪毛点、药浴池、人畜饮水设施；

（三）科研、试验、示范基地；

（四）草原防火和灌溉设施。

第六章　保　护

第四十二条　国家实行基本草原保护制度。下列草原应当划为基本草原，实施严格管理：

（一）重要放牧场；

（二）割草地；

（三）用于畜牧业生产的人工草地、退耕还草地以及改良草地、草种基地；

（四）对调节气候、涵养水源、保持水土、防风固沙具有特殊作用的草原；

（五）作为国家重点保护野生动植物生存环境的草原；

（六）草原科研、教学试验基地；

（七）国务院规定应当划为基本草原的其他草原。

基本草原的保护管理办法，由国务院制定。

第四十三条　国务院草原行政主管部门或者省、自治区、直辖市人民政府可以按照自然保护区管理的有关规定在下列地区建立草原自然保护区：

（一）具有代表性的草原类型；

（二）珍稀濒危野生动植物分布区；

（三）具有重要生态功能和经济科研价值的草原。

第四十四条　县级以上人民政府应当依法加强对草原珍稀濒危野生植物和种质资源的保护、管理。

第四十五条　国家对草原实行以草定畜、草畜平衡制度。县级以上地方人民政府草原行政主管部门应当按照国务院草原行政主管部门制定的草原载畜量标准，结合当地实际情况，定期核定草原载畜量。各级人民政府应当采取有效措施，防止超载过牧。

第四十六条　禁止开垦草原。对水土流失严重、有沙化趋势、需要改善生态环境的已垦草原，应当有计划、有步骤地退耕还草；已造成沙化、盐碱化、石漠化的，应当限期治理。

第四十七条　对严重退化、沙化、盐碱化、石漠化的草原和生态脆弱区的草原，实行禁牧、休牧制度。

第四十八条　国家支持依法实行退耕还草和禁牧、休牧。具体办法由国务院或者省、自治区、直辖市人民政府制定。

对在国务院批准规划范围内实施退耕还草的农牧民，按照国家规定给予粮食、现金、草种费补助。退耕还草完成后，由县级以上人民政府草原行政主管部门核实登记，依法履行土地用途变更手续，发放草原权属证书。

第四十九条 禁止在荒漠、半荒漠和严重退化、沙化、盐碱化、石漠化、水土流失的草原以及生态脆弱区的草原上采挖植物和从事破坏草原植被的其他活动。

第五十条 在草原上从事采土、采砂、采石等作业活动，应当报县级人民政府草原行政主管部门批准；开采矿产资源的，并应当依法办理有关手续。

经批准在草原上从事本条第一款所列活动的，应当在规定的时间、区域内，按照准许的采挖方式作业，并采取保护草原植被的措施。

在他人使用的草原上从事本条第一款所列活动的，还应当事先征得草原使用者的同意。

第五十一条 在草原上种植牧草或者饲料作物，应当符合草原保护、建设、利用规划；县级以上地方人民政府草原行政主管部门应当加强监督管理，防止草原沙化和水土流失。

第五十二条 在草原上开展经营性旅游活动，应当符合有关草原保护、建设、利用规划，并事先征得县级以上地方人民政府草原行政主管部门的同意，方可办理有关手续。

在草原上开展经营性旅游活动，不得侵犯草原所有者、使用者和承包经营者的合法权益，不得破坏草原植被。

第五十三条 草原防火工作贯彻预防为主、防消结合的方针。

各级人民政府应当建立草原防火责任制，规定草原防火期，制定草原防火扑火预案，切实做好草原火灾的预防和扑救工作。

第五十四条 县级以上地方人民政府应当做好草原鼠害、病虫害和毒害草防治的组织管理工作。县级以上地方人民政府草原行政主管部门应当采取措施，加强草原鼠害、病虫害和毒害草监测预警、调查以及防治工作，组织研究和推广综合防治的办法。

禁止在草原上使用剧毒、高残留以及可能导致二次中毒的农药。

第五十五条 除抢险救灾和牧民搬迁的机动车辆外，禁止机动车辆离开道路在草原上行驶，破坏草原植被；因从事地质勘探、科学考察等活动确需离开道路在草原上行驶的，应当向县级人民政府草原行政主管部门提交行驶区域和行驶路线方案，经确认后执行。

第七章 监督检查

第五十六条 国务院草原行政主管部门和草原面积较大的省、自治区的县级以上地方人民政府草原行政主管部门设立草原监督管理机构，负责草原法律、法规执行情况的监督检查，对违反草原法律、法规的行为进行查处。

草原行政主管部门和草原监督管理机构应当加强执法队伍建设，提高草原监督检查人员的政治、业务素质。草原监督检查人员应当忠于职守，秉公执法。

第五十七条 草原监督检查人员履行监督检查职责时，有权采取下列措施：

（一）要求被检查单位或者个人提供有关草原权属的文件和资料，进行查阅或者复制；

（二）要求被检查单位或者个人对草原权属等问题作出说明；

（三）进入违法现场进行拍照、摄像和勘测；

（四）责令被检查单位或者个人停止违反草原法律、法规的行为，履行法定义务。

第五十八条 国务院草原行政主管部门和省、自治区、直辖市人民政府草原行政主管部门，应当加强对草原监督检查人员的培训和考核。

第五十九条 有关单位和个人对草原监督检查人员的监督检查工作应当给予支持、配合，不得拒绝或者阻碍草原监督检查人员依法执行职务。

草原监督检查人员在履行监督检查职责时，应当向被检查单位和个人出示执法证件。

第六十条 对违反草原法律、法规的行为，应当依法作出行政处理，有关草原行政主管部门不作出行政处理决定的，上级草原行政主管部门有权责令有关草原行政主管部门作出行政处理决定或者直接作出行政处理决定。

第八章　法律责任

第六十一条 草原行政主管部门工作人员及其他国家机关有关工作人员玩忽职守、滥用职权，不依法履行监督管理职责，或者发现违法行为不予查处，造成严重后果，构成犯罪的，依法追究刑事责任；尚不够刑事处罚的，依法给予行政处分。

第六十二条 截留、挪用草原改良、人工种草和草种生产资金或者草原植被恢复费，构成犯罪的，依法追究刑事责任；尚不够刑事处罚的，依法给予行政处分。

第六十三条 无权批准征用、使用草原的单位或者个人非法批准征用、使用草原的，超越批准权限非法批准征用、使用草原的，或者违反法律规定的程序批准征用、使用草原，构成犯罪的，依法追究刑事责任；尚不够刑事处罚的，依法给予行政处分。非法批准征用、使用草原的文件无效。非法批准征用、使用的草原应当收回，当事人拒不归还的，以非法使用草原论处。

非法批准征用、使用草原，给当事人造成损失的，依法承担赔偿责任。

第六十四条 买卖或者以其他形式非法转让草原，构成犯罪的，依法追究刑事责任；尚不够刑事处罚的，由县级以上人民政府草原行政主管部门依据职权责令限期改正，没收违法所得，并处违法所得一倍以上五倍以下的罚款。

第六十五条 未经批准或者采取欺骗手段骗取批准，非法使用草原，构成犯罪的，依法追究刑事责任；尚不够刑事处罚的，由县级以上人民政府草原行政主管部门依据职权责令退还非法使用的草原，对违反草原保护、建设、利用规划擅自将草原改为建设用地的，限期拆除在非法使用的草原上新建的建筑物和其他设施，恢复草原植被，并处草原被非法使用前三年平均产值六倍以上十二倍以下的罚款。

第六十六条 非法开垦草原，构成犯罪的，依法追究刑事责任；尚不够刑事处罚的，由县级以上人民政府草原行政主管部门依据职权责令停止违法行为，限期恢复植被，没收非法财物和违法所得，并处违法所得一倍以上五倍以下的罚款；没有违法所得的，并处五万元以下的罚款；给草原所有者或者使用者造成损失的，依法承担赔偿责任。

第六十七条 在荒漠、半荒漠和严重退化、沙化、盐碱化、石漠化、水土流失的草原，以及生态脆弱区的草原上采挖植物或者从事破坏草原植被的其他活动的，由县级以上地方人民政府草原行政主管部门依据职权责令停止违法行为，没收非法财物和违法所得，可以并处违法所得一倍以上五倍以下的罚款；没有违法所得的，可以并处五万元以下的罚款；给草原所有者或者使用者造成损失的，依法承担赔偿责任。

第六十八条 未经批准或者未按照规定的时间、区域和采挖方式在草原上进行采土、采砂、采石等活动的，由县级人民政府草原行政主管部门责令停止违法行为，限期恢复植被，没收非法财物和违法所得，可以并处违法所得一倍以上二倍以下的罚款；没有违法所得的，可以并处二万元以下的罚款；给草原所有者或者使用者造成损失的，依法承担赔偿责任。

第六十九条 违反本法第五十二条规定，擅自在草原上开展经营性旅游活动，破坏草原植被的，由县级以上地方人民政府草原行政主管部门依据职权责令停止违法行为，限期恢复植被，没收违法所得，可以并处违法所得一倍以上二倍以下的罚款；没有违法所得的，可以并处草原被破坏前三年平均产值六倍以上十二倍以下的罚款；给草原所有者或者使用者造成损失的，依法承担赔偿责任。

第七十条 非抢险救灾和牧民搬迁的机动车辆离开道路在草原上行驶或者从事地质勘探、科学考察等活动未按照确认的行驶区域和行驶路线在草原上行驶，破坏草原植被的，由县级人民政府草原行政主管部门责令停止违法行为，限期恢复植被，可以并处草原被破坏前三年平均产值三倍以上九倍以下的罚款；给草原所有者或者使用者造成损失的，依法承担赔偿责任。

第七十一条 在临时占用的草原上修建永久性建筑物、构筑物的，由县级以上地方人民政府草原行政主管部门依据职权责令限期拆除；逾期不拆除的，依法强制拆除，所需费用由违法者承担。

临时占用草原，占用期届满，用地单位不予恢复草原植被的，由县级以上地方人民政府草原行政主管部门依据职权责令限期恢复；逾期不恢复的，由县级以上地方人民政府草原行政主管部门代为恢复，所需费用由违法者承担。

第七十二条 未经批准，擅自改变草原保护、建设、利用规划的，由县级以上人民政府责令限期改正；对直接负责的主管人员和其他直接责任人员，依法给予行政处分。

第七十三条 对违反本法有关草畜平衡制度的规定，牲畜饲养量超过县级以上地方人民政府草原行政主管部门核定的草原载畜量标准的纠正或者处罚措施，由省、自治区、直辖市人民代表大会或者其常务委员会规定。

第九章 附 则

第七十四条 本法第二条第二款中所称的天然草原包括草地、草山和草坡，人工草地包括改良草地和退耕还草地，不包括城镇草地。

第七十五条 本法自2003年3月1日起施行。

草畜平衡管理办法

（2005年1月19日农业部令第48号公布，自2005年3月1日起施行）

第一条 为了保护、建设和合理利用草原，维护和改善生态环境，促进畜牧业可持续发展，根据《中华人民共和国草原法》，制定本办法。

第二条 在中华人民共和国境内利用草原从事畜牧业生产经营活动的单位和个人，应当遵守本办法。

第三条 国家对草原实行草畜平衡制度。

本办法所称草畜平衡，是指为保持草原生态系统良性循环，在一定时间内，草原使用者或承包经营者通过草原和其他途径获取的可利用饲草饲料总量与其饲养的牲畜所需的饲草饲料量保持动态平衡。

第四条 开展草畜平衡工作应当坚持以下原则：

（一）加强保护，促进发展；

（二）以草定畜，增草增畜；

（三）因地制宜，分类指导；

（四）循序渐进，逐步推行。

第五条 农业部主管全国草畜平衡监督管理工作。

县级以上地方人民政府草原行政主管部门负责本行政区域内的草畜平衡监督管理工作。

县级以上人民政府草原行政主管部门设立的草原监督管理机构负责草畜平衡的具体工作。

第六条 县级以上人民政府草原行政主管部门应当加强草畜平衡的宣传教育培训，普及草畜平衡知识，推广草畜平衡技术，实现草原资源的永续利用。

第七条 县级以上人民政府草原行政主管部门应当加强草原保护建设，稳定和提高草原生产能力；支持、鼓励和引导农牧民实施人工种草，储备饲草饲料，改良牲畜品种，推行舍饲圈养，加快畜群周转，降低天然草原的放牧强度。

第八条 农业部根据全国草原的类型、生产能力、牲畜可采食比例等基本情况，制定并公布草原载畜量标准。

第九条 省级或地（市）级人民政府草原行政主管部门应当根据农业部制定的草原载畜量标准，结合当地实际情况，制定并公布本行政区域不同草原类型的具体载畜量标准，同时报农业部备案。

第十条 县级人民政府草原行政主管部门应当根据农业部制定的草原载畜量标准和

省级或地（市）级人民政府草原行政主管部门制定的不同草原类型具体载畜量标准，结合草原使用者或承包经营者所使用的天然草原、人工草地和饲草饲料基地前五年平均生产能力，核定草原载畜量，明确草原使用者或承包经营者的牲畜饲养量。

草畜平衡核定每五年进行一次。

草原使用者或承包经营者对核定的草原载畜量有异议的，可以自收到核定通知之日起 30 日内向县级人民政府草原行政主管部门申请复核一次，县级人民政府草原行政主管部门应当在30日内作出复核决定。

第十一条 县级以上人民政府草原行政主管部门制定草原载畜量标准或者核定草原载畜量时，应当充分听取草原使用者和承包经营者的意见，组织专家进行论证，确保草原载畜量标准和草原载畜量核定决定的科学性和合理性。

第十二条 县级以上地方人民政府草原行政主管部门应当建立草畜平衡管理档案。

县级人民政府草原行政主管部门应当与草原使用者或承包经营者签订草畜平衡责任书，载明以下事项：

（一）草原现状：包括草原四至界线、面积、类型、等级，草原退化面积及程度；

（二）现有的牲畜种类和数量；

（三）核定的草原载畜量；

（四）实现草畜平衡的主要措施；

（五）草原使用者或承包经营者的责任；

（六）责任书的有效期限；

（七）其他有关事项。

草畜平衡责任书文本样式由省级人民政府草原行政主管部门统一制定，报农业部备案。

第十三条 牲畜饲养量超过核定载畜量的，草原使用者或承包经营者应当采取以下措施，实现草畜平衡：

（一）加强人工饲草饲料基地建设；

（二）购买饲草饲料，增加饲草饲料供应量；

（三）实行舍饲圈养，减轻草原放牧压力；

（四）加快牲畜出栏，优化畜群结构；

（五）通过草原承包经营权流转增加草原承包面积；

（六）能够实现草畜平衡的其他措施。

第十四条 县级以上地方人民政府草原行政主管部门应当加强草原资源动态监测工作，根据上一年度草原产草量的测定结果及对其他来源的饲草饲料量的估算，分析、预测本行政区域内当年草原载畜能力，指导草畜平衡工作。

第十五条 县级以上地方人民政府草原行政主管部门应当每年组织对草畜平衡情况进行抽查。

草畜平衡抽查的主要内容：

（一）测定和评估天然草原的利用状况；

（二）测算饲草饲料总量，即当年天然草原、人工草地和饲草饲料基地以及其他来源的饲草饲料数量之和；

（三）核查牲畜数量。

第十六条 草原使用者或承包经营者因饲草饲料量增加的，可以在原核定的载畜量基础上，相应增加牲畜饲养量。

第十七条 违反草畜平衡规定的，依照省、自治区、直辖市人民代表大会或其常务委员会的规定予以纠正或处罚。

第十八条 本办法自 2005 年 3 月 1 日起施行。

农业野生植物保护办法

（2002年9月6日，农业部令第21号公布）

第一章　总　则

第一条　为保护和合理利用珍稀、濒危野生植物资源，保护生物多样性，加强野生植物管理，根据《中华人民共和国野生植物保护条例》（以下简称《条例》），制定本办法。

第二条　本办法所称野生植物是指符合《条例》第二条第二款规定的野生植物，包括野生植物的任何部分及其衍生物。

第三条　农业部按照《条例》第八条和本办法第二条规定的范围，主管全国野生植物的监督管理工作，并设立野生植物保护管理办公室负责全国野生植物监督管理的日常工作。

农业部野生植物保护管理办公室由部内有关司局组成。

县级以上地方人民政府农业（畜牧、渔业）行政主管部门（以下简称农业行政主管部门）依据《条例》和本办法规定负责本行政区域内野生植物监督管理工作。

第二章　野生植物保护

第四条　国家重点保护野生植物名录的制定和调整由农业部野生植物保护管理办公室提出初步意见，经农业部野生植物保护专家审定委员会审定通过后，由农业部按照《条例》第十条第二款的规定报国务院批准公布。

第五条　农业部和省级农业行政主管部门负责在国家重点保护野生植物物种天然集中分布区域，划定并建立国家级或省级国家重点保护野生植物类型自然保护区。

国家级和省级国家重点保护野生植物类型自然保护区的建立，按照《中华人民共和国自然保护区条例》有关规定执行。

第六条　县级以上地方人民政府农业行政主管部门可以在国家级或省级野生植物类型保护区以外的其他区域，建立国家重点保护野生植物保护点或者设立保护标志。

国家重点保护野生植物保护点和保护标志的具体管理办法，由农业部野生植物保护管理办公室负责统一制定。

第七条　农业部根据需要，组织野生植物资源调查，建立国家重点保护野生植物资源档案，为确定国家重点保护野生植物名录及保护方案提供依据。

第八条　农业部建立国家重点保护野生植物监测制度，对国家重点保护野生植物进行动态监测。

第九条 县级以上农业行政主管部门所属的农业环境监测机构，负责监视、监测本辖区内环境质量变化对国家或地方重点保护野生植物生长情况的影响，并将监视、监测情况及时报送农业行政主管部门。

第十条 在国家重点保护野生植物生长地或周边地区实施建设项目，建设单位应当在该建设项目环境影响评价报告书中对是否影响野生植物生存环境作出专项评价。

建设项目所在区域农业行政主管部门依据《条例》规定，对上述专项评价进行审查，并根据审查结果对建设项目提出具体意见。

第十一条 对国家重点保护野生植物及其生长环境造成危害的单位和个人，应当及时采取补救措施，并报当地农业行政主管部门，接受调查处理。

第十二条 各级农业行政主管部门应当积极开展野生植物保护的宣传教育工作。

第三章 野生植物管理

第十三条 禁止采集国家一级保护野生植物。有下列情形之一，确需进行少量采集的，应当申请办理采集许可证。

（一）进行科学考察、资源调查，应当从野外获取野生植物标本的；

（二）进行野生植物人工培育、驯化，应当从野外获取种源的；

（三）承担省部级以上科研项目，应当从野外获取标本或实验材料的；

（四）因国事活动需要，应当提供并从野外获取野生植物活体的；

（五）因调控野生植物种群数量、结构，经科学论证应当采集的。

第十四条 申请采集国家重点保护野生植物，有下列情形之一的，不予发放采集许可证：

（一）申请人有条件以非采集的方式获取野生植物的种源、产品或者达到其目的的；

（二）采集申请不符合国家或地方有关规定，或者采集申请的采集方法、采集时间、采集地点、采集数量不当的；

（三）根据野生植物资源现状不宜采集的。

第十五条 申请采集国家重点保护野生植物，应当填写《国家重点保护野生植物采集申请表》，并分别按以下程序向有关主管部门申请办理《国家重点保护野生植物采集许可证》。

（一）申请采集国家一级保护野生植物的，应当经由采集地的省级农业行政主管部门在采集申请表上签署审核意见后，向农业部野生植物保护管理办公室申请办理采集许可证。

（二）申请采集国家二级保护野生植物的，应当经由采集地的县级农业行政主管部门在采集申请表上签署审核意见后，向采集地省级农业行政主管部门或其授权的野生植物保护管理机构申请办理采集许可证。

（三）采集城市园林或风景名胜区内的国家重点保护野生植物，按照《条例》第十六条第三款和本条前两项的有关规定办理。

第十六条 负责签署审核意见的农业行政主管部门应当自受理申请之日起 30 日内，签署审核意见。同意采集的，报送上级农业行政主管部门审批。

负责核发采集许可证的农业行政主管部门或其授权的野生植物保护管理机构，应当自收到下级农业行政主管部门报来的审核材料之日起30日内，作出批准或不批准的决定，并及时通知申请者。确需延长的，审批时间不超过60日。

接受授权的野生植物保护管理机构在作出批准或者不批准的决定之前，应当征求本部门业务主管单位的意见。

农业行政主管部门或其授权的野生植物保护管理机构核发采集许可证后，应当抄送同级环境保护行政主管部门备案。

国家二级保护野生植物采集许可证核发之后，审批单位应当向农业部备案。

第十七条 取得采集许可证的单位和个人，应当按照许可证规定的植物种（或亚种）、数量、地点、期限和方式进行采集。采集作业完成后，应当及时向批准采集的农业行政主管部门或其授权的野生植物保护管理机构申请查验。

县级农业行政主管部门对在本辖区内的采集国家或地方重点保护野生植物的活动，应当进行实时监督检查，并应及时向批准采集的农业行政主管部门或其授权的野生植物保护管理机构报告监督检查结果。

第十八条 出售、收购国家二级保护野生植物的，应当向所在地县级农业行政主管部门申请填写《出售、收购国家重点保护二级野生植物申请表》。农业行政主管部门应当自收到申请之日起 15 日内进行审查，经审查符合要求的，报送省级农业行政主管部门或其授权的野生植物保护管理机构审批。

省级农业行政主管部门或其授权的野生植物保护管理机构，应当自收到申请之日起 15 日内进行审查，做出是否批准的决定，并通知申请者。

由野生植物保护管理机构负责批准的，野生植物保护管理机构在做出批准或者不批准的决定之前，应当征求本部门业务主管单位的意见。

第十九条 出售、收购国家二级保护野生植物的许可为一次一批。

出售、收购国家二级保护野生植物的许可文件应当载明野生植物的物种名称（或亚种名）、数量、期限、地点及获取方式、来源等项内容。

第二十条 国家重点保护野生植物的采集限定采集方式和规定禁采期。

国家重点保护野生植物的采集方式和禁采期由省级人民政府农业行政主管部门负责规定。

禁止在禁采期内或者以非法采集方式采集国家重点保护野生植物。

第二十一条 出口国家重点保护野生植物，或者进出口中国参加的国际公约所限制进出口的野生植物，应当填报《国家重点保护野生植物进出口许可申请表》，并经申请者所在地省级农业行政主管部门签署审核意见后，报农业部野生植物保护管理办公室申请办理《国家重点保护野生植物进出口许可审批表》。

农业部野生植物保护管理办公室在报批前应当征求部内相关业务司局的意见。

农业部野生植物保护管理办公室应当将签发的进出口许可审批表抄送国务院环境保护部门和国家濒危物种进出口管理机构。

第二十二条 符合《条例》第二十一条规定，并经农业部野生植物保护管理办公室批准进行野外考察的外国人，应当在地方农业行政主管部门有关人员的陪同下，按照规定的时间、区域、路线、植物种类进行考察。

考察地省级农业行政主管部门或其授权的野生植物保护管理机构应当对外国人在本行政区域内的考察活动进行现场监督检查，并及时将监督检查情况报告农业部野生植物保护管理办公室。

外国人野外科学考察结束离境之前，应当向农业部提交此次科学考察的报告副本。

第四章 奖励与处罚

第二十三条 在野生植物资源保护、科学研究、培育利用、宣传教育及其管理工作中成绩显著的单位和个人，县级以上人民政府农业行政主管部门予以表彰和奖励。

第二十四条 违反本办法规定，依照《条例》的有关规定追究法律责任。

第五章 附 则

第二十五条 本办法规定的《国家重点保护野生植物采集申请表》、《国家重点保护野生植物采集许可证》、《国家重点保护野生植物进出口许可申请表》和《国家重点保护野生植物进出口许可审批表》等文书格式，由农业部规定。有关表格由农业部野生植物保护管理办公室统一监制。《出售、收购国家重点保护二级野生植物申请表》等其他文书格式由省级农业行政主管部门规定。

第二十六条 本办法由农业部负责解释。

第二十七条 本办法自2002年10月1日起施行。

农作物种质资源管理办法

（2003 年 7 月 8 日，农业部令第 30 号公布）

第一章　总　则

第一条　为了加强农作物种质资源的保护，促进农作物种质资源的交流和利用，根据《中华人民共和国种子法》的规定，制定本办法。

第二条　在中华人民共和国境内从事农作物种质资源收集、整理、鉴定、登记、保存、交流、利用和管理等活动，适用本办法。

第三条　本办法所称农作物种质资源，是指选育农作物新品种的基础材料，包括农作物的栽培种、野生种和濒危稀有种的繁殖材料，以及利用上述繁殖材料人工创造的各种遗传材料，其形态包括果实、籽粒、苗、根、茎、叶、芽、花、组织、细胞和 DNA、DNA 片段及基因等有生命的物质材料。

第四条　农业部设立国家农作物种质资源委员会，研究提出国家农作物种质资源发展战略和方针政策，协调全国农作物种质资源的管理工作。委员会办公室设在农业部种植业管理司，负责委员会的日常工作。

各省、自治区、直辖市农业行政主管部门可根据需要，确定相应的农作物种质资源管理单位。

第五条　农作物种质资源工作属于公益性事业，国家及地方政府有关部门应当采取措施，保障农作物种质资源工作的稳定和经费来源。

第六条　国家对在农作物种质资源收集、整理、鉴定、登记、保存、交流、引进、利用和管理过程中成绩显著的单位和个人，给予表彰和奖励。

第二章　农作物种质资源收集

第七条　国家有计划地组织农作物种质资源普查、重点考察和收集工作。因工程建设、环境变化等情况可能造成农作物种质资源灭绝的，应当及时组织抢救收集。

第八条　禁止采集或者采伐列入国家重点保护野生植物名录的野生种、野生近缘种、濒危稀有种和保护区、保护地、种质圃内的农作物种质资源。

因科研等特殊情况需要采集或者采伐列入国家重点保护野生植物名录的野生种、野生近缘种、濒危稀有种种质资源的，应当按照国务院及农业部有关野生植物管理的规定，办理审批手续；需要采集或者采伐保护区、保护地、种质圃内种质资源的，应当经建立该保护区、保护地、种质圃的农业行政主管部门批准。

第九条 农作物种质资源的采集数量应当以不影响原始居群的遗传完整性及其正常生长为标准。

第十条 未经批准，境外人员不得在中国境内采集农作物种质资源。中外科学家联合考察我国农作物种质资源的，应当提前6个月报经农业部批准。

采集的农作物种质资源需要带出境外的，应当按照本办法的规定办理对外提供农作物种质资源审批手续。

第十一条 收集种质资源应当建立原始档案，详细记载材料名称、基本特征特性、采集地点和时间、采集数量、采集人等。

第十二条 收集的所有农作物种质资源及其原始档案应当送交国家种质库登记保存。

第十三条 申请品种审定的单位和个人，应当将适量繁殖材料（包括杂交亲本繁殖材料）交国家种质库登记保存。

第十四条 单位和个人持有国家尚未登记保存的种质资源的，有义务送交国家种质库登记保存。

当事人可以将种质资源送交当地农业行政主管部门或者农业科研机构，地方农业行政主管部门或者农业科研机构应当及时将收到的种质资源送交国家种质库登记保存。

第三章　农作物种质资源鉴定、登记和保存

第十五条 对收集的所有农作物种质资源应当进行植物学类别和主要农艺性状鉴定。

农作物种质资源的鉴定实行国家统一标准制度，具体标准由农业部根据国家农作物种质资源委员会的建议制定和公布。

农作物种质资源的登记实行统一编号制度，任何单位和个人不得更改国家统一编号和名称。

第十六条 农作物种质资源保存实行原生境保存和非原生境保存相结合的制度。原生境保存包括建立农作物种质资源保护区和保护地，非原生境保存包括建立各种类型的种质库、种质圃及试管苗库。

第十七条 农业部在农业植物多样性中心、重要农作物野生种及野生近缘植物原生地以及其他农业野生资源富集区，建立农作物种质资源保护区或者保护地。

第十八条 农业部建立国家农作物种质库，包括长期种质库及其复份库、中期种质库、种质圃及试管苗库。

长期种质库负责全国农作物种质资源的长期保存；复份库负责长期种质库贮存种质的备份保存；中期种质库负责种质的中期保存、特性鉴定、繁殖和分发；种质圃及试管苗库负责无性繁殖作物及多年生作物种质的保存、特性鉴定、繁殖和分发。

国家和地方有关部门应当采取措施，保障国家种质库的正常运转和种质资源安全。

第十九条 各省、自治区、直辖市农业行政主管部门根据需要建立本地区的农作物种质资源保护区、保护地、种质圃和中期种质库。

第四章 农作物种质资源繁殖和利用

第二十条 国家鼓励单位和个人从事农作物种质资源研究和创新。

第二十一条 国家长期种质库保存的种质资源属国家战略资源，未经农业部批准，任何单位和个人不得动用。

因国家中期种质库保存的种质资源绝种，需要从国家长期种质库取种繁殖的，应当报农业部审批。

国家长期种质库应当定期检测库存种质资源，当库存种质资源活力降低或者数量减少影响种质资源安全时，应当及时繁殖补充。

第二十二条 国家中期种质库应当定期繁殖更新库存种质资源，保证库存种质资源活力和数量；国家种质圃应当定期更新复壮圃存种质资源，保证圃存种质资源的生长势。国家有关部门应保障其繁殖更新费用。

第二十三条 农业部根据国家农作物种质资源委员会的建议，定期公布可供利用的农作物种质资源目录，并评选推荐优异种质资源。

因科研和育种需要目录中农作物种质资源的单位和个人，可以向国家中期种质库、种质圃提出申请。对符合国家中期种质库、种质圃提供种质资源条件的，国家中期种质库、种质圃应当迅速、免费向申请者提供适量种质材料。如需收费，不得超过繁种等所需的最低费用。

第二十四条 从国家获取的种质资源不得直接申请新品种保护及其他知识产权。

第二十五条 从国家中期种质库、种质圃获取种质资源的单位和个人应当及时向国家中期种质库、种质圃反馈种质资源利用信息，对不反馈信息者，国家中期种质库、种质圃有权不再向其提供种质资源。

国家中期种质库、种质圃应当定期向国家农作物种质资源委员会办公室上报种质资源发放和利用情况。

第二十六条 各省、自治区、直辖市农业行政主管部门可以根据本办法和本地区实际情况，制定本地区的农作物种质资源发放和利用办法。

第五章 农作物种质资源国际交流

第二十七条 国家对农作物种质资源享有主权，任何单位和个人向境外提供种质资源，应当经所在地省、自治区、直辖市农业行政主管部门审核，报农业部审批。

第二十八条 对外提供农作物种质资源实行分类管理制度，农业部定期修订分类管理目录。

第二十九条 对外提供农作物种质资源按以下程序办理：

（一）对外提供种质资源的单位和个人按规定的格式及要求填写《对外提供农作物种

质资源申请表》（见附件一），提交对外提供种质资源说明，向所在地省、自治区、直辖市农业行政主管部门提出申请。

（二）省、自治区、直辖市农业行政主管部门应当在收到申请材料之日起 10 日内完成审核工作。审核通过的，报农业部审批。

（三）农业部应当在收到审核意见之日起 10 日内完成审批工作。审批通过的，开具《对外提供农作物种质资源准许证》（见附件二），加盖“农业部对外提供农作物种质资源审批专用章”。

（四）对外提供种质资源的单位和个人持《对外提供农作物种质资源准许证》到检疫机关办理检疫审批手续。

（五）《对外提供农作物种质资源准许证》和检疫通关证明作为海关放行依据。

第三十条 对外合作项目中包括农作物种质资源交流的，应当在签订合作协议前，办理对外提供农作物种质资源审批手续。

第三十一条 国家鼓励单位和个人从境外引进农作物种质资源。

第三十二条 从境外引进新物种的，应当进行科学论证，采取有效措施，防止可能造成的生态危害和环境危害。引进前，报经农业部批准，引进后隔离种植 1 个以上生育周期，经评估，证明确实安全和有利用价值的，方可分散种植。

第三十三条 单位和个人从境外引进种质资源，应当依照有关植物检疫法律、行政法规的规定，办理植物检疫手续。引进的种质资源，应当隔离试种，经植物检疫机构检疫，证明确实不带危险性病、虫及杂草的，方可分散种植。

第三十四条 国家实行引种统一登记制度。引种单位和个人应当在引进种质资源入境之日起一年内向国家农作物种质资源委员会办公室申报备案，并附适量种质材料供国家种质库保存。

当事人可以将引种信息和种质资源送交当地农业行政主管部门或者农业科研机构，地方农业行政主管部门或者农业科研机构应当及时向国家农作物种质资源委员会办公室申报备案，并将收到的种质资源送交国家种质库保存。

第三十五条 引进的种质资源，由国家农作物种质资源委员会统一编号和译名，任何单位和个人不得更改国家引种编号和译名。

第六章　农作物种质资源信息管理

第三十六条 国家农作物种质资源委员会办公室应当加强农作物种质资源的信息管理工作，包括种质资源收集、鉴定、保存、利用、国际交流等动态信息，为有关部门提供信息服务，保护国家种质资源信息安全。

第三十七条 负责农作物种质资源收集、鉴定、保存、登记等工作的单位，有义务向国家农作物种质资源委员会办公室提供相关信息，保障种质资源信息共享。

第七章　罚　则

第三十八条　违反本办法规定，未经批准私自采集或者采伐国家重点保护的天然种质资源的，按照《种子法》第六十一条的规定予以处罚。

第三十九条　违反本办法规定，未经批准动用国家长期种质库贮存的种质资源的，对直接负责的主管人员和其他直接责任人员，依法给予行政处分。

第四十条　违反本办法规定，未经批准向境外提供或者从境外引进种质资源的，按照《种子法》第六十三条的规定予以处罚。

第四十一条　违反本办法规定，农业行政主管部门或者农业科研机构未及时将收到的单位或者个人送交的国家未登记的种质资源及境外引进种质资源送交国家种质库保存的，或者引进境外种质资源未申报备案的，由本单位或者上级主管部门责令改正，对直接负责的主管人员和其他直接责任人员，可以依法给予行政处分。

第八章　附　则

第四十二条　中外科学家联合考察的农作物种质资源，对外提供的农作物种质资源，以及从境外引进的农作物种质资源，属于列入国家重点保护野生植物名录的野生种、野生近缘种、濒危稀有种的，除按本办法办理审批手续外，还应按照《野生植物保护条例》、《农业野生植物保护办法》的规定，办理相关审批手续。

第四十三条　本办法自2003年10月1日起施行。1997年3月28日农业部发布的《进出口农作物种子（苗）管理暂行办法》有关种质资源进出口管理的内容同时废止。

农药管理条例

（1997年5月8日中华人民共和国国务院令第216号发布，
根据2001年11月29日《国务院关于修改〈农药管理条例〉的决定》修订）

第一章　总　则

第一条　为了加强对农药生产、经营和使用的监督管理，保证农药质量，保护农业、林业生产和生态环境，维护人畜安全，制定本条例。

第二条　本条例所称农药，是指用于预防、消灭或者控制危害农业、林业的病、虫、草和其他有害生物以及有目的地调节植物、昆虫生长的化学合成或者来源于生物、其他天然物质的一种物质或者几种物质的混合物及其制剂。

前款农药包括用于不同目的、场所的下列各类：

（一）预防、消灭或者控制危害农业、林业的病、虫（包括昆虫、蜱、螨）、草和鼠、软体动物等有害生物的；

（二）预防、消灭或者控制仓储病、虫、鼠和其他有害生物的；

（三）调节植物、昆虫生长的；

（四）用于农业、林业产品防腐或者保鲜的；

（五）预防、消灭或者控制蚊、蝇、蜚蠊、鼠和其他有害生物的；

（六）预防、消灭或者控制危害河流堤坝、铁路、机场、建筑物和其他场所的有害生物的。

第三条　在中华人民共和国境内生产、经营和使用农药的，应当遵守本条例。

第四条　国家鼓励和支持研制、生产和使用安全、高效、经济的农药。

第五条　国务院农业行政主管部门负责全国的农药登记和农药监督管理工作。省、自治区、直辖市人民政府农业行政主管部门协助国务院农业行政主管部门做好本行政区域内的农药登记，并负责本行政区域内的农药监督管理工作。县级人民政府和设区的市、自治州人民政府的农业行政主管部门负责本行政区域内的农药监督管理工作。

县级以上各级人民政府其他有关部门在各自的职责范围内负责有关的农药监督管理工作。

第二章　农药登记

第六条　国家实行农药登记制度。

生产（包括原药生产、制剂加工和分装，下同）农药和进口农药，必须进行登记。

第七条 国内首次生产的农药和首次进口的农药的登记，按照下列三个阶段进行：

（一）田间试验阶段：申请登记的农药，由其研制者提出田间试验申请，经批准，方可进行田间试验；田间试验阶段的农药不得销售。

（二）临时登记阶段：田间试验后，需要进行田间试验示范、试销的农药以及在特殊情况下需要使用的农药，由其生产者申请临时登记，经国务院农业行政主管部门发给农药临时登记证后，方可在规定的范围内进行田间试验示范、试销。

（三）正式登记阶段：经田间试验示范、试销可以作为正式商品流通的农药，由其生产者申请正式登记，经国务院农业行政主管部门发给农药登记证后，方可生产、销售。

农药登记证和农药临时登记证应当规定登记有效期限；登记有效期限届满，需要继续生产或者继续向中国出售农药产品的，应当在登记有效期限届满前申请续展登记。

经正式登记和临时登记的农药，在登记有效期限内改变剂型、含量或者使用范围、使用方法的，应当申请变更登记。

第八条 依照本条例第七条的规定申请农药登记时，其研制者、生产者或者向中国出售农药的外国企业应当向国务院农业行政主管部门或者经由省、自治区、直辖市人民政府农业行政主管部门向国务院农业行政主管部门提供农药样品，并按照国务院农业行政主管部门规定的农药登记要求，提供农药的产品化学、毒理学、药效、残留、环境影响、标签等方面的资料。

国务院农业行政主管部门所属的农药检定机构负责全国的农药具体登记工作。省、自治区、直辖市人民政府农业行政主管部门所属的农药检定机构协助做好本行政区域内的农药具体登记工作。

第九条 国务院农业、林业、工业产品许可管理、卫生、环境保护、粮食部门和全国供销合作总社等部门推荐的农药管理专家和农药技术专家，组成农药登记评审委员会。

农药正式登记的申请资料分别经国务院农业、工业产品许可管理、卫生、环境保护部门和全国供销合作总社审查并签署意见后，由农药登记评审委员会对农药的产品化学、毒理学、药效、残留、环境影响等作出评价。根据农药登记评审委员会的评价，符合条件的，由国务院农业行政主管部门发给农药登记证。

第十条 国家对获得首次登记的、含有新化合物的农药的申请人提交的其自己所取得且未披露的试验数据和其他数据实施保护。

自登记之日起 6 年内，对其他申请人未经已获得登记的申请人同意，使用前款数据申请农药登记的，登记机关不予登记；但是，其他申请人提交其自己所取得的数据的除外。

除下列情况外，登记机关不得披露第一款规定的数据：

（一）公共利益需要；

（二）已采取措施确保该类信息不会被不正当地进行商业使用。

第十一条 生产其他厂家已经登记的相同农药产品的，其生产者应当申请办理农药登记，提供农药样品和本条例第八条规定的资料，由国务院农业行政主管部门发给农药登记证。

第三章　农药生产

第十二条　农药生产应当符合国家农药工业的产业政策。

第十三条　开办农药生产企业（包括联营、设立分厂和非农药生产企业设立农药生产车间），应当具备下列条件，并经企业所在地的省、自治区、直辖市工业产品许可管理部门审核同意后，报国务院工业产品许可管理部门批准；但是，法律、行政法规对企业设立的条件和审核或者批准机关另有规定的，从其规定：

（一）有与其生产的农药相适应的技术人员和技术工人；

（二）有与其生产的农药相适应的厂房、生产设施和卫生环境；

（三）有符合国家劳动安全、卫生标准的设施和相应的劳动安全、卫生管理制度；

（四）有产品质量标准和产品质量保证体系；

（五）所生产的农药是依法取得农药登记的农药；

（六）有符合国家环境保护要求的污染防治设施和措施，并且污染物排放不超过国家和地方规定的排放标准。

农药生产企业经批准后，方可依法向工商行政管理机关申请领取营业执照。

第十四条　国家实行农药生产许可制度。

生产有国家标准或者行业标准的农药的，应当向国务院工业产品许可管理部门申请农药生产许可证。

生产尚未制定国家标准、行业标准但已有企业标准的农药的，应当经省、自治区、直辖市工业产品许可管理部门审核同意后，报国务院工业产品许可管理部门批准，发给农药生产批准文件。

第十五条　农药生产企业应当按照农药产品质量标准、技术规程进行生产，生产记录必须完整、准确。

第十六条　农药产品包装必须贴有标签或者附具说明书。标签应当紧贴或者印制在农药包装物上。标签或者说明书上应当注明农药名称、企业名称、产品批号和农药登记证号或者农药临时登记证号、农药生产许可证号或者农药生产批准文件号以及农药的有效成分、含量、重量、产品性能、毒性、用途、使用技术、使用方法、生产日期、有效期和注意事项等；农药分装的，还应当注明分装单位。

第十七条　农药产品出厂前，应当经过质量检验并附具产品质量检验合格证；不符合产品质量标准的，不得出厂。

第四章　农药经营

第十八条　下列单位可以经营农药：

（一）供销合作社的农业生产资料经营单位；

（二）植物保护站；

（三）土壤肥料站；

（四）农业、林业技术推广机构；

（五）森林病虫害防治机构；

（六）农药生产企业；

（七）国务院规定的其他经营单位。

经营的农药属于化学危险物品的，应当按照国家有关规定办理经营许可证。

第十九条 农药经营单位应当具备下列条件和有关法律、行政法规规定的条件，并依法向工商行政管理机关申请领取营业执照后，方可经营农药：

（一）有与其经营的农药相适应的技术人员；

（二）有与其经营的农药相适应的营业场所、设备、仓储设施、安全防护措施和环境污染防治设施、措施；

（三）有与其经营的农药相适应的规章制度；

（四）有与其经营的农药相适应的质量管理制度和管理手段。

第二十条 农药经营单位购进农药，应当将农药产品与产品标签或者说明书、产品质量合格证核对无误，并进行质量检验。

禁止收购、销售无农药登记证或者农药临时登记证、无农药生产许可证或者农药生产批准文件、无产品质量标准和产品质量合格证和检验不合格的农药。

第二十一条 农药经营单位应当按照国家有关规定做好农药储备工作。

储存农药应当建立和执行仓储保管制度，确保农药产品的质量和安全。

第二十二条 农药经营单位销售农药，必须保证质量，农药产品与产品标签或者说明书、产品质量合格证应当核对无误。

农药经营单位应当向使用农药的单位和个人正确说明农药的用途、使用方法、用量、中毒急救措施和注意事项。

第二十三条 超过产品质量保证期限的农药产品，经省级以上人民政府农业行政主管部门所属的农药检定机构检验，符合标准的，可以在规定期限内销售；但是，必须注明“过期农药”字样，并附具使用方法和用量。

第五章 农药使用

第二十四条 县级以上各级人民政府农业行政主管部门应当根据“预防为主，综合防治”的植保方针，组织推广安全、高效农药，开展培训活动，提高农民施药技术水平，并做好病虫害预测预报工作。

第二十五条 县级以上地方各级人民政府农业行政主管部门应当加强对安全、合理使用农药的指导，根据本地区农业病、虫、草、鼠害发生情况，制定农药轮换使用规划，有计划地轮换使用农药，减缓病、虫、草、鼠的抗药性，提高防治效果。

第二十六条 使用农药应当遵守农药防毒规程，正确配药、施药，做好废弃物处理和安全防护工作，防止农药污染环境和农药中毒事故。

第二十七条 使用农药应当遵守国家有关农药安全、合理使用的规定，按照规定的用药量、用药次数、用药方法和安全间隔期施药，防止污染农副产品。

剧毒、高毒农药不得用于防治卫生害虫，不得用于蔬菜、瓜果、茶叶和中草药材。

第二十八条 使用农药应当注意保护环境、有益生物和珍稀物种。

严禁用农药毒鱼、虾、鸟、兽等。

第二十九条 林业、粮食、卫生行政部门应当加强对林业、储粮、卫生用农药的安全、合理使用的指导。

第六章 其他规定

第三十条 任何单位和个人不得生产未取得农药生产许可证或者农药生产批准文件的农药。

任何单位和个人不得生产、经营、进口或者使用未取得农药登记证或者农药临时登记证的农药。

进口农药应当遵守国家有关规定，货主或者其代理人应当向海关出示其取得的中国农药登记证或者农药临时登记证。

第三十一条 禁止生产、经营和使用假农药。

下列农药为假农药：

（一）以非农药冒充农药或者以此种农药冒充他种农药的；

（二）所含有效成分的种类、名称与产品标签或者说明书上注明的农药有效成分的种类、名称不符的。

第三十二条 禁止生产、经营和使用劣质农药。

下列农药为劣质农药：

（一）不符合农药产品质量标准的；

（二）失去使用效能的；

（三）混有导致药害等有害成分的。

第三十三条 禁止经营产品包装上未附标签或者标签残缺不清的农药。

第三十四条 未经登记的农药，禁止刊登、播放、设置、张贴广告。

农药广告内容必须与农药登记的内容一致，并依照广告法和国家有关农药广告管理的规定接受审查。

第三十五条 经登记的农药，在登记有效期内发现对农业、林业、人畜安全、生态环境有严重危害的，经农药登记评审委员会审议，由国务院农业行政主管部门宣布限制使用或者撤销登记。

第三十六条 任何单位和个人不得生产、经营和使用国家明令禁止生产或者撤销登记的农药。

第三十七条 县级以上各级人民政府有关部门应当做好农副产品中农药残留量的检测工作，并公布检测结果。

第三十八条 禁止销售农药残留量超过标准的农副产品。

第三十九条 处理假农药、劣质农药、过期报废农药、禁用农药、废弃农药包装和其他含农药的废弃物，必须严格遵守环境保护法律、法规的有关规定，防止污染环境。

第七章 罚 则

第四十条 有下列行为之一的，依照刑法关于非法经营罪或者危险物品肇事罪的规定，依法追究刑事责任；尚不够刑事处罚的，由农业行政主管部门按照以下规定给予处罚：

（一）未取得农药登记证或者农药临时登记证，擅自生产、经营农药的，或者生产、经营已撤销登记的农药的，责令停止生产、经营，没收违法所得，并处违法所得 1 倍以上 10 倍以下的罚款；没有违法所得的，并处 10 万元以下的罚款；

（二）农药登记证或者农药临时登记证有效期限届满未办理续展登记，擅自继续生产该农药的，责令限期补办续展手续，没收违法所得，可以并处违法所得 5 倍以下的罚款；没有违法所得的，可以并处 5 万元以下的罚款；逾期不补办的，由原发证机关责令停止生产、经营，吊销农药登记证或者农药临时登记证；

（三）生产、经营产品包装上未附标签、标签残缺不清或者擅自修改标签内容的农药产品的，给予警告，没收违法所得，可以并处违法所得 3 倍以下的罚款；没有违法所得的，可以并处 3 万元以下的罚款；

（四）不按照国家有关农药安全使用的规定使用农药的，根据所造成的危害后果，给予警告，可以并处 3 万元以下的罚款。

第四十一条 有下列行为之一的，由省级以上人民政府工业产品许可管理部门按照以下规定给予处罚：

（一）未经批准，擅自开办农药生产企业的，或者未取得农药生产许可证或者农药生产批准文件，擅自生产农药的，责令停止生产，没收违法所得，并处违法所得 1 倍以上 10 倍以下的罚款；没有违法所得的，并处 10 万元以下的罚款；

（二）未按照农药生产许可证或者农药生产批准文件的规定，擅自生产农药的，责令停止生产，没收违法所得，并处违法所得 1 倍以上 5 倍以下的罚款；没有违法所得的，并处 5 万元以下的罚款；情节严重的，由原发证机关吊销农药生产许可证或者农药生产批准文件。

第四十二条 假冒、伪造或者转让农药登记证或者农药临时登记证、农药登记证号或者农药临时登记证号、农药生产许可证或者农药生产批准文件、农药生产许可证号或者农药生产批准文件号的，依照刑法关于非法经营罪或者伪造、变造、买卖国家机关公文、证件、印章罪的规定，依法追究刑事责任；尚不够刑事处罚的，由农业行政主管部门收缴或者吊销农药登记证或者农药临时登记证，由工业产品许可管理部门收缴或者吊销农药生产许可证或者农药生产批准文件，由农业行政主管部门或者工业产品许可管理部门没收违法所得，可以并处违法所得 10 倍以下的罚款；没有违法所得的，可以并处 10 万元以下的罚款。

第四十三条 生产、经营假农药、劣质农药的，依照刑法关于生产、销售伪劣产品罪或者生产、销售伪劣农药罪的规定，依法追究刑事责任；尚不够刑事处罚的，由农业行政主管部门或者法律、行政法规规定的其他有关部门没收假农药、劣质农药和违法所得，并处违法所得 1 倍以上 10 倍以下的罚款；没有违法所得的，并处 10 万元以下的罚款；情节严重的，由农业行政主管部门吊销农药登记证或者农药临时登记证，由工业产品许可管理部门吊销农药生产许可证或者农药生产批准文件。

第四十四条 违反工商行政管理法律、法规，生产、经营农药的，或者违反农药广告管理规定的，依照刑法关于非法经营罪或者虚假广告罪的规定，依法追究刑事责任；尚不够刑事处罚的，由工商行政管理机关依照有关法律、法规的规定给予处罚。

第四十五条 违反本条例规定，造成农药中毒、环境污染、药害等事故或者其他经济损失的，应当依法赔偿。

第四十六条 违反本条例规定，在生产、储存、运输、使用农药过程中发生重大事故的，对直接负责的主管人员和其他直接责任人员，依照刑法关于危险物品肇事罪的规定，依法追究刑事责任；尚不够刑事处罚的，依法给予行政处分。

第四十七条 农药管理工作人员滥用职权、玩忽职守、徇私舞弊、索贿受贿的，依照刑法关于滥用职权罪、玩忽职守罪或者受贿罪的规定，依法追究刑事责任；尚不够刑事处罚的，依法给予行政处分。

第八章 附 则

第四十八条 中华人民共和国缔结或者参加的与农药有关的国际条约与本条例有不同规定的，适用国际条约的规定；但是，中华人民共和国声明保留的条款除外。

第四十九条 本条例自 1997 年 5 月 8 日起施行。

农药限制使用管理规定

（2002年6月28日，农业部令第17号公布）

第一章 总 则

第一条 为了做好农药限制使用管理工作，根据《农药管理条例》制定本规定。

第二条 农药限制使用是在一定时期和区域内，为避免农药对人畜安全、农产品卫生质量、防治效果和环境安全造成一定程度的不良影响而采取的管理措施。

第三条 农药限制使用要综合考虑农药资源、农药产品结构调整、农产品卫生质量等因素，坚持从本地实际需要出发的原则。

第四条 农业部负责全国农药限制使用管理工作。

省、自治区、直辖市人民政府农业行政主管部门负责本行政区域内的农药限制使用管理工作。

第二章 农药限制使用的申请

第五条 申请限制使用的农药，应是已在需要限制使用的作物或防治对象上取得登记，其农药登记证或农药临时登记证在有效期限内，并具备下列情形之一：

（一）影响农产品卫生质量；

（二）因产生抗药性引起对某种防治对象防治效果严重下降的；

（三）因农药长残效，造成农作物药害和环境污染的；

（四）对其他产业有严重影响的。

第六条 各省、自治区、直辖市在本辖区内全部作物或某一（类）作物或某一防治对象上全面限制使用某种农药，或者在本辖区内部分地区限制使用某种农药的，应由省、自治区、直辖市人民政府农业行政主管部门向农业部提出申请。

第七条 申请农药限制使用应提供以下资料：

（一）填写《农药限制使用申请表》（附件）；

（二）农药限制使用的申请报告应当包括本地区作物布局、替代农药品种、配套技术以及农民接受程度和成本效益分析；

（三）由于使用某种农药影响农产品卫生质量的，需提供相关数据和有关部门的证明材料；

（四）由于长残效农药在土壤积累造成农作物药害的，需提供有关技术部门出具的研究报告；

（五）由于农药抗药性造成对某种防治对象防治效果严重下降的，需提供抗药性监测报告和必要的田间药效试验报告；

（六）农药限制使用的其他技术材料。

第三章　农药限制使用的审查、批准和发布

第八条　农业部收到农药限制使用申请后，应组织召开农药登记评审委员会主任委员扩大会议审议，审查、核实申报材料，提出综合评价意见。

农药登记评审委员会可视情况，组织专家对申请农药限制使用进行实地考察。

第九条　农药登记评审委员会提出综合评价意见前，应邀请相关农药生产企业召开听证会。

第十条　农业部根据综合评价意见审批农药限制使用申请，并及时公告限制使用的农药种类、区域和年限。

第十一条　对农药限制使用申请，农业部应在收到申请之日起 3 个月内给予答复。

第四章　附　则

第十二条　经一段时间的限制使用后，有害生物对限制使用农药的抗药性已有下降，能恢复到理想的防治效果的，可以申请停止限制使用。申报和审查批准程序适用第二章、第三章的规定。

第十三条　地方各级人民政府农业行政主管部门不得制定和发布有关农药禁止、限制使用或市场准入的管理办法和制度，不得违反本规定发布农药限制使用的规定。

第十四条　本规定自 2002 年 8 月 1 日起生效。

附件

农药限制使用申请表

限用农药名称：
限用作物、区域：
限用理由：
附件：
申请人： 主管领导签字： 年　　月　　日（公章）

兽药管理条例
（环保有关规定摘录）

（1987年5月21日国务院发布，根据2001年11月29日
《国务院关于修改〈兽药管理条例〉的决定》修订）

第一条 为加强兽药的监督管理，保证兽药质量，有效防治畜禽等动物疾病，促进畜牧业的发展和维护人体健康，特制定本条例。

第二条 兽药的生产、经营和使用，必须保证质量，确保安全有效。

第三条 国务院畜牧兽医行政管理部门主管全国的兽药管理工作，县级以上地方人民政府畜牧兽医行政管理部门主管所辖地区的兽药管理工作。

第四条 凡从事兽药生产、经营和使用者，应当遵守本条例的规定。

第五条 兽药生产企业必须具备以下条件：

（一）具有与所生产的兽药相适应的工程师、兽医师以上技术职务的技术人员及技术工人；

（二）具有与所生产的兽药相适应的厂房、设施和卫生环境；

（三）具有符合国家劳动安全、卫生标准的设施及条件；

（四）具有质量检验机构和专职检验人员及必要的仪器设备；

（五）非专门生产兽药的企业兼产兽药者，必须有单独的兽药生产区。

第二十二条 国家鼓励研究、创制新兽药。

研制新兽药，必须向国务院畜牧兽医行政管理部门报送研制方法、生产工艺、质量标准、药理、毒理、临床试验报告、对环境影响的报告书及污染防治措施等有关资料和新兽药样品。新兽药经国家兽药监察机构进行复核、鉴定，证明安全有效，由国务院畜牧兽医行政管理部门审核批准，列为国家标准或者行业标准，发给《新兽药证书》。无《新兽药证书》的，不得列为正式科研成果或者进行技术转让。

第二十六条 我国首次进口外国企业生产、经营的某种兽药时，出售兽药的外国企业还必须向国务院畜牧兽医行政管理部门申请检验、登记，并提供该兽药的质量标准、检验方法、药理和毒理试验结果、临床试验报告、使用说明书等资料和出口国（地区）批准生产或者销售的证明文件，经检验、审查，证明安全有效，发给《进口兽药登记许可证》。

第二十九条 禁止生产、经营假兽药。有下列情形之一的为假兽药：

（一）以非兽药冒充兽药的；

（二）兽药所含成分的种类、名称与国家标准、行业标准或者地方标准不符合的。

禁止生产、经营有下列情形之一的兽药：

（一）未取得批准文号的；

（二）国务院畜牧兽医行政管理部门明文规定禁止使用的。

第三十条 禁止生产、经营劣兽药。有下列情形之一的兽药为劣兽药：

（一）兽药成分含量与国家标准、行业标准或者地方标准规定不符合的；

（二）超过有效期的；

（三）因变质不能药用的；

（四）因被污染不能药用的；

（五）其他与兽药标准规定不符合，但不属于假兽药的。

第四十二条 对生产、经营假兽药或者违反本条例第二十九条第二款规定的，依照刑法关于生产、销售伪劣产品罪或者生产、销售伪劣兽药罪的规定，依法追究刑事责任；尚不够刑事处罚的，责令其停止生产、经营该兽药，没收其药物和违法所得，处以违法所得 1 倍以上 5 倍以下的罚款；并可以责令该企业停产、停业整顿或者吊销《兽药生产许可证》、《兽药经营许可证》、《兽药制剂许可证》。

第四十三条 对生产、经营劣兽药的，依照刑法关于生产、销售伪劣产品罪或者生产、销售伪劣兽药罪的规定，依法追究刑事责任；尚不够刑事处罚的，责令其停止生产、经营该兽药，没收其药物和违法所得，处以违法所得 1 倍以上 5 倍以下的罚款；情节和后果严重的，并可以责令该企业停产、停业整顿或者吊销《兽药生产许可证》、《兽药经营许可证》、《兽药制剂许可证》。

第四十四条 未取得《兽药生产许可证》、《兽药经营许可证》、《兽药制剂许可证》，擅自生产、经营兽药或者配制兽药制剂的，依照刑法关于非法经营罪的规定，依法追究刑事责任；尚不够刑事处罚的，责令其停产、停业或者停止配制兽药制剂，没收全部兽药和违法所得，可以并处违法所得 1 倍以上 5 倍以下的罚款。

第四十五条 违反本条例关于兽药进口有关规定的，依照刑法关于非法经营罪的规定，依法追究刑事责任；尚不够刑事处罚的，根据情节轻重，予以警告或者没收该兽药；擅自销售的，没收违法所得，并处以违法所得 1 倍以上 5 倍以下的罚款。

第四十六条 未按照国家有关兽药安全使用规定使用兽药的，予以警告，可以并处 3 万元以下的罚款。

使用假兽药、劣兽药和其他禁止使用的兽药的，责令其停止使用，没收其药物，可以并处 1 万元以上 5 万元以下的罚款。

第四十七条 本条例规定的行政处罚，由县级以上人民政府畜牧兽医行政管理部门决定。但是，违反本条例第十六条和第七章规定应当予以行政处罚的；根据本条例第四十五条的规定应当没收违法所得和处以罚款的；在兽药的生产或者经营中违反《工业产品质量责任条例》有关规定，应当没收违法所得和处以罚款的，由工商行政管理机关决定，畜牧兽医行政管理部门协助查处。

罚款和没收的违法所得一律上缴国库。没收的假、劣药物以及国家明文规定禁止使用的其他药物，由畜牧兽医行政管理部门负责销毁。

第四十八条 当事人不服行政处罚决定的，可以在接到处罚决定通知之日起 15 天内向人民法院起诉。但是，对畜牧兽医行政管理部门作出的兽药控制的决定，当事人必须执行。对处罚决定不履行，期满又不起诉的，由作出行政处罚决定的机关申请人民法院强制执行。

第四十九条 违反本条例规定，造成中毒事故或者对畜禽等动物造成其他危害后果的，致害单位或者个人应当承担赔偿责任。受害的一方可以请求县级以上人民政府畜牧兽医行政管理部门处理。当事人对处理决定不服的，可以在接到通知之日起 15 天内向人民法院起诉。

受害的一方也可以直接向人民法院起诉。

赔偿的请求，应当从受害一方知道或者应当知道其权利被侵害之日起 1 年内提出；超过期限的，不予受理。

第九章 附 则

第五十条 本条例下列用语的含义是：

（一）畜禽等动物：指家畜、家禽、鱼类、蜜蜂、蚕及其他人工饲养的动物。

（二）兽药：指用于预防、治疗、诊断畜禽等动物疾病，有目的地调节其生理机能并规定作用、用途、用法、用量的物质（含饲料药物添加剂）。包括：

1．血清、菌（疫）苗、诊断液等生物制品；

2．兽用的中药材、中成药、化学原料药及其制剂；

3．抗生素、生化药品、放射性药品。

（三）新兽药：指我国新研制出的兽药原料药品。

（四）兽药新制剂：指用兽药原料药品新研制、加工出的兽药制剂。

第五十一条 本条例自 1988 年 1 月 1 日起施行，国务院 1980 年 8 月 26 日批转的《兽药管理暂行条例》同时废止。

饲料和饲料添加剂管理条例
（环保有关规定摘录）

（1999年5月29日中华人民共和国国务院令第266号发布，
根据2001年11月29日《国务院关于修改
〈饲料和饲料添加剂管理条例〉的决定》修订）

第一章　总　则

第一条　为了加强对饲料、饲料添加剂的管理，提高饲料、饲料添加剂的质量，促进饲料工业和养殖业的发展，维护人民身体健康，制定本条例。

第二条　本条例所称饲料，是指经工业化加工、制作的供动物食用的饲料，包括单一饲料、添加剂预混合饲料、浓缩饲料、配合饲料和精料补充料。

本条例所称饲料添加剂，是指在饲料加工、制作、使用过程中添加的少量或者微量物质，包括营养性饲料添加剂和一般饲料添加剂。饲料添加剂的品种目录由国务院农业行政主管部门制定并公布。

第三条　国务院农业行政主管部门负责全国饲料、饲料添加剂的管理工作。

县级以上地方人民政府负责饲料、饲料添加剂管理的部门（以下简称饲料管理部门），负责本行政区域内的饲料、饲料添加剂的管理工作。

第二章　审定与进口管理

第四条　国家鼓励研究、创制新饲料、新饲料添加剂。

新研制的饲料、饲料添加剂，在投入生产前，研制者、生产者（以下简称申请人）必须向国务院农业行政主管部门提出新产品审定申请，经国务院农业行政主管部门指定的机构检测和饲喂试验后，由全国饲料评审委员会根据检测和饲喂试验结果，对该新产品的安全性、有效性及其对环境的影响进行评审；评审合格的，由国务院农业行政主管部门发给新饲料、新饲料添加剂证书，并予以公布。

全国饲料评审委员会由养殖、饲料加工、动物营养、毒理、药理、代谢、卫生、化工合成、生物技术、质量标准和环境保护等方面的专家组成。

第五条　申请人提出饲料、饲料添加剂新产品审定申请时，除应当提供新产品的样品外，还应当提供下列资料：

（一）该新产品的名称、主要成分和理化性质；

（二）该新产品的研制方法、生产工艺、质量标准和检测方法；

（三）该新产品的饲喂效果、残留消解动态和毒理；

（四）环境影响报告和污染防治措施。

第六条 国务院农业行政主管部门公布的新饲料、新饲料添加剂的产品质量标准，为行业标准；需要制定国家标准的，依照标准化法的有关规定办理。

第七条 首次进口饲料、饲料添加剂的，应当向国务院农业行政主管部门申请登记，并提供该饲料、饲料添加剂的样品和下列资料：

（一）商标、标签和推广应用情况；

（二）生产国批准生产、销售的证明和生产国以外的其他国家的登记资料；

（三）本条例第五条规定的资料。

前款饲料、饲料添加剂经审查确认安全、有效、不污染环境的，由国务院农业行政主管部门颁发产品登记证。

第三章　生产、经营和使用管理

第九条 设立饲料、饲料添加剂生产企业，除应当符合有关法律、行政法规规定的企业设立条件外，还应当具备下列条件：

（一）有与生产饲料、饲料添加剂相适应的厂房、设备、工艺及仓储设施；

（二）有与生产饲料、饲料添加剂相适应的专职技术人员；

（三）有必要的产品质量检验机构、检验人员和检验设施；

（四）生产环境符合国家规定的安全、卫生要求；

（五）污染防治措施符合国家环境保护要求。

经国务院农业行政主管部门或者省、自治区、直辖市人民政府饲料管理部门按照权限审查，符合前款规定条件的，方可办理企业登记手续。

第二十条 饲料、饲料添加剂在使用过程中，证实对饲养动物、人体健康和环境有害的，由国务院农业行政主管部门决定限用、停用或者禁用，并予以公布。

第四章　罚　则

第二十四条 违反本条例规定，未取得生产许可证，生产饲料添加剂、添加剂预混合饲料的，由县级以上地方人民政府饲料管理部门责令停止生产，没收违法生产的产品和违法所得，并处违法所得 1 倍以上 5 倍以下的罚款；对已取得生产许可证，但未取得产品批准文号的，责令停止生产，并限期补办产品批准文号。

第二十五条 违反本条例规定，经营未附具产品质量检验合格证和产品标签以及无生产许可证、批准文号、产品质量标准的饲料、饲料添加剂的，由县级以上地方人民政府饲料管理部门责令停止经营，没收违法经营的产品和违法所得，可以并处违法所得 1 倍以下的罚款。

第二十六条 饲料、饲料添加剂的包装不符合本条例第十四条的规定，或者附具的标签不符合本条例第十五条的规定的，由县级以上地方人民政府饲料管理部门责令限期改正；逾期不改正的，责令停止销售，可以处违法所得1倍以下的罚款。

第二十七条 不具备本条例第十六条规定的条件，经营饲料、饲料添加剂的，由县级以上地方人民政府饲料管理部门责令限期改正；逾期不改正的，责令停止经营，没收违法所得，可以并处违法所得1倍以上3倍以下的罚款。

第二十八条 违反本条例规定，生产、经营已经停用、禁用或者淘汰以及未经审定公布的饲料、饲料添加剂的，依照刑法关于非法经营罪的规定，依法追究刑事责任；尚不够刑事处罚的，由县级以上地方人民政府饲料管理部门责令停止生产、经营，没收违法生产、经营的产品和违法所得，并处违法所得1倍以上5倍以下的罚款。

第二十九条 违反本条例规定，不按照国务院农业行政主管部门的规定使用饲料添加剂的，由县级以上地方人民政府饲料管理部门责令立即改正，可以处3万元以下的罚款。

使用本条例第十八条规定的饲料、饲料添加剂，或者在饲料和动物饮用水中添加激素类药品和国务院农业行政主管部门规定的其他禁用药品的，由县级以上地方人民政府饲料管理部门没收违禁药品，可以并处1万元以上5万元以下的罚款。

第三十条 违反本条例规定，有下列行为之一的，依照刑法关于生产、销售伪劣产品罪的规定，依法追究刑事责任；尚不够刑事处罚的，由县级以上地方人民政府饲料管理部门责令停止生产、经营，没收违法生产、经营的产品和违法所得，并处违法所得1倍以上5倍以下的罚款；情节严重的，并由国务院农业行政主管部门吊销生产许可证：

（一）在生产、经营过程中，以非饲料、非饲料添加剂冒充饲料、饲料添加剂或者以此种饲料、饲料添加剂冒充他种饲料、饲料添加剂的；

（二）生产、经营的饲料、饲料添加剂所含成分的种类、名称与产品标签上注明的成分的种类、名称不符的；

（三）生产、经营的饲料、饲料添加剂不符合饲料、饲料添加剂产品质量标准的；

（四）经营的饲料、饲料添加剂失效、霉变或者超过保质期的。

第三十一条 经营未经国务院农业行政主管部门登记的进口饲料、进口饲料添加剂的，依照刑法关于非法经营罪的规定，依法追究刑事责任；尚不够刑事处罚的，由县级以上地方人民政府饲料管理部门责令立即停止经营，没收未售出的产品和违法所得，并处违法所得1倍以上5倍以下的罚款。

第三十二条 假冒、伪造或者买卖饲料添加剂、添加剂预混合饲料生产许可证、产品批准文号或者产品登记证的，依照刑法关于非法经营罪或者伪造、变造、买卖国家机关公文、证件、印章罪的规定，依法追究刑事责任；尚不够刑事处罚的，由国务院农业行政主管部门或者省、自治区、直辖市人民政府饲料管理部门按照职责权限收缴或者吊销生产许可证、产品批准文号或者产品登记证，没收违法所得，并处违法所得1倍以上5倍以下的罚款。

第五章　附　则

第三十三条　本条例下列用语的含义：

（一）营养性饲料添加剂，是指用于补充饲料营养成分的少量或者微量物质，包括饲料级氨基酸、维生素、矿物质微量元素、酶制剂、非蛋白氮等。

（二）一般饲料添加剂，是指为保证或者改善饲料品质、提高饲料利用率而掺入饲料中的少量或者微量物质。

（三）药物饲料添加剂，是指为预防、治疗动物疾病而掺入载体或者稀释剂的兽药的预混物，包括抗球虫药类、驱虫剂类、抑菌促生长类等。

第三十四条　药物饲料添加剂的管理，依照《兽药管理条例》的规定执行。

第三十五条　本条例自发布之日起施行。

无公害农产品管理办法

（2002 年 4 月 29 日，农业部、国家质量监督检验检疫总局令第 12 号公布）

第一章　总　则

第一条　为加强对无公害农产品的管理，维护消费者权益，提高农产品质量，保护农业生态环境，促进农业可持续发展，制定本办法。

第二条　本办法所称无公害农产品，是指产地环境、生产过程和产品质量符合国家有关标准和规范的要求，经认证合格获得认证证书并允许使用无公害农产品标志的未经加工或者初加工的食用农产品。

第三条　无公害农产品管理工作，由政府推动，并实行产地认定和产品认证的工作模式。

第四条　在中华人民共和国境内从事无公害农产品生产、产地认定、产品认证和监督管理等活动，适用本办法。

第五条　全国无公害农产品的管理及质量监督工作，由农业部门、国家质量监督检验检疫部门和国家认证认可监督管理委员会按照“三定”方案赋予的职责和国务院的有关规定，分工负责，共同做好工作。

第六条　各级农业行政主管部门和质量监督检验检疫部门应当在政策、资金、技术等方面扶持无公害农产品的发展，组织无公害农产品新技术的研究、开发和推广。

第七条　国家鼓励生产单位和个人申请无公害农产品产地认定和产品认证。

实施无公害农产品认证的产品范围由农业部、国家认证认可监督管理委员会共同确定、调整。

第八条　国家适时推行强制性无公害农产品认证制度。

第二章　产地条件与生产管理

第九条　无公害农产品产地应当符合下列条件：

（一）产地环境符合无公害农产品产地环境的标准要求；

（二）区域范围明确；

（三）具备一定的生产规模。

第十条　无公害农产品的生产管理应当符合下列条件：

（一）生产过程符合无公害农产品生产技术的标准要求；

（二）有相应的专业技术和管理人员；

（三）有完善的质量控制措施，并有完整的生产和销售记录档案。

第十一条 从事无公害农产品生产的单位或者个人，应当严格按规定使用农业投入品。禁止使用国家禁用、淘汰的农业投入品。

第十二条 无公害农产品产地应当树立标示牌，标明范围、产品品种、责任人。

第三章 产地认定

第十三条 省级农业行政主管部门根据本办法的规定负责组织实施本辖区内无公害农产品产地的认定工作。

第十四条 申请无公害农产品产地认定的单位或者个人（以下简称申请人），应当向县级农业行政主管部门提交书面申请，书面申请应当包括以下内容：

（一）申请人的姓名（名称）、地址、电话号码；

（二）产地的区域范围、生产规模；

（三）无公害农产品生产计划；

（四）产地环境说明；

（五）无公害农产品质量控制措施；

（六）有关专业技术和管理人员的资质证明材料；

（七）保证执行无公害农产品标准和规范的声明；

（八）其他有关材料。

第十五条 县级农业行政主管部门自收到申请之日起，在 10 个工作日内完成对申请材料的初审工作。

申请材料初审不符合要求的，应当书面通知申请人。

第十六条 申请材料初审符合要求的，县级农业行政主管部门应当逐级将推荐意见和有关材料上报省级农业行政主管部门。

第十七条 省级农业行政主管部门自收到推荐意见和有关材料之日起，在 10 个工作日内完成对有关材料的审核工作，符合要求的，组织有关人员对产地环境、区域范围、生产规模、质量控制措施、生产计划等进行现场检查。

现场检查不符合要求的，应当书面通知申请人。

第十八条 现场检查符合要求的，应当通知申请人委托具有资质资格的检测机构，对产地环境进行检测。

承担产地环境检测任务的机构，根据检测结果出具产地环境检测报告。

第十九条 省级农业行政主管部门对材料审核、现场检查和产地环境检测结果符合要求的，应当自收到现场检查报告和产地环境检测报告之日起，30 个工作日内颁发无公害农产品产地认定证书，并报农业部和国家认证认可监督管理委员会备案。

不符合要求的，应当书面通知申请人。

第二十条 无公害农产品产地认定证书有效期为 3 年。期满需要继续使用的，应当在有效期满 90 日前按照本办法规定的无公害农产品产地认定程序，重新办理。

第四章　无公害农产品认证

第二十一条　无公害农产品的认证机构，由国家认证认可监督管理委员会审批，并获得国家认证认可监督管理委员会授权的认可机构的资格认可后，方可从事无公害农产品认证活动。

第二十二条　申请无公害产品认证的单位或者个人（以下简称申请人），应当向认证机构提交书面申请，书面申请应当包括以下内容：

（一）申请人的姓名（名称）、地址、电话号码；

（二）产品品种、产地的区域范围和生产规模；

（三）无公害农产品生产计划；

（四）产地环境说明；

（五）无公害农产品质量控制措施；

（六）有关专业技术和管理人员的资质证明材料；

（七）保证执行无公害农产品标准和规范的声明；

（八）无公害农产品产地认定证书；

（九）生产过程记录档案；

（十）认证机构要求提交的其他材料。

第二十三条　认证机构自收到无公害农产品认证申请之日起，应当在 15 个工作日内完成对申请材料的审核。

材料审核不符合要求的，应当书面通知申请人。

第二十四条　符合要求的，认证机构可以根据需要派员对产地环境、区域范围、生产规模、质量控制措施、生产计划、标准和规范的执行情况等进行现场检查。

现场检查不符合要求的，应当书面通知申请人。

第二十五条　材料审核符合要求的、或者材料审核和现场检查符合要求的（限于需要对现场进行检查时），认证机构应当通知申请人委托具有资质资格的检测机构对产品进行检测。承担产品检测任务的机构，根据检测结果出具产品检测报告。

第二十六条　认证机构对材料审核、现场检查（限于需要对现场进行检查时）和产品检测结果符合要求的，应当在自收到现场检查报告和产品检测报告之日起，30 个工作日内颁发无公害农产品认证证书。

不符合要求的，应当书面通知申请人。

第二十七条　认证机构应当自颁发无公害农产品认证证书后 30 个工作日内，将其颁发的认证证书副本同时报农业部和国家认证认可监督管理委员会备案，由农业部和国家认证认可监督管理委员会公告。

第二十八条　无公害农产品认证证书有效期为 3 年。期满需要继续使用的，应当在有效期满 90 日前按照本办法规定的无公害农产品认证程序，重新办理。

在有效期内生产无公害农产品认证证书以外的产品品种的，应当向原无公害农产品认证机构办理认证证书的变更手续。

第二十九条 无公害农产品产地认定证书、产品认证证书格式由农业部、国家认证认可监督管理委员会规定。

第五章 标志管理

第三十条 农业部和国家认证认可监督管理委员会制定并发布《无公害农产品标志管理办法》。

第三十一条 无公害农产品标志应当在认证的品种、数量等范围内使用。

第三十二条 获得无公害农产品认证证书的单位或者个人，可以在证书规定的产品、包装、标签、广告、说明书上使用无公害农产品标志。

第六章 监督管理

第三十三条 农业部、国家质量监督检验检疫总局、国家认证认可监督管理委员会和国务院有关部门根据职责分工依法组织对无公害农产品的生产、销售和无公害农产品标志使用等活动进行监督管理。

（一）查阅或者要求生产者、销售者提供有关材料；

（二）对无公害农产品产地认定工作进行监督；

（三）对无公害农产品认证机构的认证工作进行监督；

（四）对无公害农产品的检测机构的检测工作进行检查；

（五）对使用无公害农产品标志的产品进行检查、检验和鉴定；

（六）必要时对无公害农产品经营场所进行检查。

第三十四条 认证机构对获得认证的产品进行跟踪检查，受理有关的投诉、申诉工作。

第三十五条 任何单位和个人不得伪造、冒用、转让、买卖无公害农产品产地认定证书、产品认证证书和标志。

第七章 罚　则

第三十六条 获得无公害农产品产地认定证书的单位或者个人违反本办法，有下列情形之一的，由省级农业行政主管部门予以警告，并责令限期改正；逾期未改正的，撤销其无公害农产品产地认定证书：

（一）无公害农产品产地被污染或者产地环境达不到标准要求的；

（二）无公害农产品产地使用的农业投入品不符合无公害农产品相关标准要求的；

（三）擅自扩大无公害农产品产地范围的。

第三十七条 违反本办法第三十五条规定的，由县级以上农业行政主管部门和各地质量监督检验检疫部门根据各自的职责分工责令其停止，并可处以违法所得 1 倍以上 3 倍以下的罚款，但最高罚款不得超过 3 万元；没有违法所得的，可以处 1 万元以下的罚款。

第三十八条 获得无公害农产品认证并加贴标志的产品，经检查、检测、鉴定，不符合无公害农产品质量标准要求的，由县级以上农业行政主管部门或者各地质量监督检验检疫部门责令停止使用无公害农产品标志，由认证机构暂停或者撤销认证证书。

第三十九条 从事无公害农产品管理的工作人员滥用职权、徇私舞弊、玩忽职守的，由所在单位或者所在单位的上级行政主管部门给予行政处分；构成犯罪的，依法追究刑事责任。

第八章 附 则

第四十条 从事无公害农产品的产地认定的部门和产品认证的机构不得收取费用。检测机构的检测、无公害农产品标志按国家规定收取费用。

第四十一条 本办法由农业部、国家质量监督检验检疫总局和国家认证认可监督管理委员会负责解释。

第四十二条 本办法自发布之日起施行。

无公害农产品标志管理规定

（国家质监总局办公厅2001年7月27日发布）

第一条　为了加强农产品质量安全管理，保障人民身体健康，维护生产者、经营者和消费者的合法权益，促进无公害农产品产业的健康发展，根据《中华人民共和国标准化法》及《中华人民共和国标准化法实施条例》的规定，制定本规定。

第二条　无公害农产品是指其安全质量符合有关强制性国家标准及法律、法规规定的农产品及初加工品。

无公害农产品标志是指农产品安全质量符合前款要求并按照本办法取得的专用证明。

第三条　凡生产、经销农产品的单位或个人均可自愿申请使用无公害农产品标志。

第四条　凡使用无公害农产品标志的生产、经销的单位或个人均应遵守本规定。

第五条　无公害农产品标志实行统一管理、分级负责。

国务院标准化行政主管部门统一管理全国无公害农产品标志的工作，履行下列职责：

（一）制定无公害农产品标志管理工作的方针政策、办法；

（二）负责对无公害农产品标志管理工作的监督检查；

（三）指导协调和处理有关管理工作的重大问题；

（四）统一管理《无公害农产品标志证书》（以下简称证书）和标志；

（五）负责受理备案并予以公告。

省、自治区、直辖市标准化行政主管部门负责本行政区域内无公害农产品标志的管理工作，履行下列职责：

（一）贯彻无公害农产品标志管理工作的方针政策，制定本行政区域的实施细则；

（二）负责本行政区域无公害农产品标志的审批、发证、公告和复审工作；

（三）负责本行政区域无公害农产品标志使用情况的监督检查工作。

市级标准化行政主管部门负责本行政区域内无公害农产品标志管理工作，履行下列职责：

（一）受理本行政区域内无公害农产品标志的申请和初审工作；

（二）对本行政区域内无公害农产品标志使用情况监督检查。

第六条　申请使用无公害农产品标志的单位或个人，应向所在市级标准化行政主管部门提出申请。

生产单位或个人应提供以下材料：

（一）使用无公害农产品标志的申请报告。申请报告应包括：申请单位的基本情况、产品种类名称、作业区域、规模，以及产品执行无公害农产品标准的情况；

（二）生产技术规范；

（三）法定检验机构出具近半年之内的农产品基地环境测试报告和农产品安全质量抽检报告。

经销单位或个人应提供以下材料：

（一）使用无公害农产品标志申请报告。申请报告应包括：申请单位的基本情况、经销规模、产品来源、产品种类及名称、产品执行无公害农产品标准的情况；

（二）法定检验机构出具近半年之内的抽检报告；

（三）产品质量安全控制措施；

（四）工商营业执照。

第七条 市级标准化行政主管部门应对申请者的材料和现场进行初审，初审合格后，报省级标准化行政主管部门审批。

第八条 已经取得证书的单位和个人新增加项目种类或项目种类发生变化时，应提供相关材料报省、自治区、直辖市标准化行政主管部门审批。

第九条 省、自治区、直辖市标准化行政主管部门根据市级标准化行政主管部门的初审意见及申请者的上报材料进行审查，审查合格并批准后，颁发证书，进行公告，并于批准后30日内报国务院标准化行政主管部门备案。

第十条 无公害农产品标志使用有效期为三年。需继续使用无公害农产品标志的单位和个人，应在期满前六个月内向省、自治区、直辖市标准化行政主管部门提出继续使用标志的申请，复审合格后，方可继续使用无公害农产品标志。复审内容由各省、自治区、直辖市标准化行政主管部门自行规定。

第十一条 经批准使用证书的单位和个人，可在其生产或经销农产品的包装、标签或产品说明书上使用无公害农产品专用标志。未经批准的单位和个人及没有获得批准的农产品种类，不得擅自使用专用标志。

第十二条 有下列情况之一的，吊销其生产、经销单位或个人的证书，并责令其停止使用无公害农产品标志，并依据有关法律、法规进行处罚。

（一）无公害农产品标志使用有效期内两次产品抽查不合格的；

（二）无公害农产品标志使用有效期满，未办理复审手续的；

（三）发生产品质量事故造成严重后果的；

（四）未经批准擅自使用、伪造、冒用、转让无公害农产品标志的。

第十三条 各级标准化行政主管部门在监督、管理无公害农产品标志工作中，严禁徇私舞弊、滥用职权，造成严重后果的，由有关主管部门给予行政处分。

第十四条 本规定由国务院标准化行政主管部门负责解释。

第十五条 本规定自发布之日起实施。

转基因食品卫生管理办法

（2002年4月8日，卫生部令第28号公布）

第一章　总　则

第一条　为了加强对转基因食品的监督管理，保障消费者的健康权和知情权，根据《中华人民共和国食品卫生法》（以下简称《食品卫生法》）和《农业转基因生物安全管理条例》，制定本办法。

第二条　本办法所称转基因食品，系指利用基因工程技术改变基因组构成的动物、植物和微生物生产的食品和食品添加剂，包括：

（一）转基因动植物、微生物产品；

（二）转基因动植物、微生物直接加工品；

（三）以转基因动植物、微生物或者其直接加工品为原料生产的食品和食品添加剂。

第三条　转基因食品作为一类新资源食品，须经卫生部审查批准后方可生产或者进口。未经卫生部审查批准的转基因食品不得生产或者进口，也不得用作食品或食品原料。

第四条　转基因食品应当符合《食品卫生法》及其有关法规、规章、标准的规定，不得对人体造成急性、慢性或其他潜在性健康危害。

第五条　转基因食品的食用安全性和营养质量不得低于对应的原有食品。

第六条　转基因食品的生产企业须达到国家有关食品生产企业卫生规范的要求。

转基因食品的生产经营者应当保证所生产经营的转基因食品的食用安全性和营养质量。

转基因食品的生产者应当保留转基因食品进（出）货记录，包括进（出）货单位、地址、数量，相关记录至少保留2年备查。

第二章　食用安全性与营养质量评价

第七条　卫生部建立转基因食品食用安全性和营养质量评价制度。

卫生部制定和颁布转基因食品食用安全性和营养质量评价规程及有关标准。

第八条　转基因食品食用安全性和营养质量评价采用危险性评价、实质等同、个案处理等原则。

第九条　卫生部设立转基因食品专家委员会，负责转基因食品食用安全性与营养质量的评价工作。委员会由食品安全、营养和基因工程等方面的专家组成。

第十条 卫生部根据转基因食品食用安全性和营养质量评价工作的需要，认定具备条件的检验机构承担对转基因食品食用安全性与营养质量评价的验证工作。

第三章 申报与批准

第十一条 生产或者进口转基因食品必须向卫生部提出申请，并提交下列材料：

（一）申请表；

（二）国家有关部门颁发的批准文件；

（三）企业标准；

（四）食用安全性的保证措施；

（五）设计包装及标识样稿；

（六）与食用安全性和营养质量评价有关的技术资料；

（七）申请单位对转基因食品食用安全性和营养质量评价报告和卫生部认定的检验机构出具的对转基因食品食用安全性和营养质量评价的验证报告；

（八）其他有助于转基因食品食用安全性与营养质量评价的资料。

第十二条 本办法第十一条第（六）项规定的转基因食品食用安全性和营养质量评价有关的技术资料包括：

（一）转基因食品的（物种）名称；

（二）转基因食品的理化特性、用途与需要强调的功能；

（三）转基因食品可能的食品加工方式与终产品种类以及主要食物成分（包括营养和有害成分）；

（四）基因修饰的目的与预期技术效果，以及对食品产品特性的预期影响；

（五）基因供体的名称、特性、食用史；载体物质的来源、特性、功能、食用史；基因插入的位点及特性；

（六）引入基因所表达产物的名称、特性、功能及含量；

（七）表达产物的已知或可疑致敏性和毒性，以及含有此种表达产物食用安全性的依据；

（八）可能产生的非期望效应（包括代谢产物的评价）。

第十三条 申请进口转基因食品的除必须提交本办法第十一条、第十二条规定的材料外，还应当提供出口国（地区）政府批准在本国 （地区）生产、经营、使用的证明文件。

第十四条 卫生部自受理转基因食品申请之日起六个月内作出是否批准的决定。

第十五条 批准的转基因食品，由卫生部列入可用于食品生产、经营的转基因食品品种目录。

第四章 标 识

第十六条 食品产品中（包括原料及其加工的食品）含有基因修饰有机体或/和表达

产物的，要标注“转基因××食品”或“以转基因××食品为原料”。

转基因食品来自潜在致敏食物的，还要标注“本品转××食物基因，对××食物过敏者注意”。

第十七条 转基因食品采用下列方式标注：

（一）定型包装的，在标签的明显位置上标注；

（二）散装的，在价签上或另行设置的告示牌上标注；

（三）转运的，在交运单上标注；

（四）进口的，在贸易合同和报关单上标注。

第十八条 转基因食品的标签应当真实、客观，不得有下列内容：

（一）明示或暗示可以治疗疾病；

（二）虚假、夸大宣传产品的作用；

（三）卫生部规定的禁止标识的其他内容。

第五章 监 督

第十九条 卫生部对已经批准生产或者进口的转基因食品发现有下列情形之一的，进行重新评价：

（一）对转基因食品食用安全性和营养质量的科学认识发生改变的；

（二）转基因食品食用安全性和营养质量受到质疑的；

（三）其他原因需要重新评价的。

第二十条 卫生部对转基因食品的生产经营组织定期或者不定期监督抽查，并向社会公布监督抽查结果。

第二十一条 卫生部认定的转基因食品食用安全性和营养质量检验机构须按照卫生部制定的规程及有关标准进行评价。

对出具虚假检验报告或者疏于管理难以保证检验质量的，由卫生部责令改正，并予以通报批评；情节严重的，收回认定资格。

第二十二条 从事转基因食品检验、评审和监督工作的人员应当具备相应的专业素质和职业道德。

第二十三条 转基因食品生产经营的经常性卫生监督管理，按照《食品卫生法》及有关规定执行。

第六章 附 则

第二十四条 违反本办法，由卫生行政部门按照《食品卫生法》的有关规定进行处罚。

第二十五条 本办法由卫生部负责解释。

第二十六条 本办法自2002年7月1日起施行。

农业转基因生物标识管理办法

（农业部令第10号，2002年1月5日）

第一条 为了加强对农业转基因生物的标识管理，规范农业转基因生物的销售行为，引导农业转基因生物的生产和消费，保护消费者的知情权，根据《农业转基因生物安全管理条例》（简称《条例》）的有关规定，制定本办法。

第二条 国家对农业转基因生物实行标识制度。实施标识管理的农业转基因生物目录，由国务院农业行政主管部门商国务院有关部门制定、调整和公布。

第三条 在中华人民共和国境内销售列入农业转基因生物标识目录的农业转基因生物，必须遵守本办法。

凡是列入标识管理目录并用于销售的农业转基因生物，应当进行标识；未标识和不按规定标识的，不得进口或销售。

第四条 农业部负责全国农业转基因生物标识的审定和监督管理工作。

县级以上地方人民政府农业行政主管部门负责本行政区域内的农业转基因生物标识的监督管理工作。

国家质检总局负责进口农业转基因生物在口岸的标识检查验证工作。

第五条 列入农业转基因生物标识目录的农业转基因生物，由生产、分装单位和个人负责标识；经营单位和个人拆开原包装进行销售的，应当重新标识。

第六条 标识的标注方法：

（一）转基因动植物（含种子、种畜禽、水产苗种）和微生物，转基因动植物、微生物产品，含有转基因动植物、微生物或者其产品成分的种子、种畜禽、水产苗种、农药、兽药、肥料和添加剂等产品，直接标注“转基因××”。

（二）转基因农产品的直接加工品，标注为“转基因××加工品（制成品）”或者“加工原料为转基因××”。

（三）用农业转基因生物或用含有农业转基因生物成分的产品加工制成的产品，但最终销售产品中已不再含有或检测不出转基因成分的产品，标注为“本产品为转基因××加工制成，但本产品中已不再含有转基因成分”或者标注为“本产品加工原料中有转基因××，但本产品中已不再含有转基因成分”。

第七条 农业转基因生物标识应当醒目，并和产品的包装、标签同时设计和印制。

难以在原有包装、标签上标注农业转基因生物标识的，可采用在原有包装、标签的基础上附加转基因生物标识的办法进行标注，但附加标识应当牢固、持久。

第八条 难以用包装物或标签对农业转基因生物进行标识时，可采用下列方式标注：

（一）难以在每个销售产品上标识的快餐业和零售业中的农业转基因生物，可以在产品展销（示）柜（台）上进行标识，也可以在价签上进行标识或者设立标识板（牌）进行标识。

（二）销售无包装和标签的农业转基因生物时，可以采取设立标识板（牌）的方式进行标识。

（三）装在运输容器内的农业转基因生物不经包装直接销售时，销售现场可以在容器上进行标识，也可以设立标识板（牌）进行标识。

（四）销售无包装和标签的农业转基因生物，难以用标识板（牌）进行标注时，销售者应当以适当的方式声明。

（五）进口无包装和标签的农业转基因生物，难以用标识板（牌）进行标注时，应当在报检（关）单上注明。

第九条 有特殊销售范围要求的农业转基因生物，还应当明确标注销售的范围，可标注为“仅限于××销售（生产、加工、使用）”。

第十条 农业转基因生物标识应当使用规范的中文汉字进行标注。

第十一条 进口的农业转基因生物标识经农业部审查认可后方可使用，同时抄送国家质检总局、外经贸部等部门；国内农业转基因生物标识，经农业转基因生物的生产、分装单位和个人所在地的县级以上地方人民政府农业行政主管部门审查认可后方可使用，并由省级农业行政主管部门统一报农业部备案。

第十二条 负责农业转基因生物标识审查认可工作的农业行政主管部门，应当自收到申请人的申请之日起 30 天内对申请做出决定，并通知申请人。

第十三条 销售农业转基因生物的经营单位和个人在进货时，应当对货物和标识进行核对。

第十四条 违反本办法规定的，按《条例》第五十二条规定予以处罚。

第十五条 本办法由农业部负责解释。

第十六条 本办法自 2002 年 3 月 20 日起施行。

附件

第一批实施标识管理的农业转基因生物目录

一、大豆种子、大豆、大豆粉、大豆油、豆粕

二、玉米种子、玉米、玉米油、玉米粉（含税号为 11022000、11031300、11042300 的玉米粉）

三、油菜种子、油菜籽、油菜籽油、油菜籽粕

四、棉花种子

五、番茄种子、鲜番茄、番茄酱

农业转基因生物进口安全管理办法

（农业部令第9号，2002年1月5日）

第一章　总　则

第一条　为了加强对农业转基因生物进口的安全管理，根据《农业转基因生物安全管理条例》（简称《条例》）的有关规定，制定本办法。

第二条　本办法适用于在中华人民共和国境内从事农业转基因生物进口活动的安全管理。

第三条　国家农业转基因生物安全委员会负责农业转基因生物进口的安全评价工作。农业转基因生物安全管理办公室负责农业转基因生物进口的安全管理工作。

第四条　对于进口的农业转基因生物，按照用于研究和试验的、用于生产的以及用作加工原料的三种用途实行管理。

第二章　用于研究和试验的农业转基因生物

第五条　从中华人民共和国境外引进安全等级Ⅰ、Ⅱ的农业转基因生物进行实验研究的，引进单位应当向农业转基因生物安全管理办公室提出申请，并提供下列材料：

（一）农业部规定的申请资格文件；

（二）进口安全管理登记表（见附件）；

（三）引进农业转基因生物在国（境）外已经进行了相应的研究的证明文件；

（四）引进单位在引进过程中拟采取的安全防范措施。

经审查合格后，由农业部颁发农业转基因生物进口批准文件。引进单位应当凭此批准文件依法向有关部门办理相关手续。

第六条　从中华人民共和国境外引进安全等级Ⅲ、Ⅳ的农业转基因生物进行实验研究的和所有安全等级的农业转基因生物进行中间试验的，引进单位应当向农业转基因生物安全管理办公室提出申请，并提供下列材料：

（一）农业部规定的申请资格文件；

（二）进口安全管理登记表（见附件）；

（三）引进农业转基因生物在国（境）外已经进行了相应研究或试验的证明文件；

（四）引进单位在引进过程中拟采取的安全防范措施；

（五）《农业转基因生物安全评价管理办法》规定的相应阶段所需的材料。

经审查合格后，由农业部颁发农业转基因生物进口批准文件。引进单位应当凭此批准文件依法向有关部门办理相关手续。

第七条 从中华人民共和国境外引进农业转基因生物进行环境释放和生产性试验的，引进单位应当向农业转基因生物安全管理办公室提出申请，并提供下列材料：

（一）农业部规定的申请资格文件；

（二）进口安全管理登记表（见附件）；

（三）引进农业转基因生物在国（境）外已经进行了相应的研究的证明文件；

（四）引进单位在引进过程中拟采取的安全防范措施；

（五）《农业转基因生物安全评价管理办法》规定的相应阶段所需的材料。

经审查合格后，由农业部颁发农业转基因生物安全审批书。引进单位应当凭此审批书依法向有关部门办理相关手续。

第八条 从中华人民共和国境外引进农业转基因生物用于试验的，引进单位应当从中间试验阶段开始逐阶段向农业部申请。

第三章　用于生产的农业转基因生物

第九条 境外公司向中华人民共和国出口转基因植物种子、种畜禽、水产苗种和利用农业转基因生物生产的或者含有农业转基因生物成分的植物种子、种畜禽、水产苗种、农药、兽药、肥料和添加剂等拟用于生产应用的，应当向农业转基因生物安全管理办公室提出申请，并提供下列材料：

（一）进口安全管理登记表（见附件）；

（二）输出国家或者地区已经允许作为相应用途并投放市场的证明文件；

（三）输出国家或者地区经过科学试验证明对人类、动植物、微生物和生态环境无害的资料；

（四）境外公司在向中华人民共和国出口过程中拟采取的安全防范措施；

（五）《农业转基因生物安全评价管理办法》规定的相应阶段所需的材料。

第十条 境外公司在提出上述申请时，应当在中间试验开始前申请，经审批同意，试验材料方可入境，并依次经过中间试验、环境释放、生产性试验三个试验阶段以及农业转基因生物安全证书申领阶段。

中间试验阶段的申请，经审查合格后，由农业部颁发农业转基因生物进口批准文件，境外公司凭此批准文件依法向有关部门办理相关手续。环境释放和生产性试验阶段的申请，经安全评价合格后，由农业部颁发农业转基因生物安全审批书，境外公司凭此审批书依法向有关部门办理相关手续。安全证书的申请，经安全评价合格后，由农业部颁发农业转基因生物安全证书，境外公司凭此证书依法向有关部门办理相关手续。

第十一条 引进的农业转基因生物在生产应用前，应取得农业转基因生物安全证书，方可依照有关种子、种畜禽、水产苗种、农药、兽药、肥料和添加剂等法律、行政法规的规定办理相应的审定、登记或者评价、审批手续。

第四章　用作加工原料的农业转基因生物

第十二条　境外公司向中华人民共和国出口农业转基因生物用作加工原料的，应当向农业转基因生物安全管理办公室申请领取农业转基因生物安全证书。

第十三条　境外公司提出上述申请时，应当提供下列材料：

（一）进口安全管理登记表（见附件）；

（二）安全评价申报书（见《农业转基因生物安全评价管理办法》附录Ⅴ）；

（三）输出国家或者地区已经允许作为相应用途并投放市场的证明文件；

（四）输出国家或者地区经过科学试验证明对人类、动植物、微生物和生态环境无害的资料；

（五）农业部委托的技术检测机构出具的对人类、动植物、微生物和生态环境安全性的检测报告；

（六）境外公司在向中华人民共和国出口过程中拟采取的安全防范措施。

经安全评价合格后，由农业部颁发农业转基因生物安全证书。

第十四条　在申请获得批准后，再次向中华人民共和国提出申请时，符合同一公司、同一农业转基因生物条件的，可简化安全评价申请手续，并提供以下材料：

（一）进口安全管理登记表（见附件）；

（二）农业部首次颁发的农业转基因生物安全证书复印件；

（三）境外公司在向中华人民共和国出口过程中拟采取的安全防范措施。

经审查合格后，由农业部颁发农业转基因生物安全证书。

第十五条　境外公司应当凭农业部颁发的农业转基因生物安全证书，依法向有关部门办理相关手续。

第十六条　进口用作加工原料的农业转基因生物如果具有生命活力，应当建立进口档案，载明其来源、贮存、运输等内容，并采取与农业转基因生物相适应的安全控制措施，确保农业转基因生物不进入环境。

第五章　一般性规定

第十七条　农业部应当自收到申请人申请之日起 270 日内做批准或者不批准的决定，并通知申请人。

第十八条　进口农业转基因生物用于生产或用作加工原料的，应当在取得农业部颁发的农业转基因生物安全证书后，方能签订合同。

第十九条　进口农业转基因生物，没有国务院农业行政主管部门颁发的农业转基因生物安全证书和相关批准文件的，或者与证书、批准文件不符的，作退货或者销毁处理。

第二十条　本办法由农业部负责解释。

第二十一条　本办法自2002年3月20日起施行。

附件：农业转基因生物进口安全管理登记表（略）

农业转基因生物安全评价管理办法

（农业部令第 8 号，2002 年 1 月 5 日）

第一章　总　则

第一条　为了加强农业转基因生物安全评价管理，保障人类健康和动植物、微生物安全，保护生态环境，根据《农业转基因生物安全管理条例》（简称《条例》），制定本办法。

第二条　在中华人民共和国境内从事农业转基因生物的研究、试验、生产、加工、经营和进口、出口活动，依照《条例》规定需要进行安全评价的，应当遵守本办法。

第三条　本办法适用于《条例》规定的农业转基因生物，即利用基因工程技术改变基因组构成，用于农业生产或者农产品加工的植物、动物、微生物及其产品，主要包括：

（一）转基因动植物（含种子、种畜禽、水产苗种）和微生物；

（二）转基因动植物、微生物产品；

（三）转基因农产品的直接加工品；

（四）含有转基因动植物、微生物或者其产品成分的种子、种畜禽、水产苗种、农药、兽药、肥料和添加剂等产品。

第四条　本办法评价的是农业转基因生物对人类、动植物、微生物和生态环境构成的危险或者潜在的风险。安全评价工作按照植物、动物、微生物三个类别，以科学为依据，以个案审查为原则，实行分级分阶段管理。

第五条　根据《条例》第九条的规定设立国家农业转基因生物安全委员会，负责农业转基因生物的安全评价工作。农业转基因生物安全委员会由从事农业转基因生物研究、生产、加工、检验检疫、卫生、环境保护等方面的专家组成，每届任期三年。

农业部设立农业转基因生物安全管理办公室，负责农业转基因生物安全评价管理工作。

第六条　凡从事农业转基因生物研究与试验的单位，应当成立由单位法人代表负责的农业转基因生物安全小组，负责本单位农业转基因生物的安全管理及安全评价申报的审查工作。

第七条　农业部根据农业转基因生物安全评价工作的需要，委托具备检测条件和能力的技术检测机构对农业转基因生物进行检测，为安全评价和管理提供依据。

第八条　转基因植物种子、种畜禽、水产种苗，利用农业转基因生物生产的或者含有农业转基因生物成分的种子、种畜禽、水产种苗、农药、兽药、肥料和添加剂等，在依照有关法律、行政法规的规定进行审定、登记或者评价、审批前，应当依照本办法的规定取得农业转基因生物安全证书。

第二章　安全等级和安全评价

第九条　农业转基因生物安全实行分级评价管理

按照对人类、动植物、微生物和生态环境的危险程度，将农业转基因生物分为以下四个等级：

安全等级Ⅰ：尚不存在危险；

安全等级Ⅱ：具有低度危险；

安全等级Ⅲ：具有中度危险；

安全等级Ⅳ：具有高度危险。

第十条　农业转基因生物安全评价和安全等级的确定按以下步骤进行：

（一）确定受体生物的安全等级；

（二）确定基因操作对受体生物安全等级影响的类型；

（三）确定转基因生物的安全等级；

（四）确定生产、加工活动对转基因生物安全性的影响；

（五）确定转基因产品的安全等级。

第十一条　受体生物安全等级的确定

受体生物分为四个安全等级：

（一）符合下列条件之一的受体生物应当确定为安全等级Ⅰ：

1. 对人类健康和生态环境未曾发生过不利影响；

2. 演化成有害生物的可能性极小；

3. 用于特殊研究的短存活期受体生物，实验结束后在自然环境中存活的可能性极小。

（二）对人类健康和生态环境可能产生低度危险，但是通过采取安全控制措施完全可以避免其危险的受体生物，应当确定为安全等级Ⅱ。

（三）对人类健康和生态环境可能产生中度危险，但是通过采取安全控制措施，基本上可以避免其危险的受体生物，应当确定为安全等级Ⅲ。

（四）对人类健康和生态环境可能产生高度危险，而且在封闭设施之外尚无适当的安全控制措施避免其发生危险的受体生物，应当确定为安全等级Ⅳ。包括：

1. 可能与其他生物发生高频率遗传物质交换的有害生物；

2. 尚无有效技术防止其本身或其产物逃逸、扩散的有害生物；

3. 尚无有效技术保证其逃逸后，在对人类健康和生态环境产生不利影响之前，将其捕获或消灭的有害生物。

第十二条　基因操作对受体生物安全等级影响类型的确定

基因操作对受体生物安全等级的影响分为三种类型，即：增加受体生物的安全性；不影响受体生物的安全性；降低受体生物的安全性。

类型1　增加受体生物安全性的基因操作

包括：去除某个（些）已知具有危险的基因或抑制某个（些）已知具有危险的基因表达的基因操作。

类型 2　不影响受体生物安全性的基因操作

包括：

1．改变受体生物的表型或基因型而对人类健康和生态环境没有影响的基因操作；

2．改变受体生物的表型或基因型而对人类健康和生态环境没有不利影响的基因操作。

类型 3　降低受体生物安全性的基因操作

包括：

1．改变受体生物的表型或基因型，并可能对人类健康或生态环境产生不利影响的基因操作；

2．改变受体生物的表型或基因型，但不能确定对人类健康或生态环境影响的基因操作。

第十三条　农业转基因生物安全等级的确定

根据受体生物的安全等级和基因操作对其安全等级的影响类型及影响程度，确定转基因生物的安全等级。

（一）受体生物安全等级为Ⅰ的转基因生物

1．安全等级为Ⅰ的受体生物，经类型 1 或类型 2 的基因操作而得到的转基因生物，其安全等级仍为Ⅰ。

2．安全等级为Ⅰ的受体生物，经类型 3 的基因操作而得到的转基因生物，如果安全性降低很小，且不需要采取任何安全控制措施的，则其安全等级仍为Ⅰ；如果安全性有一定程度的降低，但是可以通过适当的安全控制措施完全避免其潜在危险的，则其安全等级为Ⅱ；如果安全性严重降低，但是可以通过严格的安全控制措施避免其潜在危险的，则其安全等级为Ⅲ；如果安全性严重降低，而且无法通过安全控制措施完全避免其危险的，则其安全等级为Ⅳ。

（二）受体生物安全等级为Ⅱ的转基因生物

1．安全等级为Ⅱ的受体生物，经类型 1 的基因操作而得到的转基因生物，如果安全性增加到对人类健康和生态环境不再产生不利影响的，则其安全等级为Ⅰ；如果安全性虽有增加，但对人类健康和生态环境仍有低度危险的，则其安全等级仍为Ⅱ。

2．安全等级为Ⅱ的受体生物，经类型 2 的基因操作而得到的转基因生物，其安全等级仍为Ⅱ。

3．安全等级为Ⅱ的受体生物，经类型 3 的基因操作而得到的转基因生物，根据安全性降低的程度不同，其安全等级可为Ⅱ、Ⅲ或Ⅳ，分级标准与受体生物的分级标准相同。

（三）受体生物安全等级为Ⅲ的转基因生物

1．安全等级为Ⅲ的受体生物，经类型 1 的基因操作而得到的转基因生物，根据安全性增加的程度不同，其安全等级可为Ⅰ、Ⅱ或Ⅲ，分级标准与受体生物的分级标准相同。

2．安全等级为Ⅲ的受体生物，经类型 2 的基因操作而得到的转基因生物，其安全等级仍为Ⅲ。

3．安全等级为Ⅲ的受体生物，经类型 3 的基因操作得到的转基因生物，根据安全性降低的程度不同，其安全等级可为Ⅲ或Ⅳ，分级标准与受体生物的分级标准相同。

（四）受体生物安全等级为Ⅳ的转基因生物

1．安全等级为Ⅳ的受体生物，经类型 1 的基因操作而得到的转基因生物，根据安全性增加的程度不同，其安全等级可为 Ⅰ、Ⅱ、Ⅲ或 Ⅳ，分级标准与受体生物的分级标准相同。

2．安全等级为 Ⅳ 的受体生物，经类型 2 或类型 3 的基因操作而得到的转基因生物，其安全等级仍为 Ⅳ。

第十四条 农业转基因产品安全等级的确定

根据农业转基因生物的安全等级和产品的生产、加工活动对其安全等级的影响类型和影响程度，确定转基因产品的安全等级。

（一）农业转基因产品的生产、加工活动对转基因生物安全等级的影响分为三种类型：

类型 1 增加转基因生物的安全性；

类型 2 不影响转基因生物的安全性；

类型 3 降低转基因生物的安全性。

（二）转基因生物安全等级为Ⅰ的转基因产品

1．安全等级为Ⅰ的转基因生物，经类型 1 或类型 2 的生产、加工活动而形成的转基因产品，其安全等级仍为Ⅰ。

2．安全等级为Ⅰ的转基因生物，经类型 3 的生产、加工活动而形成的转基因产品，根据安全性降低的程度不同，其安全等级可为Ⅰ、Ⅱ、Ⅲ或Ⅳ，分级标准与受体生物的分级标准相同。

（三）转基因生物安全等级为Ⅱ的转基因产品

1．安全等级为Ⅱ的转基因生物，经类型 1 的生产、加工活动而形成的转基因产品，如果安全性增加到对人类健康和生态环境不再产生不利影响的，其安全等级为 Ⅰ；如果安全性虽然有增加，但是对人类健康或生态环境仍有低度危险的，其安全等级仍为Ⅱ。

2．安全等级为Ⅱ的转基因生物，经类型 2 的生产、加工活动而形成的转基因产品，其安全等级仍为Ⅱ。

3．安全等级为Ⅱ的转基因生物，经类型 3 的生产、加工活动而形成的转基因产品，根据安全性降低的程度不同，其安全等级可为Ⅱ、Ⅲ或Ⅳ，分级标准与受体生物的分级标准相同。

（四）转基因生物安全等级为Ⅲ的转基因产品

1．安全等级为Ⅲ的转基因生物，经类型 1 的生产、加工活动而形成的转基因产品，根据安全性增加的程度不同，其安全等级可为Ⅰ、Ⅱ或Ⅲ，分级标准与受体生物的分级标准相同。

2．安全等级为Ⅲ的转基因生物，经类型 2 的生产、加工活动而形成的转基因产品，其安全等级仍为Ⅲ。

3．安全等级为Ⅲ的转基因生物，经类型 3 的生产、加工活动而形成转基因产品，根据安全性降低的程度不同，其安全等级可为Ⅲ或 Ⅳ，分级标准与受体生物的分级标准相同。

（五）转基因生物安全等级为Ⅳ的转基因产品

1．安全等级为Ⅳ的转基因生物，经类型 1 的生产、加工活动而得到的转基因产品，根据安全性增加的程度不同，其安全等级可为Ⅰ、Ⅱ、Ⅲ或 Ⅳ，分级标准与受体生物的分级标准相同。

2．安全等级为 Ⅳ 的转基因生物，经类型 2 或类型 3 的生产、加工活动而得到的转基因产品，其安全等级仍为 Ⅳ。

第三章 申报和审批

第十五条 凡在中华人民共和国境内从事农业转基因生物安全等级为Ⅲ和Ⅳ的研究以及所有安全等级的试验和进口的单位以及生产和加工的单位和个人，应当根据农业转基因生物的类别和安全等级，分阶段向农业转基因生物安全管理办公室报告或者提出申请。

第十六条 农业部每年组织两次农业转基因生物安全评审。第一次受理申请的截止日期为每年的 3 月 31 日，第二次受理申请的截止日期为每年的 9 月 30 日。农业部自收到申请之日起两个月内，作出受理或者不予受理的答复；在受理截止日期后三个月内作出批复。

第十七条 从事农业转基因生物试验和进口的单位以及从事农业转基因生物生产和加工的单位和个人，在向农业转基因生物安全管理办公室提出安全评价报告或申请前应当完成下列手续：

（一）报告或申请单位和报告或申请人对所从事的转基因生物工作进行安全性评价，并填写报告书或申报书（见附录Ⅴ）；

（二）组织本单位转基因生物安全小组对申报材料进行技术审查；

（三）取得开展试验和安全证书使用所在省（市、自治区）农业行政主管部门的审核意见；

（四）提供有关技术资料。

第十八条 在中华人民共和国从事农业转基因生物实验研究与试验的，应当具备下列条件：

（一）在中华人民共和国境内有专门的机构；

（二）有从事农业转基因生物实验研究与试验的专职技术人员；

（三）具备与实验研究和试验相适应的仪器设备和设施条件；

（四）成立农业转基因生物安全管理小组。

第十九条 报告农业转基因生物实验研究和中间试验以及申请环境释放、生产性试验和安全证书的单位应当按照农业部制定的农业转基因植物、动物和微生物安全评价各阶段的报告或申报要求、安全评价的标准和技术规范，办理报告或申请手续（见附录Ⅰ、Ⅱ、Ⅲ、Ⅳ、Ⅴ）。

第二十条 从事安全等级为Ⅰ和Ⅱ的农业转基因生物实验研究，由本单位农业转基因生物安全小组批准；从事安全等级为Ⅲ和Ⅳ的农业转基因生物实验研究，应当在研究开始前向农业转基因生物安全管理办公室报告。

研究单位向农业转基因生物安全管理办公室报告时应当提供以下材料：

（一）实验研究报告书（见附录Ⅴ）；

（二）农业转基因生物的安全等级和确定安全等级的依据；

（三）相应的实验室安全设施、安全管理和防范措施。

第二十一条 在农业转基因生物（安全等级Ⅰ、Ⅱ、Ⅲ、Ⅳ）实验研究结束后拟转入中间试验的，试验单位应当向农业转基因生物安全管理办公室报告。

试验单位向农业转基因生物安全管理办公室报告时应当提供下列材料：

（一）中间试验报告书（见附录Ⅴ）；

（二）实验研究总结报告；

（三）农业转基因生物的安全等级和确定安全等级的依据；

（四）相应的安全研究内容、安全管理和防范措施。

第二十二条 在农业转基因生物中间试验结束后拟转入环境释放的，或者在环境释放结束后拟转入生产性试验的，试验单位应当向农业转基因生物安全管理办公室提出申请，经农业转基因生物安全委员会安全评价合格并由农业部批准后，方可根据农业转基因生物安全审批书的要求进行相应的试验。

试验单位提出前款申请时，应当提供下列材料：

（一）安全评价申报书（见附录Ⅴ）；

（二）农业转基因生物的安全等级和确定安全等级的依据；

（三）农业部委托的技术检测机构出具的检测报告；

（四）相应的安全研究内容、安全管理和防范措施；

（五）上一试验阶段的试验总结报告。

第二十三条 在农业转基因生物生产性试验结束后拟申请安全证书的，试验单位应当向农业转基因生物安全管理办公室提出申请，经农业转基因生物安全委员会安全评价合格并由农业部批准后，方可颁发农业转基因生物安全证书。

试验单位提出前款申请时，应当提供下列材料：

（一）安全评价申报书（见附录Ⅴ）；

（二）农业转基因生物的安全等级和确定安全等级的依据；

（三）农业部委托的农业转基因生物技术检测机构出具的检测报告；

（四）中间试验、环境释放和生产性试验阶段的试验总结报告；

（五）其他有关材料。

第二十四条 农业转基因生物安全证书应当明确转基因生物名称（编号）、规模、范围、时限及有关责任人、安全控制措施等内容。

从事农业转基因生物生产和加工的单位和个人以及进口的单位，应当按照农业转基因生物安全证书的要求开展工作并履行安全证书规定的相关义务。

第二十五条 从中华人民共和国境外引进农业转基因生物，或者向中华人民共和国出口农业转基因生物的，应当按照《农业转基因生物进口安全管理办法》的规定提供相应的安全评价材料。

第二十六条 申请农业转基因生物安全评价应当按照财政部、国家计委的有关规定缴纳审查费和必要的检测费。

第二十七条 农业转基因生物安全评价受理审批机构的工作人员和参与审查的专家，应当为申报者保守技术秘密和商业秘密，与本人及其近亲属有利害关系的应当回避。

第四章 技术检测管理

第二十八条 农业部根据农业转基因生物安全评价及其管理工作的需要，委托具备检测条件和能力的技术检测机构进行检测。

第二十九条 技术检测机构应当具备下列基本条件：

（一）具有公正性和权威性，设有相对独立的机构和专职人员；

（二）具备与检测任务相适应的、符合国家标准（或行业标准）的仪器设备和检测手段；

（三）严格执行检测技术规范，出具的检测数据准确可靠；

（四）有相应的安全控制措施。

第三十条 技术检测机构的职责任务：

（一）为农业转基因生物安全管理和评价提供技术服务；

（二）承担农业部或申请人委托的农业转基因生物定性定量检验、鉴定和复查任务；

（三）出具检测报告，做出科学判断；

（四）研究检测技术与方法，承担或参与评价标准和技术法规的制定、修订工作；

（五）检测结束后，对用于检测的样品应当安全销毁，不得保留；

（六）为委托人和申请人保守技术秘密和商业秘密。

第五章 监督管理与安全监控

第三十一条 农业部负责农业转基因生物安全的监督管理，指导不同生态类型区域的农业转基因生物安全监控和监测工作，建立全国农业转基因生物安全监管和监测体系。

第三十二条 县级以上地方各级人民政府农业行政主管部门按照《条例》第三十九条和第四十条的规定负责本行政区域内的农业转基因生物安全的监督管理工作。

第三十三条 有关单位和个人应当按照《条例》第四十一条的规定，配合农业行政主管部门做好监督检查工作。

第三十四条 从事农业转基因生物试验与生产的单位，在工作进行期间和工作结束后，应当定期向农业部和农业转基因生物试验与生产应用所在的行政区域内省级农业行政主管部门提交试验总结和生产计划与执行情况总结报告。每年 3 月 31 日以前提交农业转基因生物生产应用的年度生产计划，每年 12 月 31 日以前提交年度实际执行情况总结报告；每年 12 月 31 日以前提交中间试验、环境释放和生产性试验的年度试验总结报告。

第三十五条 从事农业转基因生物试验和生产的单位，应当根据本办法的规定确定安全控制措施和预防事故的紧急措施，做好安全监督记录，以备核查。

安全控制措施包括物理控制、化学控制、生物控制、环境控制和规模控制等（见附录Ⅳ）。

第三十六条 安全等级Ⅱ、Ⅲ、Ⅳ的转基因生物，在废弃物处理和排放之前应当采取可靠措施将其销毁、灭活，以防止扩散和污染环境。发现转基因生物扩散、残留或者造成危害的，必须立即采取有效措施加以控制、消除，并向当地农业行政主管部门报告。

第三十七条 农业转基因生物在贮存、转移、运输和销毁、灭活时，应当采取相应的安全管理和防范措施，具备特定的设备或场所，指定专人管理并记录。

第三十八条 发现农业转基因生物对人类、动植物和生态环境存在危险时，农业部有权宣布禁止生产、加工、经营和进口，收回农业转基因生物安全证书，由货主销毁有关存在危险的农业转基因生物。

第六章 罚 则

第三十九条 违反本办法规定，从事安全等级Ⅲ、Ⅳ的农业转基因生物实验研究或者从事农业转基因生物中间试验，未向农业部报告的，按照《条例》第四十三条的规定处理。

第四十条 违反本办法规定，未经批准擅自从事环境释放、生产性试验的，或已获批准但未按照规定采取安全管理防范措施的，或者超过批准范围和期限进行试验的，按照《条例》 第四十四条的规定处罚。

第四十一条 违反本办法规定，在生产性试验结束后，未取得农业转基因生物安全证书，擅自将农业转基因生物投入生产和应用的，按照《条例》第四十五条的规定处罚。

第四十二条 假冒、伪造、转让或者买卖农业转基因生物安全证书、审批书以及其他批准文件的，按照《条例》 第五十三条的规定处罚。

第四十三条 违反本办法规定核发农业转基因生物安全审批书、安全证书以及其他批准文件的，或者核发后不履行监督管理职责的，按照《条例》第五十五条的规定处罚。

第七章 附 则

第四十四条 本办法所用术语及含义如下：

（一）基因，系控制生物性状的遗传物质的功能和结构单位，主要指具有遗传信息的DNA片段。

（二）基因工程技术，包括利用载体系统的重组 DNA 技术以及利用物理、化学和生物学等方法把重组DNA分子导入有机体的技术。

（三）基因组，系指特定生物的染色体和染色体外所有遗传物质的总和。

（四）DNA，系脱氧核糖核酸的英文名词缩写，是贮存生物遗传信息的遗传物质。

（五）农业转基因生物，系指利用基因工程技术改变基因组构成，用于农业生产或者农产品加工的动植物、微生物及其产品。

（六）目的基因，系指以修饰受体细胞遗传组成并表达其遗传效应为目的的基因。

（七）受体生物，系指被导入重组 DNA 分子的生物。

（八）种子，系指农作物和林木的种植材料或者繁殖材料，包括籽粒、果实和根、茎、苗、芽、叶等。

（九）实验研究，系指在实验室控制系统内进行的基因操作和转基因生物研究工作。

（十）中间试验，系指在控制系统内或者控制条件下进行的小规模试验。

（十一）环境释放，系指在自然条件下采取相应安全措施所进行的中规模的试验。

（十二）生产性试验，系指在生产和应用前进行的较大规模的试验。

（十三）控制系统，系指通过物理控制、化学控制和生物控制建立的封闭或半封闭操作体系。

（十四）物理控制措施，系指利用物理方法限制转基因生物及其产物在实验区外的生存及扩散，如设置栅栏，防止转基因生物及其产物从实验区逃逸或被人或动物携带至实验区外等。

（十五）化学控制措施，系指利用化学方法限制转基因生物及其产物的生存、扩散或残留，如生物材料、工具和设施的消毒。

（十六）生物控制措施，系指利用生物措施限制转基因生物及其产物的生存、扩散或残留，以及限制遗传物质由转基因生物向其他生物的转移，如设置有效的隔离区及监控区、清除试验区附近可与转基因生物杂交的物种、阻止转基因生物开花或去除繁殖器官、或采用花期不遇等措施，以防止目的基因向相关生物的转移。

（十七）环境控制措施，系指利用环境条件限制转基因生物及其产物的生存、繁殖、扩散或残留，如控制温度、水分、光周期等。

（十八）规模控制措施，系指尽可能地减少用于试验的转基因生物及其产物的数量或减小试验区的面积，以降低转基因生物及其产物广泛扩散的可能性，在出现预想不到的后果时，能比较彻底地将转基因生物及其产物消除。

第四十五条　本办法由农业部负责解释。

第四十六条　本办法自 2002 年 3 月 20 日起施行。1996 年 7 月 10 日农业部发布的第 7 号令《农业生物基因工程安全管理实施办法》同时废止。

附录Ⅰ：转基因植物安全评价（略）

附录Ⅱ：转基因动物安全评价（略）

附录Ⅲ：转基因微生物安全评价（略）

附录Ⅳ：农业转基因生物及其产品安全控制措施（略）

附录Ⅴ：农业转基因生物安全评价申报书式样（略）

渤海生物资源养护规定

（2004年2月12日，农业部令第34号公布）

第一章　总　则

第一条　为保护、增殖和合理利用渤海生物资源，保护渤海水域生态环境，保障渔业生产者合法权益，促进渤海渔业可持续发展，根据《中华人民共和国渔业法》和《中华人民共和国海洋环境保护法》等法律法规，制定本规定。

第二条　本规定所称渤海是指老铁山灯塔（北纬38°43′41″、东经121°07′43″）与蓬莱灯塔（北纬37°49′54″、东经120°44′13″）两点连线以西的海域。

第三条　在渤海从事养殖和捕捞水生动物、水生植物等渔业生产及其他相关活动的单位和个人，应当遵守本规定。

从事涉及国家重点保护水生野生动物、野生植物相关活动的单位和个人，应当遵守《野生动物保护法》、《水生野生动物保护条例》、《野生植物保护条例》的有关规定。

第四条　农业部主管渤海生物资源养护工作。

农业部黄渤海区渔政渔港监督管理局负责渤海生物资源养护的组织、协调和监督管理工作。

渤海沿岸县级以上地方人民政府渔业行政主管部门负责本行政区域内生物资源养护工作。

第五条　渤海沿岸县级以上地方人民政府渔业行政主管部门应当根据国家水域利用规划和经批准的海洋功能区划、近岸海域环境功能区划，编制辖区渔业水域利用规划，经同级人民政府批准后组织实施。除渔港和渔业设施基地建设区外，渔业水域区分为养殖区、增殖区、捕捞区和重要渔业品种保护区。

禁止将渤海生物资源的重要产卵场、索饵场、越冬场和洄游通道划为养殖区。不得在国家海上自然保护区、珍稀濒危海洋生物保护区等一类近岸海域环境功能区内划置养殖区。

第六条　沿岸县级以上地方人民政府渔业行政主管部门应当采取措施，改善和恢复渤海生态状况，控制捕捞强度，增殖和养护渤海生物资源，发展生态渔业，促进渤海渔业可持续发展。

第七条　沿岸县级以上地方人民政府渔业行政主管部门应当根据渤海生物资源状况，提出控制和压缩捕捞强度的措施，调整捕捞业生产结构，引导和扶持捕捞渔民转产转业。

第二章　养殖和捕捞

第八条　渤海沿岸县级以上地方人民政府渔业行政主管部门应当对养殖区统一规划，科学评估，确定养殖发展布局和养殖水域容量，发展和推广生态养殖。

第九条　在渤海使用全民所有的水域、滩涂从事养殖生产的，应当向沿岸县级以上地方人民政府渔业行政主管部门提出申请，由本级人民政府核发养殖证。

因结构调整转产转业的当地渔民享有取得养殖证的优先权。

第十条　沿岸县级以上地方人民政府渔业行政主管部门受理养殖证申请时，应当根据养殖发展布局和养殖水域的容量，明确养殖证的水域滩涂范围、使用期限、用途等事项。

新建、扩建和改建养殖场的，应当进行环境影响评价。

第十一条　取得养殖证的单位和个人应当按照养殖证确定的水域滩涂范围和规定的用途从事养殖生产，遵守有关养殖技术规范。养殖废水排放应符合国家有关排放标准，池塘清淤应进行合理处理，防止水域污染。

第十二条　禁止在渤海养殖未经全国水产原种和良种审定委员会审定、农业部批准推广的杂交种、转基因种和其他非渤海原有品种。养殖经全国水产原种和良种审定委员会审定、农业部批准推广的上述品种的，应当严格采取防逃等防护措施，防止其进入天然水域。

第十三条　在渤海从事捕捞活动，应当依法申领捕捞许可证，按照捕捞许可证 确定的作业场所、时限、作业类型等内容开展捕捞活动，并遵守国家有关资源保护规定。

第十四条　沿岸县级以上地方人民政府渔业行政主管部门应当按照规定的权限和管辖范围发放捕捞许可证，不得超过上级下达的船网工具控制指标。

禁止向非渔业生产者以及江河、湖泊、水库等内陆渔船发放渤海捕捞许可证。

第十五条　从事海上渔获物运销、冷藏加工、渔用物资和燃料补给等为渔业捕捞生产提供服务的渔业辅助船舶，必须依法领取捕捞辅助船许可证。 禁止捕捞辅助船直接从事捕捞生产。

第十六条　国家鼓励发展休闲渔业。

沿岸县级以上地方人民政府渔业行政主管部门应加强对休闲渔业活动的监督和管理。休闲渔业活动采捕天然渔业资源的，应领取专项（特许）捕捞许可证。具体管理办法由省、直辖市渔业行政主管部门规定。

第三章　生物资源增殖

第十七条　国家鼓励单位和个人投资，采取人工增殖放流、人工鱼礁建设等多种形式，增殖渤海生物资源。

第十八条　农业部黄渤海区渔政渔港监督管理局和沿岸省、直辖市人民政府渔业行政主管部门应当积极采取措施，统筹规划，制定本地区生物资源增殖计划，依法组织人工增殖放流、人工鱼礁建设。

第十九条 大范围洄游性品种的人工增殖放流，由农业部黄渤海区渔政渔港监督管理局统一规划，统一组织实施。区域性和定居性品种的人工增殖放流可以由沿岸县级以上地方人民政府渔业行政主管部门在辖区渔业水域的非养殖区组织实施。

第二十条 人工增殖放流的苗种应当由省级以上渔业行政主管部门指定的原良种场、增殖站和水生野生动物驯养繁殖基地提供。

禁止在渤海放流杂交种、转基因种及其他非渤海原有品种。但放流经省级以上渔业行政主管部门组织生态安全评估合格、全国水产原种和良种审定委员会审定和农业部批准推广的上述品种的除外。

第二十一条 禁止在种质资源保护区，重要经济鱼、虾、蟹类的产卵场等敏感水域进行放流。

第二十二条 设置人工鱼礁，应当进行环境影响和增殖效果评估，并由农业部或沿岸省、直辖市人民政府渔业行政主管部门统一组织实施。

在“机动渔船底拖网禁渔区线”外侧设置人工鱼礁的，应当依照《中华人民共和国渔业法实施细则》的规定，报请农业部批准；在“机动渔船底拖网禁渔区线”内侧设置人工鱼礁的，应当报请省、直辖市人民政府渔业行政主管部门或其授权单位批准。

第二十三条 设置人工鱼礁不得妨碍船舶航行，不得影响海底管道、缆线等设施，并应事先公告。

第四章 生物资源保护

第二十四条 实行渤海重点渔业资源保护制度。重点保护的渤海渔业资源品种及其可捕标准按照附件1执行。

附件 1 中未定标准的重点保护品种的可捕标准和地方重点保护品种及其可捕标准，由沿岸各省、直辖市人民政府渔业行政主管部门规定，报农业部和农业部黄渤海区渔政渔港监督管理局备案。

在网次或航次渔获量中，未达可捕标准的重点保护品种比重不得超过同品种渔获量的百分之二十五，但定置张网作业除外。

第二十五条 渤海秋汛对虾生产实行专项（特许）捕捞许可证制度。

捕捞渤海秋汛对虾的，应当依法领取专项（特许）捕捞许可证，悬挂统一规定的标志，方可从事作业。

第二十六条 禁止捕捞对虾春季亲虾和本规定附件1所列重点保护品种的天然苗种。

因特殊需要捕捞本规定附件 1 已定可捕标准的重点保护品种天然苗种的，由农业部黄渤海区渔政渔港监督管理局批准；捕捞本规定附件 1 未定可捕标准的或地方自定重点保护品种天然苗种的，由省、直辖市人民政府渔业行政主管部门批准。经批准后，发放专项（特许）捕捞许可证。

领取专项（特许）捕捞许可证后，应当按照指定的区域、时限和限额捕捞。

第二十七条　禁止在潮间带外侧水域采捕兰蛤。在潮间带和其向陆一侧采捕兰蛤、沙蚕、卤虫，应当报经省、直辖市渔业行政主管部门批准，发放专项（特许）捕捞许可证。取得专项（特许）捕捞许可证的，应当按照指定的区域、时限，凭证限量采捕。

第二十八条　禁止使用小于规定的最小网目尺寸的网具进行捕捞。渤海捕捞作业网具的最小网目尺寸按照附件 2 执行。沿岸各省、直辖市人民政府渔业行政主管部门可以规定未列入附件 2 的其他网具的最小网目尺寸，但应报农业部和农业部黄渤海区渔政渔港监督管理局备案。

第二十九条　禁止借改变渔具名称或以革新为名使用损害生物资源的渔具。

第三十条　禁止使用下列严重损害生物资源的渔具、渔法：

（一）炸鱼、毒鱼和电力捕鱼；以渔船推进器、泵类采捕定居种生物资源；

（二）三重流网、底拖网、浮拖网及变水层拖网作业，但网口网衣拉直周长小于 30 米的桁杆、框架型拖网类渔具除外；

（三）规格不符合本规定附件 2 规定标准的网具；

沿岸各省、直辖市人民政府渔业行政主管部门可以规定适用于本行政区域的其他禁止使用的渔具渔法，并报农业部和农业部黄渤海区渔政渔港监督管理局备案。

第三十一条　渤海实行伏季休渔等禁渔期制度，并应当执行附件 3 的规定。

沿岸各省、直辖市人民政府渔业行政主管部门可以对毛虾和海蜇规定适用于本行政区域的禁渔期，并报农业部和农业部黄渤海区渔政渔港监督管理局备案。

第三十二条　禁止在禁渔区、禁渔期内收购、加工和销售非法捕捞的渔获物。

在禁渔区或者禁渔期内收购、加工和销售非法捕捞的渔获物的，沿岸县级以上地方人民政府渔业行政主管部门及其所属的渔政渔港监督管理机构应当及时调查处理。

第三十三条　沿岸的盐场、电厂、养殖场和其他利用海水的单位或个人，在纳水时应当采取防护或有效规避措施，保护幼鱼、幼虾资源。在伏季休渔期间引水用水时应设置凸面向外且网目不超过 7 毫米的“V”型防护网。

未采取防护措施，对天然生物资源造成损害的，沿岸县级以上地方人民政府渔业行政主管部门应当责令限期消除危害。

第三十四条　因科学研究特殊需要，在禁渔区、禁渔期捕捞或使用禁用的渔具、渔法，以及捕捞禁捕对象的，应当经农业部黄渤海区渔政渔港监督管理局审核后，报农业部批准。

捕捞作业时应当悬挂统一规定的标志。

第五章　渔业水域环境保护

第三十五条　沿岸县级以上地方人民政府渔业行政主管部门应当依法参加海岸工程、海洋工程、倾废区、入海排污口等项目的环境影响评价等工作，研究对生物资源和渔业水域环境的影响，提出保护生物资源和渔业水域环境的具体要求和措施。

第三十六条　沿岸各级渔业生态环境监测机构应当依法加强对渔业水域的监测，及时向同级渔业行政主管部门和上一级监测机构报告监测情况。

第三十七条 沿岸各级渔业生态环境监测机构应当建立健全机制，加强赤潮监测与预警工作，并及时向同级渔业行政主管部门和上一级监测机构报告监测情况。

沿岸县级以上地方人民政府渔业行政主管部门应当积极会同或配合有关部门，加强赤潮防范，组织生产者防灾减灾，减少生产损失。

第三十八条 进行水下爆破、勘探、施工作业，对生物资源有严重影响的，位于“机动渔船底拖网禁渔区线”内的，作业单位应当事先同沿岸省、直辖市人民政府渔业行政主管部门协商；位于“机动渔船底拖网禁渔区线”外的，作业单位应当事先同农业部黄渤海区渔政渔港监督管理局协商，并采取有关防护措施后，方能作业。

因作业造成生物资源破坏或损失的，根据管辖范围，农业部黄渤海区渔政渔港监督管理局和沿岸省、直辖市人民政府渔业行政主管部门应当责令作业单位限期消除危害，并向有关人民政府提出责令作业单位赔偿的建议。

第三十九条 因溢油、排污及倾倒废弃物等污染，造成渔业污染事故的，由沿岸县级以上地方人民政府渔业行政主管部门或其所属的渔政监督管理机构组织调查、评估，并依照《中华人民共和国海洋环境保护法》的有关规定处理。

污染事故损害渤海天然生物资源的，沿岸县级以上地方人民政府渔业行政主管部门依法处理，并可以代表国家对责任者提出损害赔偿要求。

第六章　附　则

第四十条 违反本规定的，由县级以上人民政府渔业行政主管部门或其所属的渔政监督管理机构依法处理，法律、法规另有规定的，从其规定。

第四十一条 本规定由农业部负责解释。

第四十二条 本规定自2004年5月1日起施行。农业部1991年4月13日发布的《渤海区渔业资源繁殖保护规定》同时废止。

附1：渤海渔业资源重点保护品种及其最低可捕标准（略）

附2

渤海捕捞作业网具最小网目尺寸

一、鲅鱼流网最小网目90毫米，网衣拉直高度不得超过9米（含缘网），每船总长度不得超过4000米；

二、对虾流网最小网目60毫米，网衣拉直高度不得超过9米（含缘网），每船总长度不得超过4000米；

三、张网类网目不小于8毫米；

四、围网类网目不小于33毫米。

附 3

渤海禁渔期

一、渤海伏季休渔时间为 6 月 16 日 12 时至 9 月 1 日 12 时。除使用网目尺寸 90 毫米以上的单层流刺网和钓钩从事捕捞作业外，禁止在伏季休渔期间从事一切捕捞作业。

二、在“机动渔船底拖网禁渔区”内专捕海蜇、毛虾的网具可在伏季休渔截止日期之前开捕，具体开捕日期由沿岸省、直辖市渔业行政主管部门规定，报农业部和农业部黄渤海区渔政渔港监督管理局备案。但毛虾的开捕日期不得早于 8 月 15 日。

三、下列网具同时实行如下禁渔期：

（一）5 月 1 日 12 时至 5 月 16 日 12 时，禁止张网类渔具和桁杆、框架型拖曳渔具以及网目尺寸 60～70 毫米的单层流刺网作业；

（二）5 月 10 日 12 时至 6 月 16 日 12 时，禁止围网和网目尺寸 90 毫米以上的单层流刺网作业；

（三）12 月 10 日 12 时至翌年 4 月 1 日 12 时，禁止耙刺类渔具在“机动渔船底拖网禁渔区”外侧作业；“机动渔船底拖网禁渔区”内全年禁止魁蚶耙子作业。

中华人民共和国气象法

（1999年10月31日中华人民共和国第九届全国人民代表大会常务委员会第十二次会议通过，国家主席于同日公布，自2000年1月1日起施行）

目　录

第一章　总　则

第一条　为了发展气象事业，规范气象工作，准确、及时地发布气象预报，防御气象灾害，合理开发利用和保护气候资源，为经济建设、国防建设、社会发展和人民生活提供气象服务，制定本法。

第二条　在中华人民共和国领域和中华人民共和国管辖的其他海域从事气象探测、预报、服务和气象灾害防御、气候资源利用、气象科学技术研究等活动，应当遵守本法。

第三条　气象事业是经济建设、国防建设、社会发展和人民生活的基础性公益事业，气象工作应当把公益性气象服务放在首位。

县级以上人民政府应当加强对气象工作的领导和协调，将气象事业纳入中央和地方同级国民经济和社会发展计划及财政预算，以保障其充分发挥为社会公众、政府决策和经济发展服务的功能。

县级以上地方人民政府根据当地社会经济发展的需要所建设的地方气象事业项目，其投资主要由本级财政承担。

气象台站在确保公益性气象无偿服务的前提下，可以依法开展气象有偿服务。

第四条　县、市气象主管机构所属的气象台站应当主要为农业生产服务，及时主动提供保障当地农业生产所需的公益性气象信息服务。

第五条 国务院气象主管机构负责全国的气象工作。地方各级气象主管机构在上级气象主管机构和本级人民政府的领导下，负责本行政区域内的气象工作。

国务院其他有关部门和省、自治区、直辖市人民政府其他有关部门所属的气象台站，应当接受同级气象主管机构对其气象工作的指导、监督和行业管理。

第六条 从事气象业务活动，应当遵守国家制定的气象技术标准、规范和规程。

第七条 国家鼓励和支持气象科学技术研究、气象科学知识普及，培养气象人才，推广先进的气象科学技术，保护气象科技成果，加强国际气象合作与交流，发展气象信息产业，提高气象工作水平。

各级人民政府应当关心和支持少数民族地区、边远贫困地区、艰苦地区和海岛的气象台站的建设和运行。

对在气象工作中做出突出贡献的单位和个人，给予奖励。

第八条 外国的组织和个人在中华人民共和国领域和中华人民共和国管辖的其他海域从事气象活动，必须经国务院气象主管机构会同有关部门批准。

第二章　气象设施的建设与管理

第九条 国务院气象主管机构应当组织有关部门编制气象探测设施、气象信息专用传输设施、大型气象专用技术装备等重要气象设施的建设规划，报国务院批准后实施。气象设施建设规划的调整、修改，必须报国务院批准。

编制气象设施建设规划，应当遵循合理布局、有效利用、兼顾当前与长远需要的原则，避免重复建设。

第十条 重要气象设施建设项目，在项目建议书和可行性研究报告报批前，应当按照项目相应的审批权限，经国务院气象主管机构或者省、自治区、直辖市气象主管机构审查同意。

第十一条 国家依法保护气象设施，任何组织或者个人不得侵占、损毁或者擅自移动气象设施。

气象设施因不可抗力遭受破坏时，当地人民政府应当采取紧急措施，组织力量修复，确保气象设施正常运行。

第十二条 未经依法批准，任何组织或者个人不得迁移气象台站；确因实施城市规划或者国家重点工程建设，需要迁移国家基准气候站、基本气象站的，应当报经国务院气象主管机构批准；需要迁移其他气象台站的，应当报经省、自治区、直辖市气象主管机构批准。迁建费用由建设单位承担。

第十三条 气象专用技术装备应当符合国务院气象主管机构规定的技术要求，并经国务院气象主管机构审查合格；未经审查或者审查不合格的，不得在气象业务中使用。

第十四条 气象计量器具应当依照《中华人民共和国计量法》的有关规定，经气象计量检定机构检定。未经检定、检定不合格或者超过检定有效期的气象计量器具，不得使用。

国务院气象主管机构和省、自治区、直辖市气象主管机构可以根据需要建立气象计量标准器具，其各项最高计量标准器具依照《中华人民共和国计量法》的规定，经考核合格后，方可使用。

第三章　气象探测

第十五条　各级气象主管机构所属的气象台站，应当按照国务院气象主管机构的规定，进行气象探测并向有关气象主管机构汇交气象探测资料。未经上级气象主管机构批准，不得中止气象探测。

国务院气象主管机构及有关地方气象主管机构应当按照国家规定适时发布基本气象探测资料。

第十六条　国务院其他有关部门和省、自治区、直辖市人民政府其他有关部门所属的气象台站及其他从事气象探测的组织和个人，应当按照国家有关规定向国务院气象主管机构或者省、自治区、直辖市气象主管机构汇交所获得的气象探测资料。

各级气象主管机构应当按照气象资料共享、共用的原则，根据国家有关规定，与其他从事气象工作的机构交换有关气象信息资料。

第十七条　在中华人民共和国内水、领海和中华人民共和国管辖的其他海域的海上钻井平台和具有中华人民共和国国籍的在国际航线上飞行的航空器、远洋航行的船舶，应当按照国家有关规定进行气象探测并报告气象探测信息。

第十八条　基本气象探测资料以外的气象探测资料需要保密的，其密级的确定、变更和解密以及使用，依照《中华人民共和国保守国家秘密法》的规定执行。

第十九条　国家依法保护气象探测环境，任何组织和个人都有保护气象探测环境的义务。

第二十条　禁止下列危害气象探测环境的行为：

（一）在气象探测环境保护范围内设置障碍物、进行爆破和采石；

（二）在气象探测环境保护范围内设置影响气象探测设施工作效能的高频电磁辐射装置；

（三）在气象探测环境保护范围内从事其他影响气象探测的行为。

气象探测环境保护范围的划定标准由国务院气象主管机构规定。各级人民政府应当按照法定标准划定气象探测环境的保护范围，并纳入城市规划或者村庄和集镇规划。

第二十一条　新建、扩建、改建建设工程，应当避免危害气象探测环境；确实无法避免的，属于国家基准气候站、基本气象站的探测环境，建设单位应当事先征得国务院气象主管机构的同意，属于其他气象台站的探测环境，应当事先征得省、自治区、直辖市气象主管机构的同意，并采取相应的措施后，方可建设。

第四章　气象预报与灾害性天气警报

第二十二条　国家对公众气象预报和灾害性天气警报实行统一发布制度。

各级气象主管机构所属的气象台站应当按照职责向社会发布公众气象预报和灾害性天气警报，并根据天气变化情况及时补充或者订正。其他任何组织或者个人不得向社会发布公众气象预报和灾害性天气警报。

国务院其他有关部门和省、自治区、直辖市人民政府其他有关部门所属的气象台站，可以发布供本系统使用的专项气象预报。

各级气象主管机构及其所属的气象台站应当提高公众气象预报和灾害性天气警报的准确性、及时性和服务水平。

第二十三条 各级气象主管机构所属的气象台站应当根据需要，发布农业气象预报、城市环境气象预报、火险气象等级预报等专业气象预报，并配合军事气象部门进行国防建设所需的气象服务工作。

第二十四条 各级广播、电视台站和省级人民政府指定的报纸，应当安排专门的时间或者版面，每天播发或者刊登公众气象预报或者灾害性天气警报。

各级气象主管机构所属的气象台站应当保证其制作的气象预报节目的质量。

广播、电视播出单位改变气象预报节目播发时间安排的，应当事先征得有关气象台站的同意；对国计民生可能产生重大影响的灾害性天气警报和补充、订正的气象预报，应当及时增播或者插播。

第二十五条 广播、电视、报纸、电信等媒体向社会传播气象预报和灾害性天气警报，必须使用气象主管机构所属的气象台站提供的适时气象信息，并标明发布时间和气象台站的名称。通过传播气象信息获得的收益，应当提取一部分支持气象事业的发展。

第二十六条 信息产业部门应当与气象主管机构密切配合，确保气象通信畅通，准确、及时地传递气象情报、气象预报和灾害性天气警报。

气象无线电专用频道和信道受国家保护，任何组织或者个人不得挤占和干扰。

第五章 气象灾害防御

第二十七条 县级以上人民政府应当加强气象灾害监测、预警系统建设，组织有关部门编制气象灾害防御规划，并采取有效措施，提高防御气象灾害的能力。有关组织和个人应当服从人民政府的指挥和安排，做好气象灾害防御工作。

第二十八条 各级气象主管机构应当组织对重大灾害性天气的跨地区、跨部门的联合监测、预报工作，及时提出气象灾害防御措施，并对重大气象灾害作出评估，为本级人民政府组织防御气象灾害提供决策依据。

各级气象主管机构所属的气象台站应当加强对可能影响当地的灾害性天气的监测和预报，并及时报告有关气象主管机构。其他有关部门所属的气象台站和与灾害性天气监测、预报有关的单位应当及时向气象主管机构提供监测、预报气象灾害所需要的气象探测信息和有关的水情、风暴潮等监测信息。

第二十九条 县级以上地方人民政府应当根据防御气象灾害的需要，制定气象灾害防御方案，并根据气象主管机构提供的气象信息，组织实施气象灾害防御方案，避免或者减轻气象灾害。

第三十条 县级以上人民政府应当加强对人工影响天气工作的领导，并根据实际情况，有组织、有计划地开展人工影响天气工作。

国务院气象主管机构应当加强对全国人工影响天气工作的管理和指导。地方各级气象主管机构应当制定人工影响天气作业方案，并在本级人民政府的领导和协调下，管理、指导和组织实施人工影响天气作业。有关部门应当按照职责分工，配合气象主管机构做好人工影响天气的有关工作。

实施人工影响天气作业的组织必须具备省、自治区、直辖市气象主管机构规定的资格条件，并使用符合国务院气象主管机构要求的技术标准的作业设备，遵守作业规范。

第三十一条 各级气象主管机构应当加强对雷电灾害防御工作的组织管理，并会同有关部门指导对可能遭受雷击的建筑物、构筑物和其他设施安装的雷电灾害防护装置的检测工作。

安装的雷电灾害防护装置应当符合国务院气象主管机构规定的使用要求。

第六章 气候资源开发利用和保护

第三十二条 国务院气象主管机构负责全国气候资源的综合调查、区划工作，组织进行气候监测、分析、评价，并对可能引起气候恶化的大气成分进行监测，定期发布全国气候状况公报。

第三十三条 县级以上地方人民政府应当根据本地区气候资源的特点，对气候资源开发利用的方向和保护的重点作出规划。

地方各级气象主管机构应当根据本级人民政府的规划，向本级人民政府和同级有关部门提出利用、保护气候资源和推广应用气候资源区划等成果的建议。

第三十四条 各级气象主管机构应当组织对城市规划、国家重点建设工程、重大区域性经济开发项目和大型太阳能、风能等气候资源开发利用项目进行气候可行性论证。

具有大气环境影响评价资格的单位进行工程建设项目大气环境影响评价时，应当使用气象主管机构提供或者经其审查的气象资料。

第七章 法律责任

第三十五条 违反本法规定，有下列行为之一的，由有关气象主管机构按照权限责令停止违法行为，限期恢复原状或者采取其他补救措施，可以并处五万元以下的罚款；造成损失的，依法承担赔偿责任；构成犯罪的，依法追究刑事责任：

（一）侵占、损毁或者未经批准擅自移动气象设施的；

（二）在气象探测环境保护范围内从事危害气象探测环境活动的。

在气象探测环境保护范围内，违法批准占用土地的，或者非法占用土地新建建筑物或者其他设施的，依照《中华人民共和国城市规划法》或者《中华人民共和国土地管理法》的有关规定处罚。

第三十六条 违反本法规定，使用不符合技术要求的气象专用技术装备，造成危害的，由有关气象主管机构按照权限责令改正，给予警告，可以并处五万元以下的罚款。

第三十七条 违反本法规定，安装不符合使用要求的雷电灾害防护装置的，由有关气象主管机构责令改正，给予警告。使用不符合使用要求的雷电灾害防护装置给他人造成损失的，依法承担赔偿责任。

第三十八条 违反本法规定，有下列行为之一的，由有关气象主管机构按照权限责令改正，给予警告，可以并处五万元以下的罚款：

（一）非法向社会发布公众气象预报、灾害性天气警报的；

（二）广播、电视、报纸、电信等媒体向社会传播公众气象预报、灾害性天气警报，不使用气象主管机构所属的气象台站提供的适时气象信息的；

（三）从事大气环境影响评价的单位进行工程建设项目大气环境影响评价时，使用的气象资料不是气象主管机构提供或者审查的。

第三十九条 违反本法规定，不具备省、自治区、直辖市气象主管机构规定的资格条件实施人工影响天气作业的，或者实施人工影响天气作业使用不符合国务院气象主管机构要求的技术标准的作业设备的，由有关气象主管机构按照权限责令改正，给予警告，可以并处十万元以下的罚款；给他人造成损失的，依法承担赔偿责任；构成犯罪的，依法追究刑事责任。

第四十条 各级气象主管机构及其所属气象台站的工作人员由于玩忽职守，导致重大漏报、错报公众气象预报、灾害性天气警报，以及丢失或者毁坏原始气象探测资料、伪造气象资料等事故的，依法给予行政处分；致使国家利益和人民生命财产遭受重大损失，构成犯罪的，依法追究刑事责任。

第八章　附　则

第四十一条 本法中下列用语的含义是：

（一）气象设施，是指气象探测设施、气象信息专用传输设施、大型气象专用技术装备等。

（二）气象探测，是指利用科技手段对大气和近地层的大气物理过程、现象及其化学性质等进行的系统观察和测量。

（三）气象探测环境，是指为避开各种干扰保证气象探测设施准确获得气象探测信息所必需的最小距离构成的环境空间。

（四）气象灾害，是指台风、暴雨（雪）、寒潮、大风（沙尘暴）、低温、高温、干旱、雷电、冰雹、霜冻和大雾等所造成的灾害。

（五）人工影响天气，是指为避免或者减轻气象灾害，合理利用气候资源，在适当条件下通过科技手段对局部大气的物理、化学过程进行人工影响，实现增雨雪、防雹、消雨、消雾、防霜等目的的活动。

第四十二条 气象台站和其他开展气象有偿服务的单位，从事气象有偿服务的范围、项目、收费等具体管理办法，由国务院依据本法规定。

第四十三条 中国人民解放军气象工作的管理办法，由中央军事委员会制定。

第四十四条 中华人民共和国缔结或者参加的有关气象活动的国际条约与本法有不同规定的，适用该国际条约的规定；但是，中华人民共和国声明保留的条款除外。

第四十五条 本法自 2000 年 1 月 1 日起施行。1994 年 8 月 18 日国务院发布的《中华人民共和国气象条例》同时废止。

中华人民共和国种子法

（2000 年 7 月 8 日第九届全国人民代表大会常务委员会第十六次会议通过）

中华人民共和国主席令

第 34 号

《中华人民共和国种子法》已由中华人民共和国第九届全国人民代表大会常务委员会第十六次会议于 2000 年 7 月 8 日通过，现予公布，自 2002 年 12 月 1 日起施行。

中华人民共和国主席　江泽民

2000 年 7 月 8 日

目　录

第一章　总　则

第一条　为了保护和合理利用种质资源，规范品种选育和种子生产、经营、使用行为，维护品种选育者和种子生产者、经营者、使用者的合法权益，提高种子质量水平，推动种子产业化，促进种植业和林业的发展，制定本法。

第二条　在中华人民共和国境内从事品种选育和种子生产、经营、使用、管理等活动，适用本法。

本法所称种子，是指农作物和林木的种植材料或者繁殖材料，包括籽粒、果实和根、茎、苗、芽、叶等。

第三条　国务院农业、林业行政主管部门分别主管全国农作物种子和林木种子工作；县级以上地方人民政府农业、林业行政主管部门分别主管本行政区域内农作物种子和林木种子工作。

第四条　国家扶持种质资源保护工作和选育、生产、更新、推广使用良种，鼓励品种选育和种子生产、经营相结合，奖励在种质资源保护工作和良种选育、推广等工作中成绩显著的单位和个人。

第五条　县级以上人民政府应当根据科教兴农方针和种植业、林业发展的需要制定种子发展规划，并按照国家有关规定在财政、信贷和税收等方面采取措施保证规划的实施。

第六条　国务院和省、自治区、直辖市人民政府设立专项资金，用于扶持良种选育和推广。具体办法由国务院规定。

第七条　国家建立种子贮备制度，主要用于发生灾害时的生产需要，保障农业生产安全。对贮备的种子应当定期检验和更新。种子贮备的具体办法由国务院规定。

第二章　种质资源保护

第八条　国家依法保护种质资源，任何单位和个人不得侵占和破坏种质资源。

禁止采集或者采伐国家重点保护的天然种质资源。因科研等特殊情况需要采集或者采伐的，应当经国务院或者省、自治区、直辖市人民政府的农业、林业行政主管部门批准。

第九条　国家有计划地收集、整理、鉴定、登记、保存、交流和利用种质资源，定期公布可供利用的种质资源目录。具体办法由国务院农业、林业行政主管部门规定。

国务院农业、林业行政主管部门应当建立国家种质资源库，省、自治区、直辖市人民政府农业、林业行政主管部门可以根据需要建立种质资源库、种质资源保护区或者种质资源保护地。

第十条　国家对种质资源享有主权，任何单位和个人向境外提供种质资源的，应当经国务院农业、林业行政主管部门批准；从境外引进种质资源的，依照国务院农业、林业行政主管部门的有关规定办理。

第三章　品种选育与审定

第十一条　国务院农业、林业、科技、教育等行政主管部门和省、自治区、直辖市人民政府应当组织有关单位进行品种选育理论、技术和方法的研究。

国家鼓励和支持单位和个人从事良种选育和开发。

第十二条 国家实行植物新品种保护制度，对经过人工培育的或者发现的野生植物加以开发的植物品种，具备新颖性、特异性、一致性和稳定性的，授予植物新品种权，保护植物新品种权所有人的合法权益。具体办法按照国家有关规定执行。选育的品种得到推广应用的，育种者依法获得相应的经济利益。

第十三条 单位和个人因林业行政主管部门为选育林木良种建立测定林、试验林、优树收集区、基因库而减少经济收入的，批准建立的林业行政主管部门应当按照国家有关规定给予经济补偿。

第十四条 转基因植物品种的选育、试验、审定和推广应当进行安全性评价，并采取严格的安全控制措施。具体办法由国务院规定。

第十五条 主要农作物品种和主要林木品种在推广应用前应当通过国家级或者省级审定，申请者可以直接申请省级审定或者国家级审定。由省、自治区、直辖市人民政府农业、林业行政主管部门确定的主要农作物品种和主要林木品种实行省级审定。

主要农作物品种和主要林木品种的审定办法应当体现公正、公开、科学、效率的原则，由国务院农业、林业行政主管部门规定。

国务院和省、自治区、直辖市人民政府的农业、林业行政主管部门分别设立由专业人员组成的农作物品种和林木品种审定委员会，承担主要农作物品种和主要林木品种的审定工作。

在具有生态多样性的地区，省、自治区、直辖市人民政府农业、林业行政主管部门可以委托设区的市、自治州承担适宜于在特定生态区域内推广应用的主要农作物品种和主要林木品种的审定工作。

第十六条 通过国家级审定的主要农作物品种和主要林木良种由国务院农业、林业行政主管部门公告，可以在全国适宜的生态区域推广。通过省级审定的主要农作物品种和主要林木良种由省、自治区、直辖市人民政府农业、林业行政主管部门公告，可以在本行政区域内适宜的生态区域推广；相邻省、自治区、直辖市属于同一适宜生态区的地域，经所在省、自治区、直辖市人民政府农业、林业行政主管部门同意后可以引种。

第十七条 应当审定的农作物品种未经审定通过的，不得发布广告，不得经营、推广。

应当审定的林木品种未经审定通过的，不得作为良种经营、推广，但生产确需使用的，应当经省级以上人民政府林业行政主管部门审核，报同级林木品种审定委员会认定。

第十八条 审定未通过的农作物品种和林木品种，申请人有异议的，可以向原审定委员会或者上一级审定委员会申请复审。

第十九条 在中国没有经常居所或者营业场所的外国人、外国企业或者外国其他组织在中国申请品种审定的，应当委托具有法人资格的中国种子科研、生产、经营机构代理。

第四章 种子生产

第二十条 主要农作物和主要林木的商品种子生产实行许可制度。

主要农作物杂交种子及其亲本种子、常规种原种种子、主要林木良种的种子生产许可证，由生产所在地县级人民政府农业、林业行政主管部门审核，省、自治区、直辖市人民政府农业、林业行政主管部门核发；其他种子的生产许可证，由生产所在地县级以上地方人民政府农业、林业行政主管部门核发。

第二十一条 申请领取种子生产许可证的单位和个人，应当具备下列条件：

（一）具有繁殖种子的隔离和培育条件；

（二）具有无检疫性病虫害的种子生产地点或者县级以上人民政府林业行政主管部门确定的采种林；

（三）具有与种子生产相适应的资金和生产、检验设施；

（四）具有相应的专业种子生产和检验技术人员；

（五）法律、法规规定的其他条件。

申请领取具有植物新品种权的种子生产许可证的，应当征得品种权人的书面同意。

第二十二条 种子生产许可证应当注明生产种子的品种、地点和有效期限等项目。

禁止伪造、变造、买卖、租借种子生产许可证；禁止任何单位和个人无证或者未按照许可证的规定生产种子。

第二十三条 商品种子生产应当执行种子生产技术规程和种子检验、检疫规程。

第二十四条 在林木种子生产基地内采集种子的，由种子生产基地的经营者组织进行，采集种子应当按照国家有关标准进行。

禁止抢采掠青、损坏母树，禁止在劣质林内、劣质母树上采集种子。

第二十五条 商品种子生产者应当建立种子生产档案，载明生产地点、生产地块环境、前茬作物、亲本种子来源和质量、技术负责人、田间检验记录、产地气象记录、种子流向等内容。

第五章 种子经营

第二十六条 种子经营实行许可制度。种子经营者必须先取得种子经营许可证后，方可凭种子经营许可证向工商行政管理机关申请办理或者变更营业执照。

种子经营许可证实行分级审批发放制度。种子经营许可证由种子经营者所在地县级以上地方人民政府农业、林业行政主管部门核发。主要农作物杂交种子及其亲本种子、常规种原种种子、主要林木良种的种子经营许可证，由种子经营者所在地县级人民政府农业、林业行政主管部门审核，省、自治区、直辖市人民政府农业、林业行政主管部门核发。实行选育、生产、经营相结合并达到国务院农业、林业行政主管部门规定的注册资本金额的种子公司和从事种子进出口业务的公司的种子经营许可证，由省、自治区、直辖市人民政府农业、林业行政主管部门审核，国务院农业、林业行政主管部门核发。

第二十七条 农民个人自繁、自用的常规种子有剩余的，可以在集贸市场上出售、串换，不需要办理种子经营许可证，由省、自治区、直辖市人民政府制定管理办法。

第二十八条 国家鼓励和支持科研单位、学校、科技人员研究开发和依法经营、推广农作物新品种和林木良种。

第二十九条 申请领取种子经营许可证的单位和个人，应当具备下列条件：

（一）具有与经营种子种类和数量相适应的资金及独立承担民事责任的能力；

（二）具有能够正确识别所经营的种子、检验种子质量、掌握种子贮藏、保管技术的人员；

（三）具有与经营种子的种类、数量相适应的营业场所及加工、包装、贮藏保管设施和检验种子质量的仪器设备；

（四）法律、法规规定的其他条件。

种子经营者专门经营不再分装的包装种子的，或者受具有种子经营许可证的种子经营者以书面委托代销其种子的，可以不办理种子经营许可证。

第三十条 种子经营许可证的有效区域由发证机关在其管辖范围内确定。种子经营者按照经营许可证规定的有效区域设立分支机构的，可以不再办理种子经营许可证，但应当在办理或者变更营业执照后十五日内，向当地农业、林业行政主管部门和原发证机关备案。

第三十一条 种子经营许可证应当注明种子经营范围、经营方式及有效期限、有效区域等项目。

禁止伪造、变造、买卖、租借种子经营许可证；禁止任何单位和个人无证或者未按照许可证的规定经营种子。

第三十二条 种子经营者应当遵守有关法律、法规的规定，向种子使用者提供种子的简要性状、主要栽培措施、使用条件的说明与有关咨询服务，并对种子质量负责。

任何单位和个人不得非法干预种子经营者的自主经营权。

第三十三条 国务院或者省、自治区、直辖市人民政府的林业行政主管部门建立的林木种子生产基地生产的种子，由国务院或者省、自治区、直辖市人民政府的林业行政主管部门指定的单位有计划地统一组织收购和调剂使用，非指定单位不得在基地范围内组织收购。

未经国务院或者省、自治区、直辖市人民政府的林业行政主管部门批准，不得收购珍贵树木种子和同级人民政府规定限制收购的林木种子。

第三十四条 销售的种子应当加工、分级、包装。但是，不能加工、包装的除外。

大包装或者进口种子可以分装；实行分装的，应当注明分装单位，并对种子质量负责。

第三十五条 销售的种子应当附有标签。标签应当标注种子类别、品种名称、产地、质量指标、检疫证明编号、种子生产及经营许可证编号或者进口审批文号等事项。标签标注的内容应当与销售的种子相符。

销售进口种子的，应当附有中文标签。

销售转基因植物品种种子的，必须用明显的文字标注，并应当提示使用时的安全控制措施。

第三十六条 种子经营者应当建立种子经营档案，载明种子来源、加工、贮藏、运输和质量检测各环节的简要说明及责任人、销售去向等内容。

一年生农作物种子的经营档案应当保存至种子销售后二年，多年生农作物和林木种子经营档案的保存期限由国务院农业、林业行政主管部门规定。

第三十七条　种子广告的内容应当符合本法和有关广告的法律、法规的规定，主要性状描述应当与审定公告一致。

第三十八条　调运或者邮寄出县的种子应当附有检疫证书。

第六章　种子使用

第三十九条　种子使用者有权按照自己的意愿购买种子，任何单位和个人不得非法干预。

第四十条　国家投资或者国家投资为主的造林项目和国有林业单位造林，应当根据林业行政主管部门制定的计划使用林木良种。

国家对推广使用林木良种营造防护林、特种用途林给予扶持。

第四十一条　种子使用者因种子质量问题遭受损失的，出售种子的经营者应当予以赔偿，赔偿额包括购种价款、有关费用和可得利益损失。

经营者赔偿后，属于种子生产者或者其他经营者责任的，经营者有权向生产者或者其他经营者追偿。

第四十二条　因使用种子发生民事纠纷的，当事人可以通过协商或者调解解决。当事人不愿通过协商、调解解决或者协商、调解不成的，可以根据当事人之间的协议向仲裁机构申请仲裁。当事人也可以直接向人民法院起诉。

第七章　种子质量

第四十三条　种子的生产、加工、包装、检验、贮藏等质量管理办法和行业标准，由国务院农业、林业行政主管部门制定。

农业、林业行政主管部门负责对种子质量的监督。

第四十四条　农业、林业行政主管部门可以委托种子质量检验机构对种子质量进行检验。

承担种子质量检验的机构应当具备相应的检测条件和能力，并经省级以上人民政府有关主管部门考核合格。

第四十五条　种子质量检验机构应当配备种子检验员。种子检验员应当具备以下条件：

（一）具有相关专业中等专业技术学校毕业以上文化水平；

（二）从事种子检验技术工作三年以上；

（三）经省级以上人民政府农业、林业行政主管部门考核合格。

第四十六条　禁止生产、经营假、劣种子。

下列种子为假种子：

（一）以非种子冒充种子或者以此种品种种子冒充他种品种种子的；

（二）种子种类、品种、产地与标签标注的内容不符的。

下列种子为劣种子：

（一）质量低于国家规定的种用标准的；

（二）质量低于标签标注指标的；

（三）因变质不能作种子使用的；

（四）杂草种子的比率超过规定的；

（五）带有国家规定检疫对象的有害生物的。

第四十七条 由于不可抗力原因，为生产需要必须使用低于国家或者地方规定的种用标准的农作物种子的，应当经用种地县级以上地方人民政府批准；林木种子应当经用种地省、自治区、直辖市人民政府批准。

第四十八条 从事品种选育和种子生产、经营以及管理的单位和个人应当遵守有关植物检疫法律、行政法规的规定，防止植物危险性病、虫、杂草及其他有害生物的传播和蔓延。

禁止任何单位和个人在种子生产基地从事病虫害接种试验。

第八章 种子进出口和对外合作

第四十九条 进口种子和出口种子必须实施检疫，防止植物危险性病、虫、杂草及其他有害生物传入境内和传出境外，具体检疫工作按照有关植物进出境检疫法律、行政法规的规定执行。

第五十条 从事商品种子进出口业务的法人和其他组织，除具备种子经营许可证外，还应当依照有关对外贸易法律、行政法规的规定取得从事种子进出口贸易的许可。

从境外引进农作物、林木种子的审定权限，农作物、林木种子的进出口审批办法，引进转基因植物品种的管理办法，由国务院规定。

第五十一条 进口商品种子的质量，应当达到国家标准或者行业标准。没有国家标准或者行业标准的，可以按照合同约定的标准执行。

第五十二条 为境外制种进口种子的，可以不受本法第五十条第一款的限制，但应当具有对外制种合同，进口的种子只能用于制种，其产品不得在国内销售。

从境外引进农作物试验用种，应当隔离栽培，收获物也不得作为商品种子销售。

第五十三条 禁止进出口假、劣种子以及属于国家规定不得进出口的种子。

第五十四条 境外企业、其他经济组织或者个人来我国投资种子生产、经营的，审批程序和管理办法由国务院有关部门依照有关法律、行政法规规定。

第九章 种子行政管理

第五十五条 农业、林业行政主管部门是种子行政执法机关。种子执法人员依法执行公务时应当出示行政执法证件。

农业、林业行政主管部门为实施本法，可以进行现场检查。

第五十六条 农业、林业行政主管部门及其工作人员不得参与和从事种子生产、经营活动；种子生产经营机构不得参与和从事种子行政管理工作。种子的行政主管部门与生产经营机构在人员和财务上必须分开。

第五十七条 国务院农业、林业行政主管部门和异地繁育种子所在地的省、自治区、直辖市人民政府应当加强对异地繁育种子工作的管理和协调，交通运输部门应当优先保证种子的运输。

第五十八条 农业、林业行政主管部门在依照本法实施有关证照的核发工作中，除收取所发证照的工本费外，不得收取其他费用。

第十章 法律责任

第五十九条 违反本法规定，生产、经营假、劣种子的，由县级以上人民政府农业、林业行政主管部门或者工商行政管理机关责令停止生产、经营，没收种子和违法所得，吊销种子生产许可证、种子经营许可证或者营业执照，并处以罚款；有违法所得的，处以违法所得五倍以上十倍以下罚款；没有违法所得的，处以二千元以上五万元以下罚款；构成犯罪的，依法追究刑事责任。

第六十条 违反本法规定，有下列行为之一的，由县级以上人民政府农业、林业行政主管部门责令改正，没收种子和违法所得，并处以违法所得一倍以上三倍以下罚款；没有违法所得的，处以一千元以上三万元以下罚款；可以吊销违法行为人的种子生产许可证或者种子经营许可证；构成犯罪的，依法追究刑事责任：

（一）未取得种子生产许可证或者伪造、变造、买卖、租借种子生产许可证，或者未按照种子生产许可证的规定生产种子的；

（二）未取得种子经营许可证或者伪造、变造、买卖、租借种子经营许可证，或者未按照种子经营许可证的规定经营种子的。

第六十一条 违反本法规定，有下列行为之一的，由县级以上人民政府农业、林业行政主管部门责令改正，没收种子和违法所得，并处以违法所得一倍以上三倍以下罚款；没有违法所得的，处以一千元以上二万元以下罚款；构成犯罪的，依法追究刑事责任：

（一）为境外制种的种子在国内销售的；

（二）从境外引进农作物种子进行引种试验的收获物在国内作商品种子销售的；

（三）未经批准私自采集或者采伐国家重点保护的天然种质资源的。

第六十二条 违反本法规定，有下列行为之一的，由县级以上人民政府农业、林业行政主管部门或者工商行政管理机关责令改正，处以一千元以上一万元以下罚款：

（一）经营的种子应当包装而没有包装的；

（二）经营的种子没有标签或者标签内容不符合本法规定的；

（三）伪造、涂改标签或者试验、检验数据的；

（四）未按规定制作、保存种子生产、经营档案的；

（五）种子经营者在异地设立分支机构未按规定备案的。

第六十三条 违反本法规定，向境外提供或者从境外引进种质资源的，由国务院或者省、自治区、直辖市人民政府的农业、林业行政主管部门没收种质资源和违法所得，并处以一万元以上五万元以下罚款。

未取得农业、林业行政主管部门的批准文件携带、运输种质资源出境的，海关应当将该种质资源扣留，并移送省、自治区、直辖市人民政府农业、林业行政主管部门处理。

第六十四条 违反本法规定，经营、推广应当审定而未经审定通过的种子的，由县级以上人民政府农业、林业行政主管部门责令停止种子的经营、推广，没收种子和违法所得，并处以一万元以上五万元以下罚款。

第六十五条 违反本法规定，抢采掠青、损坏母树或者在劣质林内和劣质母树上采种的，由县级以上人民政府林业行政主管部门责令停止采种行为，没收所采种子，并处以所采林木种子价值一倍以上三倍以下的罚款；构成犯罪的，依法追究刑事责任。

第六十六条 违反本法第三十三条规定收购林木种子的，由县级以上人民政府林业行政主管部门没收所收购的种子，并处以收购林木种子价款二倍以下的罚款。

第六十七条 违反本法规定，在种子生产基地进行病虫害接种试验的，由县级以上人民政府农业、林业行政主管部门责令停止试验，处以五万元以下罚款。

第六十八条 种子质量检验机构出具虚假检验证明的，与种子生产者、销售者承担连带责任；并依法追究种子质量检验机构及其有关责任人的行政责任；构成犯罪的，依法追究刑事责任。

第六十九条 强迫种子使用者违背自己的意愿购买、使用种子给使用者造成损失的，应当承担赔偿责任。

第七十条 农业、林业行政主管部门违反本法规定，对不具备条件的种子生产者、经营者核发种子生产许可证或者种子经营许可证的，对直接负责的主管人员和其他直接责任人员，依法给予行政处分；构成犯罪的，依法追究刑事责任。

第七十一条 种子行政管理人员徇私舞弊、滥用职权、玩忽职守的，或者违反本法规定从事种子生产、经营活动的，依法给予行政处分；构成犯罪的，依法追究刑事责任。

第七十二条 当事人认为有关行政机关的具体行政行为侵犯其合法权益的，可以依法申请行政复议，也可以依法直接向人民法院提起诉讼。

第七十三条 农业、林业行政主管部门依法吊销违法行为人的种子经营许可证后，应当通知工商行政管理机关依法注销或者变更违法行为人的营业执照。

第十一章　附　则

第七十四条 本法下列用语的含义是：

（一）种质资源是指选育新品种的基础材料，包括各种植物的栽培种、野生种的繁殖材料以及利用上述繁殖材料人工创造的各种植物的遗传材料。

（二）品种是指经过人工选育或者发现并经过改良，形态特征和生物学特性一致，遗传性状相对稳定的植物群体。

（三）主要农作物是指稻、小麦、玉米、棉花、大豆以及国务院农业行政主管部门和省、自治区、直辖市人民政府农业行政主管部门各自分别确定的其他一至二种农作物。

（四）林木良种是指通过审定的林木种子，在一定的区域内，其产量、适应性、抗性等方面明显优于当前主栽材料的繁殖材料和种植材料。

（五）标签是指固定在种子包装物表面及内外的特定图案及文字说明。

第七十五条 本法所称主要林木由国务院林业行政主管部门确定并公布；省、自治区、直辖市人民政府林业行政主管部门可以在国务院林业行政主管部门确定的主要林木之外确定其他八种以下的主要林木。

第七十六条 草种、食用菌菌种的种质资源管理和选育、生产、经营、使用、管理等活动，参照本法执行。

第七十七条 中华人民共和国缔结或者参加的与种子有关的国际条约与本法有不同规定的，适用国际条约的规定；但是，中华人民共和国声明保留的条款除外。

第七十八条 本法自2000年12月1日起施行。1989年3月13日国务院发布的《中华人民共和国种子管理条例》同时废止。

农作物种质资源管理办法

（2003年7月8日农业部令第30号公布，自2003年10月1日起施行）

第一章 总 则

第一条 为了加强农作物种质资源的保护，促进农作物种质资源的交流和利用，根据《中华人民共和国种子法》的规定，制定本办法。

第二条 在中华人民共和国境内从事农作物种质资源收集、整理、鉴定、登记、保存、交流、利用和管理等活动，适用本办法。

第三条 本办法所称农作物种质资源，是指选育农作物新品种的基础材料，包括农作物的栽培种、野生种和濒危稀有种的繁殖材料，以及利用上述繁殖材料人工创造的各种遗传材料，其形态包括果实、籽粒、苗、根、茎、叶、芽、花、组织、细胞和DNA、DNA片段及基因等有生命的物质材料。

第四条 农业部设立国家农作物种质资源委员会，研究提出国家农作物种质资源发展战略和方针政策，协调全国农作物种质资源的管理工作。委员会办公室设在农业部种植业管理司，负责委员会的日常工作。

各省、自治区、直辖市农业行政主管部门可根据需要，确定相应的农作物种质资源管理单位。

第五条 农作物种质资源工作属于公益性事业，国家及地方政府有关部门应当采取措施，保障农作物种质资源工作的稳定和经费来源。

第六条 国家对在农作物种质资源收集、整理、鉴定、登记、保存、交流、引进、利用和管理过程中成绩显著的单位和个人，给予表彰和奖励。

第二章 农作物种质资源收集

第七条 国家有计划地组织农作物种质资源普查、重点考察和收集工作。因工程建设、环境变化等情况可能造成农作物种质资源灭绝的，应当及时组织抢救收集。

第八条 禁止采集或者采伐列入国家重点保护野生植物名录的野生种、野生近缘种、濒危稀有种和保护区、保护地、种质圃内的农作物种质资源。

因科研等特殊情况需要采集或者采伐列入国家重点保护野生植物名录的野生种、野生近缘种、濒危稀有种种质资源的，应当按照国务院及农业部有关野生植物管理的规定，办理审批手续；需要采集或者采伐保护区、保护地、种质圃内种质资源的，应当经建立该保护区、保护地、种质圃的农业行政主管部门批准。

第九条　农作物种质资源的采集数量应当以不影响原始居群的遗传完整性及其正常生长为标准。

第十条　未经批准，境外人员不得在中国境内采集农作物种质资源。中外科学家联合考察我国农作物种质资源的，应当提前6个月报经农业部批准。

采集的农作物种质资源需要带出境外的，应当按照本办法的规定办理对外提供农作物种质资源审批手续。

第十一条　收集种质资源应当建立原始档案，详细记载材料名称、基本特征特性、采集地点和时间、采集数量、采集人等。

第十二条　收集的所有农作物种质资源及其原始档案应当送交国家种质库登记保存。

第十三条　申请品种审定的单位和个人，应当将适量繁殖材料（包括杂交亲本繁殖材料）交国家种质库登记保存。

第十四条　单位和个人持有国家尚未登记保存的种质资源的，有义务送交国家种质库登记保存。

当事人可以将种质资源送交当地农业行政主管部门或者农业科研机构，地方农业行政主管部门或者农业科研机构应当及时将收到的种质资源送交国家种质库登记保存。

第三章　农作物种质资源鉴定、登记和保存

第十五条　对收集的所有农作物种质资源应当进行植物学类别和主要农艺性状鉴定。

农作物种质资源的鉴定实行国家统一标准制度，具体标准由农业部根据国家农作物种质资源委员会的建议制定和公布。

农作物种质资源的登记实行统一编号制度，任何单位和个人不得更改国家统一编号和名称。

第十六条　农作物种质资源保存实行原生境保存和非原生境保存相结合的制度。原生境保存包括建立农作物种质资源保护区和保护地，非原生境保存包括建立各种类型的种质库、种质圃及试管苗库。

第十七条　农业部在农业植物多样性中心、重要农作物野生种及野生近缘植物原生地以及其他农业野生资源富集区，建立农作物种质资源保护区或者保护地。

第十八条　农业部建立国家农作物种质库，包括长期种质库及其复份库、中期种质库、种质圃及试管苗库。

长期种质库负责全国农作物种质资源的长期保存；复份库负责长期种质库贮存种质的备份保存；中期种质库负责种质的中期保存、特性鉴定、繁殖和分发；种质圃及试管苗库负责无性繁殖作物及多年生作物种质的保存、特性鉴定、繁殖和分发。

国家和地方有关部门应当采取措施，保障国家种质库的正常运转和种质资源安全。

第十九条　各省、自治区、直辖市农业行政主管部门根据需要建立本地区的农作物

种质资源保护区、保护地、种质圃和中期种质库。

第四章　农作物种质资源繁殖和利用

第二十条　国家鼓励单位和个人从事农作物种质资源研究和创新。

第二十一条　国家长期种质库保存的种质资源属国家战略资源，未经农业部批准，任何单位和个人不得动用。

因国家中期种质库保存的种质资源绝种，需要从国家长期种质库取种繁殖的，应当报农业部审批。

国家长期种质库应当定期检测库存种质资源，当库存种质资源活力降低或者数量减少影响种质资源安全时，应当及时繁殖补充。

第二十二条　国家中期种质库应当定期繁殖更新库存种质资源，保证库存种质资源活力和数量；国家种质圃应当定期更新复壮圃存种质资源，保证圃存种质资源的生长势。国家有关部门应保障其繁殖更新费用。

第二十三条　农业部根据国家农作物种质资源委员会的建议，定期公布可供利用的农作物种质资源目录，并评选推荐优异种质资源。

因科研和育种需要目录中农作物种质资源的单位和个人，可以向国家中期种质库、种质圃提出申请。对符合国家中期种质库、种质圃提供种质资源条件的，国家中期种质库、种质圃应当迅速、免费向申请者提供适量种质材料。如需收费，不得超过繁种等所需的最低费用。

第二十四条　从国家获取的种质资源不得直接申请新品种保护及其他知识产权。

第二十五条　从国家中期种质库、种质圃获取种质资源的单位和个人应当及时向国家中期种质库、种质圃反馈种质资源利用信息，对不反馈信息者，国家中期种质库、种质圃有权不再向其提供种质资源。

国家中期种质库、种质圃应当定期向国家农作物种质资源委员会办公室上报种质资源发放和利用情况。

第二十六条　各省、自治区、直辖市农业行政主管部门可以根据本办法和本地区实际情况，制定本地区的农作物种质资源发放和利用办法。

第五章　农作物种质资源国际交流

第二十七条　国家对农作物种质资源享有主权，任何单位和个人向境外提供种质资源，应当经所在地省、自治区、直辖市农业行政主管部门审核，报农业部审批。

第二十八条　对外提供农作物种质资源实行分类管理制度，农业部定期修订分类管理目录。

第二十九条　对外提供农作物种质资源按以下程序办理：

（一）对外提供种质资源的单位和个人按规定的格式及要求填写《对外提供农作物种质资源申请表》，提交对外提供种质资源说明，向所在地省、自治区、直辖市农业行政主管部门提出申请。

（二）省、自治区、直辖市农业行政主管部门应当在收到申请材料之日起 10 日内完成审核工作。审核通过的，报农业部审批。

（三）农业部应当在收到审核意见之日起 10 日内完成审批工作。审批通过的，开具《对外提供农作物种质资源准许证》，加盖“农业部对外提供农作物种质资源审批专用章”。

（四）对外提供种质资源的单位和个人持《对外提供农作物种质资源准许证》到检疫机关办理检疫审批手续。

（五）《对外提供农作物种质资源准许证》和检疫通关证明作为海关放行依据。

第三十条 对外合作项目中包括农作物种质资源交流的，应当在签订合作协议前，办理对外提供农作物种质资源审批手续。

第三十一条 国家鼓励单位和个人从境外引进农作物种质资源。

第三十二条 从境外引进新物种的，应当进行科学论证，采取有效措施，防止可能造成的生态危害和环境危害。引进前，报经农业部批准，引进后隔离种植 1 个以上生育周期，经评估，证明确实安全和有利用价值的，方可分散种植。

第三十三条 单位和个人从境外引进种质资源，应当依照有关植物检疫法律、行政法规的规定，办理植物检疫手续。引进的种质资源，应当隔离试种，经植物检疫机构检疫，证明确实不带危险性病、虫及杂草的，方可分散种植。

第三十四条 国家实行引种统一登记制度。引种单位和个人应当在引进种质资源入境之日起一年内向国家农作物种质资源委员会办公室申报备案，并附适量种质材料供国家种质库保存。

当事人可以将引种信息和种质资源送交当地农业行政主管部门或者农业科研机构，地方农业行政主管部门或者农业科研机构应当及时向国家农作物种质资源委员会办公室申报备案，并将收到的种质资源送交国家种质库保存。

第三十五条 引进的种质资源，由国家农作物种质资源委员会统一编号和译名，任何单位和个人不得更改国家引种编号和译名。

第六章 农作物种质资源信息管理

第三十六条 国家农作物种质资源委员会办公室应当加强农作物种质资源的信息管理工作，包括种质资源收集、鉴定、保存、利用、国际交流等动态信息，为有关部门提供信息服务，保护国家种质资源信息安全。

第三十七条 负责农作物种质资源收集、鉴定、保存、登记等工作的单位，有义务向国家农作物种质资源委员会办公室提供相关信息，保障种质资源信息共享。

第七章 罚 则

第三十八条 违反本办法规定，未经批准私自采集或者采伐国家重点保护的天然种质资源的，按照《种子法》第六十一条的规定予以处罚。

第三十九条　违反本办法规定，未经批准动用国家长期种质库贮存的种质资源的，对直接负责的主管人员和其他直接责任人员，依法给予行政处分。

第四十条　违反本办法规定，未经批准向境外提供或者从境外引进种质资源的，按照《种子法》第六十三条的规定予以处罚。

第四十一条　违反本办法规定，农业行政主管部门或者农业科研机构未及时将收到的单位或者个人送交的国家未登记的种质资源及境外引进种质资源送交国家种质库保存的，或者引进境外种质资源未申报备案的，由本单位或上级主管部门责令改正，对直接负责的主管人员和其他直接责任人员，可以依法给予行政处分。

第八章　附　则

第四十二条　中外科学家联合考察的农作物种质资源，对外提供的农作物种质资源，以及从境外引进的农作物种质资源，属于列入国家重点保护野生植物名录的野生种、野生近缘种、濒危稀有种的，除按本办法办理审批手续外，还应按照《野生植物保护条例》、《农业野生植物保护办法》的规定，办埋相关审批手续。

第四十三条　本办法自2003年10月1日起施行。1997年3月28日农业部发布的《进出口农作物种子（苗）管理暂行办法》有关种质资源进出口管理的内容同时废止。

中华人民共和国煤炭法

（1996年8月29日第八届全国人民代表大会常务委员会第二十一次会议通过，国家主席于同日公布，自1996年12月1日起施行）

第一章　总　则

第一条　为了合理开发利用和保护煤炭资源，规范煤炭生产、经营活动，促进和保障煤炭行业的发展，制定本法。

第二条　在中华人民共和国领域和中华人民共和国管辖的其他海域从事煤炭生产、经营活动，适用本法。

第三条　煤炭资源属于国家所有。地表或者地下的煤炭资源的国家所有权，不因其依附的土地的所有权或者使用权的不同而改变。

第四条　国家对煤炭开发实行统一规划、合理布局、综合利用的方针。

第五条　国家依法保护煤炭资源，禁止任何乱采、滥挖破坏煤炭资源的行为。

第六条　国家保护依法投资开发煤炭资源的投资者的合法权益。

国家保障国有煤矿的健康发展。

国家对乡镇煤矿采取扶持、改造、整顿、联合、提高的方针，实行正规合理开发和有序发展。

第七条　煤矿企业必须坚持安全第一、预防为主的安全生产方针，建立健全安全生产的责任制度和群防群治制度。

第八条　各级人民政府及其有关部门和煤矿企业必须采取措施加强劳动保护，保障煤矿职工的安全和健康。

国家对煤矿井下作业的职工采取特殊保护措施。

第九条　国家鼓励和支持在开发利用煤炭资源过程中采用先进的科学技术和管理方法。

煤矿企业应当加强和改善经营管理，提高劳动生产率和经济效益。

第十条　国家维护煤矿矿区的生产秩序、工作秩序，保护煤矿企业设施。

第十一条　开发利用煤炭资源，应当遵守有关环境保护的法律、法规，防治污染和其他公害，保护生态环境。

第十二条　国务院煤炭管理部门依法负责全国煤炭行业的监督管理。国务院有关部门在各自的职责范围内负责煤炭行业的监督管理。

县级以上地方人民政府煤炭管理部门和有关部门依法负责本行政区域内煤炭行业的

监督管理。

第十三条 煤炭矿务局是国有煤矿企业，具有独立法人资格。

矿务局和其他具有独立法人资格的煤矿企业、煤炭经营企业依法实行自主经营、自负盈亏、自我约束、自我发展。

第二章 煤炭生产开发规划与煤矿建设

第十四条 国务院煤炭管理部门根据全国矿产资源勘查规划编制全国煤炭资源勘查规划。

第十五条 国务院煤炭管理部门根据全国矿产资源规划规定的煤炭资源，组织编制和实施煤炭生产开发规划。

省、自治区、直辖市人民政府煤炭管理部门根据全国矿产资源规划规定的煤炭资源，组织编制和实施本地区煤炭生产开发规划，并报国务院煤炭管理部门备案。

第十六条 煤炭生产开发规划应当根据国民经济和社会发展的需要制定，并纳入国民经济和社会发展计划。

第十七条 国家制定优惠政策，支持煤炭工业发展，促进煤矿建设。

煤矿建设项目应当符合煤炭生产开发规划和煤炭产业政策。

第十八条 开办煤矿企业，应当具备下列条件：

（一）有煤矿建设项目可行性研究报告或者开采方案；

（二）有计划开采的矿区范围、开采范围和资源综合利用方案；

（三）有开采所需的地质、测量、水文资料和其他资料；

（四）有符合煤矿安全生产和环境保护要求的矿山设计；

（五）有合理的煤矿矿井生产规模和与其相适应的资金、设备和技术人员；

（六）法律、行政法规规定的其他条件。

第十九条 开办煤矿企业，必须依法向煤炭管理部门提出申请。依照本法规定的条件和国务院规定的分级管理的权限审查批准。

审查批准煤矿企业，须由地质矿产主管部门对其开采范围和资源综合利用方案进行复核并签署意见。

经批准开办的煤矿企业，凭批准文件由地质矿产主管部门颁发采矿许可证。

第二十条 煤矿建设使用土地，应当依照有关法律、行政法规的规定办理。征用土地的，应当依法支付土地补偿费和安置补偿费，做好迁移居民的安置工作。

煤矿建设应当贯彻保护耕地、合理利用土地的原则。

地方人民政府对煤矿建设依法使用土地和迁移居民，应当给予支持和协助。

第二十一条 煤矿建设应当坚持煤炭开发与环境治理同步进行。煤矿建设项目的环境保护设施必须与主体工程同时设计、同时施工、同时验收、同时投入使用。

第三章　煤炭生产与煤矿安全

第二十二条　煤矿投入生产前，煤矿企业应当依照本法规定向煤炭管理部门申请领取煤炭生产许可证，由煤炭管理部门对其实际生产条件和安全条件进行审查，符合本法规定条件的，发给煤炭生产许可证。

未取得煤炭生产许可证的，不得从事煤炭生产。

第二十三条　取得煤炭生产许可证，应当具备下列条件：

（一）有依法取得的采矿许可证；

（二）矿井生产系统符合国家规定的煤矿安全规程；

（三）矿长经依法培训合格，取得矿长资格证书；

（四）特种作业人员经依法培训合格，取得操作资格证书；

（五）井上、井下、矿内、矿外调度通讯畅通；

（六）有实测的井上、井下工程对照图、采掘工程平面图、通风系统图；

（七）有竣工验收合格的保障煤矿生产安全的设施和环境保护设施；

（八）法律、行政法规规定的其他条件。

第二十四条　国务院煤炭管理部门负责下列煤矿企业的煤炭生产许可证的颁发管理工作：

（一）国务院和依法应当由国务院煤炭管理部门审查批准开办的煤矿企业；

（二）跨省、自治区、直辖市行政区域的煤矿企业。

省、自治区、直辖市人民政府煤炭管理部门负责前款规定以外的其他煤矿企业的煤炭生产许可证的颁发管理工作。

省、自治区、直辖市人民政府煤炭管理部门可以授权设区的市、自治州人民政府煤炭管理部门负责煤炭生产许可证的颁发管理工作。

第二十五条　煤炭生产许可证的颁发管理机关，负责对煤炭生产许可证的监督管理。

依法取得煤炭生产许可证的煤矿企业不得将其煤炭生产许可证转让或者出租给他人。

第二十六条　在同一开采范围内不得重复颁发煤炭生产许可证。

煤炭生产许可证的有效期限届满或者经批准开采范围内的煤炭资源已经枯竭的，其煤炭生产许可证由发证机关予以注销并公告。

煤矿企业的生产条件和安全条件发生变化，经核查不符合本法规定条件的，其煤炭生产许可证由发证机关予以吊销并公告。

第二十七条　煤炭生产许可证管理办法，由国务院依照本法制定。

省、自治区、直辖市人民代表大会常务委员会可以根据本法和国务院的规定制定本地区煤炭生产许可证管理办法。

第二十八条　对国民经济具有重要价值的特殊煤种或者稀缺煤种，国家实行保护性开采。

第二十九条　开采煤炭资源必须符合煤矿开采规程，遵守合理的开采顺序，达到规定的煤炭资源回采率。

煤炭资源回采率由国务院煤炭管理部门根据不同的资源和开采条件确定。

国家鼓励煤矿企业进行复采或者开采边角残煤和极薄煤。

第三十条 煤矿企业应当加强煤炭产品质量的监督检查和管理。煤炭产品质量应当按照国家标准或者行业标准分等论级。

第三十一条 煤炭生产应当依法在批准的开采范围内进行，不得超越批准的开采范围越界、越层开采。

采矿作业不得擅自开采保安煤柱，不得采用可能危及相邻煤矿生产安全的决水、爆破、贯通巷道等危险方法。

第三十二条 因开采煤炭压占土地或者造成地表土地塌陷、挖损，由采矿者负责进行复垦，恢复到可供利用的状态；造成他人损失的，应当依法给予补偿。

第三十三条 关闭煤矿和报废矿井，应当依照有关法律、法规和国务院煤炭管理部门的规定办理。

第三十四条 国家建立煤矿企业积累煤矿衰老期转产资金的制度。

国家鼓励和扶持煤矿企业发展多种经营。

第三十五条 国家提倡和支持煤矿企业和其他企业发展煤电联产、炼焦、煤化工、煤建材等，进行煤炭的深加工和精加工。

国家鼓励煤矿企业发展煤炭洗选加工，综合开发利用煤层气、煤矸石、煤泥、石煤和泥炭。

第三十六条 国家发展和推广洁净煤技术。

国家采取措施取缔土法炼焦。禁止新建土法炼焦窑炉；现有的土法炼焦限期改造。

第三十七条 县级以上各级人民政府及其煤炭管理部门和其他有关部门，应当加强对煤矿安全生产工作的监督管理。

第三十八条 煤矿企业的安全生产管理，实行矿务局长、矿长负责制。

第三十九条 矿务局长、矿长及煤矿企业的其他主要负责人必须遵守有关矿山安全的法律、法规和煤炭行业安全规章、规程，加强对煤矿安全生产工作的管理，执行安全生产责任制度，采取有效措施，防止伤亡和其他安全生产事故的发生。

第四十条 煤矿企业应当对职工进行安全生产教育、培训；未经安全生产教育、培训的，不得上岗作业。

煤矿企业职工必须遵守有关安全生产的法律、法规、煤炭行业规章、规程和企业规章制度。

第四十一条 在煤矿井下作业中，出现危及职工生命安全并无法排除的紧急情况时，作业现场负责人或者安全管理人员应当立即组织职工撤离危险现场，并及时报告有关方面负责人。

第四十二条 煤矿企业工会发现企业行政方面违章指挥、强令职工冒险作业或者生产过程中发现明显重大事故隐患，可能危及职工生命安全的情况，有权提出解决问题的建议，煤矿企业行政方面必须及时作出处理决定。企业行政方面拒不处理的，工会有权提出批评、检举和控告。

第四十三条 煤矿企业必须为职工提供保障安全生产所需的劳动保护用品。

第四十四条 煤矿企业必须为煤矿井下作业职工办理意外伤害保险，支付保险费。

第四十五条 煤矿企业使用的设备、器材、火工产品和安全仪器，必须符合国家标准或者行业标准。

第四章 煤炭经营

第四十六条 依法取得煤炭生产许可证的煤矿企业，有权销售本企业生产的煤炭。

第四十七条 设立煤炭经营企业，应当具备下列条件：

（一）有与其经营规模相适应的注册资金；

（二）有固定的经营场所；

（三）有必要的设施和储存煤炭的场地；

（四）有符合标准的计量和质量检验设备；

（五）符合国家对煤炭经营企业合理布局的要求；

（六）法律、行政法规规定的其他条件。

第四十八条 设立煤炭经营企业，须向国务院指定的部门或者省、自治区、直辖市人民政府指定的部门提出申请；由国务院指定的部门或者省、自治区、直辖市人民政府指定的部门依照本法第四十七条规定的条件和国务院规定的分级管理的权限进行资格审查；符合条件的，予以批准。申请人凭批准文件向工商行政管理部门申请领取营业执照后，方可从事煤炭经营。

第四十九条 煤炭经营企业从事煤炭经营，应当遵守有关法律、法规的规定，改善服务，保障供应。禁止一切非法经营活动。

第五十条 煤炭经营应当减少中间环节和取消不合理的中间环节，提倡有条件的煤矿企业直销。

煤炭用户和煤炭销区的煤炭经营企业有权直接从煤矿企业购进煤炭。在煤炭产区可以组成煤炭销售、运输服务机构，为中小煤矿办理经销、运输业务。

禁止行政机关违反国家规定擅自设立煤炭供应的中间环节和额外加收费用。

第五十一条 从事煤炭运输的车站、港口及其他运输企业不得利用其掌握的运力作为参与煤炭经营、谋取不正当利益的手段。

第五十二条 国务院物价行政主管部门会同国务院煤炭管理部门和有关部门对煤炭的销售价格进行监督管理。

第五十三条 煤矿企业和煤炭经营企业供应用户的煤炭质量应当符合国家标准或者行业标准，质级相符，质价相符。用户对煤炭质量有特殊要求的，由供需双方在煤炭购销合同中约定。

煤矿企业和煤炭经营企业不得在煤炭中掺杂、掺假，以次充好。

第五十四条 煤矿企业和煤炭经营企业供应用户的煤炭质量不符合国家标准或者行业标准，或者不符合合同约定，或者质级不符、质价不符，给用户造成损失的，应当依法给予赔偿。

第五十五条　煤矿企业、煤炭经营企业、运输企业和煤炭用户应当依照法律、国务院有关规定或者合同约定供应、运输和接卸煤炭。

运输企业应当将承运的不同质量的煤炭分装、分堆。

第五十六条　煤炭的进出口依照国务院的规定，实行统一管理。

具备条件的大型煤矿企业经国务院对外经济贸易主管部门依法许可，有权从事煤炭出口经营。

第五十七条　煤炭经营管理办法，由国务院依照本法制定。

第五章　煤矿矿区保护

第五十八条　任何单位或者个人不得危害煤矿矿区的电力、通讯、水源、交通及其他生产设施。

禁止任何单位和个人扰乱煤矿矿区的生产秩序和工作秩序。

第五十九条　对盗窃或者破坏煤矿矿区设施、器材及其他危及煤矿矿区安全的行为，一切单位和个人都有权检举、控告。

第六十条　未经煤炭企业同意，任何单位或者个人不得在煤矿企业依法取得土地使用权的有效期间内在该土地上种植、养殖、取土或者修建建筑物、构筑物。

第六十一条　未经煤矿企业同意，任何单位或者个人不得占用煤矿企业的铁路专用线、专用道路、专用航道、专用码头、电力专用线、专用供水管路。

第六十二条　任何单位或者个人需要在煤矿采区范围内进行可能危及煤矿安全的作业时，应当经煤矿企业同意，报煤炭管理部门批准，并采取安全措施后，方可进行作业。

在煤矿矿区范围内需要建设公用工程或者其他工程的，有关单位应当事先与煤矿企业协商并达成协议后，方可施工。

第六章　监督检查

第六十三条　煤炭管理部门和有关部门依法对煤矿企业和煤炭经营企业执行煤炭法律、法规的情况进行监督检查。

第六十四条　煤炭管理部门和有关部门的监督检查人员应当熟悉煤炭法律、法规，掌握有关煤炭专业技术，公正廉洁，秉公执法。

第六十五条　煤炭管理部门和有关部门的监督检查人员进行监督检查时，有权向煤矿企业、煤炭经营企业或者用户了解有关执行煤炭法律、法规的情况，查阅有关资料，并有权进入现场进行检查。

煤矿企业、煤炭经营企业和用户对依法执行监督检查任务的煤炭管理部门和有关部门的监督检查人员应当提供方便。

第六十六条　煤炭管理部门和有关部门的监督检查人员对煤矿企业和煤炭经营企业违反煤炭法律、法规的行为，有权要求其依法改正。

煤炭管理部门和有关部门的监督检查人员进行监督检查时，应当出示证件。

第七章　法律责任

第六十七条　违反本法第二十二条的规定，未取得煤炭生产许可证，擅自从事煤炭生产的，由煤炭管理部门责令停止生产，没收违法所得，可以并处违法所得一倍以上五倍以下的罚款；拒不停止生产的，由县级以上地方人民政府强制停产。

第六十八条　违反本法第二十五条的规定，转让或者出租煤炭生产许可证的，由煤炭管理部门吊销煤炭生产许可证，没收违法所得，并处违法所得一倍以上五倍以下的罚款。

第六十九条　违反本法第二十九条的规定，开采煤炭资源未达到国务院煤炭管理部门规定的煤炭资源回采率的，由煤炭管理部门责令限期改正；逾期仍达不到规定的回采率的，吊销其煤炭生产许可证。

第七十条　违反本法第三十一条的规定，擅自开采保安煤柱或者采用危及相邻煤矿生产安全的危险方法进行采矿作业的，由劳动行政主管部门会同煤炭管理部门责令停止作业；由煤炭管理部门没收违法所得，并处违法所得一倍以上五倍以下的罚款，吊销其煤炭生产许可证；构成犯罪的，由司法机关依法追究刑事责任；造成损失的，依法承担赔偿责任。

第七十一条　违反本法第四十八条的规定，未经审查批准，擅自从事煤炭经营活动的，由负责审批的部门责令停止经营，没收违法所得，可以并处违法所得一倍以上五倍以下的罚款。

第七十二条　违反本法第五十三条的规定，在煤炭产品中掺杂、掺假，以次充好的，责令停止销售，没收违法所得，并处违法所得一倍以上五倍以下的罚款，可以依法吊销煤炭生产许可证或者取消煤炭经营资格；构成犯罪的，由司法机关依法追究刑事责任。

第七十三条　违反本法第六十条的规定，未经煤矿企业同意，在煤矿企业依法取得土地使用权的有效期间内在该土地上修建建筑物、构筑物的，由当地人民政府动员拆除；拒不拆除的，责令拆除。

第七十四条　违反本法第六十一条的规定，未经煤矿企业同意，占用煤矿企业的铁路专用线、专用道路、专用航道、专用码头、电力专用线、专用供水管路的，由县级以上地方人民政府责令限期改正；逾期不改正的，强制清除，可以并处五万元以下的罚款；造成损失的，依法承担赔偿责任。

第七十五条　违反本法第六十二条的规定，未经批准或者未采取安全措施，在煤矿采区范围内进行危及煤矿安全作业的，由煤炭管理部门责令停止作业，可以并处五万元以下的罚款；造成损失的，依法承担赔偿责任。

第七十六条　有下列行为之一的，由公安机关依照治安管理处罚条例的有关规定处罚；构成犯罪的，由司法机关依法追究刑事责任：

（一）阻碍煤矿建设，致使煤矿建设不能正常进行的；

（二）故意损坏煤矿矿区的电力、通讯、水源、交通及其他生产设施的；

（三）扰乱煤矿矿区秩序，致使生产、工作不能正常进行的；

（四）拒绝、阻碍监督检查人员依法执行职务的。

第七十七条 对不符合本法规定条件的煤矿企业颁发煤炭生产许可证或者对不符合本法规定条件设立煤炭经营企业予以批准的，由其上级主管机关或者监察机关责令改正，并给予直接负责的主管人员和其他直接责任人员行政处分；构成犯罪的，由司法机关依法追究刑事责任。

第七十八条 煤矿企业的管理人员违章指挥、强令职工冒险作业，发生重大伤亡事故的，依照刑法第一百一十四条的规定追究刑事责任。

第七十九条 煤矿企业的管理人员对煤矿事故隐患不采取措施予以消除，发生重大伤亡事故的，比照刑法第一百八十七条的规定追究刑事责任。

第八十条 煤炭管理部门和有关部门的工作人员玩忽职守、徇私舞弊、滥用职权的，依法给予行政处分；构成犯罪的，由司法机关依法追究刑事责任。

第八章 附 则

第八十一条 本法自1996年12月1日起施行。

中华人民共和国矿产资源法

（1986年3月19日第六届全国人民代表大会常务委员会第十五次会议通过，根据1996年8月29日第八届全国人民代表大会常务委员会第二十一次会议《关于修改〈中华人民共和国矿产资源法〉的决定》修正）

第一章　总　则

第一条　为了发展矿业，加强矿产资源的勘查、开发利用和保护工作，保障社会主义现代化建设的当前和长远的需要，根据中华人民共和国宪法，特制定本法。

第二条　在中华人民共和国领域及管辖海域勘查、开采矿产资源，必须遵守本法。

第三条　矿产资源属于国家所有，由国务院行使国家对矿产资源的所有权。地表或者地下的矿产资源的国家所有权，不因其所依附的土地的所有权或者使用权的不同而改变。

国家保障矿产资源的合理开发利用。禁止任何组织或者个人用任何手段侵占或者破坏矿产资源。各级人民政府必须加强矿产资源的保护工作。

勘查、开采矿产资源，必须依法分别申请、经批准取得探矿权、采矿权，并办理登记；但是，已经依法申请取得采矿权的矿山企业在划定的矿区范围内为本企业的生产而进行的勘查除外。国家保护探矿权和采矿权不受侵犯，保障矿区和勘查作业区的生产秩序、工作秩序不受影响和破坏。

从事矿产资源勘查和开采的，必须符合规定的资质条件。

第四条　国家保障依法设立的矿山企业开采矿产资源的合法权益。

国有矿山企业是开采矿产资源的主体。国家保障国有矿业经济的巩固和发展。

第五条　国家实行探矿权、采矿权有偿取得的制度；但是，国家对探矿权、采矿权有偿取得的费用，可以根据不同情况规定予以减缴、免缴。具体办法和实施步骤由国务院规定。

开采矿产资源，必须按照国家有关规定缴纳资源税和资源补偿费。

第六条　除按下列规定可以转让外，探矿权、采矿权不得转让：

（一）探矿权人有权在划定的勘查作业区内进行规定的勘查作业，有权优先取得勘查作业区内矿产资源的采矿权。探矿权人在完成规定的最低勘查投入后，经依法批准，可以将探矿权转让他人。

（二）已取得采矿权的矿山企业，因企业合并、分立，与他人合资、合作经营，或者因企业资产出售以及有其他变更企业资产产权的情形而需要变更采矿权主体的，经依法批准可以将采矿权转让他人采矿。

前款规定的具体办法和实施步骤由国务院规定。

禁止将探矿权、采矿权倒卖牟利。

第七条 国家对矿产资源的勘查、开发实行统一规划、合理布局、综合勘查、合理开采和综合利用的方针。

第八条 国家鼓励矿产资源勘查、开发的科学技术研究，推广先进技术，提高矿产资源勘查、开发的科学技术水平。

第九条 在勘查、开发、保护矿产资源和进行科学技术研究等方面成绩显著的单位和个人，由各级人民政府给予奖励。

第十条 国家在民族自治地方开采矿产资源，应当照顾民族自治地方的利益，作出有利于民族自治地方经济建设的安排，照顾当地少数民族群众的生产和生活。

民族自治地方的自治机关根据法律规定和国家的统一规划，对可以由本地方开发的矿产资源，优先合理开发利用。

第十一条 国务院地质矿产主管部门主管全国矿产资源勘查、开采的监督管理工作。国务院有关主管部门协助国务院地质矿产主管部门进行矿产资源勘查、开采的监督管理工作。

省、自治区、直辖市人民政府地质矿产主管部门主管本行政区域内矿产资源勘查、开采的监督管理工作。省、自治区、直辖市人民政府有关主管部门协助同级地质矿产主管部门进行矿产资源勘查、开采的监督管理工作。

第二章 矿产资源勘查的登记和开采的审批

第十二条 国家对矿产资源勘查实行统一的区块登记管理制度。矿产资源勘查登记工作，由国务院地质矿产主管部门负责；特定矿种的矿产资源勘查登记工作，可以由国务院授权有关主管部门负责。矿产资源勘查区块登记管理办法由国务院制定。

第十三条 国务院矿产储量审批机构或者省、自治区、直辖市矿产储量审批机构负责审查批准供矿山建设设计使用的勘探报告，并在规定的期限内批复报送单位。勘探报告未经批准，不得作为矿山建设设计的依据。

第十四条 矿产资源勘查成果档案资料和各类矿产储量的统计资料，实行统一的管理制度，按照国务院规定汇交或者填报。

第十五条 设立矿山企业，必须符合国家规定的资质条件，并依照法律和国家有关规定，由审批机关对其矿区范围、矿山设计或者开采方案、生产技术条件、安全措施和环境保护措施等进行审查；审查合格的，方予批准。

第十六条 开采下列矿产资源的，由国务院地质矿产主管部门审批，并颁发采矿许可证：

（一）国家规划矿区和对国民经济具有重要价值的矿区内的矿产资源；

（二）前项规定区域以外可供开采的矿产储量规模在大型以上的矿产资源；

（三）国家规定实行保护性开采的特定矿种；

（四）领海及中国管辖的其他海域的矿产资源；

（五）国务院规定的其他矿产资源。

开采石油、天然气、放射性矿产等特定矿种的，可以由国务院授权的有关主管部门审批，并颁发采矿许可证。

开采第一款、第二款规定以外的矿产资源，其可供开采的矿产的储量规模为中型的，由省、自治区、直辖市人民政府地质矿产主管部门审批和颁发采矿许可证。

开采第一款、第二款和第三款规定以外的矿产资源的管理办法，由省、自治区、直辖市人民代表大会常务委员会依法制定。

依照第三款、第四款的规定审批和颁发采矿许可证的，由省、自治区、直辖市人民政府地质矿产主管部门汇总向国务院地质矿产主管部门备案。

矿产储量规模的大型、中型的划分标准，由国务院矿产储量审批机构规定。

第十七条 国家对国家规划矿区、对国民经济具有重要价值的矿区和国家规定实行保护性开采的特定矿种，实行有计划的开采；未经国务院有关主管部门批准，任何单位和个人不得开采。

第十八条 国家规划矿区的范围、对国民经济具有重要价值的矿区的范围、矿山企业矿区的范围依法划定后，由划定矿区范围的主管机关通知有关县级人民政府予以公告。

矿山企业变更矿区范围，必须报请原审批机关批准，并报请原颁发采矿许可证的机关重新核发采矿许可证。

第十九条 地方各级人民政府应当采取措施，维护本行政区域内的国有矿山企业和其他矿山企业矿区范围内的正常秩序。

禁止任何单位和个人进入他人依法设立的国有矿山企业和其他矿山企业矿区范围内采矿。

第二十条 非经国务院授权的有关主管部门同意，不得在下列地区开采矿产资源：

（一）港口、机场、国防工程设施圈定地区以内；

（二）重要工业区、大型水利工程设施、城镇市政工程设施附近一定距离以内；

（三）铁路、重要公路两侧一定距离以内；

（四）重要河流、堤坝两侧一定距离以内；

（五）国家划定的自然保护区、重要风景区，国家重点保护的不能移动的历史文物和名胜古迹所在地；

（六）国家规定不得开采矿产资源的其他地区。

第二十一条 关闭矿山，必须提出矿山闭坑报告及有关采掘工程、不安全隐患、土地复垦利用、环境保护的资料，并按照国家规定报请审查批准。

第二十二条 勘查、开采矿产资源时，发现具有重大科学文化价值的罕见地质现象以及文化古迹，应当加以保护并及时报告有关部门。

第三章　矿产资源的勘查

第二十三条 区域地质调查按照国家统一规划进行。区域地质调查的报告和图件按照国家规定验收，提供有关部门使用。

第二十四条 矿产资源普查在完成主要矿种普查任务的同时，应当对工作区内包括共生或者伴生矿产的成矿地质条件和矿床工业远景作出初步综合评价。

第二十五条 矿床勘探必须对矿区内具有工业价值的共生和伴生矿产进行综合评价，并计算其储量。未作综合评价的勘探报告不予批准。但是，国务院计划部门另有规定的矿床勘探项目除外。

第二十六条 普查、勘探易损坏的特种非金属矿产、流体矿产、易燃易爆易溶矿产和含有放射性元素的矿产，必须采用省级以上人民政府有关主管部门规定的普查、勘探方法，并有必要的技术装备和安全措施。

第二十七条 矿产资源勘查的原始地质编录和图件，岩矿心、测试样品和其他实物标本资料，各种勘查标志，应当按照有关规定保护和保存。

第二十八条 矿床勘探报告及其他有价值的勘查资料，按照国务院规定实行有偿使用。

第四章　矿产资源的开采

第二十九条 开采矿产资源，必须采取合理的开采顺序、开采方法和选矿工艺。矿山企业的开采回采率、采矿贫化率和选矿回收率应当达到设计要求。

第三十条 在开采主要矿产的同时，对具有工业价值的共生和伴生矿产应当统一规划，综合开采，综合利用，防止浪费；对暂时不能综合开采或者必须同时采出而暂时还不能综合利用的矿产以及含有有用组分的尾矿，应当采取有效的保护措施，防止损失破坏。

第三十一条 开采矿产资源，必须遵守国家劳动安全卫生规定，具备保障安全生产的必要条件。

第三十二条 开采矿产资源，必须遵守有关环境保护的法律规定，防止污染环境。

开采矿产资源，应当节约用地。耕地、草原、林地因采矿受到破坏的，矿山企业应当因地制宜地采取复垦利用、植树种草或者其他利用措施。

开采矿产资源给他人生产、生活造成损失的，应当负责赔偿，并采取必要的补救措施。

第三十三条 在建设铁路、工厂、水库、输油管道、输电线路和各种大型建筑物或者建筑群之前，建设单位必须向所在省、自治区、直辖市地质矿产主管部门了解拟建工程所在地区的矿产资源分布和开采情况。非经国务院授权的部门批准，不得压覆重要矿床。

第三十四条 国务院规定由指定的单位统一收购的矿产品，任何其他单位或者个人不得收购；开采者不得向非指定单位销售。

第五章　集体矿山企业和个体采矿

第三十五条 国家对集体矿山企业和个体采矿实行积极扶持、合理规划、正确引导、加强管理的方针，鼓励集体矿山企业开采国家指定范围内的矿产资源，允许个人采挖零星分散资源和只能用作普通建筑材料的砂、石、粘土以及为生活自用采挖少量矿产。

矿产储量规模适宜由矿山企业开采的矿产资源、国家规定实行保护性开采的特定矿种和国家规定禁止个人开采的其他矿产资源，个人不得开采。

国家指导、帮助集体矿山企业和个体采矿不断提高技术水平、资源利用率和经济效益。

地质矿产主管部门、地质工作单位和国有矿山企业应当按照积极支持、有偿互惠的原则向集体矿山企业和个体采矿提供地质资料和技术服务。

第三十六条　国务院和国务院有关主管部门批准开办的矿山企业矿区范围内已有的集体矿山企业，应当关闭或者到指定的其他地点开采，由矿山建设单位给予合理的补偿，并妥善安置群众生活；也可以按照该矿山企业的统筹安排，实行联合经营。

第三十七条　集体矿山企业和个体采矿应当提高技术水平，提高矿产资源回收率。禁止乱挖滥采，破坏矿产资源。

集体矿山企业必须测绘井上、井下工程对照图。

第三十八条　县级以上人民政府应当指导、帮助集体矿山企业和个体采矿进行技术改造，改善经营管理，加强安全生产。

第六章　法律责任

第三十九条　违反本法规定，未取得采矿许可证擅自采矿的，擅自进入国家规划矿区、对国民经济具有重要价值的矿区范围采矿的，擅自开采国家规定实行保护性开采的特定矿种的，责令停止开采、赔偿损失，没收采出的矿产品和违法所得，可以并处罚款；拒不停止开采，造成矿产资源破坏的，依照刑法第一百五十六条的规定对直接责任人员追究刑事责任。

单位和个人进入他人依法设立的国有矿山企业和其他矿山企业矿区范围内采矿的，依照前款规定处罚。

第四十条　超越批准的矿区范围采矿的，责令退回本矿区范围内开采、赔偿损失，没收越界开采的矿产品和违法所得，可以并处罚款；拒不退回本矿区范围内开采，造成矿产资源破坏的，吊销采矿许可证，依照刑法第一百五十六条的规定对直接责任人员追究刑事责任。

第四十一条　盗窃、抢夺矿山企业和勘查单位的矿产品和其他财物的，破坏采矿、勘查设施的，扰乱矿区和勘查作业区的生产秩序、工作秩序的，分别依照刑法有关规定追究刑事责任；情节显著轻微的，依照治安管理处罚条例有关规定予以处罚。

第四十二条　买卖、出租或者以其他形式转让矿产资源的，没收违法所得，处以罚款。

违反本法第六条的规定将探矿权、采矿权倒卖牟利的，吊销勘查许可证、采矿许可证，没收违法所得，处以罚款。

第四十三条　违反本法规定收购和销售国家统一收购的矿产品的，没收矿产品和违法所得，可以并处罚款；情节严重的，依照刑法第一百一十七条、第一百一十八条的规定，追究刑事责任。

第四十四条 违反本法规定，采取破坏性的开采方法开采矿产资源的，处以罚款，可以吊销采矿许可证；造成矿产资源严重破坏的，依照刑法第一百五十六条的规定对直接责任人员追究刑事责任。

第四十五条 本法第三十九条、第四十条、第四十二条规定的行政处罚，由县级以上人民政府负责地质矿产管理工作的部门按照国务院地质矿产主管部门规定的权限决定。第四十三条规定的行政处罚，由县级以上人民政府工商行政管理部门决定。第四十四条规定的行政处罚，由省、自治区、直辖市人民政府地质矿产主管部门决定。给予吊销勘查许可证或者采矿许可证处罚的，须由原发证机关决定。

依照第三十九条、第四十条、第四十二条、第四十四条规定应当给予行政处罚而不给予行政处罚的，上级人民政府地质矿产主管部门有权责令改正或者直接给予行政处罚。

第四十六条 当事人对行政处罚决定不服的，可以依法申请复议，也可以依法直接向人民法院起诉。

当事人逾期不申请复议也不向人民法院起诉，又不履行处罚决定的，由作出处罚决定的机关申请人民法院强制执行。

第四十七条 负责矿产资源勘查、开采监督管理工作的国家工作人员和其他有关国家工作人员徇私舞弊、滥用职权或者玩忽职守，违反本法规定批准勘查、开采矿产资源和颁发勘查许可证、采矿许可证，或者对违法采矿行为不依法予以制止、处罚，构成犯罪的，依法追究刑事责任；不构成犯罪的，给予行政处分。违法颁发的勘查许可证、采矿许可证，上级人民政府地质矿产主管部门有权予以撤销。

第四十八条 以暴力、威胁办法阻碍从事矿产资源勘查、开采监督管理工作的国家工作人员依法执行职务的，依照刑法第一百五十七条的规定追究刑事责任；拒绝、阻碍从事矿产资源勘查、开采监督管理工作的国家工作人员依法执行职务未使用暴力、威胁方法的，由公安机关依照治安管理处罚条例的规定处罚。

第四十九条 矿山企业之间的矿区范围的争议，由当事人协商解决，协调不成的，由有关县级以上地方人民政府根据依法核定的矿区范围处理；跨省、自治区、直辖市的矿区范围的争议，由有关省、自治区、直辖市人民政府协商解决，协商不成的，由国务院处理。

第七章　附　则

第五十条 外商投资勘查、开采矿产资源，法律、行政法规另有规定的，从其规定。

第五十一条 本法施行以前，未办理批准手续、未划定矿区范围、未取得采矿许可证开采矿产资源的，应当依照本法有关规定申请补办手续。

第五十二条 本法实施细则由国务院制定。

第五十三条 本法自1986年10月1日起施行。

中华人民共和国矿产资源法实施细则

（1994年3月26日国务院发布）

第一章 总 则

第一条 根据《中华人民共和国矿产资源法》，制定本细则。

第二条 矿产资源是指由地质作用形成的，具有利用价值的，呈固态、液态、气态的自然资源。

矿产资源的矿种和分类见本细则所附《矿产资源分类细目》。新发现的矿种由国务院地质矿产主管部门报国务院批准后公布。

第三条 矿产资源属于国家所有，地表或者地下的矿产资源的国家所有权，不因其所依附的土地的所有权或者使用权的不同而改变。

国务院代表国家行使矿产资源的所有权，国务院授权国务院地质矿产主管部门对全国矿产资源分配实施统一管理。

第四条 在中华人民共和国领域及管辖的其他海域勘查、开采矿产资源，必须遵守《中华人民共和国矿产资源法》（以下简称《矿产资源法》）和本细则。

第五条 国家对矿产资源的勘查、开采实行许可证制度。勘查矿产资源，必须依法申请登记，领取勘查许可证，取得探矿权；开采矿产资源，必须依法申请登记，领取采矿许可证，取得采矿权。

矿产资源勘查工作区范围和开采矿区范围，以经纬度划分的区块为基本单位。具体办法由国务院地质矿产主管部门制定。

第六条 《矿产资源法》及本细则中下列用语的含义：

探矿权，是指在依法取得的勘查许可证规定的范围内，勘查矿产资源的权利。取得勘查许可证的单位或者个人称为探矿权人。

采矿权，是指在依法取得的采矿许可证规定的范围内，开采矿产资源和获得所开采的矿产品的权利。取得采矿许可证的单位或者个人称为采矿权人。

国家规定实行保护性开采的特定矿种，是指国务院根据国民经济建设和高科技发展的需要，以及资源稀缺、贵重程度确定的，由国务院有关主管部门按照国家计划批准开采的矿种。

国家规划矿区，是指国家根据建设规划和矿产资源规划，为建设大、中型矿山划定的矿产资源分布区域。

对国民经济具有重要价值的矿区，是指国家根据国民经济发展需要划定的，尚未列入国家建设规划的，储量大、质量好、具有开发前景的矿产资源保护区域。

第七条 国家允许外国的公司、企业和其他经济组织以及个人依照中华人民共和国有关法律、行政法规的规定，在中华人民共和国领域及管辖的其他海域投资勘查、开采矿产资源。

第八条 国务院地质矿产主管部门主管全国矿产资源勘查、开采的监督管理工作。国务院有关主管部门按照国务院规定的职责分工，协助国务院地质矿产主管部门进行矿产资源勘查、开采的监督管理工作。

省、自治区、直辖市人民政府地质矿产主管部门主管本行政区域内矿产资源勘查、开采的监督管理工作。省、自治区、直辖市人民政府有关主管部门，协助同级地质矿产主管部门进行矿产资源勘查、开采的监督管理工作。

设区的市人民政府、自治州人民政府和县级人民政府及其负责管理矿产资源的部门，依法对本级人民政府批准开办的国有矿山企业和本行政区域内的集体所有制矿山企业、私营矿山企业、个体采矿者以及在本行政区域内从事勘查施工的单位和个人进行监督管理，依法保护探矿权人、采矿权人的合法权益。

上级地质矿产主管部门有权对下级地质矿产主管部门违法的或者不适当的矿产资源勘查、开采管理行政行为予以改变或者撤销。

第二章 矿产资源勘查登记和开采审批

第九条 勘查矿产资源，应当按照国务院关于矿产资源勘查登记管理的规定，办理申请、审批和勘查登记。

勘查特定矿种，应当按照国务院有关规定办理申请、审批和勘查登记。

第十条 国有矿山企业开采矿产资源，应当按照国务院关于采矿登记管理的规定，办理申请、审批和采矿登记。开采国家规划矿区、对国民经济具有重要价值矿区的矿产和国家规定实行保护性开采的特定矿种，办理申请、审批和采矿登记时，应当持有国务院有关主管部门批准的文件。

开采特定矿种，应当按照国务院有关规定办理申请、审批和采矿登记。

第十一条 开办国有矿山企业，除应当具备有关法律、法规规定的条件外，并应当具备下列条件：

（一）有供矿山建设使用的矿产勘查报告；

（二）有矿山建设项目的可行性研究报告（含资源利用方案和矿山环境影响报告）；

（三）有确定的矿区范围和开采范围；

（四）有矿山设计；

（五）有相应的生产技术条件。

国务院、国务院有关主管部门和省、自治区、直辖市人民政府，按照国家有关固定资产投资管理的规定，对申请开办的国有矿山企业根据前款所列条件审查合格后，方予批准。

第十二条 申请开办集体所有制矿山企业、私营矿山企业及个体采矿的审查批准、采矿登记，按照省、自治区、直辖市的有关规定办理。

第十三条 申请开办集体所有制矿山企业或者私营矿山企业，除应当具备有关法律、法规规定的条件外，并应当具备下列条件：

（一）有供矿山建设使用的与开采规模相适应的矿产勘查资料；

（二）有经过批准的无争议的开采范围；

（三）有与所建矿山规模相适应的资金、设备和技术人员；

（四）有与所建矿山规模相适应的，符合国家产业政策和技术规范的可行性研究报告、矿山设计或者开采方案；

（五）矿长具有矿山生产、安全管理和环境保护的基本知识。

第十四条 申请个体采矿应当具备下列条件：

（一）有经过批准的无争议的开采范围；

（二）有与采矿规模相适应的资金、设备和技术人员；

（三）有相应的矿产勘查资料和经批准的开采方案；

（四）有必要的安全生产条件和环境保护措施。

第三章　矿产资源的勘查

第十五条 国家对矿产资源勘查实行统一规划。全国矿产资源中、长期勘查规划，在国务院计划行政主管部门指导下，由国务院地质矿产主管部门根据国民经济和社会发展中、长期规划，在国务院有关主管部门勘查规划的基础上组织编制。

全国矿产资源年度勘查计划和省、自治区、直辖市矿产资源年度勘查计划，分别由国务院地质矿产主管部门和省、自治区、直辖市人民政府地质矿产主管部门组织有关主管部门，根据全国矿产资源中、长期勘查规划编制，经同级人民政府计划行政主管部门批准后施行。

法律对勘查规划的审批权另有规定的，依照有关法律的规定执行。

第十六条 探矿权人享有下列权利：

（一）按照勘查许可证规定的区域、期限、工作对象进行勘查；

（二）在勘查作业区及相邻区域架设供电、供水、通讯管线，但是不得影响或者损害原有的供电、供水设施和通讯管线；

（三）在勘查作业区及相邻区域通行；

（四）根据工程需要临时使用土地；

（五）优先取得勘查作业区内新发现矿种的探矿权；

（六）优先取得勘查作业区内矿产资源的采矿权；

（七）自行销售勘查中按照批准的工程设计施工回收的矿产品，但是国务院规定由指定单位统一收购的矿产品除外。

探矿权人行使前款所列权利时，有关法律、法规规定应当经过批准或者履行其他手续的，应当遵守有关法律、法规的规定。

第十七条 探矿权人应当履行下列义务：

（一）在规定的期限内开始施工，并在勘查许可证规定的期限内完成勘查工作；

（二）向勘查登记管理机关报告开工等情况；

（三）按照探矿工程设计施工，不得擅自进行采矿活动；

（四）在查明主要矿种的同时，对共生、伴生矿产资源进行综合勘查、综合评价；

（五）编写矿产资源勘查报告，提交有关部门审批；

（六）按照国务院有关规定汇交矿产资源勘查成果档案资料；

（七）遵守有关法律、法规关于劳动安全、土地复垦和环境保护的规定；

（八）勘查作业完毕，及时封、填探矿作业遗留的井、硐或者采取其他措施，消除安全隐患。

第十八条 探矿权人可以对符合国家边探边采规定要求的复杂类型矿床进行开采；但是，应当向原颁发勘查许可证的机关、矿产储量审批机构和勘查项目主管部门提交论证材料，经审核同意后，按照国务院关于采矿登记管理法规的规定，办理采矿登记。

第十九条 矿产资源勘查报告按照下列规定审批：

（一）供矿山建设使用的重要大型矿床勘查报告和供大型水源地建设使用的地下水勘查报告，由国务院矿产储量审批机构审批；

（二）供矿山建设使用的一般大型、中型、小型矿床勘查报告和供中型、小型水源地建设使用的地下水勘查报告，由省、自治区、直辖市矿产储量审批机构审批；

矿产储量审批机构和勘查单位的主管部门应当自收到矿产资源勘查报告之日起 6 个月内作出批复。

第二十条 矿产资源勘查报告及其他有价值的勘查资料，按照国务院有关规定实行有偿使用。

第二十一条 探矿权人取得临时使用土地权后，在勘查过程中给他人造成财产损害的，按照下列规定给以补偿：

（一）对耕地造成损害的，根据受损害的耕地面积前 3 年平均年产量，以补偿时当地市场平均价格计算，逐年给以补偿，并负责恢复耕地的生产条件，及时归还；

（二）对牧区草场造成损害的，按照前项规定逐年给以补偿，并负责恢复草场植被，及时归还；

（三）对耕地上的农作物、经济作物造成损害的，根据受损害的耕地面积前 3 年平均年产量，以补偿时当地市场平均价格计算，给以补偿；

（四）对竹木造成损害的，根据实际损害株数，以补偿时当地市场平均价格逐株计算，给以补偿；

（五）对土地上的附着物造成损害的，根据实际损害的程度，以补偿时当地市场价格，给以适当补偿。

第二十二条 探矿权人在没有农作物和其他附着物的荒岭、荒坡、荒地、荒漠、沙滩、河滩、湖滩、海滩上进行勘查的，不予补偿；但是，勘查作业不得阻碍或者损害航运、灌溉、防洪等活动或者设施，勘查作业结束后应当采取措施，防止水土流失，保护生态环境。

第二十三条 探矿权人之间对勘查范围发生争议时，由当事人协商解决；协商不成的，由勘查作业区所在地的省、自治区、直辖市人民政府地质矿产主管部门裁决；跨省、自治区、直辖市的勘查范围争议，当事人协商不成的，由有关省、自治区、直辖市人民政府协商解决；协商不成的，由国务院地质矿产主管部门裁决。特定矿种的勘查范围争议，当事人协商不成的，由国务院授权的有关主管部门裁决。

第四章　矿产资源的开采

第二十四条　全国矿产资源的分配和开发利用，应当兼顾当前和长远、中央和地方的利益，实行统一规划、有效保护、合理开采、综合利用。

第二十五条　全国矿产资源规划，在国务院计划行政主管部门指导下，由国务院地质矿产主管部门根据国民经济和社会发展中、长期规划，组织国务院有关主管部门和省、自治区、直辖市人民政府编制，报国务院批准后施行。

全国矿产资源规划应当对全国矿产资源的分配作出统筹安排，合理划定中央与省、自治区、直辖市人民政府审批、开发矿产资源的范围。

第二十六条　矿产资源开发规划是对矿区的开发建设布局进行统筹安排的规划。

矿产资源开发规划分为行业开发规划和地区开发规划。

矿产资源行业开发规划由国务院有关主管部门根据全国矿产资源规划中分配给本部门的矿产资源编制实施。

矿产资源地区开发规划由省、自治区、直辖市人民政府根据全国矿产资源规划中分配给本省、自治区、直辖市的矿产资源编制实施；并作出统筹安排，合理划定省、市、县级人民政府审批、开发矿产资源的范围。

矿产资源行业开发规划和地区开发规划应当报送国务院计划行政主管部门、地质矿产主管部门备案。

国务院计划行政主管部门、地质矿产主管部门，对不符合全国矿产资源规划的行业开发规划和地区开发规划，应当予以纠正。

第二十七条　设立、变更或者撤销国家规划矿区、对国民经济具有重要价值的矿区，由国务院有关主管部门提出，并附具矿产资源详查报告及论证材料，经国务院计划行政主管部门和地质矿产主管部门审定，并联合书面通知有关县级人民政府。县级人民政府应当自收到通知之日起一个月内予以公告，并报国务院计划行政主管部门、地质矿产主管部门备案。

第二十八条　确定或者撤销国家规定实行保护性开采的特定矿种，由国务院有关主管部门提出，并附具论证材料，经国务院计划行政主管部门和地质矿产主管部门审核同意后，报国务院批准。

第二十九条　单位或者个人开采矿产资源前，应当委托持有相应矿山设计证书的单位进行可行性研究和设计。开采零星分散矿产资源和用作建筑材料的砂、石、粘土的，可以不进行可行性研究和设计，但是应当有开采方案和环境保护措施。

矿山设计必须依据设计任务书，采用合理的开采顺序、开采方法和选矿工艺。

矿山设计必须按照国家有关规定审批；未经批准，不得施工。

第三十条　采矿权人享有下列权利：

（一）按照采矿许可证规定的开采范围和期限从事开采活动；

（二）自行销售矿产品，但是国务院规定由指定的单位统一收购的矿产品除外；

（三）在矿区范围内建设采矿所需的生产和生活设施；

（四）根据生产建设的需要依法取得土地使用权；

（五）法律、法规规定的其他权利。

采矿权人行使前款所列权利时，法律、法规规定应当经过批准或者履行其他手续的，依照有关法律、法规的规定办理。

第三十一条　采矿权人应当履行下列义务：

（一）在批准的期限内进行矿山建设或者开采；

（二）有效保护、合理开采、综合利用矿产资源；

（三）依法缴纳资源税和矿产资源补偿费；

（四）遵守国家有关劳动安全、水土保持、土地复垦和环境保护的法律、法规；

（五）接受地质矿产主管部门和有关主管部门的监督管理，按照规定填报矿产储量表和矿产资源开发利用情况统计报告。

第三十二条　采矿权人在采矿许可证有效期满或者在有效期内，停办矿山而矿产资源尚未采完的，必须采取措施将资源保持在能够继续开采的状态，并事先完成下列工作：

（一）编制矿山开采现状报告及实测图件；

（二）按照有关规定报销所消耗的储量；

（三）按照原设计实际完成相应的有关劳动安全、水土保持、土地复垦和环境保护工作，或者缴清土地复垦和环境保护的有关费用。

采矿权人停办矿山的申请，须经原批准开办矿山的主管部门批准、原颁发采矿许可证的机关验收合格后，方可办理有关证、照注销手续。

第三十三条　矿山企业关闭矿山，应当按照下列程序办理审批手续：

（一）开采活动结束的前一年，向原批准开办矿山的主管部门提出关闭矿山申请，并提交闭坑地质报告；

（二）闭坑地质报告经原批准开办矿山的主管部门审核同意后，报地质矿产主管部门会同矿产储量审批机构批准；

（三）闭坑地质报告批准后，采矿权人应当编写关闭矿山报告，报请原批准开办矿山的主管部门会同同级地质矿产主管部门和有关主管部门按照有关行业规定批准。

第三十四条　关闭矿山报告批准后，矿山企业应当完成下列工作：

（一）按照国家有关规定将地质、测量、采矿资料整理归档，并汇交闭坑地质报告、关闭矿山报告及其他有关资料；

（二）按照批准的关闭矿山报告，完成有关劳动安全、水土保持、土地复垦和环境保护工作，或者缴清土地复垦和环境保护的有关费用。

矿山企业凭关闭矿山报告批准文件和有关部门对完成上述工作提供的证明，报请原颁发采矿许可证的机关办理采矿许可证注销手续。

第三十五条　建设单位在建设铁路、公路、工厂、水库、输油管道、输电线路和各种大型建筑物前，必须向所在地的省、自治区、直辖市人民政府地质矿产主管部门了解拟建工程所在地区的矿产资源分布情况，并在建设项目设计任务书报请审批时附具地质矿产主管部门的证明。在上述建设项目与重要矿床的开采发生矛盾时，由国务院有关主管部门或者省、自治区、直辖市人民政府提出方案，经国务院地质矿产主管部门提出意见后，报国务院计划行政主管部门决定。

第三十六条 采矿权人之间对矿区范围发生争议时，由当事人协商解决；协商不成的，由矿产资源所在地的县级以上地方人民政府根据依法核定的矿区范围处理；跨省、自治区、直辖市的矿区范围争议，当事人协商不成的，由有关省、自治区、直辖市人民政府协商解决；协商不成的，由国务院地质矿产主管部门提出处理意见，报国务院决定。

第五章 集体所有制矿山企业、私营矿山企业和个体采矿者

第三十七条 国家依法保护集体所有制矿山企业、私营矿山企业和个体采矿者的合法权益，依法对集体所有制矿山企业、私营矿山企业和个体采矿者进行监督管理。

第三十八条 集体所有制矿山企业可以开采下列矿产资源：

（一）不适于国家建设大、中型矿山的矿床及矿点；

（二）经国有矿山企业同意，并经其上级主管部门批准，在其矿区范围内划出的边缘零星矿产；

（三）矿山闭坑后，经原矿山企业主管部门确认可以安全开采并不会引起严重环境后果的残留矿体；

（四）国家规划可以由集体所有制矿山企业开采的其他矿产资源。

集体所有制矿山企业开采前款第（二）项所列矿产资源时，必须与国有矿山企业签定合理开发利用矿产资源和矿山安全协议，不得浪费和破坏矿产资源，并不得影响国有矿山企业的生产安全。

第三十九条 私营矿山企业开采矿产资源的范围参照本细则第三十八条的规定执行。

第四十条 个体采矿者可以采挖下列矿产资源：

（一）零星分散的小矿体或者矿点；

（二）只能用作普通建筑材料的砂、石、粘土。

第四十一条 国家设立国家规划矿区、对国民经济具有重要价值的矿区时，对应当撤出的原采矿权人，国家按照有关规定给予合理补偿。

第六章 法律责任

第四十二条 依照《矿产资源法》第三十九条、第四十条、第四十二条、第四十三条、第四十四条规定处以罚款的，分别按照下列规定执行：

（一）未取得采矿许可证擅自采矿的，擅自进入国家规划矿区、对国民经济具有重要价值的矿区和他人矿区范围采矿的，擅自开采国家规定实行保护性开采的特定矿种的，

处以违法所得50%以下的罚款；

（二）超越批准的矿区范围采矿的，处以违法所得30%以下的罚款；

（三）买卖、出租或者以其他形式转让矿产资源的，买卖、出租采矿权的，对卖方、出租方、出让方处以违法所得一倍以下的罚款；

（四）非法用采矿权作抵押的，处以5000元以下的罚款；

（五）违反规定收购和销售国家规定统一收购的矿产品的，处以违法所得一倍以下的罚款；

（六）采取破坏性的开采方法开采矿产资源，造成矿产资源严重破坏的，处以相当于矿产资源损失价值50%以下的罚款。

第四十三条 违反本细则规定，有下列行为之一的，对主管人员和直接责任人员给予行政处分；构成犯罪的，依法追究刑事责任：

（一）批准不符合办矿条件的单位或者个人开办矿山的；

（二）对未经依法批准的矿山企业或者个人颁发采矿许可证的。

第七章 附 则

第四十四条 地下水资源具有水资源和矿产资源的双重属性。地下水资源的勘查，适用《矿产资源法》和本细则；地下水资源的开发、利用、保护和管理，适用《水法》和有关的行政法规。

第四十五条 本细则由地质矿产部负责解释。

第四十六条 本细则自发布之日起施行。

附件：矿产资源分类细目

附件

矿产资源分类细目

（一）能源矿产

煤、煤成气、石煤、油页岩、石油、天然气、油砂、天然沥青、铀、钍、地热。

（二）金属矿产

铁、锰、铬、钒、钛；铜、铅、锌、铝土矿、镍、钴、钨、锡、铋、钼、汞、锑、镁；铂、钯、钌、锇、铱、铑；金、银；铌、钽、铍、锂、锆、锶、铷、铯；镧、铈、镨、钕、钐、铕、钇、钆、铽、镝、钬、铒、铥、镱、镥；钪、锗、镓、铟、铊、铪、铼、镉、硒、碲。

（三）非金属矿产

金刚石、石墨、磷、自然硫、硫铁矿、钾盐、硼、水晶（压电水晶、熔炼水晶、光学水晶、工艺水晶）、刚玉、蓝晶石、硅线石、红柱石、硅灰石、钠硝石、滑石、石棉、蓝石棉、云母、长石、石榴子石、叶蜡石、透辉石、透闪石、蛭石、沸石、明矾石、芒硝（含钙芒硝）、石膏（含硬石膏）、重晶石、毒重石、天然碱、方解石、冰洲石、菱镁矿、萤石（普通萤石、光学萤石）、宝石、黄玉、玉石、电气石、玛瑙、颜料矿物（赭石、颜料黄土）、石灰岩（电石用灰岩、制碱用灰岩、化肥用灰岩、熔剂用灰岩、玻璃用灰岩、水泥用灰岩、建筑石料用灰岩、制灰用灰岩、饰面用灰岩）、泥灰岩、白垩、含钾岩石、白云岩（冶金用白云岩、化肥用白云岩、玻璃用白云岩、建筑用白云岩）、石英岩（冶金用石英岩、玻璃用石英岩、化肥用石英岩）、砂岩（冶金用砂岩、玻璃用砂岩、水泥配料用砂岩、砖瓦用砂岩、化肥用砂岩、铸型用砂岩、陶瓷用砂岩）、天然石英砂（玻璃用砂、铸型用砂、建筑用砂、水泥配料用砂、水泥标准砂、砖瓦用砂）、脉石英（冶金用脉石英、玻璃用脉石英）、粉石英、天然油石、含钾砂页岩、硅藻土、页岩（陶粒页岩、砖瓦用页岩、水泥配料用页岩）、高岭土、陶瓷土、耐火粘土、凹凸棒石粘土、海泡石粘土、伊利石粘土、累托石粘土、膨润土、铁矾土、其他粘土（铸型用粘土、砖瓦用粘土、陶粒用粘土、水泥配料用粘土、水泥配料用红土、水泥配料用黄土、水泥配料用泥岩、保温材料用粘土）、橄榄岩（化肥用橄榄岩、建筑用橄榄岩）、蛇纹岩（化肥用蛇纹岩、熔剂用蛇纹岩、饰面用蛇纹岩）、玄武岩（铸石用玄武岩、岩棉用玄武岩）、辉绿岩（水泥用辉绿岩、铸石用辉绿岩、饰面用辉绿岩、建筑用辉绿岩）、安山岩（饰面用安山岩、建筑用安山岩、水泥混合材用安山玢岩）、闪长岩（水泥混合材用闪长玢岩、建筑用闪长岩）、花岗岩（建筑用花岗岩、饰面用花岗岩）、麦饭石、珍珠岩、黑曜岩、松脂岩、浮石、粗面岩（水泥用粗面岩、铸石用粗面岩）、霞石正长岩、凝灰岩（玻璃用凝灰岩、水泥用凝灰岩、建筑用凝灰岩）、火山灰、火山渣、大理岩（饰面用大理岩、建筑用大理岩、水泥用大理岩、玻璃用大理岩）、板岩（饰面用板岩、水泥配料用板岩）、片麻岩、角闪岩、泥炭、矿盐（湖盐、岩盐、天然卤水）、镁盐、碘、溴、砷。

（四）水气矿产

地下水、矿泉水、二氧化碳气、硫化氢气、氦气、氡气。

矿产资源补偿费征收管理规定

（1994年2月27日国务院令第150号发布，根据1997年7月13日国务院第222号令发布的《国务院关于修改〈矿产资源补偿费征收管理规定〉的决定》修改）

第一条 为了保障和促进矿产资源的勘查、保护与合理开发，维护国家对矿产资源的财产权益，根据《中华人民共和国矿产资源法》的有关规定，制定本规定。

第二条 在中华人民共和国领域和其他管辖海域开采矿产资源，应当依照本规定缴纳矿产资源补偿费；法律、行政法规另有规定的，从其规定。

第三条 矿产资源补偿费按照矿产品销售收入的一定比例计征。企业缴纳的矿产资源补偿费列入管理费用。

采矿权人对矿产品自行加工的，按照国家规定价格计算销售收入；国家没有规定价格的，按照征收时矿产品的当地市场平均价格计算销售收入。采矿权人向境外销售矿产品的，按照国际市场销售价格计算销售收入。本规定所称矿产品，是指矿产资源经过开采或者采选后，脱离自然赋存状态的产品。

第四条 矿产资源补偿费由采矿权人缴纳。矿产资源补偿费以矿产品销售时使用的货币结算；采矿权人对矿产品自行加工的，以其销售最终产品时使用的货币结算。

第五条 矿产资源补偿费按照下列方式计算：征收矿产资源补偿费金额＝矿产品销售收入×补偿费费率×开采回采率系数

开采回采率系数=核定开采回采率/实际开采回采率核定开采回采率，以按照国家有关规定经批准的矿山设计为准；按照国家有关规定，只要求有开采方案，不要求有矿山设计的矿山企业，其开采回采率由县级以上地方人民政府负责地质矿产管理工作的部门会同同级有关部门核定。不能按照本条第一款、第二款规定的方式计算矿产资源补偿费的矿种，由国务院地质矿产主管部门会同国务院财政部门另行制定计算方式。

第六条 矿产资源补偿费依照本规定附录所规定的费率征收。矿产资源补偿费费率的调整，由国务院财政部门、国务院地质矿产主管部门、国务院计划主管部门共同确定，报国务院批准施行。

第七条 矿产资源补偿费由地质矿产主管部门会同财政部门征收。矿区在县级行政区域内的，矿产资源补偿费由矿区所在地的县级人民政府负责地质矿产管理工作的部门负责征收。矿区范围跨县级以上行政区域的，矿产资源补偿费由所涉及行政区域的共同上一级人民政府负责地质矿产管理工作的部门负责征收。

矿区范围跨省级行政区域和在中华人民共和国领海与其他管辖海域的，矿产资源补偿费由国务院地质矿产主管部门授权的省级人民政府地质矿产主管部门负责征收。

第八条 采矿权人应当于每年的 7 月 31 日前缴纳上半年的矿产资源补偿费；于下一年度 1 月 31 日前缴纳上一年度下半年的矿产资源补偿费。采矿权人在中止或者终止采矿活动时，应当结缴矿产资源补偿费。

第九条 采矿权人在缴纳矿产资源补偿费时，应当同时提交已采出的矿产品的矿种、产量、销售数量、销售价格和实际开采回采率等资料。

第十条 征收的矿产资源补偿费，应当及时全额就地上缴中央金库，年终按照下款规定的中央与省、自治区、直辖市的分成比例，单独结算。中央与省、直辖市矿产资源补偿费的分成比例为 5∶5；中央与自治区矿产资源补偿费的分成比例为 4∶6。

第十一条 矿产资源补偿费纳入国家预算，实行专项管理，主要用于矿产资源勘查。中央所得的矿产资源补偿费的具体使用管理办法，由国务院财政部门、国务院地质矿产主管部门、国务院计划主管部门共同制定。地方所得的矿产资源补偿费的具体使用管理办法，由省、自治区、直辖市人民政府制定。

第十二条 采矿权人有下列情形之一的，经省级人民政府地质矿产主管部门会同同级财政部门批准，可以免缴矿产资源补偿费：

（一）从废石（矸石）中回收矿产品的；

（二）按照国家有关规定经批准开采已关闭矿山的非保安残留矿体的；

（三）国务院地质矿产主管部门会同国务院财政部门认定免缴的其他情形。

第十三条 采矿权人有下列情况之一的，经省级人民政府地质矿产主管部门会同同级财政部门批准，可以减缴矿产资源补偿费：

（一）从尾矿中回收矿产品的；

（二）开采未达到工业品位或者未计算储量的低品位矿产资源的；

（三）依法开采水体下、建筑物下、交通要道下的矿产资源的；

（四）由于执行国家定价而形成政策性亏损的；

（五）国务院地质矿产主管部门会同国务院财政部门认定减缴的其他情形。采矿权人减缴的矿产资源补偿费超过应当缴纳的矿产资源补偿费 50%的，须经省级人民政府批准。批准减缴矿产资源补偿费的，应当报国务院地质矿产主管部门和国务院财政部门备案。

第十四条 采矿权人在规定期限内未足额缴纳矿产资源补偿费的，由征收机关责令限期缴纳，并从滞纳之日起按日加收滞纳补偿费 2‰的滞纳金。采矿权人未按照前款规定缴纳矿产资源补偿费和滞纳金的，由征收机关处以应当缴纳的矿产资源补偿费 3 倍以下的罚款；情节严重的，由采矿许可证颁发机关吊销其采矿许可证。

第十五条 采矿权人采取伪报矿种，隐匿产量、销售数量，或者伪报销售价格、实际开采回采率等手段，不缴或者少缴矿产资源补偿费的，由征收机关追缴应当缴纳的矿产资源补偿费，并处以应当缴纳的矿产资源补偿费 5 倍以下的罚款；情节严重的，由采矿许可证颁发机关吊销其采矿许可证。

第十六条 采矿权人未按照本规定第九条的规定报送有关资料的，由征收机关责令限期报送；逾期不报送的，处以 5000 元以下罚款；仍不报送的，采矿许可证颁发机关可以吊销其采矿许可证。

第十七条 依照本规定对采矿权人处以的罚款、加收的滞纳金应当上缴国库。

第十八条 当事人对行政处罚决定不服的，可以自接到处罚决定通知之日起 15 日内向作出处罚决定的机关的上一级机关申请复议；当事人也可以自接到处罚决定通知之日起 15 日内直接向人民法院起诉。当事人逾期不申请复议也不向人民法院起诉、又不履行处罚决定的，作出处罚决定的机关可以申请人民法院强制执行。

第十九条 本规定发布前的地方性法规和地方人民政府发布的规章及行政性文件的内容，与本规定相抵触的，以本规定为准。

第二十条 省、自治区、直辖市人民政府可以根据本规定制定实施办法。

第二十一条 本规定由地质矿产部负责解释。

第二十二条 本规定自 1994 年 4 月 1 日起施行。

附录

矿产资源补偿费费率表

矿　种	费率（%）
石油	1
天然气	1
煤炭、煤成气	1
铀、钍	3
石煤、油砂	1
天然沥青	2
地热	3
油页岩	2
铁、锰、铬、钒、钛	2
铜、铅、锌、铝土矿、镍、钴、钨、锡、铋、钼、汞、锑、镁	2
金、银、铂、钯、钌、锇、铱、铑	4
铌、钽、铍、锂、锆、锶、铷、铯	3
镧、铈、镨、钕、钐、铕、钇、钆、铽、镝、钬、铒、铥、镱、镥	3
离子型稀土	4
钪、锗、镓、铟、铊、铪、铼、镉、硒、碲	3
宝石、玉石、宝石级金刚石	4
石墨、磷、自然硫、硫铁矿、钾盐、硼、水晶（压电水晶、熔炼水晶、光学水晶、工艺、水晶）、刚玉、蓝晶石、硅线石、红柱石、硅灰石、钠硝石、滑石、石棉、蓝石棉、云母、长石、石榴子石、叶蜡石、透辉石、透闪石、蛭石、沸石、明矾石、芒硝（含钙芒硝）、金刚石、石膏、硬石膏、重晶石、毒重石、天然碱、方解石、冰洲石、菱镁矿、萤石（普通萤石、光学萤石）、黄玉、电气石、玛瑙、颜料矿物（赭石、颜料黄土）、石灰岩（电石用灰岩、制碱用灰岩、化肥用灰岩、熔剂用灰岩、玻璃用灰岩、水泥用灰岩、建筑石料用灰岩、制灰用灰岩、饰面用灰岩）、泥灰岩、白垩、含钾岩石、白云岩（冶金用白云岩、化肥用白云岩、玻璃用白云岩、建筑用白云岩）、石英岩（冶金用石英岩、玻璃用石英岩、化肥用石英岩）、砂岩（冶金用砂岩、玻璃用砂岩、水泥配料用砂岩、砖瓦用砂岩、化肥用砂岩、铸型用砂岩、陶瓷用砂岩）、天然石英砂（玻璃用砂、铸型用砂、建筑用砂、水泥配料用砂、水泥标准砂、砖瓦用砂）、脉石英（冶金用脉石英、玻璃用脉石英）、粉石英、天然油石、含钾砂页岩、硅藻土、页岩（陶粒页岩、砖瓦用页岩、水泥配料用页岩）、高岭土、陶瓷土、耐火粘土、凹凸棒石粘土、海泡石粘土、伊利石粘土、累托石粘土、膨润土、铁矾土、其他粘土（铸型用粘土、砖瓦用粘土、陶粒用粘土、水泥配料用粘土、水泥配料用红土、水泥配料用黄土、水泥配料用泥岩、保温材料用粘土）、橄榄岩（化肥用橄榄岩、建筑用橄榄岩）、蛇纹岩（化肥用蛇纹岩、熔剂用蛇纹岩、饰面用蛇纹岩）、玄武岩（铸石用玄武岩、岩棉用玄武岩）、辉绿岩（水泥用辉绿岩、铸石用辉绿岩、饰面用辉绿岩、建筑用辉绿岩）、安山岩（饰面用安山岩、建筑用安山岩、水泥混合材用安山玢岩）、闪长岩（水泥混合材用闪长玢岩、建筑用闪长岩）、花岗岩（建筑用花岗岩、饰面用花岗岩）、麦饭石、珍珠岩、黑曜岩、松脂岩、浮石、粗面岩（水泥用粗面岩、铸石用粗面岩）、霞石正长岩、凝灰岩（玻璃用凝灰岩、水泥用凝灰岩、建筑用凝灰岩）、火山灰、火山渣、大理岩（饰面用大理岩、建筑用大理岩、水泥用大理岩、玻璃用大理岩）、板岩（饰面用板岩、水泥配料用板岩）、片麻岩、角闪岩、泥炭、镁盐、碘、溴、砷	2
湖盐、岩盐、天然卤水	0.5
二氧化碳气、硫化氢气、氦气、氡气	3
矿泉水	4

石油地震勘探损害补偿规定

（1989年9月26日国务院批准，1989年10月17日能源部令第1号发布）

第一章　总　则

第一条　为了做好石油地震勘探损害补偿工作，正确处理国家、集体、个人三者利益关系，确保石油勘探工作的顺利进行，制定本规定。

第二条　本规定适用于中华人民共和国陆地（包括岛屿、海滩、水深五米的浅海在内）石油地震勘探作业和作业地震波的损害补偿。

第三条　石油地震勘探是沿一定测线通过式作业，在测线每个观测点上通过时间不超过四十八小时，在特殊情况下不超过九十六小时的，免于办理临时用地手续。

第四条　石油地震勘探按照实际损害程度由地震作业队给予受损害的个人或者单位一次性补偿，补偿费用应当及时支付。任何单位或者个人不得截留、回扣补偿费用，或者向地震 作业队索要补偿费用之外的费用或者实物。

第五条　地震作业队的主管部门，应当在开工前三十日内将本年度的石油地震勘探施工设计和作业计划向作业区所在地的县级人民政府有关主管部门报告，取得支持和帮助。县级人民政府有关主管部门应当在地震作业队作业前将作业区的地面、地下设施、农田作物等有关资料提供给地震作业队主管部门。

第六条　地震作业队的作业，应当按照国家有关规定在城市区、工矿区、居民点、车站、码头、港口、铁路、军用基地、人防工程、大中型桥涵、水利工程、电力设施、输油输气管线、国家测量标志、重点文物、通讯设施、广播设施的安全距离之外放炮。特殊情况下，如需在上述安全距离内放炮作业，地震作业队应当征得有关部门同意，采取安全措施后，方可施工。

第七条　当事人双方对石油地震勘探损害补偿问题发生纠纷时，首先应当协商解决，协商不成的，提请当地县级人民政府及其指定的部门调解处理；对调解处理决定不服的，任何一方可在接到处理决定之日起十五日内向所在地人民法院起诉，但在调解和诉讼期间，应当保证地震作业队正常作业。

第二章　石油地震勘探作业损害补偿

第八条　石油地震勘探作业（以下简称地震作业）车辆沿测线通过农田，对粮食作物和其他经济作物造成损害的，作物受害量以当地县级人民政府统计部门前三年上报国家产量的年平均数、实际损害面积和实际损害程度计算；作物补偿价格按国家规定的价格和当地市场 价格的加权平均值计算，其加权平均值参照定购合同等因素，由双方协商确定。作业车辆损害农田面积以实际碾压宽度和长度计算。

第九条 地震作业车辆沿测线通过造成的农田地面设施损害，根据实际损害程度，由双方协商，给予适当补偿。

第十条 地震作业对冻期的青苗损害的补偿标准，按作业车辆实际碾压损害程度确定，一般不超过对该地非封冻期作物损害补偿标准的百分之三十，但个别地方青苗碾压严重的，经当事人双方认定，可酌情提高补偿标准。封冻期的具体期限由当地省级以上人民政府确定。

第十一条 地震作业对无封冻期的已耕待种地造成损害的，应按照作业车辆实际碾压面积，参照当地劳务费用和机耕费用的标准补偿复耕费。

第十二条 地震作业对牧区人工种植的草场造成损害的，应按照草场实际损害面积和亩产量，及当地省级人民政府规定的牧草收购价格，予以补偿。对已承包给个人或集体的天然草场造成损害的，应根据该天然草场的实际产草情况和损害程度，由当事人双方协商补偿办法。补偿费的标准，由当地省级人民政府确定。

第十三条 地震作业对竹木造成损害的，应对实际损害株数逐株计算，进行补偿。竹木补偿标准由当地省级人民政府确定，被损竹木归原竹木所有者。

第十四条 地震作业后的炮眼，应当由地震作业队负责回填。地震作业队不回填的，应按照当地省级人民政府规定的标准，支付炮眼回填劳务费。

第三章 地震作业地震波造成损害的补偿

第十五条 地震作业队井中放炮，对其地震作业地震波（以下简称地震波）造成损害的补偿范围规定如下：

（一）对土坯结构和砖、土坯混合结构的房屋、窑洞、厂房、正常生产的砖窑，炸药量在一至三公斤，地震波损害的补偿范围为距炮点半径四十米以内；炸药量在四至六公斤，地震波损害的补偿范围为距炮点半径五十米以内；炸药量在七至十公斤，地震波损害的补偿范围为距炮点半径七十米以内；炸药量在十一至十五公斤，地震波损害的补偿范围为距炮点半径八十米以内。

（二）对混凝土结构的厂房建筑、机井、一般桥梁和水闸的地震波损害的补偿范围，比照本条（一）项规定的范围缩小四分之一。

第十六条 在地震波损害的补偿范围内的地面设施，根据地震作业放炮后新造成的损害的程度，参考原造价和使用年限计算补偿费用，予以补偿。

第十七条 对地震波损害补偿范围内的机井的损害补偿，由当事人双方共同核实损害程度，并参照当地县级人民政府有关部门提供的机井档案资料、造价、使用年限，计算补偿费用予以补偿。

第十八条 在海滩和浅海区进行地震作业，应当采用非炸药震源；在陆地进行地震作业，应当尽量避开鱼塘或养殖场。必须在鱼塘或养殖场内及其附近地区进行地震作业的，炮眼井底至鱼塘或养殖场水底的深度不得小于五米，炸药量不得大于十公斤。因地震作业对鱼类和其它水产类造成损害的，应当根据实际损害情况给予一次性补偿，具体补偿办法由国务院石油工业主管部门和农业主管部门另行规定。

第四章　不予补偿的范围

第十九条　地震作业队在没有种植农作物的荒岭、荒坡、荒地、荒漠，以及封冻期的无种植耕地、草原进行石油勘探地震作业的，不予补偿，但对作业区的耕地应当负责复垦，恢复利用。

第二十条　地震作业队在国家和集体所有的闲置地，没有承包的沙滩、沙漠、河滩、湖滩、海滩、森林中的空地进行地震作业的，不予补偿。

第二十一条　地震作业队主管部门向地震作业区所在地人民政府提交作业计划后，任何单位和个人故意在作业线上抢种作物、苗木和突击设置地面设施的，其在地震作业后受到损害的，地震作业队不予补偿。

第五章　罚　则

第二十二条　地震作业队违反第六条规定，擅自在安全距离内放炮的，应当根据国家有关法律、法规由有关部门对地震作业队责任人员追究行政责任或民事责任；对情节严重构成 犯罪的，依法追究其刑事责任。

第二十三条　有下列行为之一的单位和个人，视其情节轻重，由当地人民政府有关部门依法给予行政处罚，并责令其赔偿造成的损失；构成犯罪的，由司法部门依法追究刑事责任：

（一）扣押、损坏、偷盗地震作业队的设备和器材的；

（二）采取挖路、放水、扣车、扣人、围攻及殴打地震作业人员、煽动群众起哄闹事、阻碍地震作业队正常施工作业的；

（三）采用欺骗的方法，利用损害补偿敲诈勒索的。

第二十四条　违反第四条规定，截留、回扣补偿费用的单位和个人，由监察部门责令其退回被截留、回扣的补偿费用，并可予以行政处罚。

第六章　附　则

第二十五条　其它行业和部门因地震勘探作业所造成的损害，可参照本规定进行补偿。

第二十六条　本规定由国务院石油工业主管部门负责解释。

第二十七条　本规定自发布之日起施行。

探矿权采矿权使用费和价款使用管理办法（试行）

（财政部、国土资源部2003年11月10日颁布　财建［2003］530号）

第一条　为规范探矿权采矿权使用费和价款使用的管理，提高资金使用效益，根据《矿产资源勘查区块登记管理办法》（国务院令第 240 号）和《矿产资源开采登记管理办法》（国务院令第241号）及有关法规的规定，制定本办法。

第二条　本办法适用于中央收取的探矿权采矿权使用费和价款使用的管理。

第三条　中央收取的探矿权采矿权使用费和价款由财政部在年度支出预算中安排使用。

探矿权采矿权使用费和价款专款专用，任何单位不得截留、挤占和挪用。

第四条　探矿权采矿权使用费和价款专项用于：

（一）探矿权采矿权使用费和价款的管理及成本费用支出；

（二）由中央登记管理机关颁发采矿许可证的矿山企业的矿山地质环境治理支出；

（三）国家级地质遗迹保护支出。

第五条　探矿权采矿权使用费和价款的管理及成本费用支出范围：

（一）管理支出：勘查区块和矿产资源开采的审批、登记业务费，探矿权采矿权纠纷调处费，油气和固体矿产督察员工作经费，探矿权采矿权项目审查经费，探矿权采矿权管理信息系统维护费，矿区规划、矿产资源开发利用方案审查经费，探矿权采矿权管理的重大政策调查研究、制度建设、宣传、业务培训费等支出。

（二）成本费用支出：探矿权采矿权使用费和价款专用票据的购置费、登记公告费以及采用招标拍卖挂牌形式出让探矿权采矿权所需的相关成本费用支出。

第六条　矿山地质环境治理支出主要用于计划经济时期建设的国有矿山因矿产资源开采活动对矿山地质环境造成破坏和影响，需恢复矿山地质环境治理的支出。具体包括：

（一）因采矿活动造成的地面开裂、沉降、塌陷等矿山地质环境破坏的治理；

（二）因采矿活动引起的区域性地下水水位下降、地下水干枯、危损尾矿坝等的治理；

（三）因采矿活动形成的矿山尾矿的治理和综合利用。

第七条　国家级地质遗迹保护支出主要用于对具有重大科学研究价值和重要观赏性地貌景观的国家级地质遗迹进行保护的支出。具体包括：

（一）能为一个大区域甚至全球演化过程中，某一重大地质历史事件或演化阶段提供重要地质证据的地质遗迹；

（二）具有国际或国内大区域地层（构造）对比意义的典型剖面、化石及产地；

（三）具有国际或国内典型地学意义的地质景观或现象。

第八条 探矿权采矿权使用费和价款管理及成本费用支出，由国土资源部根据本办法第五条确定的范围，并结合实际工作需要编制年度支出预算，按规定的程序和时间报财政部审批，列入国土资源部部门预算。

第九条 财政部、国土资源部确定年度矿山地质环境治理和国家级地质遗迹保护当年支持方向和重点，并随项目申报通知下发各地。各地财政厅（局）和国土资源厅（局）应按照通知要求组织项目申报工作，并在规定时间内联合报送财政部和国土资源部。

申报的材料分正文和附件两部分，正文为申请经费的正式文件，附件为每个项目的可行性研究报告。

项目可行性研究报告内容包括：项目的目的意义、实施方案、技术路线和方法、投资概算、申请财政资金数额及使用方向、项目实施的保障措施、预期的社会效益和环境效益以及项目的风险与不确定因素等。

申请矿山地质环境治理资金的矿山企业还应附国有资产产权登记证、采矿许可证等其他相关资料。

第十条 国土资源部对申报的项目进行形式审查后，财政部、国土资源部组织专家对申报的项目进行评审，并根据评审结果及财力状况确定项目预算，由财政部、国土资源部联合下达。

第十一条 项目完成后，项目承担单位所在地的财政厅（局）和国土资源厅（局）应及时组织验收和总结，并将资金使用及项目完成情况及时上报财政部和国土资源部。

第十二条 财政部会同国土资源部将定期或不定期地开展资金使用情况的专项检查。

第十三条 项目承担单位要自觉接受财政、审计、监察等部门的监督检查。对截留、挪用探矿权采矿权使用费和价款的，一经发现，按有关法律、法规的定处理。

第十四条 地方收取探矿权采矿权使用费和价款的使用管理办法，由各地财政厅（局）和国土资源厅（局）参照本办法制定，并报财政部和国土资源部备案。

第十五条 本办法由财政部会同国土资源部解释。

第十六条 本办法自发布之日起试行。

国务院关于全面整顿和规范矿产资源开发秩序的通知

（2005 年 8 月 18 日　国发［2005］28 号）

各省、自治区、直辖市人民政府，国务院各部委、各直属机构：

党中央、国务院对保护和合理开发利用矿产资源工作十分重视，制定了一系列方针、政策，多次部署了全国矿业秩序治理整顿工作。多年来，各地方和有关部门做了大量工作，取得了积极成效。但是，由于多方面的原因，矿产资源开发中存在的深层次矛盾和问题尚未得到解决，一些地区开发秩序仍然比较混乱，存在矿山布局不合理、经营粗放、浪费资源、破坏环境、安全生产事故频发等问题。尤其是最近一个时期，一些地区群发性无证勘查和开采、越界开采、乱采滥挖等各种违法违规行为出现严重反弹。为解决当前矿产资源开发中存在的突出问题，国务院决定全面整顿和规范矿产资源开发秩序。现就有关事项通知如下：

一、充分认识整顿和规范矿产资源开发秩序的重要意义

矿产资源是国民经济和社会发展的重要物质基础。整顿矿产资源开发中的各类违法违规行为，规范矿产资源开发活动，建立和维护良好的矿产资源开发秩序，是实现矿产资源合理开发、永续利用，确保安全的重要措施，对全面落实科学发展观、提高矿产资源对经济社会可持续发展的保障能力和全面建设小康社会，具有十分重要的意义。各地区、有关部门要以邓小平理论和“三个代表”重要思想为指导，以科学发展观为统领，进一步提高对整顿和规范矿产资源开发秩序工作重要性、紧迫性和艰巨性的认识，将整顿和规范矿产资源开发秩序作为一项事关全局的重要任务抓紧抓好，推动我国矿业走出一条科技含量高、经济效益好、资源利用率高、环境污染少、安全有保障、人力资源优势得到充分发挥的新路子。

二、整顿和规范矿产资源开发秩序的目标

要正确处理整顿与发展、局部与全局、当前与长远的关系，严格依照《中华人民共和国矿产资源法》等法律法规的规定，加大执法力度，切实做到有法必依、执法必严、违法必究。要坚持依法行政，并运用经济手段，全面开展以煤炭开发为重点的矿产资源开发秩序的整顿和规范行动。到 2007 年底全面完成整顿和规范的各项任务，使无证勘查和开采、乱采滥挖、浪费破坏矿产资源、严重污染环境等违法行为得到全面遏制；越界开采、非法转让探矿权和采矿权等违法行为得到全面清理，违法案件得到及时查处；矿

山安全事故及破坏生态环境现象明显减少；矿山布局不合理的状况得到明显改善，矿产资源开发利用规模化、集约化程度明显提高；基层监管到位，投资环境改善，矿产资源管理加强，基本建立规范的矿产资源开发秩序。

三、整顿矿产资源开发秩序的主要任务

（一）严厉打击无证勘查和开采等违法行为。地方各级人民政府要对本行政区域内的无证勘查和开采矿产资源的违法行为进行集中打击。对无证或持过期失效许可证进行勘查、开采的，公安部门不得批准其购买、使用民用爆破器材，电力部门不得供电，工商部门不得发放营业执照，安全监管部门不得发放安全生产许可证，国土资源主管部门要责令其停止开采，没收采出的矿产品和违法所得，并从重处以罚款。对持勘查许可证采矿或开采矿种与采矿许可证不符的，国土资源主管部门要责令其停止违法行为，并按无证开采予以处罚，对拒不改正的，依法吊销勘查许可证或采矿许可证和其他证照。对停产整改期间擅自采矿的，由决定停产整顿的部门进行严肃查处。对采矿许可证、安全生产许可证、生产许可证、营业执照和矿长资格证不全的煤炭开采企业，有关主管部门要责令其停止违法生产行为，并依法予以查处。

为防止无证勘查、开采现象出现反弹，地方各级人民政府要组织有关部门及时拆除当地违法工程的地面设施，查封设备，充填井筒。国土资源主管部门要加强巡查，发现无证勘查、开采的，要及时报告当地人民政府予以取缔。各地要高度重视并有效制止各类群发性无证开采行为的发生，对违法行为保持高压态势，做到及时发现、及时查处。对拒不停止开采或取缔后又违法开采，造成矿产资源破坏、甚至发生事故的，要依法追究有关人员的刑事责任。

（二）全面查处越界开采等违法行为。地方各级人民政府要组织国土资源等部门对本行政区域内越界开采、非法转让探矿权和采矿权等违法行为进行全面排查。对超越批准矿区范围开采的，责令退回其本矿区范围，没收越界开采的矿产品和违法所得，密封越界的井巷工程，并依法进行处罚；对拒不退回本矿区范围内开采的，依法吊销其采矿许可证和其他证照。对非法转让探矿权、采矿权的，没收其违法所得，处以罚款，并责令限期改正，逾期仍不改正的，依法吊销勘查许可证、采矿许可证和其他证照；对受让方按无证勘查、开采予以处罚。对取得勘查许可证后不按期进行施工或未依法完成最低勘查投入的，国土资源主管部门要责令限期改正，并依法处罚；对拒不改正的，依法吊销勘查许可证。对吊销许可证的，要及时依法注销工商登记并予以公告。对未按批准的开发利用方案或矿山设计进行开采、开采回采率达不到设计要求、浪费破坏矿产资源的，要责令停止生产、限期整改，对整改后仍达不到要求的，要坚决予以关闭。

（三）坚决关闭破坏环境、污染严重、不具备安全生产条件的矿山企业。要加大对矿产资源开发环境保护和矿山企业安全生产的监管力度。对在各类保护区的禁采区内进行开采的矿山企业和影响大矿安全生产的小矿，由当地人民政府予以关闭。对严重污染环境、未进行环境影响评价的矿山企业，对不符合安全生产要求超通风能力生产、未按规定建立瓦斯抽放系统、未采取防突措施、未经“三同时”审查验收的矿山企业，环境、安全监管部门要依法责令限期整改或停产整顿，有关部门要及时收回所有证照；对拒不

停产和整改后仍达不到要求的，要坚决及时予以关闭，有关部门要依法吊销所有证照。

（四）全面清查和纠正矿产资源开发管理中的各种违法违规行为。地方各级人民政府及国土资源、发展改革（经贸）、安全生产、环保、工商等部门要严格依法行政，全面规范矿产资源开发管理的行政行为。要依照相关法律法规，对矿产资源开发管理中的探矿权和采矿权审批、项目核准、生产许可、安全许可、环评审查、企业设立等各项管理行为进行一次全面清理检查。对违法违规审批、滥用职权、失职、渎职行为以及国家工作人员参与办矿、徇私舞弊等腐败现象依法进行严肃查处。

（五）全面开展煤炭资源回采率专项检查。各地要采取切实有效措施，加大煤炭资源回采率专项检查工作力度。要严肃查处一批浪费、破坏煤炭资源的典型案件并进行曝光，坚决遏制浪费、破坏资源的势头。同时，表彰一批保护和合理利用资源的先进典型。修订完善煤炭资源回采率标准和管理办法。凡设计回采率达不到国家规定标准的建设项目，一律不予核准，不予颁发采矿许可证。对达不到回采率标准的煤矿，要责令其限期整改，逾期仍达不到的，依法予以经济处罚，直至吊销采矿许可证和煤炭生产许可证。强制淘汰落后的生产技术、工艺及设备。通过专项检查和整改，全面提高煤炭资源开发利用水平。

（六）对保护性开采的特定矿种进行专项整治。国土资源部要会同发展改革委、商务部等有关部门按照各自职责，对钨、锡、锑、稀土等保护性开采的特定矿种，进行开采、选冶、加工、销售和出口的专项整治，切实解决超量开采、经营秩序混乱、生产结构失衡、缺乏有效监管、不具备安全生产条件等问题。国土资源部要继续对保护性开采的特定矿种实行开采总量控制，并对控制指标执行情况进行全面清查。继续暂停审批和颁发钨矿采矿许可证。严禁保护性开采的特定矿种超计划开采和计划外出口。同时，要加强对稀缺矿种的资源保护，严禁乱采滥挖和浪费破坏资源，国土资源部要会同有关部门根据国民经济发展的需要，研究制订对保护性开采的特定矿种和稀缺矿种的管理办法。

各省、自治区、直辖市人民政府要结合地方实际，对本行政区域内油气、铁、石墨、黄金等开发秩序问题突出的矿种以及影响铁路、公路安全的采矿行为，制订专项整治的具体措施，开展专项整治工作。

四、规范矿产资源开发秩序的主要任务

（一）严格探矿权、采矿权管理。国土资源部要严格依照《中华人民共和国行政许可法》、《中华人民共和国矿产资源法》等有关法律法规的规定，组织对各地探矿权、采矿权审批情况进行全面清理，坚决刹住一些地方非法干预设置探矿权、采矿权的行为。国土资源部要严格按照国务院发布的《矿产资源勘查区块登记管理办法》和《矿产资源开采登记管理办法》的规定，对以往的各种授权进行清理并重新授权。要严格按照国家产业政策和矿产资源规划设置探矿权、采矿权。要依据法律规定严格审批条件，规范审批程序，进一步完善探矿权和采矿权申请、延续、变更、注销等相关管理制度。

（二）集中解决矿山布局不合理问题。各省、自治区、直辖市人民政府要结合本地实际，以煤炭资源为重点，通过资源整合，切实解决矿山布局不合理等问题，逐步实现资源开发规模化、集约化。国土资源部、发展改革委要积极扶持大型煤炭基地建设，在已

划定 19 个煤炭国家规划矿区的基础上，继续划定并公布大型煤炭基地内的煤炭国家规划矿区名单，按照规划合理安排大型煤炭基地建设项目。对影响大矿统一规划开采的小矿，凡能够与大矿进行资源整合的，由大矿采取合理补偿、整体收购或联合经营等方式进行整合。各类矿山都要按照规模化、集约化的原则进行整合，限期达到规定的最低开采规模。各地要统一组织制定小矿整合方案，并切实抓好落实，提高矿产资源开发利用水平。国土资源部要根据国民经济和社会发展需要，结合各地实际情况，组织制定和完善不同矿种的最低开采规模标准。

（三）完善矿产资源有偿使用制度。要按照矿产资源分类、分级管理的要求，进一步推进矿产资源有偿使用制度改革。加强煤炭等国家规划矿区以及其他煤炭资源集中区的普查和必要的详查，统一编制矿区总体开发规划和探矿权、采矿权设置方案。全面实行探矿权、采矿权有偿取得制度，采取市场竞争方式出让探矿权、采矿权，规范矿业权市场，研究解决探矿权、采矿权无偿和有偿取得“双轨制”问题的有效措施。调整现行的矿业税费政策，积极探索矿产资源税费征收与储量消耗挂钩的政策措施。理顺矿产资源利益分配关系，改善矿业投资环境。具体办法由财政部、国土资源部另行制订。

（四）探索建立矿山生态环境恢复补偿制度。地方各级人民政府应对本地矿区生态环境进行监督管理，按照“谁破坏、谁恢复”的原则，明确治理责任，保证治理资金和治理措施落实到位。新建和已投产生产矿山企业要制订矿山生态环境保护与综合治理方案，报经主管部门审批后实施。对废弃矿山和老矿山的生态环境恢复与治理，按照“谁投资、谁受益”的原则，积极探索通过市场机制多渠道融资方式，加快治理与恢复的进程。财政部、国土资源部等部门应尽快制订矿山生态环境恢复的经济政策，积极推进矿山生态环境恢复保证金制度等生态环境恢复补偿机制。

（五）严格矿产资源勘查、开采准入管理。国土资源部、发展改革委等有关部门要加强勘查、开采资质管理，制订勘查、开采资质管理办法，严格市场准入标准。国土资源主管部门审批采矿许可证，必须依法对开发利用方案进行严格审查，凡不符合国家规划、产业政策和技术规范以及开采回采率低、矿产资源不能合理利用、不符合安全生产条件、不提交环境影响评价报告和地质灾害危险性评估报告批复文件的，一律不予批准。设计单位要严格按照国家规定的技术规范编制开发利用方案或设计，有关主管部门要加强监管。

（六）建立矿产资源开发监管责任体系。国土资源等有关部门要依据法律法规，进一步完善探矿权和采矿权审批、项目核准、生产许可、安全许可、环评审查、企业设立等各项矿产资源开发的管理制度，切实加强对矿产资源开发各个环节的监管并承担相应责任。要充分发挥执法监察队伍和矿产督察员队伍的作用，建立监管责任体系。要强化市、县国土资源管理部门监管职能，加强监管力量，实行任务到矿，责任到人，维护矿产资源勘查、开采正常秩序。要积极探索对储量进行动态监管的有效办法，严格矿产资源开发利用方案执行情况的检查，完善年度报告制度，切实提高矿产资源开发利用水平。

五、加强领导，确保整顿和规范矿产资源开发秩序工作顺利进行

整顿和规范矿产资源开发秩序工作时间紧、涉及面广，任务十分艰巨。各地区和有关部门要高度重视，切实加强领导。国土资源部、发展改革委要会同公安部、监察部、财政部、商务部、工商总局、环保总局、安全监管总局等部门建立部际联席会议制度，研究解决整顿和规范工作中的重大问题，指导全国整顿和规范矿产资源开发秩序工作。联席会议的日常工作由国土资源部承担。各省、自治区、直辖市人民政府是整顿和规范矿产资源开发秩序的责任主体，要将维护正常的矿产资源开发秩序纳入政府工作目标，并成立领导小组，明确责任，协调行动，联合执法，统一组织实施本行政区域内整顿和规范矿产资源开发秩序工作。

要按照统一部署、依法推进、突出重点、分步实施的原则，开展整顿和规范矿产资源开发秩序的各项工作，做到进度服从质量。整顿和规范工作大致分为两个阶段：第一阶段，自本通知下发之日起至 2006 年底，基本完成整顿的主要任务，同时开展相关的规范工作；第二阶段，从 2007 年年初至当年底，要全面完成本通知提出的各项任务。各地要建立整顿和规范工作目标责任制，一级抓一级，层层抓落实。对整顿工作不力、未完成整顿和规范任务的，要追究有关领导的责任。

各地区要在整顿和规范矿产资源开发秩序任务完成后，按照本通知的要求，分阶段认真做好检查验收工作，并向国务院作出报告。国土资源部、发展改革委要会同有关部门对全国整顿和规范矿产资源开发秩序工作进行检查验收。对整顿和规范工作中出现的重大问题，各地区和有关部门要及时向国务院报告。

中华人民共和国节约能源法

（1997 年 11 月 1 日，中华人民共和国主席令第 90 号）

目 录

第一章　总　则

第一条　为了推进全社会节约能源，提高能源利用效率和经济效益，保护环境，保障国民经济和社会的发展，满足人民生活需要，制定本法。

第二条　本法所称能源，是指煤炭、原油、天然气、电力、焦炭、煤气、热力、成品油、液化石油气、生物质能和其他直接或者通过加工、转换而取得有用能的各种资源。

第三条　本法所称节能，是指加强用能管理，采取技术上可行、经济上合理以及环境和社会可以承受的措施，减少从能源生产到消费各个环节中的损失和浪费，更加有效、合理地利用能源。

第四条　节能是国家发展经济的一项长远战略方针。

国务院和省、自治区、直辖市人民政府应当加强节能工作，合理调整产业结构、企业结构、产品结构和能源消费结构，推进节能技术进步，降低单位产值能耗和单位产品能耗，改善能源的开发、加工转换、输送和供应，逐步提高能源利用效率，促进国民经济向节能型发展。

国家鼓励开发、利用新能源和可再生能源。

第五条　国家制定节能政策，编制节能计划，并纳入国民经济和社会发展计划，保障能源的合理利用，并与经济发展、环境保护相协调。

第六条　国家鼓励、支持节能科学技术的研究和推广，加强节能宣传和教育，普及节能科学知识，增强全民的节能意识。

第七条　任何单位和个人都应当履行节能义务，有权检举浪费能源的行为。

各级人民政府对在节能或者节能科学技术研究、推广中有显著成绩的单位和个人给予奖励。

第八条 国务院管理节能工作的部门主管全国的节能监督管理工作。国务院有关部门在各自的职责范围内负责节能监督管理工作。

县级以上地方人民政府管理节能工作的部门主管本行政区域内的节能监督管理工作。县级以上地方人民政府有关部门在各自的职责范围内负责节能监督管理工作。

第二章 节能管理

第九条 国务院和地方各级人民政府应当加强对节能工作的领导，每年部署、协调、监督、检查、推动节能工作。

第十条 国务院和省、自治区、直辖市人民政府应当根据能源节约与能源开发并举，把能源节约放在首位的方针，在对能源结构与能源开发进行技术、经济和环境比较论证的基础上，择优选定能源节约、能源开发投资项目，制定能源投资计划。

第十一条 国务院和省、自治区、直辖市人民政府应当在基本建设、技术改造资金中安排节能资金，用于支持能源的合理利用以及新能源和可再生能源的开发。

市、县人民政府根据实际情况安排节能资金，用于支持能源的合理利用以及新能源和可再生能源的开发。

第十二条 固定资产投资工程项目的可行性研究报告，应当包括合理用能的专题论证。

固定资产投资工程项目的设计和建设，应当遵守合理用能标准和节能设计规范。

达不到合理用能标准和节能设计规范要求的项目，依法审批的机关不得批准建设；项目建成后，达不到合理用能标准和节能设计规范要求的，不予验收。

第十三条 禁止新建技术落后、耗能过高、严重浪费能源的工业项目。禁止新建的耗能过高的工业项目的名录和具体实施办法，由国务院管理节能工作的部门会同国务院有关部门制定。

第十四条 国务院标准化行政主管部门制定有关节能的国家标准。

对没有前款规定的国家标准的，国务院有关部门可以依法制定有关节能的行业标准，并报国务院标准化行政主管部门备案。

制定有关节能的标准应当做到技术上先进，经济上合理，并不断加以完善和改进。

第十五条 国务院管理节能工作的部门应当会同国务院有关部门对生产量大面广的用能产品的行业加强监督，督促其采取节能措施，努力提高产品的设计和制造技术，逐步降低本行业的单位产品能耗。

第十六条 省级以上人民政府管理节能工作的部门，应当会同同级有关部门，对生产过程中耗能较高的产品制定单位产品能耗限额。

制定单位产品能耗限额应当科学、合理。

第十七条 国家对落后的耗能过高的用能产品、设备实行淘汰制度。

淘汰的耗能过高的用能产品、设备的名录由国务院管理节能工作的部门会同国务院的有关部门确定并公布。具体实施办法由国务院管理节能工作的部门会同国务院有关部门制定。

第十八条 企业可以根据自愿原则，按照国家有关产品质量认证的规定，向国务院产品质量监督管理部门或者国务院产品质量监督管理部门授权的部门认可的认证机构提出用能产品节能质量认证申请，经认证合格后，取得节能质量认证证书，在用能产品或者其包装上使用节能质量认证标志。

第十九条 县级以上各级人民政府统计机构应当会同同级有关部门，做好能源消费和利用状况的统计工作，并定期发布公报，公布主要耗能产品的单位产品能耗等状况。

第二十条 国家对重点用能单位要加强节能管理。

下列用能单位为重点用能单位：

（一）年综合能源消费总量 1 万吨标准煤以上的用能单位；

（二）国务院有关部门或者省、自治区、直辖市人民政府管理节能工作的部门指定的年综合能源消费总量 5000 吨以上不满 1 万吨标准煤的用能单位。

县级以上各级人民政府管理节能工作的部门应当组织有关部门对重点用能单位的能源利用状况进行监督检查，可以委托具有检验测试技术条件的单位依法进行节能的检验测试。

重点用能单位的节能要求、节能措施和管理办法，由国务院管理节能工作的部门会同国务院有关部门制定。

第三章　合理使用能源

第二十一条 用能单位应当按照合理用能的原则，加强节能管理，制定并组织实施本单位的节能技术措施，降低能耗。

用能单位应当开展节能教育，组织有关人员参加节能培训。

未经节能教育、培训的人员，不得在耗能设备操作岗位上工作。

第二十二条 用能单位应当加强能源计量管理，健全能源消费统计和能源利用状况分析制度。

第二十三条 用能单位应当建立节能工作责任制，对节能工作取得成绩的集体、个人给予奖励。

第二十四条 生产耗能较高的产品的单位，应当遵守依法制定的单位产品能耗限额。

超过单位产品能耗限额用能，情节严重的，限期治理。限期治理由县级以上人民政府管理节能工作的部门按照国务院规定的权限决定。

第二十五条 生产、销售用能产品和使用用能设备的单位和个人，必须在国务院管理节能工作的部门会同国务院有关部门规定的期限内，停止生产、销售国家明令淘汰的用能产品，停止使用国家明令淘汰的用能设备，并不得将淘汰的设备转让给他人使用。

第二十六条 生产用能产品的单位和个人，应当在产品说明书和产品标识上如实注明能耗指标。

第二十七条 生产用能产品的单位和个人，不得使用伪造的节能质量认证标志或者冒用节能质量认证标志。

第二十八条 重点用能单位应当按照国家有关规定定期报送能源利用状况报告。能源利用状况包括能源消费情况、用能效率和节能效益分析、节能措施等内容。

第二十九条 重点用能单位应当设立能源管理岗位，在具有节能专业知识、实际经验以及工程师以上技术职称的人员中聘任能源管理人员，并向县级以上人民政府管理节能工作的部门和有关部门备案。

能源管理人员负责对本单位的能源利用状况进行监督、检查。

第三十条 单位职工和其他城乡居民使用企业生产的电、煤气、天然气、煤等能源应当按照国家规定计量和交费，不得无偿使用或者实行包费制。

第三十一条 能源生产经营单位应当依照法律、法规的规定和合同的约定向用能单位提供能源。

第四章 节能技术进步

第三十二条 国家鼓励、支持开发先进节能技术，确定开发先进节能技术的重点和方向，建立和完善节能技术服务体系，培育和规范节能技术市场。

第三十三条 国家组织实施重大节能科研项目、节能示范工程，提出节能推广项目，引导企业事业单位和个人采用先进的节能工艺、技术、设备和材料。

国家制定优惠政策，对节能示范工程和节能推广项目给予支持。

第三十四条 国家鼓励引进境外先进的节能技术和设备，禁止引进境外落后的用能技术、设备和材料。

第三十五条 在国务院和省、自治区、直辖市人民政府安排的科学研究资金中应当安排节能资金，用于先进节能技术研究。

第三十六条 县级以上各级人民政府应当组织有关部门根据国家产业政策和节能技术政策，推动符合节能要求的科学、合理的专业化生产。

第三十七条 建筑物的设计和建造应当依照有关法律、行政法规的规定，采用节能型的建筑结构、材料、器具和产品，提高保温隔热性能，减少采暖、制冷、照明的能耗。

第三十八条 各级人民政府应当按照因地制宜、多能互补、综合利用、讲求效益的方针，加强农村能源建设，开发、利用沼气、太阳能、风能、水能、地热等可再生能源和新能源。

第三十九条 国家鼓励发展下列通用节能技术：

（一）推广热电联产、集中供热，提高热电机组的利用率，发展热能梯级利用技术，热、电、冷联产技术和热、电、煤气三联供技术，提高热能综合利用率；

（二）逐步实现电动机、风机、泵类设备和系统的经济运行，发展电机调速节电和电力电子节电技术，开发、生产、推广质优、价廉的节能器材，提高电能利用效率；

（三）发展和推广适合国内煤种的流化床燃烧、无烟燃烧和气化、液化等洁净煤技术，提高煤炭利用效率；

（四）发展和推广其他在节能工作中证明技术成熟、效益显著的通用节能技术。

第四十条 各行业应当制定行业节能技术政策，发展、推广节能新技术、新工艺、新设备和新材料，限制或者淘汰能耗高的老旧技术、工艺、设备和材料。

第四十一条　国务院管理节能工作的部门应当会同国务院有关部门规定通用的和分行业的具体的节能技术指标、要求和措施，并根据经济和节能技术的发展情况适时修订，提高能源利用效率，降低能源消耗，使我国能源利用状况逐步赶上国际先进水平。

第五章　法律责任

第四十二条　违反本法第十三条规定，新建国家明令禁止新建的高耗能工业项目的，由县级以上人民政府管理节能工作的部门提出意见，报请同级人民政府按照国务院规定的权限责令停止投入生产或者停止使用。

第四十三条　生产耗能较高的产品的单位，违反本法第二十四条规定，超过单位产品能耗限额用能，情节严重，经限期治理逾期不治理或者没有达到治理要求的，可以由县级以上人民政府管理节能工作的部门提出意见，报请同级人民政府按照国务院规定的权限责令停业整顿或者关闭。

第四十四条　违反本法第二十五条规定，生产、销售国家明令淘汰的用能产品的，由县级以上人民政府管理产品质量监督工作的部门责令停止生产、销售国家明令淘汰的用能产品，没收违法生产、销售的国家明令淘汰的用能产品和违法所得，并处违法所得一倍以上五倍以下的罚款；可以由县级以上人民政府工商行政管理部门吊销营业执照。

第四十五条　违反本法第二十五条规定，使用国家明令淘汰的用能设备的，由县级以上人民政府管理节能工作的部门责令停止使用，没收国家明令淘汰的用能设备；情节严重的，县级以上人民政府管理节能工作的部门可以提出意见，报请同级人民政府按照国务院规定的权限责令停业整顿或者关闭。

第四十六条　违反本法第二十五条规定，将淘汰的用能设备转让他人使用的，由县级以上人民政府管理产品质量监督工作的部门没收违法所得，并处违法所得一倍以上五倍以下的罚款。

第四十七条　违反本法第二十六条规定，未在产品说明书和产品标识上注明能耗指标的，由县级以上人民政府管理产品质量监督工作的部门责令限期改正，可以处五万元以下的罚款。

违反本法第二十六条规定，在产品说明书和产品标识上注明的能耗指标不符合产品的实际情况的，除依照前款规定处罚外，依照有关法律的规定承担民事责任。

第四十八条　违反本法第二十七条规定，使用伪造的节能质量认证标志或者冒用节能质量认证标志的，由县级以上人民政府管理产品质量监督工作的部门责令公开改正，没收违法所得，可以并处违法所得一倍以上五倍以下的罚款。

第四十九条　国家工作人员在节能工作中滥用职权、玩忽职守、徇私舞弊，构成犯罪的，依法追究刑事责任；尚不构成犯罪的，给予行政处分。

第六章　附　则

第五十条　本法自1998年1月1日起施行。

中华人民共和国可再生能源法

（2005 年 2 月 28 日第十届全国人民代表大会常务委员会第十四次会议通过）

中华人民共和国主席令

第 33 号

《中华人民共和国可再生能源法》已由中华人民共和国第十届全国人民代表大会常务委员会第十四次会议于 2005 年 2 月 28 日通过，现予公布，自 2006 年 1 月 1 日起施行。

中华人民共和国主席　胡锦涛

2005 年 2 月 28 日

第一章　总　则

第一条　为了促进可再生能源的开发利用，增加能源供应，改善能源结构，保障能源安全，保护环境，实现经济社会的可持续发展，制定本法。

第二条　本法所称可再生能源，是指风能、太阳能、水能、生物质能、地热能、海洋能等非化石能源。

水力发电对本法的适用，由国务院能源主管部门规定，报国务院批准。

通过低效率炉灶直接燃烧方式利用秸秆、薪柴、粪便等，不适用本法。

第三条　本法适用于中华人民共和国领域和管辖的其他海域。

第四条　国家将可再生能源的开发利用列为能源发展的优先领域，通过制定可再生能源开发利用总量目标和采取相应措施，推动可再生能源市场的建立和发展。

国家鼓励各种所有制经济主体参与可再生能源的开发利用，依法保护可再生能源开发利用者的合法权益。

第五条　国务院能源主管部门对全国可再生能源的开发利用实施统一管理。国务院有关部门在各自的职责范围内负责有关的可再生能源开发利用管理工作。

县级以上地方人民政府管理能源工作的部门负责本行政区域内可再生能源开发利用的管理工作。县级以上地方人民政府有关部门在各自的职责范围内负责有关的可再生能源开发利用管理工作。

第二章 资源调查与发展规划

第六条 国务院能源主管部门负责组织和协调全国可再生能源资源的调查，并会同国务院有关部门组织制定资源调查的技术规范。

国务院有关部门在各自的职责范围内负责相关可再生能源资源的调查，调查结果报国务院能源主管部门汇总。

可再生能源资源的调查结果应当公布；但是，国家规定需要保密的内容除外。

第七条 国务院能源主管部门根据全国能源需求与可再生能源资源实际状况，制定全国可再生能源开发利用中长期总量目标，报国务院批准后执行，并予公布。

国务院能源主管部门根据前款规定的总量目标和省、自治区、直辖市经济发展与可再生能源资源实际状况，会同省、自治区、直辖市人民政府确定各行政区域可再生能源开发利用中长期目标，并予公布。

第八条 国务院能源主管部门根据全国可再生能源开发利用中长期总量目标，会同国务院有关部门，编制全国可再生能源开发利用规划，报国务院批准后实施。

省、自治区、直辖市人民政府管理能源工作的部门根据本行政区域可再生能源开发利用中长期目标，会同本级人民政府有关部门编制本行政区域可再生能源开发利用规划，报本级人民政府批准后实施。

经批准的规划应当公布；但是，国家规定需要保密的内容除外。

经批准的规划需要修改的，须经原批准机关批准。

第九条 编制可再生能源开发利用规划，应当征求有关单位、专家和公众的意见，进行科学论证。

第三章 产业指导与技术支持

第十条 国务院能源主管部门根据全国可再生能源开发利用规划，制定、公布可再生能源产业发展指导目录。

第十一条 国务院标准化行政主管部门应当制定、公布国家可再生能源电力的并网技术标准和其他需要在全国范围内统一技术要求的有关可再生能源技术和产品的国家标准。

对前款规定的国家标准中未作规定的技术要求，国务院有关部门可以制定相关的行业标准，并报国务院标准化行政主管部门备案。

第十二条 国家将可再生能源开发利用的科学技术研究和产业化发展列为科技发展与高技术产业发展的优先领域，纳入国家科技发展规划和高技术产业发展规划，并安排资金支持可再生能源开发利用的科学技术研究、应用示范和产业化发展，促进可再生能源开发利用的技术进步，降低可再生能源产品的生产成本，提高产品质量。

国务院教育行政部门应当将可再生能源知识和技术纳入普通教育、职业教育课程。

第四章　推广与应用

第十三条　国家鼓励和支持可再生能源并网发电。

建设可再生能源并网发电项目，应当依照法律和国务院的规定取得行政许可或者报送备案。

建设应当取得行政许可的可再生能源并网发电项目，有多人申请同一项目许可的，应当依法通过招标确定被许可人。

第十四条　电网企业应当与依法取得行政许可或者报送备案的可再生能源发电企业签订并网协议，全额收购其电网覆盖范围内可再生能源并网发电项目的上网电量，并为可再生能源发电提供上网服务。

第十五条　国家扶持在电网未覆盖的地区建设可再生能源独立电力系统，为当地生产和生活提供电力服务。

第十六条　国家鼓励清洁、高效地开发利用生物质燃料，鼓励发展能源作物。

利用生物质资源生产的燃气和热力，符合城市燃气管网、热力管网的入网技术标准的，经营燃气管网、热力管网的企业应当接收其入网。

国家鼓励生产和利用生物液体燃料。石油销售企业应当按照国务院能源主管部门或者省级人民政府的规定，将符合国家标准的生物液体燃料纳入其燃料销售体系。

第十七条　国家鼓励单位和个人安装和使用太阳能热水系统、太阳能供热采暖和制冷系统、太阳能光伏发电系统等太阳能利用系统。

国务院建设行政主管部门会同国务院有关部门制定太阳能利用系统与建筑结合的技术经济政策和技术规范。

房地产开发企业应当根据前款规定的技术规范，在建筑物的设计和施工中，为太阳能利用提供必备条件。

对已建成的建筑物，住户可以在不影响其质量与安全的前提下安装符合技术规范和产品标准的太阳能利用系统；但是，当事人另有约定的除外。

第十八条　国家鼓励和支持农村地区的可再生能源开发利用。

县级以上地方人民政府管理能源工作的部门会同有关部门，根据当地经济社会发展、生态保护和卫生综合治理需要等实际情况，制定农村地区可再生能源发展规划，因地制宜地推广应用沼气等生物质资源转化、户用太阳能、小型风能、小型水能等技术。

县级以上人民政府应当对农村地区的可再生能源利用项目提供财政支持。

第五章　价格管理与费用分摊

第十九条　可再生能源发电项目的上网电价，由国务院价格主管部门根据不同类型可再生能源发电的特点和不同地区的情况，按照有利于促进可再生能源开发利用和经济合理的原则确定，并根据可再生能源开发利用技术的发展适时调整。上网电价应当公布。

依照本法第十三条第三款规定实行招标的可再生能源发电项目的上网电价，按照中标确定的价格执行；但是，不得高于依照前款规定确定的同类可再生能源发电项目的上网电价水平。

第二十条 电网企业依照本法第十九条规定确定的上网电价收购可再生能源电量所发生的费用，高于按照常规能源发电平均上网电价计算所发生费用之间的差额，附加在销售电价中分摊。具体办法由国务院价格主管部门制定。

第二十一条 电网企业为收购可再生能源电量而支付的合理的接网费用以及其他合理的相关费用，可以计入电网企业输电成本，并从销售电价中回收。

第二十二条 国家投资或者补贴建设的公共可再生能源独立电力系统的销售电价，执行同一地区分类销售电价，其合理的运行和管理费用超出销售电价的部分，依照本法第二十条规定的办法分摊。

第二十三条 进入城市管网的可再生能源热力和燃气的价格，按照有利于促进可再生能源开发利用和经济合理的原则，根据价格管理权限确定。

第六章 经济激励与监督措施

第二十四条 国家财政设立可再生能源发展专项资金，用于支持以下活动：

（一）可再生能源开发利用的科学技术研究、标准制定和示范工程；

（二）农村、牧区生活用能的可再生能源利用项目；

（三）偏远地区和海岛可再生能源独立电力系统建设；

（四）可再生能源的资源勘查、评价和相关信息系统建设；

（五）促进可再生能源开发利用设备的本地化生产。

第二十五条 对列入国家可再生能源产业发展指导目录、符合信贷条件的可再生能源开发利用项目，金融机构可以提供有财政贴息的优惠贷款。

第二十六条 国家对列入可再生能源产业发展指导目录的项目给予税收优惠。具体办法由国务院规定。

第二十七条 电力企业应当真实、完整地记载和保存可再生能源发电的有关资料，并接受电力监管机构的检查和监督。

电力监管机构进行检查时，应当依照规定的程序进行，并为被检查单位保守商业秘密和其他秘密。

第七章 法律责任

第二十八条 国务院能源主管部门和县级以上地方人民政府管理能源工作的部门和其他有关部门在可再生能源开发利用监督管理工作中，违反本法规定，有下列行为之一的，由本级人民政府或者上级人民政府有关部门责令改正，对负有责任的主管人员和其他直接责任人员依法给予行政处分；构成犯罪的，依法追究刑事责任：

（一）不依法作出行政许可决定的；

（二）发现违法行为不予查处的；

（三）有不依法履行监督管理职责的其他行为的。

第二十九条 违反本法第十四条规定，电网企业未全额收购可再生能源电量，造成可再生能源发电企业经济损失的，应当承担赔偿责任，并由国家电力监管机构责令限期改正；拒不改正的，处以可再生能源发电企业经济损失额一倍以下的罚款。

第三十条 违反本法第十六条第二款规定，经营燃气管网、热力管网的企业不准许符合入网技术标准的燃气、热力入网，造成燃气、热力生产企业经济损失的，应当承担赔偿责任，并由省级人民政府管理能源工作的部门责令限期改正；拒不改正的，处以燃气、热力生产企业经济损失额一倍以下的罚款。

第三十一条 违反本法第十六条第三款规定，石油销售企业未按照规定将符合国家标准的生物液体燃料纳入其燃料销售体系，造成生物液体燃料生产企业经济损失的，应当承担赔偿责任，并由国务院能源主管部门或者省级人民政府管理能源工作的部门责令限期改正；拒不改正的，处以生物液体燃料生产企业经济损失额一倍以下的罚款。

第八章 附 则

第三十二条 本法中下列用语的含义：

（一）生物质能，是指利用自然界的植物、粪便以及城乡有机废物转化成的能源。

（二）可再生能源独立电力系统，是指不与电网连接的单独运行的可再生能源电力系统。

（三）能源作物，是指经专门种植，用以提供能源原料的草本和木本植物。

（四）生物液体燃料，是指利用生物质资源生产的甲醇、乙醇和生物柴油等液体燃料。

第三十三条 本法自2006年1月1日起施行。

能源效率标识管理办法

中华人民共和国国家发展和改革委员会
中华人民共和国国家质量监督检验检疫总局 **令**

第17号

为加强节能管理，推动节能技术进步，提高能源效率，依据《中华人民共和国节约能源法》、《中华人民共和国产品质量法》、《中华人民共和国认证认可条例》，特制定《能源效率标识管理办法》，该办法经7月13日国家发展和改革委员会主任办公会议和8月11日国家质量监督检验检疫总局局务会议审议通过，现予以发布，自2005年3月1日起施行。

国家发展和改革委员会主任　马　凯
国家质量监督检验检疫总局局长　李长江
2004年8月13日

第一章　总　则

第一条　为加强节能管理，推动节能技术进步，提高能源效率，依据《中华人民共和国节约能源法》、《中华人民共和国产品质量法》、《中华人民共和国认证认可条例》，制定本办法。

第二条　本办法所称能源效率标识，是指表示用能产品能源效率等级等性能指标的一种信息标识，属于产品符合性标志的范畴。

第三条　国家对节能潜力大、使用面广的用能产品实行统一的能源效率标识制度。国家制定并公布《中华人民共和国实行能源效率标识的产品目录》（以下简称《目录》），确定统一适用的产品能效标准、实施规则、能源效率标识样式和规格。

第四条　凡列入《目录》的产品，应当在产品或者产品最小包装的明显部位标注统一的能源效率标识，并在产品说明书中说明。

第五条　列入《目录》的产品的生产者或进口商应当在使用能源效率标识后，向国家质量监督检验检疫总局（以下简称国家质检总局）和国家发展和改革委员会（以下简称国家发展改革委）授权的机构（以下简称授权机构）备案能源效率标识及相关信息。

第六条　国家发展改革委、国家质检总局和国家认证认可监督管理委员会（以下简称国家认监委）负责能源效率标识制度的建立并组织实施。

地方各级人民政府节能管理部门（以下简称地方节能管理部门）、地方质量技术监督部门和各级出入境检验检疫机构（以下简称地方质检部门），在各自的职责范围内对所辖区域内能源效率标识的使用实施监督检查。

第二章　能源效率标识的实施

第七条　国家发展改革委、国家质检总局和国家认监委制定《目录》和实施规则。国家发展改革委和国家认监委制定和公布适用产品的统一的能源效率标识样式和规格。

第八条　能源效率标识的名称为“中国能效标识”（英文名称为China Energy Label），能源效率标识应当包括以下基本内容：

（一）生产者名称或者简称；

（二）产品规格型号；

（三）能源效率等级；

（四）能源消耗量；

（五）执行的能源效率国家标准编号。

第九条　列入《目录》的产品的生产者或进口商，可以利用自身的检测能力，也可以委托国家确定的认可机构认可的检测机构进行检测，并依据能源效率国家标准，确定产品能源效率等级。

利用自身检测能力确定能源效率等级的生产者或进口商，其检测资源应当具备按照能源效率国家标准进行检测的基本能力，国家鼓励其实验室取得认可机构的国家认可。

第十条　生产者或进口商应当根据国家统一规定的能源效率标识样式、规格以及标注规定，印制和使用能源效率标识。

在产品包装物、说明书以及广告宣传中使用的能源效率标识，可按比例放大或者缩小，并清晰可辨。

第十一条　生产者或进口商应当自使用能源效率标识之日起30日内，向授权机构备案，可以通过信函、电报、电传、传真、电子邮件等方式提交以下材料：

（一）生产者营业执照或者登记注册证明复印件；进口商与境外生产者订立的相关合同副本；

（二）产品能源效率检测报告；

（三）能源效率标识样本；

（四）初始使用日期等其他有关材料；

（五）由代理人提交备案材料时，应有生产者或进口商的委托代理文件等。

上述材料应当真实、准确、完整。

外文材料应当附有中文译本，并以中文文本为准。

第十二条　能源效率标识内容发生变化，应当重新备案。

第十三条　对产品的能源效率指标发生争议时，企业应当委托经依法认定或者认可机构认可的第三方检测机构重新进行检测，并以其检测结果为准。

第十四条 授权机构应当定期公告备案信息，并对生产者和进口商使用的能源效率标识进行核验。

能源效率标识备案不收取费用。

第三章 监督管理

第十五条 生产者和进口商应当对其使用的能源效率标识信息准确性负责，不得伪造或冒用能源效率标识。

第十六条 销售者不得销售应当标注但未标注能源效率标识的产品，不得伪造或冒用能源效率标识。

第十七条 认可机构认可的检测机构接受生产者或进口商的委托进行检测，应当客观、公正，保证检测结果的准确，承担相应的法律责任，并保守受检产品的商业秘密。

第十八条 任何单位和个人不得利用能源效率标识对其用能产品进行虚假宣传，误导消费者。

第十九条 国家质检总局和国家发展改革委依据各自职责，对列入《目录》的产品进行检查，核实能源效率标识信息。

第二十条 列入《目录》的产品的生产者、销售者和进口商应当接受监督检查。

第二十一条 任何单位和个人对违反本办法的行为，可以向地方节能管理部门、地方质检部门举报。地方节能管理部门、地方质检部门应当及时调查处理，并为举报人保密。

第四章 罚 则

第二十二条 地方节能管理部门、地方质检部门依据《中华人民共和国节约能源法》的有关规定，在各自的职责范围内负责对违反本办法规定的行为进行处罚。

第二十三条 违反本办法规定，生产者或进口商应当标注统一的能源效率标识而未标注的，由地方节能管理部门或者地方质检部门责令限期改正，逾期未改正的予以通报。

第二十四条 违反本办法规定，有下列情形之一的，由地方节能管理部门或者地方质检部门责令限期改正和停止使用能源效率标识；情节严重的，由地方质检部门处1万元以下罚款：

（一）未办理能源效率标识备案的，或者应当办理变更手续而未办理的；

（二）使用的能源效率标识的样式和规格不符合规定要求的。

第二十五条 伪造、冒用、隐匿能源效率标识以及利用能源效率标识做虚假宣传、误导消费者的，由地方质检部门依照《中华人民共和国节约能源法》和《中华人民共和国产品质量法》以及其他法律法规的规定予以处罚。

第五章　附　则

第二十六条　本办法由国家发展改革委和国家质检总局负责解释。

第二十七条　本办法自 2005 年 3 月 1 日起施行。

能效标识样式

中华人民共和国国家发展和改革委员会
中华人民共和国国家质量监督检验检疫总局　　公告
国家认证认可监督管理委员会

2004 年 第 71 号

根据《能源效率标识管理办法》（国家发展改革委和国家质检总局第 17 号令）规定，国家发展改革委、国家质检总局和国家认监委组织制定了《中华人民共和国实行能源效率标识的产品目录（第一批）》、《中国能源效率标识基本样式》、《家用电冰箱能源效率标识实施规则》和《房间空气调节器能源效率标识实施规则》，现予公告，自 2005 年 3 月 1 日起实施。

中华人民共和国国家发展和改革委员会
中华人民共和国国家质量监督检验检疫总局
国家认证认可监督管理委员会
2004 年 11 月 29 日

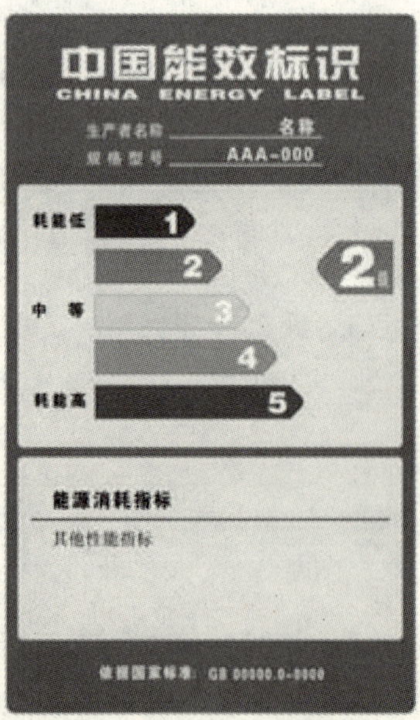

根据《能源效率标识管理办法》规定，国家发展和改革委员会、国家质检总局和国家认监委能效标识样式发布公告，公布了《中华人民共和国实行能源效率标识的产品目录(第一批)》、《中国能源效率标识基本样式》、《家用电冰箱能源效率标识实施规则》和《房间空气调节器能源效率标识实施规则》。公告称，自 2005 年 3 月 1 日起，中国将率先从冰箱、空调这两个产品开始实施能源效率标识制度。

实行能源效率标识的第一批产品目录包括：家用电冰箱（500L 及以下的电机驱动压缩式电冰箱）和房间空气调节器（采用空气冷却冷凝器、全封闭型电动机—压缩机，制冷量在 14 千瓦及以下，气候类型为 T1 的空气调节器，不适用于移动式、变频式、多联式空调机组）。

能源效率标识基本样式为蓝白背景的彩色标识。标识的名称为：中国能效标识（英文名称为 China Energy Label）。标识包括生产者名称、产品规格型号、能源效率等级、能源消耗指标、其他性能指标以及依据的能源效率国家标准编号等基本内容。

家用电冰箱和房间空气调节器能源效率标识实施规则中主要规定了有关产品能源效率标识的样式与规格、信息确定、印制和粘贴、备案等基本内容，并指导生产者和进口商按照《办法》要求正确实施能源效率标识；实施规则中还同时规定授权机构应公告已备案产品的标识信息、标识的核验和监督检查情况，并接受生产者和消费者等对标识的投诉。

房间空气调节器能源效率标识实施规则

中华人民共和国国家发展和改革委员会
中华人民共和国国家质量监督检验检疫总局　公告
国家认证认可监督管理委员会

2004 年 第 71 号

根据《能源效率标识管理办法》（国家发展改革委和国家质检总局第 17 号令）规定，国家发展改革委、国家质检总局和国家认监委组织制定了《中华人民共和国实行能源效率标识的产品目录（第一批）》、《中国能源效率标识基本样式》、《家用电冰箱能源效率标识实施规则》和《房间空气调节器能源效率标识实施规则》，现予公告，自 2005 年 3 月 1 日起实施。

中华人民共和国国家发展和改革委员会
中华人民共和国国家质量监督检验检疫总局
国家认证认可监督管理委员会
2004 年 11 月 29 日

1 总　则

1.1 本规则依据《能源效率标识管理办法》（国家发展改革委和国家质检总局第 17 号令，以下简称《办法》）制定。

1.2 本规则适用于空气冷却冷凝器、全封闭型电动机-压缩机，制冷量在 14000W 及以下，气候类型为 T1 的空气调节器（以下简称空调器）能源效率标识（以下简称标识）的使用、备案和公告。

本规则不适用于移动式、变频式、多联式空调机组。

2 标识的样式和规格

2.1 标识为蓝白背景的彩色标识，长为 109 毫米，宽为 66 毫米。

2.2 标识名称为：中国能效标识（英文名称为 CHINA ENERGY LABEL）,包括以下内容：

（1）生产者名称；

（2）产品规格型号；

（3）能源效率等级；
（4）能效比；
（5）制冷量（瓦）；
（6）输入功率（瓦）；
（7）依据的能源效率国家标准编号。

2.3 标识的具体样式和规格见附件 1。

3 标识信息的标注

3.1 生产者名称是指产品的品牌所有者。

3.2 产品规格型号应依据 GB/T7725 或 GB/T17758 的现行有效版本的要求编制，亦可同时使用企业自己的编号，并与铭牌上的标注相一致。

3.3 能源效率等级应依据 GB12021.3 的现行有效版本和《房间空气调节器能源效率检测报告》（以下简称检测报告）确定。检测报告的格式见附件 3。

3.4 制冷量、输入功率应依据 GB/T7725 或 GB/T17758 的现行有效版本和检测报告确定。

3.5 能效比应依据 GB12021.3、GB/T7725 或 GB/T17758 的现行有效版本和检测报告确定，不应大于能源效率等级的上限值。

3.6 依据国家标准为 GB12021.3 的现行有效版本。

4 标识的印制和粘贴

4.1 生产者或进口商自行印制标识，并对印制的质量负责。

4.2 标识应采用 100 克及以上铜版纸印制。

4.3 标识应采用不干胶方式粘贴,去除后不应玷污面板。

4.4 出厂或进口的每一台空调器均应粘贴标识。

4.5 标识应粘贴在分体式空调器室内机正面明显部位，立式空调器室内机正面面板的右上部位。

4.6 粘贴在空调器上的标识应符合本规则第 2 条的规定，图案、文字、规格和颜色不得进行更改。

4.7 使用在产品说明书、外包装物以及宣传中的标识可按比例放大和缩小，可以黑白印刷标识，但标识中的文字应清晰可辨。

5 标识的备案

5.1 生产者或进口商应当按产品型号逐一备案。型号不同但制冷系统结构相同、能效比一致的产品在备案时可不提交检测报告。

5.2 生产者或进口商应当自使用标识之日起 30 日内，通过信函、电报、电传、传真、电子邮件等方式提交或在相关网站上填写《房间空气调节器能源效率标识备案表》（见附件 2）。

生产者或进口商应按照《办法》的规定同时提交相关的备案材料。

备案表、备案材料应完备、真实。

5.3 授权机构应自收到备案材料之日起 10 个工作日内，完成标识信息的核查和备案工作（因生产者或进口商补充材料的时间不计算在内）。

对符合本规则第 5.2 条要求的，由授权机构对标识信息进行登记、存档、编备案号，并以书面或电子邮件方式通知生产者或进口商。

对不符合本规则第 5.2 条要求的，由授权机构通知生产者或进口商及时补充材料或者更换已使用的标识。

5.4 生产者或进口商应在每年 3 月 15 日前，向授权机构提交上一年度的标识使用情况报告。报告应包括以下主要内容：各型号的标识备案情况；标识的监督处罚情况；标识使用情况等能效标识相关的资料。

5.5 外文材料应当附有中文译本，并以中文文本为准。

6 标识的公告

6.1 授权机构应在完成备案材料的核验之日起 10 个工作日内，在相关网站上公告已备案产品的标识信息，并每个季度在相关媒体上公告已备案产品的标识信息。

6.2 按标识的备案号公告备案信息。

6.3 授权机构应建立产品能源效率数据库，向生产者和消费者等提供产品能源效率信息查询服务，及时公告标识的核验和监督检查情况。

6.4 授权机构应公布热线电话和网址，接受生产者和消费者等对标识的投诉。

家用电冰箱能源效率标识实施规则

中华人民共和国国家发展和改革委员会
中华人民共和国国家质量监督检验检疫总局　　公告
国家认证认可监督管理委员会

2004年 第71号

根据《能源效率标识管理办法》（国家发展改革委和国家质检总局第17号令）规定，国家发展改革委、国家质检总局和国家认监委组织制定了《中华人民共和国实行能源效率标识的产品目录（第一批）》、《中国能源效率标识基本样式》、《家用电冰箱能源效率标识实施规则》和《房间空气调节器能源效率标识实施规则》，现予公告，自2005年3月1日起实施。

中华人民共和国国家发展和改革委员会
中华人民共和国国家质量监督检验检疫总局
国家认证认可监督管理委员会
2004年11月29日

1 总则

1.1 本规则依据《能源效率标识管理办法》(国家发展改革委和国家质检总局第17号令，以下简称《办法》)制定。

1.2 本规则适用于500L及以下的电机驱动压缩式电冰箱（以下简称电冰箱）的能源效率标识（以下简称标识）的使用、备案和公告。

2 标识的样式和规格

2.1 标识为蓝白背景的彩色标识，长为162毫米，宽为98毫米。

2.2 标识名称为：中国能效标识（英文名称为CHINA ENERGY LABEL)，包括以下内容：

（1）生产者名称；

（2）产品规格型号；

（3）能源效率等级；

（4）耗电量（千瓦时/24小时）；

（5）所有类型间室的容积（升），如冷藏室容积、冷冻室容积、保鲜室容积等；

（6）依据的能源效率国家标准编号。

2.3 标识的具体样式和规格见附件 1。

3 标识信息的确定

3.1 生产者名称是指产品的品牌所有者。

3.2 产品规格型号应依据 GB/T8059.1-4 的现行有效版本的要求编制，亦可同时使用企业自己的编号，并与铭牌上的标注相一致。

3.3 能源效率等级应依据 GB12021.2 的现行有效版本和《家用电冰箱能源效率检测报告》（以下简称检测报告）确定。检测报告的格式见附件 3。

3.4 耗电量应依据 GB/T8059.1-4 的现行有效版本和检测报告确定，不应大于能源效率等级的上限值。

3.5 所有类型间室的容积应依据 GB/T8059.1-4 的现行有效版本和检测报告确定。

3.6 依据国家标准为 GB12021.2 的现行有效版本。

中华人民共和国城市规划法

（1989年12月26日第七届全国人民代表大会常务委员会第十一次会议通过）

第一章　总　则

第一条　为了确定城市的规模和发展方向，实现城市的经济和社会发展目标，合理地制定城市规划和进行城市建设，适应社会主义现代化建设的需要，制定本法。

第二条　制定和实施城市规划，在城市规划区内进行建设，必须遵守本法。

第三条　本法所称城市，是指国家按行政建制设立的直辖市、市、镇。

本法所称城市规划区，是指城市市区、近郊区以及城市行政区域内因城市建设和发展需要实行规划控制的区域。城市规划区的具体范围，由城市人民政府在编制的城市总体规划中划定。

第四条　国家实行严格控制大城市规模、合理发展中等城市和小城市的方针，促进生产力和人口的合理布局。

大城市是指市区和近郊区非农业人口五十万以上的城市。

中等城市是指市区和近郊区非农业人口二十万以上、不满五十万的城市。

小城市是指市区和近郊区非农业人口不满二十万的城市。

第五条　城市规划必须符合我国国情，正确处理近期建设和远景发展的关系。

在城市规划区内进行建设，必须坚持适用经济的原则，贯彻勤俭建国的方针。

第六条　城市规划的编制应当依据国民经济和社会发展规划以及当地的自然环境、资源条件、历史情况、现状特点，统筹兼顾，综合部署。

城市规划确定的城市基础设施建设项目，应当按照国家基本建设程序的规定纳入国民经济和社会发展计划，按计划分步实施。

第七条　城市总体规划应当和国土规划、区域规划、江河流域规划、土地利用总体规划相协调。

第八条　国家鼓励城市规划科学技术研究，推广先进技术，提高城市规划科学技术水平。

第九条　国务院城市规划行政主管部门主管全国的城市规划工作。

县级以上地方人民政府城市规划行政主管部门主管本行政区域内的城市规划工作。

第十条　任何单位和个人都有遵守城市规划的义务，并有权对违反城市规划的行为进行检举和控告。

第二章　城市规划的制定

第十一条　国务院城市规划行政主管部门和省、自治区、直辖市人民政府应当分别组织编制全国和省、自治区、直辖市的城镇体系规划，用以指导城市规划的编制。

第十二条　城市人民政府负责组织编制城市规划，县级人民政府所在地镇的城市规划，由县级人民政府负责组织编制。

第十三条　编制城市规划必须从实际出发，科学预测城市远景发展的需要；应当使城市的发展规模、各项建设标准、定额指标、开发程序同国家和地方的经济技术发展水平相适应。

第十四条　编制城市规划应当注意保护和改善城市生态环境，防止污染和其他公害，加强城市绿化建设和市容环境卫生建设，保护历史文化遗产、城市传统风貌、地方特色和自然景观。

编制民族自治地方的城市规划，应当注意保持民族传统和地方特色。

第十五条　编制城市规划应当贯彻有利生产、方便生活、促进流通、繁荣经济、促进科学技术文化教育事业的原则。

编制城市规划应当符合城市防火、防爆、抗震、防洪、防泥石流和治安、交通管理、人民防空建设等要求；在可能发生强烈地震和严重洪水灾害的地区，必须在规划中采取相当的抗震、防洪措施。

第十六条　编制城市规划应当贯彻合理用地、节约用地的原则。

第十七条　编制城市规划应当具备勘察、测量及其他必要的基础资料。

第十八条　编制城市规划一般分总体规划和详细规划两个阶段进行。大城市、中等城市为了进一步控制和确定不同地段的土地用途、范围和容量，协调各项基础设施和公共设施的建设，在总体规划基础上，可以编制分区规划。

第十九条　城市总体规划应当包括：城市的性质、发展目标和发展规模、城市主要建设标准和定额指标，城市建设用地布局、功能分区和各项建设的总体部署，城市综合交通体系和河湖、绿地系统，各项专业规划，近期建设规划。

设市城市和县级人民政府所在地镇的总体规划，应当包括市或者县的行政区域的城镇体系规划。

第二十条　城市详细规划应当在城市总体规划或者分区规划的基础上，对城市近期建设区域内各项建设作出具体规划。

城市详细规划应当包括：规划地段各项建设的具体用地范围，建筑密度和高度等控制指标，总平面布置、工程管线综合规划和竖向规划。

第二十一条　城市规划实行分级审批。

直辖市的城市总体规划，由直辖市人民政府报国务院审批。

省和自治区人民政府所在地城市、城市人口在一百万以上的城市及国务院指定的其他城市的总体规划，由省、自治区人民政府审查同意后，报国务院审批。

本条第二款和第三款规定以外的设市城市和县级人民政府所在地的总体规划，报省、自治区、直辖市人民政府审批，其中市管辖的县级人民政府所在地镇的总体规划，报市人民政府审批。

前款规定以外的其他建制镇的总体规划，报县级人民政府审批。

城市人民政府和县级人民政府在向上级人民政府报请审批城市总体规划前，须经同级人民代表大会或者其常务委员会审查同意。

城市分区规划由城市人民政府审批。

城市详细规划由城市人民政府审批；编制分区规划的城市的详细规划，除重要的详细规划由城市人民政府审批外，由城市人民政府城市规划行政主管部门审批。

第二十二条 城市人民政府可以根据城市经济和社会发展需要，对城市总体规划进行局部调整，报同级人民代表大会常务委员会和原批准机关备案；但涉及城市性质、规模、发展方向和总体布局重大变更的，须经同级人民代表大会或者其常务委员会审查同意后报原批准机关审批。

第三章 城市新区开发和旧区改建

第二十三条 城市新区开发和旧区改建必须坚持统一规划、合理布局、因地制宜、综合开发、配套建设的原则。各项建设工程的选址、定点，不得妨碍城市的发展，危害城市的安全，污染和破坏城市环境，影响城市各项功能的协调。

第二十四条 新建铁路编组站、铁路货运干线、过境公路、机场和重要军事设施等应当避开市区。

港口建设应当兼顾城市岸线的合理分配和利用，保障城市生活岸线用地。

第二十五条 城市新区开发应当具备水资源、能源、交通、防灾等建设条件，并应当避开地下矿藏、地下文物古迹。

第二十六条 城市新区开发应当合理利用城市现有设施。

第二十七条 城市旧区改建应当遵循加强维护、合理利用、调整布局、逐步改善的原则，统一规划，分期实施，并逐步改善居住和交通运输条件，加强基础设施和公共设施建设，提高城市的综合功能。

第四章 城市规划的实施

第二十八条 城市规划经批准后，城市人民政府应当公布。

第二十九条 城市规划区内的土地利用和各项建设必须符合城市规划，服从规划管理。

第三十条 城市规划区内的建设工程的选址和布局必须符合城市规划。设计任务书报请批准时，必须附有城市规划行政主管部门的选址意见书。

第三十一条 在城市规划区内进行建设需要申请用地的，必须持国家批准建设项目的有关文件，向城市规划行政主管部门申请定点，由城市规划行政主管部门核定其用地位置和界限，提供规划设计条件，核发建设用地规划许可证。建设单位或者个人在取得建设用地规划许可证后，方可向县级以上地方人民政府土地管理部门申请用地，经县级以上人民政府审查批准后，由土地管理部门划拨土地。

第三十二条 在城市规划区内新建、扩建和改建建筑物、构筑物、道路、管线和其他工程设施，必须持有关批准文件向城市规划行政主管部门提出申请，由城市规划行政主管部门根据城市规划提出的规划设计要求。核发建设工程规划许可证件。建设单位或者个人在取得建设工程规划许可证件和其他有关批准文件后，方可申请办理开工手续。

第三十三条 在城市规划区内进行临时建设，必须在批准的使用期限内拆除。临时建设和临时用地的具体规划管理办法由省、自治区、直辖市人民政府制定。

禁止在批准临时使用的土地上建设永久性建筑、构筑物的其他设施。

第三十四条 任何单位和个人必须服从城市人民政府根据城市规划作出的调整用地决定。

第三十五条 任何单位和个人不得占用道路、广场、绿地、高压供电走廊和压占地下管线进行建设。

第三十六条 在城市规划区内进行挖取砂石、土方等活动，须经有关主管部门批准，不得破坏城市环境，影响城市规划的实施。

第三十七条 城市规划行政主管部门有权对城市规划区内的建设工程是否符合规划要求进行检查。被检查者应当如实提供情况及必要的资料，检查者有责任为被检查者保守技术秘密和业务秘密。

第三十八条 城市规划行政主管部门可以参加城市规划区内重要建设工程的竣工验收。城市规划区内的建设工程，建设单位应当在竣工验收后 6 个月内向城市规划行政主管部门报送有关竣工资料。

第五章 法律责任

第三十九条 在城市规划区内，未取得建设用地规划许可证而取得建设用地批准文件、占用土地的，批准文件无效，占用土地由县级以上人民政府责令退回。

第四十条 在城市规划区内，未取得建设工程规划许可证件或者违反建设工程规划许可证件的规定进行建设，严重影响城市规划的，由县级以上地方人民政府城市规划行政主管部门责令停止建设，限期拆除或者没收违法建筑物、构筑物或者其他设施；影响城市规划，尚可采取改正措施的，由县级以上地方人民政府城市规划行政主管部门责令限期改正，并处罚款。

第四十一条 对未取得建设工程规划许可证件或者违反建设工程规划许可证件的规定进行建设的单位的有关责任人员，可以由其所在单位或者上级主管机关给予行政处分。

第四十二条 当事人对行政处罚决定不服的，可以在接到处罚通知之日起 15 日内，向作出处罚决定的机关的上一级机关申请复议；对复议决定不服的，可以在接到复议决定之日起 15 日内，向人民法院起诉，当事人也可以在接到处罚通知之日起 15 日内，直接向人民法院起诉。当事人逾期不申请复议，也不向人民法院起诉、又不履行处罚决定的，由作出处罚决定机关申请人民法院强制执行。

第四十三条 城市规划行政主管部门工作人员玩忽职守、滥用职权、徇私舞弊的，由其所在单位或者上级主管机关给予行政处分；构成犯罪的，依法追究刑事责任。

第六章 附 则

第四十四条 未设镇建制的工矿区的居民点，参照本法执行。

第四十五条 国务院城市规划行政主管部门根据本法制定实施条例，报国务院批准后施行。

省、自治区、直辖市人民代表大会常务委员会可以根据本法制定实施办法。

第四十六条 本法自1990年4月1日起施行，国务院发布的《城市规划条例》同时废止。

报废汽车回收管理办法

中华人民共和国国务院令

第307号

《报废汽车回收管理办法》已经2001年6月13日国务院第41次常务会议通过，现予公布，自公布之日起施行。

总理　朱镕基

2001年6月16日

第一条　为了规范报废汽车回收活动，加强对报废汽车回收的管理，保障道路交通秩序和人民生命财产安全，保护环境，制定本办法。

第二条　本办法所称报废汽车（包括摩托车、农用运输车，下同），是指达到国家报废标准，或者虽未达到国家报废标准，但发动机或者底盘严重损坏，经检验不符合国家机动车运行安全技术条件或者国家机动车污染物排放标准的机动车。

本办法所称拼装车，是指使用报废汽车发动机、方向机、变速器、前后桥、车架（以下统称“五大总成”）以及其他零配件组装的机动车。

第三条　国家经济贸易委员会负责组织全国报废汽车回收（含拆解，下同）的监督管理工作，国务院公安、工商行政管理等有关部门在各自的职责范围内负责报废汽车回收有关的监督管理工作。

县级以上地方各级人民政府经济贸易管理部门对本行政区域内报废汽车回收活动实施监督管理。县级以上地方各级人民政府公安、工商行政管理等有关部门在各自的职责范围内对本行政区域内报废汽车回收活动实施有关的监督管理。

第四条　国家鼓励汽车报废更新，具体办法由国家经济贸易委员会会同财政部制定。

第五条　县级以上地方各级人民政府应当加强对报废汽车回收监督管理工作的领导，组织各有关部门依法采取措施，防止并依法查处违反本办法规定的行为。

第六条　国家对报废汽车回收业实行特种行业管理，对报废汽车回收企业实行资格认定制度。

除取得报废汽车回收企业资格认定的外，任何单位和个人不得从事报废汽车回收活动。

不具备条件取得报废汽车回收企业资格认定或者未取得报废汽车回收企业资格认定，从事报废汽车回收活动的，任何单位和个人均有权举报。

第七条 报废汽车回收企业除应当符合有关法律、行政法规规定的设立企业的条件外，还应当具备下列条件：

（一）注册资本不低于50万元人民币，依照税法规定为一般纳税人；

（二）拆解场地面积不低于5 000平方米；

（三）具备必要的拆解设备和消防设施；

（四）年回收拆解能力不低于500辆；

（五）正式从业人员不少于20人，其中专业技术人员不少于5人；

（六）没有出售报废汽车、报废“五大总成”、拼装车等违法经营行为记录；

（七）符合国家规定的环境保护标准。

设立报废汽车回收企业，还应当符合国家经济贸易委员会关于报废汽车回收行业统一规划、合理布局的要求。

第八条 拟从事报废汽车回收业务的，应当向省、自治区、直辖市人民政府经济贸易管理部门提出申请。省、自治区、直辖市人民政府经济贸易管理部门应当自收到申请之日起30个工作日内，按照本办法第七条规定的条件对申请审核完毕；特殊情况下，可以适当延长，但延长的时间不得超过30个工作日。经审核符合条件的，颁发《资格认定书》；不符合条件的，驳回申请并说明理由。

申请人取得《资格认定书》后，应当依照废旧金属收购业治安管理办法的规定向公安机关申领《特种行业许可证》。

申请人持《资格认定书》和《特种行业许可证》向工商行政管理部门办理登记手续，领取营业执照后，方可从事报废汽车回收业务。

省、自治区、直辖市经济贸易管理部门应当将本行政区域内取得资格认定的报废汽车回收企业，报国家经济贸易委员会备案，并由国家经济贸易委员会予以公布。

第九条 经济贸易管理、公安、工商行政管理等部门必须严格依照本办法和其他有关法律、行政法规的规定，依据各自的职责对从事报废汽车回收业务的申请进行审查；不符合规定条件的，不得颁发有关证照。

第十条 报废汽车拥有单位或者个人应当及时向公安机关办理机动车报废手续。公安机关应当于受理当日，向报废汽车拥有单位或者个人出具《机动车报废证明》，并告知其将报废汽车交售给报废汽车回收企业。

任何单位或者个人不得要求报废汽车拥有单位或者个人将报废汽车交售给指定的报废汽车回收企业。

第十一条 报废汽车回收企业凭《机动车报废证明》收购报废汽车，并向报废汽车拥有单位或者个人出具《报废汽车回收证明》。

报废汽车拥有单位或者个人凭《报废汽车回收证明》，向汽车注册登记地的公安机关办理注销登记。

《报废汽车回收证明》样式由国家经济贸易委员会规定。任何单位和个人不得买卖或者伪造、变造《报废汽车回收证明》。

第十二条 报废汽车拥有单位或者个人应当及时将报废汽车交售给报废汽车回收企业。

任何单位或者个人不得将报废汽车出售、赠予或者以其他方式转让给非报废汽车回收企业的单位或者个人；不得自行拆解报废汽车。

第十三条 报废汽车回收企业对回收的报废汽车应当逐车登记；发现回收的报废汽车有盗窃、抢劫或者其他犯罪嫌疑的，应当及时向公安机关报告。

报废汽车回收企业不得拆解、改装、拼装、倒卖有犯罪嫌疑的汽车及其“五大总成”和其他零配件。

第十四条 报废汽车回收企业必须拆解回收的报废汽车；其中，回收的报废营运客车，应当在公安机关的监督下解体。拆解的“五大总成”应当作为废金属，交售给钢铁企业作为冶炼原料；拆解的其他零配件能够继续使用的，可以出售，但必须标明“报废汽车回用件”。

报废汽车回收企业拆解报废汽车，应当遵守国家环境保护法律、法规，采取有效措施，防治污染。

第十五条 禁止任何单位或者个人利用报废汽车“五大总成”以及其他零配件拼装汽车。

禁止报废汽车整车、“五大总成”和拼装车进入市场交易或者以其他任何方式交易。

禁止拼装车和报废汽车上路行驶。

第十六条 县级以上地方人民政府经济贸易管理部门依据职责，对报废汽车回收企业实施经常性的监督检查，发现报废汽车回收企业不再具备规定条件的，应当立即告知原审批发证部门撤销《资格认定书》、《特种行业许可证》，注销营业执照。

第十七条 公安机关依照本办法以及废旧金属收购业治安管理办法和机动车修理业、报废机动车回收业治安管理办法的规定，对报废汽车回收企业的治安状况实施监督，堵塞销赃渠道。

第十八条 工商行政管理部门依据职责，对报废汽车回收企业的经营活动实施监督；对末取得报废汽车回收企业资格认定，擅自从事报废汽车回收活动的，应当予以查封、取缔。

第十九条 报废汽车的收购价格，按照金属含量折算，参照废旧金属市场价格计价。

第二十条 违反本办法第六条的规定，未取得报废汽车回收企业资格认定，擅自从事报废汽车回收活动的，由工商行政管理部门没收非法回收的报废汽车、“五大总成”以及其他零配件，送报废汽车回收企业拆解，没收违法所得；违法所得在 2 万元以上的，并处违法所得 2 倍以上 5 倍以下的罚款；违法所得不足 2 万元或者没有违法所得的，并处 2 万元以上 5 万元以下的罚款；属经营单位的，吊销营业执照。

第二十一条 违反本办法第十一条的规定，买卖或者伪造、变造《报废汽车回收证明》的，由公安机关没收违法所得，并处 1 万元以上 5 万元以下的罚款；属报废汽车回收企业，情节严重的，由原审批发证部门分别吊销《资格认定书》、《特种行业许可证》、营业执照。

第二十二条 违反本办法第十二条的规定，将报废汽车出售、赠予或者以其他方式转让给非报废汽车回收企业的单位或者个人的，或者自行拆解报废汽车的，由公安机关没收违法所得，并处 2000 元以上 2 万元以下的罚款。

第二十三条 违反本办法第十三条的规定，报废汽车回收企业明知或者应知是有盗窃、抢劫或者其他犯罪嫌疑的汽车、“五大总成”以及其他零配件，未向公安机关报告，擅自拆解、改装、拼装、倒卖的，由公安机关依法没收汽车、“五大总成”以及其他零配件，处 1 万元以上 5 万元以下的罚款；由原审批发证部门分别吊销《资格认定书》、《特种行业许可证》、营业执照；构成犯罪的，依法追究刑事责任。

第二十四条 违反本办法第十四条的规定，出售不能继续使用的报废汽车零配件或者出售的报废汽车零配件未标明“报废汽车回用件”的，由工商行政管理部门没收违法所得，并处2000元以上1万元以下的罚款。

第二十五条 违反本办法第十五条的规定，利用报废汽车“五大总成”以及其他零配件拼装汽车或者出售报废汽车整车、“五大总成”、拼装车的，由工商行政管理部门没收报废汽车整车、“五大总成”以及其他零配件、拼装车，没收违法所得；违法所得在 5 万元以上的，并处违法所得 2 倍以上 5 倍以下的罚款；违法所得不足 5 万元或者没有违法所得的，并处 5 万元以上 10 万元以下的罚款；属报废汽车回收企业的，由原审批发证部门分别吊销《资格认定书》、《特种行业许可证》、营业执照。

第二十六条 违反本办法第十五条的规定，报废汽车上路行驶的，由公安机关收回机动车号牌和机动车行驶证，责令报废汽车拥有单位或者个人依照本办法的规定办理注销登记，可以处 2 000 元以下的罚款；拼装车上路行驶的；由公安机关没收拼装车，送报废汽车回收企业拆解，并处 2 000 元以上 5 000 元以下的罚款。

第二十七条 违反本办法第九条的规定，负责报废汽车回收企业审批发证的部门对不符合条件的单位或者个人发给有关证照的，对部门正职负责人、直接负责的主管人员和其他直接责任人员给予降级或者撤职的行政处分；其中，对承办审批的有关工作人员，还应当调离原工作岗位，不得继续从事审批工作；构成犯罪的，依法追究刑事责任。

第二十八条 负责报废汽车回收监督管理的部门及其工作人员，不依照本办法的规定履行监督管理职责的，发现不再具备条件的报废汽车回收企业不及时撤销有关证照的，发现有本办法规定的违法行为不予查处的，对部门正职负责人、直接负责的主管人员和其他直接责任人员，给予记大过、降级或者撤职的行政处分；构成犯罪的，依法追究刑事责任。

第二十九条 政府工作人员有下列情形之一的，依法给予降级直至开除公职的行政处分；构成犯罪的，依法追究刑事责任：

（一）纵容、包庇违反本办法规定的行为的；

（二）向有违反本办法规定行为的当事人通风报信，帮助逃避查处的；

（三）阻挠、干预有关部门对违反本办法规定的行为依法查处，造成严重后果的。

第三十条 军队报废汽车的回收管理办法另行制定。

第三十一条 本办法自公布之日起施行。

国务院批转国家经贸委等部门“关于进一步开展资源综合利用意见”的通知

（1996年8月31日国务院发布）

各省、自治区、直辖市人民政府，国务院各部委、各直属机构：

国务院同意国家经贸委、财政部、国家税务总局《关于进一步开展资源综合利用的意见》，现发给你们，请认真贯彻执行。

随着人口的增加和经济的发展，我国资源相对不足的矛盾将日益突出。必须坚持资源开发与节约并举，把节约放在首位。生产、建设、流通、消费等各个领域，都必须节约和合理利用各种资源，千方百计减少资源的占用与消耗。

开展资源综合利用，是我国一项重大的技术经济政策，也是国民经济和社会发展中一项长远的战略方针，对于节约资源，改善环境，提高经济效益，促进经济增长方式由粗放型向集约型转变，实现资源优化配置和可持续发展都具有重要的意义。各地区、各部门要高度重视，坚持“因地制宜、鼓励利用、多种途径、讲求实效、重点突破、逐步推广”的方针，遵循资源综合利用与企业发展相结合，与污染防治相结合，经济效益与环境效益、社会效益相统一的原则，积极推动资源节约和综合利用工作，努力提高资源的综合利用水平，促进国民经济和社会事业健康发展。

附：关于进一步开展资源综合利用的意见

附

关于进一步开展资源综合利用的意见

国务院：

《国务院批转国家经委〈关于开展资源综合利用若干问题的暂行规定〉的通知》（国发［1985］117号）下发以来，在国家政策的鼓励和引导下，我国资源综合利用取得一定的成绩。但资源消耗高、利用率低，废物综合利用和无害化处理程度低等问题仍然普遍存在。为适应经济增长方式转变和实施可持续发展战略的需要，推动资源综合利用工作，现提出以下意见：

一、资源综合利用的范围

资源综合利用主要包括：在矿产资源开采过程中对共生、伴生矿进行综合开发与合理利用；对生产过程中产生的废渣、废水（液）、废气、余热、余压等进行回收和合理利用；对社会生产和消费过程中产生的各种废旧物资进行回收和再生利用。《资源综合利用目录》由国家经贸委会同国家计委、财政部、国家税务总局联合发布，并可根据实际情况进行修订。

二、实行优惠政策，鼓励和扶持企业积极开展资源综合利用

享受优惠政策的范围，按照《资源综合利用目录》执行。国家现行的有关资源综合利用税收优惠政策主要体现在以下文件：《关于企业所得税若干优惠政策的通知》（财税字［1994］001 号）、《关于继续对部分资源综合利用产品等实行增值税优惠政策的通知》（财税字［1996］20 号）、《关于继续对废旧物资回收经营企业等实行增值税优惠政策的通知》（财税字［1996］21 号）、《关于印发固定资产投资方向调节税“资源综合利用、仓储设施”税目税率注释的通知》（国税发［1994］008 号）等。国家将进一步研究、制订有关资源综合利用的价格、投资、财政、信贷等其他优惠政策。企业从有关优惠政策中获得的减免税（费）款，要专项用于资源综合利用。

各地区、各有关部门对企业资源综合利用项目应重点扶持，优先立项，银行根据信贷政策，在安排贷款上给予积极支持。要加强对资源综合利用资金的管理，提高资金使用效率。

三、加强资源的综合开发和合理利用，防止资源浪费和环境污染

（一）在矿产资源勘查和开采中，对具有开发利用价值的共生、伴生矿必须统一规划，综合勘探、评价、开采、利用。地质勘查部门在地质勘探报告中应有资源综合利用章（节）；矿山设计部门在确定主采矿种开采方案的同时，应提出可行的共生、伴生矿回收利用方案。

（二）建设项目中的资源综合利用工程应与主体工程同时设计、同时施工、同时投产。凡具备综合利用条件的项目，其项目建议书、可行性研究报告和初步设计均应有资源综合利用内容，无资源综合利用内容的，有关部门不予审批。

（三）企业对其生产过程中产生的废物应积极开展综合利用，不具备利用条件的，应支持其他单位开展综合利用，并对利用废物的企业给予适当的装运补助费。提供可利用废物的企业与利用废物的企业之间应当签定长期的供需合同，并严格履行合同。对未经加工或废弃堆存的工业固体废物，提供可利用废物的企业不得向利用废物的企业收取费用；对经过加工的工业固体废物，提供可利用废物的企业可根据加工成本和质量，按照利用废物的企业利益大于提供可利用废物的企业利益的原则，向利用废物的企业收取一定费用。

（四）建设行政主管部门应从建筑设计标准、施工规范和要求等方面积极支持企业利用废物生产新型建筑墙体材料的推广工作。在距粉煤灰、煤矸石堆存场地 20 公里范围内

不准新建、扩建实心粘土砖厂；凡有条件的，已建的实心粘土砖厂等建材企业，必须掺用一定比例的粉煤灰、煤矸石；筑路、筑坝、筑港工程，必须掺用一定比例的粉煤灰。

（五）各工业主管部门应制订本行业的用水标准定额和节水规划，采取循环用水和一水多用，提高水的重复利用率。水资源短缺地区，要严格限制高耗水工业的发展，对新建高耗水项目，在可行性研究报告中必须有用水专项论证。

四、采取措施，支持综合利用电厂生产电力、热力

凡利用余热、余压、城市垃圾和煤矸石、煤泥等低热值燃料及煤层气生产电力、热力的企业（以下简称综合利用电厂），其单机容量在500千瓦以上，符合并网调度条件的，电力部门都应允许并网，签订并网协议，对并网的机组免交小火电上网配套费，并在核定的上网电量内优先购买。

综合利用电厂的上网电价，原则上按同网同质同价的原则确定，有条件的可实行峰谷电价；因成本过高等特殊情况不能执行同网同质同价原则的，可以实行个别定价，由综合利用电厂商电网经营企业提出方案，按国家有关规定报省级以上物价行政主管部门核准。电网购入综合利用电厂电量所发生的购电费用可计入成本，作为电网销售电价调整的基础。综合利用电厂与电网互供电量在同一计量点的，可以实行电量按月互抵结算。综合利用电厂所发电力，不纳入国家分配计划，可以在内部调剂使用，电力部门不得扣减电网供应给该企业的电力电量计划指标。

装机容量在1.2万千瓦以下（含1.2万千瓦）的综合利用电厂，不参加电网调峰；装机容量在1.2万千瓦以上的综合利用电厂，可安排一定的调峰容量，允许高峰满发，但低谷时发电负荷不得低于发电设备额定功率的85%。

五、严格管理，搞好废旧物资的回收和再生利用

企业应建立废旧物资回收利用和修旧利废制度，对本企业不能利用的废旧物资，应积极向废旧物资回收企业交售。废旧物资回收企业要改进收购办法，积极组织收购，有条件的，应实行分类加工。

凡经营回收和加工生产性废旧金属的企业，必须经所在地人民政府指定的业务主管部门审批并发给统一印制的审核证明后，向公安部门申报核发特种行业许可证，再由工商行政管理部门核发营业执照，方可从事指定经营品种范围内的生产性废旧金属回收和加工业务。在铁路、矿区、油田、港口、机场、施工工地、军事禁区和金属冶炼加工企业附近，均不得设点收购废旧金属。禁止个体经营者从事生产性废旧金属回收和加工业务，各地人民政府要立即取缔现有个体经营者从事生产性废旧金属的回收和加工业务。公安机关要对经营回收废旧物资的企业依法加强监督。

严禁将报废汽车和明令淘汰的机电设备转移到农村和乡镇企业使用。凡国家规定不允许经营回收报废汽车的单位和个人，均不得回收报废汽车。车辆运行监督管理部门要对机动车辆的轮胎使用情况进行检查，并督促车辆使用单位适时翻新旧轮胎。

六、加快立法步伐，建立健全管理制度，推动资源综合利用工作

（一）各地区、各部门要根据国家有关法规，结合当地实际情况，积极制定一些地方性的法规，促进资源综合利用的规范化、法制化。

（二）企业开展资源综合利用应严格按照国家标准、行业标准或地方标准组织生产。对没有上述标准的产品，必须制订企业标准。

（三）逐步建立资源综合利用基本资料统计制度。企业应定期向有关主管部门报送有关资源综合利用方面的统计资料。

（四）加强资源综合利用项目申报审核工作。有关部门要加强项目审核管理，落实国家优惠政策，防止骗取税收优惠。

（五）建立资源综合利用奖罚制度。对做出显著成绩的单位和个人给予表彰和奖励，对违反有关规定的给予处罚。对企业有下列情形的，给予通报批评，并限期整改：

1．有条件利用废物而不利用的，或者不利用又不支持其他企业利用的；

2．不履行或不完全履行废物综合利用合同的以及随意中断供应关系的；

3．不按规定报送有关资料的；

4．违反规定收费或变相收费的。

七、依靠科技进步，提高资源综合利用技术水平

实行有利于资源综合利用技术开发和推广的技术经济政策，不定期发布国家资源综合利用技术导向目录。重大的资源综合利用科研与技术开发课题要纳入国家或地方的科技攻关计划，认真组织实施。对有广泛应用前景的成熟技术应积极安排示范工程，逐步实现产业化；适当引进一批适合我国国情的资源综合利用先进技术，组织科技力量消化吸收和创新；培育和发展技术市场，开展技术咨询和信息服务，促进科技成果的转让和推广应用。

本意见由国家经贸委会同国家计委、财政部、国家税务总局等有关部门组织实施。各省、自治区、直辖市及计划单列市和国务院有关部门，可根据本意见制订具体实施办法。

以上意见，如无不妥，请批转各地区、各部门执行。

国家经济贸易委员会
财政部
国家税务总局
1996年8月9日

资源综合利用认定管理办法

（国家经济贸易委员会、国家税务总局
1998年11月5日　国经贸资源［1998］716号）

第一章　总　则

第一条　根据《国务院批转国家经贸委等部门关于进一步开展资源综合利用意见的通知》（国发［1996］36号），为落实资源综合利用优惠政策，加强税收管理，制定本办法。

第二条　本办法适用于申请享受资源综合利用税收优惠政策的单位。

第三条　本办法所称资源综合利用认定，是指对享受资源综合利用优惠政策的企业（分厂、车间）或者资源综合利用产品、项目的认定。

第二章　申报条件和认定内容

第四条　申报资源综合利用认定的单位，必须具备以下条件：

1．实行独立核算，资源综合利用产品、项目能独立计算盈亏；

2．资源综合利用产品符合国家产业政策、符合有关标准；

3．不破坏资源，不造成二次污染。

第五条　认定内容

1．审定资源综合利用产品（项目）是否在《资源综合利用目录》范围之内；

2．审定是否符合国家有关资源综合利用税收优惠政策文件所规定的享受优惠政策的条件；

3．认定适用享受资源综合利用优惠政策的种类和范围。

第三章　认定及申诉程序

第六条　凡申请享受资源综合利用优惠政策的单位，应向所在地地（市）级人民政府的经贸委（经委、计经委，以下简称地级经贸委）提出书面申请并抄报主管税务机关。经地级经贸委初审后，报省、自治区、直辖市经贸委（经委、计经委，以下简称省级经贸委），同时抄报省级税务主管机关。

第七条　各省、自治区、直辖市成立资源综合利用认定委员会，认定委员会由省级经贸委牵头，同级税务局、财政厅（局）及有关行业管理部门参加。

经省级经贸委授权，可由地级经贸委牵头，会同同级税务主管部门和有关行业管理部门负责本辖区的资源综合利用认定工作。由地级经贸委牵头组织认定的，要将认定情况报省级经贸委及税务主管部门备案，并接受省级认定委员会的检查。

认定委员会对申报书及初审意见进行认定。

第八条 根据认定委员会通过的认定结论，省级经贸委或经省级经贸委授权由地级经贸委签发认定意见，对认定合格的资源综合利用单位（产品、项目）发给认定证书；对未通过认定的企业（产品、项目）印发不合格通知，并说明理由。

第九条 获得认定证书的单位向税务主管机关提出减免税申请报告，税务主管机关根据认定证书及有关材料，办理有关减免税事项。办理减免税的依据、权限等由主管税务机关按现行税收法规、规定和程序办理。

第十条 认定证书有效期为两年。有效期满需继续认定的单位，应在有效期终止前三个月重新提出申请；未获重新认定的单位，不得继续享受优惠政策。

第十一条 企业对认定委员会的认定结论有异议的，可向原作出认定结论的认定委员会提出重新审议，认定委员会应予受理。企业对重新审议结论仍有异议的，可在六个月内直接向上一级经贸委、税务主管部门提出申诉；上一级经贸委、税务主管部门根据调查核实情况，有权改变下一级经贸委和税务主管部门的认定结论。

第十二条 任何单位和个人，有权向有关部门检举揭发通过弄虚作假等手段骗取税收优惠的行为。

第四章 监督管理

第十三条 省级经贸委和税务主管部门要加强督促检查和管理，每年要组织重点抽查，对已通过认定的单位抽查面不少于 30%。对抽查中不符合认定条件的，要限期整改；期限已到仍不符合有关规定的，按本办法第十五条处理。

第十四条 各地要建立资源综合利用税收优惠政策的基本情况报告制度。企业应于每年 2 月底以前，向省级经贸委和省级税务机关报送上一年资源综合利用基本情况和享受优惠政策情况；每年 5 月底前，各省、自治区、直辖市经贸委和省级税务部门将本辖区上年度资源综合利用认定情况、经认定而享受减免税的情况和抽查的情况总结报送国家经贸委和国家税务总局。

第五章 罚 则

第十五条 未按本办法规定进行资源综合利用认定的单位不得享受资源综合利用优惠政策。税务机关对未获认定证书的单位不予办理有关减免税手续。

第十六条 对弄虚作假，骗取资源综合利用优惠政策的企业，一经发现，取消享受优惠政策的资格，省级或地级经贸委收回认定证书，三年内不得再申报认定，主管税务机关要依照《中华人民共和国税收征管法》及有关规定给予处罚。

第十七条 对伪造证书者，依有关法律法规追究责任。

第六章 附 则

第十八条 各省、自治区、直辖市经贸委和税务主管部门可根据本办法制订具体实施细则，计划单列市可参照本办法执行。

第十九条 本办法由国家经贸委、国家税务总局负责解释。

第二十条 本办法自发布之日起实施。

十七、依法行政与有关立法、执法程序

【依法行政】

国务院关于印发《全面推进依法行政实施纲要》的通知

（国务院 2004 年 3 月 22 日　国发［2004］10 号）

各省、自治区、直辖市人民政府，国务院各部委、各直属机构：

现将《全面推进依法行政实施纲要》印发给你们，请结合本地区、本部门实际，认真贯彻执行。

为适应全面建设小康社会的新形势和依法治国的进程，《全面推进依法行政实施纲要》（以下简称《纲要》）确立了建设法治政府的目标，明确规定了今后十年全面推进依法行政的指导思想和具体目标、基本原则和要求、主要任务和措施，是进一步推进我国社会主义政治文明建设的重要政策文件。地方各级人民政府和各部门都要从立党为公、执政为民的高度，充分认识《纲要》的重大意义，切实抓紧做好《纲要》的贯彻执行工作。一是认真学习、大力宣传《纲要》的基本精神、主要内容。二是认真组织制订落实《纲要》的具体办法和配套措施，确定不同阶段的重点，做到五年有规划、年度有安排，确保《纲要》得到全面正确执行。三是地方各级人民政府和各部门的主要负责同志要加强领导，切实担负起贯彻执行《纲要》、全面推进依法行政第一责任人的责任，一级抓一级，逐级抓落实。四是加强对贯彻执行《纲要》的监督检查，对贯彻执行不力的，要严肃纪律，追究责任。五是地方各级人民政府和各部门的法制机构要以高度的责任感和使命感，认真做好综合协调、督促指导、政策研究和情况交流工作，为本级政府和本部门贯彻执行《纲要》，全面推进依法行政，充分发挥参谋、助手和法律顾问的作用。

地方各级人民政府和各部门要及时总结贯彻执行《纲要》、推进依法行政的经验、做法，贯彻执行中的有关情况和问题要及时向国务院报告。

全面推进依法行政实施纲要

为贯彻落实依法治国基本方略和党的十六大、十六届三中全会精神，坚持执政为民，全面推进依法行政，建设法治政府，根据宪法和有关法律、行政法规，制定本实施纲要。

一、全面推进依法行政的重要性和紧迫性

1．全面推进依法行政的重要性和紧迫性。党的十一届三中全会以来，我国社会主义民主与法制建设取得了显著成绩。党的十五大确立依法治国、建设社会主义法治国家的

基本方略，1999 年九届全国人大二次会议将其载入宪法。作为依法治国的重要组成部分，依法行政也取得了明显进展。1999 年 11 月，国务院发布了《国务院关于全面推进依法行政的决定》（国发［1999］23 号），各级政府及其工作部门加强制度建设，严格行政执法，强化行政执法监督，依法办事的能力和水平不断提高。党的十六大把发展社会主义民主政治，建设社会主义政治文明，作为全面建设小康社会的重要目标之一，并明确提出“加强对执法活动的监督，推进依法行政”。与完善社会主义市场经济体制、建设社会主义政治文明以及依法治国的客观要求相比，依法行政还存在不少差距，主要是：行政管理体制与发展社会主义市场经济的要求还不适应，依法行政面临诸多体制性障碍；制度建设反映客观规律不够，难以全面、有效解决实际问题；行政决策程序和机制不够完善；有法不依、执法不严、违法不究现象时有发生，人民群众反映比较强烈；对行政行为的监督制约机制不够健全，一些违法或者不当的行政行为得不到及时、有效的制止或者纠正，行政管理相对人的合法权益受到损害得不到及时救济；一些行政机关工作人员依法行政的观念还比较淡薄，依法行政的能力和水平有待进一步提高。这些问题在一定程度上损害了人民群众的利益和政府的形象，妨碍了经济社会的全面发展。解决这些问题，适应全面建设小康社会的新形势和依法治国的进程，必须全面推进依法行政，建设法治政府。

二、全面推进依法行政的指导思想和目标

2．全面推进依法行政的指导思想。全面推进依法行政，必须以邓小平理论和“三个代表”重要思想为指导，坚持党的领导，坚持执政为民，忠实履行宪法和法律赋予的职责，保护公民、法人和其他组织的合法权益，提高行政管理效能，降低管理成本，创新管理方式，增强管理透明度，推进社会主义物质文明、政治文明和精神文明协调发展，全面建设小康社会。

3．全面推进依法行政的目标。全面推进依法行政，经过十年左右坚持不懈的努力，基本实现建设法治政府的目标：

——政企分开、政事分开，政府与市场、政府与社会的关系基本理顺，政府的经济调节、市场监管、社会管理和公共服务职能基本到位。中央政府和地方政府之间、政府各部门之间的职能和权限比较明确。行为规范、运转协调、公正透明、廉洁高效的行政管理体制基本形成。权责明确、行为规范、监督有效、保障有力的行政执法体制基本建立。

——提出法律议案、地方性法规草案，制定行政法规、规章、规范性文件等制度建设符合宪法和法律规定的权限和程序，充分反映客观规律和最广大人民的根本利益，为社会主义物质文明、政治文明和精神文明协调发展提供制度保障。

——法律、法规、规章得到全面、正确实施，法制统一，政令畅通，公民、法人和其他组织合法的权利和利益得到切实保护，违法行为得到及时纠正、制裁，经济社会秩序得到有效维护。政府应对突发事件和风险的能力明显增强。

——科学化、民主化、规范化的行政决策机制和制度基本形成，人民群众的要求、意愿得到及时反映。政府提供的信息全面、准确、及时，制定的政策、发布的决定相对稳定，行政管理做到公开、公平、公正、便民、高效、诚信。

——高效、便捷、成本低廉的防范、化解社会矛盾的机制基本形成，社会矛盾得到有效防范和化解。

——行政权力与责任紧密挂钩、与行政权力主体利益彻底脱钩。行政监督制度和机制基本完善，政府的层级监督和专门监督明显加强，行政监督效能显著提高。

——行政机关工作人员特别是各级领导干部依法行政的观念明显提高，尊重法律、崇尚法律、遵守法律的氛围基本形成；依法行政的能力明显增强，善于运用法律手段管理经济、文化和社会事务，能够依法妥善处理各种社会矛盾。

三、依法行政的基本原则和基本要求

4．依法行政的基本原则。依法行政必须坚持党的领导、人民当家作主和依法治国三者的有机统一；必须把维护最广大人民的根本利益作为政府工作的出发点；必须维护宪法权威，确保法制统一和政令畅通；必须把发展作为执政兴国的第一要务，坚持以人为本和全面、协调、可持续的发展观，促进经济社会和人的全面发展；必须把依法治国和以德治国有机结合起来，大力推进社会主义政治文明、精神文明建设；必须把推进依法行政与深化行政管理体制改革、转变政府职能有机结合起来，坚持开拓创新与循序渐进的统一，既要体现改革和创新的精神，又要有计划、有步骤地分类推进；必须把坚持依法行政与提高行政效率统一起来，做到既严格依法办事，又积极履行职责。

5．依法行政的基本要求。

——合法行政。行政机关实施行政管理，应当依照法律、法规、规章的规定进行；没有法律、法规、规章的规定，行政机关不得作出影响公民、法人和其他组织合法权益或者增加公民、法人和其他组织义务的决定。

——合理行政。行政机关实施行政管理，应当遵循公平、公正的原则。要平等对待行政管理相对人，不偏私、不歧视。行使自由裁量权应当符合法律目的，排除不相关因素的干扰；所采取的措施和手段应当必要、适当；行政机关实施行政管理可以采用多种方式实现行政目的的，应当避免采用损害当事人权益的方式。

——程序正当。行政机关实施行政管理，除涉及国家秘密和依法受到保护的商业秘密、个人隐私的外，应当公开，注意听取公民、法人和其他组织的意见；要严格遵循法定程序，依法保障行政管理相对人、利害关系人的知情权、参与权和救济权。行政机关工作人员履行职责，与行政管理相对人存在利害关系时，应当回避。

——高效便民。行政机关实施行政管理，应当遵守法定时限，积极履行法定职责，提高办事效率，提供优质服务，方便公民、法人和其他组织。

——诚实守信。行政机关公布的信息应当全面、准确、真实。非因法定事由并经法定程序，行政机关不得撤销、变更已经生效的行政决定；因国家利益、公共利益或者其他法定事由需要撤回或者变更行政决定的，应当依照法定权限和程序进行，并对行政管理相对人因此而受到的财产损失依法予以补偿。

——权责统一。行政机关依法履行经济、社会和文化事务管理职责，要由法律、法规赋予其相应的执法手段。行政机关违法或者不当行使职权，应当依法承担法律责任，实现权力和责任的统一。依法做到执法有保障、有权必有责、用权受监督、违法受追究、侵权须赔偿。

四、转变政府职能，深化行政管理体制改革

6. 依法界定和规范经济调节、市场监管、社会管理和公共服务的职能。推进政企分开、政事分开，实行政府公共管理职能与政府履行出资人职能分开，充分发挥市场在资源配置中的基础性作用。凡是公民、法人和其他组织能够自主解决的，市场竞争机制能够调节的，行业组织或者中介机构通过自律能够解决的事项，除法律另有规定的外，行政机关不要通过行政管理去解决。要加强对行业组织和中介机构的引导和规范。行政机关应当根据经济发展的需要，主要运用经济和法律手段管理经济，依法履行市场监管职能，保证市场监管的公正性和有效性，打破部门保护、地区封锁和行业垄断，建设统一、开放、竞争、有序的现代市场体系。要进一步转变经济调节和市场监管的方式，切实把政府经济管理职能转到主要为市场主体服务和创造良好发展环境上来。在继续加强经济调节和市场监管职能的同时，完善政府的社会管理和公共服务职能。建立健全各种预警和应急机制，提高政府应对突发事件和风险的能力，妥善处理各种突发事件，维持正常的社会秩序，保护国家、集体和个人利益不受侵犯；完善劳动、就业和社会保障制度；强化公共服务职能和公共服务意识，简化公共服务程序，降低公共服务成本，逐步建立统一、公开、公平、公正的现代公共服务体制。

7. 合理划分和依法规范各级行政机关的职能和权限。科学合理设置政府机构，核定人员编制，实现政府职责、机构和编制的法定化。加强政府对所属部门职能争议的协调。

8. 完善依法行政的财政保障机制。完善集中统一的公共财政体制，逐步实现规范的部门预算，统筹安排和规范使用财政资金，提高财政资金使用效益；清理和规范行政事业性收费等政府非税收入；完善和规范行政机关工作人员工资和津补贴制度，逐步解决同一地区不同行政机关相同职级工作人员收入差距较大的矛盾；行政机关不得设立任何形式的“小金库”；严格执行“收支两条线”制度，行政事业性收费和罚没收入必须全部上缴财政，严禁以各种形式返还；行政经费统一由财政纳入预算予以保障，并实行国库集中支付。

9. 改革行政管理方式。要认真贯彻实施行政许可法，减少行政许可项目，规范行政许可行为，改革行政许可方式。要充分运用间接管理、动态管理和事后监督管理等手段对经济和社会事务实施管理；充分发挥行政规划、行政指导、行政合同等方式的作用；加快电子政务建设，推进政府上网工程的建设和运用，扩大政府网上办公的范围；政府部门之间应当尽快做到信息互通和资源共享，提高政府办事效率，降低管理成本，创新管理方式，方便人民群众。

10. 推进政府信息公开。除涉及国家秘密和依法受到保护的商业秘密、个人隐私的事项外，行政机关应当公开政府信息。对公开的政府信息，公众有权查阅。行政机关应当为公众查阅政府信息提供便利条件。

五、建立健全科学民主决策机制

11. 健全行政决策机制。科学、合理界定各级政府、政府各部门的行政决策权，完

善政府内部决策规则。建立健全公众参与、专家论证和政府决定相结合的行政决策机制。实行依法决策、科学决策、民主决策。

12．完善行政决策程序。除依法应当保密的外，决策事项、依据和结果要公开，公众有权查阅。涉及全国或者地区经济社会发展的重大决策事项以及专业性较强的决策事项，应当事先组织专家进行必要性和可行性论证。社会涉及面广、与人民群众利益密切相关的决策事项，应当向社会公布，或者通过举行座谈会、听证会、论证会等形式广泛听取意见。重大行政决策在决策过程中要进行合法性论证。

13．建立健全决策跟踪反馈和责任追究制度。行政机关应当确定机构和人员，定期对决策的执行情况进行跟踪与反馈，并适时调整和完善有关决策。要加强对决策活动的监督，完善行政决策的监督制度和机制，明确监督主体、监督内容、监督对象、监督程序和监督方式。要按照“谁决策、谁负责”的原则，建立健全决策责任追究制度，实现决策权和决策责任相统一。

六、提高制度建设质量

14．制度建设的基本要求。提出法律议案和地方性法规草案，制定行政法规、规章以及规范性文件等制度建设，重在提高质量。要遵循并反映经济和社会发展规律，紧紧围绕全面建设小康社会的奋斗目标，紧密结合改革发展稳定的重大决策，体现、推动和保障发展这个执政兴国的第一要务，发挥公民、法人和其他组织的积极性、主动性和创造性，为在经济发展的基础上实现社会全面发展，促进人的全面发展，促进经济、社会和生态环境的协调发展，提供法律保障；要根据宪法和立法法的规定，严格按照法定权限和法定程序进行。法律、法规、规章和规范性文件的内容要具体、明确，具有可操作性，能够切实解决问题；内在逻辑要严密，语言要规范、简洁、准确。

15．按照条件成熟、突出重点、统筹兼顾的原则，科学合理制定政府立法工作计划。要进一步加强政府立法工作，统筹考虑城乡、区域、经济与社会、人与自然以及国内和对外开放等各项事业的发展，在继续加强有关经济调节、市场监管方面的立法的同时，更加重视有关社会管理、公共服务方面的立法。要把握立法规律和立法时机，正确处理好政府立法与改革的关系，做到立法决策与改革决策相统一，立法进程与改革进程相适应。

16．改进政府立法工作方法，扩大政府立法工作的公众参与程度。实行立法工作者、实际工作者和专家学者三结合，建立健全专家咨询论证制度。起草法律、法规、规章和作为行政管理依据的规范性文件草案，要采取多种形式广泛听取意见。重大或者关系人民群众切身利益的草案，要采取听证会、论证会、座谈会或者向社会公布草案等方式向社会听取意见，尊重多数人的意愿，充分反映最广大人民的根本利益。要积极探索建立对听取和采纳意见情况的说明制度。行政法规、规章和作为行政管理依据的规范性文件通过后，应当在政府公报、普遍发行的报刊和政府网站上公布。政府公报应当便于公民、法人和其他组织获取。

17．积极探索对政府立法项目尤其是经济立法项目的成本效益分析制度。政府立法不仅要考虑立法过程成本，还要研究其实施后的执法成本和社会成本。

18．建立和完善行政法规、规章修改、废止的工作制度和规章、规范性文件的定期清理制度。要适应完善社会主义市场经济体制、扩大对外开放和社会全面进步的需要，适时对现行行政法规、规章进行修改或者废止，切实解决法律规范之间的矛盾和冲突。规章、规范性文件施行后，制定机关、实施机关应当定期对其实施情况进行评估。实施机关应当将评估意见报告制定机关；制定机关要定期对规章、规范性文件进行清理。

七、理顺行政执法体制，加快行政程序建设，规范行政执法行为

19．深化行政执法体制改革。加快建立权责明确、行为规范、监督有效、保障有力的行政执法体制。继续开展相对集中行政处罚权工作，积极探索相对集中行政许可权，推进综合执法试点。要减少行政执法层次，适当下移执法重心；对与人民群众日常生活、生产直接相关的行政执法活动，主要由市、县两级行政执法机关实施。要完善行政执法机关的内部监督制约机制。

20．严格按照法定程序行使权力、履行职责。行政机关作出对行政管理相对人、利害关系人不利的行政决定之前，应当告知行政管理相对人、利害关系人，并给予其陈述和申辩的机会；作出行政决定后，应当告知行政管理相对人依法享有申请行政复议或者提起行政诉讼的权利。对重大事项，行政管理相对人、利害关系人依法要求听证的，行政机关应当组织听证。行政机关行使自由裁量权的，应当在行政决定中说明理由。要切实解决行政机关违法行使权力侵犯人民群众切身利益的问题。

21．健全行政执法案卷评查制度。行政机关应当建立有关行政处罚、行政许可、行政强制等行政执法的案卷。对公民、法人和其他组织的有关监督检查记录、证据材料、执法文书应当立卷归档。

22．建立健全行政执法主体资格制度。行政执法由行政机关在其法定职权范围内实施，非行政机关的组织未经法律、法规授权或者行政机关的合法委托，不得行使行政执法权；要清理、确认并向社会公告行政执法主体；实行行政执法人员资格制度，没有取得执法资格的不得从事行政执法工作。

23．推行行政执法责任制。依法界定执法职责，科学设定执法岗位，规范执法程序。要建立公开、公平、公正的评议考核制和执法过错或者错案责任追究制，评议考核应当听取公众的意见。要积极探索行政执法绩效评估和奖惩办法。

八、积极探索高效、便捷和成本低廉的防范、化解社会矛盾的机制

24．积极探索预防和解决社会矛盾的新路子。要大力开展矛盾纠纷排查调处工作，建立健全相应的制度。对矛盾纠纷要依法妥善解决。对依法应当由行政机关调处的民事纠纷，行政机关要依照法定权限和程序，遵循公开、公平、公正的原则及时予以处理。要积极探索解决民事纠纷的新机制。

25．充分发挥调解在解决社会矛盾中的作用。对民事纠纷，经行政机关调解达成协议的，行政机关应当制作调解书；调解不能达成协议的，行政机关应当及时告知当事人救济权利和渠道。要完善人民调解制度，积极支持居民委员会和村民委员会等基层组织的人民调解工作。

26．切实解决人民群众通过信访举报反映的问题。要完善信访制度，及时办理信访

事项，切实保障信访人、举报人的权利和人身安全。任何行政机关和个人不得以任何理由或者借口压制、限制人民群众信访和举报，不得打击报复信访和举报人员，不得将信访、举报材料及有关情况透露或者转送给被举报人。对可以通过复议、诉讼等法律程序解决的信访事项，行政机关应当告知信访人、举报人申请复议、提起诉讼的权利，积极引导当事人通过法律途径解决。

九、完善行政监督制度和机制，强化对行政行为的监督

27．自觉接受人大监督和政协的民主监督。各级人民政府应当自觉接受同级人大及其常委会的监督，向其报告工作、接受质询，依法向有关人大常委会备案行政法规、规章；自觉接受政协的民主监督，虚心听取其对政府工作的意见和建议。

28．接受人民法院依照行政诉讼法的规定对行政机关实施的监督。对人民法院受理的行政案件，行政机关应当积极出庭应诉、答辩。对人民法院依法作出的生效的行政判决和裁定，行政机关应当自觉履行。

29．加强对规章和规范性文件的监督。规章和规范性文件应当依法报送备案。对报送备案的规章和规范性文件，政府法制机构应当依法严格审查，做到有件必备、有备必审、有错必纠。公民、法人和其他组织对规章和规范性文件提出异议的，制定机关或者实施机关应当依法及时研究处理。

30．认真贯彻行政复议法，加强行政复议工作。对符合法律规定的行政复议申请，必须依法受理；审理行政复议案件，要重依据、重证据、重程序，公正作出行政复议决定，坚决纠正违法、明显不当的行政行为，保护公民、法人和其他组织的合法权益。要完善行政复议工作制度，积极探索提高行政复议工作质量的新方式、新举措。对事实清楚、争议不大的行政复议案件，要探索建立简易程序解决行政争议。加强行政复议机构的队伍建设，提高行政复议工作人员的素质。完善行政复议责任追究制度，对依法应当受理而不受理行政复议申请，应当撤销、变更或者确认具体行政行为违法而不撤销、变更或者确认具体行政行为违法，不在法定期限内作出行政复议决定以及违反行政复议法的其他规定的，应当依法追究其法律责任。

31．完善并严格执行行政赔偿和补偿制度。要按照国家赔偿法实施行政赔偿。严格执行《国家赔偿费用管理办法》关于赔偿费用核拨的规定，依法从财政支取赔偿费用，保障公民、法人和其他组织依法获得赔偿。要探索在行政赔偿程序中引入听证、协商和和解制度。建立健全行政补偿制度。

32．创新层级监督新机制，强化上级行政机关对下级行政机关的监督。上级行政机关要建立健全经常性的监督制度，探索层级监督的新方式，加强对下级行政机关具体行政行为的监督。

33．加强专门监督。各级行政机关要积极配合监察、审计等专门监督机关的工作，自觉接受监察、审计等专门监督机关的监督决定。拒不履行监督决定的，要依法追究有关机关和责任人员的法律责任。监察、审计等专门监督机关要切实履行职责，依法独立开展专门监督。监察、审计等专门监督机关要与检察机关密切配合，及时通报情况，形成监督合力。

34．强化社会监督。各级人民政府及其工作部门要依法保护公民、法人和其他组织

对行政行为实施监督的权利，拓宽监督渠道，完善监督机制，为公民、法人和其他组织实施监督创造条件。要完善群众举报违法行为的制度。要高度重视新闻舆论监督，对新闻媒体反映的问题要认真调查、核实，并依法及时作出处理。

十、不断提高行政机关工作人员依法行政的观念和能力

35．提高领导干部依法行政的能力和水平。各级人民政府及其工作部门的领导干部要带头学习和掌握宪法、法律和法规的规定，不断增强法律意识，提高法律素养，提高依法行政的能力和水平，把依法行政贯穿于行政管理的各个环节，列入各级人民政府经济社会发展的考核内容。要实行领导干部的学法制度，定期或者不定期对领导干部进行依法行政知识培训。积极探索对领导干部任职前实行法律知识考试的制度。

36．建立行政机关工作人员学法制度，增强法律意识，提高法律素质，强化依法行政知识培训。要采取自学与集中培训相结合、以自学为主的方式，组织行政机关工作人员学习通用法律知识以及与本职工作有关的专门法律知识。

37．建立和完善行政机关工作人员依法行政情况考核制度。要把依法行政情况作为考核行政机关工作人员的重要内容，完善考核制度，制定具体的措施和办法。

38．积极营造全社会遵法守法、依法维权的良好环境。要采取各种形式，加强普法和法制宣传，增强全社会尊重法律、遵守法律的观念和意识，积极引导公民、法人和其他组织依法维护自身权益，逐步形成与建设法治政府相适应的良好社会氛围。

十一、提高认识，明确责任，切实加强对推进依法行政工作的领导

39．提高认识，加强领导。各级人民政府和政府各部门要从“立党为公、执政为民”的高度，充分认识全面推进依法行政的必要性和紧迫性，真正把依法行政作为政府运作的基本准则。各地方、各部门的行政首长作为本地方、本部门推进依法行政工作的第一责任人，要加强对推进依法行政工作的领导，一级抓一级，逐级抓落实。

40．明确责任，严肃纪律。各级人民政府和政府各部门要结合本地方、本部门经济和社会发展的实际，制定落实本纲要的具体办法和配套措施，确定不同阶段的重点，有计划、分步骤地推进依法行政，做到五年有规划、年度有安排，将本纲要的规定落到实处。上级行政机关应当加强对下级行政机关贯彻本纲要情况的监督检查。对贯彻落实本纲要不力的，要严肃纪律，予以通报，并追究有关人员相应的责任。

41．定期报告推进依法行政工作情况。地方各级人民政府应当定期向本级人大及其常委会和上一级人民政府报告推进依法行政的情况；国务院各部门、地方各级人民政府工作部门要定期向本级人民政府报告推进依法行政的情况。

42．各级人民政府和政府各部门要充分发挥政府法制机构在依法行政方面的参谋、助手和法律顾问作用。全面推进依法行政、建设法治政府，涉及面广、难度大、要求高，需要一支政治强、作风硬、业务精的政府法制工作队伍，协助各级人民政府和政府各部门领导做好全面推进依法行政的各项工作。各级人民政府和政府各部门要切实加强政府法制机构和队伍建设，充分发挥政府法制机构在依法行政方面的参谋、助手和法律顾问的作用，并为他们开展工作创造必要的条件。

国务院办公厅关于贯彻落实全面推进依法行政实施纲要的实施意见

（国务院办公厅2004年3月22日　国办发［2004］24号）

《全面推进依法行政实施纲要》（国发［2004］10号，以下简称《纲要》）已经国务院批准正式印发，现就贯彻落实《纲要》提出如下实施意见。

一、从立党为公、执政为民的高度，把贯彻落实《纲要》作为当前和今后一个时期政府工作的一项重要任务

《纲要》以邓小平理论和“三个代表”重要思想为指导，总结了近年来推进依法行政的基本经验，适应全面建设小康社会的新形势和依法治国的进程，确立了建设法治政府的目标，明确规定了今后十年全面推进依法行政的指导思想和具体目标、基本原则和要求、主要任务和措施，是进一步推进我国社会主义政治文明建设的重要政策文件。国务院各部门都要从立党为公、执政为民的高度，充分认识《纲要》的重大意义，把贯彻落实《纲要》作为当前和今后一个时期政府工作的一项重要任务切实抓紧抓好，把《纲要》提出的各项任务落到实处，为全面推进依法行政、建设法治政府提供保障。

二、突出重点，明确分工

贯彻落实《纲要》是一项全局性和长期性的系统工程。国务院有关部门和单位要根据各自的职能，明确工作任务，突出工作重点，抓好各项工作的落实。现就各部门各单位重点工作任务作如下分工：

（一）建立健全科学民主决策机制。

积极研究界定各级政府、政府各部门的行政决策权，完善政府内部决策规则、决策程序以及行政决策的监督制度和机制，按照“谁决策、谁负责”的原则，建立健全决策责任追究制度。建立健全公众参与、专家论证和政府决定相结合的行政决策机制。（国务院办公厅、中央编办、监察部、行政学院、社科院）

（二）提高制度建设质量。

1．围绕制度建设的基本要求，按照条件成熟、突出重点、统筹兼顾的原则，制定政府立法工作计划，做到立法决策与改革决策相统一，立法进程与改革进程相适应。（法制办组织有关部门）

2．改进政府立法工作方法，扩大政府立法工作的公众参与程度，实行立法工作者、实际工作者和专家学者三结合。建立健全专家咨询论证制度、立法征求意见制度。研究建立有关听取和采纳意见情况的说明制度。探索建立有关政府立法项目尤其是经济立法项目的成本效益分析制度。（法制办组织有关部门）

3．建立健全政府信息公开制度，方便公众对公开的政府信息的获取、查阅。（国务院办公厅、法制办、信息办、信息产业部、财政部）

4．建立健全行政法规、规章修改和废止的工作制度以及规章、规范性文件的定期清理和定期评价制度。（法制办组织有关部门）

（三）转变政府职能，深化行政管理体制改革。

1．科学划分和规范各级行政机关的职能和权限，科学、合理设置政府机构，核定人员编制，实现政府职能、机构和编制的法定化。加强对各级行政机关职能争议的协调。（中央编办）

2．完善各类市场监管制度，确保依法履行市场监管职能，保证市场监管的公正性和有效性，打破部门保护、地区封锁和行业垄断，建设统一、开放、竞争、有序的现代市场体系。研究进一步转变经济调节和市场监管的方式，切实把政府经济管理职能转到主要为市场主体服务和创造良好发展环境上来。（发展改革委、工商总局、质检总局、商务部、建设部、国土资源部、食品药品监管局、证监会、保监会、银监会、电监会）

3．研究推进政企分开、政事分开，实行政府公共管理职能与政府履行出资人职能分开的具体措施，加强对行业组织和中介机构的引导和规范。（中央编办、发展改革委、人事部、民政部、国资委、商务部、工商总局、财政部、监察部、行政学院、社科院）

4．完善劳动、就业和社会保障法律制度。（劳动保障部、卫生部、民政部、人事部、财政部、发展改革委）

5．建立健全各种预警和应急法律制度和机制（包括起草紧急状态法），提高政府应对突发事件和风险的能力，妥善处理各种突发事件，维持正常的社会秩序。（国务院办公厅组织有关部门）

6．建立健全有关集中统一的公共财政体制的法律制度，实现规范的部门预算。（财政部、发展改革委）

7．完善相关法律制度，清理和规范行政机关、事业单位收费。（发展改革委、财政部）

8．完善相关法律制度，规范行政机关工作人员工资和津补贴，解决同一地区不同行政机关相同职级工作人员收入差距较大的矛盾。（人事部、财政部）

9．贯彻实施行政许可法，减少行政许可项目，规范行政许可行为，研究创新政府管理方式。（监察部、中央编办、法制办会同有关部门）

10．加快电子政务体系建设，推进政府上网工程的建设和运用，扩大政府网上办公的范围，逐步实现政府部门之间的信息互通和资源共享。（国务院办公厅、国信办、信息产业部、发展改革委）

（四）理顺行政执法体制，规范行政执法行为。

1．研究建立权责明确、行为规范、监督有效、保障有力的行政执法体制。完善相关法律制度和工作机制，继续开展相对集中行政处罚权，探索相对集中行政许可权，推进

综合执法试点。完善行政执法机关的内部监督制约机制。（中央编办、法制办、财政部、监察部）

2．建立健全有关行政处罚、行政许可、行政强制等行政执法案卷评查制度，对公民、法人和其他组织的有关监督检查记录、证据材料和执法文书进行立卷归档。（法制办组织有关部门）

3．建立健全行政执法主体和行政执法人员资格制度。（人事部、法制办、中央编办）

4．建立健全行政执法责任制，依法界定执法职责，科学设定执法岗位，规范执法程序。建立公开、公平、公正的评议考核制和执法过错或者错案责任追究制。探索建立行政执法绩效评估、奖惩机制和办法。（法制办、中央编办、监察部、人事部）

（五）探索高效、便捷和成本低廉的防范、化解社会矛盾的机制。

1．建立健全相关法律制度，开展矛盾纠纷排查调处工作。积极探索解决民事纠纷的新机制。完善人民调解制度，预防和化解民事纠纷。（司法部、信访局、国土资源部、建设部、劳动保障部、法制办）

2．完善信访法律制度，切实解决人民群众通过信访举报反映的问题，保障信访人、举报人的权利和人身安全。（信访局、监察部）

（六）完善行政监督制度和机制，强化对行政行为的监督。

1．完善对规章和规范性文件的监督制度和机制，做到有件必备、有备必审、有错必纠。建立依法对公民、法人和其他组织对规章和规范性文件提出异议的处理机制和办法。（法制办）

2．认真贯彻行政复议法，完善有关行政复议程序和工作制度，加强行政复议机构的队伍建设，提高行政复议工作人员的素质，做好行政复议工作。探索提高行政复议工作质量的新方式、新举措。完善行政复议责任追究制度。（法制办、监察部）

3．完善并严格执行行政赔偿制度，保障公民、法人和其他组织依法获得赔偿。建立健全行政补偿制度。（财政部、法制办）

4．探索建立行政赔偿程序中的听证、协商、和解制度。（法制办、财政部）

5．建立健全上级行政机关对下级行政机关的经常性监督制度，探索层级监督的新方式，强化上级行政机关对下级行政机关的监督。（国务院办公厅、法制办、监察部）

6．完善相关法律制度和机制，确保专门监督机关切实履行职责，依法独立开展专门监督，并与检察机关密切配合，及时通报情况，形成监督合力。（审计署、监察部）

7．探索拓宽公民、法人和其他组织对行政行为实施监督的渠道，完善监督机制，为公民、法人和其他组织实施监督创造条件。完善群众举报违法行为的制度。研究建立对新闻媒体反映的问题进行调查、核实，并依法及时作出处理的工作机制。（监察部、国务院办公厅、信访局）

（七）提高行政机关工作人员依法行政的观念和能力。

1．研究建立领导干部学法制度，定期或者不定期对领导干部进行依法行政知识培训。探索对领导干部任职前实行法律知识考试的制度。（人事部、法制办、司法部）

2．研究建立行政机关工作人员学法制度，强化行政机关工作人员通用法律知识以及专门法律知识等依法行政知识的培训。（人事部、法制办、司法部）

3．建立和完善行政机关工作人员依法行政情况考核制度，制定具体的措施和办法，把依法行政情况作为考核行政机关工作人员的重要内容。（人事部、法制办）

4．采取各种形式，加强普法和法制宣传，增强全社会尊重法律、遵守法律的观念和意识，积极引导公民、法人和其他组织依法维护自身权益，逐步形成与建设法治政府相适应的良好社会氛围。（司法部、法制办）

（八）完善措施，切实全面推进依法行政。

1．研究建立上级行政机关对下级行政机关贯彻《纲要》情况的监督检查制度。对贯彻落实《纲要》不力的，要严肃纪律，追究有关人员相应的责任。（国务院办公厅、监察部、法制办）

2．研究建立地方各级人民政府定期向本级人大及其常委会和上一级人民政府，以及国务院各部门、地方各级人民政府工作部门定期向本级人民政府报告推进依法行政情况的具体办法。（国务院办公厅、法制办）

3．研究切实加强政府法制机构和队伍建设的具体措施和办法，确保充分发挥政府法制机构在依法行政方面的参谋、助手和法律顾问的作用，并为他们开展工作创造必要的条件。（中央编办、财政部、法制办）

三、加强领导，精心规划，加大宣传，强化检查，切实把《纲要》提出的各项任务落到实处

《纲要》的贯彻落实，关系全面推进依法行政的进程，关系法治政府的建设，是一项全局性和长期性的系统工程，要常抓不懈。国务院各部门要切实加强领导，精心组织和安排，扎实工作，采取有效措施，狠抓落实。

（一）加强领导，把《纲要》的贯彻落实摆上重要日程。要按照执政为民的要求，切实加强对依法行政的领导。国务院各部门的主要负责同志要切实担负起贯彻执行《纲要》、全面推进依法行政第一责任人的责任，一级抓一级，逐级抓落实。牵头部门和单位要切实担负起统筹协调的责任，明确工作进度，认真抓好组织协调，坚持重大问题主动协商、共同研究，充分调动有关方面的积极性；其他责任单位要主动配合，积极参与，共同完成好所承担的任务。

（二）制定规划，分步推进。要从实际出发，制定本部门本单位贯彻落实《纲要》的实施意见、具体办法和配套措施，确定不同阶段的目标要求，提出工作进度，突出重点，分步实施，整体推进，确保《纲要》得到全面正确执行。

（三）注重制度建设，以创新的精神做好工作。抓紧制定和完善《纲要》的配套政策措施，形成有利于全面推进依法行政、建设法治政府的制度环境。对依法行政面临的新情况、新问题要及时进行调查研究，分析对策，提出切实可行的政策措施。对全面推进依法行政中形成的经验要及时总结，不断推进依法行政的理论创新、制度创新、机制创新和方法创新。

（四）加大宣传力度，营造有利于贯彻落实《纲要》，全面推进依法行政，建设法治政府的舆论环境。国务院各有关部门要抓紧制定宣传工作方案，采取多种形式，大力宣传《纲要》的基本精神和主要内容，把思想统一到《纲要》的精神上来。要通过组织自学和举办培训班、研讨会、报告会等方式，不断加深对《纲要》的理解，提高认识。

（五）加强督促检查，狠抓工作落实。国务院各部门要对照工作规划、目标要求和工作进度，抓好督促检查，发现问题及时解决。法制办要以高度的责任感和使命感，认真做好协调服务、督促指导、政策研究和情况交流工作，为贯彻执行《纲要》、全面推进依法行政充分发挥参谋、助手和法律顾问的作用。

国务院法制办公室关于贯彻落实《全面推进依法行政实施纲要》的通知

（国务院法制办 2004 年 4 月 5 日　国法［2004］19 号）

各省、自治区、直辖市人民政府法制办公室，国务院各部委、各直属机构法制机构，新疆生产建设兵团法制机构：

《全面推进依法行政实施纲要》（以下简称《纲要》）已于 2004 年 3 月 22 日经国务院批准印发。《纲要》适应全面建设小康社会的新形势和依法治国的进程，明确提出了建设法治政府的目标。这是我国社会主义民主法制建设的一件大事。保证《纲要》全面、正确地实施，是当前和今后一个时期政府法制工作的一项艰巨而光荣的任务。地方各级人民政府法制机构、国务院各部门法制机构务必对《纲要》的实施给予高度重视，切实做好各项有关工作。为此，特通知如下：

一、从立党为公、执政为民的高度，充分认识《纲要》的重大意义，扎扎实实地抓紧做好《纲要》的学习、宣传和培训工作

《纲要》以邓小平理论和“三个代表”重要思想为指导，总结了近年来推进依法行政的基本经验，确立了建设法治政府的目标，明确规定了今后十年全面推进依法行政的指导思想和具体目标、基本原则和要求、主要任务和措施，是建设法治政府的纲领性文件，对进一步推进我国社会主义政治文明建设具有重大而深远的意义。地方各级人民政府法制机构、国务院各部门法制机构都要从立党为公、执政为民的高度，充分认识《纲要》的重大意义，认真学习、正确理解、准确把握、深刻领会《纲要》的精神实质和主要内容。同时，要在本级政府、本部门的统一领导下，制定《纲要》的学习、宣传和培训计划，并认真组织好本地方、本部门对《纲要》的学习、宣传和培训工作。通过多种形式的学习、宣传和培训，使各级行政机关工作人员的思想统一到《纲要》规定的精神上来，为贯彻落实《纲要》，全面推进依法行政，建设法治政府营造良好的社会氛围。

为确保正确理解和准确把握《纲要》的主要内容和精神实质，国务院法制办公室日前已组织参与《纲要》研究、起草的工作人员撰写《纲要》的辅导读本和依法行政与违法行政典型案例选。辅导读本和案例选可作为各级行政机关及其工作人员学习《纲要》的重要辅导材料，也可以作为行政机关工作人员进行培训的教材。同时，拟于今年 6 月举办培训班，为政府法制机构培训《纲要》宣传骨干。

二、建立健全制度建设的各项配套工作制度、程序和机制，进一步提高制度建设质量

建设法治政府，提高制度质量是前提。《纲要》明确了提高制度质量的标准，要求科学合理制定政府立法工作计划，改进政府立法工作方法，扩大对政府立法工作的公众参与程度，积极探索对政府立法项目尤其是经济立法项目的成本效益分析制度，建立和完善规章修改、废止的工作制度和规章、规范性文件的定期清理制度。地方各级人民政府法制机构、国务院各部门法制机构在立法工作中要严格执行《纲要》的这些规定，并建立健全各种相关配套工作制度、程序和机制，切实提高制度建设质量和实施效果。

三、继续完善有关行政监督制度和机制，强化对行政行为的监督

建设法治政府，加强对行政权力的监督是保障。《纲要》提出，要建立健全行政执法责任制，加强对规章和规范性文件的监督，认真贯彻行政复议法，加强行政复议工作，创新政府层级监督新机制。地方各级人民政府法制机构、国务院各部门法制机构要积极落实《纲要》的这些规定，建立评议考核和执法过错责任追究制，探索行政执法绩效评估和奖惩办法，加强行政执法监督，健全依法对公民、法人和其他组织对规章和规范性文件提出异议的处理机制和办法，完善有关行政复议工作制度，积极探索提高行政复议工作质量的新方式、新举措，真正把有权必有责、用权受监督、侵权须赔偿、违法受追究的原则落到实处。

四、认真做好《纲要》贯彻落实中的协调、督促指导、政策研究和情况交流

贯彻落实《纲要》是一项全局性和长期性的系统工程，涉及面广，难度大，需要各部门的共同努力。地方各级人民政府法制机构、国务院各部门法制机构要协助本级人民政府、本部门拟定贯彻落实《纲要》的实施意见、五年规划、年度安排以及相关配套措施。在贯彻实施《纲要》的具体工作中，要及时与有关部门沟通情况，做好协调、督促指导、政策研究和经验交流，并在本级政府、本部门的领导下，加强对贯彻落实《纲要》情况的监督检查。

五、进一步加强自身建设，充分发挥在依法行政方面的参谋、助手和法律顾问作用

全面推进依法行政，建设法治政府，对政府法制工作提出了许多新的更高要求，政府法制机构的任务更加繁重。地方各级人民政府法制机构、国务院各部门法制机构要切实加强自身建设，进一步提高干部队伍的政治素质、业务素质，在政府实施行政管理、推进政府职能转变、深化行政管理体制改革、制定政策、发布决定、解决经济社会发展中的突出问题和矛盾等方面，积极提出法律意见和建议，按照《纲要》的要求，努力当好本级政府、本部门领导在依法行政方面的参谋、助手和法律顾问。要以高度的责任感和使命感，踏实工作，切实履行职责，不辱使命，为实现建设法治政府的目标做出应有的贡献。

《纲要》贯彻落实中的有关重要情况和问题，请及时报送国务院法制办公室。

关于贯彻落实《全面推进依法行政实施纲要》的通知

（国家环保总局2004年4月30日　环发［2004］74号）

各省、自治区、直辖市环境保护局（厅）：

《全面推进依法行政实施纲要》（以下简称《纲要》）已于2004年3月22日经国务院批准印发。现就各级环境保护行政主管部门贯彻实施《纲要》，通知如下：

一、充分认识《纲要》的重大意义，切实做好学习、宣传和培训工作

《纲要》以邓小平理论和“三个代表”重要思想为指导，总结了近年来推进依法行政的基本经验，确立了建设法治政府的目标，规定了今后十年全面推进依法行政的指导思想和具体目标、基本原则和要求、主要任务和措施，是依法行政、建设法治政府的纲领性文件，对进一步推进环保部门依法行政具有重大而深远的意义。

各级环保部门要树立严格依法行政的意识，要从立党为公、执政为民的高度，认真学习和领会《纲要》的精神实质和主要内容，要通过学习、贯彻《纲要》，推进环保部门依法行政，进一步加强环境保护监督管理。

国家环保总局将把《纲要》的学习、宣传和培训工作，纳入《关于开展环境法制宣传教育的第四个五年规划》和全国环境法制岗位培训年度计划之中，并组织落实。地方各级环保部门要认真组织《纲要》的学习、宣传和培训工作，并采取自学与集中培训相结合的方式，通过组织自学和举办培训班、研讨会、报告会等形式，学习通用法律知识以及环保法律知识，不断加深对《纲要》的理解，提高环保部门领导干部和每个管理人员依法行政的意识和依法办事的能力。

二、不断改进环境行政立法工作，提高环境保护制度建设质量

加强环境立法，提高立法质量，是全面推进依法行政的重要前提。要紧密围绕全面建设小康社会的环境保护要求，科学合理地制定环境保护立法计划，逐步完善适应社会主义市场经济体制、符合可持续发展战略的环境保护法律体系和制度体系。环保部门在提出环境保护法律议案代拟稿、拟订环境保护行政法规草案、起草环境保护部门规章、提出环境保护地方性法规和地方政府规章草案、制定环境保护规范性文件等制度建设方面，要坚持环境行政立法为环境行政管理服务的方向，坚持环境法规体系的完整性与法规实施的可行性相统一的原则，更加注重环境立法的可行性，切实提高环境保护制度建设的质量和实施效果。

要改进环境保护制度建设的工作方法，增强各项管理制度的可操作性。提出环境立

法项目，要实行环境立法项目的经济技术可行性论证；提出重大环境管理制度和政策方案，要深入分析成本和效益。要建立公众参与环境立法的机制，扩大环境行政立法的公众参与程度，进一步增强环境立法项目、立法过程的公开性和透明度。今后，环保部门提出涉及人民群众利益的环境立法草案，应通过媒体向全社会公布，广泛征求各方面的意见，并建立有关公众意见处理情况的说明制度，使环境立法充分体现最大多数人民群众的根本利益。环境立法及其确立的重大制度实施之后，要实行实施效果的定期评估和法规定期清理制度，并根据实施情况及时提出修改建议。

三、建立健全科学民主的环境行政决策机制，提高环境行政决策水平

建立健全科学民主的决策机制，是全面推进依法行政的重要内容。各级环境保护部门要严格按照法律、法规界定的权限范围行使环境保护行政决策权，不得越权决策。要按照《纲要》的要求，建立健全公众参与、专家论证和环保部门依法决定相结合的环境行政决策机制，并制定环保部门内部决策规则，完善环境保护行政决策程序，提高决策水平。除依法应当保密的外，环境保护决策的事项、依据和结果要通过媒体对外公开，便于公众查阅。发展规划的环境影响审查以及其他涉及全局性或者公众利益的重大环境保护决策事项，应当事先组织专家进行必要性和可行性论证。建设项目的环境审批、排污许可证的核发以及其他涉及公民、法人和其他组织利益的环境保护决策事项，可以通过适当形式向社会公布，或者通过举行座谈会、听证会、论证会等形式广泛听取意见。

要按照“谁决策、谁负责”的原则，建立健全环境决策责任追究制度。各级环保部门要加强对环境行政决策活动的监督，完善监督制度和机制，明确监督主体、监督内容、监督对象、监督程序和监督方式。对违法和不当进行环境行政决策活动的，要依法追究责任人的法律责任，实现有权必有责、用权受监督、违法受追究、侵权须赔偿的法治要求。

四、完善环境行政执法程序，规范环境行政执法行为

严格的程序和规范的行为，是全面推进依法行政的基本要求。为加强和规范环境保护行政执法工作，国家环保总局先后发布了《关于加强环境行政执法工作的若干意见》、《环境保护行政处罚办法》、《环境监理人员行为规范》、《环境监理工作程序》、《环境行政处罚和行政复议工作的勤政廉政规范及工作程序》、《全国环保系统六项禁令》等一系列文件，对环境行政执法的基本程序和要求作了统一规范。总局还将制定环境行政许可听证办法、环境行政监察办法等执法程序。

各级环保部门要落实《纲要》的要求，按照法定权限和法定程序实施环境行政行为。环保部门履行法定职责，不仅要遵守环境保护的实体法规定，还要严格遵守行政执法的程序法规定，特别是环境保护的现场检查程序、环境许可和审批程序、环境收费程序、环境处罚程序、环境复议程序以及行政应诉程序、行政赔偿程序、强制执行等程序，并使用国家规范的环境行政执法文书。

环保部门的执法人员要进一步增强文明执法意识，切实保障环境管理相对人和利害关系人依法享有的知情权、陈述权、申辩权和救济请求权，规范环境执法行为，减少环境行政执法的程序性错误。

五、完善监督机制，加强环境行政执法监督

强化行政执法监督，是全面推进依法行政的保障和制约。《纲要》提出，要推行行政执法责任制，建立执法评议考核制和执法过错追究制，并制定环境行政执法绩效评估和奖惩办法。在总结部分地方试点的基础上，国家环保总局已经总结了环境行政执法责任制“一二三四五”的工作思路，即：贯穿行政执法责任制“一条主线”，实现既要保护公民的合法权益，又要提高行政效率“两个目标”，抓住立好法、学好法、用好法“三个环节”，做到执法主体、执法行为、执法程序和执法形式“四个合法”，确保执法的依据、责任、权限、手段和要求“五个明确”。各地环保部门要继续推行环境行政执法责任制。

在建设项目环境影响评价文件审批、环境保护设施验收、环境执法现场检查、排污收费、环境行政处罚等直接影响相对人权益的环境行政执法环节，各级环保部门要进一步健全对环境行政权力的内部监督制度和制约机制，按照权力与责任挂钩、权力与利益脱钩的要求，实行审批与验收分离、调查与处罚分开、罚款决定与罚款收缴分离、排污收费“收支两条线”，并逐步建立起公开、公平、公正的执法评议考核制和执法过错追究制。

六、加强领导，狠抓落实，切实推进环保部门的依法行政工作

加强领导是全面推进依法行政的组织保证。要进一步强化环境部门依法行政工作的组织领导，并实行部门和内部机构第一责任人负责制。各级环保部门要提出落实《纲要》的五年规划、年度安排和配套措施；环保部门内部各职能机构要结合业务工作，提出落实依法行政的具体措施；各个执法人员要明确其依法行政的岗位责任。要把《纲要》关于依法行政的各项要求，作为环境管理的基本准则，并落实到日常的环境行政监督管理工作之中。

全面推进依法行政，建设法治政府，对环境保护行政管理提出了新的更高要求。各级环保部门要切实增强依法行政的自觉性，不断加强环境行政监督管理，为全面推进环保部门依法行政，实现新世纪的环保目标做出应有贡献。

国务院关于全面推进依法行政的决定

（国务院 1999 年 11 月 8 日　国发［1999］23 号）

各省、自治区、直辖市人民政府，国务院各部委、各直属机构：

党的十五大提出：依法治国，是党领导人民治理国家的基本方略。九届全国人大二次会议通过的宪法修正案规定“中华人民共和国实行依法治国，建设社会主义法治国家”，从而使依法治国基本方略得到国家根本大法的保障。依法行政是依法治国的重要组成部分，在很大程度上对依法治国基本方略的实行具有决定性的意义。目前，改革进入攻坚阶段，发展到了关键时期，经济基础、上层建筑诸多领域中的深层次矛盾比较集中地暴露出来，许多问题迫切需要用法律手段来解决。随着依法治国基本方略的实行，人民群众的法律意识和法制观念不断增强，全社会对依法行政的要求也越来越高。新形势对各级政府和政府各部门依法行政提出了新的更高要求。为了扎扎实实地贯彻依法治国基本方略，全面推进依法行政，从严治政，建设廉洁、勤政、务实、高效政府，根据全国依法行政工作会议精神，特作如下决定：

一、各级政府和政府各部门要统一思想，更新观念，提高对依法行政重要性的认识。依法治国反映了新时期执政党领导方式的基本特征，是从全局上、长远上统管一切的。依法行政作为依法治国基本方略的重要组成部分，反映了行政机关运作方式的基本特征，本身就是体现党的执政地位和执政作用的重要方面，同样是从全局上、长远上统管各级政府和政府各部门的各项工作的。行政权力的运用，充分体现着国家政权的性质，密切联系着社会公共利益和公民的个人利益，事关有中国特色社会主义事业的兴衰成败。各级政府和政府各部门的工作人员特别是领导干部要从巩固我们党的执政地位、维护国家政权的高度，根据我国人民民主专政的社会主义国家性质，全面、深刻地领会依法行政的精神实质，充分认识依法行政的重大意义，增强依法行政的自觉性，不断提高依法行政的能力和水平。

二、各级政府和政府各部门的领导要认清自己的历史责任，带头依法行政。要把依法行政作为关系改革、发展、稳定大局的一件大事，真正落实到行政活动的各个方面、各个环节。要从根本上转变那些已经不能适应依法治国、依法行政要求的传统观念、工作习惯、工作方法。各级政府要通过举办法律讲座等形式，认真学习宪法和法律、法规，在全社会提倡学法、懂法、守法的风气。年轻干部特别是进入领导班子的年轻干部，首先要学习、熟悉宪法和法律、法规。通过学习，不断增强法律意识和法制观念，不断提高依法行政的能力和水平，善于运用法律手段管理国家事务、经济与文化事业和社会事务。各级政府和政府各部门及其领导干部，必须严格遵守宪法和法律、法规，严格执行党和国家的政策，严守纪律，带头依法办事，依法决策，依法处理问题，切实领导、督促、支持本地方、本部门严格依法办事。

县、乡两级行政机关承担着大量的具体行政执法任务，能否切实做到严格、正确地依法办事，直接关系到广大人民群众切身利益和政府与人民群众的关系。因此，各地方、各部门要对县、乡两级行政机关依法行政给予高度重视，切实加强领导和监督。

各地方、各部门要充分发挥法制工作机构在政府法制建设，依法行政中的参谋、助手作用，在机构改革中要按照国务院这次机构改革中加强政府法制工作的精神，进一步加强政府法制机构建设，努力培养一支政治强、业务精、作风正的政府法制工作队伍，使政府法制机构的设置和人员配备与本地方、本部门政府法制建设任务（包括行政复议法实施后所承担的行政复议任务）相适应。政府法制机构的工作人员要大力提高自身素质，以适应全面推进依法行政的需要。

三、加强政府法制建设，全面推进依法行政，总的指导思想和要求是：坚持以邓小平理论和党的基本路线为指导，坚持党的领导，坚持全心全意为人民服务的宗旨，把维护最大多数人民的最大利益作为出发点和落脚点，紧紧围绕经济建设这个中心，自觉服从并服务于改革、发展、稳定的大局，认真履行宪法和法律赋予的职责，严格按照法定权限和程序，管理国家事务、经济与文化事业和社会事务，做到既不失职，又不越权；既要保护公民的合法权益，又要提高行政效率，维护公共利益和社会秩序，保证政府工作在法制轨道上高效率地运行，推进各项事业的顺利发展。

四、要进一步加强政府立法工作，切实提高政府立法质量，为依法行政奠定坚实的基础。要用邓小平理论指导政府立法实践，从全局上和本质上把握有中国特色社会主义法律体系内部的规律性，研究解决政府立法工作中带普遍性、共同性的问题。要把政府立法决策与党的改革、发展和稳定的重大决策紧密结合起来，把深化改革、促进发展、维护稳定需要用法律、法规解决的突出问题作为立法重点，并兼顾其他方面的立法。要全面体现政府机构改革的精神和原则，促进政府切实转变到经济调节、社会管理、公共服务上来，防止把那些已经不能适应社会主义市场经济要求的传统行政管理办法用法律规范予以肯定。要统筹考虑法律规范的立、改、废，对那些不符合经济体制改革和政府机构改革的法律规范要及时依照法定权限和程序进行清理，该废止的废止，该修订的修订。政府立法确定的法律规范要明确、具体，备而不繁，有可操作性，对惩治违法犯罪行为的规定要有力度，能够真正解决实际问题。要以最大多数人民的最大利益为根本原则，坚持群众路线，广泛征求意见，深入调查研究，认真总结实践经验，充分体现人民意志，正确处理中央与地方的关系、集中与分散的关系、全局与局部的关系、长远与眼前的关系和国家、集体与个人的关系。要以宪法为依据，按照法定权限、遵循法定程序立法，坚持行政法规不得同宪法和法律相抵触，地方性法规和规章不得同宪法、法律、行政法规相抵触，规章之间也不能相互矛盾。要按照法规规章备案规定，进一步加强法规、规章的备案审查，从源头上、制度上解决“依法打架”的问题，切实维护社会主义法制的统一。

五、要加大行政执法力度，确保政令畅通。全面推进依法行政，必须做到有法必依、执法必严、违法必究。各级政府和政府各部门及工作人员的一切行政行为必须符合法律、法规规范，切实做到依法办事、严格执法。从严治政，依法行政，必须铁面无私，执法如山，决不允许滥用职权、执法犯法、徇私枉法。要坚决消除执法中的腐败现象，坚持纠正不顾全局利益和人民根本利益的本位主义和地方保护主义。对违法者，不论涉及什么单位、什么人，都要依法严肃查处，以儆效尤。要以政府机构改革为契机，理顺行政执法体制，转变政府职能，转变工作方式，转变工作作风。行政机关行使职权要与经济利益彻底脱钩。要不折不扣地全面落实国务院关于政府机关与所办经济实体彻底脱钩、对行政事业性收费和罚没收入实行“收支两条线”管理等一系列加强廉政建设的重大举措，从源头上，制度上防止和消除腐败。任何行政执法机关都不得向下级机关和行政执法人员下达收费和罚款指标，都不得设“小金库”。要依照行政处罚法的规定，实行罚款“罚缴分离”制度，继续积极推进相对集中行政处罚权的试点工作，并在总结试点经验的基础上，扩大试点范围。

要结合地方政府机构改革，调整和优化干部队伍结构，着力提高干部素质，要进一步整顿行政执法队伍。对聘用从事行政执法的合同工、临时工，要尽快清退。录用行政执法人员要严格标准，公平竞争，择优录用，切实把住进人关。对行政执法人员尤其是直接面对群众的县、乡两级行政执法人员要严肃纪委、严格管理、强化监督，对胡作非为、欺压群众的必须坚决依法严肃处理，清理出行政执法队伍，决不能让少数“害群之马”败坏整个行政执法队伍的形象，损害党和政府的威信。要不断加强对行政执法人员的教育和培训，提高他们的政治素质和业务素质。

六、要强化行政执法监督。各级政府要自觉地接受同级人大及其常委会的监督，接受政协及民主党的民主监督，接受司法机关依据行政诉讼法实施的监督，接受人民群众监督、舆论监督。同时，要切实加强行政系统内部的层级监督，强化上级政府对下级政府、对所属各部门的监督，及时发现和纠正行政机关违法的或者不当的行政行为。要把上级行政机关的监督同监察、审计等专项监督结合起来。各级监察、审计等部门要切实履行自己的职责，恪尽职守，敢于碰硬。要高度重视行政复议法的贯彻落实，在实践中不断完善行政复议制度，切实做到有错必究。要积极推行行政执法责任制和评议考核制，不断总结实践经验，充分发挥这两项相互联系的制度在行政执法监督中的作用。要十分重视人民群众来信来访工作。各级领导干部一定要以对人民高度负责的态度对待群众的来信来访，亲自处理群众来信来访。对群众反映的重要情况、冤假错案，要及时、公正地处理。属于哪个地方、哪个部门的问题，那个地方、那个部门就要负责到底，不准上推下卸，互相推诿。要进一步发挥舆论监督的作用，对违法乱纪的人和事要公开曝光。

七、全面推进依法行政是一个长期的历史进程。各省、自治区、直辖市人民政府和国务院各部门要根据全国依法行政工作会议精神和本决定的要求，结合本地方、本部门的实际，全面、深入、扎实地推进依法行政进程，保证改革开放和社会主义现代化建设健康、顺利发展。各地方、各部门要将贯彻实施全国依法行政工作会议精神和本决定的情况于今年 12 月 31 日前送国务院法制办公室，由国务院法制办公室汇总后向国务院报告。

国务院办公厅关于推行行政执法责任制的若干意见

（国务院办公厅2005年7月9日　国办发［2005］37号）

行政执法责任制是规范和监督行政机关行政执法活动的一项重要制度。为贯彻落实《全面推进依法行政实施纲要》（国发［2004］10号，以下简称《纲要》）有关规定，推动建立权责明确、行为规范、监督有效、保障有力的行政执法体制，全面推进依法行政，经国务院同意，现就推行行政执法责任制有关工作提出以下意见。

一、充分认识推行行政执法责任制的重要意义

党中央、国务院高度重视推行行政执法责任制工作。党的十五大、十六大和十六届三中、四中全会对推行行政执法责任制提出了明确要求，《国务院关于全面推进依法行政的决定》（国发［1999］23号）和《纲要》就有关工作作出了具体规定。多年来，各地区、各有关部门认真贯彻落实党中央、国务院的要求，积极探索实行行政执法责任制，在加强行政执法管理、规范行政执法行为方面做了大量工作，取得了一定成效。但工作中也存在一些问题：有的地区和部门负责同志认识不到位，对这项工作不够重视；行政执法责任制不够健全，程序不够完善，评议考核机制不够科学，责任追究比较难落实，与相关制度不够衔接；组织实施缺乏必要的保障等。因此，迫切需要进一步健全和完善行政执法责任制。

行政执法是行政机关大量的经常性的活动，直接面向社会和公众，行政执法水平和质量的高低直接关系政府的形象。推行行政执法责任制，就是要强化执法责任，明确执法程序和执法标准，进一步规范和监督行政执法活动，提高行政执法水平，确保依法行政各项要求落到实处。地方各级人民政府和国务院各部门要以邓小平理论和“三个代表”重要思想为指导，树立和落实科学发展观，从立党为公、执政为民，建设法治政府，加强依法执政能力建设的高度，充分认识推行行政执法责任制的重要意义，采取有效措施，进一步做好这项工作。

二、依法界定执法职责

（一）梳理执法依据。

推行行政执法责任制首先要梳理清楚行政机关所执行的有关法律法规和规章以及国务院部门“三定”规定。

地方各级人民政府要组织好梳理执法依据的工作，对具有行政执法主体资格的部门（包括法律法规授予行政执法权的组织）执行的执法依据分类排序、列明目录，做到分类

清晰、编排科学。要注意与《中华人民共和国行政处罚法》、《中华人民共和国行政许可法》等规范政府共同行为的法律规范相衔接。下级人民政府梳理所属部门的执法依据时，要注意与上级人民政府有关主管部门的执法依据相衔接，避免遗漏。地方各级人民政府要根据执法依据制定、修改和废止情况，及时调整所属各有关部门的执法依据，协调解决梳理执法依据中的问题。梳理完毕的执法依据，除下发相关执法部门外，要以适当方式向社会公布。

（二）分解执法职权。

地方各级人民政府中具有行政执法职能的部门要按照本级人民政府的统一部署和要求，根据执法机构和执法岗位的配置，将其法定职权分解到具体执法机构和执法岗位。有关部门不得擅自增加或者扩大本部门的行政执法权限。

分解行政执法部门内部不同执法机构和执法岗位的职权要科学合理，既要避免平行执法机构和执法岗位的职权交叉、重复，又要有利于促进相互之间的协调配合。不同层级的执法机构和执法岗位之间的职权要相互衔接，做到执法流程清楚、要求具体、期限明确。对各行政执法部门的执法人员，要结合其任职岗位的具体职权进行上岗培训；经考试考核合格具备行政执法资格的，方可按照有关规定发放行政执法证件。

（三）确定执法责任。

执法依据赋予行政执法部门的每一项行政执法职权，既是法定权力，也是必须履行的法定义务。行政执法部门任何违反法定义务的不作为和乱作为的行为，都必须承担相应的法律责任。要根据有权必有责的要求，在分解执法职权的基础上，确定不同部门及机构、岗位执法人员的具体执法责任。要根据行政执法部门和行政执法人员违反法定义务的不同情形，依法确定其应当承担责任的种类和内容。

地方各级人民政府可以采取适当形式明确所属行政执法部门的具体执法责任，行政执法部门应当采取适当形式明确各执法机构和执法岗位的具体执法责任。

国务院实行垂直管理和中央与地方双重管理的部门也要根据上述规定，做好依法界定执法职责的工作。

三、建立健全行政执法评议考核机制

行政执法评议考核是评价行政执法工作情况、检验行政执法部门和行政执法人员是否正确行使执法职权和全面履行法定义务的重要机制，是推行行政执法责任制的重要环节。各地区、各有关部门要建立健全相关机制，认真做好行政执法评议考核工作。

（一）评议考核的基本要求。

行政执法评议考核应当严格遵守公开、公平、公正原则。在评议考核中，要公正对待、客观评价行政执法人员的行政执法行为。评议考核的标准、过程和结果要以适当方式在一定范围内公开。

（二）评议考核的主体。

地方各级人民政府负责对所属部门的行政执法工作进行评议考核，同时要加强对下级人民政府行政执法评议考核工作的监督和指导。国务院实行垂直管理的行政执法部门，由上级部门进行评议考核，并充分听取地方人民政府的评议意见。实行双重管理的部门按照管理职责分工分别由国务院部门和地方人民政府评议考核。各行政执法部门对所属行政执法机构和行政执法人员的行政执法工作进行评议考核。

（三）评议考核的内容。

评议考核的主要内容是行政执法部门和行政执法人员行使行政执法职权和履行法定义务的情况，包括行政执法的主体资格是否符合规定，行政执法行为是否符合执法权限，适用执法依据是否规范，行政执法程序是否合法，行政执法决定的内容是否合法、适当，行政执法决定的行政复议和行政诉讼结果，案卷质量情况等。评议考核主体要结合不同部门、不同岗位的具体情况和特点，制定评议考核方案，明确评议考核的具体标准。

（四）评议考核的方法。

行政执法评议考核可以采取组织考评、个人自我考评、互查互评相结合的方法，做到日常评议考核与年度评议考核的有机衔接。要高度重视通过案卷评查考核行政执法部门和行政执法人员的执法质量。要积极探索新的评议考核方法，利用现代信息管理手段，提高评议考核的公正性和准确性。

在行政执法评议考核中，要将行政执法部门内部评议与外部评议相结合。对行政执法部门或者行政执法人员进行评议，必须认真听取相关行政管理相对人的意见。外部评议情况要作为最终考核意见的重要根据。外部评议可以通过召开座谈会、发放执法评议卡、设立公众意见箱、开通执法评议专线电话、聘请监督评议员、举行民意测验等方式进行。行政执法评议考核原则上采取百分制的形式，考核的分值要在本级人民政府依法行政情况考核中占有适当比重。

各地区、各有关部门要把行政执法评议考核与对行政执法部门的目标考核、岗位责任制考核等结合起来，避免对行政执法活动进行重复评议考核。

四、认真落实行政执法责任

推行行政执法责任制的关键是要落实行政执法责任。对有违法或者不当行政执法行为的行政执法部门，可以根据造成后果的严重程度或者影响的恶劣程度等具体情况，给予限期整改、通报批评、取消评比先进的资格等处理；对有关行政执法人员，可以根据年度考核情况，或者根据过错形式、危害大小、情节轻重，给予批评教育、离岗培训、调离执法岗位、取消执法资格等处理。

对行政执法部门的行政执法行为在行政复议和行政诉讼中被认定违法和变更、撤销等比例较高的，对外部评议中群众满意程度较低或者对推行行政执法责任制消极应付、弄虚作假的，可以责令行政执法部门限期整改；情节严重的，可以给予通报批评或者取消评比先进的资格。

除依照本意见对有关行政执法部门和行政执法人员进行处理外，对实施违法或者不当的行政执法行为依法依纪应采取组织处理措施的，按照干部管理权限和规定程序办理；依法依纪应当追究政纪责任的，由任免机关、监察机关依法给予行政处分；涉嫌犯罪的，移送司法机关处理。

追究行政执法责任，必须做到实事求是、客观公正。在对责任人作出处理前，应当听取当事人的意见，保障其陈述和申辩的权利，确保不枉不纵。对行政执法部门的行政执法责任，由本级人民政府或者监察机关依法予以追究；对实行垂直管理的部门的行政执法责任，由上级部门或者监察机关依法予以追究；对实行双重管理的部门的行政执法责任，按有关管理职责规定予以追究。同时，要建立健全行政执法奖励机制，对行政执法绩效突出的行政执法部门和行政执法人员予以表彰，调动行政执法部门和行政执法人员提高行政执法质量和水平的积极性，形成有利于推动严格执法、公正执法、文明执法的良好环境。

五、加强推行行政执法责任制的组织领导

推行行政执法责任制，关系各级政府所属各行政执法部门和每个行政执法人员，工作环节多，涉及面广，专业性强，工作量大。各省、自治区、直辖市人民政府和国务院实行垂直管理、双重管理的部门要切实负起责任，加强对这项工作的组织领导，认真做好本地区、本部门（本系统）推行行政执法责任制的组织协调、跟踪检查、督促落实工作。要注意总结本地区、本部门（本系统）推行行政执法责任制的经验，认真研究工作中的问题。国务院其他部门要加强对本系统推行行政执法责任制工作的指导。要加强配套制度建设，实行省以下垂直管理的行政执法部门的行政执法责任制工作，由省级人民政府结合本地区的具体情况予以规定。有立法权的地方的人民政府，可以按照规定程序适时制定有关地方政府规章；没有立法权的可以根据需要制定有关规范性文件。要通过各层次的配套制度建设，建立科学合理、公平公正的激励和约束机制。

开展相对集中行政处罚权、综合行政执法试点的地区，要按照《国务院关于进一步推进相对集中行政处罚权工作的决定》（国发［2002］17 号）和《国务院办公厅转发中央编办关于清理整顿行政执法队伍实行综合行政执法试点工作意见的通知》（国办发［2002］56 号）的要求，结合本意见的规定，切实做好推行行政执法责任制的工作。

在推行行政执法责任制过程中，涉及行政执法主体、职权细化、确定行政执法责任等问题，按照《纲要》和《国务院办公厅关于贯彻落实全面推进依法行政实施纲要的实施意见》（国办发［2004］24 号）的规定，应当由机构编制部门为主进行指导和协调的，由机构编制部门牵头办理。

法制办、中央编办、监察部、人事部等部门要根据《纲要》和国办发［2004］24 号文件规定，加强对各地区、各有关部门工作的指导和督促检查，确保顺利推行行政执法责任制。

各地区、各有关部门要结合本地区、本部门的实际情况，认真研究落实本意见的要求，在 2006 年 4 月 30 日前，完成推行行政执法责任制的相关工作。有关推行行政执法责任制工作的重要情况和问题，要及时报告国务院。

【立法和法规解释】

中华人民共和国立法法

（2000 年 3 月 15 日第九届全国人民代表大会第三次会议通过）

中华人民共和国主席令

第 31 号

《中华人民共和国立法法》已由中华人民共和国第九届全国人民代表大会第三次会议于 2000 年 3 月 15 日通过，现予公布，自 2000 年 7 月 1 日起施行。

中华人民共和国主席　江泽民

2000 年 3 月 15 日

目　录

第一章　总　则

第一条　为了规范立法活动，健全国家立法制度，建立和完善有中国特色社会主义法律体系，保障和发展社会主义民主，推进依法治国，建设社会主义法治国家，根据宪法，制定本法。

第二条　法律、行政法规、地方性法规、自治条例和单行条例的制定、修改和废止，适用本法。

国务院部门规章和地方政府规章的制定、修改和废止，依照本法的有关规定执行。

第三条　立法应当遵循宪法的基本原则，以经济建设为中心，坚持社会主义道路、坚持人民民主专政、坚持中国共产党的领导、坚持马克思列宁主义毛泽东思想邓小平理论，坚持改革开放。

第四条　立法应当依照法定的权限和程序，从国家整体利益出发，维护社会主义法制的统一和尊严。

第五条　立法应当体现人民的意志，发扬社会主义民主，保障人民通过多种途径参与立法活动。

第六条　立法应当从实际出发，科学合理地规定公民、法人和其他组织的权利与义务、国家机关的权力与责任。

第二章　法　律

第一节　立法权限

第七条　全国人民代表大会和全国人民代表大会常务委员会行使国家立法权。

全国人民代表大会制定和修改刑事、民事、国家机构的和其他的基本法律。

全国人民代表大会常务委员会制定和修改除应当由全国人民代表大会制定的法律以外的其他法律；在全国人民代表大会闭会期间，对全国人民代表大会制定的法律进行部分补充和修改，但是不得同该法律的基本原则相抵触。

第八条　下列事项只能制定法律：

（一）国家主权的事项；

（二）各级人民代表大会、人民政府、人民法院和人民检察院的产生、组织和职权；

（三）民族区域自治制度、特别行政区制度、基层群众自治制度；

（四）犯罪和刑罚；

（五）对公民政治权利的剥夺、限制人身自由的强制措施和处罚；

（六）对非国有财产的征收；

（七）民事基本制度；

（八）基本经济制度以及财政、税收、海关、金融和外贸的基本制度；

（九）诉讼和仲裁制度；

（十）必须由全国人民代表大会及其常务委员会制定法律的其他事项。

第九条 本法第八条规定的事项尚未制定法律的，全国人民代表大会及其常务委员会有权作出决定，授权国务院可以根据实际需要，对其中的部分事项先制定行政法规，但是有关犯罪和刑罚、对公民政治权利的剥夺和限制人身自由的强制措施和处罚、司法制度等事项除外。

第十条 授权决定应当明确授权的目的、范围。

被授权机关应当严格按照授权目的和范围行使该项权力。

被授权机关不得将该项权力转授给其他机关。

第十一条 授权立法事项，经过实践检验，制定法律的条件成熟时，由全国人民代表大会及其常务委员会及时制定法律。法律制定后，相应立法事项的授权终止。

第二节 全国人民代表大会立法程序

第十二条 全国人民代表大会主席团可以向全国人民代表大会提出法律案，由全国人民代表大会会议审议。

全国人民代表大会常务委员会、国务院、中央军事委员会、最高人民法院、最高人民检察院、全国人民代表大会各专门委员会，可以向全国人民代表大会提出法律案，由主席团决定列入会议议程。

第十三条 一个代表团或者三十名以上的代表联名，可以向全国人民代表大会提出法律案，由主席团决定是否列入会议议程，或者先交有关的专门委员会审议、提出是否列入会议议程的意见，再决定是否列入会议议程。

专门委员会审议的时候，可以邀请提案人列席会议，发表意见。

第十四条 向全国人民代表大会提出的法律案，在全国人民代表大会闭会期间，可以先向常务委员会提出，经常务委员会会议依照本法第二章第三节规定的有关程序审议后，决定提请全国人民代表大会审议，由常务委员会向大会全体会议作说明，或者由提案人向大会全体会议作说明。

第十五条 常务委员会决定提请全国人民代表大会会议审议的法律案，应当在会议举行的一个月前将法律草案发给代表。

第十六条 列入全国人民代表大会会议议程的法律案，大会全体会议听取提案人的说明后，由各代表团进行审议。

各代表团审议法律案时，提案人应当派人听取意见，回答询问。

各代表团审议法律案时，根据代表团的要求，有关机关、组织应当派人介绍情况。

第十七条 列入全国人民代表大会会议议程的法律案，由有关的专门委员会进行审议，向主席团提出审议意见，并印发会议。

第十八条 列入全国人民代表大会会议议程的法律案，由法律委员会根据各代表团和有关的专门委员会的审议意见，对法律案进行统一审议，向主席团提出审议结果报告和法律草案修改稿，对重要的不同意见应当在审议结果报告中予以说明，经主席团会议审议通过后，印发会议。

第十九条 列入全国人民代表大会会议议程的法律案，必要时，主席团常务主席可以召开各代表团团长会议，就法律案中的重大问题听取各代表团的审议意见，进行讨论，并将讨论的情况和意见向主席团报告。

主席团常务主席也可以就法律案中的重大的专门性问题，召集代表团推选的有关代表进行讨论，并将讨论的情况和意见向主席团报告。

第二十条 列入全国人民代表大会会议议程的法律案，在交付表决前，提案人要求撤回的，应当说明理由，经主席团同意，并向大会报告，对该法律案的审议即行终止。

第二十一条 法律案在审议中有重大问题需要进一步研究的，经主席团提出，由大会全体会议决定，可以授权常务委员会根据代表的意见进一步审议，作出决定，并将决定情况向全国人民代表大会下次会议报告；也可以授权常务委员会根据代表的意见进一步审议，提出修改方案，提请全国人民代表大会下次会议审议决定。

第二十二条 法律草案修改稿经各代表团审议，由法律委员会根据各代表团的审议意见进行修改，提出法律草案表决稿，由主席团提请大会全体会议表决，由全体代表的过半数通过。

第二十三条 全国人民代表大会通过的法律由国家主席签署主席令予以公布。

第三节 全国人民代表大会常务委员会立法程序

第二十四条 委员长会议可以向常务委员会提出法律案，由常务委员会会议审议。

国务院、中央军事委员会、最高人民法院、最高人民检察院、全国人民代表大会各专门委员会，可以向常务委员会提出法律案，由委员长会议决定列入常务委员会会议议程，或者先交有关的专门委员会审议、提出报告，再决定列入常务委员会会议议程。如果委员长会议认为法律案有重大问题需要进一步研究，可以建议提案人修改完善后再向常务委员会提出。

第二十五条 常务委员会组成人员十人以上联名，可以向常务委员会提出法律案，由委员长会议决定是否列入常务委员会会议议程，或者先交有关的专门委员会审议、提出是否列入会议议程的意见，再决定是否列入常务委员会会议议程。不列入常务委员会会议议程的，应当向常务委员会会议报告或者向提案人说明。

专门委员会审议的时候，可以邀请提案人列席会议，发表意见。

第二十六条 列入常务委员会会议议程的法律案，除特殊情况外，应当在会议举行的七日前将法律草案发给常务委员会组成人员。

第二十七条 列入常务委员会会议议程的法律案，一般应当经三次常务委员会会议审议后再交付表决。

常务委员会会议第一次审议法律案，在全体会议上听取提案人的说明，由分组会议进行初步审议。

常务委员会会议第二次审议法律案，在全体会议上听取法律委员会关于法律草案修改情况和主要问题的汇报，由分组会议进一步审议。

常务委员会会议第三次审议法律案，在全体会议上听取法律委员会关于法律草案审议结果的报告，由分组会议对法律草案修改稿进行审议。

常务委员会审议法律案时，根据需要，可以召开联组会议或者全体会议，对法律草案中的主要问题进行讨论。

第二十八条 列入常务委员会会议议程的法律案，各方面意见比较一致的，可以经两次常务委员会会议审议后交付表决；部分修改的法律案，各方面的意见比较一致的，也可以经一次常务委员会会议审议即交付表决。

第二十九条 常务委员会分组会议审议法律案时，提案人应当派人听取意见，回答询问。

常务委员会分组会议审议法律案时，根据小组的要求，有关机关、组织应当派人介绍情况。

第三十条 列入常务委员会会议议程的法律案，由有关的专门委员会进行审议，提出审议意见，印发常务委员会会议。

有关的专门委员会审议法律案时，可以邀请其他专门委员会的成员列席会议，发表意见。

第三十一条 列入常务委员会会议议程的法律案，由法律委员会根据常务委员会组成人员、有关的专门委员会的审议意见和各方面提出的意见，对法律案进行统一审议，提出修改情况的汇报或者审议结果报告和法律草案修改稿，对重要的不同意见应当在汇报或者审议结果报告中予以说明。对有关的专门委员会的重要审议意见没有采纳的，应当向有关的专门委员会反馈。

法律委员会审议法律案时，可以邀请有关的专门委员会的成员列席会议，发表意见。

第三十二条 专门委员会审议法律案时，应当召开全体会议审议，根据需要，可以要求有关机关、组织派有关负责人说明情况。

第三十三条 专门委员会之间对法律草案的重要问题意见不一致时，应当向委员长会议报告。

第三十四条 列入常务委员会会议议程的法律案，法律委员会、有关的专门委员会和常务委员会工作机构应当听取各方面的意见。听取意见可以采取座谈会、论证会、听证会等多种形式。

常务委员会工作机构应当将法律草案发送有关机关、组织和专家征求意见，将意见整理后送法律委员会和有关的专门委员会，并根据需要，印发常务委员会会议。

第三十五条 列入常务委员会会议议程的重要的法律案，经委员长会议决定，可以将法律草案公布，征求意见。各机关、组织和公民提出的意见送常务委员会工作机构。

第三十六条 列入常务委员会会议议程的法律案，常务委员会工作机构应当收集整理分组审议的意见和各方面提出的意见以及其他有关资料，分送法律委员会和有关的专门委员会，并根据需要，印发常务委员会会议。

第三十七条 列入常务委员会会议议程的法律案，在交付表决前，提案人要求撤回的，应当说明理由，经委员长会议同意，并向常务委员会报告，对该法律案的审议即行终止。

第三十八条 法律案经常务委员会三次会议审议后，仍有重大问题需要进一步研究的，由委员长会议提出，经联组会议或者全体会议同意，可以暂不付表决，交法律委员会和有关的专门委员会进一步审议。

第三十九条 列入常务委员会会议审议的法律案，因各方面对制定该法律的必要性、可行性等重大问题存在较大意见分歧搁置审议满两年的，或者因暂不付表决经过两年没有再次列入常务委员会会议议程审议的，由委员长会议向常务委员会报告，该法律案终止审议。

第四十条 法律草案修改稿经常务委员会会议审议，由法律委员会根据常务委员会组成人员的审议意见进行修改，提出法律草案表决稿，由委员长会议提请常务委员会全体会议表决，由常务委员会全体组成人员的过半数通过。

第四十一条 常务委员会通过的法律由国家主席签署主席令予以公布。

第四节 法律解释

第四十二条 法律解释权属于全国人民代表大会常务委员会。

法律有以下情况之一的，由全国人民代表大会常务委员会解释：

（一）法律的规定需要进一步明确具体含义的；

（二）法律制定后出现新的情况，需要明确适用法律依据的。

第四十三条 国务院、中央军事委员会、最高人民法院、最高人民检察院和全国人民代表大会各专门委员会以及省、自治区、直辖市的人民代表大会常务委员会可以向全国人民代表大会常务委员会提出法律解释要求。

第四十四条 常务委员会工作机构研究拟订法律解释草案，由委员长会议决定列入常务委员会会议议程。

第四十五条 法律解释草案经常务委员会会议审议，由法律委员会根据常务委员会组成人员的审议意见进行审议、修改，提出法律解释草案表决稿。

第四十六条 法律解释草案表决稿由常务委员会全体组成人员的过半数通过，由常务委员会发布公告予以公布。

第四十七条 全国人民代表大会常务委员会的法律解释同法律具有同等效力。

第五节 其他规定

第四十八条 提出法律案，应当同时提出法律草案文本及其说明，并提供必要的资料。法律草案的说明应当包括制定该法律的必要性和主要内容。

第四十九条 向全国人民代表大会及其常务委员会提出的法律案，在列入会议议程前，提案人有权撤回。

第五十条 交付全国人民代表大会及其常务委员会全体会议表决未获得通过的法律案，如果提案人认为必须制定该法律，可以按照法律规定的程序重新提出，由主席团、委员长会议决定是否列入会议议程；其中，未获得全国人民代表大会通过的法律案，应当提请全国人民代表大会审议决定。

第五十一条 法律应当明确规定施行日期。

第五十二条 签署公布法律的主席令载明该法律的制定机关、通过和施行日期。

法律签署公布后，及时在全国人民代表大会常务委员会公报和在全国范围内发行的报纸上刊登。

在常务委员会公报上刊登的法律文本为标准文本。

第五十三条　法律的修改和废止程序，适用本章的有关规定。

法律部分条文被修改或者废止的，必须公布新的法律文本。

第五十四条　法律根据内容需要，可以分编、章、节、条、款、项、目。

编、章、节、条的序号用中文数字依次表述，款不编序号，项的序号用中文数字加括号依次表述，目的序号用阿拉伯数字依次表述。

法律标题的题注应当载明制定机关、通过日期。

第五十五条　全国人民代表大会常务委员会工作机构可以对有关具体问题的法律询问进行研究予以答复，并报常务委员会备案。

第三章　行政法规

第五十六条　国务院根据宪法和法律，制定行政法规。

行政法规可以就下列事项作出规定：

（一）为执行法律的规定需要制定行政法规的事项；

（二）宪法第八十九条规定的国务院行政管理职权的事项。

应当由全国人民代表大会及其常务委员会制定法律的事项，国务院根据全国人民代表大会及其常务委员会的授权决定先制定的行政法规，经过实践检验，制定法律的条件成熟时，国务院应当及时提请全国人民代表大会及其常务委员会制定法律。

第五十七条　行政法规由国务院组织起草。国务院有关部门认为需要制定行政法规的，应当向国务院报请立项。

第五十八条　行政法规在起草过程中，应当广泛听取有关机关、组织和公民的意见。听取意见可以采取座谈会、论证会、听证会等多种形式。

第五十九条　行政法规起草工作完成后，起草单位应当将草案及其说明、各方面对草案主要问题的不同意见和其他有关资料送国务院法制机构进行审查。

国务院法制机构应当向国务院提出审查报告和草案修改稿，审查报告应当对草案主要问题作出说明。

第六十条　行政法规的决定程序依照中华人民共和国国务院组织法的有关规定办理。

第六十一条　行政法规由总理签署国务院令公布。

第六十二条　行政法规签署公布后，及时在国务院公报和在全国范围内发行的报纸上刊登。

在国务院公报上刊登的行政法规文本为标准文本。

第四章　地方性法规、自治条例和单行条例、规章

第一节　地方性法规、自治条例和单行条例

第六十三条　省、自治区、直辖市的人民代表大会及其常务委员会根据本行政区域的具体情况和实际需要，在不同宪法、法律、行政法规相抵触的前提下，可以制定地方

性法规。

较大的市的人民代表大会及其常务委员会根据本市的具体情况和实际需要，在不同宪法、法律、行政法规和本省、自治区的地方性法规相抵触的前提下，可以制定地方性法规，报省、自治区的人民代表大会常务委员会批准后施行。省、自治区的人民代表大会常务委员会对报请批准的地方性法规，应当对其合法性进行审查，同宪法、法律、行政法规和本省、自治区的地方性法规不抵触的，应当在四个月内予以批准。

省、自治区的人民代表大会常务委员会在对报请批准的较大的市的地方性法规进行审查时，发现其同本省、自治区的人民政府的规章相抵触的，应当作出处理决定。

本法所称较大的市是指省、自治区的人民政府所在地的市，经济特区所在地的市和经国务院批准的较大的市。

第六十四条 地方性法规可以就下列事项作出规定：

（一）为执行法律、行政法规的规定，需要根据本行政区域的实际情况作具体规定的事项；

（二）属于地方性事务需要制定地方性法规的事项。

除本法第八条规定的事项外，其他事项国家尚未制定法律或者行政法规的，省、自治区、直辖市和较大的市根据本地方的具体情况和实际需要，可以先制定地方性法规。在国家制定的法律或者行政法规生效后，地方性法规同法律或者行政法规相抵触的规定无效，制定机关应当及时予以修改或者废止。

第六十五条 经济特区所在地的省、市的人民代表大会及其常务委员会根据全国人民代表大会的授权决定，制定法规，在经济特区范围内实施。

第六十六条 民族自治地方的人民代表大会有权依照当地民族的政治、经济和文化的特点，制定自治条例和单行条例。自治区的自治条例和单行条例，报全国人民代表大会常务委员会批准后生效。自治州、自治县的自治条例和单行条例，报省、自治区、直辖市的人民代表大会常务委员会批准后生效。

自治条例和单行条例可以依照当地民族的特点，对法律和行政法规的规定作出变通规定，但不得违背法律或者行政法规的基本原则，不得对宪法和民族区域自治法的规定以及其他有关法律、行政法规专门就民族自治地方所作的规定作出变通规定。

第六十七条 规定本行政区域特别重大事项的地方性法规，应当由人民代表大会通过。

第六十八条 地方性法规案、自治条例和单行条例案的提出、审议和表决程序，根据中华人民共和国地方各级人民代表大会和地方各级人民政府组织法，参照本法第二章第二节、第三节、第五节的规定，由本级人民代表大会规定。

地方性法规草案由负责统一审议的机构提出审议结果的报告和草案修改稿。

第六十九条 省、自治区、直辖市的人民代表大会制定的地方性法规由大会主席团发布公告予以公布。

省、自治区、直辖市的人民代表大会常务委员会制定的地方性法规由常务委员会发布公告予以公布。

较大的市的人民代表大会及其常务委员会制定的地方性法规报经批准后，由较大的市的人民代表大会常务委员会发布公告予以公布。

自治条例和单行条例报经批准后，分别由自治区、自治州、自治县的人民代表大会常务委员会发布公告予以公布。

第七十条 地方性法规、自治区的自治条例和单行条例公布后，及时在本级人民代表大会常务委员会公报和在本行政区域范围内发行的报纸上刊登。

在常务委员会公报上刊登的地方性法规、自治条例和单行条例文本为标准文本。

第二节 规 章

第七十一条 国务院各部、委员会、中国人民银行、审计署和具有行政管理职能的直属机构，可以根据法律和国务院的行政法规、决定、命令，在本部门的权限范围内，制定规章。

部门规章规定的事项应当属于执行法律或者国务院的行政法规、决定、命令的事项。

第七十二条 涉及两个以上国务院部门职权范围的事项，应当提请国务院制定行政法规或者由国务院有关部门联合制定规章。

第七十三条 省、自治区、直辖市和较大的市的人民政府，可以根据法律、行政法规和本省、自治区、直辖市的地方性法规，制定规章。

地方政府规章可以就下列事项作出规定：

（一）为执行法律、行政法规、地方性法规的规定需要制定规章的事项；

（二）属于本行政区域的具体行政管理事项。

第七十四条 国务院部门规章和地方政府规章的制定程序，参照本法第三章的规定，由国务院规定。

第七十五条 部门规章应当经部务会议或者委员会会议决定。

地方政府规章应当经政府常务会议或者全体会议决定。

第七十六条 部门规章由部门首长签署命令予以公布。

地方政府规章由省长或者自治区主席或者市长签署命令予以公布。

第七十七条 部门规章签署公布后，及时在国务院公报或者部门公报和在全国范围内发行的报纸上刊登。

地方政府规章签署公布后，及时在本级人民政府公报和在本行政区域范围内发行的报纸上刊登。

在国务院公报或者部门公报和地方人民政府公报上刊登的规章文本为标准文本。

第五章 适用与备案

第七十八条 宪法具有最高的法律效力，一切法律、行政法规、地方性法规、自治条例和单行条例、规章都不得同宪法相抵触。

第七十九条 法律的效力高于行政法规、地方性法规、规章。

行政法规的效力高于地方性法规、规章。

第八十条 地方性法规的效力高于本级和下级地方政府规章。

省、自治区的人民政府制定的规章的效力高于本行政区域内的较大的市的人民政府制定的规章。

第八十一条 自治条例和单行条例依法对法律、行政法规、地方性法规作变通规定的，在本自治地方适用自治条例和单行条例的规定。

经济特区法规根据授权对法律、行政法规、地方性法规作变通规定的，在本经济特区适用经济特区法规的规定。

第八十二条 部门规章之间、部门规章与地方政府规章之间具有同等效力，在各自的权限范围内施行。

第八十三条 同一机关制定的法律、行政法规、地方性法规、自治条例和单行条例、规章，特别规定与一般规定不一致的，适用特别规定；新的规定与旧的规定不一致的，适用新的规定。

第八十四条 法律、行政法规、地方性法规、自治条例和单行条例、规章不溯及既往，但为了更好地保护公民、法人和其他组织的权利和利益而作的特别规定除外。

第八十五条 法律之间对同一事项的新的一般规定与旧的特别规定不一致，不能确定如何适用时，由全国人民代表大会常务委员会裁决。

行政法规之间对同一事项的新的一般规定与旧的特别规定不一致，不能确定如何适用时，由国务院裁决。

第八十六条 地方性法规、规章之间不一致时，由有关机关依照下列规定的权限作出裁决：

（一）同一机关制定的新的一般规定与旧的特别规定不一致时，由制定机关裁决；

（二）地方性法规与部门规章之间对同一事项的规定不一致，不能确定如何适用时，由国务院提出意见，国务院认为应当适用地方性法规的，应当决定在该地方适用地方性法规的规定；认为应当适用部门规章的，应当提请全国人民代表大会常务委员会裁决；

（三）部门规章之间、部门规章与地方政府规章之间对同一事项的规定不一致时，由国务院裁决。

根据授权制定的法规与法律规定不一致，不能确定如何适用时，由全国人民代表大会常务委员会裁决。

第八十七条 法律、行政法规、地方性法规、自治条例和单行条例、规章有下列情形之一的，由有关机关依照本法第八十八条规定的权限予以改变或者撤销：

（一）超越权限的；

（二）下位法违反上位法规定的；

（三）规章之间对同一事项的规定不一致，经裁决应当改变或者撤销一方的规定的；

（四）规章的规定被认为不适当，应当予以改变或者撤销的；

（五）违背法定程序的。

第八十八条 改变或者撤销法律、行政法规、地方性法规、自治条例和单行条例、规章的权限是：

（一）全国人民代表大会有权改变或者撤销它的常务委员会制定的不适当的法律，有权撤销全国人民代表大会常务委员会批准的违背宪法和本法第六十六条第二款规定的自治条例和单行条例；

（二）全国人民代表大会常务委员会有权撤销同宪法和法律相抵触的行政法规，有权撤销同宪法、法律和行政法规相抵触的地方性法规，有权撤销省、自治区、直辖市的人民代表大会常务委员会批准的违背宪法和本法第六十六条第二款规定的自治条例和单行条例；

（三）国务院有权改变或者撤销不适当的部门规章和地方政府规章；

（四）省、自治区、直辖市的人民代表大会有权改变或者撤销它的常务委员会制定的和批准的不适当的地方性法规；

（五）地方人民代表大会常务委员会有权撤销本级人民政府制定的不适当的规章；

（六）省、自治区的人民政府有权改变或者撤销下一级人民政府制定的不适当的规章；

（七）授权机关有权撤销被授权机关制定的超越授权范围或者违背授权目的的法规，必要时可以撤销授权。

第八十九条 行政法规、地方性法规、自治条例和单行条例、规章应当在公布后的三十日内依照下列规定报有关机关备案：

（一）行政法规报全国人民代表大会常务委员会备案；

（二）省、自治区、直辖市的人民代表大会及其常务委员会制定的地方性法规，报全国人民代表大会常务委员会和国务院备案；较大的市的人民代表大会及其常务委员会制定的地方性法规，由省、自治区的人民代表大会常务委员会报全国人民代表大会常务委员会和国务院备案；

（三）自治州、自治县制定的自治条例和单行条例，由省、自治区、直辖市的人民代表大会常务委员会报全国人民代表大会常务委员会和国务院备案；

（四）部门规章和地方政府规章报国务院备案；地方政府规章应当同时报本级人民代表大会常务委员会备案；较大的市的人民政府制定的规章应当同时报省、自治区的人民代表大会常务委员会和人民政府备案；

（五）根据授权制定的法规应当报授权决定规定的机关备案。

第九十条 国务院、中央军事委员会、最高人民法院、最高人民检察院和各省、自治区、直辖市的人民代表大会常务委员会认为行政法规、地方性法规、自治条例和单行条例同宪法或者法律相抵触的，可以向全国人民代表大会常务委员会书面提出进行审查的要求，由常务委员会工作机构分送有关的专门委员会进行审查、提出意见。

前款规定以外的其他国家机关和社会团体、企业事业组织以及公民认为行政法规、地方性法规、自治条例和单行条例同宪法或者法律相抵触的，可以向全国人民代表大会常务委员会书面提出进行审查的建议，由常务委员会工作机构进行研究，必要时，送有关的专门委员会进行审查、提出意见。

第九十一条 全国人民代表大会专门委员会在审查中认为行政法规、地方性法规、自治条例和单行条例同宪法或者法律相抵触的，可以向制定机关提出书面审查意见；也可以由法律委员会与有关的专门委员会召开联合审查会议，要求制定机关到会说明情况，再向制定机关提出书面审查意见。制定机关应当在两个月内研究提出是否修改的意见，并向全国人民代表大会法律委员会和有关的专门委员会反馈。

全国人民代表大会法律委员会和有关的专门委员会审查认为行政法规、地方性法规、自治条例和单行条例同宪法或者法律相抵触而制定机关不予修改的，可以向委员长会议提出书面审查意见和予以撤销的议案，由委员长会议决定是否提请常务委员会会议审议决定。

第九十二条　其他接受备案的机关对报送备案的地方性法规、自治条例和单行条例、规章的审查程序，按照维护法制统一的原则，由接受备案的机关规定。

第六章　附　则

第九十三条　中央军事委员会根据宪法和法律，制定军事法规。

中央军事委员会各总部、军兵种、军区，可以根据法律和中央军事委员会的军事法规、决定、命令，在其权限范围内，制定军事规章。

军事法规、军事规章在武装力量内部实施。

军事法规、军事规章的制定、修改和废止办法，由中央军事委员会依照本法规定的原则规定。

第九十四条　本法自2000年7月1日起施行。

全国人民代表大会常务委员会关于加强法律解释工作的决议

（1981年6月10日第五届全国人民代表大会常务委员会第十九次会议通过）

第五届全国人民代表大会第二次会议通过几个法律以来，各地、各部门不断提出一些法律问题要求解释。同时，在实际工作中，由于对某些法律条文的理解不一致，也影响了法律的正确实施。为了健全社会主义法制，必须加强立法和法律解释工作。现对法律解释问题决定如下：

一、凡关于法律、法令条文本身需要进一步明确界限或作补充规定的，由全国人民代表大会常务委员会进行解释或用法令加以规定。

二、凡属于法院审判工作中具体应用法律、法令的问题，由最高人民法院进行解释。凡属于检察院检察工作中具体应用法律、法令的问题，由最高人民检察院进行解释。最高人民法院和最高人民检察院的解释如果有原则性的分歧，报请全国人民代表大会常务委员会解释或决定。

三、不属于审判和检察工作中的其他法律、法令如何具体应用的问题，由国务院及主管部门进行解释。

四、凡属于地方性法规条文本身需要进一步明确界限或作补充规定的，由制定法规的省、自治区、直辖市人民代表大会常务委员会进行解释或作出规定。凡属于地方性法规如何具体应用的问题，由省、自治区、直辖市人民政府主管部门进行解释。

行政法规制定程序条例

中华人民共和国国务院令

第 321 号

现公布《行政法规制定程序条例》，自 2002 年 1 月 1 日起施行。

总理　朱镕基

2001 年 11 月 16 日

第一章　总　则

第一条　为了规范行政法规制定程序，保证行政法规质量，根据宪法、立法法和国务院组织法的有关规定，制定本条例。

第二条　行政法规的立项、起草、审查、决定、公布、解释，适用本条例。

第三条　制定行政法规，应当遵循立法法确定的立法原则，符合宪法和法律的规定。

第四条　行政法规的名称一般称“条例”，也可以称“规定”、“办法”等。国务院根据全国人民代表大会及其常务委员会的授权决定制定的行政法规，称“暂行条例”或者“暂行规定”。

国务院各部门和地方人民政府制定的规章不得称“条例”。

第五条　行政法规应当备而不繁，逻辑严密，条文明确、具体，用语准确、简洁，具有可操作性。

行政法规根据内容需要，可以分章、节、条、款、项、目。章、节、条的序号用中文数字依次表述，款不编序号，项的序号用中文数字加括号依次表述，目的序号用阿拉伯数字依次表述。

第二章　立　项

第六条　国务院于每年年初编制本年度的立法工作计划。

第七条　国务院有关部门认为需要制定行政法规的，应当于每年年初编制国务院年度立法工作计划前，向国务院报请立项。

国务院有关部门报送的行政法规立项申请，应当说明立法项目所要解决的主要问题、依据的方针政策和拟确立的主要制度。

第八条 国务院法制机构应当根据国家总体工作部署对部门报送的行政法规立项申请汇总研究，突出重点，统筹兼顾，拟订国务院年度立法工作计划，报国务院审批。

列入国务院年度立法工作计划的行政法规项目应当符合下列要求：

（一）适应改革、发展、稳定的需要；

（二）有关的改革实践经验基本成熟；

（三）所要解决的问题属于国务院职权范围并需要国务院制定行政法规的事项。

第九条 对列入国务院年度立法工作计划的行政法规项目，承担起草任务的部门应当抓紧工作，按照要求上报国务院。

国务院年度立法工作计划在执行中可以根据实际情况予以调整。

第三章 起 草

第十条 行政法规由国务院组织起草。国务院年度立法工作计划确定行政法规由国务院的一个部门或者几个部门具体负责起草工作，也可以确定由国务院法制机构起草或者组织起草。

第十一条 起草行政法规，除应当遵循立法法确定的立法原则，并符合宪法和法律的规定外，还应当符合下列要求：

（一）体现改革精神，科学规范行政行为，促进政府职能向经济调节、社会管理、公共服务转变；

（二）符合精简、统一、效能的原则，相同或者相近的职能规定由一个行政机关承担，简化行政管理手续；

（三）切实保障公民、法人和其他组织的合法权益，在规定其应当履行的义务的同时，应当规定其相应的权利和保障权利实现的途径；

（四）体现行政机关的职权与责任相统一的原则，在赋予有关行政机关必要的职权的同时，应当规定其行使职权的条件、程序和应承担的责任。

第十二条 起草行政法规，应当深入调查研究，总结实践经验，广泛听取有关机关、组织和公民的意见。听取意见可以采取召开座谈会、论证会、听证会等多种形式。

第十三条 起草行政法规，起草部门应当就涉及其他部门的职责或者与其他部门关系紧密的规定，与有关部门协商一致；经过充分协商不能取得一致意见的，应当在上报行政法规草案送审稿（以下简称行政法规送审稿）时说明情况和理由。

第十四条 起草行政法规，起草部门应当对涉及有关管理体制、方针政策等需要国务院决策的重大问题提出解决方案，报国务院决定。

第十五条 起草部门向国务院报送的行政法规送审稿，应当由起草部门主要负责人签署。几个部门共同起草的行政法规送审稿，应当由该几个部门主要负责人共同签署。

第十六条 起草部门将行政法规送审稿报送国务院审查时，应当一并报送行政法规送审稿的说明和有关材料。

行政法规送审稿的说明应当对立法的必要性，确立的主要制度，各方面对送审稿主要问题的不同意见，征求有关机关、组织和公民意见的情况等作出说明。有关材料主要包括国内外的有关立法资料、调研报告、考察报告等。

第四章　审　查

第十七条　报送国务院的行政法规送审稿，由国务院法制机构负责审查。

国务院法制机构主要从以下方面对行政法规送审稿进行审查：

（一）是否符合宪法、法律的规定和国家的方针政策；

（二）是否符合本条例第十一条的规定；

（三）是否与有关行政法规协调、衔接；

（四）是否正确处理有关机关、组织和公民对送审稿主要问题的意见；

（五）其他需要审查的内容。

第十八条　行政法规送审稿有下列情形之一的，国务院法制机构可以缓办或者退回起草部门：

（一）制定行政法规的基本条件尚不成熟的；

（二）有关部门对送审稿规定的主要制度存在较大争议，起草部门未与有关部门协商的；

（三）上报送审稿不符合本条例第十五条、第十六条规定的。

第十九条　国务院法制机构应当将行政法规送审稿或者行政法规送审稿涉及的主要问题发送国务院有关部门、地方人民政府、有关组织和专家征求意见。国务院有关部门、地方人民政府反馈的书面意见，应当加盖本单位或者本单位办公厅（室）印章。

重要的行政法规送审稿，经报国务院同意，向社会公布，征求意见。

第二十条　国务院法制机构应当就行政法规送审稿涉及的主要问题，深入基层进行实地调查研究，听取基层有关机关、组织和公民的意见。

第二十一条　行政法规送审稿涉及重大、疑难问题的，国务院法制机构应当召开由有关单位、专家参加的座谈会、论证会，听取意见，研究论证。

第二十二条　行政法规送审稿直接涉及公民、法人或者其他组织的切身利益的，国务院法制机构可以举行听证会，听取有关机关、组织和公民的意见。

第二十三条　国务院有关部门对行政法规送审稿涉及的主要制度、方针政策、管理体制、权限分工等有不同意见的，国务院法制机构应当进行协调，力求达成一致意见；不能达成一致意见的，应当将争议的主要问题、有关部门的意见以及国务院法制机构的意见报国务院决定。

第二十四条　国务院法制机构应当认真研究各方面的意见，与起草部门协商后，对行政法规送审稿进行修改，形成行政法规草案和对草案的说明。

第二十五条　行政法规草案由国务院法制机构主要负责人提出提请国务院常务会议审议的建议；对调整范围单一、各方面意见一致或者依据法律制定的配套行政法规草案，可以采取传批方式，由国务院法制机构直接提请国务院审批。

第五章　决定与公布

第二十六条　行政法规草案由国务院常务会议审议，或者由国务院审批。

国务院常务会议审议行政法规草案时，由国务院法制机构或者起草部门作说明。

第二十七条　国务院法制机构应当根据国务院对行政法规草案的审议意见，对行政法规草案进行修改，形成草案修改稿，报请总理签署国务院令公布施行。

签署公布行政法规的国务院令载明该行政法规的施行日期。

第二十八条　行政法规签署公布后，及时在国务院公报和在全国范围内发行的报纸上刊登。国务院法制机构应当及时汇编出版行政法规的国家正式版本。

在国务院公报上刊登的行政法规文本为标准文本。

第二十九条　行政法规应当自公布之日起 30 日后施行；但是，涉及国家安全、外汇汇率、货币政策的确定以及公布后不立即施行将有碍行政法规施行的，可以自公布之日起施行。

第三十条　行政法规在公布后的 30 日内由国务院办公厅报全国人民代表大会常务委员会备案。

第六章　行政法规解释

第三十一条　行政法规条文本身需要进一步明确界限或者作出补充规定的，由国务院解释。

国务院法制机构研究拟订行政法规解释草案，报国务院同意后，由国务院公布或者由国务院授权国务院有关部门公布。

行政法规的解释与行政法规具有同等效力。

第三十二条　国务院各部门和省、自治区、直辖市人民政府可以向国务院提出行政法规解释要求。

第三十三条　对属于行政工作中具体应用行政法规的问题，省、自治区、直辖市人民政府法制机构以及国务院有关部门法制机构请求国务院法制机构解释的，国务院法制机构可以研究答复；其中涉及重大问题的，由国务院法制机构提出意见，报国务院同意后答复。

第七章　附　则

第三十四条　拟订国务院提请全国人民代表大会或者全国人民代表大会常务委员会审议的法律草案，参照本条例的有关规定办理。

第三十五条　修改行政法规的程序，适用本条例的有关规定。

行政法规修改后，应当及时公布新的行政法规文本。

第三十六条　行政法规的外文正式译本和民族语言文本，由国务院法制机构审定。

第三十七条　本条例自 2002 年 1 月 1 日起施行。1987 年 4 月 21 日国务院批准、国务院办公厅发布的《行政法规制定程序暂行条例》同时废止。

规章制定程序条例

中华人民共和国国务院令

第322号

现公布《规章制定程序条例》，自2002年1月1日起施行。

总理　朱镕基

2001年11月16日

第一章　总　则

第一条　为了规范规章制定程序，保证规章质量，根据立法法的有关规定，制定本条例。

第二条　规章的立项、起草、审查、决定、公布、解释，适用本条例。

违反本条例规定制定的规章无效。

第三条　制定规章，应当遵循立法法确定的立法原则，符合宪法、法律、行政法规和其他上位法的规定。

第四条　制定规章，应当切实保障公民、法人和其他组织的合法权益，在规定其应当履行的义务的同时，应当规定其相应的权利和保障权利实现的途径。

制定规章，应当体现行政机关的职权与责任相统一的原则，在赋予有关行政机关必要的职权的同时，应当规定其行使职权的条件、程序和应承担的责任。

第五条　制定规章，应当体现改革精神，科学规范行政行为，促进政府职能向经济调节、社会管理和公共服务转变。

制定规章，应当符合精简、统一、效能的原则，相同或者相近的职能应当规定由一个行政机关承担，简化行政管理手续。

第六条　规章的名称一般称“规定”、“办法”，但不得称“条例”。

第七条　规章用语应当准确、简洁，条文内容应当明确、具体，具有可操作性。

法律、法规已经明确规定的内容，规章原则上不作重复规定。

除内容复杂的外，规章一般不分章、节。

第八条　涉及国务院两个以上部门职权范围的事项，制定行政法规条件尚不成熟，需要制定规章的，国务院有关部门应当联合制定规章。

有前款规定情形的，国务院有关部门单独制定的规章无效。

第二章　立　项

第九条　国务院部门内设机构或者其他机构认为需要制定部门规章的，应当向该部门报请立项。

省、自治区、直辖市和较大的市的人民政府所属工作部门或者下级人民政府认为需要制定地方政府规章的，应当向该省、自治区、直辖市或者较大的市的人民政府报请立项。

第十条　报送制定规章的立项申请，应当对制定规章的必要性、所要解决的主要问题、拟确立的主要制度等作出说明。

第十一条　国务院部门法制机构，省、自治区、直辖市和较大的市的人民政府法制机构（以下简称法制机构），应当对制定规章的立项申请进行汇总研究，拟订本部门、本级人民政府年度规章制定工作计划，报本部门、本级人民政府批准后执行。

年度规章制定工作计划应当明确规章的名称、起草单位、完成时间等。

第十二条　国务院部门，省、自治区、直辖市和较大的市的人民政府，应当加强对执行年度规章制定工作计划的领导。对列入年度规章制定工作计划的项目，承担起草工作的单位应当抓紧工作，按照要求上报本部门或者本级人民政府决定。

年度规章制定工作计划在执行中，可以根据实际情况予以调整，对拟增加的规章项目应当进行补充论证。

第三章　起　草

第十三条　部门规章由国务院部门组织起草，地方政府规章由省、自治区、直辖市和较大的市的人民政府组织起草。

国务院部门可以确定规章由其一个或者几个内设机构或者其他机构具体负责起草工作，也可以确定由其法制机构起草或者组织起草。

省、自治区、直辖市和较大的市的人民政府可以确定规章由其一个部门或者几个部门具体负责起草工作，也可以确定由其法制机构起草或者组织起草。

起草规章可以邀请有关专家、组织参加，也可以委托有关专家、组织起草。

第十四条　起草规章，应当深入调查研究，总结实践经验，广泛听取有关机关、组织和公民的意见。听取意见可以采取书面征求意见、座谈会、论证会、听证会等多种形式。

第十五条　起草的规章直接涉及公民、法人或者其他组织切身利益，有关机关、组织或者公民对其有重大意见分歧的，应当向社会公布，征求社会各界的意见；起草单位也可以举行听证会。听证会依照下列程序组织：

（一）听证会公开举行，起草单位应当在举行听证会的 30 日前公布听证会的时间、地点和内容；

（二）参加听证会的有关机关、组织和公民对起草的规章，有权提问和发表意见；

（三）听证会应当制作笔录，如实记录发言人的主要观点和理由；

（四）起草单位应当认真研究听证会反映的各种意见，起草的规章在报送审查时，应当说明对听证会意见的处理情况及其理由。

第十六条 起草部门规章，涉及国务院其他部门的职责或者与国务院其他部门关系紧密的，起草单位应当充分征求国务院其他部门的意见。

起草地方政府规章，涉及本级人民政府其他部门的职责或者与其他部门关系紧密的，起草单位应当充分征求其他部门的意见。起草单位与其他部门有不同意见的，应当充分协商；经过充分协商不能取得一致意见的，起草单位应当在上报规章草案送审稿（以下简称规章送审稿）时说明情况和理由。

第十七条 起草单位应当将规章送审稿及其说明、对规章送审稿主要问题的不同意见和其他有关材料按规定报送审查。

报送审查的规章送审稿，应当由起草单位主要负责人签署；几个起草单位共同起草的规章送审稿，应当由该几个起草单位主要负责人共同签署。

规章送审稿的说明应当对制定规章的必要性、规定的主要措施、有关方面的意见等情况作出说明。

有关材料主要包括汇总的意见、听证会笔录、调研报告、国内外有关立法资料等。

第四章 审 查

第十八条 规章送审稿由法制机构负责统一审查。

法制机构主要从以下方面对送审稿进行审查：

（一）是否符合本条例第三条、第四条、第五条的规定；

（二）是否与有关规章协调、衔接；

（三）是否正确处理有关机关、组织和公民对规章送审稿主要问题的意见；

（四）是否符合立法技术要求；

（五）需要审查的其他内容。

第十九条 规章送审稿有下列情形之一的，法制机构可以缓办或者退回起草单位：

（一）制定规章的基本条件尚不成熟的；

（二）有关机构或者部门对规章送审稿规定的主要制度存在较大争议，起草单位未与有关机构或者部门协商的；

（三）上报送审稿不符合本条例第十七条规定的。

第二十条 法制机构应当将规章送审稿或者规章送审稿涉及的主要问题发送有关机关、组织和专家征求意见。

第二十一条 法制机构应当就规章送审稿涉及的主要问题，深入基层进行实地调查研究，听取基层有关机关、组织和公民的意见。

第二十二条 规章送审稿涉及重大问题的，法制机构应当召开由有关单位、专家参加的座谈会、论证会，听取意见，研究论证。

第二十三条 规章送审稿直接涉及公民、法人或者其他组织切身利益，有关机关、组织或者公民对其有重大意见分歧，起草单位在起草过程中未向社会公布，也未举行听证会的，法制机构经本部门或者本级人民政府批准，可以向社会公布，也可以举行听证会。

举行听证会的，应当依照本条例第十五条规定的程序组织。

第二十四条 有关机构或者部门对规章送审稿涉及的主要措施、管理体制、权限分工等问题有不同意见的，法制机构应当进行协调，达成一致意见；不能达成一致意见的，应当将主要问题、有关机构或者部门的意见和法制机构的意见上报本部门或者本级人民政府决定。

第二十五条 法制机构应当认真研究各方面的意见，与起草单位协商后，对规章送审稿进行修改，形成规章草案和对草案的说明。说明应当包括制定规章拟解决的主要问题、确立的主要措施以及与有关部门的协调情况等。

规章草案和说明由法制机构主要负责人签署，提出提请本部门或者本级人民政府有关会议审议的建议。

第二十六条 法制机构起草或者组织起草的规章草案，由法制机构主要负责人签署，提出提请本部门或者本级人民政府有关会议审议的建议。

第五章　决定和公布

第二十七条 部门规章应当经部务会议或者委员会会议决定。

地方政府规章应当经政府常务会议或者全体会议决定。

第二十八条 审议规章草案时，由法制机构作说明，也可以由起草单位作说明。

第二十九条 法制机构应当根据有关会议审议意见对规章草案进行修改，形成草案修改稿，报请本部门首长或者省长、自治区主席、市长签署命令予以公布。

第三十条 公布规章的命令应当载明该规章的制定机关、序号、规章名称、通过日期、施行日期、部门首长或者省长、自治区主席、市长署名以及公布日期。

部门联合规章由联合制定的部门首长共同署名公布，使用主办机关的命令序号。

第三十一条 部门规章签署公布后，部门公报或者国务院公报和全国范围内发行的有关报纸应当及时予以刊登。

地方政府规章签署公布后，本级人民政府公报和本行政区域范围内发行的报纸应当及时刊登。

在部门公报或者国务院公报和地方人民政府公报上刊登的规章文本为标准文本。

第三十二条 规章应当自公布之日起30日后施行；但是，涉及国家安全、外汇汇率、货币政策的确定以及公布后不立即施行将有碍规章施行的，可以自公布之日起施行。

第六章　解释与备案

第三十三条 规章解释权属于规章制定机关。

规章有下列情况之一的，由制定机关解释：

（一）规章的规定需要进一步明确具体含义的；

（二）规章制定后出现新的情况，需要明确适用规章依据的。

规章解释由规章制定机关的法制机构参照规章送审稿审查程序提出意见，报请制定机关批准后公布。

规章的解释同规章具有同等效力。

第三十四条 规章应当自公布之日起 30 日内，由法制机构依照立法法和《法规规章备案条例》的规定向有关机关备案。

第三十五条 国家机关、社会团体、企业事业组织、公民认为规章同法律、行政法规相抵触的，可以向国务院书面提出审查的建议，由国务院法制机构研究处理。

国家机关、社会团体、企业事业组织、公民认为较大的市的人民政府规章同法律、行政法规相抵触或者违反其他上位法的规定的，也可以向本省、自治区人民政府书面提出审查的建议，由省、自治区人民政府法制机构研究处理。

第七章　附　则

第三十六条 依法不具有规章制定权的县级以上地方人民政府制定、发布具有普遍约束力的决定、命令，参照本条例规定的程序执行。

第三十七条 国务院部门，省、自治区、直辖市和较大的市的人民政府，应当经常对规章进行清理，发现与新公布的法律、行政法规或者其他上位法的规定不一致的，或者与法律、行政法规或者其他上位法相抵触的，应当及时修改或者废止。

修改、废止规章的程序，参照本条例的有关规定执行。

第三十八条 编辑出版正式版本、民族文版、外文版本的规章汇编，由法制机构依照《法规汇编编辑出版管理规定》的有关规定执行。

第三十九条 本条例自 2002 年 1 月 1 日起施行。

法规规章备案条例

中华人民共和国国务院令

第 337 号

现公布《法规规章备案条例》，自 2002 年 1 月 1 日起施行。

总理　朱镕基

2001 年 12 月 14 日

第一条　为了维护社会主义法制的统一，加强对法规、规章的监督，根据立法法的有关规定，制定本条例。

第二条　本条例所称法规，是指省、自治区、直辖市和较大的市的人民代表大会及其常务委员会依照法定职权和程序制定的地方性法规，经济特区所在地的省、市的人民代表大会及其常务委员会依照法定职权和程序制定的经济特区法规，以及自治州、自治县的人民代表大会依照法定职权和程序制定的自治条例和单行条例。

本条例所称规章，包括部门规章和地方政府规章。部门规章，是指国务院各部、各委员会、中国人民银行、审计署和具有行政管理职能的直属机构（以下简称国务院部门）根据法律和国务院的行政法规、决定、命令，在本部门的职权范围内依照《规章制定程序条例》制定的规章。地方政府规章，是指省、自治区、直辖市和较大的市的人民政府根据法律、行政法规和本省、自治区、直辖市的地方性法规，依照《规章制定程序条例》制定的规章。

第三条　法规、规章公布后，应当自公布之日起 30 日内，依照下列规定报送备案：

（一）地方性法规、自治州和自治县的自治条例和单行条例由省、自治区、直辖市的人民代表大会常务委员会报国务院备案；

（二）部门规章由国务院部门报国务院备案，两个或者两个以上部门联合制定的规章，由主办的部门报国务院备案；

（三）省、自治区、直辖市人民政府规章由省、自治区、直辖市人民政府报国务院备案；

（四）较大的市的人民政府规章由较大的市的人民政府报国务院备案，同时报省、自治区人民政府备案；

（五）经济特区法规由经济特区所在地的省、市的人民代表大会常务委员会报国务院备案。

第四条 国务院部门，省、自治区、直辖市和较大的市的人民政府应当依法履行规章备案职责，加强对规章备案工作的组织领导。

国务院部门法制机构，省、自治区、直辖市人民政府和较大的市的人民政府法制机构，具体负责本部门、本地方的规章备案工作。

第五条 国务院法制机构依照本条例的规定负责国务院的法规、规章备案工作，履行备案审查监督职责。

第六条 依照本条例报送国务院备案的法规、规章，径送国务院法制机构。

报送法规备案，按照全国人民代表大会常务委员会关于法规备案的有关规定执行。

报送规章备案，应当提交备案报告、规章文本和说明，并按照规定的格式装订成册，一式十份。

报送法规、规章备案，具备条件的，应当同时报送法规、规章的电子文本。

第七条 报送法规、规章备案，符合本条例第二条和第六条第二款、第三款规定的，国务院法制机构予以备案登记；不符合第二条规定的，不予备案登记；符合第二条规定但不符合第六条第二款、第三款规定的，暂缓办理备案登记。

暂缓办理备案登记的，由国务院法制机构通知制定机关补充报送备案或者重新报送备案；补充或者重新报送备案符合规定的，予以备案登记。

第八条 经备案登记的法规、规章，由国务院法制机构按月公布目录。

编辑出版法规、规章汇编的范围，应当以公布的法规、规章目录为准。

第九条 国家机关、社会团体、企业事业组织、公民认为地方性法规同行政法规相抵触的，或者认为规章以及国务院各部门、省、自治区、直辖市和较大的市的人民政府发布的其他具有普遍约束力的行政决定、命令同法律、行政法规相抵触的，可以向国务院书面提出审查建议，由国务院法制机构研究并提出处理意见，按照规定程序处理。

第十条 国务院法制机构对报送国务院备案的法规、规章，就下列事项进行审查：

（一）是否超越权限；

（二）下位法是否违反上位法的规定；

（三）地方性法规与部门规章之间或者不同规章之间对同一事项的规定不一致，是否应当改变或者撤销一方的或者双方的规定；

（四）规章的规定是否适当；

（五）是否违背法定程序。

第十一条 国务院法制机构审查法规、规章时，认为需要有关的国务院部门或者地方人民政府提出意见的，有关的机关应当在规定期限内回复；认为需要法规、规章的制定机关说明有关情况的，有关的制定机关应当在规定期限内予以说明。

第十二条 经审查，地方性法规同行政法规相抵触的，由国务院提请全国人民代表大会常务委员会处理。

第十三条 地方性法规与部门规章之间对同一事项的规定不一致的，由国务院法制机构提出处理意见，报国务院依照立法法第八十六条第一款第（二）项的规定处理。

第十四条 经审查，规章超越权限，违反法律、行政法规的规定，或者其规定不适当的，由国务院法制机构建议制定机关自行纠正；或者由国务院法制机构提出处理意见报国务院决定，并通知制定机关。

第十五条 部门规章之间、部门规章与地方政府规章之间对同一事项的规定不一致的，由国务院法制机构进行协调；经协调不能取得一致意见的，由国务院法制机构提出处理意见报国务院决定，并通知制定机关。

第十六条 对《规章制定程序条例》第二条第二款、第八条第二款规定的无效规章，国务院法制机构不予备案，并通知制定机关。

规章在制定技术上存在问题的，国务院法制机构可以向制定机关提出处理意见，由制定机关自行处理。

第十七条 规章的制定机关应当自接到本条例第十四条、第十五条、第十六条规定的通知之日起30日内，将处理情况报国务院法制机构。

第十八条 根据本条例第十五条作出的处理结果，可以作为对最高人民法院依照行政诉讼法第五十三条送请国务院解释或者裁决的答复。

第十九条 法规、规章的制定机关应当于每年 1 月底前将上一年所制定的法规、规章目录报国务院法制机构。

第二十条 对于不报送规章备案或者不按时报送规章备案的，由国务院法制机构通知制定机关，限期报送；逾期仍不报送的，给予通报，并责令限期改正。

第二十一条 省、自治区、直辖市人民政府应当依法加强对下级行政机关发布的规章和其他具有普遍约束力的行政决定、命令的监督，依照本条例的有关规定，建立相关的备案审查制度，维护社会主义法制的统一，保证法律、法规的正确实施。

第二十二条 本条例自2002年1月1日起施行。1990年2月18日国务院发布的《法规、规章备案规定》同时废止。

环境保护法规制定程序办法

国家环境保护总局令

第25号

《环境保护法规制定程序办法》已经2005年4月11日国家环境保护总局局务会议审议通过，现予发布，自2005年6月1日起施行。1990年3月12日国家环境保护局发布的《国家环境保护局法规性文件管理办法》同时废止。

国家环境保护总局局长　解振华

2005年4月25日

第一章　总　则

第一条　为了规范环境保护法规的制定程序，保证立法质量，根据《立法法》、《行政法规制定程序条例》、《部门规章制定程序条例》、《法规部门规章备案条例》和《全面推进依法行政实施纲要》，制定本办法。

第二条　本办法所称“环境保护法规”，是指国家环境保护总局（以下简称总局），根据全国人大有关机关的委托，或者根据法律、行政法规的授权，或者根据职权，制定的下列规范性文件：

（一）根据全国人大有关机关的委托起草的环境保护法律的草案代拟稿；

（二）拟报送国务院的环境保护法律或者行政法规的送审稿；

（三）环境保护部门规章。

第三条　环境保护法律、行政法规的立项、起草、审查、送审，环境保护部门规章的立项、起草、审查、决定、公布、备案和解释，适用本办法。

其他国家机关或者部门发送总局征求意见的有关法律、法规和部门规章的征求意见稿的办理程序，适用本办法的有关规定。

第二章　立　项

第四条　总局于每年年初编制本年度立法计划。

年度立法计划确定的环境保护法律或者行政法规类立法项目，分为第一类、第二类和第三类立法项目：

（一）已被列入全国人大常委会立法规划或者国务院年度立法计划，总局年内必须报出或者已报出需要配合全国人大或者国务院有关立法工作机构审查的立法项目，列入第一类立法项目；

（二）立法依据充分、立法思路清晰、所要解决的问题为环境保护管理工作急需、拟确立的主要制度和措施可行、总局力争年内报出的立法项目，列入第二类立法项目；

（三）需要研究、论证和起草的立法项目，列入第三类立法项目。

第五条 环境保护部门规章的立法项目根据实际工作需要适时确定，不做立法计划安排。

国务院领导指示需要开展环境立法研究的项目，总局应当及时开展有关工作。

第六条 除已被列入全国人大常委会立法规划或者国务院年度立法计划的立法项目外，总局有关司（办、局）认为需要制定环境保护法规的，应当于每年 1 月底前提出立项建议。

提出立项建议，应当填写立法项目申报表（见附件 1），并提交有关立法必要性、所要解决的主要问题和拟确立的主要制度和措施的书面说明材料，并可附具国内外有关立法参考资料。

第七条 法规司对立项建议汇总研究，提出总局年度立法计划的建议稿，报总局局务会议审议决定。

第八条 经总局局务会议审议通过的年度立法计划是总局本年度立法工作依据。

第三章 起 草

第九条 具体负责起草环境保护法规工作的司（办、局），应当组织有关立法工作者、实际工作者和专家学者，承担立法起草工作。

法规司应当适时参加有关环境保护法规的起草工作。

第十条 起草环境保护法规，应当广泛收集资料，深入调查研究，广泛听取有关机关、组织和公民的意见。

听取意见可以采取召开讨论会、专家论证会、部门协调会、企业代表座谈会、听证会等多种形式。

第十一条 负责起草工作的司（办、局）完成环境保护法规初稿后，应当征求总局其他有关司（办、局）和有关直属单位的意见，并根据反馈意见，对初稿进行修改，形成环境保护法规征求意见稿草案，经负责起草工作的司（办、局）主要负责人签署后，报送总局局长专题会议审议。

局长专题会议重点就环境保护法规征求意见稿草案涉及的主要法律制度和措施的必要性和可行性，设定的行政许可和行政处罚的适当性和合法性等内容进行审议。

第十二条 负责起草工作的司（办、局）应当根据总局局长专题会议审议意见，对征求意见稿草案进行修改，形成环境保护法规征求意见稿及其说明，以总局局函发送省级环境保护部门、国务院有关部门征求意见。

负责起草工作的司（办、局）可以根据环境保护法规征求意见稿内容所涉及的范围，征求有关地方人民政府、省级以下环境保护部门、有代表性的企业和公民的意见。

征求意见稿的说明，应当包括立法必要性、主要制度和措施等主要内容的说明。

第十三条 环境保护法规直接涉及公民、法人或者其他组织切身利益的，可以公布征求意见稿，公开征求意见。

环境保护部门规章影响贸易和投资的，应当按照国家有关规定履行对外通报程序，公布征求意见稿。

环境保护法规的征求意见稿，可以在《中国环境报》和总局网站等媒体公布。

第十四条 起草环境保护法规，涉及国务院其他部门的职能或者与国务院其他部门职能关系紧密的，负责起草工作的司（办、局）应当充分征求其他部门的意见；与其他部门有不同意见的，应当充分协商；经过充分协商不能取得一致意见的，负责起草工作的司（办、局）应当在环境保护法规草案送审稿说明中说明情况和理由。

第十五条 负责起草工作的司（办、局）根据征求的意见，对征求意见稿及其说明进行修改，形成环境保护法规草案送审稿及其说明，连同其他有关材料，经负责起草工作的司（办、局）主要负责人签署后，移送法规司审查。

草案送审稿的说明，应当包括立法必要性、起草过程、主要制度和措施的说明、征求意见情况以及未采纳意见的处理情况等内容。

其他有关材料，主要包括：目前管理现状和存在的主要问题分析，草案规定的主要制度和措施的必要性和可行性的专项论证材料，征求意见及其处理情况汇总表、对未采纳的主要不同意见的说明，有关立法调研报告和国内外包括法规条文在内的其他立法参考资料。

第四章　审　查

第十六条 对未按照本办法第三章的有关规定征求意见或者准备有关论证材料的，法规司可以转送负责起草工作的司（办、局）补办有关程序或者补充有关论证材料。

第十七条 法规司会同负责起草工作的司（办、局），主要从下列方面对环境保护法规草案送审稿进行审查：

（一）设定的环境保护行政许可项目是否符合《行政许可法》和其他有关法律、法规和国务院其他法规性文件关于设定行政许可的规定；

（二）设定的环境保护行政处罚是否符合《行政处罚法》和其他有关法律、行政法规和国务院其他法规性文件关于设定行政处罚的规定；

（三）是否与国家有关法规和政策协调、衔接；

（四）是否符合立法技术要求。

第十八条 在审查过程中，法规司认为环境保护法规草案送审稿涉及的法律问题需要进一步研究的，法规司可以组织实地调查，并可召开座谈会、论证会，听取意见。

环境保护法规草案送审稿创设行政许可事项，或者直接涉及公民、法人或者其他组织切身利益，有关机关、组织或者公民对其有重大意见分歧的，法规司和负责起草工作的司（办、局）可以向社会公开征求意见，也可以采取听证会等形式，听取有关机关、组织和公民的意见。

第十九条 法规司会同负责起草工作的司（办、局）应当在 20 个工作日内完成环境保护部门规章草案送审稿的修改，在 40 个工作日内完成环境保护法律、行政法规草案送审稿的修改，形成环境保护法规草案送审稿。因涉及有关方面重大意见分歧需要协调等特殊情形的，可适当延长审查时限，但最长不得超过 60 个工作日。

法规司负责提出法规送审签报，经负责起草工作的司（办、局）会签后，连同环境保护法规草案及其起草说明和审查说明以及有关专项论证材料目录，提请总局局务会议审议。

起草说明应当包括立法必要性、起草过程、主要制度和措施的说明、征求意见情况以及未采纳意见的处理等情况的说明。

审查说明应当包括立法依据、行政许可和行政处罚设定的合法性、环境保护法规草案与有关法律、法规协调一致性等问题的说明。

第二十条 对环境保护法规草案送审稿规定的管理体制、主要制度或者措施，有关方面存在重大分歧的，法规司会同负责起草工作的司（办、局）可以在环境保护法规草案中提出一种或多种备选方案，提交局长专题会议审议。

第五章 送审、决定和公布

第二十一条 环境保护法规草案应当经总局局务会议审议。

第二十二条 审议环境保护法规草案时，负责起草工作的司（办、局）做起草说明，并负责就具体管理现状、主要管理制度和措施的必要性、可行性等专业性问题做说明或答辩。

法规司做审查说明，并负责就行政许可、行政处罚设定的合法性和环境保护法规草案与其他法律、法规的衔接等法律问题做说明和答辩。

第二十三条 法规司应当会同负责起草工作的司（办、局），根据总局局务会议审议意见对环境保护部门规章草案进行修改，形成环境保护部门规章，报请总局局长签署命令予以公布。

法规司应当会同负责起草工作的司（办、局），根据总局局务会议审议意见对环境保护法律或者行政法规草案进行修改，形成环境保护法律或者行政法规送审稿，并以总局文件形式报送国务院。

总局根据全国人大有关机关委托起草的环境保护法律草案代拟稿，以总局局函报送委托机关。

报送环境保护法律或者行政法规送审稿、环境保护法律草案代拟稿，应当附送有关专项论证材料。

第二十四条 公布环境保护部门规章的命令应当载明该环境保护部门规章的序号、名称、通过日期、施行日期、总局局长署名以及公布日期。环境保护部门规章公布格式见附件 2。

总局与国务院有关部门联合发布的环境保护部门规章由有关部门首长共同署名公布；总局为主办机关的，使用总局的命令序号。

第二十五条 环境保护部门规章签署公布后，《中国环境报》和总局网站应当及时刊载。

第二十六条 经《国务院公报》刊载的环境保护部门规章文本为标准文本。在《中国环境报》上刊载的环境保护部门规章文本也为标准文本。

第二十七条 环境保护部门规章应当自公布之日起 30 日后施行；但公布后不立即施行将有碍环境保护部门规章施行的，可以自公布之日起施行。

第六章 备案与解释

第二十八条 环境保护部门规章应当自公布之日起30日内，由法规司依照《立法法》和《法规部门规章备案条例》的规定，办理具体的备案工作。

报送环境保护部门规章备案，应当提交备案报告、部门规章文本和说明，并按照规定的格式装订成册，一式十份。环境保护部门规章备案格式见附件 3。

法规司应当于每年 1 月 31 日前将上一年度所制定的环境保护部门规章目录报国务院法制办公室。

第二十九条 环境保护部门规章解释权属于总局。由总局与国务院有关部门联合发布的部门规章，由总局和国务院有关部门联合解释。

环境保护部门规章有下列情况之一的，由依据前款规定享有解释权的机关解释：

（一）环境保护部门规章的规定需要进一步明确具体含义的；

（二）环境保护部门规章制定后出现新的情况，需要明确适用依据的。

环境保护部门规章解释的办理程序，适用《环境保护法规解释管理办法》的有关规定。

环境保护部门规章的解释和环境保护部门规章具有同等效力。

第三十条 环境保护法律、行政法规具体适用过程中的解释，适用《全国人民代表大会常务委员会关于加强法律解释工作的决议》、《国务院办公厅关于行政法规解释权限和程序问题的通知》和《环境保护法规解释管理办法》的有关规定。

第七章 其他部门法规征求意见稿的办理

第三十一条 其他国家机关或者部门组织起草法律、行政法规或者部门规章，发送总局征求意见的，由法规司归口受理，并根据所涉及的内容分送有关司（办、局）征求意见。

第三十二条 各有关司（办、局）应当按照确定的时限提出意见，返回法规司。

法规司根据是否与环境保护法律、行政法规、部门规章协调、衔接的原则，负责汇总研究，拟定函复意见。

第三十三条 对其他国家机关或者部门组织起草法律、行政法规或者部门规章的征求意见稿，总局各有关司（办、局）之间存在较大意见分歧的，法规司负责进行协调；经协调仍不能达成一致意见的，报总局局长专题会议研究、协调。

第三十四条 其他国家机关或者部门组织起草法律、行政法规或者部门规章的征求意见稿拟设立的管理体制、主要制度或者措施，与环境保护法律、行政法规、部门规章存在重大矛盾或者交叉，或者对环境保护部门监督管理工作具有重大影响的，法规司应当商有关司（办、局）提出意见和建议，报请总局局长专题会议或者局务会议研究。

第八章 附 则

第三十五条 环境保护部门规章影响贸易和投资的，应当在公布后按照有关规定翻译英文译本，按照规定程序对外公布。

环境保护法律、行政法规由总局负责起草的，应当在公布后按照有关规定翻译成英文译本。

环境保护法规英文译本由总局国际司提出英文译本初稿，经负责起草工作的司（办、局）审核后，由法规司按照有关规定对外公布或者报送有关国家机关审查。

环境保护法规少数民族语言翻译工作按照国家有关规定执行。

第三十六条 总局应当经常对环境保护部门规章进行清理，发现与新公布的法律、行政法规或者其他上位法的规定不一致的，或者与法律、行政法规或者其他上位法的规定相抵触的，或者出现不适应新出现的情况的，应当及时修改或者废止。

修改、废止环境保护部门规章的程序，依照本办法的有关规定执行。

第三十七条 编辑出版正式版本、外文版本的环境保护法规汇编，由法规司依照《法规汇编编辑出版管理规定》的有关规定执行。

第三十八条 本办法自2005年6月1日起施行。

1990年3月12日国家环境保护局发布的《国家环境保护局法规性文件管理办法》同时废止。

附件：1．立法项目申报表

2．部门规章公布格式

3．部门规章备案格式

4．环保法规主要制定程序流程图

附件一

20____年立法项目申报表

______司

法 规 名 称	
法律/行政法规	
计划总局报出时间	
移送法规司审查时间	
具体项目承办人	
项目负责人	
立法依据	
立法目的	
主要法律制度和措施	
设立的行政许可	
目前法规起草情况	
备注	

处长签字：　　　　　　　　　　　　　　司签 字：

附件二　部门规章公布格式

国家环境保护总局令

第×号

《　　　　　　　　　　　》已经×年×月×日第×次局务会议审议通过，现予公布，自×年×月×日起施行。

国家环境保护总局局长：（签名）

×年×月×日

附件三　部门规章备案格式

国家环境保护总局

××规备字[　　　]号

关于《　　　　　　　　》的备案报告

国务院：

现将我国×年×月×日公布的《　　　　　　　　》及说明一式十份报请备案。

（国家环境保护总局印章）
×年×月×日

附件四

环保法规主要制定程序流程图

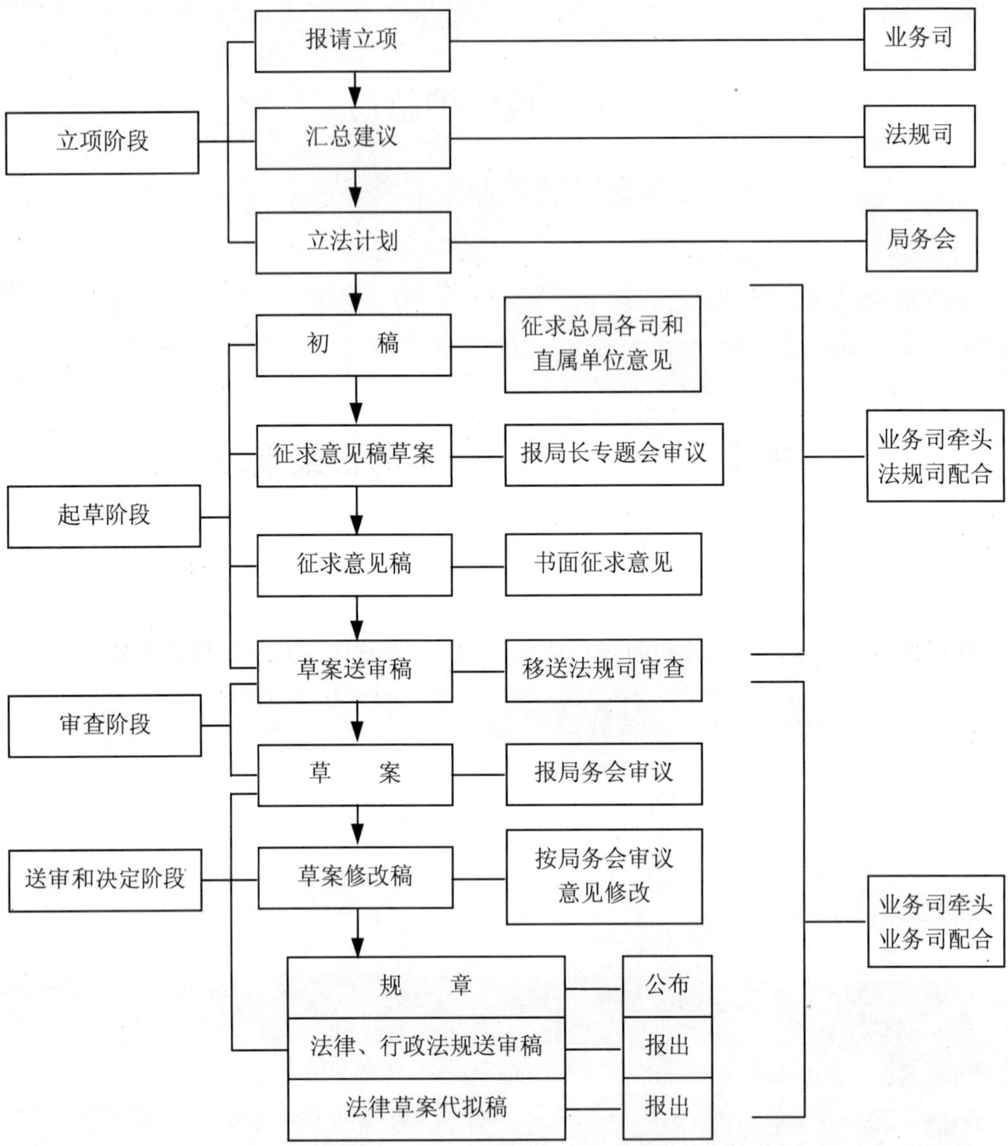

环境保护法规解释管理办法

（国家环保总局令第1号，1998年12月8日发布施行）

第一条 为规范环境保护法律、行政法规和部门规章的解释工作（以下简称“法规解释”），根据《全国人民代表大会常务委员会关于加强法律解释工作的决议》和《国务院办公厅关于行政法规解释权限和程序问题的通知》有关规定，制定本办法。

第二条 环境保护法律的条文本身需要进一步明确界限或者作出补充规定的问题，按照《全国人民代表大会常务委员会关于加强法律解释工作的决议》办理。

环境保护行政法规的条文本身需要进一步明确界限或者作出补充规定的问题，按照《国务院办公厅关于行政法规解释权限和程序问题的通知》办理。

第三条 环境保护法律、行政法规具体适用的问题，部门规章理解和执行中的问题，以及环境保护法律、行政法规授权国务院环境保护行政主管部门解释的问题，由国家环境保护总局解释。

第四条 国家环境保护总局公布的法规解释，具有普遍执行的效力，可作为各级环境保护行政主管部门和其他依照法律规定行使环境保护监督管理权的部门的执法依据，可以在有关环境法律文书中直接引用。

第五条 国家环境保护总局对地方各级环境保护行政主管部门执行国家环境法规解释的情况进行监督，发现执行国家环境法规解释的具体行政行为与解释相违背的，责成其改正或者依法予以撤销。

第六条 有下列情形之一的，国家环境保护总局应当作出法规解释：

（一）地方环境保护行政主管部门向国家环境保护总局提出法规解释请示的；

（二）其他国家机关建议或者商请国家环境保护总局作出法规解释的；

（三）国家环境保护总局根据环境行政执法工作的实际情况，认为需要作出法规解释的；

（四）需要作出法规解释的其他情形。

第七条 省、自治区、直辖市环境保护行政主管部门（以下简称省级环境保护行政主管部门）在报请国家环境保护总局作出法规解释时，除提出请示解释的问题外，应当同时提出本部门的意见，并附送有关本案的主要背景材料。

报请国家环境保护总局作出法规解释的请示，应当一事一请示。

第八条 省级环境保护行政主管部门报请国家环境保护总局作出法规解释，应当以正式文件提出请示，以其他形式提出的请示，不作为办理法规解释的依据。

第九条 省级以下的地方环境保护行政主管部门认为需要报请国家环境保护总局作

出法规解释的，应当按程序报省级环境保护行政主管部门审核决定，并由省级环境保护行政主管部门向国家环境保护总局提出请示；因特殊情况必须越级请示的，应当抄送被越过的上级环境保护行政主管部门。

第十条 国家环境保护总局法规部门管理和组织办理法规解释。

国家环境保护总局有关司（办）配合法规部门办理涉及其职责范围的法规解释。

第十一条 法规解释按照以下程序进行：

（一）根据本办法第六条所列情形，法规部门确定法规解释项目；

（二）法规部门组织、研究提出法规解释草案，涉及核安全法规解释的问题，由总局核安全部门提出解释草案；

（三）法规部门组织论证，必要时可征求国家有关机关的意见，提出法规解释送审稿；

（四）按照程序将解释送审稿报总局局长签发。

第十二条 对已经确定的法规解释项目，应当在两个月内完成。

对于重大和复杂问题的解释，时限可以适当延长。

第十三条 法规解释文件分别使用以下形式：

（一）对环境保护法律、行政法规的解释，以国家环境保护总局文件的形式作出；

（二）对环境保护部门规章的解释，以国家环境保护总局函的形式作出。

第十四条 国家环境保护总局作出的法规解释，除发送提出请示的部门外，可视情况在全国公开发行的主要环境报刊上公布，必要时抄送国家有关机关。

第十五条 国家环境保护总局和原国家环保局作出的法规解释，如与新颁布的环境保护法律、行政法规或者部门规章不一致的，原已作出的法规解释自动失效。

第十六条 国家环境保护总局应适时对法规解释文件进行清理。对需要修改、补充或者废止的法规解释，参照本办法有关制定解释的程序办理。

第十七条 环境保护国家标准、行业标准由国家环境保护总局负责解释，并由总局标准部门参照本办法规定的程序组织办理。

第十八条 地方环境保护行政主管部门请示或者其他国家机关建议国家环保总局解释的问题，如不属于环境保护法规解释的范围，由有关司（办）按职责分工办理。

第十九条 环境保护地方性法规、地方政府规章和地方标准的解释，由地方环境保护行政主管部门按规定的权限，参照本办法办理。

第二十条 本办法自发布之日起施行。

关于进一步规范环境保护法规解释工作的通知

（国家环保总局2001年10月8日　环发［2001］164号）

各省、自治区、直辖市环境保护局（厅）：

国家环保总局《环境保护法规解释办法》（总局令第1号）发布以来，各地环保部门就环境执法中法律、行政法规、规章（以下统称法规）具体应用问题提出的请示明显增加，我局针对地方提出的请示相应作出了一系列环保法规解释。

按照《全国人民代表大会常务委员会关于加强法律解释工作的决议》、《国务院办公厅关于行政法规解释权限和程序的规定》和国家环保总局《环境保护法规解释办法》的规定，我局针对某地提出的某个环境法规适用问题所作的法规解释，不仅直接适用于该地方、该问题，解释文件提出的法规适用原则，也适用于其他地方的同类问题。

实践证明，由于法规解释文件具有普遍适用性和反复适用性，我局制定的环保法规解释对于指导地方环保部门的环境执法，促使相对人自觉遵守环境法律义务，减少不必要的执法争议，推动有关环境诉讼案件的顺利进行，发挥了积极的指导作用。

但是一些地方环保部门在向我局提出法规解释的请示文件时存在不够规范的问题，影响了文件的办理和答复。主要表现为：

一、县（区）级、市（地）级环保局越过省级环保部门直接向国家环保总局请示的现象比较普遍。

二、地方环保局来文请示中只提问题，没有对此问题研究之后的意见。

三、许多请示涉及行政处罚、复议和诉讼案件，但请示不附任何背景材料，使我局难以对法规适用问题进行研究和答复。

四、违反《行政机关公文处理办法》（国务院2000年8月24日发布）关于报告中不得含有请示内容的规定，以报告代替请示。

五、违反《行政机关公文处理办法》关于一事一请示的规定，一份请示提出多个问题要求解释，影响及时答复。

六、有的请示文件没有标题、没有文号，有的还以电话、传真甚至个人名义来信要求解释。有的没有按规定注明联系人，不便于总局研究时进一步了解具体情况。

为了进一步规范和加强环境保护法规解释工作，针对存在的问题，现提出或重申如下要求：

一、严格按照国务院2000年8月24日发布的《国家行政机关公文处理办法》的有关规定，地方环保部门请求总局解释应当逐级提出请示，县（区）级、市（地）级环保局不应越过省级环保部门直接向我局提出请示。特殊情况确需越级请示的，必须同时抄报被越级的省环保部门。

二、各省级环保局（厅）在给我局的请示来文中，在提出问题的同时，必须有研究之后的意见，有多种不同意见的应提出倾向性意见；省级环保局（厅）对基层环保局逐级提出的请示，必须经过研究，认为确有必要向我局请示的，应提出省局研究之后的意见。

三、涉及环境行政处罚、复议或者诉讼案件的请示，必须附有相关背景材料。

四、不得在报告中夹带请示内容，不得以报告代替请示。

五、严格遵守一事一请示的规定，不应在一份请示中同时提出多个问题。

六、请示文件必须是正式文件，不得以电话、传真、复印件或其他不规范的方式提出请示，以不规范方式提出的请示，我局将不予受理。

七、为便于我局在研究答复过程中补充了解有关情况，请示文件应按规定注明联系人和联系方法，联系人应为熟悉情况的负责人。

【行政处罚】

中华人民共和国行政处罚法

（1996年3月17日第八届全国人民代表大会第四次会议通过，
1996年3月17日中华人民共和国主席令第63号公布，自1996年10月1日起施行）

第一章　总　则

第一条　为了规范行政处罚的设定和实施，保障和监督行政机关有效实施行政管理，维护公共利益和社会秩序，保护公民、法人或者其他组织的合法权益，根据宪法，制定本法。

第二条　行政处罚的设定和实施，适用本法。

第三条　公民、法人或者其他组织违反行政管理秩序的行为，应当给予行政处罚的，依照本法由法律、法规或者规章规定，并由行政机关依照本法规定的程序实施。

没有法定依据或者不遵守法定程序的，行政处罚无效。

第四条　行政处罚遵循公正、公开的原则。

设定和实施行政处罚必须以事实为依据，与违法行为的事实、性质、情节以及社会危害程度相当。

对违法行为给予行政处罚的规定必须公布；未经公布的，不得作为行政处罚的依据。

第五条　实施行政处罚，纠正违法行为，应当坚持处罚与教育相结合，教育公民、法人或者其他组织自觉守法。

第六条　公民、法人或者其他组织对行政机关所给予的行政处罚，享有陈述权、申辩权；对行政处罚不服的，有权依法申请行政复议或者提起行政诉讼。

公民、法人或者其他组织因行政机关违法给予行政处罚受到损害的，有权依法提出赔偿要求。

第七条　公民、法人或者其他组织因违法受到行政处罚，其违法行为对他人造成损害的，应当依法承担民事责任。

违法行为构成犯罪，应当依法追究刑事责任，不得以行政处罚代替刑事处罚。

第二章　行政处罚的种类和设定

第八条　行政处罚的种类：

（一）警告；

（二）罚款；

（三）没收违法所得、没收非法财物；

（四）责令停产停业；

（五）暂扣或者吊销许可证、暂扣或者吊销执照；

（六）行政拘留；

（七）法律、行政法规规定的其他行政处罚。

第九条 法律可以设定各种行政处罚。

限制人身自由的行政处罚，只能由法律设定。

第十条 行政法规可以设定除限制人身自由以外的行政处罚。

法律对违法行为已经作出行政处罚规定，行政法规需要作出具体规定的，必须在法律规定的给予行政处罚的行为、种类和幅度的范围内规定。

第十一条 地方性法规可以设定除限制人身自由、吊销企业营业执照以外的行政处罚。

法律、行政法规对违法行为已经作出行政处罚规定，地方性法规需要作出具体规定的，必须在法律、行政法规规定的给予行政处罚的行为、种类和幅度的范围内规定。

第十二条 国务院部、委员会制定的规章可以在法律、行政法规规定的给予行政处罚的行为、种类和幅度的范围内作出具体规定。

尚未制定法律、行政法规的，前款规定的国务院部、委员会制定的规章对违反行政管理秩序的行为，可以设定警告或者一定数量罚款的行政处罚。罚款的限额由国务院规定。

国务院可以授权具有行政处罚权的直属机构依照本条第一款、第二款的规定，规定行政处罚。

第十三条 省、自治区、直辖市人民政府和省、自治区人民政府所在地的市人民政府以及经国务院批准的较大的市人民政府制定的规章可以在法律、法规规定的给予行政处罚的行为、种类和幅度的范围内作出具体规定。

尚未制定法律、法规的，前款规定的人民政府制定的规章对违反行政管理秩序的行为，可以设定警告或者一定数量罚款的行政处罚。罚款的限额由省、自治区、直辖市人民代表大会常务委员会规定。

第十四条 除本法第九条、第十条、第十一条、第十二条以及第十三条的规定外，其他规范性文件不得设定行政处罚。

第三章　行政处罚的实施机关

第十五条 行政处罚由具有行政处罚权的行政机关在法定职权范围内实施。

第十六条 国务院或者经国务院授权的省、自治区、直辖市人民政府可以决定一个行政机关行使有关行政机关的行政处罚权，但限制人身自由的行政处罚权只能由公安机关行使。

第十七条 法律、法规授权的具有管理公共事务职能的组织可以在法定授权范围内实施行政处罚。

第十八条 行政机关依照法律、法规或者规章的规定，可以在其法定权限内委托符合本法第十九条规定条件的组织实施行政处罚。行政机关不得委托其他组织或者个人实施行政处罚。

委托行政机关对受委托的组织实施行政处罚的行为应当负责监督，并对该行为的后果承担法律责任。

受委托组织在委托范围内，以委托行政机关名义实施行政处罚；不得再委托其他任何组织或者个人实施行政处罚。

第十九条 受委托组织必须符合以下条件：

（一）依法成立的管理公共事务的事业组织；

（二）具有熟悉有关法律、法规、规章和业务的工作人员；

（三）对违法行为需要进行技术检查或者技术鉴定的，应当有条件组织进行相应的技术检查或者技术鉴定。

第四章　行政处罚的管辖和适用

第二十条 行政处罚由违法行为发生地的县级以上地方人民政府具有行政处罚权的行政机关管辖。法律、行政法规另有规定的除外。

第二十一条 对管辖发生争议的，报请共同的上一级行政机关指定管辖。

第二十二条 违法行为构成犯罪的，行政机关必须将案件移送司法机关，依法追究刑事责任。

第二十三条 行政机关实施行政处罚时，应当责令当事人改正或者限期改正违法行为。

第二十四条 对当事人的同一个违法行为，不得给予两次以上罚款的行政处罚。

第二十五条 不满十四周岁的人有违法行为的，不予行政处罚，责令监护人加以管教；已满十四周岁不满十八周岁的人有违法行为的，从轻或者减轻行政处罚。

第二十六条 精神病人在不能辨认或者不能控制自己行为时有违法行为的，不予行政处罚，但应当责令其监护人严加看管和治疗。间歇性精神病人在精神正常时有违法行为的，应当给予行政处罚。

第二十七条 当事人有下列情形之一的，应当依法从轻或者减轻行政处罚：

（一）主动消除或者减轻违法行为危害后果的；

（二）受他人胁迫有违法行为的；

（三）配合行政机关查处违法行为有立功表现的；

（四）其他依法从轻或者减轻行政处罚的。

违法行为轻微并及时纠正，没有造成危害后果的，不予行政处罚。

第二十八条 违法行为构成犯罪，人民法院判处拘役或者有期徒刑时，行政机关已经给予当事人行政拘留的，应当依法折抵相应刑期。

违法行为构成犯罪，人民法院判处罚金时，行政机关已经给予当事人罚款的，应当折抵相应罚金。

第二十九条 违法行为在二年内未被发现的，不再给予行政处罚。法律另有规定的除外。

前款规定的期限，从违法行为发生之日起计算；违法行为有连续或者继续状态的，从行为终了之日起计算。

第五章 行政处罚的决定

第三十条 公民、法人或者其他组织违反行政管理秩序的行为，依法应当给予行政处罚的，行政机关必须查明事实；违法事实不清的，不得给予行政处罚。

第三十一条 行政机关在作出行政处罚决定之前，应当告知当事人作出行政处罚决定的事实、理由及依据，并告知当事人依法享有的权利。

第三十二条 当事人有权进行陈述和申辩。行政机关必须充分听取当事人的意见，对当事人提出的事实、理由和证据，应当进行复核；当事人提出的事实、理由或者证据成立的，行政机关应当采纳。

行政机关不得因当事人申辩而加重处罚。

第一节 简易程序

第三十三条 违法事实确凿并有法定依据，对公民处以五十元以下、对法人或者其他组织处以一千元以下罚款或者警告的行政处罚的，可以当场作出行政处罚决定。当事人应当依照本法第四十六条、第四十七条、第四十八条的规定履行行政处罚决定。

第三十四条 执法人员当场作出行政处罚决定的，应当向当事人出示执法身份证件，填写预定格式、编有号码的行政处罚决定书。行政处罚决定书应当当场交付当事人。

前款规定的行政处罚决定书应当载明当事人的违法行为、行政处罚依据、罚款数额、时间、地点以及行政机关名称，并由执法人员签名或者盖章。

执法人员当场作出的行政处罚决定，必须报所属行政机关备案。

第三十五条 当事人对当场作出的行政处罚决定不服的，可以依法申请行政复议或者提起行政诉讼。

第二节 一般程序

第三十六条 除本法第三十三条规定的可以当场作出的行政处罚外，行政机关发现公民、法人或者其他组织有依法应当给予行政处罚的行为的，必须全面、客观、公正地调查，收集有关证据；必要时，依照法律、法规的规定，可以进行检查。

第三十七条 行政机关在调查或者进行检查时，执法人员不得少于两人，并应当向当事人或者有关人员出示证件。当事人或者有关人员应当如实回答询问，并协助调查或者检查，不得阻挠。询问或者检查应当制作笔录。

行政机关在收集证据时，可以采取抽样取证的方法；在证据可能灭失或者以后难以取得的情况下，经行政机关负责人批准，可以先行登记保存，并应当在七日内及时作出处理决定，在此期间，当事人或者有关人员不得销毁或者转移证据。

执法人员与当事人有直接利害关系的，应当回避。

第三十八条 调查终结，行政机关负责人应当对调查结果进行审查，根据不同情况，分别作出如下决定：

（一）确有应受行政处罚的违法行为的，根据情节轻重及具体情况，作出行政处罚决定；

（二）违法行为轻微，依法可以不予行政处罚的，不予行政处罚；

（三）违法事实不能成立的，不得给予行政处罚；

（四）违法行为已构成犯罪的，移送司法机关。

对情节复杂或者重大违法行为给予较重的行政处罚，行政机关的负责人应当集体讨论决定。

第三十九条 行政机关依照本法第三十八条的规定给予行政处罚，应当制作行政处罚决定书。行政处罚决定书应当载明下列事项：

（一）当事人的姓名或者名称、地址；

（二）违反法律、法规或者规章的事实和证据；

（三）行政处罚的种类和依据；

（四）行政处罚的履行方式和期限；

（五）不服行政处罚决定，申请行政复议或者提起行政诉讼的途径和期限；

（六）作出行政处罚决定的行政机关名称和作出决定的日期。

行政处罚决定书必须盖有作出行政处罚决定的行政机关的印章。

第四十条 行政处罚决定书应当在宣告后当场交付当事人；当事人不在场的，行政机关应当在七日内依照民事诉讼法的有关规定，将行政处罚决定书送达当事人。

第四十一条 行政机关及其执法人员在作出行政处罚决定之前，不依照本法第三十一条、第三十二条的规定向当事人告知给予行政处罚的事实、理由和依据，或者拒绝听取当事人的陈述、申辩，行政处罚决定不能成立；当事人放弃陈述或者申辩权利的除外。

第三节 听证程序

第四十二条 行政机关作出责令停产停业、吊销许可证或者执照、较大数额罚款等行政处罚决定之前，应当告知当事人有要求举行听证的权利；当事人要求听证的，行政机关应当组织听证。当事人不承担行政机关组织听证的费用。听证依照以下程序组织：

（一）当事人要求听证的，应当在行政机关告知后三日内提出；

（二）行政机关应当在听证的七日前，通知当事人举行听证的时间、地点；

（三）除涉及国家秘密、商业秘密或者个人隐私外，听证公开举行；

（四）听证由行政机关指定的非本案调查人员主持；当事人认为主持人与本案有直接利害关系的，有权申请回避；

（五）当事人可以亲自参加听证，也可以委托一至二人代理；

（六）举行听证时，调查人员提出当事人违法的事实、证据和行政处罚建议；当事人进行申辩和质证；

（七）听证应当制作笔录；笔录应当交当事人审核无误后签字或者盖章。

当事人对限制人身自由的行政处罚有异议的，依照治安管理处罚条例有关规定执行。

第四十三条 听证结束后，行政机关依照本法第三十八条的规定，作出决定。

第六章 行政处罚的执行

第四十四条 行政处罚决定依法作出后，当事人应当在行政处罚决定的期限内，予以履行。

第四十五条 当事人对行政处罚决定不服申请行政复议或者提起行政诉讼的，行政处罚不停止执行，法律另有规定的除外。

第四十六条 作出罚款决定的行政机关应当与收缴罚款的机构分离。

除依照本法第四十七条、第四十八条的规定当场收缴的罚款外，作出行政处罚决定的行政机关及其执法人员不得自行收缴罚款。

当事人应当自收到行政处罚决定书之日起十五日内，到指定的银行缴纳罚款。银行应当收受罚款，并将罚款直接上缴国库。

第四十七条 依照本法第三十三条的规定当场作出行政处罚决定，有下列情形之一的，执法人员可以当场收缴罚款：

（一）依法给予二十元以下的罚款的；

（二）不当场收缴事后难以执行的。

第四十八条 在边远、水上、交通不便地区，行政机关及其执法人员依照本法第三十三条、第三十八条的规定作出罚款决定后，当事人向指定的银行缴纳罚款确有困难，经当事人提出，行政机关及其执法人员可以当场收缴罚款。

第四十九条 行政机关及其执法人员当场收缴罚款的，必须向当事人出具省、自治区、直辖市财政部门统一制发的罚款收据；不出具财政部门统一制发的罚款收据的，当事人有权拒绝缴纳罚款。

第五十条 执法人员当场收缴的罚款，应当自收缴罚款之日起二日内，交至行政机关；在水上当场收缴的罚款，应当自抵岸之日起二日内交至行政机关；行政机关应当在二日内将罚款缴付指定的银行。

第五十一条 当事人逾期不履行行政处罚决定的，作出行政处罚决定的行政机关可以采取下列措施：

（一）到期不缴纳罚款的，每日按罚款数额的百分之三加处罚款；

（二）根据法律规定，将查封、扣押的财物拍卖或者将冻结的存款划拨抵缴罚款；

（三）申请人民法院强制执行。

第五十二条 当事人确有经济困难，需要延期或者分期缴纳罚款的，经当事人申请和行政机关批准，可以暂缓或者分期缴纳。

第五十三条 除依法应当予以销毁的物品外，依法没收的非法财物必须按照国家规定公开拍卖或者按照国家有关规定处理。

罚款、没收违法所得或者没收非法财物拍卖的款项，必须全部上缴国库，任何行政机关或者个人不得以任何形式截留、私分或者变相私分；财政部门不得以任何形式向作出行政处罚决定的行政机关返还罚款、没收的违法所得或者返还没收非法财物的拍卖款项。

第五十四条 行政机关应当建立健全对行政处罚的监督制度。县级以上人民政府应当加强对行政处罚的监督检查。

公民、法人或者其他组织对行政机关作出的行政处罚，有权申诉或者检举；行政机关应当认真审查，发现行政处罚有错误的，应当主动改正。

第七章 法律责任

第五十五条 行政机关实施行政处罚，有下列情形之一的，由上级行政机关或者有关部门责令改正，可以对直接负责的主管人员和其他直接责任人员依法给予行政处分：

（一）没有法定的行政处罚依据的；

（二）擅自改变行政处罚种类、幅度的；

（三）违反法定的行政处罚程序的；

（四）违反本法第十八条关于委托处罚的规定的。

第五十六条 行政机关对当事人进行处罚不使用罚款、没收财物单据或者使用非法定部门制发的罚款、没收财物单据的，当事人有权拒绝处罚，并有权予以检举。上级行政机关或者有关部门对使用的非法单据予以收缴销毁，对直接负责的主管人员和其他直接责任人员依法给予行政处分。

第五十七条 行政机关违反本法第四十六条的规定自行收缴罚款的，财政部门违反本法第五十三条的规定向行政机关返还罚款或者拍卖款项的，由上级行政机关或者有关部门责令改正，对直接负责的主管人员和其他直接责任人员依法给予行政处分。

第五十八条 行政机关将罚款、没收的违法所得或者财物截留、私分或者变相私分的，由财政部门或者有关部门予以追缴，对直接负责的主管人员和其他直接责任人员依法给予行政处分；情节严重构成犯罪的，依法追究刑事责任。

执法人员利用职务上的便利，索取或者收受他人财物、收缴罚款据为己有，构成犯罪的，依法追究刑事责任；情节轻微不构成犯罪的，依法给予行政处分。

第五十九条 行政机关使用或者损毁扣押的财物，对当事人造成损失的，应当依法予以赔偿，对直接负责的主管人员和其他直接责任人员依法给予行政处分。

第六十条 行政机关违法实行检查措施或者执行措施，给公民人身或者财产造成损害、给法人或者其他组织造成损失的，应当依法予以赔偿，对直接负责的主管人员和其他直接责任人员依法给予行政处分；情节严重构成犯罪的，依法追究刑事责任。

第六十一条 行政机关为牟取本单位私利，对应当依法移交司法机关追究刑事责任的不移交，以行政处罚代替刑罚，由上级行政机关或者有关部门责令纠正；拒不纠正的，对直接负责的主管人员给予行政处分；徇私舞弊、包庇纵容违法行为的，比照刑法第一百八十八条的规定追究刑事责任。

第六十二条 执法人员玩忽职守，对应当予以制止和处罚的违法行为不予制止、处罚，致使公民、法人或者其他组织的合法权益、公共利益和社会秩序遭受损害的，对直接负责的主管人员和其他直接责任人员依法给予行政处分；情节严重构成犯罪的，依法追究刑事责任。

第八章　附　则

第六十三条　本法第四十六条罚款决定与罚款收缴分离的规定，由国务院制定具体实施办法。

第六十四条　本法自1996年10月1日起施行。

本法公布前制定的法规和规章关于行政处罚的规定与本法不符合的，应当自本法公布之日起，依照本法规定予以修订，在1997年12月31日前修订完毕。

附：刑法有关条文

第一百八十八条　司法工作人员徇私舞弊，对明知是无罪的人而使他受追诉、对明知是有罪的人而故意包庇不使他受追诉，或者故意颠倒黑白做枉法裁判的，处5年以下有期徒刑、拘役或者剥夺政治权利；情节特别严重的，处5年以上有期徒刑。

国务院关于贯彻实施《中华人民共和国行政处罚法》的通知

（1996年4月15日国务院发布）

各省、自治区、直辖市人民政府，国务院各部委、各直属机构：

《中华人民共和国行政处罚法》（以下简称行政处罚法）将于1996年10月1日起施行。这是我国社会主义民主与法制建设的一件大事，对于规范行政机关行为、促进依法行政、改进行政管理工作、加强廉政建设、维护社会秩序和公共利益，对于保护公民、法人和其他组织的合法权益，都有重要意义。保证行政处罚法全面、正确地实施并以此促进各级政府和政府各部门严格依法行政，是各级行政机关的一项重要职责，也是政府法制建设的一项重要任务。地方各级人民政府、国务院各部门对行政处罚法的施行要予以高度重视，切实做好各项准备工作。为此，特作如下通知：

一、认真学习行政处罚法，充分认识实施行政处罚法对行政机关产生的影响

行政处罚法是规范政府行为的一部重要法律，与行政机关的关系重大，其所确立的行政处罚设定权制度、实施行政处罚的主体资格制度、相对集中行政处罚权制度、听证制度、罚款决定与罚款收缴相分离制度、政府对行政处罚的监督制度等，是对现行行政处罚制度的重大改革，对改革政府机构、转变政府职能和加强政府法制建设都将产生深远影响。各级行政机关工作人员、特别是领导干部，都要以积极的态度认真学习行政处罚法，充分认识实施行政处罚法的重要意义。各地方、各部门要本着学用结合的原则，抓紧对行政执法人员的培训，使行政执法人员掌握行政处罚法的规定。政府法制工作机构要在本级政府或者本部门的统一领导下，具体组织本地方、本部门的培训工作。同时，各地方、各部门要利用宣传舆论工具，采取生动有效的形式，向人民群众宣传行政处罚法，形成学法、知法、守法和人民群众依法维护自己合法权益的舆论和环境。

二、抓紧做好规章的修订工作

根据行政处罚法的规定，行政处罚只能由法律、法规或者规章设定，其他规范性文件不得设定行政处罚；规章只能设定警告或者一定数量的罚款；对违法行为给予行政处罚的规定必须公布，未经公布的，不得作为行政处罚的依据。据此，现行许多规章都要依照行政处罚法的规定予以修改或者废止，许多规范性文件设定的行政处罚将要失去效力。各地方、各部门要从维护国家法制的统一和尊严的高度，抓紧清理规章，对确实需要制定行政法规或者地方性法规的，要抓紧总结经验，依法上升为行政法规或者地方性

法规；对规章中个别行政处罚条款超过行政处罚法规定而行政管理又需要的，应当报经国务院批准或者省、自治区、直辖市人大常委会批准。其他规范性文件设定的行政处罚，自行政处罚法施行之日起，一律无效。

修订规章的工作要在 1997 年 12 月 31 日前完成。在这之前，现行规章已规定的行政处罚仍然有效。但是，行政处罚法施行后制定的规章新设定行政处罚，必须依照行政处罚法的规定执行。国务院各部门制定的规章对非经营活动中的违法行为设定罚款不得超过 1 000 元；对经营活动中的违法行为，有违法所得的，设定罚款不得超过违法所得的 3 倍，但是最高不得超过 30 000 元，没有违法所得的，设定罚款不得超过 10 000 元；超过上述限额的，应当报国务院批准。地方政府规章设定罚款的限额，由省、自治区、直辖市人大常委会规定，可以不受上述规定的限制。

三、依法清理行政执法机构，高度重视行政执法队伍建设

根据行政处罚法规定，行政处罚原则上只能由行政机关实施，非行政机关的企业、事业单位未经法律、法规授权，不得行使行政处罚权；没有法律、法规或者规章的明确规定，行政机关不得委托事业组织实施行政处罚。各地方、各部门对这一规定要高度重视，抓紧清理现行各类行政执法机构，凡是行政机关内设机构以自己名义实施行政处罚的，或者法律、法规以外的其他规范性文件授权组织实施行政处罚的，或者没有法律、法规、规章依据行政机关自行委托组织实施行政处罚的，都要尽快予以纠正。今后，各地方、各部门设立新的执法机构，必须符合法定条件，哪个地方、哪个部门出现不符合法定条件的机关或者组织实施行政处罚的情况，要追究哪个地方或者部门领导的责任。

当前，行政执法队伍中，有些人员的素质不高，有的以权谋私，不给好处不办事，给了好处乱办事，有的甚至贪赃枉法，走上了犯罪道路；有的地方、部门聘用合同工、临时工从事执法工作，经费和其他保障条件又不具备，导致执法人员的整体素质下降，影响政府形象。各地方、各部门对此必须引起高度注意，把建立高效、廉洁的执法队伍，作为贯彻实施行政处罚法、提高依法行政水平的关键工作来抓，切实抓出成效。要对执法人员加强党性教育、法制教育，使其增强工作责任心和依法办事的自觉性；加强对执法人员的资格、证件和着装管理，停止合同工、临时工从事行政处罚工作。

四、加强对行政处罚的监督工作

行政处罚法明确规定，行政机关应当建立、健全对行政处罚的监督制度；县级以上人民政府应当加强对行政处罚的监督检查。各地方、各部门要结合本地区、本部门的实际情况落实这一规定，建立和健全规范性文件、重大行政处罚的备案制度以及公民、法人和其他组织对行政处罚的申诉和检举制度、行政处罚决定制度、行政处罚统计制度等。同时，要严格执行规章备案制度和行政复议条例，及时纠正违法设定和实施行政处罚的行为。

县级以上地方人民政府加强对行政处罚的监督检查，是上级政府对下级政府、政府对其所属各部门行使监督权的重要形式，也是政府的一项重要责任。县级以上地方人民政府要把对行政处罚的监督检查作为政府工作的一项重要内容，切实抓紧、抓好，务必

抓出成效。要把行政处罚的设定权、实施行政处罚的主体资格、当场处罚、罚款决定与罚款收缴的分离等制度的执行情况作为重点进行检查，对检查中发现的问题，要采取有力措施，坚决予以纠正。各级地方人民政府及其各部门的法制工作机构要根据本级政府或者本部门的统一部署，具体组织、承担对行政处罚的监督检查工作。

五、积极探索建立有利于提高行政执法的权威和效率的行政执法体制

各省、自治区、直辖市人民政府要认真做好相对集中行政处罚权的试点工作，结合本地方实际提出调整行政处罚权的意见，报国务院批准后施行；国务院各部门要认真研究适应社会主义市场经济要求的行政执法体制，支持省、自治区、直辖市人民政府做好相对集中行政处罚权工作。各地方、各部门都要认真执行听证制度、调查取证与处罚决定分开制度、罚款决定与罚款收缴分离制度，要根据行政处罚法的规定确定听证的范围，明确主持听证的人员，制定听证规则；确定行政机关内部比较超脱的机构对调查结果进行初步审查；改革行政执法机关经费管理体制，改变行政处罚与行政执法机关及其执法人员的利益直接挂钩的做法。

六、以贯彻实施行政处罚法为契机，把政府法制工作提高到新的水平

经八届全国人大四次会议批准的《国民经济和社会发展“九五”计划和 2010 年远景目标纲要》明确提出：“依法治国，建设社会主义法制国家。”这是实现国家长治久安的重要保证，对政府法制工作也提出了新的更高要求。各级政府和政府各部门都要充分认识做好新时期政府法制工作的重要性，切实加强对政府法制工作的领导，把加强政府法制建设真正提到政府工作的重要位置，列入重要议程。当前，要通过实施行政处罚法，使政府的立法工作、执法工作和执法监督工作等再上一个新台阶，提高依法行政的水平。

加强政府法制工作，实施行政处罚法，必须有一支政治素质和业务素质较高的政府法制工作专业队伍。县级以上地方人民政府及其各部门，都要采取切实有效的措施加强政府法制工作机构，使政府法制工作机构的设置和人员配备同本地区、本部门的政府法制工作任务相适应，为他们开展工作创造必要条件，充分发挥他们在政府工作中的参谋、助手作用。

各地方、各部门接到本通知后，要结合本地方、本部门的实际情况，认真研究、落实。有关重要情况和问题及时告之国务院法制局。

国家环保局关于贯彻实施《中华人民共和国行政处罚法》的通知

（1996年9月6日）

各省、自治区、直辖市及计划单列市环境保护局：

《中华人民共和国行政处罚法》（以下简称“行政处罚法”）将于1996年10月1日起施行。为保证行政处罚法全面、正确地实施，国务院发出了《国务院关于贯彻实施〈中华人民共和国行政处罚法〉的通知》，要求国务院各部门对行政处罚法的施行予以高度重视，切实做好各项准备工作。根据环保行政执法的实际情况，现就环保部门贯彻实施行政处罚法的有关问题通知如下：

一、认真组织学习行政处罚法，培训环境行政执法人员

行政处罚法是规范政府行为的一部重要法律。该法确立的关于行政处罚的一系列原则和制度，对提高行政机关依法行政的水平具有重要的指导意义。各级环保部门应积极组织环境管理工作人员，特别是领导干部和执法人员，结合环保行政执法的实际情况，认真学习行政处罚法，充分认识实施行政处罚法的重要意义，熟悉并掌握行政处罚法的具体规定。同时，要对环保行政执法人员进行行政处罚法的专题培训。各级环保部门的法制工作机构要在本部门领导的安排下，制定切实可行的学习和培训计划，并组织实施和考核。

二、抓紧做好环境保护规范性文件的清理工作

行政处罚法对行政处罚的设定权限作了严格规定，并要求对不符合行政处罚法规定的法规或规章进行修订。各级环保部门要按照当地人大常委会和人民政府的统一部署，做好地方环保法规或政府规章的清理工作，并提出修订的建议。

三、把环境监理队伍建设与贯彻行政处罚法紧密结合起来，切实加强环境监理执法队伍的建设

行政处罚法对行政处罚的实施机关以及管理公共事务的组织基于法定授权或者基于行政机关的委托实施行政处罚的条件均作了明确规定。国务院的通知要求各部门抓紧清理现行各类行政执法机构，并对不符合法定条件的机关或者组织实施行政处罚的情况尽快予以纠正。

目前，全国环保系统存在环境监理机构行使部分环境监督管理权的情况。环境监理

机构是各级环保部门为改变环境保护现场执法力量薄弱的状况，根据国务院有关决定的要求建立的环境保护现场执法队伍，迄今全国已经建立各级环境监理机构 2000 多个，监理人员 20000 余人。我局先后发布了《环境监理工作暂行办法》、《环境监理标志管理办法》和《环境监理人员行为规范》等规章。各级环保部门应根据行政处罚法、国务院有关决定以及我局有关规章的规定，加强对所属环境监理机构的建设。为此，应切实加强对环境监理人员的管理，并按照监理人员行为规范的要求，开展监理岗位培训，监理人员非经岗位培训并考核合格不得上岗，对少数徇私枉法、滥用职权的监理人员必须严肃处理直至清理出监理队伍。同时，还应加强对环境监理执法证件和着装的管理。

关于环境监理机构能否实施行政处罚的问题，目前应遵循如下原则：第一，凡地方环保法规授权环境监理机构实施行政处罚的，按地方环保法规的授权规定执行；第二，地方各级环境保护行政主管部门根据国务院有关决定和国家环保局有关规章的规定，可以在其法定权限内委托环境监理机构实施行政处罚。根据行政处罚法的规定，受委托的环境监理机构应以环境保护行政主管部门的名义行使行政处罚权；环境保护行政主管部门对受委托的环境监理机构实施行政处罚的行为应当负责监督，并对该行为的后果承担法律责任，及时纠正不当的行政处罚行为。

四、建立、健全行政处罚的具体程序和工作制度，逐步完善环境行政执法程序和制度

各级环保部门应结合实际情况，加强对环境行政处罚的监督管理，建立并实行环境行政处罚的集体讨论决定制度、调查取证与处罚决定分开制度、行政处罚文书制度、罚示决定与罚款收缴分离制度、重大行政处罚的听证和备案制度、行政处罚统计制度以及公民、法人和其他组织的申诉和检举等制度。环保部门内部的法制工作机构或其他比较超脱的机构，应承担起对违法案件调查结果进行初步审查和对重大案件依法主持听证的职责，并就行政处罚的法律适用提出意见，供集体讨论决定。

各级环保部门应加强对已实施的行政处罚行为的检查，并把行政处罚的设定权、实施行政处罚的主体资格、当场处罚、行政处罚的集体讨论决定、罚款决定与罚款收缴的分离等制度的执行情况作为检查重点，对检查中发现的问题，要采取有力措施，予以纠正。各级环保部门的法制工作机构，应具体组织、承担对行政处罚的监督检查工作。

各省、自治区、直辖市及计划单列市环保局应于 1997 年 6 月底前，将贯彻落实本通知的措施、环境行政处罚行为的检查情况及实施环境行政处罚过程中的经验和问题报告我局。

环境保护行政处罚办法

（国家环保总局令第7号，1999年8月6日发布施行）

第一章　总　则

第一条　为了规范环境保护行政处罚行为，保障和监督环境保护行政主管部门有效实施环境管理，保护公民、法人或者其他组织的合法权益，根据《中华人民共和国行政处罚法》和有关法律、法规，制定本办法。

第二条　环境保护行政处罚的种类：

（一）警告；

（二）罚款；

（三）没收违法所得；

（四）责令停止生产或者使用；

（五）吊销许可证或者其他具有许可性质的证书；

（六）环境保护法律、法规规定的其他种类的行政处罚。

第三条　环境保护行政主管部门对环境违法行为查证属实后，应当责令当事人改正或者限期改正，并依法给予行政处罚。

第四条　环境保护行政主管部门实施行政处罚，以环境保护法律、法规和规章为依据。

第五条　实施环境保护行政处罚必须遵循公正、公开的原则，坚持处罚与教育相结合。

环境保护行政处罚实行调查取证与决定处罚分开。

第六条　对同一环境违法行为，不得给予两次以上罚款的行政处罚。

环境保护行政主管部门作出罚款处罚，实行决定罚款与收缴罚款分离。

第七条　环境保护行政主管部门在对环境违法行为实施处罚时，应当在法定的处罚种类和幅度范围内，综合考虑以下情节：

（一）当事人的过错程度；

（二）违法行为造成的危害后果；

（三）当事人改正违法行为的态度和所采取的改正措施；

（四）当事人的违法行为是初犯还是再犯。

第八条　县级以上环境保护行政主管部门的法制工作机构，统一管理本部门的环境保护行政处罚工作。

第二章　行政处罚的实施主体与管辖

第九条　县级以上环境保护行政主管部门在法定职权范围内实施环境保护行政处罚。

第十条　环境保护行政主管部门可以在其法定职权范围内委托环境监理机构实施行政处罚。受委托的环境监理机构在委托范围内，以委托其处罚的环境保护行政主管部门名义实施行政处罚。

委托处罚的环境保护行政主管部门，负责监督受委托的环境监理机构实施行政处罚的行为，并对该行为的后果承担法律责任。

第十一条　县级以上地方环境保护行政主管部门管辖本行政区域的环境保护行政处罚案件。

第十二条　下列环境保护行政处罚案件，由本条规定的环境保护行政主管部门管辖：

（一）对违反环境影响评价制度，或者需要配套建设的环境保护设施未与主体工程同时投入使用的建设项目的行政处罚，由负责审批该项目环境影响报告书（表）或者环境影响登记表的环境保护行政主管部门决定。

（二）对逾期未完成限期治理任务的企业事业单位的罚款处罚，由作出限期治理决定的人民政府所属的环境保护行政主管部门决定。

（三）对无经营许可证或者不按照经营许可证的规定从事危险废物经营活动的行政处罚，由负责发证的环境保护行政主管部门决定。

第十三条　造成跨行政区域污染的行政处罚案件的管辖，由污染行为发生地和污染结果发生地的环境保护行政主管部门协商；协商不成的，报请共同的上一级环境保护行政主管部门指定管辖。

两个以上环境保护行政主管部门都有管辖权的行政处罚案件，由最先发现或者最先接到举报的环境保护行政主管部门管辖。

第十四条　对行政处罚案件的管辖权发生争议时，争议双方应报请共同的上一级环境保护行政主管部门指定管辖。

第十五条　下级环境保护行政主管部门对其管辖范围内的行政处罚案件实施处罚有困难的，可以报请上级环境保护行政主管部门指定管辖。

上级环境保护行政主管部门认为下级环境保护行政主管部门实施处罚确有困难或者不能独立行使处罚权的，经通知下级环境保护行政主管部门和当事人，可以对下级环境保护行政主管部门管辖范围内的案件直接实施行政处罚。

上级环境保护行政主管部门可以将其管辖范围内的案件交由下级环境保护行政主管部门直接实施行政处罚。

第十六条　环境保护法律、法规规定不属于环境保护行政主管部门管辖的案件，应当移送有管辖权的部门管辖。

第十七条　地方各级环境保护行政主管部门实施罚款处罚的权限，适用如下规定：

（一）县级人民政府环境保护行政主管部门可处以 1 万元以下的罚款，超过 1 万元的罚款，报上一级环境保护行政主管部门批准。

（二）省辖市级人民政府环境保护行政主管部门可处以 5 万元以下的罚款，超过 5 万元的罚款，报上一级环境保护行政主管部门批准。

（三）省、自治区、直辖市人民政府环境保护行政主管部门可处以 20 万元以下的罚款。

国家环保总局实施罚款处罚的权限，适用环境保护法律、行政法规的规定。

第三章　行政处罚的程序

第一节　简易程序

第十八条　环境保护行政主管部门对违法事实确凿、情节轻微并有法定依据，对公民处以 50 元以下、对法人或者其他组织处以 1000 元以下罚款或者警告的行政处罚，可以当场作出行政处罚决定。

第十九条　当场作出行政处罚决定时，环境保护执法人员不得少于两人，并应遵守下列简易程序：

（一）执法人员应向当事人出示行政执法证件；

（二）现场查清当事人的违法事实，并制作现场检查笔录；

（三）向当事人说明违法的事实、行政处罚的理由和依据；

（四）听取当事人的陈述和申辩；

（五）填写预定格式、编有号码的行政处罚决定书，由执法人员签名或者盖章，并将行政处罚决定书当场交付当事人；

（六）告知当事人如对当场作出的行政处罚决定不服，可以依法申请行政复议或者提起行政诉讼。

执法人员当场作出的行政处罚决定，必须在决定之日起 3 日内报本部门法制工作机构备案。

第二节　一般程序

第二十条　除本办法第十八条规定可以适用简易程序当场作出决定的行政处罚外，环境保护行政主管部门实施的其他行政处罚均应遵守本办法规定的一般程序。

第二十一条　环境保护行政主管部门对通过检查发现或者接到举报、控告、移送的环境违法行为，应予审查，并在 7 日内决定是否立案。

第二十二条　环境保护行政主管部门对登记立案的环境违法行为，必须指定专人负责，及时组织调查取证。

执法人员调查取证时，应当向当事人或者有关人员出示行政执法证件。询问或者调查应当制作笔录。

第二十三条　环境保护执法人员在调查过程中，有权进入现场进行调查和取证，查阅或者复制排污单位的排污记录和其他有关资料。

环境保护行政主管部门及其执法人员应当为被调查单位或者个人保守有关技术秘密和业务秘密。

第二十四条 环境保护行政主管部门对立案查处的环境违法行为，需要进行环境监测的，应当组织环境监测机构或者经环境保护行政主管部门确认的其他监测机构进行监测。环境监测机构和经确认的其他监测机构，应当出具环境监测结果报告。

环境监测结果报告经环境保护行政主管部门审查属实，可以作为查处环境违法行为的证据。

第二十五条 调查终结，环境保护行政主管部门组织调查的机构应当提出已查明违法行为的事实和证据以及依法给予行政处罚的初步意见，送本部门法制工作机构审查。

第二十六条 环境保护行政主管部门法制工作机构应对案件的以下内容进行审查

（一）违法事实是否清楚；

（二）证据是否确凿；

（三）调查取证是否符合法定程序；

（四）适用法律是否正确；

（五）处罚种类和幅度是否适当；

（六）当事人陈述和申辩的理由是否成立。

经审查发现违法事实不清、证据不足或者调查取证不符合法定程序时，应当通知执行调查任务的执法人员补充调查取证或者依法重新调查取证。

审查终结，法制工作机构应当提出处理意见，报本部门负责人审批。

第二十七条 环境保护行政主管部门的负责人经过审议，分别作出如下处理：

（一）违法事实不能成立或者违法行为轻微，依法可以不予行政处罚的，不予行政处罚。

（二）违法事实成立，决定给予行政处罚的，由本部门法定代表人签发《环境保护行政处罚决定书》，对其中重大环境违法行为给予处罚或者给予较重行政处罚的，本部门的负责人应当集体讨论决定。

（三）法律、法规和规章规定行政处罚必须报请上级环境保护行政主管部门批准的，应以书面形式报告，经批准后方可作出处罚决定。

（四）法律、法规和规章规定由人民政府实施处罚的，应在提出处罚意见后，连同全部案件材料报人民政府决定是否实施行政处罚。

（五）环境违法行为触犯刑法，涉嫌构成犯罪的，将案件移送司法机关，依法追究刑事责任。

第二十八条 环境保护行政主管部门依法作出行政处罚决定后，由法制工作机构负责制作行政处罚决定书。

第二十九条 环境保护行政处罚决定书，应当载明法律规定的事项。

环境保护行政主管部门就罚款制作的行政处罚决定书，应当载明当事人应当缴纳的罚款数额、期限及缴纳方法，并应明确对当事人逾期缴纳罚款是否加处罚款。

第三十条 环境保护行政处罚案件自立案之日起，应当在 3 个月内作出处理决定。特殊情况需要延长时间的，环境保护行政主管部门应当书面告知案件当事人，并说明理由。

第三十一条 作出行政处罚决定的环境保护行政主管部门应在作出处罚决定之日起的 7 日内，将《行政处罚决定书》送达被处罚人，并根据需要将副本抄送与案件有关的单位。

受送达人应在送达回执上记明收到日期，并签名或者盖章。受送达人在送达回执上的签收日期即为送达日期。

受送达人拒绝签收的，送达人应当邀请有关人员到场见证，说明情况，并在送达回执上记明拒收理由和日期，把处罚决定书留置受送达人处，即视为送达。受送达人不在，可由其所在单位的领导或者成年家属代为签收。

邮寄送达以挂号回执上注明的日期为送达日期。

第三节 听证程序

第三十二条 依照环境保护法律、法规、规章作出责令停止生产或使用、吊销许可证或者较大数额罚款等重大行政处罚决定之前，应当适用本节规定的听证程序。

第三十三条 环境保护行政主管部门对于适用听证程序的行政处罚案件，在作出行政处罚决定前，应当向当事人送达听证告知书。

听证告知书应当载明下列事项：

（一）当事人的姓名或者名称；

（二）已查明的环境违法事实、处罚理由和依据；

（三）环境保护行政主管部门拟作出的行政处罚决定；

（四）告知当事人有申请听证的权利；

（五）告知申请听证的期限和听证组织机关。

听证告知书可以直接送达、委托送达或者以邮寄挂号信方式送达。

第三十四条 当事人要求听证的，可以在听证告知书的送达回执上注明听证要求，或者在 3 日内以书面形式提出听证申请。

第三十五条 当事人申请听证的，环境保护行政主管部门应当受理，并在收到当事人听证申请的 5 日内，确定主持人，决定听证的时间和地点。在听证举行的 7 日前，将听证通知书送达当事人，并由当事人在送达回执上签字。

听证通知书应当载明下列事项：

（一）当事人的姓名或者名称；

（二）举行听证的时间、地点和方式；

（三）听证主持人、案件调查人员的姓名；

（四）告知当事人有权申请听证主持人回避；

（五）告知当事人预先准备证据、通知证人等事项。

第三十六条 听证主持人由环境保护行政主管部门的法制工作机构的非本案调查人员担任。

当事人有权申请听证主持人回避，并说明理由。其回避申请由主持人报本部门负责人决定是否接受，并告知理由。

当事人申请听证主持人回避，应当在收到听证通知书之日起3日内提出。

第三十七条 听证由当事人、调查人员、证人以及与本案处理结果有直接利害关系的第三人参加。

当事人可以委托1至2人代理参加听证。听证代理人应当向组织听证的环境保护行政主管部门提交委托人的授权委托书。

第三十八条 听证应当按下列程序进行：

（一）主持人宣布听证会场纪律，告知当事人的权利和义务，询问并核实听证参加人的身份，宣布听证开始；

（二）听证笔录人员宣布听证案件的案由、听证主持人的姓名和工作单位及职务；

（三）调查人员提出当事人违法的事实、证据、处罚依据以及行政处理建议；

（四）当事人就案件的事实进行陈述和申辩，提出有关证据，对调查人员提出的证据进行质证；

（五）调查人员和当事人双方辩论；

（六）听取当事人的最后陈述；

（七）主持人宣布听证结束。

在听证过程中，主持人可以向调查人员、当事人、证人或者第三人发问，有关人员应当如实回答。

第三十九条 组织听证的环境保护行政主管部门，对听证必须安排笔录。

听证结束后，听证笔录应交当事人审核无误后签字或者盖章。

第四十条 听证终结后，主持人应及时将听证结果报告本部门负责人。环境保护行政主管部门应根据本办法第二十七条的规定作出处理决定。

第四章 行政处罚的执行

第四十一条 环境保护行政处罚决定依法作出后，当事人应当在处罚决定书确定的期限内，履行处罚决定。

申请行政复议或者提起行政诉讼的，不停止行政处罚决定的执行。

第四十二条 当事人逾期不申请行政复议、不提起行政诉讼、又不履行处罚决定的，由作出处罚决定的环境保护行政主管部门申请人民法院强制执行。

第四十三条 当事人到期不缴纳罚款的，作出处罚决定的环境保护行政主管部门可以依照《中华人民共和国行政处罚法》第五十一条的规定，对当事人每日按罚款数额的3%加处罚款。

当事人对加收罚款有异议的，应当先缴纳罚款和因逾期缴纳罚款所加收的罚款，再依法申请行政复议。

第四十四条 执行终了的行政处罚案件应当一案一档，由案件承办人员将案件的有关材料立卷归档。

第四十五条 县级以上环境保护行政主管部门应当建立行政处罚的备案制度。

下级环境保护行政主管部门对上级指定办理的处罚案件、适用听证程序的处罚案件或者经过行政诉讼的处罚案件，应当在行政处罚结案后 20 日内向上级环境保护行政主管部门备案。

第四十六条 环境保护行政主管部门通过接受当事人的申诉和检举，或者通过备案审查等途径，发现下级环境保护行政主管部门作出的行政处罚违法或者显失公正的，可以责令改正。

第四十七条 环境保护行政主管部门经过行政复议，发现下级环境保护行政主管部门作出的行政处罚违法或者显失公正的，可以依法撤销或者变更。

第四十八条 县级以上环境保护行政主管部门应当建立行政处罚案件统计制度，并按照国家环保总局有关环境统计的规定向上级环境保护行政主管部门报送本行政区的行政处罚情况。

第五章 附 则

第四十九条 本办法第三十二条所称“较大数额罚款”，是指对个人处以 5000 元以上罚款、对法人或者其他组织处以 50000 元以上罚款。

各省、自治区、直辖市通过的地方法规或者地方政府规章对“较大数额罚款”的限额另有规定的，可以不受上述数额的限制。

第五十条 环境保护行政处罚的主要法律文书格式，由国家环保总局统一制定。

第五十一条 关于环境行政处罚的其他事项，本办法未作规定的，适用《中华人民共和国行政处罚法》的有关规定。

第五十二条 核安全监督管理的行政处罚，按照国家有关核安全监督管理的规定执行。

第五十三条 本办法自公布之日起施行，原国家环保局 1992 年 7 月 7 日发布的《环境保护行政处罚办法》同时废止。

《环境保护行政处罚办法》修正案

国家环境保护总局令

第19号

《〈环境保护行政处罚办法〉修正案》，已于2003年11月3日经国家环境保护总局局务会议通过，现予发布施行。

国家环境保护总局局长　解振华

2003年11月5日

国家环境保护总局局务会议决定对《环境保护行政处罚办法》（国家环境保护总局令［1999］第7号）作如下修改：

一、将第十条中的“环境监理机构”修改为“环境监察机构”。修改后的第十条表述为：

“**第十条**　环境保护行政主管部门可以在其法定职权范围内委托环境监察机构实施行政处罚。受委托的环境监察机构在委托范围内，以委托其处罚的环境保护行政主管部门名义实施行政处罚。

委托处罚的环境保护行政主管部门，负责监督受委托的环境监察机构实施行政处罚的行为，并对该行为的后果承担法律责任。”

二、将第十七条关于地方环保部门的罚款限额予以取消。修改后的第十七条表述为：

“**第十七条**　各级环境保护行政主管部门实施罚款处罚的权限，适用环境保护法律、行政法规、地方性法规、规章的规定。”

本修正案自公布之日起施行。

环境保护行政处罚常用法律文书格式

（国家环保总局 1999 年 7 月 28 日　环发［1999］170 号）

各省、自治区、直辖市环境保护局：

为了规范环境行政执法行为，统一环境行政处罚文书，根据《中华人民共和国行政处罚法》和《国家环保局关于加强环境行政执法工作的若干意见》的规定，并参照国务院有关部门和部分地方环保部门制作的执法文书，国家环保总局制定了各级环境保护行政主管部门在实施行政处罚过程中常用的法律文书格式，现予发布施行。

环境保护行政处罚的常用法律文书，主要包括《环境违法行为立案登记表》、《调查询问笔录》、《案件调查报告》、《环境违法行为改正通知书》、《环境违法行为限期改正通知书》、《行政处罚事先告知书》、《行政处罚听证告知书》、《行政处罚听证通知书》、《当场处罚决定书》、《行政处罚决定书》、《送达回执》和《行政处罚强制执行申请书》共 12 种。

实施环境保护行政处罚过程中的其他文书，本通知未作统一规范的，各地环境保护行政主管部门可以根据需要自行规范。

附：环境保护行政处罚常用法律文书格式

____________环境保护局环境违法行为立案登记表

<table>
<tr><td>当事人</td><td colspan="5"></td></tr>
<tr><td>法定代表人</td><td></td><td>职务</td><td></td><td>电话</td><td></td></tr>
<tr><td>地　址</td><td colspan="5"></td></tr>
<tr><td>案情简介</td><td colspan="5"></td></tr>
<tr><td>承办人意见</td><td colspan="5">承办人：　　　　　　　年　　月　　日</td></tr>
<tr><td>承办部门意见</td><td colspan="5">部门负责人：　　　　　　年　　月　　日</td></tr>
<tr><td>领导审批意见</td><td colspan="5">审批人：　　　　　　　年　　月　　日</td></tr>
<tr><td>备　注</td><td></td><td></td><td></td><td></td><td></td></tr>
</table>

______环境保护局调查询问笔录

日　　期：__________时间：__________地点：__________

案　　由：______________________________

被询问人：__________性别：__________年龄：__________

工作单位：____________________职务：__________

家庭住址：____________________电话：__________

询 问 人：______________记录人：______________

参 加 人：______________________________

问：______________________________

答：______________________________

____

____

____

问：______________________________

答：______________________________

____

____

____

问：______________________________

答：______________________________

____

____

____

____

（注；本页如不够用，可用续页）

________________环境保护局案件调查报告

<table>
<tr><td>案　由</td><td colspan="3"></td></tr>
<tr><td>当 事 人</td><td colspan="3"></td></tr>
<tr><td>法定代表人</td><td></td><td>职务</td><td></td></tr>
<tr><td>地　址</td><td></td><td>电话</td><td></td></tr>
<tr><td colspan="4">调查经过：</td></tr>
<tr><td colspan="4">查明的事实和证据：</td></tr>
<tr><td colspan="4">处理依据：</td></tr>
<tr><td colspan="4">处理意见：

调查人：　　　　　　年　　月　　日</td></tr>
<tr><td colspan="4">调查部门意见：

负责人：　　　　　　年　　月　　日</td></tr>
</table>

____________环境保护局环境违法行为改正通知书

____________环违改字［　］号

____________：

经调查核实，你单位（或者个人）的以下行为：________________________________
____
____
____
____
____
________________________，违反了下列环境保护规定：《____________》第______条第______款（和《____________》第______条第______款）。

现根据《中华人民共和国行政处罚法》第二十三条的规定，责令你单位（或者个人）改正以上环境违法行为。

________环境保护局（印章）

年　月　日

____________环境保护局环境违法行为限期改正通知书

____________环限改字［　］号

____________：

经调查核实，你单位（或者个人）的以下行为：____，违反了下列环境保护规定：《____________》第______条第______款（和《____________》第______条第______款）。

现根据《中华人民共和国行政处罚法》第二十三条的规定，责令你单位（或者个人）于______年______月______日之前改正以上环境违法行为。

______环境保护局（印章）

年　月　日

________环境保护局行政处罚事先告知书

________环罚告字［　］号

________：

经调查，你单位（或者个人）的以下行为：________________________
____
____
____
____
____
________________，违反了下列环境保护规定：《________》第________条第________款（和《________》第________条第________款）。

我局拟依据《________》第________条第________款（和《________》第________条第________款），对你单位（或者个人）作出如下行政处罚：

1. ________________________________

2. ________________________________

根据《中华人民共和国行政处罚法》第三十一条的规定，你单位（或者个人）如对该处罚意见有异议，可在接到本通知之日起七日内向我局提出陈述和申辩；逾期未提出陈述或者申辩，视为你单位（或者个人）放弃陈述和申辩的权利。

我局地址：________________邮政编码：________
联 系 人：________________电　　话：________

________环境保护局（印章）
年　月　日

________________环境保护局行政处罚听证告知书

____________环听告字［　］号

____________：

经调查，你单位（或者个人）的以下行为：______________________________

____

____

____

____

____

______________________，违反了《______________________》第______条第______款（和《______________》第______条第______款）的规定。

我局拟依据《______________》第______条第______款（和《______________》第______条第______款），对你单位（或者个人）作出如下行政处罚：

1．____

2．____

根据《中华人民共和国行政处罚法》第四十二条的规定，你单位（或者个人）有权要求听证。你单位（或者个人）如果要求听证，可在收到本通知之日起三日内向我局以书面提出听证申请；逾期未提出听证申请，视为你单位（或者个人）放弃听证要求。

我局地址：______________________邮政编码：__________

联 系 人：______________________电　　话：__________

______环境保护局（印章）

年　月　日

＿＿＿＿＿＿＿＿＿＿环境保护局行政处罚听证通知书

＿＿＿＿＿＿＿环听通字［　］号

＿＿＿＿＿＿＿＿：

根据《中华人民共和国行政处罚法》第四十二条的规定，并应你单位（或者个人）的听证要求，我局决定于＿＿＿年＿＿＿月＿＿＿日＿＿＿时＿＿＿分；在＿＿＿＿＿＿＿＿＿＿＿＿＿＿＿，就＿＿＿＿＿＿＿＿＿＿＿＿＿＿＿＿＿＿＿＿＿＿一案举行行政处罚听证会，届时凭本通知准时参加。若无故缺席，视为你单位（或者个人）放弃听证要求。

听证会可由你单位法定代表人（或者本人）亲自参加，也可委托 1 至 2 名代理人参加。

经我局负责人指定，本次听证会由＿＿＿＿＿＿＿＿＿＿担任主持人，＿＿＿＿＿＿＿＿＿＿担任听证员，＿＿＿＿＿＿＿＿＿＿担任书记员。

在参加听证前，须做好以下准备：

1．携带有关证据材料；

2．通知有关证人出席作证；

3．如委托代理人参加的，须提前办理委托代理手续；

4．如申请听证主持人回避的，应及时向本局提出。

＿＿＿＿＿环境保护局（印章）

年　　月　　日

________环境保护局当场处罚决定书

________环当罚字［　］号

________：

法定代表人（单位）：________________职务：________________

地址：________________________电话：________________

你单位（或者个人）的如下行为：________________________

____

________________违反了《________________》第______条第______款。

依据《________________________》第______条第______款和《中华人民共和国行政处罚法》第三十三条的规定，我局决定当场对你单位（或者个人）给予以下一种或者两种行政处罚：

1．罚款（大写）________________元。

以上罚款限于接到本处罚决定书之日起十五日内缴至指定银行和账号。逾期不缴纳罚款的，我局将每日按罚款数额的3%加处罚款。

收款银行：　　　　　　　　户名：

账号：

2．警告。

你单位（或者个人）如不服本处罚决定，可在即日起六十日内依法向________环境保护局或者________人民政府申请复议，或者在十五日内直接向________人民法院起诉。逾期不申请复议，也不向人民法院起诉，又不履行处罚决定的，我局将依法申请人民法院强制执行。

（注：1999年10月1日之前，申请行政复议按《行政复议条例》的有关规定执行）

执法人员（签名或者盖章）：

________环境保护局（印章）

年　　月　　日

______环境保护局行政处罚决定书

______环罚字［　］号

______：

法定代表人（单位）：______职务：______

详细地址：______

一、环境违法事实和证据

经调查核实，你单位（或者个人）实施了以下环境违法行为：

1. ______

______

2. ______

______

以上行为有下列证据为证：

1. ______

2. ______

上述行为违反了《______》第______条第______款（和《______》第______条第______款）之规定。

二、行政处罚的依据、种类及其履行方式和期限

我局依据《______》第______条第______款（和《______》第______条第______款）之规定，决定对你单位（或者个人）作出如下行政处罚：

1. 罚款（大写）______元。

限于接到本处罚决定之日起十五日内缴至指定银行和账号。逾期不缴纳罚款的，我局将每日按罚款数额的3%加处罚款。

收款银行：　　　　户名：

账号：

2. ______

三、申请复议或者提起诉讼的途径和期限

如不服本处罚决定，可在接到决定书之日起六十日内向______环境保护局或者向______人民政府申请复议，也可在十五日内直接向______人民法院起诉。

逾期不申请复议，也不向人民法院起诉，又不履行本处罚决定的，我局将依法申请人民法院强制执行。

（注：1999年10月1日之前，申请行政复议按《行政复议条例》的有关规定执行）

______环境保护局（印章）

年　月　日

________环境保护局送达回执

<table>
<tr><td>受送达人</td><td colspan="3"></td></tr>
<tr><td>送达地点</td><td colspan="3"></td></tr>
<tr><td>案　由</td><td colspan="3"></td></tr>
<tr><td>送达文书名称</td><td>字　　号</td><td>收到时间</td><td>受送达人签名或盖章</td></tr>
<tr><td></td><td></td><td>年　　月　　日</td><td></td></tr>
<tr><td></td><td></td><td>年　　月　　日</td><td></td></tr>
<tr><td></td><td></td><td>年　　月　　日</td><td></td></tr>
<tr><td colspan="4">不能送达理由：

年　　月　　日</td></tr>
<tr><td colspan="4">备注：</td></tr>
<tr><td colspan="2" rowspan="2">送达机关</td><td>签发人</td><td></td></tr>
<tr><td>送达人</td><td></td></tr>
</table>

注：发生拒收情况时，其他人员在场，记明情况，留下送达文件即为送达。

____________环境保护局行政处罚强制执行申请书

____________环罚申字［　］号

申请人：______________________地址：______________________

法定代表人：____________________职务：________________电话：____________

被申请人：______________________地址：______________________

法定代表人：____________________职务：________________电话：____________

案由：____

对被申请人的环境违法行为，我局已于______年_______月_______日依法对被申请人作出行政处罚决定。该案的______________环罚字［　］号《行政处罚决定书》（或者____________环当罚字[　]号《当场处罚决定书》）已于______年_______月_______日送达被申请人。

迄今，被申请人在规定的期限内既未申请行政复议，也未向人民法院起诉，又不履行处罚决定。根据《中华人民共和国环境保护法》第四十条和《中华人民共和国行政处罚法》第五十一条的规定，特申请你院强制执行以下行政处罚：

1．____

2．____

此致

____________人民法院

附件：1.《行政处罚决定书》（或者《当场处罚决定书》）副本　　份

2．有关材料　　件

________环境保护局（印章）

年　　月　　日

罚款决定与罚款收缴分离实施办法

（1997年11月17日，国务院令第235号）

第一条 为了实施罚款决定与罚款收缴分离，加强对罚款收缴活动的监督，保证罚款及时上缴国库，根据《中华人民共和国行政处罚法》（以下简称行政处罚法）的规定，制定本办法。

第二条 罚款的收取、缴纳及相关活动，适用本办法。

第三条 作出罚款决定的行政机关应当与收缴罚款的机构分离；但是，依照行政处罚法的规定可以当场收缴罚款的除外。

第四条 罚款必须全部上缴国库，任何行政机关、组织或者个人不得以任何形式截留、私分或者变相私分。

行政机关执法所需经费的拨付，按照国家有关规定执行。

第五条 经中国人民银行批准有代理收付款项业务的商业银行、信用合作社（以下简称代收机构），可以开办代收罚款的业务。

具体代收机构由县级以上地方人民政府组织本级财政部门、中国人民银行当地分支机构和依法具有行政处罚权的行政机关共同研究，统一确定。海关、外汇管理等实行垂直领导的依法具有行政处罚权的行政机关作出罚款决定的，具体代收机构由财政部、中国人民银行会同国务院有关部门确定。依法具有行政处罚权的国务院有关部门作出罚款决定的，具体代收机构由财政部、中国人民银行确定。

代收机构应当具备足够的代收网点，以方便当事人缴纳罚款。

第六条 行政机关应当依照本办法和国家有关规定，同代收机构签订代收罚款协议。

代收罚款协议应当包括下列事项：

（一）行政机关、代收机构名称；

（二）具体代收网点；

（三）代收机构上缴罚款的预算科目、预算级次；

（四）代收机构告知行政机关代收罚款情况的方式、期限；

（五）需要明确的其他事项。

自代收罚款协议签订之日起 15 日内，行政机关应当将代收罚款协议报上一级行政机关和同级财政部门备案；代收机构应当将代收罚款协议报中国人民银行或者其当地分支机构备案。

第七条 行政机关作出罚款决定的行政处罚决定书应当载明代收机构的名称、地址和当事人应当缴纳罚款的数额、期限等，并明确对当事人逾期缴纳罚款是否加处罚款。

当事人应当按照行政处罚决定书确定的罚款数额、期限，到指定的代收机构缴纳罚款。

第八条 代收机构代收罚款，应当向当事人出具罚款收据。

罚款收据的格式和印刷，由财政部规定。

第九条 当事人逾期缴纳罚款，行政处罚决定书明确需要加处罚款的，代收机构应当按照行政处罚决定书加收罚款。

当事人对加收罚款有异议的，应当先缴纳罚款和加收的罚款，再依法向作出行政处罚决定的行政机关申请复议。

第十条 代收机构应当按照代收罚款协议规定的方式、期限，将当事人的姓名或者名称、缴纳罚款的数额、时间等情况书面告知作出行政处罚决定的行政机关。

第十一条 代收机构应当按照行政处罚法和国家有关规定，将代收的罚款直接上缴国库。

第十二条 国库应当按照《中华人民共和国国家金库条例》的规定，定期同财政部门和行政机关对账，以保证收受的罚款和上缴国库的罚款数额一致。

第十三条 代收机构应当在代收网点、营业时间、服务设施、缴款手续等方面为当事人缴纳罚款提供方便。

第十四条 财政部门应当向代收机构支付手续费，具体标准由财政部制定。

第十五条 法律、法规授权的具有管理公共事务职能的组织和依法受委托的组织依法作出的罚款决定与罚款收缴，适用本办法。

第十六条 本办法由财政部会同中国人民银行组织实施。

第十七条 本办法自1998年1月1日起施行。

违反行政事业性收费和罚没收入“收支两条线”管理规定行政处分暂行规定

中华人民共和国国务院令

第281号

《违反行政事业性收费和罚没收入收支两条线管理规定行政处分暂行规定》已经2000年2月1日国务院第26次常务会议讨论通过，现予发布施行。

总理 朱镕基

2000年2月12日

第一条 为了严肃财经纪律，加强廉政建设，落实行政事业性收费和罚没收入“收支两条线”管理，促进依法行政，根据法律、行政法规和国家有关规定，制定本规定。

第二条 国家公务员和法律、行政法规授权行使行政事业性收费或者罚没职能的事业单位的工作人员有违反“收支两条线”管理规定行为的，依照本规定给予行政处分。

第三条 本规定所称“行政事业性收费”，是指下列属于财政性资金的收入：

（一）依据法律、行政法规、国务院有关规定、国务院财政部门与计划部门共同发布的规章或者规定以及省、自治区、直辖市的地方性法规、政府规章或者规定和省、自治区、直辖市人民政府财政部门与计划（物价）部门共同发布的规定所收取的各项收费；

（二）法律、行政法规和国务院规定的以及国务院财政部门按照国家有关规定批准的政府性基金、附加。

事业单位因提供服务收取的经营服务性收费不属于行政事业性收费。

第四条 本规定所称“罚没收入”，是指法律、行政法规授权的执行处罚的部门依法实施处罚取得的罚没款和没收物品的折价收入。

第五条 违反规定，擅自设立行政事业性收费项目或者设置罚没处罚的，对直接负责的主管人员和其他直接责任人员给予降级或者撤职处分。

第六条 违反规定，擅自变更行政事业性收费或者罚没范围、标准的，对直接负责的主管人员和其他直接责任人员给予记大过处分；情节严重的，给予降级或者撤职处分。

第七条 对行政事业性收费项目审批机关已经明令取消或者降低标准的收费项目，仍按原定项目或者标准收费的，对直接负责的主管人员和其他直接责任人员给予记大过处分；情节严重的，给予降级或者撤职处分。

第八条 下达或者变相下达罚没指标的，对直接负责的主管人员和其他直接责任人员给予降级或者撤职处分。

第九条 违反《收费许可证》规定实施行政事业性收费的，对直接负责的主管人员和其他直接责任人员给予警告处分；情节严重的，给予记过或者记大过处分。

第十条 违反财政票据管理规定实施行政事业性收费、罚没的，对直接负责的主管人员和其他直接责任人员给予降级或者撤职处分；以实施行政事业性收费、罚没的名义收取钱物，不出具任何票据的，给予开除处分。

第十一条 违反罚款决定与罚款收缴分离的规定收缴罚款的，对直接负责的主管人员和其他直接责任人员给予记大过或者降级处分。

第十二条 不履行行政事业性收费、罚没职责，应收不收、应罚不罚，经批评教育仍不改正的，对直接负责的主管人员和其他直接责任人员给予警告处分；情节严重的，给予记过或者记大过处分。

第十三条 不按照规定将行政事业性收费纳入单位财务统一核算、管理的，对直接负责的主管人员和其他直接责任人员给予记过处分；情节严重的，给予记大过或者降级处分。

第十四条 不按照规定将行政事业性收费缴入国库或者预算外资金财政专户的，对直接负责的主管人员和其他直接责任人员给予记大过处分；情节严重的，给予降级或者撤职处分。

不按照规定将罚没收入上缴国库的，依照前款规定给予处分。

第十五条 违反规定，擅自开设银行账户的，对直接负责的主管人员和其他直接责任人员给予降级处分；情节严重的，给予撤职或者开除处分。

第十六条 截留、挪用、坐收坐支行政事业性收费、罚没收入的，对直接负责的主管人员和其他直接责任人员给予降级处分；情节严重的，给予撤职或者开除处分。

第十七条 违反规定，将行政事业性收费、罚没收入用于提高福利补贴标准或者扩大福利补贴范围、滥发奖金实物、挥霍浪费或者有其他超标准支出行为的，对直接负责的主管人员和其他直接责任人员给予记大过处分；情节严重的，给予降级或者撤职处分。

第十八条 不按照规定编制预算外资金收支计划、单位财务收支计划和收支决算的，对直接负责的主管人员和其他直接责任人员给予记过处分；情节严重的，给予记大过或者降级处分。

第十九条 不按照预算和批准的收支计划核拨财政资金，贻误核拨对象正常工作的，对直接负责的主管人员和其他直接责任人员给予记过处分；情节严重的，给予记大过或者降级处分。

第二十条 对坚持原则抵制违法违纪的行政事业性收费、罚没行为的单位或者个人打击报复的，给予降级处分；情节严重的，给予撤职或者开除处分。

第二十一条 实施行政处分的权限以及不服行政处分的申诉，按照国家有关规定办理。

第二十二条 违反本规定，构成犯罪的，依法追究刑事责任。

第二十三条 本规定自发布之日起施行。

罚款代收代缴管理办法

（1998年5月28日财政部发布）

第一章　总　则

第一条　为了加强罚款收缴入库的管理，根据《中华人民共和国行政处罚法》、《罚款决定与罚款收缴分离实施办法》、《中华人民共和国国家金库条例》等有关法律、法规的规定，制定本办法。

第二条　具有行政处罚权的行政机关及法律、法规授权或依法受行政机关委托实施行政处罚的组织（以下简称行政机关），实行罚款决定与罚款收缴分离的，其罚款的收缴，适用本办法。

行政机关按法律规定实行当场收缴罚款的，其罚款的收缴，不适用本办法。

第二章　罚款代收机构

第三条　海关、外汇管理等实行垂直领导的依法具有行政处罚权的行政机关所处的罚款，由国有商业银行分支机构代收。国有商业银行代收有困难的，经财政部驻当地财政监察专员办事机构、中国人民银行当地分支机构协商确定，委托其他商业银行代收。

第四条　依法具有行政处罚权的国务院有关部门处以的罚款，由国有商业银行分支机构代收。

第五条　具有行政处罚权的地方行政机关所处的罚款，由县级以上地方人民政府组织本级财政部门、中国人民银行当地分支机构和依法具有行政处罚权的行政机关共同研究，统一确定代收机构。

第三章　罚款收据

第六条　代收机构代收罚款，必须使用全国统一格式的“代收罚款收据”。

第七条　“代收罚款收据”一式四联（每联规格：9.5 厘米×17.5 厘米，具体格式附后）：

第一联，收据（白纸黑油墨），由代收机构收款盖章后退缴款人。

第二联，存根（白纸红油墨），由代收机构收款盖章后作收入凭证留存。

第三联，回执（白纸绿油墨），代收机构收款盖章后退作出处罚决定的行政机关。

第四联，报查（白纸紫油墨），代收机构收款盖章后，随一般缴款书的第五联（报查联）送国库，国库收款后送财政部门。

第八条 “代收罚款收据”由省级政府财政部门按统一格式指定企业印制，其他任何单位和个人不得印制。

“代收罚款收据”由省级财政部门负责组织发放。财政部门必须保证供应，并不得向领取收据的单位收取费用。

第四章 罚款收缴

第九条 代收机构应根据与行政机关签订的代收罚款协议，严格履行代收代缴罚款义务，加强对罚款代收工作的管理。经办人对单位和个人缴纳罚款，应认真办理，不得拒收罚款。

第十条 代收机构应根据行政机关的行政处罚决定书决定的罚款数额收取罚款。对逾期缴纳罚款的单位和个人，行政处罚决定书明确需要加处罚款的，根据逾期天数加收罚款。行政处罚决定书没有明确需要加处罚款的，代收机构不得自行加收罚款。

第十一条 代收机构代收的罚款，应统一使用“待结算财政款项”科目的“待报解预算收入（罚款收入）”专户核算，并于当日办理缴库；当日来不及办理的，应于次日（节假日顺延）办理，不得占压、挪用。

代收机构不参加票据交换、罚款不能直接缴入当地国库的，代收机构应于当日将代收的罚款（附“代收罚款收据”三、四联）上划管辖行。管辖行对上划的罚款，应于当日或次日（节假日顺延）办理缴库。

第十二条 代收机构代收的罚款和代收机构管辖行收到上划的罚款，应按行政机关的隶属关系和罚款收入的预算科目、预算级次就地缴入中央国库和地方国库。代收机构或管辖行在办理缴库时，应填写“一般缴款书”，其中，“缴款单位”一栏，“全称”按行政机关全称填写，其他各项，根据《中华人民共和国国家金库条例》及其实施细则的要求填写。

缴款书第一联，代收机构盖章后连同代收罚款收据第三联送作出处罚决定的行政机关；第二联，代收机构留作付款凭证。第三、五联（附“代收罚款收据”第四联），由代收机构或管辖行通过票据交换，送当地国库。国库收款盖章后，第三联留存作收入凭证；第四、五联（附代收罚款收据第四联）按预算级次分送财政部门：属于中央的罚款收入，退财政部驻当地财政监察专员办事机构；属于地方的罚款收入，退同级财政部门；属于中央与地方分成的罚款收入，代收罚款收据第四联和缴款书第五联退财政部驻当地财政监察专员办事机构，缴款书第四联退地方同级财政部门。

第十三条 代收机构只办理罚款的代收与缴库。凡错缴和多缴的罚款，以及经行政机关复议后不应处罚的罚款须办理退付的，应由作出处罚决定的行政机关提出申请，报经同级财政部门（缴入中央国库的，报财政部驻当地财政监察专员办事机构）审查批准后，由财政部门开具收入退还书，分别从中央国库和地方国库退付。代收机构不得从罚款收入中冲退。

第五章　代收手续费

第十四条　财政部门按代收机构管辖行缴入国库罚款总额 0.5%的比例，按季支付手续费。其中，缴入中央国库的，手续费由各地财政监察专员办事机构支付，缴入地方国库的，由地方同级财政部门支付。

第十五条　代收机构应于每季终了后 3 日内，将上季代收并缴入中央和地方国库的各项罚款分别汇总，填写罚款汇总表（格式附后，略），分送财政部驻各地财政监察专员办事机构和地方财政部门、作出处罚决定的行政机关核对。财政监察专员办事机构和地方财政部门收到代收机构报送的罚款汇总表，应与国库转来的缴款书及所附“代收罚款收据”进行核对，审核完毕按实际入库数支付上季手续费。

第六章　监　督

第十六条　作出罚款决定的行政机关财务部门应按月与委托的代收机构就罚款收入的代收情况进行对账，对未到指定代收机构缴纳罚款的，应责成被处罚单位和个人缴纳并加处罚款。

第十七条　各级财政部门应按月与国库、作出罚款决定的行政机关就罚款收入的收缴情况进行对账检查，对账中发现的问题，应通知有关单位及时纠正。

第十八条　各级国库有权对代收机构代收罚款的情况进行监督检查。对违反规定，拒收和占压、挪用代收罚款收入的，应依法进行处理。

第十九条　各级财政部门对同级行政机关罚款的收缴情况，有权进行监督检查，对违反规定拒不执行罚款决定与罚款收缴分离规定，截留、挪用应缴罚款收入的，应按《国务院关于违反财政法规处罚的暂行规定》予以处理。

第二十条　代收机构、行政机关应按照国库和财政部门的要求，如实提供必要的资料，认真配合国库、财政机关的检查工作。

第二十一条　代收机构不履行代收协议所规定义务的，由确定代收机构的部门取消其代收罚款的资格，并按规定重新确定代收机构。

第七章　附　则

第二十二条　人民法院和人民检察院所处罚款的收缴，比照本办法的规定办理。

第二十三条　税务部门所处税收罚款的收缴，仍按现行办法办理。

第二十四条　各地财政监察专员办事机构支付罚款代收手续费以及其他相关费用，由财政部驻各省、自治区、直辖市、计划单列市财政监察专员办事处根据实际应付数按季汇总报财政部。经财政部与中央总金库核对无误后，由财政部下拨到各财政监察专员办事处，各专员办事处转拨到所属办事机构。

第二十五条 本办法由财政部会同中国人民银行解释。

第二十六条 本办法自颁布之日起实行。其他有关罚款收缴的规定与本办法不一致的，以本办法为准。

环境保护部门规章和规范性文件修正案

（国家环保总局令第6号，1999年7月12日发布施行）

根据《中华人民共和国行政处罚法》第六十四条第二款的规定，决定对《防治尾矿污染环境管理规定》、《环境工程设计证书管理办法》和《建设项目环境保护管理办法》等6项规章作如下修正：

一、《防治尾矿污染环境管理规定》

（国家环保局第十一号令1992年8月17日发布）

将第十八条第（二）项："违反本规定第十条规定，经限期治理，逾期未建成或完善尾矿设施，或者违反本规定第十二条规定，经限期治理未完成治理任务的，根据所造成的危害处以10 000元以上100 000元以下罚款，或提请人民政府责令停产。"修改为：

"违反本规定第十条规定，经限期治理，逾期未建成或完善尾矿设施，或者违反本规定第十二条规定，经限期治理未完成治理任务的，由环境保护行政主管部门依照《中华人民共和国固体废物污染环境防治法》第六十二条的规定，根据所造成的危害处以10 000元以上100 000元以下罚款，或提请人民政府责令停产。"

二、《环境工程设计证书管理办法》

（国家环保局第十五号令1995年2月6日发布）

将第十九条"由于持证单位的设计责任造成重大质量事故、严重环境污染和经济损失的，由发证机关吊销《设计证书》；依照有关法律、法规的规定给予处罚。"修改为：

"由于持证单位的设计责任造成重大质量事故、严重环境污染和经济损失的，由发证机关收回《设计证书》或者宣布作废；依照有关法律、法规的规定给予处罚。"

将第二十一条"持证单位有以下行为之一的，由环境保护行政主管部门视情节轻重，给予通报批评或者责令中止使用《设计证书》；情节严重的，由发证机关降低《设计证书》级别或者吊销《设计证书》"的规定，修改为：

"持证单位有以下行为之一的，由环境保护行政主管部门视情节轻重，给予通报批评或者责令中止使用《设计证书》；情节严重的，由发证机关降低《设计证书》级别，或者收回《设计证书》，或者宣布作废"。

三、《建设项目环境保护管理办法》

（国环［86］003号　国务院环委会、国家计委、国家经委1986年3月26日联合发

布）

国务院已于1998年11月29日发布施行《建设项目环境保护管理条例》。因此，《建设项目环境保护管理办法》即行废止。

四、《关于加强饮食娱乐服务企业环境管理的通知》

（环监［1995］100号　国家环保局、国家工商局1995年2月21日联合发布）

将“八、各级环境保护行政主管部门与工商行政管理部门应密切配合，依法加强对饮食、娱乐、服务企业的现场检查和监督管理。

对于违反国家有关环境保护法律、法规的单位和个人，环境保护行政主管部门应依法责令限期改正，并处以罚款，对于严重污染环境的，应同时责令停止使用产生污染的设施。”修改为：

“八、各级环境保护行政主管部门与工商行政管理部门应密切配合，依法加强对饮食、娱乐、服务企业的现场检查和监督管理。

对防治污染设施没有建成或者没有达到国家规定的要求，投入生产或者使用的，依照国家或者地方法律、法规的有关规定处以罚款或者责令停止生产或使用。”

五、《废物进口环境保护管理暂行规定》

（环控［1996］204号　国家环保局、外经贸部、海关总署、国家工商局、国家商检局1996年3月1日联合发布）

将第二十九条“伪造、变造国家环保局《进口废物批准证书》的，由国家环保局处以5万元以上50万元以下的罚款，同时移送司法机关追究刑事责任。”修改为：

“伪造、变造国家环保总局《进口废物批准证书》的，由国家环保总局处以3万元以下罚款，同时移送司法机关依法追究刑事责任。”

六、《关于废物进口环境保护管理暂行规定的补充规定》

（环控［1996］629号　国家环保局、外经贸部、海关总署、国家工商局、国家商检局1996年7月26日联合发布）

将“十一、转让或者倒卖国家环保局《进口废物批准证书》的，由国家环保局吊销《进口废物批准证书》，并暂停或取消其废物进口、加工利用的资格。”修改为：

“十一、转让或者倒卖国家环保总局《进口废物批准证书》的，由国家环保总局收回《进口废物批准证书》或者宣布作废，并暂停或取消其废物进口、加工利用的资格。”

治安管理处罚法

（2005年8月28日第十届全国人民代表大会常务委员会第十七次会议通过）

目 录

第一章 总 则

第一条 为维护社会治安秩序，保障公共安全，保护公民、法人和其他组织的合法权益，规范和保障公安机关及其人民警察依法履行治安管理职责，制定本法。

第二条 扰乱公共秩序，妨害公共安全，侵犯人身权利、财产权利，妨害社会管理，具有社会危害性，依照《中华人民共和国刑法》的规定构成犯罪的，依法追究刑事责任；尚不够刑事处罚的，由公安机关依照本法给予治安管理处罚。

第三条 治安管理处罚的程序，适用本法的规定；本法没有规定的，适用《中华人民共和国行政处罚法》的有关规定。

第四条 在中华人民共和国领域内发生的违反治安管理行为，除法律有特别规定的外，适用本法。

在中华人民共和国船舶和航空器内发生的违反治安管理行为，除法律有特别规定的外，适用本法。

第五条 治安管理处罚必须以事实为依据，与违反治安管理行为的性质、情节以及社会危害程度相当。

实施治安管理处罚，应当公开、公正，尊重和保障人权，保护公民的人格尊严。

办理治安案件应当坚持教育与处罚相结合的原则。

第六条 各级人民政府应当加强社会治安综合治理，采取有效措施，化解社会矛盾，增进社会和谐，维护社会稳定。

第七条 国务院公安部门负责全国的治安管理工作。县级以上地方各级人民政府公安机关负责本行政区域内的治安管理工作。

治安案件的管辖由国务院公安部门规定。

第八条 违反治安管理的行为对他人造成损害的，行为人或者其监护人应当依法承担民事责任。

第九条 对于因民间纠纷引起的打架斗殴或者损毁他人财物等违反治安管理行为，情节较轻的，公安机关可以调解处理。经公安机关调解，当事人达成协议的，不予处罚。经调解未达成协议或者达成协议后不履行的，公安机关应当依照本法的规定对违反治安管理行为人给予处罚，并告知当事人可以就民事争议依法向人民法院提起民事诉讼。

第二章 处罚的种类和适用

第十条 治安管理处罚的种类分为：

（一）警告；

（二）罚款；

（三）行政拘留；

（四）吊销公安机关发放的许可证。

对违反治安管理的外国人，可以附加适用限期出境或者驱逐出境。

第十一条 办理治安案件所查获的毒品、淫秽物品等违禁品，赌具、赌资，吸食、注射毒品的用具以及直接用于实施违反治安管理行为的本人所有的工具，应当收缴，按照规定处理。

违反治安管理所得的财物，追缴退还被侵害人；没有被侵害人的，登记造册，公开拍卖或者按照国家有关规定处理，所得款项上缴国库。

第十二条 已满十四周岁不满十八周岁的人违反治安管理的，从轻或者减轻处罚；不满十四周岁的人违反治安管理的，不予处罚，但是应当责令其监护人严加管教。

第十三条 精神病人在不能辨认或者不能控制自己行为的时候违反治安管理的，不予处罚，但是应当责令其监护人严加看管和治疗。间歇性的精神病人在精神正常的时候违反治安管理的，应当给予处罚。

第十四条 盲人或者又聋又哑的人违反治安管理的，可以从轻、减轻或者不予处罚。

第十五条 醉酒的人违反治安管理的，应当给予处罚。

醉酒的人在醉酒状态中，对本人有危险或者对他人的人身、财产或者公共安全有威胁的，应当对其采取保护性措施约束至酒醒。

第十六条　有两种以上违反治安管理行为的，分别决定，合并执行。行政拘留处罚合并执行的，最长不超过二十日。

第十七条　共同违反治安管理的，根据违反治安管理行为人在违反治安管理行为中所起的作用，分别处罚。

教唆、胁迫、诱骗他人违反治安管理的，按照其教唆、胁迫、诱骗的行为处罚。

第十八条　单位违反治安管理的，对其直接负责的主管人员和其他直接责任人员依照本法的规定处罚。其他法律、行政法规对同一行为规定给予单位处罚的，依照其规定处罚。

第十九条　违反治安管理有下列情形之一的，减轻处罚或者不予处罚：

（一）情节特别轻微的；

（二）主动消除或者减轻违法后果，并取得被侵害人谅解的；

（三）出于他人胁迫或者诱骗的；

（四）主动投案，向公安机关如实陈述自己的违法行为的；

（五）有立功表现的。

第二十条　违反治安管理有下列情形之一的，从重处罚：

（一）有较严重后果的；

（二）教唆、胁迫、诱骗他人违反治安管理的；

（三）对报案人、控告人、举报人、证人打击报复的；

（四）六个月内曾受过治安管理处罚的。

第二十一条　违反治安管理行为人有下列情形之一，依照本法应当给予行政拘留处罚的，不执行行政拘留处罚：

（一）已满十四周岁不满十六周岁的；

（二）已满十六周岁不满十八周岁，初次违反治安管理的；

（三）七十周岁以上的；

（四）怀孕或者哺乳自己不满一周岁婴儿的。

第二十二条　违反治安管理行为在六个月内没有被公安机关发现的，不再处罚。

前款规定的期限，从违反治安管理行为发生之日起计算；违反治安管理行为有连续或者继续状态的，从行为终了之日起计算。

第三章　违反治安管理的行为和处罚

第一节　扰乱公共秩序的行为和处罚

第二十三条　有下列行为之一的，处警告或者二百元以下罚款；情节较重的，处五日以上十日以下拘留，可以并处五百元以下罚款：

（一）扰乱机关、团体、企业、事业单位秩序，致使工作、生产、营业、医疗、教学、科研不能正常进行，尚未造成严重损失的；

（二）扰乱车站、港口、码头、机场、商场、公园、展览馆或者其他公共场所秩序的；

（三）扰乱公共汽车、电车、火车、船舶、航空器或者其他公共交通工具上的秩序的；

（四）非法拦截或者强登、扒乘机动车、船舶、航空器以及其他交通工具，影响交通工具正常行驶的；

（五）破坏依法进行的选举秩序的。

聚众实施前款行为的，对首要分子处十日以上十五日以下拘留，可以并处一千元以下罚款。

第二十四条 有下列行为之一，扰乱文化、体育等大型群众性活动秩序的，处警告或者二百元以下罚款；情节严重的，处五日以上十日以下拘留，可以并处五百元以下罚款：

（一）强行进入场内的；

（二）违反规定，在场内燃放烟花爆竹或者其他物品的；

（三）展示侮辱性标语、条幅等物品的；

（四）围攻裁判员、运动员或者其他工作人员的；

（五）向场内投掷杂物，不听制止的；

（六）扰乱大型群众性活动秩序的其他行为。

因扰乱体育比赛秩序被处以拘留处罚的，可以同时责令其十二个月内不得进入体育场馆观看同类比赛；违反规定进入体育场馆的，强行带离现场。

第二十五条 有下列行为之一的，处五日以上十日以下拘留，可以并处五百元以下罚款；情节较轻的，处五日以下拘留或者五百元以下罚款：

（一）散布谣言，谎报险情、疫情、警情或者以其他方法故意扰乱公共秩序的；

（二）投放虚假的爆炸性、毒害性、放射性、腐蚀性物质或者传染病病原体等危险物质扰乱公共秩序的；

（三）扬言实施放火、爆炸、投放危险物质扰乱公共秩序的。

第二十六条 有下列行为之一的，处五日以上十日以下拘留，可以并处五百元以下罚款；情节较重的，处十日以上十五日以下拘留，可以并处一千元以下罚款：

（一）结伙斗殴的；

（二）追逐、拦截他人的；

（三）强拿硬要或者任意损毁、占用公私财物的；

（四）其他寻衅滋事行为。

第二十七条 有下列行为之一的，处十日以上十五日以下拘留，可以并处一千元以下罚款；情节较轻的，处五日以上十日以下拘留，可以并处五百元以下罚款：

（一）组织、教唆、胁迫、诱骗、煽动他人从事邪教、会道门活动或者利用邪教、会道门、迷信活动，扰乱社会秩序、损害他人身体健康的；

（二）冒用宗教、气功名义进行扰乱社会秩序、损害他人身体健康活动的。

第二十八条 违反国家规定，故意干扰无线电业务正常进行的，或者对正常运行的无线电台（站）产生有害干扰，经有关主管部门指出后，拒不采取有效措施消除的，处五日以上十日以下拘留；情节严重的，处十日以上十五日以下拘留。

第二十九条 有下列行为之一的，处五日以下拘留；情节较重的，处五日以上十日以下拘留：

（一）违反国家规定，侵入计算机信息系统，造成危害的；

（二）违反国家规定，对计算机信息系统功能进行删除、修改、增加、干扰，造成计算机信息系统不能正常运行的；

（三）违反国家规定，对计算机信息系统中存储、处理、传输的数据和应用程序进行删除、修改、增加的；

（四）故意制作、传播计算机病毒等破坏性程序，影响计算机信息系统正常运行的。

第二节 妨害公共安全的行为和处罚

第三十条 违反国家规定，制造、买卖、储存、运输、邮寄、携带、使用、提供、处置爆炸性、毒害性、放射性、腐蚀性物质或者传染病病原体等危险物质的，处十日以上十五日以下拘留；情节较轻的，处五日以上十日以下拘留。

第三十一条 爆炸性、毒害性、放射性、腐蚀性物质或者传染病病原体等危险物质被盗、被抢或者丢失，未按规定报告的，处五日以下拘留；故意隐瞒不报的，处五日以上十日以下拘留。

第三十二条 非法携带枪支、弹药或者弩、匕首等国家规定的管制器具的，处五日以下拘留，可以并处五百元以下罚款；情节较轻的，处警告或者二百元以下罚款。

非法携带枪支、弹药或者弩、匕首等国家规定的管制器具进入公共场所或者公共交通工具的，处五日以上十日以下拘留，可以并处五百元以下罚款。

第三十三条 有下列行为之一的，处十日以上十五日以下拘留：

（一）盗窃、损毁油气管道设施、电力电信设施、广播电视设施、水利防汛工程设施或者水文监测、测量、气象测报、环境监测、地质监测、地震监测等公共设施的；

（二）移动、损毁国家边境的界碑、界桩以及其他边境标志、边境设施或者领土、领海标志设施的；

（三）非法进行影响国（边）界线走向的活动或者修建有碍国（边）境管理的设施的。

第三十四条 盗窃、损坏、擅自移动使用中的航空设施，或者强行进入航空器驾驶舱的，处十日以上十五日以下拘留。

在使用中的航空器上使用可能影响导航系统正常功能的器具、工具，不听劝阻的，处五日以下拘留或者五百元以下罚款。

第三十五条 有下列行为之一的，处五日以上十日以下拘留，可以并处五百元以下罚款；情节较轻的，处五日以下拘留或者五百元以下罚款：

（一）盗窃、损毁或者擅自移动铁路设施、设备、机车车辆配件或者安全标志的；

（二）在铁路线路上放置障碍物，或者故意向列车投掷物品的；

（三）在铁路线路、桥梁、涵洞处挖掘坑穴、采石取沙的；

（四）在铁路线路上私设道口或者平交过道的。

第三十六条 擅自进入铁路防护网或者火车来临时在铁路线路上行走坐卧、抢越铁路，影响行车安全的，处警告或者二百元以下罚款。

第三十七条　有下列行为之一的，处五日以下拘留或者五百元以下罚款；情节严重的，处五日以上十日以下拘留，可以并处五百元以下罚款：

（一）未经批准，安装、使用电网的，或者安装、使用电网不符合安全规定的；

（二）在车辆、行人通行的地方施工，对沟井坎穴不设覆盖物、防围和警示标志的，或者故意损毁、移动覆盖物、防围和警示标志的；

（三）盗窃、损毁路面井盖、照明等公共设施的。

第三十八条　举办文化、体育等大型群众性活动，违反有关规定，有发生安全事故危险的，责令停止活动，立即疏散；对组织者处五日以上十日以下拘留，并处二百元以上五百元以下罚款；情节较轻的，处五日以下拘留或者五百元以下罚款。

第三十九条　旅馆、饭店、影剧院、娱乐场、运动场、展览馆或者其他供社会公众活动的场所的经营管理人员，违反安全规定，致使该场所有发生安全事故危险，经公安机关责令改正，拒不改正的，处五日以下拘留。

第三节　侵犯人身权利、财产权利的行为和处罚

第四十条　有下列行为之一的，处十日以上十五日以下拘留，并处五百元以上一千元以下罚款；情节较轻的，处五日以上十日以下拘留，并处二百元以上五百元以下罚款：

（一）组织、胁迫、诱骗不满十六周岁的人或者残疾人进行恐怖、残忍表演的；

（二）以暴力、威胁或者其他手段强迫他人劳动的；

（三）非法限制他人人身自由、非法侵入他人住宅或者非法搜查他人身体的。

第四十一条　胁迫、诱骗或者利用他人乞讨的，处十日以上十五日以下拘留，可以并处一千元以下罚款。

反复纠缠、强行讨要或者以其他滋扰他人的方式乞讨的，处五日以下拘留或者警告。

第四十二条　有下列行为之一的，处五日以下拘留或者五百元以下罚款；情节较重的，处五日以上十日以下拘留，可以并处五百元以下罚款：

（一）写恐吓信或者以其他方法威胁他人人身安全的；

（二）公然侮辱他人或者捏造事实诽谤他人的；

（三）捏造事实诬告陷害他人，企图使他人受到刑事追究或者受到治安管理处罚的；

（四）对证人及其近亲属进行威胁、侮辱、殴打或者打击报复的；

（五）多次发送淫秽、侮辱、恐吓或者其他信息，干扰他人正常生活的；

（六）偷窥、偷拍、窃听、散布他人隐私的。

第四十三条　殴打他人的，或者故意伤害他人身体的，处五日以上十日以下拘留，并处二百元以上五百元以下罚款；情节较轻的，处五日以下拘留或者五百元以下罚款。

有下列情形之一的，处十日以上十五日以下拘留，并处五百元以上一千元以下罚款：

（一）结伙殴打、伤害他人的；

（二）殴打、伤害残疾人、孕妇、不满十四周岁的人或者六十周岁以上的人的；

（三）多次殴打、伤害他人或者一次殴打、伤害多人的。

第四十四条　猥亵他人的，或者在公共场所故意裸露身体，情节恶劣的，处五日以上十日以下拘留；猥亵智力残疾人、精神病人、不满十四周岁的人或者有其他严重情节

的，处十日以上十五日以下拘留。

第四十五条 有下列行为之一的，处五日以下拘留或者警告：

（一）虐待家庭成员，被虐待人要求处理的；

（二）遗弃没有独立生活能力的被扶养人的。

第四十六条 强买强卖商品，强迫他人提供服务或者强迫他人接受服务的，处五日以上十日以下拘留，并处二百元以上五百元以下罚款；情节较轻的，处五日以下拘留或者五百元以下罚款。

第四十七条 煽动民族仇恨、民族歧视，或者在出版物、计算机信息网络中刊载民族歧视、侮辱内容的，处十日以上十五日以下拘留，可以并处一千元以下罚款。

第四十八条 冒领、隐匿、毁弃、私自开拆或者非法检查他人邮件的，处五日以下拘留或者五百元以下罚款。

第四十九条 盗窃、诈骗、哄抢、抢夺、敲诈勒索或者故意损毁公私财物的，处五日以上十日以下拘留，可以并处五百元以下罚款；情节较重的，处十日以上十五日以下拘留，可以并处一千元以下罚款。

第四节 妨害社会管理的行为和处罚

第五十条 有下列行为之一的，处警告或者二百元以下罚款；情节严重的，处五日以上十日以下拘留，可以并处五百元以下罚款：

（一）拒不执行人民政府在紧急状态情况下依法发布的决定、命令的；

（二）阻碍国家机关工作人员依法执行职务的；

（三）阻碍执行紧急任务的消防车、救护车、工程抢险车、警车等车辆通行的；

（四）强行冲闯公安机关设置的警戒带、警戒区的。

阻碍人民警察依法执行职务的，从重处罚。

第五十一条 冒充国家机关工作人员或者以其他虚假身份招摇撞骗的，处五日以上十日以下拘留，可以并处五百元以下罚款；情节较轻的，处五日以下拘留或者五百元以下罚款。

冒充军警人员招摇撞骗的，从重处罚。

第五十二条 有下列行为之一的，处十日以上十五日以下拘留，可以并处一千元以下罚款；情节较轻的，处五日以上十日以下拘留，可以并处五百元以下罚款：

（一）伪造、变造或者买卖国家机关、人民团体、企业、事业单位或者其他组织的公文、证件、证明文件、印章的；

（二）买卖或者使用伪造、变造的国家机关、人民团体、企业、事业单位或者其他组织的公文、证件、证明文件的；

（三）伪造、变造、倒卖车票、船票、航空客票、文艺演出票、体育比赛入场券或者其他有价票证、凭证的；

（四）伪造、变造船舶户牌，买卖或者使用伪造、变造的船舶户牌，或者涂改船舶发动机号码的。

第五十三条 船舶擅自进入、停靠国家禁止、限制进入的水域或者岛屿的，对船舶负责人及有关责任人员处五百元以上一千元以下罚款；情节严重的，处五日以下拘留，并处五百元以上一千元以下罚款。

第五十四条 有下列行为之一的，处十日以上十五日以下拘留，并处五百元以上一千元以下罚款；情节较轻的，处五日以下拘留或者五百元以下罚款：

（一）违反国家规定，未经注册登记，以社会团体名义进行活动，被取缔后，仍进行活动的；

（二）被依法撤销登记的社会团体，仍以社会团体名义进行活动的；

（三）未经许可，擅自经营按照国家规定需要由公安机关许可的行业的。

有前款第三项行为的，予以取缔。

取得公安机关许可的经营者，违反国家有关管理规定，情节严重的，公安机关可以吊销许可证。

第五十五条 煽动、策划非法集会、游行、示威，不听劝阻的，处十日以上十五日以下拘留。

第五十六条 旅馆业的工作人员对住宿的旅客不按规定登记姓名、身份证件种类和号码的，或者明知住宿的旅客将危险物质带入旅馆，不予制止的，处二百元以上五百元以下罚款。

旅馆业的工作人员明知住宿的旅客是犯罪嫌疑人员或者被公安机关通缉的人员，不向公安机关报告的，处二百元以上五百元以下罚款；情节严重的，处五日以下拘留，可以并处五百元以下罚款。

第五十七条 房屋出租人将房屋出租给无身份证件的人居住的，或者不按规定登记承租人姓名、身份证件种类和号码的，处二百元以上五百元以下罚款。

房屋出租人明知承租人利用出租房屋进行犯罪活动，不向公安机关报告的，处二百元以上五百元以下罚款；情节严重的，处五日以下拘留，可以并处五百元以下罚款。

第五十八条 违反关于社会生活噪声污染防治的法律规定，制造噪声干扰他人正常生活的，处警告；警告后不改正的，处二百元以上五百元以下罚款。

第五十九条 有下列行为之一的，处五百元以上一千元以下罚款；情节严重的，处五日以上十日以下拘留，并处五百元以上一千元以下罚款：

（一）典当业工作人员承接典当的物品，不查验有关证明、不履行登记手续，或者明知是违法犯罪嫌疑人、赃物，不向公安机关报告的；

（二）违反国家规定，收购铁路、油田、供电、电信、矿山、水利、测量和城市公用设施等废旧专用器材的；

（三）收购公安机关通报寻查的赃物或者有赃物嫌疑的物品的；

（四）收购国家禁止收购的其他物品的。

第六十条 有下列行为之一的，处五日以上十日以下拘留，并处二百元以上五百元以下罚款：

（一）隐藏、转移、变卖或者损毁行政执法机关依法扣押、查封、冻结的财物的；

（二）伪造、隐匿、毁灭证据或者提供虚假证言、谎报案情，影响行政执法机关依法办案的；

（三）明知是赃物而窝藏、转移或者代为销售的；

（四）被依法执行管制、剥夺政治权利或者在缓刑、保外就医等监外执行中的罪犯或者被依法采取刑事强制措施的人，有违反法律、行政法规和国务院公安部门有关监督管理规定的行为。

第六十一条 协助组织或者运送他人偷越国（边）境的，处十日以上十五日以下拘留，并处一千元以上五千元以下罚款。

第六十二条 为偷越国（边）境人员提供条件的，处五日以上十日以下拘留，并处五百元以上二千元以下罚款。

偷越国（边）境的，处五日以下拘留或者五百元以下罚款。

第六十三条 有下列行为之一的，处警告或者二百元以下罚款；情节较重的，处五日以上十日以下拘留，并处二百元以上五百元以下罚款：

（一）刻划、涂污或者以其他方式故意损坏国家保护的文物、名胜古迹的；

（二）违反国家规定，在文物保护单位附近进行爆破、挖掘等活动，危及文物安全的。

第六十四条 有下列行为之一的，处五百元以上一千元以下罚款；情节严重的，处十日以上十五日以下拘留，并处五百元以上一千元以下罚款：

（一）偷开他人机动车的；

（二）未取得驾驶证驾驶或者偷开他人航空器、机动船舶的。

第六十五条 有下列行为之一的，处五日以上十日以下拘留；情节严重的，处十日以上十五日以下拘留，可以并处一千元以下罚款：

（一）故意破坏、污损他人坟墓或者毁坏、丢弃他人尸骨、骨灰的；

（二）在公共场所停放尸体或者因停放尸体影响他人正常生活、工作秩序，不听劝阻的。

第六十六条 卖淫、嫖娼的，处十日以上十五日以下拘留，可以并处五千元以下罚款；情节较轻的，处五日以下拘留或者五百元以下罚款。

在公共场所拉客招嫖的，处五日以下拘留或者五百元以下罚款。

第六十七条 引诱、容留、介绍他人卖淫的，处十日以上十五日以下拘留，可以并处五千元以下罚款；情节较轻的，处五日以下拘留或者五百元以下罚款。

第六十八条 制作、运输、复制、出售、出租淫秽的书刊、图片、影片、音像制品等淫秽物品或者利用计算机信息网络、电话以及其他通讯工具传播淫秽信息的，处十日以上十五日以下拘留，可以并处三千元以下罚款；情节较轻的，处五日以下拘留或者五百元以下罚款。

第六十九条 有下列行为之一的，处十日以上十五日以下拘留，并处五百元以上一千元以下罚款：

（一）组织播放淫秽音像的；

（二）组织或者进行淫秽表演的；

（三）参与聚众淫乱活动的。

明知他人从事前款活动，为其提供条件的，依照前款的规定处罚。

第七十条 以营利为目的，为赌博提供条件的，或者参与赌博赌资较大的，处五日以下拘留或者五百元以下罚款；情节严重的，处十日以上十五日以下拘留，并处五百元以上三千元以下罚款。

第七十一条 有下列行为之一的，处十日以上十五日以下拘留，可以并处三千元以下罚款；情节较轻的，处五日以下拘留或者五百元以下罚款：

（一）非法种植罂粟不满五百株或者其他少量毒品原植物的；

（二）非法买卖、运输、携带、持有少量未经灭活的罂粟等毒品原植物种子或者幼苗的；

（三）非法运输、买卖、储存、使用少量罂粟壳的。

有前款第一项行为，在成熟前自行铲除的，不予处罚。

第七十二条 有下列行为之一的，处十日以上十五日以下拘留，可以并处二千元以下罚款；情节较轻的，处五日以下拘留或者五百元以下罚款：

（一）非法持有鸦片不满二百克、海洛因或者甲基苯丙胺不满十克或者其他少量毒品的；

（二）向他人提供毒品的；

（三）吸食、注射毒品的；

（四）胁迫、欺骗医务人员开具麻醉药品、精神药品的。

第七十三条 教唆、引诱、欺骗他人吸食、注射毒品的，处十日以上十五日以下拘留，并处五百元以上二千元以下罚款。

第七十四条 旅馆业、饮食服务业、文化娱乐业、出租汽车业等单位的人员，在公安机关查处吸毒、赌博、卖淫、嫖娼活动时，为违法犯罪行为人通风报信的，处十日以上十五日以下拘留。

第七十五条 饲养动物，干扰他人正常生活的，处警告；警告后不改正的，或者放任动物恐吓他人的，处二百元以上五百元以下罚款。

驱使动物伤害他人的，依照本法第四十三条第一款的规定处罚。

第七十六条 有本法第六十七条、第六十八条、第七十条的行为，屡教不改的，可以按照国家规定采取强制性教育措施。

第四章 处罚程序

第一节 调 查

第七十七条 公安机关对报案、控告、举报或者违反治安管理行为人主动投案，以及其他行政主管部门、司法机关移送的违反治安管理案件，应当及时受理，并进行登记。

第七十八条 公安机关受理报案、控告、举报、投案后，认为属于违反治安管理行为的，应当立即进行调查；认为不属于违反治安管理行为的，应当告知报案人、控告人、举报人、投案人，并说明理由。

第七十九条 公安机关及其人民警察对治安案件的调查，应当依法进行。严禁刑讯逼供或者采用威胁、引诱、欺骗等非法手段收集证据。

以非法手段收集的证据不得作为处罚的根据。

第八十条 公安机关及其人民警察在办理治安案件时，对涉及的国家秘密、商业秘密或者个人隐私，应当予以保密。

第八十一条 人民警察在办理治安案件过程中，遇有下列情形之一的，应当回避；违反治安管理行为人、被侵害人或者其法定代理人也有权要求他们回避：

（一）是本案当事人或者当事人的近亲属的；

（二）本人或者其近亲属与本案有利害关系的；

（三）与本案当事人有其他关系，可能影响案件公正处理的。

人民警察的回避，由其所属的公安机关决定；公安机关负责人的回避，由上一级公安机关决定。

第八十二条 需要传唤违反治安管理行为人接受调查的，经公安机关办案部门负责人批准，使用传唤证传唤。对现场发现的违反治安管理行为人，人民警察经出示工作证件，可以口头传唤，但应当在询问笔录中注明。

公安机关应当将传唤的原因和依据告知被传唤人。对无正当理由不接受传唤或者逃避传唤的人，可以强制传唤。

第八十三条 对违反治安管理行为人，公安机关传唤后应当及时询问查证，询问查证的时间不得超过八小时；情况复杂，依照本法规定可能适用行政拘留处罚的，询问查证的时间不得超过二十四小时。

公安机关应当及时将传唤的原因和处所通知被传唤人家属。

第八十四条 询问笔录应当交被询问人核对；对没有阅读能力的，应当向其宣读。记载有遗漏或者差错的，被询问人可以提出补充或者更正。被询问人确认笔录无误后，应当签名或者盖章，询问的人民警察也应当在笔录上签名。

被询问人要求就被询问事项自行提供书面材料的，应当准许；必要时，人民警察也可以要求被询问人自行书写。

询问不满十六周岁的违反治安管理行为人，应当通知其父母或者其他监护人到场。

第八十五条 人民警察询问被侵害人或者其他证人，可以到其所在单位或者住处进行；必要时，也可以通知其到公安机关提供证言。

人民警察在公安机关以外询问被侵害人或者其他证人，应当出示工作证件。

询问被侵害人或者其他证人，同时适用本法第八十四条的规定。

第八十六条 询问聋哑的违反治安管理行为人、被侵害人或者其他证人，应当有通晓手语的人提供帮助，并在笔录上注明。

询问不通晓当地通用的语言文字的违反治安管理行为人、被侵害人或者其他证人，应当配备翻译人员，并在笔录上注明。

第八十七条 公安机关对与违反治安管理行为有关的场所、物品、人身可以进行检查。检查时，人民警察不得少于二人，并应当出示工作证件和县级以上人民政府公安机关开具的检查证明文件。对确有必要立即进行检查的，人民警察经出示工作证件，可以当场检查，但检查公民住所应当出示县级以上人民政府公安机关开具的检查证明文件。

检查妇女的身体，应当由女性工作人员进行。

第八十八条　检查的情况应当制作检查笔录，由检查人、被检查人和见证人签名或者盖章；被检查人拒绝签名的，人民警察应当在笔录上注明。

第八十九条　公安机关办理治安案件，对与案件有关的需要作为证据的物品，可以扣押；对被侵害人或者善意第三人合法占有的财产，不得扣押，应当予以登记。对与案件无关的物品，不得扣押。

对扣押的物品，应当会同在场见证人和被扣押物品持有人查点清楚，当场开列清单一式二份，由调查人员、见证人和持有人签名或者盖章，一份交给持有人，另一份附卷备查。

对扣押的物品，应当妥善保管，不得挪作他用；对不宜长期保存的物品，按照有关规定处理。经查明与案件无关的，应当及时退还；经核实属于他人合法财产的，应当登记后立即退还；满六个月无人对该财产主张权利或者无法查清权利人的，应当公开拍卖或者按照国家有关规定处理，所得款项上缴国库。

第九十条　为了查明案情，需要解决案件中有争议的专门性问题的，应当指派或者聘请具有专门知识的人员进行鉴定；鉴定人鉴定后，应当写出鉴定意见，并且签名。

第二节　决　定

第九十一条　治安管理处罚由县级以上人民政府公安机关决定；其中警告、五百元以下的罚款可以由公安派出所决定。

第九十二条　对决定给予行政拘留处罚的人，在处罚前已经采取强制措施限制人身自由的时间，应当折抵。限制人身自由一日，折抵行政拘留一日。

第九十三条　公安机关查处治安案件，对没有本人陈述，但其他证据能够证明案件事实的，可以作出治安管理处罚决定。但是，只有本人陈述，没有其他证据证明的，不能作出治安管理处罚决定。

第九十四条　公安机关作出治安管理处罚决定前，应当告知违反治安管理行为人作出治安管理处罚的事实、理由及依据，并告知违反治安管理行为人依法享有的权利。

违反治安管理行为人有权陈述和申辩。公安机关必须充分听取违反治安管理行为人的意见，对违反治安管理行为人提出的事实、理由和证据，应当进行复核；违反治安管理行为人提出的事实、理由或者证据成立的，公安机关应当采纳。

公安机关不得因违反治安管理行为人的陈述、申辩而加重处罚。

第九十五条　治安案件调查结束后，公安机关应当根据不同情况，分别作出以下处理：

（一）确有依法应当给予治安管理处罚的违法行为的，根据情节轻重及具体情况，作出处罚决定；

（二）依法不予处罚的，或者违法事实不能成立的，作出不予处罚决定；

（三）违法行为已涉嫌犯罪的，移送主管机关依法追究刑事责任；

（四）发现违反治安管理行为人有其他违法行为的，在对违反治安管理行为作出处罚决定的同时，通知有关行政主管部门处理。

第九十六条　公安机关作出治安管理处罚决定的，应当制作治安管理处罚决定书。

决定书应当载明下列内容：

（一）被处罚人的姓名、性别、年龄、身份证件的名称和号码、住址；

（二）违法事实和证据；

（三）处罚的种类和依据；

（四）处罚的执行方式和期限；

（五）对处罚决定不服，申请行政复议、提起行政诉讼的途径和期限；

（六）作出处罚决定的公安机关的名称和作出决定的日期。

决定书应当由作出处罚决定的公安机关加盖印章。

第九十七条 公安机关应当向被处罚人宣告治安管理处罚决定书，并当场交付被处罚人；无法当场向被处罚人宣告的，应当在二日内送达被处罚人。决定给予行政拘留处罚的，应当及时通知被处罚人的家属。

有被侵害人的，公安机关应当将决定书副本抄送被侵害人。

第九十八条 公安机关作出吊销许可证以及处二千元以上罚款的治安管理处罚决定前，应当告知违反治安管理行为人有权要求举行听证；违反治安管理行为人要求听证的，公安机关应当及时依法举行听证。

第九十九条 公安机关办理治安案件的期限，自受理之日起不得超过三十日；案情重大、复杂的，经上一级公安机关批准，可以延长三十日。

为了查明案情进行鉴定的期间，不计入办理治安案件的期限。

第一百条 违反治安管理行为事实清楚，证据确凿，处警告或者二百元以下罚款的，可以当场作出治安管理处罚决定。

第一百零一条 当场作出治安管理处罚决定的，人民警察应当向违反治安管理行为人出示工作证件，并填写处罚决定书。处罚决定书应当当场交付被处罚人；有被侵害人的，并将决定书副本抄送被侵害人。

前款规定的处罚决定书，应当载明被处罚人的姓名、违法行为、处罚依据、罚款数额、时间、地点以及公安机关名称，并由经办的人民警察签名或者盖章。

当场作出治安管理处罚决定的，经办的人民警察应当在二十四小时内报所属公安机关备案。

第一百零二条 被处罚人对治安管理处罚决定不服的，可以依法申请行政复议或者提起行政诉讼。

第三节　执　行

第一百零三条 对被决定给予行政拘留处罚的人，由作出决定的公安机关送达拘留所执行。

第一百零四条 受到罚款处罚的人应当自收到处罚决定书之日起十五日内，到指定的银行缴纳罚款。但是，有下列情形之一的，人民警察可以当场收缴罚款：

（一）被处五十元以下罚款，被处罚人对罚款无异议的；

（二）在边远、水上、交通不便地区，公安机关及其人民警察依照本法的规定作出罚款决定后，被处罚人向指定的银行缴纳罚款确有困难，经被处罚人提出的；

（三）被处罚人在当地没有固定住所，不当场收缴事后难以执行的。

第一百零五条 人民警察当场收缴的罚款，应当自收缴罚款之日起二日内，交至所属的公安机关；在水上、旅客列车上当场收缴的罚款，应当自抵岸或者到站之日起二日内，交至所属的公安机关；公安机关应当自收到罚款之日起二日内将罚款缴付指定的银行。

第一百零六条 人民警察当场收缴罚款的，应当向被处罚人出具省、自治区、直辖市人民政府财政部门统一制发的罚款收据；不出具统一制发的罚款收据的，被处罚人有权拒绝缴纳罚款。

第一百零七条 被处罚人不服行政拘留处罚决定，申请行政复议、提起行政诉讼的，可以向公安机关提出暂缓执行行政拘留的申请。公安机关认为暂缓执行行政拘留不致发生社会危险的，由被处罚人或者其近亲属提出符合本法第一百零八条规定条件的担保人，或者按每日行政拘留二百元的标准交纳保证金，行政拘留的处罚决定暂缓执行。

第一百零八条 担保人应当符合下列条件：

（一）与本案无牵连；

（二）享有政治权利，人身自由未受到限制；

（三）在当地有常住户口和固定住所；

（四）有能力履行担保义务。

第一百零九条 担保人应当保证被担保人不逃避行政拘留处罚的执行。

担保人不履行担保义务，致使被担保人逃避行政拘留处罚的执行的，由公安机关对其处三千元以下罚款。

第一百一十条 被决定给予行政拘留处罚的人交纳保证金，暂缓行政拘留后，逃避行政拘留处罚的执行的，保证金予以没收并上缴国库，已经作出的行政拘留决定仍应执行。

第一百一十一条 行政拘留的处罚决定被撤销，或者行政拘留处罚开始执行的，公安机关收取的保证金应当及时退还交纳人。

第五章 执法监督

第一百一十二条 公安机关及其人民警察应当依法、公正、严格、高效办理治安案件，文明执法，不得徇私舞弊。

第一百一十三条 公安机关及其人民警察办理治安案件，禁止对违反治安管理行为人打骂、虐待或者侮辱。

第一百一十四条 公安机关及其人民警察办理治安案件，应当自觉接受社会和公民的监督。

公安机关及其人民警察办理治安案件，不严格执法或者有违法违纪行为的，任何单位和个人都有权向公安机关或者人民检察院、行政监察机关检举、控告；收到检举、控告的机关，应当依据职责及时处理。

第一百一十五条 公安机关依法实施罚款处罚，应当依照有关法律、行政法规的规定，实行罚款决定与罚款收缴分离；收缴的罚款应当全部上缴国库。

第一百一十六条 人民警察办理治安案件，有下列行为之一的，依法给予行政处分；构成犯罪的，依法追究刑事责任：

（一）刑讯逼供、体罚、虐待、侮辱他人的；

（二）超过询问查证的时间限制人身自由的；

（三）不执行罚款决定与罚款收缴分离制度或者不按规定将罚没的财物上缴国库或者依法处理的；

（四）私分、侵占、挪用、故意损毁收缴、扣押的财物的；

（五）违反规定使用或者不及时返还被侵害人财物的；

（六）违反规定不及时退还保证金的；

（七）利用职务上的便利收受他人财物或[illegible]谋取其他利益的；

（八）当场收缴罚款不出具罚款收据或[illegible]实填写罚款数额的；

（九）接到要求制止违反治安管理行为[illegible]后，不及时出警的；

（十）在查处违反治安管理活动时，为[illegible]罪行为人通风报信的；

（十一）有徇私舞弊、滥用职权，不依法[illegible]行法定职责的其他情形的。

办理治安案件的公安机关有前款所列行为的，对直接负责的主管人员和其他直接责任人员给予相应的行政处分。

第一百一十七条 公安机关及其人民警察违法行使职权，侵犯公民、法人和其他组织合法权益的，应当赔礼道歉；造成损害的，应当依法承担赔偿责任。

第六章 附 则

第一百一十八条 本法所称以上、以下、以内，包括本数。

第一百一十九条 本法自 2006 年 3 月 1 日起施行。1986 年 9 月 5 日公布、1994 年 5 月 12 日修订公布的《中华人民共和国治安管理处罚条例》同时废止。

【行政许可】

中华人民共和国行政许可法

（2003年8月27日第十届全国人民代表大会常务委员会第四次会议通过，
国家主席令第7号同日公布，自2004年7月1日起施行）

目　录

第一章　总　则

第一条　为了规范行政许可的设定和实施，保护公民、法人和其他组织的合法权益，维护公共利益和社会秩序，保障和监督行政机关有效实施行政管理，根据宪法，制定本法。

第二条　本法所称行政许可，是指行政机关根据公民、法人或者其他组织的申请，经依法审查，准予其从事特定活动的行为。

第三条　行政许可的设定和实施，适用本法。

有关行政机关对其他机关或者对其直接管理的事业单位的人事、财务、外事等事项的审批，不适用本法。

第四条 设定和实施行政许可，应当依照法定的权限、范围、条件和程序。

第五条 设定和实施行政许可，应当遵循公开、公平、公正的原则。

有关行政许可的规定应当公布；未经公布的，不得作为实施行政许可的依据。行政许可的实施和结果，除涉及国家秘密、商业秘密或者个人隐私的外，应当公开。

符合法定条件、标准的，申请人有依法取得行政许可的平等权利，行政机关不得歧视。

第六条 实施行政许可，应当遵循便民的原则，提高办事效率，提供优质服务。

第七条 公民、法人或者其他组织对行政机关实施行政许可，享有陈述权、申辩权；有权依法申请行政复议或者提起行政诉讼；其合法权益因行政机关违法实施行政许可受到损害的，有权依法要求赔偿。

第八条 公民、法人或者其他组织依法取得的行政许可受法律保护，行政机关不得擅自改变已经生效的行政许可。

行政许可所依据的法律、法规、规章修改或者废止，或者准予行政许可所依据的客观情况发生重大变化的，为了公共利益的需要，行政机关可以依法变更或者撤回已经生效的行政许可。由此给公民、法人或者其他组织造成财产损失的，行政机关应当依法给予补偿。

第九条 依法取得的行政许可，除法律、法规规定依照法定条件和程序可以转让的外，不得转让。

第十条 县级以上人民政府应当建立健全对行政机关实施行政许可的监督制度，加强对行政机关实施行政许可的监督检查。

行政机关应当对公民、法人或者其他组织从事行政许可事项的活动实施有效监督。

第二章 行政许可的设定

第十一条 设定行政许可，应当遵循经济和社会发展规律，有利于发挥公民、法人或者其他组织的积极性、主动性，维护公共利益和社会秩序，促进经济、社会和生态环境协调发展。

第十二条 下列事项可以设定行政许可：

（一）直接涉及国家安全、公共安全、经济宏观调控、生态环境保护以及直接关系人身健康、生命财产安全等特定活动，需要按照法定条件予以批准的事项；

（二）有限自然资源开发利用、公共资源配置以及直接关系公共利益的特定行业的市场准入等，需要赋予特定权利的事项；

（三）提供公众服务并且直接关系公共利益的职业、行业，需要确定具备特殊信誉、特殊条件或者特殊技能等资格、资质的事项；

（四）直接关系公共安全、人身健康、生命财产安全的重要设备、设施、产品、物品，需要按照技术标准、技术规范，通过检验、检测、检疫等方式进行审定的事项；

（五）企业或者其他组织的设立等，需要确定主体资格的事项；

（六）法律、行政法规规定可以设定行政许可的其他事项。

第十三条 本法第十二条所列事项，通过下列方式能够予以规范的，可以不设行政许可：

（一）公民、法人或者其他组织能够自主决定的；

（二）市场竞争机制能够有效调节的[illegible]

（三）行业组织或者中介机构能够[illegible]管理的；

（四）行政机关采用事后监督等[illegible]管理方式能够解决的。

第十四条 本法第十二条所列事[illegible]律可以设定行政许可。尚未制定法律的，行政法规可以设定行政许可。

必要时，国务院可以采用发布决[illegible]方式设定行政许可。实施后，除临时性行政许可事项外，国务院应当及时提请全国[illegible]代表大会及其常务委员会制定法律，或者自行制定行政法规。

第十五条 本法第十二条所列事项，尚未制定法律、行政法规的，地方性法规可以设定行政许可；尚未制定法律、行政法规和地方性法规的，因行政管理的需要，确需立即实施行政许可的，省、自治区、直辖市人民政府规章可以设定临时性的行政许可。临时性的行政许可实施满一年需要继续实施的，应当提请本级人民代表大会及其常务委员会制定地方性法规。

地方性法规和省、自治区、直辖市人民政府规章，不得设定应当由国家统一确定的公民、法人或者其他组织的资格、资质的行政许可；不得设定企业或者其他组织的设立登记及其前置性行政许可。其设定的行政许可，不得限制其他地区的个人或者企业到本地区从事生产经营和提供服务，不得限制其他地区的商品进入本地区市场。

第十六条 行政法规可以在法律设定的行政许可事项范围内，对实施该行政许可作出具体规定。

地方性法规可以在法律、行政法规设定的行政许可事项范围内，对实施该行政许可作出具体规定。

规章可以在上位法设定的行政许可事项范围内，对实施该行政许可作出具体规定。

法规、规章对实施上位法设定的行政许可作出的具体规定，不得增设行政许可；对行政许可条件作出的具体规定，不得[illegible]反上位法的其他条件。

第十七条 除本法第十四条、[illegible]条规定的外，其他规范性文件一律不得设定行政许可。

第十八条 设定行政许可，应[illegible]行政许可的实施机关、条件、程序、期限。

第十九条 起草法律草案、法[illegible]案和省、自治区、直辖市人民政府规章草案，拟设定行政许可的，起草单位应当采取听证会、论证会等形式听取意见，并向制定机关说明设定该行政许可的必要性、对经济和社会可能产生的影响以及听取和采纳意见的情况。

第二十条 行政许可的设定机关应当定期对其设定的行政许可进行评价；对已设定的行政许可，认为通过本法第十三条所列方式能够解决的，应当对设定该行政许可的规定及时予以修改或者废止。

行政许可的实施机关可以对已设定的行政许可的实施情况及存在的必要性适时进行评价，并将意见报告该行政许可的设定机关。

公民、法人或者其他组织可以向行政许可的设定机关和实施机关就行政许可的设定和实施提出意见和建议。

第二十一条 省、自治区、直辖市人民政府对行政法规设定的有关经济事务的行政许可，根据本行政区域经济和社会发展情况，认为通过本法第十三条所列方式能够解决的，报国务院批准后，可以在本行政区域内停止实施该行政许可。

第三章 行政许可的实施机关

第二十二条 行政许可由具有行政许可权的行政机关在其法定职权范围内实施。

第二十三条 法律、法规授权的具有管理公共事务职能的组织，在法定授权范围内，以自己的名义实施行政许可。被授权的组织适用本法有关行政机关的规定。

第二十四条 行政机关在其法定职权范围内，依照法律、法规、规章的规定，可以委托其他行政机关实施行政许可。委托机关应当将受委托行政机关和受委托实施行政许可的内容予以公告。

委托行政机关对受委托行政机关实施行政许可的行为应当负责监督，并对该行为的后果承担法律责任。

受委托行政机关在委托范围内，以委托行政机关名义实施行政许可；不得再委托其他组织或者个人实施行政许可。

第二十五条 经国务院批准，省、自治区、直辖市人民政府根据精简、统一、效能的原则，可以决定一个行政机关行使有关行政机关的行政许可权。

第二十六条 行政许可需要行政机关内设的多个机构办理的，该行政机关应当确定一个机构统一受理行政许可申请，统一送达行政许可决定。

行政许可依法由地方人民政府两个以上部门分别实施的，本级人民政府可以确定一个部门受理行政许可申请并转告有关部门分别提出意见后统一办理，或者组织有关部门联合办理、集中办理。

第二十七条 行政机关实施行政许可，不得向申请人提出购买指定商品、接受有偿服务等不正当要求。

行政机关工作人员办理行政许可，不得索取或者收受申请人的财物，不得谋取其他利益。

第二十八条 对直接关系公共安全、人身健康、生命财产安全的设备、设施、产品、物品的检验、检测、检疫，除法律、行政法规规定由行政机关实施的外，应当逐步由符合法定条件的专业技术组织实施。专业技术组织及其有关人员对所实施的检验、检测、检疫结论承担法律责任。

第四章 行政许可的实施程序

第一节 申请与受理

第二十九条 公民、法人或者其他组织从事特定活动，依法需要取得行政许可的，应当向行政机关提出申请。申请书需要采用格式文本的，行政机关应当向申请人提供行政许可申请书格式文本。申请书格式文本中不得包含与申请行政许可事项没有直接关系的内容。

申请人可以委托代理人提出行政许可申请。但是，依法应当由申请人到行政机关办公场所提出行政许可申请的除外。

行政许可申请可以通过信函、电报、电传、传真、电子数据交换和电子邮件等方式提出。

第三十条 行政机关应当将法律、法规、规章规定的有关行政许可的事项、依据、条件、数量、程序、期限以及需要提交的全部材料的目录和申请书示范文本等在办公场所公示。

申请人要求行政机关对公示内容予以说明、解释的，行政机关应当说明、解释，提供准确、可靠的信息。

第三十一条 申请人申请行政许可，应当如实向行政机关提交有关材料和反映真实情况，并对其申请材料实质内容的真实性负责。行政机关不得要求申请人提交与其申请的行政许可事项无关的技术资料和其他材料。

第三十二条 行政机关对申请人提出的行政许可申请，应当根据下列情况分别作出处理：

（一）申请事项依法不需要取得行政许可的，应当即时告知申请人不受理；

（二）申请事项依法不属于本行政机关职权范围的，应当即时作出不予受理的决定，并告知申请人向有关行政机关申请；

（三）申请材料存在可以当场更正的错误的，应当允许申请人当场更正；

（四）申请材料不齐全或者不符合法定形式的，应当当场或者在五日内一次告知申请人需要补正的全部内容，逾期不告知的，自收到申请材料之日起即为受理；

（五）申请事项属于本行政机关职权范围，申请材料齐全、符合法定形式，或者申请人按照本行政机关的要求提交全部补正申请材料的，应当受理行政许可申请。

行政机关受理或者不予受理行政许可申请，应当出具加盖本行政机关专用印章和注明日期的书面凭证。

第三十三条 行政机关应当建立和完善有关制度，推行电子政务，在行政机关的网站上公布行政许可事项，方便申请人采取数据电文等方式提出行政许可申请；应当与其他行政机关共享有关行政许可信息，提高办事效率。

第二节 审查与决定

第三十四条 行政机关应当对申请人提交的申请材料进行审查。

申请人提交的申请材料齐全、符合法定形式，行政机关能够当场作出决定的，应当当场作出书面的行政许可决定。

根据法定条件和程序，需要对申请材料的实质内容进行核实的，行政机关应当指派两名以上工作人员进行核查。

第三十五条 依法应当先经下级行政机关审查后报上级行政机关决定的行政许可，

下级行政机关应当在法定期限内将初步审查意见和全部申请材料直接报送上级行政机关。上级行政机关不得要求申请人重复提供申请材料。

第三十六条 行政机关对行政许可申请进行审查时，发现行政许可事项直接关系他人重大利益的，应当告知该利害关系人。申请人、利害关系人有权进行陈述和申辩。行政机关应当听取申请人、利害关系人的意见。

第三十七条 行政机关对行政许可申请进行审查后，除当场作出行政许可决定的外，应当在法定期限内按照规定程序作出行政许可决定。

第三十八条 申请人的申请符合法定条件、标准的，行政机关应当依法作出准予行政许可的书面决定。

行政机关依法作出不予行政许可的书面决定的，应当说明理由，并告知申请人享有依法申请行政复议或者提起行政诉讼的权利。

第三十九条 行政机关作出准予行政许可的决定，需要颁发行政许可证件的，应当向申请人颁发加盖本行政机关印章的下列行政许可证件：

（一）许可证、执照或者其他许可证书；

（二）资格证、资质证或者其他合格证书；

（三）行政机关的批准文件或者证明文件；

（四）法律、法规规定的其他行政许可证件。

行政机关实施检验、检测、检疫的，可以在检验、检测、检疫合格的设备、设施、产品、物品上加贴标签或者加盖检验、检测、检疫印章。

第四十条 行政机关作出的准予行政许可决定，应当予以公开，公众有权查阅。

第四十一条 法律、行政法规设定的行政许可，其适用范围没有地域限制的，申请人取得的行政许可在全国范围内有效。

第三节 期 限

第四十二条 除可以当场作出行政许可决定的外，行政机关应当自受理行政许可申请之日起二十日内作出行政许可决定。二十日内不能作出决定的，经本行政机关负责人批准，可以延长十日，并应当将延长期限的理由告知申请人。但是，法律、法规另有规定的，依照其规定。

依照本法第二十六条的规定，行政许可采取统一办理或者联合办理、集中办理的，办理的时间不得超过四十五日；四十五日内不能办结的，经本级人民政府负责人批准，可以延长十五日，并应当将延长期限的理由告知申请人。

第四十三条 依法应当先经下级行政机关审查后报上级行政机关决定的行政许可，下级行政机关应当自其受理行政许可申请之日起二十日内审查完毕。但是，法律、法规另有规定的，依照其规定。

第四十四条 行政机关作出准予行政许可的决定，应当自作出决定之日起十日内向申请人颁发、送达行政许可证件，或者加贴标签、加盖检验、检测、检疫印章。

第四十五条 行政机关作出行政许可决定，依法需要听证、招标、拍卖、检验、检测、检疫、鉴定和专家评审的，所需时间不计算在本节规定的期限内。行政机关应当将所需时间书面告知申请人。

第四节 听证

第四十六条 法律、法规、规章规定实施行政许可应当听证的事项，或者行政机关认为需要听证的其他涉及公共利益的重大行政许可事项，行政机关应当向社会公告，并举行听证。

第四十七条 行政许可直接涉及申请人与他人之间重大利益关系的，行政机关在作出行政许可决定前，应当告知申请人、利害关系人享有要求听证的权利；申请人、利害关系人在被告知听证权利之日起五日内提出听证申请的，行政机关应当在二十日内组织听证。

申请人、利害关系人不承担行政机关组织听证的费用。

第四十八条 听证按照下列程序进行：

（一）行政机关应当于举行听证的七日前将举行听证的时间、地点通知申请人、利害关系人，必要时予以公告；

（二）听证应当公开举行；

（三）行政机关应当指定审查该行政许可申请的工作人员以外的人员为听证主持人，申请人、利害关系人认为主持人与该行政许可事项有直接利害关系的，有权申请回避；

（四）举行听证时，审查该行政许可申请的工作人员应当提供审查意见的证据、理由，申请人、利害关系人可以提出证据，并进行申辩和质证；

（五）听证应当制作笔录，听证笔录应当交听证参加人确认无误后签字或者盖章。

行政机关应当根据听证笔录，作出行政许可决定。

第五节 变更与延续

第四十九条 被许可人要求变更行政许可事项的，应当向作出行政许可决定的行政机关提出申请；符合法定条件、标准的，行政机关应当依法办理变更手续。

第五十条 被许可人需要延续依法取得的行政许可的有效期的，应当在该行政许可有效期届满三十日前向作出行政许可决定的行政机关提出申请。但是，法律、法规、规章另有规定的，依照其规定。

行政机关应当根据被许可人的申请，在该行政许可有效期届满前作出是否准予延续的决定；逾期未作决定的，视为准予延续。

第六节 特别规定

第五十一条 实施行政许可的程序，本节有规定的，适用本节规定；本节没有规定的，适用本章其他有关规定。

第五十二条 国务院实施行政许可的程序，适用有关法律、行政法规的规定。

第五十三条 实施本法第十二条第二项所列事项的行政许可的，行政机关应当通过招标、拍卖等公平竞争的方式作出决定。但是，法律、行政法规另有规定的，依照其规定。

行政机关通过招标、拍卖等方式作出行政许可决定的具体程序，依照有关法律、行政法规的规定。

行政机关按照招标、拍卖程序确定中标人、买受人后，应当作出准予行政许可的决定，并依法向中标人、买受人颁发行政许可证件。

行政机关违反本条规定，不采用招标、拍卖方式，或者违反招标、拍卖程序，损害申请人合法权益的，申请人可以依法申请行政复议或者提起行政诉讼。

第五十四条 实施本法第十二条第三项所列事项的行政许可，赋予公民特定资格，依法应当举行国家考试的，行政机关根据考试成绩和其他法定条件作出行政许可决定；赋予法人或者其他组织特定的资格、资质的，行政机关根据申请人的专业人员构成、技术条件、经营业绩和管理水平等的考核结果作出行政许可决定。但是，法律、行政法规另有规定的，依照其规定。

公民特定资格的考试依法由行政机关或者行业组织实施，公开举行。行政机关或者行业组织应当事先公布资格考试的报名条件、报考办法、考试科目以及考试大纲。但是，不得组织强制性的资格考试的考前培训，不得指定教材或者其他助考材料。

第五十五条 实施本法第十二条第四项所列事项的行政许可的，应当按照技术标准、技术规范依法进行检验、检测、检疫，行政机关根据检验、检测、检疫的结果作出行政许可决定。

行政机关实施检验、检测、检疫，应当自受理申请之日起五日内指派两名以上工作人员按照技术标准、技术规范进行检验、检测、检疫。不需要对检验、检测、检疫结果作进一步技术分析即可认定设备、设施、产品、物品是否符合技术标准、技术规范的，行政机关应当当场作出行政许可决定。

行政机关根据检验、检测、检疫结果，作出不予行政许可决定的，应当书面说明不予行政许可所依据的技术标准、技术规范。

第五十六条 实施本法第十二条第五项所列事项的行政许可，申请人提交的申请材料齐全、符合法定形式的，行政机关应当当场予以登记。需要对申请材料的实质内容进行核实的，行政机关依照本法第三十四条第三款的规定办理。

第五十七条 有数量限制的行政许可，两个或者两个以上申请人的申请均符合法定条件、标准的，行政机关应当根据受理行政许可申请的先后顺序作出准予行政许可的决定。但是，法律、行政法规另有规定的，依照其规定。

第五章 行政许可的费用

第五十八条 行政机关实施行政许可和对行政许可事项进行监督检查，不得收取任何费用。但是，法律、行政法规另有规定的，依照其规定。

行政机关提供行政许可申请书格式文本，不得收费。

行政机关实施行政许可所需经费应当列入本行政机关的预算，由本级财政予以保障，按照批准的预算予以核拨。

第五十九条 行政机关实施行政许可，依照法律、行政法规收取费用的，应当按照公布的法定项目和标准收费；所收取的费用必须全部上缴国库，任何机关或者个人不得以任何形式截留、挪用、私分或者变相私分。财政部门不得以任何形式向行政机关返还或者变相返还实施行政许可所收取的费用。

第六章　监督检查

第六十条　上级行政机关应当加强对下级行政机关实施行政许可的监督检查，及时纠正行政许可实施中的违法行为。

第六十一条　行政机关应当建立健全监督制度，通过核查反映被许可人从事行政许可事项活动情况的有关材料，履行监督责任。

行政机关依法对被许可人从事行政许可事项的活动进行监督检查时，应当将监督检查的情况和处理结果予以记录，由监督检查人员签字后归档。公众有权查阅行政机关监督检查记录。

行政机关应当创造条件，实现与被许可人、其他有关行政机关的计算机档案系统互联，核查被许可人从事行政许可事项活动情况。

第六十二条　行政机关可以对被许可人生产经营的产品依法进行抽样检查、检验、检测，对其生产经营场所依法进行实地检查。检查时，行政机关可以依法查阅或者要求被许可人报送有关材料；被许可人应当如实提供有关情况和材料。

行政机关根据法律、行政法规的规定，对直接关系公共安全、人身健康、生命财产安全的重要设备、设施进行定期检验。对检验合格的，行政机关应当发给相应的证明文件。

第六十三条　行政机关实施监督检查，不得妨碍被许可人正常的生产经营活动，不得索取或者收受被许可人的财物，不得谋取其他利益。

第六十四条　被许可人在作出行政许可决定的行政机关管辖区域外违法从事行政许可事项活动的，违法行为发生地的行政机关应当依法将被许可人的违法事实、处理结果抄告作出行政许可决定的行政机关。

第六十五条　个人和组织发现违法从事行政许可事项的活动，有权向行政机关举报，行政机关应当及时核实、处理。

第六十六条　被许可人未依法履行开发利用自然资源义务或者未依法履行利用公共资源义务的，行政机关应当责令限期改正；被许可人在规定期限内不改正的，行政机关应当依照有关法律、行政法规的规定予以处理。

第六十七条　取得直接关系公共利益的特定行业的市场准入行政许可的被许可人，应当按照国家规定的服务标准、资费标准和行政机关依法规定的条件，向用户提供安全、方便、稳定和价格合理的服务，并履行普遍服务的义务；未经作出行政许可决定的行政机关批准，不得擅自停业、歇业。

被许可人不履行前款规定的义务的，行政机关应当责令限期改正，或者依法采取有效措施督促其履行义务。

第六十八条　对直接关系公共安全、人身健康、生命财产安全的重要设备、设施，行政机关应当督促设计、建造、安装和使用单位建立相应的自检制度。

行政机关在监督检查时，发现直接关系公共安全、人身健康、生命财产安全的重要设备、设施存在安全隐患的，应当责令停止建造、安装和使用，并责令设计、建造、安装和使用单位立即改正。

第六十九条 有下列情形之一的，作出行政许可决定的行政机关或者其上级行政机关，根据利害关系人的请求或者依据职权，可以撤销行政许可：

（一）行政机关工作人员滥用职权、玩忽职守作出准予行政许可决定的；

（二）超越法定职权作出准予行政许可决定的；

（三）违反法定程序作出准予行政许可决定的；

（四）对不具备申请资格或者不符合法定条件的申请人准予行政许可的；

（五）依法可以撤销行政许可的其他情形。

被许可人以欺骗、贿赂等不正当手段取得行政许可的，应当予以撤销。

依照前两款的规定撤销行政许可，可能对公共利益造成重大损害的，不予撤销。

依照本条第一款的规定撤销行政许可，被许可人的合法权益受到损害的，行政机关应当依法给予赔偿。依照本条第二款的规定撤销行政许可的，被许可人基于行政许可取得的利益不受保护。

第七十条 有下列情形之一的，行政机关应当依法办理有关行政许可的注销手续：

（一）行政许可有效期届满未延续的；

（二）赋予公民特定资格的行政许可，该公民死亡或者丧失行为能力的；

（三）法人或者其他组织依法终止的；

（四）行政许可依法被撤销、撤回，或者行政许可证件依法被吊销的；

（五）因不可抗力导致行政许可事项无法实施的；

（六）法律、法规规定的应当注销行政许可的其他情形。

第七章 法律责任

第七十一条 违反本法第十七条规定设定的行政许可，有关机关应当责令设定该行政许可的机关改正，或者依法予以撤销。

第七十二条 行政机关及其工作人员违反本法的规定，有下列情形之一的，由其上级行政机关或者监察机关责令改正；情节严重的，对直接负责的主管人员和其他直接责任人员依法给予行政处分：

（一）对符合法定条件的行政许可申请不予受理的；

（二）不在办公场所公示依法应当公示的材料的；

（三）在受理、审查、决定行政许可过程中，未向申请人、利害关系人履行法定告知义务的；

（四）申请人提交的申请材料不齐全、不符合法定形式，不一次告知申请人必须补正的全部内容的；

（五）未依法说明不受理行政许可申请或者不予行政许可的理由的；

（六）依法应当举行听证而不举行听证的。

第七十三条 行政机关工作人员办理行政许可、实施监督检查，索取或者收受他人财物或者谋取其他利益，构成犯罪的，依法追究刑事责任；尚不构成犯罪的，依法给予行政处分。

第七十四条 行政机关实施行政许可，有下列情形之一的，由其上级行政机关或者监察机关责令改正，对直接负责的主管人员和其他直接责任人员依法给予行政处分；构成犯罪的，依法追究刑事责任：

（一）对不符合法定条件的申请人准予行政许可或者超越法定职权作出准予行政许可决定的；

（二）对符合法定条件的申请人不予行政许可或者不在法定期限内作出准予行政许可决定的；

（三）依法应当根据招标、拍卖结果或者考试成绩择优作出准予行政许可决定，未经招标、拍卖或者考试，或者不根据招标、拍卖结果或者考试成绩择优作出准予行政许可决定的。

第七十五条 行政机关实施行政许可，擅自收费或者不按照法定项目和标准收费的，由其上级行政机关或者监察机关责令退还非法收取的费用；对直接负责的主管人员和其他直接责任人员依法给予行政处分。

截留、挪用、私分或者变相私分实施行政许可依法收取的费用的，予以追缴；对直接负责的主管人员和其他直接责任人员依法给予行政处分；构成犯罪的，依法追究刑事责任。

第七十六条 行政机关违法实施行政许可，给当事人的合法权益造成损害的，应当依照国家赔偿法的规定给予赔偿。

第七十七条 行政机关不依法履行监督职责或者监督不力，造成严重后果的，由其上级行政机关或者监察机关责令改正，对直接负责的主管人员和其他直接责任人员依法给予行政处分；构成犯罪的，依法追究刑事责任。

第七十八条 行政许可申请人隐瞒有关情况或者提供虚假材料申请行政许可的，行政机关不予受理或者不予行政许可，并给予警告；行政许可申请属于直接关系公共安全、人身健康、生命财产安全事项的，申请人在一年内不得再次申请该行政许可。

第七十九条 被许可人以欺骗、贿赂等不正当手段取得行政许可的，行政机关应当依法给予行政处罚；取得的行政许可属于直接关系公共安全、人身健康、生命财产安全事项的，申请人在三年内不得再次申请该行政许可；构成犯罪的，依法追究刑事责任。

第八十条 被许可人有下列行为之一的，行政机关应当依法给予行政处罚；构成犯罪的，依法追究刑事责任：

（一）涂改、倒卖、出租、出借行政许可证件，或者以其他形式非法转让行政许可的；

（二）超越行政许可范围进行活动的；

（三）向负责监督检查的行政机关隐瞒有关情况、提供虚假材料或者拒绝提供反映其活动情况的真实材料的；

（四）法律、法规、规章规定的其他违法行为。

第八十一条 公民、法人或者其他组织未经行政许可，擅自从事依法应当取得行政许可的活动的，行政机关应当依法采取措施予以制止，并依法给予行政处罚；构成犯罪的，依法追究刑事责任。

第八章 附 则

第八十二条 本法规定的行政机关实施行政许可的期限以工作日计算，不含法定节假日。

第八十三条 本法自2004年7月1日起施行。

本法施行前有关行政许可的规定，制定机关应当依照本法规定予以清理；不符合本法规定的，自本法施行之日起停止执行。

国务院关于贯彻实施《中华人民共和国行政许可法》的通知

（国务院 2003 年 9 月 28 日　国发［2003］23 号）

各省、自治区、直辖市人民政府，国务院各部委、各直属机构：

《中华人民共和国行政许可法》（以下简称行政许可法）已于 2003 年 8 月 27 日经十届全国人大常委会第四次会议通过，将于 2004 年 7 月 1 日起施行。这是我国社会主义民主与法制建设的一件大事。行政许可法的公布施行，对于保护公民、法人和其他组织的合法权益，深化行政审批制度改革，推进行政管理体制改革，从源头上预防和治理腐败，保障和监督行政机关有效实施行政管理，都有重要意义。保证行政许可法全面、正确地实施，并以此促进各级人民政府和政府各部门严格依法行政，是各级行政机关的一项重要职责。地方各级人民政府、国务院各部门对行政许可法的实施要高度重视，切实做好相关工作。为此，特通知如下：

一、从实践“三个代表”重要思想、全面推进依法行政的高度充分认识行政许可法的重要意义，认真学习、准确理解、严格执行行政许可法。行政许可法是继国家赔偿法、行政处罚法、行政复议法之后又一部规范政府共同行为的重要法律。其所确立的行政许可设定制度、相对集中行政许可权制度、行政许可的统一办理制度、行政许可实施程序制度、行政机关对被许可人的监督检查制度、实施行政许可的责任制度等等，都是对现行行政许可制度的规范和重大改革，对进一步转变政府职能、改革行政管理方式和推进依法行政，都将产生深远影响。各级行政机关工作人员特别是领导干部，要从实践“三个代表”重要思想的高度，认真学习贯彻这部法律。地方各级人民政府和政府各部门都要对学习、宣传、贯彻行政许可法作出具体部署，狠抓落实。要广泛利用各种舆论宣传工具宣传这部法律，让人民群众了解这部法律。要按照学用结合的原则，进一步加强对实施行政许可人员的培训，使其准确理解和熟练掌握行政许可法的规定。县级以上各级人民政府和政府各部门的法制工作机构要在本级政府或者本部门的统一领导下，具体组织好本地区、本部门的学习、宣传、培训工作。

二、抓紧做好有关行政许可规定的清理工作。根据行政许可法的规定，现行不少有关行政许可的规定都要依照行政许可法予以修改或者废止。各地区、各部门要抓紧清理现行有关行政许可的规定，对与行政许可法规定不一致的，要及时予以修改或者废止；对确需制定法律、法规的，要抓紧依法上升为法律、法规；国务院各部门对因行政管理需要必须实施行政许可又一时不能制定行政法规的，应当报国务院发布决定；省、自治区、直辖市人民政府根据本行政区域经济和社会发展情况，需要在本行政区域内停止实施行政法规设定的有关经济事务的行政许可的，应当及时提出意见，报国务院批准。各地区、各部门法制工作机构负责行政许可规定的清理工作，清理工作要在 2004 年 7 月 1 日前全部完成，并向社会公布清理结果。凡与行政许可法不一致的有关行政许可的规定，自行政许可法施行之日起一律停止执行。

三、依法清理行政许可的实施机关，加强队伍建设。根据行政许可法的规定，行政许可原则上只能由行政机关实施，非行政机关的组织未经法律、法规授权，不得行使行政许可权；没有法律、法规或者规章的明确规定，行政机关不得委托其他行政机关实施行政许可；行政机关实施行政许可，应当确定一个机构统一受理行政许可申请、统一送达行政许可决定。各地区、各部门要严格依照行政许可法的规定，抓紧清理现行各类实施行政许可的机构，凡是行政机关内设机构以自己名义实施行政许可的，或者法律、法规以外的其他规范性文件授权组织实施行政许可的，或者没有法律、法规、规章依据行政机关自行委托实施行政许可的，都要予以纠正。对清理后确定保留的行政许可实施机关或者组织的名单，应当向社会公布。各地区、各部门要以贯彻实施行政许可法为契机，把建设高效、廉洁的行政执法队伍作为提高依法行政水平的重要工作来抓，切实抓出成效。要通过采取加强法制教育、职业教育，规范工作程序，完善责任制度等各种有效措施，提高实施行政许可人员的素质，不断增强其工作责任心和依法办事的自觉性。

四、改革实施行政许可的体制和机制。行政许可法规定的实施行政许可的主体制度和程序制度，其中许多是对现行行政许可制度的重大改革和创新。各级人民政府和政府各部门都要严格执行这些制度，并结合实际，建立健全有关制度，改革行政管理方式，提高办事效率。各省、自治区、直辖市人民政府可以结合本地区实际提出相对集中行政许可权的意见，报国务院批准后施行。对由地方人民政府两个以上部门依法分别实施行政许可的，本级人民政府应当结合实际、积极探索，尽量实行统一办理、联合办理、集中办理。国务院有关部门要积极支持地方人民政府相对集中行政许可权，支持统一办理、联合办理、集中办理行政许可。要认真执行听证制度，依法确定听证的具体范围，明确主持听证的人员，制定听证规则；要完善有关听取利害关系人意见的程序制度，便于申请人、利害关系人陈述和申辩。各地区、各部门要认真执行有关通过招标、拍卖等公平竞争方式作出行政许可决定的规定，能够招标、拍卖的，都要进行招标、拍卖。

五、加强对行政许可的监督工作。行政许可法强化了对行政机关实施行政许可的监督制度，并对行政机关及其工作人员实施行政许可、监督检查及其责任作了明确规定。各地区、各部门要采取有效措施，将这些规定落到实处。要建立健全有关行政许可的规范性文件、重大行政许可决定的备案制度以及公民、法人和其他组织对违法和不当的行政许可决定的申诉、检举制度和行政许可统计制度等，及时发现、纠正违法实施行政许可的行为。

县级以上地方人民政府要切实加强对实施行政许可的监督检查。要把是否依法设定行政许可、是否依法受理行政许可申请、是否依法审查并作出行政许可决定、是否依法收取费用、是否依法履行监督职责等情况作为重点内容进行检查，发现违法实施行政许可的，要坚决予以纠正；应当追究法律责任的，要依法追究有关责任人员的法律责任。县级以上地方人民政府及其部门要确定机构，具体组织、承担对行政机关实施行政许可的监督检查工作。

六、为实施行政许可的正常工作提供必要的保障。根据行政许可法的规定，行政机关实施行政许可所需经费应当列入本行政机关的预算。本级财政部门要给予经费保障，防止将行政机关的预算经费与实施行政许可收取费用挂钩。要坚决杜绝出现行政机关通过实施行政许可违法收取费用以解决办公经费、人员福利等问题。行政机关实施行政许可违法收取费用，或者不执行“收支两条线”规定，截留、挪用、私分或者变相私分实施行政许可收取的费用的，要依法严肃处理，首先要追究直接责任人和负责人的责任。

七、以贯彻实施行政许可法为契机，加强政府法制建设，全面推进依法行政。党的十六大提出，“加强对执法活动的监督，推进依法行政”，这对政府法制工作提出了新的更高要求。各级政府和政府各部门都要充分认识做好新时期政府法制工作的重要性，把加强政府法制建设、全面推进依法行政摆到政府工作的重要位置，列入重要议程。当前，要通过实施行政许可法，进一步加强政府立法工作、执法工作和执法监督工作，切实提高行政机关依法行政的能力和水平。

贯彻实施行政许可法，需要清理完善行政许可有关制度，规范行政机关行政许可行为，强化对实施行政许可的监督。这些工作的法律性、专业性很强，需要有一个熟悉法律和行政管理又相对比较超脱的机构具体办理。政府和政府部门的法制工作机构在这方面负有重要责任。县级以上地方人民政府和政府各部门都要适应全面推进依法行政的要求，采取切实有效的措施，进一步解决法制工作机构在机构、人员、经费方面的困难，充分发挥其协助本级政府或者本部门领导办理法制事项的参谋、助手作用。法制工作机构也要加强自身的组织建设和业务建设，提高自身的素质，积极履行好政府和部门领导在依法行政方面的法律顾问的职责。

各地区、各部门接到本通知后，要结合本地区、本部门的实际情况，认真研究、落实。对行政许可法实施中的有关重要情况和问题，请及时报告国务院。

国务院办公厅关于贯彻实施行政许可法工作安排的通知

（国务院办公厅 2003 年 12 月 10 日　国办发［2003］99 号）

各省、自治区、直辖市人民政府，国务院各部委、各直属机构：

《中华人民共和国行政许可法》（以下简称行政许可法）已由第十届全国人大常委会第四次会议审议通过，将于 2004 年 7 月 1 日正式施行。为保证行政许可法的贯彻实施，经国务院批准，现就有关工作安排通知如下。

一、关于行政许可法的宣传、学习和培训

（一）关于行政许可法的宣传。

1. 2004 年初全国贯彻实施行政许可法工作会议召开前后，对这部法律的重大意义、立法宗旨、主要内容、贯彻实施准备工作和落实会议精神的有关情况，以多种方式进行宣传报道。

2. 2004 年 7 月 1 日行政许可法正式施行前，结合准备工作情况，再进行一次集中宣传报道。

宣传报道中要注意针对倾向性的问题，加强正面引导。具体宣传报道方案由国务院法制办商有关部门制订并组织实施。

各地方贯彻实施行政许可法的宣传工作由地方各级人民政府负责。

3. 在四五普法计划中增加行政许可法的内容。具体工作由司法部负责。

（二）关于行政许可法的学习和培训。

1. 各地方、各部门负责同志特别是主要负责同志要带头学习行政许可法，并通过专题讲座、报告会、座谈会等多种形式组织好本单位的学习活动，使行政机关工作人员都能了解、掌握这部法律。

2. 2004 年 1 月举办省部级分管法制工作的负责同志行政许可法专题学习班。由国家行政学院主办，国务院法制办协办。

3. 2004 年国家行政学院举办的省部级领导干部依法行政专题研讨班和其他有关班次，要将行政许可法纳入学习研讨内容。

4. 各地方、各部门要对从事行政许可清理和实施行政许可的工作人员集中进行培训。

5. 各行政机关要在公务员录用考试、岗位培训中增加行政许可法的内容。

二、关于行政审批项目的进一步清理

（一）继续审核处理国务院部门行政审批项目。

1. 各部门要对照行政许可法的规定，对本部门现有行政审批项目进行复核。对不符合行政许可法的规定设定的行政审批项目，逐项提出处理意见，确需保留的要说明理由。各部门要在 2003 年底前将复核意见报国务院行政审批制度改革工作领导小组办公室（以下简称国务院审改办）。

2. 根据国务院机构改革后有关部门的职能划分，理清发展改革委、商务部、国资委、银监会、食品药品监管局和电监会等部门的行政审批项目。具体由国务院审改办、中央编办商有关部门提出意见按程序报批，2004 年 1 月底前完成。

3. 按照行政许可法和行政审批制度改革的有关规定，国务院审改办对国务院部门现有的行政审批项目逐项进行审核，在 2004 年 3 月底前研究提出取消和调整的行政审批项目；对保留的行政许可项目，应编制目录，明确项目名称和实施机关，在 2004 年 5 月 15 日前报国务院行政审批制度改革工作领导小组审定，按程序报批后以国务院决定的形式公布。

（二）各省（区、市）行政审批项目的处理。

1. 各省（区、市）要对照国务院部门取消和调整行政审批项目作出相应处理，搞好上下衔接。

2. 要进一步审核本地自行设定的行政审批项目，对省级和省级以下各级政府规范性文件设定的行政审批项目原则上都要取消；对地方性法规和省级政府规章设定的行政审批项目，要依照行政许可法和行政审批制度改革的原则作出处理。

3. 国务院部门规章和规范性文件设定的、国务院已决定取消的行政审批项目，个别因情况特殊确需保留的，由有关地方制定地方性法规设定。

4. 各省（区、市）人民政府根据本行政区域经济和社会发展情况，需要在本行政区域内停止实施行政法规设定的有关经济事务的行政许可的，应提出意见报国务院批准。

以上工作前三项 2004 年 5 月底前完成。

三、关于行政许可规定的清理

根据行政许可法和《国务院关于贯彻实施〈中华人民共和国行政许可法〉的通知》（国发［2003］23 号）的规定，在国务院审改办对行政审批项目审核处理的基础上，各地方、各部门要对有关行政许可条件、程序、期限的规定进行清理。

1. 需要保留或取消的行政审批项目涉及法律、行政法规制定或修订的，以及行政法规在法律已设定行政许可事项中增设行政许可或者增加行政许可条件需要修订的，各部门要在 2003 年底前将有关立法项目建议送国务院法制办，由国务院法制办提出意见报经国务院批准后纳入国务院 2004 年立法工作计划。

2. 需要保留或取消的行政审批项目涉及党中央文件规定的，由国务院审改办商有关部门并取得一致意见后报中央办公厅按程序报批；涉及党中央有关部门文件规定的，由国务院审改办商有关部门并取得一致意见后报党中央有关部门处理；涉及国务院文件或者国务院办公厅文件规定的，在国务院公布的决定中一并处理。

3. 需要保留或取消的行政审批项目涉及国务院部门规章及规范性文件规定的，国务院部门要及时进行修改，并抓紧提出制定或修改有关法律、行政法规的建议。具体由国务院法制办组织有关部门完成。

4. 地方政府规章及规范性文件的清理工作，由相应的地方人民政府负责，2004 年 6 月 15 日前完成，清理结果要及时报国务院法制办。

省级政府规章及规范性文件设定的行政许可，确需保留的，要及时起草有关地方性法规；与行政许可法有关规定相抵触的，要抓紧修改。

5. 其他行政机关制定的与行政许可法不一致的有关行政许可的规定，自 2004 年 7 月 1 日起一律停止执行。

对已公布保留的行政许可项目的条件、程序和期限等，待行政许可规定和实施机关清理后，按法定程序在媒体上分期公布。

四、关于行政许可实施机关的清理

各地方、各部门要严格依照行政许可法的规定，并根据国务院对行政审批项目处理决定，抓紧清理现行各类行政许可的实施机构。清理工作由国务院各部门和各地方人民政府负责。

1. 对保留的行政许可事项，行政机关内设机构以自己名义实施的，应当纠正，改为以该行政机关名义实施。

2. 法律、法规以外的其他规范性文件授权的组织实施行政许可的，应当纠正。

3. 没有法律、法规或者规章的依据，行政机关自行委托实施行政许可的，该行政机关应当收回行政许可实施权；其中，确有必要委托其他行政机关实施行政许可的，由该行政机关依法提请有关机关制定法律、法规或者规章。

4. 由于机构改革和部门职责调整导致行政许可实施机关发生变化的，按照新的部门职责分工，由履行该职责的部门实施行政许可。清理后确定保留的行政许可实施机关名单分别由国务院和地方人民政府公布。

五、关于配套制度建设

1. 行政许可的实施机关要建立统一受理行政许可申请、统一送达行政许可决定的制度。

2. 行政许可的实施机关要建立健全受理、审查、听取行政许可申请人和利害关系人意见、听证、招标、拍卖、考试、检验检测检疫、登记等实施行政许可的具体工作程序和有关制度。

3. 行政许可的实施机关要建立对被许可人的监督检查制度。

4. 有关行政机关要建立实施行政许可的责任追究制度。

5. 地方人民政府要积极探索建立相对集中行政许可权制度和行政许可的统一办理、联合办理、集中办理制度。

以上制度前四项要在 2004 年 7 月 1 日前制定并予以公布。

六、关于实施行政许可的监督检查

（一）加强对行政许可的制约监督。

1. 各地方、各部门对保留的行政许可项目要逐项进行研究，查找容易发生问题的部位和环节，制订加强制约监督的措施和办法。国务院各部门的有关措施和办法要在 2004 年 5 月底前报国务院审改办。

2. 监察部门要通过行政监察等法定程序，加强对实施行政许可行为的行政监察。

（二）加强督促检查。

1. 2004 年第二季度，对各地方、各部门开展行政审批制度改革工作进行专项检查，重点是审批项目调整的后续工作落实情况。具体由国务院审改办组织实施。

2. 各地方、各部门要加强对贯彻实施行政许可法各项准备工作的督促检查。

3. 各地方、各部门要加强法规、规章和规范性文件的备案审查工作；发现与行政许可法不一致的，要依法作出处理。

4. 县级以上地方人民政府要把是否依法设定行政许可、实施主体是否合法、是否依法收取费用、是否履行监督职责等情况作为重点进行专项检查，发现违法行为的，要依法予以纠正。

七、关于实施行政许可的保障

1. 各地方、各部门的主要负责同志要从实践“三个代表”重要思想的高度，提高认识，加强领导，切实组织好行政许可法的贯彻实施，并抽调得力人员，做好各项准备工作。

2. 各行政机关在编制年度财政预算时，要考虑本机关实施行政许可所需经费，各级财政部门要作出相应安排。2004 年 7 月 1 日前，各行政机关要将实施行政许可所需经费纳入本行政机关的预算，并向本级财政部门申报。财政部门要给予保障，防止将行政机关的预算经费与实施行政许可收取费用挂钩。杜绝行政机关通过实施行政许可违法收取费用以解决办公经费、人员福利等问题。

3. 行政许可项目调整所涉及的机构职能和编制的问题，由中央编办提出处理意见。

八、有关会议安排

1. 2004 年初，国务院召开全国贯彻实施行政许可法工作会议。与会人员为省级人民政府省长（主席、市长）和法制办主任、国务院各部门主要负责人和法制工作机构负责人。

2. 2004 年 7 月 1 日行政许可法正式实施前，以国务院名义召开座谈会，邀请全国人大常委会的领导同志和国务院有关部门负责人、专家学者参加。

国务院关于取消第一批行政审批项目的决定

（国务院 2002 年 11 月 1 日　国发［2002］24 号）

各省、自治区、直辖市人民政府，国务院各部委、各直属机构：

国务院决定开展行政审批制度改革工作以来，各部门、各地区按照《国务院批转关于行政审批制度改革工作实施意见的通知》（国发［2001］33 号）和国务院行政审批制度改革工作电视电话会议的要求，在国务院行政审批制度改革工作领导小组的领导下，积极认真地推进行政审批制度改革，目前取得了阶段性成果。经过广泛深入地审核论证，国务院决定取消第一批行政审批项目。各部门、各地区要研究并及时处理行政审批项目取消后可能出现的情况和问题，认真做好有关工作的后续监管和衔接，防止出现管理脱节。要按照完善社会主义市场经济体制的目标和建立“廉洁、勤政、务实、高效”政府的要求，进一步转变政府职能，继续深入推进行政审批制度改革。要将行政审批制度改革与政府机构改革、实行政务公开和“收支两条线”管理以及其他有关工作紧密结合起来，努力建立适应社会主义市场经济体制要求的行政管理体制。

附件：国务院决定取消的第一批行政审批项目目录（环保项目摘录）

附件

国务院决定取消的第一批行政审批项目目录（环保项目摘录）

部门	序号	项目名称	设定依据	备注
国家经贸委	29	建设项目环境影响报告书预审	《建设项目环境保护管理条例》（国务院令第253号）	
	38	甲乙级环境工程专项设计资格初审	《国家环境保护局关于印发〈环境污染防治工程专项设计资格证书评审办法〉的通知》（环计［1996］176号）	
环保总局	477	进口废物环境风险评价单位资格审批	《国家环境保护局、对外贸易经济合作部、海关总署、国家工商局、国家商检局关于颁布〈废物进口环境保护管理暂行规定〉的通知》（环控［1996］204号）	
	478	化学品首次进口环境管理登记许可	《国家环境保护局、海关总署、对外贸易经济合作部关于发布〈化学品首次进口及有毒化学品进出口环境管理规定〉的通知》（环控［1994］140号）	
	479	排污口标志牌定点生产许可证审批	《国家环境保护总局关于开展排放口规范化整治工作的通知》（环发［1999］24号）	
	480	建设项目环境保护设计审查	《国务院环境保护委员会、国家计划委员会、国家经济委员会关于颁发〈建设项目环境保护管理办法〉的通知》（［86］国环字第003号）	
	481	全国饮品企业环境质量审核	《国家环境保护局关于同意成立全国饮品企业环境质量管理审核委员会的批复》（环人［1996］714号）	
	482	机动车排放污染防治技术的国家认定	《国家环境保护总局关于贯彻〈机动车排放污染防治技术政策〉有关事项的通知》（环发［1999］166号）	
	483	污染源治理专项基金贷款发放和豁免审批	《污染源治理专项基金有偿使用暂行办法》（国务院令第10号）	

国务院关于取消第二批行政审批项目和改变一批行政审批项目管理方式的决定

（国务院2003年2月27日　国发［2003］5号）

各省、自治区、直辖市人民政府，国务院各部委、各直属机构：

国务院决定取消第一批行政审批项目后，国务院行政审批制度改革工作领导小组继续对国务院部门其余的行政审批项目进行了严格的审核和论证。经研究，国务院决定第二批取消406项行政审批项目，另将82项行政审批项目作改变管理方式处理，移交行业组织或社会中介机构管理。各地区、各部门要认真做好行政审批项目取消和调整后有关后续监管和衔接等工作，防止出现管理脱节。要按照社会主义市场经济体制的要求，将行政审批制度改革与政府机构改革、财政管理体制改革、电子政务建设、相对集中行政处罚权和综合行政执法试点等工作紧密结合起来，进一步转变政府职能，深化行政管理体制改革，促进依法行政，加强行政管理，提高行政效能。

附件：1. 国务院决定取消的第二批行政审批项目目录（环保项目摘录）

2. 国务院决定改变管理方式的行政审批项目目录（环保项目摘录）

附件 1

国务院决定取消的第二批行政审批项目目录
（环保项目摘录）

部门	序号	项目名称	设定依据	备注
建设部	81	长江水域船舶垃圾作业审批	《防止船舶垃圾和沿岸固体废物污染长江水域管理规定》（交通部、建设部、国家环境保护局令1997年第17号）	
	86	建设工程项目环境影响报告书预审	《建设项目环境保护管理条例》（国务院令第253号）	
外经贸部	109	进出口《消耗臭氧层进出口受控名录》中商品的审批	《国家环境保护总局关于印发〈中国逐步淘汰消耗臭氧层物质国家方案（修订稿）〉的通知》（环发［1999］260号）；《国家环境保护总局、对外贸易经济合作部、海关总署关于印发〈消耗臭氧层物质进出口管理办法〉的通知》（环发［1999］278号）；《国家环境保护总局、对外贸易经济合作部、海关总署关于印发〈关于加强对消耗臭氧层物质进出口管理的规定〉的通知》（环发［2000］85号）	
质检总局	189	进口废旧物品放射性卫生监测	《卫生检疫局关于执行〈进口废旧物品卫生检疫管理规程〉和〈进口废旧物品卫生处理规程〉的通知》（卫检海字［1997］第390号）	
环保总局	244	服务性室内环境检测机构资质试点审批	《国家环境保护总局办公厅关于开展服务性室内环境检测机构资质试点工作通知》（环办［2001］120号）	试点结束审批终止
	245	清洁生产审计机构认可试点审批	《国家环境保护总局关于开展清洁生产审计机构试点工作的通知》（环发［2001］154号）	
	246	环境管理体系认证机构认可	《国务院办公厅关于中国环境管理体系认证指导委员会有关问题的复函》（国办函［1997］27号）	
	247	环境管理体系认证审核人员注册		
	248	环境管理体系咨询机构备案	《国家环境保护总局关于发布〈中国环境管理体系咨询机构备案暂行管理规定〉的通知》（环发［1998］12号）	

附件 2

国务院决定改变管理方式的行政审批项目目录
（环保项目摘录）

部门	序号	项目名称	设定依据	备注
环保总局	50	国家重点环保实用技术评审	《国家重点环境保护实用技术推广管理办法》（国家环境保护总局令第 4 号）	
	51	有机食品认证机构资质审批	《有机食品认证管理办法》（国家环境保护总局令第 10 号）	
	52	环境标志产品认证	《国家技术监督局关于批准成立〈中国环境标志产品认证委员会〉及委员组成方案的函》（技监局认函［1994］163 号）	

国务院关于第三批取消和调整行政审批项目的决定

（国务院2004年5月19日　国发［2004］16号）

各省、自治区、直辖市人民政府，国务院各部委、各直属机构：

2002年10月和2003年2月国务院决定共取消和调整1300项行政审批项目后，国务院行政审批制度改革工作领导小组对国务院部门行政审批项目又进行了全面清理。经严格审核论证，国务院决定再次取消和调整495项行政审批项目。其中，取消的行政审批项目409项；改变管理方式，不再作为行政审批，由行业组织或中介机构自律管理的39项；下放管理层级的47项。在取消和调整的行政审批项目中有25项属于涉密事项，按规定另行通知。

各地区、各部门要认真做好有关行政审批项目取消和调整的落实工作，切实加强后续监督和管理。要按照全面推进依法行政、建设法治政府的要求，以贯彻实施《中华人民共和国行政许可法》为契机，深化行政审批制度改革，进一步规范行政权力和行政行为；加快行政管理体制改革进程，进一步转变政府职能；不断更新管理理念、创新管理方式，努力提高社会主义市场经济条件下政府管理经济和社会事务的能力和水平。

附件：

1. 国务院决定取消的行政审批项目目录（环保项目摘录）
2. 国务院决定改变管理方式、不再作为行政审批、实行自律管理的行政审批项目目录（环保项目摘录）
3. 国务院决定下放管理层级的行政审批项目目录（环保项目摘录）

附件 1

国务院决定取消的行政审批项目目录
（环保项目摘录 9 项）

<table>
<tr><th>部门</th><th>序号</th><th>项目名称</th><th>设定依据</th><th>备注</th></tr>
<tr><td rowspan="3">公安部</td><td>47</td><td>放射性同位素工作登记证核发</td><td rowspan="2">《放射性同位素与射线装置放射防护条例》（国务院令第 44 号）</td><td rowspan="2">由环保部门管理</td></tr>
<tr><td>48</td><td>放射防护设施使用审批</td></tr>
<tr><td>49</td><td>放射性药品使用审批</td><td>《放射性药品管理办法》（国务院令第 25 号）</td><td>由环保、卫生部门审批</td></tr>
<tr><td>卫生部</td><td>159</td><td>放射性同位素购置核准</td><td>《放射工作卫生防护管理办法》（卫生部令第 17 号）</td><td>由环保部门进行管理</td></tr>
<tr><td>税务总局</td><td>188</td><td>低污染排放小汽车减征消费税核准</td><td>《财政部、国家税务总局关于低污染排放小汽车减征消费税问题的通知》（财税［2003］266 号）、《财政部、国家税务总局关于对低污染排放小汽车减征消费税的通知》（财税［2000］26 号）</td><td></td></tr>
<tr><td rowspan="5">环保总局</td><td>214</td><td>环境污染防治工程专项设计资质审查</td><td>《环境工程设计证书管理办法》（国家环境保护局令第 15 号）</td><td></td></tr>
<tr><td>215</td><td>民用放射性物质运输容器设计批准</td><td rowspan="4">《放射性物质安全运输规定》（GB 11806—89）</td><td rowspan="4">依据有关技术标准实施监管</td></tr>
<tr><td>216</td><td>民用放射性物质装运批准</td></tr>
<tr><td>217</td><td>民用放射性物质运输环境影响评价文件批准</td></tr>
<tr><td>218</td><td>民用放射性物质运输核事故应急计划审批</td></tr>
<tr><td>安全生产监管局</td><td>384</td><td>危险化学品登记</td><td>《危险化学品安全管理条例》（国务院令第 344 号）</td><td>改为告知性备案</td></tr>
</table>

附件2

国务院决定改变管理方式的行政审批项目目录
（环保项目摘录2项）

部门	序号	项目名称	设定依据	备注
环保总局	25	环评人员上岗证书核发	《建设项目环境影响评价资格证书管理办法》（国家环境保护总局令第2号）	
	26	环保产品检测机构资质审查	《国家环境保护总局关于印发〈环境保护产品检验机构资质认可管理规定〉的通知》（环发［1999］89号）	

附件3

国务院决定下放管理层级的行政审批项目目录
（环保项目摘录5项）

部门	序号	项目名称	设定依据	下放管理实施机关
环保总局	18	进入国家级自然保护区核心区审批	《中华人民共和国自然保护区条例》（国务院令第167号）	省、自治区、直辖市环境保护行政主管部门
	19	外国人进入国家级自然保护区审批	《中华人民共和国自然保护区条例》（国务院令第167号）	省、自治区、直辖市林业行政主管部门
林业局	27	外国人进入林业系统国家级自然保护区审批	《中华人民共和国自然保护区条例》（国务院令第167号）	省、自治区、直辖市林业行政主管部门
	28	进入林业系统国家级自然保护区从事科学研究审批	《中华人民共和国自然保护区条例》（国务院令第167号）	省、自治区、直辖市林业行政主管部门
	29	外国人对国家重点保护野生植物进行野外考察审批	《中华人民共和国野生植物保护条例》（国务院令第204号）	省、自治区、直辖市林业行政主管部门

国务院对确需保留的行政审批项目设定行政许可的决定

（国务院令第 412 号，2004 年 6 月 29 日发布）

依照《中华人民共和国行政许可法》和行政审批制度改革的有关规定，国务院对所属各部门的行政审批项目进行了全面清理。

——由法律、行政法规设定的行政许可项目，依法继续实施；

——对法律、行政法规以外的规范性文件设定，但确需保留且符合《中华人民共和国行政许可法》第十二条规定事项的行政审批项目，根据《中华人民共和国行政许可法》第十四条第二款的规定，现决定予以保留并设定行政许可，共 500 项。

为保证本决定设定的行政许可依法、公开、公平、公正实施，国务院有关部门应当对实施本决定所列各项行政许可的条件等作出具体规定，并予以公布。有关实施行政许可的程序和期限依照《中华人民共和国行政许可法》的有关规定执行。

附件：国务院决定对确需保留的行政审批项目设定行政许可的目录

附件

国务院决定对确需保留的行政审批项目设定行政许可的目录（摘录）

序号	项目名称	实施机关
1	环境保护设施运营单位资质认定	环保总局
2	加工利用进口、可用作原料的废电器定点企业认定	环保总局
3	民用核承压设备设计制造安装许可证核发	环保总局 （国家核安全局）
4	新化学物质环境管理登记证核发	环保总局
5	危险废物越境转移核准	环保总局
6	民用核承压设备焊接和无损检验人员资格证书核发	环保总局
7	危险化学品出口环境管理登记证核发	环保总局

国务院办公厅关于保留部分非行政许可审批项目的通知

（国务院办公厅2004年8月2日　国办发［2004］62号）

各省、自治区、直辖市人民政府，国务院各部委、各直属机构：

依据《中华人民共和国行政许可法》和行政审批制度改革的有关规定，国务院对所属各部门的行政审批项目进行了全面清理，先后分三批取消和调整1795项行政审批项目。同时，除现行法律、行政法规设定的继续实施外，依法保留并设定行政许可500项。在此基础上，对其他行政审批项目进行了严格审核和充分论证，根据现阶段政府全面履行职能和有效实施管理的需要，经国务院同意，对其中的211项暂予保留。这些项目，主要是政府的内部管理事项，不属于行政许可；随着社会主义市场经济体制的逐步完善，今后还将逐步取消或作必要的调整。

各地区、各部门要按照全面推进依法行政、建设法治政府的要求，建立健全监督制约机制和责任追究制度，进一步规范行政行为，正确有效地履行管理职责，巩固行政审批制度改革的成果，为建立和完善行为规范、运转协调、公正透明、廉洁高效的行政管理体制奠定更加坚实的基础。

附件：保留的非行政许可审批项目目录（211项）

附件

保留的非行政许可审批项目目录（211项）

序号	项目名称	实施机关
1	出具出国（境）证明权审批	外交部
2	糖精年度生产计划审批	国家发展改革委
3	资源综合利用企业（含电厂）认定	国家发展改革委省级人民政府
4	国际金融组织贷款和外国政府贷款项目国际招标国内中标机电设备进口零部件免征关税确认	国家发展改革委
5	中央医药储备资金安排和动用审批	国家发展改革委
6	重要行业、重要领域、重大项目和基本建立现代企业制度特大型企业集团（不含外商投资企业）的发展建设规划、专项发展建设规划审批	国家发展改革委

序号	项 目 名 称	实 施 机 关
7	政府出资的投资项目审批	国家发展改革委 国务院有关部门 省级以下人民政府发展改革部门和有关部门
8	借用各类国外贷款总规模及使用方向、限额以上国外贷款项目及利用外资方案审批（不含外商投资项目总投资与注册资本之间差额以内的对外借款）和限额以下国外贷款项目外债规模安排	国家发展改革委
9	中央政府专项资金使用审批［包括以工代赈资金、中小企业发展专项资金、中药材扶持资金、产业技术研发资金（科技三项费）、黄金地质勘探费用、行业规划和行业标准经费、国家服务业发展引导资金等］	国家发展改革委
10	行政事业性收费标准审批	国家发展改革委 财政部 省级人民政府及其价格、财政部门
11	全国普通高校研究生招生总量、本科生招生总量及分地区分部门招生计划审批	国家发展改革委教育部
12	全国及分地区人口计划审批	国家发展改革委
13	全国普通高校本科生分学校招生计划、研究生分地区分部门分学校招生计划审批	教育部 国家发展改革委
14	高等学校部分特殊专业及特殊需要的应届毕业生就业计划审批	教育部 省级人民政府教育行政主管部门
15	国家和省级教育考试机构与外国及港澳台地区考试机构或其他组织合作举办境外考试审批	教育部
16	高等学校面向全国招生和跨省招生生源计划审批	教育部
17	高等学校赴境外设立教育机构（含合作）及采取其他形式实施学历教育审批	教育部
18	国家科技计划项目（含基地）审批	科技部
19	国家高新技术产业开发区区域范围调整审批	科技部
20	国家科技企业孵化器（高新技术创业服务中心）认定	科技部
21	科技型中小企业技术创新基金项目审批	科技部 财政部
22	国家农业科技园区审批	科技部
23	国家级示范生产力促进中心认定	科技部
24	国家可持续发展实验区审批	科技部
25	国家大学科技园认定	科技部 教育部
26	军工科研院所研究生教育管理事项审批	国防科工委
27	国防科技民用专项科研项目和军转民技术开发项目审批	国防科工委 财政部
28	民族贸易县审批	国家民委 人民银行 财政部 商务部
29	享受民族贸易优惠政策的省州民族贸易公司审批	国家民委 人民银行 商务部

序号	项　目　名　称	实　施　机　关
30	少数民族特需用品目录调整审批	国家民委
31	民族特需用品生产定点企业认定	国家民委
32	全国少数民族传统体育运动会竞赛项目立项审批	国家民委 体育总局
33	少数民族创制和改进文字方案审批	国家民委
34	国家民委所属高校设立硕士学位授予点资格审批	国家民委
35	中央民族大学附属中学面向全国招生计划审批	国家民委
36	国家民委所属高校年度招生、成人高等教育年度招生计划审核	国家民委
37	暂住证核发	县级人民政府公安机关
38	车辆进京通行证核发	北京市公安交通管理局
39	易制毒化学品生产经营备案证明核发	县级以上地方人民政府公安机关
40	开办保安服务企业审批	省级人民政府公安机关
41	文物系统风险单位安全技术防范工程设计方案审批和工程验收	公安部 省级人民政府公安机关
42	建立天主教区登记	省级人民政府民政部门
43	社会福利基金资助项目审批	地（市）级以上人民政府民政部门
44	司法部所属院校设置、调整专业目录外的专业审批	司法部
45	政府性基金立项审批	财政部
46	国家农业综合开发项目审批	省级以上人民政府财政部门
47	国家储备物资资金管理事项审批	省级以上人民政府财政部门
48	对中央财政影响较大的临时特案减免税审批	财政部
49	行政事业单位账户设立审批	县级以上人民政府财政部门
50	无线电频率占用费收支计划审批	财政部
51	彩票发行管理事项审批	财政部
52	技改资金和“科技三项”费用审批	财政部
53	企业基本养老保险事项审批	劳动保障部 财政部
54	财政贴息项目审批	县级以上人民政府财政部门
55	非营利性科研机构认定	科技部 财政部 税务总局
56	经国务院批准列入计划的国有企业关闭破产项目费用预案审批	县级以上人民政府财政部门
57	中储粮公司和中谷粮油集团决算审批	财政部
58	教育、科技、文化专项经费审批	县级以上人民政府财政部门
59	行政事业性收费项目审批	财政部 国家发展改革委 省级人民政府及其财政、价格部门
60	外国政府贷款事项审批	省级以上人民政府财政部门
61	国际金融组织贷款事项审批	县级以上人民政府财政部门
62	享受政府特殊津贴审批	人事部
63	有突出贡献的中青年科学、技术管理专家审定	人事部
64	“百千万人才工程”人选审批	人事部 科技部 教育部 财政部

序号	项　目　名　称	实　施　机　关
65	留学回国人员科研经费择优资助项目审批	人事部
66	中央国家机关所属事业单位依照公务员制度管理审批	人事部
67	部级荣誉称号评审表彰计划审批	人事部
68	各省、自治区、直辖市和中央各行政事业单位工资制度改革实施方案审批	人事部
69	中央和国家机关及其管理的在京企事业单位计划外接收军队转业干部审批	国务院军队转业干部安置工作小组
70	中央国家机关申请福利费审批	人事部
71	新设岗位、地区津贴（补贴）项目和调整标准审批	人事部 财政部
72	驻外使领馆人员和国家机关、事业单位驻外非外交人员以及驻港澳内派人员调整工资待遇审批	人事部 财政部
73	博士后科研流动站、工作站建站审批	人事部
74	省级基本医疗保险乙类药品目录调整审批	劳动保障部
75	工伤保险费率审定	各统筹地区工伤保险经办机构
76	破产企业无法清偿的社会保险费欠费核销	各级人民政府劳动保障行政主管部门、财政部门
77	在京中央国家机关公务员医疗补助实施范围审批	劳动保障部 财政部
78	参照国家公务员医疗补助实施范围审批	各级人民政府劳动保障行政主管部门、财政部门
79	发行社会保障卡审批	劳动保障部
80	基本医疗保险定点医疗机构资格审查	各统筹地区劳动保障行政主管部门
81	基本医疗保险定点零售药店资格审查	各统筹地区劳动保障行政主管部门
82	参加基本养老保险的职工提前退休审批	省级人民政府劳动保障行政主管部门
83	城镇体系规划审批	所在城市的市人民政府规划行政主管部门
84	影响古树名木的建设工程避让和保护措施审批	所在城市的市人民政府
85	设市城市、建制镇和其他乡镇建设用地和人口规模核定	建设部（商国家发展改革委和国土资源部） 省级人民政府建设行政主管部门（商发展改革部门和国土资源主管部门）
86	廉租住房申请的审核登记	县级以上地方人民政府房地产行政主管部门
87	铁路计算机信息系统安全保护措施审批	铁路公安机关
88	铁路基建大中型项目工程施工、监理、物资采购招标计划及评标结果审批	铁道部
89	铁路基本建设项目审批	铁道部
90	铁路企业国有资产产权变动审批	铁道部
91	铁路企业公司改制事项审批	铁道部
92	铁路工程及设备报废审批	铁道部
93	铁路日常清产核资项目审批	铁道部

序号	项 目 名 称	实 施 机 关
94	铁路运价里程和货运计费办法审批	铁道部
95	印制铁路客货运输票据审批	铁道部
96	铁路企业设立境外企业、代表机构审批	铁道部
97	主导电信企业规划备案	信息产业部 省、自治区、直辖市电信管理机构
98	“三高”地点接纳设置无线寻呼发射基站的“三高”产权单位备案	省级人民政府无线电管理机构
99	开发建设项目水土保持方案审批	县级以上人民政府水行政主管部门
100	氟砷防治改水工程年度项目计划审批	水利部
101	中央级水利基本建设项目竣工财务决算审批	水利部
102	农村水电电气化县规划审批及验收	水利部
103	中央安排前期投资的水利规划及专题研究项目立项审批	水利部
104	节水灌溉增效示范项目年度投资计划审批	水利部
105	中央投资的水利工程项目初步设计及概算（含概算调整）审批	水利部
106	组建公益性水利工程建设项目法人审批	县级以上人民政府水行政主管部门
107	农村人畜饮水工程建设项目年度计划审批	水利部
108	农村小型水利公益设施建设项目方案审批	农业部 水利部 国家林业局 财政部
109	大型灌区节水续建配套项目与节水改造项目年度投资计划审批	水利部
110	设立水利旅游项目审批	县级以上人民政府水行政主管部门
111	商品粮基地水利工程年度投资计划审批	国家发展改革委 水利部 农业部
112	库区建设基金项目事项审批	水利部
113	使用国家预算内资金的农业基本建设项目审批	农业部
114	农业综合开发专项项目审批	农业部 国土资源部 水利部 国家林业局
115	学生饮用奶定点生产企业资格认定	省级以下人民政府农业、教育、质量监督行政主管部门
116	渔业污染事故调查鉴定机构资格认定	农业部
117	老旧汽车报废更新补贴资金计划审批	财政部 商务部
118	国家边销茶储备库点审批	商务部
119	援外项目有关事项审批	商务部
120	大型医用设备配置许可证核发	卫生部
121	乡级计划生育技术服务机构开展与计划生育有关的临床医疗服务项目审批	设区的市级人民政府人口和计划生育行政主管部门
122	口岸对外开放审批	海关总署
123	地方政府申请中、外籍民用飞机从我国非对外开放和限制性开放机场出入境、陆路边界临时开放审批	海关总署

序号	项 目 名 称	实 施 机 关
124	减免进口货物滞报金审批	海关总署 海关总署各直属海关
125	外商投资企业在优惠期内因不可抗力提前解散免予补税审批	省级税务机关
126	新成立的内外销额（比例）达到规定标准的生产企业按月计算办理免抵退税审批	省、自治区、直辖市国家税务局
127	增值税一般纳税人资格认定	县以上国家税务机关
128	企业汇总缴纳消费税审批	税务总局 省、自治区、直辖市国家税务局
129	纳税人出售普通标准住宅增值额未超过应扣除项目金额之和20%或者因城市规划自行出售房地产免征土地增值税审批	税务机关
130	企业集中提取技术开发费审批	税务总局或其授权的省级税务机关 省、自治区、直辖市和计划单列市税务机关
131	国家银行和金融机构在境外发行债券所得利息符合优惠利率标准免征所得税审批	税务总局
132	外方以优惠利率贷款给我方取得利息免征预提所得税审批	税务机关
133	出口企业退税登记证核准	所在地主管退税业务的税务机关
134	出口货物退免税审批	税务机关
135	外国政府和国际组织无偿援助项目在华采购物资免税审批	税务总局
136	外汇借款项目以税还贷企业名单与限额审批	财政部 税务总局
137	公路货运业自开票纳税人和代开票纳税人认定	主管地方税务局
138	保险公司一年期以上返还式人身保险业务的保险收入免征营业税审批	财政部 税务总局
139	民政福利企业享受税收优惠及民政福利工业企业生产增值税应税货物退税审批	省级人民政府民政部门、税务机关 主管税务机关
140	经国务院批准成立的企业集团合并缴纳企业所得税审批	税务总局
141	企业在缴纳所得税税前扣除财产损失审批	纳税人所在地主管税务机关的上一级税务机关
142	外国政府、非营利机构等在我国设立代表机构给予免税待遇审批	税务总局
143	纳税人按规定支付给总机构的与生产、经营有关的管理费税前扣除审批	主管税务机关
144	企业跨地域改组、分立、合并中整体资产置换的税收待遇确认	税务总局 当地税务机关
145	外商投资企业分阶段投资或追加投资享受税收优惠审批	省、自治区、直辖市税务机关
146	协定国居民申请享受协定税收待遇确认	税务机关
147	中西部地区鼓励类外商投资企业延长三年减按 15%税率征收企业所得税审核	主管税务机关
148	中外合资、合作经营企业可行性研究费用列入开办费核准	税务机关
149	西部地区企业享受税收优惠政策审批	税务机关
150	特殊用途产品免予强制性认证审批	国家认证委 质检总局各直属检验检疫局 省级人民政府质量技术监督部门
151	民用航空煤油销售价格审批	民航总局

序号	项 目 名 称	实 施 机 关
152	民用航空器地址编码指配	民航总局
153	广播电视播出机构赴境外租买频道、办台审批	广电总局
154	广播电视传输网络公司股权性融资审批	广电总局
155	影视互济专项资金使用审批	广电总局
156	军队协助拍摄电影片军事预算审批	广电总局
157	广播电台、电视台开办群众参与的广播电视直播节目审批	县级以上人民政府广播电视行政主管部门
158	境外人员及机构参加广播影视节目制作审批	广电总局 省级人民政府广播电影电视行政主管部门
159	举办全国性出版物订货、展销活动审批	新闻出版总署
160	在境外展示、展销国内出版物审批	新闻出版总署
161	举办全国性和国际性体育竞赛审批	体育总局
162	国家正式开展的体育竞赛项目立项审批	体育总局
163	三北防护林体系建设四期工程省级规划审批	国家林业局
164	特殊情况临时增加森林采伐限额和木材生产计划审批	国家林业局
165	天然林保护工程省级实施方案审批	国家林业局
166	重点国有林区的国有森林资源资产产权变动审批	国家林业局
167	京津风沙源治理工程省级规划备案	国家林业局 （会同农业部、水利部）
168	林业系统国家级自然保护区功能区调整审批	国家林业局
169	旅游发展规划审批	国家旅游局 地方各级人民政府
170	宗教团体负责人审批	县级以上人民政府宗教事务部门
171	宗教团体、宗教活动场所接受国（境）外捐赠宗教书刊、音像制品审批	国家宗教局
172	宗教团体、宗教活动场所接受国（境）外捐款审批	国家宗教局 省级人民政府
173	出版、印刷、出口、发行《圣经》审批	国家宗教局 新闻出版总署 海关总署 省级人民政府宗教事务部门和新闻出版行政主管部门
174	中央行政事业单位国有资产产权变动、资产处置审批	国管局
175	中央国家机关自行采购属于集中采购范围内的项目审批	国管局 财政部
176	中央国家机关会计从业资格认定及注册	国管局
177	中央国家机关职业技能鉴定	国管局
178	中央国家机关现有土地开发利用审批	国管局
179	中央国家机关行政用房建设项目审批	国家发展改革委 国管局
180	中央国家机关部级干部宿舍建设审批	国管局
181	中央国家机关房改售房办法审批	国管局
182	中央国家机关售房款使用审批	国管局

序号	项 目 名 称	实 施 机 关
183	中央国家机关公有住房维修基金本金使用审批	国管局
184	证券交易所的设立与解散审核	证监会
185	证券交易所上市新的交易品种审批	证监会
186	证券交易所与境外机构重大合作项目审批	证监会
187	陈化粮销售计划审批	国家粮食局
188	地方粮库划转中央直属粮食储备库（站）审批	国家发展改革委 国家粮食局 财政部 农业部
189	全国粮食流通、仓储、加工设施项目审批	国家粮食局
190	粮食行业技术改造和新技术推广示范项目立项审批	国家粮食局
191	烟草企业非烟草专卖品中外合作事项审批	国家烟草局 省级人民政府烟草行政主管部门
192	烟草专卖品中外合资、合作项目及中外合资企业变更事项审批	国家烟草局
193	烟草基因工程事项审批	国家烟草局 农业部
194	烟草系统企业多元化经营投资项目审批	国家烟草局
195	自筹经费赴境外培训项目审批	国家外专局
196	国家资助赴境外重点培训项目计划和项目执行审批	国家外专局
197	境外培训承办机构资格认定	国家外专局
198	引进境外技术、管理人才重点项目计划和专项经费审批	国家外专局
199	外国专家聘请计划审批	国家外专局
200	国家级海洋自然保护区功能区调整审批	国家海洋局
201	没收、追缴文物中一般文物投入流通审批	国家文物局
202	出口单位远期出口收汇备案	国家外汇局分支局
203	机关档案保管期限表备案	县级以上人民政府档案行政管理部门
204	销毁国有企业资产与产权变动档案备案	所在地人民政府档案行政管理部门
205	政府部门或单位与外国团体和组织签订含有利用档案内容的协定备案	省级以上人民政府档案行政管理部门
206	省、自治区、直辖市以及计划单列市、大城市设置专门档案馆备案	国家档案局
207	中央专业主管部门成立档案馆审批	国家档案局
208	城市建设档案馆接收规定范围以外档案审批	城市建设档案馆所在地人民政府档案行政管理部门
209	制作、复制国家秘密载体定点单位认定	县级以上人民政府保密行政主管部门
210	开办盲人保健按摩机构资格认定	地方残联
211	新建民用建筑项目减免防空地下室易地建设费审批	国家人防办

备注：1．按照规定应当由党中央、国务院决定的事项，按照规定程序办理。

2．按照规定应当由党中央有关部门、国务院其他部门决定或者审核的事项，按照现行规定办理。

环境保护行政许可听证暂行办法

国家环保总局令

第22号

根据《中华人民共和国行政许可法》和《中华人民共和国环境影响评价法》等法律法规，特制定《环境保护行政许可听证暂行办法》。本办法已于2004年6月17日经国家环境保护总局局务会议通过，现予发布，自2004年7月1日起施行。

国家环保总局局长　解振华

2004年6月23日

第一章　总　则

第一条　为了规范环境保护行政许可活动，保障和监督环境保护行政主管部门依法行政，提高环境保护行政许可的科学性、公正性、合理性和民主性，保护公民、法人和其他组织的合法权益，根据《中华人民共和国行政许可法》、《中华人民共和国环境影响评价法》等有关法律法规的规定，制定本办法。

第二条　县级以上人民政府环境保护行政主管部门实施环境保护行政许可时，适用本办法进行听证。

第三条　听证由拟作出环境保护行政许可决定的环境保护行政主管部门组织。

第四条　环境保护行政主管部门组织听证，应当遵循公开、公平、公正和便民的原则，充分听取公民、法人和其他组织的意见，保证其陈述意见、质证和申辩的权利。

除涉及国家秘密、商业秘密或者个人隐私外，听证应当公开举行。

公开举行的听证，公民、法人或者其他组织可以申请参加旁听。

第二章　听证的适用范围

第五条　实施环境保护行政许可，有下列情形之一的，适用本办法：

（一）按照法律、法规、规章的规定，实施环境保护行政许可应当组织听证的；

（二）实施涉及公共利益的重大环境保护行政许可，环境保护行政主管部门认为需要听证的；

（三）环境保护行政许可直接涉及申请人与他人之间重大利益关系，申请人、利害关系人依法要求听证的。

第六条 除国家规定需要保密的建设项目外，建设本条所列项目的单位，在报批环境影响报告书前，未依法征求有关单位、专家和公众的意见，或者虽然依法征求了有关单位、专家和公众的意见，但存在重大意见分歧的，环境保护行政主管部门在审查或者重新审核建设项目环境影响评价文件之前，可以举行听证会，征求项目所在地有关单位和居民的意见：

（一）对环境可能造成重大影响、应当编制环境影响报告书的建设项目；

（二）可能产生油烟、恶臭、噪声或者其他污染，严重影响项目所在地居民生活环境质量的建设项目。

第七条 对可能造成不良环境影响并直接涉及公众环境权益的工业、农业、畜牧业、林业、能源、水利、交通、城市建设、旅游、自然资源开发的有关专项规划，设区的市级以上人民政府在审批该专项规划草案和作出决策之前，指定环境保护行政主管部门对环境影响报告书进行审查的，环境保护行政主管部门可以举行听证会，征求有关单位、专家和公众对环境影响报告书草案的意见。国家规定需要保密的规划除外。

第三章　听证主持人和听证参加人

第八条 环境保护行政许可的听证活动，由承担许可职能的环境保护行政主管部门组织，并由其指定听证主持人具体实施。

听证主持人应当由环境保护行政主管部门许可审查机构内审查该行政许可申请的工作人员以外的人员担任。

环境行政许可事项重大复杂，环境保护行政主管部门决定举行听证，由许可审查机构的人员担任听证主持人可能影响公正处理的，由法制机构工作人员担任听证主持人。

记录员由听证主持人指定。

第九条 听证主持人在听证活动中行使下列职权：

（一）决定举行听证的时间、地点和方式；

（二）决定听证的延期、中止或者终结；

（三）决定证人是否出席作证；

（四）就听证事项进行询问；

（五）接收并审核有关证据，必要时可要求听证参加人提供或者补充证据；

（六）指挥听证活动，维护听证秩序，对违反听证纪律的行为予以警告直至责令其退场；

（七）对听证笔录进行审阅；

（八）法律、法规和规章赋予的其他职权。

记录员具体承担听证准备和听证记录工作。

第十条 听证主持人在听证活动中承担下列义务：

（一）决定将有关听证的通知及时送达行政许可申请人、利害关系人、行政许可审查人员、鉴定人、翻译人员等听证参加人；

（二）公正地主持听证，保证当事人行使陈述权、申辩权和质证权；

（三）符合回避情形的，应当自行回避；

（四）保守听证案件涉及的国家秘密、商业秘密和个人隐私。

记录员应当如实制作听证笔录，并承担本条第（四）项所规定的义务。

第十一条 听证主持人有下列情形之一的，应当自行回避。环境保护行政许可申请人或者利害关系人有权以口头或者书面方式申请其回避：

（一）是被听证的行政许可的审查人员，或者是行政许可审查人员的近亲属；

（二）是被听证的行政许可的当事人，或者是被听证的行政许可当事人、代理人的近亲属；

（三）与行政许可结果有直接利害关系的；

（四）与被听证的行政许可当事人有其他关系，可能影响公正听证的。

前款规定，适用于环境鉴定、监测人员。

行政许可申请人或者利害关系人申请听证主持人回避的，应说明理由，由组织听证的环境保护行政主管部门负责人决定是否回避。在是否回避的决定作出之前，被申请回避的听证主持人应当暂停参与听证工作。

第十二条 环境保护行政许可申请人、利害关系人享有下列权利：

（一）要求或者放弃听证；

（二）依法申请听证主持人回避；

（三）可以亲自参加听证，也可以委托一至二人代理参加听证；

（四）就听证事项进行陈述、申辩和举证；

（五）对证据进行质证；

（六）听证结束前进行最后陈述；

（七）审阅并核对听证笔录；

（八）查阅案卷。

第十三条 环境保护行政许可申请人、利害关系人承担下列义务：

（一）按照组织听证的环境保护行政主管部门指定的时间、地点出席听证会；

（二）依法举证；

（三）如实回答听证主持人的询问；

（四）遵守听证纪律。

听证申请人无正当理由不出席听证会的，视同放弃听证权利。

听证申请人违反听证纪律，情节严重被听证主持人责令退场的，视同放弃听证权利。

环境鉴定人、监测人、证人、翻译人员等听证参加人，应当承担第（三）项和第（四）项义务。

第十四条 行政许可申请人、利害关系人或者其法定代理人，委托他人代理参加听证的，应当向组织听证的环境保护行政主管部门提交由委托人签名或者盖章的授权委托书。

授权委托书应当载明委托事项及权限。

第十五条 组织听证的环境保护行政主管部门可以通知了解被听证的行政许可事项的单位和个人出席听证会。

有关单位应当支持了解被听证的行政许可事项的单位和个人出席听证会。

证人确有困难不能出席听证会的，可以提交有本人签名或者盖章的书面证言。

第十六条 环境保护行政许可事项需要进行鉴定或者监测的，应当委托符合条件的鉴定或者监测机构。接受委托的机构有权了解有关材料，必要时可以询问行政许可申请人、利害关系人或者证人。

鉴定或者监测机构应当提交签名或者盖章的书面鉴定或者监测结论。

第四章　听证程序

第十七条 环境保护行政主管部门对本办法第五条第（一）项和第（二）项规定的环境保护行政许可事项，决定举行听证的，应在听证举行的 10 日前，通过报纸、网络或者布告等适当方式，向社会公告。

公告内容应当包括被听证的许可事项和听证会的时间、地点，以及参加听证会的方法。

第十八条 组织听证的环境保护行政主管部门可以根据场地等条件，确定参加听证会的人数。

第十九条 参加环境保护行政许可听证的公民、法人或者其他组织人数众多的，可以推举代表人参加听证。

第二十条 环境保护行政主管部门对本办法第五条第（三）项规定的环境保护行政许可事项，在做出行政许可决定之前，应当告知行政许可申请人、利害关系人享有要求听证的权利，并送达《环境保护行政许可听证告知书》。

《环境保护行政许可听证告知书》应当载明下列事项：

（一）行政许可申请人、利害关系人的姓名或者名称；

（二）被听证的行政许可事项；

（三）对被听证的行政许可的初步审查意见、证据和理由；

（四）告知行政许可申请人、利害关系人有申请听证的权利；

（五）告知申请听证的期限和听证的组织机关。

送达《环境保护行政许可听证告知书》可以采取直接送达、委托送达、邮寄送达等形式，并由行政许可申请人、利害关系人在送达回执上签字。

行政许可申请人、利害关系人人数众多或者其他必要情形时，可以通过报纸、网络或者布告等适当方式，将《环境保护行政许可听证告知书》向社会公告。

第二十一条 行政许可申请人、利害关系人要求听证的，应当在收到听证告知书之日起 5 日内以书面形式提出听证申请。

第二十二条 《环境保护行政许可听证申请书》包括以下内容：

（一）听证申请人的姓名、地址；

（二）申请听证的具体要求；

（三）申请听证的依据、理由；

（四）其他相关材料。

第二十三条 组织行政许可听证的环境保护行政主管部门收到听证申请书后，应当对申请材料进行审查。申请材料不齐备的，应当一次性告知听证申请人补正。

第二十四条 听证申请有下列情形之一的，组织听证的环境保护行政主管部门不予受理，并书面说明理由：

（一）听证申请人不是该环境保护行政许可的申请人、利害关系人的；

（二）听证申请未在收到《环境保护行政许可听证告知书》后5个工作日内提出的；

（三）其他不符合申请听证条件的。

第二十五条 组织听证的环境保护行政主管部门经过审核，对符合听证条件的听证申请，应当受理，并在20日内组织听证。

第二十六条 组织听证的环境保护行政主管部门应当在听证举行的7日前，将《环境保护行政许可听证通知书》分别送达行政许可申请人、利害关系人，并由其在送达回执上签字。

《环境保护行政许可听证通知书》应当载明下列事项：

（一）行政许可申请人、利害关系人的姓名或者名称；

（二）听证的事由与依据；

（三）听证举行的时间、地点和方式；

（四）听证主持人、行政许可审查人员的姓名、职务；

（五）告知行政许可申请人、利害关系人预先准备证据、通知证人等事项；

（六）告知行政许可申请人、利害关系人参加听证的权利和义务；

（七）其他注意事项。

申请人、利害关系人人数众多或者其他必要情形时，可以通过报纸、网络或者布告等适当方式，向社会公告。

第二十七条 环境保护行政许可申请人、利害关系人接到听证通知后，应当按时到场；无正当理由不到场的，或者未经听证主持人允许中途退场的，视为放弃听证权利，并记入听证笔录。

第二十八条 环境保护行政许可听证会按以下程序进行：

（一）听证主持人宣布听证会场纪律，告知听证申请人、利害关系人的权利和义务，询问并核实听证参加人的身分，宣布听证开始；

（二）记录员宣布听证所涉许可事项、听证主持人和听证员的姓名、工作单位和职务；

（三）行政许可审查人员提出初步审查意见、理由和证据；

（四）行政许可申请人、利害关系人就该行政许可事项进行陈述和申辩，提出有关证据，对行政许可审查人员提出的证据进行质证；

（五）行政许可审查人员和行政许可申请人、利害关系人进行辩论；

（六）行政许可申请人、利害关系人做最后陈述；

（七）主持人宣布听证结束。

在听证过程中，主持人可以向行政许可审查人员、行政许可申请人、利害关系人和证人发问，有关人员应当如实回答。

第二十九条 组织听证的环境保护行政主管部门，对听证会必须制作笔录。

听证笔录应当载明下列事项，并由听证员和记录员签名：

（一）听证所涉许可事项；

（二）听证主持人和记录员的姓名、职务；

（三）听证参加人的基本情况；

（四）听证的时间、地点；

（五）听证公开情况；

（六）行政许可审查人员提出的初步审查意见、理由和证据；

（七）行政许可申请人、利害关系人和其他听证参加人的主要观点、理由和依据；

（八）延期、中止或者终止的说明；

（九）听证主持人对听证活动中有关事项的处理情况；

（十）听证主持人认为应当笔录的其他事项。

听证结束后，听证笔录应交陈述意见的行政许可申请人、利害关系人审核无误后签字或者盖章。无正当理由拒绝签字或者盖章的，应当记入听证笔录。

第三十条 听证终结后，听证主持人应当及时将听证笔录报告本部门负责人。

环境保护行政主管部门应当根据听证笔录，做出环境保护行政许可决定，并应当在许可决定中附具对听证会反映的主要观点采纳或者不采纳的说明。

第三十一条 有下列情形之一的，可以延期举行听证：

（一）因不可抗力事由致使听证无法按期举行的；

（二）行政许可申请人、利害关系人临时申请听证主持人回避的；

（三）行政许可申请人、利害关系人申请延期，并有正当理由的；

（四）可以延期的其他情形。

延期听证的，组织听证的环境保护行政主管部门应当书面通知听证参加人。

第三十二条 有下列情形之一的，中止听证：

（一）听证主持人认为听证过程中提出的新的事实、理由、依据有待进一步调查核实或者鉴定的；

（二）申请听证的公民死亡、法人或者其他组织终止，尚未确定权利、义务承受人的；

（三）其他需要中止听证的情形。

中止听证的，组织听证的环境保护行政主管部门应当书面通知听证参加人。

第三十三条 延期、中止听证的情形消失后，由组织听证的环境保护行政主管部门决定是否恢复听证，并书面通知听证参加人。

第三十四条 有下列情形之一的，应当终止听证：

（一）行政许可申请人、利害关系人在告知后明确放弃听证权利的；

（二）听证申请人撤回听证要求的；

（三）听证申请人无正当理由不参加听证的；

（四）听证申请人在听证过程中声明退出的；

（五）听证申请人未经听证主持人允许中途退场的；

（六）听证申请人为法人或者其他组织的，该法人或者其他组织终止后，承受其权利的法人或者组织放弃听证权利的；

（七）听证申请人违反听证纪律，情节严重，被听证主持人责令退场的；

（八）需要终止听证的其他情形。

第五章　罚　则

第三十五条　环境保护行政主管部门及其工作人员违反《中华人民共和国行政许可法》的规定，有下列情形之一的，由有关机关依法责令改正；情节严重的，对直接负责的主管人员和其他直接责任人员依法给予行政处分：

（一）对法律、法规、规章规定应当组织听证的环境保护行政许可事项，不组织听证的；

（二）对符合法定条件的环境保护行政许可听证申请，不予受理的；

（三）在受理、审查、决定环境保护行政许可过程中，未向申请人、利害关系人履行法定告知义务的；

（四）未依法说明不受理环境保护行政许可听证申请或者不予听证理由的。

第三十六条　环境保护行政主管部门的听证主持人、记录员，在听证时玩忽职守、滥用职权、徇私舞弊的，依法给予行政处分；构成犯罪的，依法追究刑事责任。

第六章　附　则

第三十七条　《环境保护行政许可听证公告》、《环境保护行政许可听证告知书》、《环境保护行政许可听证申请书》、《环境保护行政许可听证通知书》和《送达回执》的格式，由国家环境保护总局统一规范。

第三十八条　环境保护行政主管部门组织听证所需经费，应当根据《中华人民共和国行政许可法》第五十八条的规定，列入本行政机关的预算，由本级财政予以保障。

第三十九条　环境保护行政主管部门受权起草的环境保护法律、法规，或者依职权起草的环境保护规章，直接涉及公民、法人或者其他组织切身利益，有关机关、组织或者公民对草案有重大意见分歧的，环境保护行政主管部门可以采取听证会形式，听取社会意见。

环境立法听证会，除适用《规章制定程序条例》等法律法规规定的程序外，可以参照本办法关于听证组织和听证程序的规定执行。

第四十条　本办法自2004年7月1日起施行。

附件（略）

关于印发《环保总局行政审批综合办公管理办法》（试行）及《环保总局行政审批综合办公地点工作人员规则》（试行）的通知

（国家环保总局办公厅2005年8月29日　环办［2005］94号）

总局机关各部门，各直属单位、派出机构：

《环保总局行政审批综合办公管理办法》（试行）及《环保总局行政审批综合办公地点工作人员规则》（试行）业经2005年8月16日局长专题会审议通过。现印发给你们，请认真遵照执行。

附件：1. 环保总局行政审批综合办公管理办法（试行）

2. 环保总局行政审批综合办公地点工作人员规则（试行）

附件一

环保总局行政审批综合办公管理办法（试行）

第一条　为规范总局环境行政审批工作，促进政务公开，提高办事效率，根据国务院行政审批制度改革工作有关规定，制定本办法。

第二条　行政审批应遵循合法合理、公平公正、公开透明、精简高效、责权一致的原则，为申请人提供服务。

第三条　属总局审批的行政审批事项，除涉密事项外，原则上应纳入综合办公地点统一受理。根据总局实际情况，采取边建设、边运行、边规范的方式，成熟一个，进入一个。

第四条　承办行政审批业务的部门负责向综合办公地点派驻业务受理人员，负责本部门审批项目的咨询、受理及回复工作。

业务受理人员要相对固定，轮换时间由派驻部门（单位）确定，业务受理人员在行政审批综合办公地点（以下简称“综合办公地点”）工作期间须遵守综合办公地点的有关管理规定。

第五条 行政审批实行首问责任制。业务受理人员负责对受理项目进行全程跟踪、催办及咨询、回复。

第六条 承办行政审批业务的部门负责制定本部门的《行政审批办事指南》，经分管总局领导审定后,通过总局政府网站及在综合办公地点公布等方式向社会发布。

第七条 机关各部门对主管的行政审批事项，实行动态管理，审批过程及结果须及时通过总局政府网站及在综合办公地点公布等方式向社会发布。

第八条 承办行政审批业务的部门要在总局政府网站逐步建立行政审批管理系统，为申请单位提供办事咨询、办理结果查询及网上审批等服务。总局信息中心负责技术指导并做好服务工作。

第九条 实行行政审批综合办公后，原承办单位职能不变。凡纳入综合办公地点的行政审批事项，在综合办公地点统一受理和回复，除特殊情况确需另安排接待的，承办部门原则上不再接待有关审批项目单位或个人的来访。

第十条 办理行政审批不得要求申请人提交法律、行政法规、国务院有普遍约束力的决定以及总局规章、文件规定以外的其他材料。

第十一条 业务受理人员接到行政审批项目申请后，应对申请材料进行审查，当场能够确定受理的，业务受理人员应向申请人出具《环保总局行政审批综合办公受理通知书》；当场能够确定不予受理的，应告知申请人不予受理的理由，应申请人要求可向申请人出具《环保总局行政审批综合办公不予受理通知书》；当场不能确定是否受理的，应向申请人出具《环保总局行政审批综合办公材料接收单》，并于 5 日内作出是否受理的书面决定并告知申请人。

第十二条 对行政审批申请不符合受理条件的，业务受理人员应当根据下列情况作出处理：

（一）申请事项依法不需要进行行政审批的，应即时告知申请人不受理。

（二）申请事项不属于环保总局职责范围的，应即时作出不予受理的决定，并告知申请人向有关行政机关申请。

（三）对申请材料存在当场可以更正错误的，受理人员应允许申请人当场更正。如因材料不齐或不符合法定形式的，应说明理由，并一次性告知需要补正的全部内容。

（四）申请事项不符合法定程序的，应作出不予受理的决定，并以适当方式告知申请人理由。

第十三条 业务受理人员接收了申请材料，但未确定是否受理的，经承办部门审查，申请材料和程序符合法定要求，应予受理的，承办部门填写《环保总局行政审批综合办公受理通知书》，由业务受理人员将受理通知书交申请人。

第十四条 承办部门完成审批流程后，业务受理人员负责将审批结果回复申请人。

第十五条 承办行政审批业务的部门要严格按照《行政许可法》及《环保总局行政审批综合办公办事指南》的承诺时限办理审批事项，如因特殊原因需延长审批时间的，须由承办部门填写《环保总局行政审批延期审批申请表》，经分管总局领导签批后由业务受理人员向申请人出具《环保总局行政审批综合办公延期通知书》，分管总局领导外出时，可由值班总局领导签批。

第十六条 业务受理人员要跟踪已受理审批事项的办理情况，催促承办部门及时办理。对承办部门在承诺时限内未能完成审批工作又无正当理由的，总局将按照有关规定追究承办部门和有关人员的责任。

第十七条 本办法自发布之日起施行。

第十八条 本办法由总局办公厅负责解释。

附表一

环保总局行政审批综合办公受理通知书

审批表编号		受理时间	
项目名称			
申请人			
联系人		电子邮箱	
通讯地址（邮编）			
联系电话		传　　真	
收费情况		承诺时限	
批件发送方式			
受理人		联系电话	

《行政许可法》规定：

1．申请人凭此通知可查询、领取审批结果。

2．申请人申请行政许可，应当如实向行政机关提交有关材料和反映真实情况，并对其申请材料实质内容的真实性负责。

环保总局行政审批综合办公大厅

通讯地址：北京市西直门内南小街 115 号（邮编：100035）

查询网站：www.sepa.gov.cn　联系电话：6655××××

附表二

环保总局行政审批综合办公不予受理通知书

<table>
<tr><td>项目名称</td><td colspan="3"></td></tr>
<tr><td>经办人</td><td></td><td>联系电话</td><td></td></tr>
<tr><td>不
予
受
理
原
因</td><td colspan="3">□ 不需要取得行政许可
□ 补充材料

□ 不属于本行政机关职权范围
□ 其他</td></tr>
</table>

本通知印发后，申请人享有依法申请行政复议或提起行政诉讼的权利。

环保总局行政审批综合办公大厅
通讯地址：北京市西直门内南小街 115 号（邮编：100035）
查询网站：www.sepa.gov.cn　投诉电话：6655××××

附表三

环保总局行政审批综合办公材料接收单

审批表编号		材料接收时间	
项目名称			
申请人			
联系人		电子邮箱	
通讯地址（邮编）			
联系电话		传　　真	
收费情况		承诺时限	
批件发送方式			
受理人		联系电话	

《行政许可法》规定：

1．受理单位收到申请材料后 5 个工作日内应予以回复。

2．申请人申请行政许可，应当如实向行政机关提交有关材料和反映真实情况，并对其申请材料实质内容的真实性负责。

环保总局行政审批综合办公大厅

通讯地址：北京市西直门内南小街 115 号（邮编：100035）

查询网站：www.sepa.gov.cn　投诉电话：6655××××

附表四

环保总局行政审批延期审批申请表

审批表编号			
项目名称			
申请延期部门			
受理人		联系电话	
受理时间		承诺时限	
延长时间	个工作日	办结时间	
延长审批原因			
司领导意见			
主管总局领导意见			

环保总局行政审批综合办公大厅　　电子信箱：
通讯地址：北京市西直门内南小街 115 号（邮编：100035）
查询网站：www.sepa.gov.cn　投诉电话：6655××××

附表五

环保总局行政审批综合办公延期审批通知书

审批表编号		受理时间	
项目名称			
申请人			
联系人		电子信箱	
通讯地址（邮编）			
联系电话		传　　真	
收费情况		承诺时限	
批件发送方式			
受理人		联系电话	
延长时间	个工作日		
延长审批原因			
办结时间			

环保总局行政审批综合办公大厅

通讯地址：北京市西直门内南小街 115 号（邮编：100035）

查询网站：www.sepa.gov.cn　投诉电话：6655××××

附件二

环保总局行政审批综合办公地点工作人员规则
（试行）

第一条 为规范总局行政审批综合办公地点（以下简称“综合办公地点”）的办公，方便群众，服务社会，保证行政审批综合办公的正常运行，制定本规则。

第二条 本规则适用于机关各部门及各直属单位派驻在综合办公地点的工作人员。

第三条 综合办公地点工作人员基本要求：了解《行政许可法》等相关政策、法规；熟悉所受理审批事项的各种规定、办事条件、办事程序；遵守总局的各项规章制度，确保综合办公地点服务工作的顺利开展。

第四条 综合办公地点工作人员的职责：

（一）解答申请人对有关行政审批事项的业务咨询；

（二）受理本部门的行政审批事项；

（三）对受理的行政审批事项进行全程跟踪催办；

（四）回复受理的行政审批事项。

第五条 综合办公地点工作人员不得接收或代收申请人的财物，不得接收申请人的宴请，自觉接受社会监督。

第六条 综合办公地点工作时间与机关同步。对外受理时间为上午 8：30－11：30，下午 13：00－16：30；特殊情况，急事急办。

第七条 综合办公地点由办公厅归口管理，实行值班组长负责制。值班组长由承办行政审批业务的部门派驻的工作人员轮流承担，每月月底排定下月值班组长。值班组长负责综合办公地点的日常工作协调、安排本月日常卫生、安全值班表，并负责汇总编写一周工作信息，及时向有关部门反馈综合办公审批情况和存在的问题，保证办公地点正常运转。

第八条 综合办公地点工作人员对收到的申请材料，要妥善保管、保守秘密，不得遗失；对工作过程中产生的各类文书要按照有关规定归类存档；每天下班前须将当天受理文件整理完毕，做好登记，并交回所在承办部门，急件应按要求随时办理。当天受理文件不准在综合办公地点过夜存放。

第九条 综合办公地点工作人员要严守工作岗位，严禁未经允许、无人顶岗时长时间离开，工作时间不得从事与工作无关的事项。如因特殊原因需要请假的，须提前 1 天向所在部门请假，由所在部门安排临时业务受理人员。

第十条 综合办公地点工作人员对外服务要做到：清正廉洁，持证上岗、热情接待、举止文明、仪态整洁。

第十一条 综合办公地点工作人员下班离开办公地点时，要注意关闭电源、关窗、锁门。

第十二条 本规则自发布之日起实施。

对《关于清理行政许可收费若干问题的函》的复函

（国务院法制办 2004 年 6 月 23 日　国法函［2004］253 号）

财政部：

你部《关于清理行政许可收费若干问题的函》（财综函［2004］2 号）收悉。经认真研究并征求全国人大常委会法工委意见，现函复如下：

一、关于判断行政许可的标准以及行政许可与行政审批的关系问题

我办于 2004 年 1 月 2 日公布的《行政许可法有关问题解答》（见国务院法制办公室《全国贯彻实施行政许可工作简报》第 1 期）已经对此作了解答。各部门实施的具体行政许可项目，应当以法律、行政法规的规定和国务院决定确认的项目为准。

二、关于确定资格、资质举行的国家考试是不是行政许可问题

国家考试本身不是行政许可，而是行政机关在作出行政许可决定前判定申请人是否符合法定条件的一种审查程序。但这些国家考试需要按照行政许可法的要求进行规范。

三、关于检验、检测、检疫是不是行政许可的问题

检验、检测、检疫不是行政许可，但属于实施行政许可的方式和手段或者是取得行政许可的条件。凡是为决定是否批准行政许可申请或者对被许可行为进行监督、检查所进行的检验、检测、检疫，应当遵守行政许可法关于实施行政许可收取费用的限制性规定。但是行政机关以外的专业技术组织不是作为实施行政许可主体的，其进行的检验、检测、检疫的收费除外。

四、关于行政许可收费的清理和同类行政许可收费政策的协调问题

行政许可法第 58 条规定："行政机关实施行政许可和对行政许可事项进行监督检查，不得收取任何费用。但是，法律、行政法规另有规定的，依照其规定。"行政许可法实施后，一些行政许可收费没有法律、行政法规依据，应当予以清理。对性质相同的许可事项实施相同收费政策，却没有相应的法律、行政法规依据的收费，或者为与国际通行做法接轨确有必要保留的收费，应当通过修订法律、行政法规明确收费依据。在修订法律行政法规前，可以暂由国务院财政、价格主管部门审核后报经国务院批准后发布执行。

五、关于法律、行政法规有关收费内容的表述问题

2004 年 7 月 1 日后，拟设定行政许可的法律草案、行政法规草案，规定行政机关实施行政许可和对行政许可事项进行监督检查可以收费的，起草机关在确定收费项目、标准和方式前，应当征求国务院财政、价格主管部门的意见。

财政部转发国务院法制办关于清理行政许可收费若干问题复函的通知

（财政部 2004 年 6 月 28 日）

各省、自治区、直辖市财政厅（局），国务院各部委、各直属机构：

为贯彻落实《中华人民共和国行政许可法》的有关规定，做好清理行政许可收费工作，我部曾就清理行政许可收费的有关问题请国务院法制办帮助研究解决。最近，国务院法制办以《对〈关于清理行政许可收费若干问题的函〉的复函》（国法函［2004］253号，以下简称《复函》）对行政许可收费问题作了解答。现就有关事项通知如下：

一、《中华人民共和国行政许可法》实施后，对于一些没有法律、行政法规依据的行政许可收费，应当予以清理。各地区、各部门在清理行政许可收费时，除按照《国家发展改革委　财政部关于清理行政机关和事业单位有关收费的通知》（发改价格［2004］1196号）规定执行外，应结合《复函》对行政许可收费问题的解答，做好相关收费清理工作。

二、在清理行政许可收费过程中，对于已经财政部、国家发展改革委批准，但没有相应法律、行政法规依据的行政许可收费，如果符合国际通行做法或与有关行政许可收费性质相同需要保留的，中央有关部门和单位应当通过修订法律、行政法规明确收费依据。在修订法律、行政法规前，可提出保留意见（包括保留的收费项目及理由），报财政部、国家发展改革委，由财政部会同国家发展改革委审核后统一报国务院批准发布执行。

附件：国务院法制办对《关于清理行政许可收费若干问题的函》的复函（略）

【认证认可】

中华人民共和国认证认可条例

中华人民共和国国务院令

第 390 号

《中华人民共和国认证认可条例》已经 2003 年 8 月 20 日国务院第 18 次常务会议通过，现予公布，自 2003 年 11 月 1 日起施行。

总理　温家宝

2003 年 9 月 3 日

第一章　总　则

第一条　为了规范认证认可活动，提高产品、服务的质量和管理水平，促进经济和社会的发展，制定本条例。

第二条　本条例所称认证，是指由认证机构证明产品、服务、管理体系符合相关技术规范、相关技术规范的强制性要求或者标准的合格评定活动。

本条例所称认可，是指由认可机构对认证机构、检查机构、实验室以及从事评审、审核等认证活动人员的能力和执业资格，予以承认的合格评定活动。

第三条　在中华人民共和国境内从事认证认可活动，应当遵守本条例。

第四条　国家实行统一的认证认可监督管理制度。

国家对认证认可工作实行在国务院认证认可监督管理部门统一管理、监督和综合协调下，各有关方面共同实施的工作机制。

第五条　国务院认证认可监督管理部门应当依法对认证培训机构、认证咨询机构的活动加强监督管理。

第六条　认证认可活动应当遵循客观独立、公开公正、诚实信用的原则。

第七条　国家鼓励平等互利地开展认证认可国际互认活动。认证认可国际互认活动不得损害国家安全和社会公共利益。

第八条　从事认证认可活动的机构及其人员，对其所知悉的国家秘密和商业秘密负有保密义务。

第二章　认证机构

第九条　设立认证机构，应当经国务院认证认可监督管理部门批准，并依法取得法人资格后，方可从事批准范围内的认证活动。

未经批准，任何单位和个人不得从事认证活动。

第十条　设立认证机构，应当符合下列条件：

（一）有固定的场所和必要的设施；

（二）有符合认证认可要求的管理制度；

（三）注册资本不得少于人民币300万元；

（四）有10名以上相应领域的专职认证人员。

从事产品认证活动的认证机构，还应当具备与从事相关产品认证活动相适应的检测、检查等技术能力。

第十一条　设立外商投资的认证机构除应当符合本条例第十条规定的条件外，还应当符合下列条件：

（一）外方投资者取得其所在国家或者地区认可机构的认可；

（二）外方投资者具有3年以上从事认证活动的业务经历。

设立外商投资认证机构的申请、批准和登记，按照有关外商投资法律、行政法规和国家有关规定办理。

第十二条　设立认证机构的申请和批准程序：

（一）设立认证机构的申请人，应当向国务院认证认可监督管理部门提出书面申请，并提交符合本条例第十条规定条件的证明文件；

（二）国务院认证认可监督管理部门自受理认证机构设立申请之日起90日内，应当作出是否批准的决定。涉及国务院有关部门职责的，应当征求国务院有关部门的意见。决定批准的，向申请人出具批准文件，决定不予批准的，应当书面通知申请人，并说明理由；

（三）申请人凭国务院认证认可监督管理部门出具的批准文件，依法办理登记手续。

国务院认证认可监督管理部门应当公布依法设立的认证机构名录。

第十三条　境外认证机构在中华人民共和国境内设立代表机构，须经批准，并向工商行政管理部门依法办理登记手续后，方可从事与所从属机构的业务范围相关的推广活动，但不得从事认证活动。

境外认证机构在中华人民共和国境内设立代表机构的申请、批准和登记，按照有关外商投资法律、行政法规和国家有关规定办理。

第十四条　认证机构不得与行政机关存在利益关系。

认证机构不得接受任何可能对认证活动的客观公正产生影响的资助；不得从事任何可能对认证活动的客观公正产生影响的产品开发、营销等活动。

认证机构不得与认证委托人存在资产、管理方面的利益关系。

第十五条　认证人员从事认证活动，应当在一个认证机构执业，不得同时在两个以上认证机构执业。

第十六条 向社会出具具有证明作用的数据和结果的检查机构、实验室，应当具备有关法律、行政法规规定的基本条件和能力，并依法经认定后，方可从事相应活动，认定结果由国务院认证认可监督管理部门公布。

第三章 认 证

第十七条 国家根据经济和社会发展的需要，推行产品、服务、管理体系认证。

第十八条 认证机构应当按照认证基本规范、认证规则从事认证活动。认证基本规范、认证规则由国务院认证认可监督管理部门制定；涉及国务院有关部门职责的，国务院认证认可监督管理部门应当会同国务院有关部门制定。

属于认证新领域，前款规定的部门尚未制定认证规则的，认证机构可以自行制定认证规则，并报国务院认证认可监督管理部门备案。

第十九条 任何法人、组织和个人可以自愿委托依法设立的认证机构进行产品、服务、管理体系认证。

第二十条 认证机构不得以委托人未参加认证咨询或者认证培训等为理由，拒绝提供本认证机构业务范围内的认证服务，也不得向委托人提出与认证活动无关的要求或者限制条件。

第二十一条 认证机构应当公开认证基本规范、认证规则、收费标准等信息。

第二十二条 认证机构以及与认证有关的检查机构、实验室从事认证以及与认证有关的检查、检测活动，应当完成认证基本规范、认证规则规定的程序，确保认证、检查、检测的完整、客观、真实，不得增加、减少、遗漏程序。

认证机构以及与认证有关的检查机构、实验室应当对认证、检查、检测过程作出完整记录，归档留存。

第二十三条 认证机构及其认证人员应当及时作出认证结论，并保证认证结论的客观、真实。认证结论经认证人员签字后，由认证机构负责人签署。

认证机构及其认证人员对认证结果负责。

第二十四条 认证结论为产品、服务、管理体系符合认证要求的，认证机构应当及时向委托人出具认证证书。

第二十五条 获得认证证书的，应当在认证范围内使用认证证书和认证标志，不得利用产品、服务认证证书、认证标志和相关文字、符号，误导公众认为其管理体系已通过认证，也不得利用管理体系认证证书、认证标志和相关文字、符号，误导公众认为其产品、服务已通过认证。

第二十六条 认证机构可以自行制定认证标志，并报国务院认证认可监督管理部门备案。

认证机构自行制定的认证标志的式样、文字和名称，不得违反法律、行政法规的规定，不得与国家推行的认证标志相同或者近似，不得妨碍社会管理，不得有损社会道德风尚。

第二十七条 认证机构应当对其认证的产品、服务、管理体系实施有效的跟踪调查，认证的产品、服务、管理体系不能持续符合认证要求的，认证机构应当暂停其使用直至撤销认证证书，并予公布。

第二十八条 为了保护国家安全、防止欺诈行为、保护人体健康或者安全、保护动植物生命或者健康、保护环境，国家规定相关产品必须经过认证的，应当经过认证并标注认证标志后，方可出厂、销售、进口或者在其他经营活动中使用。

第二十九条 国家对必须经过认证的产品，统一产品目录，统一技术规范的强制性要求、标准和合格评定程序，统一标志，统一收费标准。

统一的产品目录（以下简称目录）由国务院认证认可监督管理部门会同国务院有关部门制定、调整，由国务院认证认可监督管理部门发布，并会同有关方面共同实施。

第三十条 列入目录的产品，必须经国务院认证认可监督管理部门指定的认证机构进行认证。

列入目录产品的认证标志，由国务院认证认可监督管理部门统一规定。

第三十一条 列入目录的产品，涉及进出口商品检验目录的，应当在进出口商品检验时简化检验手续。

第三十二条 国务院认证认可监督管理部门指定的从事列入目录产品认证活动的认证机构以及与认证有关的检查机构、实验室（以下简称指定的认证机构、检查机构、实验室），应当是长期从事相关业务、无不良记录，且已经依照本条例的规定取得认可、具备从事相关认证活动能力的机构。国务院认证认可监督管理部门指定从事列入目录产品认证活动的认证机构，应当确保在每一列入目录产品领域至少指定两家符合本条例规定条件的机构。

国务院认证认可监督管理部门指定前款规定的认证机构、检查机构、实验室，应当事先公布有关信息，并组织在相关领域公认的专家组成专家评审委员会，对符合前款规定要求的认证机构、检查机构、实验室进行评审；经评审并征求国务院有关部门意见后，按照资源合理利用、公平竞争和便利、有效的原则，在公布的时间内作出决定。

第三十三条 国务院认证认可监督管理部门应当公布指定的认证机构、检查机构、实验室名录及指定的业务范围。

未经指定，任何机构不得从事列入目录产品的认证以及与认证有关的检查、检测活动。

第三十四条 列入目录产品的生产者或者销售者、进口商，均可自行委托指定的认证机构进行认证。

第三十五条 指定的认证机构、检查机构、实验室应当在指定业务范围内，为委托人提供方便、及时的认证、检查、检测服务，不得拖延，不得歧视、刁难委托人，不得牟取不当利益。

指定的认证机构不得向其他机构转让指定的认证业务。

第三十六条 指定的认证机构、检查机构、实验室开展国际互认活动，应当在国务院认证认可监督管理部门或者经授权的国务院有关部门对外签署的国际互认协议框架内进行。

第四章　认　可

第三十七条　国务院认证认可监督管理部门确定的认可机构（以下简称认可机构），独立开展认可活动。

除国务院认证认可监督管理部门确定的认可机构外，其他任何单位不得直接或者变相从事认可活动。其他单位直接或者变相从事认可活动的，其认可结果无效。

第三十八条　认证机构、检查机构、实验室可以通过认可机构的认可，以保证其认证、检查、检测能力持续、稳定地符合认可条件。

第三十九条　从事评审、审核等认证活动的人员，应当经认可机构注册后，方可从事相应的认证活动。

第四十条　认可机构应当具有与其认可范围相适应的质量体系，并建立内部审核制度，保证质量体系的有效实施。

第四十一条　认可机构根据认可的需要，可以选聘从事认可评审活动的人员。从事认可评审活动的人员应当是相关领域公认的专家，熟悉有关法律、行政法规以及认可规则和程序，具有评审所需要的良好品德、专业知识和业务能力。

第四十二条　认可机构委托他人完成与认可有关的具体评审业务的，由认可机构对评审结论负责。

第四十三条　认可机构应当公开认可条件、认可程序、收费标准等信息。

认可机构受理认可申请，不得向申请人提出与认可活动无关的要求或者限制条件。

第四十四条　认可机构应当在公布的时间内，按照国家标准和国务院认证认可监督管理部门的规定，完成对认证机构、检查机构、实验室的评审，作出是否给予认可的决定，并对认可过程作出完整记录，归档留存。认可机构应当确保认可的客观公正和完整有效，并对认可结论负责。

认可机构应当向取得认可的认证机构、检查机构、实验室颁发认可证书，并公布取得认可的认证机构、检查机构、实验室名录。

第四十五条　认可机构应当按照国家标准和国务院认证认可监督管理部门的规定，对从事评审、审核等认证活动的人员进行考核，考核合格的，予以注册。

第四十六条　认可证书应当包括认可范围、认可标准、认可领域和有效期限。

认可证书的格式和认可标志的式样须经国务院认证认可监督管理部门批准。

第四十七条　取得认可的机构应当在取得认可的范围内使用认可证书和认可标志。取得认可的机构不当使用认可证书和认可标志的，认可机构应当暂停其使用直至撤销认可证书，并予公布。

第四十八条　认可机构应当对取得认可的机构和人员实施有效的跟踪监督，定期对取得认可的机构进行复评审，以验证其是否持续符合认可条件。取得认可的机构和人员不再符合认可条件的，认可机构应当撤销认可证书，并予公布。

取得认可的机构的从业人员和主要负责人、设施、自行制定的认证规则等与认可条件相关的情况发生变化的，应当及时告知认可机构。

第四十九条　认可机构不得接受任何可能对认可活动的客观公正产生影响的资助。

第五十条　境内的认证机构、检查机构、实验室取得境外认可机构认可的，应当向国务院认证认可监督管理部门备案。

第五章　监督管理

第五十一条　国务院认证认可监督管理部门可以采取组织同行评议，向被认证企业征求意见，对认证活动和认证结果进行抽查，要求认证机构以及与认证有关的检查机构、实验室报告业务活动情况的方式，对其遵守本条例的情况进行监督。发现有违反本条例行为的，应当及时查处，涉及国务院有关部门职责的，应当及时通报有关部门。

第五十二条　国务院认证认可监督管理部门应当重点对指定的认证机构、检查机构、实验室进行监督，对其认证、检查、检测活动进行定期或者不定期的检查。指定的认证机构、检查机构、实验室，应当定期向国务院认证认可监督管理部门提交报告，并对报告的真实性负责；报告应当对从事列入目录产品认证、检查、检测活动的情况作出说明。

第五十三条　认可机构应当定期向国务院认证认可监督管理部门提交报告，并对报告的真实性负责；报告应当对认可机构执行认可制度的情况、从事认可活动的情况、从业人员的工作情况作出说明。

国务院认证认可监督管理部门应当对认可机构的报告作出评价，并采取查阅认可活动档案资料、向有关人员了解情况等方式，对认可机构实施监督。

第五十四条　国务院认证认可监督管理部门可以根据认证认可监督管理的需要，就有关事项询问认可机构、认证机构、检查机构、实验室的主要负责人，调查了解情况，给予告诫，有关人员应当积极配合。

第五十五条　省、自治区、直辖市人民政府质量技术监督部门和国务院质量监督检验检疫部门设在地方的出入境检验检疫机构，在国务院认证认可监督管理部门的授权范围内，依照本条例的规定对认证活动实施监督管理。

国务院认证认可监督管理部门授权的省、自治区、直辖市人民政府质量技术监督部门和国务院质量监督检验检疫部门设在地方的出入境检验检疫机构，统称地方认证监督管理部门。

第五十六条　任何单位和个人对认证认可违法行为，有权向国务院认证认可监督管理部门和地方认证监督管理部门举报。国务院认证认可监督管理部门和地方认证监督管理部门应当及时调查处理，并为举报人保密。

第六章　法律责任

第五十七条　未经批准擅自从事认证活动的，予以取缔，处 10 万元以上 50 万元以下的罚款，有违法所得的，没收违法所得。

第五十八条　境外认证机构未经批准在中华人民共和国境内设立代表机构的，予以取缔，处 5 万元以上 20 万元以下的罚款。

经批准设立的境外认证机构代表机构在中华人民共和国境内从事认证活动的，责令改正，处 10 万元以上 50 万元以下的罚款，有违法所得的，没收违法所得；情节严重的，撤销批准文件，并予公布。

第五十九条　认证机构接受可能对认证活动的客观公正产生影响的资助，或者从事可能对认证活动的客观公正产生影响的产品开发、营销等活动，或者与认证委托人存在资产、管理方面的利益关系的，责令停业整顿；情节严重的，撤销批准文件，并予公布；有违法所得的，没收违法所得；构成犯罪的，依法追究刑事责任。

第六十条　认证机构有下列情形之一的，责令改正，处 5 万元以上 20 万元以下的罚款，有违法所得的，没收违法所得；情节严重的，责令停业整顿，直至撤销批准文件，并予公布：

（一）超出批准范围从事认证活动的；

（二）增加、减少、遗漏认证基本规范、认证规则规定的程序的；

（三）未对其认证的产品、服务、管理体系实施有效的跟踪调查，或者发现其认证的产品、服务、管理体系不能持续符合认证要求，不及时暂停其使用或者撤销认证证书并予公布的；

（四）聘用未经认可机构注册的人员从事认证活动的。

与认证有关的检查机构、实验室增加、减少、遗漏认证基本规范、认证规则规定的程序的，依照前款规定处罚。

第六十一条　认证机构有下列情形之一的，责令限期改正；逾期未改正的，处 2 万元以上 10 万元以下的罚款：

（一）以委托人未参加认证咨询或者认证培训等为理由，拒绝提供本认证机构业务范围内的认证服务，或者向委托人提出与认证活动无关的要求或者限制条件的；

（二）自行制定的认证标志的式样、文字和名称，与国家推行的认证标志相同或者近似，或者妨碍社会管理，或者有损社会道德风尚的；

（三）未公开认证基本规范、认证规则、收费标准等信息的；

（四）未对认证过程作出完整记录，归档留存的；

（五）未及时向其认证的委托人出具认证证书的。

与认证有关的检查机构、实验室未对与认证有关的检查、检测过程作出完整记录，归档留存的，依照前款规定处罚。

第六十二条　认证机构出具虚假的认证结论，或者出具的认证结论严重失实的，撤销批准文件，并予公布；对直接负责的主管人员和负有直接责任的认证人员，撤销其执业资格；构成犯罪的，依法追究刑事责任；造成损害的，认证机构应当承担相应的赔偿责任。

指定的认证机构有前款规定的违法行为的，同时撤销指定。

第六十三条　认证人员从事认证活动，不在认证机构执业或者同时在两个以上认证机构执业的，责令改正，给予停止执业 6 个月以上 2 年以下的处罚，仍不改正的，撤销其执业资格。

第六十四条　认证机构以及与认证有关的检查机构、实验室未经指定擅自从事列入目录产品的认证以及与认证有关的检查、检测活动的，责令改正，处 10 万元以上 50 万元以下的罚款，有违法所得的，没收违法所得。

认证机构未经指定擅自从事列入目录产品的认证活动的，撤销批准文件，并予公布。

第六十五条 指定的认证机构、检查机构、实验室超出指定的业务范围从事列入目录产品的认证以及与认证有关的检查、检测活动的，责令改正，处 10 万元以上 50 万元以下的罚款，有违法所得的，没收违法所得；情节严重的，撤销指定直至撤销批准文件，并予公布。

指定的认证机构转让指定的认证业务的，依照前款规定处罚。

第六十六条 认证机构、检查机构、实验室取得境外认可机构认可，未向国务院认证认可监督管理部门备案的，给予警告，并予公布。

第六十七条 列入目录的产品未经认证，擅自出厂、销售、进口或者在其他经营活动中使用的，责令改正，处 5 万元以上 20 万元以下的罚款，有违法所得的，没收违法所得。

第六十八条 认可机构有下列情形之一的，责令改正；情节严重的，对主要负责人和负有责任的人员撤职或者解聘：

（一）对不符合认可条件的机构和人员予以认可的；

（二）发现取得认可的机构和人员不符合认可条件，不及时撤销认可证书，并予公布的；

（三）接受可能对认可活动的客观公正产生影响的资助的。

被撤职或者解聘的认可机构主要负责人和负有责任的人员，自被撤职或者解聘之日起 5 年内不得从事认可活动。

第六十九条 认可机构有下列情形之一的，责令改正；对主要负责人和负有责任的人员给予警告：

（一）受理认可申请，向申请人提出与认可活动无关的要求或者限制条件的；

（二）未在公布的时间内完成认可活动，或者未公开认可条件、认可程序、收费标准等信息的；

（三）发现取得认可的机构不当使用认可证书和认可标志，不及时暂停其使用或者撤销认可证书并予公布的；

（四）未对认可过程作出完整记录，归档留存的。

第七十条 国务院认证认可监督管理部门和地方认证监督管理部门及其工作人员，滥用职权、徇私舞弊、玩忽职守，有下列行为之一的，对直接负责的主管人员和其他直接责任人员，依法给予降级或者撤职的行政处分；构成犯罪的，依法追究刑事责任：

（一）不按照本条例规定的条件和程序，实施批准和指定的；

（二）发现认证机构不再符合本条例规定的批准或者指定条件，不撤销批准文件或者指定的；

（三）发现指定的检查机构、实验室不再符合本条例规定的指定条件，不撤销指定的；

（四）发现认证机构以及与认证有关的检查机构、实验室出具虚假的认证以及与认证有关的检查、检测结论或者出具的认证以及与认证有关的检查、检测结论严重失实，不予查处的；

（五）发现本条例规定的其他认证认可违法行为，不予查处的。

第七十一条 伪造、冒用、买卖认证标志或者认证证书的，依照《中华人民共和国产品质量法》等法律的规定查处。

第七十二条 本条例规定的行政处罚，由国务院认证认可监督管理部门或者其授权的地方认证监督管理部门按照各自职责实施。法律、其他行政法规另有规定的，依照法律、其他行政法规的规定执行。

第七十三条 认证人员自被撤销执业资格之日起 5 年内，认可机构不再受理其注册申请。

第七十四条 认证机构未对其认证的产品实施有效的跟踪调查，或者发现其认证的产品不能持续符合认证要求，不及时暂停或者撤销认证证书和要求其停止使用认证标志给消费者造成损失的，与生产者、销售者承担连带责任。

第七章 附 则

第七十五条 药品生产、经营企业质量管理规范认证，实验动物质量合格认证，军工产品的认证，以及从事军工产品校准、检测的实验室及其人员的认可，不适用本条例。

依照本条例经批准的认证机构从事矿山、危险化学品、烟花爆竹生产经营单位管理体系认证，由国务院安全生产监督管理部门结合安全生产的特殊要求组织；从事矿山、危险化学品、烟花爆竹生产经营单位安全生产综合评价的认证机构，经国务院安全生产监督管理部门推荐，方可取得认可机构的认可。

第七十六条 认证认可收费，应当符合国家有关价格法律、行政法规的规定。

第七十七条 认证培训机构、认证咨询机构的管理办法由国务院认证认可监督管理部门制定。

第七十八条 本条例自 2003 年 11 月 1 日起施行。1991 年 5 月 7 日国务院发布的《中华人民共和国产品质量认证管理条例》同时废止。

认证及认证培训、咨询人员管理办法

中华人民共和国国家质量监督检验检疫总局令

第61号

《认证及认证培训、咨询人员管理办法》经2004年4月30日国家质量监督检验检疫总局局务人议审议通过，现予公布，自2004年8月1日起施行。

局长　李长江

2004年5月24日

第一条　为规范认证及认证培训、咨询人员的执业行为，加强对认证市场的管理，根据《中华人民共和国认证认可条例》，制定本办法。

第二条　本办法所称的认证及认证培训、咨询人员，是指管理体系认证审核员、产品认证检查员、认证培训教员和认证咨询师等从事认证及认证培训、咨询活动的人员，以及认证及认证培训、咨询机构的业务管理人员。

本办法所称认证及认证培训、咨询人员执业，是指受聘于认证及认证培训、咨询机构的人员从事的认证及认证培训、咨询和业务管理的活动。

第三条　在中华人民共和国境内从事认证、认证培训、认证咨询活动的人员应当遵守本办法。

第四条　国家对管理体系认证审核员、产品认证检查员、认证培训教员和认证咨询师等从事认证及认证培训、咨询活动的人员实施统一的执业资格注册制度；对认证及认证培训、咨询人员的执业行为实行统一的监督管理。

第五条　国家认证认可监督管理委员会（以下简称国家认监委）负责对从事认证及认证培训、咨询活动人员执业资格注册制度的批准工作，对认证及认证培训、咨询人员执业行为实施监督管理。

地方质量技术监督部门和各地出入境检验检疫机构（以下统称地方认证监督管理部门）按照各自职责分工，依法对所辖区域内的认证及认证培训、咨询人员的执业行为实施监督检查。

中国认证人员与培训机构国家认可委员会承担对从事认证及认证培训、咨询活动人员的执业资格注册工作，依照认可准则对认证机构的认证人员的能力评定及使用管理活动实施认可监督。

认证及认证培训、咨询机构依照本办法的规定，对所聘认证及认证培训、咨询人员执业行为实施管理。

第六条 从事认证及认证培训、咨询活动的人员应当向中国认证人员与培训机构国家认可委员会申请执业资格注册，未经注册的，不得从事相关活动。

属于认证及认证培训、咨询新领域、国家尚未建立执业资格注册制度的，由相应认证及认证培训、咨询机构建立执业人员评价制度，并统一向中国认证人员与培训机构国家认可委员会申请办理相关人员执业资格的确认；未经确认的，不得从事相关活动。

第七条 认证及认证培训、咨询人员执业分为专职和兼职。

专职认证及认证培训、咨询人员是指将认证及认证培训、咨询和有关业务管理活动作为本职工作，与 1 个认证、认证培训或者认证咨询机构签订劳务合同，并固定在该机构工作的人员；兼职认证及认证培训、咨询人员是指在不脱离本职工作的情况下与 1 个认证、认证培训或者认证咨询机构签订劳务合同，从事认证、认证培训或者认证咨询活动的人员。

国家公务员不得从事认证、认证咨询和认证培训活动。

第八条 认证人员从事认证活动应当在 1 个认证机构执业，不得同时在 2 个或者 2 个以上认证机构执业。在认证机构执业的专职或者兼职认证人员，具备相关认证培训教员资格的，经所在认证机构与认证培训机构签订合同后，可以在 1 个认证培训机构从事认证培训活动。

认证人员不得受聘于认证咨询机构或者以任何方式从事认证咨询活动。

第九条 认证培训人员从事认证培训活动应当在 1 个认证培训机构执业，不得同时在 2 个或者 2 个以上的认证培训机构执业。在 1 个认证培训机构执业的专职或者兼职认证培训人员，具备相关认证或认证咨询人员资格的，经所在认证培训机构与认证机构或者认证咨询机构签订合同后，可以在 1 个认证机构或者 1 个认证咨询机构从事认证或者认证咨询活动。

第十条 认证咨询人员应当在 1 个认证咨询机构从事认证咨询活动，不得同时在 2 个或者 2 个以上的认证咨询机构执业。在认证咨询机构执业的专职或者兼职认证咨询人员，具备相关认证培训教员资格的，经所在认证咨询机构与认证培训机构签订合同后，可以在 1 个认证培训机构从事认证培训活动。

认证咨询人员不得受聘于认证机构或者以任何方式从事认证活动。

第十一条 特殊领域的认证及认证培训、咨询人员的执业，应当经国家认监委批准。

第十二条 认证及认证培训、认证咨询人员受聘于认证及认证培训、咨询机构时，应当出具有关证明文件以及其他申明材料，并保证上述材料的真实、有效。

认证及认证培训、咨询机构在决定聘用执业人员时，应当查验所聘用的执业人员提供的证明文件以及其他申明材料是否真实、有效，并归档留存。

认证及认证培训、咨询人员与认证及认证培训、咨询机构之间建立聘用关系的，应当依法签订劳务合同，明确规定双方的权利、义务；聘用关系解除的，应当依法终止劳务合同。

第十三条 认证及认证培训、认证咨询人员从事认证及认证培训、咨询活动，应当遵循客观公正、诚实信用的原则，确保所从事认证及认证培训、咨询活动具有完整性、客观性、真实性和有效性。

第十四条 认证及认证培训、咨询人员从事认证及认证培训、咨询活动，禁止有下列行为：

（一）在不符合国家有关法律法规规定的机构或者单位，从事认证及认证培训、咨询活动；

（二）不具备注册资格或者未经确认、批准，从事认证及认证培训、咨询活动；

（三）出具虚假或者失实的结论，编造或者唆使编造虚假、失实的文件、记录；

（四）增加、减少、遗漏有关法律法规、标准或者相关规则规定的认证及认证培训、咨询程序；

（五）作出误导性、欺诈性宣传或者虚假承诺谋取利益；

（六）接受认证及认证培训、咨询客户及其相关利益方的礼金或者其他形式的利益；

（七）在认证机构执业的认证人员与认证咨询机构、认证咨询活动存在或者发生经济利益关系，在认证咨询机构执业的人员与认证机构、认证活动存在或者发生经济利益关系；

（八）认证机构的工作人员在认证活动中与认证咨询机构的工作人员存在利害关系或者可能对认证公正性产生影响，未进行回避；

（九）对所在执业的认证及认证培训、咨询机构隐瞒本人执业真实情况；

（十）恶意诽谤或者诋毁其他认证及认证培训、咨询机构及其人员；

（十一）其他违反认证及认证培训、咨询有关规定的行为。

第十五条 国家认监委和地方认证监督管理部门可以根据投诉及其在监督管理工作中发现的问题，就有关事项询问认证及认证培训、咨询人员及其执业的机构，有关人员和机构应当积极配合。

第十六条 认证及认证培训、咨询人员违反本办法第八条、第九条和第十条规定的，责令限期改正，给予停止执业资格 1 年的处罚；情节严重的，给予停止执业资格 2 年的处罚；逾期未改正的，给予撤销执业资格的处罚。

第十七条 认证及认证培训、咨询人员违反本办法第十四条第（三）项规定的，给予撤销执业资格的处罚。

第十八条 认证及认证培训、咨询人员，违反本办法第十四条其他规定的，责令限期改正；逾期未改正的，给予停止执业 6 个月以上 1 年以下的处罚；情节严重的，给予停止执业资格 2 年直至撤销执业资格的处罚。

第十九条 认证及认证培训、咨询机构对其执业人员未实施有效管理，或者纵容、唆使，导致其执业人员违法违规的，处以 5 千元以上 1 万元以下的罚款；情节严重的，处以 3 万元的罚款。法律、行政法规另有规定的，依照其规定执行。

第二十条 认证及认证培训、咨询人员被撤销执业资格之日起 5 年内，中国认证人员与培训机构国家认可委员会不再受理其注册申请。

第二十一条 国家认监委对被停止执业、撤销执业资格的认证及认证培训、咨询人员予以公布。

第二十二条 本办法由国家质量监督检验检疫总局负责解释。

第二十三条 本办法自 2004 年 8 月 1 日起施行。

强制性产品认证管理规定

国家质量监督检验检疫总局令

第5号

《强制性产品认证管理规定》已经2001年11月21日国家质量监督检验检疫总局局务会审议通过，现予发布，自2002年5月1日起施行。

2001年12月3日

第一章　总　则

第一条　为完善和规范强制性产品认证工作，切实维护国家、社会和公众利益，根据国家产品安全质量许可、产品质量认证的法律法规的规定以及国务院赋予国家质量监督检验检疫总局和国家认证认可监督管理委员会的职能，制定本规定。

第二条　国家对涉及人类健康和安全，动植物生命和健康，以及环境保护和公共安全的产品实行强制性认证制度。

第三条　根据国务院授权，国家认证认可监督管理委员会主管全国认证认可工作。

第四条　国家对强制性产品认证公布统一的《中华人民共和国实施强制性产品认证的产品目录》（以下简称《目录》），确定统一适用的国家标准、技术规则和实施程序，制定和发布统一的标志，规定统一的收费标准。

第五条　凡列入《目录》的产品，必须经国家指定的认证机构认证合格、取得指定认证机构颁发的认证证书、并加施认证标志后，方可出厂销售、进口和在经营性活动中使用。

第二章　强制性产品认证的组织管理

第六条　国家质量监督检验检疫总局根据国家有关法律法规，制定国家强制性产品认证的规章和制度；批准、发布《目录》。

第七条　国家认证认可监督管理委员会负责全国强制性产品认证制度的管理和组织实施工作，履行以下职责：

（一）对全国认证认可工作实施监督管理，协调有关认证认可工作的重大问题；

（二）拟定、调整并与国家质量监督检验检疫总局联合发布《目录》；

（三）制定和发布《目录》中产品认证实施规则；

（四）确定《目录》中产品认证适用的认证模式；

（五）制定和发布认证标志；

（六）规定认证证书的式样和格式；

（七）指定认证机构和为其服务的检测机构、检查机构承担强制性产品认证和认证活动中的检测、检查工作；

（八）公布指定认证机构和为其服务的指定检测机构、检查机构的名录及其工作范围；

（九）公布获得认证的产品及其企业名录；

（十）审批特殊用途产品免于强制性认证的事项；

（十一）指导各地质检行政部门对强制性产品认证违法行为的查处工作；

（十二）受理强制性产品认证的投诉、申诉工作，组织查处重大认证违法行为；

（十三）指导处理有关强制性产品认证工作中的重大事宜。

第八条 各地质检行政部门负责履行以下职责：

（一）按照法定职责，对所辖地区《目录》中产品实施监督；

（二）对强制性产品认证违法行为进行查处。

第九条 指定认证机构的职责：

（一）在指定的工作范围内按照产品认证实施规则开展认证工作；

（二）对获得认证的产品，颁发认证证书；

（三）对获得认证的产品进行跟踪检查；

（四）受理有关的认证投诉、申诉工作；

（五）依法暂停、注销和撤销认证证书。

第三章 强制性产品认证制度的实施

第十条 《目录》中产品认证适用以下单一的认证模式或者若干认证模式的组合，具体包括：

（一）设计鉴定；

（二）型式试验；

（三）制造现场抽取样品检测或者检查；

（四）市场抽样检测或者检查；

（五）企业质量保证体系审核；

（六）获得认证的后续跟踪检查。

产品认证模式依据产品的性能，对人体健康、环境和公共安全等方面可能产生的危害程度，产品的生命周期特性等综合因素，按照科学、便利等原则予以确定。

具体的产品认证模式在认证实施规则中规定。

第十一条 《目录》中产品认证实施规则包括以下基本内容：

（一）适用的产品范围；

（二）适用的产品对应的国家标准和技术规则；

（三）认证模式以及对应的产品种类和标准；

（四）申请单元划分规则或者规定；

（五）抽样和送样要求；

（六）关键元器件的确认要求（根据需要）；

（七）检测标准和检测规则等相关要求；

（八）工厂审查的特定要求（根据需要）；

（九）跟踪检查的特定要求；

（十）适用的产品加施认证标志的具体要求；

（十一）其他规定。

第十二条 《目录》中产品认证的程序包括以下全部或者部分环节：

（一）认证申请和受理；

（二）型式试验；

（三）工厂审查；

（四）抽样检测；

（五）认证结果评价和批准；

（六）获得认证后的监督。

第十三条 《目录》中产品的生产者、销售者和进口商可以作为申请人，向指定认证机构提出《目录》中产品认证申请。

第十四条 申请人申请《目录》中产品认证应当遵守以下规定：

（一）按照《目录》中产品认证实施规则的规定，向指定认证机构提交认证申请书、必要的技术文件和样品；

（二）申请人为销售者、进口商时，应当向指定认证机构同时提交销售者和生产者或者进口商和生产者订立的相关合同副本；

（三）申请人委托他人申请《目录》中产品认证的，应当与受委托人订立认证、检测、检查和跟踪检查等事项的合同，受委托人应当同时向指定认证机构提交委托书、委托合同的副本和其他相关合同的副本；

（四）按照国家规定缴纳认证费用。

第十五条 指定认证机构负责受理申请人的认证申请，根据认证实施规则的规定，安排型式试验、工厂审查、抽样检测等活动，做出认证决定，向获得认证的产品颁发认证证书。

指定认证机构在一般情况下，应当自受理申请人认证申请的 90 日内，做出认证决定并通知申请人。

第十六条 认证证书是证明《目录》中产品符合认证要求并准许其使用认证标志的证明文件。

认证证书包括以下基本内容：

（一）申请人；

（二）产品名称、型号或者系列名称；

（三）产品的生产者、生产或者加工厂（场）所；

（四）认证模式；

（五）认证依据的标准和技术规则；

（六）发证日期和有效期；

（七）发证机构。

第十七条 认证标志的名称为“中国强制认证”（英文名称为“China Compulsory Certification”，英文缩写为“CCC”，也可简称为“3C”标志。），认证标志是《目录》中产品准许其出厂销售、进口和使用的证明标记。

认证证书的持有人应当按照认证标志管理规定的要求使用认证标志。

第十八条 指定认证机构应当按照具体产品认证实施规则的规定，对其颁发认证证书的产品及其生产厂（场）实施跟踪检查。

第十九条 指定认证机构对下列情形之一的，应当注销认证证书：

（一）《目录》中产品认证适用的国家标准、技术规则或者认证实施规则变更，认证证书的持有人不能满足上述变更要求的；

（二）认证证书超过有效期，认证证书的持有人未申请延期使用的；

（三）获得认证的产品不再生产的；

（四）认证证书的持有人申请注销的。

第二十条 指定认证机构对下列情形之一的，应当责令暂时停止使用认证证书：

（一）认证证书的持有人未按规定使用认证证书和认证标志的；

（二）认证证书的持有人违反《目录》中产品认证实施规则和指定的认证机构要求的；

（三）监督结果证明产品不符合《目录》中产品认证实施规则要求，但是不需要立即撤销认证证书的。

第二十一条 指定认证机构对下列情形之一的，应当撤销认证证书：

（一）在认证证书暂停使用的期限内，认证证书的持有人未采取纠正措施的；

（二）监督结果证明产品出现严重缺陷的；

（三）获得认证的产品因出现严重缺陷而导致重大质量事故的。

第二十二条 申请人和认证证书持有人对指定认证机构的认证决定有异议的，可以向做出认证决定的认证机构提出投诉、申诉，对认证机构处理结果仍有异议的，可以向国家认证认可监督管理委员会申诉。

第四章 强制性产品认证的监督管理

第二十三条 指定认证机构和为其提供服务的指定检测机构、检查机构应当遵守以下规定：

（一）接受国家认证认可监督管理委员会的监督管理；

（二）根据国家产品质量认证的法律、法规规定，在指定范围内实施《目录》中产品认证、检测和检查工作；

（三）保证认证结果的准确，承担相应的法律责任；

（四）定期向国家认证认可监督管理委员会报送《目录》中产品认证信息；

（五）保守认证产品的商业秘密和技术秘密，不得非法占有他人的科技成果；

（六）未经许可，不得向其他认证机构转让认证受理权、认证决定权、检测权和检查权；

（七）不得从事认证工作职责范围内的咨询和产品开发工作；

（八）不得擅自与其他机构或者组织签署双边或者多边互认《目录》中产品的认证、检测和检查结果的协议；

（九）不得依照前项所述协议颁发《目录》中产品认证证书；

（十）配合各地质检行政部门对违反质量认证法律、法规和规章行为的查处工作；

（十一）建立《目录》中产品认证投诉、申诉制度，公正处理指定范围内的《目录》中产品认证的争议。

第二十四条 获得《目录》中产品认证的生产者、销售者、进口商应当遵守以下规定：

（一）保证提供实施认证工作的必要条件；

（二）保证获得认证的产品持续符合相关的国家标准和技术规则；

（三）保证销售、进口的《目录》中产品为获得认证的产品；

（四）按照规定对获得认证的产品加施认证标志；

（五）不得利用认证证书和认证标志误导消费者；

（六）不得转让、买卖认证证书和认证标志或者部分出示、部分复印认证证书。

（七）接受各地质检行政部门和指定认证机构的监督检查或者跟踪检查。

第五章　罚　则

第二十五条 《目录》中的产品，未按本规定实施认证的，可以处三万元以下罚款，责令限期实施认证。

第二十六条 《目录》中的产品获得认证证书、未按规定使用认证标志的，责令限期改正；逾期不改的，可以处一万元以下罚款。

第二十七条 伪造、冒用认证证书、认证标志，以及其他违反国家有关产品安全质量许可、产品质量认证法律法规的行为，依照有关法律法规的规定予以处罚。

第二十八条 指定认证机构和为其提供服务的指定检测机构和检查机构出具虚假证明，或者伪造有关文件，依法承担相应的责任。

第二十九条 本章规定的行政处罚，由各地质检行政部门依据国家质量监督检验检疫总局行政案件办理程序的有关规定实施。

第六章　附　则

第三十条 本规定中的认证实施规则、认证标志等具体管理制度由国家认证认可监督管理委员会另行制定。

第三十一条 本规定由国家质量监督检验检疫总局授权国家认证认可监督管理委员会负责解释。

第三十二条 本规定自2002年5月1日起施行。

认证证书和认证标志管理办法

（国家质检总局令第63号，2004年6月23日公布，自2004年8月1日起施行）

第一章 总 则

第一条 为加强对产品、服务、管理体系认证的认证证书和认证标志（以下简称认证证书和认证标志）的管理、监督，规范认证证书和认证标志的使用，维护获证组织和公众的合法权益，促进认证活动健康有序的发展，根据《中华人民共和国认证认可条例》（以下简称条例）等有关法律、行政法规的规定，制定本办法。

第二条 本办法所称的认证证书是指产品、服务、管理体系通过认证所获得的证明性文件。认证证书包括产品认证证书、服务认证证书和管理体系认证证书。

本办法所称的认证标志是指证明产品、服务、管理体系通过认证的专有符号、图案或者符号、图案以及文字的组合。认证标志包括产品认证标志、服务认证标志和管理体系认证标志。

第三条 本办法适用于认证证书和认证标志的制定、发布、备案、使用和监督检查。

第四条 国家认证认可监督管理委员会（以下简称国家认监委）依法负责认证证书和认证标志的管理、监督和综合协调工作。

地方质量技术监督部门和各地出入境检验检疫机构（以下统称地方认证监督管理部门）按照各自职责分工，依法负责所辖区域内的认证证书和认证标志的监督检查工作。

第五条 禁止伪造、冒用、转让和非法买卖认证证书和认证标志。

第二章 认证证书

第六条 认证机构应当按照认证基本规范、认证规则从事认证活动，对认证合格的，应当在规定的时限内向认证委托人出具认证证书。

第七条 产品认证证书包括以下基本内容：

（一）委托人名称、地址；

（二）产品名称、型号、规格，需要时对产品功能、特征的描述；

（三）产品商标、制造商名称、地址；

（四）产品生产厂名称、地址；

（五）认证依据的标准、技术要求；

（六）认证模式；
（七）证书编号；
（八）发证机构、发证日期和有效期；
（九）其他需要说明的内容。

第八条 服务认证证书包括以下基本内容：
（一）获得认证的组织名称、地址；
（二）获得认证的服务所覆盖的业务范围；
（三）认证依据的标准、技术要求；
（四）认证证书编号；
（五）发证机构、发证日期和有效期；
（六）其他需要说明的内容。

第九条 管理体系认证证书包括以下基本内容：
（一）获得认证的组织名称、地址；
（二）获得认证的组织的管理体系所覆盖的业务范围；
（三）认证依据的标准、技术要求；
（四）证书编号；
（五）发证机构、发证日期和有效期；
（六）其他需要说明的内容。

第十条 获得认证的组织应当在广告、宣传等活动中正确使用认证证书和有关信息。获得认证的产品、服务、管理体系发生重大变化时，获得认证的组织和个人应当向认证机构申请变更，未变更或者经认证机构调查发现不符合认证要求的，不得继续使用该认证证书。

第十一条 认证机构应当建立认证证书管理制度，对获得认证的组织和个人使用认证证书的情况实施有效跟踪调查，对不能符合认证要求的，应当暂停其使用直至撤销认证证书，并予以公布；对撤销或者注销的认证证书予以收回；无法收回的，予以公布。

第十二条 不得利用产品认证证书和相关文字、符号误导公众认为其服务、管理体系通过认证；不得利用服务认证证书和相关文字、符号误导公众认为其产品、管理体系通过认证；不得利用管理体系认证证书和相关文字、符号，误导公众认为其产品、服务通过认证。

第三章　认证标志

第十三条 认证标志分为强制性认证标志和自愿性认证标志。

自愿性认证标志包括国家统一的自愿性认证标志和认证机构自行制定的认证标志。

强制性认证标志和国家统一的自愿性认证标志属于国家专有认证标志。

认证机构自行制定的认证标志是指认证机构专有的认证标志。

第十四条 强制性认证标志和国家统一的自愿性认证标志的制定和使用，由国家认监委依法规定，并予以公布。

第十五条 认证机构自行制定的认证标志的式样（包括使用的符号）、文字和名称，应当遵守以下规定：

（一）不得与强制性认证标志、国家统一的自愿性认证标志或者已经国家认监委备案的认证机构自行制定的认证标志相同或者近似；

（二）不得妨碍社会管理秩序；

（三）不得将公众熟知的社会公共资源或者具有特定含义的认证名称的文字、符号、图案作为认证标志的组成部分（如使用表明安全、健康、环保、绿色、无污染等的文字、符号、图案）；

（四）不得将容易误导公众或者造成社会歧视、有损社会道德风尚以及其他不良影响的文字、符号、图案作为认证标志的组成部分；

（五）其他法律、行政法规，或者国家制定的相关技术规范、标准的规定。

第十六条 认证机构自行制定的认证标志应当自发布之日起 30 日内，报国家认监委备案。

第十七条 认证机构备案时应当提交认证标志的式样（包括使用的符号）、文字、名称、应用范围、识别方法、使用方法等其他情况的书面材料。

国家认监委应当自收到备案材料之日起 30 日内，依照本办法有关规定对认证机构提交的材料进行核查，对于符合本办法第十五条规定的，予以备案并公布；不符合的，告知其改正。

第十八条 认证机构应当建立认证标志管理制度，明确认证标志使用者的权利和义务，对获得认证的组织使用认证标志的情况实施有效跟踪调查，发现其认证的产品、服务、管理体系不能符合认证要求的，应当及时作出暂停或者停止其使用认证标志的决定，并予以公布。

第十九条 获得产品认证的组织应当在广告、产品介绍等宣传材料中正确使用产品认证标志，可以在通过认证的产品及其包装上标注产品认证标志，但不得利用产品认证标志误导公众认为其服务、管理体系通过认证。

第二十条 获得服务认证的组织应当在广告等有关宣传中正确使用服务认证标志，可以将服务认证标志悬挂在获得服务认证的区域内，但不得利用服务认证标志误导公众认为其产品、管理体系通过认证。

第二十一条 获得管理体系认证的组织应当在广告等有关宣传中正确使用管理体系认证标志，不得在产品上标注管理体系认证标志，只有在注明获证组织通过相关管理体系认证的情况下方可在产品的包装上标注管理体系认证标志。

第四章　监督检查

第二十二条 国家认监委组织地方认证监督管理部门对认证证书和认证标志的使用情况实施监督检查，对伪造、冒用、转让和非法买卖认证证书和认证标志的违法行为依法予以查处。

第二十三条 国家认监委对认证机构的认证证书和认证标志管理情况实施监督检

查。

认证机构应当对其认证证书和认证标志的管理情况向国家认监委提供年度报告。年度报告中应当包括其对获证组织使用认证证书和认证标志的跟踪调查情况。

第二十四条 境外认证标志所有人或者其授权的委托人可以向国家认监委办理境外认证标志备案。备案内容包括认证标志的式样（包括使用的符号）、文字、名称、应用范围、识别方法，认证标志持有人，以及使用变更等情况。

在中国境内设立的外商投资认证机构自行制定的认证标志应当按照本办法第十六条的规定办理备案。

第二十五条 认证机构应当公布本机构认证证书和认证标志使用等相关信息，以便于公众进行查询和社会监督。

第二十六条 任何单位和个人对伪造、冒用、转让和非法买卖认证证书和认证标志等违法、违规行为可以向国家认监委或者地方认证监督管理部门举报。

第五章 罚 则

第二十七条 违反本办法第十二条规定，对混淆使用认证证书和认证标志的，地方认证监督管理部门应当责令其限期改正，逾期不改的处以 2 万元以下罚款。

未通过认证，但在其产品或者产品包装上、广告等其他宣传中，使用虚假文字表明其通过认证的，地方认证监督管理部门应当按伪造、冒用认证标志、违法行为进行处罚。

第二十八条 违反本办法规定，伪造、冒用认证证书的，地方认证监督管理部门应当责令其改正，处以 3 万元罚款。

第二十九条 违反本办法规定，非法买卖或者转让认证证书的，地方认证监督管理部门责令其改正，处以 3 万元罚款；认证机构向未通过认证的认证委托人出卖或转让认证证书的，依照条例第六十二条规定处罚。

第三十条 认证机构自行制定的认证标志违反本办法第十五条规定的，依照条例第六十一条规定处罚；违反其他法律、行政法规规定的，依照其他法律、行政法规处罚。

第三十一条 认证机构发现其认证的产品、服务、管理体系不能持续符合认证要求，不及时暂停其使用认证证书和认证标志，或者不及时撤销认证证书或者停止其使用认证标志的，依照条例第六十条规定处罚。

第三十二条 认证机构未按照规定向社会公布本机构认证证书和认证标志使用等相关信息，责令限期改正，逾期不改的，予以警告。

第三十三条 伪造、冒用、非法买卖认证标志的，依照《中华人民共和国产品质量法》和《中华人民共和国进出口商品检验法》等有关法律、行政法规的规定处罚。

第六章 附 则

第三十四条 认证证书和认证标志的收费按照国家有关价格法律、行政法规的规定执行。

第三十五条 本办法由国家质量监督检验检疫总局负责解释。

第三十六条 本办法自 2004 年 8 月 1 日起施行。1992 年 2 月 10 日原国家技术监督局发布的《产品质量认证证书和认证标志管理办法》和 1995 年 9 月 21 日原国家商检局发布的《进出口商品标志管理办法》中有关认证标志的部分规定同时废止。

强制性产品认证机构、检查机构和实验室管理办法

（国家质检总局令第65号，2004年6月23日公布，自2004年8月1日起施行）

第一章　总　则

第一条　为规范强制性产品认证机构、检查机构和实验室的管理，合理利用社会资源，保证强制性产品认证制度的有效实施，根据《中华人民共和国认证认可条例》（以下简称条例）的规定，制定本办法。

第二条　本办法所称的强制性产品认证机构、检查机构和实验室是指从事强制性产品认证活动的认证机构和从事与强制性产品认证有关的检查、检测活动的检查机构和检测实验室。

第三条　本办法适用于中华人民共和国境内的强制性产品认证机构、检查机构和实验室的指定和监督管理。

第四条　国家对强制性产品认证机构、检查机构和实验室实行指定制度。

第五条　国家认证认可监督管理委员会（以下简称国家认监委）负责强制性产品认证机构、检查机构和实验室指定制度的建立、实施及其监督管理工作。

第六条　强制性产品认证机构、检查机构和实验室应当符合条例及其他法律、行政法规规定的条件和能力，经国家认监委指定后，方可从事强制性产品认证活动和从事与强制性产品认证有关的检查、检测活动。

第七条　强制性产品认证机构、检查机构和实验室的指定工作遵循资源合理利用和实际需要、公平竞争、公开公正和便利、有效的原则。

第八条　认证机构、检查机构和实验室或者其中二者为同一法人时，其从事强制性产品认证以及与认证有关的检查、检测活动的资格应当分别指定。

第二章　指定条件

第九条　申请从事强制性产品认证活动的认证机构应当具备下列条件：

（一）依照条例规定设立，具有相应领域2年以上认证经历或者颁发相关产品认证证书20份以上；

（二）取得国家确定的认可机构的认可；

（三）在申请前6个月内无不良记录；

（四）本机构的法人性质、产权构成和组织结构等能够保证其强制性认证活动的客观公正；

（五）具备能够公正、独立和有效地从事强制性产品认证活动的技术与管理能力；

（六）具备从事强制性产品认证活动所需要并且可以独立调配使用的检测、检查资源，拥有与强制性产品认证工作任务相适应的符合条例规定的认证人员和稳定的财力资源。

第十条 申请从事强制性产品认证检查活动的检查机构应当具备下列条件：

（一）具有法律、行政法规规定的基本条件和能力，并经依法认定；

（二）具有相应领域检查经验，从事检查工作2年以上或者出具相关产品检查报告20份以上；

（三）取得国家确定的认可机构的认可；

（四）在申请前6个月内无不良记录；

（五）本机构的法人性质、产权构成以及组织结构等能够保证其公正、独立地实施检查活动；

（六）具备从事强制性产品认证检查活动所需的设施、人员和其他资源；

（七）从事强制性产品认证检查活动的人员应当具备必要的专业知识，并取得认证检查人员的注册资格；

（八）所聘任的专职检查员的专业能力应当符合指定的业务要求；

（九）所聘任的兼职检查员的比例不得超过专职检查员总数的三分之二。

第十一条 申请从事强制性产品认证检测活动的实验室（以下简称实验室），应当具备下列条件：

（一）具有法律、行政法规规定的基本条件和能力，并经依法认定；

（二）具有相关领域检测经验，从事检测工作2年以上或者对外出具相关领域检测报告20份以上；

（三）取得国家确定的认可机构的认可；

（四）在申请前6个月内无不良记录；

（五）本单位的法人性质、产权构成以及组织结构能够保证其公正、独立地实施检测活动；

（六）具备承担相应产品认证检测活动所需的全部设备、设施，或者经相关设备、设施所有权单位的授权，可以独立使用设备、设施；

（七）检测人员接受过与其承担的相应产品认证检测所必需的教育和培训，并掌握相关的标准、技术规范和强制性产品认证实施规则的要求，具备必要的产品检测能力。

第三章 指定程序

第十二条 国家认监委根据强制性产品认证制度的具体要求和实施需要，提出指定计划。指定计划包括拟指定机构的业务领域与数量、产品范围、对申请指定的机构的要求、指定程序和相关时限规定、专家评审委员会（以下简称专家委员会）组成等。

指定业务领域涉及国务院有关部门的，国家认监委向国务院有关部门就相关指定方案征求意见。

第十三条 国家认监委通过书面公告和其网站对外发布指定计划等相关信息。

第十四条 申请从事强制性产品认证活动的认证机构、检查机构和实验室（以下简称申请机构），应当按照指定计划等相关信息的要求，向国家认监委提出书面申请，并提交相关证明文件。

第十五条 国家认监委自受理申请机构申请之日起 10 个工作日内，按照本办法第九条、第十条、第十一条的规定对申请机构提交的书面材料进行审查，提出初审意见，并将初审意见反馈给申请机构。对符合初审要求的，提交专家委员会评审。

第十六条 国务院有关部门、行业组织、企业、认可机构、认证机构以及其他技术机构可以向国家认监委推荐专家委员会候选成员。国家认监委根据评审对象和评审领域的不同，确定专家委员会成员，分别组成相应的专家委员会。

第十七条 专家委员会一般由 7 至 13 人组成，为非常设的临时性组织，负责申请机构的评审工作。

评审工作结束后，专家委员会即行解散。

第十八条 专家委员会成员应当符合以下条件：

（一）具有良好的专业知识和职业道德修养；

（二）具备高级专业技术职称或者同等技术资格；

（三）熟悉有关行业现状、相关产品的监管制度、技术机构资源配置与分布等情况。

第十九条 专家委员会对申请机构的评审采用会议讨论、听证、文件调阅等方式。根据需要，专家委员会可以建议国家认监委组织对申请机构进行现场调查。

专家委员会成员与申请机构有利害关系的（包括所在单位为申请机构等），相关专家委员会成员应当回避。

第二十条 专家委员会对申请机构进行评审，评审应当充分考虑相关领域行业发展特点、生产企业分布、认证制度与其他监管方式有效衔接等因素，保证认证制度有效实施、资源合理利用、便利认证委托人。

评审应当结合申请机构的技术能力和相关声誉、信誉等情况，在成本效率分析的基础上作出科学、合理、准确的评审结论。

专家委员会应当采用不计名投票以三分之二通过的方式作出评审结论。

专家委员会评审工作时间不得超过 30 个工作日。

第二十一条 国家认监委应当根据专家委员会作出的评审结论，按照本办法第七条规定的原则在 10 个工作日内作出指定决定。特殊情况需要延长的，可以延长至 15 个工作日。

指定业务领域涉及国务院有关部门的，国家认监委在征求国务院有关部门意见后，作出指定决定。

第二十二条 国家认监委自指定决定之日起 10 个工作日内，在其网站上公布指定的强制性产品认证机构、检查机构和实验室的名录以及具体的指定业务范围。

第二十三条 申请机构对指定决定有异议的，应当自指定名录公布之日起 15 个工作日内向国家认监委提出申诉或者投诉。

国家认监委负责处理申诉和投诉事宜。

第四章　行为规范

第二十四条　经国家认监委指定的强制性产品认证机构、检查机构和实验室（以下简称指定的认证机构、检查机构和实验室）应当在指定范围内按照认证基本规范和认证规则的要求为认证委托人提供服务，不得转让或者变相转让指定的认证、检查和检测业务。

第二十五条　指定的认证机构、检查机构和实验室应当制订管理制度和程序，对强制性产品认证、检查、检测活动和自愿性产品认证、委托检查、委托检测活动明确区分，不得利用其指定的资格，开发或者从事自愿性产品认证以及委托检查与检测业务。

第二十六条　指定的认证机构在对外宣传中应当严格区分强制性产品认证业务与自愿性产品认证业务。

第二十七条　指定的认证机构应当与指定的检查机构、实验室签署书面协议，明确各自的权利义务和法律责任，并保证其使用的检查机构和实验室的检查和检测活动符合国家强制性产品认证规范和认证规则的要求，保证其使用的检查机构和实验室（包括同一法人内的）享有平等权利和履行同等义务。

第二十八条　指定的认证机构、检查机构和实验室或者其中二者为同一个法人时，指定的机构应当制订相关管理制度并保证其持续有效运行，保证认证、检查、检测活动独立实施，保证认证人员、检查人员、检测人员独立开展活动。

第二十九条　指定的认证机构、检查机构和实验室应当在指定的业务范围内从事强制性产品认证活动，保证为认证委托人提供及时、有效的认证、检查、检测服务，不得歧视、刁难认证委托人，不得牟取不当利益。

第三十条　指定的认证机构、检查机构和实验室开展国际互认活动，应当依法在国家认监委或者经授权的国务院有关部门对外签署的国际互认协议框架内进行。

第三十一条　指定的机构应当按照国家认监委的规定和要求，及时提供强制性产品认证、检查和检测的信息，配合国家认监委和地方认证监督管理部门开展的强制性产品认证监督检查工作。

第五章　监督检查

第三十二条　国家认监委对指定的认证机构、检查机构和实验室每年进行一次定期监督检查。

第三十三条　指定的认证机构、检查机构和实验室应当于每年 2 月 15 日前向国家认监委上报其上一年度从事强制性产品认证活动的工作报告，年度工作报告包括内部审核和管理评审等，接受国家认监委就有关事项的询问。

第三十四条　国家认监委对指定的认证机构、检查机构和实验室的认证、检查和检测工作的质量进行不定期调查，并征求有关认证委托人和认证证书持有人的意见和建议。

第三十五条 国家认监委对指定的认证机构、检查机构和实验室的技术能力、服务质量、工作效率、工作人员职业道德以及认证基本规范和认证规则的执行等情况组织进行同行评议，并公布评议结果。

第三十六条 国家认监委应当对指定的认证机构、检查机构和实验室的认证、检查和检测活动以及认证结果进行专项抽查，并公布抽查结果。

第三十七条 任何单位和个人对指定的认证机构、检查机构和实验室以及指定工作中的违法、违规行为可以向国家认监委或者地方认证监督管理部门举报。

第六章 罚 则

第三十八条 指定的认证机构、检查机构和实验室有下列情形之一的，责令改正，并处以2万元以上3万元以下罚款：

（一）缺乏必要的管理制度和程序区分强制性产品认证、工厂检查、检测活动与自愿性产品认证、委托检查、委托检测活动的；

（二）利用强制性产品认证业务宣传、推广自愿性产品认证业务的；

（三）未向认证委托人提供及时、有效的认证、检查、检测服务，故意拖延的或者歧视、刁难认证委托人，并牟取不当利益的；

（四）对执法监督检查活动不予配合，拒不提供相关信息的；

（五）未按照要求提交年度工作报告或者提供强制性产品认证、工厂检查、检测信息的。

第三十九条 指定的认证机构、检查机构和实验室出现被暂停或者撤销认可以及不再具备其他指定条件情况的，国家认监委撤销对其的指定。

第四十条 指定的认证机构、检查机构和实验室因出具虚假证明等违法行为被撤销指定的，其自被撤销指定之日起3年内不得申请指定。

从事检查活动的检查员自被撤销执业资格之日起 5 年内，认可机构不再受理其注册申请。

第四十一条 对于其他违反条例规定的违法行为，依照条例的有关规定予以处罚。

第七章 附 则

第四十二条 本办法由国家质量监督检验检疫总局负责解释。

第四十三条 本办法自2004年8月1日起施行。

有机产品认证管理办法

（国家质检总局令第67号，2004年11月5日公布，自2005年4月1日起施行）

第一章　总　则

第一条　为促进有机产品生产、加工和贸易的发展，规范有机产品认证活动，提高有机产品的质量和管理水平，保护生态环境，根据《中华人民共和国认证认可条例》等有关法律、行政法规的规定，制定本办法。

第二条　本办法所称的有机产品，是指生产、加工、销售过程符合有机产品国家标准的供人类消费、动物食用的产品。

本办法所称的有机产品认证，是指认证机构按照有机产品国家标准和本办法的规定对有机产品生产和加工过程进行评价的活动。

第三条　在中华人民共和国境内从事有机产品认证活动以及有机产品生产、加工、销售活动，应当遵守本办法。

第四条　国家认证认可监督管理委员会（以下简称国家认监委）负责有机产品认证活动的统一管理、综合协调和监督工作。

地方质量技术监督部门和各地出入境检验检疫机构（以下统称地方认证监督管理部门）按照各自职责依法对所辖区域内有机产品认证活动实施监督检查。

第五条　国家制定统一的有机产品认证基本规范、规则，统一的合格评定程序，统一的标准，统一的标志。

第六条　国家按照平等互利的原则开展有机产品认证认可的国际互认。

从事有机产品认证的机构（以下简称有机产品认证机构），应当按照国家认监委对外签署的有机产品认证互认协议开展相关互认活动。

第二章　机构管理

第七条　有机产品认证机构应当依法设立，具有《中华人民共和国认证认可条例》规定的基本条件和从事有机产品认证的技术能力，并取得国家认监委确定的认可机构（以下简称认可机构）的认可后，方可从事有机产品认证活动。

境外有机产品认证机构在中国境内开展有机产品认证活动的，应当符合《中华人民共和国认证认可条例》和其他有关法律、行政法规以及本办法的有关规定。

第八条 从事有机产品认证的检查员应当经认可机构注册后，方可从事有机产品认证活动。

第九条 从事与有机产品认证有关的产地（基地）环境检测、产品样品检测活动的机构（以下简称有机产品检测机构）应当具备相应的检测条件和能力，并通过计量认证或者取得实验室认可。

第十条 国家认监委对符合本办法第七条规定的有机产品认证机构予以批准。

国家认监委定期公布符合本办法第七条和第九条规定的有机产品认证机构和有机产品检测机构的名录。不在目录所列范围之内的认证机构和产品检测机构，不得从事有机产品的认证和相关检测活动。

第三章 认证实施

第十一条 有机产品认证机构实施有机产品认证，应当依据有机产品国家标准。出口的有机产品，应当符合进口国家或者地区的特殊要求。

第十二条 有机产品认证机构，应当公开有机产品认证依据的标准、认证基本规范、规则和收费标准等信息。

第十三条 有机产品生产、加工单位和个人或者其代理人（以下统称申请人），可以自愿向有机产品认证机构提出有机产品认证申请。申请时，应当提交下列书面材料：

（一）申请人名称、地址和联系方式；

（二）产品产地（基地）区域范围，生产、加工规模；

（三）产品生产、加工或者销售计划；

（四）产地（基地）、加工或者销售场所的环境说明；

（五）符合有机产品生产、加工要求的质量管理体系文件；

（六）有关专业技术和管理人员的资质证明材料；

（七）保证执行有机产品标准、技术规范和其他特殊要求的声明；

（八）其他材料。

申请人不是有机产品的直接生产者或者加工者的，还应当提供其与有机产品的生产者或者加工者签定的书面合同。

第十四条 有机产品认证机构应当自收到申请人书面申请之日起 10 日内，完成申请材料的审核，并作出是否受理的决定；对不予受理的，应当书面通知申请人，并说明理由。

第十五条 有机产品认证机构受理有机产品认证后，应当按照有机产品认证基本规范、规则规定的程序实施认证活动，保证有机产品认证等过程的完整、客观、真实，并对认证过程作出完整记录，归档留存。

第十六条 有机产品认证机构应当按照相关标准或者技术规范的要求及时作出认证结论，并保证认证结论的客观、真实。

有机产品认证机构应当对其作出的认证结论负责。

第十七条 对符合有机产品认证要求的，有机产品认证机构应当向申请人出具有机产品认证证书，并允许其使用中国有机产品认证标志；对不符合认证要求的，应当书面通知申请人，并说明理由。

第十八条 按照有机产品国家标准在转换期内生产的产品，或者以转换期内生产的产品为原料的加工产品，证书中应当注明“转换”字样和转换期限，并应当使用中国有机转换产品认证标志。

第十九条 有机产品认证机构应当按照规定对获证单位和个人、获证产品进行有效跟踪检查，保证认证结论能够持续符合认证要求。

第二十条 有机产品认证机构不得对有机配料含量（指重量或者液体体积，不包括水和盐）低于95%的加工产品进行有机认证。

第二十一条 生产、加工、销售有机产品的单位及个人和有机产品认证机构，应当采取有效措施，按照认证证书确定的产品范围和数量销售有机产品，保证有机产品的生产和销售数量的一致性。

第四章 认证证书和标志

第二十二条 国家认监委规定有机产品认证证书的基本格式和有机产品认证标志的式样。

第二十三条 有机产品认证证书应当包括以下内容：

（一）获证单位和个人名称、地址；

（二）获证产品的数量、产地面积和产品种类；

（三）有机产品认证的类别；

（四）依据的标准或者技术规范；

（五）有机产品认证标志的使用范围、数量、使用形式或者方式；

（六）颁证机构、颁证日期、有效期和负责人签字；

（七）在有机产品转换期内生产的产品或者以转换期内生产的产品为原料的加工产品，应当注明“转换”字样和转换期限。

第二十四条 有机产品认证证书有效期为一年。

第二十五条 获得有机产品认证证书的单位或者个人，在有机产品认证证书有效期内，发生下列情形之一的，应当向有机产品认证机构办理变更手续：

（一）获证单位或者个人发生变更的；

（二）有机产品生产、加工单位或者个人发生变更的；

（三）产品种类变更的；

（四）有机产品转换期满，需要变更的。

第二十六条 获得有机产品认证证书的单位或者个人，在有机产品认证证书有效期内，发生下列情形之一的，应当向有机产品认证机构重新申请认证：

（一）产地（基地）、加工场所或者经营活动发生变更的；

（二）其他不能持续符合有机产品标准、相关技术规范要求的。

第二十七条 获得有机产品认证证书的单位或者个人，发生下列情形之一的，认证机构应当及时作出暂停、撤销认证证书的决定：

（一）获证产品不能持续符合标准、技术规范要求的；

（二）获证单位或者个人发生变更的；

（三）有机产品生产、加工单位发生变更的；

（四）产品种类与证书不相符的；

（五）未按规定加施或者使用有机产品标志的。

对于撤销的证书，有机产品认证机构应当予以收回。

第二十八条 有机产品认证标志分为中国有机产品认证标志和中国有机转换产品认证标志，图案见附件。

中国有机产品认证标志标有中文“中国有机产品”字样和相应英文（ORGANIC）。

在有机产品转换期内生产的产品或者以转换期内生产的产品为原料的加工产品，应当使用中国有机转换产品认证标志。该标志标有中文“中国有机转换产品”字样和相应英文（CONVERSION TO ORGANIC）。

第二十九条 有机产品认证标志应当在有机产品认证证书限定的产品范围、数量内使用。

获证单位或者个人，应当按照规定在获证产品或者产品的最小包装上加施有机产品认证标志。

获证单位或者个人可以将有机产品认证标志印制在获证产品标签、说明书及广告宣传材料上，并可以按照比例放大或者缩小，但不得变形、变色。

第三十条 在获证产品或者产品最小包装上加施有机产品认证标志的同时，应当在相邻部位标注有机产品认证机构的标识或者机构名称，其相关图案或者文字应当不大于有机产品认证标志。

第三十一条 未获得有机产品认证的产品，不得在产品或者产品包装及标签上标注“有机产品”、“有机转换产品”（“ORGANIC”、“CONVERSION TO ORGANIC”）和“无污染”、“纯天然”等其他误导公众的文字表述。

第三十二条 有机配料含量等于或者高于 95%的加工产品，可以在产品或者产品包装及标签上标注“有机”字样。

有机配料含量低于 95%且等于或者高于 70%的加工产品，可以在产品或者产品包装及标签上标注“有机配料生产”字样。

有机配料含量低于 70%的加工产品，只能在产品成分表中注明某种配料为“有机”字样。

有机配料，应当获得有机产品认证。

第三十三条 有机产品认证机构在作出撤销、暂停使用有机产品认证证书的决定的同时，应当监督有关单位或者个人停止使用、暂时封存或者销毁有机产品认证标志。

第五章 监督检查

第三十四条 国家认监委应当组织地方认证监督管理部门和有关单位对有机产品认

证以及有机产品的生产、加工、销售活动进行监督检查。监督检查可采取以下方式：

（一）组织同行进行评议；

（二）向被认证的企业或者个人征求意见；

（三）对认证及相关检测活动及其认证决定、检测结果等进行抽查；

（四）要求从事有机产品认证及检测活动的机构报告业务情况；

（五）对证书、标志的使用情况进行抽查；

（六）对销售的有机产品进行检查；

（七）受理认证投诉、申诉，查处认证违法、违规行为。

第三十五条 获得有机产品认证的生产、加工单位或者个人，从事有机产品销售的单位或者个人，应当在生产、加工、包装、运输、贮藏和经营等过程中，按照有机产品国家标准和本办法的规定，建立完善的跟踪检查体系和生产、加工、销售记录档案制度。

第三十六条 进口的有机产品应当符合中国有关法律、行政法规和部门规章的规定，并符合有机产品国家标准。

第三十七条 申请人对有机产品认证机构的认证结论或者处理决定有异议的，可以向作出结论、决定的认证机构提出申诉，对有机产品认证机构的处理结论仍有异议的，可以向国家认监委申诉或者投诉。

第六章　罚　则

第三十八条 违反本办法第二十条规定，对有机配料含量低于 95%的加工产品实施有机产品认证的，责令改正，并处 2 万元罚款。

第三十九条 违反本办法第二十一条规定的，责令改正，并处 1 万元以上 3 万元以下罚款。

第四十条 违反本办法第二十九条、第三十条和第三十一条规定的，责令改正，并处 1 万元以上 3 万元以下罚款。

第四十一条 违反本办法第三十二条规定的，责令改正，并处 1 万元以上 3 万元以下罚款。

第四十二条 对伪造、冒用、买卖、转让有机产品认证证书、认证标志等其他违法行为，依照有关法律、行政法规、部门规章的规定予以处罚。

第四十三条 有机产品认证机构、有机产品检测机构以及从事有机产品认证活动的人员出具虚假认证结论或者出具的认证结论严重失实的，按照《中华人民共和国认证认可条例》第六章的规定予以处罚。

第七章　附　则

第四十四条 有机产品认证收费应当按照国家有关价格法律、行政法规的规定执行。

第四十五条 本办法由国家质量监督检验检疫总局负责解释。

第四十六条 本办法自 2005 年 4 月 1 日起施行。

附件

有机产品认证标志图案

1．中国有机产品认证标志：

C:100 M:0 Y:100 K:0

C:0 M:60 Y:100 K:0

2．中国有机转换产品认证标志：

C:0 M:40 Y:100 K:40

C:0 M:60 Y:100 K:0

有机产品认证标志根据使用需要，分为 10mm、15mm、20mm、30mm 和 60mm 等五种规格。

有机产品认证实施规则

（国家认证认可监督管理委员会2005年第11号公布，2005年6月2日公告并施行）

目　录

1. 目的

为规范有机产品认证活动，确保认证程序和管理基本要求的一致性和认证的有效性，根据《中华人民共和国认证认可条例》和《有机产品认证管理办法》的规定制定本规则。

2. 适用范围

本规则适用于在中华人民共和国境内销售的有机产品的认证活动。

3. 依据标准

GB/T19630.1～19630.4-2005《有机产品》

4. 认证程序

4.1 申请

4.1.1 认证机构应向申请人至少公开以下信息

4.1.1.1 国家认证认可监督管理委员会批准的认证范围和中国认证机构国家认可委员会认可的认证范围；

4.1.1.2 认证程序和认证要求；

4.1.1.3 认证依据标准；

4.1.1.4 认证收费标准；

4.1.1.5 认证机构和申请人的权利、义务；

4.1.1.6 认证机构处理申诉、投诉和争议的程序；

4.1.1.7 批准、暂停和撤销认证的规定和程序；

4.1.1.8 对获证单位或者个人使用中国有机产品认证标志、中国有机转换产品认证标志、认证机构的标识和名称的要求；

4.1.1.9 对获证单位或者个人按照认证证书的范围进行正确宣传的要求。

4.1.2 认证机构应要求申请人提交的文件资料

4.1.2.1 申请人的合法经营资质文件，如土地使用证、营业执照、租赁合同等；当申请人不是有机产品的直接生产或加工者时，申请人还需要提交与各方签订的书面合同；

4.1.2.2 申请人及有机生产、加工的基本情况，包括申请人/生产者名称、地址、联系方式、产地（基地）/加工场所的名称、产地（基地）/加工场所情况；过去三年间的生产历史，包括对农事、病虫草害防治、投入物使用及收获情况的描述；生产、加工规模，包括品种、面积、产量、加工量等描述；申请和获得其它有机产品认证情况。

4.1.2.3 产地（基地）区域范围描述，包括地理位置图、地块分布图、地块图、面积、缓冲带，周围临近地块的使用情况的说明等；加工场所周边环境描述、厂区平面图、工艺流程图等。

4.1.2.4 申请认证的有机产品生产、加工、销售计划，包括品种、面积、预计产量、加工产品品种、预计加工量、销售产品品种和计划销售量、销售去向等；

4.1.2.5 产地（基地）、加工场所有关环境质量的证明材料；

4.1.2.6 有关专业技术和管理人员的资质证明材料；

4.1.2.7 保证执行有机产品标准的声明；

4.1.2.8 有机生产、加工的管理体系文件；

4.1.2.9 其它相关材料。

4.2 受理

4.2.1 认证机构应当自收到申请人书面申请之日起 10 个工作日内，完成对申请材料的评审，并做出是否受理的决定。

4.2.2 同意受理的，认证机构与申请人签订认证合同；不予受理的，应当书面通知申请人，并说明理由。

4.2.3 认证机构的评审过程应确保

4.2.3.1 认证要求规定明确、形成文件并得到理解；

4.2.3.2 和申请人之间在理解上的差异得到解决；

4.2.3.3 对于申请的认证范围、申请人的工作场所和特殊要求有能力开展认证服务。

4.2.4 认证机构应保存评审过程的记录。

4.3 检查准备与实施

4.3.1 下达检查任务

认证机构在检查前应下达检查任务书内容包括但不限于：

4.3.1.1 申请人的联系方式、地址等；

4.3.1.2 检查依据，包括认证标准和其他相关法律法规；

4.3.1.3 检查范围，包括检查产品种类和产地（基地）、加工场所等；

4.3.1.4 检查要点，包括管理体系、追踪体系和投入物的使用等；对于上一年度获得认证的单位或者个人，本次认证应侧重于检查认证机构提出的整改要求的执行情况等。

4.3.2 认证机构根据检查类别，委派具有相应资质和能力的检查员，并应征得申请人同意，但申请人不得指定检查员。对同一申请人或生产者/加工者不能连续 3 年或 3 年以上委派同一检查员实施检查。

4.3.3 文件评审

认证机构在现场检查前，应对申请人/生产者的管理体系等文件进行评审，确定其适宜性和充分性及与标准的符合性，并保存评审记录。

4.3.4 检查计划

4.3.4.1 认证机构应制定检查计划并在现场检查前与申请人进行确认。检查计划应包括：检查依据、检查内容、访谈人员、检查场所及时间安排等。

4.3.4.2 检查的时间应当安排在申请认证的产品生产过程的适当阶段，在生长期、产品加工期间至少需进行一次检查；对于产地（基地）的首次检查，检查范围应不少于 2/3 的生产活动范围。对于多农户参加的有机生产，访问的农户数不少于农户总数的平方根。

4.3.5 检查实施

根据认证依据标准的要求对申请人的管理体系进行评估，核实生产、加工过程与申请人按照 4.1.2 条款所提交的文件的一致性，确认生产、加工过程与认证依据标准的符合性。检查过程至少应包括：

a）对生产地块、加工、贮藏场所等的检查；

b）对生产管理人员、内部检查人员、生产者的访谈；

c）对 GB/T19630.4—2005：《有机产品 第 4 部分：管理体系》4.2.6 条款所规定的生产、加工记录的检查；

d）对追踪体系的评价；

e）对内部检查和持续改进的评估；

f）对产地环境质量状况及其对有机生产可能产生污染的风险的确认和评估；

g）必要时，对样品采集与分析；

h）适用时，对上一年度认证机构提出的整改要求执行情况进行的检查；

i）检查员在结束检查前，对检查情况的总结。明确存在的问题，并进行确认。允许被检查方对存在的问题进行说明。

4.3.6 产地环境质量状况的评估和确认

4.3.6.1 认证机构在实施检查时应确保产地（基地）的环境质量状况符合 GB/T19630—2005《有机产品》规定的要求；

4.3.6.2 当申请人不能提供对于产地环境质量状况有效的监测报告（证明），认证机构无法确定产地环境质量是否符合 GB/T19630—2005《有机产品》规定的要求时，认证机构应要求申请人委托有资质的监测机构对产地环境质量进行监测并提供有效的监测报告（证明）。

4.3.7 样品采集与分析

4.3.7.1 认证机构应按照相应的国家标准，制定样品采集与分析程序（包括残留物和转基因分析等）。

4.3.7.2 如果检查员怀疑申请人使用了认证标准中禁止使用的物质，或者产地环境、产品可能受到污染等情况，应在现场采集样品；

4.3.7.3 采集的样品应交给具有相关资质的检测机构进行分析。

4.3.8 检查报告

4.3.8.1 检查报告应采用认证机构规定的格式。

4.3.8.2 检查报告和检查记录等书面文件应提供充分的信息以使认证机构有能力做出客观的认证决定。

4.3.8.3 检查报告应含有风险评估和检查员对生产者的生产、加工活动与认证标准的符合性判断，对检查过程中收集的信息和不符合项的说明等相关方面进行描述。

4.3.8.4 检查员应对申请人/生产者执行标准的总体情况做出评价，但不应对申请认证的产地（基地）/加工者、产品是否通过认证做出书面结论。

4.3.8.5 检查报告应得到申请人的书面确认。

4.4 认证决定

4.4.1 当生产过程检查完成后，认证机构根据认证过程中收集的所有信息进行评价，做出认证决定并及时通知申请人。

4.4.2 申请人/生产者符合下列条件之一，予以批准认证

4.4.2.1 生产活动及管理体系符合认证标准的要求。

4.4.2.2 生产活动、管理体系及其他相关信息不完全符合认证标准的要求，认证机构应提出整改要求，申请人已经在规定的期限内完成整改、或已经提交整改措施并有能力在规定的期限内完成整改以满足认证要求的，认证机构经过验证后可批准认证。

4.4.3 申请人/生产者的生产活动存在以下情况之一，不予批准认证

4.4.3.1 未建立管理体系，或建立的管理体系未有效实施；

4.4.3.2 使用禁用物质；

4.4.3.3 生产过程不具有可追溯性；

4.4.3.4 未按照认证机构规定的时间完成整改、或提交整改措施；所提交的整改措施未满足认证要求。

4.4.3.5 其它严重不符合有机标准要求的事项。

4.5 认证机构应对批准认证的申请人及时颁发认证证书，准许其使用认证标志/标识。

4.6 认证机构应当与获得认证的单位或者个人签订有机产品标志/标识使用合同，明确标志/标识使用的条件和要求。

5．认证后管理

5.1 认证机构应对获得认证的单位或个人、产品采取有效的管理措施，必要时实施未通知检查，以保证持续符合认证要求；

5.2 认证机构应对获证产品的标志使用情况进行跟踪管理，确保使用有机标志/标识的产品与认证证书规定范围一致（包括标志的数量）；

5.3 认证机构应及时获得有关变更的信息，并采取适当的措施进行管理，以确保获得认证的单位或个人符合认证的要求；

5.4 违反《有机产品认证管理办法》第二十七条的规定，认证机构应及时撤销或暂停其认证证书，要求其停止使用认证标志/标识，并对外公布。

6．认证证书、标志和标识

6.1 认证机构应当采用国家认监委规定的有机产品认证证书和有机转换产品认证证书的基本格式。

6.2 认证证书的内容应当根据认证和被认可的实际情况如实填写依据的标准、认证类别和使用认可标志。

6.3 认证机构应当按照《认证证书和认证标志管理办法》和《有机产品认证管理办法》的规定使用国家有机产品标志、国家有机转换产品标志和认证机构的标识。

6.4 认证机构自行制定的认证标志应当报国家认监委备案。

7．认证收费

认证机构按照《国家计委 国家质量技术监督局 关于印发产品质量认证收费管理办法和收费标准的通知》（计价格［1999］1610号）有关规定收取。

【行政复议】

中华人民共和国行政复议法

（1999年4月29日第九届全国人民代表大会常务委员会第九次会议通过）

目　录

第一章　总　则

第一条　为了防止和纠正违法的或者不当的具体行政行为，保护公民、法人和其他组织的合法权益，保障和监督行政机关依法行使职权，根据宪法，制定本法。

第二条　公民、法人或者其他组织认为具体行政行为侵犯其合法权益，向行政机关提出行政复议申请，行政机关受理行政复议申请、作出行政复议决定，适用本法。

第三条　依照本法履行行政复议职责的行政机关是行政复议机关。行政复议机关负责法制工作的机构具体办理行政复议事项，履行下列职责：

（一）受理行政复议申请

（二）向有关组织和人员调查取证，查阅文件和资料；

（三）审查申请行政复议的具体行政行为是否合法与适当，拟订行政复议决定；

（四）处理或者转送对本法第七条所列有关规定的审查申请；

（五）对行政机关违反本法规定的行为依照规定的权限和程序提出处理建议；

（六）办理因不服行政复议决定提起行政诉讼的应诉事项；

（七）法律、法规规定的其他职责。

第四条　行政复议机关履行行政复议职责，应当遵循合法、公正、公开、及时、便民的原则，坚持有错必纠，保障法律、法规的正确实施。

第五条　公民、法人或者其他组织对行政复议决定不服的，可以依照行政诉讼法的规定向人民法院提起行政诉讼，但是法律规定行政复议决定为最终裁决的除外。

第二章　行政复议范围

第六条　有下列情形之一的，公民、法人或者其他组织可以依照本法申请行政复议：

（一）对行政机关作出的警告、罚款、没收违法所得、没收非法财物、责令停产停业、暂扣或者吊销许可证、暂扣或者吊销执照、行政拘留等行政处罚决定不服的；

（二）对行政机关作出的限制人身自由或者查封、扣押、冻结财产等行政强制措施决定不服的；

（三）对行政机关作出的有关许可证、执照、资质证、资格证等证书变更、中止、撤销的决定不服的；

（四）对行政机关作出的关于确认土地、矿藏、水流、森林、山岭、草原、荒地、滩涂、海域等自然资源的所有权或者使用权的决定不服的；

（五）认为行政机关侵犯合法的经营自主权的；

（六）认为行政机关变更或者废止农业承包合同，侵犯其合法权益的；

（七）认为行政机关违法集资、征收财物、摊派费用或者违法要求履行其他义务的；

（八）认为符合法定条件，申请行政机关颁发许可证、执照、资质证、资格证等证书，或者申请行政机关审批、登记有关事项，行政机关没有依法办理的；

（九）申请行政机关履行保护人身权利、财产权利、受教育权利的法定职责，行政机关没有依法履行的；

（十）申请行政机关依法发放抚恤金、社会保险金或者最低生活保障费，行政机关没有依法发放的；

（十一）认为行政机关的其他具体行政行为侵犯其合法权益的。

第七条　公民、法人或者其他组织认为行政机关的具体行政行为所依据的下列规定不合法，在对具体行政行为申请行政复议时，可以一并向行政复议机关提出对该规定的审查申请：

（一）国务院部门的规定；

（二）县级以上地方各级人民政府及其工作部门的规定；

（三）乡、镇人民政府的规定。

前款所列规定不含国务院部、委员会规章和地方人民政府规章。规章的审查依照法律、行政法规办理。

第八条　不服行政机关作出的行政处分或者其他人事处理决定的，依照有关法律、行政法规的规定提出申诉。

不服行政机关对民事纠纷作出的调解或者其他处理，依法申请仲裁或者向人民法院提起诉讼。

第三章　行政复议申请

第九条　公民、法人或者其他组织认为具体行政行为侵犯其合法权益的，可以自知道该具体行政行为之日起六十日内提出行政复议申请；但是法律规定的申请期限超过六十日的除外。

因不可抗力或者其他正当理由耽误法定申请期限的，申请期限自障碍消除之日起继续计算。

第十条　依照本法申请行政复议的公民、法人或者其他组织是申请人。

有权申请行政复议的公民死亡的，其近亲属可以申请行政复议。有权申请行政复议的公民为无民事行为能力人或者限制民事行为能力人的，其法定代理人可以代为申请行政复议。有权申请行政复议的法人或者其他组织终止的，承受其权利的法人或者其他组织可以申请行政复议。

同申请行政复议的具体行政行为有利害关系的其他公民、法人或者其他组织，可以作为第三人参加行政复议。

公民、法人或者其他组织对行政机关的具体行政行为不服申请行政复议的，作出具体行政行为的行政机关是被申请人。

申请人、第三人可以委托代理人代为参加行政复议。

第十一条　申请人申请行政复议，可以书面申请，也可以口头申请；口头申请的，行政复议机关应当当场记录申请人的基本情况、行政复议请求、申请行政复议的主要事实、理由和时间。

第十二条　对县级以上地方各级人民政府工作部门的具体行政行为不服的，由申请人选择，可以向该部门的本级人民政府申请行政复议，也可以向上一级主管部门申请行政复议。

对海关、金融、国税、外汇管理等实行垂直领导的行政机关和国家安全机关的具体行政行为不服的，向上一级主管部门申请行政复议。

第十三条　对地方各级人民政府的具体行政行为不服的，向上一级地方人民政府申请行政复议。

对省、自治区人民政府依法设立的派出机关所属的县级地方人民政府的具体行政行为不服的，向该派出机关申请行政复议。

第十四条　对国务院部门或者省、自治区、直辖市人民政府的具体行政行为不服的，向作出该具体行政行为的国务院部门或者省、自治区、直辖市人民政府申请行政复议。对行政复议决定不服的，可以向人民法院提起行政诉讼；也可以向国务院申请裁决，国务院依照本法的规定作出最终裁决。

第十五条　对本法第十二条、第十三条、第十四条规定以外的其他行政机关、组织的具体行政行为不服的，按照下列规定申请行政复议：

（一）对县级以上地方人民政府依法设立的派出机关的具体行政行为不服的，向设立该派出机关的人民政府申请行政复议；

（二）对政府工作部门依法设立的派出机构依照法律、法规或者规章规定，以自己的名义作出的具体行政行为不服的，向设立该派出机构的部门或者该部门的本级地方人民政府申请行政复议；

（三）对法律、法规授权的组织的具体行政行为不服的，分别向直接管理该组织的地方人民政府、地方人民政府工作部门或者国务院部门申请行政复议；

（四）对两个或者两个以上行政机关以共同的名义作出的具体行政行为不服的，向其共同上一级行政机关申请行政复议；

（五）对被撤销的行政机关在撤销前所作出的具体行政行为不服的，向继续行使其职权的行政机关的上一级行政机关申请行政复议。

有前款所列情形之一的，申请人也可以向具体行政行为发生地的县级地方人民政府提出行政复议申请，由接受申请的县级地方人民政府依照本法第十八条的规定办理。

第十六条 公民、法人或者其他组织申请行政复议，行政复议机关已经依法受理的，或者法律、法规规定应当先向行政复议机关申请行政复议、对行政复议决定不服再向人民法院提起行政诉讼的，在法定行政复议期限内不得向人民法院提起行政诉讼。

公民、法人或者其他组织向人民法院提起行政诉讼，人民法院已经依法受理的，不得申请行政复议。

第四章　行政复议受理

第十七条 行政复议机关收到行政复议申请后，应当在五日内进行审查，对不符合本法规定的行政复议申请，决定不予受理，并书面告知申请人；对符合本法规定，但是不属于本机关受理的行政复议申请，应当告知申请人向有关行政复议机关提出。

除前款规定外，行政复议申请自行政复议机关负责法制工作的机构收到之日起即为受理。

第十八条 依照本法第十五条第二款的规定接受行政复议申请的县级地方人民政府，对依照本法第十五条第一款的规定属于其他行政复议机关受理的行政复议申请，应当自接到该行政复议申请之日起七日内，转送有关行政复议机关，并告知申请人。接受转送的行政复议机关应当依照本法第十七条的规定办理。

第十九条 法律、法规规定应当先向行政复议机关申请行政复议、对行政复议决定不服再向人民法院提起行政诉讼的，行政复议机关决定不予受理或者受理后超过行政复议期限不作答复的，公民、法人或者其他组织可以自收到不予受理决定书之日起或者行政复议期满之日起十五日内，依法向人民法院提起行政诉讼。

第二十条 公民、法人或者其他组织依法提出行政复议申请，行政复议机关无正当理由不予受理的，上级行政机关应当责令其受理；必要时，上级行政机关也可以直接受理。

第二十一条 行政复议期间具体行政行为不停止执行；但是，有下列情形之一的，可以停止执行：

（一）被申请人认为需要停止执行的；

（二）行政复议机关认为需要停止执行的；

（三）申请人申请停止执行，行政复议机关认为其要求合理，决定停止执行的；

（四）法律规定停止执行的。

第五章　行政复议决定

第二十二条　行政复议原则上采取书面审查的办法，但是申请人提出要求或者行政复议机关负责法制工作的机构认为有必要时，可以向有关组织和人员调查情况，听取申请人、被申请人和第三人的意见。

第二十三条　行政复议机关负责法制工作的机构应当自行政复议申请受理之日起七日内，将行政复议申请书副本或者行政复议申请笔录复印件发送被申请人。被申请人应当自收到申请书副本或者申请笔录复印件之日起十日内，提出书面答复，并提交当初作出具体行政行为的证据、依据和其他有关材料。

申请人，第三人可以查阅被申请人提出的书面答复、作出具体行政行为的证据、依据和其他有关材料，除涉及国家秘密、商业秘密或者个人隐私外，行政复议机关不得拒绝。

第二十四条　在行政复议过程中，被申请人不得自行向申请人和其他有关组织或者个人收集证据。

第二十五条　行政复议决定作出前，申请人要求撤回行政复议申请的，经说明理由，可以撤回；撤回行政复议申请的，行政复议终止。

第二十六条　申请人在申请行政复议时，一并提出对本法第七条所列有关规定的审查申请的，行政复议机关对该规定有权处理的，应当在三十日内依法处理；无权处理的，应当在七日内按照法定程序转送有权处理的行政机关依法处理，有权处理的行政机关应当在六十日内依法处理。处理期间，中止对具体行政行为的审查。

第二十七条　行政复议机关在对被申请人作出的具体行政行为进行审查时，认为其依据不合法，本机关有权处理的，应当在三十日内依法处理；无权处理的，应当在七日内按照法定程序转送有权处理的国家机关依法处理。处理期间，中止对具体行政行为的审查。

第二十八条　行政复议机关负责法制工作的机构应当对被申请人作出的具体行政行为进行审查，提出意见，经行政复议机关的负责人同意或者集体讨论通过后，按照下列规定作出行政复议决定：

（一）具体行政行为认定事实清楚，证据确凿，适用依据正确，程序合法，内容适当的，决定维持；

（二）被申请人不履行法定职责的，决定其在一定期限内履行；

（三）具体行政行为有下列情形之一的，决定撤销、变更或者确认该具体行政行为违法；决定撤销或者确认该具体行政行为违法的，可以责令被申请人在一定期限内重新作出具体行政行为：

1．主要事实不清、证据不足的；

2．适用依据错误的；

3．违反法定程序的；

4．超越或者滥用职权的；

5．具体行政行为明显不当的。

（四）被申请人不按照本法第二十三条的规定提出书面答复、提交当初作出具体行政行为的证据、依据和其他有关材料的，视为该具体行政行为没有证据、依据，决定撤销该具体行政行为。

行政复议机关责令被申请人重新作出具体行政行为的，被申请人不得以同一的事实和理由作出与原具体行政行为相同或者基本相同的具体行政行为。

第二十九条 申请人在申请行政复议时可以一并提出行政赔偿请求，行政复议机关对符合国家赔偿法的有关规定应当给予赔偿的，在决定撤销、变更具体行政行为或者确认具体行政行为违法时，应当同时决定被申请人依法给予赔偿。

申请人在申请行政复议时没有提出行政赔偿请求的，行政复议机关在依法决定撤销或者变更罚款，撤销违法集资、没收财物、征收财物、摊派费用以及对财产的查封、扣押、冻结等具体行政行为时，应当同时责令被申请人返还财产，解除对财产的查封、扣押、冻结措施，或者赔偿相应的价款。

第三十条 公民、法人或者其他组织认为行政机关的具体行政行为侵犯其已经依法取得的土地、矿藏、水流、森林、山岭、草原、荒地、滩涂、海域等自然资源的所有权或者使用权的，应当先申请行政复议；对行政复议决定不服的，可以依法向人民法院提起行政诉讼。

根据国务院或者省、自治区、直辖市人民政府对行政区划的勘定、调整或者征用土地的决定，省、自治区、直辖市人民政府确认土地、矿藏、水流、森林、山岭、草原、荒地、滩涂、海域等自然资源的所有权或者使用权的行政复议决定为最终裁决。

第三十一条 行政复议机关应当自受理申请之日起六十日内作出行政复议决定；但是法律规定的行政复议期限少于六十日的除外。情况复杂，不能在规定期限内作出行政复议决定的，经行政复议机关的负责人批准，可以适当延长，并告知申请人和被申请人；但是延长期限最多不超过三十日。

行政复议机关作出行政复议决定，应当制作行政复议决定书，并加盖印章。

行政复议决定书一经送达，即发生法律效力。

第三十二条 被申请人应当履行行政复议决定。

被申请人不履行或者无正当理由拖延履行行政复议决定的，行政复议机关或者有关上级行政机关应当责令其限期履行。

第三十三条 申请人逾期不起诉又不履行行政复议决定的，或者不履行最终裁决的行政复议决定的，按照下列规定分别处理：

（一）维持具体行政行为的行政复议决定，由作出具体行政行为的行政机关依法强制执行，或者申请人民法院强制执行；

（二）变更具体行政行为的行政复议决定，由行政复议机关依法强制执行，或者申请人民法院强制执行。

第六章　法律责任

第三十四条　行政复议机关违反本法规定，无正当理由不予受理依法提出的行政复议申请或者不按照规定转送行政复议申请的，或者在法定期限内不作出行政复议决定的，对直接负责的主管人员和其他直接责任人员依法给予警告、记过、记大过的行政处分；经责令受理仍不受理或者不按照规定转送行政复议申请，造成严重后果的，依法给予降级、撤职、开除的行政处分。

第三十五条　行政复议机关工作人员在行政复议活动中，徇私舞弊或者有其他渎职、失职行为的，依法给予警告、记过、记大过的行政处分；情节严重的，依法给予降级、撤职、开除的行政处分；构成犯罪的，依法追究刑事责任。

第三十六条　被申请人违反本法规定，不提出书面答复或者不提交作出具体行政行为的证据、依据和其他有关材料，或者阻挠、变相阻挠公民、法人或者其他组织依法申请行政复议的，对直接负责的主管人员和其他直接责任人员依法给予警告、记过、记大过的行政处分；进行报复陷害的，依法给予降级、撤职、开除的行政处分；构成犯罪的，依法追究刑事责任。

第三十七条　被申请人不履行或者无正当理由拖延履行行政复议决定的，对直接负责的主管人员和其他直接责任人员依法给予警告、记过、记大过的行政处分；经责令履行仍拒不履行的，依法给予降级、撤职、开除的行政处分。

第三十八条　行政复议机关负责法制工作的机构发现有无正当理由不予受理行政复议申请、不按照规定期限作出行政复议决定、徇私舞弊、对申请人打击报复或者不履行行政复议决定等情形的，应当向有关行政机关提出建议，有关行政机关应当依照本法和有关法律、行政法规的规定作出处理。

第七章　附　则

第三十九条　行政复议机关受理行政复议申请，不得向申请人收取任何费用。行政复议活动所需经费，应当列入本机关的行政经费，由本级财政予以保障。

第四十条　行政复议期间的计算和行政复议文书的送达，依照民事诉讼法关于期间、送达的规定执行。

本法关于行政复议期间有关“五日”、“七日”的规定是指工作日，不含节假日。

第四十一条　外国人、无国籍人、外国组织在中华人民共和国境内申请行政复议，适用本法。

第四十二条　本法施行前公布的法律有关行政复议的规定与本法的规定不一致的，以本法的规定为准。

第四十三条　本法自1999年10月1日起施行。1990年12月24日国务院发布、1994年10月9日国务院修订发布的《行政复议条例》同时废止。

国务院关于贯彻实施《中华人民共和国行政复议法》的通知

（国务院 1999 年 5 月 6 日 国发［1999］10 号）

各省、自治区、直辖市人民政府，国务院各部委、各直属机构：

《中华人民共和国行政复议法》（以下简称行政复议法）已于 1999 年 4 月 29 日经九届全国人大常委会第九次会议通过，将于 1999 年 10 月 1 日起施行。这是我国社会主义民主与法制建设的一件大事。保证行政复议法全面、正确地实施，并以此促进各级政府和政府各部门依法行政，从严治政，建设廉洁、勤政、务实、高效政府，是各级行政机关的一项重要职责，也是政府法制建设的一项重要任务。地方各级政府、国务院各部门对行政复议法的实施要给予高度重视，切实做好各项实施工作。为此，特作如下通知：

一、从贯彻依法治国基本方略、严格依法行政的高度认识行政复议法的重要意义，扎扎实实地学习好，宣传好行政复议法

行政复议是行政机关自我纠正错误的一种重要监督制度。行政复议法在总结 1990 年国务院制定的《行政复议条例》施行以来实践经验的基础上，进一步完善了行政复议制度，主要是：扩大行政复议范围，进一步加强行政复议制度在解决行政争议方面的作用；简化行政复议申请程序，更充分地体现便民原则；赋予当事人对规范性文件监督机制的启动权；确立国务院受理涉及国务院部门和省级政府的行政复议案件并作出最终裁决的制度，加强了国务院对所属各部门和省级政府的监督；严格了行政机关不履行行政复议职责的法律责任。行政复议法是继行政诉讼法、国家赔偿法、行政处罚法之后又一部规范政府行为的重要法律，不仅对保护公民、法人和其他组织的合法权益，而且对保障和监督行政机关依法行使职权，促进依法行政，从严治政，提高工作效率，加强廉政建设，密切政府与人民群众的关系，维护社会稳定，都有重大意义。各级行政机关工作人员、特别是领导干部，都要从贯彻依法治国基本方略、严格依法行政的高度，充分认识实施行政复议法的重要意义，认真学习行政复议法，深刻领会它的精神实质，增强依法行政的自觉性，提高依法行政水平。各级政府和政府各部门都要对学习、宣传、贯彻行政复议法作出具体部署，狠抓落实。要利用报刊、广播、电视等宣传舆论工具，采取各种生动活泼的形式，向广大人民群众广泛深入地宣传行政复议法，做到家喻户晓，使人民群众熟悉行政复议制度，学会用它维护自己的合法权益。要结合实施行政复议法，进一步加强对行政执法人员和具体办理行政复议事项的人员的培训。县级以上各级政府和政府各部门的法制工作机构要在本级政府或者本部门的统一领导下，具体组织本地方、本部门的学习、宣传、培训工作。

二、严格依照行政复议法开展行政复议工作

行政复议法对行政复议的范围、申请、受理、决定、法律责任等都作了明确的规定。县级以上各级政府和政府各部门都要严格执行这些规定，认真履行行政复议职责。对申请行政复议的具体行政行为所依据的规范性文件的审查、处理以及县级政府对行政复议申请的转送，各地方可以依照法定权限，作出具体规定。要在总结行政复议实践经验的基础上，建立、健全重大行政复议决定备案制度，抓紧修订行政复议文书的规范格式，进一步完善行政复议、应诉统计制度。对行政复议法的具体应用问题，由国务院法制办公室按照全国人大常委会《关于加强法律解释工作的决议》的规定具体承办。

三、加强对行政复议活动的监督检查

行政复议法对行政复议活动监督作了明确规定，并对有关行政机关及其工作人员的违法行为规定了明确的法律责任。县级以上各级政府和政府各部门要依法加强对行政复议活动的监督。要把是否依法受理行政复议申请、是否按照规定转送行政复议申请以及是否依法审查并作出行政复议决定等情况作为重点进行检查，一旦发现对行政复议申请该受理的不受理、该作决定的不作决定以及“官官相护”或者严重不负责任等情况，必须严格依法查处，坚决予以纠正；该追究法律责任的，要依法追究法律责任，首先要追究负责人的法律责任。县级以上政府的法制工作机构要根据本级政府的统一部署，具体组织、承担对行政复议的监督检查工作。政府法制工作机构发现下级政府或者本级政府工作部门无正当理由不受理行政复议申请、在法定期限内不作出行政复议决定、不履行行政复议决定、对申请人打击报复或者有违反行政复议法的其他行为的，应当向本级政府或者同级行政监察部门提出处理建议。接受建议的行政机关要依照行政复议法和有关法律、行政法规的规定在2个月内作出处理。

四、为行政复议工作的正常开展提供必要的保障

行政复议法规定：“行政复议机关受理行政复议申请，不得向申请人收取任何费用。行政复议活动所需经费，应当列入本机关的行政经费，由本级财政予以保障”。行政复议是行政机关自我纠正错误的活动，有错必纠是行政机关应尽的责任。各级行政复议机关及其办理行政复议事项的法制工作机构都要坚持全心全意为人民服务的宗旨，依法积极办理行政复议案件，不得向申请人收取任何费用。行政复议活动经费要列入行政机关正常的行政经费，各级财政部门要按照行政复议法的规定给予保证。在行政机关的行政经费中，行政复议活动经费要单独列支，不得挪作他用。对具体办理行政复议事项的法制工作机构办理行政复议事项必需的设备、工作条件，行政复议机关要给予保障。

五、通过实施行政复议法，进一步加强政府法制建设，提高依法行政水平

党的十五大提出依法治国是党领导人民治理国家的基本方略，并明确要求“一切政府机关都必须依法行政”。九届全国人大二次会议通过的宪法修正案规定：“中华人民共

和国实行依法治国，建设社会主义法治国家”。依法行政是依法治国的重要组成部分。行政机关能否严格依法行政，在很大程度上对依法治国方略的实现有着决定性的意义。九届全国人大二次会议批准的《政府工作报告》中提出，政府要加强行政立法工作，强化执法监督，推进依法行政，并明确地把从严治政，建设廉洁、勤政、务实、高效政府作为今年国务院贯彻依法治国基本方略要着重抓好的三件大事之一。这种新的形势，对政府法制工作提出了新的更高的要求。各级政府和政府各部门要充分认识做好新时期政府法制工作的重要性，把加强政府法制建设真正放到重要位置，列入重要议程。当前，要通过实施行政复议法，使政府的立法工作、行政执法和执法监督等政府法制工作再上一个新台阶。

行政复议工作是一项法律性、专业性都很强的工作，数量大、涉及面广，需要有一个熟悉法律和行政管理、又相对比较超脱的机构具体办理行政复议事项。行政复议法规定：“依照本法履行行政复议职责的行政机关是行政复议机关。行政复议机关负责法制工作的机构具体办理行政复议事项，履行下列职责：（一）受理行政复议申请；（二）向有关组织和人员调查取证，查阅文件和资料；（三）审查申请行政复议的具体行政行为是否合法与适当，拟订行政复议决定；（四）处理或者转送对本法第七条所列有关规定的审查申请；（五）对行政机关违反本法规定的行为依照规定的权限和程序提出处理建议；（六）办理因不服行政复议决定提起行政诉讼的应诉事项；（七）法律、法规规定的其他职责”。按照这些规定，行政机关的法制工作机构在行政复议活动中承担着很重要的责任，能否全面、正确地履行行政复议法规定的职责，直接关系着行政复议制度的实施和行政机关的形象。法制工作机构要以对人民高度负责的精神，以事实为依据，以法律为准绳，严格履行法定职责。县级以上地方政府和政府各部门都要按照国务院这次机构改革中加强法制工作的精神，进一步加强法制工作机构建设，建设一支政治强、作风硬、业务精的法制工作队伍，使法制工作机构的设置和人员配备同本地方、本部门政府法制工作（包括行政复议工作）任务相适应，并为法制工作机构开展工作创造必要的条件，充分发挥其协助本级政府或者本部门的行政首长办理法制事项的参谋、助手作用。

各地方、各部门接到本通知后，要结合本地方、本部门的实际情况，认真研究、落实。行政复议法实施中的有关重要情况和问题，请及时报告国务院法制办公室。

行政复议法律文书（试行）格式[①]

（国务院法制办公室　2000年4月17日　国法函［2000］31号）

（一）行政复议申请书　　（二）不予受理决定书
（三）行政复议告知书　　（四）申请转送函
（五）责令受理通知书　　（六）责令履行通知书
（七）提出答复通知书　　（八）停止执行通知书
（九）九政复议中止通知书　　（十）行政复议终止通知书
（十一）决定延期通知书　　（十二）行政复议决定书
（十三）规范性文件转送函（一、二）

行政复议法律文书格式（一）

行政复议申请书

申请人：姓名＿＿＿＿＿年龄＿＿＿＿＿性别＿＿＿＿＿住址＿＿＿＿＿

（法人或者其他组织名称＿＿＿＿＿＿＿＿＿＿住址＿＿＿＿＿

法定代表人或者主要负责人姓名＿＿＿＿＿＿＿＿＿＿＿＿）。

委托代理人：姓名＿＿＿＿＿＿住址＿＿＿＿＿＿＿＿＿＿。

被申请人：名称＿＿＿＿＿＿住址＿＿＿＿＿＿＿＿＿＿。

行政复议请求：＿＿＿＿＿＿＿＿＿＿＿＿＿＿＿＿＿＿。

事实和理由：＿＿＿＿＿＿＿＿＿＿＿＿＿＿＿＿＿＿＿。

此致

＿＿＿＿＿＿（行政复议机关）

申请人：＿＿＿＿＿＿

年　月　日

① 根据《中华人民共和国行政复议法》的有关规定和《国务院关于贯彻实施〈中华人民共和国行政复议法〉的通知》（国发［1999］10号）的要求，国务院法制办公室于2000年4月17日发布《关于印发行政复议法律文书（试行）格式的通知》（国法函［2000］31号），规范了行政复议法律文书（试行）格式。——编者注

行政复议法律文书格式（二）

不予受理决定书

______［　　］号

申请人：姓名__________年龄__________性别__________住址__________

（法人或者其他组织名称__________住址__________

法定代表人或者主要负责人姓名__________）。

被申请人：名称__________住址__________。

申请人对被申请人的____（具体行政行为）____不服提出的行政复议申请，经审查，本机关认为：__________。根据《中华人民共和国行政复议法》第十七条和第__________条的规定，决定不予受理。

（法律、法规规定应当先向行政复议机关申请行政复议，对行政复议不服再向人民法院提起行政诉讼的，写明：不服本决定，可以根据《中华人民共和国行政复议法》第十九条的规定自收到本决定书之日起 15 日内依法向__________人民法院提起行政诉讼。）

年　　月　　日

（行政复议机关印章或者行政复议专用章）

行政复议法律文书格式（三）

行政复议告知书

______［　　］号

____申请人____：

你（你单位）______年_____月____日对____（被申请人的具体行政行为）____不服提出的行政复议申请，依法应当向____（行政复议机关）____提出。

接到本告知书后请按照《中华人民共和国行政复议法》第九条规定的行政复议申请期限，向____（行政复议机关）____申请行政复议（自提出行政复议申请之日起至收到本告知书之日止的时间，不计入法定申请期限）。

特此告知。

年　　月　　日

（行政复议专用章或者法制工作机构印章）

行政复议法律文书格式（四）

申请转送函

（供县级人民政府用）

______［　］号

（接受转送的行政复议机关）：

（申请人）不服（被申请人的具体行政行为），于____年____月____日提出行政复议申请。根据《中华人民共和国行政复议法》第十五条、第十八条的规定，现将该行政复议申请转送你机关。

年　月　日

（行政复议专用章或者法制工作机构印章）

附：《行政复议申请书和相关材料》

抄送：（申请人）

行政复议法律文书格式（五）

责令受理通知书

____［　］号

（被责令受理的机关）：

（申请人）不服（被申请人的具体行政行为）于____年____月____日向你机关提出行政复议申请，你机关于______年____月____日作出不予受理的决定。经审查，该行政复议申请符合《中华人民共和国行政复议法》的规定，应当予以受理。根据《中华人民共和国行政复议法》第二十条的规定，请你机关自收到本通知之日起 5 日内受理该行政复议申请。

特此通知。

年　月　日

（行政复议机关印章或者行政复议专用章）

抄送：（申请人）

行政复议法律文书格式（六）

责令履行通知书

______[　]号

(被责令履行的机关)：

(申请人)不服你机关的(具体行政行为)申请行政复议一案，本机关已作出行政复议决定（______[　]号），并于______年______月______日送达你机关，你机关至今仍未履行。

根据《中华人民共和国行政复议法》第三十二条的规定，请你机关于______年______月______日前履行该行政复议决定，并将履行结果书面报告本机关。

特此通知。

年　　月　　日

（行政复议机关印章或者行政复议专用章）

抄送：（申请人）

行政复议法律文书格式（七）

提出答复通知书

______[　]号

(被申请人)：

(申请人)不服你机关的（具体行政行为）提出的行政复议申请，我们依法已予受理。依照《中华人民共和国行政复议法》第二十三条的规定，现将行政复议申请书副本（口头申请笔录复印件）发送你机关，请你机关自收到申请书副本（口头申请笔录复印件）之日起 10 日内，对该行政复议申请提出书面答辩，并提交当初作出该具体行政行为的证据、依据和其他有关材料。

特此通知。

年　　月　　日

（行政复议专用章或者法制工作机构印章）

行政复议法律文书格式（八）

停止执行通知书

_________［　］号

（被申请人）：

（申请人）不服你机关的（具体行政行为）提出的行政复议申请，我们依法已予受理。______（需要停止执行的事由）______。根据《中华人民共和国行政复议法》第二十一条的规定，决定自______年______月______日起至作出行政复议决定之日前，停止该具体行政行为的执行。

特此通知。

年　月　日

（行政复议机关印章或者行政复议专用章）

抄送：（申请人）

行政复议法律文书格式（九）

行政复议中止通知书

_________［　］号

（申请人）：

你（你单位）不服（被申请人的具体行政行为）提出的行政复议申请，我们依法已予受理。______（中止审查的事由）______。根据《中华人民共和国行政复议法》和其他有关规定，决定中止行政复议。

特此通知。

年　月　日

（行政复议机关印章或者行政复议专用章）

抄送：（被申请人）

行政复议法律文书格式（十）

行政复议终止通知书

__________［ ］号

（申请人）：

你（你单位）不服（被申请人的具体行政行为）提出的行政复议申请，我们依法已予受理。______（终止审查的事由）____________________________。根据《中华人民共和国行政复议法》和其他有关规定，决定终止行政复议。

特此通知。

年　月　日

（行政复议机关印章或者行政复议专用章）

抄送：（被申请人）

行政复议法律文书格式（十一）

决定延期通知书

__________［ ］号

（申请人）：

你（你单位）不服（被申请人的具体行政行为）提出的行政复议申请，我们已于______年____月____日依法受理。因情况复杂，不能在法定期限内作出行政复议决定。根据《中华人民共和国行政复议法》第三十一条的规定，行政复议决定延期至年______月______日前作出。

特此通知。

年　月　日

（行政复议机关印章或者行政复议专用章）

抄送：（被申请人）

行政复议法律文书格式（十二）

（行政复议机关名称）行政复议决定书

______［ ］号

申请人：姓名____年龄____性别____住址____________（法人或者其他组织名称____住址____________法定代表人 或者主要负责人姓名______）。

委托代理人：姓名______住址____________。

被申请人：名称______住址____________。

第三人：姓名______住址____________。

委托代理人：姓名______住址____________。

申请人不服被申请人的（具体行政行为），于____年____月____日提起行政复议申请，本机关依法已予受理。

申请人请求，____________________。

申请人称，____________________。

被申请人称，____________________。

经查，____________________。

本机关认为：（具体行政行为认定事实是否清楚，证据是否确凿，适用法律依据是否正确，程序是否合法，内容是否适当）。根据《中华人民共和国行政复议法》第二十八条规定，本机关决定如下：____________________。

（符合行政诉讼受案范围的，写明：对本决定不服，可以自接到本决定之日起 15 日内向________人民法院提起行政诉讼。）

（法律规定行政复议决定为最终裁决的，写明：本决定为最终裁决，申请人、被申请人或者第三人应于____年____月____日前履行。）

年　　月　　日

（行政复议机关印章或者行政复议专用章）

行政复议法律文书格式（十三）

规范性文件转送函（一）

______[ ]号

（接受转送机关）：

（申请人）不服（被申请人的具体行政行为）提出行政复议申请时，一并提出对（规范性文件）的审查申请。

根据《中华人民共和国行政复议法》第二十六条和其他有关规定，现将有关材料转去，请予审查处理，并望回复。

年 月 日

（行政复议机关印章或者行政复议专用章）

规范性文件转送函（二）

______[ ]号

（接受转送机关）：

（申请人）不服（被申请人的具体行政行为）提出的行政复议申请，我们依法已予受理。我们认为，被申请人作出具体行政行为的依据（不合法的具体情况），根据《中华人民共和国行政复议法》第二十七条和其他有关规定，现将有关材料转去，请予审查处理，并望回复。

年 月 日

（行政复议机关印章或者行政复议专用章）

关于进一步提高行政复议法律文书质量的通知

（国务院法制办公室 2001 年 8 月 17 日 国法函［2001］210 号）

各省、自治区、直辖市人民政府法制办，国务院各部门法制工作机构：

最近，我们发现一些地方和部门制作的行政复议法律文书很不规范，存在不少问题：一是，法律文书的名称和格式不规范、不统一，有的仍然采用已经废止的《行政复议条例》规定的裁决书；二是，法律文书的内容不规范，缺乏说理的内容，甚至连所适用法律、法规的具体条文也不引用；三是，有些法律文书没有依法向当事人交待诉权；四是，有些法律文书上加盖的不是对外具有法律效力的行政复议机关印章，而是内设机构印章。最高人民法院也来函反映上述类似问题。这些问题已经严重影响了行政复议工作的质量。为了维护行政复议法律文书的严肃性、权威性，进一步提高办理行政复议案件的质量，特作如下通知：

一、充分认识行政复议法律文书的重要性

行政复议法律文书是行政复议机关在办理行政复议案件过程中形成和制作的具有法律效力的文书，是行政复议机关从受理行政复议申请到行政复议决定履行的全部办案过程的记载，是行政复议机关办理行政复议案件时处理实体内容和履行法定程序的凭据。因此，规范行政复议法律文书，是提高行政复议机关办理行政复议案件质量的重要保证，对贯彻实施行政复议法具有重要意义。各地方、各部门要从依法行政的高度，充分认识行政复议法律文书的重要性，在行政复议工作中认真规范行政复议法律文书，提高行政复议工作的质量，提高依法行政水平。

二、按照国法函［2000］31 号文件的要求，规范行政复议法律文书的格式，提高行政复议法律文书的质量

2000 年 4 月 17 日，国务院法制办公室下发的国法函［2000］31 号文件，对行政复议工作中常用的十三种法律文书格式依法作了规范。这是国务院法制办公室在行政复议法颁布后，按照《国务院关于贯彻实施〈中华人民共和国行政复议法〉的通知》（国发［1999］10 号）的要求，在总结实践经验、广泛征求意见的基础上，根据行政复议法的有关规定，本着规范、实用、效率的要求制订的。各地方、各部门要严格按照国法函［2000］31 号文件的要求，制作、使用有关行政复议法律文书。

1．行政复议机关向当事人出具的行政复议法律文书，应当按照规定写明以下内容：申请人、被申请人、第三人的基本情况；行政复议机关作出相应处理决定基于的事实和

理由，特别要注意针对申请人申请行政复议所根据的具体事实和理由阐明行政复议机关的意见；所适用的法律、法规，要引用有关法律、法规的具体条文。

2．行政复议机关办理行政复议案件作出的各类决定，凡行政复议法规定当事人不服可以提起行政诉讼的，行政复议机关制作的行政复议法律文书中必须写明诉权内容，包括起诉期限和管辖的人民法院名称。省部级行政机关对本机关具体行政行为作出的行政复议决定，在依法告知当事人诉权的同时，还应当依法告知当事人选择向国务院申请最终裁决的权利。

3．行政复议法律文书应当加盖合法、有效的印盖。行政复议机关办理行政复议案件出具的各类行政复议法律文书，除告知当事人依法应当受理的行政复议机关、县级地方人民政府转送行政复议法规定的行政复议申请、通知被申请人提出答复等规定情形可以加盖行政复议机关法制工作机构印盖外，必须加盖行政复议机关印章；行政复议机关已经启用行政复议专用章的，可以加盖行政复议专用章，行政复议专用章与行政复议机关印章具有同等效力。但是，不能以行政复议机关法制工作机构印章或者行政复议机关办公机构印章代替行政复议机关印章。

各地方、各部门接到本通知后，要认真组织贯彻落实，按照本通知的精神加强对本地方、本系统制作、使用行政复议法律文书情况的监督检查，发现不按照行政复议法的规定和国法函［2000］31 号文件以及本通知的要求制作、使用行政复议法律文书的，要及时予以纠正。行政复议法律文书制作、使用中的重要情况和问题，请及时报告国务院法制办公室。

【行政赔偿】

中华人民共和国国家赔偿法

（1994年5月12日第八届全国人民代表大会常务委员会第七次会议通过，
1994年5月12日中华人民共和国主席令第23号公布）

第一章　总　则

第一条　为保障公民、法人和其他组织享有依法取得国家赔偿的权利，促进国家机关依法行使职权，根据宪法，制定本法。

第二条　国家机关和国家机关工作人员违法行使职权侵犯公民、法人和其他组织的合法权益造成损害的，受害人有依照本法取得国家赔偿的权利。

国家赔偿由本法规定的赔偿义务机关履行赔偿义务。

第二章　行政赔偿

第一节　赔偿范围

第三条　行政机关及其工作人员在行使行政职权时有下列侵犯人身权情形之一的，受害人有取得赔偿的权利：

（一）违法拘留或者违法采取限制公民人身自由的行政强制措施的；

（二）非法拘禁或者以其他方法非法剥夺公民人身自由的；

（三）以殴打等暴力行为或者唆使他人以殴打等暴力行为造成公民身体伤害或者死亡的；

（四）违法使用武器、警械造成公民身体伤害或者死亡的；

（五）造成公民身体伤害或者死亡的其他违法行为。

第四条　行政机关及其工作人员在行使行政职权时有下列侵犯财产权情形之一的，受害人有取得赔偿的权利：

（一）违法实施罚款、吊销许可证和执照、责令停产停业、没收财物等行政处罚的；

（二）违法对财产采取查封、扣押、冻结等行政强制措施的；

（三）违反国家规定征收财物、摊派费用的；

（四）造成财产损害的其他违法行为。

第五条　属于下列情形之一的，国家不承担赔偿责任：

（一）行政机关工作人员与行使职权无关的个人行为；

（二）因公民、法人和其他组织自己的行为致使损害发生的；

（三）法律规定的其他情形。

第二节 赔偿请求人和赔偿义务机关

第六条 受害的公民、法人和其他组织有权要求赔偿。

受害的公民死亡，其继承人和其他有扶养关系的亲属有权要求赔偿。

受害的法人或者其他组织终止，承受其权利的法人或者其他组织有权要求赔偿。

第七条 行政机关及其工作人员行使行政职权侵犯公民、法人和其他组织的合法权益造成损害的，该行政机关为赔偿义务机关。

两个以上行政机关共同行使行政职权时侵犯公民、法人和其他组织的合法权益造成损害的，共同行使行政职权的行政机关为共同赔偿义务机关。

法律、法规授权的组织在行使授予的行政权力时侵犯公民、法人和其他组织的合法权益造成损害的，被授权的组织为赔偿义务机关。

受行政机关委托的组织或者个人在行使受委托的行政权力时侵犯公民、法人和其他组织的合法权益造成损害的，委托的行政机关为赔偿义务机关。

赔偿义务机关被撤销的，继续行使其职权的行政机关为赔偿义务机关；没有继续行使其职权的行政机关的，撤销该赔偿义务机关的行政机关为赔偿义务机关。

第八条 经复议机关复议的，最初造成侵权行为的行政机关为赔偿义务机关，但复议机关的复议决定加重损害的，复议机关对加重的部分履行赔偿义务。

第三节 赔偿程序

第九条 赔偿义务机关对依法确认有本法第三条、第四条规定的情形之一的，应当给予赔偿。

赔偿请求人要求赔偿应当先向赔偿义务机关提出，也可以在申请行政复议和提起行政诉讼时一并提出。

第十条 赔偿请求人可以向共同赔偿义务机关中的任何一个赔偿义务机关要求赔偿，该赔偿义务机关应当先予赔偿。

第十一条 赔偿请求人根据受到的不同损害，可以同时提出数项赔偿要求。

第十二条 要求赔偿应当递交申请书，申请书应当载明下列事项：

（一）受害人的姓名、性别、年龄、工作单位和住所，法人或者其他组织的名称、住所和法定代表人或者主要负责人的姓名、职务；

（二）具体的要求、事实根据和理由；

（三）申请的年、月、日。

赔偿请求人书写申请书确有困难的，可以委托他人代书；也可以口头申请，由赔偿义务机关记入笔录。

第十三条 赔偿义务机关应当自收到申请之日起两个月内依照本法第四章的规定给予赔偿；逾期不予赔偿或者赔偿请求人对赔偿数额有异议的，赔偿请求人可以自期间届满之日起 3 个月内向人民法院提起诉讼。

第十四条 赔偿义务机关赔偿损失后，应当责令有故意或者重大过失的工作人员或者受委托的组织或者个人承担部分或者全部赔偿费用。

对有故意或者重大过失的责任人员，有关机关应当依法给予行政处分；构成犯罪的，应当依法追究刑事责任。

第三章 刑事赔偿

第一节 赔偿范围

第十五条 行使侦查、检察、审判、监狱管理职权的机关及其工作人员在行使职权时有下列侵犯人身权情形之一的，受害人有取得赔偿的权利：

（一）对没有犯罪事实或者没有事实证明有犯罪重大嫌疑的人错误拘留的；

（二）对没有犯罪事实的人错误逮捕的；

（三）依照审判监督程序再审改判无罪，原判刑罚已经执行的；

（四）刑讯逼供或者以殴打等暴力行为或者唆使他人以殴打等暴力行为造成公民身体伤害或者死亡的；

（五）违法使用武器、警械造成公民身体伤害或者死亡的。

第十六条 行使侦查、检察、审判、监狱管理职权的机关及其工作人员在行使职权时有下列侵犯财产权情形之一的，受害人有取得赔偿的权利：

（一）违法对财产采取查封、扣押、冻结、追缴等措施的；

（二）依照审判监督程序再审改判无罪，原判罚金、没收财产已经执行的。

第十七条 属于下列情形之一的，国家不承担赔偿责任：

（一）因公民自己故意作虚伪供述，或者伪造其他有罪证据被羁押或者被判处刑罚的；

（二）依照刑法第十四条、第十五条规定不负刑事责任的人被羁押的；

（三）依照刑事诉讼法第十一条规定不追究刑事责任的人被羁押的；

（四）行使国家侦查、检察、审判、监狱管理职权的机关的工作人员与行使职权无关的个人行为；

（五）因公民自伤、自残等故意行为致使损害发生的；

（六）法律规定的其他情形。

第二节 赔偿请求人和赔偿义务机关

第十八条 赔偿请求人的确定依照本法第六条的规定。

第十九条 行使国家侦查、检察、审判、监狱管理职权的机关及其工作人员在行使职权时侵犯公民、法人和其他组织的合法权益造成损害的，该机关为赔偿义务机关。

对没有犯罪事实或者没有事实证明有犯罪重大嫌疑的人错误拘留的，作出拘留决定的机关为赔偿义务机关。

对没有犯罪事实的人错误逮捕的，作出逮捕决定的机关为赔偿义务机关。

再审改判无罪的，作出原生效判决的人民法院为赔偿义务机关。二审改判无罪的，作出一审判决的人民法院和作出逮捕决定的机关为共同赔偿义务机关。

第三节　赔偿程序

第二十条　赔偿义务机关对依法确认有本法第十五条、第十六条规定的情形之一的，应当给予赔偿。

赔偿请求人要求确认有本法第十五条、第十六条规定情形之一的，被要求的机关不予确认的，赔偿请求人有权申诉。

赔偿请求人要求赔偿，应当先向赔偿义务机关提出。

赔偿程序适用本法第十条、第十一条、第十二条的规定。

第二十一条　赔偿义务机关应当自收到申请之日起两个月内依照本法第四章的规定给予赔偿；逾期不予赔偿或者赔偿请求人对赔偿数额有异议的，赔偿请求人可以自期间届满之日起30日内向其上一级机关申请复议。

赔偿义务机关是人民法院的，赔偿请求人可以依照前款规定向其上一级人民法院赔偿委员会申请作出赔偿决定。

第二十二条　复议机关应当自收到申请之日起两个月内作出决定。

赔偿请求人不服复议决定的，可以在收到复议决定之日起 30 日内向复议机关所在地的同级人民法院赔偿委员会申请作出赔偿决定；复议机关逾期不作决定的，赔偿请求人可以自期间届满之日起 30 日内向复议机关所在地的同级人民法院赔偿委员会申请作出赔偿决定。

第二十三条　中级以上的人民法院设立赔偿委员会，由人民法院 3 名至 7 名审判员组成。

赔偿委员会作赔偿决定，实行少数服从多数的原则。

赔偿委员会作出的赔偿决定，是发生法律效力的决定，必须执行。

第二十四条　赔偿义务机关赔偿损失后，应当向有下列情形之一的工作人员追偿部分或者全部赔偿费用：

（一）有本法第十五条第（四）、（五）项规定情形的；

（二）在处理案件中有贪污受贿，徇私舞弊，枉法裁判行为的。

对有前款（一）、（二）项规定情形的责任人员，有关机关应当依法给予行政处分；构成犯罪的，应当依法追究刑事责任。

第四章　赔偿方式和计算标准

第二十五条　国家赔偿以支付赔偿金为主要方式。

能够返还财产或者恢复原状的，予以返还财产或者恢复原状。

第二十六条　侵犯公民人身自由的，每日的赔偿金按照国家上年度职工日平均工资计算。

第二十七条　侵犯公民生命健康权的，赔偿金按照下列规定计算：

（一）造成身体伤害的，应当支付医疗费，以及赔偿因误工减少的收入。减少的收入每日的赔偿金按照国家上年度职工日平均工资计算，最高额为国家上年度职工年平均工资的5倍；

（二）造成部分或者全部丧失劳动能力的，应当支付医疗费，以及残疾赔偿金，残疾赔偿金根据丧失劳动能力的程度确定，部分丧失劳动能力的最高额为国家上年度职工年平均工资的 10 倍，全部丧失劳动能力的为国家上年度职工年平均工资的 20 倍。造成全部丧失劳动能力的，对其扶养的无劳动能力的人，还应当支付生活费；

（三）造成死亡的，应当支付死亡赔偿金、丧葬费，总额为国家上年度职工年平均工资的20倍。对死者生前扶养的无劳动能力的人，还应当支付生活费。

前款第（二）、（三）项规定的生活费的发放标准参照当地民政部门有关生活救济的规定办理。被扶养的人是未成年人的，生活费给付至 18 周岁止；其他无劳动能力的人，生活费给付至死亡时止。

第二十八条　侵犯公民、法人和其他组织的财产权造成损害的，按照下列规定处理：

（一）处罚款、罚金、追缴、没收财产或者违反国家规定征收财物、摊派费用的，返还财产；

（二）查封、扣押、冻结财产的，解除对财产的查封、扣押、冻结，造成财产损坏或者灭失的，依照本条第（三）、（四）项的规定赔偿；

（三）应当返还的财产损坏的，能够恢复原状的恢复原状，不能恢复原状的，按照损害程度给付相应的赔偿金；

（四）应当返还的财产灭失的，给付相应的赔偿金；

（五）财产已经拍卖的，给付拍卖所得的价款；

（六）吊销许可证和执照、责令停产停业的，赔偿停产停业期间必要的经常性费用开支；

（七）对财产权造成其他损害的，按照直接损失给予赔偿。

第二十九条　赔偿费用，列入各级财政预算，具体办法由国务院规定。

第五章　其他规定

第三十条　赔偿义务机关对依法确认有本法第三条第（一）、（二）项、第十五条第（一）、（二）、（三）项规定的情形之一，并造成受害人名誉权、荣誉权损害的，应当在侵权行为影响的范围内，为受害人消除影响，恢复名誉，赔礼道歉。

第三十一条　人民法院在民事诉讼、行政诉讼过程中，违法采取对妨害诉讼的强制措施、保全措施或者对判决、裁定及其他生效法律文书执行错误，造成损害的，赔偿请求人要求赔偿的程序，适用本法刑事赔偿程序的规定。

第三十二条　赔偿请求人请求国家赔偿的时效为两年，自国家机关及其工作人员行使职权时的行为被依法确认为违法之日起计算，但被羁押期间不计算在内。

赔偿请求人在赔偿请求时效的最后 6 个月内，因不可抗力或者其他障碍不能行使请求权的，时效中止。从中止时效的原因消除之日起，赔偿请求时效期间继续计算。

第三十三条 外国人、外国企业和组织在中华人民共和国领域内要求中华人民共和国国家赔偿的，适用本法。

外国人、外国企业和组织的所属国对中华人民共和国公民、法人和其他组织要求该国国家赔偿的权利不予保护或者限制的，中华人民共和国与该外国人、外国企业和组织的所属国实行对等原则。

第六章 附 则

第三十四条 赔偿请求人要求国家赔偿的，赔偿义务机关、复议机关和人民法院不得向赔偿请求人收取任何费用。

对赔偿请求人取得的赔偿金不予征税。

第三十五条 本法自 1995 年 1 月 1 日起施行。

【行政监察】

中华人民共和国行政监察法

（1997年5月9日第八届全国人民代表大会常务委员会第二十五次会议通过，1997年5月9日中华人民共和国主席令第85号公布，自公布之日起施行）

第一章　总　则

第一条　为了加强监察工作，保证政令畅通，维护行政纪律，促进廉政建设，改善行政管理，提高行政效能，根据宪法，制定本法。

第二条　监察机关是人民政府行使监察职能的机关，依照本法对国家行政机关、国家公务员和国家行政机关任命的其他人员实施监察。

第三条　监察机关依法行使职权，不受其他行政部门、社会团体和个人的干涉。

第四条　监察工作必须坚持实事求是，重证据、重调查研究，在适用法律和行政纪律上人人平等。

第五条　监察工作应当实行教育与惩处相结合、监督检查与改进工作相结合。

第六条　监察工作应当依靠群众。监察机关建立举报制度，公民对于任何国家行政机关、国家公务员和国家行政机关任命的其他人员的违法失职行为，有权向监察机关提出控告或者检举。

第二章　监察机关和监察人员

第七条　国务院监察机关主管全国的监察工作。

县级以上地方各级人民政府监察机关负责本行政区域内的监察工作，对本级人民政府和上一级监察机关负责并报告工作，监察业务以上级监察机关领导为主。

第八条　县级以上各级人民政府监察机关根据工作需要，经本级人民政府批准，可以向政府所属部门派出监察机构或者监察人员。

监察机关派出的监察机构或者监察人员，对派出的监察机关负责并报告工作。

第九条　监察人员必须遵纪守法，忠于职守，秉公执法，清正廉洁，保守秘密。

第十条　监察人员必须熟悉监察业务，具备相应的文化水平和专业知识。

第十一条　县级以上地方各级人民政府监察机关正职、副职领导人员的任命或者免职，在提请决定前，必须经上一级监察机关同意。

第十二条 监察机关对监察人员执行职务和遵守纪律实行监督的制度。

第十三条 监察人员依法执行职务，受法律保护。

任何组织和个人不得拒绝、阻碍监察人员依法执行职务，不得打击报复监察人员。

第十四条 监察人员办理的监察事项与本人或者其近亲属有利害关系的，应当回避。

第三章 监察机关的职责

第十五条 国务院监察机关对下列机关和人员实施监察：

（一）国务院各部门及其国家公务员；

（二）国务院及国务院各部门任命的其他人员；

（三）省、自治区、直辖市人民政府及其领导人员。

第十六条 县级以上地方各级人民政府监察机关对下列机关和人员实施监察：

（一）本级人民政府各部门及其国家公务员；

（二）本级人民政府及本级人民政府各部门任命的其他人员；

（三）下一级人民政府及其领导人员。

县、自治县、不设区的市、市辖区人民政府监察机关还对本辖区所属的乡、民族乡、镇人民政府的国家公务员以及乡、民族乡、镇人民政府任命的其他人员实施监察。

第十七条 上级监察机关可以办理下一级监察机关管辖范围内的监察事项；必要时也可以办理所辖各级监察机关管辖范围内的监察事项。

监察机关之间对管辖范围有争议的，由其共同的上级监察机关确定。

第十八条 监察机关为行使监察职能，履行下列职责：

（一）检查国家行政机关在遵守和执行法律、法规和人民政府的决定、命令中的问题；

（二）受理对国家行政机关、国家公务员和国家行政机关任命的其他人员违反行政纪律行为的控告、检举；

（三）调查处理国家行政机关、国家公务员和国家行政机关任命的其他人员违反行政纪律的行为；

（四）受理国家公务员和国家行政机关任命的其他人员不服主管行政机关给予行政处分决定的申诉，以及法律、行政法规规定的其他由监察机关受理的申诉；

（五）法律、行政法规规定由监察机关履行的其他职责。

第四章 监察机关的权限

第十九条 监察机关履行职责，有权采取下列措施：

（一）要求被监察的部门和人员提供与监察事项有关的文件、资料、财务账目及其他有关的材料，进行查阅或者予以复制；

（二）要求被监察的部门和人员就监察事项涉及的问题作出解释和说明；

（三）责令被监察的部门和人员停止违反法律、法规和行政纪律的行为。

第二十条 监察机关在调查违反行政纪律行为时，可以根据实际情况和需要采取下列措施：

（一）暂予扣留、封存可以证明违反行政纪律行为的文件、资料、财务账目及其他有关的材料；

（二）责令案件涉嫌单位和涉嫌人员在调查期间不得变卖、转移与案件有关的财物；

（三）责令有违反行政纪律嫌疑的人员在指定的时间、地点就调查事项涉及的问题作出解释和说明，但是不得对其实行拘禁或者变相拘禁；

（四）建议有关机关暂停有严重违反行政纪律嫌疑的人员执行职务。

第二十一条 监察机关在调查贪污、贿赂、挪用公款等违反行政纪律的行为时，经县级以上监察机关领导人员批准，可以查询案件涉嫌单位和涉嫌人员在银行或者其他金融机构的存款；必要时，可以提请人民法院采取保全措施，依法冻结涉嫌人员在银行或者其他金融机构的存款。

第二十二条 监察机关在办理行政违纪案件中，可以提请公安、审计、税务、海关、工商行政管理等机关予以协助。

第二十三条 监察机关根据检查、调查结果，遇有下列情形之一的，可以提出监察建议：

（一）拒不执行法律、法规或者违反法律、法规以及人民政府的决定、命令，应当予以纠正的；

（二）本级人民政府所属部门和下级人民政府作出的决定、命令、指示违反法律、法规或者国家政策，应当予以纠正或者撤销的；

（三）给国家利益、集体利益和公民合法权益造成损害，需要采取补救措施的；

（四）录用、任免、奖惩决定明显不适当，应当予以纠正的；

（五）依照有关法律、法规的规定，应当给予行政处罚的；

（六）其他需要提出监察建议的。

第二十四条 监察机关根据检查、调查结果，遇有下列情形之一的，可以作出监察决定或者提出监察建议：

（一）违反行政纪律，依法应当给予警告、记过、记大过、降级、撤职、开除行政处分的；

（二）违反行政纪律取得的财物，依法应当没收、追缴或者责令退赔的。

对前款第（一）项所列情形作出监察决定或者提出监察建议的，应当按照国家有关人事管理权限和处理程序的规定办理。

第二十五条 监察机关依法作出的监察决定，有关部门和人员应当执行。

监察机关依法提出的监察建议，有关部门无正当理由的，应当采纳。

第二十六条 监察机关对监察事项涉及的单位和个人有权进行查询。

第二十七条 监察机关的领导人员可以列席本级人民政府的有关会议，监察人员可以列席被监察部门的与监察事项有关的会议。

第二十八条 监察机关对控告、检举重大违法违纪行为的有功人员，可以依照有关规定给予奖励。

第五章　监察程序

第二十九条　监察机关按照下列程序进行检查：

（一）对需要检查的事项予以立项；

（二）制定检查方案并组织实施；

（三）向本级人民政府或者上级监察机关提出检查情况报告；

（四）根据检查结果，作出监察决定或者提出监察建议。

重要检查事项的立项，应当报本级人民政府和上一级监察机关备案。

第三十条　监察机关按照下列程序对违反行政纪律的行为进行调查处理：

（一）对需要调查处理的事项进行初步审查；认为有违反行政纪律的事实，需要追究行政纪律责任的，予以立案；

（二）组织实施调查，收集有关证据；

（三）有证据证明违反行政纪律，需要给予行政处分或者作出其他处理的，进行审理；

（四）作出监察决定或者提出监察建议。

重要、复杂案件的立案，应当报本级人民政府和上一级监察机关备案。

第三十一条　监察机关对于立案调查的案件，经调查认定不存在违反行政纪律事实的，或者不需要追究行政纪律责任的，应当予以撤销，并告知被调查单位及其上级部门或者被调查人员及其所在单位。

重要、复杂案件的撤销，应当报本级人民政府和上一级监察机关备案。

第三十二条　监察机关立案调查的案件，应当自立案之日起六个月内结案；因特殊原因需要延长办案期限的，可以适当延长，但是最长不得超过一年，并应当报上一级监察机关备案。

第三十三条　监察机关在检查、调查中应当听取被监察的部门和人员的陈述和申辩。

第三十四条　监察机关作出的重要监察决定和提出的重要监察建议，应当报经本级人民政府和上一级监察机关同意。国务院监察机关作出的重要监察决定和提出的重要监察建议，应当报经国务院同意。

第三十五条　监察决定、监察建议应当以书面形式送达有关单位或者有关人员。

第三十六条　有关单位和人员应当自收到监察决定或者监察建议之日起三十日内将执行监察决定或者采纳监察建议的情况通报监察机关。

第三十七条　国家公务员和国家行政机关任命的其他人员对主管行政机关作出的行政处分决定不服的，可以自收到行政处分决定之日起三十日内向监察机关提出申诉，监察机关应当自收到申诉之日起三十日内作出复查决定；对复查决定仍不服的，可以自收到复查决定之日起三十日内向上一级监察机关申请复核，上一级监察机关应当自收到复核申请之日起六十日内作出复核决定。

复查、复核期间，不停止原决定的执行。

第三十八条　监察机关对受理的不服主管行政机关行政处分决定的申诉，经复查认为原决定不适当的，可以建议原决定机关予以变更或者撤销；监察机关在职权范围内，也可以直接作出变更或者撤销的决定。

法律、行政法规规定由监察机关受理的其他申诉，依照有关法律、行政法规的规定办理。

第三十九条 对监察决定不服的，可以自收到监察决定之日起三十日内向作出决定的监察机关申请复审，监察机关应当自收到复审申请之日起三十日内作出复审决定；对复审决定仍不服的，可以自收到复审决定之日起三十日内向上一级监察机关申请复核，上一级监察机关应当自收到复核申请之日起六十日内作出复核决定。

复审、复核期间，不停止原决定的执行。

第四十条 上一级监察机关认为下一级监察机关的监察决定不适当的，可以责成下一级监察机关予以变更或者撤销，必要时也可以直接作出变更或者撤销的决定。

第四十一条 上一级监察机关的复核决定和国务院监察机关的复查决定或者复审决定为最终决定。

第四十二条 对监察建议有异议的，可以自收到监察建议之日起三十日内向作出监察建议的监察机关提出，监察机关应当自收到异议之日起三十日内回复；对回复仍有异议的，由监察机关提请本级人民政府或者上一级监察机关裁决。

第四十三条 监察机关在办理监察事项中，发现所调查的事项不属于监察机关职责范围内的，应当移送有处理权的单位处理；涉嫌犯罪的，应当移送司法机关依法处理。

接受移送的单位或者机关应当将处理结果告知监察机关。

第六章 法律责任

第四十四条 被监察的部门和人员违反本法规定，有下列行为之一的，由主管机关或者监察机关责令改正，对部门给予通报批评；对负有直接责任的主管人员和其他直接责任人员依法给予行政处分：

（一）隐瞒事实真相、出具伪证或者隐匿、转移、篡改、毁灭证据的；

（二）故意拖延或者拒绝提供与监察事项有关的文件、资料、财务账目及其他有关材料和其他必要情况的；

（三）在调查期间变卖、转移涉嫌财物的；

（四）拒绝就监察机关所提问题作出解释和说明的；

（五）拒不执行监察决定或者无正当理由拒不采纳监察建议的；

（六）有其他违反本法规定的行为，情节严重的。

第四十五条 对申诉人、控告人、检举人或者监察人员进行报复陷害的，依法给予行政处分；构成犯罪的，依法追究刑事责任。

第四十六条 监察人员滥用职权、徇私舞弊、玩忽职守、泄露秘密的，依法给予行政处分；构成犯罪的，依法追究刑事责任。

第四十七条 监察机关和监察人员违法行使职权，侵犯公民、法人和其他组织的合法权益，造成损害的，应当依法赔偿。

第七章　附　则

第四十八条　本法自公布之日起施行。1990 年 12 月 9 日国务院发布的《中华人民共和国行政监察条例》同时废止。

中华人民共和国行政监察法实施条例

（国务院令第419号，2004年10月1日起施行）

第一章　总　则

第一条　根据《中华人民共和国行政监察法》（以下简称行政监察法），制定本条例。

第二条　国家行政机关和法律、法规授权的具有管理公共事务职能的组织以及国家行政机关依法委托的组织及其工勤人员以外的工作人员，适用行政监察法和本条例。

行政监察法第二条所称“国家行政机关任命的其他人员”，是指企业、事业单位、社会团体中由国家行政机关以委任、派遣等形式任命的人员。

第三条　监察机关建立举报保密制度，对举报人的有关情况予以保密，严禁泄露举报人身份或者将举报材料、举报人情况透露给被举报单位、被举报人。

监察机关对控告、检举重大违法违纪行为的有功人员可以给予奖励。奖励的条件、标准，由监察机关会同同级人民政府财政部门制定。

第四条　监察机关根据工作需要，可以在国家行政机关、企业、事业单位、社会团体中聘请特邀监察员。聘请特邀监察员的具体办法由国务院监察机关规定。

第五条　监察机关履行职责所必需的经费，列入本级财政预算。

第二章　派出的监察机构和监察人员

第六条　监察机关派出的监察机构或者监察人员对派出它的监察机关负责并报告工作，并由派出它的监察机关实行统一管理。

在实行垂直管理的国家行政机关中，监察机关派出的监察机构根据工作需要，经派出它的监察机关批准，可以向驻在部门的下属行政机构再派出监察机构或者监察人员。

第七条　派出的监察机构或者监察人员履行下列职责：

（一）检查被监察的部门在遵守和执行法律、法规和人民政府的决定、命令中的问题；

（二）受理对被监察的部门和人员违反行政纪律行为的控告、检举；

（三）调查处理被监察的部门和人员违反行政纪律的行为；

（四）受理被监察人员不服行政处分决定或者行政处分复核决定的申诉；

（五）受理被监察人员不服监察决定的申诉；

（六）督促被监察的部门建立廉政、勤政方面的规章制度；

（七）办理派出它的监察机关交办的其他事项。

第八条 派出的监察机构或者监察人员行使与派出它的监察机关相同的权限。但是，地方各级监察机关派出的监察机构或者监察人员，以及在实行垂直管理的国家行政机关中派出的监察机构向驻在部门的下属行政机构再派出的监察机构或者监察人员行使行政监察法第二十条、第二十一条规定的权限，需经派出它的监察机关或者派出它的监察机构批准。

第九条 派出的监察机构或者监察人员履行职责，适用与监察机关履行职责相同的程序。

第三章　监察机关的权限

第十条 监察机关为履行职责，有权要求被监察的部门和人员全面、如实地提供与监察事项有关的文件、资料、财务账目以及其他有关的材料。

第十一条 监察机关在调查违反行政纪律行为时，可以暂予扣留、封存能够证明违反行政纪律行为的文件、资料、财务账目以及其他有关的材料。暂予扣留、封存时应当向文件、资料、财务账目等材料的持有人出具监察通知书，对暂予扣留、封存的材料开列清单，并由各方当事人当场核对、签字。

对暂予扣留、封存的文件、资料、财务账目以及其他有关的材料，监察机关应当妥善保管，不得毁损或者用于其他目的。

第十二条 对下列与案件有关的财物，监察机关有权责令案件涉嫌单位和涉嫌人员在调查期间妥善保管，不得毁损、变卖、转移：

（一）可以证明案件情况的财物；

（二）涉嫌违反行政纪律取得的财物；

（三）变卖、转移给他人有可能影响案件调查处理的财物。

监察机关在调查贪污、贿赂、挪用公款等违反行政纪律的行为时，经县级以上人民政府监察机关领导人员批准，可以暂予扣留与贪污、贿赂、挪用公款等有关的财物。

监察机关采取前两款规定的措施，应当出具监察通知书，对有关财物开列清单，并由各方当事人当场核对、签字。

第十三条 监察机关采取行政监察法第二十条第（三）项规定的措施，应当经县级以上人民政府监察机关领导人员批准。

经调查证明违反行政纪律的被监察人员涉嫌犯罪的，监察机关应当及时将案件移送司法机关依法处理。

第十四条 行政监察法第二十条第（四）项所称“暂停有严重违反行政纪律嫌疑的人员执行职务”，是指有关机关根据监察机关的建议，暂时停止有严重违反行政纪律嫌疑的被监察人员的职务活动。

监察机关建议暂停执行职务的情形包括：

（一）有严重违反行政纪律嫌疑的被监察人员继续执行职务将造成不良影响，或者给工作造成损失的；

（二）有严重违反行政纪律嫌疑的被监察人员利用职权阻挠、干扰、破坏案件调查，或者威胁、利诱、打击报复控告人、检举人、证人、办案人员的。

监察机关建议暂停执行职务，应当制作监察通知书，并送达有关机关。有关机关应当在3日内作出是否暂停执行职务的决定。

对经调查核实不存在违反行政纪律事实或者不需要给予撤职以上行政处分的人员，监察机关应当在撤销案件或者作出行政处分决定后 3 日内书面通知有关机关解除暂停执行职务的措施，并在有关范围内宣布。

第十五条　行政监察法第二十条第（四）项所称“有关机关”，是指依法有权决定暂停有严重违反行政纪律嫌疑的被监察人员执行职务的机关。其中，对由全国人民代表大会及其常务委员会决定任命的人员暂停执行职务，由国务院决定；对由地方各级人民代表大会选举的人员暂停执行职务，由上级人民政府决定；对由地方各级人民代表大会常务委员会决定任命的人员，除对副省长、自治区副主席、副市长、副州长、副县长、副区长暂停执行职务由上级人民政府决定外，对其他人员暂停执行职务由本级人民政府决定。对上述人员以外的其他人员暂停执行职务，由其任免机关决定。

第十六条　监察机关采取行政监察法第十九条、第二十条、第二十一条所规定的措施，采取措施的条件消失后，监察机关应当及时解除措施。

第十七条　监察机关办理违法违纪案件，遇有下列情形之一的，可以提请公安机关、司法行政部门予以协助：

（一）需要向在押的犯罪嫌疑人、被执行刑罚的罪犯调查取证的；

（二）需要阻止与案件有关的人员出境的；

（三）需要协助收集、审查、判断或者认定证据的。

第十八条　监察机关办理违法违纪案件，遇有下列情形之一的，可以提请审计机关予以协助：

（一）需要对有关单位的财政、财务收支情况进行审计查证的；

（二）需要协助调查取证的。

第十九条　监察机关办理违法违纪案件，遇有下列情形之一的，可以提请税务、海关、工商行政管理、质量监督检验检疫等机关予以协助：

（一）需要协助调查取证的；

（二）需要协助收集、审查、判断或者认定证据的。

第二十条　监察机关提请公安、司法行政、审计、税务、海关、工商行政管理、质量监督检验检疫等机关予以协助，应当出具提请协助书，写明需要协助办理的事项和要求。

被提请协助的机关应当根据监察机关提请协助办理的事项和要求，在职权范围内予以协助。

第二十一条　行政监察法第二十三条第（二）项所称“本级人民政府所属部门和下级人民政府作出的决定、命令、指示违反法律、法规或者国家政策，应当予以纠正或者撤销的”情形，是指：

（一）决定、命令、指示的内容与法律、法规、规章相抵触的；

（二）决定、命令、指示的发布，超越法定职权或者违反法律、法规、规章规定的程序的。

第二十二条 行政监察法第二十三条第（三）项所称“补救措施”，是指消除影响、恢复名誉、赔礼道歉、给予赔偿等补救措施。

第二十三条 行政监察法第二十三条第（四）项所称“录用、任免、奖惩决定明显不适当，应当予以纠正的”情形，是指：

（一）被录用、任命人员明显不符合所任职务的条件，或者不符合任职回避规定的；

（二）超越权限或者违反程序作出录用、任免、奖惩决定的；（三）奖励明显不适当，或者处分畸轻畸重的。

第二十四条 监察机关对被监察人员作出给予行政处分的监察决定，按照下列规定进行：

（一）对由本级人民代表大会及其常务委员会决定任命的本级人民政府各部门领导人员和下一级人民代表大会及其常务委员会选举或者决定任命的人民政府领导人员，拟给予警告、记过、记大过、降级处分的，监察机关应当向本级人民政府提出处分意见，经本级人民政府批准后，由监察机关下达监察决定；拟给予撤职、开除处分的，先由本级人民政府或者下一级人民政府提请同级人民代表大会罢免职务，或者向同级人民代表大会常务委员会提请免去职务或者撤销职务后，由监察机关下达监察决定；

（二）对本级人民政府任命的人员，拟给予警告、记过、记大过、降级处分的，由监察机关直接作出监察决定，报本级人民政府备案；拟给予撤职、开除处分的，监察机关应当向本级人民政府提出处分意见，经本级人民政府批准后，由监察机关下达监察决定；

（三）对本级人民政府所属各部门和下一级人民政府及其所属各部门任命的人员，拟给予行政处分的，由监察机关直接作出监察决定。其中，县级人民政府监察机关给予被监察人员开除处分的，应当报县级人民政府批准。

第二十五条 监察机关对违反行政纪律的人员作出给予行政处分的监察决定后，由人民政府人事部门或者有关部门按照人事管理权限执行，并办理有关行政处分手续。

人民政府人事部门或者有关部门应当将监察机关作出的监察决定及其执行、办理的有关材料归入受处分人员的档案，并在适当范围内宣布。

第二十六条 监察机关根据检查、调查结果，对违反行政纪律取得的财物，可以作出没收、追缴或者责令退赔的监察决定，但依法应当由其他机关没收、追缴或者责令退赔的除外。

第二十七条 有关单位和人员对监察机关依法提出的监察建议应当采纳，但认为监察建议有下列情形之一的，可以提出异议：

（一）依据的事实不存在，或者证据不足的；

（二）适用法律、法规、规章错误的；

（三）提出的程序不合法的；

（四）涉及事项超出被建议单位或者人员法定职责范围的。

对有关单位或者人员提出的异议，监察机关应当予以审查。认为异议成立的，监察机关应当收回监察建议；认为异议不成立的，书面通知有关单位或者人员执行原监察建议。

第四章　监察程序

第二十八条　行政监察的检查事项，由监察机关根据本级人民政府或者上级监察机关的部署和要求以及工作需要确定。

行政监察法第二十九条第二款所称“重要检查事项”，是指根据本级人民政府或者上级监察机关的部署和要求确定的检查事项，或者监察机关认为在本行政区域内有重大影响而需要检查的事项。

第二十九条　对违反行政纪律行为进行初步审查，应当经监察机关领导人员批准。初步审查后，应当向监察机关领导人员提出报告，对存在违反行政纪律事实并且需要追究行政纪律责任的，经监察机关领导人员批准，予以立案。

第三十条　行政监察法第三十条第二款、第三十一条第二款所称“重要、复杂案件”，是指有下列情形之一的案件：

（一）本级人民政府所属部门或者下一级人民政府违法违纪的；

（二）需要给予本级人民政府所属部门领导人员或者下一级人民政府领导人员撤职以上处分的；

（三）社会影响较大的；

（四）涉及境外的。

第三十一条　监察机关决定立案调查的，应当通知被调查单位的上级主管机关或者被调查人员所在单位，但通知后可能影响调查的，可以暂不通知。

监察机关已通知立案的，未经监察机关同意，被调查人员所在单位的上级主管机关或者所在单位不得批准被调查人员出境、辞职、办理退休手续或者对其调动、提拔、奖励、处分。

第三十二条　监察机关调查取证应当由两名以上办案人员进行，调查时应当向被调查单位和被调查人员出示证件。

第三十三条　办理监察事项的监察人员有下列情形之一的，应当自行回避，被监察人员以及与监察事项有利害关系的公民、法人或者其他组织有权要求其回避：

（一）是被监察人员的近亲属的；

（二）办理的监察事项与本人有利害关系的；

（三）与办理的监察事项有其他关系，可能影响监察事项公正处理的。

监察机关领导人员的回避由本级人民政府领导人员或者上一级监察机关领导人员决定，其他监察人员的回避由本级监察机关领导人员决定。

本级人民政府或者上一级监察机关发现监察人员有应当回避的情形，可以直接决定该人员回避。

第三十四条　因主要涉案人员出境、失踪，或者遇到严重自然灾害等不可抗力事件，致使调查工作无法进行的，监察机关的调查可以中止。

中止调查应当经监察机关领导人员批准，并报上一级监察机关备案。经本级人民政府备案的立案案件中止调查的，应当再报本级人民政府备案。中止调查的情形消失后，监察机关应当恢复调查。自恢复调查之日起，办案期限连续计算。

第三十五条 监察机关立案调查的案件，办案期限自立案之日起算，至作出监察决定或者提出监察建议之日终止。

在调查处理过程中发现被调查人员有新的违反行政纪律事实的，办案期限应当自发现新的违反行政纪律事实之日起重新计算。

第三十六条 行政监察法第三十二条所称“特殊原因”，是指下列情形：

（一）案件发生在交通不便的边远地区的；

（二）案件涉案人员多、涉及面广、取证困难的；

（三）案件所适用的法律、法规、规章需要报请有权机关作出解释或者确认的。

第三十七条 行政监察法第三十四条所称“重要监察决定”和“重要监察建议”，是指监察机关办理重要检查事项和重要、复杂案件所作出的监察决定和提出的监察建议。

重要监察决定和重要监察建议应当报经本级人民政府和上一级监察机关同意。本级人民政府和上一级监察机关意见不一致的，由上一级监察机关报同级人民政府决定。

第三十八条 监察决定自作出之日起生效；需批准的，自批准之日起生效。

监察决定书和监察建议书可以由监察机关直接送达有关单位和人员，也可以委托其他监察机关送达。受送达人在送达回证上的签收日期为送达日期。受送达人拒绝接收或者拒绝签名、盖章的，送达人应当邀请受送达人所在单位人员到场，见证现场情况，由送达人在送达回证上记明拒收事由和日期，由送达人、见证人签名或者盖章，将监察决定书和监察建议书留在受送达人的住所或者所在单位，即视为送达。

第三十九条 对主管行政机关作出的行政处分决定或者行政处分的复核决定不服的，可以向该主管行政机关同级的监察机关提出申诉。

第四十条 监察机关复查申诉案件，认为原决定事实清楚、证据确凿、适用法律法规规章正确、定性准确、处理适当、程序合法的，予以维持。

第四十一条 监察机关复查申诉案件，认为原决定有下列情形之一的，可以在其职权范围内直接变更或者建议原决定机关变更；上一级监察机关认为下一级监察机关作出的监察决定有下列情形之一的，可以直接变更或者责令下一级监察机关变更：

（一）适用法律、法规、规章错误的；

（二）违法违纪行为的情节认定有误的；

（三）处理不适当的。

第四十二条 监察机关复查申诉案件，认为原决定有下列情形之一的，可以在其职权范围内直接撤销或者建议原决定机关撤销，决定撤销后，发回原决定机关重新作出决定；上一级监察机关认为下一级监察机关作出的监察决定有下列情形之一的，可以直接撤销或者责令下一级监察机关撤销，决定撤销后，责令下一级监察机关重新作出决定：

（一）违法违纪事实不存在，或者证据不足的；

（二）违反法定程序，影响案件公正处理的；

（三）超越职权或者滥用职权的。

第四十三条 监察机关移送案件，应当制作移送案件通知书。

接受移送的单位应当将处理结果按照监察机关移送案件通知书的要求，告知移送案件的监察机关。

第五章　附　则

第四十四条　本条例自2004年10月1日起施行。

【信访】

信访条例

（2005年1月5日国务院第76次常务会议通过，2005年1月10日中华人民共和国国务院令第431号公布，自2005年5月1日起施行）

第一章 总 则

第一条 为了保持各级人民政府同人民群众的密切联系，保护信访人的合法权益，维护信访秩序，制定本条例。

第二条 本条例所称信访，是指公民、法人或者其他组织采用书信、电子邮件、传真、电话、走访等形式，向各级人民政府、县级以上人民政府工作部门反映情况，提出建议、意见或者投诉请求，依法由有关行政机关处理的活动。

采用前款规定的形式，反映情况，提出建议、意见或者投诉请求的公民、法人或者其他组织，称信访人。

第三条 各级人民政府、县级以上人民政府工作部门应当做好信访工作，认真处理来信、接待来访，倾听人民群众的意见、建议和要求，接受人民群众的监督，努力为人民群众服务。

各级人民政府、县级以上人民政府工作部门应当畅通信访渠道，为信访人采用本条例规定的形式反映情况，提出建议、意见或者投诉请求提供便利条件。

任何组织和个人不得打击报复信访人。

第四条 信访工作应当在各级人民政府领导下，坚持属地管理、分级负责，谁主管、谁负责，依法、及时、就地解决问题与疏导教育相结合的原则。

第五条 各级人民政府、县级以上人民政府工作部门应当科学、民主决策，依法履行职责，从源头上预防导致信访事项的矛盾和纠纷。

县级以上人民政府应当建立统一领导、部门协调，统筹兼顾、标本兼治，各负其责、齐抓共管的信访工作格局，通过联席会议、建立排查调处机制、建立信访督查工作制度等方式，及时化解矛盾和纠纷。

各级人民政府、县级以上人民政府各工作部门的负责人应当阅批重要来信、接待重要来访、听取信访工作汇报，研究解决信访工作中的突出问题。

第六条 县级以上人民政府应当设立信访工作机构；县级以上人民政府工作部门及乡、镇人民政府应当按照有利工作、方便信访人的原则，确定负责信访工作的机构（以下简称信访工作机构）或者人员，具体负责信访工作。

县级以上人民政府信访工作机构是本级人民政府负责信访工作的行政机构，履行下列职责：

（一）受理、交办、转送信访人提出的信访事项；

（二）承办上级和本级人民政府交由处理的信访事项；

（三）协调处理重要信访事项；

（四）督促检查信访事项的处理；

（五）研究、分析信访情况，开展调查研究，及时向本级人民政府提出完善政策和改进工作的建议；

（六）对本级人民政府其他工作部门和下级人民政府信访工作机构的信访工作进行指导。

第七条 各级人民政府应当建立健全信访工作责任制，对信访工作中的失职、渎职行为，严格依照有关法律、行政法规和本条例的规定，追究有关责任人员的责任，并在一定范围内予以通报。

各级人民政府应当将信访工作绩效纳入公务员考核体系。

第八条 信访人反映的情况，提出的建议、意见，对国民经济和社会发展或者对改进国家机关工作以及保护社会公共利益有贡献的，由有关行政机关或者单位给予奖励。

对在信访工作中做出优异成绩的单位或者个人，由有关行政机关给予奖励。

第二章　信访渠道

第九条 各级人民政府、县级以上人民政府工作部门应当向社会公布信访工作机构的通信地址、电子信箱、投诉电话、信访接待的时间和地点、查询信访事项处理进展及结果的方式等相关事项。

各级人民政府、县级以上人民政府工作部门应当在其信访接待场所或者网站公布与信访工作有关的法律、法规、规章，信访事项的处理程序，以及其他为信访人提供便利的相关事项。

第十条 设区的市级、县级人民政府及其工作部门，乡、镇人民政府应当建立行政机关负责人信访接待日制度，由行政机关负责人协调处理信访事项。信访人可以在公布的接待日和接待地点向有关行政机关负责人当面反映信访事项。

县级以上人民政府及其工作部门负责人或者其指定的人员，可以就信访人反映突出的问题到信访人居住地与信访人面谈沟通。

第十一条 国家信访工作机构充分利用现有政务信息网络资源，建立全国信访信息系统，为信访人在当地提出信访事项、查询信访事项办理情况提供便利。

县级以上地方人民政府应当充分利用现有政务信息网络资源，建立或者确定本行政区域的信访信息系统，并与上级人民政府、政府有关部门、下级人民政府的信访信息系统实现互联互通。

第十二条 县级以上各级人民政府的信访工作机构或者有关工作部门应当及时将信访人的投诉请求输入信访信息系统，信访人可以持行政机关出具的投诉请求受理凭证到当地人民政府的信访工作机构或者有关工作部门的接待场所查询其所提出的投诉请求的办理情况。具体实施办法和步骤由省、自治区、直辖市人民政府规定。

第十三条 设区的市、县两级人民政府可以根据信访工作的实际需要，建立政府主导、社会参与、有利于迅速解决纠纷的工作机制。

信访工作机构应当组织相关社会团体、法律援助机构、相关专业人员、社会志愿者等共同参与，运用咨询、教育、协商、调解、听证等方法，依法、及时、合理处理信访人的投诉请求。

第三章 信访事项的提出

第十四条 信访人对下列组织、人员的职务行为反映情况，提出建议、意见，或者不服下列组织、人员的职务行为，可以向有关行政机关提出信访事项：

（一）行政机关及其工作人员；

（二）法律、法规授权的具有管理公共事务职能的组织及其工作人员；

（三）提供公共服务的企业、事业单位及其工作人员；

（四）社会团体或者其他企业、事业单位中由国家行政机关任命、派出的人员；

（五）村民委员会、居民委员会及其成员。

对依法应当通过诉讼、仲裁、行政复议等法定途径解决的投诉请求，信访人应当依照有关法律、行政法规规定的程序向有关机关提出。

第十五条 信访人对各级人民代表大会以及县级以上各级人民代表大会常务委员会、人民法院、人民检察院职权范围内的信访事项，应当分别向有关的人民代表大会及其常务委员会、人民法院、人民检察院提出，并遵守本条例第十六条、第十七条、第十八条、第十九条、第二十条的规定。

第十六条 信访人采用走访形式提出信访事项，应当向依法有权处理的本级或者上一级机关提出；信访事项已经受理或者正在办理的，信访人在规定期限内向受理、办理机关的上级机关再提出同一信访事项的，该上级机关不予受理。

第十七条 信访人提出信访事项，一般应当采用书信、电子邮件、传真等书面形式；信访人提出投诉请求的，还应当载明信访人的姓名（名称）、住址和请求、事实、理由。

有关机关对采用口头形式提出的投诉请求，应当记录信访人的姓名（名称）、住址和请求、事实、理由。

第十八条 信访人采用走访形式提出信访事项的，应当到有关机关设立或者指定的接待场所提出。

多人采用走访形式提出共同的信访事项的，应当推选代表，代表人数不得超过5人。

第十九条 信访人提出信访事项，应当客观真实，对其所提供材料内容的真实性负责，不得捏造、歪曲事实，不得诬告、陷害他人。

第二十条 信访人在信访过程中应当遵守法律、法规，不得损害国家、社会、集体的利益和其他公民的合法权利，自觉维护社会公共秩序和信访秩序，不得有下列行为：

（一）在国家机关办公场所周围、公共场所非法聚集，围堵、冲击国家机关，拦截公务车辆，或者堵塞、阻断交通的；

（二）携带危险物品、管制器具的；

（三）侮辱、殴打、威胁国家机关工作人员，或者非法限制他人人身自由的；

（四）在信访接待场所滞留、滋事，或者将生活不能自理的人弃留在信访接待场所的；

（五）煽动、串联、胁迫、以财物诱使、幕后操纵他人信访或者以信访为名借机敛财的；

（六）扰乱公共秩序、妨害国家和公共安全的其他行为。

第四章　信访事项的受理

第二十一条　县级以上人民政府信访工作机构收到信访事项，应当予以登记，并区分情况，在15日内分别按下列方式处理：

（一）对本条例第十五条规定的信访事项，应当告知信访人分别向有关的人民代表大会及其常务委员会、人民法院、人民检察院提出。对已经或者依法应当通过诉讼、仲裁、行政复议等法定途径解决的，不予受理，但应当告知信访人依照有关法律、行政法规规定程序向有关机关提出。

（二）对依照法定职责属于本级人民政府或者其工作部门处理决定的信访事项，应当转送有权处理的行政机关；情况重大、紧急的，应当及时提出建议，报请本级人民政府决定。

（三）信访事项涉及下级行政机关或者其工作人员的，按照“属地管理、分级负责，谁主管、谁负责”的原则，直接转送有权处理的行政机关，并抄送下一级人民政府信访工作机构。

县级以上人民政府信访工作机构要定期向下一级人民政府信访工作机构通报转送情况，下级人民政府信访工作机构要定期向上一级人民政府信访工作机构报告转送信访事项的办理情况。

（四）对转送信访事项中的重要情况需要反馈办理结果的，可以直接交由有权处理的行政机关办理，要求其在指定办理期限内反馈结果，提交办结报告。

按照前款第（二）项至第（四）项规定，有关行政机关应当自收到转送、交办的信访事项之日起15日内决定是否受理并书面告知信访人，并按要求通报信访工作机构。

第二十二条　信访人按照本条例规定直接向各级人民政府信访工作机构以外的行政机关提出的信访事项，有关行政机关应当予以登记；对符合本条例第十四条第一款规定并属于本机关法定职权范围的信访事项，应当受理，不得推诿、敷衍、拖延；对不属于本机关职权范围的信访事项，应当告知信访人向有权的机关提出。

有关行政机关收到信访事项后，能够当场答复是否受理的，应当当场书面答复；不能当场答复的，应当自收到信访事项之日起 15 日内书面告知信访人。但是，信访人的姓名（名称）、住址不清的除外。

有关行政机关应当相互通报信访事项的受理情况。

第二十三条　行政机关及其工作人员不得将信访人的检举、揭发材料及有关情况透露或者转给被检举、揭发的人员或者单位。

第二十四条 涉及两个或者两个以上行政机关的信访事项，由所涉及的行政机关协商受理；受理有争议的，由其共同的上一级行政机关决定受理机关。

第二十五条 应当对信访事项作出处理的行政机关分立、合并、撤销的，由继续行使其职权的行政机关受理；职责不清的，由本级人民政府或者其指定的机关受理。

第二十六条 公民、法人或者其他组织发现可能造成社会影响的重大、紧急信访事项和信访信息时，可以就近向有关行政机关报告。地方各级人民政府接到报告后，应当立即报告上一级人民政府；必要时，通报有关主管部门。县级以上地方人民政府有关部门接到报告后，应当立即报告本级人民政府和上一级主管部门；必要时，通报有关主管部门。国务院有关部门接到报告后，应当立即报告国务院；必要时，通报有关主管部门。

行政机关对重大、紧急信访事项和信访信息不得隐瞒、谎报、缓报，或者授意他人隐瞒、谎报、缓报。

第二十七条 对于可能造成社会影响的重大、紧急信访事项和信访信息，有关行政机关应当在职责范围内依法及时采取措施，防止不良影响的产生、扩大。

第五章 信访事项的办理和督办

第二十八条 行政机关及其工作人员办理信访事项，应当恪尽职守、秉公办事，查明事实、分清责任，宣传法制、教育疏导，及时妥善处理，不得推诿、敷衍、拖延。

第二十九条 信访人反映的情况，提出的建议、意见，有利于行政机关改进工作、促进国民经济和社会发展的，有关行政机关应当认真研究论证并积极采纳。

第三十条 行政机关工作人员与信访事项或者信访人有直接利害关系的，应当回避。

第三十一条 对信访事项有权处理的行政机关办理信访事项，应当听取信访人陈述事实和理由；必要时可以要求信访人、有关组织和人员说明情况；需要进一步核实有关情况的，可以向其他组织和人员调查。

对重大、复杂、疑难的信访事项，可以举行听证。听证应当公开举行，通过质询、辩论、评议、合议等方式，查明事实，分清责任。听证范围、主持人、参加人、程序等由省、自治区、直辖市人民政府规定。

第三十二条 对信访事项有权处理的行政机关经调查核实，应当依照有关法律、法规、规章及其他有关规定，分别作出以下处理，并书面答复信访人：

（一）请求事实清楚，符合法律、法规、规章或者其他有关规定的，予以支持；

（二）请求事由合理但缺乏法律依据的，应当对信访人做好解释工作；

（三）请求缺乏事实根据或者不符合法律、法规、规章或者其他有关规定的，不予支持。

有权处理的行政机关依照前款第（一）项规定作出支持信访请求意见的，应当督促有关机关或者单位执行。

第三十三条 信访事项应当自受理之日起 60 日内办结；情况复杂的，经本行政机关负责人批准，可以适当延长办理期限，但延长期限不得超过 30 日，并告知信访人延期理由。法律、行政法规另有规定的，从其规定。

第三十四条 信访人对行政机关作出的信访事项处理意见不服的，可以自收到书面答复之日起 30 日内请求原办理行政机关的上一级行政机关复查。收到复查请求的行政机关应当自收到复查请求之日起 30 日内提出复查意见，并予以书面答复。

第三十五条 信访人对复查意见不服的，可以自收到书面答复之日起 30 日内向复查机关的上一级行政机关请求复核。收到复核请求的行政机关应当自收到复核请求之日起 30 日内提出复核意见。

复核机关可以按照本条例第三十一条第二款的规定举行听证，经过听证的复核意见可以依法向社会公示。听证所需时间不计算在前款规定的期限内。

信访人对复核意见不服，仍然以同一事实和理由提出投诉请求的，各级人民政府信访工作机构和其他行政机关不再受理。

第三十六条 县级以上人民政府信访工作机构发现有关行政机关有下列情形之一的，应当及时督办，并提出改进建议：

（一）无正当理由未按规定的办理期限办结信访事项的；

（二）未按规定反馈信访事项办理结果的；

（三）未按规定程序办理信访事项的；

（四）办理信访事项推诿、敷衍、拖延的；

（五）不执行信访处理意见的；

（六）其他需要督办的情形。

收到改进建议的行政机关应当在 30 日内书面反馈情况；未采纳改进建议的，应当说明理由。

第三十七条 县级以上人民政府信访工作机构对于信访人反映的有关政策性问题，应当及时向本级人民政府报告，并提出完善政策、解决问题的建议。

第三十八条 县级以上人民政府信访工作机构对在信访工作中推诿、敷衍、拖延、弄虚作假造成严重后果的行政机关工作人员，可以向有关行政机关提出给予行政处分的建议。

第三十九条 县级以上人民政府信访工作机构应当就以下事项向本级人民政府定期提交信访情况分析报告：

（一）受理信访事项的数据统计、信访事项涉及领域以及被投诉较多的机关；

（二）转送、督办情况以及各部门采纳改进建议的情况；

（三）提出的政策性建议及其被采纳情况。

第六章 法律责任

第四十条 因下列情形之一导致信访事项发生，造成严重后果的，对直接负责的主管人员和其他直接责任人员，依照有关法律、行政法规的规定给予行政处分；构成犯罪的，依法追究刑事责任：

（一）超越或者滥用职权，侵害信访人合法权益的；

（二）行政机关应当作为而不作为，侵害信访人合法权益的；

（三）适用法律、法规错误或者违反法定程序，侵害信访人合法权益的；

（四）拒不执行有权处理的行政机关作出的支持信访请求意见的。

第四十一条 县级以上人民政府信访工作机构对收到的信访事项应当登记、转送、交办而未按规定登记、转送、交办，或者应当履行督办职责而未履行的，由其上级行政机关责令改正；造成严重后果的，对直接负责的主管人员和其他直接责任人员依法给予行政处分。

第四十二条 负有受理信访事项职责的行政机关在受理信访事项过程中违反本条例的规定，有下列情形之一的，由其上级行政机关责令改正；造成严重后果的，对直接负责的主管人员和其他直接责任人员依法给予行政处分：

（一）对收到的信访事项不按规定登记的；

（二）对属于其法定职权范围的信访事项不予受理的；

（三）行政机关未在规定期限内书面告知信访人是否受理信访事项的。

第四十三条 对信访事项有权处理的行政机关在办理信访事项过程中，有下列行为之一的，由其上级行政机关责令改正；造成严重后果的，对直接负责的主管人员和其他直接责任人员依法给予行政处分：

（一）推诿、敷衍、拖延信访事项办理或者未在法定期限内办结信访事项的；

（二）对事实清楚，符合法律、法规、规章或者其他有关规定的投诉请求未予支持的。

第四十四条 行政机关工作人员违反本条例规定，将信访人的检举、揭发材料或者有关情况透露、转给被检举、揭发的人员或者单位的，依法给予行政处分。

行政机关工作人员在处理信访事项过程中，作风粗暴，激化矛盾并造成严重后果的，依法给予行政处分。

第四十五条 行政机关及其工作人员违反本条例第二十六条规定，对可能造成社会影响的重大、紧急信访事项和信访信息，隐瞒、谎报、缓报，或者授意他人隐瞒、谎报、缓报，造成严重后果的，对直接负责的主管人员和其他直接责任人员依法给予行政处分；构成犯罪的，依法追究刑事责任。

第四十六条 打击报复信访人，构成犯罪的，依法追究刑事责任；尚不构成犯罪的，依法给予行政处分或者纪律处分。

第四十七条 违反本条例第十八条、第二十条规定的，有关国家机关工作人员应当对信访人进行劝阻、批评或者教育。

经劝阻、批评和教育无效的，由公安机关予以警告、训诫或者制止；违反集会游行示威的法律、行政法规，或者构成违反治安管理行为的，由公安机关依法采取必要的现场处置措施、给予治安管理处罚；构成犯罪的，依法追究刑事责任。

第四十八条 信访人捏造歪曲事实、诬告陷害他人，构成犯罪的，依法追究刑事责任；尚不构成犯罪的，由公安机关依法给予治安管理处罚。

第七章　附　则

第四十九条　社会团体、企业事业单位的信访工作参照本条例执行。

第五十条　对外国人、无国籍人、外国组织信访事项的处理，参照本条例执行。

第五十一条　本条例自2005年5月1日起施行。1995年10月28日国务院发布的《信访条例》同时废止。

环境信访办法

（1997年4月29日，国家环保局第19号局令发布）

第一章　总　则

第一条　为了保持各级环境保护行政主管部门同人民的密切联系，保障环境信访人的合法权益，维护环境信访秩序和社会稳定，促进经济与环境保护的协调发展，根据国务院《信访条例》和环境保护的法律、法规，制定本办法。

第二条　本办法所称环境信访是指公民、法人和其他组织通过书信、电话、走访等形式，向县级以上各级人民政府的环境保护行政主管部门（以下简称各级环境保护行政主管部门）反映环境保护情况，提出意见、建议和要求，环境保护行政主管部门依法予以处理的活动。

第三条　各级环境保护行政主管部门应当做好环境信访工作，认真处理来信、来电，热情接待来访，倾听人民群众的意见、建议和要求，接受人民群众的监督，努力为人民服务。

第四条　各级环境保护行政主管部门的负责人必须重视环境信访工作，亲自阅批重要来信、接待重要来访，研究解决环境信访工作中的问题，检查指导环境信访工作。

第五条　环境信访工作应当遵循下列原则：

（一）依照宪法、法律、法规和政策办事；

（二）在各级人民政府领导下，坚持分级负责，属地办理，就地解决问题；

（三）深入调查研究，坚持实事求是，妥善、及时处理问题；

（四）能够解决的问题应及时解决，一时解决不了的应耐心做好解释工作。

第二章　环境信访人的权利和义务

第六条　环境信访人，是指采用书信、电话、走访等形式向各级环境保护行政主管部门反映有关环境保护的情况，提出意见、建议和要求的公民、法人和其他组织。

第七条　环境信访人享有下列权利：

（一）检举、揭发、控告违反环境保护法律、法规和侵害公民合法环境权益的行为；

（二）对环境保护行政主管部门及其工作人员提出批评和建议，对污染防治工作提出意见和建议；

（三）检举、揭发环境保护行政主管部门工作人员的违纪、违法及失职行为；

（四）依法提出其他有关环境信访的事项。

第八条 环境信访人应当履行下列义务：

（一）遵守宪法及环境保护的法律、法规，不得损害国家、集体和其他公民的合法权益；

（二）遵守环境信访秩序，尊重社会公德，爱护接待场所的公共财物；

（三）如实反映情况，不得捏造或者歪曲事实，不得诬告、陷害他人；

（四）服从环境保护行政主管部门作出的符合环境保护法律、法规的处理决定；

（五）不得纠缠、侮辱、殴打、威胁接待人员。

第九条 环境信访人的环境信访事项应当向依法有权作出处理决定的当地或其上一级环境保护行政主管部门提出。

第十条 通过书信形式反映问题的，应当签署真实姓名，写明通信地址或邮政编码。申诉信、控告信或检举信应当写明被反映者的姓名、单位、住址及所申诉、控告或检举的基本事实。

采用走访形式反映问题的，应当到环境保护行政主管部门设立或者指定的接待场所，向环境信访工作人员提出。

第十一条 多人反映共同意见、建议和要求的，一般应当采用书信、电话形式提出；需要当面反映的，应当推选代表提出，代表人数不得超过5人。

第三章　环境信访工作机构与职责

第十二条 各级环境保护行政主管部门应当按照方便群众、有利工作的原则，设置专门的环境信访工作机构或者指定其他机构负责环境信访工作，并配备专职或兼职信访工作人员，保证工作经费，配备必要的工作设施。

前款规定的专门的环境信访工作机构和被指定负责环境信访工作的机构，以下简称“环境信访工作机构”。

各级环境保护行政主管部门的环境信访工作机构代表本机关负责组织、协调环境信访工作，处理环境信访问题，保障环境信访渠道的畅通。

第十三条 国家环境保护行政主管部门环境信访工作机构的职责：

（一）对全国环境信访工作进行业务指导，总结交流环境信访工作经验，负责环境信访工作人员的培训；

（二）承办上级机关及领导交办的环境信访事项、跨省区或在全国范围内有重大影响的环境信访案件，并负责上报处理结果；

（三）向下级环境保护行政主管部门环境信访工作机构交办环境信访事项，并负责督促、检查，负责协调解决省、自治区、直辖市环境保护行政主管部门之间的环境信访问题；

（四）综合研究全国环境信访情况，及时向本机关负责人或有关部门提出环境信访工作建议、意见，反映环境信访信息；

（五）向环境信访人宣传有关环境保护法律、法规，维护环境信访人的合法权益。

第十四条 地方各级环境保护行政主管部门环境信访工作机构的职责：

（一）对本行政区环境信访工作进行业务指导，总结交流环境信访工作经验，负责环境信访工作人员的培训；

（二）承办上级机关及领导交办的环境信访事项、跨行政区或在本辖区范围内有重大影响的环境信访案件，并负责上报处理结果；

（三）向下级环境保护行政主管部门环境信访工作机构交办环境信访事项，并负责督促、检查、协调解决下级环境保护行政主管部门之间的环境信访问题；

（四）综合研究环境信访情况，及时向本机关负责人、上级环境保护行政主管部门和有关部门反映环境信访信息；

（五）向环境信访人宣传环境保护法律、法规，维护环境信访人的合法权益。

第四章 受理范围

第十五条 各级环境保护行政主管部门在其职权范围内，受理环境信访人提出属于本办法第七条规定的环境信访事项。

当环境保护行政主管部门发现受理的信访事项不属于环境保护行政主管部门处理时，应当告知信访人依法向有关行政机关提出。

第十六条 对已经或者应当通过诉讼、行政复议、仲裁解决的环境信访事项，环境信访工作机构应当告知环境信访人依照有关法律、行政法规的规定办理。

第十七条 当环境信访事项涉及两个以上环境保护行政主管部门时，环境信访人可以选择其中一个环境保护行政主管部门提出环境信访事项，环境信访人向两个以上环境保护行政主管部门提出环境信访事项的，由最先收到来信、来电或接待来访的环境保护行政主管部门受理，受理有争议的，由争议各方协商解决，协商不成的，报其共同的上一级环境保护行政主管部门指定受理机关。

第十八条 环境信访人未依照本办法第九条的规定而直接到上级环境保护行政主管部门提出环境信访事项的，环境信访工作机构应当告知环境信访人依照本办法第九条的规定提出环境信访事项；上级环境保护行政主管部门认为有必要直接受理的环境信访事项，可以直接受理。

第十九条 公民、法人和其他组织发现可能造成社会影响的重大、紧急环境污染信访事项和信息时，可以就近向环境保护行政主管部门报告，当地环境保护行政主管部门应当在职权范围内依法采取措施，果断处理，防止不良影响的发生或扩大，并立即报告当地人民政府和上一级环境保护行政主管部门。

第二十条 环境信访工作机构发现来访人员中有精神病人或传染病人的，应当根据《信访条例》第二十条、二十一条的规定处理。

第二十一条 环境信访人不遵守本办法第八条第二款、第五款的规定，影响接待工作的，环境信访工作机构可以给予批评教育，批评教育无效的，环境信访工作机构可以请求所在地公安机关依法将其带离接待场所，并按规定进行处理。

第五章　办　理

第二十二条　各级环境保护行政主管部门对受理的来信、来电、来访应当进行登记，并根据职责权限和信访事项的性质，按照下列方式办理信访事项：

（一）对本机关依法应当或者有权做出处理决定的环境信访事项，应当直接办理；

（二）对依法应当由上级环境保护行政主管部门做出处理决定的环境信访事项，应当及时报送上级环境保护行政主管部门办理；

（三）对依法应当由其他行政机关做出处理决定的信访事项，应当及时转送、转交其他行政机关办理。

第二十三条　涉及两个以上环境保护行政主管部门管辖的环境信访事项，由受理单位同有关部门协商办理；对办理结果有争议的，由其共同的上一级环境保护行政主管部门协调处理。

第二十四条　各级环境保护行政主管部门及其工作人员办理环境信访事项，应当恪尽职守，秉公办事，查清事实，分清责任，正确疏导，妥善处理，不得推诿、敷衍、拖延。

第二十五条　各级环境保护行政主管部门及其工作人员在办理环境信访事项过程中，不得将检举、揭发、控告材料及有关情况透露或者转送给被检举、揭发、控告的人员和单位。

第二十六条　办理环境信访的工作人员与环境信访事项或者环境信访人有直接利害关系的，应当回避。

第二十七条　各级环境保护行政主管部门直接办理的环境信访事项应当在 30 日内办结，并将办理结果答复环境信访人；情况复杂的，经上一级环境保护行政主管部门批准，时限可以适当延长。

第二十八条　各级环境保护行政主管部门对上级行政机关交办的环境信访事项，应当自收到交办件之日起 90 日内办结，并将办理结果报告上级行政机关；不能按期办结的，应当向上级行政机关说明情况。

上级行政机关认为对交办的环境信访事项处理不当的，可以要求办理机关重新处理。

第二十九条　环境信访人对环境保护行政主管部门做出的环境信访事项处理决定不服的，除依照法律、行政法规的规定申请复议或者提起行政诉讼的外，可以自收到处理决定之日起 30 日内请求原办理机关复查。原办理机关应当自收到复查请示之日起 30 日内提出复查意见，并予以答复。

第三十条　对原办理机关的处理决定或者复查意见不服的，环境信访人可以自收到处理决定或者复查意见之日起 30 日内请示上一级行政机关复查，上一级行政机关应自收到复查请求之日起 30 日内提出复查意见。经上一级行政机关复查，环境信访事项处理正确的，不再处理。

第三十一条　环境保护行政主管部门发现本机关对环境信访事项处理不当的，应当重新处理。

上级环境保护行政主管部门发现下级环境保护行政主管部门对环境信访事项处理不当的，有权直接处理或者责成下级环境保护行政主管部门重新处理。

第三十二条 各级环境保护行政主管部门应当及时分析环境信访事项反映的环境问题和人民群众的愿望，提出建议，改进工作。

第六章 奖励与处罚

第三十三条 对在环境信访工作中做出优异成绩的单位或者个人，由其主管机关给予表彰或者奖励。

第三十四条 环境信访人提出的建议、意见或者检举、揭发污染环境的违法行为，对环境保护工作或者对改进机关工作有贡献的，由环境保护行政主管部门给予表彰或者奖励。

第三十五条 环境保护行政主管部门在环境信访工作中不履行职责、推诿、敷衍、拖延的，上级环境保护行政主管部门可给予通报批评。

第三十六条 各级环境保护行政主管部门的工作人员，在环境信访工作中玩忽职守、徇私舞弊，给工作造成损失的，视情节轻重，给予批评教育或者依法给予行政处分；构成犯罪的，依法追究刑事责任。

第三十七条 环境信访人对依照法律、法规和国家政策的规定处理恰当的环境信访问题仍无理纠缠，妨碍环境信访秩序和环境保护行政主管部门工作人员执行公务的，环境信访工作机构应给予批评教育，也可以建议其所在单位给予批评教育或者依法给予行政处分，违反治安管理的，应移交公安机关依法处理。

第七章 附 则

第三十八条 本办法自公布之日起施行，1990 年 12 月 19 日国家环境保护局令第 4 号发布的《环境保护信访管理办法》同时废止。

【档案管理】

环境保护档案管理办法

（1994年10月6日，国家环保局、国家档案局第13号局令发布）

第一章　总　则

第一条　为加强环境保护档案管理，开发利用环境保护档案信息资源，根据《中华人民共和国档案法》及其实施办法，制定本办法。

第二条　环境保护档案是指各级环境保护行政主管部门及其直属单位（以下简称“环保部门”），在环境保护活动中直接形成的、对国家和社会有保存价值的各种文字、图表、声像等不同形式和载体的历史记录。

第三条　环境保护档案工作实行统一领导，分级管理。县级以上各级环保部门应当把环境保护档案工作纳入本部门的发展规划和年度计划，并保障档案业务经费。

第四条　环境保护档案库（室）的建设和环境保护档案管理所需仪器、设备及装具的购置经费，按有关规定从相应的资金渠道解决，不足部分在环境保护补助资金的20%部分中列支。

第五条　县级以上各级环保部门应当加强对不同门类和不同载体的环境保护档案的综合管理，建立、健全档案管理制度，保证环境保护档案的安全和有效利用。

各级环保部门应当采用先进技术，逐步实现环境保护档案管理的现代化。

第二章　档案管理机构及其职责

第六条　环境保护档案工作在国家档案行政管理部门“统筹规划，组织协调，统一制度，监督和指导”下进行。国务院环境保护行政主管部门对全国环境保护档案工作实施监督管理。

县级以上地方各级环境保护行政主管部门对本辖区环境保护档案工作实施监督管理，并在业务上受上级环境保护行政主管部门和同级档案行政主管部门的监督、指导和检查。

第七条　省辖市级以上环境保护行政主管部门，应根据实际情况，建立环保档案管理机构，并配备专职档案工作人员；县级环境保护行政主管部门应设立综合档案室，并配备专职或者兼职档案工作人员；

各级环境保护行政主管部门的直属单位应当根据实际情况，设立环保档案管理机构，并配备专职或者兼职档案工作人员。

第八条 环保部门的档案管理机构履行下列职责：

（一）贯彻执行国家档案工作的方针、政策和法规，结合本部门的实际情况，制定档案工作的管理制度；

（二）对所在部门内各职能机构的文件材料的形成、积累、整理和立卷归档工作进行指导，并集中管理所在部门的全部档案；

（三）对所在部门的下属单位的档案工作进行业务指导和监督、检查，并组织环境保护档案的业务培训；

（四）组织档案信息资源的开发，做好档案利用的服务工作。

（五）参加重要科研成果验收、工程竣工和设备仪器开箱的文件材料验收工作。

第三章 档案工作人员及其职责

第九条 档案工作人员（包括以做档案工作为主的兼职人员）必须坚持四项基本原则，严格遵守党和国家的各项法规、制度。档案工作人员应当忠于职守，热爱档案事业，刻苦钻研业务，并具有较高的科学文化和专业知识。

第十条 档案工作人员的职务或职称的评定和晋升、业务能力的考核，按照国家有关规定执行，并享有专业人员的同等待遇。

各级环保部门应当保持档案工作人员的相对稳定。

第十一条 档案工作人员履行以下职责：

（一）贯彻执行档案工作的方针、政策、法规及有关制度；

（二）监督、指导和协助文书立卷人员和专业技术人员做好文件材料的形成、积累、整理和立卷归档工作；

（三）检查、验收科技项目或者上报评奖成果的档案是否完整、准确、系统；

（四）负责本单位档案的收集、整理、保管、鉴定和统计工作，熟悉所保管的档案情况；

（五）开展档案的开发利用工作，迅速准确地查调档案；

（六）遵守国家保密制度，不得造成档案的损毁、丢失、泄露；不得擅自提供、复制档案，确保环境保护档案的机密与安全。

第四章 文件材料的形成与归档

第十二条 环境保护文件材料的形成、积累、整理和立卷归档工作，由文件材料的经办部门和经办人员负责。

第十三条 环境保护档案工作实行“四同步”管理，即：下达环境保护任务与提出环境保护文件材料的形成、积累、整理和归档要求同步；检查环境保护工作进度与检查环境保护文件材料的形成、积累、整理和归档同步；鉴定、验收环境保护科技成果与鉴定、验收环境保护科技文件材料的立卷和归档同步；上报登记和评审奖励环境保护科技成果与档案管理机构出具证明材料同步。

第十四条 在职务活动中形成的文件材料，必须定期由文书部门或者经办部门整理、立卷，并移交档案管理机构集中管理，任何个人不得据为己有或者拒绝归档。

第十五条 承担环保部门的科研项目或者工程任务的单位，在申请科研项目或者工程任务验收时，必须由本单位档案管理机构对应当归档的文件材料进行检查，并出具合格证明。

承担环境保护行政主管部门下达的重要工程任务的单位，在申请工程验收前，必须通知下达工程任务的环境保护行政主管部门的档案管理机构对应当归档的文件材料进行检查验收。

科研项目或者工程任务的档案未经验收或者经检查不符合要求的，对该项科研项目或者工程任务不能进行鉴定、验收。

第十六条 文件材料的归档应在以下时间内完成：

（一）文书档案应由经办单位或者经办人员在次年六月底以前移交档案管理机构；

（二）环境保护科研或者工程建设档案，应由下达科研项目或者工程任务的环保部门督促承担单位在成果鉴定或者工程验收后两个月内移交档案管理机构归档，周期过长的可以按形成阶段分期归档；

（三）重要的工作会议、专业性技术会议和学术会议的文件材料，应由会议组织单位在会议结束后一个月内整理、立卷，并移交档案管理机构；

（四）带有密级的环境保护文件材料，应由经办单位随时形成随时归档。

第五章 档案的管理

第十七条 环境保护档案的著录分类标引，依照《中国档案分类法　环境保护档案分类表》、《环境保护档案著录细则》进行。

第十八条 环境保护档案的保管期限分为永久、长期、短期三种。凡在工作查考、经验总结、科学研究等方面具有长远利用价值的，应永久保存；凡在较长时间内具有查考利用价值的，应长期（16 年至 50 年）保存；凡在一定时期具有利用价值的，应短期（15 年以内）保存。

第十九条 环境保护档案的保存价值应定期进行鉴定。对保管期限的变动、密级调整和需要销毁的档案，必须经过专门的鉴定小组鉴定，并报本部门主管负责人批准。

环境保护档案鉴定小组由本部门档案、保密和有关业务部门的人员组成。

第二十条 环境保护档案的销毁由档案管理机构执行，并报本部门的保密和保卫部门备案。销毁档案时，由档案、保密或者保卫部门指派两人监督销毁并在销毁清册上签字。

档案销毁后及时调整档案柜架，并在目录及检索工具中做出相应的注明。

库存档案未经鉴定并履行批准手续的，严禁销毁。

第二十一条 环保档案管理机构应建立健全档案统计制度，并按时将统计结果汇总报上级环境保护行政主管部门和同级档案行政主管部门。

第二十二条 单位撤销或变动时，应当妥善保管环境保护档案，向接收单位移交，并向上级环境保护行政主管部门报告。

工作人员调动时，属于归档范围的文件材料必须全部上交，并办理移交手续，不得擅自带走或毁弃。

第二十三条 环保部门必须提供保管环境保护档案的专用库房，并指定专人管理。

档案库房必须配备防盗、防火、防潮、防污染和防虫、防鼠等安全设施，并保持适当的温度、湿度。

存放声像等特殊载体档案的装具，应当配备防磁化设施。

第二十四条 环保档案管理机构应定期检查环境保护档案的保管状态，对破损或变质的档案应及时修复。

第六章 档案的利用

第二十五条 环保档案管理机构应当编制各种检索工具，积极开发环境保护档案信息资源。

第二十六条 环保档案管理机构应当开展档案的编研工作，并根据环境保护工作的实际需要，将已有档案加工成文摘、汇编或专题史料等不同类型的参考资料，为环境保护工作提供服务。

第二十七条 环保部门保存的档案主要供本部门利用。

其他系统或部门的工作人员查阅档案时，需持本单位介绍信，说明利用目的和范围，并经环保部门有关负责人批准后方可查阅。

第二十八条 查阅涉及党和国家秘密的环境保护档案必须经过分管档案工作的行政领导及保密部门批准；查阅未公开的档案，必须经过有关业务部门负责人批准；摘录和复制档案，必须经过环保档案管理机构负责人批准。

第二十九条 借用环境保护档案者应负责所借档案的安全和保密，不得擅自转借，不得折叠、剪贴或抽取、拆散档案，严禁在环境保护档案上勾画、涂抹、填注、加字、改字或以其他方式损害档案的原有状态。

借阅的档案一般不得带出档案室。

第三十条 对本部门以外的工作人员利用环境保护档案，可以实行有偿服务，收费的范围和标准按国家有关规定执行。

第七章 奖励与处罚

第三十一条 凡有下列事迹之一的，由环境保护行政主管部门给予表彰和奖励：

（一）在环境保护档案的收集、整理或者开发利用方面做出显著成绩的；

（二）对环境保护档案的保护和现代化管理做出显著成绩的；

（三）将个人所有的重要或者珍贵的环境保护档案捐赠给国家的；

（四）执行档案法律、法规表现突出的。

第三十二条 违反本办法有下列行为之一的，由环境保护行政主管部门或其所在单位对直接责任人员给予行政处分，造成损失的可以根据档案的价值和数量，按有关规定责令赔偿损失；

（一）损毁、丢失或擅自销毁具有保存价值的或者应当保密的环境保护档案；

（二）将职务活动中形成的应当归档的文件、资料据为己有或者拒绝向档案管理机构移交的；

（三）擅自提供、抄录或者公布有密级档案的；

（四）涂改、伪造档案的；

（五）档案工作人员玩忽职守，造成档案损失的。

第八章　附　则

第三十三条 各省、自治区、直辖市环境保护行政主管部门可根据本办法，结合本地区情况，制定实施细则，并报国务院环境保护行政主管部门备案。

第三十四条 本办法自公布之日起施行，1988 年 11 月 18 日颁发的《环境保护档案管理暂行规定》同时废止。

【政务公开】

中共中央办公厅　国务院办公厅关于进一步推行政务公开的意见

（2005年3月24日）

为深入贯彻落实党的十六大和十六届四中全会精神，发展社会主义民主，保障人民群众的民主权利，提高依法行政水平，加强对行政权力的监督，经党中央、国务院同意，现就进一步推行政 务公开提出如下意见。

一、提高对推行政务公开重要意义的认识

推行政务公开是实践“三个代表”重要思想，坚持立党为公、执政为民，加强党的执政能力建设的具体体现；是坚持和发展社会主义民主，建设社会主义政治文明，构建社会主义和谐社会的必然要求；是落实依法治国基本方略，推进依法行政，建设法治政府的重要举措；是建立健全惩治和预防腐败体系，形成行为规范、运转协调、公正透明、廉洁高效的行政管理体制的重要内容。

党中央、国务院对推行政务公开十分重视。党的十五大、十六大都明确提出要推行政务公开。2000年12月，中共中央办公厅、国务院办公厅发出《关于在全国乡镇政权机关全面推行政务公开制度的通知》（中办发［2000］25号），对乡（镇）政务公开作出部署，对县（市）级以上政务公开提出了要求。2004年3月，国务院印发《全面推进依法行政实施纲要》（国发［2004］10号），把行政决策、行政管理和政府信息的公开作为推进依法行政的重要内容。2005年1月，党中央印发《建立健全教育、制度、监督并重的惩治和预防腐败体系实施纲要》（中发［2005］3号），明确提出“健全政务公开、厂务公开、村务公开制度”。各地区各部门按照中央的要求，结合实际，狠抓落实，积极探索，不断创新，政务公开稳步推行，发展势头良好。政务公开的推行，拓宽了群众参政议政的渠道，加强了对政府行政行为的监督，推进了依法行政，密切了党群干群关系，促进了勤政廉政建设，得到人民群众的拥护和支持。

当前，政务公开工作与完善社会主义市场经济体制、推进社会主义民主法制建设的要求在一些方面还不能完全适应，主要是：有的领导干部对政务公开的重要性认识不足，推行政务公开的力度不够；一些行政机关工作人员依法行政的观念和政务公开的意识还比较淡薄，依法行政的能力和水平有待进一步提高；有的地区和部门政务公开制度不健全，程序不规范，工作不落实，甚至存在形式主义倾向。这些问题在一定程度上影响了政务公开工作的落实，妨碍了人民群众知情权、参与权和监督权的行使。社会主义民主

政治的不断发展和依法行政的全面推进，对政务公开工作提出了更高的要求，各级领导干部和行政机关工作人员要切实提高对进一步推行政务公开重要意义的认识，以与时俱进、求真务实的精神，进一步把政务公开工作抓紧抓好。

二、明确推行政务公开的指导思想、基本原则和工作目标

推行政务公开要以邓小平理论和“三个代表”重要思想为指导，深入贯彻党的十六大、十六届四中全会和《全面推进依法行政实施纲要》精神，以保障人民群众的民主权利、维护人民群众的根本利益为出发点和落脚点，提高行政机关行政行为的透明度和办事效率，切实加强对行政权力的监督，推动行政管理体制改革，促进依法行政，更好地为改革发展稳定的大局服务。

推行政务公开要坚持严格依法、全面真实、及时便民的原则。要严格按照法律法规和有关政策规定，对各类行政管理和公共服务事项，除涉及国家秘密和依法受到保护的商业秘密、个人隐私之外，都要如实公开。要按照规定的制度和程序，对应该公开的事项，采用方便、快捷的方式及时公开。

推行政务公开的工作目标，要与深化行政管理体制改革和全面推进依法行政、建设法治政府的目标和进程相一致。经过不懈努力，使政务公开成为各级政府施政的一项基本制度，政府工作透明度不断提高，政府与群众沟通的渠道更加畅通，人民群众的知情权、参与权和监督权等民主权利得到切实保障。

三、进一步推行政务公开的主要任务、重点内容和形式

进一步推行政务公开要统筹规划，突出重点，切合实际，稳步实施。要适应经济社会发展和社会主义民主法制建设的要求，明确政务公开的内容和形式，增强政务公开的针对性和有效性。

各地区各部门要结合实际，确定进一步推行政务公开的主要任务。乡（镇）要继续贯彻中办发［2000］25 号文件精神，切实把各项要求落到实处。县（市）和市（地）级行政机关要规范和完善政务公开的内容、程序、形式和监督保障措施，全面推行政务公开；省级人民政府及其工作部门和国务院各部门要明确政务公开的内容和形式，并加强对本地区本系统政务公开工作的规划和指导。要把人民群众普遍关心、涉及人民群众切身利益的问题作为政务公开的重点内容，围绕行政主体基本情况和行政决策、执行、监督的程序、方法、结果等事项，不断拓展政务公开的内容。乡（镇）要重点公开其贯彻落实中央有关农村工作政策，以及财政、财务收支，各类专项资金、财政转移支付资金使用，筹资筹劳等情况。县（市）、市（地）要重点公开本地区城乡发展规划，财政预决算报告，重大项目审批和实施，行政许可事项办理，政府采购，征地拆迁和经营性土地使用权出让，矿产资源开发和利用，税费征收和减免政策的执行，突发公共事件的预报、发生和处置等情况。省级人民政府及其工作部门要重点公开本地区本部门经济建设和社会发展的相关政策与总体规划，财政预决算报告，行政许可事项的设定、调整、取消以及行政许可事项办理，国有企业重组改制、产权交易等情况。国务院各部门要结合实际，确定公开的重点内容。各地区各部门要编制本地区本系统政务公开内容的详细目录，分类向社会或在单位内部公开。

要完善政府新闻发布制度，通过政府新闻发布会定期发布政务信息；继续通过政府公报、政务公开栏、公开办事指南和其他形式公开政务；充分利用报刊、广播、电视、网络等媒体，发挥其在政务公开中的作用；积极探索通过社会公示、听证和专家咨询、论证以及邀请人民群众旁听政府有关会议等形式，对行政决策的过程和结果予以公开；通过各类综合或专项行政服务中心，对行政许可、公共服务等事项予以公开；加强政府网站建设，推进电子政务，逐步扩大网上审批、查询、交费、办证、咨询、投诉、求助等服务项目的范围，为人民群众提供快捷、方便的服务。

四、建立健全政务公开的法规制度

要加强制度建设，严格按制度办事，保障政务公开规范运行。要积极探索和推进政务公开的立法工作，抓紧制定《政府信息公开条例》。条件成熟的地区和部门要研究制定地方性法规或规章，逐步把政务公开纳入法制化轨道。要建立健全主动公开和依申请公开制度。对于应当让社会公众广泛知晓或参与的事项，要及时主动向社会公开。暂时不宜公开或不能公开的，要报上级主管机关备案。公开事项如变更、撤销或终止，要及时公布并作出说明。对于只涉及部分人和事的事项，要按照规定程序，向申请人公开，确实不能公开的要及时做好解释说明工作。

要建立健全政务公开评议制度。把政务公开纳入社会评议政风、行风的范围，组织人民群众对政务公开的内容是否真实、准确、全面，时间是否及时，程序是否符合规定，制度是否落实到位等进行评议。

要建立健全政务公开责任追究制度，明确政务公开工作各部门和单位的责任。对工作不力、搞形式主义的，要严肃批评，限期整改；对弄虚作假、侵犯群众民主权利、损害群众合法利益、造成严重后果的，要严肃查处。

五、切实加强对政务公开工作的组织领导

各级党委和政府要高度重视政务公开工作，切实加强领导，把政务公开工作列入议事日程，研究和解决工作中的重要问题。各地区各部门要设立政务公开工作领导机构及其办事机构，指导、协调政务公开的各项工作。地方各级人民政府和国务院各部门以及法律法规授权或行政机关依法委托行使行政权力的组织，是实施政务公开的责任主体。实行垂直领导和双重领导的部门，要按照本系统的要求，在当地党委和政府的领导下开展政务公开工作。要加强对行政机关工作人员的培训，为推行政务公开提供智力和技术支持。要加强宣传教育，营造推行政务公开的氛围，引导人民群众正确行使民主权利，参与政务公开的实践活动。

地方各级人民政府和国务院各部门要自觉接受同级人大及其常委会和政协对政务公开工作的监督；认真听取群众团体和人民群众对政务公开的意见和建议，接受人民群众和新闻媒体的监督。上级行政机关要加强对下级行政机关政务公开工作的层级监督。监察、审计等机关要按照各自的职责，对政务公开工作实行专门监督。要把政务公开作为行政机关目标考核的重要内容，各地区各部门要制定具体考核办法，明确考核标准，定期考评检查，促进政务公开工作的落实。

环境保护行政主管部门政务公开管理办法

（国家环保总局 2003 年 1 月 30 日　环发［2003］24 号）

第一章　总　则

第一条　为保障公众对环境保护工作的知情权、参与权与监督权，密切与人民群众的联系，实现环境保护行政主管部门（以下简称环保部门）政务公开的制度化、规范化，促进廉洁从政、依法行政，制定本办法。

第二条　环保部门政务公开工作遵循下列原则：

（一）依法公开。环保部门政务公开工作依照国家法律、法规和有关政策进行。

（二）客观真实。公开的内容客观真实可信。

（三）全面公开。环保部门政务公开的内容除涉及保密规定及无公开价值的以外，逐步实现对社会、公众全面公开。

（四）注重实效。政务公开工作从实际出发，突出重点，循序渐进，讲求实效，克服形式主义。

（五）方便公众、有利监督。政务公开应当方便公众办事，便于公众知情，有利于公众监督。

第三条　环保部门政务公开工作实现以下目标：

（一）办事程序简化，工作效率提高，机关作风明显好转。

（二）权力运行的监督制约机制加强，廉政建设成效显著。

（三）行政行为规范，依法行政水平提高。

（四）干部职工民主意识增强，民主管理、民主监督制度进一步落实，公众对环境保护工作满意度明显提高。

第四条　本办法适用于各级环境保护行政主管部门的政务公开工作。

第二章　政务公开的内容和形式

第五条　环保部门政务公开的内容，除属于国家秘密、国家安全以及涉及社会稳定事项的工作情况外，凡被社会和公众、企事业单位普遍关注的环境问题和环保工作，按管理权限，经规定的审查程序审查后，对外公开。包括下列内容：

（一）环境质量状况；

（二）环保部门规章、标准等规范性文件；

（三）环境保护的规划和计划；

（四）环境保护机构设置和工作职责；

（五）建设项目环境影响评价的审批、建设项目竣工环境保护验收、环境影响评价单位资质认可及其他环境保护审批、审核、核准、备案等情况；

（六）排污费征收的项目、标准、范围、依据、程序和使用情况以及处罚的依据、标准和执行情况；

（七）环境行政处罚案件查处、行政复议案件处理和环境保护执法检查情况；

（八）环保部门工作人员行为规范和廉政规定；

（九）环境保护行政事业性收费项目、标准、依据、范围、程序；

（十）纳入国家或地方国民经济发展计划重大环境保护项目的进展及项目建成后对环境、经济和社会产生的效益情况；

（十一）群众关心的其他环境问题和环保工作。

第六条 各级环保部门可以根据本地实际情况，通过会议、报刊、广播、电视、便民手册、电子触摸屏、互联网、政务公开栏等多种形式，实行环保政务公开。

第七条 环保部门工作人员应当在工作时间佩带表明身份的胸牌。

第三章 政务公开的程序和要求

第八条 上级环保部门对涉及下级部门的政务事项，在公开时应注意与下级部门的公开同步进行。

第九条 业务主管部门应及时对本部门需公开的内容汇总整理，在规定时限内，报政务公开工作负责部门，统一公开。

第十条 对公众要求公开的其他事项，由相关部门提出意见，报政务公开领导机构审核，可以公开的应予公开，公开内容应告知有关当事人。

第十一条 对涉及公众切身利益的重要事项，公开后，应收集公众意见和反应。对公众提出的合理建议，应当积极采纳；对公众反映的问题，应当及时研究，一时解决不了的，应做出说明解释。

第四章 政务公开的组织领导

第十二条 各级环保部门应加强对政务公开工作的领导，按本办法的要求并结合当地实际，认真推行政务公开工作。

第十三条 政务公开工作实行责任制，应遵循“谁主管、谁负责”的原则，落实工作责任制。

第十四条 各级环保部门应当成立以主要负责人为组长，有关部门负责人参加的政务公开领导小组，领导小组的职责是：组织学习，制定方案，审核公开内容，向社会发布公开信息，协调解决政务公开工作中的问题，督促检查等。

领导小组可以下设办公室，负责政务公开工作的具体组织、协调和监督检查事宜。

办公室主任可由综合部门负责人担任。

第十五条 环境保护宣传部门应加强对政务公开工作的宣传报道，充分发挥舆论监督作用。

第五章 政务公开的监督检查

第十六条 各级环保部门政务公开领导小组应加强对本级和下级环保部门实施政务公开情况的监督检查和指导。

第十七条 政务公开工作应纳入机关工作人员政绩的考核内容。

第十八条 各级环保部门应当建立健全有效的政务公开工作监督制度，实行内部监督与外部监督相结合，保证公开内容的真实性、广泛性和时效性。

第十九条 市、县两级环保部门可以邀请由当地人大代表、政协委员及企事业单位、街道居委会人员组成政务公开监督小组或聘请监督员，定期或不定期地召开监督小组或监督员会议，向他们介绍政务公开工作情况，听取意见和建议，不断改进工作。

第二十条 各级环境保护纪检监察部门应通过设立举报电话、监督信箱等渠道履行职责，对政务公开工作实施监督检查。

第六章 奖 惩

第二十一条 各级环保部门对推行政务公开工作的优秀单位和成效显著的同志应予以表彰、奖励。

第二十二条 对不按规定实施政务公开的单位、部门和领导干部，应予以通报批评并责令整改，同时取消其评选先进的资格。

第二十三条 对推行政务公开工作消极、措施不力的领导干部，应当进行批评教育，情节严重的，采取必要的组织处理措施。

第二十四条 对拒不推行政务公开制度或在政务公开工作中有弄虚作假等违纪行为的干部，按照有关规定，追究其责任。

第七章 附 则

第二十五条 本办法自2003年4月1日起施行。

第二十六条 各省、自治区、直辖市环境保护行政主管部门可以根据本办法，结合本地实际，制定具体实施办法。

国家环境保护总局机关政务公开实施方案（试行）

（国家环保总局办公厅2002年12月24日　环办［2002］148号）

为改进国家环保总局（以下简称总局）机关工作作风和施政方式，规范行政行为，提高工作效率，更好地接受社会监督，推进党风廉政建设，根据党中央、国务院有关政务公开的要求，结合总局实际情况，制定总局机关政务公开实施方案。

一、总则

（一）指导思想：以邓小平理论和江泽民同志“三个代表”重要思想为指导，以加强社会主义民主政治建设和依法、公平、公正、公开行政为目标，完善对权力运行的监督，加强廉政、勤政建设，改进机关作风，密切党群、干群关系，促进经济发展和环境保护目标的实现。

（二）基本原则：1．依法公开；2．全面公开；3．客观真实；4．注重实效；5．便于监督。

（三）领导体制：总局机关政务公开工作在总局党组的统一领导下，主要领导负总责，分管领导负全责，各部门各司其职，办公厅组织协调，纪检监察部门监督检查，依靠群众和社会的支持。

二、公开的内容及方式

根据总局机关实际，政务公开分对社会公开和对机关内部公开。

对社会公开

（一）公开的内容

1．与环境保护有关的规章、标准等法规性文件

（1）总局颁布的部门规章、规范性文件，法规和文件的规范性解释；

（2）环境保护国家标准、行业标准和标准性文件规定，标准的规范化解释；

（3）环境保护经济、技术政策；

（4）全国环境保护中长期计划及专项工作计划。

2．总局各项环境行政审批事项

（1）建设项目环境管理

①环境影响评价审批和建设项目竣工环境保护验收审批的依据、程序；

②具体环境影响评价项目审批和建设项目竣工环境保护验收的审批时限、审批结果；

③建设项目管理公众参与的方式、渠道、结果；

④环境影响评价资质管理：资格证书申请程序和要求；资格证书单位名单；资格证书单位工作范围；环境影响评价上岗证培训计划、安排和要求以及培训合格人员名单；证书考核要求及结果；

（2）排污收费：依据、程序、标准、解缴执行的情况；

（3）自然保护区、生态功能保护区评审标准、程序、结果；

（4）环境保护产业资质管理：环境保护设施运营资质、环境污染防治工程专项资质、环境保护产品检测机构资质认可的申报要求和程序、获证单位名单和工作范围；

（5）废物进出口和化学品进出口管理、核安全许可证审批管理等环境行政审批事项的依据、标准、程序、人员、时限、中介单位的管理和监督机制；中介单位收费标准；

（6）培训要求及收费标准。

3．环境保护的评优、命名、示范工程等工作

环境保护模范城市、环境保护模范企业、ISO14000 国家示范区、环保产业园区、生态工业园区、生态示范区、全国环境优美乡镇、生态省（市）等命名及城市环境综合整治定量考核等工作的标准、原则、程序、审查及公示情况，相应的监督管理办法和制度等。

4．对个人或集体开展的行政表彰及专项行政表彰的范围、条件、程序、审查与公示情况；对实行专业技术人员执业资格制度的有关管理内容等。

5．环境保护行政处罚和复议工作

（1）环境保护行政处罚：行政处罚的程序要求及具体事件立案、听证、处罚、执行的有关情况；

（2）环境保护行政复议：行政复议的程序要求及具体事件受理、决定、执行的有关情况。

6．社会公众普遍关注的环境问题

（1）中国环境状况公报、全国环境质量状况公报和环境统计信息、信访信息

全国主要流域（“三河”、“三湖”、长江、黄河、珠江）国控断面水质月报，重点断面水质自动监测周报、月报；长江三峡工程生态与环境监测公报；全国重点城市空气环境质量日报、预报；部分海滨城市海水浴场水质监测周报；

（2）生态环境调查结果及生态功能区划状况；

（3）自然保护区建设、生态功能保护区状况；

（4）生物多样性保护工作状况；

（5）总局组织实施的基本建设项目招投标信息和组织实施的政府采购信息；

（6）新生产机动车型环保达标目录。

7．机关公务员、工作人员招考

（1）招考职位、岗位及要求；

（2）考核录用程序。

8．国际履约、国际合作项目管理

（1）引进项目的名称、数量、工作目标、主要成果；

（2）履约工作情况。

9．环境保护宣传教育及公众参与

（1）总局新闻发布会预告及发布内容；

（2）新闻采访受理规则；

（3）绿色学校等社会表彰的程序、标准和表彰情况。

10．总局基本情况

（1）总局及内设机构的职能设置；

（2）机关办公布局；

（3）机关工作制度、规则等。

（二）公开方式：

总局机关政务公开的主渠道是国家环保总局政府网站（WWW.ZHB.GOV.CN；WWW.SEPA.GOV.CN）和机关政务公开电脑查询系统（触摸屏），并通过《中国环境报》、《国家环境保护总局公报》等媒体和印制宣传册等渠道公开。

对机关内部公开

（一）公开的内容

1．系统自身能力建设方案、年度基本建设投资计划和项目；

2．领导干部廉洁自律情况；

3．办公经费的使用情况；

4．财务管理制度和办法，单位内部财务收支情况，部门预算及经费支出；

5．机关固定资产现状、配置标准；

6．干部选拔公示、干部交流、考核、奖惩情况；

7．外事审批管理程序、原则和出国团组、人员情况及审核程序；

8．机关内部管理制度和措施；

9．重大、全局性会议、活动的安排及相关事项；

10．机关后勤服务管理（文印、车辆、会议服务、职工食堂的账目等）有关情况；

11．其他有关事项和职工关注事项。

（二）公开方式

以总局办公网政务公开工作平台为主渠道，并通过电子显示屏、公告栏、通报等形式在机关内部公开。

三、工作分工

1．领导小组办公室负责安排、协调政务公开工作；

2．机关各部门设专人负责政务公开工作，按本《方案》落实本部门公开内容的材料（包括电子版），报总局政务公开领导小组办公室，审定后统一公开；

3．总局信息中心负责在国家环境保护总局政府网站（WWW.ZHB.GOV.CN；WWW.SEPA.GOV.CN）、局办公网政务公开工作平台、机关政务公开电脑查询系统（触摸屏）和机关电子显示屏上进行政务公开的技术支持工作；

4．中国环境报社负责在《中国环境报》上开设不定期专栏向社会公开；

5．中国环境科学出版社按总局规定负责在《国家环境保护总局公报》上公布政务公开内容；

6．机关服务中心协助印制政务公开宣传册。

四、工作要求

1．各部门应当规范办公环境、办公秩序，按照《方案》的要求、规定、程序开展政务公开工作；工作人员在工作时间佩带表明身份的胸牌；

2．各部门建立相应的监督责任制，落实责任人，公开的内容应定期更新；

3．机关各部门设立意见反馈系统（电话、意见箱、电子邮箱），由纪检监察部门负责监督、检查；

4．各部门负责人定期检查本部门政务公开工作进展情况，发现问题，及时纠正，保证总局机关政务公开工作的正常运行；

5．政务公开工作纳入对党政领导班子、领导干部目标管理考核和党风廉政建设责任制考核的重要内容，考核结果作为干部奖惩的重要依据；

6．对拒不推行政务公开制度或在政务公开中有弄虚作假、侵犯民主权利等违纪行为的干部，纪检监察机构按照党政纪律的有关规定追究责任。

本方案自 2003 年 3 月 1 日开始实行。

关于印发《国家环境保护总局工作规则（修订）》的通知

（2005年6月14日　环办［2005］68号）

总局机关各部门，各直属单位、派出机构：

《国家环境保护总局工作规则（修订）》已经总局2005年第六次局务会议审议通过，现予印发，请各部门、各单位认真组织传达学习，贯彻执行。国家环境保护总局2004年9月3日发布的《国家环境保护总局工作规则（修订）》（环办［2004］81号）同时废止。

附件：国家环境保护总局工作规则（修订）

附件

国家环境保护总局工作规则
（修订）

第一章　总　则

一、为使国家环境保护总局（以下简称总局）工作规范化、制度化，提高行政效能，根据《国务院工作规则》，结合总局工作实际，制定本规则。

二、总局工作以邓小平理论和“三个代表”重要思想为指导，认真贯彻党的路线、方针和政策，坚持以人为本、全面协调可持续的科学发展观，努力提高行政能力和管理水平。坚决执行国务院的决定和工作部署，实行科学民主决策，推进依法行政，加强行政监督，形成行为规范、运转协调、公正透明、廉洁高效的行政管理体制，建设法治政府。

三、总局所属机关各部门、各直属单位、各派出机构（以下简称各部门、各单位）工作人员必须认真履行法律法规赋予的职责，坚持解放思想，实事求是，与时俱进，开拓创新；做到遵章守纪，忠于职守，服从命令，顾全大局，全心全意为人民服务。

四、总局依照法律和行政法规行使职权，履行政府环境管理职能，改进管理方式和工作作风，推进电子政务，提高行政效能。各部门、各单位必须切实贯彻总局的各项工作部署，确保政令畅通。

第二章 总局领导及各部门、各单位领导职责

五、总局实行局长负责制，局长领导总局工作并向国务院负责，副局长协助局长工作。

六、副局长按照分工负责处理分管工作。副局长受局长委托，负责其他方面的工作或者专项任务，可以代表总局进行内事或外事活动。副局长的分工可以根据工作需要适时调整。

七、局长出国访问期间，由排序最前的副局长主持工作。副局长出国或出差期间，其分管工作由局长直接管理或由值班局长代为管理。

八、各部门、各单位行政领导，在总局统一领导下，负责本部门、本单位的工作，根据国家和总局有关规定履行本部门、本单位职责。

第三章 推进依法行政

九、总局及机关各部门按照合法行政、合理行政、程序正当、高效便民、诚实守信、权责一致的要求行使行政权力，强化责任意识，不断提高依法行政的能力和水平。

十、认真履行环境监管职能，完善环境保护政策和规章制度，依法管理和规范环境保护社会事务，妥善处理各类环境问题，维护社会稳定，促进社会公正。依法建立健全各种突发环境事件应急机制，提高应对环境突发事件的能力。

十一、总局制定的规章和其他规范性文件，必须符合宪法、法律、行政法规以及国家的方针政策，并依照规定及时报国务院备案。

总局起草法律、法规、规章草案，依照法律法规和总局规定的职责和程序进行，由总局政策法规主管部门归口管理和审查。总局各部门依照各自职责归口管理其他规范性文件的起草和审查。环境保护法律、法规、规章执行中的解释工作以及行政复议工作，由总局政策法规主管部门会同相关部门承办，环境保护标准执行中的解释工作和地方政府报总局备案的地方环境标准审查工作由总局科技标准主管部门承办。

十二、强化环境执法，严格实行执法责任制，切实做到严格执法、公正执法、文明执法。

第四章 实行科学民主决策

十三、总局及各部门、各单位应当建立领导、专家、群众相结合的决策机制，完善重大决策的规则和程序，实行依法决策、科学决策和民主决策。

十四、总局环境保护法律法规草案、行政规章、环境管理政策和重大措施、环境保护规划、投资预算安排、重要环境质量标准和污染物排放标准、重要项目审批、重要会议等重大决策及重要事项，由局务会议或局常务会议讨论决定。

十五、各部门、各单位提请总局讨论决定的重大事项，必须符合法律法规规定和国

家方针政策；应当依据充分，事先经专家、顾问或相关研究机构评审论证；涉及总局其他部门和单位的，必须事先主动协调沟通；涉及相关部委的，应当事先充分协商；涉及地方的，应当事先征求地方意见；涉及社会公众利益的，应当通过公示、听证会或者座谈会等形式听取群众意见。

十六、各部门、各单位在贯彻落实总局重大决策过程中应当及时跟踪和向总局领导及办公厅反馈执行情况。

第五章　加强行政监督

十七、总局及各部门、各单位按照行政诉讼法及有关法律规定，接受司法监督；自觉接受监察、审计等部门的专项监督。对司法监督和专项监督中发现的问题，应当认真查处和整改。

十八、加强环保系统内部监督，严格执行各项监督、稽查、备案制度，及时发现并纠正违反法律、法规、规章和其他规范性文件的行政行为，主动征询、认真听取地方政府及有关部门对总局工作的意见和建议，改进自身工作。

十九、总局及各部门、各单位必须重视并及时处理人民群众来信来访，进一步完善信访制度，确保信访渠道畅通。

二十、总局及各部门、各单位应当自觉接受舆论监督，重视新闻媒体和其他渠道反映的问题，对反映的重大问题应当主动查处或整改。

二十一、鼓励公众参与环境保护活动，引导各类民间环保组织的健康发展，发挥民间环保组织促进环保事业发展的作用。

二十二、各部门、各单位要及时报送政务信息，完成政务信息约稿，为领导决策提供信息支持；推行政务公开，充分利用政府网站，及时发布政务信息和依法应当公开的文件，便于公众知情、参与和监督。

第六章　工作安排

二十三、总局及各部门、各单位应当加强工作的计划性、系统性和预见性，做好年度工作计划安排，并根据形势和任务变化及时调整。

二十四、总局制定年度工作要点，确定年度法规、标准、会议、外事、培训、宣传、执法检查等计划。

二十五、各部门、各单位必须认真落实总局年度工作要点和各项工作计划，在年中和年末向总局报告执行情况。

二十六、各部门、各单位在每周末向总局报告下周重点工作安排和本周重点工作落实情况。各部门、各单位每周重点工作安排和落实情况由办公厅负责汇总、报局长阅批后发布。

二十七、办公厅对总局工作计划及重要决策落实情况进行督查，适时通报督查情况，确保计划落实和政令畅通。

第七章　局长月值班制度

二十八、总局实行局长月值班制度。值班局长由副局长按排序轮流担任，在值班月份原则上不离京外出。值班局长负责处理值班期间的重要公务，其主要职责是：

（一）负责处理其他总局领导出国、出差期间或不在机关时分管工作中的急要事务；

（二）出席需要有总局代表参加的有关会议、活动；

（三）负责接待来访的中央国家机关部门负责同志和地方党政负责同志；

（四）处理其他需要办理的专项事务。

二十九、每年初确定本年度局长值班安排，因工作需要调换时，由办公厅报告其他副局长同意后进行调换。

第八章　会议制度

三十、总局实行党组会议、局务会议、局常务会议、局长专题会议等会议制度。

三十一、建立例会制度。原则上每周四上午为局务会议或局常务会议时间。局领导及各部门、各在京直属单位主要负责同志原则上不在上述时间安排其他活动。

三十二、党组会议由党组成员组成，由党组书记或党组书记委托党组副书记召集和主持。党组会议的议题由党组书记确定，会务工作由党组秘书负责。会议纪要由党组书记签发。党组会议的主要任务是：

（一）传达学习党中央、国务院的决定和党中央、国务院领导同　志指示，为落实决定和指示做出部署，研究决定重大事项；

（二）审议总局机关内设机构及直属单位、派出机构的设置与变更，审议挂靠单位、双重领导单位的设置与变更；

（三）审议总局机关处级以上干部和直属单位、派出机构领导干部的人事任免、调配事项；

（四）审议总局机关干部和直属单位、派出机构领导干部的奖惩事项；

（五）审议省级环保部门党政正职的任免、调配事项；通报副职的调整事项；

（六）研究总局党建工作及其他重大事项。

党组会议一般每月召开一次，根据需要可以安排有关同志列席。

三十三、局务会议由局长、副局长、纪检组长、总局各部门主要负责同志组成，由局长或委托副局长召集并主持。局务会议的主要任务是：

（一）研究贯彻党中央、国务院有关会议、文件精神及党和国家领导同志的指示；

（二）通报国内外形势，分析环境形势及相关的经济形势，讨论和部署总局重要工作；

（三）审议总局起草的有关法律和法规草案；

（四）审议总局发布的行政规章、环境管理规范性文件及环境质量标准，审议或通报污染物排放标准；

（五）审议环境保护规划、环境管理政策措施；

（六）审议重要的、全国性工作会议文件，全国性执法检查等重大行动方案；

（七）审议或通报总局下发的重要普发性文件、公告和重大活动的方案；

（八）审议或通报总局预算投资安排及其执行情况；

（九）审议或通报建设项目（环境影响报告表、绝密项目除外）环评审批，进口废物、危险废物环境管理审批，国家级自然保护区评审等及其他需总局审批或评审的重大事项；

（十）审议以总局名义开展的评比、命名、达标、创建等活动方案和结果；

（十一）听取总局重要工作进展、落实情况汇报；

（十二）其他需局务会议讨论的事项。

局务会议根据需要可以安排总局有关部门的人员列席，必要时可以扩大到直属单位主要负责同志参加。

三十四、局常务会议由局长、副局长、纪检组长、办公厅主任组成，由局长召集和主持。

局常务会议的主要任务是：

（一）讨论决定总局工作中的重要事项，协调各部门的工作；

（二）讨论通过上报党中央、国务院的重要请示、报告；

（三）审议总局年度工作要点、法规、标准、外事、培训、会议、宣传等计划；

（四）讨论决定各省、自治区、直辖市及重点城市环保局（厅）请示总局的重大事项；

（五）分析环境保护及其相关的国内外形势；

（六）通报和讨论总局的其他事项。

局常务会议根据需要可以安排有关部门、单位的负责人列席。

三十五、局长或副局长按照分工召开局长专题会议，研究、协调和处理日常分管工作中的重要事项。

三十六、局务会议、局常务会议的议题由局长确定；审议的内容应当遵循科学民主程序，经局长专题会审议或经总局分管领导协调审核后，报局长审定。局长专题会议的议题由召集会议的总局领导确定，审议的内容主办部门应事先与相关部门协调。会议的组织工作由办公厅负责。会议材料至少提前1天通知与会人员。

三十七、局务会议、局常务会议的纪要由局长签发。局长专题会议的纪要由主持会议的总局领导签发。

会议讨论决定的事项宜于公开的，应当及时公开。需要对外报道的新闻稿必须经总局宣教部门的负责同志审定，如有需要，可报主持会议的总局领导审定。

三十八、参加会议的同志应当准时到会，因故不能出席的，向会议主持人请假，并告知会议组织部门。与会人员会前应认真研究拟审议的问题，会上发言要简明扼要，观点明确。

三十九、会议的要求和决定的事项，有关部门和单位必须及时传达，认真贯彻落实，办公厅负责检查、督办并及时向总局领导和有关部门反馈情况。

四十、减少会议数量，控制会议规模和时间，严格会议审批。全国性会议尽可能采用电视电话会等快捷、节俭的形式召开。以总局名义召开的工作性会议，可以请省、自治区、直辖市（以下简称省级）环保部门负责同志参加；以总局部门名义召开的会议，不请省级环保部门负责同志参加，确需邀请的，须报总局领导批准。需邀请各省级政府负责人出席的会议，应报国务院批准。

总局领导在以总局名义召开的全国性环境保护工作会议上发表的讲话，可以《环保内部情况通报》（以下简称《通报》）形式印发，在部门会议上的讲话及部门领导在各种会议上的讲话一般不以《通报》或文件形式印发。

第九章　公文审批制度

四十一、总局按照《国家行政机关公文处理办法》的规定，办理国务院各有关部门、各地方政府及其环保部门、总局各部门、各单位（以下简称各部门、各地方、各单位）报送总局的公文。除总局领导直接交办和必须直接报送的紧急或绝密事项外，不得直接向总局领导个人报送公文。

四十二、各部门、各地方、各单位报送总局的公文，由办公厅按照总局领导分工及机关各部门的工作职能分批，重要公文，报送局长阅批。

四十三、总局发布的命令、决定及行政规章，报送党中央、国务院及有关党和国家领导人的重要请示、报告，各部门、各单位副司（局）级以上领导干部的任免通知，由局长签发或由局长委托其他、副局长签发。

其他总局发文，由局长、副局长按照工作分工签发。其中属局务会议或局常务会议审议的重要总局文件，因时间紧无法安排会议讨论的，可通过总局领导传批方式签发。

以总局办公厅名义发文，由办公厅主任或授权的其他办公厅领导签发；根据需要，可报总局领导签发。

四十四、总局机关各部门在办理公文过程中必须认真履行各自的职责，起草文件时必须认真负责，司、处审核时应当严格把关，努力提高公文质量；办理公文时应当讲求时效，提高办理速度。办理有时限要求的公文，应当在规定的时间内办结；没有时限要求的，应当尽快办理。

四十五、公文办理中涉及其他部门的，主办部门的负责人应当事先主动与相关部门协商，听取相关部门的意见，相关部门应当积极配合；经部门主要负责人协商不能取得一致意见的，主办部门应列出各方意见和依据并提出本部门的意见上报分管该事务的总局领导协调或裁定，或由总局领导批示由办公厅协调。

第十章　外出（含休假，下同）请假制度

四十六、局长离京外出，事先向国务院报告；其他总局领导离京外出，事先书面或口头向局长报告。总局领导外出安排由办公厅负责通报其他总局领导。

四十七、总局各部门负责同志（含正副职）、各直属单位的主要负责同志（党、政）离京（埠）外出，实行书面请示报告制度。

各部门、各单位正职离京（埠）外出，事先经分管局领导同意后报局长批准；各部门副职离京（埠）外出，事先经本部门正职同意后报分管局领导批准；各核安全派出机

构负责人离京（埠）外出，需经核安全与辐射环境管理司领导批准。

第十一章　内事、外事工作和纪律

四十八、总局领导在国内考察工作，轻车简从，深入基层。

四十九、总局领导国内外出差、出访不组织迎送；总局领导出差、出访由办公厅和外事部门办理有关事宜。

五十、要求总局领导参加国内各类活动的通知、请柬、来函等，均由办公厅统一安排，提出意见报批，涉外活动由外事部门提出意见报办公厅统一安排。

五十一、总局领导不为地方和部门的会议和活动题词、发贺信（电）。特殊情况需要题词、发贺信（电）的，一般不公开发表。

五十二、不以总局或总局机关各部门名义赞助、主办或协办由社会团体、企事业单位等举办的各类展览会、招商引资洽谈活动、地方节庆、论坛等活动，不进行同贺活动。重要的环境保护展览和国际、国内研讨会，以及重要的环境保护公益活动、宣传教育活动，确需总局或总局机关有关部门主办或参与举办的，由办公厅商有关部门或单位提出意见报总局领导批准。其中，以总局名义主办的，须由分管副局长核报局长批准。

五十三、直属单位举办的各类会议和活动或经总局批准同意由直属单位主办的各类会议和活动，其直属单位不得以总局名义对外联系和办理有关事务。由总局主办、直属单位承办的会议和活动，其承办单位需以总局名义对外联系和办理有关事宜的，必须按照程序报总局批准。以总局名义举办的会议和活动，不得委托不了解的公司等单位或个人承办。承办单位必须按照总局批准的事项进行活动，不得擅自变更范围。

五十四、总局领导出国访问报国务院批准。各部门、各单位的正职出国访问，经总局外事部门并分管副局长、分管外事副局长审核，报局长批准；各部门副职出国访问，经本部门正职、总局外事部门审核，报分管副局长同意后，呈分管外事副局长批准。批准后，出访人所在的部门、单位向办公厅值班室备案。

五十五、总局领导的外事活动，由总局外事部门提出意见，报总局领导核定，由办公厅或外事部门具体安排。总局领导参加有关港澳台侨活动，按照规定的程序报批。总局机关各部门工作人员以职务身份或工作时间参加各类涉外活动应事先报外事部门核定。

五十六、新闻媒体的采访申请，由总局宣教部门统一受理安排。各部门、各单位应根据宣教部门安排，接受新闻媒体采访，适时向媒体通报有关业务情况。向新闻媒体发布总局信息，需按规定办理，不得擅自发布。

五十七、总局领导接受境内、外记者采访，分别由总局宣教部门、外事部门提出意见，报总局分管外事或宣教的领导和被采访领导核定。

五十八、各部门、各单位对党中央、全国人大、国务院、全国政协批办的事项和总局领导交办的事项必须迅速、认真办理并及时报告办理情况，不得推诿或敷衍了事，办公厅负责督查并适时通报办理情况。

五十九、总局领导与外宾或重要内宾会见、会谈时，陪同参加的有关部门负责人须作好会谈记录，必要时组织部门可印发会谈纪要；对会谈中议定的事项，有关部门要认真落实。

六十、总局实行各直属单位、派出机构重大事项向总局请示报告制度，重大事项包括：

（一）组织开展有党和国家领导人参加的会议、活动；

（二）以总局名义组织的活动或需总局领导参加的活动；

（三）除本单位内部会议以外，涉及参加人员超过200人以上的会议、活动；

（四）普发性通知要求地方环保行政部门或政府办理的事项；

（五）单位内部涉及总局的重大安排；

（六）重大的突发性事件及其他重要事项。

请示报告采取书面形式，涉及到总局各部门业务事项的，应征求相关部门的意见，对需要审批的事项必须经批准后方可办理。

六十一、各部门、各单位应当按要求参加总局定期举办的各类政治或业务学习的讲座、报告会以及电子政务等培训活动。

六十二、总局工作人员必须按国家保密规定，严守国家秘密。严格遵守党中央、国务院及总局有关廉政建设的规定，不得利用职权拉关系、谋私利；不得用公款相互送礼和宴请，不得接受地方的送礼和宴请。对越权办事、以权谋私等违规、违纪、违法行为，依法依规予以严肃查处。

六十三、总局工作人员必须认真执行总局的决定，如有不同意见可以在总局内部提出，不得对外发表或采取与总局决定相违背的言论或行动。

代表总局或部门发表讲话和文章，必须经总局领导或部门负责人的授权或认可。个人以公职身份发表涉及总局工作未定重大问题和事项的讲话或文章，必须事先经主管的司级以上领导同意。

六十四、总局及各部门、各单位应当规范行政行为，增强服务观念和协调意识。各部门、各单位之间应当相互配合，主动协调。对职权范围内的事项必须按程序和时限积极主动办理，对不符合规定的事项必须坚持原则，不予办理并说明情况；对因推诿、拖延等官僚作风造成影响和损失的，追究其责任。

六十五、总局工作人员应当文明礼貌，热情大方，知晓程序，团结协作，遵规懂矩，佩带工作证件，实行首问责任制。严格执行总局机关“六不准”的要求：不准在工作中相互推诿、扯皮；不准铺张浪费；不准仪态不端、衣着不整、使用不文明语言；不准擅离工作岗位；不准在工作时间做与工作无关的事情；不准在工作日午餐饮酒。

第十二章　接待制度

六十六、中央国家机关、各地方省部级领导来总局商谈工作，由总局领导出面接待。接待活动除总局领导直接安排的以外，均由办公厅统一安排。

六十七、中央国家机关司局级领导及地方地市级领导来总局商谈工作，一般由有关部门负责接待。如有要事需要与总局领导商谈的，由办公厅报有关领导同意后安排。

六十八、其他人员来总局洽谈工作，通过办公厅联系的，由办公厅转有关部门接待；直接与有关部门联系的，由有关部门接待；涉及到几个部门工作的，由办公厅指定牵头部门负责组织接待。

国家环保总局机关政务协调办法

（国家环保总局2005年7月15日　环发［2005］82号）

第一条　为提高总局机关政务工作质量和运行效率，保障总局机关各项工作协调一致，根据《国家环境保护总局工作规则》，制订本办法。

第二条　机关各部门起草重要公文，拟订法律法规、规章、标准、规范、技术政策、规划、计划，以及组织筹备会议、起草会议文件、对外发布重要信息等均适用本办法。

第三条　办公厅归口管理总局机关政务协调工作。

机关各部门开展工作时应按照本办法的规定，主动进行部门间的协调。

第四条　涉及环保系统全局性的重大工作部署、重要政策和决定等事项，主办部门应征求机关各部门及各省、自治区、直辖市环境保护部门的意见。

第五条　总局机关政务协调按主办部门负责，协办部门配合，办公厅牵头组织的原则进行。

机关各部门间对有关部门的意见分歧，经协商仍不能取得一致意见，主办部门必须将双方意见报分管该协调事项的总局领导，由总局分管领导研究决定；也可经总局分管领导批示，由办公厅组织协调。重要会议、活动、发布有关政务信息等，可由办公厅直接组织协调，或应主办部门要求由办公厅进行协调。

第六条　机关各部门间政务协调形式主要包括文件会签、书面征求意见、召开专题协商会议、部门负责人当面协调等。

以文件会签、书面征求意见的形式协调有关事项，主办部门应针对所办事项的缓急程度提出不同的时限要求，一般不应少于 3 个工作日。协办部门应在规定时限内会签文件或提出书面答复意见。协办部门逾期不反馈意见且未与主办部门沟通，视为同意主办部门意见。

第七条　专题协商会议由主办部门主持并事先与相关部门商定会议时间。协办部门代表应主动与会并能够代表本部门发表意见。如果协办部门不派员参加会议，视为同意主办部门意见。

第八条　提交局务会讨论的议题，凡涉及其他部门职责范围的事项，主办部门应主动与相关部门协商，未达成一致意见可提交局长专题会或经总局领导批示由办公厅协调。未经协调的议题，原则上不得上会审议。

第九条　拟制公文时，对涉及其他部门职责范围的事项，主办部门必须与相关部门会签后，方可送办公厅审核；如有分歧意见，由主办部门负责与相关部门协调，协调一致后，方可继续行文。若经充分协调后意见不一致，主办部门仍要求行文，应将各方理据说明，经办公厅协调审核后报总局领导决定。

第十条 属于本部门职责内的工作，需要相关部门协助或具体承担某项任务时，主办部门应事先征求相关部门意见，在向总局领导提出建议时，必须说明相关部门的意见。

第十一条 对外发布信息应按照总局部门职责分工管理，涉及多个部门或具有重要影响的政务信息，主办部门必须在发布信息前与相关部门进行协调，统一数据、口径。

第十二条 主办部门要求由办公厅负责协调有关事项，应事先提出申请，说明自行协调情况、与相关部门的分歧意见、需要进一步协调的问题等。总局领导批示由办公厅组织协调的事项，主办部门也应说明上述情况。

第十三条 办公厅组织协调有关事项的程序如下：

1．申请。主办部门请求办公厅协调有关事项须填写《总局政务协调申请表》（见附件一）。

2．审核。办公厅领导审核协调事项，并确定协调时间和方式。

3．协调。办公厅组织主办及协办部门进行协调，协调后形成书面协调意见。

4．一般事项经协调达成一致意见后，办公厅以《政务协调情况》（见附件二）在总局综合信息平台上的“政务协调”栏目发布；重要事项经协调达成一致意见后报送总局领导审定，发送各相关部门。

5．经办公厅协调仍不能达成一致意见的事项，由办公厅列明各方理据，提出意见，报请总局领导裁定或召开局长专题会审议。

第十四条 办公厅以书面形式进行协调时，相关部门应认真研究，提出明确意见，经部门主要负责人审定后，在规定时限内回复办公厅。

办公厅以政务协调会议形式进行协调时，由办公厅主任或副主任主持会议。主办部门的主要负责人或分管该工作的负责人应参加协调会议。

涉及总局直属单位的事项，相关直属单位负责人应参加会议。

第十五条 协调事项达成一致意见后，主办部门和相关部门必须认真按照协调后的意见执行。办公厅负责对协调事项的落实情况进行督促检查。

第十六条 机关各部门应协调而未经协调或未按协调意见办理的印发文件、召开会议或对外发布信息等事项，办公厅可责令纠正或报请总局领导予以撤销。

机关各部门应按照本办法的规定，明确岗位责任，加强对干部的教育。对于违反本办法，造成后果的，视情节轻重，对部门负责人和直接责任人给予通报批评或按有关规定处理。

第十七条 本办法由办公厅负责解释。

第十八条 本办法自发布之日起施行。

附一

总局政务协调申请表

<table>
<tr><td>申请协调事项</td><td colspan="3"></td></tr>
<tr><td>协调事项主办部门</td><td></td><td>负责人</td><td></td></tr>
<tr><td>联系人</td><td></td><td>联系电话</td><td></td></tr>
<tr><td>协调事项涉及部门</td><td colspan="3"></td></tr>
<tr><td>自行协调及
意见分歧情况</td><td colspan="3"></td></tr>
<tr><td>需要进一步
协调事项</td><td colspan="3"></td></tr>
<tr><td>申请部门意见</td><td colspan="3">领导签字________</td></tr>
<tr><td>办公厅意见</td><td colspan="3">领导签字________</td></tr>
</table>

国家环保总局办公厅制

附件二

政务协调情况

（2005—001）

国家环保总局办公厅　　　　　　　　　　　　　　　　签发人：

报送：振华、光耀、玉庆、纪戎、潘岳、力军同志
发送：协调事项有关部门

【其他】

无照经营查处取缔办法

（2003 年 1 月 6 日，国务院令第 370 号）

第一条 为了维护社会主义市场经济秩序，促进公平竞争，保护经营者和消费者的合法权益，制定本办法。

第二条 任何单位和个人不得违反法律、法规的规定，从事无照经营。

第三条 对于依照法律、法规规定，须经许可审批的涉及人体健康、公共安全、安全生产、环境保护、自然资源开发利用等的经营活动，许可审批部门必须严格依照法律、法规规定的条件和程序进行许可审批。工商行政管理部门必须凭许可审批部门颁发的许可证或者其他批准文件办理注册登记手续，核发营业执照。

第四条 下列违法行为，由工商行政管理部门依照本办法的规定予以查处：

（一）应当取得而未依法取得许可证或者其他批准文件和营业执照，擅自从事经营活动的无照经营行为；

（二）无须取得许可证或者其他批准文件即可取得营业执照而未依法取得营业执照，擅自从事经营活动的无照经营行为；

（三）已经依法取得许可证或者其他批准文件，但未依法取得营业执照，擅自从事经营活动的无照经营行为；

（四）已经办理注销登记或者被吊销营业执照，以及营业执照有效期届满后未按照规定重新办理登记手续，擅自继续从事经营活动的无照经营行为；

（五）超出核准登记的经营范围、擅自从事应当取得许可证或者其他批准文件方可从事的经营活动的违法经营行为。

前款第（一）项、第（五）项规定的行为，公安、国土资源、建设、文化、卫生、质检、环保、新闻出版、药监、安全生产监督管理等许可审批部门（以下简称许可审批部门）亦应当依照法律、法规赋予的职责予以查处。但是，对当事人的同一个违法行为，不得给予两次以上罚款的行政处罚。

第五条 各级工商行政管理部门应当依法履行职责，及时查处其管辖范围内的无照经营行为。

第六条 对于已经取得营业执照，但未依法取得许可证或者其他批准文件，或者已经取得的许可证或者其他批准文件被吊销，撤销或者有效期届满后未依法重新办理许可审批手续，擅自从事相关经营活动，法律、法规规定应当撤销注册登记或者吊销营业执照的，工商行政管理部门应当撤销注册登记或者吊销营业执照。

第七条 许可审批部门在营业执照有效期内依法吊销、撤销许可证或者其他批准文件，或者许可证、其他批准文件有效期届满的，应当在吊销、撤销许可证、其他批准文件或者许可证、其他批准文件有效期届满后 5 个工作日内通知工商行政管理部门，由工商行政管理部门撤销注册登记或者吊销营业执照，或者责令当事人依法办理变更登记。

第八条 工商行政管理部门依法查处无照经营行为，实行查处与引导相结合、处罚与教育相结合，对于下岗失业人员或者经营条件、经营范围、经营项目符合法律、法规规定的，应当督促、引导其依法办理相应手续，合法经营。

第九条 县级以上工商行政管理部门对涉嫌无照经营行为进行查处取缔时，可以行使下列职权：

（一）责令停止相关经营活动；

（二）向与无照经营行为有关的单位和个人调查、了解有关情况；

（三）进入无照经营场所实施现场检查；

（四）查阅、复制、查封、扣押与无照经营行为有关的合同、票据、账簿以及其他资料；

（五）查封、扣押专门用于从事无照经营活动的工具、设备、原材料、产品（商品）等财物；

（六）查封有证据表明危害人体健康、存在重大安全隐患、威胁公共安全、破坏环境资源的无照经营场所。

第十条 工商行政管理部门依照本办法第九条的规定实施查封、扣押，必须经县级以上工商行政管理部门主要负责人批准。

工商行政管理部门的执法人员实施查封、扣押，应当向当事人出示执法证件，并当场交付查封、扣押决定书和查封、扣押财物及资料清单。

在交通不便地区或者不及时实施查封、扣押可能影响案件查处的，可以先行实施查封、扣押，并应当在 24 小时内补办查封、扣押决定书，送达当事人。

第十一条 工商行政管理部门实施查封、扣押的期限不得超过 15 日；案件情况复杂的，经县级以上工商行政管理部门主要负责人批准，可以延长 15 日。

对被查封、扣押的财物，工商行政管理部门应当妥善保管，不得使用或者损毁。被查封、扣押的财物易腐烂、变质的，经县级以上工商行政管理部门主要负责人批准，工商行政管理部门可以在留存证据后先行拍卖或者变卖。

第十二条 工商行政管理部门应当在查封、扣押期间作出处理决定。工商行政管理部门逾期未作出处理决定的，视为解除查封、扣押。

对于经调查核实没有违法行为或者不再需要查封、扣押的，工商行政管理部门在作出处理决定后应当立即解除查封、扣押。被查封、扣押的易腐烂、变质的财物根据本办法第十二条第二款的规定，已经先行拍卖或者变卖的，应当返还拍卖或者变卖所得的全部价款。

依照本办法规定，被查封、扣押的财物应当予以没收的，依法没收。

第十三条 工商行政管理部门违反本办法的规定使用或者损毁被查封、扣押的财物，造成当事人经济损失的，应当承担赔偿责任。

第十四条 对于无照经营行为，由工商行政管理部门依法予以取缔，没收违法所得；触犯刑律的，依照刑法关于非法经营罪、重大责任事故罪、重大劳动安全事故罪、危险物品肇事罪或者其他罪的规定，依法追究刑事责任；尚不够刑事处罚的，并处 2 万元以下的罚款；无照经营行为规模较大、社会危害严重的，并处 2 万元以上 20 万元以下的罚款；无照经营行为危害人体健康、存在重大安全隐患、威胁公共安全、破坏环境资源的，没收专门用于从事无照经营的工具、设备、原材料、产品（商品）等财物，并处 5 万元以上 50 万元以下的罚款。

对无照经营行为的处罚，法律、法规另有规定的，从其规定。

第十五条 知道或者应当知道属于本办法规定的无照经营行为而为其提供生产经营场所、运输、保管、仓储等条件的，由工商行政管理部门责令立即停止违法行为，没收违法所得，并处 2 万元以下的罚款；为危害人体健康、存在重大安全隐患、威胁公共安全、破坏环境资源的无照经营行为提供生产经营场所、运输、保管、仓储等条件的，并处 5 万元以上 50 万元以下的罚款。

第十六条 当事人擅自动用、调换、转移、损毁被查封、扣押财物的，由工商行政管理部门责令改正，处被动用、调换、转移、损毁财物价值 5%以上 20%以下的罚款；拒不改正的，处被动用、调换、转移、损毁财物价值 1 倍以上 3 倍以下的罚款。

第十七条 许可审批部门查处本办法第四条第一款第（一）项、第（五）项规定的违法行为，应当依照相关法律、法规的规定处罚；相关法律、法规对违法行为的处罚没有规定的，许可审批部门应当依照本办法第十四条、第十五条、第十六条的规定处罚。

第十八条 拒绝、阻碍工商行政管理部门依法查处无照经营行为，构成违反治安管理行为的，由公安机关依照《中华人民共和国治安管理处罚条例》的规定予以处罚；构成犯罪的，依法追究刑事责任。

第十九条 工商行政管理部门、许可审批部门及其工作人员滥用职权、玩忽职守、徇私舞弊，未依照法律、法规的规定核发营业执照、许可证或者其他批准文件，未依照法律、法规的规定吊销营业执照、撤销注册登记、许可证或者其他批准文件，未依照本办法规定的职责和程序查处无照经营行为，或者发现无照经营行为不予查处，或者支持、包庇、纵容无照经营行为，触犯刑律的，对直接负责的主管人员和其他直接责任人员依照刑法关于受贿罪、滥用职权罪、玩忽职守罪或者其他罪的规定，依法追究刑事责任；尚不够刑事处罚的，依法给予降级、撤职直至开除的行政处分。

第二十条 任何单位和个人有权向工商行政管理部门举报无照经营行为，工商行政管理部门一经接到举报，应当立即调查核实，并依法查处。

工商行政管理部门应当为举报人保密，并按照国家有关规定给予奖励。

第二十一条 农民在集贸市场或者地方人民政府指定区域内销售自产的农副产品，不属于本办法规定的无照经营行为。

第二十二条 本办法自 2003 年 3 月 1 日起施行。

中华人民共和国公务员法

（2005年4月27日第十届全国人民代表大会常务委员会第十五次会议通过）

第一章　总　则

第一条　为了规范公务员的管理，保障公务员的合法权益，加强对公务员的监督，建设高素质的公务员队伍，促进勤政廉政，提高工作效能，根据宪法，制定本法。

第二条　本法所称公务员，是指依法履行公职、纳入国家行政编制、由国家财政负担工资福利的工作人员。

第三条　公务员的义务、权利和管理，适用本法。

法律对公务员中的领导成员的产生、任免、监督以及法官、检察官等的义务、权利和管理另有规定的，从其规定。

第四条　公务员制度坚持以马克思列宁主义、毛泽东思想、邓小平理论和“三个代表”重要思想为指导，贯彻社会主义初级阶段的基本路线，贯彻中国共产党的干部路线和方针，坚持党管干部原则。

第五条　公务员的管理，坚持公开、平等、竞争、择优的原则，依照法定的权限、条件、标准和程序进行。

第六条　公务员的管理，坚持监督约束与激励保障并重的原则。

第七条　公务员的任用，坚持任人唯贤、德才兼备的原则，注重工作实绩。

第八条　国家对公务员实行分类管理，提高管理效能和科学化水平。

第九条　公务员依法履行职务的行为，受法律保护。

第十条　中央公务员主管部门负责全国公务员的综合管理工作。县级以上地方各级公务员主管部门负责本辖区内公务员的综合管理工作。上级公务员主管部门指导下级公务员主管部门的公务员管理工作。各级公务员主管部门指导同级各机关的公务员管理工作。

第二章　公务员的条件、义务与权利

第十一条　公务员应当具备下列条件：

（一）具有中华人民共和国国籍；

（二）年满十八周岁；

（三）拥护中华人民共和国宪法；

（四）具有良好的品行；

（五）具有正常履行职责的身体条件；

（六）具有符合职位要求的文化程度和工作能力；

（七）法律规定的其他条件。

第十二条 公务员应当履行下列义务：

（一）模范遵守宪法和法律；

（二）按照规定的权限和程序认真履行职责，努力提高工作效率；

（三）全心全意为人民服务，接受人民监督；

（四）维护国家的安全、荣誉和利益；

（五）忠于职守，勤勉尽责，服从和执行上级依法作出的决定和命令；

（六）保守国家秘密和工作秘密；

（七）遵守纪律，恪守职业道德，模范遵守社会公德；

（八）清正廉洁，公道正派；

（九）法律规定的其他义务。

第十三条 公务员享有下列权利：

（一）获得履行职责应当具有的工作条件；

（二）非因法定事由、非经法定程序，不被免职、降职、辞退或者处分；

（三）获得工资报酬，享受福利、保险待遇；

（四）参加培训；

（五）对机关工作和领导人员提出批评和建议；

（六）提出申诉和控告；

（七）申请辞职；

（八）法律规定的其他权利。

第三章 职务与级别

第十四条 国家实行公务员职位分类制度。

公务员职位类别按照公务员职位的性质、特点和管理需要，划分为综合管理类、专业技术类和行政执法类等类别。国务院根据本法，对于具有职位特殊性，需要单独管理的，可以增设其他职位类别。各职位类别的适用范围由国家另行规定。

第十五条 国家根据公务员职位类别设置公务员职务序列。

第十六条 公务员职务分为领导职务和非领导职务。

领导职务层次分为：国家级正职、国家级副职、省部级正职、省部级副职、厅局级正职、厅局级副职、县处级正职、县处级副职、乡科级正职、乡科级副职。

非领导职务层次在厅局级以下设置。

第十七条 综合管理类的领导职务根据宪法、有关法律、职务层次和机构规格设置确定。

综合管理类的非领导职务分为：巡视员、副巡视员、调研员、副调研员、主任科员、副主任科员、科员、办事员。

综合管理类以外其他职位类别公务员的职务序列，根据本法由国家另行规定。

第十八条　各机关依照确定的职能、规格、编制限额、职数以及结构比例，设置本机关公务员的具体职位，并确定各职位的工作职责和任职资格条件。

第十九条　公务员的职务应当对应相应的级别。公务员职务与级别的对应关系，由国务院规定。

公务员的职务与级别是确定公务员工资及其他待遇的依据。

公务员的级别根据所任职务及其德才表现、工作实绩和资历确定。公务员在同一职务上，可以按照国家规定晋升级别。

第二十条　国家根据人民警察以及海关、驻外外交机构公务员的工作特点，设置与其职务相对应的衔级。

第四章　录　用

第二十一条　录用担任主任科员以下及其他相当职务层次的非领导职务公务员，采取公开考试、严格考察、平等竞争、择优录取的办法。

民族自治地方依照前款规定录用公务员时，依照法律和有关规定对少数民族报考者予以适当照顾。

第二十二条　中央机关及其直属机构公务员的录用，由中央公务员主管部门负责组织。地方各级机关公务员的录用，由省级公务员主管部门负责组织，必要时省级公务员主管部门可以授权设区的市级公务员主管部门组织。

第二十三条　报考公务员，除应当具备本法第十一条规定的条件外，还应当具备省级以上公务员主管部门规定的拟任职位所要求的资格条件。

第二十四条　下列人员不得录用为公务员：

（一）曾因犯罪受过刑事处罚的；

（二）曾被开除公职的；

（三）有法律规定不得录用为公务员的其他情形的。

第二十五条　录用公务员，必须在规定的编制限额内，并有相应的职位空缺。

第二十六条　录用公务员，应当发布招考公告。招考公告应当载明招考的职位、名额、报考资格条件、报考需要提交的申请材料以及其他报考须知事项。

招录机关应当采取措施，便利公民报考。

第二十七条　招录机关根据报考资格条件对报考申请进行审查。报考者提交的申请材料应当真实、准确。

第二十八条　公务员录用考试采取笔试和面试的方式进行，考试内容根据公务员应当具备的基本能力和不同职位类别分别设置。

第二十九条　招录机关根据考试成绩确定考察人选，并对其进行报考资格复审、考察和体检。

体检的项目和标准根据职位要求确定。具体办法由中央公务员主管部门会同国务院卫生行政部门规定。

第三十条 招录机关根据考试成绩、考察情况和体检结果，提出拟录用人员名单，并予以公示。

公示期满，中央一级招录机关将拟录用人员名单报中央公务员主管部门备案；地方各级招录机关将拟录用人员名单报省级或者设区的市级公务员主管部门审批。

第三十一条 录用特殊职位的公务员，经省级以上公务员主管部门批准，可以简化程序或者采用其他测评办法。

第三十二条 新录用的公务员试用期为一年。试用期满合格的，予以任职；不合格的，取消录用。

第五章 考 核

第三十三条 对公务员的考核，按照管理权限，全面考核公务员的德、能、勤、绩、廉，重点考核工作实绩。

第三十四条 公务员的考核分为平时考核和定期考核。定期考核以平时考核为基础。

第三十五条 对非领导成员公务员的定期考核采取年度考核的方式，先由个人按照职位职责和有关要求进行总结，主管领导在听取群众意见后，提出考核等次建议，由本机关负责人或者授权的考核委员会确定考核等次。

对领导成员的定期考核，由主管机关按照有关规定办理。

第三十六条 定期考核的结果分为优秀、称职、基本称职和不称职四个等次。

定期考核的结果应当以书面形式通知公务员本人。

第三十七条 定期考核的结果作为调整公务员职务、级别、工资以及公务员奖励、培训、辞退的依据。

第六章 职务任免

第三十八条 公务员职务实行选任制和委任制。

领导成员职务按照国家规定实行任期制。

第三十九条 选任制公务员在选举结果生效时即任当选职务；任期届满不再连任，或者任期内辞职、被罢免、被撤职的，其所任职务即终止。

第四十条 委任制公务员遇有试用期满考核合格、职务发生变化、不再担任公务员职务以及其他情形需要任免职务的，应当按照管理权限和规定的程序任免其职务。

第四十一条 公务员任职必须在规定的编制限额和职数内进行，并有相应的职位空缺。

第四十二条 公务员因工作需要在机关外兼职，应当经有关机关批准，并不得领取兼职报酬。

第七章 职务升降

第四十三条 公务员晋升职务，应当具备拟任职务所要求的思想政治素质、工作能力、文化程度和任职经历等方面的条件和资格。

公务员晋升职务，应当逐级晋升。特别优秀的或者工作特殊需要的，可以按照规定破格或者越一级晋升职务。

第四十四条 公务员晋升领导职务，按照下列程序办理：

（一）民主推荐，确定考察对象；

（二）组织考察，研究提出任职建议方案，并根据需要在一定范围内进行酝酿；

（三）按照管理权限讨论决定；

（四）按照规定履行任职手续。

公务员晋升非领导职务，参照前款规定的程序办理。

第四十五条 机关内设机构厅局级正职以下领导职务出现空缺时，可以在本机关或者本系统内通过竞争上岗的方式，产生任职人选。

厅局级正职以下领导职务或者副调研员以上及其他相当职务层次的非领导职务出现空缺，可以面向社会公开选拔，产生任职人选。

确定初任法官、初任检察官的任职人选，可以面向社会，从通过国家统一司法考试取得资格的人员中公开选拔。

第四十六条 公务员晋升领导职务的，应当按照有关规定实行任职前公示制度和任职试用期制度。

第四十七条 公务员在定期考核中被确定为不称职的，按照规定程序降低一个职务层次任职。

第八章　奖　励

第四十八条 对工作表现突出，有显著成绩和贡献，或者有其他突出事迹的公务员或者公务员集体，给予奖励。奖励坚持精神奖励与物质奖励相结合、以精神奖励为主的原则。

公务员集体的奖励适用于按照编制序列设置的机构或者为完成专项任务组成的工作集体。

第四十九条 公务员或者公务员集体有下列情形之一的，给予奖励：

（一）忠于职守，积极工作，成绩显著的；

（二）遵守纪律，廉洁奉公，作风正派，办事公道，模范作用突出的；

（三）在工作中有发明创造或者提出合理化建议，取得显著经济效益或者社会效益的；

（四）为增进民族团结、维护社会稳定做出突出贡献的；

（五）爱护公共财产，节约国家资财有突出成绩的；

（六）防止或者消除事故有功，使国家和人民群众利益免受或者减少损失的；

（七）在抢险、救灾等特定环境中奋不顾身，做出贡献的；

（八）同违法违纪行为作斗争有功绩的；

（九）在对外交往中为国家争得荣誉和利益的；

（十）有其他突出功绩的。

第五十条　奖励分为：嘉奖、记三等功、记二等功、记一等功、授予荣誉称号。

对受奖励的公务员或者公务员集体予以表彰，并给予一次性奖金或者其他待遇。

第五十一条　给予公务员或者公务员集体奖励，按照规定的权限和程序决定或者审批。

第五十二条　公务员或者公务员集体有下列情形之一的，撤销奖励：

（一）弄虚作假，骗取奖励的；

（二）申报奖励时隐瞒严重错误或者严重违反规定程序的；

（三）有法律、法规规定应当撤销奖励的其他情形的。

第九章　惩　戒

第五十三条　公务员必须遵守纪律，不得有下列行为：

（一）散布有损国家声誉的言论，组织或者参加旨在反对国家的集会、游行、示威等活动；

（二）组织或者参加非法组织，组织或者参加罢工；

（三）玩忽职守，贻误工作；

（四）拒绝执行上级依法作出的决定和命令；

（五）压制批评，打击报复；

（六）弄虚作假，误导、欺骗领导和公众；

（七）贪污、行贿、受贿，利用职务之便为自己或者他人谋取私利；

（八）违反财经纪律，浪费国家资财；

（九）滥用职权，侵害公民、法人或者其他组织的合法权益；

（十）泄露国家秘密或者工作秘密；

（十一）在对外交往中损害国家荣誉和利益；

（十二）参与或者支持色情、吸毒、赌博、迷信等活动；

（十三）违反职业道德、社会公德；

（十四）从事或者参与营利性活动，在企业或者其他营利性组织中兼任职务；

（十五）旷工或者因公外出、请假期满无正当理由逾期不归；

（十六）违反纪律的其他行为。

第五十四条　公务员执行公务时，认为上级的决定或者命令有错误的，可以向上级提出改正或者撤销该决定或者命令的意见；上级不改变该决定或者命令，或者要求立即执行的，公务员应当执行该决定或者命令，执行的后果由上级负责，公务员不承担责任；但是，公务员执行明显违法的决定或者命令的，应当依法承担相应的责任。

第五十五条　公务员因违法违纪应当承担纪律责任的，依照本法给予处分；违纪行为情节轻微，经批评教育后改正的，可以免予处分。

第五十六条　处分分为：警告、记过、记大过、降级、撤职、开除。

第五十七条　对公务员的处分，应当事实清楚、证据确凿、定性准确、处理恰当、程序合法、手续完备。

公务员违纪的，应当由处分决定机关决定对公务员违纪的情况进行调查，并将调查认定的事实及拟给予处分的依据告知公务员本人。公务员有权进行陈述和申辩。

处分决定机关认为对公务员应当给予处分的，应当在规定的期限内，按照管理权限和规定的程序作出处分决定。处分决定应当以书面形式通知公务员本人。

第五十八条　公务员在受处分期间不得晋升职务和级别，其中受记过、记大过、降级、撤职处分的，不得晋升工资档次。

受处分的期间为：警告，六个月；记过，十二个月；记大过，十八个月；降级、撤职，二十四个月。

受撤职处分的，按照规定降低级别。

第五十九条　公务员受开除以外的处分，在受处分期间有悔改表现，并且没有再发生违纪行为的，处分期满后，由处分决定机关解除处分并以书面形式通知本人。

解除处分后，晋升工资档次、级别和职务不再受原处分的影响。但是，解除降级、撤职处分的，不视为恢复原级别、原职务。

第十章　培　训

第六十条　机关根据公务员工作职责的要求和提高公务员素质的需要，对公务员进行分级分类培训。

国家建立专门的公务员培训机构。机关根据需要也可以委托其他培训机构承担公务员培训任务。

第六十一条　机关对新录用人员应当在试用期内进行初任培训；对晋升领导职务的公务员应当在任职前或者任职后一年内进行任职培训；对从事专项工作的公务员应当进行专门业务培训；对全体公务员应当进行更新知识、提高工作能力的在职培训，其中对担任专业技术职务的公务员，应当按照专业技术人员继续教育的要求，进行专业技术培训。

国家有计划地加强对后备领导人员的培训。

第六十二条　公务员的培训实行登记管理。

公务员参加培训的时间由公务员主管部门按照本法第六十一条规定的培训要求予以确定。

公务员培训情况、学习成绩作为公务员考核的内容和任职、晋升的依据之一。

第十一章　交流与回避

第六十三条　国家实行公务员交流制度。

公务员可以在公务员队伍内部交流，也可以与国有企业事业单位、人民团体和群众团体中从事公务的人员交流。

交流的方式包括调任、转任和挂职锻炼。

第六十四条　国有企业事业单位、人民团体和群众团体中从事公务的人员可以调入机关担任领导职务或者副调研员以上及其他相当职务层次的非领导职务。调任人选应当具备本法第十一条规定的条件和拟任职位所要求的资格条件，并不得有本法第二十四条规定的情形。调任机关应当根据上述规定，对调任人选进行严格考察，并按照管理权限审批，必要时可以对调任人选进行考试。

第六十五条 公务员在不同职位之间转任应当具备拟任职位所要求的资格条件，在规定的编制限额和职数内进行。

对省部级正职以下的领导成员应当有计划、有重点地实行跨地区、跨部门转任。

对担任机关内设机构领导职务和工作性质特殊的非领导职务的公务员，应当有计划地在本机关内转任。

第六十六条 根据培养锻炼公务员的需要，可以选派公务员到下级机关或者上级机关、其他地区机关以及国有企业事业单位挂职锻炼。

公务员在挂职锻炼期间，不改变与原机关的人事关系。

第六十七条 公务员应当服从机关的交流决定。

公务员本人申请交流的，按照管理权限审批。

第六十八条 公务员之间有夫妻关系、直系血亲关系、三代以内旁系血亲关系以及近姻亲关系的，不得在同一机关担任双方直接隶属于同一领导人员的职务或者有直接上下级领导关系的职务，也不得在其中一方担任领导职务的机关从事组织、人事、纪检、监察、审计和财务工作。

因地域或者工作性质特殊，需要变通执行任职回避的，由省级以上公务员主管部门规定。

第六十九条 公务员担任乡级机关、县级机关及其有关部门主要领导职务的，应当实行地域回避，法律另有规定的除外。

第七十条 公务员执行公务时，有下列情形之一的，应当回避：

（一）涉及本人利害关系的；

（二）涉及与本人有本法第六十八条第一款所列亲属关系人员的利害关系的；

（三）其他可能影响公正执行公务的。

第七十一条 公务员有应当回避情形的，本人应当申请回避；利害关系人有权申请公务员回避。其他人员可以向机关提供公务员需要回避的情况。

机关根据公务员本人或者利害关系人的申请，经审查后作出是否回避的决定，也可以不经申请直接作出回避决定。

第七十二条 法律对公务员回避另有规定的，从其规定。

第十二章 工资福利保险

第七十三条 公务员实行国家统一的职务与级别相结合的工资制度。

公务员工资制度贯彻按劳分配的原则，体现工作职责、工作能力、工作实绩、资历等因素，保持不同职务、级别之间的合理工资差距。

国家建立公务员工资的正常增长机制。

第七十四条 公务员工资包括基本工资、津贴、补贴和奖金。

公务员按照国家规定享受地区附加津贴、艰苦边远地区津贴、岗位津贴等津贴。

公务员按照国家规定享受住房、医疗等补贴、补助。

公务员在定期考核中被确定为优秀、称职的，按照国家规定享受年终奖金。

公务员工资应当按时足额发放。

第七十五条 公务员的工资水平应当与国民经济发展相协调、与社会进步相适应。

国家实行工资调查制度，定期进行公务员和企业相当人员工资水平的调查比较，并将工资调查比较结果作为调整公务员工资水平的依据。

第七十六条 公务员按照国家规定享受福利待遇。国家根据经济社会发展水平提高公务员的福利待遇。

公务员实行国家规定的工时制度，按照国家规定享受休假。公务员在法定工作日之外加班的，应当给予相应的补休。

第七十七条 国家建立公务员保险制度，保障公务员在退休、患病、工伤、生育、失业等情况下获得帮助和补偿。

公务员因公致残的，享受国家规定的伤残待遇。公务员因公牺牲、因公死亡或者病故的，其亲属享受国家规定的抚恤和优待。

第七十八条 任何机关不得违反国家规定自行更改公务员工资、福利、保险政策，擅自提高或者降低公务员的工资、福利、保险待遇。任何机关不得扣减或者拖欠公务员的工资。

第七十九条 公务员工资、福利、保险、退休金以及录用、培训、奖励、辞退等所需经费，应当列入财政预算，予以保障。

第十三章 辞职辞退

第八十条 公务员辞去公职，应当向任免机关提出书面申请。任免机关应当自接到申请之日起三十日内予以审批，其中对领导成员辞去公职的申请，应当自接到申请之日起九十日内予以审批。

第八十一条 公务员有下列情形之一的，不得辞去公职：

（一）未满国家规定的最低服务年限的；

（二）在涉及国家秘密等特殊职位任职或者离开上述职位不满国家规定的脱密期限的；

（三）重要公务尚未处理完毕，且须由本人继续处理的；

（四）正在接受审计、纪律审查，或者涉嫌犯罪，司法程序尚未终结的；

（五）法律、行政法规规定的其他不得辞去公职的情形。

第八十二条 担任领导职务的公务员，因工作变动依照法律规定需要辞去现任职务的，应当履行辞职手续。

担任领导职务的公务员，因个人或者其他原因，可以自愿提出辞去领导职务。

领导成员因工作严重失误、失职造成重大损失或者恶劣社会影响的，或者对重大事故负有领导责任的，应当引咎辞去领导职务。

领导成员应当引咎辞职或者因其他原因不再适合担任现任领导职务，本人不提出辞职的，应当责令其辞去领导职务。

第八十三条 公务员有下列情形之一的，予以辞退：

（一）在年度考核中，连续两年被确定为不称职的；

（二）不胜任现职工作，又不接受其他安排的；

（三）因所在机关调整、撤销、合并或者缩减编制员额需要调整工作，本人拒绝合理安排的；

（四）不履行公务员义务，不遵守公务员纪律，经教育仍无转变，不适合继续在机关工作，又不宜给予开除处分的；

（五）旷工或者因公外出、请假期满无正当理由逾期不归连续超过十五天，或者一年内累计超过三十天的。

第八十四条 对有下列情形之一的公务员，不得辞退：

（一）因公致残，被确认丧失或者部分丧失工作能力的；

（二）患病或者负伤，在规定的医疗期内的；

（三）女性公务员在孕期、产假、哺乳期内的；

（四）法律、行政法规规定的其他不得辞退的情形。

第八十五条 辞退公务员，按照管理权限决定。辞退决定应当以书面形式通知被辞退的公务员。

被辞退的公务员，可以领取辞退费或者根据国家有关规定享受失业保险。

第八十六条 公务员辞职或者被辞退，离职前应当办理公务交接手续，必要时按照规定接受审计。

第十四章　退　休

第八十七条 公务员达到国家规定的退休年龄或者完全丧失工作能力的，应当退休。

第八十八条 公务员符合下列条件之一的，本人自愿提出申请，经任免机关批准，可以提前退休：

（一）工作年限满三十年的；

（二）距国家规定的退休年龄不足五年，且工作年限满二十年的；

（三）符合国家规定的可以提前退休的其他情形的。

第八十九条 公务员退休后，享受国家规定的退休金和其他待遇，国家为其生活和健康提供必要的服务和帮助，鼓励发挥个人专长，参与社会发展。

第十五章　申诉控告

第九十条 公务员对涉及本人的下列人事处理不服的，可以自知道该人事处理之日起三十日内向原处理机关申请复核；对复核结果不服的，可以自接到复核决定之日起十五日内，按照规定向同级公务员主管部门或者作出该人事处理的机关的上一级机关提出申诉；也可以不经复核，自知道该人事处理之日起三十日内直接提出申诉：

（一）处分；

（二）辞退或者取消录用；

（三）降职；

（四）定期考核定为不称职；

（五）免职；

（六）申请辞职、提前退休未予批准；

（七）未按规定确定或者扣减工资、福利、保险待遇；

（八）法律、法规规定可以申诉的其他情形。

对省级以下机关作出的申诉处理决定不服的，可以向作出处理决定的上一级机关提出再申诉。

行政机关公务员对处分不服向行政监察机关申诉的，按照《中华人民共和国行政监察法》的规定办理。

第九十一条 原处理机关应当自接到复核申请书后的三十日内作出复核决定。受理公务员申诉的机关应当自受理之日起六十日内作出处理决定；案情复杂的，可以适当延长，但是延长时间不得超过三十日。

复核、申诉期间不停止人事处理的执行。

第九十二条 公务员申诉的受理机关审查认定人事处理有错误的，原处理机关应当及时予以纠正。

第九十三条 公务员认为机关及其领导人员侵犯其合法权益的，可以依法向上级机关或者有关的专门机关提出控告。受理控告的机关应当按照规定及时处理。

第九十四条 公务员提出申诉、控告，不得捏造事实，诬告、陷害他人。

第十六章　职位聘任

第九十五条 机关根据工作需要，经省级以上公务员主管部门批准，可以对专业性较强的职位和辅助性职位实行聘任制。

前款所列职位涉及国家秘密的，不实行聘任制。

第九十六条 机关聘任公务员可以参照公务员考试录用的程序进行公开招聘，也可以从符合条件的人员中直接选聘。

机关聘任公务员应当在规定的编制限额和工资经费限额内进行。

第九十七条 机关聘任公务员，应当按照平等自愿、协商一致的原则，签订书面的聘任合同，确定机关与所聘公务员双方的权利、义务。聘任合同经双方协商一致可以变更或者解除。

聘任合同的签订、变更或者解除，应当报同级公务员主管部门备案。

第九十八条 聘任合同应当具备合同期限，职位及其职责要求，工资、福利、保险待遇，违约责任等条款。

聘任合同期限为一年至五年。聘任合同可以约定试用期，试用期为一个月至六个月。

聘任制公务员按照国家规定实行协议工资制，具体办法由中央公务员主管部门规定。

第九十九条 机关依据本法和聘任合同对所聘公务员进行管理。

第一百条 国家建立人事争议仲裁制度。

人事争议仲裁应当根据合法、公正、及时处理的原则，依法维护争议双方的合法权益。

人事争议仲裁委员会根据需要设立。人事争议仲裁委员会由公务员主管部门的代表、聘用机关的代表、聘任制公务员的代表以及法律专家组成。

聘任制公务员与所在机关之间因履行聘任合同发生争议的，可以自争议发生之日起六十日内向人事争议仲裁委员会申请仲裁。当事人对仲裁裁决不服的，可以自接到仲裁裁决书之日起十五日内向人民法院提起诉讼。仲裁裁决生效后，一方当事人不履行的，另一方当事人可以申请人民法院执行。

第十七章　法律责任

第一百零一条 对有下列违反本法规定情形的，由县级以上领导机关或者公务员主管部门按照管理权限，区别不同情况，分别予以责令纠正或者宣布无效；对负有责任的领导人员和直接责任人员，根据情节轻重，给予批评教育或者处分；构成犯罪的，依法追究刑事责任：

（一）不按编制限额、职数或者任职资格条件进行公务员录用、调任、转任、聘任和晋升的；

（二）不按规定条件进行公务员奖惩、回避和办理退休的；

（三）不按规定程序进行公务员录用、调任、转任、聘任、晋升、竞争上岗、公开选拔以及考核、奖惩的；

（四）违反国家规定，更改公务员工资、福利、保险待遇标准的；

（五）在录用、竞争上岗、公开选拔中发生泄露试题、违反考场纪律以及其他严重影响公开、公正的；

（六）不按规定受理和处理公务员申诉、控告的；

（七）违反本法规定的其他情形的。

第一百零二条 公务员辞去公职或者退休的，原系领导成员的公务员在离职三年内，其他公务员在离职两年内，不得到与原工作业务直接相关的企业或者其他营利性组织任职，不得从事与原工作业务直接相关的营利性活动。

公务员辞去公职或者退休后有违反前款规定行为的，由其原所在机关的同级公务员主管部门责令限期改正；逾期不改正的，由县级以上工商行政管理部门没收该人员从业期间的违法所得，责令接收单位将该人员予以清退，并根据情节轻重，对接收单位处以被处罚人员违法所得一倍以上五倍以下的罚款。

第一百零三条 机关因错误的具体人事处理对公务员造成名誉损害的，应当赔礼道歉、恢复名誉、消除影响；造成经济损失的，应当依法给予赔偿。

第一百零四条 公务员主管部门的工作人员，违反本法规定，滥用职权、玩忽职守、徇私舞弊，构成犯罪的，依法追究刑事责任；尚不构成犯罪的，给予处分。

第十八章 附 则

第一百零五条 本法所称领导成员，是指机关的领导人员，不包括机关内设机构担任领导职务的人员。

第一百零六条 法律、法规授权的具有公共事务管理职能的事业单位中除工勤人员以外的工作人员，经批准参照本法进行管理。

第一百零七条 本法自2006年1月1日起施行。全国人民代表大会常务委员会1957年10月23日批准、国务院1957年10月26日公布的《国务院关于国家行政机关工作人员的奖惩暂行规定》、1993年8月14日国务院公布的《国家公务员暂行条例》同时废止。

全国环保系统六项禁令

国家环境保护总局令

第20号

《全国环保系统六项禁令》已经2003年11月26日第16次国家环境保护总局局务会议审议通过，现予公布，自2004年1月1日起实施。

国家环境保护总局局长　解振华

2003年12月4日

为规范环保工作人员的执法监管行为，严格依法行政，现颁布以下六项禁令：

一、严禁违法、违规、违纪审批项目。

二、严禁包庇、纵容、袒护环境违法行为。

三、严禁乱收费、乱罚款。

四、严禁监测、统计、验收工作弄虚作假、伪造数据。

五、严禁干预、插手环保工程项目招投标、指定施工队伍和环保产品、设备。

六、严禁利用职权收受下属单位或业务联系单位的礼金、报销应由个人支付的费用、侵占公共财物。

凡违反上述禁令的，视情节予以组织处理、纪律处分直至撤职、开除；涉嫌犯罪的，依法移送司法机关；对违反禁令行为查处不力的、包庇袒护的，依法追究有关领导的责任。

十八、有关行政诉讼、民事和刑事规定

【行政诉讼】

中华人民共和国行政诉讼法

（1989年4月4日第七届全国人民代表大会第二次会议通过，
同日中华人民共和国主席令第16号公布，自1990年10月1日起施行）

第一章　总　则

第一条　为保证人民法院正确、及时审理行政案件，保护公民、法人和其他组织的合法权益，维护和监督行政机关依法行使行政职权，根据宪法制定本法。

第二条　公民、法人或者其他组织认为行政机关和行政机关工作人员的具体行政行为侵犯其合法权益，有权依照本法向人民法院提起诉讼。

第三条　人民法院依法对行政案件独立行使审判权，不受行政机关、社会团体和个人的干涉。

人民法院设行政审判庭，审理行政案件。

第四条　人民法院审理行政案件，以事实为根据，以法律为准绳。

第五条　人民法院审理行政案件，对具体行政行为是否合法进行审查。

第六条　人民法院审理行政案件，依法实行合议、回避、公开审判和两审终审制度。

第七条　当事人在行政诉讼中的法律地位平等。

第八条　各民族公民都有用本民族语言、文字进行行政诉讼的权利。

在少数民族聚居或者多民族共同居住的地区，人民法院应当用当地民族通用的语言、文字进行审理和发布法律文书。

人民法院应当对不通晓当地民族通用的语言、文字的诉讼参与人提供翻译。

第九条　当事人在行政诉讼中有权进行辩论。

第十条　人民检察院有权对行政诉讼实行法律监督。

第二章　受案范围

第十一条　人民法院受理公民、法人和其他组织对下列具体行政行为不服提起的诉讼：

（一）对拘留、罚款、吊销许可证和执照、责令停产停业、没收财物等行政处罚不服的；

（二）对限制人身自由或者对财产的查封、扣押、冻结等行政强制措施不服的；

（三）认为行政机关侵犯法律规定的经营自主权的；

（四）认为符合法定条件申请行政机关颁发许可证和执照，行政机关拒绝颁发或者不予答复的；

（五）申请行政机关履行保护人身权、财产权的法定职责，行政机关拒绝履行或者不予答复的；

（六）认为行政机关没有依法发给抚恤金的；

（七）认为行政机关违法要求履行义务的；

（八）认为行政机关侵犯其他人身权、财产权的。

除前款规定外，人民法院受理法律、法规规定可以提起诉讼的其他行政案件。

第十二条 人民法院不受理公民、法人或者其他组织对下列事项提起的诉讼：

（一）国防、外交等国家行为；

（二）行政法规、规章或者行政机关制定、发布的具有普遍约束力的决定、命令；

（三）行政机关对行政机关工作人员的奖惩、任免等决定；

（四）法律规定由行政机关最终裁决的具体行政行为。

第三章 管 辖

第十三条 基层人民法院管辖第一审行政案件。

第十四条 中级人民法院管辖下列第一审行政案件：

（一）确认发明专利权的案件、海关处理的案件；

（二）对国务院各部门或者省、自治区、直辖市人民政府所作的具体行政行为提起诉讼的案件；

（三）本辖区内重大、复杂的案件。

第十五条 高级人民法院管辖本辖区内重大、复杂的第一审行政案件。

第十六条 最高人民法院管辖全国范围内重大、复杂的第一审行政案件。

第十七条 行政案件由最初作出具体行政行为的行政机关所在地人民法院管辖。经复议的案件，复议机关改变原具体行政行为的，也可以由复议机关所在地人民法院管辖。

第十八条 对限制人身自由的行政强制措施不服提起的诉讼，由被告所在地或者原告所在地人民法院管辖。

第十九条 因不动产提起的行政诉讼，由不动产所在地人民法院管辖。

第二十条 两个以上人民法院都有管辖权的案件，原告可以选择其中一个人民法院提起诉讼。原告向两个以上有管辖权的人民法院提起诉讼的，由最先收到起诉状的人民法院管辖。

第二十一条 人民法院发现受理的案件不属于自己管辖时，应当移送有管辖权的人民法院。受移送的人民法院不得自行移送。

第二十二条 有管辖权的人民法院由于特殊原因不能行使管辖权的，由上级人民法院指定管辖。

人民法院对管辖权发生争议，由争议双方协商解决。协商不成的，报它们的共同上级人民法院指定管辖。

第二十三条 上级人民法院有权审判下级人民法院管辖的第一审行政案件，也可以把自己管辖的第一审行政案件移交下级人民法院审判。

下级人民法院对其管辖的第一审行政案件，认为需要由上级人民法院审判的，可以报请上级人民法院决定。

第四章 诉讼参加人

第二十四条 依照本法提起诉讼的公民、法人或者其他组织是原告。

有权提起诉讼的公民死亡，其近亲属可以提起诉讼。

有权提起诉讼的法人或者其他组织终止，承受其权利的法人或者其他组织可以提起诉讼。

第二十五条 公民、法人或者其他组织直接向人民法院提起诉讼的，作出具体行政行为的行政机关是被告。

经复议的案件，复议机关决定维持原具体行政行为的，作出原具体行政行为的行政机关是被告；复议机关改变原具体行政行为的，复议机关是被告。

两个以上行政机关作出同一具体行政行为的，共同作出具体行政行为的行政机关是共同被告。

由法律、法规授权的组织所作的具体行政行为，该组织是被告。由行政机关委托的组织所作的具体行政行为，委托的行政机关是被告。

行政机关被撤销的，继续行使其职权的行政机关是被告。

第二十六条 当事人一方或者双方为 2 人以上，因同一具体行政行为发生的行政案件，或者因同样的具体行政行为发生的行政案件、人民法院认为可以合并审理的，为共同诉讼。

第二十七条 同提起诉讼的具体行政行为有利害关系的其他公民、法人或者其他组织，可以作为第三人申请参加诉讼，或者由人民法院通知参加诉讼。

第二十八条 没有诉讼行为能力的公民，由其法定代理人代为诉讼。法定代理人互相推诿代理责任的，由人民法院指定其中一人代为诉讼。

第二十九条 当事人、法定代理人，可以委托 1 至 2 人代为诉讼。

律师、社会团体、提起诉讼的公民的近亲属或者所在单位推荐的人，以及经人民法院许可的其他公民，可以受委托为诉讼代理人。

第三十条 代理诉讼的律师，可以依照规定查阅本案有关材料，可以向有关组织和公民调查，收集证据。对涉及国家秘密和个人隐私的材料，应当依照法律规定保密。

经人民法院许可，当事人和其他诉讼代理人可以查阅本案庭审材料，但涉及国家秘密和个人隐私的除外。

第五章 证 据

第三十一条 证据有以下几种：

（一）书证；
（二）物证；
（三）视听资料；
（四）证人证言；
（五）当事人的陈述；
（六）鉴定结论；
（七）勘验笔录、现场笔录。

以上证据经法庭审查属实，才能作为定案的根据。

第三十二条 被告对作出的具体行政行为负有举证责任，应当提供作出该具体行政行为的证据和所依据的规范性文件。

第三十三条 在诉讼过程中，被告不得自行向原告和证人收集证据。

第三十四条 人民法院有权要求当事人提供或者补充证据。

人民法院有权向有关行政机关以及其他组织、公民调取证据。

第三十五条 在诉讼过程中，人民法院认为对专门性问题需要鉴定的，应当交由法定鉴定部门鉴定；没有法定鉴定部门的，由人民法院指定的鉴定部门鉴定。

第三十六条 在证据可能灭失或者以后难以取得的情况下，诉讼参加人可以向人民法院申请保全证据，人民法院也可以主动采取保全措施。

第六章　起诉和受理

第三十七条 对属于人民法院受案范围的行政案件，公民、法人或者其他组织可以先向上一级行政机关或者法律、法规规定的行政机关申请复议，对复议不服的，再向人民法院提起诉讼；也可以直接向人民法院提起诉讼。

法律、法规规定应当先向行政机关申请复议，对复议不服再向人民法院提起诉讼的，依照法律、法规的规定。

第三十八条 公民、法人或者其他组织向行政机关申请复议的，复议机关应当在收到申请书之日起两个月内作出决定。法律、法规另有规定的除外。

申请人不服复议决定的，可以在收到复议决定书之日起15日内向人民法院提起诉讼。复议机关逾期不作决定的，申请人可以在复议期满之日起 15 日内向人民法院提起诉讼。法律另有规定的除外。

第三十九条 公民、法人或者其他组织直接向人民法院提起诉讼的，应当在知道作出具体行政行为之日起3个月内提出。法律另有规定的除外。

第四十条 公民、法人或者其他组织因不可抗力或者其他特殊情况耽误法定期限的，在障碍消除后的10日内，可以申请延长期限，由人民法院决定。

第四十一条 提起诉讼应当符合下列条件：

（一）原告是认为具体行政行为侵犯其合法权益的公民、法人或者其他组织；
（二）有明确的被告；
（三）有具体的诉讼请求和事实根据；

（四）属于人民法院受案范围和受诉人民法院管辖。

第四十二条 人民法院接到起诉状，经审查，应当在 7 日内立案或者作出裁定不予受理。原告对裁定不服的，可以提起上诉。

第七章 审理和判决

第四十三条 人民法院应当在立案之日起五日内，将起诉状副本发送被告。被告应当在收到起诉状副本之日起 10 日内向人民法院提交作出具体行政行为的有关材料，并提出答辩状。人民法院应当在收到答辩状之日起 5 日内，将答辩状副本发送原告。

被告不提出答辩状的，不影响人民法院审理。

第四十四条 诉讼期间，不停止具体行政行为的执行。但有下列情形之一的，停止具体行政行为的执行：

（一）被告认为需要停止执行的；

（二）原告申请停止执行，人民法院认为该具体行政行为的执行会造成难以弥补的损失，并且停止执行不损害社会公共利益，裁定停止执行的；

（三）法律、法规规定停止执行的。

第四十五条 人民法院公开审理行政案件，但涉及国家秘密、个人隐私和法律另有规定的除外。

第四十六条 人民法院审理行政案件，由审判员组成合议庭，或者由审判员、陪审员组成合议庭。合议庭的成员，应当是 3 人以上的单数。

第四十七条 当事人认为审判人员与本案有利害关系或者有其他关系可能影响公正审判，有权申请审判人员回避。

审判人员认为自己与本案有利害关系或者有其他关系，应当申请回避。

前两款规定，适用于书记员、翻译人员、鉴定人、勘验人。

院长担任审判长时的回避，由审判委员会决定；审判人员的回避，由院长决定；其他人员的回避，由审判长决定。当事人对决定不服的，可以申请复议。

第四十八条 经人民法院两次合法传唤，原告无正当理由拒不到庭的，视为申请撤诉；被告无正当理由拒不到庭的，可以缺席判决。

第四十九条 诉讼参与人或者其他人有下列行为之一的，人民法院可以根据情节轻重，予以训诫、责令具结悔过或者处1000 元以下的罚款、15 日以下的拘留；构成犯罪的，依法追究刑事责任：

（一）有义务协助执行的人，对人民法院的协助执行通知书，无故推拖、拒绝或者妨碍执行的；

（二）伪造、隐藏、毁灭证据的；

（三）指使、贿买、胁迫他人作伪证或者威胁、阻止证人作证的；

（四）隐藏、转移、变卖、毁损已被查封、扣押、冻结的财产的；

（五）以暴力、威胁或者其他方法阻碍人民法院工作人员执行职务或者扰乱人民法院工作秩序的；

（六）对人民法院工作人员、诉讼参与人、协助执行人侮辱、诽谤、诬陷、殴打或者打击报复的。

罚款、拘留须经人民法院院长批准。当事人不服的，可以申请复议。

第五十条 人民法院审理行政案件，不适用调解。

第五十一条 人民法院对行政案件宣告判决或者裁定前，原告申请撤诉的，或者被告改变其所作的具体行政行为，原告同意并申请撤诉的，是否准许，由人民法院裁定。

第五十二条 人民法院审理行政案件，以法律和行政法规、地方性法规为依据。地方性法规适用于本行政区域内发生的行政案件。

人民法院审理民族自治地方的行政案件，并以该民族自治地方的自治条例和单行条例为依据。

第五十三条 人民法院审理行政案件，参照国务院部、委根据法律和国务院的行政法规、决定、命令制定、发布的规章以及省、自治区、直辖市和省、自治区的人民政府所在地的市和经国务院批准的较大的市的人民政府根据法律和国务院的行政法规制定、发布的规章。

人民法院认为地方人民政府制定、发布的规章与国务院部、委制定、发布的规章不一致的，以及国务院部、委制定、发布的规章之间不一致的，由最高人民法院送请国务院作出解释或者裁决。

第五十四条 人民法院经过审理，根据不同情况，分别作出以下判决：

（一）具体行政行为证据确凿，适用法律、法规正确，符合法定程序的，判决维持。

（二）具体行政行为有下列情形之一的，判决撤销或者部分撤销，并可以判决被告重新作出具体行政行为：

1．主要证据不足的；

2．适用法律、法规错误的；

3．违反法定程序的；

4．超越职权的；

5．滥用职权的。

（三）被告不履行或者拖延履行法定职责的，判决其在一定期限内履行。

（四）行政处罚显失公正的，可以判决变更。

第五十五条 人民法院判决被告重新作出具体行政行为的，被告不得以同一的事实和理由作出与原具体行政行为基本相同的具体行政行为。

第五十六条 人民法院在审理行政案件中，认为行政机关的主管人员、直接责任人员违反政纪的，应当将有关材料移送该行政机关或者其上一级行政机关或者监察、人事机关；认为有犯罪行为的，应当将有关材料移送公安、检察机关。

第五十七条 人民法院应当在立案之日起 3 个月内作出第一审判决。有特殊情况需要延长的，由高级人民法院批准，高级人民法院审理第一审案件需要延长的，由最高人民法院批准。

第五十八条 当事人不服人民法院第一审判决的，有权在判决书送达之日起 15 日内向上一级人民法院提起上诉。当事人不服人民法院第一审裁定的，有权在裁定书送达之日起 10 日内向上一级人民法院提起上诉。逾期不提起上诉的，人民法院的第一审判决或者裁定发生法律效力。

第五十九条 人民法院对上诉案件，认为事实清楚的，可以实行书面审理。

第六十条 人民法院审理上诉案件，应当在收到上诉状之日起两个月内作出终审判决。有特殊情况需要延长的，由高级人民法院批准，高级人民法院审理上诉案件需要延长的，由最高人民法院批准。

第六十一条 人民法院审理上诉案件，按照下列情形，分别处理：

（一）原判决认定事实清楚，适用法律、法规正确的，判决驳回上诉，维持原判；

（二）原判决认定事实清楚，但适用法律、法规错误的，依法改判；

（三）原判决认定事实不清，证据不足，或者由于违反法定程序可能影响案件正确判决的，裁定撤销原判，发回原审人民法院重审，也可以查清事实后改判。当事人对重审案件的判决、裁定，可以上诉。

第六十二条 当事人对已经发生法律效力的判决、裁定，认为确有错误的，可以向原审人民法院或者上一级人民法院提出申诉，但判决、裁定不停止执行。

第六十三条 人民法院院长对本院已经发生法律效力的判决、裁定，发现违反法律、法规规定认为需要再审的，应当提交审判委员会决定是否再审。

上级人民法院对下级人民法院已经发生法律效力的判决、裁定，发现违反法律、法规规定的，有权提审或者指令下级人民法院再审。

第六十四条 人民检察院对人民法院已经发生法律效力的判决、裁定，发现违反法律、法规规定的，有权按照审判监督程序提出抗诉。

第八章 执 行

第六十五条 当事人必须履行人民法院发生法律效力的判决、裁定。

公民、法人或者其他组织拒绝履行判决、裁定的，行政机关可以向第一审人民法院申请强制执行，或者依法强制执行。

行政机关拒绝履行判决、裁定的，第一审人民法院可以采取以下措施：

（一）对应当归还的罚款或者应当给付的赔偿金，通知银行从该行政机关的帐户内划拨；

（二）在规定期限内不履行的，从期满之日起，对该行政机关按日处 50 元至 100 元的罚款；

（三）向该行政机关的上一级行政机关或者监察、人事机关提出司法建议。接受司法建议的机关，根据有关规定进行处理，并将处理情况告知人民法院；

（四）拒不履行判决、裁定，情节严重构成犯罪的，依法追究主管人员和直接责任人员的刑事责任。

第六十六条 公民、法人或者其他组织对具体行政行为在法定期限内不提起诉讼又不履行的，行政机关可以申请人民法院强制执行，或者依法强制执行。

第九章　侵权赔偿责任

第六十七条　公民、法人或者其他组织的合法权益受到行政机关或者行政机关工作人员作出的具体行政行为侵犯造成损害的，有权请求赔偿。

公民、法人或者其他组织单独就损害赔偿提出请求，应当先由行政机关解决。对行政机关的处理不服，可以向人民法院提起诉讼。

赔偿诉讼可以适用调解。

第六十八条　行政机关或者行政机关工作人员作出的具体行政行为侵犯公民、法人或者其他组织的合法权益造成损害的，由该行政机关或者该行政机关工作人员所在的行政机关负责赔偿。

行政机关赔偿损失后，应当责令有故意或者重大过失的行政机关工作人员承担部分或者全部赔偿费用。

第六十九条　赔偿费用，从各级财政列支。各级人民政府可以责令有责任的行政机关支付部分或者全部赔偿费用。具体办法由国务院规定

第十章　涉外行政诉讼

第七十条　外国人、无国籍人、外国组织在中华人民共和国进行行政诉讼，适用本法。法律另有规定的除外。

第七十一条　外国人、无国籍人、外国组织在中华人民共和国进行行政诉讼，同中华人民共和国公民、组织有同等的诉讼权利和义务。

外国法院对中华人民共和国公民、组织的行政诉讼权利加以限制的，人民法院对该国公民、组织的行政诉讼权利，实行对等原则。

第七十二条　中华人民共和国缔结或者参加的国际条约同本法有不同规定的，适用该国际条约的规定。中华人民共和国声明保留的条款除外。

第七十三条　外国人、无国籍人、外国组织在中华人民共和国进行行政诉讼，委托律师代理诉讼的，应当委托中华人民共和国律师机构的律师。

第十一章　附　则

第七十四条　人民法院审理行政案件，应当收取诉讼费用。诉讼费用由败诉方承担，双方都有责任的由双方分担。收取诉讼费用的具体办法另行规定。

第七十五条　本法自 1990 年 10 月 1 日起施行。

关于执行《中华人民共和国行政诉讼法》若干问题的解释

（1999 年 11 月 24 日最高人民法院审判委员会第 1088 次会议通过
法释［2000］8 号）

中华人民共和国最高人民法院公告

《最高人民法院关于执行〈中华人民共和国行政诉讼法〉若干问题的解释》已于 1999 年 11 月 24 日由最高人民法院审判委员会第 1088 次会议通过。现予公布，自 2000 年 3 月 10 日起施行。

2000 年 3 月 8 日

为正确理解和适用《中华人民共和国行政诉讼法》（以下简称行政诉讼法），现结合行政审判工作实际，对执行行政诉讼法的若干问题作出如下解释：

一、受案范围

第一条 公民、法人或者其他组织对具有国家行政职权的机关和组织及其工作人员的行政行为不服，依法提起诉讼的，属于人民法院行政诉讼的受案范围。

公民、法人或者其他组织对下列行为不服提起诉讼的，不属于人民法院行政诉讼的受案范围：

（一）行政诉讼法第十二条规定的行为；

（二）公安、国家安全等机关依照刑事诉讼法的明确授权实施的行为；

（三）调解行为以及法律规定的仲裁行为；

（四）不具有强制力的行政指导行为；

（五）驳回当事人对行政行为提起申诉的重复处理行为；

（六）对公民、法人或者其他组织权利义务不产生实际影响的行为。

第二条 行政诉讼法第十二条第（一）项规定的国家行为，是指国务院、中央军事委员会、国防部、外交部等根据宪法和法律的授权，以国家的名义实施的有关国防和外交事务的行为，以及经宪法和法律授权的国家机关宣布紧急状态、实施戒严和总动员等行为。

第三条 行政诉讼法第十二条第（二）项规定的“具有普遍约束力的决定、命令”，是指行政机关针对不特定对象发布的能反复适用的行政规范性文件。

第四条 行政诉讼法第十二条第（三）项规定的“对行政机关工作人员的奖惩、任免等决定”，是指行政机关作出的涉及该行政机关公务员权利义务的决定。

第五条 行政诉讼法第十二条第（四）项规定的“法律规定由行政机关最终裁决的具体行政行为”中的“法律”，是指全国人民代表大会及其常务委员会制定、通过的规范性文件。

二、管辖

第六条 各级人民法院行政审判庭审理行政案件和审查行政机关申请执行其具体行政行为的案件。

专门人民法院、人民法庭不审理行政案件，也不审查和执行行政机关申请执行其具体行政行为的案件。

第七条 复议决定有下列情形之一的，属于行政诉讼法规定的“改变原具体行政行为”：

（一）改变原具体行政行为所认定的主要事实和证据的；

（二）改变原具体行政行为所适用的规范依据且对定性产生影响的；

（三）撤销、部分撤销或者变更原具体行政行为处理结果的。

第八条 有下列情形之一的，属于行政诉讼法第十四条第（三）项规定的“本辖区内重大、复杂的案件”：

（一）被告为县级以上人民政府，且基层人民法院不适宜审理的案件；

（二）社会影响重大的共同诉讼、集团诉讼案件；

（三）重大涉外或者涉及香港特别行政区、澳门特别行政区、台湾地区的案件；

（四）其他重大、复杂案件。

第九条 行政诉讼法第十八条规定的“原告所在地”，包括原告的户籍所在地、经常居住地和被限制人身自由地。

行政机关基于同一事实既对人身又对财产实施行政处罚或者采取行政强制措施的，被限制人身自由的公民、被扣押或者没收财产的公民、法人或者其他组织对上述行为均不服的，既可以向被告所在地人民法院提起诉讼，也可以向原告所在地人民法院提起诉讼，受诉人民法院可一并管辖。

第十条 当事人提出管辖异议，应当在接到人民法院应诉通知之日起 10 日内以书面形式提出。

对当事人提出的管辖异议，人民法院应当进行审查。异议成立的，裁定将案件移送有管辖权的人民法院；异议不成立的，裁定驳回。

三、诉讼参加人

第十一条 行政诉讼法第二十四条规定的“近亲属”，包括配偶、父母、子女、兄弟姐妹、祖父母、外祖父母、孙子女、外孙子女和其他具有扶养、赡养关系的亲属。

公民因被限制人身自由而不能提起诉讼的，其近亲属可以依其口头或者书面委托以该公民的名义提起诉讼。

第十二条 与具体行政行为有法律上利害关系的公民、法人或者其他组织对该行为不服的，可以依法提起行政诉讼。

第十三条 有下列情形之一的，公民、法人或者其他组织可以依法提起行政诉讼：

（一）被诉的具体行政行为涉及其相邻权或者公平竞争权的；

（二）与被诉的行政复议决定有法律上利害关系或者在复议程序中被追加为第三人的；

（三）要求主管行政机关依法追究加害人法律责任的；

（四）与撤销或者变更具体行政行为有法律上利害关系的。

第十四条 合伙企业向人民法院提起诉讼的，应当以核准登记的字号为原告，由执行合伙企业事务的合伙人作诉讼代表人；其他合伙组织提起诉讼的，合伙人为共同原告。

不具备法人资格的其他组织向人民法院提起诉讼的，由该组织的主要负责人作诉讼代表人；没有主要负责人的，可以由推选的负责人作诉讼代表人。

同案原告为 5 人以上，应当推选 1 至 5 名诉讼代表人参加诉讼；在指定期限内未选定的，人民法院可以依职权指定。

第十五条 联营企业、中外合资或者合作企业的联营、合资、合作各方，认为联营、合资、合作企业权益或者自己一方合法权益受具体行政行为侵害的，均可以自己的名义提起诉讼。

第十六条 农村土地承包人等土地使用权人对行政机关处分其使用的农村集体所有土地的行为不服，可以自己的名义提起诉讼。

第十七条 非国有企业被行政机关注销、撤销、合并、强令兼并、出售、分立或者改变企业隶属关系的，该企业或者其法定代表人可以提起诉讼。

第十八条 股份制企业的股东大会、股东代表大会、董事会等认为行政机关作出的具体行政行为侵犯企业经营自主权的，可以企业名义提起诉讼。

第十九条 当事人不服经上级行政机关批准的具体行政行为，向人民法院提起诉讼的，应当以在对外发生法律效力的文书上署名的机关为被告。

第二十条 行政机关组建并赋予行政管理职能但不具有独立承担法律责任能力的机构，以自己的名义作出具体行政行为，当事人不服提起诉讼的，应当以组建该机构的行政机关为被告。

行政机关的内设机构或者派出机构在没有法律、法规或者规章授权的情况下，以自己的名义作出具体行政行为，当事人不服提起诉讼的，应当以该行政机关为被告。

法律、法规或者规章授权行使行政职权的行政机关内设机构、派出机构或者其他组织，超出法定授权范围实施行政行为，当事人不服提起诉讼的，应当以实施该行为的机构或者组织为被告。

第二十一条 行政机关在没有法律、法规或者规章规定的情况下，授权其内设机构、派出机构或者其他组织行使行政职权的，应当视为委托。当事人不服提起诉讼的，应当以该行政机关为被告。

第二十二条 复议机关在法定期间内不作复议决定，当事人对原具体行政行为不服提起诉讼的，应当以作出原具体行政行为的行政机关为被告；当事人对复议机关不作为不服提起诉讼的，应当以复议机关为被告。

第二十三条 原告所起诉的被告不适格，人民法院应当告知原告变更被告；原告不同意变更的，裁定驳回起诉。

应当追加被告而原告不同意追加的，人民法院应当通知其以第三人的身份参加诉讼。

第二十四条 行政机关的同一具体行政行为涉及两个以上利害关系人，其中一部分利害关系人对具体行政行为不服提起诉讼，人民法院应当通知没有起诉的其他利害关系人作为第三人参加诉讼。

第三人有权提出与本案有关的诉讼主张，对人民法院的一审判决不服，有权提起上诉。

第二十五条 当事人委托诉讼代理人，应当向人民法院提交由委托人签名或者盖章的授权委托书。委托书应当载明委托事项和具体权限。公民在特殊情况下无法书面委托的，也可以口头委托。口头委托的，人民法院应当核实并记录在卷；被诉机关或者其他有义务协助的机关拒绝人民法院向被限制人身自由的公民核实的，视为委托成立。当事人解除或者变更委托的，应当书面报告人民法院，由人民法院通知其他当事人。

四、证据

第二十六条 在行政诉讼中，被告对其作出的具体行政行为承担举证责任。

被告应当在收到起诉状副本之日起 10 日内提交答辩状，并提供作出具体行政行为时的证据、依据；被告不提供或者无正当理由逾期提供的，应当认定该具体行政行为没有证据、依据。

第二十七条 原告对下列事项承担举证责任：

（一）证明起诉符合法定条件，但被告认为原告起诉超过起诉期限的除外；

（二）在起诉被告不作为的案件中，证明其提出申请的事实；

（三）在一并提起的行政赔偿诉讼中，证明因受被诉行为侵害而造成损失的事实；

（四）其他应当由原告承担举证责任的事项。

第二十八条 有下列情形之一的，被告经人民法院准许可以补充相关的证据：

（一）被告在作出具体行政行为时已经收集证据，但因不可抗力等正当事由不能提供的；

（二）原告或者第三人在诉讼过程中，提出了其在被告实施行政行为过程中没有提出的反驳理由或者证据的。

第二十九条 有下列情形之一的，人民法院有权调取证据：

（一）原告或者第三人及其诉讼代理人提供了证据线索，但无法自行收集而申请人民法院调取的；

（二）当事人应当提供而无法提供原件或者原物的。

第三十条 下列证据不能作为认定被诉具体行政行为合法的根据：

（一）被告及其诉讼代理人在作出具体行政行为后自行收集的证据；

（二）被告严重违反法定程序收集的其他证据。

第三十一条 未经法庭质证的证据不能作为人民法院裁判的根据。

复议机关在复议过程中收集和补充的证据，不能作为人民法院维持原具体行政行为的根据。

被告在二审过程中向法庭提交在一审过程中没有提交的证据，不能作为二审法院撤销或者变更一审裁判的根据。

五、起诉与受理

第三十二条 人民法院应当组成合议庭对原告的起诉进行审查。符合起诉条件的，应当在7日内立案；不符合起诉条件的，应当在7日内裁定不予受理。

7日内不能决定是否受理的，应当先予受理；受理后经审查不符合起诉条件的，裁定驳回起诉。

受诉人民法院在7日内既不立案，又不作出裁定的，起诉人可以向上一级人民法院申诉或者起诉。上一级人民法院认为符合受理条件的，应予受理；受理后可以移交或者指定下级人民法院审理，也可以自行审理。

前三款规定的期限，从受诉人民法院收到起诉状之日起计算；因起诉状内容欠缺而责令原告补正的，从人民法院收到补正材料之日起计算。

第三十三条 法律、法规规定应当先申请复议，公民、法人或者其他组织未申请复议直接提起诉讼的，人民法院不予受理。

复议机关不受理复议申请或者在法定期限内不作出复议决定，公民、法人或者其他组织不服，依法向人民法院提起诉讼的，人民法院应当依法受理。

第三十四条 法律、法规未规定行政复议为提起行政诉讼必经程序，公民、法人或者其他组织既提起诉讼又申请行政复议的，由先受理的机关管辖；同时受理的，由公民、法人或者其他组织选择。公民、法人或者其他组织已经申请行政复议，在法定复议期间内又向人民法院提起诉讼的，人民法院不予受理。

第三十五条 法律、法规未规定行政复议为提起行政诉讼必经程序，公民、法人或者其他组织向复议机关申请行政复议后，又经复议机关同意撤回复议申请，在法定起诉期限内对原具体行政行为提起诉讼的，人民法院应当依法受理。

第三十六条 人民法院裁定准许原告撤诉后，原告以同一事实和理由重新起诉的，人民法院不予受理。

准予撤诉的裁定确有错误，原告申请再审的，人民法院应当通过审判监督程序撤销原准予撤诉的裁定，重新对案件进行审理。

第三十七条 原告或者上诉人未按规定的期限预交案件受理费，又不提出缓交、减交、免交申请，或者提出申请未获批准的，按自动撤诉处理。在按撤诉处理后，原告或者上诉人在法定期限内再次起诉或者上诉，并依法解决诉讼费预交问题的，人民法院应予受理。

第三十八条 人民法院判决撤销行政机关的具体行政行为后，公民、法人或者其他组织对行政机关重新作出的具体行政行为不服向人民法院起诉的，人民法院应当依法受理。

第三十九条 公民、法人或者其他组织申请行政机关履行法定职责，行政机关在接到申请之日起 60 日内不履行的，公民、法人或者其他组织向人民法院提起诉讼，人民法院应当依法受理。法律、法规、规章和其他规范性文件对行政机关履行职责的期限另有规定的，从其规定。

公民、法人或者其他组织在紧急情况下请求行政机关履行保护其人身权、财产权的法定职责，行政机关不履行的，起诉期间不受前款规定的限制。

第四十条 行政机关作出具体行政行为时，没有制作或者没有送达法律文书，公民、法人或者其他组织不服向人民法院起诉的，只要能证明具体行政行为存在，人民法院应当依法受理。

第四十一条 行政机关作出具体行政行为时，未告知公民、法人或者其他组织诉权或者起诉期限的，起诉期限从公民、法人或者其他组织知道或者应当知道诉权或者起诉期限之日起计算，但从知道或者应当知道具体行政行为内容之日起最长不得超过 2 年。

复议决定未告知公民、法人或者其他组织诉权或者法定起诉期限的，适用前款规定。

第四十二条 公民、法人或者其他组织不知道行政机关作出的具体行政行为内容的，其起诉期限从知道或者应当知道该具体行政行为内容之日起计算。对涉及不动产的具体行政行为从作出之日起超过 20 年、其他具体行政行为从作出之日起超过 5 年提起诉讼的，人民法院不予受理。

第四十三条 由于不属于起诉人自身的原因超过起诉期限的，被耽误的时间不计算在起诉期间内。因人身自由受到限制而不能提起诉讼的，被限制人身自由的时间不计算在起诉期间内。

六、审理与判决

第四十四条 有下列情形之一的，应当裁定不予受理；已经受理的，裁定驳回起诉：

（一）请求事项不属于行政审判权限范围的；

（二）起诉人无原告诉讼主体资格的；

（三）起诉人错列被告且拒绝变更的；

（四）法律规定必须由法定或者指定代理人、代表人为诉讼行为，未由法定或者指定代理人、代表人为诉讼行为的；

（五）由诉讼代理人代为起诉，其代理不符合法定要求的；

（六）起诉超过法定期限且无正当理由的；

（七）法律、法规规定行政复议为提起诉讼必经程序而未申请复议的；

（八）起诉人重复起诉的；

（九）已撤回起诉，无正当理由再行起诉的；

（十）诉讼标的为生效判决的效力所羁束的；

（十一）起诉不具备其他法定要件的。

前款所列情形可以补正或者更正的，人民法院应当指定期间责令补正或者更正；在指定期间已经补正或者更正的，应当依法受理。

第四十五条 起诉状副本送达被告后，原告提出新的诉讼请求的，人民法院不予准许，但有正当理由的除外。

第四十六条 有下列情形之一的，人民法院可以决定合并审理：

（一）两个以上行政机关分别依据不同的法律、法规对同一事实作出具体行政行为，公民、法人或者其他组织不服向同一人民法院起诉的；

（二）行政机关就同一事实对若干公民、法人或者其他组织分别作出具体行政行为，公民、法人或者其他组织不服分别向同一人民法院起诉的；

（三）在诉讼过程中，被告对原告作出新的具体行政行为，原告不服向同一人民法院起诉的；

（四）人民法院认为可以合并审理的其他情形。

第四十七条 当事人申请回避，应当说明理由，在案件开始审理时提出；回避事由在案件开始审理后知道的，应当在法庭辩论终结前提出。

被申请回避的人员，在人民法院作出是否回避的决定前，应当暂停参与本案的工作，但案件需要采取紧急措施的除外。

对当事人提出的回避申请，人民法院应当在3日内以口头或者书面形式作出决定。

申请人对驳回回避申请决定不服的，可以向作出决定的人民法院申请复议一次。复议期间，被申请回避的人员不停止参与本案的工作。对申请人的复议申请，人民法院应当在3日内作出复议决定，并通知复议申请人。

第四十八条 人民法院对于因一方当事人的行为或者其他原因，可能使具体行政行为或者人民法院生效裁判不能或者难以执行的案件，可以根据对方当事人的申请作出财产保全的裁定；当事人没有提出申请的，人民法院在必要时也可以依法采取财产保全措施。

人民法院审理起诉行政机关没有依法发给抚恤金、社会保险金、最低生活保障费等案件，可以根据原告的申请，依法书面裁定先予执行。

当事人对财产保全或者先予执行的裁定不服的，可以申请复议。复议期间不停止裁定的执行。

第四十九条 原告或者上诉人经合法传唤，无正当理由拒不到庭或者未经法庭许可中途退庭的，可以按撤诉处理。

原告或者上诉人申请撤诉，人民法院裁定不予准许的，原告或者上诉人经合法传唤无正当理由拒不到庭，或者未经法庭许可而中途退庭的，人民法院可以缺席判决。

第三人经合法传唤无正当理由拒不到庭，或者未经法庭许可中途退庭的，不影响案件的审理。

第五十条 被告在一审期间改变被诉具体行政行为的，应当书面告知人民法院。

原告或者第三人对改变后的行为不服提起诉讼的，人民法院应当就改变后的具体行政行为进行审理。

被告改变原具体行政行为，原告不撤诉，人民法院经审查认为原具体行政行为违法的，应当作出确认其违法的判决；认为原具体行政行为合法的，应当判决驳回原告的诉讼请求。

原告起诉被告不作为，在诉讼中被告作出具体行政行为，原告不撤诉的，参照上述规定处理。

第五十一条 在诉讼过程中，有下列情形之一的，中止诉讼：

（一）原告死亡，须等待其近亲属表明是否参加诉讼的；

（二）原告丧失诉讼行为能力，尚未确定法定代理人的；

（三）作为一方当事人的行政机关、法人或者其他组织终止，尚未确定权利义务承受人的；

（四）一方当事人因不可抗力的事由不能参加诉讼的；

（五）案件涉及法律适用问题，需要送请有权机关作出解释或者确认的；

（六）案件的审判须以相关民事、刑事或者其他行政案件的审理结果为依据，而相关案件尚未审结的；

（七）其他应当中止诉讼的情形。

中止诉讼的原因消除后，恢复诉讼。

第五十二条 在诉讼过程中，有下列情形之一的，终结诉讼：

（一）原告死亡，没有近亲属或者近亲属放弃诉讼权利的；

（二）作为原告的法人或者其他组织终止后，其权利义务的承受人放弃诉讼权利的。

因本解释第五十一条第一款第（一）、（二）、（三）项原因中止诉讼满 90 日仍无人继续诉讼的，裁定终结诉讼，但有特殊情况的除外。

第五十三条 复议决定维持原具体行政行为的，人民法院判决撤销原具体行政行为，复议决定自然无效。

复议决定改变原具体行政行为错误，人民法院判决撤销复议决定时，应当责令复议机关重新作出复议决定。

第五十四条 人民法院判决被告重新作出具体行政行为，被告重新作出的具体行政行为与原具体行政行为的结果相同，但主要事实或者主要理由有改变的，不属于行政诉讼法第五十五条规定的情形。

人民法院以违反法定程序为由，判决撤销被诉具体行政行为的，行政机关重新作出具体行政行为不受行政诉讼法第五十五条规定的限制。

行政机关以同一事实和理由重新作出与原具体行政行为基本相同的具体行政行为，人民法院应当根据行政诉讼法第五十四条第（二）项、第五十五条的规定判决撤销或者部分撤销，并根据行政诉讼法第六十五条第三款的规定处理。

第五十五条 人民法院审理行政案件不得加重对原告的处罚，但利害关系人同为原告的除外。

人民法院审理行政案件不得对行政机关未予处罚的人直接给予行政处罚。

第五十六条 有下列情形之一的，人民法院应当判决驳回原告的诉讼请求：

（一）起诉被告不作为理由不能成立的；

（二）被诉具体行政行为合法但存在合理性问题的；

（三）被诉具体行政行为合法，但因法律、政策变化需要变更或者废止的；

（四）其他应当判决驳回诉讼请求的情形。

第五十七条　人民法院认为被诉具体行政行为合法，但不适宜判决维持或者驳回诉讼请求的，可以作出确认其合法或者有效的判决。

有下列情形之一的，人民法院应当作出确认被诉具体行政行为违法或者无效的判决：

（一）被告不履行法定职责，但判决责令其履行法定职责已无实际意义的；

（二）被诉具体行政行为违法，但不具有可撤销内容的；

（三）被诉具体行政行为依法不成立或者无效的。

第五十八条　被诉具体行政行为违法，但撤销该具体行政行为将会给国家利益或者公共利益造成重大损失的，人民法院应当作出确认被诉具体行政行为违法的判决，并责令被诉行政机关采取相应的补救措施；造成损害的，依法判决承担赔偿责任。

第五十九条　根据行政诉讼法第五十四条第（二）项规定判决撤销违法的被诉具体行政行为，将会给国家利益、公共利益或者他人合法权益造成损失的，人民法院在判决撤销的同时，可以分别采取以下方式处理：

（一）判决被告重新作出具体行政行为；

（二）责令被诉行政机关采取相应的补救措施；

（三）向被告和有关机关提出司法建议；

（四）发现违法犯罪行为的，建议有权机关依法处理。

第六十条　人民法院判决被告重新作出具体行政行为，如不及时重新作出具体行政行为，将会给国家利益、公共利益或者当事人利益造成损失的，可以限定重新作出具体行政行为的期限。

人民法院判决被告履行法定职责，应当指定履行的期限，因情况特殊难于确定期限的除外。

第六十一条　被告对平等主体之间民事争议所作的裁决违法，民事争议当事人要求人民法院一并解决相关民事争议的，人民法院可以一并审理。

第六十二条　人民法院审理行政案件，适用最高人民法院司法解释的，应当在裁判文书中援引。

人民法院审理行政案件，可以在裁判文书中引用合法有效的规章及其他规范性文件。

第六十三条　裁定适用于下列范围：

（一）不予受理；

（二）驳回起诉；

（三）管辖异议；

（四）终结诉讼；

（五）中止诉讼；

（六）移送或者指定管辖；

（七）诉讼期间停止具体行政行为的执行或者驳回停止执行的申请；

（八）财产保全；

（九）先予执行；

（十）准许或者不准许撤诉；

（十一）补正裁判文书中的笔误；

（十二）中止或者终结执行；

（十三）提审、指令再审或者发回重审；

（十四）准许或者不准许执行行政机关的具体行政行为；

（十五）其他需要裁定的事项。

对第（一）、（二）、（三）项裁定，当事人可以上诉。

第六十四条 行政诉讼法第五十七条、第六十条规定的审限，是指从立案之日起至裁判宣告之日止的期间。鉴定、处理管辖争议或者异议以及中止诉讼的时间不计算在内。

第六十五条 第一审人民法院作出判决和裁定后，当事人均提起上诉的，上诉各方均为上诉人。

诉讼当事人中的一部分人提出上诉，没有提出上诉的对方当事人为被上诉人，其他当事人依原审诉讼地位列明。

第六十六条 当事人提出上诉，应当按照其他当事人或者诉讼代表人的人数提出上诉状副本。

原审人民法院收到上诉状，应当在 5 日内将上诉状副本送达其他当事人，对方当事人应当在收到上诉状副本之日起 10 日内提出答辩状。

原审人民法院应当在收到答辩状之日起 5 日内将副本送达当事人。

原审人民法院收到上诉状、答辩状，应当在 5 日内连同全部案卷和证据，报送第二审人民法院。已经预收诉讼费用的，一并报送。

第六十七条 第二审人民法院审理上诉案件，应当对原审人民法院的裁判和被诉具体行政行为是否合法进行全面审查。

当事人对原审人民法院认定的事实有争议的，或者第二审人民法院认为原审人民法院认定事实不清楚的，第二审人民法院应当开庭审理。

第六十八条 第二审人民法院经审理认为原审人民法院不予受理或者驳回起诉的裁定确有错误，且起诉符合法定条件的，应当裁定撤销原审人民法院的裁定，指令原审人民法院依法立案受理或者继续审理。

第六十九条 第二审人民法院裁定发回原审人民法院重新审理的行政案件，原审人民法院应当另行组成合议庭进行审理。

第七十条 第二审人民法院审理上诉案件，需要改变原审判决的，应当同时对被诉具体行政行为作出判决。

第七十一条 原审判决遗漏了必须参加诉讼的当事人或者诉讼请求的，第二审人民法院应当裁定撤销原审判决，发回重审。

原审判决遗漏行政赔偿请求，第二审人民法院经审查认为依法不应当予以赔偿的，应当判决驳回行政赔偿请求。

原审判决遗漏行政赔偿请求，第二审人民法院经审理认为依法应当予以赔偿的，在确认被诉具体行政行为违法的同时，可以就行政赔偿问题进行调解；调解不成的，应当就行政赔偿部分发回重审。

当事人在第二审期间提出行政赔偿请求的，第二审人民法院可以进行调解；调解不成的，应当告知当事人另行起诉。

第七十二条 有下列情形之一的，属于行政诉讼法第六十三条规定的“违反法律、法规规定”：

（一）原判决、裁定认定的事实主要证据不足；

（二）原判决、裁定适用法律、法规确有错误；

（三）违反法定程序，可能影响案件正确裁判；

（四）其他违反法律、法规的情形。

第七十三条 当事人申请再审，应当在判决、裁定发生法律效力后2年内提出。

当事人对已经发生法律效力的行政赔偿调解书，提出证据证明调解违反自愿原则或者调解协议的内容违反法律规定的，可以在2年内申请再审。

第七十四条 人民法院接到当事人的再审申请后，经审查，符合再审条件的，应当立案并及时通知各方当事人；不符合再审条件的，予以驳回。

第七十五条 对人民检察院按照审判监督程序提出抗诉的案件，人民法院应当再审。

人民法院开庭审理抗诉案件时，应当通知人民检察院派员出庭。

第七十六条 人民法院按照审判监督程序再审的案件，发生法律效力的判决、裁定是由第一审人民法院作出的，按照第一审程序审理，所作的判决、裁定，当事人可以上诉；发生法律效力的判决、裁定是由第二审人民法院作出的，按照第二审程序审理，所作的判决、裁定是发生法律效力的判决、裁定；上级人民法院按照审判监督程序提审的，按照第二审程序审理，所作的判决、裁定是发生法律效力的判决、裁定。

人民法院审理再审案件，应当另行组成合议庭。

第七十七条 按照审判监督程序决定再审的案件，应当裁定中止原判决的执行；裁定由院长署名，加盖人民法院印章。

上级人民法院决定提审或者指令下级人民法院再审的，应当作出裁定，裁定应当写明中止原判决的执行；情况紧急的，可以将中止执行的裁定口头通知负责执行的人民法院或者作出生效判决、裁定的人民法院，但应当在口头通知后10日内发出裁定书。

第七十八条 人民法院审理再审案件，认为原生效判决、裁定确有错误，在撤销原生效判决或者裁定的同时，可以对生效判决、裁定的内容作出相应裁判，也可以裁定撤销生效判决或者裁定，发回作出生效判决、裁定的人民法院重新审判。

第七十九条 人民法院审理二审案件和再审案件，对原审法院受理、不予受理或者驳回起诉错误的，应当分别情况作如下处理：

（一）第一审人民法院作出实体判决后，第二审人民法院认为不应当受理的，在撤销第一审人民法院判决的同时，可以发回重审，也可以径行驳回起诉；

（二）第二审人民法院维持第一审人民法院不予受理裁定错误的，再审法院应当撤销第一审、第二审人民法院裁定，指令第一审人民法院受理；

（三）第二审人民法院维持第一审人民法院驳回起诉裁定错误的，再审法院应当撤销第一审、第二审人民法院裁定，指令第一审人民法院审理。

第八十条 人民法院审理再审案件，发现生效裁判有下列情形之一的，应当裁定发回作出生效判决、裁定的人民法院重新审理：

（一）审理本案的审判人员、书记员应当回避而未回避的；

（二）依法应当开庭审理而未经开庭即作出判决的；

（三）未经合法传唤当事人而缺席判决的；

（四）遗漏必须参加诉讼的当事人的；

（五）对与本案有关的诉讼请求未予裁判的；

（六）其他违反法定程序可能影响案件正确裁判的。

第八十一条 再审案件按照第一审程序审理的，适用行政诉讼法第五十七条规定的审理期限。

再审案件按照第二审程序审理的，适用行政诉讼法第六十条规定的审理期限。

第八十二条 基层人民法院申请延长审理期限，应当直接报请高级人民法院批准，同时报中级人民法院备案。

七、执行

第八十三条 对发生法律效力的行政判决书、行政裁定书、行政赔偿判决书和行政赔偿调解书，负有义务的一方当事人拒绝履行的，对方当事人可以依法申请人民法院强制执行。

第八十四条 申请人是公民的，申请执行生效的行政判决书、行政裁定书、行政赔偿判决书和行政赔偿调解书的期限为 1 年，申请人是行政机关、法人或者其他组织的为 180 日。

申请执行的期限从法律文书规定的履行期间最后一日起计算；法律文书中没有规定履行期限的，从该法律文书送达当事人之日起计算。

逾期申请的，除有正当理由外，人民法院不予受理。

第八十五条 发生法律效力的行政判决书、行政裁定书、行政赔偿判决书和行政赔偿调解书，由第一审人民法院执行。

第一审人民法院认为情况特殊需要由第二审人民法院执行的，可以报请第二审人民法院执行；第二审人民法院可以决定由其执行，也可以决定由第一审人民法院执行。

第八十六条 行政机关根据行政诉讼法第六十六条的规定申请执行其具体行政行为，应当具备以下条件：

（一）具体行政行为依法可以由人民法院执行；

（二）具体行政行为已经生效并具有可执行内容；

（三）申请人是作出该具体行政行为的行政机关或者法律、法规、规章授权的组织；

（四）被申请人是该具体行政行为所确定的义务人；

（五）被申请人在具体行政行为确定的期限内或者行政机关另行指定的期限内未履行义务；

（六）申请人在法定期限内提出申请；

（七）被申请执行的行政案件属于受理申请执行的人民法院管辖。

人民法院对符合条件的申请，应当立案受理，并通知申请人；对不符合条件的申请，应当裁定不予受理。

第八十七条 法律、法规没有赋予行政机关强制执行权，行政机关申请人民法院强制执行的，人民法院应当依法受理。

法律、法规规定既可以由行政机关依法强制执行，也可以申请人民法院强制执行，行政机关申请人民法院强制执行的，人民法院可以依法受理。

第八十八条 行政机关申请人民法院强制执行其具体行政行为，应当自被执行人的法定起诉期限届满之日起 180 日内提出。逾期申请的，除有正当理由外，人民法院不予受理。

第八十九条 行政机关申请人民法院强制执行其具体行政行为的，由申请人所在地的基层人民法院受理；执行对象为不动产的，由不动产所在地的基层人民法院受理。

基层人民法院认为执行确有困难的，可以报请上级人民法院执行；上级人民法院可以决定由其执行，也可以决定由下级人民法院执行。

第九十条 行政机关根据法律的授权对平等主体之间民事争议作出裁决后，当事人在法定期限内不起诉又不履行，作出裁决的行政机关在申请执行的期限内未申请人民法院强制执行的，生效具体行政行为确定的权利人或者其继承人、权利承受人在 90 日内可以申请人民法院强制执行。

享有权利的公民、法人或者其他组织申请人民法院强制执行具体行政行为，参照行政机关申请人民法院强制执行具体行政行为的规定。

第九十一条 行政机关申请人民法院强制执行其具体行政行为，应当提交申请执行书、据以执行的行政法律文书、证明该具体行政行为合法的材料和被执行人财产状况以及其他必须提交的材料。

享有权利的公民、法人或者其他组织申请人民法院强制执行的，人民法院应当向作出裁决的行政机关调取有关材料。

第九十二条 行政机关或者具体行政行为确定的权利人申请人民法院强制执行前，有充分理由认为被执行人可能逃避执行的，可以申请人民法院采取财产保全措施。后者申请强制执行的，应当提供相应的财产担保。

第九十三条 人民法院受理行政机关申请执行其具体行政行为的案件后，应当在 30 日内由行政审判庭组成合议庭对具体行政行为的合法性进行审查，并就是否准予强制执行作出裁定；需要采取强制执行措施的，由本院负责强制执行非诉行政行为的机构执行。

第九十四条 在诉讼过程中，被告或者具体行政行为确定的权利人申请人民法院强制执行被诉具体行政行为，人民法院不予执行，但不及时执行可能给国家利益、公共利益或者他人合法权益造成不可弥补的损失的，人民法院可以先予执行。后者申请强制执行的，应当提供相应的财产担保。

第九十五条 被申请执行的具体行政行为有下列情形之一的，人民法院应当裁定不准予执行：

（一）明显缺乏事实根据的；

（二）明显缺乏法律依据的；

（三）其他明显违法并损害被执行人合法权益的。

第九十六条 行政机关拒绝履行人民法院生效判决、裁定的，人民法院可以依照行政诉讼法第六十五条第三款的规定处理，并可以参照民事诉讼法第一百零二条的有关规定，对主要负责人或者直接责任人员予以罚款处罚。

八、其他

第九十七条 人民法院审理行政案件，除依照行政诉讼法和本解释外，可以参照民事诉讼的有关规定。

第九十八条 本解释自发布之日起施行，最高人民法院《关于贯彻执行〈中华人民共和国行政诉讼法〉若干问题的意见（试行）》同时废止；最高人民法院以前所作的司法解释以及与有关机关联合发布的规范性文件，凡与本解释不一致的，按本解释执行。

关于行政诉讼证据若干问题的规定

（2002 年 6 月 4 日最高人民法院审判委员会第 1224 次会议通过，
自 2002 年 10 月 1 日起施行　法释［2002］21 号）

为准确认定案件事实，公正、及时地审理行政案件，根据《中华人民共和国行政诉讼法》（以下简称行政诉讼法）等有关法律规定，结合行政审判实际，制定本规定。

一、举证责任分配和举证期限

第一条　根据行政诉讼法第三十二条和第四十三条的规定，被告对作出的具体行政行为负有举证责任，应当在收到起诉状副本之日起十日内，提供据以作出被诉具体行政行为的全部证据和所依据的规范性文件。被告不提供或者无正当理由逾期提供证据的，视为被诉具体行政行为没有相应的证据。

被告因不可抗力或者客观上不能控制的其他正当事由，不能在前款规定的期限内提供证据的，应当在收到起诉状副本之日起十日内向人民法院提出延期提供证据的书面申请。人民法院准许延期提供的，被告应当在正当事由消除后十日内提供证据。逾期提供的，视为被诉具体行政行为没有相应的证据。

第二条　原告或者第三人提出其在行政程序中没有提出的反驳理由或者证据的，经人民法院准许，被告可以在第一审程序中补充相应的证据。

第三条　根据行政诉讼法第三十三条的规定，在诉讼过程中，被告及其诉讼代理人不得自行向原告和证人收集证据。

第四条　公民、法人或者其他组织向人民法院起诉时，应当提供其符合起诉条件的相应的证据材料。

在起诉被告不作为的案件中，原告应当提供其在行政程序中曾经提出申请的证据材料。但有下列情形的除外：

（一）被告应当依职权主动履行法定职责的；

（二）原告因被告受理申请的登记制度不完备等正当事由不能提供相关证据材料并能够作出合理说明的。

被告认为原告起诉超过法定期限的，由被告承担举证责任。

第五条　在行政赔偿诉讼中，原告应当对被诉具体行政行为造成损害的事实提供证据。

第六条　原告可以提供证明被诉具体行政行为违法的证据。原告提供的证据不成立的，不免除被告对被诉具体行政行为合法性的举证责任。

第七条 原告或者第三人应当在开庭审理前或者人民法院指定的交换证据之日提供证据。因正当事由申请延期提供证据的，经人民法院准许，可以在法庭调查中提供。逾期提供证据的，视为放弃举证权利。

原告或者第三人在第一审程序中无正当事由未提供而在第二审程序中提供的证据，人民法院不予接纳。

第八条 人民法院向当事人送达受理案件通知书或者应诉通知书时，应当告知其举证范围、举证期限和逾期提供证据的法律后果，并告知因正当事由不能按期提供证据时应当提出延期提供证据的申请。

第九条 根据行政诉讼法第三十四条第一款的规定，人民法院有权要求当事人提供或者补充证据。

对当事人无争议，但涉及国家利益、公共利益或者他人合法权益的事实，人民法院可以责令当事人提供或者补充有关证据。

二、提供证据的要求

第十条 根据行政诉讼法第三十一条第一款第（一）项的规定，当事人向人民法院提供书证的，应当符合下列要求：

（一）提供书证的原件，原本、正本和副本均属于书证的原件。提供原件确有困难的，可以提供与原件核对无误的复印件、照片、节录本；

（二）提供由有关部门保管的书证原件的复制件、影印件或者抄录件的，应当注明出处，经该部门核对无异后加盖其印章；

（三）提供报表、图纸、会计账册、专业技术资料、科技文献等书证的，应当附有说明材料；

（四）被告提供的被诉具体行政行为所依据的询问、陈述、谈话类笔录，应当有行政执法人员、被询问人、陈述人、谈话人签名或者盖章。

法律、法规、司法解释和规章对书证的制作形式另有规定的，从其规定。

第十一条 根据行政诉讼法第三十一条第一款第（二）项的规定，当事人向人民法院提供物证的，应当符合下列要求：

（一）提供原物。提供原物确有困难的，可以提供与原物核对无误的复制件或者证明该物证的照片、录像等其他证据；

（二）原物为数量较多的种类物的，提供其中的一部分。

第十二条 根据行政诉讼法第三十一条第一款第（三）项的规定，当事人向人民法院提供计算机数据或者录音、录像等视听资料的，应当符合下列要求：

（一）提供有关资料的原始载体。提供原始载体确有困难的，可以提供复制件；

（二）注明制作方法、制作时间、制作人和证明对象等；

（三）声音资料应当附有该声音内容的文字记录。

第十三条 根据行政诉讼法第三十一条第一款第（四）项的规定，当事人向人民法院提供证人证言的，应当符合下列要求：

（一）写明证人的姓名、年龄、性别、职业、住址等基本情况；

（二）有证人的签名，不能签名的，应当以盖章等方式证明；

（三）注明出具日期；

（四）附有居民身份证复印件等证明证人身份的文件。

第十四条 根据行政诉讼法第三十一条第一款第（六）项的规定，被告向人民法院提供的在行政程序中采用的鉴定结论，应当载明委托人和委托鉴定的事项、向鉴定部门提交的相关材料、鉴定的依据和使用的科学技术手段、鉴定部门和鉴定人鉴定资格的说明，并应有鉴定人的签名和鉴定部门的盖章。通过分析获得的鉴定结论，应当说明分析过程。

第十五条 根据行政诉讼法第三十一条第一款第（七）项的规定，被告向人民法院提供的现场笔录，应当载明时间、地点和事件等内容，并由执法人员和当事人签名。当事人拒绝签名或者不能签名的，应当注明原因。有其他人在现场的，可由其他人签名。

法律、法规和规章对现场笔录的制作形式另有规定的，从其规定。

第十六条 当事人向人民法院提供的在中华人民共和国领域外形成的证据，应当说明来源，经所在国公证机关证明，并经中华人民共和国驻该国使领馆认证，或者履行中华人民共和国与证据所在国订立的有关条约中规定的证明手续。

当事人提供的在中华人民共和国香港特别行政区、澳门特别行政区和台湾地区内形成的证据，应当具有按照有关规定办理的证明手续。

第十七条 当事人向人民法院提供外文书证或者外国语视听资料的，应当附有由具有翻译资质的机构翻译的或者其他翻译准确的中文译本，由翻译机构盖章或者翻译人员签名。

第十八条 证据涉及国家秘密、商业秘密或者个人隐私的，提供人应当作出明确标注，并向法庭说明，法庭予以审查确认。

第十九条 当事人应当对其提交的证据材料分类编号，对证据材料的来源、证明对象和内容作简要说明，签名或者盖章，注明提交日期。

第二十条 人民法院收到当事人提交的证据材料，应当出具收据，注明证据的名称、份数、页数、件数、种类等以及收到的时间，由经办人员签名或者盖章。

第二十一条 对于案情比较复杂或者证据数量较多的案件，人民法院可以组织当事人在开庭前向对方出示或者交换证据，并将交换证据的情况记录在卷。

三、调取和保全证据

第二十二条 根据行政诉讼法第三十四条第二款的规定，有下列情形之一的，人民法院有权向有关行政机关以及其他组织、公民调取证据：

（一）涉及国家利益、公共利益或者他人合法权益的事实认定的；

（二）涉及依职权追加当事人、中止诉讼、终结诉讼、回避等程序性事项的。

第二十三条 原告或者第三人不能自行收集，但能够提供确切线索的，可以申请人民法院调取下列证据材料：

（一）由国家有关部门保存而须由人民法院调取的证据材料；

（二）涉及国家秘密、商业秘密、个人隐私的证据材料；

（三）确因客观原因不能自行收集的其他证据材料。

人民法院不得为证明被诉具体行政行为的合法性，调取被告在作出具体行政行为时未收集的证据。

第二十四条 当事人申请人民法院调取证据的，应当在举证期限内提交调取证据申请书。

调取证据申请书应当写明下列内容：

（一）证据持有人的姓名或者名称、住址等基本情况；

（二）拟调取证据的内容；

（三）申请调取证据的原因及其要证明的案件事实。

第二十五条 人民法院对当事人调取证据的申请，经审查符合调取证据条件的，应当及时决定调取；不符合调取证据条件的，应当向当事人或者其诉讼代理人送达通知书，说明不准许调取的理由。当事人及其诉讼代理人可以在收到通知书之日起三日内向受理申请的人民法院书面申请复议一次。人民法院应当在收到复议申请之日起五日内作出答复。

人民法院根据当事人申请，经调取未能取得相应证据的，应当告知申请人并说明原因。

第二十六条 人民法院需要调取的证据在异地的，可以书面委托证据所在地人民法院调取。受托人民法院应当在收到委托书后，按照委托要求及时完成调取证据工作，送交委托人民法院。受托人民法院不能完成委托内容的，应当告知委托的人民法院并说明原因。

第二十七条 当事人根据行政诉讼法第三十六条的规定向人民法院申请保全证据的，应当在举证期限届满前以书面形式提出，并说明证据的名称和地点、保全的内容和范围、申请保全的理由等事项。

当事人申请保全证据的，人民法院可以要求其提供相应的担保。

法律、司法解释规定诉前保全证据的，依照其规定办理。

第二十八条 人民法院依照行政诉讼法第三十六条规定保全证据的，可以根据具体情况，采取查封、扣押、拍照、录音、录像、复制、鉴定、勘验、制作询问笔录等保全措施。

人民法院保全证据时，可以要求当事人或者其诉讼代理人到场。

第二十九条 原告或者第三人有证据或者有正当理由表明被告据以认定案件事实的鉴定结论可能有错误，在举证期限内书面申请重新鉴定的，人民法院应予准许。

第三十条 当事人对人民法院委托的鉴定部门作出的鉴定结论有异议申请重新鉴定，提出证据证明存在下列情形之一的，人民法院应予准许：

（一）鉴定部门或者鉴定人不具有相应的鉴定资格的；

（二）鉴定程序严重违法的；

（三）鉴定结论明显依据不足的；

（四）经过质证不能作为证据使用的其他情形。

对有缺陷的鉴定结论，可以通过补充鉴定、重新质证或者补充质证等方式解决。

第三十一条 对需要鉴定的事项负有举证责任的当事人，在举证期限内无正当理由不提出鉴定申请、不预交鉴定费用或者拒不提供相关材料，致使对案件争议的事实无法通过鉴定结论予以认定的，应当对该事实承担举证不能的法律后果。

第三十二条 人民法院对委托或者指定的鉴定部门出具的鉴定书，应当审查是否具有下列内容：

（一）鉴定的内容；

（二）鉴定时提交的相关材料；

（三）鉴定的依据和使用的科学技术手段；

（四）鉴定的过程；

（五）明确的鉴定结论；

（六）鉴定部门和鉴定人鉴定资格的说明；

（七）鉴定人及鉴定部门签名盖章。

前款内容欠缺或者鉴定结论不明确的，人民法院可以要求鉴定部门予以说明、补充鉴定或者重新鉴定。

第三十三条 人民法院可以依当事人申请或者依职权勘验现场。

勘验现场时，勘验人必须出示人民法院的证件，并邀请当地基层组织或者当事人所在单位派人参加。当事人或其成年亲属应当到场，拒不到场的，不影响勘验的进行，但应当在勘验笔录中说明情况。

第三十四条 审判人员应当制作勘验笔录，记载勘验的时间、地点、勘验人、在场人、勘验的经过和结果，由勘验人、当事人、在场人签名。

勘验现场时绘制的现场图，应当注明绘制的时间、方位、绘制人姓名和身份等内容。

当事人对勘验结论有异议的，可以在举证期限内申请重新勘验，是否准许由人民法院决定。

四、证据的对质辨认和核实

第三十五条 证据应当在法庭上出示，并经庭审质证。未经庭审质证的证据，不能作为定案的依据。

当事人在庭前证据交换过程中没有争议并记录在卷的证据，经审判人员在庭审中说明后，可以作为认定案件事实的依据。

第三十六条 经合法传唤，因被告无正当理由拒不到庭而需要依法缺席判决的，被告提供的证据不能作为定案的依据，但当事人在庭前交换证据中没有争议的证据除外。

第三十七条 涉及国家秘密、商业秘密和个人隐私或者法律规定的其他应当保密的证据，不得在开庭时公开质证。

第三十八条 当事人申请人民法院调取的证据，由申请调取证据的当事人在庭审中出示，并由当事人质证。

人民法院依职权调取的证据，由法庭出示，并可就调取该证据的情况进行说明，听取当事人意见。

第三十九条 当事人应当围绕证据的关联性、合法性和真实性，针对证据有无证明效力以及证明效力大小，进行质证。

经法庭准许，当事人及其代理人可以就证据问题相互发问，也可以向证人、鉴定人或者勘验人发问。

当事人及其代理人相互发问，或者向证人、鉴定人、勘验人发问时，发问的内容应当与案件事实有关联，不得采用引诱、威胁、侮辱等语言或者方式。

第四十条 对书证、物证和视听资料进行质证时，当事人应当出示证据的原件或者原物。但有下列情况之一的除外：

（一）出示原件或者原物确有困难并经法庭准许可以出示复制件或者复制品；

（二）原件或者原物已不存在，可以出示证明复制件、复制品与原件、原物一致的其他证据。

视听资料应当当庭播放或者显示，并由当事人进行质证。

第四十一条 凡是知道案件事实的人，都有出庭作证的义务。有下列情形之一的，经人民法院准许，当事人可以提交书面证言：

（一）当事人在行政程序或者庭前证据交换中对证人证言无异议的；

（二）证人因年迈体弱或者行动不便无法出庭的；

（三）证人因路途遥远、交通不便无法出庭的；

（四）证人因自然灾害等不可抗力或者其他意外事件无法出庭的；

（五）证人因其他特殊原因确实无法出庭的。

第四十二条 不能正确表达意志的人不能作证。

根据当事人申请，人民法院可以就证人能否正确表达意志进行审查或者交由有关部门鉴定。必要时，人民法院也可以依职权交由有关部门鉴定。

第四十三条 当事人申请证人出庭作证的，应当在举证期限届满前提出，并经人民法院许可。人民法院准许证人出庭作证的，应当在开庭审理前通知证人出庭作证。

当事人在庭审过程中要求证人出庭作证的，法庭可以根据审理案件的具体情况，决定是否准许以及是否延期审理。

第四十四条 有下列情形之一，原告或者第三人可以要求相关行政执法人员作为证人出庭作证：

（一）对现场笔录的合法性或者真实性有异议的；

（二）对扣押财产的品种或者数量有异议的；

（三）对检验的物品取样或者保管有异议的；

（四）对行政执法人员的身份的合法性有异议的；

（五）需要出庭作证的其他情形。

第四十五条 证人出庭作证时，应当出示证明其身份的证件。法庭应当告知其诚实作证的法律义务和作伪证的法律责任。

出庭作证的证人不得旁听案件的审理。法庭询问证人时，其他证人不得在场，但组织证人对质的除外。

第四十六条 证人应当陈述其亲历的具体事实。证人根据其经历所作的判断、推测或者评论，不能作为定案的依据。

第四十七条 当事人要求鉴定人出庭接受询问的，鉴定人应当出庭。鉴定人因正当事由不能出庭的，经法庭准许，可以不出庭，由当事人对其书面鉴定结论进行质证。

鉴定人不能出庭的正当事由，参照本规定第四十一条的规定。

对于出庭接受询问的鉴定人，法庭应当核实其身份、与当事人及案件的关系，并告知鉴定人如实说明鉴定情况的法律义务和故意作虚假说明的法律责任。

第四十八条 对被诉具体行政行为涉及的专门性问题，当事人可以向法庭申请由专业人员出庭进行说明，法庭也可以通知专业人员出庭说明。必要时，法庭可以组织专业人员进行对质。

当事人对出庭的专业人员是否具备相应专业知识、学历、资历等专业资格等有异议的，可以进行询问。由法庭决定其是否可以作为专业人员出庭。

专业人员可以对鉴定人进行询问。

第四十九条 法庭在质证过程中，对与案件没有关联的证据材料，应予排除并说明理由。

法庭在质证过程中，准许当事人补充证据的，对补充的证据仍应进行质证。

法庭对经过庭审质证的证据，除确有必要外，一般不再进行质证。

第五十条 在第二审程序中，对当事人依法提供的新的证据，法庭应当进行质证；当事人对第一审认定的证据仍有争议的，法庭也应当进行质证。

第五十一条 按照审判监督程序审理的案件，对当事人依法提供的新的证据，法庭应当进行质证；因原判决、裁定认定事实的证据不足而提起再审所涉及的主要证据，法庭也应当进行质证。

第五十二条 本规定第五十条和第五十一条中的“新的证据”是指以下证据：

（一）在一审程序中应当准予延期提供而未获准许的证据；

（二）当事人在一审程序中依法申请调取而未获准许或者未取得，人民法院在第二审程序中调取的证据；

（三）原告或者第三人提供的在举证期限届满后发现的证据。

五、证据的审核认定

第五十三条 人民法院裁判行政案件，应当以证据证明的案件事实为依据。

第五十四条 法庭应当对经过庭审质证的证据和无需质证的证据进行逐一审查和对全部证据综合审查，遵循法官职业道德，运用逻辑推理和生活经验，进行全面、客观和公正地分析判断，确定证据材料与案件事实之间的证明关系，排除不具有关联性的证据材料，准确认定案件事实。

第五十五条 法庭应当根据案件的具体情况，从以下方面审查证据的合法性：

（一）证据是否符合法定形式；

（二）证据的取得是否符合法律、法规、司法解释和规章的要求；

（三）是否有影响证据效力的其他违法情形。

第五十六条 法庭应当根据案件的具体情况，从以下方面审查证据的真实性：

（一）证据形成的原因；

（二）发现证据时的客观环境；

（三）证据是否为原件、原物，复制件、复制品与原件、原物是否相符；

（四）提供证据的人或者证人与当事人是否具有利害关系；

（五）影响证据真实性的其他因素。

第五十七条 下列证据材料不能作为定案依据：

（一）严重违反法定程序收集的证据材料；

（二）以偷拍、偷录、窃听等手段获取侵害他人合法权益的证据材料；

（三）以利诱、欺诈、胁迫、暴力等不正当手段获取的证据材料；

（四）当事人无正当事由超出举证期限提供的证据材料；

（五）在中华人民共和国领域以外或者在中华人民共和国香港特别行政区、澳门特别行政区和台湾地区形成的未办理法定证明手续的证据材料；

（六）当事人无正当理由拒不提供原件、原物，又无其他证据印证，且对方当事人不予认可的证据的复制件或者复制品；

（七）被当事人或者他人进行技术处理而无法辨明真伪的证据材料；

（八）不能正确表达意志的证人提供的证言；

（九）不具备合法性和真实性的其他证据材料。

第五十八条 以违反法律禁止性规定或者侵犯他人合法权益的方法取得的证据，不能作为认定案件事实的依据。

第五十九条 被告在行政程序中依照法定程序要求原告提供证据，原告依法应当提供而拒不提供，在诉讼程序中提供的证据，人民法院一般不予采纳。

第六十条 下列证据不能作为认定被诉具体行政行为合法的依据：

（一）被告及其诉讼代理人在作出具体行政行为后或者在诉讼程序中自行收集的证据；

（二）被告在行政程序中非法剥夺公民、法人或者其他组织依法享有的陈述、申辩或者听证权利所采用的证据；

（三）原告或者第三人在诉讼程序中提供的、被告在行政程序中未作为具体行政行为依据的证据。

第六十一条 复议机关在复议程序中收集和补充的证据，或者作出原具体行政行为的行政机关在复议程序中未向复议机关提交的证据，不能作为人民法院认定原具体行政行为合法的依据。

第六十二条 对被告在行政程序中采纳的鉴定结论，原告或者第三人提出证据证明有下列情形之一的，人民法院不予采纳：

（一）鉴定人不具备鉴定资格；

（二）鉴定程序严重违法；

（三）鉴定结论错误、不明确或者内容不完整。

第六十三条 证明同一事实的数个证据，其证明效力一般可以按照下列情形分别认定：

（一）国家机关以及其他职能部门依职权制作的公文文书优于其他书证；

（二）鉴定结论、现场笔录、勘验笔录、档案材料以及经过公证或者登记的书证优于其他书证、视听资料和证人证言；

（三）原件、原物优于复制件、复制品；

（四）法定鉴定部门的鉴定结论优于其他鉴定部门的鉴定结论；

（五）法庭主持勘验所制作的勘验笔录优于其他部门主持勘验所制作的勘验笔录；

（六）原始证据优于传来证据；

（七）其他证人证言优于与当事人有亲属关系或者其他密切关系的证人提供的对该当事人有利的证言；

（八）出庭作证的证人证言优于未出庭作证的证人证言；

（九）数个种类不同、内容一致的证据优于一个孤立的证据。

第六十四条　以有形载体固定或者显示的电子数据交换、电子邮件以及其他数据资料，其制作情况和真实性经对方当事人确认，或者以公证等其他有效方式予以证明的，与原件具有同等的证明效力。

第六十五条　在庭审中一方当事人或者其代理人在代理权限范围内对另一方当事人陈述的案件事实明确表示认可的，人民法院可以对该事实予以认定。但有相反证据足以推翻的除外。

第六十六条　在行政赔偿诉讼中，人民法院主持调解时当事人为达成调解协议而对案件事实的认可，不得在其后的诉讼中作为对其不利的证据。

第六十七条　在不受外力影响的情况下，一方当事人提供的证据，对方当事人明确表示认可的，可以认定该证据的证明效力；对方当事人予以否认，但不能提供充分的证据进行反驳的，可以综合全案情况审查认定该证据的证明效力。

第六十八条　下列事实法庭可以直接认定：

（一）众所周知的事实；

（二）自然规律及定理；

（三）按照法律规定推定的事实；

（四）已经依法证明的事实；

（五）根据日常生活经验法则推定的事实。

前款（一）、（三）、（四）、（五）项，当事人有相反证据足以推翻的除外。

第六十九条　原告确有证据证明被告持有的证据对原告有利，被告无正当事由拒不提供的，可以推定原告的主张成立。

第七十条　生效的人民法院裁判文书或者仲裁机构裁决文书确认的事实，可以作为定案依据。但是如果发现裁判文书或者裁决文书认定的事实有重大问题的，应当中止诉讼，通过法定程序予以纠正后恢复诉讼。

第七十一条　下列证据不能单独作为定案依据：

（一）未成年人所作的与其年龄和智力状况不相适应的证言；

（二）与一方当事人有亲属关系或者其他密切关系的证人所作的对该当事人有利的证言，或者与一方当事人有不利关系的证人所作的对该当事人不利的证言；

（三）应当出庭作证而无正当理由不出庭作证的证人证言；

（四）难以识别是否经过修改的视听资料；

（五）无法与原件、原物核对的复制件或者复制品；

（六）经一方当事人或者他人改动，对方当事人不予认可的证据材料；

（七）其他不能单独作为定案依据的证据材料。

第七十二条 庭审中经过质证的证据，能够当庭认定的，应当当庭认定；不能当庭认定的，应当在合议庭合议时认定。

人民法院应当在裁判文书中阐明证据是否采纳的理由。

第七十三条 法庭发现当庭认定的证据有误，可以按照下列方式纠正：

（一）庭审结束前发现错误的，应当重新进行认定；

（二）庭审结束后宣判前发现错误的，在裁判文书中予以更正并说明理由，也可以再次开庭予以认定；

（三）有新的证据材料可能推翻已认定的证据的，应当再次开庭予以认定。

六、附则

第七十四条 证人、鉴定人及其近亲属的人身和财产安全受法律保护。

人民法院应当对证人、鉴定人的住址和联系方式予以保密。

第七十五条 证人、鉴定人因出庭作证或者接受询问而支出的合理费用，由提供证人、鉴定人的一方当事人先行支付，由败诉一方当事人承担。

第七十六条 证人、鉴定人作伪证的，依照行政诉讼法第四十九条第一款第（二）项的规定追究其法律责任。

第七十七条 诉讼参与人或者其他人有对审判人员或者证人、鉴定人、勘验人及其近亲属实施威胁、侮辱、殴打、骚扰或者打击报复等妨碍行政诉讼行为的，依照行政诉讼法第四十九条第一款第（三）项、第（五）项或者第（六）项的规定追究其法律责任。

第七十八条 对应当协助调取证据的单位和个人，无正当理由拒不履行协助义务的，依照行政诉讼法第四十九条第一款第（五）项的规定追究其法律责任。

第七十九条 本院以前有关行政诉讼的司法解释与本规定不一致的，以本规定为准。

第八十条 本规定自2002年10月1日起施行。2002年10月1日尚未审结的一审、二审和再审行政案件不适用本规定。

本规定施行前已经审结的行政案件，当事人以违反本规定为由申请再审的，人民法院不予支持。

本规定施行后按照审判监督程序决定再审的行政案件，适用本规定。

最高人民法院关于规范行政案件案由的通知

（最高人民法院 2004 年 1 月 14 日　法发［2004］2 号）

各省、自治区、直辖市高级人民法院，新疆维吾尔自治区高级人民法院生产建设兵团分院：

行政诉讼法实施以来，各地法院行政案件案由的确定和表述不尽一致，有些法院在这方面作了积极的探索，积累了一些经验。为规范行政案件案由，根据《中华人民共和国行政诉讼法》等法律的规定和行政案件的特点，结合行政审判实践经验，现就有关行政案件案由问题提出如下意见，请各级人民法院试行：

一、行政案件案由的构成要素和确定方法

行政案件的案由分为：作为类案件、不作为类案件、行政赔偿类案件。其确定方法如下：

（一）作为类案件案由的构成要素和确定方法

确定作为类案件案由的基本方法是划分案件的类别，以行政管理范围为“类”，以具体行政行为种类为“别”进行构造。案由的结构应当具备以下两个要素：

1．行政管理范围。行政管理范围是指行政主体代表国家管理行政事务的领域。以行政管理范围作为行政案件案由的第一个要素，将行政案件初步分为“公安”、“工商”、“税务”等行政纠纷，从类上区别开来。

一般情况下，以行政管理范围作为案由的第一构成要素，分类后无需再作分解，如海关、计划生育、税务等，直接以“海关”、“计划生育”、“税务”作为案由第一构成要素；对个别行政管理范围比较宽泛的领域，如公安行政管理，可细分为治安管理、消防管理等，可以细化、分解后的具体管理范围，将“治安”、“消防”等作为第一构成要素用语。是否分解，应当结合案件实际，以表述简洁、清楚为原则。

2．具体行政行为种类。以具体行政行为的种类或性质，如“行政处罚”、“行政许可”、“行政确认”等，作为案由的第二个构成要素。具体行政行为的表现形式，如行政处罚中的罚款、拘留等，不以构成要素出现，而均以“行政处罚”代之。

综合上述两个要素，行政作为类案件案由的结构为：管理范围＋具体行政行为种类。以诉公安机关所作的行政拘留处罚为例，案由应确定为：“治安行政处罚”。“治安”为公安行政管理范围之下具体的治安管理；“行政处罚”则是具体行政行为的种类，不用具体的处罚形式“拘留”进行表述。以海关作出没收走私物品的行为为例，其案由应确定为“海关行政处罚”。海关管理范围相对窄一些，无需再作分解，可直接以“海关”作为第

一构成要素。

（二）不作为类案件案由的构成要素和确定方法

不作为类案件的案由，原则上仍适用上述作为类案件的两种构成要素的结构，但又要体现此类案件的特色，其确定方法是：以“诉”作为此类案件案由的第一个构成要素；以行政主体的类别作为第二个构成要素，如“工商行政管理机关”、“海关”等；以不履行特定行政职责或义务作为第三个构成要素。以公安机关不履行保护人身权法定职责案为例，案由确定为“诉公安机关不履行保护人身权法定职责”。“履行……法定职责”中要求履行的是何种职责，应当根据案件的具体情况确定，如可以具体区分为“诉××（行政主体）不履行保护人身权（财产权）法定职责”、“诉××（行政主体）不履行行政合同义务”、“诉××（房屋管理机关等）不履行登记法定职责”等等。

（三）行政赔偿类案件案由的构成要素和确定方法

行政赔偿类案件分为两种情况，即一并提起行政赔偿和单独提起行政赔偿。对于一并提起的行政赔偿案件，在被诉具体行政行为案件案由后加“及行政赔偿”一语即可。如“工商行政登记及行政赔偿”；“诉公安机关不履行保护人身权法定职责及行政赔偿”等。对于单独提起行政赔偿的案件，案由的确定方法为：行政管理范围+行政赔偿。以税务工作人员在执法中致人伤亡单独提起行政赔偿之诉为例，如“税务行政赔偿”等。

二、案由适用范围和确定时间

在立案审查阶段，可以根据当事人的起诉确定初步案由。在审理阶段，如果发现初步确定的案由不准确时，应当根据审理后确定的法律关系性质来确定结案案由。因此，本规定既适用于审查起诉阶段，也适用于审理阶段，但法律文书和卷宗封面等均应以结案案由为准。

三、难以确定案由情况的处理

当出现行政管理范围和具体行政行为种类难以界定、案由难以确定的情况时，可以作为例外情况酌情确定案由。如起诉乡镇人民政府的一些越权行政行为或者不作为案件，就很难确定管理范围，也很难确定其行政行为的种类，这时，可以用“乡（镇）政府行政处理”、“诉乡（镇）政府不履行法定职责或行政义务”等作为案由。

不属于行政诉讼受案范围的案件，在裁定不予受理或驳回起诉时，案由可通过概括当事人诉讼请求的方式来确定。

各级人民法院在执行该通知的过程中有何问题，请注意总结并及时报告我院。

附 1

行政管理范围

1．公安行政管理

（1）治安管理（治安）

（2）消防管理（消防）
（3）道路交通管理（道路）
（4）其他（公安）
2．资源行政管理
（1）土地行政管理（土地）
（2）林业行政管理（林业）
（3）草原行政管理（草原）
（4）地质矿产行政管理（地矿）
（5）能源行政管理（能源管理）
（6）其他（资源）
3．城乡建设行政管理
（1）城市规划管理（规划）
（2）房屋拆迁管理（拆迁）
（3）房屋登记管理（房屋登记）
（4）其他（城建）
4．计划生育行政管理（计划生育）
5．工商行政管理（工商）
6．商标行政管理（商标）
7．质量监督检验检疫行政管理
（1）质量监督行政管理（质量监督）
（2）质量检验行政管理（质量检验）
（3）检疫行政管理（检疫）
（4）其他（质量监督）
8．卫生行政管理（卫生）
9．食品药品安全行政管理（食品、药品）
10．农业行政管理（农业）
（1）渔业行政管理（渔业）
（2）畜牧行政管理（畜牧）
（3）其他（农业）
11．物价行政管理（物价）
12．环境保护行政管理（环保）
13．交通运输行政管理（交通）
（1）公路交通行政管理（公路）
（2）铁路行政管理（铁路）
（3）航空行政管理（航空）
（4）其他（交通）
14．信息电讯行政管理（信息、电讯）
15．邮政行政管理（邮政）

16．专利行政管理（专利）
17．新闻出版行政管理（新闻、出版）
18．税务行政管理（税务）
19．金融行政管理（金融）
20．外汇行政管理（外汇）
21．海关行政管理（海关）
22．财政行政管理（财政）
23．劳动和社会保障行政管理（劳动、社会保障）
24．审计行政管理（审计）
25．经贸行政管理（内贸、外贸）
26．水利行政管理（水利）
27．旅游行政管理（旅游）
28．烟草专卖行政管理（烟草专卖）
29．司法行政管理（司法行政）
30．民政行政管理（民政）
31．教育行政管理（教育）
32．文化行政管理（文化）
33．广播电视电影行政管理（广电）
34．统计行政管理（统计）
35．电力行政管理（电力）
36．国有资产行政管理（国资）
37．外资行政管理（外资管理）
38．盐业行政管理（盐业）
39．体育行政管理（体育）
40．行政监察（监察）
41．乡政府
42．其他行政管理

附 2

行政行为种类

1. 行政处罚
2. 行政强制
3. 行政裁决
4. 行政确认
5. 行政登记
6. 行政许可
7. 行政批准
8. 行政命令
9. 行政复议
10. 行政撤销
11. 行政检查
12. 行政合同
13. 行政奖励
14. 行政补偿
15. 行政执行
16. 行政受理
17. 行政给付
18. 行政征用
19. 行政征购
20. 行政征收
21. 行政划拨
22. 行政规划
23. 行政救助
24. 行政协助
25. 行政允诺
26. 行政监督
27. 其他行政行为

关于审理行政案件适用法律规范问题的座谈会纪要

（最高人民法院2004年5月18日印发　法［2004］96号）

行政审判涉及的法律规范层级和门类较多，立法法施行以后有关法律适用规则亦发生了很大变化，在法律适用中经常遇到如何识别法律依据、解决法律规范冲突等各种疑难问题。这些问题能否妥当地加以解决，直接影响行政审判的公正和效率。而且，随着我国法治水平的提高和适应加入世贸组织的需要，行政审判在解决法律规范冲突、维护法制统一中的作用越来越突出。为准确适用法律规范，确保行政案件的公正审理，维护国家法制的统一和尊严，促进依法行政，最高人民法院行政审判庭曾就审理行政案件适用法律规范的突出问题进行专题调研，并征求有关部门意见。2003年10月，最高人民法院在上海召开全国法院行政审判工作座谈会期间，就审理行政案件适用法律规范问题进行了专题座谈。与会人员在总结审判经验的基础上，根据立法法、行政诉讼法及其他有关法律规定，对一些带有普遍性的问题形成了共识。现将有关内容纪要如下：

一、关于行政案件的审判依据

根据行政诉讼法和立法法有关规定，人民法院审理行政案件，依据法律、行政法规、地方性法规、自治条例和单行条例，参照规章。在参照规章时，应当对规章的规定是否合法有效进行判断，对于合法有效的规章应当适用。根据立法法、行政法规制定程序条例和规章制定程序条例关于法律、行政法规和规章的解释的规定，全国人大常委会的法律解释，国务院或者国务院授权的部门公布的行政法规解释，人民法院作为审理行政案件的法律依据；规章制定机关作出的与规章具有同等效力的规章解释，人民法院审理行政案件时参照适用。

考虑建国后我国立法程序的沿革情况，现行有效的行政法规有以下三种类型：一是国务院制定并公布的行政法规；二是立法法施行以前，按照当时有效的行政法规制定程序，经国务院批准、由国务院部门公布的行政法规，但在立法法施行以后，经国务院批准、由国务院部门公布的规范性文件，不再属于行政法规；三是在清理行政法规时由国务院确认的其他行政法规。

行政审判实践中，经常涉及有关部门为指导法律执行或者实施行政措施而作出的具体应用解释和制定的其他规范性文件，主要是：国务院部门以及省、市、自治区和较大的市的人民政府或其主管部门对于具体应用法律、法规或规章作出的解释；县级以上人民政府及其主管部门制定发布的具有普遍约束力的决定、命令或其他规范性文件。行政机关往往将这些具体应用解释和其他规范性文件作为具体行政行为的直接依据。这些具体应用解释和规范性文件不是正式的法律渊源，对人民法院不具有法律规范意义上的约束力。但是，人民法院经审查认为被诉具体行政行为依据的具体应用解释和其他规范性文件合法、有效并合理、适当的，在认定被诉具体行政行为合法性时应承认其效力；人民法院可以在裁判理由中对具体应用解释和其他规范性文件是否合法、有效、合理或适当进行评述。

二、关于法律规范冲突的适用规则

调整同一对象的两个或者两个以上的法律规范因规定不同的法律后果而产生冲突的，一般情况下应当按照立法法规定的上位法优于下位法、后法优于前法以及特别法优于一般法等法律适用规则，判断和选择所应适用的法律规范。冲突规范所涉及的事项比较重大、有关机关对是否存在冲突有不同意见、应当优先适用的法律规范的合法有效性尚有疑问或者按照法律适用规则不能确定如何适用时，依据立法法规定的程序逐级送请有权机关裁决。

（一）下位法不符合上位法的判断和适用

下位法的规定不符合上位法的，人民法院原则上应当适用上位法。当前许多具体行政行为是依据下位法作出的，并未援引和适用上位法。在这种情况下，为维护法制统一，人民法院审查具体行政行为的合法性时，应当对下位法是否符合上位法一并进行判断。经判断下位法与上位法相抵触的，应当依据上位法认定被诉具体行政行为的合法性。从审判实践看，下位法不符合上位法的常见情形有：下位法缩小上位法规定的权利主体范围，或者违反上位法立法目的扩大上位法规定的权利主体范围；下位法限制或者剥夺上位法规定的权利，或者违反上位法立法目的扩大上位法规定的权利范围；下位法扩大行政主体或其职权范围；下位法延长上位法规定的履行法定职责期限；下位法以参照、准用等方式扩大或者限缩上位法规定的义务或者义务主体的范围、性质或者条件；下位法增设或者限缩违反上位法规定的适用条件；下位法扩大或者限缩上位法规定的给予行政处罚的行为、种类和幅度的范围；下位法改变上位法已规定的违法行为的性质；下位法超出上位法规定的强制措施的适用范围、种类和方式，以及增设或者限缩其适用条件；法规、规章或者其他规范文件设定不符合行政许可法规定的行政许可，或者增设违反上位法的行政许可条件；其他相抵触的情形。

法律、行政法规或者地方性法规修改后，其实施性规定未被明文废止的，人民法院在适用时应当区分下列情形：实施性规定与修改后的法律、行政法规或者地方性法规相抵触的，不予适用；因法律、行政法规或者地方性法规的修改，相应的实施性规定丧失依据而不能单独施行的，不予适用；实施性规定与修改后的法律、行政法规或者地方性法规不相抵触的，可以适用。

（二）特别规定与一般规定的适用关系

同一法律、行政法规、地方性法规、自治条例和单行条例、规章内的不同条文对相同事项有一般规定和特别规定的，优先适用特别规定。

法律之间、行政法规之间或者地方性法规之间对同一事项的新的一般规定与旧的特别规定不一致的，人民法院原则上应按照下列情形适用：新的一般规定允许旧的特别规定继续适用的，适用旧的特别规定；新的一般规定废止旧的特别规定的，适用新的一般规定。不能确定新的一般规定是否允许旧的规定继续适用的，人民法院应当中止行政案件的审理，属于法律的，逐级上报最高人民法院送请全国人民代表大会常务委员会裁决；属于行政法规的，逐级上报最高人民法院送请国务院裁决；属于地方性法规的，由高级人民法院送请制定机关裁决。

（三）地方性法规与部门规章冲突的选择适用

地方性法规与部门规章之间对同一事项的规定不一致的，人民法院一般可以按照下列情形适用：（1）法律或者行政法规授权部门规章作出实施性规定的，其规定优先适用；（2）尚未制定法律、行政法规的，部门规章对于国务院决定、命令授权的事项，或者对于中央宏观调控的事项、需要全国统一的市场活动规则及对外贸易和外商投资等需要全国统一规定的事项作出的规定，应当优先适用；（3）地方性法规根据法律或者行政法规的授权，根据本行政区域的实际情况作出的具体规定，应当优先适用；（4）地方性法规对属于地方性事务的事项作出的规定，应当优先适用；（5）尚未制定法律、行政法规的，地方性法规根据本行政区域的具体情况，对需要全国统一规定以外的事项作出的规定，应当优先适用；（6）能够直接适用的其他情形。不能确定如何适用的，应当中止行政案件的审理，逐级上报最高人民法院按照立法法第八十六条第一款第（二）项的规定送请有权机关处理。

（四）规章冲突的选择适用

部门规章与地方政府规章之间对相同事项的规定不一致的，人民法院一般可以按照下列情形适用：（1）法律或者行政法规授权部门规章作出实施性规定的，其规定优先适用；（2）尚未制定法律、行政法规的，部门规章对于国务院决定、命令授权的事项，或者对属于中央宏观调控的事项、需要全国统一的市场活动规则及对外贸易和外商投资等事项作出的规定，应当优先适用；（3）地方政府规章根据法律或者行政法规的授权，根据本行政区域的实际情况作出的具体规定，应当优先适用；（4）地方政府规章对属于本行政区域的具体行政管理事项作出的规定，应当优先适用；（5）能够直接适用的其他情形。不能确定如何适用的，应当中止行政案件的审理，逐级上报最高人民法院送请国务院裁决。

国务院部门之间制定的规章对同一事项的规定不一致的，人民法院一般可以按照下列情形选择适用：（1）适用与上位法不相抵触的部门规章规定；（2）与上位法均不抵触的，优先适用根据专属职权制定的规章规定；（3）两个以上的国务院部门就涉及其职权范围的事项联合制定的规章规定，优先于其中一个部门单独作出的规定；（4）能够选择适用的其他情形。不能确定如何适用的，应当中止行政案件的审理，逐级上报最高人民法院送请国务院裁决。

国务院部门或者省、市、自治区人民政府制定的其他规范性文件对相同事项的规定不一致的，参照上列精神处理。

三、关于新旧法律规范的适用规则

根据行政审判中的普遍认识和做法，行政相对人的行为发生在新法施行以前，具体行政行为作出在新法施行以后，人民法院审查具体行政行为的合法性时，实体问题适用旧法规定，程序问题适用新法规定，但下列情形除外：（1）法律、法规或规章另有规定的；（2）适用新法对保护行政相对人的合法权益更为有利的；（3）按照具体行政行为的性质应当适用新法的实体规定的。

四、关于法律规范具体应用解释问题

在裁判案件中解释法律规范，是人民法院适用法律的重要组成部分。人民法院对于所适用的法律规范，一般按照其通常语义进行解释；有专业上的特殊含义的，该含义优先；语义不清楚或者有歧义的，可以根据上下文和立法宗旨、目的和原则等确定其涵义。

法律规范在列举其适用的典型事项后，又以“等”、“其他”等词语进行表述的，属于不完全列举的例示性规定。以“等”、“其他”等概括性用语表示的事项，均为明文列举的事项以外的事项，且其所概括的情形应为与列举事项类似的事项。

人民法院在解释和适用法律时，应当妥善处理法律效果与社会效果的关系，既要严格适用法律规定和维护法律规定的严肃性，确保法律适用的确定性、统一性和连续性，又要注意与时俱进，注意办案的社会效果，避免刻板僵化地理解和适用法律条文，在法律适用中维护国家利益和社会公共利益。

【民事规定】

中华人民共和国民法通则
（摘录）

（1986年4月12日第六届全国人民代表大会第四次会议通过）

……

第五章　民事权利

第八十条　国家所有的土地，可以依法由全民所有制单位使用，也可以依法确定由集体所有制单位使用，国家保护它的使用、收益的权利；使用单位有管理、保护、合理利用的义务。

公民、集体依法对集体所有的或者国家所有由集体使用的土地的承包经营权，受法律保护。承包双方的权利和义务，依照法律由承包合同规定。……

第八十一条　国家所有的森林、山岭、草原、荒地、滩涂、水面等自然资源，可以依法由全民所有制单位使用，也可以依法确定由集体所有制单位使用，国家保护它的使用、收益的权利；使用单位有管理、保护、合理利用的义务。

国家所有的矿藏，可以依法由全民所有制单位和集体所有制单位开采，也可以依法由公民采挖。国家保护合法的采矿权。

公民、集体依法对集体所有的或者国家所有由集体使用森林、山岭、草原、荒地、滩涂、水面的承包经营权、受法律保护。承包双方的权利和义务，依照法律由承包合同规定。

国家所有矿藏、水流，国家所有的和法律规定属于集体所有的林地、山岭、草原、荒地、滩涂不得买卖、出租、抵押或者以其他形式非法转让。

第六章　民事责任

第一百二十三条　从事高空、高压、易燃、易爆、剧毒、放射性、高速运输工具等对周围环境有高度危险的作业造成他人损害的，应当承担民事责任；如果能够证明损害是由受害人故意造成的，不承担民事责任。

第一百二十四条　违反国家保护环境防止污染的规定，污染环境造成他人损害的，应当依法承担民事责任。

……

最高人民法院关于适用《中华人民共和国民事诉讼法》若干问题的意见（摘录）

（1992年7月14日）

……

74．在诉讼中，当事人对自己提出的主张，有责任提供证据。但在下列侵权诉讼中，对原告提出的侵权事实，被告否认的，由被告负责举证：

（1）因产品制造方法发明专利引起的专利侵权诉讼；

（2）高度危险作业致人损害的侵权诉讼；

（3）因环境污染引起的损害赔偿诉讼；

（4）建筑物或者其他设施以及建筑物上的搁置物、悬挂物发生倒塌、脱落、坠落致人损害的侵权诉讼；

（5）饲养动物致人损害的侵权诉讼；

（6）有关法律规定由被告承担举证责任的。

75．下列事实，当事人无需举证：

（1）一方当事人对另一方当事人陈述的案件事实和提出的诉讼请求明确表示承认的；

（2）众所周知的事实和自然规律及定理；

（3）根据法律规定或已知事实，能推定出的另一事实；

（4）已为人民法院发生法律效力的裁判所确定的事实；

（5）已为有效公证书所证明的事实。

……

关于民事诉讼证据的若干规定

（2001年12月6日最高人民法院审判委员会第1201次会议通过，
自2002年4月1日起施行　法释［2001］33号）

为保证人民法院正确认定案件事实，公正、及时审理民事案件，保障和便利当事人依法行使诉讼权利，根据《中华人民共和国民事诉讼法》（以下简称《民事诉讼法》）等有关法律的规定，结合民事审判经验和实际情况，制定本规定。

一、当事人举证

第一条　原告向人民法院起诉或者被告提出反诉，应当附有符合起诉条件的相应的证据材料。

第二条　当事人对自己提出的诉讼请求所依据的事实或者反驳对方诉讼请求所依据的事实有责任提供证据加以证明。

没有证据或者证据不足以证明当事人的事实主张的，由负有举证责任的当事人承担不利后果。

第三条　人民法院应当向当事人说明举证的要求及法律后果，促使当事人在合理期限内积极、全面、正确、诚实地完成举证。

当事人因客观原因不能自行收集的证据，可申请人民法院调查收集。

第四条　下列侵权诉讼，按照以下规定承担举证责任：

（一）因新产品制造方法发明专利引起的专利侵权诉讼，由制造同样产品的单位或者个人对其产品制造方法不同于专利方法承担举证责任；

（二）高度危险作业致人损害的侵权诉讼，由加害人就受害人故意造成损害的事实承担举证责任；

（三）因环境污染引起的损害赔偿诉讼，由加害人就法律规定的免责事由及其行为与损害结果之间不存在因果关系承担举证责任；

（四）建筑物或者其他设施以及建筑物上的搁置物、悬挂物发生倒塌、脱落、坠落致人损害的侵权诉讼，由所有人或者管理人对其无过错承担举证责任；

（五）饲养动物致人损害的侵权诉讼，由动物饲养人或者管理人就受害人有过错或者第三人有过错承担举证责任；

（六）因缺陷产品致人损害的侵权诉讼，由产品的生产者就法律规定的免责事由承担举证责任；

（七）因共同危险行为致人损害的侵权诉讼，由实施危险行为的人就其行为与损害结果之间不存在因果关系承担举证责任；

（八）因医疗行为引起的侵权诉讼，由医疗机构就医疗行为与损害结果之间不存在因果关系及不存在医疗过错承担举证责任。

有关法律对侵权诉讼的举证责任有特殊规定的，从其规定。

第五条 在合同纠纷案件中，主张合同关系成立并生效的一方当事人对合同订立和生效的事实承担举证责任；主张合同关系变更、解除、终止、撤销的一方当事人对引起合同关系变动的事实承担举证责任。

对合同是否履行发生争议的，由负有履行义务的当事人承担举证责任。

对代理权发生争议的，由主张有代理权一方当事人承担举证责任。

第六条 在劳动争议纠纷案件中，因用人单位作出开除、除名、辞退、解除劳动合同、减少劳动报酬、计算劳动者工作年限等决定而发生劳动争议的，由用人单位负举证责任。

第七条 在法律没有具体规定，依本规定及其他司法解释无法确定举证责任承担时，人民法院可以根据公平原则和诚实信用原则，综合当事人举证能力等因素确定举证责任的承担。

第八条 诉讼过程中，一方当事人对另一方当事人陈述的案件事实明确表示承认的，另一方当事人无需举证。但涉及身份关系的案件除外。

对一方当事人陈述的事实，另一方当事人既未表示承认也未否认，经审判人员充分说明并询问后，其仍不明确表示肯定或者否定的，视为对该项事实的承认。

当事人委托代理人参加诉讼的，代理人的承认视为当事人的承认。但未经特别授权的代理人对事实的承认直接导致承认对方诉讼请求的除外；当事人在场但对其代理人的承认不作否认表示的，视为当事人的承认。

当事人在法庭辩论终结前撤回承认并经对方当事人同意，或者有充分证据证明其承认行为是在受胁迫或者重大误解情况下作出且与事实不符的，不能免除对方当事人的举证责任。

第九条 下列事实，当事人无需举证证明：

（一）众所周知的事实；

（二）自然规律及定理；

（三）根据法律规定或者已知事实和日常生活经验法则，能推定出的另一事实；

（四）已为人民法院发生法律效力的裁判所确认的事实；

（五）已为仲裁机构的生效裁决所确认的事实；

（六）已为有效公证文书所证明的事实。

前款（一）、（三）、（四）、（五）、（六）项，当事人有相反证据足以推翻的除外。

第十条 当事人向人民法院提供证据，应当提供原件或者原物。如需自己保存证据原件、原物或者提供原件、原物确有困难的，可以提供经人民法院核对无异的复制件或者复制品。

第十一条 当事人向人民法院提供的证据系在中华人民共和国领域外形成的，该证据应当经所在国公证机关予以证明，并经中华人民共和国驻该国使领馆予以认证，或者履行中华人民共和国与该所在国订立的有关条约中规定的证明手续。

当事人向人民法院提供的证据是在香港、澳门、台湾地区形成的，应当履行相关的证明手续。

第十二条 当事人向人民法院提供外文书证或者外文说明资料，应当附有中文译本。

第十三条 对双方当事人无争议但涉及国家利益、社会公共利益或者他人合法权益的事实，人民法院可以责令当事人提供有关证据。

第十四条 当事人应当对其提交的证据材料逐一分类编号，对证据材料的来源、证明对象和内容作简要说明，签名盖章，注明提交日期，并依照对方当事人人数提出副本。

人民法院收到当事人提交的证据材料，应当出具收据，注明证据的名称、份数和页数以及收到的时间，由经办人员签名或者盖章。

二、人民法院调查收集证据

第十五条 《民事诉讼法》第六十四条规定的“人民法院认为审理案件需要的证据”，是指以下情形：

（一）涉及可能有损国家利益、社会公共利益或者他人合法权益的事实；

（二）涉及依职权追加当事人、中止诉讼、终结诉讼、回避等与实体争议无关的程序事项。

第十六条 除本规定第十五条规定的情形外，人民法院调查收集证据，应当依当事人的申请进行。

第十七条 符合下列条件之一的，当事人及其诉讼代理人可以申请人民法院调查收集证据：

（一）申请调查收集的证据属于国家有关部门保存并须人民法院依职权调取的档案材料；

（二）涉及国家秘密、商业秘密、个人隐私的材料；

（三）当事人及其诉讼代理人确因客观原因不能自行收集的其他材料。

第十八条 当事人及其诉讼代理人申请人民法院调查收集证据，应当提交书面申请。申请书应当载明被调查人的姓名或者单位名称、住所地等基本情况、所要调查收集的证据的内容、需要由人民法院调查收集证据的原因及其要证明的事实。

第十九条 当事人及其诉讼代理人申请人民法院调查收集证据，不得迟于举证期限届满前七日。

人民法院对当事人及其诉讼代理人的申请不予准许的，应当向当事人或其诉讼代理人送达通知书。当事人及其诉讼代理人可以在收到通知书的次日起三日内向受理申请的人民法院书面申请复议一次。人民法院应当在收到复议申请之日起五日内作出答复。

第二十条 调查人员调查收集的书证，可以是原件，也可以是经核对无误的副本或者复制件。是副本或者复制件的，应当在调查笔录中说明来源和取证情况。

第二十一条 调查人员调查收集的物证应当是原物。被调查人提供原物确有困难的，可以提供复制品或者照片。提供复制品或者照片的，应当在调查笔录中说明取证情况。

第二十二条 调查人员调查收集计算机数据或者录音、录像等视听资料的，应当要求被调查人提供有关资料的原始载体。提供原始载体确有困难的，可以提供复制件。提供复制件的，调查人员应当在调查笔录中说明其来源和制作经过。

第二十三条 当事人依据《民事诉讼法》第七十四条的规定向人民法院申请保全证据，不得迟于举证期限届满前七日。

当事人申请保全证据的，人民法院可以要求其提供相应的担保。

法律、司法解释规定诉前保全证据的，依照其规定办理。

第二十四条 人民法院进行证据保全，可以根据具体情况，采取查封、扣押、拍照、录音、录像、复制、鉴定、勘验、制作笔录等方法。

人民法院进行证据保全，可以要求当事人或者诉讼代理人到场。

第二十五条 当事人申请鉴定，应当在举证期限内提出。符合本规定第二十七条规定的情形，当事人申请重新鉴定的除外。

对需要鉴定的事项负有举证责任的当事人，在人民法院指定的期限内无正当理由不提出鉴定申请或者不预交鉴定费用或者拒不提供相关材料，致使对案件争议的事实无法通过鉴定结论予以认定的，应当对该事实承担举证不能的法律后果。

第二十六条 当事人申请鉴定经人民法院同意后，由双方当事人协商确定有鉴定资格的鉴定机构、鉴定人员，协商不成的，由人民法院指定。

第二十七条 当事人对人民法院委托的鉴定部门作出的鉴定结论有异议申请重新鉴定，提出证据证明存在下列情形之一的，人民法院应予准许：

（一）鉴定机构或者鉴定人员不具备相关的鉴定资格的；

（二）鉴定程序严重违法的；

（三）鉴定结论明显依据不足的；

（四）经过质证认定不能作为证据使用的其他情形。

对有缺陷的鉴定结论，可以通过补充鉴定、重新质证或者补充质证等方法解决的，不予重新鉴定。

第二十八条 一方当事人自行委托有关部门作出的鉴定结论，另一方当事人有证据足以反驳并申请重新鉴定的，人民法院应予准许。

第二十九条 审判人员对鉴定人出具的鉴定书，应当审查是否具有下列内容：

（一）委托人姓名或者名称、委托鉴定的内容；

（二）委托鉴定的材料；

（三）鉴定的依据及使用的科学技术手段；

（四）对鉴定过程的说明；

（五）明确的鉴定结论；

（六）对鉴定人鉴定资格的说明；

（七）鉴定人员及鉴定机构签名盖章。

第三十条 人民法院勘验物证或者现场，应当制作笔录，记录勘验的时间、地点、勘验人、在场人、勘验的经过、结果，由勘验人、在场人签名或者盖章。对于绘制的现场图应当注明绘制的时间、方位、测绘人姓名、身份等内容。

第三十一条 摘录有关单位制作的与案件事实相关的文件、材料，应当注明出处，并加盖制作单位或者保管单位的印章，摘录人和其他调查人员应当在摘录件上签名或者盖章。

摘录文件、材料应当保持内容相应的完整性，不得断章取义。

三、举证时限与证据交换

第三十二条 被告应当在答辩期届满前提出书面答辩，阐明其对原告诉讼请求及所依据的事实和理由的意见。

第三十三条 人民法院应当在送达案件受理通知书和应诉通知书的同时向当事人送达举证通知书。举证通知书应当载明举证责任的分配原则与要求、可以向人民法院申请调查取证的情形、人民法院根据案件情况指定的举证期限以及逾期提供证据的法律后果。

举证期限可以由当事人协商一致，并经人民法院认可。

由人民法院指定举证期限的，指定的期限不得少于三十日，自当事人收到案件受理通知书和应诉通知书的次日起计算。

第三十四条 当事人应当在举证期限内向人民法院提交证据材料，当事人在举证期限内不提交的，视为放弃举证权利。

对于当事人逾期提交的证据材料，人民法院审理时不组织质证。但对方当事人同意质证的除外。

当事人增加、变更诉讼请求或者提起反诉的，应当在举证期限届满前提出。

第三十五条 诉讼过程中，当事人主张的法律关系的性质或者民事行为的效力与人民法院根据案件事实作出的认定不一致的，不受本规定第三十四条规定的限制，人民法院应当告知当事人可以变更诉讼请求。

当事人变更诉讼请求的，人民法院应当重新指定举证期限。

第三十六条 当事人在举证期限内提交证据材料确有困难的，应当在举证期限内向人民法院申请延期举证，经人民法院准许，可以适当延长举证期限。当事人在延长的举证期限内提交证据材料仍有困难的，可以再次提出延期申请，是否准许由人民法院决定。

第三十七条 经当事人申请，人民法院可以组织当事人在开庭审理前交换证据。

人民法院对于证据较多或者复杂疑难的案件，应当组织当事人在答辩期届满后、开庭审理前交换证据。

第三十八条 交换证据的时间可以由当事人协商一致并经人民法院认可，也可以由人民法院指定。人民法院组织当事人交换证据的，交换证据之日举证期限届满。当事人申请延期举证经人民法院准许的，证据交换日相应顺延。

第三十九条 证据交换应当在审判人员的主持下进行。

在证据交换的过程中，审判人员对当事人无异议的事实、证据应当记录在卷；对有异议的证据，按照需要证明的事实分类记录在卷，并记载异议的理由。通过证据交换，确定双方当事人争议的主要问题。

第四十条 当事人收到对方交换的证据后提出反驳并提出新证据的，人民法院应当通知当事人在指定的时间进行交换。

证据交换一般不超过两次。但重大、疑难和案情特别复杂的案件，人民法院认为确有必要再次进行证据交换的除外。

第四十一条 《民事诉讼法》第一百二十五条第一款规定的"新的证据"，是指以下情形：

（一）一审程序中的新的证据包括：当事人在一审举证期限届满后新发现的证据；当事人确因客观原因无法在举证期限内提供，经人民法院准许，在延长的期限内仍无法提供的证据。

（二）二审程序中的新的证据包括：一审庭审结束后新发现的证据；当事人在一审举证期限届满前申请人民法院调查取证未获准许，二审法院经审查认为应当准许并依当事人申请调取的证据。

第四十二条 当事人在一审程序中提供新的证据的，应当在一审开庭前或者开庭审理时提出。当事人在二审程序中提供新的证据的，应当在二审开庭前或者开庭审理时提出；二审不需要开庭审理的，应当在人民法院指定的期限内提出。

第四十三条 当事人举证期限届满后提供的证据不是新的证据的，人民法院不予采纳。

当事人经人民法院准许延期举证，但因客观原因未能在准许的期限内提供，且不审理该证据可能导致裁判明显不公的，其提供的证据可视为新的证据。

第四十四条 《民事诉讼法》第一百七十九条第一款第（一）项规定的"新的证据"，是指原审庭审结束后新发现的证据。

当事人在再审程序中提供新的证据的，应当在申请再审时提出。

第四十五条 一方当事人提出新的证据的，人民法院应当通知对方当事人在合理期限内提出意见或者举证。

第四十六条 由于当事人的原因未能在指定期限内举证，致使案件在二审或者再审期间因提出新的证据被人民法院发回重审或者改判的，原审裁判不属于错误裁判案件。一方当事人请求提出新的证据的另一方当事人负担由此增加的差旅、误工、证人出庭作证、诉讼等合理费用以及由此扩大的直接损失，人民法院应予支持。

四、质证

第四十七条 证据应当在法庭上出示，由当事人质证。未经质证的证据，不能作为认定案件事实的依据。

当事人在证据交换过程中认可并记录在卷的证据，经审判人员在庭审中说明后，可以作为认定案件事实的依据。

第四十八条 涉及国家秘密、商业秘密和个人隐私或者法律规定的其他应当保密的证据，不得在开庭时公开质证。

第四十九条 对书证、物证、视听资料进行质证时，当事人有权要求出示证据的原件或者原物。但有下列情况之一的除外：

（一）出示原件或者原物确有困难并经人民法院准许出示复制件或者复制品的；

（二）原件或者原物已不存在，但有证据证明复制件、复制品与原件或原物一致的。

第五十条 质证时，当事人应当围绕证据的真实性、关联性、合法性，针对证据证明力有无以及证明力大小，进行质疑、说明与辩驳。

第五十一条 质证按下列顺序进行：

（一）原告出示证据，被告、第三人与原告进行质证；

（二）被告出示证据，原告、第三人与被告进行质证；

（三）第三人出示证据，原告、被告与第三人进行质证。

人民法院依照当事人申请调查收集的证据，作为提出申请的一方当事人提供的证据。

人民法院依照职权调查收集的证据应当在庭审时出示，听取当事人意见，并可就调查收集该证据的情况予以说明。

第五十二条 案件有两个以上独立的诉讼请求的，当事人可以逐个出示证据进行质证。

第五十三条 不能正确表达意志的人，不能作为证人。待证事实与其年龄、智力状况或者精神健康状况相适应的无民事行为能力人和限制民事行为能力人，可以作为证人。

第五十四条 当事人申请证人出庭作证，应当在举证期限届满十日前提出，并经人民法院许可。

人民法院对当事人的申请予以准许的，应当在开庭审理前通知证人出庭作证，并告知其应当如实作证及作伪证的法律后果。

证人因出庭作证而支出的合理费用，由提供证人的一方当事人先行支付，由败诉一方当事人承担。

第五十五条 证人应当出庭作证，接受当事人的质询。证人在人民法院组织双方当事人交换证据时出席陈述证言的，可视为出庭作证。

第五十六条 《民事诉讼法》第七十条规定的“证人确有困难不能出庭”，是指有下列情形：

（一）年迈体弱或者行动不便无法出庭的；

（二）特殊岗位确实无法离开的；

（三）路途特别遥远，交通不便难以出庭的；

（四）因自然灾害等不可抗力的原因无法出庭的；

（五）其他无法出庭的特殊情况。

前款情形，经人民法院许可，证人可以提交书面证言或者视听资料或者通过双向视听传输技术手段作证。

第五十七条 出庭作证的证人应当客观陈述其亲身感知的事实。证人为聋哑人的，可以其他表达方式作证。

证人作证时，不得使用猜测、推断或者评论性的语言。

第五十八条 审判人员和当事人可以对证人进行询问。证人不得旁听法庭审理；询问证人时，其他证人不得在场。人民法院认为有必要的，可以让证人进行对质。

第五十九条 鉴定人应当出庭接受当事人质询。

鉴定人确因特殊原因无法出庭的，经人民法院准许，可以书面答复当事人的质询。

第六十条 经法庭许可，当事人可以向证人、鉴定人、勘验人发问。

询问证人、鉴定人、勘验人不得使用威胁、侮辱及不适当引导证人的言语和方式。

第六十一条 当事人可以向人民法院申请由一至二名具有专门知识的人员出庭就案件的专门性问题进行说明。人民法院准许其申请的，有关费用由提出申请的当事人负担。

审判人员和当事人可以对出庭的具有专门知识的人员进行询问。

经人民法院准许，可以由当事人各自申请的具有专门知识的人员就案件中的问题进行对质。

具有专门知识的人员可以对鉴定人进行询问。

第六十二条 法庭应当将当事人的质证情况记入笔录，并由当事人核对后签名或者盖章。

五、证据的审核认定

第六十三条 人民法院应当以证据能够证明的案件事实为依据依法作出裁判。

第六十四条 审判人员应当依照法定程序，全面、客观地审核证据，依据法律的规定，遵循法官职业道德，运用逻辑推理和日常生活经验，对证据有无证明力和证明力大小独立进行判断，并公开判断的理由和结果。

第六十五条 审判人员对单一证据可以从下列方面进行审核认定：

（一）证据是否原件、原物，复印件，复制品与原件、原物是否相符；

（二）证据与本案事实是否相关；

（三）证据的形式、来源是否符合法律规定；

（四）证据的内容是否真实；

（五）证人或者提供证据的人，与当事人有无利害关系。

第六十六条 审判人员对案件的全部证据，应当从各证据与案件事实的关联程度、各证据之间的联系等方面进行综合审查判断。

第六十七条 在诉讼中，当事人为达成调解协议或者和解的目的作出妥协所涉及的对案件事实的认可，不得在其后的诉讼中作为对其不利的证据。

第六十八条 以侵害他人合法权益或者违反法律禁止性规定的方法取得的证据，不能作为认定案件事实的依据。

第六十九条 下列证据不能单独作为认定案件事实的依据：

（一）未成年人所作的与其年龄和智力状况不相当的证言；

（二）与一方当事人或者其代理人有利害关系的证人出具的证言；

（三）存有疑点的视听资料；

（四）无法与原件、原物核对的复印件、复制品；

（五）无正当理由未出庭作证的证人证言。

第七十条 一方当事人提出的下列证据，对方当事人提出异议但没有足以反驳的相反证据的，人民法院应当确认其证明力：

（一）书证原件或者与书证原件核对无误的复印件、照片、副本、节录本；

（二）物证原物或者与物证原物核对无误的复制件、照片、录像资料等；

（三）有其他证据佐证并以合法手段取得的、无疑点的视听资料或者与视听资料核对无误的复制件；

（四）一方当事人申请人民法院依照法定程序制作的对物证或者现场的勘验笔录。

第七十一条 人民法院委托鉴定部门作出的鉴定结论，当事人没有足以反驳的相反证据和理由的，可以认定其证明力。

第七十二条 一方当事人提出的证据，另一方当事人认可或者提出的相反证据不足以反驳的，人民法院可以确认其证明力。

一方当事人提出的证据，另一方当事人有异议并提出反驳证据，对方当事人对反驳证据认可的，可以确认反驳证据的证明力。

第七十三条 双方当事人对同一事实分别举出相反的证据，但都没有足够的依据否定对方证据的，人民法院应当结合案件情况，判断一方提供证据的证明力是否明显大于另一方提供证据的证明力，并对证明力较大的证据予以确认。

因证据的证明力无法判断导致争议事实难以认定的，人民法院应当依据举证责任分配的规则作出裁判。

第七十四条 诉讼过程中，当事人在起诉状、答辩状、陈述及其委托代理人的代理词中承认的对己方不利的事实和认可的证据，人民法院应当予以确认，但当事人反悔并有相反证据足以推翻的除外。

第七十五条 有证据证明一方当事人持有证据无正当理由拒不提供，如果对方当事人主张该证据的内容不利于证据持有人，可以推定该主张成立。

第七十六条 当事人对自己的主张，只有本人陈述而不能提出其他相关证据的，其主张不予支持。但对方当事人认可的除外。

第七十七条 人民法院就数个证据对同一事实的证明力，可以依照下列原则认定：

（一）国家机关、社会团体依职权制作的公文书证的证明力一般大于其他书证；

（二）物证、档案、鉴定结论、勘验笔录或者经过公证、登记的书证，其证明力一般大于其他书证、视听资料和证人证言；

（三）原始证据的证明力一般大于传来证据；

（四）直接证据的证明力一般大于间接证据；

（五）证人提供的对与其有亲属或者其他密切关系的当事人有利的证言，其证明力一般小于其他证人证言。

第七十八条 人民法院认定证人证言，可以通过对证人的智力状况、品德、知识、经验、法律意识和专业技能等的综合分析作出判断。

第七十九条 人民法院应当在裁判文书中阐明证据是否采纳的理由。

对当事人无争议的证据，是否采纳的理由可以不在裁判文书中表述。

六、其他

第八十条 对证人、鉴定人、勘验人的合法权益依法予以保护。

当事人或者其他诉讼参与人伪造、毁灭证据，提供假证据，阻止证人作证，指使、贿买、胁迫他人作伪证，或者对证人、鉴定人、勘验人打击报复的，依照《民事诉讼法》第一百零二条的规定处理。

第八十一条 人民法院适用简易程序审理案件，不受本解释中第三十二条、第三十三条第三款和第七十九条规定的限制。

第八十二条 本院过去的司法解释，与本规定不一致的，以本规定为准。

第八十三条 本规定自2002年4月1日起施行。2002年4月1日尚未审结的一审、二审和再审民事案件不适用本规定。

本规定施行前已经审理终结的民事案件，当事人以违反本规定为由申请再审的，人民法院不予支持。

本规定施行后受理的再审民事案件，人民法院依据《民事诉讼法》第一百八十四条的规定进行审理的，适用本规定。

最高人民法院关于审理人身损害赔偿案件适用法律若干问题的解释

（2003年12月4日最高人民法院审判委员会第1299次会议通过，2003年12月26日最高人民法院公告公布，自2004年5月1日起施行　法释［2003］20号）

为正确审理人身损害赔偿案件，依法保护当事人的合法权益，根据《中华人民共和国民法通则》（以下简称民法通则）、《中华人民共和国民事诉讼法》（以下简称民事诉讼法）等有关法律规定，结合审判实践，就有关适用法律的问题作如下解释：

第一条　因生命、健康、身体遭受侵害，赔偿权利人起诉请求赔偿义务人赔偿财产损失和精神损害的，人民法院应予受理。

本条所称“赔偿权利人”，是指因侵权行为或者其他致害原因直接遭受人身损害的受害人、依法由受害人承担扶养义务的被扶养人以及死亡受害人的近亲属。

本条所称“赔偿义务人”，是指因自己或者他人的侵权行为以及其他致害原因依法应当承担民事责任的自然人、法人或者其他组织。

第二条　受害人对同一损害的发生或者扩大有故意、过失的，依照民法通则第一百三十一条的规定，可以减轻或者免除赔偿义务人的赔偿责任。但侵权人因故意或者重大过失致人损害，受害人只有一般过失的，不减轻赔偿义务人的赔偿责任。

适用民法通则第一百零六条第三款规定确定赔偿义务人的赔偿责任时，受害人有重大过失的，可以减轻赔偿义务人的赔偿责任。

第三条　二人以上共同故意或者共同过失致人损害，或者虽无共同故意、共同过失，但其侵害行为直接结合发生同一损害后果的，构成共同侵权，应当依照民法通则第一百三十条规定承担连带责任。

二人以上没有共同故意或者共同过失，但其分别实施的数个行为间接结合发生同一损害后果的，应当根据过失大小或者原因力比例各自承担相应的赔偿责任。

第四条　二人以上共同实施危及他人人身安全的行为并造成损害后果，不能确定实际侵害行为人的，应当依照民法通则第一百三十条规定承担连带责任。共同危险行为人能够证明损害后果不是由其行为造成的，不承担赔偿责任。

第五条　赔偿权利人起诉部分共同侵权人的，人民法院应当追加其他共同侵权人作为共同被告。赔偿权利人在诉讼中放弃对部分共同侵权人的诉讼请求的，其他共同侵权人对被放弃诉讼请求的被告应当承担的赔偿份额不承担连带责任。责任范围难以确定的，推定各共同侵权人承担同等责任。

人民法院应当将放弃诉讼请求的法律后果告知赔偿权利人，并将放弃诉讼请求的情况在法律文书中叙明。

第六条 从事住宿、餐饮、娱乐等经营活动或者其他社会活动的自然人、法人、其他组织，未尽合理限度范围内的安全保障义务致使他人遭受人身损害，赔偿权利人请求其承担相应赔偿责任的，人民法院应予支持。

因第三人侵权导致损害结果发生的，由实施侵权行为的第三人承担赔偿责任。安全保障义务人有过错的，应当在其能够防止或者制止损害的范围内承担相应的补充赔偿责任。安全保障义务人承担责任后，可以向第三人追偿。赔偿权利人起诉安全保障义务人的，应当将第三人作为共同被告，但第三人不能确定的除外。

第七条 对未成年人依法负有教育、管理、保护义务的学校、幼儿园或者其他教育机构，未尽职责范围内的相关义务致使未成年人遭受人身损害，或者未成年人致他人人身损害的，应当承担与其过错相应的赔偿责任。

第三人侵权致未成年人遭受人身损害的，应当承担赔偿责任。学校、幼儿园等教育机构有过错的，应当承担相应的补充赔偿责任。

第八条 法人或者其他组织的法定代表人、负责人以及工作人员，在执行职务中致人损害的，依照民法通则第一百二十一条的规定，由该法人或者其他组织承担民事责任。上述人员实施与职务无关的行为致人损害的，应当由行为人承担赔偿责任。

属于《国家赔偿法》赔偿事由的，依照《国家赔偿法》的规定处理。

第九条 雇员在从事雇佣活动中致人损害的，雇主应当承担赔偿责任；雇员因故意或者重大过失致人损害的，应当与雇主承担连带赔偿责任。雇主承担连带赔偿责任的，可以向雇员追偿。

前款所称“从事雇佣活动”，是指从事雇主授权或者指示范围内的生产经营活动或者其他劳务活动。雇员的行为超出授权范围，但其表现形式是履行职务或者与履行职务有内在联系的，应当认定为“从事雇佣活动”。

第十条 承揽人在完成工作过程中对第三人造成损害或者造成自身损害的，定作人不承担赔偿责任。但定作人对定作、指示或者选任有过失的，应当承担相应的赔偿责任。

第十一条 雇员在从事雇佣活动中遭受人身损害，雇主应当承担赔偿责任。雇佣关系以外的第三人造成雇员人身损害的，赔偿权利人可以请求第三人承担赔偿责任，也可以请求雇主承担赔偿责任。雇主承担赔偿责任后，可以向第三人追偿。

雇员在从事雇佣活动中因安全生产事故遭受人身损害，发包人、分包人知道或者应当知道接受发包或者分包业务的雇主没有相应资质或者安全生产条件的，应当与雇主承担连带赔偿责任。

属于《工伤保险条例》调整的劳动关系和工伤保险范围的，不适用本条规定。

第十二条 依法应当参加工伤保险统筹的用人单位的劳动者，因工伤事故遭受人身损害，劳动者或者其近亲属向人民法院起诉请求用人单位承担民事赔偿责任的，告知其按《工伤保险条例》的规定处理。

因用人单位以外的第三人侵权造成劳动者人身损害，赔偿权利人请求第三人承担民事赔偿责任的，人民法院应予支持。

第十三条 为他人无偿提供劳务的帮工人，在从事帮工活动中致人损害的，被帮工人应当承担赔偿责任。被帮工人明确拒绝帮工的，不承担赔偿责任。帮工人存在故意或者重大过失，赔偿权利人请求帮工人和被帮工人承担连带责任的，人民法院应予支持。

第十四条 帮工人因帮工活动遭受人身损害的，被帮工人应当承担赔偿责任。被帮工人明确拒绝帮工的，不承担赔偿责任；但可以在受益范围内予以适当补偿。

帮工人因第三人侵权遭受人身损害的，由第三人承担赔偿责任。第三人不能确定或者没有赔偿能力的，可以由被帮工人予以适当补偿。

第十五条 为维护国家、集体或者他人的合法权益而使自己受到人身损害，因没有侵权人、不能确定侵权人或者侵权人没有赔偿能力，赔偿权利人请求受益人在受益范围内予以适当补偿的，人民法院应予支持。

第十六条 下列情形，适用民法通则第一百二十六条的规定，由所有人或者管理人承担赔偿责任，但能够证明自己没有过错的除外：

（一）道路、桥梁、隧道等人工建造的构筑物因维护、管理瑕疵致人损害的；

（二）堆放物品滚落、滑落或者堆放物倒塌致人损害的；

（三）树木倾倒、折断或者果实坠落致人损害的。

前款第（一）项情形，因设计、施工缺陷造成损害的，由所有人、管理人与设计、施工者承担连带责任。

第十七条 受害人遭受人身损害，因就医治疗支出的各项费用以及因误工减少的收入，包括医疗费、误工费、护理费、交通费、住宿费、住院伙食补助费、必要的营养费，赔偿义务人应当予以赔偿。

受害人因伤致残的，其因增加生活上需要所支出的必要费用以及因丧失劳动能力导致的收入损失，包括残疾赔偿金、残疾辅助器具费、被扶养人生活费，以及因康复护理、继续治疗实际发生的必要的康复费、护理费、后续治疗费，赔偿义务人也应当予以赔偿。

受害人死亡的，赔偿义务人除应当根据抢救治疗情况赔偿本条第一款规定的相关费用外，还应当赔偿丧葬费、被扶养人生活费、死亡补偿费以及受害人亲属办理丧葬事宜支出的交通费、住宿费和误工损失等其他合理费用。

第十八条 受害人或者死者近亲属遭受精神损害，赔偿权利人向人民法院请求赔偿精神损害抚慰金的，适用《最高人民法院关于确定民事侵权精神损害赔偿责任若干问题的解释》予以确定。

精神损害抚慰金的请求权，不得让与或者继承。但赔偿义务人已经以书面方式承诺给予金钱赔偿，或者赔偿权利人已经向人民法院起诉的除外。

第十九条 医疗费根据医疗机构出具的医药费、住院费等收款凭证，结合病历和诊断证明等相关证据确定。赔偿义务人对治疗的必要性和合理性有异议的，应当承担相应的举证责任。

医疗费的赔偿数额，按照一审法庭辩论终结前实际发生的数额确定。器官功能恢复训练所必要的康复费、适当的整容费以及其他后续治疗费，赔偿权利人可以待实际发生后另行起诉。但根据医疗证明或者鉴定结论确定必然发生的费用，可以与已经发生的医疗费一并予以赔偿。

第二十条 误工费根据受害人的误工时间和收入状况确定。

误工时间根据受害人接受治疗的医疗机构出具的证明确定。受害人因伤致残持续误工的，误工时间可以计算至定残日前一天。

受害人有固定收入的，误工费按照实际减少的收入计算。受害人无固定收入的，按照其最近三年的平均收入计算；受害人不能举证证明其最近三年的平均收入状况的，可以参照受诉法院所在地相同或者相近行业上一年度职工的平均工资计算。

第二十一条 护理费根据护理人员的收入状况和护理人数、护理期限确定。

护理人员有收入的，参照误工费的规定计算；护理人员没有收入或者雇佣护工的，参照当地护工从事同等级别护理的劳务报酬标准计算。护理人员原则上为一人，但医疗机构或者鉴定机构有明确意见的，可以参照确定护理人员人数。

护理期限应计算至受害人恢复生活自理能力时止。受害人因残疾不能恢复生活自理能力的，可以根据其年龄、健康状况等因素确定合理的护理期限，但最长不超过二十年。

受害人定残后的护理，应当根据其护理依赖程度并结合配制残疾辅助器具的情况确定护理级别。

第二十二条 交通费根据受害人及其必要的陪护人员因就医或者转院治疗实际发生的费用计算。交通费应当以正式票据为凭；有关凭据应当与就医地点、时间、人数、次数相符合。

第二十三条 住院伙食补助费可以参照当地国家机关一般工作人员的出差伙食补助标准予以确定。

受害人确有必要到外地治疗，因客观原因不能住院，受害人本人及其陪护人员实际发生的住宿费和伙食费，其合理部分应予赔偿。

第二十四条 营养费根据受害人伤残情况参照医疗机构的意见确定。

第二十五条 残疾赔偿金根据受害人丧失劳动能力程度或者伤残等级，按照受诉法院所在地上一年度城镇居民人均可支配收入或者农村居民人均纯收入标准，自定残之日起按二十年计算。但六十周岁以上的，年龄每增加一岁减少一年；七十五周岁以上的，按五年计算。

受害人因伤致残但实际收入没有减少，或者伤残等级较轻但造成职业妨害严重影响其劳动就业的，可以对残疾赔偿金作相应调整。

第二十六条 残疾辅助器具费按照普通适用器具的合理费用标准计算。伤情有特殊需要的，可以参照辅助器具配制机构的意见确定相应的合理费用标准。

辅助器具的更换周期和赔偿期限参照配制机构的意见确定。

第二十七条 丧葬费按照受诉法院所在地上一年度职工月平均工资标准，以六个月总额计算。

第二十八条 被扶养人生活费根据扶养人丧失劳动能力程度，按照受诉法院所在地上一年度城镇居民人均消费性支出和农村居民人均年生活消费支出标准计算。被扶养人为未成年人的，计算至十八周岁；被扶养人无劳动能力又无其他生活来源的，计算二十年。但六十周岁以上的，年龄每增加一岁减少一年；七十五周岁以上的，按五年计算。

被扶养人是指受害人依法应当承担扶养义务的未成年人或者丧失劳动能力又无其他生活来源的成年近亲属。被扶养人还有其他扶养人的，赔偿义务人只赔偿受害人依法应当负担的部分。被扶养人有数人的，年赔偿总额累计不超过上一年度城镇居民人均消费性支出额或者农村居民人均年生活消费支出额。

第二十九条 死亡赔偿金按照受诉法院所在地上一年度城镇居民人均可支配收入或者农村居民人均纯收入标准，按二十年计算。但六十周岁以上的，年龄每增加一岁减少一年；七十五周岁以上的，按五年计算。

第三十条 赔偿权利人举证证明其住所地或者经常居住地城镇居民人均可支配收入或者农村居民人均纯收入高于受诉法院所在地标准的，残疾赔偿金或者死亡赔偿金可以按照其住所地或者经常居住地的相关标准计算。

被扶养人生活费的相关计算标准，依照前款原则确定。

第三十一条 人民法院应当按照民法通则第一百三十一条以及本解释第二条的规定，确定第十九条至第二十九条各项财产损失的实际赔偿金额。

前款确定的物质损害赔偿金与按照第十八条第一款规定确定的精神损害抚慰金，原则上应当一次性给付。

第三十二条 超过确定的护理期限、辅助器具费给付年限或者残疾赔偿金给付年限，赔偿权利人向人民法院起诉请求继续给付护理费、辅助器具费或者残疾赔偿金的，人民法院应予受理。赔偿权利人确需继续护理、配制辅助器具，或者没有劳动能力和生活来源的，人民法院应当判令赔偿义务人继续给付相关费用五至十年。

第三十三条 赔偿义务人请求以定期金方式给付残疾赔偿金、被扶养人生活费、残疾辅助器具费的，应当提供相应的担保。人民法院可以根据赔偿义务人的给付能力和提供担保的情况，确定以定期金方式给付相关费用。但一审法庭辩论终结前已经发生的费用、死亡赔偿金以及精神损害抚慰金，应当一次性给付。

第三十四条 人民法院应当在法律文书中明确定期金的给付时间、方式以及每期给付标准。执行期间有关统计数据发生变化的，给付金额应当适时进行相应调整。

定期金按照赔偿权利人的实际生存年限给付，不受本解释有关赔偿期限的限制。

第三十五条 本解释所称“城镇居民人均可支配收入”、“农村居民人均纯收入”、“城镇居民人均消费性支出”、“农村居民人均年生活消费支出”、“职工平均工资”，按照政府统计部门公布的各省、自治区、直辖市以及经济特区和计划单列市上一年度相关统计数据确定。

“上一年度”，是指一审法庭辩论终结时的上一统计年度。

第三十六条 本解释自2004年5月1日起施行。2004年5月1日后新受理的一审人身损害赔偿案件，适用本解释的规定。已经作出生效裁判的人身损害赔偿案件依法再审的，不适用本解释的规定。

在本解释公布施行之前已经生效施行的司法解释，其内容与本解释不一致的，以本解释为准。

最高人民法院关于审理涉及国有土地使用权合同纠纷案件适用法律问题的解释

（法释［2005］5号）

中华人民共和国最高人民法院
公　告

《最高人民法院关于审理涉及国有土地使用权合同纠纷案件适用法律问题的解释》已于2004年11月23日由最高人民法院审判委员会第1334次会议通过，现予公布，自2005年8月1日起施行。

2005年6月18日

根据《中华人民共和国民法通则》、《中华人民共和国合同法》、《中华人民共和国土地管理法》、《中华人民共和国城市房地产管理法》等法律规定，结合民事审判实践，就审理涉及国有土地使用权合同纠纷案件适用法律的问题，制定本解释。

一、土地使用权出让合同纠纷

第一条　本解释所称的土地使用权出让合同，是指市、县人民政府土地管理部门作为出让方将国有土地使用权在一定年限内让与受让方，受让方支付土地使用权出让金的协议。

第二条　开发区管理委员会作为出让方与受让方订立的土地使用权出让合同，应当认定无效。

本解释实施前，开发区管理委员会作为出让方与受让方订立的土地使用权出让合同，起诉前经市、县人民政府土地管理部门追认的，可以认定合同有效。

第三条　经市、县人民政府批准同意以协议方式出让的土地使用权，土地使用权出让金低于订立合同时当地政府按照国家规定确定的最低价的，应当认定土地使用权出让合同约定的价格条款无效。

当事人请求按照订立合同时的市场评估价格交纳土地使用权出让金的，应予支持；受让方不同意按照市场评估价格补足，请求解除合同的，应予支持。因此造成的损失，由当事人按照过错承担责任。

第四条 土地使用权出让合同的出让方因未办理土地使用权出让批准手续而不能交付土地，受让方请求解除合同的，应予支持。

第五条 受让方经出让方和市、县人民政府城市规划行政主管部门同意，改变土地使用权出让合同约定的土地用途，当事人请求按照起诉时同种用途的土地出让金标准调整土地出让金的，应予支持。

第六条 受让方擅自改变土地使用权出让合同约定的土地用途，出让方请求解除合同的，应予支持。

二、土地使用权转让合同纠纷

第七条 本解释所称的土地使用权转让合同，是指土地使用权人作为转让方将出让土地使用权转让于受让方，受让方支付价款的协议。

第八条 土地使用权人作为转让方与受让方订立土地使用权转让合同后，当事人一方以双方之间未办理土地使用权变更登记手续为由，请求确认合同无效的，不予支持。

第九条 转让方未取得出让土地使用权证书与受让方订立合同转让土地使用权，起诉前转让方已经取得出让土地使用权证书或者有批准权的人民政府同意转让的，应当认定合同有效。

第十条 土地使用权人作为转让方就同一出让土地使用权订立数个转让合同，在转让合同有效的情况下，受让方均要求履行合同的，按照以下情形分别处理：

（一）已经办理土地使用权变更登记手续的受让方，请求转让方履行交付土地等合同义务的，应予支持；

（二）均未办理土地使用权变更登记手续，已先行合法占有投资开发土地的受让方请求转让方履行土地使用权变更登记等合同义务的，应予支持；

（三）均未办理土地使用权变更登记手续，又未合法占有投资开发土地，先行支付土地转让款的受让方请求转让方履行交付土地和办理土地使用权变更登记等合同义务的，应予支持；

（四）合同均未履行，依法成立在先的合同受让方请求履行合同的，应予支持。

未能取得土地使用权的受让方请求解除合同、赔偿损失的，按照《中华人民共和国合同法》的有关规定处理。

第十一条 土地使用权人未经有批准权的人民政府批准，与受让方订立合同转让划拨土地使用权的，应当认定合同无效。但起诉前经有批准权的人民政府批准办理土地使用权出让手续的，应当认定合同有效。

第十二条 土地使用权人与受让方订立合同转让划拨土地使用权，起诉前经有批准权的人民政府同意转让，并由受让方办理土地使用权出让手续的，土地使用权人与受让方订立的合同可以按照补偿性质的合同处理。

第十三条 土地使用权人与受让方订立合同转让划拨土地使用权，起诉前经有批准权的人民政府决定不办理土地使用权出让手续，并将该划拨土地使用权直接划拨给受让方使用的，土地使用权人与受让方订立的合同可以按照补偿性质的合同处理。

三、合作开发房地产合同纠纷

第十四条 本解释所称的合作开发房地产合同，是指当事人订立的以提供出让土地使用权、资金等作为共同投资，共享利润、共担风险合作开发房地产为基本内容的协议。

第十五条 合作开发房地产合同的当事人一方具备房地产开发经营资质的，应当认定合同有效。

当事人双方均不具备房地产开发经营资质的，应当认定合同无效。但起诉前当事人一方已经取得房地产开发经营资质或者已依法合作成立具有房地产开发经营资质的房地产开发企业的，应当认定合同有效。

第十六条 土地使用权人未经有批准权的人民政府批准，以划拨土地使用权作为投资与他人订立合同合作开发房地产的，应当认定合同无效。但起诉前已经办理批准手续的，应当认定合同有效。

第十七条 投资数额超出合作开发房地产合同的约定，对增加的投资数额的承担比例，当事人协商不成的，按照当事人的过错确定；因不可归责于当事人的事由或者当事人的过错无法确定的，按照约定的投资比例确定；没有约定投资比例的，按照约定的利润分配比例确定。

第十八条 房屋实际建筑面积少于合作开发房地产合同的约定，对房屋实际建筑面积的分配比例，当事人协商不成的，按照当事人的过错确定；因不可归责于当事人的事由或者当事人过错无法确定的，按照约定的利润分配比例确定。

第十九条 在下列情形下，合作开发房地产合同的当事人请求分配房地产项目利益的，不予受理；已经受理的，驳回起诉：

（一）依法需经批准的房地产建设项目未经有批准权的人民政府主管部门批准；

（二）房地产建设项目未取得建设工程规划许可证；

（三）擅自变更建设工程规划。

因当事人隐瞒建设工程规划变更的事实所造成的损失，由当事人按照过错承担。

第二十条 房屋实际建筑面积超出规划建筑面积，经有批准权的人民政府主管部门批准后，当事人对超出部分的房屋分配比例协商不成的，按照约定的利润分配比例确定。对增加的投资数额的承担比例，当事人协商不成的，按照约定的投资比例确定；没有约定投资比例的，按照约定的利润分配比例确定。

第二十一条 当事人违反规划开发建设的房屋，被有批准权的人民政府主管部门认定为违法建筑责令拆除，当事人对损失承担协商不成的，按照当事人过错确定责任；过错无法确定的，按照约定的投资比例确定责任；没有约定投资比例的，按照约定的利润分配比例确定责任。

第二十二条 合作开发房地产合同约定仅以投资数额确定利润分配比例，当事人未足额交纳出资的，按照当事人的实际投资比例分配利润。

第二十三条 合作开发房地产合同的当事人要求将房屋预售款充抵投资参与利润分配的，不予支持。

第二十四条 合作开发房地产合同约定提供土地使用权的当事人不承担经营风险，

只收取固定利益的，应当认定为土地使用权转让合同。

第二十五条 合作开发房地产合同约定提供资金的当事人不承担经营风险，只分配固定数量房屋的，应当认定为房屋买卖合同。

第二十六条 合作开发房地产合同约定提供资金的当事人不承担经营风险，只收取固定数额货币的，应当认定为借款合同。

第二十七条 合作开发房地产合同约定提供资金的当事人不承担经营风险，只以租赁或者其他形式使用房屋的，应当认定为房屋租赁合同。

四、其它

第二十八条 本解释自2005年8月1日起施行；施行后受理的第一审案件适用本解释。

本解释施行前最高人民法院发布的司法解释与本解释不一致的，以本解释为准。

最高人民法院关于审理涉及农村土地承包纠纷案件适用法律问题的解释

（法释［2005］6号）

中华人民共和国最高人民法院
公　告

《最高人民法院关于审理涉及农村土地承包纠纷案件适用法律问题的解释》已于2005年3月29日由最高人民法院审判委员会第1346次会议通过，现予公布，自2005年9月1日起施行。

2005年7月29日

根据《中华人民共和国民法通则》、《中华人民共和国合同法》、《中华人民共和国民事诉讼法》、《中华人民共和国农村土地承包法》、《中华人民共和国土地管理法》等法律的规定，结合民事审判实践，对审理涉及农村土地承包纠纷案件适用法律的若干问题解释如下：

一、受理与诉讼主体

第一条　下列涉及农村土地承包民事纠纷，人民法院应当依法受理：

（一）承包合同纠纷；

（二）承包经营权侵权纠纷；

（三）承包经营权流转纠纷；

（四）承包地征收补偿费用分配纠纷；

（五）承包经营权继承纠纷。

集体经济组织成员因未实际取得土地承包经营权提起民事诉讼的，人民法院应当告知其向有关行政主管部门申请解决。

集体经济组织成员就用于分配的土地补偿费数额提起民事诉讼的，人民法院不予受理。

第二条　当事人自愿达成书面仲裁协议的，受诉人民法院应当参照最高人民法院《关于适用<中华人民共和国民事诉讼法>若干问题的意见》第145条至第148条的规定处理。

当事人未达成书面仲裁协议，一方当事人向农村土地承包仲裁机构申请仲裁，另一方当事人提起诉讼的，人民法院应予受理，并书面通知仲裁机构。但另一方当事人接受仲裁管辖后又起诉的，人民法院不予受理。

当事人对仲裁裁决不服并在收到裁决书之日起三十日内提起诉讼的，人民法院应予受理。

第三条 承包合同纠纷，以发包方和承包方为当事人。

前款所称承包方是指以家庭承包方式承包本集体经济组织农村土地的农户，以及以其他方式承包农村土地的单位或者个人。

第四条 农户成员为多人的，由其代表人进行诉讼。

农户代表人按照下列情形确定：

（一）土地承包经营权证等证书上记载的人；

（二）未依法登记取得土地承包经营权证等证书的，为在承包合同上签字的人；

（三）前两项规定的人死亡、丧失民事行为能力或者因其他原因无法进行诉讼的，为农户成员推选的人。

二、家庭承包纠纷案件的处理

第五条 承包合同中有关收回、调整承包地的约定违反农村土地承包法第二十六条、第二十七条、第三十条、第三十五条规定的，应当认定该约定无效。

第六条 因发包方违法收回、调整承包地，或者因发包方收回承包方弃耕、撂荒的承包地产生的纠纷，按照下列情形，分别处理：

（一）发包方未将承包地另行发包，承包方请求返还承包地的，应予支持；

（二）发包方已将承包地另行发包给第三人，承包方以发包方和第三人为共同被告，请求确认其所签订的承包合同无效、返还承包地并赔偿损失的，应予支持。但属于承包方弃耕、撂荒情形的，对其赔偿损失的诉讼请求，不予支持。

前款第（二）项所称的第三人，请求受益方补偿其在承包地上的合理投入的，应予支持。

第七条 承包合同约定或者土地承包经营权证等证书记载的承包期限短于农村土地承包法规定的期限，承包方请求延长的，应予支持。

第八条 承包方违反农村土地承包法第十七条规定，将承包地用于非农建设或者对承包地造成永久性损害，发包方请求承包方停止侵害、恢复原状或者赔偿损失的，应予支持。

第九条 发包方根据农村土地承包法第二十六条规定收回承包地前，承包方已经以转包、出租等形式将其土地承包经营权流转给第三人，且流转期限尚未届满，因流转价款收取产生的纠纷，按照下列情形，分别处理：

（一）承包方已经一次性收取了流转价款，发包方请求承包方返还剩余流转期限的流转价款的，应予支持；

（二）流转价款为分期支付，发包方请求第三人按照流转合同的约定支付流转价款的，应予支持。

第十条 承包方交回承包地不符合农村土地承包法第二十九条规定程序的，不得认定其为自愿交回。

第十一条 土地承包经营权流转中，本集体经济组织成员在流转价款、流转期限等主要内容相同的条件下主张优先权的，应予支持。但下列情形除外：

（一）在书面公示的合理期限内未提出优先权主张的；

（二）未经书面公示，在本集体经济组织以外的人开始使用承包地两个月内未提出优先权主张的。

第十二条 发包方强迫承包方将土地承包经营权流转给第三人，承包方请求确认其与第三人签订的流转合同无效的，应予支持。

发包方阻碍承包方依法流转土地承包经营权，承包方请求排除妨碍、赔偿损失的，应予支持。

第十三条 承包方未经发包方同意，采取转让方式流转其土地承包经营权的，转让合同无效。但发包方无法定理由不同意或者拖延表态的除外。

第十四条 承包方依法采取转包、出租、互换或者其他方式流转土地承包经营权，发包方仅以该土地承包经营权流转合同未报其备案为由，请求确认合同无效的，不予支持。

第十五条 承包方以其土地承包经营权进行抵押或者抵偿债务的，应当认定无效。对因此造成的损失，当事人有过错的，应当承担相应的民事责任。

第十六条 因承包方不收取流转价款或者向对方支付费用的约定产生纠纷，当事人协商变更无法达成一致，且继续履行又显失公平的，人民法院可以根据发生变更的客观情况，按照公平原则处理。

第十七条 当事人对转包、出租地流转期限没有约定或者约定不明的，参照合同法第二百三十二条规定处理。除当事人另有约定或者属于林地承包经营外，承包地交回的时间应当在农作物收获期结束后或者下一耕种期开始前。

对提高土地生产能力的投入，对方当事人请求承包方给予相应补偿的，应予支持。

第十八条 发包方或者其他组织、个人擅自截留、扣缴承包收益或者土地承包经营权流转收益，承包方请求返还的，应予支持。

发包方或者其他组织、个人主张抵销的，不予支持。

三、其他方式承包纠纷的处理

第十九条 本集体经济组织成员在承包费、承包期限等主要内容相同的条件下主张优先承包权的，应予支持。但在发包方将农村土地发包给本集体经济组织以外的单位或者个人，已经法律规定的民主议定程序通过，并由乡（镇）人民政府批准后主张优先承包权的，不予支持。

第二十条 发包方就同一土地签订两个以上承包合同，承包方均主张取得土地承包经营权的，按照下列情形，分别处理：

（一）已经依法登记的承包方，取得土地承包经营权；

（二）均未依法登记的，生效在先合同的承包方取得土地承包经营权；

（三）依前两项规定无法确定的，已经根据承包合同合法占有使用承包地的人取得土地承包经营权，但争议发生后一方强行先占承包地的行为和事实，不得作为确定土地承包经营权的依据。

第二十一条 承包方未依法登记取得土地承包经营权证等证书，即以转让、出租、入股、抵押等方式流转土地承包经营权，发包方请求确认该流转无效的，应予支持。但非因承包方原因未登记取得土地承包经营权证等证书的除外。

承包方流转土地承包经营权，除法律或者本解释有特殊规定外，按照有关家庭承包土地承包经营权流转的规定处理。

四、土地征收补偿费用分配及土地承包经营权继承纠纷的处理

第二十二条 承包地被依法征收，承包方请求发包方给付已经收到的地上附着物和青苗的补偿费的，应予支持。

承包方已将土地承包经营权以转包、出租等方式流转给第三人的，除当事人另有约定外，青苗补偿费归实际投入人所有，地上附着物补偿费归附着物所有人所有。

第二十三条 承包地被依法征收，放弃统一安置的家庭承包方，请求发包方给付已经收到的安置补助费的，应予支持。

第二十四条 农村集体经济组织或者村民委员会、村民小组，可以依照法律规定的民主议定程序，决定在本集体经济组织内部分配已经收到的土地补偿费。征地补偿安置方案确定时已经具有本集体经济组织成员资格的人，请求支付相应份额的，应予支持。但已报全国人大常委会、国务院备案的地方性法规、自治条例和单行条例、地方政府规章对土地补偿费在农村集体经济组织内部的分配办法另有规定的除外。

第二十五条 林地家庭承包中，承包方的继承人请求在承包期内继续承包的，应予支持。

其他方式承包中，承包方的继承人或者权利义务承受者请求在承包期内继续承包的，应予支持。

五、其他规定

第二十六条 人民法院在审理涉及本解释第五条、第六条第一款第（二）项及第二款、第十六条的纠纷案件时，应当着重进行调解。必要时可以委托人民调解组织进行调解。

第二十七条 本解释自 2005 年 9 月 1 日起施行。施行后受理的第一审案件，适用本解释的规定。

施行前已经生效的司法解释与本解释不一致的，以本解释为准。

【刑事规定】

中华人民共和国刑法
（节录）

（1979年7月1日第五届全国人民代表大会第二次会议通过
1997年3月14日第八届全国人民代表大会第五次会议修改）

第二篇　分　则

第三章　破坏社会主义市场经济秩序罪

第二节　走私罪

第一百五十五条　下列行为，以走私罪论处，依照本节的有关规定处罚：

（一）直接向走私人非法收购国家禁止进口物品的，或者直接向走私人非法收购走私进口的其他货物、物品，数额较大的；

（二）在内海、领海运输、收购、贩卖国家禁止进出口物品的，或者运输、收购、贩卖国家限制进出口货物、物品，数额较大，没有合法证明的；

（三）逃避海关监管将境外固体废物运输进境的。

第六节　破坏环境资源保护罪

第三百三十八条　违反国家规定，向土地、水体、大气排放、倾倒或者处置有放射性的废物、含传染病病原体的废物、有毒物质或者其他危险废物，造成重大环境污染事故，致使公私财产遭受重大损失或者人身伤亡的严重后果的，处三年以下有期徒刑或者拘役，并处或者单处罚金；后果特别严重的，处三年以上七年以下有期徒刑，并处罚金。

第三百三十九条　违反国家规定，将境外的固体废物进境倾倒、堆放、处置的，处五年以下有期徒刑或者拘役，并处罚金；造成重大环境污染事故，致使公私财产遭受重大损失或者严重危害人体健康的，处五年以上十年以下有期徒刑，并处罚金；后果特别严重的，处十年以上有期徒刑，并处罚金。

未经国务院有关主管部门许可，擅自进口固体废物用作原料，造成重大环境污染事故，致使公私财产遭受重大损失或者严重危害人体健康的，处五年以下有期徒刑或者拘役，并处罚金；后果特别严重的，处五年以上十年以下有期徒刑，并处罚金。

以原料利用为名，进口不能用作原料的固体废物的，依照本法第一百五十五条的规定定罪处罚。

第三百四十条 违反保护水产资源法规，在禁渔区、禁渔期或者使用禁用的工具、方法捕捞水产品，情节严重的，处三年以下有期徒刑、拘役、管制或者罚金。

第三百四十一条 非法猎捕、杀害国家重点保护的珍贵、濒危野生动物的，或者非法收购、运输、出售国家重点保护的珍贵、濒危野生动物及其制品的，处五年以下有期徒刑或者拘役，并处罚金；情节严重的，处五年以上十年以下有期徒刑，并处罚金；情节特别严重的，处十年以上有期徒刑，并处罚金或者没收财产。

违反狩猎法规，在禁猎区、禁猎期或者使用禁用的工具、方法进行狩猎，破坏野生动物资源，情节严重的，处三年以下有期徒刑、拘役、管制或者罚金。

第三百四十二条 违反土地管理法规，非法占用耕地改作他用，数量较大，造成耕地大量毁坏的，处五年以下有期徒刑或者拘役，并处或者单处罚金。

第三百四十三条 违反矿产资源法的规定，未取得采矿许可证擅自采矿的，擅自进入国家规划矿区、对国民经济具有重要价值的矿区和他人矿区范围采矿的，擅自开采国家规定实行保护性开采的特定矿种，经责令停止开采后拒不停止开采，造成矿产资源破坏的，处三年以下有期徒刑、拘役或者管制，并处或者单处罚金；造成矿产资源严重破坏的，处三年以上七年以下有期徒刑，并处罚金。

违反矿产资源法的规定，采取破坏性的开采方法开采矿产资源，造成矿产资源严重破坏的，处五年以下有期徒刑或者拘役，并处罚金。

第三百四十四条 违反森林法的规定，非法采伐、毁坏珍贵树木的，处三年以下有期徒刑、拘役或者管制，并处罚金；情节严重的，处三年以上七年以下有期徒刑，并处罚金。

第三百四十五条 盗伐森林或者其他林木，数量较大的，处三年以下有期徒刑、拘役或者管制，并处或者单处罚金；数量巨大的，处三年以上七年以下有期徒刑，并处罚金；数量特别巨大的，处七年以上有期徒刑，并处罚金。

违反森林法的规定，滥伐森林或者其他林木，数量较大的，处三年以下有期徒刑、拘役或者管制，并处或者单处罚金；数量巨大的，处三年以上七年以下有期徒刑，并处罚金。

以牟利为目的，在林区非法收购明知是盗伐、滥伐的林木，情节严重的，处三年以下有期徒刑、拘役或者管制，并处或者单处罚金；情节特别严重的，处三年以上七年以下有期徒刑，并处罚金。

盗伐、滥伐国家级自然保护区内的森林或者其他林木的，从重处罚。

第三百四十六条 单位犯本节第三百三十八条至第三百四十五条规定之罪的，对单位判处罚金，并对其直接负责的主管人员和其他直接责任人员，依照本节各该条的规定处罚。

……

第九章　渎职罪

第四百零八条　负有环境保护监督管理职责的国家机关工作人员严重不负责任，导致发生重大环境污染事故，致使公私财产遭受重大损失或者造成人身伤亡的严重后果的，处3年以下有期徒刑或者拘役。

……

关于执行《中华人民共和国刑法》确定罪名的规定（环境犯罪部分摘录）

（1997年12月9日最高人民法院审判委员会第951次会议通过，
1997年12月16日起施行　法释［1997］9号）

第三章　破坏社会主义市场经济秩序罪

第二节　走私罪

第155条　第（3）项　走私固体废物罪

第六章　妨害社会管理秩序罪

第六节　破坏环境资源保护罪

第338条　重大环境污染事故罪

第339条　第1款　非法处置进口的固体废物罪

第2款　擅自进口固体废物罪

第340条　非法捕捞水产品罪

第341条　第1款　非法猎捕、杀害珍贵、濒危野生动物罪

非法收购、运输、出售珍贵、濒危野生动物、珍贵、濒危野生动物制品罪

第2款　非法狩猎罪

第342条　非法占用耕地罪

第343条　第1款　非法采矿罪

第2款　破坏性采矿罪

第344条　非法采伐、毁坏珍贵树木罪

第345条　第1款　盗伐林木罪

第2款　滥伐林木罪

第3款　非法收购盗伐、滥伐的林木罪

第九章　渎职罪

第 407 条　违法发放林木采伐许可证罪
第 408 条　环境监管失职罪
第 409 条　传染病防治失职罪
第 410 条　非法批准征用、占用土地罪
第 411 条　非法低价出让国有土地使用权罪

关于执行《中华人民共和国刑法》确定罪名的补充规定

（最高人民法院审判委员会第1193次会议、最高人民检察院第九届检察委员会第100次会议通过，自2002年3月26日起施行　法释［2002］7号）

为正确理解、执行《中华人民共和国刑法》和全国人民代表大会常务委员会《关于惩治骗购外汇、逃汇和非法买卖外汇犯罪的决定》、《中华人民共和国刑法修正案》、《中华人民共和国刑法修正案（二）》、《中华人民共和国刑法修正案（三）》（以下分别简称为《决定》、《修正案》及《修正案（二）》、《修正案（三）》），统一认定罪名，现对最高人民法院《关于执行〈中华人民共和国刑法〉确定罪名的规定》、最高人民检察院《关于适用刑法分则规定的犯罪的罪名的意见》作如下补充、修改：

刑法条文	罪　名
第114条、第115条第1款 （《修正案（三）》第1、2条）	投放危险物质罪 （取消投毒罪罪名）
第115条第2款 （《修正案（三）》第1、2条）	过失投放危险物质罪 （取消过失投毒罪罪名）
第120条之一 （《修正案（三）》第4条）	资助恐怖活动罪
第125条第2款 （《修正案（三）》第5条）	非法制造、买卖、运输、储存危险物质罪 （取消非法买卖、运输核材料罪罪名）
第127条第1款、第2款 （《修正案（三）》第6条第1款、第2款）	盗窃、抢夺枪支、弹药、爆炸物、危险物质罪
第127条第2款 （《修正案（三）》第6条第2款）	抢劫枪支、弹药、爆炸物、危险物质罪
第162条之一 （《修正案》第1条）	隐匿、故意销毁会计凭证、会计帐簿、财务会计报告罪
第168条 （《修正案》第2条）	国有公司、企业、事业单位人员失职罪 国有公司、企业、事业单位人员滥用职权罪 （取消徇私舞弊造成破产、亏损罪罪名）
第174条第2款 （《修正案》第3条）	伪造、变造、转让金融机构经营许可证、批准文件罪
第181条第1款	编造并传播证券、期货交易虚假信息罪

刑法条文	罪　名
（《修正案》第 5 条第 1 款）	
第 181 条第 2 款 （《修正案》第 5 条第 2 款）	诱骗投资者买卖证券、期货合约罪
第 182 条 （《修正案》第 6 条）	操纵证券、期货交易价格罪
《决定》第 1 条	骗购外汇罪
第 229 条第 1 款、第 2 款、第 3 款	提供虚假证明文件罪（取消中介组织人员提供虚假证明文件罪罪名） 出具证明文件重大失实罪（取消中介组织人员出具证明文件重大失实罪罪名）
第 236 条	强奸罪（取消奸淫幼女罪罪名）
第 291 条之一 （《修正案（三）》第 8 条）	投放虚假危险物质罪 编造、故意传播虚假恐怖信息罪
第 342 条 （《修正案（二）》）	非法占用农用地罪（取消非法占用耕地罪罪名）
第 397 条	滥用职权罪、玩忽职守罪（取消国家机关工作人员徇私舞弊罪罪名）
第 399 条第 1 款、第 2 款	徇私枉法罪（取消枉法追诉、裁判罪）民事、行政枉法裁判罪（取消枉法裁判罪）
第 406 条	国家机关工作人员签订、履行合同失职被骗罪（取消国家机关工作人员签订、履行合同失职罪）

最高人民法院、最高人民检察院原有关罪名问题的规定与本规定不一致的，以本规定为准。

关于审理危害环境的走私刑事案件具体应用法律若干问题的解释

（2000年9月20日最高人民法院审判委员会第1131次会议通过
法释[2000]30号）

编者注：最高人民法院审判委员会第1131次会议于2000年9月20日通过了《关于审理走私刑事案件具体应用法律若干问题的解释（法释[2000]30号）》，并自2000年10月8日起施行。该解释对走私“固体废物”（包括国家禁止进口的固体废物和国家限制进口的可用作原料的固体废物）、走私文物、走私“珍贵动物”等危害环境的走私犯罪作了具体规定，故摘录于此。需要特别说明的是，本文标题系本书编者所加，读者引用该解释文件时，务请引用最高人民法院的原标题。

为读者查阅之便，编者特将国家环保局会同对外贸易经济合作部、海关总署、国家工商行政管理局和国家商品检验局1996年3月1日公布，并于1996年10月15日增补后的《国家限制进口的可用作原料的固体废物目录》一并附后备查。

第三条 走私国家禁止出口的三级文物二件以下的，属于走私文物罪“情节较轻”，处五年以下有期徒刑，并处罚金。

走私文物，具有下列情节之一的，处五年以上有期徒刑，并处罚金：

（一）走私国家禁止出口的二级文物二件以下或者三级文物三件以上八件以下的；

（二）走私国家禁止出口的文物达到本条第一款规定的数量标准，并具有造成该文物严重毁损或者无法追回等恶劣情节的。

具有下列情节之一的，属于走私文物罪“情节特别严重”，处无期徒刑或者死刑，并处没收财产：

（一）走私国家禁止出口的一级文物一件以上或者二级文物三件以上或者三级文物九件以上的；

（二）走私国家禁止出口的文物达到本条第二款规定的数量标准，并造成该文物严重毁损或者无法追回的；

（三）走私国家禁止出口的文物达到本条第二款规定的数量标准，并具有是犯罪集团的首要分子或者使用特种车进行走私等严重情节的。

第四条 刑法第一百五十一条第二款规定的“珍贵动物”，是指列入《国家重点保护野生动物名录》中的国家一、二级保护野生动物和列入《濒危野生动植物种国际贸易公约》附录一、附录二中的野生动物以及驯养繁殖的上述物种。

走私国家二级保护动物未达到本解释附表中（一）规定的数量标准或者走私珍贵动物制品价值十万元以下的，属于走私珍贵动物、珍贵动物制品罪“情节较轻”，处五年以下有期徒刑，并处罚金。

走私珍贵动物及其制品，具有下列情节之一的，处五年以上有期徒刑，并处罚金：

（一）走私国家一、二级保护动物达到本解释附表中（一）规定的数量标准的；

（二）走私珍贵动物制品价值十万元以上不满二十万元的；

（三）走私国家一、二级保护动物虽未达到本款规定的数量标准，但具有造成该珍贵动物死亡或者无法追回等恶劣情节的。

具有下列情形之一的，属于走私珍贵动物、珍贵动物制品罪“情节特别严重”，处无期徒刑或者死刑，并处没收财产：

（一）走私国家一、二级保护动物达到本解释附表中（二）规定的数量标准的；

（二）走私珍贵动物制品价值二十万元以上的；

（三）走私国家一、二级保护动物达到本解释附表中（一）规定的数量标准，并造成该珍贵动物死亡或者无法追回的；

（四）走私国家一、二级保护动物达到本解释附表中（一）规定的数量标准，并具有是犯罪集团的首要分子或者使用特种车进行走私等严重情节的。

走私《濒危动植物种国际贸易公约》附录一、附录二中的动物及其制品的，参照本解释附表中规定的同属或者同科动物的定罪量刑标准执行。

第八条　刑法第一百五十五条规定的“直接向走私人非法收购走私进口的其他货物、物品，数额较大的”，是指明知是走私行为人而向其非法收购走私进口的其他货物、物品，应缴税额为五万元以上的。

直接向走私人非法收购国家禁止进口物品的，或者在内海、领海运输、收购、贩卖国家禁止进出口物品的，应当按照走私物品的种类，分别适用刑法第一百五十一条、第一百五十二条、第三百四十七条的规定定罪处罚。

直接向走私人非法收购走私进口的国家非禁止进口货物、物品，数额较大的，或者在内海、领海运输、收购、贩卖国家限制进出口货物、物品，数额较大，没有合法证明的，应当适用刑法第一百五十三条的规定定罪处罚。

刑法第一百五十五条第二项规定的“内海”，包括内河的入海口水域。

第九条　刑法第一百五十五条第（三）项规定的“固体废物”，是指国家禁止进口的固体废物和国家限制进口的可用作原料的固体废物。国家限制进口的可用作原料的固体废物的具体种类，按照《国家限制进口的可用作原料的固体废物目录》执行。

走私国家禁止进口的固体废物不满十吨，或者走私国家限制进口的可用作原料的固体废物偷逃应缴税额在五万元以上不满十五万元的，依照刑法第一百五十三条第一款第（三）项规定处罚。

走私国家禁止进口的固体废物十吨以上不满一百吨，或者走私国家限制进口的可用作原料的固体废物偷逃应缴税额十五万元以上不满五十万元的，依照刑法第一百五十三条第一款第（二）项规定处罚。

走私国家禁止进口的固体废物一百吨以上，或者走私国家限制进口的可用作原料的固体废物偷逃应缴税额五十万元以上的，依照刑法第一百五十三条第一款第（一）项规定处罚。

第十条 单位犯刑法第一百五十一条、第一百五十二条规定的各罪以及走私国家禁止进口的固体废物的，对单位判处罚金，并对其直接负责的主管人员和其他直接责任人员，分别依照本解释的有关规定处罚。

单位犯走私普通货物、物品罪以及走私国家限制进口的可用作原料的固体废物的，偷逃应缴税额在二十五万元以上不满七十五万元的，对单位判处罚金，并对其直接负责的主管人员和其他直接责任人员，处三年以下有期徒刑或者拘役；偷逃应缴税额在七十五万元以上不满二百五十万元的，属于情节严重，处三年以上十年以下有期徒刑；偷逃应缴税额在二百五十万元以上的，属于情节特别严重，处十年以上有期徒刑。

附件

国家限制进口的可用作原料的废物目录

类别	海关商品编码	废物名称
第一类		动物废料
	0506.9010	骨废料
第二类		冶炼渣
	2619.0000	冶炼钢铁所产生的熔渣、浮渣（包括钒渣等），氧化皮及其他废料
第三类		木、木制品废料
	4401.3000	锯末、木废料及碎片，不论是否粘结成圆木段、块、片或类似形状
	4501.9000	软木废料；碎的、粒状的或粉状的软木
第四类		回收（废碎）纸或纸板
	4707.1000	回收（废碎）的末漂白牛皮纸或纸板及回收（废碎）的瓦楞纸或纸板
	4707.2000	回收（废碎）的主要由漂白化学浆制未经本体染色的其他纸和纸板
	4707.3000	回收（废碎）的主要由机械浆制纸或纸板（例如，报纸、杂志及类似印刷品）
	4707.9000	回收（废碎）的其他纸及纸板，包括未分选的
第五类		纺织品废物
	5202.1000	废棉纱线（包括废棉线）
	5202.9900	其他废棉
	5505.1000	合成纤维废料
	5505.2000	人造纤维废料
第六类		贱金属及其制品的废碎料
	7204.1000	铸铁废碎料
	7204.2100	不锈钢废碎料
	7204.2900	其他合金钢废碎料
	7204.3000	镀锡钢铁废碎料
	7204.4100	车、刨、铣、磨、锯、锉、剪、冲加工过程中产生的钢铁废料，不论

类别	海关商品编码	废物名称
		是否成捆
	7204.4900	未列名钢铁废碎料（含废铁轨、废钢轨等）
	7204.5000	供再熔的碎料钢铁锭（含废机床、废机车、废机车头等）
	7401.1000	铜锍
	7401.2000	沉积铜（泥铜）
	7404.0000	铜废碎料
	7503.0000	镍废碎料
	7602.0000	铝废碎料
	7902.0000	锌废碎料
	8002.0000	锡废碎料
	8103.1000	钽废碎料
第七类		各种废旧五金、电机、电器产品
		废电机
		废电线、电缆
		废五金电器
第八类		废运输设备
	8908.0000	供拆卸的船舶及其他浮动结构体
第九类		特殊需进口的废物
第十类		塑料的废碎料及下脚料
	3915.1000	乙烯聚合物的废碎料及下脚料
	3915.2000	苯乙烯聚合物的废碎料及下脚料
	3915.3000	氯乙烯聚合物的废碎料及下脚料
	3915.9000	其他塑料的废碎料及下脚料

最高人民法院关于审理非法进口废物刑事案件适用法律若干问题的解释

（最高人民法院，1996年7月31日）

为依法惩治非法从国外、境外进口有害废物，危害我国环境、威胁人民身体健康的犯罪行为，根据《中华人民共和国刑法》、《中华人民共和国固体废物污染环境防治法》和《全国人民代表大会常务委员会关于惩治走私罪的补充规定》（以下简称《补充规定》）的有关规定，对审理有关刑事案件具体适用法律问题解释如下：

一、走私国家禁止进口的废物的，应当以走私罪定罪处罚。个人走私国家禁止进口的废物不满 20 吨或者危险废物不满 10 吨的，依照《补充规定》第四条第（四）项的规定处罚；个人走私禁止进口的废物 20 吨以上不满 50 吨或者危险废物 10 吨以上不满 30 吨的，依照《补充规定》第四条第（三）项的规定处罚；个人走私禁止进口的废物 50 吨以上不满 200 吨或者危险废物 30 吨以上不满 100 吨的，依照《补充规定》第四条第（二）项的规定处罚；个人走私禁止进口的废物 200 吨以上或者危险废物 100 吨以上的，依照《补充规定》第四条第（一）项的规定处罚。

根据《补充规定》第五条第二款规定，企业事业单位、机关团体走私国家禁止进口的废物的，判处罚金，并对其直接负责的主管人员和其他直接责任人员处五年以下有期徒刑或者拘役；走私 200 吨以上或者危险废物 100 吨以上的，处五年以上十年以下有期徒刑。

个人走私危险废物，又因贮存、运输、利用、处置危险废物危害公共安全的，以走私罪和刑法第一百零五条或者第一百零六条规定的危害公共安全罪数罪并罚；企业事业单位、机关团体实施上述行为，危害公共安全造成严重后果的，对其直接负责的主管人员和其他直接责任人员以走私罪和刑法第一百零六条规定的危害公共安全罪数罪并罚。

二、个人或者企业事业单位、机关团体未经国家环保局批准，逃避海关监管，擅自进口国家限制进口的废物，分别依照《补充规定》第四条、第五条第二款的规定处罚。

三、依照《补充规定》第七条规定，个人或者企业事业单位、机关团体直接向走私人非法收购国家禁止进口的废物或者直接向走私人非法收购国家限制进口的废物，数额较大的、依照本解释第二条或者第一条的规定处罚。

四、明知是国家禁止进口的废物或国家限制进口的废物而非法倒卖、情节严重的，依照刑法关于投机倒把罪的规定定罪处罚。

因倒卖危险废物致人重伤、死亡或者使公私财产遭受重大损失的，依照刑法第一百零六条规定的危害公共安全罪定罪处罚。

企业事业单位、机关团体实施前两款行为构成犯罪的，对其直接负责的主管人员和其他直接责任人员分别依照刑法关于投机倒把罪或者危害公共安全罪的有关规定定罪处罚。

五、环境保护、海关、卫生检疫、工商行政管理、对外经济贸易、进出口商品检验等机关的国家工作人员，与走私、倒卖废物的犯罪分子通谋，为其走私、倒卖活动提供帮助的，以共犯论处，从重处罚。

环境保护、海关、工商行政管理、对外经济贸易、进出口商品检验等机关的国家工作人员违反法律、行政法规规定，在批准、放行、查处废物进口工作中玩忽职守，致使国家利益遭受重大损失的，以玩忽职守罪定罪处刑。

六、本解释自发布之日起施行。

关于投放毒害性、放射性、传染病病原体等物质危害公共安全犯罪的刑法修正案[①]

中华人民共和国刑法修正案（三）

（2001年12月29日第九届全国人民代表大会常务委员会第二十五次会议通过）

中华人民共和国主席令

第64号

《中华人民共和国刑法修正案（三）》已由中华人民共和国第九届全国人民代表大会常务委员会第二十五次会议于2001年12月29日通过，现予公布，自公布之日起施行。

中华人民共和国主席　江泽民

2001年12月29日

为了惩治恐怖活动犯罪，保障国家和人民生命、财产安全，维护社会秩序，对刑法作如下补充修改：

一、将刑法第一百一十四条修改为："放火、决水、爆炸以及投放毒害性、放射性、传染病病原体等物质或者以其他危险方法危害公共安全，尚未造成严重后果的，处三年以上十年以下有期徒刑。"

二、将刑法第一百一十五条第一款修改为："放火、决水、爆炸以及投放毒害性、放射性、传染病病原体等物质或者以其他危险方法致人重伤、死亡或者使公私财产遭受重大损失的，处十年以上有期徒刑、无期徒刑或者死刑。"

三、将刑法第一百二十条第一款修改为："组织、领导恐怖活动组织的，处十年以上有期徒刑或者无期徒刑；积极参加的，处三年以上十年以下有期徒刑；其他参加的，处三年以下有期徒刑、拘役、管制或者剥夺政治权利。"

四、刑法第一百二十条后增加一条，作为第一百二十条之一："资助恐怖活动组织或者实施恐怖活动的个人的，处五年以下有期徒刑、拘役、管制或者剥夺政治权利，并处

① 本标题系编者所加，引用时应以原标题为准。——编者注

罚金；情节严重的，处五年以上有期徒刑，并处罚金或者没收财产。”

“单位犯前款罪的，对单位判处罚金，并对其直接负责的主管人员和其他直接责任人员，依照前款的规定处罚。”

五、将刑法第一百二十五条第二款修改为：“非法制造、买卖、运输、储存毒害性、放射性、传染病病原体等物质，危害公共安全的，依照前款的规定处罚。”

六、将刑法第一百二十七条修改为：“盗窃、抢夺枪支、弹药、爆炸物的，或者盗窃、抢夺毒害性、放射性、传染病病原体等物质，危害公共安全的，处三年以上十年以下有期徒刑；情节严重的，处十年以上有期徒刑、无期徒刑或者死刑。

“抢劫枪支、弹药、爆炸物的，或者抢劫毒害性、放射性、传染病病原体等物质，危害公共安全的，或者盗窃、抢夺国家机关、军警人员、民兵的枪支、弹药、爆炸物的，处十年以上有期徒刑、无期徒刑或者死刑。”

七、将刑法第一百九十一条修改为：“明知是毒品犯罪、黑社会性质的组织犯罪、恐怖活动犯罪、走私犯罪的违法所得及其产生的收益，为掩饰、隐瞒其来源和性质，有下列行为之一的，没收实施以上犯罪的违法所得及其产生的收益，处五年以下有期徒刑或者拘役，并处或者单处洗钱数额百分之五以上百分之二十以下罚金；情节严重的，处五年以上十年以下有期徒刑，并处洗钱数额百分之五以上百分之二十以下罚金：（一）提供资金账户的；（二）协助将财产转换为现金或者金融票据的；（三）通过转账或者其他结算方式协助资金转移的；（四）协助将资金汇往境外的；（五）以其他方法掩饰、隐瞒犯罪的违法所得及其收益的来源和性质的。

“单位犯前款罪的，对单位判处罚金，并对其直接负责的主管人员和其他直接责任人员，处五年以下有期徒刑或者拘役；情节严重的，处五年以上十年以下有期徒刑。”

八、刑法第二百九十一条后增加一条，作为第二百九十一条之一：“投放虚假的爆炸性、毒害性、放射性、传染病病原体等物质，或者编造爆炸威胁、生化威胁、放射威胁等恐怖信息，或者明知是编造的恐怖信息而故意传播，严重扰乱社会秩序的，处五年以下有期徒刑、拘役或者管制；造成严重后果的，处五年以上有期徒刑。”

九、本修正案自公布之日起施行。

关于审理破坏野生动物资源刑事案件具体应用法律若干问题的解释

（2000年11月17日最高人民法院审判委员会第1141次会议通过，自2000年12月11日起施行　法释［2000］37号）

为依法惩处破坏野生动物资源的犯罪活动，根据刑法的有关规定，现就审理这类案件具体应用法律的若干问题解释如下：

第一条　刑法第三百四十一条第一款规定的“珍贵、濒危野生动物”，包括列入国家重点保护野生动物名录的国家一、二级保护野生动物、列入《濒危野生动植物种国际贸易公约》附录一、附录二的野生动物以及驯养繁殖的上述物种。

第二条　刑法第三百四十一条第一款规定的“收购”，包括以营利、自用等为目的的购买行为；“运输”，包括采用携带、邮寄、利用他人、使用交通工具等方法进行运送的行为；“出售”，包括出卖和以营利为目的的加工利用行为。

第三条　非法猎捕、杀害、收购、运输、出售珍贵、濒危野生动物具有下列情形之一的，属于“情节严重”：

（一）达到本解释附表所列相应数量标准的；

（二）非法猎捕、杀害、收购、运输、出售不同种类的珍贵、濒危野生动物，其中两种以上分别达到附表所列“情节严重”数量标准一半以上的。

非法猎捕、杀害、收购、运输、出售珍贵、濒危野生动物具有下列情形之一的，属于“情节特别严重”：

（一）达到本解释附表所列相应数量标准的；

（二）非法猎捕、杀害、收购、运输、出售不同种类的珍贵、濒危野生动物，其中两种以上分别达到附表所列“情节特别严重”数量标准一半以上的。

第四条　非法猎捕、杀害、收购、运输、出售珍贵、濒危野生动物构成犯罪，具有下列情形之一的，可以认定为“情节严重”；非法猎捕、杀害、收购、运输、出售珍贵、濒危野生动物符合本解释第三条第一款的规定，并具有下列情形之一的，可以认定为“情节特别严重”：

（一）犯罪集团的首要分子；

（二）严重影响对野生动物的科研、养殖等工作顺利进行的；

（三）以武装掩护方法实施犯罪的；

（四）使用特种车、军用车等交通工具实施犯罪的；

（五）造成其他重大损失的。

第五条 非法收购、运输、出售珍贵、濒危野生动物制品具有下列情形之一的，属于“情节严重”：

（一）价值在十万元以上的；

（二）非法获利五万元以上的；

（三）具有其他严重情节的。

非法收购、运输、出售珍贵、濒危野生动物制品具有下列情形之一的，属于“情节特别严重”：

（一）价值在二十万元以上的；

（二）非法获利十万元以上的；

（三）具有其他特别严重情节的。

第六条 违反狩猎法规，在禁猎区、禁猎期或者使用禁用的工具、方法狩猎，具有下列情形之一的，属于非法狩猎“情节严重”：

（一）非法狩猎野生动物二十只以上的；

（二）违反狩猎法规，在禁猎区或者禁猎期使用禁用的工具、方法狩猎的；

（三）具有其他严重情节的。

第七条 使用爆炸、投毒、设置电网等危险方法破坏野生动物资源，构成非法猎捕、杀害珍贵、濒危野生动物罪或者非法狩猎罪，同时构成刑法第一百一十四条或者第一百一十五条规定之罪的，依照处罚较重的规定定罪处罚。

第八条 实施刑法第三百四十一条规定的犯罪，又以暴力、威胁方法抗拒查处，构成其他犯罪的，依照数罪并罚的规定处罚。

第九条 伪造、变造、买卖国家机关颁发的野生动物允许进出口证明书、特许猎捕证、狩猎证、驯养繁殖许可证等公文、证件构成犯罪的，依照刑法第二百八十条第一款的规定以伪造、变造、买卖国家机关公文、证件罪定罪处罚。

实施上述行为构成犯罪，同时构成刑法第二百二十五条第（二）项规定的非法经营罪的，依照处罚较重的规定定罪处罚。

第十条 非法猎捕、杀害、收购、运输、出售《濒危野生动植物种国际贸易公约》附录一、附录二所列的非原产于我国的野生动物“情节严重”、“情节特别严重”的认定标准，参照本解释第三条、第四条以及附表所列与其同属的国家一、二级保护野生动物的认定标准执行；没有与其同属的国家一、二级保护野生动物的，参照与其同科的国家一、二级保护野生动物的认定标准执行。

第十一条 珍贵、濒危野生动物制品的价值，依照国家野生动物保护主管部门的规定核定；核定价值低于实际交易价格的，以实际交易价格认定。

第十二条 单位犯刑法第三百四十一条规定之罪，定罪量刑标准依照本解释的有关规定执行。

附：《关于审理走私刑事案件具体应用法律若干问题的解释》表

中文名	拉丁文名	级别	（一）	（二）
蜂猴	Nycticebus spp.	I	3	4
熊猴	Macaca assamensis	I	2	3
台湾猴	Macaca cyclopis	I	1	2
豚尾猴	Macaca nemestrina	I	2	3
叶猴（所有种）	Presbytis spp.	I	1	2
金丝猴（所有种）	Rhinopithecus spp.	I		1
长臂猿（所有种）	Hylobates spp.	I	1	2
马来熊	Helarctos malayanus	I	2	3
大熊猫	Ailuropoda melanoleuca	I		1
紫貂	Martes zibellina	I	3	4
貂熊	Gulo gulo	I	2	3
熊狸	Arctictis binturong	I	1	2
云豹	Neofelis nebulosa	I		1
豹	Panthera pardus	I		1
雪豹	Panthera uncia	I		1
虎	Panthera tigris	I		1
亚洲象	Elephas maximus	I		1
蒙古野驴	Equus hemionus	I	2	3
西藏野驴	Equus kiang	I	3	5
野马	Equus przewalskii	I		1
野骆驼	Camelus ferus（=bactrianus）	I	1	2
鼷鹿	Tragulus javanicus	I	2	3
黑麂	Muntiacus crinifrons	I	1	2
白唇鹿	Cervus albirostris	I	1	2
坡鹿	Cervus eldi	I	1	2
梅花鹿	Cervus nippon	I	2	3
豚鹿	Cervus porcinus	I	2	3
麋鹿	Elaphurus davidianus	I	1	2
野牛	Bos gaurus	I	1	2
野牦牛	Bos mutus（=grunniens）	I	2	3
普氏原羚	Procapra przewalskii	I	1	2
藏羚	Pantholops hodgsoni	I	2	3
高鼻羚羊	Saiga tatarica	I		1
扭角羚	Budorcas taxicolor	I	1	2
台湾鬣羚	Capricornis crispus	I	2	3
赤斑羚	Naemorhedus cranbrooki	I	2	4
塔尔羊	Hemitragus jemlahicus	I	2	4
北山羊	Capra ibex	I	2	4
河狸	Castor fiber	I	1	2
短尾信天翁	Diomedea albatrus	I	2	4
白腹军舰鸟	Fregata andrewsi	I	2	4

中文名	拉丁文名	级别	（一）	（二）
白鹳	Ciconia ciconia	I	2	4
黑鹳	Ciconia nigra	I	2	4
朱鹮	Nipponia nippon	I		1
中华沙秋鸭	Mergus squamatus	I	2	3
金雕	Aquila chrysaetos	I	2	4
白肩雕	Aquila heliaca	I	2	4
玉带海雕	Haliaeetus leucoryphus	I	2	4
白尾海雕	Haliaeetus albcilla	I	2	3
虎头海雕	Haliaeetus pelagicus	I	2	4
拟兀鹫	Pseudogyps bengalensis	I	2	4
胡兀鹫	Gypaetus barbatus	I	2	4
细嘴松鸡	Tetrao parvirostris	I	3	5
斑尾榛鸡	Tetrastes sewerzowi	I	3	5
雉鹑	Tetraophasis obscurus	I	3	5
四川山鹧鸪	Arborophila rufipectus	I	3	5
海南山鹧鸪	Arborophila ardens	I	3	5
黑头角雉	Tragopan melanocephalus	I	2	3
红胸角雉	Tragopan satyra	I	2	4
灰腹角雉	Tragopan blythii	I	2	3
黄腹角雉	Tragopan caboti	I	2	3
虹雉（所有种）	Lophophorus spp.	I	2	4
褐马鸡	Crossoptilon mantchuricum	I	2	3
蓝鹇	Lophura swinhoii	I	2	3
黑颈长尾雉	Syrmaticus humiae	I	2	4
白颈长尾雉	Syrmaticus ewllioti	I	2	4
黑长尾雉	Syrmaticus mikado	I	2	4
孔雀雉	Polyplectron bicalcaratum	I	2	3
绿孔雀	Pavo muticus	I	2	3
黑颈鹤	Grus nigricollis	I	2	3
白头鹤	Grus monacha	I	2	3
丹顶鹤	Grus japonensis	I	2	3
白鹤	Grus leucogeranus	I	2	3
赤颈鹤	Grus antigone	I	1	2
鸨（所有种）	Otis spp.	I	4	6
遗鸥	Larus relictus	I	2	4
四爪陆龟	Testudo horsfieldi	I	4	8
蜥鳄	Shinisaurus crocodilurus	I	2	4
巨蜥	Varanus salvator	I	2	4
蟒	Python molurus	I	2	4
扬子鳄	Alligator sinensis	I	1	2
中华蛩蠊	Galloisiana sinensis	I	3	6
金斑喙凤蝶	Teinopalpus aureus	I	3	6

中文名	拉丁文名	级别	（一）	（二）
短尾猴	Macaca arctoides	Ⅱ	6	10
猕猴	Macaca mulatta	Ⅱ	6	10
藏酋猴	Macaca thibetana	Ⅱ	6	10
穿山甲	Manis pentadactyla	Ⅱ	8	16
豺	Cuon alpinus	Ⅱ	4	6
黑熊	Selenarctos thibetanus	Ⅱ	3	5
棕熊（包括马熊）	Ursus arctos（U.a pruinosus）	Ⅱ	3	5
小熊猫	Ailurus fulgens	Ⅱ	3	5
石貂	Martes foina	Ⅱ	4	10
黄喉貂	Martes flavigula	Ⅱ	4	10
斑林狸	Prionodon pardicolor	Ⅱ	4	8
大灵猫	Viverra zibetha	Ⅱ	3	5
小灵猫	Viverricula indica	Ⅱ	4	8
草原斑猫	Felis lybica（=silvestris）	Ⅱ	4	8
荒漠猫	Felis bieti	Ⅱ	4	10
丛林猫	Felis chaus	Ⅱ	4	8
猞猁	Felis lynx	Ⅱ	2	3
兔狲	Felis manul	Ⅱ	3	5
金猫	Felis temmincki	Ⅱ	4	8
渔猫	Felis viverrinus	Ⅱ	4	8
麝（所有种）	Moschus spp.	Ⅱ	3	5
河麂	Hydropotes inermis	Ⅱ	4	8
马鹿（含白臀鹿）	Cervus elaphus（C.e.macneilli）	Ⅱ	4	6
水鹿	Cervus unicolor	Ⅱ	3	5
驼鹿	Alces alces	Ⅱ	3	5
黄羊	Procapra gutturosa	Ⅱ	8	15
藏原羚	Procapra picticaudata	Ⅱ	4	8
鹅喉羚	Gazella subgutturosa	Ⅱ	4	8
鬣羚	Capricornis sumatraensis	Ⅱ	3	4
斑羚	Naemorhedus goral	Ⅱ	4	8
岩羊	Pseudois nayaur	Ⅱ	4	8
盘羊	Ovis ammon	Ⅱ	3	5
海南兔	Lepus peguensis hainanus	Ⅱ	6	10
雪兔	Lepus timidus	Ⅱ	6	10
塔里木兔	Lepus yarkandensis	Ⅱ	20	40
巨松鼠	Ratufa bicolor	Ⅱ	6	10
角䴙䴘	Podiceps auritus	Ⅱ	6	10
赤颈䴙䴘	Podiceps grisegena	Ⅱ	6	8
鹈鹕（所有种）	Pelecanus spp.	Ⅱ	4	8
鲣鸟（所有种）	Sula spp.	Ⅱ	6	10
海鸬鹚	Phalacrocorax pelagicus	Ⅱ	4	8
黑颈鸬鹚	Phalacrocorax niger	Ⅱ	4	8

中文名	拉丁文名	级别	（一）	（二）
黄嘴白鹭	Egretta eulophotes	II	6	10
岩鹭	Egretta sacra	II	6	20
海南虎斑	Gorsachius magnificus	II	6	10
小苇	Ixbrychus minutus	II	6	10
彩鹳	Ibis leucocephalus	II	3	4
白鹮	Threskiornis aethiopicus	II	4	8
黑鹮	Pseudibis papillosa	II	4	8
彩鹮	Plegadis falcinellus	II	4	8
白琵鹭	Platalea leucorodia	II	4	8
黑脸琵鹭	Platalea ninor	II	4	8
红胸黑雁	Branta ruficollis	II	4	8
白额雁	Anser albifrons	II	6	10
天鹅（所有种）	Cygnus spp.	II	6	10
鸳鸯	Aix galericulata	II	6	10
其他鹰类	（Accipitridae）	II	4	8
隼科（所有种）	Falconidae	II	6	10
黑琴鸡	Lyrurus tetrix	II	4	8
柳雷鸟	Lagopus lagopus	II	4	8
岩雷鸟	Lagopus mutus	II	6	10
镰翅鸡	Falcipennis falcipennis	II	3	4
花尾榛鸡	Tetrastes bonasia	II	10	20
雪鸡（所有种）	Tetraogallus spp.	II	10	20
血雉	Ithaginis cruentus	II	4	6
红腹角雉	Tragopan temminckii	II	4	6
藏马鸡	Crossoptilon crossoptilon	II	4	6
蓝马鸡	Crossoptilon aurtum	II	4	10
黑鹇	Lophura leucomelana	II	6	8
白鹇	Lophura nycthemera	II	6	10
原鸡	Gallus gallus	II	6	8
勺鸡	Pucrasia macrolopha	II	6	8
白冠长尾雉	Syrmaticus reevesii	II	4	6
锦鸡（所有种）	Chrysolophus spp.	II	4	8
灰鹤	Grus grus	II	4	8
沙丘鹤	Grus canadensis	II	4	8
白枕鹤	Grus vipio	II	4	8
蓑羽鹤	Anthropoides virgo	II	6	10
长脚秧鸡	Crex crex	II	6	10
姬田鸡	Porzana parva	II	6	10
棕背田鸡	Porzana bicolor	II	6	10
花田鸡	Coturnicops noveboracensis	II	6	10
铜翅水雉	Metopidius indicus	II	6	10
小杓鹬	Numenius borealis	II	8	15

中文名	拉丁文名	级别	（一）	（二）
小青脚鹬	Tringa guttifer	Ⅱ	6	10
灰燕鸻	Glareola lactea	Ⅱ	6	10
小鸥	Larus minutus	Ⅱ	6	10
黑浮鸥	Chlidonias niger	Ⅱ	6	10
黄嘴河燕鸥	Sterna aurantia	Ⅱ	6	10
黑嘴端凤头燕鸥	Thalasseus zimmermanni	Ⅱ	4	8
黑腹沙鸡	Pterocles orientalis	Ⅱ	4	8
绿鸠（所有种）	Treron spp.	Ⅱ	6	8
黑颏果鸠	Ptilinopus leclancheri	Ⅱ	6	10
皇鸠（所有种）	Ducula spp.	Ⅱ	6	10
斑尾林鸽	Columba palumbus	Ⅱ	6	10
鹃鸠（所有种）	Macropygia spp.	Ⅱ	6	10
鹦鹉科（所有种）	Psittacidae	Ⅱ	6	10
鸦鹃（所有种）	Centropus spp.	Ⅱ	6	10
鸮形目（所有种）	STRIGIFORMES	Ⅱ	6	10
灰喉针尾雨燕	Hirundapus cochinchinensis	Ⅱ	6	10
凤头雨燕	Hemiprocne longipennis	Ⅱ	6	10
橙胸咬鹃	Harpactes oreskios	Ⅱ	6	10
蓝耳翠鸟	Alcedo meninting	Ⅱ	6	10
鹳嘴翠鸟	Pelargopsis capensis	Ⅱ	6	10
黑胸蜂虎	Merops leschenaulti	Ⅱ	6	10
绿喉蜂虎	Merops orientalis	Ⅱ	6	10
犀鸟科（所有种）	Bucertidae	Ⅱ	4	8
白腹黑啄木鸟	Dryocopus javensis	Ⅱ	6	10
阔嘴鸟科（所有种）	Eurylaimidae	Ⅱ	6	10
八色鸫科（所有种）	Pittidae	Ⅱ	6	10
凹甲陆龟	Manouria impressa	Ⅱ	6	10
大壁虎	Gekko gecko	Ⅱ	10	20
虎纹蛙	Rana tigrina	Ⅱ	100	200
伟铗	Atlasjapyx atlas	Ⅱ	6	10
尖板曦箭蜓	Heliogomphus retroflexus	Ⅱ	6	10
宽纹北箭蜓	Ophiogomphus spinicorne	Ⅱ	6	10
中华缺翅虫	Zorotypus sinensis	Ⅱ	6	10
墨脱缺翅虫	Zorotypus medoensis	Ⅱ	6	10
拉步甲	Carabus（Coptolabrus）lafossei	Ⅱ	6	10
硕步甲	Carabus（Apotopterus）davidi	Ⅱ	6	10
彩臂金龟（所有种）	Cheirotonus spp.	Ⅱ	6	10
叉犀金龟	Allomyrina davidis	Ⅱ	6	10
双尾褐凤蝶	Bhutanitis mansfieldi	Ⅱ	6	10
三尾褐凤蝶	Bhutanitis thaidina dongchuanensis	Ⅱ	6	10
中华虎凤蝶	Luehdorfia chinensis huashanensis	Ⅱ	6	10
阿波罗绢蝶	Parnassius apollo	Ⅱ	6	10

关于审理破坏森林资源刑事案件具体应用法律若干问题的解释

（2000年11月17日最高人民法院审判委员会第1141次会议通过，自2000年12月11日起施行　法释［2000］36号）

为依法惩处破坏森林资源的犯罪活动，根据刑法的有关规定，现就审理这类案件具体应用法律的若干问题解释如下：

第一条　刑法第三百四十四条规定的“珍贵树木”，包括由省级以上林业主管部门或者其他部门确定的具有重大历史纪念意义、科学研究价值或者年代久远的古树名木，国家禁止、限制出口的珍贵树木以及列入国家重点保护野生植物名录的树木。

第二条　具有下列情形之一的，属于非法采伐、毁坏珍贵树木行为“情节严重”：

（一）非法采伐珍贵树木二株以上或者毁坏珍贵树木致使珍贵树木死亡三株以上的；

（二）非法采伐珍贵树木二立方米以上的；

（三）为首组织、策划、指挥非法采伐或者毁坏珍贵树木的；

（四）其他情节严重的情形。

第三条　以非法占有为目的，具有下列情形之一，数量较大的，依照刑法第三百四十五条第一款的规定，以盗伐林木罪定罪处罚：

（一）擅自砍伐国家、集体、他人所有或者他人承包经营管理的森林或者其他林木的；

（二）擅自砍伐本单位或者本人承包经营管理的森林或者其他林木的；

（三）在林木采伐许可证规定的地点以外采伐国家、集体、他人所有或者他人承包经营管理的森林或者其他林木的。

第四条　盗伐林木“数量较大”，以二至五立方米或者幼树一百至二百株为起点；盗伐林木“数量巨大”，以二十至五十立方米或者幼树一千至二千株为起点；盗伐林木“数量特别巨大”，以一百至二百立方米或者幼树五千至一万株为起点。

第五条　违反森林法的规定，具有下列情形之一，数量较大的，依照刑法第三百四十五条第二款的规定，以滥伐林木罪定罪处罚：

（一）未经林业行政主管部门及法律规定的其他主管部门批准并核发林木采伐许可证，或者虽持有林木采伐许可证，但违反林木采伐许可证规定的时间、数量、树种或者方式，任意采伐本单位所有或者本人所有的森林或者其他林木的；

（二）超过林木采伐许可证规定的数量采伐他人所有的森林或者其他林木的。

林木权属争议一方在林木权属确权之前，擅自砍伐森林或者其他林木，数量较大的，以滥伐林木罪论处。

第六条 滥伐林木"数量较大"，以十至二十立方米或者幼树五百至一千株为起点；滥伐林木"数量巨大"，以五十至一百立方米或者幼树二千五百至五千株为起点。

第七条 对于一年内多次盗伐、滥伐少量林木未经处罚的，累计其盗伐、滥伐林木的数量，构成犯罪的，依法追究刑事责任。

第八条 盗伐、滥伐珍贵树木，同时触犯刑法第三百四十四条、第三百四十五条规定的，依照处罚较重的规定定罪处罚。

第九条 将国家、集体、他人所有并已经伐倒的树木窃为己有，以及偷砍他人房前屋后、自留地种植的零星树木，数额较大的，依照刑法第二百六十四条的规定，以盗窃罪定罪处罚。

第十条 刑法第三百四十五条规定的"非法收购明知是盗伐、滥伐的林木"中的"明知"，是指知道或者应当知道。具有下列情形之一的，可以视为应当知道，但是有证据证明确属被蒙骗的除外：

（一）在非法的木材交易场所或者销售单位收购木材的；

（二）收购以明显低于市场价格出售的木材的；

（三）收购违反规定出售的木材的。

第十一条 具有下列情形之一的，属于在林区非法收购盗伐、滥伐的林木"情节严重"：

（一）非法收购盗伐、滥伐的林木二十立方米以上或者幼树一千株以上的；

（二）非法收购盗伐、滥伐的珍贵树木二立方米以上或者五株以上的；

（三）其他情节严重的情形。

具有下列情形之一的，属于在林区非法收购盗伐、滥伐的林木"情节特别严重"：

（一）非法收购盗伐、滥伐的林木一百立方米以上或者幼树五千株以上的；

（二）非法收购盗伐、滥伐的珍贵树木五立方米以上或者十株以上的；

（三）其他情节特别严重的情形。

第十二条 林业主管部门的工作人员违反森林法的规定，超过批准的年采伐限额发放林木采伐许可证或者违反规定滥发林木采伐许可证，具有下列情形之一的，属于刑法第四百零七条规定的"情节严重，致使森林遭受严重破坏"，以违法发放林木采伐许可证罪定罪处罚：

（一）发放林木采伐许可证允许采伐数量累计超过批准的年采伐限额，导致林木被采伐数量在十立方米以上的；

（二）滥发林木采伐许可证，导致林木被滥伐二十立方米以上的；

（三）滥发林木采伐许可证，导致珍贵树木被滥伐的；

（四）批准采伐国家禁止采伐的林木，情节恶劣的；

（五）其他情节严重的情形。

第十三条 对于伪造、变造、买卖林木采伐许可证、木材运输证件，森林、林木、林地权属证书，占用或者征用林地审核同意书、育林基金等缴费收据以及其他国家机关批准的林业证件构成犯罪的，依照刑法第二百八十条第一款的规定，以伪造、变造、买卖国家机关公文、证件罪定罪处罚。

对于买卖允许进出口证明书等经营许可证明，同时触犯刑法第二百二十五条、第二百八十条规定之罪的，依照处罚较重的规定定罪处罚。

第十四条 聚众哄抢林木五立方米以上的，属于聚众哄抢“数额较大”；聚众哄抢林木二十立方米以上的，属于聚众哄抢“数额巨大”，对首要分子和积极参加的，依照刑法第二百六十八条的规定，以聚众哄抢罪定罪处罚。

第十五条 非法实施采种、采脂、挖笋、掘根、剥树皮等行为，牟取经济利益数额较大的，依照刑法第二百六十四条的规定，以盗窃罪定罪处罚。同时构成其他犯罪的，依照处罚较重的规定定罪处罚。

第十六条 单位犯刑法第三百四十四条、第三百四十五条规定之罪，定罪量刑标准按照本解释的规定执行。

第十七条 本解释规定的林木数量以立木蓄积计算，计算方法为：原木材积除以该树种的出材率。

本解释所称“幼树”，是指胸径五厘米以下的树木。

滥伐林木的数量，应在伐区调查设计允许的误差额以上计算。

第十八条 盗伐、滥伐以生产竹材为主要目的的竹林的定罪量刑问题，有关省、自治区、直辖市高级人民法院可以参照上述规定的精神，规定本地区的具体标准，并报最高人民法院备案。

第十九条 各省、自治区、直辖市高级人民法院可以根据本地区的实际情况，在本解释第四条、第六条规定的数量幅度内，确定本地区执行的具体数量标准，并报最高人民法院备案。

关于审理破坏土地资源刑事案件具体应用法律若干问题的解释

（2000年6月16日最高人民法院审判委员会第1119次会议通过，自2000年6月22日起施行　法释［2000］14号）

为依法惩处破坏土地资源犯罪活动，根据刑法的有关规定，现就审理这类案件具体应用法律的若干问题解释如下：

第一条　以牟利为目的，违反土地管理法规，非法转让、倒卖土地使用权，具有下列情形之一的，属于非法转让、倒卖土地使用权"情节严重"，依照刑法第二百二十八条的规定，以非法转让、倒卖土地使用权罪定罪处罚：

（一）非法转让、倒卖基本农田五亩以上的；

（二）非法转让、倒卖基本农田以外的耕地十亩以上的；

（三）非法转让、倒卖其他土地二十亩以上的；

（四）非法获利五十万元以上的；

（五）非法转让、倒卖土地接近上述数量标准并具有其他恶劣情节的，如曾因非法转让、倒卖土地使用权受过行政处罚或者造成严重后果等。

第二条　实施第一条规定的行为，具有下列情形之一的，属于非法转让、倒卖土地使用权"情节特别严重"：

（一）非法转让、倒卖基本农田十亩以上的；

（二）非法转让、倒卖基本农田以外的耕地二十亩以上的；

（三）非法转让、倒卖其他土地四十亩以上的；

（四）非法获利一百万元以上的；

（五）非法转让、倒卖土地接近上述数量标准并具有其他恶劣情节，如造成严重后果等。

第三条　违反土地管理法规，非法占用耕地改作他用，数量较大，造成耕地大量毁坏的，依照刑法第三百四十二条的规定，以非法占用耕地罪定罪处罚：

（一）非法占用耕地"数量较大"，是指非法占用基本农田五亩以上或者非法占用基本农田以外的耕地十亩以上。

（二）非法占用耕地"造成耕地大量毁坏"，是指行为人非法占用耕地建窑、建坟、建房、挖沙、采石、采矿、取土、堆放固体废弃物或者进行其他非农业建设，造成基本农田五亩以上或者基本农田以外的耕地十亩以上种植条件严重毁坏或者严重污染。

第四条　国家机关工作人员徇私舞弊，违反土地管理法规，滥用职权，非法批准征用、占用土地，具有下列情形之一的，属于非法批准征用、占用土地“情节严重”，依照刑法第四百一十条的规定，以非法批准征用、占用土地罪定罪处罚：

（一）非法批准征用、占用基本农田十亩以上的；

（二）非法批准征用、占用基本农田以外的耕地三十亩以上的；

（三）非法批准征用、占用其他土地五十亩以上的；

（四）虽未达到上述数量标准，但非法批准征用、占用土地造成直接经济损失三十万元以上；造成耕地大量毁坏等恶劣情节的。

第五条　实施第四条规定的行为，具有下列情形之一的，属于非法批准征用、占用土地“致使国家或者集体利益遭受特别重大损失”：

（一）非法批准征用、占用基本农田二十亩以上的；

（二）非法批准征用、占用基本农田以外的耕地六十亩以上的；

（三）非法批准征用、占用其他土地一百亩以上的；

（四）非法批准征用、占用土地，造成基本农田五亩以上，其他耕地十亩以上严重毁坏的；

（五）非法批准征用、占用土地造成直接经济损失五十万元以上等恶劣情节的。

第六条　国家机关工作人员徇私舞弊，违反土地管理法规，非法低价出让国有土地使用权，具有下列情形之一的，属于“情节严重”，依照刑法第四百一十条的规定，以非法低价出让国有土地使用权罪定罪处罚：

（一）出让国有土地使用权面积在三十亩以上，并且出让价额低于国家规定的最低价额标准的百分之六十的；

（二）造成国有土地资产流失价额在三十万元以上的。

第七条　实施第六条规定的行为，具有下列情形之一的，属于非法低价出让国有土地使用权，“致使国家和集体利益遭受特别重大损失”：

（一）非法低价出让国有土地使用权面积在六十亩以上，并且出让价额低于国家规定的最低价额标准的百分之四十的；

（二）造成国有土地资产流失价额在五十万元以上的。

第八条　单位犯非法转让、倒卖土地使用权罪、非法占有耕地罪的定罪量刑标准，依照本解释第一条、第二条、第三条的规定执行。

第九条　多次实施本解释规定的行为依法应当追诉的，或者一年内多次实施本解释规定的行为未经处理的，按照累计的数量、数额处罚。

关于办理妨害预防、控制突发传染病疫情等灾害的刑事案件具体应用法律若干问题的解释

（2003年5月13日最高人民法院审判委员会第1269次会议，
2003年5月13日最高人民检察院第十届检察委员会第3次会议通过，
自2003年5月15日起施行　法释［2003］8号）

为依法惩治妨害预防、控制突发传染病疫情等灾害的犯罪活动，保障预防、控制突发传染病疫情等灾害工作的顺利进行，切实维护人民群众的身体健康和生命安全，根据《中华人民共和国刑法》等有关法律规定，现就办理相关刑事案件具体应用法律的若干问题解释如下：

第一条　故意传播突发传染病病原体，危害公共安全的，依照刑法第一百一十四条、第一百一十五条第一款的规定，按照以危险方法危害公共安全罪定罪处罚。

患有突发传染病或者疑似突发传染病而拒绝接受检疫、强制隔离或者治疗，过失造成传染病传播，情节严重，危害公共安全的，依照刑法第一百一十五条第二款的规定，按照过失以危险方法危害公共安全罪定罪处罚。

第二条　在预防、控制突发传染病疫情等灾害期间，生产、销售伪劣的防治、防护产品、物资，或者生产、销售用于防治传染病的假药、劣药，构成犯罪的，分别依照刑法第一百四十条、第一百四十一条、第一百四十二条的规定，以生产、销售伪劣产品罪，生产、销售假药罪或者生产、销售劣药罪定罪，依法从重处罚。

第三条　在预防、控制突发传染病疫情等灾害期间，生产用于防治传染病的不符合保障人体健康的国家标准、行业标准的医疗器械、医用卫生材料，或者销售明知是用于防治传染病的不符合保障人体健康的国家标准、行业标准的医疗器械、医用卫生材料，不具有防护、救治功能，足以严重危害人体健康的，依照刑法第一百四十五条的规定，以生产、销售不符合标准的医用器材罪定罪，依法从重处罚。

医疗机构或者个人，知道或者应当知道系前款规定的不符合保障人体健康的国家标准、行业标准的医疗器械、医用卫生材料而购买并有偿使用的，以销售不符合标准的医用器材罪定罪，依法从重处罚。

第四条　国有公司、企业、事业单位的工作人员，在预防、控制突发传染病疫情等灾害的工作中，由于严重不负责任或者滥用职权，造成国有公司、企业破产或者严重损失，致使国家利益遭受重大损失的，依照刑法第一百六十八条的规定，以国有公司、企业、事业单位人员失职罪或者国有公司、企业、事业单位人员滥用职权罪定罪处罚。

第五条　广告主、广告经营者、广告发布者违反国家规定，假借预防、控制突发传

染病疫情等灾害的名义，利用广告对所推销的商品或者服务作虚假宣传，致使多人上当受骗，违法所得数额较大或者有其他严重情节的，依照刑法第二百二十二条的规定，以虚假广告罪定罪处罚。

第六条 违反国家在预防、控制突发传染病疫情等灾害期间有关市场经营、价格管理等规定，哄抬物价、牟取暴利，严重扰乱市场秩序，违法所得数额较大或者有其他严重情节的，依照刑法第二百二十五条第（四）项的规定，以非法经营罪定罪，依法从重处罚。

第七条 在预防、控制突发传染病疫情等灾害期间，假借研制、生产或者销售用于预防、控制突发传染病疫情等灾害用品的名义，诈骗公私财物数额较大的，依照刑法有关诈骗罪的规定定罪，依法从重处罚。

第八条 以暴力、威胁方法阻碍国家机关工作人员、红十字会工作人员依法履行为防治突发传染病疫情等灾害而采取的防疫、检疫、强制隔离、隔离治疗等预防、控制措施的，依照刑法第二百七十七条第一款、第三款的规定，以妨害公务罪定罪处罚。

第九条 在预防、控制突发传染病疫情等灾害期间，聚众“打砸抢”，致人伤残、死亡的，依照刑法第二百八十九条、第二百三十四条、第二百三十二条的规定，以故意伤害罪或者故意杀人罪定罪，依法从重处罚。对毁坏或者抢走公私财物的首要分子，依照刑法第二百八十九条、第二百六十三条的规定，以抢劫罪定罪，依法从重处罚。

第十条 编造与突发传染病疫情等灾害有关的恐怖信息，或者明知是编造的此类恐怖信息而故意传播，严重扰乱社会秩序的，依照刑法第二百九十一条之一的规定，以编造、故意传播虚假恐怖信息罪定罪处罚。

利用突发传染病疫情等灾害，制造、传播谣言，煽动分裂国家、破坏国家统一，或者煽动颠覆国家政权、推翻社会主义制度的，依照刑法第一百零三条第二款、第一百零五条第二款的规定，以煽动分裂国家罪或者煽动颠覆国家政权罪定罪处罚。

第十一条 在预防、控制突发传染病疫情等灾害期间，强拿硬要或者任意损毁、占用公私财物情节严重，或者在公共场所起哄闹事，造成公共场所秩序严重混乱的，依照刑法第二百九十三条的规定，以寻衅滋事罪定罪，依法从重处罚。

第十二条 未取得医师执业资格非法行医，具有造成突发传染病病人、病原携带者、疑似突发传染病病人贻误诊治或者造成交叉感染等严重情节的，依照刑法第三百三十六条第一款的规定，以非法行医罪定罪，依法从重处罚。

第十三条 违反传染病防治法等国家有关规定，向土地、水体、大气排放、倾倒或者处置含传染病病原体的废物、有毒物质或者其他危险废物，造成突发传染病传播等重大环境污染事故，致使公私财产遭受重大损失或者人身伤亡的严重后果的，依照刑法第三百三十八条的规定，以重大环境污染事故罪定罪处罚。

第十四条 贪污、侵占用于预防、控制突发传染病疫情等灾害的款物或者挪用归个人使用，构成犯罪的，分别依照刑法第三百八十二条、第三百八十三条、第二百七十一条、第三百八十四条、第二百七十二条的规定，以贪污罪、侵占罪、挪用公款罪、挪用资金罪定罪，依法从重处罚。

挪用用于预防、控制突发传染病疫情等灾害的救灾、优抚、救济等款物，构成犯罪的，对直接责任人员，依照刑法第二百七十三条的规定，以挪用特定款物罪定罪处罚。

第十五条 在预防、控制突发传染病疫情等灾害的工作中，负有组织、协调、指挥、灾害调查、控制、医疗救治、信息传递、交通运输、物资保障等职责的国家机关工作人员，滥用职权或者玩忽职守，致使公共财产、国家和人民利益遭受重大损失的，依照刑法第三百九十七条的规定，以滥用职权罪或者玩忽职守罪定罪处罚。

第十六条 在预防、控制突发传染病疫情等灾害期间，从事传染病防治的政府卫生行政部门的工作人员，或者在受政府卫生行政部门委托代表政府卫生行政部门行使职权的组织中从事公务的人员，或者虽未列入政府卫生行政部门人员编制但在政府卫生行政部门从事公务的人员，在代表政府卫生行政部门行使职权时，严重不负责任，导致传染病传播或者流行，情节严重的，依照刑法第四百零九条的规定，以传染病防治失职罪定罪处罚。

在国家对突发传染病疫情等灾害采取预防、控制措施后，具有下列情形之一的，属于刑法第四百零九条规定的“情节严重”：

（一）对发生突发传染病疫情等灾害的地区或者突发传染病病人、病原携带者、疑似突发传染病病人，未按照预防、控制突发传染病疫情等灾害工作规范的要求做好防疫、检疫、隔离、防护、救治等工作，或者采取的预防、控制措施不当，造成传染范围扩大或者疫情、灾情加重的；

（二）隐瞒、缓报、谎报或者授意、指使、强令他人隐瞒、缓报、谎报疫情、灾情，造成传染范围扩大或者疫情、灾情加重的；

（三）拒不执行突发传染病疫情等灾害应急处理指挥机构的决定、命令，造成传染范围扩大或者疫情、灾情加重的；

（四）具有其他严重情节的。

第十七条 人民法院、人民检察院办理有关妨害预防、控制突发传染病疫情等灾害的刑事案件，对于有自首、立功等悔罪表现的，依法从轻、减轻、免除处罚或者依法作出不起诉决定。

第十八条 本解释所称“突发传染病疫情等灾害”，是指突然发生，造成或者可能造成社会公众健康严重损害的重大传染病疫情、群体性不明原因疾病以及其他严重影响公众健康的灾害。

关于审理非法采矿、破坏性采矿刑事案件具体应用法律若干问题的解释

（2003年5月16日最高人民法院审判委员会第1270次会议通过，自2003年6月3日起施行　法释［2003］9号）

为依法惩处非法采矿、破坏性采矿犯罪活动，根据刑法有关规定，现就审理这类刑事案件具体应用法律的若干问题解释如下：

第一条　违反矿产资源法的规定非法采矿，具有下列情形之一，经责令停止开采后拒不停止开采，造成矿产资源破坏的，依照刑法第三百四十三条第一款的规定，以非法采矿罪定罪处罚：

（一）未取得采矿许可证擅自采矿；

（二）擅自进入国家规划矿区、对国民经济具有重要价值的矿区和他人矿区范围采矿；

（三）擅自开采国家规定实行保护性开采的特定矿种。

第二条　具有下列情形之一的，属于本解释第一条第（一）项规定的“未取得采矿许可证擅自采矿”：

（一）无采矿许可证开采矿产资源的；

（二）采矿许可证被注销、吊销后继续开采矿产资源的；

（三）超越采矿许可证规定的矿区范围开采矿产资源的；

（四）未按采矿许可证规定的矿种开采矿产资源的（共生、伴生矿种除外）；

（五）其他未取得采矿许可证开采矿产资源的情形。

第三条　非法采矿造成矿产资源破坏的价值，数额在5万元以上的，属于刑法第三百四十三条第一款规定的“造成矿产资源破坏”；数额在30万元以上的，属于刑法第三百四十三条第一款规定的“造成矿产资源严重破坏”。

第四条　刑法第三百四十三条第二款规定的破坏性采矿罪中“采取破坏性的开采方法开采矿产资源”，是指行为人违反地质矿产主管部门审查批准的矿产资源开发利用方案开采矿产资源，并造成矿产资源严重破坏的行为。

第五条　破坏性采矿造成矿产资源破坏的价值，数额在30万元以上的，属于刑法第三百四十三条第二款规定的“造成矿产资源严重破坏”。

第六条　破坏性的开采方法以及造成矿产资源破坏或者严重破坏的数额，由省级以上地质矿产主管部门出具鉴定结论，经查证属实后予以认定。

第七条　多次非法采矿或者破坏性采矿构成犯罪，依法应当追诉的，或者一年内多次非法采矿或破坏性采矿未经处理的，造成矿产资源破坏的数额累计计算。

第八条 单位犯非法采矿罪和破坏性采矿罪的定罪量刑标准，按照本解释的有关规定执行。

第九条 各省、自治区、直辖市高级人民法院，可以根据本地区的实际情况，在5万元至10万元、30万元至50万元的幅度内，确定执行本解释第三条、第五条的起点数额标准，并报最高人民法院备案。

关于非法占用耕地、林地的刑法修正案①

中华人民共和国刑法修正案（二）

（2001年8月31日第九届全国人民代表大会常务委员会第二十三次会议通过）

中华人民共和国主席令

第56号

《中华人民共和国刑法修正案（二）》已由中华人民共和国第九届全国人民代表大会常务委员会第二十三次会议于2001年8月31日通过，现予公布，自公布之日起施行。

中华人民共和国主席　江泽民

2001年8月31日

为了惩治毁林开垦和乱占滥用林地的犯罪，切实保护森林资源，将刑法第三百四十二条修改为：

“违反土地管理法规，非法占用耕地、林地等农用地，改变被占用土地用途，数量较大，造成耕地、林地等农用地大量毁坏的，处五年以下有期徒刑或者拘役，并处或者单处罚金。”

本修正案自公布之日起施行。

附：刑法有关条文

第二百二十八条　以牟利为目的，违反土地管理法规，非法转让、倒卖土地使用权，情节严重的，处三年以下有期徒刑或者拘役，并处或者单处非法转让、倒卖土地使用权价额百分之五以上百分之二十以下罚金；情节特别严重的，处三年以上七年以下有期徒刑，并处非法转让、倒卖土地使用权价额百分之五以上百分之二十以下罚金。

第三百四十二条　违反土地管理法规，非法占用耕地改作他用，数量较大，造成耕

① 本标题是编者所加，引用时应以原标题为准。——编者注

地大量毁坏的，处五年以下有期徒刑或者拘役，并处或者单处罚金。

第四百一十条 国家机关工作人员徇私舞弊，违反土地管理法规，滥用职权，非法批准征用、占用土地，或者非法低价出让国有土地使用权，情节严重的，处三年以下有期徒刑或者拘役；致使国家或者集体利益遭受特别重大损失的，处三年以上七年以下有期徒刑。

关于办理走私刑事案件适用法律若干问题的意见

（最高人民法院、最高人民检察院、海关总署 2002 年 7 月 8 日　法［2002］139 号）

为研究解决近年来公安、司法机关在办理走私刑事案件中遇到的新情况、新问题，最高人民法院、最高人民检察院、海关总署共同开展了调查研究，根据修订后的刑法及有关司法解释的规定，在总结侦查、批捕、起诉、审判工作经验的基础上，就办理走私刑事案件的程序、证据以及法律适用等问题提出如下意见：

一、关于走私犯罪案件的管辖问题

根据刑事诉讼法的规定，走私犯罪案件由犯罪地的走私犯罪侦查机关立案侦查。走私犯罪案件复杂，环节多，其犯罪地可能涉及多个犯罪行为发生地，包括货物、物品的进口（境）地、出口（境）地、报关地、核销地等。如果发生刑法第一百五十四条、第一百五十五条规定的走私犯罪行为的，走私货物、物品的销售地、运输地、收购地和贩卖地均属于犯罪行为的发生地。对有多个走私犯罪行为发生地的，由最初受理的走私犯罪侦查机关或者由主要犯罪地的走私犯罪侦查机关管辖。对管辖有争议的，由共同的上级走私犯罪侦查机关指定管辖。

对发生在海（水）上的走私犯罪案件由该辖区的走私犯罪侦查机关管辖，但对走私船舶有跨辖区连续追缉情形的，由缉获走私船舶的走私犯罪侦查机关管辖。

人民检察院受理走私犯罪侦查机关提请批准逮捕、移送审查起诉的走私犯罪案件，人民法院审理人民检察院提起公诉的走私犯罪案件，按照《最高人民法院、最高人民检察院、公安部、司法部、海关总署关于走私犯罪侦查机关办理走私犯罪案件适用刑事诉讼程序若干问题的通知》（署侦［1998］742 号）的有关规定执行。

二、关于电子数据证据的收集、保全问题

走私犯罪侦查机关对于能够证明走私犯罪案件真实情况的电子邮件、电子合同、电子账册、单位内部的电子信息资料等电子数据应当作为刑事证据予以收集、保全。

侦查人员应当对提取、复制电子数据的过程制作有关文字说明，记明案由、对象、内容，提取、复制的时间、地点，电子数据的规格、类别、文件格式等，并由提取、复制电子数据的制作人、电子数据的持有人和能够证明提取、复制过程的见证人签名或者盖章，附所提取、复制的电子数据一并随案移送。

电子数据的持有人不在案或者拒绝签字的，侦查人员应当记明情况；有条件的可将提取、复制有关电子数据的过程拍照或者录像。

三、关于办理走私普通货物、物品刑事案件偷逃应缴税额的核定问题

在办理走私普通货物、物品刑事案件中，对走私行为人涉嫌偷逃应缴税额的核定，应当由走私犯罪案件管辖地的海关出具《涉嫌走私的货物、物品偷逃税款海关核定证明书》（以下简称《核定证明书》）。海关出具的《核定证明书》，经走私犯罪侦查机关、人民检察院、人民法院审查确认，可以作为办案的依据和定罪量刑的证据。

走私犯罪侦查机关、人民检察院和人民法院对《核定证明书》提出异议或者因核定偷逃税额的事实发生变化，认为需要补充核定或者重新核定的，可以要求原出具《核定证明书》的海关补充核定或者重新核定。

走私犯罪嫌疑人、被告人或者辩护人对《核定证明书》有异议，向走私犯罪侦查机关、人民检察院或者人民法院提出重新核定申请的，经走私犯罪侦查机关、人民检察院或者人民法院同意，可以重新核定。

重新核定应当另行指派专人进行。

四、关于走私犯罪嫌疑人的逮捕条件

对走私犯罪嫌疑人提请逮捕和审查批准逮捕，应当依照刑事诉讼法第六十条规定的逮捕条件来办理。一般按照下列标准掌握：

（一）有证据证明有走私犯罪事实

1．有证据证明发生了走私犯罪事实

有证据证明发生了走私犯罪事实，须同时满足下列两项条件：

（1）有证据证明发生了违反国家法律、法规，逃避海关监管的行为；

（2）查扣的或者有证据证明的走私货物、物品的数量、价值或者偷逃税额达到刑法及相关司法解释规定的起刑点。

2．有证据证明走私犯罪事实系犯罪嫌疑人实施的

有下列情形之一，可认为走私犯罪事实系犯罪嫌疑人实施的：

（1）现场查获犯罪嫌疑人实施走私犯罪的；

（2）视听资料显示犯罪嫌疑人实施走私犯罪的；

（3）犯罪嫌疑人供认的；

（4）有证人证言指证的；

（5）有同案的犯罪嫌疑人供述的；

（6）其他证据能够证明犯罪嫌疑人实施走私犯罪的。

3．证明犯罪嫌疑人实施走私犯罪行为的证据已经查证属实的

符合下列证据规格要求之一，属于证明犯罪嫌疑人实施走私犯罪行为的证据已经查证属实的：

（1）现场查获犯罪嫌疑人实施犯罪，有现场勘查笔录、留置盘问记录、海关扣留查问笔录或者海关查验（检查）记录等证据证实的；

（2）犯罪嫌疑人的供述有其他证据能够印证的；

（3）证人证言能够相互印证的；

（4）证人证言或者同案犯供述能够与其他证据相互印证的；

（5）证明犯罪嫌疑人实施走私犯罪的其他证据已经查证属实的。

（二）可能判处有期徒刑以上的刑罚

是指根据刑法第一百五十一条、第一百五十二条、第一百五十三条、第三百四十七条、第三百五十条等规定和《最高人民法院关于审理走私刑事案件具体应用法律若干问题的解释》等有关司法解释的规定，结合已查明的走私犯罪事实，对走私犯罪嫌疑人可能判处有期徒刑以上的刑罚。

（三）采取取保候审、监视居住等方法，尚不足以防止发生社会危险性而有逮捕必要的

主要是指：走私犯罪嫌疑人可能逃跑、自杀、串供、干扰证人作证以及伪造、毁灭证据等妨碍刑事诉讼活动的正常进行的，或者存在行凶报复、继续作案可能的。

五、关于走私犯罪嫌疑人、被告人主观故意的认定问题

行为人明知自己的行为违反国家法律法规，逃避海关监管，偷逃进出境货物、物品的应缴税额，或者逃避国家有关进出境的禁止性管理，并且希望或者放任危害结果发生的，应认定为具有走私的主观故意。

走私主观故意中的“明知”是指行为人知道或者应当知道所从事的行为是走私行为。具有下列情形之一的，可以认定为“明知”，但有证据证明确属被蒙骗的除外：

（一）逃避海关监管，运输、携带、邮寄国家禁止进出境的货物、物品的；

（二）用特制的设备或者运输工具走私货物、物品的；

（三）未经海关同意，在非设关的码头、海（河）岸、陆路边境等地点，运输（驳载）、收购或者贩卖非法进出境货物、物品的；

（四）提供虚假的合同、发票、证明等商业单证委托他人办理通关手续的；

（五）以明显低于货物正常进（出）口的应缴税额委托他人代理进（出）口业务的；

（六）曾因同一种走私行为受过刑事处罚或者行政处罚的；

（七）其他有证据证明的情形。

六、关于行为人对其走私的具体对象不明确的案件的处理问题

走私犯罪嫌疑人主观上具有走私犯罪故意，但对其走私的具体对象不明确的，不影响走私犯罪构成，应当根据实际的走私对象定罪处罚。但是，确有证据证明行为人因受蒙骗而对走私对象发生认识错误的，可以从轻处罚。

七、关于走私珍贵动物制品行为的处罚问题

走私珍贵动物制品的，应当根据刑法第一百五十一条第二、四、五款和《最高人民法院关于审理走私刑事案件具体应用法律若干问题的解释》（以下简称《解释》）第四条的有关规定予以处罚，但同时具有下列情形，情节较轻的，一般不以犯罪论处：

（一）珍贵动物制品购买地允许交易；

（二）入境人员为留作纪念或者作为礼品而携带珍贵动物制品进境，不具有牟利目的

的。

同时具有上述两种情形，达到《解释》第四条第三款规定的量刑标准的，一般处五年以下有期徒刑，并处罚金；达到《解释》第四条第四款规定的量刑标准的，一般处五年以上有期徒刑，并处罚金。

八、关于走私旧汽车、切割车等货物、物品的行为的定罪问题

走私刑法第一百五十一条、第一百五十二条、第三百四十七条、第三百五十条规定的货物、物品以外的，已被国家明令禁止进出口的货物、物品，例如旧汽车、切割车、侵犯知识产权的货物、来自疫区的动植物及其产品等，应当依照刑法第一百五十三条的规定，以走私普通货物、物品罪追究刑事责任。

九、关于利用购买的加工贸易登记手册、特定减免税批文等涉税单证进口货物行为的定性处理问题

加工贸易登记手册、特定减免税批文等涉税单证是海关根据国家法律法规以及有关政策性规定，给予特定企业用于保税货物经营管理和减免税优惠待遇的凭证。利用购买的加工贸易登记手册、特定减免税批文等涉税单证进口货物，实质是将一般贸易货物伪报为加工贸易保税货物或者特定减免税货物进口，以达到偷逃应缴税款的目的，应当适用刑法第一百五十三条以走私普通货物、物品罪定罪处罚。如果行为人与走私分子通谋出售上述涉税单证，或者在出卖批文后又以提供印章、向海关伪报保税货物、特定减免税货物等方式帮助买方办理进口通关手续的，对卖方依照刑法第一百五十六条以走私罪共犯定罪处罚。买卖上述涉税单证情节严重尚未进口货物的，依照刑法第二百八十条的规定定罪处罚。

十、关于在加工贸易活动中骗取海关核销行为的认定问题

在加工贸易经营活动中，以假出口、假结转或者利用虚假单证等方式骗取海关核销，致使保税货物、物品脱离海关监管，造成国家税款流失，情节严重的，依照刑法第一百五十三条的规定，以走私普通货物、物品罪追究刑事责任。但有证据证明因不可抗力原因导致保税货物脱离海关监管，经营人无法办理正常手续而骗取海关核销的，不认定为走私犯罪。

十一、关于伪报价格走私犯罪案件中实际成交价格的认定问题

走私犯罪案件中的伪报价格行为，是指犯罪嫌疑人、被告人在进出口货物、物品时，向海关申报进口或者出口的货物、物品的价格低于或者高于进出口货物的实际成交价格。

对实际成交价格的认定，在无法提取真、伪两套合同、发票等单证的情况下，可以根据犯罪嫌疑人、被告人的付汇渠道、资金流向、会计账册、境内外收发货人的真实交易方式，以及其他能够证明进出口货物实际成交价格的证据材料综合认定。

十二、关于出售走私货物已缴纳的增值税应否从走私偷逃应缴税额中扣除的问题

走私犯罪嫌疑人为出售走私货物而开具增值税专用发票并缴纳增值税，是其走私行为既遂后在流通领域获违法所得的一种手段，属于非法开具增值税专用发票。对走私犯罪嫌疑人因出售走私货物而实际缴纳走私货物增值税的，在核定走私货物偷逃应缴税额时，不应当将其已缴纳的增值税额从其走私偷逃应缴税额中扣除。

十三、关于刑法第一百五十四条规定的“销售牟利”的理解问题

刑法第一百五十四条第（一）、（二）项规定的“销售牟利”，是指行为人主观上为了牟取非法利益而擅自销售海关监管的保税货物、特定减免税货物。该种行为是否构成犯罪，应当根据偷逃的应缴税额是否达到刑法第一百五十三条及相关司法解释规定的数额标准予以认定。实际获利与否或者获利多少并不影响其定罪。

十四、关于海上走私犯罪案件如何追究运输人的刑事责任问题

对刑法第一百五十五条第（二）项规定的实施海上走私犯罪行为的运输人、收购人或者贩卖人应当追究刑事责任。对运输人，一般追究运输工具的负责人或者主要责任人的刑事责任，但对于事先通谋的、集资走私的、或者使用特殊的走私运输工具从事走私犯罪活动的，可以追究其他参与人员的刑事责任。

十五、关于刑法第一百五十六条规定的“与走私罪犯通谋”的理解问题

通谋是指犯罪行为人之间事先或者事中形成的共同的走私故意。下列情形可以认定为通谋：

（一）对明知他人从事走私活动而同意为其提供贷款、资金、账号、发票、证明、海关单证，提供运输、保管、邮寄或者其他方便的；

（二）多次为同一走私犯罪分子的走私行为提供前项帮助的。

十六、关于放纵走私罪的认定问题

依照刑法第四百一十一条的规定，负有特定监管义务的海关工作人员徇私舞弊，利用职权，放任、纵容走私犯罪行为，情节严重的，构成放纵走私罪。放纵走私行为，一般是消极的不作为。如果海关工作人员与走私分子通谋，在放纵走私过程中以积极的行为配合走私分子逃避海关监管或者在放纵走私之后分得赃款的，应以共同走私犯罪追究刑事责任。

海关工作人员收受贿赂又放纵走私的，应以受贿罪和放纵走私罪数罪并罚。

十七、关于单位走私犯罪案件诉讼代表人的确定及其相关问题

单位走私犯罪案件的诉讼代表人，应当是单位的法定代表人或者主要负责人。单位的法定代表人或者主要负责人被依法追究刑事责任或者因其他原因无法参与刑事诉讼的，人民检察院应当另行确定被告单位的其他负责人作为诉讼代表人参加诉讼。

接到出庭通知的被告单位的诉讼代表人应当出庭应诉。拒不出庭的，人民法院在必要的时候，可以拘传到庭。

对直接负责的主管人员和其他直接责任人员均无法归案的单位走私犯罪案件，只要单位走私犯罪的事实清楚、证据确实充分，且能够确定诉讼代表人代表单位参与刑事诉讼活动的，可以先行追究该单位的刑事责任。

被告单位没有合适人选作为诉讼代表人出庭的，因不具备追究该单位刑事责任的诉讼条件，可按照单位犯罪的条款先行追究单位犯罪中直接负责的主管人员或者其他直接责任人员的刑事责任。人民法院在对单位犯罪中直接负责的主管人员或者直接责任人员进行判决时，对于扣押、冻结的走私货物、物品、违法所得以及属于犯罪单位所有的走私犯罪工具，应当一并判决予以追缴、没收。

十八、关于单位走私犯罪及其直接负责的主管人员和直接责任人员的认定问题

具备下列特征的，可以认定为单位走私犯罪：

（1）以单位的名义实施走私犯罪，即由单位集体研究决定，或者由单位的负责人或者被授权的其他人员决定、同意；（2）为单位谋取不正当利益或者违法所得大部分归单位所有。

依照《最高人民法院关于审理单位犯罪案件具体应用法律有关问题的解释》第二条的规定，个人为进行违法犯罪活动而设立的公司、企业、事业单位实施犯罪的，或者个人设立公司、企业、事业单位后，以实施犯罪为主要活动的，不以单位犯罪论处。单位是否以实施犯罪为主要活动，应根据单位实施走私行为的次数、频度、持续时间、单位进行合法经营的状况等因素综合考虑认定。

根据单位人员在单位走私犯罪活动中所发挥的不同作用，对其直接负责的主管人员和其他直接责任人员，可以确定为一人或者数人。对于受单位领导指派而积极参与实施走私犯罪行为的人员，如果其行为在走私犯罪的主要环节起重要作用的，可以认定为单位犯罪的直接责任人员。

十九、关于单位走私犯罪后发生分立、合并或者其他资产重组情形以及单位被依法注销、宣告破产等情况下，如何追究刑事责任的问题

单位走私犯罪后，单位发生分立、合并或者其他资产重组等情况的，只要承受该单位权利义务的单位存在，应当追究单位走私犯罪的刑事责任。走私单位发生分立、合并或者其他资产重组后，原单位名称发生更改的，仍以原单位（名称）作为被告单位。承受原单位权利义务的单位法定代表人或者负责人为诉讼代表人。

单位走私犯罪后，发生分立、合并或者其他资产重组情形，以及被依法注销、宣告破产等情况的，无论承受该单位权利义务的单位是否存在，均应追究原单位直接负责的主管人员和其他直接责任人员的刑事责任。

人民法院对原走私单位判处罚金的，应当将承受原单位权利义务的单位作为被执行人。罚金超出新单位所承受的财产的，可在执行中予以减除。

二十、关于单位与个人共同走私普通货物、物品案件的处理问题

单位和个人（不包括单位直接负责的主管人员和其他直接责任人员）共同走私的，单位和个人均应对共同走私所偷逃应缴税额负责。

对单位和个人共同走私偷逃应缴税额为5万元以上不满25万元的，应当根据其在案件中所起的作用，区分不同情况做出处理。单位起主要作用的，对单位和个人均不追究刑事责任，由海关予以行政处理；个人起主要作用的，对个人依照刑法有关规定追究刑事责任，对单位由海关予以行政处理。无法认定单位或个人起主要作用的，对个人和单位分别按个人犯罪和单位犯罪的标准处理。

单位和个人共同走私偷逃应缴税额超过25万元且能区分主、从犯的，应当按照刑法关于主、从犯的有关规定，对从犯从轻、减轻处罚或者免除处罚。

二十一、关于单位走私犯罪案件自首的认定问题

在办理单位走私犯罪案件中，对单位集体决定自首的，或者单位直接负责的主管人员自首的，应当认定单位自首。认定单位自首后，如实交代主要犯罪事实的单位负责的其他主管人员和其他直接责任人员，可视为自首，但对拒不交代主要犯罪事实或逃避法律追究的人员，不以自首论。

二十二、关于共同走私犯罪案件如何判处罚金刑问题

审理共同走私犯罪案件时，对各共同犯罪人判处罚金的总额应掌握在共同走私行为偷逃应缴税额的一倍以上五倍以下。

二十三、关于走私货物、物品、走私违法所得以及走私犯罪工具的处理问题

在办理走私犯罪案件过程中，对发现的走私货物、物品、走私违法所得以及属于走私犯罪分子所有的犯罪工具，走私犯罪侦查机关应当及时追缴，依法予以查扣、冻结。在移送审查起诉时应当将扣押物品文件清单、冻结存款证明文件等材料随案移送，对于扣押的危险品或者鲜活、易腐、易失效、易贬值等不宜长期保存的货物、物品，已经依法先行变卖、拍卖的，应当随案移送变卖、拍卖物品清单以及原物的照片或者录像资料；人民检察院在提起公诉时应当将上述扣押物品文件清单、冻结存款证明和变卖、拍卖物品清单一并移送；人民法院在判决走私罪案件时，应当对随案清单、证明文件中载明的款、物审查确认并依法判决予以追缴、没收；海关根据人民法院的判决和海关法的有关规定予以处理，上缴中央国库。

二十四、关于走私货物、物品无法扣押或者不便扣押情况下走私违法所得的追缴问题

在办理走私普通货物、物品犯罪案件中，对于走私货物、物品因流入国内市场或者投入使用，致使走私货物、物品无法扣押或者不便扣押的，应当按照走私货物、物品的进出口完税价格认定违法所得予以追缴；走私货物、物品实际销售价格高于进出口完税价格的，应当按照实际销售价格认定违法所得予以追缴。

最高人民法院、最高人民检察院关于办理非法制造、买卖、运输、储存毒鼠强等禁用剧毒化学品刑事案件具体应用法律若干问题的解释

（2003年8月29日最高人民法院审判委员会第1287次会议、2003年2月13日最高人民检察院第九届检察委员会第119次会议通过，2003年9月4日最高人民法院、最高人民检察院公告公布，自2003年10月1日起施行　法释[2003]14号）

为依法惩治非法制造、买卖、运输、储存毒鼠强等禁用剧毒化学品的犯罪活动，维护公共安全，根据刑法有关规定，现就办理这类刑事案件具体应用法律的若干问题解释如下：

第一条　非法制造、买卖、运输、储存毒鼠强等禁用剧毒化学品，危害公共安全，具有下列情形之一的，依照刑法第一百二十五条的规定，以非法制造、买卖、运输、储存危险物质罪，处3年以上10年以下有期徒刑：

（一）非法制造、买卖、运输、储存原粉、原液、原药制剂50克以上，或者饵料2千克以上的；

（二）在非法制造、买卖、运输、储存过程中致人重伤、死亡或者造成公私财产损失10万元以上的。

第二条　非法制造、买卖、运输、储存毒鼠强等禁用剧毒化学品，具有下列情形之一的，属于刑法第一百二十五条规定的"情节严重"，处10年以上有期徒刑、无期徒刑或者死刑：

（一）非法制造、买卖、运输、储存原粉、原液、制剂500克以上，或者饵料20千克以上的；

（二）在非法制造、买卖、运输、储存过程中致3人以上重伤、死亡，或者造成公私财产损失20万元以上的；

（三）非法制造、买卖、运输、储存原粉、原药、制剂50克以上不满500克，或者饵料2千克以上不满20千克，并具有其他严重情节的。

第三条　单位非法制造、买卖、运输、储存毒鼠强等禁用剧毒化学品的，依照本解释第一条、第二条规定的定罪量刑标准执行。

第四条　对非法制造、买卖、运输、储存毒鼠强等禁用剧毒化学品行为负有查处职责的国家机关工作人员，滥用职权或者玩忽职守，致使公共财产、国家和人民利益遭受重大损失的，依照刑法第三百九十七条的规定，以滥用职权罪或者玩忽职守罪追究刑事

责任。

第五条 本解释施行以前，确因生产、生活需要而非法制造、买卖、运输、储存毒鼠强等禁用剧毒化学品饵料自用，没有造成严重社会危害的，可以依照刑法第十三条的规定，不作为犯罪处理。

本解释施行以后，确因生产、生活需要而非法制造、买卖、运输、储存毒鼠强等禁用剧毒化学品饵料自用，构成犯罪，但没有造成严重社会危害，经教育确有悔改表现的，可以依法从轻、减轻或者免除处罚。

第六条 本解释所称"毒鼠强等禁用剧毒化学品"，是指国家明令禁止的毒鼠强、氟乙酰氨、氟乙酸钠、毒鼠硅、甘氟。

最高人民法院、最高人民检察院关于办理非法生产、销售、使用禁止在饲料和动物饮用水中使用的药品等刑事案件具体应用法律若干问题的解释

（最高人民法院审判委员会第1237次会议、最高人民检察院第九届检察委员会第109次会议通过，自2002年8月23日起施行　法释［2002］26号）

为依法惩治非法生产、销售、使用盐酸克仑特罗（Clenbuterol Hydrochloride，俗称“瘦肉精”）等禁止在饲料和动物饮用水中使用的药品等犯罪活动，维护社会主义市场经济秩序，保护公民身体健康，根据刑法有关规定，现就办理这类刑事案件具体应用法律的若干问题解释如下：

第一条　未取得药品生产、经营许可证件和批准文号，非法生产、销售盐酸克仑特罗等禁止在饲料和动物饮用水中使用的药品，扰乱药品市场秩序，情节严重的，依照刑法第二百二十五条第（一）项的规定，以非法经营罪追究刑事责任。

第二条　在生产、销售的饲料中添加盐酸克仑特罗等禁止在饲料和动物饮用水中使用的药品，或者销售明知是添加有该类药品的饲料，情节严重的，依照刑法第二百二十五条第（四）项的规定，以非法经营罪追究刑事责任。

第三条　使用盐酸克仑特罗等禁止在饲料和动物饮用水中使用的药品或者含有该类药品的饲料养殖供人食用的动物，或者销售明知是使用该类药品或者含有该类药品的饲料养殖的供人食用的动物的，依照刑法第一百四十四条的规定，以生产、销售有毒、有害食品罪追究刑事责任。

第四条　明知是使用盐酸克仑特罗等禁止在饲料和动物饮用水中使用的药品或者含有该类药品的饲料养殖的供人食用的动物，而提供屠宰等加工服务，或者销售其制品的，依照刑法第一百四十四条的规定，以生产、销售有毒、有害食品罪追究刑事责任。

第五条　实施本解释规定的行为，同时触犯刑法规定的两种以上犯罪的，依照处罚较重的规定追究刑事责任。

第六条　禁止在饲料和动物饮用水中使用的药品，依照国家有关部门公告的禁止在饲料和动物饮用水中使用的药物品种目录确定。

附：农业部、卫生部、国家药品监督管理局公告的《禁止在饲料和动物饮用水中使用的药物品种目录》。（略）

全国人民代表大会常务委员会关于《中华人民共和国刑法》第三百一十三条（拒不执行判决、裁定罪）的解释

（2002年8月29日第九届全国人民代表大会常务委员会第二十九次会议通过）

全国人民代表大会常务委员会讨论了刑法第三百一十三条规定的“对人民法院的判决、裁定有能力执行而拒不执行，情节严重”的含义问题，解释如下：

刑法第三百一十三条规定的“人民法院的判决、裁定”，是指人民法院依法作出的具有执行内容并已发生法律效力的判决、裁定。人民法院为依法执行支付令、生效的调解书、仲裁裁决、公证债权文书等所作的裁定属于该条规定的裁定。

下列情形属于刑法第三百一十三条规定的“有能力执行而拒不执行，情节严重”的情形：

（一）被执行人隐藏、转移、故意毁损财产或者无偿转让财产、以明显不合理的低价转让财产，致使判决、裁定无法执行的；

（二）担保人或者被执行人隐藏、转移、故意毁损或者转让已向人民法院提供担保的财产，致使判决、裁定无法执行的；

（三）协助执行义务人接到人民法院协助执行通知书后，拒不协助执行，致使判决、裁定无法执行的；

（四）被执行人、担保人、协助执行义务人与国家机关工作人员通谋，利用国家机关工作人员的职权妨害执行，致使判决、裁定无法执行的；

（五）其他有能力执行而拒不执行，情节严重的情形。

国家机关工作人员有上述第四项行为的，以拒不执行判决、裁定罪的共犯追究刑事责任。国家机关工作人员收受贿赂或者滥用职权，有上述第四项行为的，同时又构成刑法第三百八十五条、第三百九十七条规定之罪的，依照处罚较重的规定定罪处罚。

现予公告。

关于耕地、林地问题的立法解释[①]

全国人民代表大会常务委员会关于《中华人民共和国刑法》第二百二十八条、第三百四十二条、第四百一十条的解释

（2001年8月31日第九届全国人民代表大会常务委员会第二十三次会议通过）

全国人民代表大会常务委员会讨论了刑法第二百二十八条、第三百四十二条、第四百一十条规定的“违反土地管理法规”和第四百一十条规定的“非法批准征用、占用土地”的含义问题，解释如下：

刑法第二百二十八条、第三百四十二条、第四百一十条规定的“违反土地管理法规”，是指违反土地管理法、森林法、草原法等法律以及有关行政法规中关于土地管理的规定。

刑法第四百一十条规定的“非法批准征用、占用土地”，是指非法批准征用、占用耕地、林地等农用地以及其他土地。现予公告。

① 本标题是编者所加，引用时应以原标准为准。——编者注

全国人大常委会关于《中华人民共和国刑法》第九章渎职罪主体适用问题的解释

（2002年12月28日第九届全国人民代表大会常务委员会第三十一次会议通过）

全国人大常委会根据司法实践中遇到的情况，讨论了刑法第九章渎职罪主体的适用问题，解释如下：

在依照法律、法规规定行使国家行政管理职权的组织中从事公务的人员，或者在受国家机关委托代表国家机关行使职权的组织中从事公务的人员，或者虽未列入国家机关人员编制但在国家机关中从事公务的人员，在代表国家机关行使职权时，有渎职行为，构成犯罪的，依照刑法关于渎职罪的规定追究刑事责任。

现予公告。

行政执法机关移送涉嫌犯罪案件的规定

（国务院令第 310 号，2001 年 7 月 9 日）

第一条 为了保证行政执法机关向公安机关及时移送涉嫌犯罪案件，依法惩罚破坏社会主义市场经济秩序罪、妨害社会管理秩序罪以及其他罪，保障社会主义建设事业顺利进行，制定本规定。

第二条 本规定所称行政执法机关，是指依照法律、法规或者规章的规定，对破坏社会主义市场经济秩序、妨害社会管理秩序以及其他违法行为具有行政处罚权的行政机关，以及法律、法规授权的具有管理公共事务职能、在法定授权范围内实施行政处罚的组织。

第三条 行政执法机关在依法查处违法行为过程中，发现违法事实涉及的金额、违法事实的情节、违法事实造成的后果等，根据刑法关于破坏社会主义市场经济秩序罪、妨害社会管理秩序罪等罪的规定和最高人民法院、最高人民检察院关于破坏社会主义市场经济秩序罪、妨害社会管理秩序罪等罪的司法解释以及最高人民检察院、公安部关于经济犯罪案件的追诉标准等规定，涉嫌构成犯罪，依法需要追究刑事责任的，必须依照本规定向公安机关移送。

第四条 行政执法机关在查处违法行为过程中，必须妥善保存所收集的与违法行为有关的证据。

行政执法机关对查获的涉案物品，应当如实填写涉案物品清单，并按照国家有关规定予以处理。对易腐烂、变质等不宜或者不易保管的涉案物品，应当采取必要措施，留取证据；对需要进行检验、鉴定的涉案物品，应当由法定检验、鉴定机构进行检验、鉴定，并出具检验报告或者鉴定结论。

第五条 行政执法机关对应当向公安机关移送的涉嫌犯罪案件，应当立即指定 2 名或者 2 名以上行政执法人员组成专案组专门负责，核实情况后提出移送涉嫌犯罪案件的书面报告，报经本机关正职负责人或者主持工作的负责人审批。

行政执法机关正职负责人或者主持工作的负责人应当自接到报告之日起 3 日内作出批准移送或者不批准移送的决定。决定批准的，应当在 24 小时内向同级公安机关移送；决定不批准的，应当将不予批准的理由记录在案。

第六条 行政执法机关向公安机关移送涉嫌犯罪案件，应当附有下列材料：

（一）涉嫌犯罪案件移送书；

（二）涉嫌犯罪案件情况的调查报告；

（三）涉案物品清单；

（四）有关检验报告或者鉴定结论；

（五）其他有关涉嫌犯罪的材料。

第七条 公安机关对行政执法机关移送的涉嫌犯罪案件，应当在涉嫌犯罪案件移送书的回执上签字；其中，不属于本机关管辖的，应当在 24 小时内转送有管辖权的机关，并书面告知移送案件的行政执法机关。

第八条 公安机关应当自接受行政执法机关移送的涉嫌犯罪案件之日起 3 日内，依照刑法、刑事诉讼法以及最高人民法院、最高人民检察院关于立案标准和公安部关于公安机关办理刑事案件程序的规定，对所移送的案件进行审查。认为有犯罪事实，需要追究刑事责任，依法决定立案的，应当书面通知移送案件的行政执法机关；认为没有犯罪事实，或者犯罪事实显著轻微，不需要追究刑事责任，依法不予立案的，应当说明理由，并书面通知移送案件的行政执法机关，相应退回案卷材料。

第九条 行政执法机关接到公安机关不予立案的通知书后，认为依法应当由公安机关决定立案的，可以自接到不予立案通知书之日起 3 日内，提请作出不予立案决定的公安机关复议，也可以建议人民检察院依法进行立案监督。

作出不予立案决定的公安机关应当自收到行政执法机关提请复议的文件之日起 3 日内作出立案或者不予立案的决定，并书面通知移送案件的行政执法机关。移送案件的行政执法机关对公安机关不予立案的复议决定仍有异议的，应当自收到复议决定通知书之日起 3 日内建议人民检察院依法进行立案监督。

公安机关应当接受人民检察院依法进行的立案监督。

第十条 行政执法机关对公安机关决定不予立案的案件，应当依法作出处理；其中，依照有关法律、法规或者规章的规定应当给予行政处罚的，应当依法实施行政处罚。

第十一条 行政执法机关对应当向公安机关移送的涉嫌犯罪案件，不得以行政处罚代替移送。

行政执法机关向公安机关移送涉嫌犯罪案件前已经作出的警告，责令停产停业，暂扣或者吊销许可证、暂扣或者吊销执照的行政处罚决定，不停止执行。

依照行政处罚法的规定，行政执法机关向公安机关移送涉嫌犯罪案件前，已经依法给予当事人罚款的，人民法院判处罚金时，依法折抵相应罚金。

第十二条 行政执法机关对公安机关决定立案的案件，应当自接到立案通知书之日起 3 日内将涉案物品以及与案件有关的其他材料移交公安机关，并办结交接手续；法律、行政法规另有规定的，依照其规定。

第十三条 公安机关对发现的违法行为，经审查，没有犯罪事实，或者立案侦查后认为犯罪事实显著轻微，不需要追究刑事责任，但依法应当追究行政责任的，应当及时将案件移送同级行政执法机关，有关行政执法机关应当依法作出处理。

第十四条 行政执法机关移送涉嫌犯罪案件，应当接受人民检察院和监察机关依法实施的监督。

任何单位和个人对行政执法机关违反本规定，应当向公安机关移送涉嫌犯罪案件而不移送的，有权向人民检察院、监察机关或者上级行政执法机关举报。

第十五条 行政执法机关违反本规定，隐匿、私分、销毁涉案物品的，由本级或者上级人民政府，或者实行垂直管理的上级行政执法机关，对其正职负责人根据情节轻重，给予降级以上的行政处分；构成犯罪的，依法追究刑事责任。

对前款所列行为直接负责的主管人员和其他直接责任人员，比照前款的规定给予行政处分；构成犯罪的，依法追究刑事责任。

第十六条 行政执法机关违反本规定，逾期不将案件移送公安机关的，由本级或者上级人民政府，或者实行垂直管理的上级行政执法机关，责令限期移送，并对其正职负责人或者主持工作的负责人根据情节轻重，给予记过以上的行政处分；构成犯罪的，依法追究刑事责任。

行政执法机关违反本规定，对应当向公安机关移送的案件不移送，或者以行政处罚代替移送的，由本级或者上级人民政府，或者实行垂直管理的上级行政执法机关，责令改正，给予通报；拒不改正的，对其正职负责人或者主持工作的负责人给予记过以上的行政处分；构成犯罪的，依法追究刑事责任。

对本条第一款、第二款所列行为直接负责的主管人员和其他直接责任人员，分别比照前两款的规定给予行政处分；构成犯罪的，依法追究刑事责任。

第十七条 公安机关违反本规定，不接受行政执法机关移送的涉嫌犯罪案件，或者逾期不作出立案或者不予立案的决定的，除由人民检察院依法实施立案监督外，由本级或者上级人民政府责令改正，对其正职负责人根据情节轻重，给予记过以上的行政处分；构成犯罪的，依法追究刑事责任。

对前款所列行为直接负责的主管人员和其他直接责任人员，比照前款的规定给予行政处分；构成犯罪的，依法追究刑事责任。

第十八条 行政执法机关在依法查处违法行为过程中，发现贪污贿赂、国家工作人员渎职或者国家机关工作人员利用职权侵犯公民人身权利和民主权利等违法行为，涉嫌构成犯罪的，应当比照本规定及时将案件移送人民检察院。

第十九条 本规定自公布之日起施行。

人民检察院办理行政执法机关移送涉嫌犯罪案件的规定

（2001年9月10日最高人民检察院第九届检察委员会第九十六次会议讨论通过，2001年12月3日印发　高检发释字［2001］4号）

根据《中华人民共和国刑事诉讼法》的有关规定，结合《行政执法机关移送涉嫌犯罪案件的规定》，现就人民检察院办理行政执法机关移送涉嫌犯罪案件的有关问题作如下规定：

一、对于行政执法机关移送检察机关的涉嫌犯罪案件，统一由人民检察院控告检察部门受理。

人民检察院控告检察部门受理行政执法机关移送的涉嫌犯罪案件后，应当登记，并指派二名以上检察人员进行初步审查。

二、人民检察院控告检察部门审查行政执法机关移送的涉嫌犯罪案件，应当根据不同情况，提出移送有关部门的处理意见，三日内报主管副检察长或者检察长批准，并通知移送的行政执法机关：

（一）对于不属于检察机关管辖的案件，移送其他有管辖权的机关处理；

（二）对于属于检察机关管辖，但不属于本院管辖的案件，移送有管辖权的人民检察院办理；

（三）对于属于本院管辖的案件，转本院反贪、渎职侵权检察部门办理。

对于性质不明、难以归口办理的案件，可以先由控告检察部门进行必须的调查。

三、对于不属于本院管辖但又必须采取紧急措施的案件，人民检察院控告检察部门在报经主管副检察长或者检察长批准后，应当先采取紧急措施，再行移送。

四、对于行政执法机关移送的涉嫌犯罪案件，人民检察院反贪、渎职侵权检察部门应当审查是否附有下列材料：

（一）涉嫌犯罪案件移送书；

（二）涉嫌犯罪案件情况的调查报告；

（三）涉案物品清单；

（四）有关检验报告或者鉴定结论；

（五）其他有关涉嫌犯罪的材料。

人民检察院可以要求移送案件的行政执法机关补充上述材料和证据。

五、对于行政执法机关移送的涉嫌犯罪案件，人民检察院经审查，认为符合立案条件的，应当及时作出立案决定，并通知移送的行政执法机关。

六、对于行政执法机关移送的涉嫌犯罪案件，人民检察院经审查，认为不符合立案条件的，可以作出不立案决定；对于需要给予有关责任人员行政处分、行政处罚或者没收违法所得的，可以提出检察意见，移送有关主管部门处理，并通知移送的行政执法机关。

七、对于人民检察院的不立案决定，移送涉嫌犯罪案件的行政执法机关可以在收到不立案决定书后五日内要求作出不立案决定的人民检察院复议。人民检察院刑事申诉检察部门应当指派专人进行审查，并在收到行政执法机关要求复议意见书后七日内作出复议决定。

行政执法机关对复议决定不服的，可以在收到人民检察院复议决定书后五日内向上一级人民检察院提请复核。上一级人民检察院应当在收到行政执法机关提请复核意见书后十五日内作出复核决定。对于原不立案决定错误的，应当及时纠正，并通知作出不立案决定的下级人民检察院执行。

八、对于人民检察院决定立案侦查的案件，办理案件的人民检察院应当将立案决定和案件的办理结果及时通知移送案件的行政执法机关。

九、移送涉嫌犯罪案件的行政执法机关对公安机关不予立案决定或者不予立案的复议决定有异议，建议人民检察院依法进行立案监督的，统一由人民检察院侦查监督部门办理。

十、人民检察院应当依法对公安机关办理行政执法机关移送涉嫌犯罪案件进行立案监督。对于具有下列情形之一的，人民检察院应当要求公安机关在收到人民检察院《要求说明不立案理由通知书》后七日内将关于不立案理由的说明书面答复人民检察院：

（一）人民检察院认为公安机关对应当立案侦查的案件而不立案侦查的；

（二）被害人认为公安机关对应当立案侦查的案件而不立案侦查，向人民检察院提出的；

（三）移送涉嫌犯罪案件的行政执法机关对公安机关不予立案决定或者不予立案的复议决定有异议，建议人民检察院依法进行立案监督的。

人民检察院认为公安机关不立案理由不能成立，应当通知公安机关在收到《通知立案书》后十五日内决定立案，并将立案决定书送达人民检察院。

十一、对于人民检察院认为公安机关不立案理由成立的，或者认为公安机关的不立案理由不成立而通知公安机关立案，公安机关已经立案的，人民检察院应当及时通知提出立案监督建议的行政执法机关。

十二、各级人民检察院对行政执法机关不移送涉嫌犯罪案件，具有下列情形之一的，可以提出检察意见：

（一）检察机关发现行政执法机关应当移送的涉嫌犯罪案件而不移送的；

（二）有关单位和个人举报的行政执法机关应当移送的涉嫌犯罪案件而不移送的；

（三）隐匿、销毁涉案物品或者私分涉案财物的；

（四）以行政处罚代替刑事追究而不移送的。

有关行政执法人员涉嫌犯罪的，依照刑法的有关规定，追究刑事责任。

十三、各级人民检察院对公安机关不接受行政执法机关移送的涉嫌犯罪案件，或者逾期不作出立案或者不予立案决定，在检察机关依法实施立案监督后，仍不接受或者不作出决定的，可以向公安机关提出检察意见。

有关公安人员涉嫌犯罪的，依照刑法的有关规定，追究刑事责任。

十四、最高人民检察院对地方各级人民检察院，上级人民检察院对下级人民检察院办理的行政执法机关移送的涉嫌犯罪案件，应加强指导和监督，对不依法办理以及办理过程中的违法违纪问题，要依照有关规定严肃处理；构成犯罪的，依法追究刑事责任。

十五、各级人民检察院对于其他机关和部门移送的涉嫌犯罪案件，依照本规定办理。

关于在查办渎职案件中加强协调配合建立案件移送制度的意见

（1999年12月30日，最高人民检察院、公安部、国土资源部和国家环保总局等十部门联合发布　高检会［1999］3号）

为贯彻国家有关法律法规，及时准确查办司法人员、行政执法人员和其他国家机关工作人员的渎职案件，维护国家机关办事高效，运转协调，行为规范的正常秩序，促进依法行政和国家机关工作人员队伍建设，保障社会主义现代化建设健康发展，提出如下意见：

一、在查办渎职案件工作中，检察机关与各部门之间要加强联系、协调和配合，根据情况可采取不同形式互通信息，研究问题，交换意见。

二、公安、国土资源等部门发现或经调查，认为本部门工作人员触犯《中华人民共和国刑法》分则第九章中有关条款的规定，涉嫌渎职犯罪，需要追究刑事责任的案件，应将有关材料移送相应的检察机关，发现其他国家机关工作人员的渎职犯罪案件线索，也应将有关材料移送相应的检察机关。

三、检察机关对公安、国土资源等部门移送的材料要及时审查，决定是否立案。对决定立案的案件，检察机关应及时将立案情况通知移送单位。对决定不予立案的，应制作不立案通知书，写明不立案的原因和法律依据，送达移送单位，并退还有关材料。移送单位对不立案决定有异议的，可以在收到不立案通知书的十日以内向检察机关申请复议，检察机关应当在收到复议申请的三十日以内作出复议决定，并将复议决定书送达申请复议单位。

四、检察机关接受群众举报或侦查中自行发现的公安、国土资源等部门工作人员的渎职案件，经查认为涉嫌渎职犯罪的，应向有关单位通报，并请求提供相关材料和协助侦查，有关单位应当协助。

五、检察机关对经过初查或侦查，认为不需要追究刑事责任，未予立案或在立案后作出撤销或不起诉决定的案件，可与相关单位交换意见。对认为应当追究党纪政纪责任的，应提出检察建议连同有关材料一起移送相应单位的纪检监察部门处理。对其中涉及领导干部的渎职案件，应按干部管理权限的规定，将检察建议和有关材料移送相应主管机关处理。对需要给予行政处罚、行政处分或者需要没收其违法所得的，应提出检察意见，移送有关主管机关处理。移送情况应向发案单位通报。

六、检察机关在查办公安、国土资源等部门工作人员的渎职犯罪案件中，如发现发案单位和相关部门在管理和制度等方面存在漏洞，需要进行整改的，应提出检察建议。

发案单位和相关部门在接到检察机关提出的检察意见或检察建议后，应认真处理或整改，并将处理和整改情况向检察机关反馈。

七、检察机关与联合制定本意见之外的其他部门在查办渎职案件工作中的协调配合和案件的移送，参照此规定执行。

关于环境监管失职罪立案标准的规定（摘录）[①]

（1999年8月6日最高人民检察院第九届检察委员会第四十一次会议通过，
最高人民检察院1999年9月9日发布　高检发释字[1999]2号）

根据《中华人民共和国刑法》、《中华人民共和国刑事诉讼法》和其他法律的有关规定，对人民检察院直接受理立案侦查案件的立案标准规定如下：

……

二、读职犯罪案件

（十七）环境监管失职案（第408条）

环境监管失职罪是指负有环境保护监督管理职责的国家机关工作人员严重不负责任，不履行或不认真履行环境保护监管职责导致发生重大环境污染事故，致使公私财产遭受重大损失或者造成人身伤亡的严重后果的行为。

涉嫌下列情形之一的，应予立案；

1．造成直接经济损失30万元以上的；

2．造成人员死亡1人以上，或者重伤3人以上，或者轻伤10人以上的；

3．使一定区域内的居民的身心健康受到严重危害的；

4．其他致使公私财产遭受重大损失或者造成人身伤亡严重后果的情形。

……

四、附则

（三）本规定中的“直接经济损失”，是指与行为有直接因果关系而造成的财产损毁、减少的实际价值。“间接经济损失”，是指由直接经济损失引起和牵连的其他损失，包括失去的在正常情况下可能获得的利益和为恢复正常的管理活动或者挽回所造成的损失所支付的各种开支、费用等。

[①] 原文标题为《关于人民检察院直接受理立案侦查案件立案标准的规定（试行）》。本标题为本书编者所加，读者引用时务请引用原文标题。——编者注

人民检察院直接受理立案侦查的渎职侵权重特大案件标准（试行）

（环境犯罪立案标准摘录）

（2001年7月20日最高人民检察院第九届检察委员会第九十二次会议通过，自2002年1月1日起施行）

根据《人民检察院直接受理立案侦查案件立案标准的规定（试行）》和其他有关规定，对人民检察院直接受理立案侦查的渎职侵权重特大案件标准规定如下：

一、滥用职权案

（一）重大案件

1．致人死亡二人以上，或者重伤五人以上，或者轻伤十人以上的；

2．造成直接经济损失五十万元以上的。

（二）特大案件

1．致人死亡五人以上，或者重伤十人以上，或者轻伤二十人以上的；

2．造成直接经济损失一百万元以上的。

二．玩忽职守案

（一）重大案件

1．致人死亡三人以上，或者重伤十人以上，或者轻伤十五人以上的；

2．造成直接经济损失一百万元以上的。

（二）特大案件

1．致人死亡七人以上，或者重伤十五人以上，或者轻伤三十人以上的；

2．造成直接经济损失二百万元以上的。

六、民事、行政枉法裁判案

（一）重大案件

1．枉法裁判，致使公民的财产损失十万元以上、法人或者其他组织财产损失五十万元以上的；

2．枉法裁判，引起当事人及其亲属精神失常或者重伤的。

（二）特大案件

1．枉法裁判，致使公民的财产损失五十万元以上、法人或者其他组织财产损失一百万元以上的；

2．引起当事人及其亲属自杀死亡的。

十六、违法发放林木采伐许可证案

（一）重大案件

1．发放林木采伐许可证允许采伐数量累计超过批准的年采伐限额，导致林木被采伐数量在二十立方米以上的；

2．滥发林木采伐许可证，导致林木被滥伐四十立方米以上的；

3．滥发林木采伐许可证，导致珍贵树木被滥伐二株或者二立方米以上的；

4．批准采伐国家禁止采伐的林木，情节特别恶劣的。

（二）特大案件

1．发放林木采伐许可证允许采伐数量累计超过批准的年采伐限额，导致林木被采伐数量超过三十立方米的；

2．滥发林木采伐许可证，导致林木被滥伐六十立方米以上的；

3．滥发林木采伐许可证，导致珍贵树木被滥伐五株或者五立方米以上的；

4．批准采伐国家禁止采伐的林木，造成严重后果的。

十七、环境监管失职案

（一）重大案件

1．造成直接经济损失一百万元以上的；

2．致人死亡二人以上或者重伤五人以上的；

3．致使一定区域生态环境受到严重危害的。

（二）特大案件

1．造成直接经济损失三百万元以上的；

2．致人死亡五人以上或者重伤十人以上的；

3．致使一定区域生态环境受到严重破坏的。

十八、传染病防治失职案

（一）重大案件

1．导致乙类、丙类传染病流行的；

2．致人死亡二人以上或者残疾五人以上的。

（二）特大案件

1．导致甲类传染病传播的；

2．致人死亡五人以上或者残疾十人以上的。

十九、非法批准征用、占用土地案

（一）重大案件

1．非法批准征用、占用基本农田二十亩以上的；

2．非法批准征用、占用基本农田以外的耕地六十亩以上的；

3．非法批准征用、占用其他土地一百亩以上的；

4．非法批准征用、占用土地，造成基本农田五亩以上，其他耕地十亩以上严重毁坏的；

5．非法批准征用、占用土地造成直接经济损失五十万元以上的。

（二）特大案件

1．非法批准征用、占用基本农田三十亩以上的；

2．非法批准征用、占用基本农田以外的耕地九十亩以上的；

3．非法批准征用、占用其他土地一百五十亩以上的；

4．非法批准征用、占用土地，造成基本农田十亩以上，其他耕地二十亩以上严重毁坏的；

5．非法批准征用、占用土地造成直接经济损失一百万元以上的。

二十、非法低价出让国有土地使用权案

（一）重大案件

1．出让国有土地使用权面积在六十亩以上，并且出让价额低于国家规定的最低价额标准的百分之六十的；

2．造成国有土地资产流失价额在五十万元以上的。

（二）特大案件

1．出让国有土地使用权面积在九十亩以上，并且出让价额低于国家规定的最低价额标准的百分之四十的；

2．造成国有土地资产流失价额在一百万元以上的。

二十一、放纵走私案

（一）重大案件

造成国家税收损失累计达三十万元以上的。

（二）特大案件

造成国家税收损失累计达五十万元以上的。

二十二、商检徇私舞弊案

（一）重大案件

1．造成直接经济损失五十万元以上的；

2．徇私舞弊，三次以上伪造检验结果的。

（二）特大案件

1．造成直接经济损失一百万元以上的；

2．徇私舞弊，五次以上伪造检验结果的。

二十三、商检失职案

（一）重大案件

1．造成直接经济损失一百万元以上的；

2．五次以上不检验或者延误检验出证、错误出证的。

（二）特大案件

1．造成直接经济损失三百万元以上的；

2．七次以上不检验或者延误检验出证、错误出证的。

二十四、动植物检疫徇私舞弊案

（一）重大案件

1．徇私舞弊，三次以上伪造检疫结果的；

2．造成直接经济损失五十万元以上的。

（二）特大案件

1．徇私舞弊，五次以上伪造检疫结果的；

2．造成直接经济损失一百万元以上的。

二十五、动植物检疫失职案

（一）重大案件

1．造成直接经济损失一百万元以上的；

2．导致疫情发生，造成人员死亡二人以上的；

3．五次以上不检疫，或者延误检疫出证、错误出证，严重影响国家对外经贸关系和国家声誉的。

（二）特大案件

1．造成直接经济损失三百万元以上的；

2．导致疫情发生，造成人员死亡五人以上的；

3．七次以上不检疫，或者延误检疫出证、错误出证，严重影响国家对外经贸关系和国家声誉的。

三十三、失职造成珍贵文物损毁、流失案

（一）重大案件

1．导致国家一级文物损毁或者流失一件以上的；

2．导致国家二级文物损毁或者流失三件以上的；

3．导致国家三级文物损毁或者流失五件以上的；

4．导致省级文物保护单位严重损毁的。

（二）特大案件

1．导致国家一级文物损毁或者流失三件以上的；

2．导致国家二级文物损毁或者流失五件以上的；

3．导致国家三级文物损毁或者流失十件以上的；

4．导致全国重点文物保护单位严重损毁的。

国家林业局　公安部关于森林和陆生野生动物刑事案件管辖及立案标准

（2001年5月9日）

根据《中华人民共和国刑法》、《中华人民共和国刑事诉讼法》、《公安机关办理刑事案件程序规定》及其他有关规定，现将森林和陆生野生动物刑事案件管辖及立案标准规定如下：

一、森林公安机关管辖在其辖区内发生的刑法规定的下列森林和陆生野生动物刑事案件

（一）盗伐林木案件（第三百四十五条第一款）；

（二）滥伐林木案件（第三百四十五条第二款）；

（三）非法收购盗伐、滥伐的林木案件（第三百四十五条第三款）；

（四）非法采伐、毁坏珍贵树木案件（第三百四十四条）；

（五）走私珍稀植物、珍稀植物制品案件（第一百五十一条第三款）；

（六）放火案件中，故意放火烧毁森林或者其他林木的案件（第一百一十四条、第一百一十五条第一款）；

（七）失火案件中，过失烧毁森林或者其他林木的案件（第一百一十五条第二款）；

（八）聚众哄抢案件中，哄抢林木的案件（第二百六十八条）；

（九）破坏生产经营案件中，故意毁坏用于造林、育林、护林和木材生产的机械设备或者以其他方法破坏林业生产经营的案件（第二百七十六条）；

（十）非法猎捕、杀害珍贵、濒危陆生野生动物案件（第三百四十一条第一款）；

（十一）非法收购、运输、出售珍贵、濒危陆生野生动物、珍贵、濒危陆生野生动物制品案件（第三百四十一条第一款）；

（十二）非法狩猎案件（第三百四十一条第二款）；

（十三）走私珍贵陆生野生动物、珍贵陆生野生动物制品案件（第一百五十一条第二款）；

（十四）非法经营案件中，买卖《允许进口证明书》《允许出口证明书》《允许再出口证明书》、进出口原产地证明及国家机关批准的其他关于林业和陆生野生动物的经营许可证明文件的案件（第二百二十五条第二项）；

（十五）伪造、变造、买卖国家机关公文、证件案件中，伪造、变造、买卖林木和陆生野生动物允许进出口证明书、进出口原产地证明、狩猎证、特许猎捕证、驯养繁殖许

可证、林木采伐许可证、木材运输证明、森林、林木、林地权属证书、征用或者占用林地审核同意书、育林基金等缴费收据以及由国家机关批准的其他关于林业和陆生野生动物公文、证件的案件（第二百八十条第一、二款）；

（十六）盗窃案件中，盗窃国家、集体、他人所有并已经伐倒的树木、偷砍他人房前屋后、自留地种植的零星树木、以谋取经济利益为目的非法实施采种、采脂、挖笋、掘根、剥树皮等以及盗窃国家重点保护陆生野生动物或其制品的案件（第二百六十四条）；

（十七）抢劫案件中，抢劫国家重点保护陆生野生动物或其制品的案件（第二百六十三条）；

（十八）抢夺案件中，抢夺国家重点保护陆生野生动物或其制品的案件（第二百六十七条）；

（十九）窝藏、转移、收购、销售赃物案件中，涉及被盗伐滥伐的木材、国家重点保护陆生野生动物或其制品的案件（第三百一十二条）；

未建立森林公安机关的地方，上述案件由地方公安机关负责查处。

二、森林和陆生野生动物刑事案件的立案标准

（一）盗伐林木案

盗伐森林或者其他林木，立案起点为 2 立方米至 5 立方米或者幼树 100 至 200 株；盗伐林木 20 立方米至 50 立方米或者幼树 1000 株至 2000 株，为重大案件立案起点；盗伐林木 100 立方米至 200 立方米或者幼树 5000 株至 10000 株，为特别重大案件立案起点。

（二）滥伐林木案

滥伐森林或者其他林木，立案起点为 10 立方米至 20 立方米或者幼树 500 至 1000 株；滥伐林木 50 立方米以上或者幼树 2500 株以上，为重大案件；滥伐林木 100 立方米以上或者幼树 5000 株以上，为特别重大案件。

（三）非法收购盗伐、滥伐的林木案

以牟利为目的，在林区非法收购明知是盗伐、滥伐的林木在 20 立方米或者幼树 1000 株以上的，以及非法收购盗伐、滥伐的珍贵树木 2 立方米以上或者 5 株以上的应当立案；非法收购林木 100 立方米或者幼树 5000 株以上的，以及非法收购盗伐、滥伐的珍贵树木 5 立方米以上或者 10 株以上的为重大案件；非法收购林木 200 立方米或者幼树 1000 株以上的，以及非法收购盗伐、滥伐的珍贵树木 10 立方米以上或者 20 株以上的为特别重大案件。

（四）非法采伐、毁坏珍贵树木案

非法采伐、毁坏珍贵树木的应当立案；采伐珍贵树木 2 株、2 立方米以上或者毁坏珍贵树木致死 3 株以上的，为重大案件；采伐珍贵树木 10 株、10 立方米以上或者毁坏珍贵树木致死 15 株以上的，为特别重大案件。

（五）走私珍稀植物、珍稀植物制品案

走私国家禁止进出口的珍稀植物、珍稀植物制品的应当立案；走私珍稀植物 2 株以上、珍稀植物制品价值在 2 万元以上的，为重大案件；走私珍稀植物 10 株以上、珍稀植物制品价值在 10 万元以上的，为特别重大案件。

（六）放火案

凡故意放火造成森林或者其他林木火灾的都应当立案；过火有林地面积 2 公顷以上为重大案件；过火有林地面积 10 公顷以上，或者致人重伤、死亡的，为特别重大案件。

（七）失火案

失火造成森林火灾，过火有林地面积 2 公顷以上，或者致人重伤、死亡的应当立案；过火有林地面积为 10 公顷以上，或者致人死亡、重伤 5 人以上的为重大案件；过火有林地面积为 50 公顷以上，或者死亡 2 人以上的，为特别重大案件。

（八）非法猎捕、杀害国家重点保护珍贵、濒危陆生野生动物案

凡非法猎捕、杀害国家重点保护的珍贵、濒危陆生野生动物的应当立案，重大案件、特别重大案件的立案标准详见附表。

国家林业局公安部关于森林和陆生野生动物刑事案件管辖及立案标准

非法收购、运输、出售国家重点保护的珍贵、濒危陆生野生动物的应当立案，重大案件、特别重大案件的立案标准见附表。

非法收购、运输、出售国家重点保护的珍贵、濒危陆生野生动物制品的，应当立案；制品价值在 10 万元以上或者非法获利 5 万元以上的，为重大案件；制品价值在 20 万元以上或非法获利 10 万元以上的，为特别重大案件。

（十）非法狩猎案

违反狩猎法规，在禁猎区、禁猎期或者使用禁用的工具、方法狩猎，具有下列情形之一的，应予立案：

1. 非法狩猎陆生野生动物 20 只以上的；
2. 在禁猎区或者禁猎期使用禁用的工具、方法狩猎的；
3. 具有其他严重破坏野生动物资源情节的。

违反狩猎法规，在禁猎区、禁猎期或者使用禁用的工具、方法狩猎，非法狩猎陆生野生动物 50 只以上的，为重大案件；非法狩猎陆生野生动物 100 只以上或者具有其他恶劣情节的，为特别重大案件。

（十一）走私珍贵动物、珍贵动物制品案

走私国家重点保护和《濒危野生动植物种国际贸易公约》附录一、附录二的陆生野生动物及其制品的应当立案；走私国家重点保护的陆生野生动物重大案件和特别重大案件按附表的标准执行。

走私国家重点保护和《濒危野生动植物种国际贸易公约》附录一、附录二的陆生野生动物制品价值 10 万元以上的，应当立为重大案件；走私国家重点保护和《濒危野生动植物种国际贸易公约》附录一、附录二的陆生野生动物制品价值 20 万元以上的，应当立为特别重大案件。

（十二）盗窃、抢夺、抢劫案、窝藏、转移、收购、销售赃物案、破坏生产经营案、聚众哄抢案、非法经营案、伪造变造买卖国家机关公文、证件案，执行相应的立案标准。

三、其他规定

（一）林区与非林区的划分，执行各省、自治区、直辖市人民政府的规定。

（二）林木的数量，以立木蓄积计算。

（三）对于一年内多次盗伐、滥伐少量林木未经处罚的，累计其盗伐林木、滥伐林木的数量。

（四）被盗伐、滥伐林木的价值，有国家规定价格的，按国家规定价格计算；没有国家规定价格的，按主管部门规定的价格计算；没有国家或者主管部门规定价格的，按市场价格计算；进入流通领域的，按实际销售价格计算；实际销售价格低于国家或者主管部门规定价格的，按国家或者主管部门规定的价格计算；实际销售价格低于市场价格，又没有国家或者主管部门规定价格的，按市场价格计算，不能按低价销赃的价格计算。

（五）非法猎捕、杀害、收购、运输、出售、走私《濒危野生动植物种国际贸易公约》附录一、附录二所列陆生野生动物的，其立案标准参照附表中同属或者同科的国家一、二级保护野生动物的立案标准执行。

（六）珍贵、濒危陆生野生动物制品的价值，依照国家野生动物行政主管部门的规定核定；核定价值低于实际交易价格的，以实际交易价格认定。

（七）单位作案的，执行本规定的立案标准。

（八）本规定中所指的“以上”，均包括本数在内。

（九）各省、自治区、直辖市公安厅、局和林业主管部门可根据本地的实际情况，在本规定的幅度内确定本地区盗伐林木案、滥伐林木案和非法狩猎案的立案起点及重大、特别重大案件的起点。

（十）盗伐、滥伐竹林或者其他竹子的立案标准，由各省、自治区、直辖市公安厅、局和林业主管部门根据竹子的经济价值参照盗伐、滥伐林木案的立案标准确定。

（十一）本规定自发布之日起执行。1986 年 8 月 20 日发布的《林业部、公安部关于森林案件管辖范围及森林刑事案件立案标准的暂行规定》和 1994 年 5 月 25 日发布的《林业部、公安部关于陆生野生动物刑事案件的管辖及其立案标准的规定》同时废止。

【执行规定】

关于加强和改进委托执行工作的若干规定

（2000年2月24日最高人民法院审判委员会第1102次会议通过）

为了加强和改进高级人民法院对委托和受托执行案件的统一管理，严格依法执行受托案件，切实保障跨辖区案件当事人的合法权益，根据《中华人民共和国民事诉讼法》的规定，对委托执行工作的有关问题作如下规定。

1．被执行人或被执行的财产在本省、自治区、直辖市辖区以外的案件，除少数特殊情况之外，应当委托执行。

被执行人或被执行的财产在本省、自治区、直辖市辖区内，需跨中级人民法院、基层人民法院辖区执行的案件，亦应以委托执行为主。

直辖市内法院间的跨辖区的执行案件，以及设区的市内跨辖区的执行案件，是否以委托执行为主，由各高级人民法院根据实际情况自行确定。

2．有下列特殊情况的，可以不委托执行：（1）被执行人在不同辖区内有财产，且任何一个地方的财产不足以单独清偿债务的；（2）分布在不同法院辖区的多个被执行人对清偿债务责任的承担有一定关联的；（3）需要裁定变更或追加本辖区以外的被执行人的；（4）案件审理中已对当事人在外地的财产进行保全，异地执行更为方便的；（5）因其他特殊情况不便委托执行，经高级人民法院批准的。

3．执行法院到异地办理执行案件时，应当主动请求当地法院协助执行。当地法院应当按照外地法院的请求予以积极办理。

4．受托法院应当于收到委托执行手续后15日内开始执行，一般应当在30日内执行完毕，最迟应当在6个月内执行完毕。委托手续不全的，执行期限自受托法院收到齐全手续之日起算。

5．申请执行费和执行中实际支出的费用，在案件委托后，由受托法院直接向当事人收取。委托法院已经预收的，应当在办理委托手续后3日内，将预收的费用退给申请执行人，由其直接向受托法院缴纳。

6．受托法院接受委托执行案件后，应当依法自行决定采取执行措施和强制措施，也可以与委托法院共同商定执行方式方法。

7．委托执行后，委托法院应当及时告知申请执行人。申请执行人可以直接向受托法院或者请求委托法院向受托法院催促执行，也可以向受托法院的上级法院请求督促执行。

委托法院或者申请执行人要求了解案件执行情况的，受托法院应当及时告知。

8．委托执行后，委托法院发现被执行人在本辖区内有可供执行的财产或者其他有关情况时，应当及时向受托法院通报。受托法院可以与委托法院协商，视情决定共同执行或采取其他措施执行。

9．委托执行后，遇有下列情况，由受托法院依照法律和司法解释的规定处理：（1）需要变更或追加被执行主体的；（2）因执行担保需要暂缓执行的；（3）当事人之间达成执行和解协议的；（4）案外人对非属据以执行的生效法律文书指定交付的执行标的物提出异议的。

10．案外人对据以执行的生效法律文书指定交付的财物和票证提出异议的，受托法院应当及时将案外人的书面异议转交委托法院处理。委托法院应当及时作出中止执行或驳回异议的裁定，并通知受托法院。

11．受托法院在办理受托执行案件过程中，发现据以执行的生效法律文书有明显错误，如予执行将造成严重后果的，应当首先对被执行人的财产采取查封、扣押、冻结等措施，然后将书面意见及时转交作出生效法律文书的法院处理。

作出生效法律文书的法院收到受托法院的书面意见后，应当于 2 个月内作出书面答复。受托法院应当按照其答复意见执行。超过 2 个月未作出答复的，受托法院可以将案件退回委托法院，并抄告其上级法院。

12．高级人民法院统一管理和协调本辖区内各级人民法院的委托执行工作。

中级人民法院辖区内基层人民法院间的委托执行案件，可以由中级人民法院进行统一管理和协调。

13．高级人民法院和中级人民法院对所属下级法院办理的受托执行案件，应当采取有效措施监督执行，必要时可以采取指定执行、共同执行和提级执行以及统一集中清理的办法执行。

14．各高级人民法院可以参照本规定，制定本辖区委托执行工作的实施细则。

15．本规定自公布之日起执行。

关于人民法院执行工作若干问题的规定（试行）

（1998年6月11日最高人民法院审判委员会第992次会议通过，
自1998年7月18日起施行　法释［1998］15号）

为了保证在执行程序中正确适用法律，及时有效地执行生效法律文书，维护当事人的合法权益，根据《中华人民共和国民事诉讼法》（以下简称民事诉讼法）等有关法律的规定，结合人民法院执行工作的实践经验，现对人民法院执行工作若干问题作如下规定。

一、执行机构及其职责

1．人民法院根据需要，依据有关法律的规定，设立执行机构，专门负责执行工作。

2．执行机构负责执行下列生效法律文书：

（1）人民法院民事、行政判决、裁定、调解书，民事制裁决定、支付令，以及刑事附带民事判决、裁定、调解书；

（2）依法应由人民法院执行的行政处罚决定、行政处理决定；

（3）我国仲裁机构作出的仲裁裁决和调解书；人民法院依据《中华人民共和国仲裁法》有关规定作出的财产保全和证据保全裁定；

（4）公证机关依法赋予强制执行效力的关于追偿债款、物品的债权文书；

（5）经人民法院裁定承认其效力的外国法院作出的判决、裁定，以及国外仲裁机构作出的仲裁裁决；

（6）法律规定由人民法院执行的其他法律文书。

3．人民法院在审理民事、行政案件中作出的财产保全和先予执行裁定，由审理案件的审判庭负责执行。

4．人民法庭审结的案件，由人民法庭负责执行。其中复杂、疑难或被执行人不在本法院辖区的案件，由执行机构负责执行。

5．执行程序中重大事项的办理，应由三名以上执行员讨论，并报经院长批准。

6．依据民事诉讼法第二百一十七条或第二百六十条的规定对仲裁裁决是否有不予执行事由进行审查的，应组成合议庭进行。

7．执行机构应配备必要的交通工具、通讯设备、音像设备和警械用具等，以保障及时有效地履行职责。

8．执行人员执行公务时，应向有关人员出示工作证和执行公务证，并按规定着装。必要时应由司法警察参加。执行公务证由最高人民法院统一制发。

9．上级人民法院执行机构负责本院对下级人民法院执行工作的监督、指导和协调。

二、执行管辖

10．仲裁机构作出的国内仲裁裁决、公证机关依法赋予强制执行效力的公证债权文书，由被执行人住所地或被执行的财产所在地人民法院执行。

前款案件的级别管辖，参照各地法院受理诉讼案件的级别管辖的规定确定。

11．在国内仲裁过程中，当事人申请财产保全，经仲裁机构提交人民法院的，由被申请人住所地或被申请保全的财产所在地的基层人民法院裁定并执行；申请证据保全的，由证据所在地的基层人民法院裁定并执行。

12．在涉外仲裁过程中，当事人申请财产保全，经仲裁机构提交人民法院的，由被申请人住所地或被申请保全的财产所在地的中级人民法院裁定并执行；申请证据保全的，由证据所在地的中级人民法院裁定并执行。

13．专利管理机关依法作出的处理决定和处罚决定，由被执行人住所地或财产所在地的省、自治区、直辖市有权受理专利纠纷案件的中级人民法院执行。

14．国务院各部门、各省、自治区、直辖市人民政府和海关依照法律、法规作出的处理决定和处罚决定，由被执行人住所地或财产所在地的中级人民法院执行。

15．两个以上人民法院都有管辖权的，当事人可以向其中一个人民法院申请执行；当事人向两个以上人民法院申请执行的，由最先立案的人民法院管辖。

16．人民法院之间因执行管辖权发生争议的，由双方协商解决；协商不成的，报请双方共同的上级人民法院指定管辖。

17．基层人民法院和中级人民法院管辖的执行案件，因特殊情况需要由上级人民法院执行的，可以报请上级人民法院执行。

三、执行的申请和移送

18．人民法院受理执行案件应当符合下列条件：

（1）申请或移送执行的法律文书已经生效；

（2）申请执行人是生效法律文书确定的权利人或其继承人、权利承受人；

（3）申请执行人在法定期限内提出申请；

（4）申请执行的法律文书有给付内容，且执行标的和被执行人明确；

（5）义务人在生效法律文书确定的期限内未履行义务；

（6）属于受申请执行的人民法院管辖。

人民法院对符合上述条件的申请，应当在七日内予以立案；不符合上述条件之一的，应当在七日内裁定不予受理。

19．生效法律文书的执行，一般应当由当事人依法提出申请。

发生法律效力的具有给付赡养费、扶养费、抚育费内容的法律文书、民事制裁决定书，以及刑事附带民事判决、裁定、调解书，由审判庭移送执行机构执行。

20．申请执行，应向人民法院提交下列文件和证件：

（1）申请执行书。申请执行书中应当写明申请执行的理由、事项、执行标的，以及申请执行人所了解的被执行人的财产状况。

申请执行人书写申请执行书确有困难的，可以口头提出申请。人民法院接待人员对口头申请应当制作笔录，由申请执行人签字或盖章。

外国一方当事人申请执行的，应当提交中文申请执行书。当事人所在国与我国缔结或共同参加的司法协助条约有特别规定的，按照条约规定办理。

（2）生效法律文书副本。

（3）申请执行人的身份证明。公民个人申请的，应当出示居民身份证；法人申请的，应当提交法人营业执照副本和法定代表人身份证明；其他组织申请的，应当提交营业执照副本和主要负责人身份证明。

（4）继承人或权利承受人申请执行的，应当提交继承或承受权利的证明文件。

（5）其他应当提交的文件或证件。

21．申请执行仲裁机构的仲裁裁决，应当向人民法院提交有仲裁条款的合同书或仲裁协议书。

申请执行国外仲裁机构的仲裁裁决的，应当提交经我国驻外使领馆认证或我国公证机关公证的仲裁裁决书中文本。

22．申请执行人可以委托代理人代为申请执行。委托代理的，应当向人民法院提交经委托人签字或盖章的授权委托书，写明委托事项和代理人的权限。

委托代理人代为放弃、变更民事权利，或代为进行执行和解，或代为收取执行款项的，应当有委托人的特别授权。

23．申请人民法院强制执行，应当按照人民法院诉讼收费办法的规定缴纳申请执行的费用。

四、执行前的准备和对被执行人财产状况的查明

24．人民法院决定受理执行案件后，应当在三日内向被执行人发出执行通知书，责令其在指定的期间内履行生效法律文书确定的义务，并承担民事诉讼法第二百三十二条规定的迟延履行期间的债务利息或延迟履行金。

25．执行通知书的送达，适用民事诉讼法关于送达的规定。

26．被执行人未按执行通知书指定的期间履行生效法律文书确定的义务的，应当及时采取执行措施。

在执行通知书指定的期限内，被执行人转移、隐匿、变卖、毁损财产的，应当立即采取执行措施。

人民法院采取执行措施，应当制作裁定书，送达被执行人。

27．人民法院执行非诉讼生效法律文书，必要时可向制作生效法律文书的机构调取卷宗材料。

28．申请执行人应当向人民法院提供其所了解的被执行人的财产状况或线索。被执行人必须如实向人民法院报告其财产状况。

人民法院在执行中有权向被执行人、有关机关、社会团体、企业事业单位或公民个人，调查了解被执行人的财产状况，对调查所需的材料可以进行复制、抄录或拍照，但应当依法保密。

29．为查明被执行人的财产状况和履行义务的能力，可以传唤被执行人或被执行人的法定代表人或负责人到人民法院接受询问。

30．被执行人拒绝按人民法院的要求提供其有关财产状况的证据材料的，人民法院可以按照民事诉讼法第二百二十七条的规定进行搜查。

31．人民法院依法搜查时，对被执行人可能存放隐匿的财物及有关证据材料的处所、箱柜等，经责令被执行人开启而拒不配合的，可以强制开启。

五、金钱给付的执行

32．查询、冻结、划拨被执行人在银行（含其分理处、营业所和储蓄所）、非银行金融机构、其他有储蓄业务的单位（以下简称金融机构）的存款，依照中国人民银行、最高人民法院、最高人民检察院、公安部《关于查询、冻结、扣划企业事业单位、机关、团体银行存款的通知》的规定办理。

33．金融机构擅自解冻被人民法院冻结的款项，致冻结款项被转移的，人民法院有权责令其限期追回已转移的款项。在限期内未能追回的，应当裁定该金融机构在转移的款项范围内以自己的财产向申请执行人承担责任。

34．被执行人为金融机构的，对其交存在人民银行的存款准备金和备付金不得冻结和扣划，但对其在本机构、其他金融机构的存款，及其在人民银行的其他存款可以冻结、划拨，并可对被执行人的其他财产采取执行措施，但不得查封其营业场所。

35．作为被执行人的公民，其收入转为储蓄存款的，应当责令其交出存单。拒不交出的，人民法院应当作出提取其存款的裁定，向金融机构发出协助执行通知书，并附生效法律文书，由金融机构提取被执行人的存款交人民法院或存入人民法院指定的账户。

36．被执行人在有关单位的收入尚未支取的，人民法院应当作出裁定，向该单位发出协助执行通知书，由其协助扣留或提取。

37．有关单位收到人民法院协助执行被执行人收入的通知书后，擅自向被执行人或其他人支付的，人民法院有权责令其限期追回；逾期未追回的，应当裁定其在支付的数额内向申请执行人承担责任。

38．被执行人无金钱给付能力的，人民法院有权裁定对被执行人的其他财产采取查封、扣押措施。裁定书应送达被执行人。

采取前款措施需有关单位协助的，应当向有关单位发出协助执行通知书，连同裁定书副本一并送达有关单位。

39．查封、扣押财产的价值应当与被执行人履行债务的价值相当。

40．人民法院对被执行人所有的其他人享有抵押权、质押权或留置权的财产，可以采取查封、扣押措施。财产拍卖、变卖后所得价款，应当在抵押权人、质押权人或留置权人优先受偿后，其余额部分用于清偿申请执行人的债权。

41．对动产的查封，应当采取加贴封条的方式。不便加贴封条的，应当张贴公告。

对有产权证照的动产或不动产的查封，应当向有关管理机关发出协助执行通知书，要求其不得办理查封财产的转移过户手续，同时可以责令被执行人将有关财产权证照交人民法院保管。必要时也可以采取加贴封条或张贴公告的方法查封。

既未向有关管理机关发出协助执行通知书，也未采取加贴封条或张贴公告的办法查封的，不得对抗其他人民法院的查封。

42．被查封的财产，可以指令由被执行人负责保管。如继续使用被查封的财产对其价值无重大影响，可以允许被执行人继续使用。因被执行人保管或使用的过错造成的损失，由被执行人承担。

43．被扣押的财产，人民法院可以自行保管，也可以委托其他单位或个人保管。对扣押的财产，保管人不得使用。

44．被执行人或其他人擅自处分已被查封、扣押、冻结财产的，人民法院有权责令责任人限期追回财产或承担相应的赔偿责任。

45．被执行人的财产经查封、扣押后，在人民法院指定的期间内履行义务的，人民法院应当及时解除查封、扣押措施。

46．人民法院对查封、扣押的被执行人财产进行变价时，应当委托拍卖机构进行拍卖。

财产无法委托拍卖、不适于拍卖或当事人双方同意不需要拍卖的，人民法院可以交由有关单位变卖或自行组织变卖。

47．人民法院对拍卖、变卖被执行人的财产，应当委托依法成立的资产评估机构进行价格评估。

48．被执行人申请对人民法院查封的财产自行变卖的，人民法院可以准许，但应当监督其按照合理价格在指定的期限内进行，并控制变卖的价款。

49．拍卖、变卖被执行人的财产成交后，必须即时钱物两清。

委托拍卖、组织变卖被执行人财产所发生的实际费用，从所得价款中优先扣除。所得价款超出执行标的数额和执行费用的部分，应当退还被执行人。

50．被执行人不履行生效法律文书确定的义务，人民法院有权裁定禁止被执行人转让其专利权、注册商标专用权、著作权（财产权部分）等知识产权。上述权利有登记主管部门的，应当同时向有关部门发出协助执行通知书，要求其不得办理财产权转移手续，必要时可以责令被执行人将产权或使用权证照交人民法院保存。

对前款财产权，可以采取拍卖、变卖等执行措施。

51．对被执行人从有关企业中应得的已到期的股息或红息等收益，人民法院有权裁定禁止被执行人提取和有关企业向被执行人支付，并要求有关企业直接向申请执行人支付。

对被执行人预期从有关企业中应得的股息或红利等收益，人民法院可以采取冻结措施，禁止到期后被执行人提取和有关企业向被执行人支付。到期后人民法院可从有关企业中提取，并出具提取收据。

52．对被执行人在其他股份有限公司中持有的股份凭证（股票），人民法院可以扣押，并强制被执行人按照公司法的有关规定转让，也可以直接采取拍卖、变卖的方式进行处分，或直接将股票抵偿给债权人，用于清偿被执行人的债务。

53．对被执行人在有限责任公司、其他法人企业中的投资权益或股权，人民法院可以采取冻结措施。

冻结投资权益或股权的，应当通知有关企业不得办理被冻结投资权益或股权的转移手续，不得向被执行人支付股息或红利。被冻结的投资权益或股权，被执行人不得自行转让。

54．被执行人在其独资开办的法人企业中拥有的投资权益被冻结后，人民法院可以直接裁定予以转让，以转让所得清偿其对申请执行人的债务。

对被执行人在有限责任公司中被冻结的投资权益或股权，人民法院可以依据《中华人民共和国公司法》第三十五条、第三十六条的规定，征得全体股东过半数同意后，予以拍卖、变卖或其他方式转让。不同意转让的股东，应当购买该转让的投资权益或股权，不购买的，视为同意转让，不影响执行。

人民法院也可允许并监督被执行人自行转让其投资权益或股权，将转让所得收益用于清偿对申请执行人的债务。

55．对被执行人在中外合资、合作经营企业中的投资权益或股权，在征得合资或合作他方的同意和对外经济贸易主管机关的批准后，可以对冻结的投资权益或股权予以转让。

如果被执行人除在中外合资、合作企业中的股权以外别无其他财产可供执行，其他股东又不同意转让的，可以直接强制转让被执行人的股权，但应当保护合资他方的优先购买权。

56．有关企业收到人民法院发出的协助冻结通知后，擅自向被执行人支付股息或红利，或擅自为被执行人办理已冻结股权的转移手续，造成已转移的财产无法追回的，应当在所支付的股息或红利或转移的股权价值范围内向申请执行人承担责任。

六、交付财产和完成行为的执行

57．生效法律文书确定被执行人交付特定标的物的，应当执行原物。原物被隐匿或非法转移的，人民法院有权责令其交出。原物确已变质、损坏或灭失的，应当裁定折价赔偿或按标的物的价值强制执行被执行人的其他财产。

58．有关单位或公民持有法律文书指定交付的财物或票证，在接到人民法院协助执行通知书或通知书后，协同被执行人转移财物或票证的，人民法院有权责令其限期追回；逾期未追回的，应当裁定其承担赔偿责任。

59．被执行人的财产经拍卖、变卖或裁定以物抵债后，需从现占有人处交付给买受人或申请执行人的，适用民事诉讼法第二百二十八条、第二百二十九条和本规定 57 条、58 条的规定。

60．被执行人拒不履行生效法律文书中指定的行为的，人民法院可以强制其履行。

对于可以替代履行的行为，可以委托有关单位或他人完成，因完成上述行为发生的费用由被执行人承担。

对于只能由被执行人完成的行为，经教育，被执行人仍拒不履行的，人民法院应当按照妨害执行行为的有关规定处理。

七、被执行人到期债权的执行

61．被执行人不能清偿债务，但对本案以外的第三人享有到期债权的，人民法院可以依申请执行人或被执行人的申请，向第三人发出履行到期债务的通知（以下简称履行通知）。履行通知必须直接送达第三人。

履行通知应当包含下列内容：

（1）第三人直接向申请执行人履行其对被执行人所负的债务，不得向被执行人清偿；

（2）第三人应当在收到履行通知后的十五日内向申请执行人履行债务；

（3）第三人对履行到期债权有异议的，应当在收到履行通知后的十五日内向执行法院提出；

（4）第三人违背上述义务的法律后果。

62．第三人对履行通知的异议一般应当以书面形式提出，口头提出的，执行人员应记入笔录，并由第三人签字或盖章。

63．第三人在履行通知指定的期间内提出异议的，人民法院不得对第三人强制执行，对提出的异议不进行审查。

64．第三人提出自己无履行能力或其与申请执行人无直接法律关系，不属于本规定所指的异议。

第三人对债务部分承认、部分有异议的，可以对其承认的部分强制执行。

65．第三人在履行通知指定的期限内没有提出异议，而又不履行的，执行法院有权裁定对其强制执行。此裁定同时送达第三人和被执行人。

66．被执行人收到人民法院履行通知后，放弃其对第三人的债权或延缓第三人履行期限的行为无效，人民法院仍可在第三人无异议又不履行的情况下予以强制执行。

67．第三人收到人民法院要求其履行到期债务的通知后，擅自向被执行人履行，造成已向被执行人履行的财产不能追回的，除在已履行的财产范围内与被执行人承担连带清偿责任外，可以追究其妨害执行的责任。

68．在对第三人作出强制执行裁定后，第三人确无财产可供执行的，不得就第三人对他人享有的到期债权强制执行。

69．第三人按照人民法院履行通知向申请执行人履行了债务或已被强制执行后，人民法院应当出具有关证明。

八、对案外人异议的处理

70．案外人对执行标的主张权利的，可以向执行法院提出异议。

案外人异议一般应当以书面形式提出，并提供相应的证据。以书面形式提出确有困难的，可以允许以口头形式提出。

71．对案外人提出的异议，执行法院应当依照民事诉讼法第二百零八条的规定进行审查。

审查期间可以对财产采取查封、扣押、冻结等保全措施，但不得进行处分。正在实施的处分措施应当停止。

经审查认为案外人的异议理由不成立的，裁定驳回其异议，继续执行。

72．案外人提出异议的执行标的物是法律文书指定交付的特定物，经审查认为案外人的异议成立的，报经院长批准，裁定对生效法律文书中该项内容中止执行。

73．执行标的物不属生效法律文书指定交付的特定物，经审查认为案外人的异议成立的，报经院长批准，停止对该标的物的执行。已经采取的执行措施应当裁定立即解除或撤销，并将该标的物交还案外人。

74．对案外人提出的异议一时难以确定是否成立，案外人已提供确实有效的担保的，可以解除查封、扣押措施。申请执行人提供确实有效的担保的，可以继续执行。因提供担保而解除查封扣押或继续执行有错误，给对方造成损失的，应裁定以担保的财产予以赔偿。

75．执行上级人民法院的法律文书遇有本规定 72 条规定的情形的，或执行的财产是上级人民法院裁定保全的财产时遇有本规定 73 条、74 条规定的情形的，需报经上级人民法院批准。

九、被执行主体的变更和追加

76．被执行人为无法人资格的私营独资企业，无能力履行法律文书确定的义务的，人民法院可以裁定执行该独资企业业主的其他财产。

77．被执行人为个人合伙组织或合伙型联营企业，无能力履行生效法律文书确定的义务的，人民法院可以裁定追加该合伙组织的合伙人或参加该联营企业的法人为被执行人。

78．被执行人为企业法人的分支机构不能清偿债务时，可以裁定企业法人为被执行人。企业法人直接经营管理的财产仍不能清偿债务的，人民法院可以裁定执行该企业法人其他分支机构的财产。

若必须执行已被承包或租赁的企业法人分支机构的财产时，对承包人或承租人投入及应得的收益应依法保护。

79．被执行人按法定程序分立为两个或多个具有法人资格的企业，分立后存续的企业按照分立协议确定的比例承担债务；不符合法定程序分立的，裁定由分立后存续的企业按照其从被执行企业分得的资产占原企业总资产的比例对申请执行人承担责任。

80．被执行人无财产清偿债务，如果其开办单位对其开办时投入的注册资金不实或抽逃注册资金，可以裁定变更或追加其开办单位为被执行人，在注册资金不实或抽逃注册资金的范围内，对申请执行人承担责任。

81．被执行人被撤销、注销或歇业后，上级主管部门或开办单位无偿接受被执行人的财产，致使被执行人无遗留财产清偿债务或遗留财产不足清偿的，可以裁定由上级主管部门或开办单位在所接受的财产范围内承担责任。

82．被执行人的开办单位已经在注册资金范围内或接受财产的范围内向其他债权人承担了全部责任的，人民法院不得裁定开办单位重复承担责任。

83．依照民事诉讼法第二百一十三条、最高人民法院关于适用民事诉讼法若干问题的意见第 271 条至第 274 条及本规定裁定变更或追加被执行主体的，由执行法院的执行机构办理。

十、执行担保和执行和解

84．被执行人或其担保人以财产向人民法院提供执行担保的，应当依据《中华人民共和国担保法》的有关规定，按照担保物的种类、性质，将担保物移交执行法院，或依法到有关机关办理登记手续。

85．人民法院在审理案件期间，保证人为被执行人提供保证，人民法院据此未对被执行人的财产采取保全措施或解除保全措施的，案件审结后如果被执行人无财产可供执行或其财产不足清偿债务时，即使生效法律文书中未确定保证人承担责任，人民法院有权裁定执行保证人在保证责任范围内的财产。

86．在执行中，双方当事人可以自愿达成和解协议，变更生效法律文书确定的履行义务主体、标的物及其数额、履行期限和履行方式。

和解协议一般应当采取书面形式。执行人员应将和解协议副本附卷。无书面协议的，执行人员应将和解协议的内容记入笔录，并由双方当事人签名或盖章。

87．当事人之间达成的和解协议合法有效并已履行完毕的，人民法院作执行结案处理。

十一、多个债权人对一个债务人申请执行和参与分配

88．多份生效法律文书确定金钱给付内容的多个债权人分别对同一被执行人申请执行，各债权人对执行标的物均无担保物权的，按照执行法院采取执行措施的先后顺序受偿。

多个债权人的债权种类不同的，基于所有权和担保物权而享有的债权，优先于金钱债权受偿。有多个担保物权的，按照各担保物权成立的先后顺序清偿。

一份生效法律文书确定金钱给付内容的多个债权人对同一被执行人申请执行，执行的财产不足清偿全部债务的，各债权人对执行标的物均无担保物权的，按照各债权比例受偿。

89．被执行人为企业法人，其财产不足清偿全部债务的，可告知当事人依法申请被执行人破产。

90．被执行人为公民或其他组织，其全部或主要财产已被一个人民法院因执行确定金钱给付的生效法律文书而查封、扣押或冻结，无其他财产可供执行或其他财产不足清偿全部债务的，在被执行人的财产被执行完毕前，对该被执行人已经取得金钱债权执行依据的其他债权人可以申请对该被执行人的财产参与分配。

91．对参与被执行人财产的具体分配，应当由首先查封、扣押或冻结的法庭主持进行。

首先查封、扣押、冻结的法院所采取的执行措施如系为执行财产保全裁定，具体分配应当在该院案件审理终结后进行。

92．债权人申请参与分配的，应当向其原申请执行法院提交参与分配申请书，写明参与分配的理由，并附有执行依据。该执行法院应将参与分配申请书转交给主持分配的

法院，并说明执行情况。

93．对人民法院查封、扣押或冻结的财产有优先权、担保物权的债权人，可以申请参加参与分配程序，主张优先受偿权。

94．参与分配案件中可供执行的财产，在对享有优先权、担保权的债权人依照法律规定的顺序优先受偿后，按照各个案件债权额的比例进行分配。

95．被执行人的财产被分配给各债权人后，被执行人对其剩余债务应当继续清偿。债权人发现被执行人有其他财产的，人民法院可以根据债权人的申请继续依法执行。

96．被执行人为企业法人，未经清理或清算而撤销、注销或歇业，其财产不足清偿全部债务的，应当参照本规定90条至95条的规定，对各债权人的债权按比例清偿。

十二、对妨害执行行为的强制措施的适用

97．对必须到人民法院接受询问的被执行人或被执行人的法定代表人或负责人，经两次传票传唤，无正当理由拒不到场的，人民法院可以对其进行拘传。

98．对被拘传人的调查询问不得超过二十四小时，调查询问后不得限制被拘传人的人身自由。

99．在本辖区以外采取拘传措施时，应当将被拘传人拘传到当地法院，当地法院应予以协助。

100．被执行人或其他人有下列拒不履行生效法律文书或者妨害执行行为之一的，人民法院可以依照民事诉讼法第一百零二条的规定处理：

（1）隐藏、转移、变卖、毁损向人民法院提供执行担保的财产的；

（2）案外人与被执行人恶意串通转移被执行人财产的；

（3）故意撕毁人民法院执行公告、封条的；

（4）伪造、隐藏、毁灭有关被执行人履行能力的重要证据，妨碍人民法院查明被执行人财产状况的；

（5）指使、贿买、胁迫他人对被执行人的财产状况和履行义务的能力问题作伪证的；

（6）妨碍人民法院依法搜查的；

（7）以暴力、威胁或其他方法妨碍或抗拒执行的；

（8）哄闹、冲击执行现场的；

（9）对人民法院执行人员或协助执行人员进行侮辱、诽谤、诬陷、围攻、威胁、殴打或者打击报复的；

（10）毁损、抢夺执行案件材料、执行公务车辆、其他执行器械、执行人员服装和执行公务证件的。

101．在执行过程中遇有被执行人或其他人拒不履行生效法律文书或者妨害执行情节严重，需要追究刑事责任的，应将有关材料移交有关机关处理。

十三、执行的中止、终结、结案和执行回转

102．有下列情形之一的，人民法院应当依照民事诉讼法第二百三十四条第一款第五项的规定裁定中止执行：

（1）人民法院已受理以被执行人为债务人的破产申请的；

（2）被执行人确无财产可供执行的；

（3）执行的标的物是其他法院或仲裁机构正在审理的案件争议标的物，需要等待该案件审理完毕确定权属的；

（4）一方当事人申请执行仲裁裁决，另一方当事人申请撤销仲裁裁决的；

（5）仲裁裁决的被申请执行人依据民事诉讼法第二百一十七条第二款的规定向人民法院提出不予执行请求，并提供适当担保的。

103．按照审判监督程序提审或再审的案件，执行机构根据上级法院或本院作出的中止执行裁定书中止执行。

104．中止执行的情形消失后，执行法院可以根据当事人的申请或依职权恢复执行。

恢复执行应当书面通知当事人。

105．在执行中，被执行人被人民法院裁定宣告破产的，执行法院应当依照民事诉讼法第二百三十五条第六项的规定，裁定终结执行。

106．中止执行和终结执行的裁定书应当写明中止或终结执行的理由和法律依据。

107．人民法院执行生效法律文书，一般应当在立案之日起六个月内执行结案，但中止执行的期间应当扣除。确有特殊情况需要延长的，由本院院长批准。

108．执行结案的方式为：

（1）生效法律文书确定的内容全部执行完毕；

（2）裁定终结执行；

（3）裁定不予执行；

（4）当事人之间达成执行和解协议并已履行完毕。

109．在执行中或执行完毕后，据以执行的法律文书被人民法院或其他有关机关撤销或变更的，原执行机构应当依照民事诉讼法第二百一十四条的规定，依当事人申请或依职权，按照新的生效法律文书，作出执行回转的裁定，责令原申请执行人返还已取得的财产及其孳息，拒不返还的，强制执行。

执行回转应重新立案，适用执行程序的有关规定。

110．执行回转时，已执行的标的物系特定物的，应当退还原物。不能退还原物的，可以折价抵偿。

十四、委托执行、协助执行和执行争议的协调

111．凡需要委托执行的案件，委托法院应在立案后一个月内办妥委托执行手续。超过此期限委托的，应当经对方法院同意。

112．委托法院明知被执行人有下列情形的，应当及时依法裁定中止执行或终结执行，不得委托当地法院执行：

（1）无确切住所，长期下落不明，又无财产可供执行的；

（2）有关法院已经受理以被执行人为债务人的破产案件或者已经宣告其破产的。

113．委托执行一般应在同级人民法院之间进行。经对方法院同意，也可委托上一级的法院执行。

被执行人是军队企业的，可以委托其所在地的军事法院执行。

执行标的物是船舶的，可以委托有关海事法院执行。

114．委托法院应当向受委托法院出具书面委托函，并附送据以执行的生效法律文书副本原件、立案审批表复印件及有关情况说明，包括财产保全情况、被执行人的财产状况、生效法律文书履行的情况，并注明委托法院地址、联系电话、联系人等。

115．委托执行案件的实际支出费用，由受托法院向被执行人收取，确有必要的，可以向申请执行人预收。委托法院已经向申请执行人预收费用的，应当将预收的费用转交受托法院。

116．案件委托执行后，未经受托法院同意，委托法院不得自行执行。

117．受托法院接到委托后，应当及时将指定的承办人、联系电话、地址等告知委托法院；如发现委托执行的手续、资料不全，应及时要求委托法院补办。但不得据此拒绝接受委托。

118．受托法院对受托执行的案件应当严格按照民事诉讼法和最高人民法院有关规定执行，有权依法采取强制执行措施和对妨害执行行为的强制措施。

119．被执行人在受托法院当地有工商登记或户籍登记，但人员下落不明，如有可供执行的财产，可以直接执行其财产。

120．对执行担保和执行和解的情况以及案外人对非属法律文书指定交付的执行标的物提出的异议，受托法院可以按照有关法律规定处理，并及时通知委托法院。

121．受托法院在执行中，认为需要变更被执行人的，应当将有关情况函告委托法院，由委托法院依法决定是否作出变更被执行人的裁定。

122．受托法院认为受托执行的案件应当中止、终结执行的，应提供有关证据材料，函告委托法院作出裁定。受托法院提供的证据材料确实、充分的，委托法院应当及时作出中止或终结执行的裁定。

123．受托法院认为委托执行的法律文书有错误，如执行可能造成执行回转困难或无法执行回转的，应当首先采取查封、扣押、冻结等保全措施，必要时要将保全款项划到法院账户，然后函请委托法院审查。受托法院按照委托法院的审查结果继续执行或停止执行。

124．人民法院在异地执行时，当地人民法院应当积极配合，协同排除障碍，保证执行人员的人身安全和执行装备、执行标的物不受侵害。

125．两个或两个以上人民法院在执行相关案件中发生争议的，应当协商解决。协商不成的，逐级报请上级法院，直至报请共同的上级法院协调处理。

执行争议经高级人民法院协商不成的，由有关的高级人民法院书面报请最高人民法院协调处理。

126．执行中发现两地法院或人民法院与仲裁机构就同一法律关系作出不同裁判内容的法律文书的，各有关法院应当立即停止执行，报请共同的上级法院处理。

127．上级法院协调处理有关执行争议案件，认为必要时，可以决定将有关款项划到本院指定的账户。

128．上级法院协调下级法院之间的执行争议所作出的处理决定，有关法院必须执行。

十五、执行监督

129 上级人民法院依法监督下级人民法院的执行工作。最高人民法院依法监督地方各级人民法院和专门法院的执行工作。

130．上级法院发现下级法院在执行中作出的裁定、决定、通知或具体执行行为不当或有错误的，应当及时指令下级法院纠正，并可以通知有关法院暂缓执行。

下级法院收到上级法院的指令后必须立即纠正。如果认为上级法院的指令有错误，可以在收到该指令后五日内请求上级法院复议。

上级法院认为请求复议的理由不成立，而下级法院仍不纠正的，上级法院可直接作出裁定或决定予以纠正，送达有关法院及当事人，并可直接向有关单位发出协助执行通知书。

131．上级法院发现下级法院执行的非诉讼生效法律文书有不予执行事由，应当依法作出不予执行裁定而不制作的，可以责令下级法院在指定时限内作出裁定，必要时可直接裁定不予执行。

132．上级法院发现下级法院的执行案件（包括受委托执行的案件）在规定的期限内未能执行结案的，应当作出裁定、决定、通知而不制作的，或应当依法实施具体执行行为而不实施的，应当督促下级法院限期执行，及时作出有关裁定等法律文书，或采取相应措施。

对下级法院长期未能执结的案件，确有必要的，上级法院可以决定由本院执行或与下级法院共同执行，也可以指定本辖区其他法院执行。

133．上级法院在监督、指导、协调下级法院执行案件中，发现据以执行的生效法律文书确有错误的，应当书面通知下级法院暂缓执行，并按照审判监督程序处理。

134．上级法院在申诉案件复查期间，决定对生效法律文书暂缓执行的，有关审判庭应当将暂缓执行的通知抄送执行机构。

135．上级法院通知暂缓执行的，应同时指定暂缓执行的期限。暂缓执行的期限一般不得超过三个月。有特殊情况需要延长的，应报经院长批准，并及时通知下级法院。

暂缓执行的原因消除后，应当及时通知执行法院恢复执行。期满后上级法院未通知继续暂缓执行的，执行法院可以恢复执行。

136．下级法院不按照上级法院的裁定、决定或通知执行，造成严重后果的，按照有关规定追究有关主管人员和直接责任人员的责任。

十六、附则

137．本规定自公布之日起试行。

本院以前作出的司法解释与本规定有抵触的，以本规定为准。本规定未尽事宜，按照以前的规定办理。

关于依法规范人民法院执行和国土资源、房地产管理部门协助执行若干问题的通知

（最高人民法院、国土资源部、建设部2004年2月10日　法发［2004］5号）

各省、自治区、直辖市高级人民法院，解放军军事法院，新疆维吾尔自治区高级人民法院生产建设兵团分院；各省、自治区、直辖市国土资源厅（国土环境资源厅、国土资源和房屋管理局、房屋土地资源管理局、规划和国土资源局），新疆生产建设兵团国土资源局；各省、自治区建设厅，新疆生产建设兵团建设局，各直辖市房地产管理局：

为保证人民法院生效判决、裁定及其他生效法律文书依法及时执行，保护当事人的合法权益，根据《中华人民共和国民事诉讼法》、《中华人民共和国土地管理法》、《中华人民共和国城市房地产管理法》等有关法律规定，现就规范人民法院执行和国土资源、房地产管理部门协助执行的有关问题通知如下：

一、人民法院在办理案件时，需要国土资源、房地产管理部门协助执行的，国土资源、房地产管理部门应当按照人民法院的生效法律文书和协助执行通知书办理协助执行事项。

国土资源、房地产管理部门依法协助人民法院执行时，除复制有关材料所必需的工本费外，不得向人民法院收取其他费用。登记过户的费用按照国家有关规定收取。

二、人民法院对土地使用权、房屋实施查封或者进行实体处理前，应当向国土资源、房地产管理部门查询该土地、房屋的权属。

人民法院执行人员到国土资源、房地产管理部门查询土地、房屋权属情况时，应当出示本人工作证和执行公务证，并出具协助查询通知书。

人民法院执行人员到国土资源、房地产管理部门办理土地使用权或者房屋查封、预查封登记手续时，应当出示本人工作证和执行公务证，并出具查封、预查封裁定书和协助执行通知书。

三、对人民法院查封或者预查封的土地使用权、房屋，国土资源、房地产管理部门应当及时办理查封或者预查封登记。

国土资源、房地产管理部门在协助人民法院执行土地使用权、房屋时，不对生效法律文书和协助执行通知书进行实体审查。国土资源、房地产管理部门认为人民法院查封、预查封或者处理的土地、房屋权属错误的，可以向人民法院提出审查建议，但不应当停止办理协助执行事项。

四、人民法院在国土资源、房地产管理部门查询并复制或者抄录的书面材料，由土地、房屋权属的登记机构或者其所属的档案室（馆）加盖印章。无法查询或者查询无结

果的，国土资源、房地产管理部门应当书面告知人民法院。

五、人民法院查封时，土地、房屋权属的确认以国土资源、房地产管理部门的登记或者出具的权属证明为准。权属证明与权属登记不一致的，以权属登记为准。

在执行人民法院确认土地、房屋权属的生效法律文书时，应当按照人民法院生效法律文书所确认的权利人办理土地、房屋权属变更、转移登记手续。

六、土地使用权和房屋所有权归属同一权利人的，人民法院应当同时查封；土地使用权和房屋所有权归属不一致的，查封被执行人名下的土地使用权或者房屋。

七、登记在案外人名下的土地使用权、房屋，登记名义人（案外人）书面认可该土地、房屋实际属于被执行人时，执行法院可以采取查封措施。

如果登记名义人否认该土地、房屋属于被执行人，而执行法院、申请执行人认为登记为虚假时，须经当事人另行提起诉讼或者通过其他程序，撤销该登记并登记在被执行人名下之后，才可以采取查封措施。

八、对被执行人因继承、判决或者强制执行取得，但尚未办理过户登记的土地使用权、房屋的查封，执行法院应当向国土资源、房地产管理部门提交被执行人取得财产所依据的继承证明、生效判决书或者执行裁定书及协助执行通知书，由国土资源、房地产管理部门办理过户登记手续后，办理查封登记。

九、对国土资源、房地产管理部门已经受理被执行人转让土地使用权、房屋的过户登记申请，尚未核准登记的，人民法院可以进行查封，已核准登记的，不得进行查封。

十、人民法院对可以分割处分的房屋应当在执行标的额的范围内分割查封，不可分割的房屋可以整体查封。

分割查封的，应当在协助执行通知书中明确查封房屋的具体部位。

十一、人民法院对土地使用权、房屋的查封期限不得超过二年。期限届满可以续封一次，续封时应当重新制作查封裁定书和协助执行通知书，续封的期限不得超过一年。确有特殊情况需要再续封的，应当经过所属高级人民法院批准，且每次再续封的期限不得超过一年。

查封期限届满，人民法院未办理继续查封手续的，查封的效力消灭。

十二、人民法院在案件执行完毕后，对未处理的土地使用权、房屋需要解除查封的，应当及时作出裁定解除查封，并将解除查封裁定书和协助执行通知书送达国土资源、房地产管理部门。

十三、被执行人全部缴纳土地使用权出让金但尚未办理土地使用权登记的，人民法院可以对该土地使用权进行预查封。

十四、被执行人部分缴纳土地使用权出让金但尚未办理土地使用权登记的，对可以分割的土地使用权，按已缴付的土地使用权出让金，由国土资源管理部门确认被执行人的土地使用权，人民法院可以对确认后的土地使用权裁定预查封。对不可以分割的土地使用权，可以全部进行预查封。

被执行人在规定的期限内仍未全部缴纳土地出让金的，在人民政府收回土地使用权的同时，应当将被执行人缴纳的按照有关规定应当退还的土地出让金交由人民法院处理，预查封自动解除。

十五、下列房屋虽未进行房屋所有权登记，人民法院也可以进行预查封：

（一）作为被执行人的房地产开发企业，已办理了商品房预售许可证且尚未出售的房屋；

（二）被执行人购买的已由房地产开发企业办理了房屋权属初始登记的房屋；

（三）被执行人购买的办理了商品房预售合同登记备案手续或者商品房预告登记的房屋。

十六、国土资源、房地产管理部门应当依据人民法院的协助执行通知书和所附的裁定书办理预查封登记。土地、房屋权属在预查封期间登记在被执行人名下的，预查封登记自动转为查封登记，预查封转为正式查封后，查封期限从预查封之日起开始计算。

十七、预查封的期限为二年。期限届满可以续封一次，续封时应当重新制作预查封裁定书和协助执行通知书，预查封的续封期限为一年。确有特殊情况需要再续封的，应当经过所属高级人民法院批准，且每次再续封的期限不得超过一年。

十八、预查封的效力等同于正式查封。预查封期限届满之日，人民法院未办理预查封续封手续的，预查封的效力消灭。

十九、两个以上人民法院对同一宗土地使用权、房屋进行查封的，国土资源、房地产管理部门为首先送达协助执行通知书的人民法院办理查封登记手续后，对后来办理查封登记的人民法院作轮候查封登记，并书面告知该土地使用权、房屋已被其他人民法院查封的事实及查封的有关情况。

二十、轮候查封登记的顺序按照人民法院送达协助执行通知书的时间先后进行排列。查封法院依法解除查封的，排列在先的轮候查封自动转为查封；查封法院对查封的土地使用权、房屋全部处理的，排列在后的轮候查封自动失效；查封法院对查封的土地使用权、房屋部分处理的，对剩余部分，排列在后的轮侯查封自动转为查封。

预查封的轮侯登记参照第十九条和本条第一款的规定办理。

二十一、已被人民法院查封、预查封并在国土资源、房地产管理部门办理了查封、预查封登记手续的土地使用权、房屋，被执行人隐瞒真实情况，到国土资源、房地产管理部门办理抵押、转让等手续的，人民法院应当依法确认其行为无效，并可视情节轻重，依法追究有关人员的法律责任。国土资源、房地产管理部门应当按照人民法院的生效法律文书撤销不合法的抵押、转让等登记，并注销所颁发的证照。

二十二、国土资源、房地产管理部门对被人民法院依法查封、预查封的土地使用权、房屋，在查封、预查封期间不得办理抵押、转让等权属变更、转移登记手续。

国土资源、房地产管理部门明知土地使用权、房屋已被人民法院查封、预查封，仍然办理抵押、转让等权属变更、转移登记手续的，对有关的国土资源、房地产管理部门和直接责任人可以依照民事诉讼法第一百零二条的规定处理。

二十三、在变价处理土地使用权、房屋时，土地使用权、房屋所有权同时转移；土地使用权与房屋所有权归属不一致的，受让人继受原权利人的合法权利。

二十四、人民法院执行集体土地使用权时，经与国土资源管理部门取得一致意见后，可以裁定予以处理，但应当告知权利受让人到国土资源管理部门办理土地征用和国有土地使用权出让手续，缴纳土地使用权出让金及有关税费。

对处理农村房屋涉及集体土地的，人民法院应当与国土资源管理部门协商一致后再行处理。

二十五、人民法院执行土地使用权时，不得改变原土地用途和出让年限。

二十六、经申请执行人和被执行人协商同意，可以不经拍卖、变卖，直接裁定将被执行人以出让方式取得的国有土地使用权及其地上房屋经评估作价后交由申请执行人抵偿债务，但应当依法向国土资源和房地产管理部门办理土地、房屋权属变更、转移登记手续。

二十七、人民法院制作的土地使用权、房屋所有权转移裁定送达权利受让人时即发生法律效力，人民法院应当明确告知权利受让人及时到国土资源、房地产管理部门申请土地、房屋权属变更、转移登记。

国土资源、房地产管理部门依据生效法律文书进行权属登记时，当事人的土地、房屋权利应当追溯到相关法律文书生效之时。

二十八、人民法院进行财产保全和先予执行时适用本通知。

二十九、本通知下发前已经进行的查封，自本通知实施之日起计算期限。

三十、本通知自 2004 年 3 月 1 日起实施。

最高人民法院关于人民法院民事执行中查封、扣押、冻结财产的规定

（2004年10月26日最高人民法院审判委员会第1330次会议通过，2004年11月4日最高人民法院文件法释［2004］15号发布，自2005年1月1日起施行）

为了进一步规范民事执行中的查封、扣押、冻结措施，维护当事人的合法权益，根据《中华人民共和国民事诉讼法》等法律的规定，结合人民法院民事执行工作的实践经验，制定本规定。

第一条 人民法院查封、扣押、冻结被执行人的动产、不动产及其他财产权，应当作出裁定，并送达被执行人和申请执行人。

采取查封、扣押、冻结措施需要有关单位或者个人协助的，人民法院应当制作协助执行通知书，连同裁定书副本一并送达协助执行人。查封、扣押、冻结裁定书和协助执行通知书送达时发生法律效力。

第二条 人民法院可以查封、扣押、冻结被执行人占有的动产、登记在被执行人名下的不动产、特定动产及其他财产权。

未登记的建筑物和土地使用权，依据土地使用权的审批文件和其他相关证据确定权属。

对于第三人占有的动产或者登记在第三人名下的不动产、特定动产及其他财产权，第三人书面确认该财产属于被执行人的，人民法院可以查封、扣押、冻结。

第三条 作为执行依据的法律文书生效后至申请执行前，债权人可以向有执行管辖权的人民法院申请保全债务人的财产。人民法院可以参照民事诉讼法第九十二条的规定作出保全裁定，保全裁定应当立即执行。

第四条 诉讼前、诉讼中及仲裁中采取财产保全措施的，进入执行程序后，自动转为执行中的查封、扣押、冻结措施，并适用本规定第二十九条关于查封、扣押、冻结期限的规定。

第五条 人民法院对被执行人下列的财产不得查封、扣押、冻结：

（一）被执行人及其所扶养家属生活所必需的衣服、家具、炊具、餐具及其他家庭生活必需的物品；

（二）被执行人及其所扶养家属所必需的生活费用。当地有最低生活保障标准的，必需的生活费用依照该标准确定；

（三）被执行人及其所扶养家属完成义务教育所必需的物品；

（四）未公开的发明或者未发表的著作；

（五）被执行人及其所扶养家属用于身体缺陷所必需的辅助工具、医疗物品；

（六）被执行人所得的勋章及其他荣誉表彰的物品；

（七）根据《中华人民共和国缔结条约程序法》，以中华人民共和国、中华人民共和国政府或者中华人民共和国政府部门名义同外国、国际组织缔结的条约、协定和其他具有条约、协定性质的文件中规定免于查封、扣押、冻结的财产；

（八）法律或者司法解释规定的其他不得查封、扣押、冻结的财产。

第六条 对被执行人及其所扶养家属生活所必需的居住房屋，人民法院可以查封，但不得拍卖、变卖或者抵债。

第七条 对于超过被执行人及其所扶养家属生活所必需的房屋和生活用品，人民法院根据申请执行人的申请，在保障被执行人及其所扶养家属最低生活标准所必需的居住房屋和普通生活必需品后，可予以执行。

第八条 查封、扣押动产的，人民法院可以直接控制该项财产。人民法院将查封、扣押的动产交付其他人控制的，应当在该动产上加贴封条或者采取其他足以公示查封、扣押的适当方式。

第九条 查封不动产的，人民法院应当张贴封条或者公告，并可以提取保存有关财产权证照。

查封、扣押、冻结已登记的不动产、特定动产及其他财产权，应当通知有关登记机关办理登记手续。未办理登记手续的，不得对抗其他已经办理了登记手续的查封、扣押、冻结行为。

第十条 查封尚未进行权属登记的建筑物时，人民法院应当通知其管理人或者该建筑物的实际占有人，并在显著位置张贴公告。

第十一条 扣押尚未进行权属登记的机动车辆时，人民法院应当在扣押清单上记载该机动车辆的发动机编号。该车辆在扣押期间权利人要求办理权属登记手续的，人民法院应当准许并及时办理相应的扣押登记手续。

第十二条 查封、扣押的财产不宜由人民法院保管的，人民法院可以指定被执行人负责保管；不宜由被执行人保管的，可以委托第三人或者申请执行人保管。

由人民法院指定被执行人保管的财产，如果继续使用对该财产的价值无重大影响，可以允许被执行人继续使用；由人民法院保管或者委托第三人、申请执行人保管的，保管人不得使用。

第十三条 查封、扣押、冻结担保物权人占有的担保财产，一般应当指定该担保物权人作为保管人；该财产由人民法院保管的，质权、留置权不因转移占有而消灭。

第十四条 对被执行人与其他人共有的财产，人民法院可以查封、扣押、冻结，并及时通知共有人。

共有人协议分割共有财产，并经债权人认可的，人民法院可以认定有效。查封、扣押、冻结的效力及于协议分割后被执行人享有份额内的财产；对其他共有人享有份额内的财产的查封、扣押、冻结，人民法院应当裁定予以解除。

共有人提起析产诉讼或者申请执行人代位提起析产诉讼的，人民法院应当准许。诉讼期间中止对该财产的执行。

第十五条 对第三人为被执行人的利益占有的被执行人的财产，人民法院可以查封、扣押、冻结；该财产被指定给第三人继续保管的，第三人不得将其交付给被执行人。

对第三人为自己的利益依法占有的被执行人的财产，人民法院可以查封、扣押、冻结，第三人可以继续占有和使用该财产，但不得将其交付给被执行人。

第三人无偿借用被执行人的财产的，不受前款规定的限制。

第十六条 被执行人将其财产出卖给第三人，第三人已经支付部分价款并实际占有该财产，但根据合同约定被执行人保留所有权的，人民法院可以查封、扣押、冻结；第三人要求继续履行合同的，应当由第三人在合理期限内向人民法院交付全部余款后，裁定解除查封、扣押、冻结。

第十七条 被执行人将其所有的需要办理过户登记的财产出卖给第三人，第三人已经支付部分或者全部价款并实际占有该财产，但尚未办理产权过户登记手续的，人民法院可以查封、扣押、冻结；第三人已经支付全部价款并实际占有，但未办理过户登记手续的，如果第三人对此没有过错，人民法院不得查封、扣押、冻结。

第十八条 被执行人购买第三人的财产，已经支付部分价款并实际占有该财产，但第三人依合同约定保留所有权，申请执行人已向第三人支付剩余价款或者第三人书面同意剩余价款从该财产变价款中优先支付的，人民法院可以查封、扣押、冻结。

第三人依法解除合同的，人民法院应当准许，已经采取的查封、扣押、冻结措施应当解除，但人民法院可以依据申请执行人的申请，执行被执行人因支付价款而形成的对该第三人的债权。

第十九条 被执行人购买需要办理过户登记的第三人的财产，已经支付部分或者全部价款并实际占有该财产，虽未办理产权过户登记手续，但申请执行人已向第三人支付剩余价款或者第三人同意剩余价款从该财产变价款中优先支付的，人民法院可以查封、扣押、冻结。

第二十条 查封、扣押、冻结被执行人的财产时，执行人员应当制作笔录，载明下列内容：

（一）执行措施开始及完成的时间；

（二）财产的所在地、种类、数量；

（三）财产的保管人；

（四）其他应当记明的事项。

执行人员及保管人应当在笔录上签名，有民事诉讼法第二百二十四条规定的人员到场的，到场人员也应当在笔录上签名。

第二十一条 查封、扣押、冻结被执行人的财产，以其价额足以清偿法律文书确定的债权额及执行费用为限，不得明显超标的额查封、扣押、冻结。

发现超标的额查封、扣押、冻结的，人民法院应当根据被执行人的申请或者依职权，及时解除对超标的额部分财产的查封、扣押、冻结，但该财产为不可分物且被执行人无其他可供执行的财产或者其他财产不足以清偿债务的除外。

第二十二条 查封、扣押的效力及于查封、扣押物的从物和天然孳息。

第二十三条 查封地上建筑物的效力及于该地上建筑物使用范围内的土地使用权，

查封土地使用权的效力及于地上建筑物，但土地使用权与地上建筑物的所有权分属被执行人与他人的除外。

地上建筑物和土地使用权的登记机关不是同一机关的，应当分别办理查封登记。

第二十四条 查封、扣押、冻结的财产灭失或者毁损的，查封、扣押、冻结的效力及于该财产的替代物、赔偿款。人民法院应当及时作出查封、扣押、冻结该替代物、赔偿款的裁定。

第二十五条 查封、扣押、冻结协助执行通知书在送达登记机关时，登记机关已经受理被执行人转让不动产、特定动产及其他财产的过户登记申请，尚未核准登记的，应当协助人民法院执行。人民法院不得对登记机关已经核准登记的被执行人已转让的财产实施查封、扣押、冻结措施。

查封、扣押、冻结协助执行通知书在送达登记机关时，其他人民法院已向该登记机关送达了过户登记协助执行通知书的，应当优先办理过户登记。

第二十六条 被执行人就已经查封、扣押、冻结的财产所作的移转、设定权利负担或者其他有碍执行的行为，不得对抗申请执行人。

第三人未经人民法院准许占有查封、扣押、冻结的财产或者实施其他有碍执行的行为的，人民法院可以依据申请执行人的申请或者依职权解除其占有或者排除其妨害。

人民法院的查封、扣押、冻结没有公示的，其效力不得对抗善意第三人。

第二十七条 人民法院查封、扣押被执行人设定最高额抵押权的抵押物的，应当通知抵押权人。抵押权人受抵押担保的债权数额自收到人民法院通知时起不再增加。

人民法院虽然没有通知抵押权人，但有证据证明抵押权人知道查封、扣押事实的，受抵押担保的债权数额从其知道该事实时起不再增加。

第二十八条 对已被人民法院查封、扣押、冻结的财产，其他人民法院可以进行轮候查封、扣押、冻结。查封、扣押、冻结解除的，登记在先的轮候查封、扣押、冻结即自动生效。

其他人民法院对已登记的财产进行轮候查封、扣押、冻结的，应当通知有关登记机关协助进行轮候登记，实施查封、扣押、冻结的人民法院应当允许其他人民法院查阅有关文书和记录。

其他人民法院对没有登记的财产进行轮候查封、扣押、冻结的，应当制作笔录，并经实施查封、扣押、冻结的人民法院执行人员及被执行人签字，或者书面通知实施查封、扣押、冻结的人民法院。

第二十九条 人民法院冻结被执行人的银行存款及其他资金的期限不得超过六个月，查封、扣押动产的期限不得超过一年，查封不动产、冻结其他财产权的期限不得超过二年。法律、司法解释另有规定的除外。

申请执行人申请延长期限的，人民法院应当在查封、扣押、冻结期限届满前办理续行查封、扣押、冻结手续，续行期限不得超过前款规定期限的二分之一。

第三十条 查封、扣押、冻结期限届满，人民法院未办理延期手续的，查封、扣押、冻结的效力消灭。

查封、扣押、冻结的财产已经被执行拍卖、变卖或者抵债的，查封、扣押、冻结的效力消灭。

第三十一条 有下列情形之一的，人民法院应当作出解除查封、扣押、冻结裁定，并送达申请执行人、被执行人或者案外人：

（一）查封、扣押、冻结案外人财产的；

（二）申请执行人撤回执行申请或者放弃债权的；

（三）查封、扣押、冻结的财产流拍或者变卖不成，申请执行人和其他执行债权人又不同意接受抵债的；

（四）债务已经清偿的；

（五）被执行人提供担保且申请执行人同意解除查封、扣押、冻结的；

（六）人民法院认为应当解除查封、扣押、冻结的其他情形。

解除以登记方式实施的查封、扣押、冻结的，应当向登记机关发出协助执行通知书。

第三十二条 财产保全裁定和先予执行裁定的执行适用本规定。

第三十三条 本规定自 2005 年 1 月 1 日起施行。施行前本院公布的司法解释与本规定不一致的，以本规定为准。

最高人民法院关于人民法院民事执行中拍卖、变卖财产的规定

（2004年10月26日最高人民法院审判委员会第1330次会议通过，2004年11月15日最高人民法院文件法释［2004］16号发布，自2005年1月1日起施行）

为了进一步规范民事执行中的拍卖、变卖措施，维护当事人的合法权益，根据《中华人民共和国民事诉讼法》等法律的规定，结合人民法院民事执行工作的实践经验，制定本规定。

第一条　在执行程序中，被执行人的财产被查封、扣押、冻结后，人民法院应当及时进行拍卖、变卖或者采取其他执行措施。

第二条　人民法院对查封、扣押、冻结的财产进行变价处理时，应当首先采取拍卖的方式，但法律、司法解释另有规定的除外。

第三条　人民法院拍卖被执行人财产，应当委托具有相应资质的拍卖机构进行，并对拍卖机构的拍卖进行监督，但法律、司法解释另有规定的除外。

第四条　对拟拍卖的财产，人民法院应当委托具有相应资质的评估机构进行价格评估。对于财产价值较低或者价格依照通常方法容易确定的，可以不进行评估。

当事人双方及其他执行债权人申请不进行评估的，人民法院应当准许。

对被执行人的股权进行评估时，人民法院可以责令有关企业提供会计报表等资料；有关企业拒不提供的，可以强制提取。

第五条　评估机构由当事人协商一致后经人民法院审查确定；协商不成的，从负责执行的人民法院或者被执行人财产所在地的人民法院确定的评估机构名册中，采取随机的方式确定；当事人双方申请通过公开招标方式确定评估机构的，人民法院应当准许。

第六条　人民法院收到评估机构作出的评估报告后，应当在五日内将评估报告发送当事人及其他利害关系人。当事人或者其他利害关系人对评估报告有异议的，可以在收到评估报告后十日内以书面形式向人民法院提出。

当事人或者其他利害关系人有证据证明评估机构、评估人员不具备相应的评估资质或者评估程序严重违法而申请重新评估的，人民法院应当准许。

第七条　拍卖机构由当事人协商一致后经人民法院审查确定；协商不成的，从负责执行的人民法院或者被执行人财产所在地的人民法院确定的拍卖机构名册中，采取随机的方式确定；当事人双方申请通过公开招标方式确定拍卖机构的，人民法院应当准许。

第八条　拍卖应当确定保留价。

拍卖保留价由人民法院参照评估价确定；未作评估的，参照市价确定，并应当征询

有关当事人的意见。

人民法院确定的保留价，第一次拍卖时，不得低于评估价或者市价的百分之八十；如果出现流拍，再行拍卖时，可以酌情降低保留价，但每次降低的数额不得超过前次保留价的百分之二十。

第九条 保留价确定后，依据本次拍卖保留价计算，拍卖所得价款在清偿优先债权和强制执行费用后无剩余可能的，应当在实施拍卖前将有关情况通知申请执行人。申请执行人于收到通知后五日内申请继续拍卖的，人民法院应当准许，但应当重新确定保留价；重新确定的保留价应当大于该优先债权及强制执行费用的总额。

依照前款规定流拍的，拍卖费用由申请执行人负担。

第十条 执行人员应当对拍卖财产的权属状况、占有使用情况等进行必要的调查，制作拍卖财产现状的调查笔录或者收集其他有关资料。

第十一条 拍卖应当先期公告。

拍卖动产的，应当在拍卖七日前公告；拍卖不动产或者其他财产权的，应当在拍卖十五日前公告。

第十二条 拍卖公告的范围及媒体由当事人双方协商确定；协商不成的，由人民法院确定。拍卖财产具有专业属性的，应当同时在专业性报纸上进行公告。

当事人申请在其他新闻媒体上公告或者要求扩大公告范围的，应当准许，但该部分的公告费用由其自行承担。

第十三条 拍卖不动产、其他财产权或者价值较高的动产的，竞买人应当于拍卖前向人民法院预交保证金。申请执行人参加竞买的，可以不预交保证金。保证金的数额由人民法院确定，但不得低于评估价或者市价的百分之五。

应当预交保证金而未交纳的，不得参加竞买。拍卖成交后，买受人预交的保证金充抵价款，其他竞买人预交的保证金应当在三日内退还；拍卖未成交的，保证金应当于三日内退还竞买人。

第十四条 人民法院应当在拍卖五日前以书面或者其他能够确认收悉的适当方式，通知当事人和已知的担保物权人、优先购买权人或者其他优先权人于拍卖日到场。

优先购买权人经通知未到场的，视为放弃优先购买权。

第十五条 法律、行政法规对买受人的资格或者条件有特殊规定的，竞买人应当具备规定的资格或者条件。

申请执行人、被执行人可以参加竞买。

第十六条 拍卖过程中，有最高应价时，优先购买权人可以表示以该最高价买受，如无更高应价，则拍归优先购买权人；如有更高应价，而优先购买权人不作表示的，则拍归该应价最高的竞买人。

顺序相同的多个优先购买权人同时表示买受的，以抽签方式决定买受人。

第十七条 拍卖多项财产时，其中部分财产卖得的价款足以清偿债务和支付被执行人应当负担的费用的，对剩余的财产应当停止拍卖，但被执行人同意全部拍卖的除外。

第十八条 拍卖的多项财产在使用上不可分，或者分别拍卖可能严重减损其价值的，应当合并拍卖。

第十九条 拍卖时无人竞买或者竞买人的最高应价低于保留价，到场的申请执行人或者其他执行债权人申请或者同意以该次拍卖所定的保留价接受拍卖财产的，应当将该财产交其抵债。

有两个以上执行债权人申请以拍卖财产抵债的，由法定受偿顺位在先的债权人优先承受；受偿顺位相同的，以抽签方式决定承受人。承受人应受清偿的债权额低于抵债财产的价额的，人民法院应当责令其在指定的期间内补交差额。

第二十条 在拍卖开始前，有下列情形之一的，人民法院应当撤回拍卖委托：

（一）据以执行的生效法律文书被撤销的；

（二）申请执行人及其他执行债权人撤回执行申请的；

（三）被执行人全部履行了法律文书确定的金钱债务的；

（四）当事人达成了执行和解协议，不需要拍卖财产的；

（五）案外人对拍卖财产提出确有理由的异议的；

（六）拍卖机构与竞买人恶意串通的；

（七）其他应当撤回拍卖委托的情形。

第二十一条 人民法院委托拍卖后，遇有依法应当暂缓执行或者中止执行的情形的，应当决定暂缓执行或者裁定中止执行，并及时通知拍卖机构和当事人。拍卖机构收到通知后，应当立即停止拍卖，并通知竞买人。

暂缓执行期限届满或者中止执行的事由消失后，需要继续拍卖的，人民法院应当在十五日内通知拍卖机构恢复拍卖。

第二十二条 被执行人在拍卖日之前向人民法院提交足额金钱清偿债务，要求停止拍卖的，人民法院应当准许，但被执行人应当负担因拍卖支出的必要费用。

第二十三条 拍卖成交或者以流拍的财产抵债的，人民法院应当作出裁定，并于价款或者需要补交的差价全额交付后十日内，送达买受人或者承受人。

第二十四条 拍卖成交后，买受人应当在拍卖公告确定的期限或者人民法院指定的期限内将价款交付到人民法院或者汇入人民法院指定的账户。

第二十五条 拍卖成交或者以流拍的财产抵债后，买受人逾期未支付价款或者承受人逾期未补交差价而使拍卖、抵债的目的难以实现的，人民法院可以裁定重新拍卖。重新拍卖时，原买受人不得参加竞买。

重新拍卖的价款低于原拍卖价款造成的差价、费用损失及原拍卖中的佣金，由原买受人承担。人民法院可以直接从其预交的保证金中扣除。扣除后保证金有剩余的，应当退还原买受人；保证金数额不足的，可以责令原买受人补交；拒不补交的，强制执行。

第二十六条 拍卖时无人竞买或者竞买人的最高应价低于保留价，到场的申请执行人或者其他执行债权人不申请以该次拍卖所定的保留价抵债的，应当在六十日内再行拍卖。

第二十七条 对于第二次拍卖仍流拍的动产，人民法院可以依照本规定第十九条的规定将其作价交申请执行人或者其他执行债权人抵债。申请执行人或者其他执行债权人拒绝接受或者依法不能交付其抵债的，人民法院应当解除查封、扣押，并将该动产退还被执行人。

第二十八条　对于第二次拍卖仍流拍的不动产或者其他财产权，人民法院可以依照本规定第十九条的规定将其作价交申请执行人或者其他执行债权人抵债。申请执行人或者其他执行债权人拒绝接受或者依法不能交付其抵债的，应当在六十日内进行第三次拍卖。

第三次拍卖流拍且申请执行人或者其他执行债权人拒绝接受或者依法不能接受该不动产或者其他财产权抵债的，人民法院应当于第三次拍卖终结之日起七日内发出变卖公告。自公告之日起六十日内没有买受人愿意以第三次拍卖的保留价买受该财产，且申请执行人、其他执行债权人仍不表示接受该财产抵债的，应当解除查封、冻结，将该财产退还被执行人，但对该财产可以采取其他执行措施的除外。

第二十九条　动产拍卖成交或者抵债后，其所有权自该动产交付时起转移给买受人或者承受人。

不动产、有登记的特定动产或者其他财产权拍卖成交或者抵债后，该不动产、特定动产的所有权、其他财产权自拍卖成交或者抵债裁定送达买受人或者承受人时起转移。

第三十条　人民法院裁定拍卖成交或者以流拍的财产抵债后，除有依法不能移交的情形外，应当于裁定送达后十五日内，将拍卖的财产移交买受人或者承受人。被执行人或者第三人占有拍卖财产应当移交而拒不移交的，强制执行。

第三十一条　拍卖财产上原有的担保物权及其他优先受偿权，因拍卖而消灭，拍卖所得价款，应当优先清偿担保物权人及其他优先受偿权人的债权，但当事人另有约定的除外。

拍卖财产上原有的租赁权及其他用益物权，不因拍卖而消灭，但该权利继续存在于拍卖财产上，对在先的担保物权或者其他优先受偿权的实现有影响的，人民法院应当依法将其除去后进行拍卖。

第三十二条　拍卖成交的，拍卖机构可以按照下列比例向买受人收取佣金：

拍卖成交价 200 万元以下的，收取佣金的比例不得超过 5%；超过 200 万元至 1000 万元的部分，不得超过 3%；超过 1000 万元至 5000 万元的部分，不得超过 2%；超过 5000 万元至 1 亿元的部分，不得超过 1%；超过 1 亿元的部分，不得超过 0．5%。

采取公开招标方式确定拍卖机构的，按照中标方案确定的数额收取佣金。

拍卖未成交或者非因拍卖机构的原因撤回拍卖委托的，拍卖机构为本次拍卖已经支出的合理费用，应当由被执行人负担。

第三十三条　在执行程序中拍卖上市公司国有股和社会法人股的，适用最高人民法院《关于冻结、拍卖上市公司国有股和社会法人股若干问题的规定》。

第三十四条　对查封、扣押、冻结的财产，当事人双方及有关权利人同意变卖的，可以变卖。

金银及其制品、当地市场有公开交易价格的动产、易腐烂变质的物品、季节性商品、保管困难或者保管费用过高的物品，人民法院可以决定变卖。

第三十五条　当事人双方及有关权利人对变卖财产的价格有约定的，按照其约定价格变卖；无约定价格但有市价的，变卖价格不得低于市价；无市价但价值较大、价格不易确定的，应当委托评估机构进行评估，并按照评估价格进行变卖。

按照评估价格变卖不成的，可以降低价格变卖，但最低的变卖价不得低于评估价的二分之一。

变卖的财产无人应买的，适用本规定第十九条的规定将该财产交申请执行人或者其他执行债权人抵债；申请执行人或者其他执行债权人拒绝接受或者依法不能交付其抵债的，人民法院应当解除查封、扣押，并将该财产退还被执行人。

第三十六条 本规定自 2005 年 1 月 1 日起施行。施行前本院公布的司法解释与本规定不一致的，以本规定为准。

关于环保部门就环境行政处罚申请人民法院强制执行期限有关问题的函

（国家环保总局2001年5月26日　环函［2001］100号）

全国人大常委会法制工作委员会：

关于环境行政处罚申请法院强制执行的期限，法律规定之间不尽一致。根据《立法法》第55条关于“全国人民代表大会常务委员会工作机构可以对有关具体问题的法律询问进行研究予以答复的规定，现就环境行政处罚申请法院强制执行的期限问题，请示如下：

《环境保护法》第40条规定，当事人对行政处罚决定不服的，可以在接到处罚通知15日内申请复议，也可以在15日内直接向法院起诉；当事人逾期不申请复议、也不向法院起诉、又不履行处罚决定的，由环保部门申请法院强制执行。根据该法规定，环保部门申请法院强制执行应在处罚通知送达当事人之后15日，当事人不申请复议，也不向法院起诉时提出。

另据《行政复议法》第9条和第42条当事人申请行政复议的期限为60日，法律规定的申请期限超过60日的除外。《行政诉讼法》第39条规定，当事人直接向法院提起诉讼的期限为3个月，法律另有规定的除外。

我局认为，根据以上规定，当事人对环保部门所作行政处罚不服，申请行政复议的期限应为60日，当事人直接向法院提起行政诉讼的期限则应为15日。

如果当事人在接到环保部门的行政处罚通知之日起，超过15日未起诉，超过60日未申请复议，又不履行处罚决定的，作出处罚决定的环保部门即可申请人民法院强制执行。

以上意见妥否，请函复。

关于环保部门就环境行政处罚决定申请人民法院强制执行的期限有关问题的答复

（全国人大常委会法制工作委员会2001年6月25日　法工委复字［2001］17号）

国家环保总局：

你局2001年5月26日来函（环函[2001]100号）收悉，现答复如下：

同意国家环保总局的意见。

环境保护法第40条规定，当事人对行政处罚决定不服的，可以在接到处罚通知之日起十五日内，向作出处罚决定的机关的上一级机关申请复议；对复议决定不服的，可以在接到复议决定之日起十五日内，向人民法院起诉。当事人也可以在接到处罚通知之日起十五日内，直接向人民法院起诉。当事人逾期不申请复议、也不向人民法院起诉、又不履行处罚决定的，由作出处罚决定的机关申请人民法院强制执行。行政复议法第9条规定，公民、法人或者其他组织认为具体行政行为侵犯其合法权益的，可以自知道该具体行政行为之日起六十日内提起行政复议申请；但是法律规定的申请期限超过六十日的除外。行政诉讼法第39条规定，当事人直接向法院提起诉讼的期限为三个月，法律另有规定的除外。

根据以上规定，如果当事人自接到环保部门的行政处罚通知之日起，超过十五日未起诉，超过六十日未申请复议，又不履行处罚决定的，作出处罚决定的环保部门即可申请人民法院强制执行。

【司法鉴定】

全国人民代表大会常务委员会关于司法鉴定管理问题的决定

（2005年2月28日第十届全国人民代表大会常务委员会第十四次会议通过）

为了加强对鉴定人和鉴定机构的管理，适应司法机关和公民、组织进行诉讼的需要，保障诉讼活动的顺利进行，特作如下决定：

一、司法鉴定是指在诉讼活动中鉴定人运用科学技术或者专门知识对诉讼涉及的专门性问题进行鉴别和判断并提供鉴定意见的活动。

二、国家对从事下列司法鉴定业务的鉴定人和鉴定机构实行登记管理制度：

（一）法医类鉴定；

（二）物证类鉴定；

（三）声像资料鉴定；

（四）根据诉讼需要由国务院司法行政部门商最高人民法院、最高人民检察院确定的其他应当对鉴定人和鉴定机构实行登记管理的鉴定事项。

法律对前款规定事项的鉴定人和鉴定机构的管理另有规定的，从其规定。

三、国务院司法行政部门主管全国鉴定人和鉴定机构的登记管理工作。省级人民政府司法行政部门依照本决定的规定，负责对鉴定人和鉴定机构的登记、名册编制和公告。

四、具备下列条件之一的人员，可以申请登记从事司法鉴定业务：

（一）具有与所申请从事的司法鉴定业务相关的高级专业技术职称；

（二）具有与所申请从事的司法鉴定业务相关的专业执业资格或者高等院校相关专业本科以上学历，从事相关工作五年以上；

（三）具有与所申请从事的司法鉴定业务相关工作十年以上经历，具有较强的专业技能。

因故意犯罪或者职务过失犯罪受过刑事处罚的，受过开除公职处分的，以及被撤销鉴定人登记的人员，不得从事司法鉴定业务。

五、法人或者其他组织申请从事司法鉴定业务的，应当具备下列条件：

（一）有明确的业务范围；

（二）有在业务范围内进行司法鉴定所必需的仪器、设备；

（三）有在业务范围内进行司法鉴定所必需的依法通过计量认证或者实验室认可的检测实验室；

（四）每项司法鉴定业务有三名以上鉴定人。

六、申请从事司法鉴定业务的个人、法人或者其他组织，由省级人民政府司法行政部门审核，对符合条件的予以登记，编入鉴定人和鉴定机构名册并公告。

省级人民政府司法行政部门应当根据鉴定人或者鉴定机构的增加和撤销登记情况，定期更新所编制的鉴定人和鉴定机构名册并公告。

七、侦查机关根据侦查工作的需要设立的鉴定机构，不得面向社会接受委托从事司法鉴定业务。

人民法院和司法行政部门不得设立鉴定机构。

八、各鉴定机构之间没有隶属关系；鉴定机构接受委托从事司法鉴定业务，不受地域范围的限制。

鉴定人应当在一个鉴定机构中从事司法鉴定业务。

九、在诉讼中，对本决定第二条所规定的鉴定事项发生争议，需要鉴定的，应当委托列入鉴定人名册的鉴定人进行鉴定。鉴定人从事司法鉴定业务，由所在的鉴定机构统一接受委托。

鉴定人和鉴定机构应当在鉴定人和鉴定机构名册注明的业务范围内从事司法鉴定业务。

鉴定人应当依照诉讼法律规定实行回避。

十、司法鉴定实行鉴定人负责制度。鉴定人应当独立进行鉴定，对鉴定意见负责并在鉴定书上签名或者盖章。多人参加的鉴定，对鉴定意见有不同意见的，应当注明。

十一、在诉讼中，当事人对鉴定意见有异议的，经人民法院依法通知，鉴定人应当出庭作证。

十二、鉴定人和鉴定机构从事司法鉴定业务，应当遵守法律、法规，遵守职业道德和职业纪律，尊重科学，遵守技术操作规范。

十三、鉴定人或者鉴定机构有违反本决定规定行为的，由省级人民政府司法行政部门予以警告，责令改正。

鉴定人或者鉴定机构有下列情形之一的，由省级人民政府司法行政部门给予停止从事司法鉴定业务三个月以上一年以下的处罚；情节严重的，撤销登记：

（一）因严重不负责任给当事人合法权益造成重大损失的；

（二）提供虚假证明文件或者采取其他欺诈手段，骗取登记的；

（三）经人民法院依法通知，拒绝出庭作证的；

（四）法律、行政法规规定的其他情形。

鉴定人故意作虚假鉴定，构成犯罪的，依法追究刑事责任；尚不构成犯罪的，依照前款规定处罚。

十四、司法行政部门在鉴定人和鉴定机构的登记管理工作中，应当严格依法办事，积极推进司法鉴定的规范化、法制化。对于滥用职权、玩忽职守，造成严重后果的直接责任人员，应当追究相应的法律责任。

十五、司法鉴定的收费项目和收费标准由国务院司法行政部门商国务院价格主管部门确定。

十六、对鉴定人和鉴定机构进行登记、名册编制和公告的具体办法，由国务院司法行政部门制定，报国务院批准。

十七、本决定下列用语的含义是：

（一）法医类鉴定，包括法医病理鉴定、法医临床鉴定、法医精神病鉴定、法医物证鉴定和法医毒物鉴定。

（二）物证类鉴定，包括文书鉴定、痕迹鉴定和微量鉴定。

（三）声像资料鉴定，包括对录音带、录像带、磁盘、光盘、图片等载体上记录的声音、图像信息的真实性、完整性及其所反映的情况过程进行的鉴定和对记录的声音、图像中的语言、人体、物体作出种类或者同一认定。

十八、本决定自2005年10月1日起施行。

附1

关于《全国人民代表大会常务委员会关于司法鉴定管理问题的决定（草案）》的说明

——2002年12月23日在第九届全国人民代表大会常务委员会第三十一次会议上

全国人大内务司法委员会　侯宗宾

委员长、各位副委员长、秘书长、各位委员：

我受全国人大内务司法委员会的委托，现就《全国人民代表大会常务委员会关于司法鉴定管理问题的决定（草案）》（以下简称草案）作如下说明。

九届全国人大一次会议以来，每次代表大会期间都有关于要求尽快制定司法鉴定法的议案。其中，九届四次会议有8个代表团的266名代表，五次会议有7个代表团的234名代表提出该议案。为办好这些议案，从2001年5月起，全国人大内务司法委员会多次派出调研组赴一些省市对司法鉴定领域存在的问题进行调研，并邀请有关部门和专家学者对司法鉴定工作亟待法律规范的问题进行深入研究。我国现行的司法鉴定制度是在过去五十多年的司法实践中形成的。多年来，司法鉴定管理方面存在许多问题，严重影响了司法鉴定的科学性、客观性和准确性，并在一定程度上影响了司法公正。党的十六大报告明确提出要推进司法体制改革，改革司法机关的工作机制，逐步实现司法审判和检察同司法行政事务相分离。为此，从妥善解决司法鉴定管理工作中存在的问题出发，从完善和统一我国司法鉴定制度的角度考虑，尽快由全国人大常委会作出一个决定，把司法鉴定的管理纳入规范化、法制化轨道是十分必要和紧迫的。经过大量调查研究，在征询最高人民法院、最高人民检察院、公安部、国家安全部、司法部和专家学者意见的基础上，我们草拟了《全国人民代表大会常务委员会关于司法鉴定管理问题的决定（草案）》。

一、关于司法鉴定的性质

司法鉴定是鉴定人运用科学技术或者专门知识对涉及诉讼的专门性问题进行检验、

鉴别和判断并提供鉴定结论的活动，是鉴定人向委托人提供鉴定结论的一种服务。这种服务既不是行政行为，也不属于检察和审判职权范畴，因此，草案第一条明确规定："司法鉴定是鉴定人运用科学技术或者专门知识对涉及诉讼的专门性问题进行检验、鉴别和判断并提供鉴定结论的活动。"

二、关于司法鉴定人员和司法鉴定机构登记

管理和名册制度为了使我国司法鉴定人员和司法鉴定机构的管理科学化，同时也为了方便司法机关和公民、法人及其他社会组织委托鉴定，草案借鉴了国外的经验，在第二条第一款明确规定："国家对司法鉴定人员和司法鉴定机构实行登记管理制度，按照学科和专业分类编制并公告司法鉴定人员和司法鉴定机构名册。"考虑到我国现行的一些法律、法规已对医疗事故、建筑工程质量、知识产权、资产评估、文物等学科和专业的鉴定在鉴定机构和人员管理，以及鉴定程序、标准等方面作了明确的规定，为了避免对这些已经规范了的鉴定机构重复管理，草案规定："法律、行政法规规定有鉴定职能的组织接受委托从事司法鉴定业务的，从其规定，不再列为本决定管理的范围。"但这些组织接受委托作出的鉴定结论用于诉讼活动时，同样是证据材料。

鉴于对司法鉴定的管理属于司法行政工作的范畴，同时，司法部根据国务院"三定方案"近年来一直负责司法鉴定人员和机构的管理工作，因此草案规定："国务院司法行政部门和省级人民政府司法行政部门负责司法鉴定人员和司法鉴定机构的登记管理、监督和名册编制工作。"

三、关于司法鉴定人员

在司法鉴定活动中，鉴定人员的专业技术水平和职业道德至关重要。因此，草案对司法鉴定人员的条件作了比较具体的规定。除了要求拥护宪法，遵守法律、法规和社会公德，没有受过刑事处分的条件外，在业务上还要符合以下三个条件之一：一是有专业执业资格；二是有高级专业技术职称；三是有些人虽然没有专业执业资格或者高级技术职称，但实际工作中，在某一学科或者专业领域被公认具有权威，并经过有关领域专家认可的，也可以视为具有从事司法鉴定工作的资格。为了切实、有效地把好鉴定人员的质量关，草案规定：申请从事司法鉴定业务的个人，要经省级以上人民政府专业主管部门的资格审核后，再到登记机关进行登记。

四、关于司法鉴定机构

根据司法鉴定活动的性质，除侦查机关（包括公安机关、国家安全机关以及检察机关负责自侦案件的部门）为侦查犯罪提供技术鉴定支持，在内部设立的鉴定部门外，其他从事司法鉴定业务的机构都应当是独立于审判和检察机关之外，独立享有权利和承担义务的社会服务性组织。各鉴定机构之间互不隶属，没有高低之分。因此，草案明确规定了鉴定机构的条件，符合条件的社会组织，按照一定的程序审核、登记，编入名册，即成为法定的鉴定机构。

检察机关（除自侦部门外）是国家的公诉机关和法律监督机关，为了保证司法公正，

不宜从事司法鉴定业务。审判机关在诉讼活动中的职责是依据案件事实和法律进行裁判，司法鉴定结论是否用作证明案件事实的证据最终由审判机关决定，因此，审判机关不应设立鉴定机构从事鉴定业务。司法行政机关作为司法鉴定的行政管理部门也不应设立鉴定机构。为此，草案明确规定：“审判机关、检察机关（自侦部门除外）、司法行政机关不从事具体鉴定活动。”审判机关、检察机关为了便于起诉和审判活动的顺利进行，配备专业技术人员辅助审判人员、检察人员工作是必要的，但不能从事具体的司法鉴定业务。

侦查机关内设的鉴定机构和其工作性质是侦查机关和侦查工作的组成部分。考虑到侦查机关内设鉴定机构长期以来承担了大量的侦查工作以外的司法鉴定服务的实际情况，为了充分利用鉴定资源，使侦查机关内设鉴定机构在完成自身任务的同时更好地为社会服务，也为了方便审判机关等有关部门和公民、法人委托鉴定，草案规定：“侦查机关所属的鉴定机构对外承担司法鉴定业务的，在本系统省级以上主管机关批准后，经过登记，编入司法鉴定机构名册并公告”。但是，侦查机关所属的鉴定人员不得在其他鉴定机构中兼职从事司法鉴定业务。

五、关于鉴定人负责制度

鉴定行为是鉴定人运用自己所掌握的专业知识对专门性问题进行检验、鉴别和判断的活动，属于个人行为。实施鉴定的个人应该对自己的行为和出具的鉴定结论负责。为此，草案规定，“司法鉴定实行鉴定人负责制度。鉴定人应当对鉴定结论负责并在鉴定书上签名盖章。多人参加的鉴定，对鉴定结论有不同意见的，应当注明。”实行鉴定人负责制，既有利于强化鉴定人的个人责任，又有利于提高鉴定结论的公正性、准确性，也有利于办案人员的审查判断。

我的说明完了，请予审议。

附 2

全国人大法律委员会关于《全国人民代表大会常务委员会关于司法鉴定管理问题的决定（草案）》修改情况的汇报

——2004 年 12 月 25 日在第十届全国人民代表大会常务委员会第十三次会议上

全国人大法律委员会副主任委员　王以铭

全国人民代表大会常务委员会：

2002 年 12 月，九届全国人大常委会第三十一次会议对九届全国人大内务司法委员会提请审议的《全国人民代表大会常务委员会关于司法鉴定管理问题的决定（草案）》进行了初次审议。会后，法制工作委员会将草案印发各省（区、市）和中央有关部门征求意见。鉴于当时有关部门对司法鉴定的管理体制、管理内容等问题意见分歧较大，难以在短时间内提出草案修改稿提请常委会会议进一步审议。近来，一些全国人大代表提出议案，建议对司法鉴定管理体制作出统一规定；现在，对司法鉴定管理体制的认识已经基本一致。法律委员会经同内务司法委员会和有关部门共同研究，对草案提出了修改意见。法律委员会于 12 月 8 日召开会议，根据九届全国人大常委会组成人员的审议意见和有关方面的意见，对草案进行了逐条审议。内务司法委员会和最高人民法院、最高人民检察院、国务院法制办、公安部、司法部的负责同志列席了会议。12 月 21 日，法律委员会召开会议，再次进行了审议。现将草案主要问题修改情况汇报如下：

一、草案第二条第一款规定："国家对司法鉴定人员和司法鉴定机构实行登记管理制度，按照学科和专业分类编制并公告司法鉴定人员和司法鉴定机构名册。"有的常委委员和地方、部门提出，诉讼活动中涉及的鉴定事项范围相当广泛，不可能将所有涉及诉讼鉴定的机构和人员都纳入司法行政部门统一登记管理的范围。纳入统一登记管理范围的，宜限于在诉讼活动中经常涉及的主要鉴定事项，如法医类鉴定，文书、痕迹等物证类鉴定，以及声像资料鉴定等。对那些社会通用性较强的事项，如产品质量的检验鉴定、建筑工程质量的检验鉴定等，有关法律、行政法规对这类机构应当具备的条件和监督管理已有规定，依照有关法律、行政法规的规定执行即可，不必纳入司法行政部门登记管理的范围。法律委员会经同内务司法委员会研究，赞成这一意见，建议将这一款修改为："国家对从事下列司法鉴定业务的鉴定人和鉴定机构实行登记管理制度：（一）法医类鉴定；（二）物证类鉴定；（三）声像资料鉴定；（四）根据诉讼需要由国务院司法行政部门商最高人民法院、最高人民检察院确定的其他应当对鉴定人和鉴定机构实行登记管理的鉴定事项。""法律对前款规定事项的鉴定人和鉴定机构的管理另有规定的，从其规定。"

二、草案第五条第二款和第七条分别规定："侦查机关所属的鉴定机构对外承担司法鉴定业务的，在本系统省级以上主管机关批准后，经过登记，编入司法鉴定机构名册并公告。""审判机关、检察机关（自侦部门除外）、司法行政机关不从事具体鉴定活动。"有的常委委员和地方、部门提出，侦查机关所属的鉴定机构，是专门为侦查活动提供技术支持的机构，不宜面向社会接受委托从事鉴定业务。在审判机关内设立与其有隶属关系的鉴定机构，形成自审自鉴，不符合鉴定机构应当作为独立、公正的第三方提供鉴定服务的原则。司法行政部门对鉴定机构负有依法登记管理的职责，也不应设立与其有隶属关系的鉴定机构。法律委员会经同内务司法委员会研究，赞成这一意见，建议将草案上述规定修改为："侦查机关根据侦查工作的需要设立的鉴定机构，除办理自行侦查的案件时进行鉴定以外，不得面向社会接受委托从事司法鉴定业务。""人民法院和司法行政部门不得设立鉴定机构。"

三、有的常委委员和地方、部门提出，在诉讼活动中，鉴定人有出庭作证的义务，就其提出的鉴定意见回答法官和当事人及其代理人的询问，以便于法庭准确查明相关事实。法律委员会经同内务司法委员会研究，赞成这一意见，建议增加规定："在诉讼中，当事人对鉴定意见有异议的，经人民法院依法通知，鉴定人应当出庭作证。"

四、草案第九条中规定：鉴定人员和鉴定机构"因故意或者重大过失造成错误鉴定的，应当承担相应的法律责任。"有的常委委员和地方、部门提出，草案上述关于鉴定人和鉴定机构法律责任的规定，过于笼统。应当根据鉴定活动的特点，作出有针对性的具体规定。法律委员会经同内务司法委员会研究，赞成这一意见，建议将草案上述规定修改为："鉴定人或者鉴定机构有违反本决定规定行为的，由省级人民政府司法行政部门予以警告，责令改正。”“鉴定人或者鉴定机构具有下列情形之一的，由省级人民政府司法行政部门给予停止从事司法鉴定业务三个月以上一年以下的处罚；情节严重的，撤销登记：（一）因严重不负责任给当事人合法权益造成重大损失的；（二）提供虚假证明文件，或者采取其他欺诈手段骗取登记的；（三）经人民法院依法通知，拒绝出庭作证的；（四）法律、行政法规规定的其他情形。”“鉴定人故意作虚假鉴定，构成犯罪的，依法追究刑事责任；尚不构成犯罪的，依照前款规定处罚。”

此外，还对草案作了一些文字修改。

草案二次审议稿已按上述意见作了修改。法律委员会建议本次常委会会议继续审议。

草案二次审议稿和以上汇报是否妥当，请审议。

附 3

全国人大法律委员会关于《全国人民代表大会常务委员会关于司法鉴定管理问题的决定（草案）》审议结果的报告

——2005 年 2 月 25 日在第十届全国人民代表大会常务委员会第十四次会议上

全国人大法律委员会副主任委员　王以铭

全国人民代表大会常务委员会：

十届全国人大常委会第十三次会议对关于司法鉴定管理问题的决定（草案二次审议稿）进行了审议。会后，法制工作委员会就草案有关问题进一步征求了有关部门和专家的意见。法律委员会于 2 月 6 日召开会议，根据常委会组成人员的审议意见和各方面的意见，对草案进行了审议。内务司法委员会、最高人民法院、最高人民检察院和国务院法制办、公安部、司法部的负责同志列席了会议。2 月 22 日，法律委员会召开会议，再次进行了审议。法律委员会认为，为了加强对从事司法鉴定活动的鉴定机构和鉴定人的管理，制定本决定是必要的，草案基本可行；同时，提出以下主要修改意见：

一、草案二次审议稿第四条第一款规定：“具备下列条件之一的人员，可以申请登记从事司法鉴定业务：（一）具有高级专业技术职称的；（二）具有相关专业执业资格或者高等院校相关专业本科以上学历，从事相关工作五年以上的；（三）具有公认的专业实践经验，并经相关领域专家认可的。”有的常委委员建议，对申请从事司法鉴定业务的人员应具备的条件规定得更具体一些，以便于执行。法律委员会经同内务司法委员会研究，建议将这一款修改为：“具备下列条件之一的人员，可以申请登记从事司法鉴定业务：（一）具有与所申请从事的司法鉴定业务相关的高级专业技术职称；（二）具有与所申请从事的司法鉴定业务相关的专业执业资格或者高等院校相关专业本科以上学历，从事相关工作五年以上；（三）具有所申请从事的司法鉴定业务十年以上工作经历并具有较强的专业技能。”

二、有的常委委员提出，为了保证司法鉴定的公正，应当增加有关鉴定人依法回避的规定。法律委员会赞成这一意见，建议增加规定：“鉴定人应当依照诉讼法律规定实行回避”。

这里，有一个问题需要说明。有的常委会组成人员提出，应增加有关农业生产资料等产品质量鉴定管理以及电子鉴定等新型鉴定业务管理的规定。法律委员会经研究认为，产品质量检验鉴定机构应当具备的条件和监督管理，有关法律、行政法规已有规定，可以不再纳入本决定规定的登记管理范围；一些新型鉴定业务，可以根据实践的发展，由有关部门依据草案第二条第四项的规定，研究确定纳入本决定规定的管理范围，本决定可以不作具体列举。

此外，还对草案二次审议稿作了一些文字修改。

草案三次审议稿已按上述意见作了修改，法律委员会建议本次常委会会议审议通过。

草案三次审议稿和以上报告是否妥当，请审议。

附 4

全国人大法律委员会关于司法鉴定管理问题的决定（草案三次审议稿）修改意见的报告

——2005 年 2 月 27 日在第十届全国人民代表大会常务委员会第十四次会议上

全国人民代表大会常务委员会：

本次常委会会议于 2 月 25 日下午对关于司法鉴定管理问题的决定（草案三次审议稿）进行了分组审议。常委会组成人员普遍认为，这个法律案经过常委会审议、修改，已经比较成熟，建议本次会议进一步修改后通过；同时，有些常委委员又提出了一些修改意见。法律委员会于 2 月 26 日下午召开会议，根据有些常委委员的意见，对这个法律案进行了审议。内务司法委员会、最高人民法院、最高人民检察院、国务院法制办等国务院有关部门和军委法制局的负责同志列席了会议。法律委员会认为，这个法律案是可行的，同时提出以下意见：

草案三次审议稿第四条第一款第三项规定，“具有所申请从事的司法鉴定业务十年以上工作经历并具有较强的专业技能”的，可以申请登记从事司法鉴定业务。有的常委委员提出，这一规定表述得不够准确，不能要求申请人在申请登记前就具有从事司法鉴定业务的工作经历。法律委员会经研究，建议将上述规定修改为“具有与所申请从事的司法鉴定业务相关工作十年以上经历，具有较强的专业技能”的，可以申请登记从事司法鉴定业务。

此外，根据有些常委委员的意见，还对关于司法鉴定管理问题的决定（草案三次审议稿）作了个别文字修改。

法律草案的建议表决稿已按上述意见作了修改，法律委员会建议本次常委会会议审议通过。

法律草案的建议表决稿和以上报告是否妥当，请审议。

最高人民法院关于贯彻落实《全国人民代表大会常务委员会关于司法鉴定管理问题的决定》做好过渡期相关工作的通知

（最高人民法院 2005 年 7 月 14 日　法发［2005］12 号）

各省、自治区、直辖市高级人民法院，解放军军事法院．新疆维吾尔自治区高级人民法院生产建设兵团分院：

2005 年 2 月 28 日，第十届全国人民代表大会常务委员会第十四次会议通过了《全国人民代表大会常务委员会关于司法鉴定管理问题的决定》（以下简称《决定》）。为贯彻落实《决定》精神，做好过渡期的相关工作，保证审判工作的顺利进行，现将有关事项通知如下：

一、深刻领会《决定》精神，坚决贯彻执行《决定》，促进司法鉴定管理制度的完善

司法鉴定制度改革是我国司法体制改革的重要组成部分。《决定》对我国司法鉴定工作进行了调整和改革，这对于进一步规范司法鉴定管理工作，解决当前司法鉴定中存在的突出问题，保障诉讼活动的顺利进行，树立人民法院中立、公正的司法形象具有重大意义。各级人民法院应当认真组织学习《决定》，深刻领会《决定》的精神，坚决贯彻落实《决定》的相关规定，做好司法鉴定制度改革的各项工作，在贯彻落实《决定》的过程中，各级人民法院应当注意解决好以下几个具体问题：

（一）坚决贯彻执行《决定》第七条关于"人民法院不得设立鉴定机构"的规定。2005 年 10 月 1 日《决定》正式实施前，各级人民法院应当从依法履行职责，确保审判工作的中立地位，维护人民法院公正司法的需要出发，积极稳妥地完成人民法院撤销司法鉴定职能的任务。

（二）各级人民法院应当积极组织开展人民法院不设鉴定机构、不再进行自主鉴定业务后如何加强司法技术工作，保障审判工作顺利进行的专题调研工作，稳步、有序地做好司法鉴定人员职能的调整工作。

（三）《决定》明确国家对从事法医类、物证类、声像资料鉴定业务的鉴定人和鉴定机构由省级人民政府司法行政部门实行登记管理制度，解决了上述人员和机构资格的统一管理问题。《决定》实施后，各级人民法院在进行对外委托鉴定工作时要严格按照《决定》的上述规定，委托省级人民政府司法行政部门登记和公告的鉴定人和鉴定机构，以促进司法鉴定管理制度的完善。

二、最高人民法院贯彻落实《决定》的工作安排

为贯彻落实《决定》精神，按照中央关于司法体制和工作机制改革的部署，最高人民法院在组织实施司法鉴定制度改革的同时．将组织开展加强人民法院司法技术工作的调研活动，并着手研究制定《人民法院司法技术工作管理规定》，争取在2005年10月1日前颁布实施，同时废止《人民法院司法鉴定工作暂行规定》和《人民法院对外委托司法鉴定管理规定》。

今年下半年．最高人民法院将组织召开全国法院司法技术工作会议，全面推行

在司法鉴定管理体制改革的新形势下，统一规范加强人民法院司法技术工作的各项制度和措施，以便各级人民法院充分发挥司法技术人员的作用，为保证审判工作顺利进行，维护司法的公正与效率服务。

三、当前贯彻落实《决定》的有关工作要求

根据中央关于司法体制和工作机制改革的部署，各项司法体制改革，必须在中央的统一领导下，稳步、有序地推进。各级人民法院要在最高人民法院的统一部署下，积极稳妥地做好过渡期的以下工作；

（一）2005年9月30日前，各级人民法院应当善始善终地在规定时限内认真完成已受理的法医类、物证类和声像资料鉴定案件的自主鉴定工作。2005年10月1日起，各级人民法院一律不得受理各种类型的鉴定业务。

（二）各级人民法院如有事业单位性质的鉴定机构，应当于2005年9月30日前停止进行鉴定工作；如继续从事司法鉴定工作的，应当同人民法院脱钩。

（三）各级人民法院要严格遵照《决定》的相关规定，在2005年9月30日前根据省级人民政府司法行政部门审批公告的法医类、物证类、声像资料鉴定机构与人员的情况，做好委托上述三类鉴定的相关准备工作。

司法鉴定机构登记管理办法

中华人民共和国司法部令

第95号

根据《全国人民代表大会常务委员会关于司法鉴定管理问题的决定》第十六条规定，《司法鉴定机构登记管理办法》已经国务院批准，于2005年9月30日公布施行。2000年8月14日公布的《司法鉴定机构登记管理办法》（司法部令第62号）同时废止。

部长　吴爱英

2005年9月29日

第一章　总　则

第一条　为了加强对司法鉴定机构的管理，规范司法鉴定活动，建立统一的司法鉴定管理体制，适应司法机关和公民、组织的诉讼需要，保障当事人的诉讼权利，促进司法公正与效率，根据《全国人民代表大会常务委员会关于司法鉴定管理问题的决定》和其他相关法律、法规，制定本办法。

第二条　司法鉴定机构从事《全国人民代表大会常务委员会关于司法鉴定管理问题的决定》第二条规定的司法鉴定业务，适用本办法。

第三条　本办法所称的司法鉴定机构是指从事《全国人民代表大会常务委员会关于司法鉴定管理问题的决定》第二条规定的司法鉴定业务的法人或者其他组织。

司法鉴定机构是司法鉴定人的执业机构，应当具备本办法规定的条件，经省级司法行政机关审核登记，取得《司法鉴定许可证》，在登记的司法鉴定业务范围内，开展司法鉴定活动。

第四条　司法鉴定管理实行行政管理与行业管理相结合的管理制度。

司法行政机关对司法鉴定机构及其司法鉴定活动依法进行指导、管理和监督、检查。司法鉴定行业协会依法进行自律管理。

第五条　全国实行统一的司法鉴定机构及司法鉴定人审核登记、名册编制和名册公告制度。

第六条　司法鉴定机构的发展应当符合统筹规划、合理布局、优化结构、有序发展的要求。

第七条 司法鉴定机构开展司法鉴定活动应当遵循合法、中立、规范、及时的原则。

第八条 司法鉴定机构统一接受委托，组织所属的司法鉴定人开展司法鉴定活动，遵守法律、法规和有关制度，执行统一的司法鉴定实施程序、技术标准和技术操作规范。

第二章 主管机关

第九条 司法部负责全国司法鉴定机构的登记管理工作，依法履行下列职责：

（一）制定全国司法鉴定发展规划并指导实施；

（二）指导和监督省级司法行政机关对司法鉴定机构的审核登记、名册编制和名册公告工作；

（三）制定全国统一的司法鉴定机构资质管理评估制度和司法鉴定质量管理评估制度并指导实施；

（四）组织制定全国统一的司法鉴定实施程序、技术标准和技术操作规范等司法鉴定技术管理制度并指导实施；

（五）指导司法鉴定科学技术研究、开发、引进与推广，组织司法鉴定业务的中外交流与合作；

（六）法律、法规规定的其他职责。

第十条 省级司法行政机关负责本行政区域内司法鉴定机构登记管理工作，依法履行下列职责：

（一）制定本行政区域司法鉴定发展规划并组织实施；

（二）负责司法鉴定机构的审核登记、名册编制和名册公告工作；

（三）负责司法鉴定机构的资质管理评估和司法鉴定质量管理评估工作；

（四）负责对司法鉴定机构进行监督、检查；

（五）负责对司法鉴定机构违法违纪的执业行为进行调查处理；

（六）组织司法鉴定科学技术开发、推广和应用；

（七）法律、法规和规章规定的其他职责。

第十一条 省级司法行政机关可以委托下一级司法行政机关协助办理本办法第十条规定的有关工作。

第十二条 司法行政机关负责监督指导司法鉴定行业协会及其专业委员会依法开展活动。

第三章 申请登记

第十三条 司法鉴定机构的登记事项包括：名称、住所、法定代表人或者鉴定机构负责人、资金数额、仪器设备和实验室、司法鉴定人、司法鉴定业务范围等。

第十四条 法人或者其他组织申请从事司法鉴定业务，应当具备下列条件：

（一）有自己的名称、住所；

（二）有不少于二十万至一百万元人民币的资金；

（三）有明确的司法鉴定业务范围；

（四）有在业务范围内进行司法鉴定必需的仪器、设备；

（五）有在业务范围内进行司法鉴定必需的依法通过计量认证或者实验室认可的检测实验室；

（六）每项司法鉴定业务有三名以上司法鉴定人。

第十五条 法人或者其他组织申请从事司法鉴定业务，应当提交下列申请材料：

（一）申请表；

（二）证明申请者身份的相关文件；

（三）住所证明和资金证明；

（四）相关的行业资格、资质证明；

（五）仪器、设备说明及所有权凭证；

（六）检测实验室相关资料；

（七）司法鉴定人申请执业的相关材料；

（八）相关的内部管理制度材料；

（九）应当提交的其他材料。

申请人应当对申请材料的真实性、完整性和可靠性负责。

第十六条 申请设立具有独立法人资格的司法鉴定机构，除应当提交本办法第十五条规定的申请材料外，还应当提交司法鉴定机构章程，按照司法鉴定机构名称管理的有关规定向司法行政机关报核其机构名称。

第十七条 司法鉴定机构在本省（自治区、直辖市）行政区域内设立分支机构的，分支机构应当符合本办法第十四条规定的条件，并经省级司法行政机关审核登记后，方可依法开展司法鉴定活动。

跨省（自治区、直辖市）设立分支机构的，除应当经拟设分支机构所在行政区域的省级司法行政机关审核登记外，还应当报经司法鉴定机构所在行政区域的省级司法行政机关同意。

第十八条 司法鉴定机构应当参加司法鉴定执业责任保险或者建立执业风险金制度。

第四章 审核登记

第十九条 法人或者其他组织申请从事司法鉴定业务，有下列情形之一的，司法行政机关不予受理，并出具不予受理决定书：

（一）法定代表人或者鉴定机构负责人受过刑事处罚或者开除公职处分的；

（二）法律、法规规定的其他情形。

第二十条 司法行政机关决定受理申请的，应当出具受理决定书，并按照法定的时限和程序完成审核工作。

司法行政机关应当组织专家，对申请人从事司法鉴定业务必需的仪器、设备和检测实验室进行评审，评审的时间不计入审核时限。

第二十一条 经审核符合条件的，省级司法行政机关应当作出准予登记的决定，颁发《司法鉴定许可证》；不符合条件的，作出不予登记的决定，书面通知申请人并说明理由。

第二十二条 《司法鉴定许可证》是司法鉴定机构的执业凭证，司法鉴定机构必须持有省级司法行政机关准予登记的决定及《司法鉴定许可证》，方可依法开展司法鉴定活动。

《司法鉴定许可证》由司法部统一监制，分为正本和副本。《司法鉴定许可证》正本和副本具有同等的法律效力。

《司法鉴定许可证》使用期限为五年，自颁发之日起计算。

《司法鉴定许可证》应当载明下列内容：

（一）机构名称；

（二）机构住所；

（三）法定代表人或者鉴定机构负责人姓名；

（四）资金数额；

（五）业务范围；

（六）使用期限；

（七）颁证机关和颁证时间；

（八）证书号码。

第二十三条 司法鉴定资源不足的地区，司法行政机关可以采取招标的方式审核登记司法鉴定机构。招标的具体程序、时限按照有关法律、法规的规定执行。

第五章 变更、延续和注销

第二十四条 司法鉴定机构要求变更有关登记事项的，应当及时向原负责登记的司法行政机关提交变更登记申请书和相关材料，经审核符合本办法规定的，司法行政机关应当依法办理变更登记手续。

第二十五条 司法鉴定机构变更后的登记事项，应当在《司法鉴定许可证》副本上注明。在《司法鉴定许可证》使用期限内获准变更的事项，使用期限应当与《司法鉴定许可证》的使用期限相一致。

第二十六条 《司法鉴定许可证》使用期限届满后，需要延续的，司法鉴定机构应当在使用期限届满三十日前，向原负责登记的司法行政机关提出延续申请，司法行政机关依法审核办理。延续的条件和需要提交的申请材料按照本办法第三章申请登记的有关规定执行。

不申请延续的司法鉴定机构，《司法鉴定许可证》使用期限届满后，由原负责登记的司法行政机关办理注销登记手续。

第二十七条 司法鉴定机构有下列情形之一的，原负责登记的司法行政机关应当依法办理注销登记手续：

（一）依法申请终止司法鉴定活动的；
（二）自愿解散或者停业的；
（三）登记事项发生变化，不符合设立条件的；
（四）《司法鉴定许可证》使用期限届满未申请延续的；
（五）法律、法规规定的其他情形。

第六章　名册编制和公告

第二十八条　凡经司法行政机关审核登记的司法鉴定机构及司法鉴定人，必须统一编入司法鉴定人和司法鉴定机构名册并公告。

第二十九条　省级司法行政机关负责编制本行政区域的司法鉴定人和司法鉴定机构名册，报司法部备案后，在本行政区域内每年公告一次。司法部负责汇总省级司法行政机关编制的司法鉴定人和司法鉴定机构名册，在全国范围内每五年公告一次。

未经司法部批准，其他部门和组织不得以任何名义编制司法鉴定人和司法鉴定机构名册或者类似名册。

第三十条　司法鉴定人和司法鉴定机构名册分为电子版和纸质版。电子版由司法行政机关负责公告，纸质版由司法行政机关组织司法鉴定机构在有关媒体上公告并正式出版。

第三十一条　司法机关和公民、组织可以委托列入司法鉴定人和司法鉴定机构名册的司法鉴定机构及司法鉴定人进行鉴定。

在诉讼活动中，对《全国人民代表大会常务委员会关于司法鉴定管理问题的决定》第二条所规定的鉴定事项发生争议，需要鉴定的，司法机关和公民、组织应当委托列入司法鉴定人和司法鉴定机构名册的司法鉴定机构及司法鉴定人进行鉴定。

第三十二条　编制、公告司法鉴定人和司法鉴定机构名册的具体程序、内容和格式由司法部另行制定。

第七章　监督管理

第三十三条　司法行政机关应当按照统一部署，依法对司法鉴定机构进行监督、检查。

公民、法人和其他组织对司法鉴定机构违反本办法规定的行为进行举报、投诉的，司法行政机关应当及时进行监督、检查，并根据调查结果进行处理。

第三十四条　司法行政机关应当就下列事项，对司法鉴定机构进行监督、检查：
（一）遵守法律、法规和规章的情况；
（二）遵守司法鉴定程序、技术标准和技术操作规范的情况；
（三）所属司法鉴定人执业的情况；
（四）法律、法规和规章规定的其他事项。

第三十五条　司法行政机关对司法鉴定机构进行监督、检查时，可以依法查阅或者要求司法鉴定机构报送有关材料。司法鉴定机构应当如实提供有关情况和材料。

第三十六条 司法行政机关对司法鉴定机构进行监督、检查时，不得妨碍司法鉴定机构的正常业务活动，不得索取或者收受司法鉴定机构的财物，不得谋取其他不正当利益。

第三十七条 司法行政机关对司法鉴定机构进行资质评估，对司法鉴定质量进行评估。评估结果向社会公开。

第八章 法律责任

第三十八条 法人或者其他组织未经登记，从事已纳入本办法调整范围司法鉴定业务的，省级司法行政机关应当责令其停止司法鉴定活动，并处以违法所得一至三倍的罚款，罚款总额最高不得超过三万元。

第三十九条 司法鉴定机构有下列情形之一的，由省级司法行政机关依法给予警告，并责令其改正：

（一）超出登记的司法鉴定业务范围开展司法鉴定活动的；

（二）未经依法登记擅自设立分支机构的；

（三）未依法办理变更登记的；

（四）出借《司法鉴定许可证》的；

（五）组织未取得《司法鉴定人执业证》的人员从事司法鉴定业务的；

（六）无正当理由拒绝接受司法鉴定委托的；

（七）违反司法鉴定收费管理办法的；

（八）支付回扣、介绍费，进行虚假宣传等不正当行为的；

（九）拒绝接受司法行政机关监督、检查或者向其提供虚假材料的；

（十）法律、法规和规章规定的其他情形。

第四十条 司法鉴定机构有下列情形之一的，由省级司法行政机关依法给予停止从事司法鉴定业务三个月以上一年以下的处罚；情节严重的，撤销登记：

（一）因严重不负责任给当事人合法权益造成重大损失的；

（二）具有本办法第三十九条规定的情形之一，并造成严重后果的；

（三）提供虚假证明文件或采取其他欺诈手段，骗取登记的；

（四）法律、法规规定的其他情形。

第四十一条 司法鉴定机构在开展司法鉴定活动中因违法和过错行为应当承担民事责任的，按照民事法律的有关规定执行。

第四十二条 司法行政机关工作人员在管理工作中滥用职权、玩忽职守造成严重后果的，依法追究相应的法律责任。

第四十三条 司法鉴定机构对司法行政机关的行政许可和行政处罚有异议的，可以依法申请行政复议。

第九章　附　则

第四十四条　本办法所称司法鉴定机构不含《全国人民代表大会常务委员会关于司法鉴定管理问题的决定》第七条规定的鉴定机构。

第四十五条　本办法自公布之日起施行。2000 年 8 月 14 日公布的《司法鉴定机构登记管理办法》（司法部令第 62 号）同时废止。

司法鉴定人登记管理办法

中华人民共和国司法部令

第96号

根据《全国人民代表大会常务委员会关于司法鉴定管理问题的决定》第十六条规定，《司法鉴定人登记管理办法》已经国务院批准，于2005年9月30日公布施行。2000年8月14日公布的《司法鉴定人管理办法》（司法部令第63号）同时废止。

部长　吴爱英

2005年9月29日

第一章　总　则

第一条　为了加强对司法鉴定人的管理，规范司法鉴定活动，建立统一的司法鉴定管理体制，适应司法机关和公民、组织的诉讼需要，保障当事人的诉讼权利，促进司法公正和效率，根据《全国人民代表大会常务委员会关于司法鉴定管理问题的决定》和其他相关法律、法规，制定本办法。

第二条　司法鉴定人从事《全国人民代表大会常务委员会关于司法鉴定管理问题的决定》第二条规定的司法鉴定业务，适用本办法。

第三条　本办法所称的司法鉴定人是指运用科学技术或者专门知识对诉讼涉及的专门性问题进行鉴别和判断并提出鉴定意见的人员。

司法鉴定人应当具备本办法规定的条件，经省级司法行政机关审核登记，取得《司法鉴定人执业证》，按照登记的司法鉴定执业类别，从事司法鉴定业务。

司法鉴定人应当在一个司法鉴定机构中执业。

第四条　司法鉴定管理实行行政管理与行业管理相结合的管理制度。

司法行政机关对司法鉴定人及其执业活动进行指导、管理和监督、检查，司法鉴定行业协会依法进行自律管理。

第五条　全国实行统一的司法鉴定机构及司法鉴定人审核登记、名册编制和名册公告制度。

第六条　司法鉴定人应当科学、客观、独立、公正地从事司法鉴定活动，遵守法律、法规的规定，遵守职业道德和职业纪律，遵守司法鉴定管理规范。

第七条 司法鉴定人执业实行回避、保密、时限和错鉴责任追究制度。

第二章 主管机关

第八条 司法部负责全国司法鉴定人的登记管理工作，依法履行下列职责：

（一）指导和监督省级司法行政机关对司法鉴定人的审核登记、名册编制和名册公告工作；

（二）制定司法鉴定人执业规则和职业道德、职业纪律规范；

（三）制定司法鉴定人诚信等级评估制度并指导实施；

（四）会同国务院有关部门制定司法鉴定人专业技术职称评聘标准和办法；

（五）制定和发布司法鉴定人继续教育规划并指导实施；

（六）法律、法规规定的其他职责。

第九条 省级司法行政机关负责本行政区域内司法鉴定人的登记管理工作，依法履行下列职责：

（一）负责司法鉴定人的审核登记、名册编制和名册公告；

（二）负责司法鉴定人诚信等级评估工作；

（三）负责对司法鉴定人进行监督、检查；

（四）负责对司法鉴定人违法违纪执业行为进行调查处理；

（五）组织开展司法鉴定人专业技术职称评聘工作；

（六）组织司法鉴定人参加司法鉴定岗前培训和继续教育；

（七）法律、法规和规章规定的其他职责。

第十条 省级司法行政机关可以委托下一级司法行政机关协助办理本办法第九条规定的有关工作。

第三章 执业登记

第十一条 司法鉴定人的登记事项包括：姓名、性别、出生年月、学历、专业技术职称或者行业资格、执业类别、执业机构等。

第十二条 个人申请从事司法鉴定业务，应当具备下列条件：

（一）拥护中华人民共和国宪法，遵守法律、法规和社会公德，品行良好的公民；

（二）具有相关的高级专业技术职称；或者具有相关的行业执业资格或者高等院校相关专业本科以上学历，从事相关工作五年以上；

（三）申请从事经验鉴定型或者技能鉴定型司法鉴定业务的，应当具备相关专业工作十年以上经历和较强的专业技能；

（四）所申请从事的司法鉴定业务，行业有特殊规定的，应当符合行业规定；

（五）拟执业机构已经取得或者正在申请《司法鉴定许可证》；

（六）身体健康，能够适应司法鉴定工作需要。

第十三条 有下列情形之一的，不得申请从事司法鉴定业务：

（一）因故意犯罪或者职务过失犯罪受过刑事处罚的；

（二）受过开除公职处分的；

（三）被司法行政机关撤销司法鉴定人登记的；

（四）所在的司法鉴定机构受到停业处罚，处罚期未满的；

（五）无民事行为能力或者限制行为能力的；

（六）法律、法规和规章规定的其他情形。

第十四条 个人申请从事司法鉴定业务，应当由拟执业的司法鉴定机构向司法行政机关提交下列材料：

（一）申请表；

（二）身份证、专业技术职称、行业执业资格、学历、符合特殊行业要求的相关资格、从事相关专业工作经历、专业技术水平评价及业务成果等证明材料；

（三）应当提交的其他材料。

个人兼职从事司法鉴定业务的，应当符合法律、法规的规定，并提供所在单位同意其兼职从事司法鉴定业务的书面意见。

第十五条 司法鉴定人审核登记程序、期限参照《司法鉴定机构登记管理办法》中司法鉴定机构审核登记的相关规定办理。

第十六条 经审核符合条件的，省级司法行政机关应当作出准予执业的决定，颁发《司法鉴定人执业证》；不符合条件的，作出不予登记的决定，书面通知其所在司法鉴定机构并说明理由。

第十七条 《司法鉴定人执业证》由司法部统一监制。《司法鉴定人执业证》是司法鉴定人的执业凭证。

《司法鉴定人执业证》使用期限为五年，自颁发之日起计算。

《司法鉴定人执业证》应当载明下列内容：

（一）姓名；

（二）性别；

（三）身份证号码；

（四）专业技术职称；

（五）行业执业资格；

（六）执业类别；

（七）执业机构；

（八）使用期限；

（九）颁证机关和颁证时间；

（十）证书号码。

第十八条 司法鉴定人要求变更有关登记事项的，应当及时通过所在司法鉴定机构向原负责登记的司法行政机关提交变更登记申请书和相关材料，经审核符合本办法规定的，司法行政机关应当依法办理变更登记手续。

第十九条 《司法鉴定人执业证》使用期限届满后，需要继续执业的，司法鉴定人应当在使用期限届满三十日前通过所在司法鉴定机构，向原负责登记的司法行政机关提出延续申请，司法行政机关依法审核办理。延续申请的条件和需要提交的材料按照本办法第十二条、第十三条、第十四条、第十五条的规定执行。

不申请延续的司法鉴定人，《司法鉴定人执业证》使用期限届满后，由原负责登记的司法行政机关办理注销登记手续。

第二十条 司法鉴定人有下列情形之一的，原负责登记的司法行政机关应当依法办理注销登记手续：

（一）依法申请终止司法鉴定活动的；

（二）所在司法鉴定机构注销或者被撤销的；

（三）《司法鉴定人执业证》使用期限届满未申请延续的；

（四）法律、法规规定的其他情形。

第四章 权利和义务

第二十一条 司法鉴定人享有下列权利：

（一）了解、查阅与鉴定事项有关的情况和资料，询问与鉴定事项有关的当事人、证人等；

（二）要求鉴定委托人无偿提供鉴定所需要的鉴材、样本；

（三）进行鉴定所必需的检验、检查和模拟实验；

（四）拒绝接受不合法、不具备鉴定条件或者超出登记的执业类别的鉴定委托；

（五）拒绝解决、回答与鉴定无关的问题；

（六）鉴定意见不一致时，保留不同意见；

（七）接受岗前培训和继续教育；

（八）获得合法报酬；

（九）法律、法规规定的其他权利。

第二十二条 司法鉴定人应当履行下列义务：

（一）受所在司法鉴定机构指派按照规定时限独立完成鉴定工作，并出具鉴定意见；

（二）对鉴定意见负责；

（三）依法回避；

（四）妥善保管送鉴的鉴材、样本和资料；

（五）保守在执业活动中知悉的国家秘密、商业秘密和个人隐私；

（六）依法出庭作证，回答与鉴定有关的询问；

（七）自觉接受司法行政机关的管理和监督、检查；

（八）参加司法鉴定岗前培训和继续教育；

（九）法律、法规规定的其他义务。

第五章　监督管理

第二十三条　司法鉴定人应当在所在司法鉴定机构接受司法行政机关统一部署的监督、检查。

第二十四条　司法行政机关应当就下列事项，对司法鉴定人进行监督、检查：

（一）遵守法律、法规和规章的情况；

（二）遵守司法鉴定程序、技术标准和技术操作规范的情况；

（三）遵守执业规则、职业道德和职业纪律的情况；

（四）遵守所在司法鉴定机构内部管理制度的情况；

（五）法律、法规和规章规定的其他事项。

第二十五条　公民、法人和其他组织对司法鉴定人违反本办法规定的行为进行举报、投诉的，司法行政机关应当及时进行调查处理。

第二十六条　司法行政机关对司法鉴定人进行监督、检查或者根据举报、投诉进行调查时，可以依法查阅或者要求司法鉴定人报送有关材料。司法鉴定人应当如实提供有关情况和材料。

第二十七条　司法行政机关依法建立司法鉴定人诚信档案，对司法鉴定人进行诚信等级评估。评估结果向社会公开。

第六章　法律责任

第二十八条　未经登记的人员，从事已纳入本办法调整范围司法鉴定业务的，省级司法行政机关应当责令其停止司法鉴定活动，并处以违法所得一至三倍的罚款，罚款总额最高不得超过三万元。

第二十九条　司法鉴定人有下列情形之一的，由省级司法行政机关依法给予警告，并责令其改正：

（一）同时在两个以上司法鉴定机构执业的；

（二）超出登记的执业类别执业的；

（三）私自接受司法鉴定委托的；

（四）违反保密和回避规定的；

（五）拒绝接受司法行政机关监督、检查或者向其提供虚假材料的；

（六）法律、法规和规章规定的其他情形。

第三十条　司法鉴定人有下列情形之一的，由省级司法行政机关给予停止执业三个月以上一年以下的处罚；情节严重的，撤销登记；构成犯罪的，依法追究刑事责任：

（一）因严重不负责任给当事人合法权益造成重大损失的；

（二）具有本办法第二十九规定的情形之一并造成严重后果的；

（三）提供虚假证明文件或者采取其他欺诈手段，骗取登记的；

（四）经人民法院依法通知，非法定事由拒绝出庭作证的；

（五）故意做虚假鉴定的；

（六）法律、法规规定的其他情形。

第三十一条 司法鉴定人在执业活动中，因故意或者重大过失行为给当事人造成损失的，其所在的司法鉴定机构依法承担赔偿责任后，可以向有过错行为的司法鉴定人追偿。

第三十二条 司法行政机关工作人员在管理工作中滥用职权、玩忽职守造成严重后果的，依法追究相应的法律责任。

第三十三条 司法鉴定人对司法行政机关的行政许可和行政处罚有异议的，可以依法申请行政复议。

第七章 附 则

第三十四条 本办法所称司法鉴定人不含《全国人民代表大会常务委员会关于司法鉴定管理问题的决定》第七条规定的鉴定机构中从事鉴定工作的鉴定人。

第三十五条 本办法自公布之日起施行。2000 年 8 月 14 日公布的《司法鉴定人管理办法》（司法部令第 63 号）同时废止。

【其他】

最高人民法院关于增强司法能力提高司法水平的若干意见

（最高人民法院2005年4月1日　法发［2005］4号）

为贯彻落实党的十六届四中全会精神，按照加强党的执政能力建设总体目标的要求，不断增强司法能力，提高司法水平，进一步加强和改进人民法院工作，依法保障全面建设小康社会顺利进行，特制定如下意见。

一、增强司法能力、提高司法水平的重要性和紧迫性

1．人民法院是国家司法机关，依照宪法和法律的规定行使审判权，肩负着贯彻依法治国方略的重要使命。党的十六届四中全会明确提出了加强党的执政能力建设的指导思想、总体目标和主要任务，为人民法院工作进一步指明了方向。人民法院是党领导下实施依法治国方略的重要载体，是党通过司法手段管理国家和社会事务的重要力量，是党通过司法途径保持同人民群众血肉联系的重要纽带，必须通过公正、廉洁、文明、高效的司法活动，为加强党的执政能力建设总体目标的实现，提供有力的司法保障。能否做到这一点，关键在于我们是否具有与加强党的执政能力建设相适应的司法能力和司法水平。

2．长期以来，全国各级人民法院以邓小平理论和“三个代表”重要思想为指导，落实科学的发展观，紧紧依靠党的领导，自觉接受人大监督，努力践行“公正与效率”工作主题，认真落实司法为民的要求，坚持“服务大局抓审判、突出重点抓基层、围绕公正抓队伍”的工作方针，充分发挥审判职能作用，为维护国家安全和社会稳定，保障社会主义市场经济体制的完善，保护广大人民群众合法权益，做出了不懈的努力。

3．当前，国际国内形势正在发生深刻的变化。从国际上看，和平与发展仍然是时代的主题，但少数反华势力凭借强势的政治、经济、文化以及互联网信息技术等各种手段继续对我进行全方位渗透，其颠覆共产党的领导、推翻人民民主专政制度的企图没有改变，对敌斗争依然复杂。从国内看，我国改革发展正处于关键时期，随着改革开放的不断深入，社会利益关系的复杂性、价值观念的多样性、人财物的流动性、信息传播的便捷性进一步发展，我国正处于人民内部矛盾凸显、刑事犯罪高发时期。人民法院维护国家安全和社会稳定的任务繁重而艰巨。

十六届四中全会提出的发展社会主义市场经济、发展社会主义民主政治、建设社会主义先进文化、构建社会主义和谐社会的目标，对人民法院工作提出了新的更高的要求。

面对新的形势和任务，人民法院必须大力加强能力建设，不断增强遵循社会主义市场经济发展规律、社会主义法治国家建设规律和司法活动规律，围绕“公正与效率”工作主题，落实司法为民要求，运用司法手段维护最广大人民根本利益、维护国家长治久安的能力和本领。

4. 多年来，人民法院工作不断取得明显的进展，但依然还有这样或那样的问题制约着人民法院工作的发展，主要表现为正确适用法律的水平还不够高，解决矛盾的本领还不够大，公正裁判的能力还不够强，司法作风还不够过硬，人民群众反映强烈的一些案件裁判不公、效率不高等问题还没有彻底解决，少数法官办“关系案”、“人情案”、“金钱案”的现象还屡禁不止。各级人民法院必须着眼于在增强司法能力、提高司法水平的实践中去解决存在的问题，最终又通过问题的解决推动人民法院工作不断开创新局面。切实认清增强司法能力、提高司法水平的重要性和紧迫性，不断增强践行“公正与效率”工作主题，做好审判工作、法院改革和队伍建设三件大事的自觉性和主动性，抓住机遇，迎接挑战，求真务实，加快发展。

二、增强司法能力、提高司法水平的指导思想和主要任务

5. 人民法院增强司法能力、提高司法水平的指导思想是：在以胡锦涛同志为总书记的党中央领导下，以马列主义、毛泽东思想、邓小平理论和“三个代表”重要思想为指导，按照全国政法工作会议提出的增强五个方面的执法司法能力的要求，以“公正与效率”为主题，以司法为民为基点，以司法体制改革为动力，以人民法院基层建设为基础，以建设高素质法官队伍为保证，全面增强司法能力、提高司法水平。坚持上述指导思想，关键在于始终坚持依靠党对法院工作的领导。

6. 人民法院增强司法能力、提高司法水平的主要任务是：增强惩罚刑事犯罪，维护国家安全和社会稳定的能力；增强调节经济关系，促进社会主义市场经济健康发展的能力；增强依法处理矛盾纠纷，保障社会和谐的能力；增强支持和促进依法行政，推进社会主义民主政治建设的能力；增强在司法领域保障人权，维护人民群众合法权益的能力；增强正确适用法律、公正高效司法，保障在全社会实现公平和正义的能力。全国各级人民法院要紧紧围绕上述任务，不断研究新情况、解决新问题、增长新本领，努力抓好审判工作、队伍建设、法院改革三件大事，全面推进人民法院的各项工作不断向前发展。

三、增强惩罚刑事犯罪，维护国家安全和社会稳定的能力

7. 维护国家安全和社会稳定始终是人民法院一项重大政治任务，各级人民法院要进一步增强责任意识和忧患意识，切实做好维护国家安全和社会稳定的各项工作。

8. 要坚决依法严惩分裂国家、破坏国家统一、颠覆国家政权、推翻社会主义制度等各类危害国家安全的犯罪。对利用互联网进行的各种危害国家安全犯罪，要加强司法应对；对“法轮功”邪教组织利用法律手段与我对抗的新情况要保持高度警惕。

9. 经济社会转型时期滋生和诱发犯罪的因素大量增加的客观形势，决定了必须长期坚持严打方针。各级人民法院要坚持严打的针对性、实效性，注重与其他政法机关的协调配合。继续贯彻依法严打方针不动摇，坚持严打的经常性、长期性，继续重点打击严

重暴力犯罪、有组织犯罪和盗窃、抢劫、抢夺等多发性侵犯财产权的犯罪，加大对毒品犯罪、赌博犯罪以及网络犯罪的惩处力度，净化社会环境，确保社会稳定。

10．要特别注意解决好涉诉信访问题，牢固树立“群众利益无小事”的观念，耐心听取来访群众的诉求，充分尊重、平等保护当事人的诉权，切实维护人民群众的利益，对来访群众体现社会主义人文关怀。努力增强涉诉信访接待处理能力，充分发挥审判监督工作的司法救济功能，坚持依法办事、按照政策办事的原则，既依法维护群众的正当权益，又要对个别有意扰乱社会秩序的不法分子坚决予以严肃处理。

11．要积极参与社会治安防控体系建设，加强法治宣传教育，加强司法建议工作，强化指导人民调解工作，加强未成年人犯罪审判工作，配合有关部门开展好社区矫正和帮教工作，推进社会治安综合治理。

四、增强依法调节经济关系，促进社会主义市场经济健康发展的能力

12．当前，我国经济健康发展，市场经济秩序不断改善。但是，经济领域的犯罪仍然相对突出，新型犯罪不断出现，直接危害国家经济安全。各级人民法院要重点打击金融、财税、证券期货等事关国家经济安全领域的严重经济犯罪，非法集资等事关群众切身利益、影响社会稳定的严重经济犯罪，生产销售伪劣商品、走私、侵犯知识产权等严重破坏市场经济秩序的犯罪，利用国有企业改革之机侵吞国有资产的犯罪，尤其依法严惩严重经济犯罪背后国家工作人员索贿受贿、玩忽职守、滥用职权以及徇私舞弊等犯罪活动。

13．要通过对大量民商事案件的审判，坚决贯彻民事主体平等原则，创造公平和可预见的司法环境。对于跨地区的重大民事案件，可以采取上级法院指定管辖的法律措施，排除地方保护主义的干扰。加强对国有企业破产案件的审判指导和监督，严格执行国有企业兼并破产计划，严把破产案件受理关，遏制个别地方刮“破产风”、搞“破产运动”，导致银行债权被大量逃废现象。继续服从和服务于国家对整个国民经济的宏观调控和经济安全的监控，认真审理金融纠纷案件，防止企图通过诉讼逃债、消债等规避法律的行为，维护信贷秩序。制裁违约失信行为，维护诚实信用的商业道德，促进社会诚信体系的建立。加强对侵犯专利权、商标权、著作权、发明权、商业秘密等案件的审判，制裁侵犯知识产权和滥用知识产权行为，依法保障市场经济秩序的规范、经济结构的调整和经济增长方式的转变。

五、增强依法处理矛盾纠纷，保障社会和谐的能力

14．依法处理矛盾纠纷案件，做到定纷止争，案结事了，这是人民法院司法能力的重要内容和标志，是检验民事司法活动的重要标准，也是促进社会和谐稳定的必然要求。各级人民法院在处理各种矛盾纠纷时，要注重法律效果和社会效果的统一，正确适用法律，做到程序合法、实体公正，尽可能地让当事人无论输赢都心服口服，努力化解各种社会矛盾。

15．要大力加强诉讼调解工作，坚持“能调则调、当判则判、判调结合、案结事了”的要求，尽量通过诉讼调解达到平息纠纷的目的。既要切实解决重判决、轻调解导致的不愿调、不会调的问题，又要防止因片面追求调解率带来的违法调、强迫调的问题，坚决防止侵害当事人合法权益问题的发生。同时，加强对人民调解工作的指导，把人民调解和诉讼调解紧密结合起来，充分调动各方面的积极因素，探索和推动各种诉讼替代解决方式，进一步健全社会矛盾纠纷的多元处理机制。

16．要妥善处理群体性诉讼案件。在处理群体性案件时，要坚持慎重、依法的原则，既要严格依法办事，维护好当事人的合法权益，又要落实好有关政策要求，耐心细致地做好宣传教育工作，注重并着眼于化解矛盾纠纷。要进一步落实和完善四个机制：一是贯穿法院工作各个环节的社会稳定预警机制，及时发现和解决苗头性、倾向性问题；二是排查和调处机制，要按照属地原则定期对重点案件进行摸排调处；三是应急处置机制，要制定详细的应急预案，确保能依法及时果断有效处置各种事件；四是责任追究机制，对没有妥善处理群体性事件造成严重后果的领导和直接责任人，要严肃追究责任。

六、增强支持和促进依法行政，推进社会主义民主政治建设的能力

17．行政诉讼制度对于保护行政相对人的合法权利，协调“官民”关系，促进社会稳定，促进行政机关依法行政，建构法治和廉洁政府，推进民主政治建设，具有十分重要的意义。各级人民法院要通过依法维护合法的行政行为，纠正违法的行政行为，协调公共权力与公民权利的关系，增进人民群众和政府之间的相互信任，减少社会不安定因素。既要反对将对行政行为进行司法监督与维护社会稳定对立起来，对依法应该受理的案件不予受理，或者不依法审判和执行；又要克服“法院万能”的观点和倾向，对不属于现行法律规定的行政审判范围的案件盲目受理或越权审理。总之，既要到位，又不越位，做到监督有力，保障有方。

七、增强在司法领域保障人权，维护人民群众合法权益的能力

18．司法能力从根本上说，就是通过司法手段保障人权，为人民群众排忧解难、全心全意为人民服务的能力。各级人民法院要加强对刑事审判内在规律的研究，既增强严厉打击犯罪、维护国家安全和社会稳定的能力，又提高依法保障人权的水平，切实保证无罪的人不受刑事追究。

19．要认真贯彻宽严相济的刑事政策，在严厉惩罚犯罪的同时，对具有法定从宽条件的，依法从宽处理；对具有减刑、假释条件的服刑人员，依法减刑、假释并积极探索减刑、假释的公示和有条件的听证制定；对法律、政策界限不明确，可判可不判的，可杀可不杀的，应该根据具体情况，依法从宽处理。要进一步落实好防止超期羁押和超审限的有关通知要求和各项制度措施，巩固已有成果，防止新的超期羁押和超审限现象的发生。要切实通过司法活动将尊重和保障人权的原则贯彻到社会生活的各个方面。坚持以人为本的发展观，通过依法保障公民政治权利的行使，通过对经济关系的法律调节，通过在司法活动中弘扬精神文明建设的成果，促进全社会牢固树立尊重和保障人权的基本理念，努力营造尊重人、关心人、爱护人、帮助人的良好社会风尚。

八、增强正确适用法律、公正高效司法，保障在全社会实现公平和正义的能力

20．司法工作的灵魂和生命是司法公正，人民法院始终追求并努力实现的司法目标也是司法公正，衡量司法能力强弱和司法水平高低的根本标准还是司法公正。人民群众对司法公正的期盼最热切，对司法不公的指责也最激烈。裁判不公、执行不力的案件虽为数不多，但影响很坏。这就要求各级人民法院很好地提高学习与适用法律的能力，不仅要有公正之心，而且要有公正之举，切实以公正之能求得公正之效。因此，法官的判决必须考虑社会稳定、经济发展问题，而不应为了追求一个法律价值而不顾其他的社会价值。各级人民法院都要在总结“司法公正树形象”教育活动成果的基础上，树立科学的司法理念，坚持实体公正与程序公正的统一，坚持法律真实与客观真实的统一，坚决抵制和克服人情、关系、金钱、地方和部门保护等各种干扰，进一步完善并强化内部监督，切实提高公正司法、廉洁司法的能力。

九、全面加强法院队伍建设

21．人民法院增强司法能力、提高司法水平，关键在于造就一支政治坚定、业务精通、作风优良、司法公正的法院队伍，必须以增强司法能力、提高司法水平为目标，不断加强法院队伍的政治素质、业务素质和职业道德素质，继续推进法官职业化建设，为实现“公正与效率”主题，保障审判工作和人民法院其他各项工作的开展，提供强有力的组织保证和人才支持。

22．要牢固确立“三个代表”重要思想在法院队伍建设中的指导地位，坚持司法为民，切实解决为谁执法、为谁服务这一根本问题，把维护人民群众的利益永远放在第一位，坚持忠于党、忠于人民、忠于事实、忠于法律的政治本色，在思想上和行动上与以胡锦涛同志为总书记的党中央保持高度一致。

23．要抓住领导干部这个关键环节，把政治立场坚定、懂得法律业务、年富力强、符合法官法条件的人选任到法院领导岗位，按照政治坚定、求真务实、开拓创新、勤政廉政、团结协作的要求，建设好各级人民法院的领导班子。要着重从驾驭庭审、司法指导、司法监督等方面增强领导干部的审判能力，着重从队伍管理、审判管理、政务管理等方面增强管理能力，着重从民主决策、科学决策、依法决策等方面增强决策能力。

24．上级人民法院要按照法院领导班子双重管理的规定，加强对下级人民法院领导班子的协管工作，主动与地方党委沟通，按照法官法规定的条件，提出人选并进行考察。对 2002 年以来没有按照法官法规定条件任命的法院副院长，要及时与地方党委沟通，调整工作。要加强对人民法院后备干部的培养，领导班子成员的调整、补充，要严格执行《党政领导干部选拔任用工作条例》的规定。

25．要立足于提高现有法官的司法能力和司法水平，着力提高适用法律的能力、驾驭庭审的能力、制作裁判文书的能力，造就一支职业法官群体，强化职业意识，树立职业道德，增强职业技能；造就一支资深法官群体，练就高超本领，树立权威形象，赢得社会公信；造就一支优秀法官群体，弘扬优秀品格，捍卫法律尊严，保护公民权利。

26．要加强干部管理制度建设，建立和落实好院、庭长办案制度，积极探索保障院、

庭长办案的审判组织和运行机制保障办法，确定院、庭长每年直接参加合议庭办案数量的硬指标，并列入岗位目标考核的重要内容，各级领导干部尤其是院、庭长必须排除一切困难和干扰，切实承担起审判职责。按照法律效果和社会效果相结合的原则，在各级人民法院全面建立起各类案件审判工作的科学考评体系，加强对审判质量和效率的评查。

27．继续贯彻落实党风建设责任制，不断丰富和完善责任制的内容，认真执行领导干部重大事项报告、述职述廉、民主评议、谈话诫勉、交流轮岗、任职回避等制度，严格执行党内监督条例，加强对各级法院领导干部，特别是“一把手”的监督，做到靠廉洁勤政的班子带出一流过硬的队伍。要不断加大廉政建设的力度，加强对法官的审判纪律教育，教育法官增强廉洁意识，建立健全党风廉政制度，完善审判监督，发挥上级法院了解案件审判情况的优势，依法纠正下级法院审判过程中存在的少数不公、不廉等现象，完善举报监督制度，强化对法官司法行为的监督，坚持和完善巡视制度，重视运用巡视成果，及时处理巡视中发现的司法不廉问题。

28．建立完善法院经费保障机制。积极与有关部门沟通，努力落实审判津贴制度，积极推动地方党委、政府尽快制定出台基层法院经费保障标准，争取中央财政继续加大对基层法院的经费补助力度。

29．继续深化人民法院改革。根据中央关于司法体制改革的总体部署和要求，最高人民法院将颁布和实施《人民法院第二个五年改革纲要》，从解决群众关心的司法公正和效率问题入手，重点深化刑事审判方式改革，进一步完善刑事审判二审、死刑复核程序，健全证人、鉴定人出庭制度，充实审判力量，使每一件刑事案件都做到程序合法、实体公正，经得起历史的检验；改革审判委员会制度，进一步促进审理与判决的有机统一，提高审判质量和工作效率；完善人民陪审员制度，会同司法行政机关选拔、培训人民陪审员，保障人民群众依法参与审判活动，弘扬司法民主；改革完善民事、行政案件审判监督制度，尊重和保障当事人依照法律程序提起再审的权利，及时受理当事人申诉和申请再审的案件，解决群众“打官司难”问题；改革完善人民法庭工作机制，规范巡回审理工作，人民法庭可以直接受理案件，方便群众诉讼；针对未成年人的心理、生理特点和法律保护的特殊要求，改革完善未成年人司法制度，加强对未成年人合法权益的保护；坚决贯彻执行《全国人大常委会关于司法鉴定管理问题的决定》，促进司法鉴定管理制度的完善；改革执行工作体制，积极参与社会信用体系建设，完善执行案件信息管理系统，促使当事人自动履行生效裁判。

十、增强司法能力、提高司法水平的基本要求

30．增强司法能力、提高司法水平，既是一件需要常抓不懈的大事，也是当前的紧迫任务。在加强司法能力建设的过程中，必须始终坚持解放思想、实事求是、与时俱进、求真务实的思想路线，坚持一切从实际出发，一切从司法工作规律出发。

31．增强司法能力、提高司法水平，必须因时、因地制宜，不搞千篇一律。在落实好增强司法能力、提高司法水平的总任务的同时，立足所处地区的工作全局和工作环境，立足审判、执行等各项工作和队伍的实际情况，从各地区、各单位司法能力和司法水平的现状和基础出发，准确把握司法能力的主要方面和薄弱环节，科学地确定工作重点和

实现途径。既要防止脱离增强司法能力、提高司法水平的总任务，另搞一套，偏离方向，又要防止照本宣科，搞教条主义。在坚持加强司法能力建设的各项既定方针的同时，坚持与时俱进，根据增强司法能力、提高司法水平的进展情况和司法环境的变化，及时调整工作重点。既要防止朝令夕改，保证司法能力建设的连续性和稳定性，又要防止抱残守缺，搞经验主义。

32．增强司法能力、提高司法水平，必须与“一个主题、三件大事”紧密结合。坚持“一个主题、三件大事”这一人民法院科学的工作格局不变，确保加强司法能力建设的各项要求落到实处，并用推动各项工作进步，提高司法公正与效率水平的实际效果来检验加强司法能力建设的成果。

33．增强司法能力、提高司法水平，必须加强组织领导。各级人民法院必须及时编制加强司法能力建设的实施方案，确定今后一个时期各地区、各单位增强司法能力、提高司法水平的工作重点、工作方法、阶段骤、具体目标等内容。最高人民法院将根据实际情况适时派出巡视组赴部分地区、部分法院进行督促检查，上级法院特别是各高级法院也要定期进行督促检查，及时发现和解决辖区内当前存在的一些突出问题。各高级法院要将辖区内加强司法能力建设的情况特别是典型经验和突出问题，及时报告最高人民法院。每年表彰和宣传一定数量的各级人民法院增强司法能力、提高司法水平的先进典型，加强宣传先进经验和做法，营造增强司法能力、提高司法水平的良好氛围。

34．增强司法能力、提高司法水平，必须与保持先进性教育相结合。按照中央部署的保持共产党员先进性教育活动的要求，结合法院实际，在学、摆、改、立四个环节上抓好落实，推动广大法官和其他工作人员时刻注意恪守职业道德、确保司法廉洁、弘扬司法文化。认真组织广大党员学习好毛泽东同志《为人民服务》、《中国共产党的三大作风》，邓小平同志《建设有中国特色社会主义》、《一靠理想二靠纪律才能团结起来》，江泽民同志《论加强和改进执政党建设》，胡锦涛同志《在全党大力弘扬求真务实精神，大兴求真务实之风》、《树立和落实科学发展观》等重要的论著。认真组织广大党员分析评议自己在思想、工作和作风上存在的问题，开展好党员之间的相互评议，开展好批评和自我批评。针对发现的各种问题认真制定整改措施，明确整改重点，落实整改责任，切实进行整改。通过开展先进性教育活动切实解决人民群众反映强烈、通过努力能够解决的突出问题，推动司法能力的增强和司法水平的提高。

最高人民法院关于人民法院民事调解工作若干问题的规定

（最高人民法院 2004 年 9 月 16 日公告，自 2004 年 11 月 1 日起施行
法释［2004］12 号）

为了保证人民法院正确调解民事案件，及时解决纠纷，保障和方便当事人依法行使诉讼权利，节约司法资源，根据《中华人民共和国民事诉讼法》等法律的规定，结合人民法院调解工作的经验和实际情况，制定本规定。

第一条 人民法院对受理的第一审、第二审和再审民事案件，可以在答辩期满后裁判作出前进行调解。在征得当事人各方同意后，人民法院可以在答辩期满前进行调解。

第二条 对于有可能通过调解解决的民事案件，人民法院应当调解。但适用特别程序、督促程序、公示催告程序、破产还债程序的案件，婚姻关系、身份关系确认案件以及其他依案件性质不能进行调解的民事案件，人民法院不予调解。

第三条 根据民事诉讼法第八十七条的规定，人民法院可以邀请与当事人有特定关系或者与案件有一定联系的企业事业单位、社会团体或者其他组织，和具有专门知识、特定社会经验、与当事人有特定关系并有利于促成调解的个人协助调解工作。

经各方当事人同意，人民法院可以委托前款规定的单位或者个人对案件进行调解，达成调解协议后，人民法院应当依法予以确认。

第四条 当事人在诉讼过程中自行达成和解协议的，人民法院可以根据当事人的申请依法确认和解协议制作调解书。双方当事人申请庭外和解的期间，不计入审限。

当事人在和解过程中申请人民法院对和解活动进行协调的，人民法院可以委派审判辅助人员或者邀请、委托有关单位和个人从事协调活动。

第五条 人民法院应当在调解前告知当事人主持调解人员和书记员姓名以及是否申请回避等有关诉讼权利和诉讼义务。

第六条 在答辩期满前人民法院对案件进行调解，适用普通程序的案件在当事人同意调解之日起 15 天内，适用简易程序的案件在当事人同意调解之日起 7 天内未达成调解协议的，经各方当事人同意，可以继续调解。延长的调解期间不计入审限。

第七条 当事人申请不公开进行调解的，人民法院应当准许。

调解时当事人各方应当同时在场，根据需要也可以对当事人分别作调解工作。

第八条 当事人可以自行提出调解方案，主持调解的人员也可以提出调解方案供当事人协商时参考。

第九条 调解协议内容超出诉讼请求的，人民法院可以准许。

第十条 人民法院对于调解协议约定一方不履行协议应当承担民事责任的，应予准许。

调解协议约定一方不履行协议，另一方可以请求人民法院对案件作出裁判的条款，人民法院不予准许。

第十一条 调解协议约定一方提供担保或者案外人同意为当事人提供担保的，人民法院应当准许。

案外人提供担保的，人民法院制作调解书应当列明担保人，并将调解书送交担保人。担保人不签收调解书的，不影响调解书生效。

当事人或者案外人提供的担保符合担保法规定的条件时生效。

第十二条 调解协议具有下列情形之一的，人民法院不予确认：

（一）侵害国家利益、社会公共利益的；

（二）侵害案外人利益的；

（三）违背当事人真实意思的；

（四）违反法律、行政法规禁止性规定的。

第十三条 根据民事诉讼法第九十条第一款第（四）项规定，当事人各方同意在调解协议上签名或者盖章后生效，经人民法院审查确认后，应当记入笔录或者将协议附卷，并由当事人、审判人员、书记员签名或者盖章后即具有法律效力。当事人请求制作调解书的，人民法院应当制作调解书送交当事人。当事人拒收调解书的，不影响调解协议的效力。一方不履行调解协议的，另一方可以持调解书向人民法院申请执行。

第十四条 当事人不能对诉讼费用如何承担达成协议的，不影响调解协议的效力。人民法院可以直接决定当事人承担诉讼费用的比例，并将决定记入调解书。

第十五条 对调解书的内容既不享有权利又不承担义务的当事人不签收调解书的，不影响调解书的效力。

第十六条 当事人以民事调解书与调解协议的原意不一致为由提出异议，人民法院审查后认为异议成立的，应当根据调解协议裁定补正民事调解书的相关内容。

第十七条 当事人就部分诉讼请求达成调解协议的，人民法院可以就此先行确认并制作调解书。

当事人就主要诉讼请求达成调解协议，请求人民法院对未达成协议的诉讼请求提出处理意见并表示接受该处理结果的，人民法院的处理意见是调解协议的一部分内容，制作调解书的记入调解书。

第十八条 当事人自行和解或者经调解达成协议后，请求人民法院按照和解协议或者调解协议的内容制作判决书的，人民法院不予支持。

第十九条 调解书确定的担保条款条件或者承担民事责任的条件成就时，当事人申请执行的，人民法院应当依法执行。

不履行调解协议的当事人按照前款规定承担了调解书确定的民事责任后，对方当事人又要求其承担民事诉讼法第二百三十二条规定的迟延履行责任的，人民法院不予支持。

第二十条 调解书约定给付特定标的物的，调解协议达成前该物上已经存在的第三人的物权和优先权不受影响。第三人在执行过程中对执行标的物提出异议的，应当按照民事诉讼法第二百零八规定处理。

第二十一条 人民法院对刑事附带民事诉讼案件进行调解，依照本规定执行。

第二十二条 本规定实施前人民法院已经受理的案件，在本规定施行后尚未审结的，依照本规定执行。

第二十三条 本规定实施前最高人民法院的有关司法解释与本规定不一致的，适用本规定。

第二十四条 本规定自2004年11月1日起实施。

关于规范法官和律师相互关系维护司法公正的若干规定

（2004年3月19日最高人民法院、司法部发布　法发［2004］9号）

为了加强对法官和律师在诉讼活动中的职业纪律约束，规范法官和律师的相互关系，维护司法公正，根据《中华人民共和国法官法》、《中华人民共和国律师法》等有关法律、法规，制定本规定。

第一条　法官和律师在诉讼活动中应当忠实于宪法和法律，依法履行职责，共同维护法律尊严和司法权威。

第二条　法官应当严格依法办案，不受当事人及其委托的律师利用各种关系、以不正当方式对案件审判进行的干涉或者施加的影响。

律师在代理案件之前及其代理过程中，不得向当事人宣称自己与受理案件法院的法官具有亲朋、同学、师生、曾经同事等关系，并不得利用这种关系或者以法律禁止的其他形式干涉或者影响案件的审判。

第三条　法官不得私自单方面会见当事人及其委托的律师。

律师不得违反规定单方面会见法官。

第四条　法官应当严格执行回避制度，如果与本案当事人委托的律师有亲朋、同学、师生、曾经同事等关系，可能影响案件公正处理的，应当自行申请回避，是否回避由本院院长或者审判委员会决定。

律师因法定事由或者根据相关规定不得担任诉讼代理人或者辩护人的，应当谢绝当事人的委托，或者解除委托代理合同。

第五条　法官应当严格执行公开审判制度，依法告知当事人及其委托的律师本案审判的相关情况，但是不得泄露审判秘密。

律师不得以各种非法手段打听案情，不得违法误导当事人的诉讼行为。

第六条　法官不得为当事人推荐、介绍律师作为其代理人、辩护人，或者暗示更换承办律师，或者为律师介绍代理、辩护等法律服务业务，并且不得违反规定向当事人及其委托的律师提供咨询意见或者法律意见。

律师不得明示或者暗示法官为其介绍代理、辩护等法律服务业务。

第七条　法官不得向当事人及其委托律师索取或者收取礼品、金钱、有价证券等；不得借婚丧喜庆事宜向律师索取或者收取礼品、礼金；不得接受当事人及其委托律师的宴请；不得要求或者接受当事人及其委托律师出资装修住宅、购买商品或者进行各种娱乐、旅游活动；不得要求当事人及其委托的律师报销任何费用；不得向当事人及其委托的律师借用交通工具、通讯工具或者其他物品。

当事人委托的律师不得借法官或者其近亲属婚丧喜庆事宜馈赠礼品、金钱、有价证券等；不得向法官请客送礼、行贿或者指使、诱导当事人送礼、行贿；不得为法官装修住宅、购买商品或者出资邀请法官进行娱乐、旅游活动；不得为法官报销任何费用；不得向法官出借交通工具、通讯工具或者其他物品。

第八条 法官不得要求或者暗示律师向当事人索取财物或者其他利益。

当事人委托的律师不得假借法官的名义或者以联络、酬谢法官为由，向当事人索取财物或者其他利益。

第九条 法官应当严格遵守法律规定的审理期限，合理安排审判事务，遵守开庭时间。

律师应当严格遵守法律规定的提交诉讼文书的期限及其他相关程序性规定，遵守开庭时间。

法官和律师均不得借故延迟开庭。法官确有正当理由不能按期开庭，或者律师确有正当理由不能按期出庭的，人民法院应当在不影响案件审理期限的情况下，另行安排开庭时间，并及时通知当事人及其委托的律师。

第十条 法官在庭审过程中，应当严格按照法律规定的诉讼程序进行审判活动，尊重律师的执业权利，认真听取诉讼双方的意见。

律师应当自觉遵守法庭规则，尊重法官权威，依法履行辩护、代理职责。

第十一条 法官和律师在诉讼活动中应当严格遵守司法礼仪，保持良好的仪表，举止文明。

第十二条 律师对于法官有违反本规定行为的，可以自行或者通过司法行政部门、律师协会向有关人民法院反映情况，或者署名举报，提出追究违纪法官党纪、政纪或者法律责任的意见。

法官对于律师有违反本规定行为的，可以直接或者通过人民法院向有关司法行政部门、律师协会反映情况，或者提出给予行业处分、行政处罚直至追究法律责任的司法建议。

第十三条 当事人、案外人发现法官或者律师有违反本规定行为的，可以向有关人民法院、司法行政部门、纪检监察部门、律师协会反映情况或者署名举报。

第十四条 人民法院、司法行政部门、律师协会对于法官、律师违反本规定的，应当视其情节，按照有关法律、法规或者规定给予处理；构成犯罪的，依法追究刑事责任。

第十五条 对法官和律师在案件执行过程中的纪律约束，按照本规定执行。

对人民法院其他工作人员和律师辅助人员的纪律约束，参照本规定的有关内容执行。

第十六条 本规定由最高人民法院、司法部负责解释。

第十七条 本规定自公布之日起实施。

关于开展审判监督工作若干问题的通知

（最高人民法院2004年5月18日公布　法［2004］103号）

各省、自治区、直辖市高级人民法院，新疆维吾尔自治区高级人民法院生产建设兵团分院：

按照《最高人民法院机关机构改革方案》和最高人民法院有关司法解释关于内设机构及其职能的有关规定，本院立案庭、审判监督庭、民事审判第三庭、民事审判第四庭、行政审判庭分别承担相应案件的审判监督职能。在开展审判监督工作中，除与对口业务庭发生工作联系外，还需与各高级人民法院立案庭、审判监督庭及其他业务庭发生工作联系。由于上下级法院内设机构的职能分工不尽一致，当前在工作协调上遇到一些困难，影响了审判监督工作的顺利开展。为认真贯彻司法为民要求，确保“公正与效率”的实现，加强审判监督工作，特通知如下：

一、本院有关业务庭审查后要求高级人民法院复查并报送复查结果的申诉或者申请再审案件，高级人民法院应当在限定的期限内进行复查并依法处理，对申诉人或者再审申请人作出书面答复，同时将复查结果报本院相关业务庭。

二、本院有关业务庭调卷的案件，相关高级人民法院应当在限定的期限内将案件全部卷宗寄出。

本院有关业务庭根据审判监督工作实际需要提出的其他要求，高级人民法院应当在限定期限内完成。

如有特殊情况，高级人民法院无法按期完成上述案件复查、调卷或其他事宜的，应当在期限届满前向本院有关业务庭说明情况，并提出预期完成的时间。

三、本院指令高级人民法院再审并发函指出问题的案件，高级人民法院在作出裁判后应当将裁判文书及时报送最高人民法院。

四、本院各有关业务庭按照职责分工开展审判监督工作，均系代表本院行使审判监督职权。各高级人民法院承担审判监督任务的有关业务庭应当以高度负责的态度，各司其职，积极协助和配合本院有关业务庭搞好申诉和申请再审案件的相关工作和审判监督工作，不得因上下级法院业务部门不对口而推诿拖延。

五、违反上述要求的，本院有关业务庭应当积极督办；经督办仍无改进的，本院将依照有关规定予以处理。

中央补助地方法律援助办案专款管理暂行办法

（财政部、司法部2005年9月6日印发）

第一条 为加强中央补助地方法律援助办案专款（以下简称法律援助办案专款）的管理，充分发挥法律援助办案专款的使用效益，推动法律援助工作的发展，根据财政部《中央对地方专项拨款管理办法》的规定，特制定本办法。

第二条 法律援助办案专款是为落实国务院《法律援助条例》，帮助经济不发达地区解决法律援助经费困难，促进不同地区法律援助工作的协调发展，由中央财政专项安排的补助地方办理法律援助案件的专项资金。

根据司法部、民政部、财政部等九部门《关于贯彻落实〈法律援助条例〉切实解决困难群众打官司难问题的意见》的规定，各级政府应将法律援助所需经费纳入预算，省级财政部门应设立法律援助专项资金，各级司法行政部门要广泛开辟政府财政拨款以外的法律援助经费筹措渠道，充分利用各方面力量解决法律援助办案所需经费。

第三条 法律援助办案专款的投向是国家级和省级扶贫开发工作重点县（市、区），以及经费保障能力较低的其他困难县（市、区）法律援助机构（含未单独设立法律援助机构，承担法律援助任务的县、市、区司法局，下同）。

第四条 法律援助办案专款的使用范围

（一）支付接受法律援助机构指派办理案件的律师、基层法律服务工作者和接受安排办理案件的社会组织人员、法律援助志愿者的办案补贴，包括差旅费、交通通讯费、文印费、调查取证费等。

各省级司法行政部门应会同同级财政部门根据本地区实际情况制定办案补贴标准。

（二）法律援助机构办理法律援助案件的直接费用。

（三）受援人败诉后确因经济困难无力交纳的鉴定费和仲裁费。

第五条 法律援助办案专款的分配

（一）法律援助办案专款分配原则是：公开、公正、透明；保贫困、保基层、保基本，体现政府的责任和财政支付能力的协调平衡。

（二）法律援助办案专款采用“因素计算法”进行分配，即根据国家有关部门的统计资料，选择贫困人口数量、财政状况、法律援助办案量及其他客观因素，在量化的基础上，根据各因素对经费需求的影响程度和财政管理的要求，确定各因素的权重和差异系数，通过公式计算确定补助各地的法律援助办案专款的数额。

（三）贫困人口数量以国家统计的上年全国各地贫困人口数为准；财政状况以人均可用财力指标为准，适当参考其他财政指标；法律援助办案量以上年实际完成法律援助案件数为准；其他因素主要考虑法律援助办案专款的管理情况和各级财政的法律援助专项资金安排情况。

计算专款的因素及其所占权重可根据情况的变化进行适当调整。

（四）省级财政部门在分配法律援助办案专款时，也要以“因素计算法”为基础，坚持鼓励办案数量多和本身安排办案经费多的地区的原则。

第六条 法律援助办案专款的使用管理

（一）法律援助办案专款实行集中安排、一次下达的办法，由财政部直接拨付到省级财政部门。

（二）省级财政部门要在司法行政部门的配合下，将中央财政补助的法律援助办案专款，结合省级财政安排的专项资金，在收到中央补助资金的两个月内，按财政预算管理程序核定并下拨到县级法律援助机构。县级法律援助机构要将上级补助的法律援助办案专款、本级财政安排的办案经费和各种渠道筹集的社会资金结合起来，统筹安排使用。

（三）有条件实行财政国库直接支付的地区，省级财政可直接将法律援助办案专款拨付给县级法律援助机构。

（四）承办法律援助案件的办案人员在领取法律援助办案费补贴时，应当向法律援助机构提交有关的法律文书副本或复印件以及结案报告等材料，并在领取单上签字。

（五）法律援助机构应建立台账，标明承担的法律援助案件事项、时间、承办人、办案费补助数额或报销数额等。

第七条 法律援助办案专款的监督管理

（一）各级财政部门和司法行政部门要加强对法律援助办案专款的监督管理，制定切实有效的管理办法，保证法律援助办案专款及时、足额到位，专款专用，不得用于司法行政部门和法律援助机构的人员经费和公用经费。

（二）每年度终了后 4 个月内，省级财政部门和司法行政部门要将法律援助办案专款的安排和使用情况如实向财政部和司法部作出书面报告。中央财政将以此作为考核省级财政和司法行政部门对法律援助办案专款管理工作的一项重要内容和安排下一年度法律援助办案专款的参考依据。

（三）省级财政部门要会同司法行政部门建立效益考核制度，对使用法律援助办案专款的情况进行量化考核，定期向上级和下级财政、司法行政部门通报考核情况，及时提出问题和改进意见。

（四）财政部、司法部将定期或不定期地直接或委托有关部门对专款的使用情况进行现场检查、审计。对法律援助办案专款到位不及时、使用效益不高、存在挤占挪用现象等违反本办法规定的地区，将暂停以后年度法律援助办案专款并按照《财政违法行为处罚处分条例》的规定予以处罚处分。

第八条 本办法自发布之日起施行。省级财政部门和司法行政部门可结合本地实际制定具体实施办法。

第九条 本办法由财政部负责解释。

关于审理与企业改制相关的民事纠纷案件若干问题的规定

（最高人民法院2003年1月3日发布　法释［2003］1号）

为了正确审理与企业改制相关的民事纠纷案件，根据《中华人民共和国民法通则》、《中华人民共和国公司法》、《中华人民共和国全民所有制工业企业法》、《中华人民共和国合同法》、《中华人民共和国民事诉讼法》等法律、法规的规定，结合审判实践，制定本规定。

一、案件受理

第一条　人民法院受理以下平等民事主体间在企业产权制度改造中发生的民事纠纷案件：

（一）企业公司制改造中发生的民事纠纷；

（二）企业股份合作制改造中发生的民事纠纷；

（三）企业分立中发生的民事纠纷；

（四）企业债权转股权纠纷；

（五）企业出售合同纠纷；

（六）企业兼并合同纠纷；

（七）与企业改制相关的其他民事纠纷。

第二条　当事人起诉符合本规定第一条所列情形，并符合民事诉讼法第一百零八条规定的起诉条件的，人民法院应当予以受理。

第三条　政府主管部门在对企业国有资产进行行政性调整、划转过程中发生的纠纷，当事人向人民法院提起民事诉讼的，人民法院不予受理。

二、企业公司制改造

第四条　国有企业依公司法整体改造为国有独资有限责任公司的，原企业的债务，由改造后的有限责任公司承担。

第五条　企业通过增资扩股或者转让部分产权，实现他人对企业的参股，将企业整体改造为有限责任公司或者股份有限公司的，原企业债务由改造后的新设公司承担。

第六条　企业以其部分财产和相应债务与他人组建新公司，对所转移的债务债权人认可的，由新组建的公司承担民事责任；对所转移的债务未通知债权人或者虽通知债权人，而债权人不予认可的，由原企业承担民事责任。原企业无力偿还债务，债权人就此向新设公司主张债权的，新设公司在所接收的财产范围内与原企业承担连带民事责任。

第七条 企业以其优质财产与他人组建新公司，而将债务留在原企业，债权人以新设公司和原企业作为共同被告提起诉讼主张债权的，新设公司应当在所接收的财产范围内与原企业共同承担连带责任。

三、企业股份合作制改造

第八条 由企业职工买断企业产权，将原企业改造为股份合作制的，原企业的债务，由改造后的股份合作制企业承担。

第九条 企业向其职工转让部分产权，由企业与职工共同组建股份合作制企业的，原企业的债务由改造后的股份合作制企业承担。

第十条 企业通过其职工投资增资扩股，将原企业改造为股份合作制企业的，原企业的债务由改造后的股份合作制企业承担。

第十一条 企业在进行股份合作制改造时，参照公司法的有关规定，公告通知了债权人。企业股份合作制改造后，债权人就原企业资产管理人（出资人）隐瞒或者遗漏的债务起诉股份合作制企业的，如债权人在公告期内申报过该债权，股份合作制企业在承担民事责任后，可再向原企业资产管理人（出资人）追偿。如债权人在公告期内未申报过该债权，则股份合作制企业不承担民事责任，人民法院可告知债权人另行起诉原企业资产管理人（出资人）。

四、企业分立

第十二条 债权人向分立后的企业主张债权，企业分立时对原企业的债务承担有约定，并经债权人认可的，按照当事人的约定处理；企业分立时对原企业债务承担没有约定或者约定不明，或者虽然有约定但债权人不予认可的，分立后的企业应当承担连带责任。

第十三条 分立的企业在承担连带责任后，各分立的企业间对原企业债务承担有约定的，按照约定处理；没有约定或者约定不明的，根据企业分立时的资产比例分担。

五、企业债权转股权

第十四条 债权人与债务人自愿达成债权转股权协议，且不违反法律和行政法规强制性规定的，人民法院在审理相关的民事纠纷案件中，应当确认债权转股权协议有效。

政策性债权转股权，按照国务院有关部门的规定处理。

第十五条 债务人以隐瞒企业资产或者虚列企业资产为手段，骗取债权人与其签订债权转股权协议，债权人在法定期间内行使撤销权的，人民法院应当予以支持。

债权转股权协议被撤销后，债权人有权要求债务人清偿债务。

第十六条 部分债权人进行债权转股权的行为，不影响其他债权人向债务人主张债权。

六、国有小型企业出售

第十七条 以协议转让形式出售企业，企业出售合同未经有审批权的地方人民政府或其授权的职能部门审批的，人民法院在审理相关的民事纠纷案件时，应当确认该企业出售合同不生效。

第十八条 企业出售中，当事人双方恶意串通，损害国家利益的，人民法院在审理相关的民事纠纷案件时，应当确认该企业出售行为无效。

第十九条 企业出售中，出卖人实施的行为具有合同法第五十四条规定的情形，买受人在法定期限内行使撤销权的，人民法院应当予以支持。

第二十条 企业出售合同约定的履行期限届满，一方当事人拒不履行合同，或者未完全履行合同义务，致使合同目的不能实现，对方当事人要求解除合同并要求赔偿损失的，人民法院应当予以支持。

第二十一条 企业出售合同约定的履行期限届满，一方当事人未完全履行合同义务，对方当事人要求继续履行合同并要求赔偿损失的，人民法院应当予以支持。双方当事人均未完全履行合同义务的，应当根据当事人的过错，确定各自应当承担的民事责任。

第二十二条 企业出售时，出卖人对所售企业的资产负债状况、损益状况等重大事项未履行如实告知义务，影响企业出售价格，买受人就此向人民法院起诉主张补偿的，人民法院应当予以支持。

第二十三条 企业出售合同被确认无效或者被撤销的，企业售出后买受人经营企业期间发生的经营盈亏，由买受人享有或者承担。

第二十四条 企业售出后，买受人将所购企业资产纳入本企业或者将所购企业变更为所属分支机构的，所购企业的债务，由买受人承担。但买卖双方另有约定，并经债权人认可的除外。

第二十五条 企业售出后，买受人将所购企业资产作价入股与他人重新组建新公司，所购企业法人予以注销的，对所购企业出售前的债务，买受人应当以其所有财产，包括在新组建公司中的股权承担民事责任。

第二十六条 企业售出后，买受人将所购企业重新注册为新的企业法人，所购企业法人被注销的，所购企业出售前的债务，应当由新注册的企业法人承担。但买卖双方另有约定，并经债权人认可的除外。

第二十七条 企业售出后，应当办理而未办理企业法人注销登记，债权人起诉该企业的，人民法院应当根据企业资产转让后的具体情况，告知债权人追加责任主体，并判令责任主体承担民事责任。

第二十八条 出售企业时，参照公司法的有关规定，出卖人公告通知了债权人。企业售出后，债权人就出卖人隐瞒或者遗漏的原企业债务起诉买受人的，如债权人在公告期内申报过该债权，买受人在承担民事责任后，可再行向出卖人追偿。如债权人在公告期内未申报过该债权，则买受人不承担民事责任。人民法院可告知债权人另行起诉出卖人。

第二十九条 出售企业的行为具有合同法第七十四条规定的情形，债权人在法定期限内行使撤销权的，人民法院应当予以支持。

七、企业兼并

第三十条 企业兼并协议自当事人签字盖章之日起生效。需经政府主管部门批准的，兼并协议自批准之日起生效；未经批准的，企业兼并协议不生效。但当事人在一审法庭辩论终结前补办报批手续的，人民法院应当确认该兼并协议有效。

第三十一条 企业吸收合并后，被兼并企业的债务应当由兼并方承担。

第三十二条 企业进行吸收合并时，参照公司法的有关规定，公告通知了债权人。企业吸收合并后，债权人就被兼并企业原资产管理人（出资人）隐瞒或者遗漏的企业债务起诉兼并方的，如债权人在公告期内申报过该笔债权，兼并方在承担民事责任后，可再行向被兼并企业原资产管理人（出资人）追偿。如债权人在公告期内未申报过该笔债权，则兼并方不承担民事责任。人民法院可告知债权人另行起诉被兼并企业原资产管理人（出资人）。

第三十三条 企业新设合并后，被兼并企业的债务由新设合并后的企业法人承担。

第三十四条 企业吸收合并或新设合并后，被兼并企业应当办理而未办理工商注销登记，债权人起诉被兼并企业的，人民法院应当根据企业兼并后的具体情况，告知债权人追加责任主体，并判令责任主体承担民事责任。

第三十五条 以收购方式实现对企业控股的，被控股企业的债务，仍由其自行承担。但因控股企业抽逃资金、逃避债务，致被控股企业无力偿还债务的，被控股企业的债务则由控股企业承担。

八、附则

第三十六条 本规定自2003年2月1日起施行。在本规定施行前，本院制定的有关企业改制方面的司法解释与本规定相抵触的，不再适用。

关于审理企业破产案件若干问题的规定

（最高人民法院 2002 年 7 月 30 日公布　法释［2002］23 号）

为正确适用《中华人民共和国企业破产法（试行）》（以下简称企业破产法）、《中华人民共和国民事诉讼法》（以下简称民事诉讼法），规范对企业破产案件的审理，结合人民法院审理企业破产案件的实际情况，特制定以下规定。

一、关于企业破产案件管辖

第一条　企业破产案件由债务人住所地人民法院管辖。债务人住所地指债务人的主要办事机构所在地。债务人无办事机构的，由其注册地人民法院管辖。

第二条　基层人民法院一般管辖县、县级市或者区的工商行政管理机关核准登记企业的破产案件；

中级人民法院一般管辖地区、地级市（含本级）以上的工商行政管理机关核准登记企业的破产案件；

纳入国家计划调整的企业破产案件，由中级人民法院管辖。

第三条　上级人民法院审理下级人民法院管辖的企业破产案件，或者将本院管辖的企业破产案件移交下级人民法院审理，以及下级人民法院需要将自己管辖的企业破产案件交由上级人民法院审理的，依照民事诉讼法第三十九条的规定办理；省、自治区、直辖市范围内因特殊情况需对个别企业破产案件的地域管辖作调整的，须经共同上级人民法院批准。

二、关于破产申请与受理

第四条　申请（被申请）破产的债务人应当具备法人资格，不具备法人资格的企业、个体工商户、合伙组织、农村承包经营户不具备破产主体资格。

第五条　国有企业向人民法院申请破产时，应当提交其上级主管部门同意其破产的文件；其他企业应当提供其开办人或者股东会议决定企业破产的文件。

第六条　债务人申请破产，应当向人民法院提交下列材料：

（一）书面破产申请；

（二）企业主体资格证明；

（三）企业法定代表人与主要负责人名单；

（四）企业职工情况和安置预案；

（五）企业亏损情况的书面说明，并附审计报告；

（六）企业至破产申请日的资产状况明细表，包括有形资产、无形资产和企业投资情况等；

（七）企业在金融机构开设帐户的详细情况，包括开户审批材料、帐号、资金等；

（八）企业债权情况表，列明企业的债务人名称、住所、债务数额、发生时间和催讨偿还情况；

（九）企业债务情况表，列明企业的债权人名称、住所、债权数额、发生时间；

（十）企业涉及的担保情况；

（十一）企业已发生的诉讼情况；

（十二）人民法院认为应当提交的其他材料。

第七条 债权人申请债务人破产，应当向人民法院提交下列材料：

（一）债权发生的事实与证据；

（二）债权性质、数额、有无担保，并附证据；

（三）债务人不能清偿到期债务的证据。

第八条 债权人申请债务人破产，人民法院可以通知债务人核对以下情况：

（一）债权的真实性；

（二）债权在债务人不能偿还的到期债务中所占的比例；

（三）债务人是否存在不能清偿到期债务的情况。

第九条 债权人申请债务人破产，债务人对债权人的债权提出异议，人民法院认为异议成立的，应当告知债权人先行提起民事诉讼。破产申请不予受理。

第十条 人民法院收到破产申请后，应当在七日内决定是否立案；破产申请人提交的材料需要更正、补充的，人民法院可以责令申请人限期更正、补充。按期更正、补充材料的，人民法院自收到更正补充材料之日起七日内决定是否立案；未按期更正、补充的，视为撤回申请。

人民法院决定受理企业破产案件的，应当制作案件受理通知书，并送达申请人和债务人。通知书作出时间为破产案件受理时间。

第十一条 在人民法院决定受理企业破产案件前，破产申请人可以请求撤回破产申请。

人民法院准许申请人撤回破产申请的，在撤回破产申请之前已经支出的费用由破产申请人承担。

第十二条 人民法院经审查发现有下列情况的，破产申请不予受理：

（一）债务人有隐匿、转移财产等行为，为了逃避债务而申请破产的；

（二）债权人借破产申请毁损债务人商业信誉，意图损害公平竞争的。

第十三条 人民法院对破产申请不予受理的，应当作出裁定。

破产申请人对不予受理破产申请的裁定不服的，可以在裁定送达之日起十日内向上一级人民法院提起上诉。

第十四条 人民法院受理企业破产案件后，发现不符合法律规定的受理条件或者有本规定第十二条所列情形的，应当裁定驳回破产申请。

人民法院受理债务人的破产申请后，发现债务人巨额财产下落不明且不能合理解释财产去向的，应当裁定驳回破产申请。

破产申请人对驳回破产申请的裁定不服的，可以在裁定送达之日起十日内向上一级人民法院提起上诉。

第十五条 人民法院决定受理企业破产案件后，应当组成合议庭，并在十日内完成下列工作：

（一）将合议庭组成人员情况书面通知破产申请人和被申请人，并在法院公告栏张贴企业破产受理公告，公告内容应当写明：破产申请受理时间、债务人名称，申报债权的期限、地点和逾期未申报债权的法律后果、第一次债权人会议召开的日期、地点；

（二）在债务人企业发布公告，要求保护好企业财产，不得擅自处理企业的帐册、文书、资料、印章，不得隐匿、私分、转让、出售企业财产；

（三）通知债务人立即停止清偿债务，非经人民法院许可不得支付任何费用；

（四）通知债务人的开户银行停止债务人的结算活动，并不得扣划债务人款项抵扣债务，但经人民法院依法许可的除外。

第十六条 人民法院受理债权人提出的企业破产案件后，应当通知债务人在十五日内向人民法院提交有关会计报表、债权债务清册、企业资产清册以及人民法院认为应当提交的资料。

第十七条 人民法院受理企业破产案件后，除应当按照企业破产法第九条的规定通知已知的债权人外，还应当于三十日内在国家、地方有影响的报纸上刊登公告，公告内容同第十五条第（一）项的规定。

第十八条 人民法院受理企业破产案件后，除可以随即进行破产宣告成立清算组的外，在企业原管理组织不能正常履行管理职责的情况下，可以成立企业监管组。企业监管组成员从企业上级主管部门或者股东会议代表、企业原管理人员、主要债权人中产生，也可以聘请会计师、律师等中介机构参加。企业监管组主要负责处理以下事务：

（一）清点、保管企业财产；

（二）核查企业债权；

（三）为企业利益而进行的必要的经营活动；

（四）支付人民法院许可的必要支出；

（五）人民法院许可的其他工作。

企业监管组向人民法院负责，接受人民法院的指导、监督。

第十九条 人民法院受理企业破产案件后，以债务人为原告的其他民事纠纷案件尚在一审程序的，受诉人民法院应当将案件移送受理破产案件的人民法院；案件已进行到二审程序的，受诉人民法院应当继续审理。

第二十条 人民法院受理企业破产案件后，对债务人财产的其他民事执行程序应当中止。

以债务人为被告的其他债务纠纷案件，根据下列不同情况分别处理：

（一）已经审结但未执行完毕的，应当中止执行，由债权人凭生效的法律文书向受理破产案件的人民法院申报债权。

（二）尚未审结且无其他被告和无独立请求权的第三人的，应当中止诉讼，由债权人向受理破产案件的人民法院申报债权。在企业被宣告破产后，终结诉讼。

（三）尚未审结并有其他被告或者无独立请求权的第三人的，应当中止诉讼，由债权人向受理破产案件的人民法院申报债权。待破产程序终结后，恢复审理。

（四）债务人的债务纠纷案件继续审理。

三、关于债权申报

第二十一条 债权人申报债权应当提交债权证明和合法有效的身份证明；代理申报人应当提交委托人的有效身份证明、授权委托书和债权证明。

申报的债权有财产担保的，应当提交证明财产担保的证据。

第二十二条 人民法院在登记申报的债权时，应当记明债权人名称、住所、开户银行、申报债权数额、申报债权的证据、财产担保情况、申报时间、联系方式以及其他必要的情况。

已经成立清算组的，由清算组进行上述债权登记工作。

第二十三条 连带债务人之一或者数人破产的，债权人可就全部债权向该债务人或者各债务人行使权利，申报债权。债权人未申报债权的，其他连带债务人可就将来可能承担的债务申报债权。

第二十四条 债权人虽未在法定期间申报债权，但有民事诉讼法第七十六条规定情形的，在破产财产分配前可向清算组申报债权。清算组负责审查其申报的债权，并由人民法院审查确定。债权人会议对人民法院同意该债权人参加破产财产分配有异议的，可以向人民法院申请复议。

四、关于破产和解与破产企业整顿

第二十五条 人民法院受理企业破产案件后，在破产程序终结前，债务人可以向人民法院申请和解。人民法院在破产案件审理过程中，可以根据债权人、债务人具体情况向双方提出和解建议。

人民法院作出破产宣告裁定前，债权人会议与债务人达成和解协议并经人民法院裁定认可的，由人民法院发布公告，中止破产程序。

人民法院作出破产宣告裁定后，债权人会议与债务人达成和解协议并经人民法院裁定认可，由人民法院裁定中止执行破产宣告裁定，并公告中止破产程序。

第二十六条 债务人不按和解协议规定的内容清偿全部债务的，相关债权人可以申请人民法院强制执行。

第二十七条 债务人不履行或者不能履行和解协议的，经债权人申请，人民法院应当裁定恢复破产程序。和解协议系在破产宣告前达成的，人民法院应当在裁定恢复破产程序的同时裁定宣告债务人破产。

第二十八条 企业由债权人申请破产的，如被申请破产的企业系国有企业，依照企业破产法第四章的规定，其上级主管部门可以申请对该企业进行整顿。整顿申请应当在债务人被宣告破产前提出。

企业无上级主管部门的，企业股东会议可以通过决议并以股东会议名义申请对企业进行整顿。整顿工作由股东会议指定人员负责。

第二十九条　企业整顿期间，企业的上级主管部门或者负责实施整顿方案的人员应当定期向债权人会议和人民法院报告整顿情况、和解协议执行情况。

第三十条　企业整顿期间，对于债务人财产的执行仍适用企业破产法第十一条的规定。

五、关于破产宣告

第三十一条　企业破产法第三条第一款规定的“不能清偿到期债务”是指：

（一）债务的履行期限已届满；

（二）债务人明显缺乏清偿债务的能力。

债务人停止清偿到期债务并呈连续状态，如无相反证据，可推定为“不能清偿到期债务”。

第三十二条　人民法院受理债务人破产案件后，有下列情形之一的，应当裁定宣告债务人破产：

（一）债务人不能清偿债务且与债权人不能达成和解协议的；

（二）债务人不履行或者不能履行和解协议的；

（三）债务人在整顿期间有企业破产法第二十一条规定情形的；

（四）债务人在整顿期满后有企业破产法第二十二条第二款规定情形的。

宣告债务人破产应当公开进行。由债权人提出破产申请的，破产宣告时应当通知债务人到庭。

第三十三条　债务人自破产宣告之日起停止生产经营活动。为债权人利益确有必要继续生产经营的，须经人民法院许可。

第三十四条　人民法院宣告债务人破产后，应当通知债务人的开户银行，限定其银行帐户只能由清算组使用。人民法院通知开户银行时应当附破产宣告裁定书。

第三十五条　人民法院裁定宣告债务人破产后应当发布公告，公告内容包括债务人亏损情况、资产负债状况、破产宣告时间、破产宣告理由和法律依据以及对债务人的财产、帐册、文书、资料和印章的保护等内容。

第三十六条　破产宣告后，破产企业的财产在其他民事诉讼程序中被查封、扣押、冻结的，受理破产案件的人民法院应当立即通知采取查封、扣押、冻结措施的人民法院予以解除，并向受理破产案件的人民法院办理移交手续。

第三十七条　企业被宣告破产后，人民法院应当指定必要的留守人员。破产企业的法定代表人、财会、财产保管人员必须留守。

第三十八条　破产宣告后，债权人或者债务人对破产宣告有异议的，可以在人民法院宣告企业破产之日起十日内，向上一级人民法院申诉。上一级人民法院应当组成合议庭进行审理，并在三十日内作出裁定。

六、关于债权人会议

第三十九条　债权人会议由申报债权的债权人组成。

债权人会议主席由人民法院在有表决权的债权人中指定。必要时，人民法院可以指定多名债权人会议主席，成立债权人会议主席委员会。

少数债权人拒绝参加债权人会议，不影响会议的召开。但债权人会议不得作出剥夺其对破产财产受偿的机会或者不利于其受偿的决议。

第四十条 第一次债权人会议应当在人民法院受理破产案件公告三个月期满后召开。除债务人的财产不足以支付破产费用，破产程序提前终结外，不得以一般债权的清偿率为零为理由取消债权人会议。

第四十一条 第一次债权人会议由人民法院召集并主持。人民法院除完成本规定第十七条确定的工作外，还应当做好以下准备工作：

（一）拟订第一次债权人会议议程；

（二）向债务人的法定代表人或者负责人发出通知，要求其必须到会；

（三）向债务人的上级主管部门、开办人或者股东会议代表发出通知，要求其派员列席会议；

（四）通知破产清算组成员列席会议；

（五）通知审计、评估人员参加会议；

（六）需要提前准备的其他工作。

第四十二条 债权人会议一般包括以下内容：

（一）宣布债权人会议职权和其他有关事项；

（二）宣布债权人资格审查结果；

（三）指定并宣布债权人会议主席；

（四）安排债务人法定代表人或者负责人接受债权人询问；

（五）由清算组通报债务人的生产经营、财产、债务情况并作清算工作报告和提出财产处理方案及分配方案；

（六）讨论并审查债权的证明材料、债权的财产担保情况及数额、讨论通过和解协议、审阅清算组的清算报告、讨论通过破产财产的处理方案与分配方案等，讨论内容应当记明笔录；债权人对人民法院或者清算组登记的债权提出异议的，人民法院应当及时审查并作出裁定；

（七）根据讨论情况，依照企业破产法第十六条的规定进行表决。

以上第（五）至（七）项议程内的工作在本次债权人会议上无法完成的，交由下次债权人会议继续进行。

第四十三条 债权人认为债权人会议决议违反法律规定或者侵害其合法权益的，可以在债权人会议作出决议后七日内向人民法院提出，由人民法院依法裁定。

第四十四条 清算组财产分配方案经债权人会议两次讨论未获通过的，由人民法院依法裁定。

对前款裁定，占无财产担保债权总额半数以上债权的债权人有异议的，可以在人民法院作出裁定之日起十日内向上一级人民法院申诉。上一级人民法院应当组成合议庭进行审理，并在三十日内作出裁定。

第四十五条 债权人可以委托代理人出席债权人会议，并可以授权代理人行使表决权。代理人应当向人民法院或者债权人会议主席提交授权委托书。

第四十六条 第一次债权人会议后又召开债权人会议的，债权人会议主席应当在发出会议通知前三日报告人民法院，并由会议召集人在开会前十五日将会议时间、地点、内容、目的等事项通知债权人。

七、关于清算组

第四十七条 人民法院应当自裁定宣告企业破产之日起十五日内成立清算组。

第四十八条 清算组成员可以从破产企业上级主管部门、清算中介机构以及会计、律师中产生，也可以从政府财政、工商管理、计委、经委、审计、税务、物价、劳动、社会保险、土地管理、国有资产管理、人事等部门中指定。人民银行分（支）行可以按照有关规定派人参加清算组。

第四十九条 清算组经人民法院同意可以聘请破产清算机构、律师事务所、会计事务所等中介机构承担一定的破产清算工作。中介机构就清算工作向清算组负责。

第五十条 清算组的主要职责是：

（一）接管破产企业，向破产企业原法定代表人及留守人员接收原登记造册的资产明细表、有形资产清册，接管所有财产、帐册、文书档案、印章、证照和有关资料；破产宣告前成立企业监管组的，由企业监管组和企业原法定代表人向清算组进行移交；

（二）清理破产企业财产，编制财产明细表和资产负债表，编制债权债务清册，组织破产财产的评估、拍卖、变现；

（三）回收破产企业的财产，向破产企业的债务人、财产持有人依法行使财产权利；

（四）管理、处分破产财产，决定是否履行合同和在清算范围内进行经营活动，确认抵销权、取回权；

（五）进行破产财产的委托评估、拍卖及其他变现工作；

（六）依法提出并执行破产财产处理和分配方案；

（七）提交清算报告；

（八）代表破产企业参加诉讼和仲裁活动；

（九）办理企业注销登记等破产终结事宜；

（十）完成人民法院依法指定的其他事项。

第五十一条 清算组对人民法院负责并且报告工作，接受人民法院的监督。人民法院应当及时指导清算组的工作，明确清算组的职权与责任，帮助清算组拟订工作计划，听取清算组汇报工作。

清算组有损害债权人利益的行为或者其他违法行为的，人民法院可以根据债权人的申请或者依职权予以纠正。

人民法院可以根据债权人的申请或者依职权更换不称职的清算组成员。

第五十二条 清算组应当列席债权人会议，接受债权人会议的询问。债权人有权查阅有关资料、询问有关事项；清算组的决定违背债权人利益的，债权人可以申请人民法院裁定撤销该决定。

第五十三条 清算组对破产财产应当及时登记、清理、审计、评估、变价。必要时，可以请求人民法院对破产企业财产进行保全。

第五十四条 清算组应当采取有效措施保护破产企业的财产。债务人的财产权利如不依法登记或者及时行使将丧失权利的，应当及时予以登记或者行使；对易损、易腐、跌价或者保管费用较高的财产应当及时变卖。

八、关于破产债权

第五十五条 下列债权属于破产债权：

（一）破产宣告前发生的无财产担保的债权；

（二）破产宣告前发生的虽有财产担保，但是债权人放弃优先受偿的债权；

（三）破产宣告前发生的虽有财产担保，但是债权数额超过担保物价值部分的债权；

（四）票据出票人被宣告破产，付款人或者承兑人不知其事实而向持票人付款或者承兑所产生的债权；

（五）清算组解除合同，对方当事人依法或者依照合同约定产生的对债务人可以用货币计算的债权；

（六）债务人的受托人在债务人破产后，为债务人的利益处理委托事务所发生的债权；

（七）债务人发行债券形成的债权；

（八）债务人的保证人代替债务人清偿债务后依法可以向债务人追偿的债权；

（九）债务人的保证人按照《中华人民共和国担保法》第三十二条的规定预先行使追偿权而申报的债权；

（十）债务人为保证人的，在破产宣告前已经被生效的法律文书确定承担的保证责任；

（十一）债务人在破产宣告前因侵权、违约给他人造成财产损失而产生的赔偿责任。

（十二）人民法院认可的其他债权。

以上第（五）项债权以实际损失为计算原则。违约金不作为破产债权，定金不再适用定金罚则。

第五十六条 因企业破产解除劳动合同，劳动者依法或者依据劳动合同对企业享有的补偿金请求权，参照企业破产法第三十七条第二款第（一）项规定的顺序清偿。

第五十七条 债务人所欠非正式职工（含短期劳动工）的劳动报酬，参照企业破产法第三十七条第二款第（一）项规定的顺序清偿。

第五十八条 债务人所欠企业职工集资款，参照企业破产法第三十七条第二款第（一）项规定的顺序清偿。但对违反法律规定的高额利息部分不予保护。

职工向企业的投资，不属于破产债权。

第五十九条 债务人退出联营应当对该联营企业的债务承担责任的，联营企业的债权人对该债务人享有的债权属于破产债权。

第六十条 与债务人互负债权债务的债权人可以向清算组请求行使抵销权，抵销权的行使应当具备以下条件：

（一）债权人的债权已经得到确认；

（二）主张抵销的债权债务均发生在破产宣告之前。

经确认的破产债权可以转让。受让人以受让的债权抵销其所欠债务人债务的，人民法院不予支持。

第六十一条 下列债权不属于破产债权：

（一）行政、司法机关对破产企业的罚款、罚金以及其他有关费用；

（二）人民法院受理破产案件后债务人未支付应付款项的滞纳金，包括债务人未执行生效法律文书应当加倍支付的迟延利息和劳动保险金的滞纳金；

（三）破产宣告后的债务利息；

（四）债权人参加破产程序所支出的费用；

（五）破产企业的股权、股票持有人在股权、股票上的权利；

（六）破产财产分配开始后向清算组申报的债权；

（七）超过诉讼时效的债权；

（八）债务人开办单位对债务人未收取的管理费、承包费。

上述不属于破产债权的权利，人民法院或者清算组也应当对当事人的申报进行登记。

第六十二条 政府无偿拨付给债务人的资金不属于破产债权。但财政、扶贫、科技管理等行政部门通过签订合同，按有偿使用、定期归还原则发放的款项，可以作为破产债权。

第六十三条 债权人对清算组确认或者否认的债权有异议的，可以向清算组提出。债权人对清算组的处理仍有异议的，可以向人民法院提出。人民法院应当在查明事实的基础上依法作出裁决。

九、关于破产财产

第六十四条 破产财产由下列财产构成：

（一）债务人在破产宣告时所有的或者经营管理的全部财产；

（二）债务人在破产宣告后至破产程序终结前取得的财产；

（三）应当由债务人行使的其他财产权利。

第六十五条 债务人与他人共有的物、债权、知识产权等财产或者财产权，应当在破产清算中予以分割，债务人分割所得属于破产财产；不能分割的，应当就其应得部分转让，转让所得属于破产财产。

第六十六条 债务人的开办人注册资金投入不足的，应当由该开办人予以补足，补足部分属于破产财产。

第六十七条 企业破产前受让他人财产并依法取得所有权或者土地使用权的，即便未支付或者未完全支付，该财产仍属于破产财产。

第六十八条 债务人的财产被采取民事诉讼执行措施的，在受理破产案件后尚未执行的或者未执行完毕的剩余部分，在该企业被宣告破产后列入破产财产。因错误执行应当执行回转的财产，在执行回转后列入破产财产。

第六十九条 债务人依照法律规定取得代位求偿权的，依该代位求偿权享有的债权属于破产财产。

第七十条 债务人在被宣告破产时未到期的债权视为已到期，属于破产财产，但应当减去未到期的利息。

第七十一条 下列财产不属于破产财产：

（一）债务人基于仓储、保管、加工承揽、委托交易、代销、借用、寄存、租赁等法律关系占有、使用的他人财产；

（二）抵押物、留置物、出质物，但权利人放弃优先受偿权的或者优先偿付被担保债权剩余的部分除外；

（三）担保物灭失后产生的保险金、补偿金、赔偿金等代位物；

（四）依照法律规定存在优先权的财产，但权利人放弃优先受偿权或者优先偿付特定债权剩余的部分除外；

（五）特定物买卖中，尚未转移占有但相对人已完全支付的特定物；

（六）尚未办理产权证或者产权过户手续但已向买方交付的财产；

（七）债务人在所有权保留买卖中尚未取得所有权的财产；

（八）所有权专属于国家且不得转让的财产；

（九）破产企业工会所有的财产。

第七十二条 本规定第七十一条第（一）项所列的财产，财产权利人有权取回。

前款财产在破产宣告前已经毁损灭失的，财产权利人仅能以直接损失额为限申报债权；在破产宣告后因清算组的责任毁损灭失的，财产权利人有权获得等值赔偿。

债务人转让上述财产获利的，财产权利人有权要求债务人等值赔偿。

十、关于破产财产的收回、处理和变现

第七十三条 清算组应当向破产企业的债务人和财产持有人发出书面通知，要求债务人和财产持有人于限定的时间向清算组清偿债务或者交付财产。

破产企业的债务人和财产持有人有异议的，应当在收到通知后的七日内提出，由人民法院作出裁定。

破产企业的债务人和财产持有人在收到通知后既不向清算组清偿债务或者交付财产，又没有正当理由不在规定的异议期内提出异议的，由清算组向人民法院提出申请，经人民法院裁定后强制执行；

破产企业在境外的财产，由清算组予以收回。

第七十四条 债务人享有的债权，其诉讼时效自人民法院受理债务人的破产申请之日起，适用《中华人民共和国民法通则》第一百四十条关于诉讼时效中断的规定。债务人与债权人达成和解协议，中止破产程序的，诉讼时效自人民法院中止破产程序裁定之日起重新计算。

第七十五条 经人民法院同意，清算组可以聘用律师或者其他中介机构的人员追收债权。

第七十六条 债务人设立的分支机构和没有法人资格的全资机构的财产，应当一并纳入破产程序进行清理。

第七十七条 债务人在其开办的全资企业中的投资权益应当予以追收。

全资企业资不抵债的，清算组停止追收。

第七十八条 债务人对外投资形成的股权及其收益应当予以追收。对该股权可以出

售或者转让，出售、转让所得列入破产财产进行分配。

股权价值为负值的，清算组停止追收。

第七十九条 债务人开办的全资企业，以及由其参股、控股的企业不能清偿到期债务，需要进行破产还债的，应当另行提出破产申请。

第八十条 清算组处理集体所有土地使用权时，应当遵守相关法律规定。未办理土地征用手续的集体所有土地使用权，应当在该集体范围内转让。

第八十一条 破产企业的职工住房，已经签订合同、交付房款，进行房改给个人的，不属于破产财产。未进行房改的，可由清算组向有关部门申请办理房改事项，向职工出售。按照国家规定不具备房改条件，或者职工在房改中不购买住房的，由清算组根据实际情况处理。

第八十二条 债务人的幼儿园、学校、医院等公益福利性设施，按国家有关规定处理，不作为破产财产分配。

第八十三条 处理破产财产前，可以确定有相应评估资质的评估机构对破产财产进行评估，债权人会议、清算组对破产财产的评估结论、评估费用有异议的，参照最高人民法院《关于民事诉讼证据的若干规定》第二十七条的规定处理。

第八十四条 债权人会议对破产财产的市场价格无异议的，经人民法院同意后，可以不进行评估。但是国有资产除外。

第八十五条 破产财产的变现应当以拍卖方式进行。由清算组负责委托有拍卖资格的拍卖机构进行拍卖。

依法不得拍卖或者拍卖所得不足以支付拍卖所需费用的，不进行拍卖。

前款不进行拍卖或者拍卖不成的破产财产，可以在破产分配时进行实物分配或者作价变卖。债权人对清算组在实物分配或者作价变卖中对破产财产的估价有异议的，可以请求人民法院进行审查。

第八十六条 破产财产中的成套设备，一般应当整体出售。

第八十七条 依法属于限制流通的破产财产，应当由国家指定的部门收购或者按照有关法律规定处理。

十一、关于破产费用

第八十八条 破产费用包括：

（一）破产财产的管理、变卖、分配所需要的费用；

（二）破产案件的受理费；

（三）债权人会议费用；

（四）催收债务所需费用；

（五）为债权人的共同利益而在破产程序中支付的其他费用。

第八十九条 人民法院受理企业破产案件可以按照《人民法院诉讼收费办法补充规定》预收案件受理费。

破产宣告前发生的经人民法院认可的必要支出，从债务人财产中拨付。债务人财产不足以支付的，如系债权人申请破产的，由债权人支付。

第九十条 清算期间职工生活费、医疗费可以从破产财产中优先拨付。

第九十一条 破产费用可随时支付，破产财产不足以支付破产费用的，人民法院根据清算组的申请裁定终结破产程序。

十二、关于破产财产的分配

第九十二条 破产财产分配方案经债权人会议通过后，由清算组负责执行。财产分配可以一次分配，也可以多次分配。

第九十三条 破产财产分配方案应当包括以下内容：

（一）可供破产分配的财产种类、总值，已经变现的财产和未变现的财产；

（二）债权清偿顺序、各顺序的种类与数额，包括破产企业所欠职工工资、劳动保险费用和破产企业所欠税款的数额和计算依据；纳入国家计划调整的企业破产，还应当说明职工安置费的数额和计算依据；

（三）破产债权总额和清偿比例；

（四）破产分配的方式、时间；

（五）对将来能够追回的财产拟进行追加分配的说明。

第九十四条 列入破产财产的债权，可以进行债权分配。债权分配以便于债权人实现债权为原则。

将人民法院已经确认的债权分配给债权人的，由清算组向债权人出具债权分配书，债权人可以凭债权分配书向债务人要求履行。债务人拒不履行的，债权人可以申请人民法院强制执行。

第九十五条 债权人未在指定期限内领取分配的财产的，对该财产可以进行提存或者变卖后提存价款，并由清算组向债权人发出催领通知书。债权人在收到催领通知书一个月后或者在清算组发出催领通知书两个月后，债权人仍未领取的，清算组应当对该部分财产进行追加分配。

十三、关于破产终结

第九十六条 破产财产分配完毕，由清算组向人民法院报告分配情况，并申请人民法院终结破产程序。

人民法院在收到清算组的报告和终结破产程序申请后，认为符合破产程序终结规定的，应当在七日内裁定终结破产程序。

第九十七条 破产程序终结后，由清算组向破产企业原登记机关办理企业注销登记。破产程序终结后仍有可以追收的破产财产、追加分配等善后事宜需要处理的，经人民法院同意，可以保留清算组或者保留部分清算组成员。

第九十八条 破产程序终结后出现可供分配的财产的，应当追加分配。追加分配的财产，除企业破产法第四十条规定的由人民法院追回的财产外，还包括破产程序中因纠正错误支出收回的款项、因权利被承认追回的财产、债权人放弃的财产和破产程序终结后实现的财产权利等。

第九十九条 破产程序终结后，破产企业的帐册、文书等卷宗材料由清算组移交破产企业上级主管机关保存；无上级主管机关的，由破产企业的开办人或者股东保存。

十四、其他

第一百条 人民法院在审理企业破产案件中，发现破产企业的原法定代表人或者直接责任人员有企业破产法第三十五条所列行为的，应当向有关部门建议，对该法定代表人或者直接责任人员给予行政处分；涉嫌犯罪的，应当将有关材料移送相关国家机关处理。

第一百零一条 破产企业有企业破产法第三十五条所列行为，致使企业财产无法收回，造成实际损失的，清算组可以对破产企业的原法定代表人、直接责任人员提起民事诉讼，要求其承担民事赔偿责任。

第一百零二条 人民法院受理企业破产案件后，发现企业有巨额财产下落不明的，应当将有关涉嫌犯罪的情况和材料，移送相关国家机关处理。

第一百零三条 人民法院可以建议有关部门对破产企业的主要责任人员限制其再行开办企业，在法定期限内禁止其担任公司的董事、监事、经理。

第一百零四条 最高人民法院发现各级人民法院，或者上级人民法院发现下级人民法院在破产程序中作出的裁定确有错误的，应当通知其纠正；不予纠正的，可以裁定指令下级人民法院重新作出裁定。

第一百零五条 纳入国家计划调整的企业破产案件，除适用本规定外，还应当适用国家有关企业破产的相关规定。

第一百零六条 本规定自 2002 年 9 月 1 日起施行。在本规定发布前制定的有关审理企业破产案件的司法解释，与本规定相抵触的，不再适用。

关于审理人身损害赔偿案件适用法律若干问题的解释

（最高人民法院 2003 年 12 月 26 日公布　法释［2003］20 号）

为正确审理人身损害赔偿案件，依法保护当事人的合法权益，根据《中华人民共和国民法通则》（以下简称民法通则）、《中华人民共和国民事诉讼法》（以下简称民事诉讼法）等有关法律规定，结合审判实践，就有关适用法律的问题作如下解释：

第一条　因生命、健康、身体遭受侵害，赔偿权利人起诉请求赔偿义务人赔偿财产损失和精神损害的，人民法院应予受理。

本条所称"赔偿权利人"，是指因侵权行为或者其他致害原因直接遭受人身损害的受害人、依法由受害人承担扶养义务的被扶养人以及死亡受害人的近亲属。

本条所称"赔偿义务人"，是指因自己或者他人的侵权行为以及其他致害原因依法应当承担民事责任的自然人、法人或者其他组织。

第二条　受害人对同一损害的发生或者扩大有故意、过失的，依照民法通则第一百三十一条的规定，可以减轻或者免除赔偿义务人的赔偿责任。但侵权人因故意或者重大过失致人损害，受害人只有一般过失的，不减轻赔偿义务人的赔偿责任。

适用民法通则第一百零六条第三款规定确定赔偿义务人的赔偿责任时，受害人有重大过失的，可以减轻赔偿义务人的赔偿责任。

第三条　二人以上共同故意或者共同过失致人损害，或者虽无共同故意、共同过失，但其侵害行为直接结合发生同一损害后果的，构成共同侵权，应当依照民法通则第一百三十条规定承担连带责任。

二人以上没有共同故意或者共同过失，但其分别实施的数个行为间接结合发生同一损害后果的，应当根据过失大小或者原因力比例各自承担相应的赔偿责任。

第四条　二人以上共同实施危及他人人身安全的行为并造成损害后果，不能确定实际侵害行为人的，应当依照民法通则第一百三十条规定承担连带责任。共同危险行为人能够证明损害后果不是由其行为造成的，不承担赔偿责任。

第五条　赔偿权利人起诉部分共同侵权人的，人民法院应当追加其他共同侵权人作为共同被告。赔偿权利人在诉讼中放弃对部分共同侵权人的诉讼请求的，其他共同侵权人对被放弃诉讼请求的被告应当承担的赔偿份额不承担连带责任。责任范围难以确定的，推定各共同侵权人承担同等责任。

人民法院应当将放弃诉讼请求的法律后果告知赔偿权利人，并将放弃诉讼请求的情况在法律文书中叙明。

第六条 从事住宿、餐饮、娱乐等经营活动或者其他社会活动的自然人、法人、其他组织，未尽合理限度范围内的安全保障义务致使他人遭受人身损害，赔偿权利人请求其承担相应赔偿责任的，人民法院应予支持。

因第三人侵权导致损害结果发生的，由实施侵权行为的第三人承担赔偿责任。安全保障义务人有过错的，应当在其能够防止或者制止损害的范围内承担相应的补充赔偿责任。安全保障义务人承担责任后，可以向第三人追偿。赔偿权利人起诉安全保障义务人的，应当将第三人作为共同被告，但第三人不能确定的除外。

第七条 对未成年人依法负有教育、管理、保护义务的学校、幼儿园或者其他教育机构，未尽职责范围内的相关义务致使未成年人遭受人身损害，或者未成年人致他人人身损害的，应当承担与其过错相应的赔偿责任。

第三人侵权致未成年人遭受人身损害的，应当承担赔偿责任。学校、幼儿园等教育机构有过错的，应当承担相应的补充赔偿责任。

第八条 法人或者其他组织的法定代表人、负责人以及工作人员，在执行职务中致人损害的，依照民法通则第一百二十一条的规定，由该法人或者其他组织承担民事责任。上述人员实施与职务无关的行为致人损害的，应当由行为人承担赔偿责任。

属于《国家赔偿法》赔偿事由的，依照《国家赔偿法》的规定处理。

第九条 雇员在从事雇佣活动中致人损害的，雇主应当承担赔偿责任；雇员因故意或者重大过失致人损害的， 应当与雇主承担连带赔偿责任。雇主承担连带赔偿责任的，可以向雇员追偿。

前款所称“从事雇佣活动”，是指从事雇主授权或者指示范围内的生产经营活动或者其他劳务活动。雇员的行为超出授权范围，但其表现形式是履行职务或者与履行职务有内在联系的，应当认定为“从事雇佣活动”。

第十条 承揽人在完成工作过程中对第三人造成损害或者造成自身损害的，定作人不承担赔偿责任。但定作人对定作、指示或者选任有过失的，应当承担相应的赔偿责任。

第十一条 雇员在从事雇佣活动中遭受人身损害，雇主应当承担赔偿责任。雇佣关系以外的第三人造成雇员人身损害的，赔偿权利人可以请求第三人承担赔偿责任，也可以请求雇主承担赔偿责任。雇主承担赔偿责任后，可以向第三人追偿。

雇员在从事雇佣活动中因安全生产事故遭受人身损害，发包人、分包人知道或者应当知道接受发包或者分包业务的雇主没有相应资质或者安全生产条件的，应当与雇主承担连带赔偿责任。

属于《工伤保险条例》调整的劳动关系和工伤保险范围的，不适用本条规定。

第十二条 依法应当参加工伤保险统筹的用人单位的劳动者，因工伤事故遭受人身损害，劳动者或者其近亲属向人民法院起诉请求用人单位承担民事赔偿责任的，告知其按《工伤保险条例》的规定处理。

因用人单位以外的第三人侵权造成劳动者人身损害，赔偿权利人请求第三人承担民事赔偿责任的，人民法院应予支持。

第十三条 为他人无偿提供劳务的帮工人，在从事帮工活动中致人损害的，被帮工人应当承担赔偿责任。被帮工人明确拒绝帮工的，不承担赔偿责任。帮工人存在故意或者重大过失，赔偿权利人请求帮工人和被帮工人承担连带责任的，人民法院应予支持。

第十四条 帮工人因帮工活动遭受人身损害的，被帮工人应当承担赔偿责任。被帮工人明确拒绝帮工的，不承担赔偿责任；但可以在受益范围内予以适当补偿。

帮工人因第三人侵权遭受人身损害的，由第三人承担赔偿责任。第三人不能确定或者没有赔偿能力的，可以由被帮工人予以适当补偿。

第十五条 为维护国家、集体或者他人的合法权益而使自己受到人身损害，因没有侵权人、不能确定侵权人或者侵权人没有赔偿能力，赔偿权利人请求受益人在受益范围内予以适当补偿的，人民法院应予支持。

第十六条 下列情形，适用民法通则第一百二十六条的规定，由所有人或者管理人承担赔偿责任，但能够证明自己没有过错的除外：

（一）道路、桥梁、隧道等人工建造的构筑物因维护、管理瑕疵致人损害的；

（二）堆放物品滚落、滑落或者堆放物倒塌致人损害的；

（三）树木倾倒、折断或者果实坠落致人损害的。

前款第（一）项情形，因设计、施工缺陷造成损害的，由所有人、管理人与设计、施工者承担连带责任。

第十七条 受害人遭受人身损害，因就医治疗支出的各项费用以及因误工减少的收入，包括医疗费、误工费、护理费、交通费、住宿费、住院伙食补助费、必要的营养费，赔偿义务人应当予以赔偿。

受害人因伤致残的，其因增加生活上需要所支出的必要费用以及因丧失劳动能力导致的收入损失，包括残疾赔偿金、残疾辅助器具费、被扶养人生活费，以及因康复护理、继续治疗实际发生的必要的康复费、护理费、后续治疗费，赔偿义务人也应当予以赔偿。

受害人死亡的，赔偿义务人除应当根据抢救治疗情况赔偿本条第一款规定的相关费用外，还应当赔偿丧葬费、被扶养人生活费、死亡补偿费以及受害人亲属办理丧葬事宜支出的交通费、住宿费和误工损失等其他合理费用。

第十八条 受害人或者死者近亲属遭受精神损害，赔偿权利人向人民法院请求赔偿精神损害抚慰金的，适用《最高人民法院关于确定民事侵权精神损害赔偿责任若干问题的解释》予以确定。

精神损害抚慰金的请求权，不得让与或者继承。但赔偿义务人已经以书面方式承诺给予金钱赔偿，或者赔偿权利人已经向人民法院起诉的除外。

第十九条 医疗费根据医疗机构出具的医药费、住院费等收款凭证，结合病历和诊断证明等相关证据确定。赔偿义务人对治疗的必要性和合理性有异议的，应当承担相应的举证责任。

医疗费的赔偿数额，按照一审法庭辩论终结前实际发生的数额确定。器官功能恢复训练所必要的康复费、适当的整容费以及其他后续治疗费，赔偿权利人可以待实际发生后另行起诉。但根据医疗证明或者鉴定结论确定必然发生的费用，可以与已经发生的医疗费一并予以赔偿。

第二十条 误工费根据受害人的误工时间和收入状况确定。

误工时间根据受害人接受治疗的医疗机构出具的证明确定。受害人因伤致残持续误工的，误工时间可以计算至定残日前一天。

受害人有固定收入的，误工费按照实际减少的收入计算。受害人无固定收入的，按照其最近三年的平均收入计算；受害人不能举证证明其最近三年的平均收入状况的，可以参照受诉法院所在地相同或者相近行业上一年度职工的平均工资计算。

第二十一条 护理费根据护理人员的收入状况和护理人数、护理期限确定。

护理人员有收入的，参照误工费的规定计算；护理人员没有收入或者雇佣护工的，参照当地护工从事同等级别护理的劳务报酬标准计算。护理人员原则上为一人，但医疗机构或者鉴定机构有明确意见的，可以参照确定护理人员人数。

护理期限应计算至受害人恢复生活自理能力时止。受害人因残疾不能恢复生活自理能力的，可以根据其年龄、健康状况等因素确定合理的护理期限，但最长不超过二十年。

受害人定残后的护理，应当根据其护理依赖程度并结合配制残疾辅助器具的情况确定护理级别。

第二十二条 交通费根据受害人及其必要的陪护人员因就医或者转院治疗实际发生的费用计算。交通费应当以正式票据为凭；有关凭据应当与就医地点、时间、人数、次数相符合。

第二十三条 住院伙食补助费可以参照当地国家机关一般工作人员的出差伙食补助标准予以确定。

受害人确有必要到外地治疗，因客观原因不能住院，受害人本人及其陪护人员实际发生的住宿费和伙食费，其合理部分应予赔偿。

第二十四条 营养费根据受害人伤残情况参照医疗机构的意见确定。

第二十五条 残疾赔偿金根据受害人丧失劳动能力程度或者伤残等级，按照受诉法院所在地上一年度城镇居民人均可支配收入或者农村居民人均纯收入标准，自定残之日起按二十年计算。但六十周岁以上的，年龄每增加一岁减少一年；七十五周岁以上的，按五年计算。

受害人因伤致残但实际收入没有减少，或者伤残等级较轻但造成职业妨害严重影响其劳动就业的，可以对残疾赔偿金作相应调整。

第二十六条 残疾辅助器具费按照普通适用器具的合理费用标准计算。伤情有特殊需要的，可以参照辅助器具配制机构的意见确定相应的合理费用标准。

辅助器具的更换周期和赔偿期限参照配制机构的意见确定。

第二十七条 丧葬费按照受诉法院所在地上一年度职工月平均工资标准，以六个月总额计算。

第二十八条 被扶养人生活费根据扶养人丧失劳动能力程度，按照受诉法院所在地上一年度城镇居民人均消费性支出和农村居民人均年生活消费支出标准计算。被扶养人为未成年人的，计算至十八周岁；被扶养人无劳动能力又无其他生活来源的，计算二十年。但六十周岁以上的，年龄每增加一岁减少一年；七十五周岁以上的，按五年计算。

被扶养人是指受害人依法应当承担扶养义务的未成年人或者丧失劳动能力又无其他生活来源的成年近亲属。被扶养人还有其他扶养人的，赔偿义务人只赔偿受害人依法应当负担的部分。被扶养人有数人的，年赔偿总额累计不超过上一年度城镇居民人均消费性支出额或者农村居民人均年生活消费支出额。

第二十九条 死亡赔偿金按照受诉法院所在地上一年度城镇居民人均可支配收入或者农村居民人均纯收入标准，按二十年计算。但六十周岁以上的，年龄每增加一岁减少一年；七十五周岁以上的，按五年计算。

第三十条 赔偿权利人举证证明其住所地或者经常居住地城镇居民人均可支配收入或者农村居民人均纯收入高于受诉法院所在地标准的，残疾赔偿金或者死亡赔偿金可以按照其住所地或者经常居住地的相关标准计算。

被扶养人生活费的相关计算标准，依照前款原则确定。

第三十一条 人民法院应当按照民法通则第一百三十一条以及本解释第二条的规定，确定第十九条至第二十九条各项财产损失的实际赔偿金额。

前款确定的物质损害赔偿金与按照第十八条第一款规定确定的精神损害抚慰金，原则上应当一次性给付。

第三十二条 超过确定的护理期限、辅助器具费给付年限或者残疾赔偿金给付年限，赔偿权利人向人民法院起诉请求继续给付护理费、辅助器具费或者残疾赔偿金的，人民法院应予受理。赔偿权利人确需继续护理、配制辅助器具，或者没有劳动能力和生活来源的，人民法院应当判令赔偿义务人继续给付相关费用五至十年。

第三十三条 赔偿义务人请求以定期金方式给付残疾赔偿金、被扶养人生活费、残疾辅助器具费的，应当提供相应的担保。人民法院可以根据赔偿义务人的给付能力和提供担保的情况，确定以定期金方式给付相关费用。但一审法庭辩论终结前已经发生的费用、死亡赔偿金以及精神损害抚慰金，应当一次性给付。

第三十四条 人民法院应当在法律文书中明确定期金的给付时间、方式以及每期给付标准。执行期间有关统计数据发生变化的，给付金额应当适时进行相应调整。

定期金按照赔偿权利人的实际生存年限给付，不受本解释有关赔偿期限的限制。

第三十五条 本解释所称“城镇居民人均可支配收入”、“农村居民人均纯收入”、“城镇居民人均消费性支出”、“农村居民人均年生活消费支出”、“职工平均工资”，按照政府统计部门公布的各省、自治区、直辖市以及经济特区和计划单列市上一年度相关统计数据确定。

“上一年度”，是指一审法庭辩论终结时的上一统计年度。

第三十六条 本解释自2004年5月1日起施行。2004年5月1日后新受理的一审人身损害赔偿案件，适用本解释的规定。已经作出生效裁判的人身损害赔偿案件依法再审的，不适用本解释的规定。

在本解释公布施行之前已经生效施行的司法解释，其内容与本解释不一致的，以本解释为准。